chineasy™

차이니지

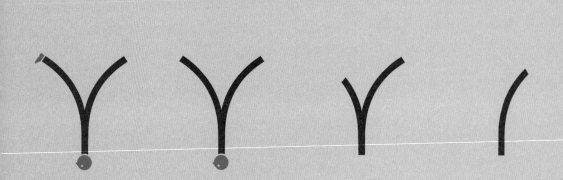

Chineasy™

차이니지

샤오란 지음 · 노마 바 그림 | 박용호 옮김

NEXUS

Published by arrangement with Thames & Hudson Ltd., London.

Chineasy: The New Way to Read Chinese ©2014 Chineasy Ltd.

Chineasy™ is a trademark of Chineasy Ltd. London

Author and Concept: ShaoLan Hsueh

Graphic Design: Brave New World Publishing Ltd.

Art Director: Crispin Jameson

Principal Illustrator: Noma Bar

This edition first published in Korea in 2015 by Nexus Co., Ltd.

Korean edition ©2015 Nexus Co., Ltd.

Korean translation rights arranged with Thames and Hudson Ltd.

through EYA(Eric Yang Agency)

한자는 쉽다, 차이니지

지은이 샤오란
그린이 노마 바
옮긴이 박용호
펴낸이 임상진
펴낸곳 (주)넥서스

초판 1쇄 발행 2015년 9월 25일
2판 1쇄 인쇄 2019년 4월 2일
2판 1쇄 발행 2019년 4월 5일

출판신고 1992년 4월 3일 제311-2002-2호
10880 경기도 파주시 지목로 5
Tel (02)330-5500 Fax (02)330-5555
ISBN 979-11-6165-622-9   13710

출판사의 허락 없이 내용의 일부를
인용하거나 발췌하는 것을 금합니다.

가격은 뒤표지에 있습니다.
잘못 만들어진 책은 구입처에서 바꾸어 드립니다.

www.nexusbook.com

목차

1. 시작하며

2. 기본을 익히자

동화

3. 부록

'있다.'를 의심한다.

— 있다 [서]

1

시작하며

왜 '차이니지Chineasy'인가

책 사용법

왜 '차이니지Chineasy'인가

나는 대만 타이베이에서 태어났다. 서예가와 도예가인 부모님을 둔 덕에 어렸을 때부터 예술과 중국어의 아름다움을 직접 느끼며 자랐다. 중국어는 나의 정체성과 가치관을 설명하는 데 없어서는 안 될 중요한 요소다. 하지만 내 아이들을 직접 가르치면서부터 중국어가 정말로 배우기 힘든 언어임을 알게 되었다.

이 책의 최종 목적은 사람들에게 큰 장벽과도 같은 중국어를 알기 쉽게 설명하여 문화적인 차이를 줄이는 것이다. 물론 그 사람들 중 우리 아이들도 포함된다! 이 책을 만드는 데에 가장 큰 영감을 준 것은 나의 어린 시절과 우리 아이들이었다.

대부분 사람들은 중국어 한자의 수가 많고 복잡하여서 배우기 어렵다고 생각한다. 영국에서 태어난 우리 아이들에게 중국어를 가르치면서 나는 한자가 얼마나 까다로운 것인지 새삼 느끼게 되었다. 아이들에게 한자는 고문 그 자체였다! 그래서 몇 년 동안 한자를 재미있고 쉽게 익히는 방법을 찾기 위해 노력했다.

수년간 연구하면서 나는 기존에 나와 있는 학습법들이 그리 효과적이지 못하다고 생각했다. 그래서 나만의 중국어 학습법을 만들기로 했고 그 결과물이 바로 이 책이다. 안 믿을 수도 있지만 정말 효과가 있었다.

『차이니지』는 간단한 그림으로 한자를 익혀서 중국어를 쉽게 읽을 수 있도록 한다. 먼저 기본형 한자 하나를 익히고(10쪽 참고) 그것을 활용해 마술같이 다른 한자나 단어를 만들어낼 수 있다. 몇 개의 기본형만 알아도 중국어 단어 수준이 한 단계 업그레이드될 것이다.

이렇게 하면 비교적 적은 노력으로 수백 개의 한자와 단어를 빠르게 배울 수 있고, 그 단어의 역사적, 문화적 배경을 이해할 수 있다. 수만 개의 한자가 있지만 몇백 개의 한자만 알고 있어도 기본적인 중국어 문장을 이해할 수 있고, 중국 문화와 예술에 깊이 빠져들 수 있을 것이다. 중국어의 아름다움을 배우고 이해하기 원하는 이들과 『차이니지』를 함께 할 수 있어 참으로 기쁘다.

책 사용법

책의 개요

이 책은 먼저 한자의 형태를 보여준 후 뜻과 병음(중국어 한자의
발음. 13쪽 참고)을 차례로 설명한다. 한국어판 독자를 위해
한국어에서 사용되는 한자의 뜻과 소리도 괄호로 설명했다.
그리고 한자마다 재미있는 역사, 문화적인 사실들을 짧게
소개해두었다. 한자와 단어 중 몇 개는 그림으로 설명하지
않은 경우도 있는데, 여러 가지 연관된 단어를 통해 어휘력을
향상시킬 수 있을 것이다.

3장에는 이 책에서 다룬 한자와 단어의 목록을 간체자,
번체자(옆 쪽 참고), 병음과 함께 실어두었으니 참고하기 바란다.

이 책의 학습 방법

중국어를 공부할 때 대략 180~215개의 한자 부수를 익혀야
하는데, 이런 부수들을 조합해서 한자를 만든다.

『차이니지』는 가장 기본적이고 자주 쓰는 한자를 분해하고
정리해서 쉽게 부수를 익히도록 하였다. 이렇게 기본적으로
나누어지는 한자를 이 책에서는 '기본형 한자'라고 부른다.

하나의 기본형 한자 (28쪽 '불' 火), 혹은 기본형 한자의
부수 형태 (28쪽 '불' 灬)는 한 개 혹은 여러 개의 다른 한자들과
결합하여 '복합형 한자'를 만든다 (29쪽 '뜨겁다' 炎 참고).
그리고 두 개 이상의 독립된 한자를 이용해 단어조합을 만든다
(30쪽 '타는 듯하다' 炎炎). 이렇게 기본형 한자를 응용해가며
배우기 때문에 중국어를 쉽게 배울 수 있다.

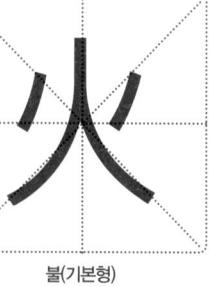

불(기본형)

뜨겁다(복합형)

뜨겁다

뜨겁다

타는 듯하다(단어조합)

번체자와 간체자

번체자는 대만이나 홍콩에서 사용하는 한자이고,
간체자는 1949년 중화인민공화국이 설립된 후 쓰기 시작한
한자다. 번체자와 간체자가 같은 형태일 때가 많으나
다르게 쓰일 경우 이 책에서는 특별히 설명을 덧붙였다.
(17쪽 '따르다'와 '무리' 참고) 특별한 설명이 없는 것은
번체자와 간체자가 같다는 뜻이다.

'동쪽' 번체자

'동쪽' 간체자

중국어의 발전

다른 언어처럼 중국어도 오랜 세월 동안 계속 진화했다.
정치적 변화, 영토의 확장, 철학 등이 중국에서 한자를 쓰는
방식에 영향을 끼쳤다. 이 책에서는 기원전에 쓰인 갑골문자,
금문, 전서, 예서 등이 언급되는데 중국어 필체가 변화된
시기를 의미하는 것으로 현대 중국어의 모태가 된다.

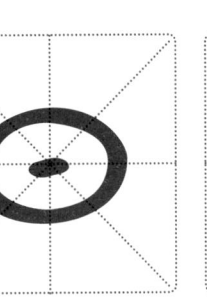

'해' 갑골문자

'해' 전서

고대 한자는 상형문자이기 때문에 한자의 형태만으로는 발음을
읽을 수가 없다. 중국어가 점차 발전하면서 두 개 이상의 기본형
한자가 결합하여 새로운 한자가 만들어졌는데, 이런 경우 기본형
한자 중 하나가 새로운 한자 발음의 토대가 되었다.
예를 들어, 85쪽에 있는 '회계/빚'을 뜻하는 賬[zhàng]이라는
혼합형 한자는 '조개'를 의미하는 기본형 한자와 '길이'를 뜻하는
기본형 한자가 결합하였는데, 과거에 부와 관련이 있었던
'조개'라는 한자는 이 복합형 한자의 뜻을 담당하고(130쪽 참고),
'길이'[cháng]라는 한자는 발음에 영향을 주었다.

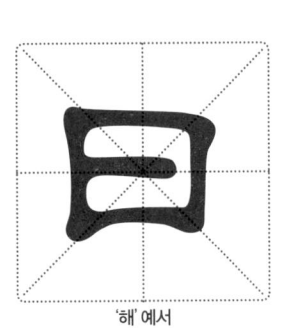

'해' 예서

'해' 현대 중국어

쓰기의 기초

한자 쓰기를 처음 배울 때 꼭 연습하는 것이 있다. 바로 정자로 네모 칸 안에 쓰는 훈련이다. 옆에 있는 예시에서 '나무 한 그루', '두 그루', '세 그루' 모두 네모 칸 안에 딱 맞게 쓰여 있다.

자세히 보면 각 한자마다 '나무'라는 기본 한자를 조금씩 변형시켰는데, '나무' 두 개를 네모 칸 안에 나란히 쓰기 위해서는 폭을 좁게 써야 하고 위아래로 결합시켜 쓸 때도 네모 안에 모두 들어가도록 짧게 써야 한다.

어떤 한자들은 복합형 한자의 일부로만 사용된다. 이런 형태의 한자를 '부수'라고 한다. 오른쪽에 있는 '사람' 人 의 부수 형태 亻은 '무리'를 나타내는 한자 伙을 구성하는 데 사용한다. 부수의 또 다른 예는 26쪽의 '개' 犬 = 犭, 28쪽의 '불' 火 = 灬를 참고해보라. 이 책에서 부수 형태는 기본형 한자의 주요 뜻 아래에 따로 표시해두었다. 그밖에 한자 쓰기에 관련해 더 많은 것을 알고 싶다면 35쪽을 참고하라.

중국에는 북경어나 광동어와 같이 다양한 방언이 있지만 한자는 거의 비슷하게 사용한다. 각 방언마다 한자의 발음이 다를 뿐이다. 어떤 한자는 방언에 따라 발음이 완전히 다르기도 하다.

이 책에서는 '한어병음'이라는 발음 표기법을 사용하는데, 이는 북경어에서만 쓰인다. 북경어는 중국에서 가장 널리 사용하는 방언이다. 발음에 대한 자세한 내용은 옆 쪽의 '발음의 기초'를 참고하라.

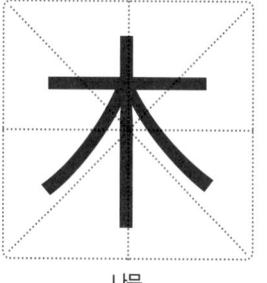

나무

사람

나무 두 그루 = 수풀

부수로 사용하는 '사람'

나무 세 그루 = 산림

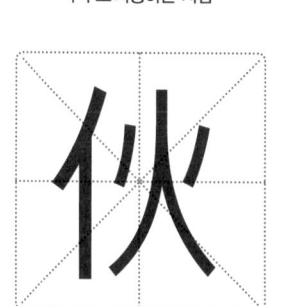

무리

띄어쓰기의 기초

우리가 접하는 글자가 한 글자로 된 한자인지, 아니면 단어인지 어떻게 구별할 수 있을까? 기본형 한자든 복합형 한자든 하나의 한자는 네모 칸 하나에 맞춰 써야 한다.

옆에서 보는 것과 같이 사람을 나타내는 한자 두 개가 칸 하나에 나란히 들어가 있으면 하나의 한자라는 뜻이다.
从은 '따르다'라는 의미의 간체자다.

이와 달리 단어는 두 개 이상의 네모 칸으로 구성된다. 각 한자가 두 개 이상의 칸에 적혀 있으면 단어가 되는 것이다. 예를 들어 '사람마다'를 의미하는 人人은 단어다.

이 책의 가장 큰 장점은 이미 있는 한자를 이용해 새로운 단어를 많이 만들 수 있다는 것이다. 중국어에서 한자는 단독으로 잘 쓰지 않는다. 그리고 정확한 의미를 알려면 그 한자가 쓰인 단어의 문맥을 살펴보아야 한다.

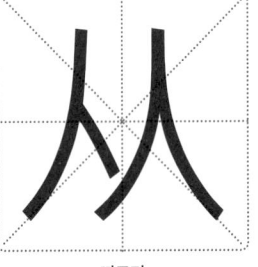
따르다

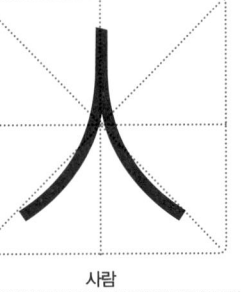
사람　　　　사람
사람마다

발음의 기초

한어병음은 한자의 발음을 알파벳으로 표기한 표준 발음 체계다. 중국어는 성조가 있기 때문에 병음에도 성조를 나타내기 위해 숫자나 기호를 사용한다. 가령 '사람'이라는 한자의 병음은 [ren²] 혹은 [rěn]으로 쓰는데 이 책에서는 두 번째 방식으로 성조를 표현했다. 16쪽 '사람'이라는 한자 人[rěn]을 참고하라.
성조는 책을 보면서 공부하는 것만으로는 터득하기 어렵다. 홈페이지에서 MP3를 다운로드 받아 반복해 연습하기를 추천한다.

제1성 = ā = 가장 높은 성조. 처음부터 끝까지 높은 음을 길게 낸다
제2성 = á = 중간음에서 시작해 끝이 올라가는 소리
제3성 = ǎ = 조금 낮은 음에서 시작해 떨어졌다가 다시 올라가는 소리
제4성 = à = 가장 높은 음에서 낮음으로 떨어지는 소리
숫자가 없음 = 평범하고 자연스러운 소리

二 룡 [er]
철인사이드 하나를 그요명
종이 된다.

2

기본을 익히자

기본형, 복합형, 단어조합

응용표현

人 **사람** [rén]

(사람 인) 맨 처음 배울
기본형 한자는 '사람'이다.
마치 걸어가는
사람의 옆모습처럼 보인다.

亻 **사람** [rén]

동일하게 '사람'을 나타내지만,
부수로 사용하는 형태다. 29쪽의
伙를 참고하라.

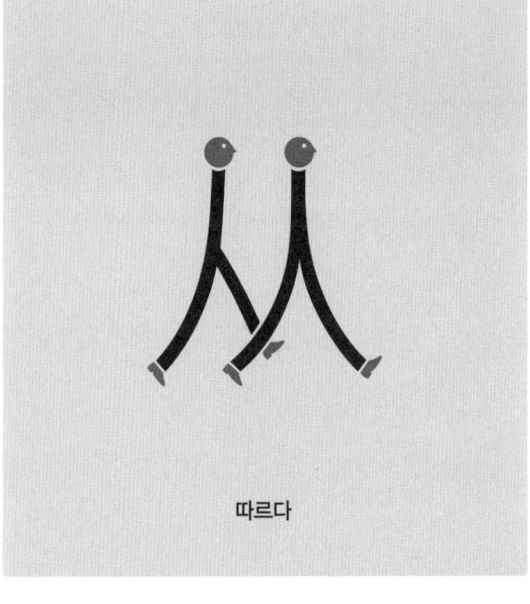

따르다

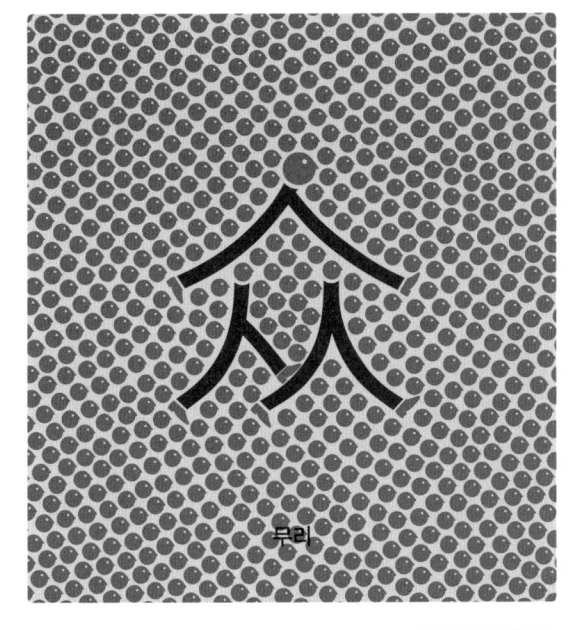

무리

크다

남자

从 따르다 [cóng]

(따를 종) 한 사람이 앞에 가고 바로 뒤에 다른 사람이 따라오는 형태다. '~부터'라는 의미로도 쓰이는데, 뒤에 시간이나 장소가 따라온다. 번체자는 從이다.

众 무리 [zhòng]

(무리 중) 둘이 있으면 짝이 되고 셋부터는 무리가 된다. 사람을 뜻하는 한자 세 개가 '무리'를 만들었다. '많은 사람', '많다'라는 의미로도 쓰인다. 번체자는 衆이다.

大 크다 [dà]

(큰 대) 사람이 팔을 쭉 뻗은 모습을 나타낸다. "여기 봐. 이렇게 크다니까!"라고 말하는 사람의 모습을 생각해보라.

夫 남자 [fū]

(지아비 부) '크다'의 大 위에 가로획 하나를 그어서 만든다. 마치 넓은 어깨를 그려놓은 듯하다. '남편'을 뜻하기도 한다.

大人 어른/성인 [dàrén]
키가 크다고 다 어른은 아니지만
그래도 어른은 몸집이 크다.
크다 + 사람 = 어른/성인

大众 대중 [dàzhòng]
대중은 큰 무리들로 이루어진다.
크다 + 무리 = 대중

众人 많은 사람 [zhòngrén]
무리는 다양한 사람들로
구성된다. 이 단어는 '모든 이들'
이라는 의미도 있다.
무리 + 사람 = 많은 사람

夫人 부인 [fūrén]
고대 중국에서 여자는 결혼 후
남편의 소유물에 지나지 않았다.
여자는 남편의 사람이 된다.
남자/남편 + 사람 = 부인

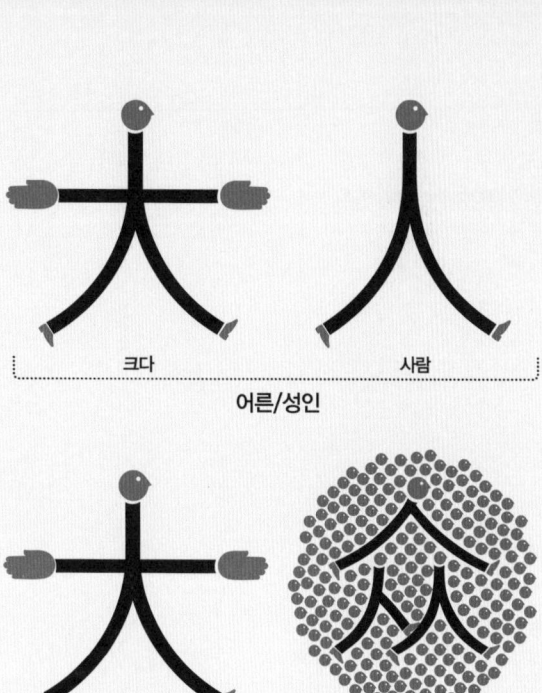

크다 · 사람

어른/성인

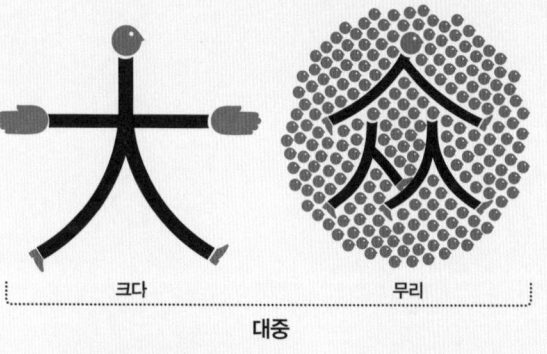

크다 · 무리

대중

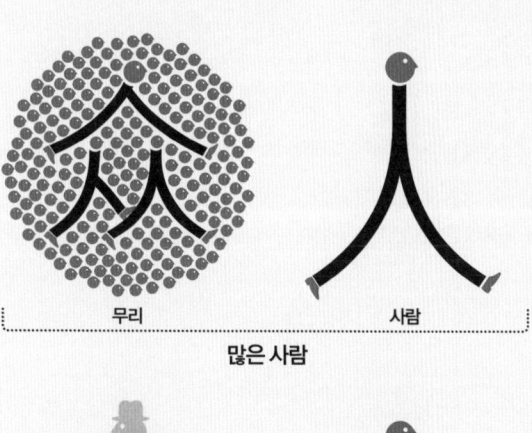

무리 · 사람

많은 사람

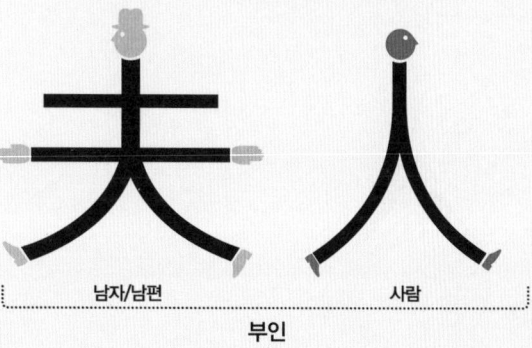

남자/남편 · 사람

부인

지나치게

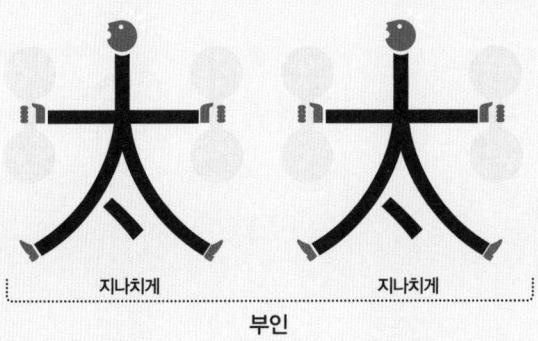

부인

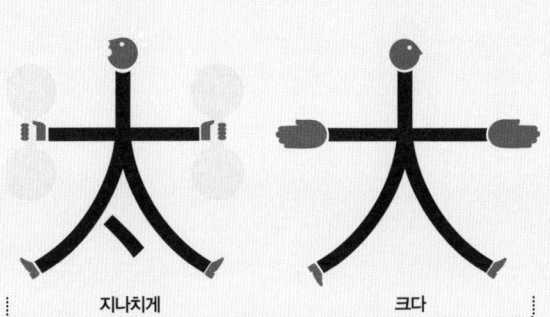

거창하다

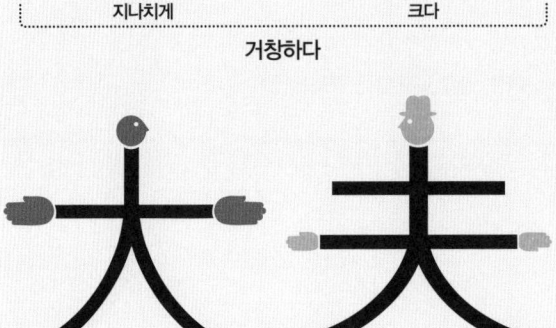
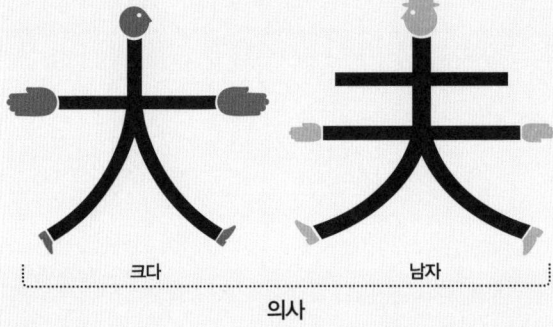

의사

太 지나치게 [tài]

(클 태) 大자 밑에 획 하나를 찍어 만들었다. 훨씬 더 크다는 뜻으로 '너무', '매우', '몹시'라는 의미로도 쓴다.

太太 부인 [tàitai]

좀 이상한 단어다. '지나치게'가 두 개가 모이면 '부인' 혹은 '아내'라는 뜻이 되다니.
지나치게 + 지나치게 = 부인

太大 거창하다 [tàidà]

너무나 간단한 단어다.
지나치면 거창해 보일 때도 있다.
지나치게 + 크다 = 거창하다

大夫 의사 [dàifu]

이 단어에는 두 가지 의미가 있다. 편안하고 부드럽게 [dài + fu]로 발음하면 '의사'라는 뜻이 되지만 [dà + fū]로 발음하면 '계급이 높은 사람'이라는 뜻이다.
크다 + 남자 = 의사

¥ 엔화 [티앤]

(화폐 값) ¥ 하이에 흰 하나를
엔도둑옹으로 '화', '잡호,'이라는
옷이 든다. 있게 하기 되 해드
사람과 양 사이 옷을 시계를
의미한다. 이 문자, 화,는
옷이으로 했다.

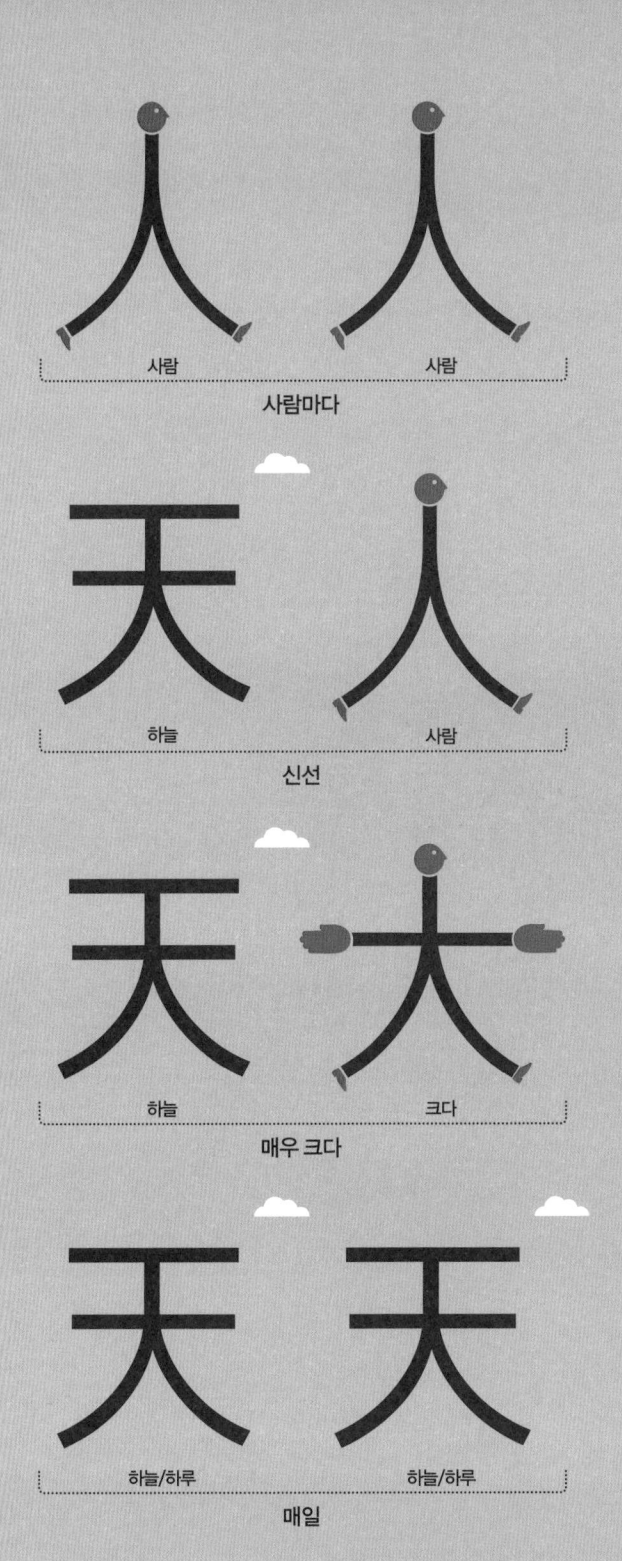

人人 **사람마다** [rénrén]
사람 + 사람 = 사람마다

天人 **신선** [tiānrén]
하늘 + 사람 = 하늘과 사람
= 하늘에서 내려온 사람, 신선

天大 **매우 크다** [tiāndà]
하늘보다 무엇이 크겠는가?
하늘 + 크다 = 하늘만큼 크다
= 매우 크다

天天 **매일** [tiāntiān]
앞에서 말한 것처럼 天의
또 다른 의미는 '하루'다.
하루 + 하루 = 매일

口 **입** [kǒu]

(입 구) 이 한자는 크기에 따라
의미가 달라진다. 크기가 작으면
'입', 크면 '에워싸다'라는 뜻이다.

口 **에워싸다**

입을 뜻하는 口와 어떤 차이가
있는지 구별하겠는가?
이 한자는 절대 단독으로 쓰지
않고, 보통 복합형 한자에서
'에워싸다'라는 의미로 사용한다.
口가 혼자 쓰일 땐 '입'을
의미한다. '에워싸다'라는 의미를
나타낼 때 단독으로 쓰는 한자는
囲 [wéi]다.

외침

품질

이유

돌아가다

吅 외침 [xuān]

소리는 입에서 나온다. 입이 두 개면 더 많은 소리가 나지 않겠는가! 잘 쓰지 않는 한자이나 중국 친구들에게 실력을 뽐내고 싶을 때 써먹을 수 있을 것이다.

品 품질 [pǐn]

(물건 품) 입들이 각각 의견을 말하고 있다. 물건의 품질은 사람들이 하는 말로 판단된다. '물건', '제품', '등급'이라는 의미로도 쓰인다.

因 이유 [yīn]

(인할 인) '에워싸다'를 의미하는 口와 大가 결합했다. '~때문에'라는 의미로도 쓰인다.

回 돌아가다 [húi]

(돌 회) 작은 입과 '에워싸다'를 합했다. 욕조에 있던 물이 소용돌이처럼 돌아가며 빠져나가는 모습을 떠올리면 기억하기 쉽다. '되돌아오다'를 뜻하기도 한다.

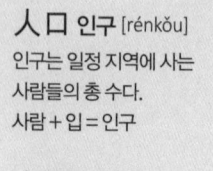 人口 **인구** [rénkǒu]

인구는 일정 지역에 사는
사람들의 총 수다.
사람 + 입 = 인구

人品 **인품** [rénpǐn]

사람의 됨됨이는 그 사람의
인품을 보고 판단해야 한다.
사람 + 품질 = 인품

回人 **회족 사람** [húirén]

回는 이슬람교를 믿는 중국의
소수민족인 '회족'을 뜻하기도
한다. 이들은 중국에서 공인한
소수민족 중 하나다.
회족+사람=회족 사람

人魚 **인어** [rényú]

고대 중국에서는 큰 도롱뇽을
지칭하는 단어였으나
오늘날에는 '인어'를 뜻한다.
사람 + 물고기 = 물고기인 사람
= 인어

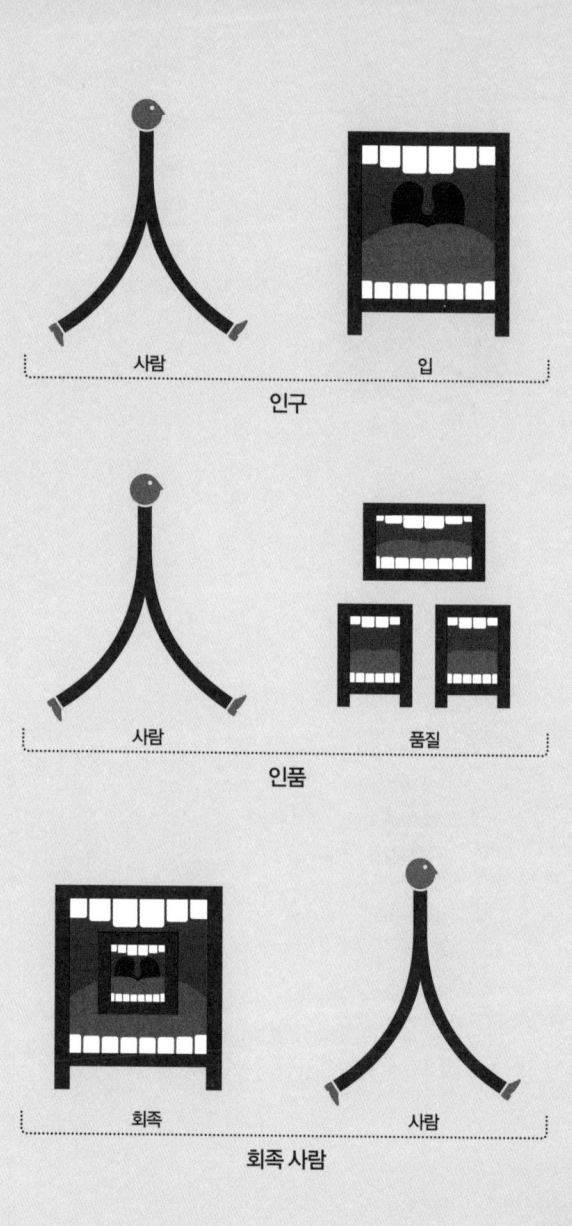

사람 　　　 입
인구

사람 　　　 품질
인품

회족 　　　 사람
회족 사람

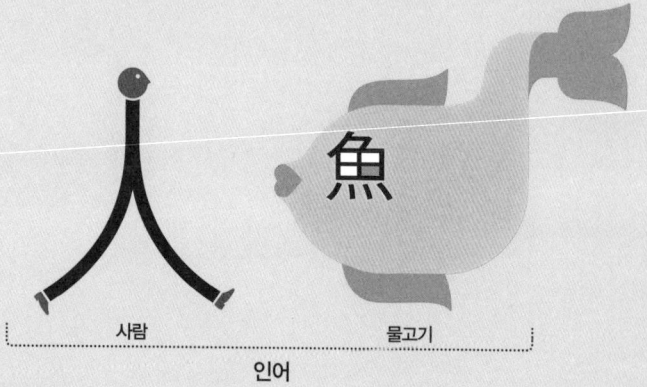

사람 　　　 물고기
인어

魚 물고기 [yú]

(물고기 어) 갑골문자나 고대 한자 서체인 전서에서는 수상 척추동물을 의미했으나 시간이 지나며 그 의미가 '물고기'로 변했다. 간체자는 鱼 이다.

犬 개 [quǎn]

(개 견) 大의 오른쪽 위에 점을 하나 찍어 만들었다. 갑골문자 초기 형태에 개의 형상이 그려져 있었는데, 오른쪽 위의 점은 꼬리를 의미했다. '개'를 뜻할 때 狗를 자주 쓰지만, 복합형 한자에 犬이 쓰이므로 알아두면 좋다.

犭 개 [quǎn]

개犬을 변형한 것으로 부수로 쓰인다. 113쪽 '거닐다'를 참고하라.

짖다   울다   그릇

吠 짖다 [fèi]

(짖을 폐) 입과 개가 결합했다.
개가 입을 벌리고 소리를 내면
짖는 소리가 난다.

哭 울다 [kū]

(울 곡) 개와 입을 뜻하는 口가
두 개 결합했다. 소리내어서
운다는 의미다.

器 그릇 [qì]

(그릇 기) 개와 네 개의 입을
합했다. '도구'라는 의미도 있다.

크다   짖다

크게 짖다

大吠 크게 짖다 [dàfèi]

크다 + 짖다 = 크게 짖는 소리
= 크게 짖다

크다   울다

큰 소리로 울다

大哭 큰 소리로 울다 [dàkū]

그밖에도 '울음이 터지다'라는
의미로도 쓰인다. 크다 + 울다
= 큰 울음 = 큰 소리로 울다

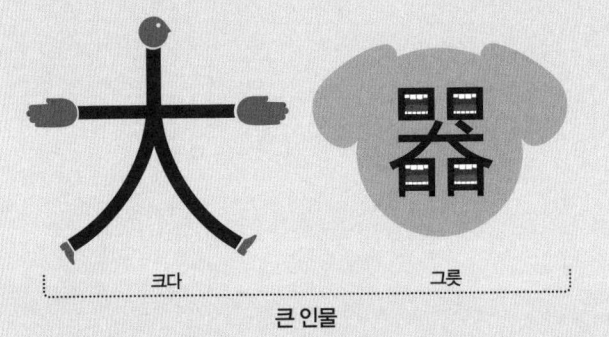

크다   그릇

큰 인물

大器 큰 인물 [dàqì]

'훌륭한 재능'이라는 뜻도 있다.
크다 + 그릇 = 큰 인물

火 불 [huǒ]

(불 화) 큰 불꽃이 중앙에 있고
작은 불씨가 양측에 붙은 모습이다.
캠프파이어의 모닥불을 연상시키
기도 하는데, "도와주세요! 제 몸에
불이 붙었어요!"라고 외치며
팔을 휘젓는 사람을 떠올리면
기억하기 쉬울 것이다.

灬 불 [huǒ]

불火를 변형한 것으로 부수로
사용한다. 이 부수가 들어가면
불이나 뜨거운 것과 관련 있다.
41쪽의 '어린 양'을 참고하라.

뜨겁다

화염

무리

먹다

炎 뜨겁다 [yán]
(불꽃 염) 두 개의 불이 위아래로 쌓여 있는 모습이다. 그래서 두 배 더 뜨겁다. '무덥다', '염증'이라는 뜻으로도 쓰인다.

焱 화염 [yàn]
(불꽃 염) 火는 불꽃 하나를 나타내지만 이것이 세 개가 되면 활활 타오르는 화염으로 변한다. 주로 인명에 쓰인다.

伙 무리 [huǒ]
(세간 화) 고대 중국에서 불은 주로 요리와 난방을 위해 사용했는데, 불 주변에 모여 든 사람들은 그 집단의 일원으로 간주하였다. '공동 식사', '동료/친구'의 의미로도 쓰인다.

啖 먹다 [dàn]
(먹을 담) 입과 불이 결합한 것으로 '먹다' 혹은 '먹이다'라는 뜻이 있다. 중국 음식은 입에 불이 날 정도로 매운 것들이 많은데, 특히 쓰촨 성 음식이 맵기로 유명하다.

炎炎 타는 듯하다 [yányán]

이글거리는 불꽃은 뜨거운 열기로
타오른다. 이 단어는 炎炎夏日
'타는 듯이 뜨거운 여름'처럼
날씨를 말할 때 쓴다.
뜨겁다 + 뜨겁다 = 타는 듯하다

焱焱 불덩어리 [yànyàn]

같은 뜻인 단어를 반복해서
썼다고 생각할 수도 있겠지만
열정의 불꽃과 같이
다른 의미의 불꽃도 있다.
화염 + 화염 = 불덩어리

大伙 모두들 [dàhuǒ]

고대 중국에서 불을 피우는
행위는 요리할 시간이라는 것을
의미했다. 불 주변에 모여 음식을
함께 먹는 사람들은 '배우자'나
'친구', '동료'였다.
크다 + 무리 = 모두들

뜨겁다   뜨겁다

타는 듯하다

화염   화염

불덩어리

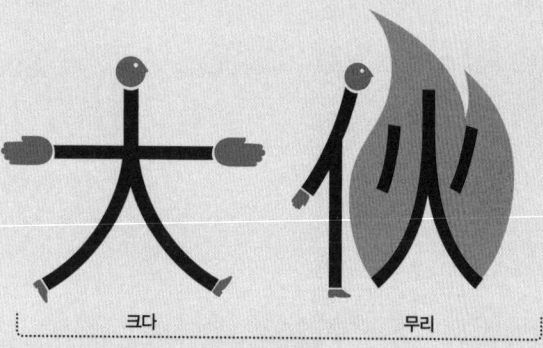

크다   무리

모두들

울화통에 관한 고찰

불火은 중국 전통 의학에서 가장 중요시하는 5대 기본 요소(오행五行) 중 하나다.
5대 요소는 사람마다 각기 다르게 구성되어 태어나는데
이들이 어떻게 구성되어 있는지에 따라 성격과 체질이 달라진다.
중국 의학 이론에서는 이런 요소들이
불균형을 이루면 아프게 된다고 생각하는데,
특히 '불'이 균형을 이루지 못하면 걱정, 불안, 불면증과 같은 문제가 생긴다고
한다. 불이라는 요소는 사람들이 화를 내는 기질과 관련이 있다.
이론적으로 내면에 불이 자꾸 쌓이면, 그 사람의 화도 쌓이게 되어
결국에는 울화통이 터지게 된다는 것이다.

火大 화가 나다 [huǒdà]
분노에 타오르는 사람은
매우 화가 난 사람이다.
이 단어는 비속어로 쓰인다.
불＋크다＝화가 나다

大火 큰불 [dàhuǒ]
아주 간단한 단어다.
크다＋불＝큰불

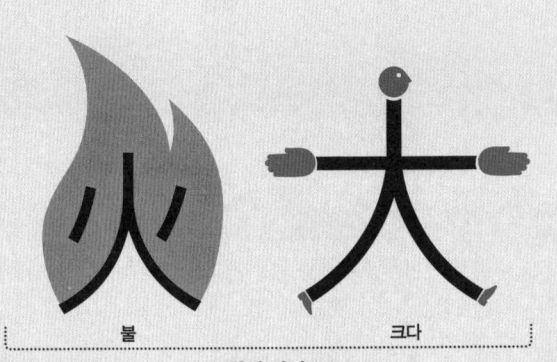

불 　 크다
화가 나다

크다 　 불
큰불

木 나무 [mù]

(나무 목) 나무에 줄기가 달려 있는 모습을 하고 있다. '나무로 만든', '검소하다', '순박하다', '굳다' 등의 뜻으로도 쓰인다.

수풀

산림

기초/근본

오다

林 수풀 [lín]
(수풀 림) 나무 두 그루가 수풀을 이루면 그 푸르름은 나무 한 그루보다 더 크다. 이 한자는 성姓으로도 쓰인다.

森 산림 [sēn]
(나무 빽빽할 삼) 나무 세 그루는 산림을 만드는데, 이는 한두 그루보다 훨씬 더 푸르다. 형용사일 때는 나무들이 빽빽하게 들어선 것처럼 '빽빽하게 많다' 혹은 '무성하다'라는 의미다.

本 기초/근본 [běn]
(근본 본) 집을 지을 때는 가장 먼저 기초부터 만든다. 과거에 집의 기초는 목재로 만들었다. '근본'이라는 뜻으로도 쓰인다.

來 오다 [lái]
(올 래) 나무에 '사람'이라는 한자 두 개가 붙어 있다. 간체자는 **来**이다.

本來 원래 [běnlái]
근본 + 오다 = 원래

本人 본인 [běnrén]
사람의 근본은 본인의 자아에
영향을 준다.
근본 + 사람 = 사람의 근본 = 본인

來人 심부름꾼 [láirén]
통신수단이 없던 때
사람이 모든 메시지를 전달했다.
이 단어는 옛날에 쓰이던 것으로
시적인 느낌을 주기도 한다.
오다 + 사람 = 심부름꾼

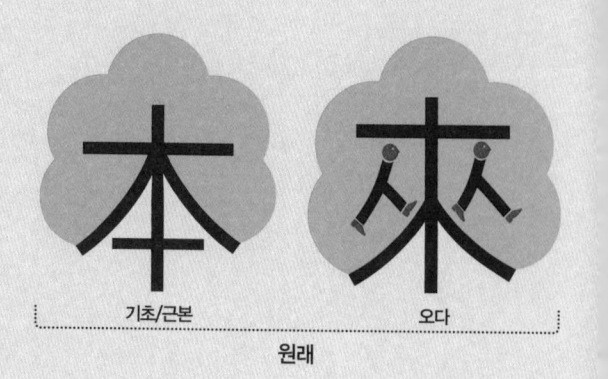

기초/근본   오다

원래

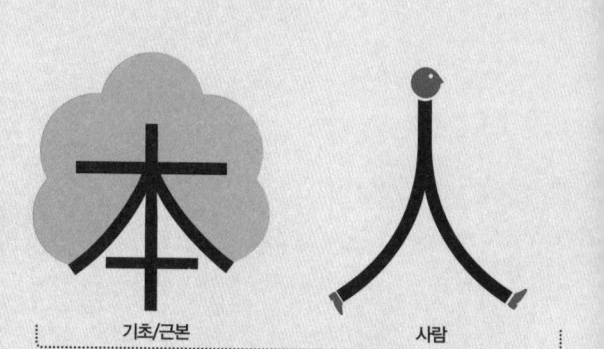

기초/근본   사람

본인

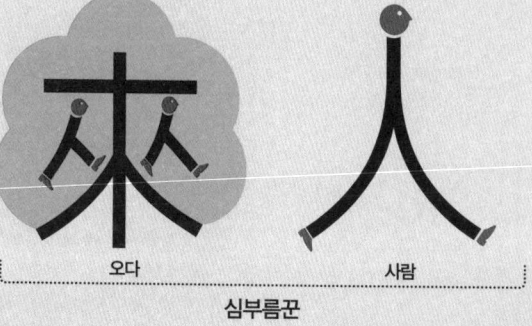

오다   사람

심부름꾼

문장을 쓰는 방향

"나는 화가 났다"를 문장으로 어떻게 쓸까?
중국어 문장은 가로로 쓸까, 아니면 세로로 쓸까?
중국어는 두 방향 모두 가능하다. 왼쪽에서 오른쪽으로,
오른쪽에서 왼쪽으로도 쓸 수 있고 위에서 밑으로 써내려갈 수도 있다.
하지만 밑에서 위로 올라갈 수는 없다.
오늘날 가장 많이 쓰는 스타일은 영어, 프랑스어, 스페인어, 독일어처럼
왼쪽에서 오른쪽으로 쓰는 방식이다.
오른쪽에서 왼쪽으로 쓴 것이 고대 문학이나 중국의 도로 표지판에 종종 있는데,
영어와 중국어가 같이 쓰인 경우라면 읽을 때 상당히 어색하게 느껴진다.
어떤 책 표지는 영어 제목은 왼쪽에서 오른쪽으로,
중국어 제목은 오른쪽에서 왼쪽으로 적혀 있는 경우도 있다.
두루마리에 적힌 글은 세로로 적혀 있는데 오른쪽에서 왼쪽으로 읽어야 한다.
오른쪽에 있는 세로줄 맨 위부터 시작해서 아래로 내려가며
두루마리의 왼쪽 방향으로 읽어나가도록 한다.

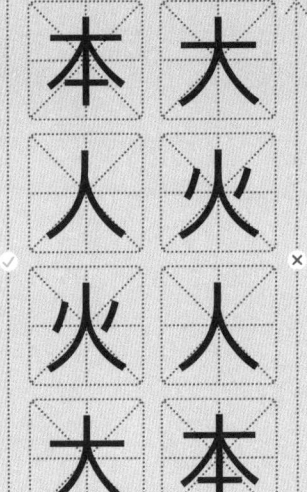

本人火大 나는 화가 났다. [běn rén huǒ dà]
본인 + 화가 나다 = 본인이 화가 났다 = 나는 화가 났다

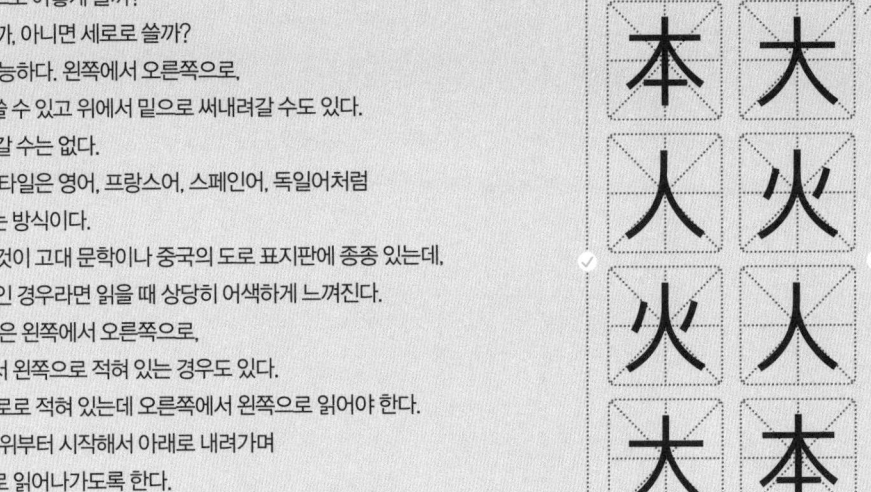

기초/근본   사람   불   크다

나는 화가 났다

살구

멍청하다

아직 ~ 하지 않다

끝

杏 살구 [xìng]

(살구나무 행) 나무와 입을 합했다. 입을 벌리고 나무 아래에 있으면 살구가 입속으로 떨어지지 않을까?

呆 멍청하다 [dāi]

(어리석을 태) 나무와 입을 다른 형태로 합했다. 나무가 말을 한다고 생각하는 건 어리석다. '어리석다', '둔하다'로도 쓰인다.

未 아직 ~ 하지 않다 [wèi]

(아닐 미) 고대 문자에서 이 한자는 이파리나 단풍이 풍성하게 붙은 실제 나무의 모습을 형상했다. '미래'라는 의미로도 쓰인다.

末 끝 [mò]

(끝 말) 이 나무의 맨 위 나뭇가지는 다 자란 것처럼 보인다. 위의 획이 아래 획보다 더 길어야 하며 '최후의', '마지막의'라는 뜻도 있다.

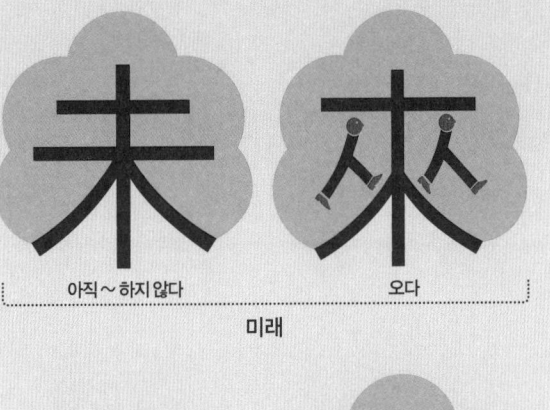

아직 ~ 하지 않다   오다

미래

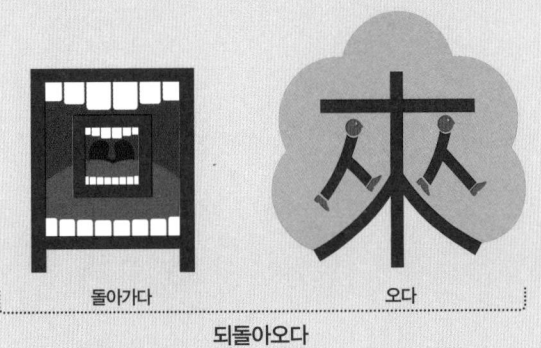

돌아가다   오다

되돌아오다

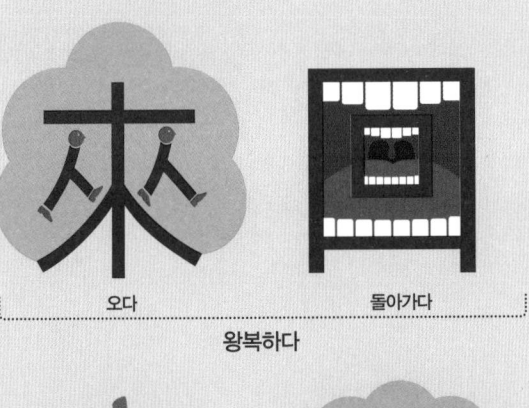

오다   돌아가다

왕복하다

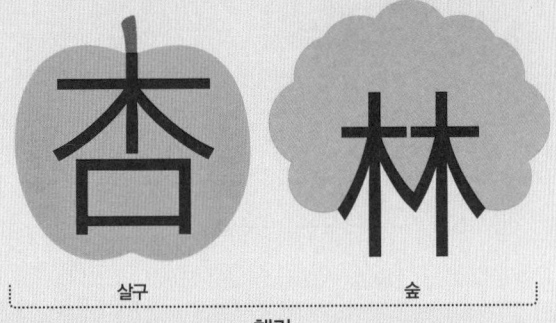

살구   숲

행림

未來 미래 [wèilái]
아직 ~ 하지 않다 + 오다 = 미래

回來 되돌아오다 [húilái]
돌아가다 + 오다 = 되돌아오다

來回 왕복하다 [láihúi]
오다 + 돌아가다 = 왔던 곳으로
다시 돌아가다 = 왕복하다

杏林 행림 [xìnglín]
'살구나무 숲'을 말한다.
중국 오나라에 명의가 있었는데,
환자를 치료해주고는 돈 대신
살구나무 묘목을 받았다고 한다.
시간이 흐른 후 살구나무는 숲을
이루었고, 명의는 그 살구 열매를
곡식과 바꾸어 가난한 이들에게
나눠줬다고 한다. 이후 '행림'은
의사나 의료를 아름답게 부르는
말로 쓰였다.
살구 + 숲 = 살구나무 숲 = 행림

休 휴식하다 [xiū]

(쉴 휴) 사람과 나무가 결합했다.
사람이 나무에 기대어 쉬는
모습을 연상하면 기억하기 쉽다.

体 신체 [tǐ]

(몸 체) 사람과 근본이 결합했다.
사람의 근본은 신체에 있다.
'몸'으로도 쓰이며 번체자는
體이다.

人体 인체 [réntǐ]

사람 + 신체 = 인체

大体 대체로 [dàtǐ]

이 단어는 '대체', '대략'이라는
뜻으로 사용한다.
크다 + 신체 = 대체로

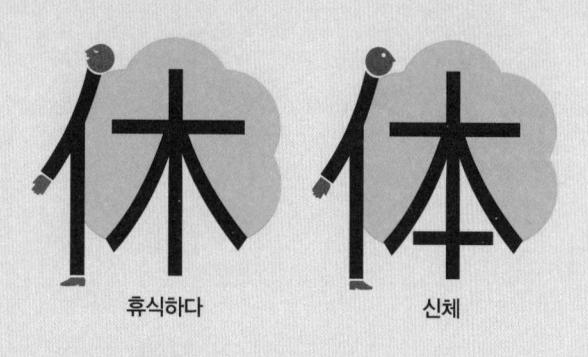

휴식하다   신체

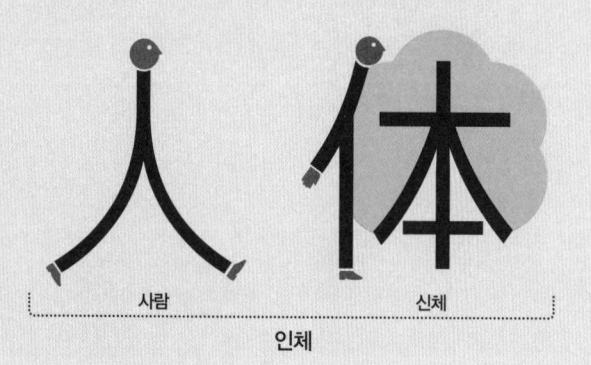

사람   신체

인체

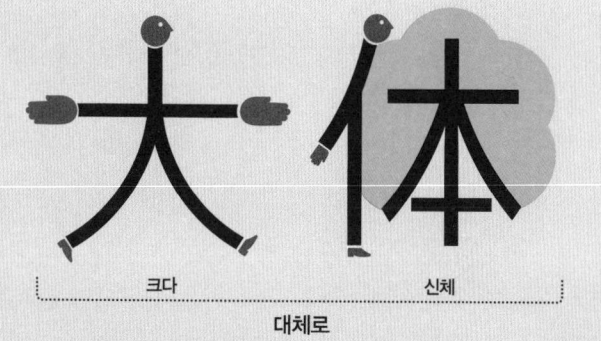

크다   신체

대체로

竹 대나무 [zhú]

(대 죽) 이 한자는 대나무 두 개에 이파리가 붙은 모습이다.

笨 어리석다 [bèn]

(멍청할 분) 대나무와 근본을 결합한 것으로 '어리석다'라는 뜻이 있다. 이 책을 읽으며 자신이 笨하다고 생각하지는 않았겠지? 그런데 이 책, 쉽지 않은가?

羊 양 [yáng]

(양 양) 중국어에서 羊은 염소 과科 동물 전체를 지칭한다. 그래서 이 한자가 쓰인 복합형 한자나 단어는 문맥에 따라 양인지 염소인지 아니면 다른 동물인지 판단해야 한다. 복합형 한자에서 羊이 등장하면 양과 같은 모습, 혹은 긍정적인 의미와 관련 있다.

아름답다

신선하다

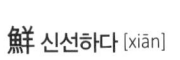

새끼 양

양의 울음소리

美 아름답다 [měi]
(아름다울 미) 양과 '크다'가 결합했다. 고대 중국인은 양이 행운을 가져다준다고 생각했다. 또한 이 한자는 '미국'의 약자로도 쓰인다. 79쪽을 참고하라.

鮮 신선하다 [xiān]
(싱싱할 선) 왼쪽에는 '물고기'가 오른쪽에는 '양'이 결합했다. 원래는 물고기의 새끼를 의미했으나 오늘날에는 뜻이 확장되어 '신선하다'라는 의미로 사용한다. 간체자는 **鲜**이다.

羔 새끼 양 [gāo]
(새끼양 고) 양과 불을 결합했다. 동물의 새끼를 의미하기도 한다.

咩 양의 울음소리 [miē]
(양이 울 미) 입과 양이 결합한 것으로 양의 입에서 나오는 울음 소리인 "메에에~"를 의미한다.

山 산 [shān]

(뫼 산) '산'이라는 뜻으로
산꼭대기를 본뜬 것이다.

나가다

꾸짖다

신선

두 개의 산

出 나가다 [chū]
(날 출) 과거에는 중국의 황제가 누군가를 추방시킬 때 산을 넘어 다른 곳으로 보냈다고 한다. 그런 의미에서 이 한자는 '퇴장하다'라는 의미로도 사용된다.

咄 꾸짖다 [duō]
(꾸짖을 돌) 입과 산이 결합하여 만든 것으로 '꾸짖는 소리'라는 의미로도 쓰인다.

仙 신선 [xiān]
(신선 선) 사람과 산을 결합한 것으로 '비범한 사람'이라는 의미도 있다.

屾 두 개의 산 [shēn]
(같이 선 산 신) '두 개의 산'이라는 뜻 이외에 성姓으로 주로 쓰인다.

出口 출구 [chūkǒu]

어디로 나가야 하는지
말해주는 입은 출구다.
나가다 + 입 = 출구

出來 나오다 [chūlái]

아주 쉬운 단어다.
나가다 + 오다 = 나오다

出品 생산하다 [chūpǐn]

사람들에게 제품을 주려면
무엇을 해야 하는가?
당연히 제품을 생산해야 한다.
'출품하다'의 의미로도 쓰인다.
나가다 + 물건 = 생산하다

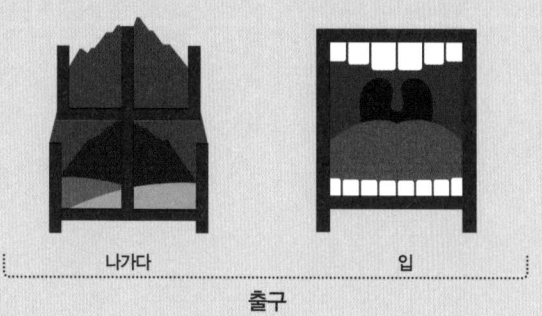

나가다 · 입

출구

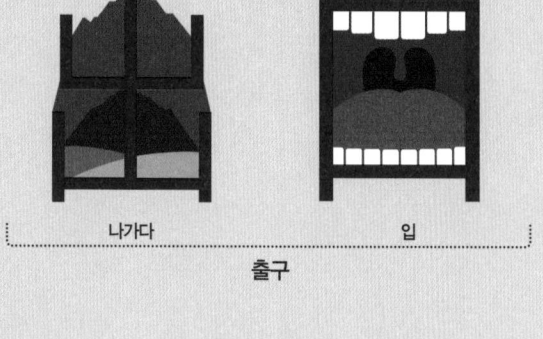

나가다 · 오다

나오다

나가다 · 품질/물건

생산하다

火山 화산 [huǒshān]
불 + 산 = 화산

火山口 분화구
[huǒshānkǒu]
화산 + 입 = 화산의 입 = 분화구

休火山 휴화산
[xiūhuǒshān]
휴식하다 + 화산 = 쉬는 화산
= 휴화산

불 · 산
화산

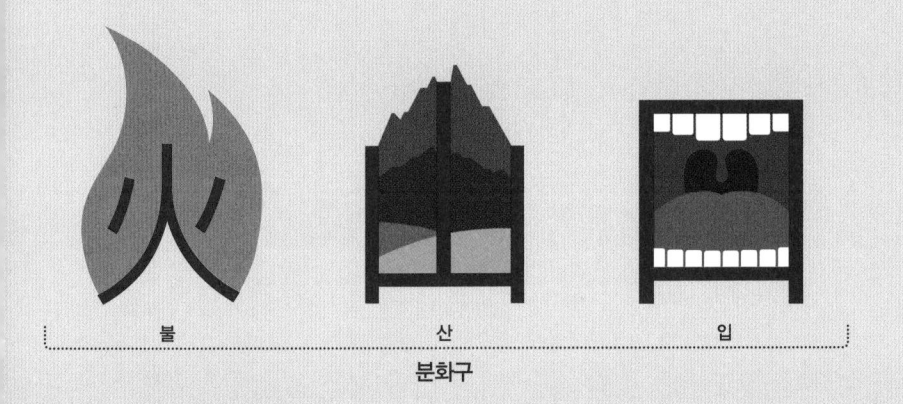

불 · 산 · 입
분화구

휴식하다 · 불 · 산
휴화산

女 여자 [nǚ]

(계집 녀) 바닥에 무릎을 꿇고 앉아
있는 여자의 모습에서 유래했다.
'딸'을 나타내기도 하며 형용사로
쓰일 땐 '여성의'라는 뜻이다.

같은 한자를 반복하는 중국어

두 여자가 함께 있는 한자는 '말다툼'을 의미한다.

여러분도 이제 눈치챘겠지만 중국어에서 한자 하나만 단독으로
쓰이는 경우는 거의 없다. 여러 상황에서 의미를 명확하게 전달하기 위해
다른 한자와 함께 쓰이는 경우가 많은데, 같은 한자가 반복되어 만드는 한자도 많다.
다음 페이지에 나오는 '여동생'이라는 의미의 妹는 반복해서 妹妹라고 쓰는 것이
더 일반적이다. 이런 현상은 중국어에서 아주 흔히 볼 수 있다.
156쪽에 이와 관련된 구체적인 예가 있다.
반복해서 쓰면 그 단어의 의미가 더 확실하게 전달된다.
人人(사람마다, 21쪽), 天天(매일, 27쪽), 白白(헛되게, 63쪽),
媽媽(엄마, 77쪽), 公公(할아버지, 141쪽) 모두 글자가 반복되는 단어의 예다.
영어 단어처럼 한자도 명사, 동사, 형용사로 쓰인 경우에 따라 뜻이 달라지기도 한다.
女는 '여자'라는 명사지만 '여자, 여인'를 말할 때는 女人이라는 단어를 더 많이 쓴다.
이 경우 女를 '여성의'라는 형용사로, 人을 '사람'이라는 명사로 사용한 것이다.
또 다른 예는 '숲'이다. 森이라는 한자는 '숲, 산림'을 의미하지만(33쪽),
보통 '숲'을 말할 때는 森林이라는 단어를 더 많이 쓴다(156쪽).
이 경우 森는 '숲과 같은'이라는 형용사로서 뒤에 있는
명사 林(수풀, 나무 여러 그루)을 수식해준다. '내일'이라는 단어도 좋은 예다.
明이라는 한자는 '밝다', '밝음', '내일'을 의미한다(57쪽).
하지만 '내일'을 의미할 때는 明日이라는 단어를 더 많이 쓰는데
明은 형용사로서 '하루'라는 명사 日을 수식해주는 역할을 한다.

妠 말다툼 [núan]
(송사할 난) 과거에는 두 여자가
한 방에 있으면 으레 말다툼을
한다고 생각했다.

姦 간통 [jiān]
세 여자와 함께 있는 남자는 으레
바람을 피운다.

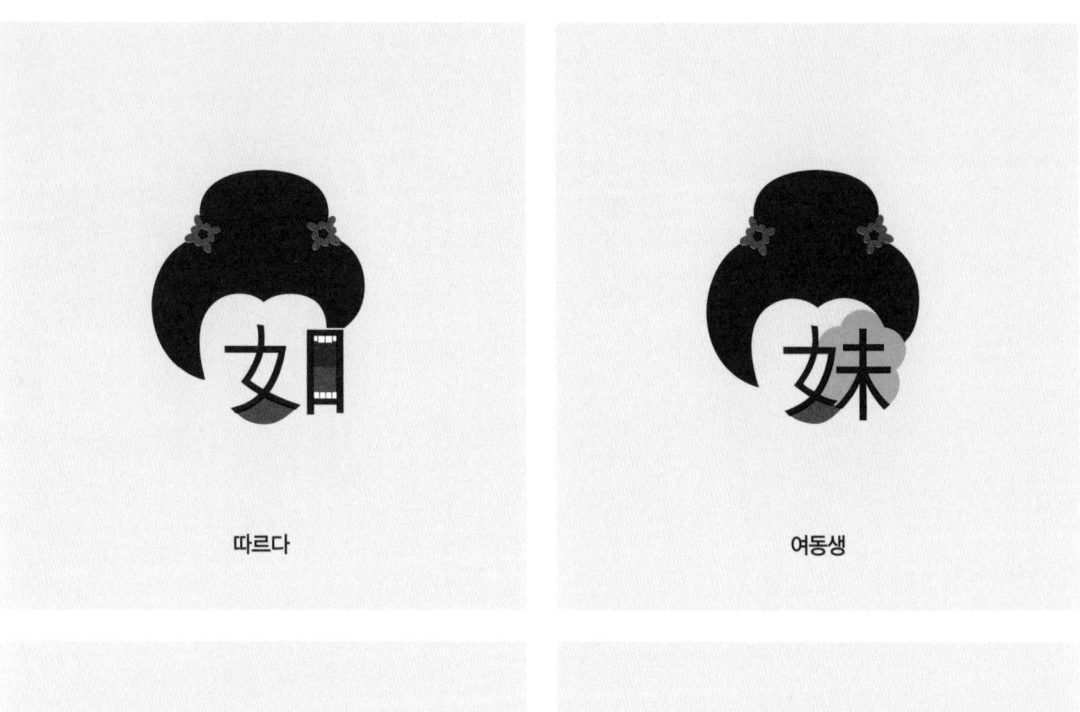

따르다

여동생

딸

탐내다

如 따르다 [rú]

(같을 여) 여자와 입을 결합했다. 고대 중국에서는 여자들이 함부로 의견을 말하지 못 하도록 복종을 강요받았다. '~와 같이(65쪽 참고)', '만일, 만약(87쪽 참고)'의 뜻도 있다.

妹 여동생 [mèi]

(누이 매) 여자와 '아직 ~하지 않다'의 未가 결합한 것으로, 말 그대로 '아직 여자가 되지 않은'이라고 해석한다. 어린 여동생을 지칭할 때 쓴다.

囡 딸 [nān]

(아이 닙) 여자와 '에워싸다'가 결합했다. 과거 중국 여자아이들은 결혼할 때까지 단정함을 잃지 않기 위해 가족들의 보호를 받으며 집 안에 있었다. '어린이'라는 뜻으로도 쓰인다.

婪 탐내다 [lán]

(탐할 람) 산림과 여자를 합한 한자다. '욕심내다'라는 의미로도 쓰인다.

仙女 요정/선녀 [xiānnǚ]
신화에 등장하는
불멸의 존재 중 요정들은
대부분 여자와 관련이 있다.
신선 + 여자 = 요정/선녀

女人 여인 [nǚrén]
여성스러운 사람은 '여인'이다.
여자/여성의 + 사람 = 여인

大妹 첫째 여동생 [dàmèi]
중국에서 가족 간의 서열은
상당히 중요했다.
집안의 권위는 나이와 성별을
바탕으로 정해졌는데, 남자들이
나이순으로 집안의 위계 순서에
오른 다음 여자는 첫째부터
막내까지 서열을 정했다.
크다 + 여동생 = 큰 여동생
= 첫째 여동생

신선	여자

요정/선녀

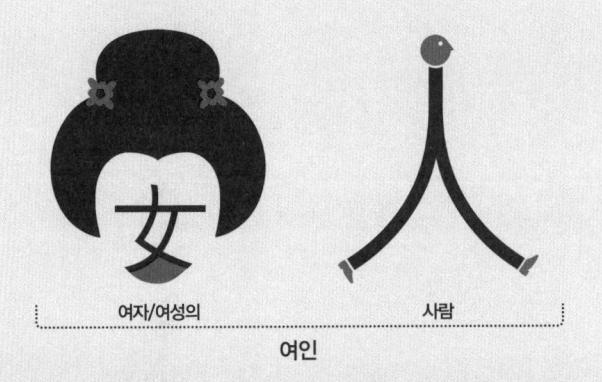

여자/여성의	사람

여인

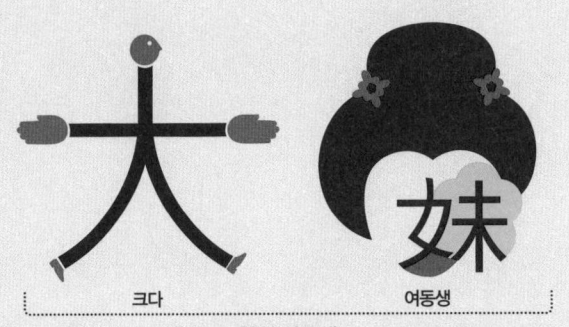

크다	여동생

첫째 여동생

鳥 새 [niǎo]

(새 조) 갑골문자에서 이 한자는
새를 묘사했다. 현재는 발톱
네 개와 큰 꼬리털 한 개가 있는
새의 모습을 하고 있다.
간체자는 鸟이다.

제1장물 [生]
(근원) 생명이 흐르는 이치, 기의 차원
보이다

日 해 [rì]

(날 일) 갑골문자에서 '해'를
의미하는 글자는 동그라미
가운데에 점을 찍은 모양이었다.
그러다가 시간이 지나면서 서양의
창문을 닮은 형태로 변화했다.
이 한자는 '하루'를 뜻하기도 한다.

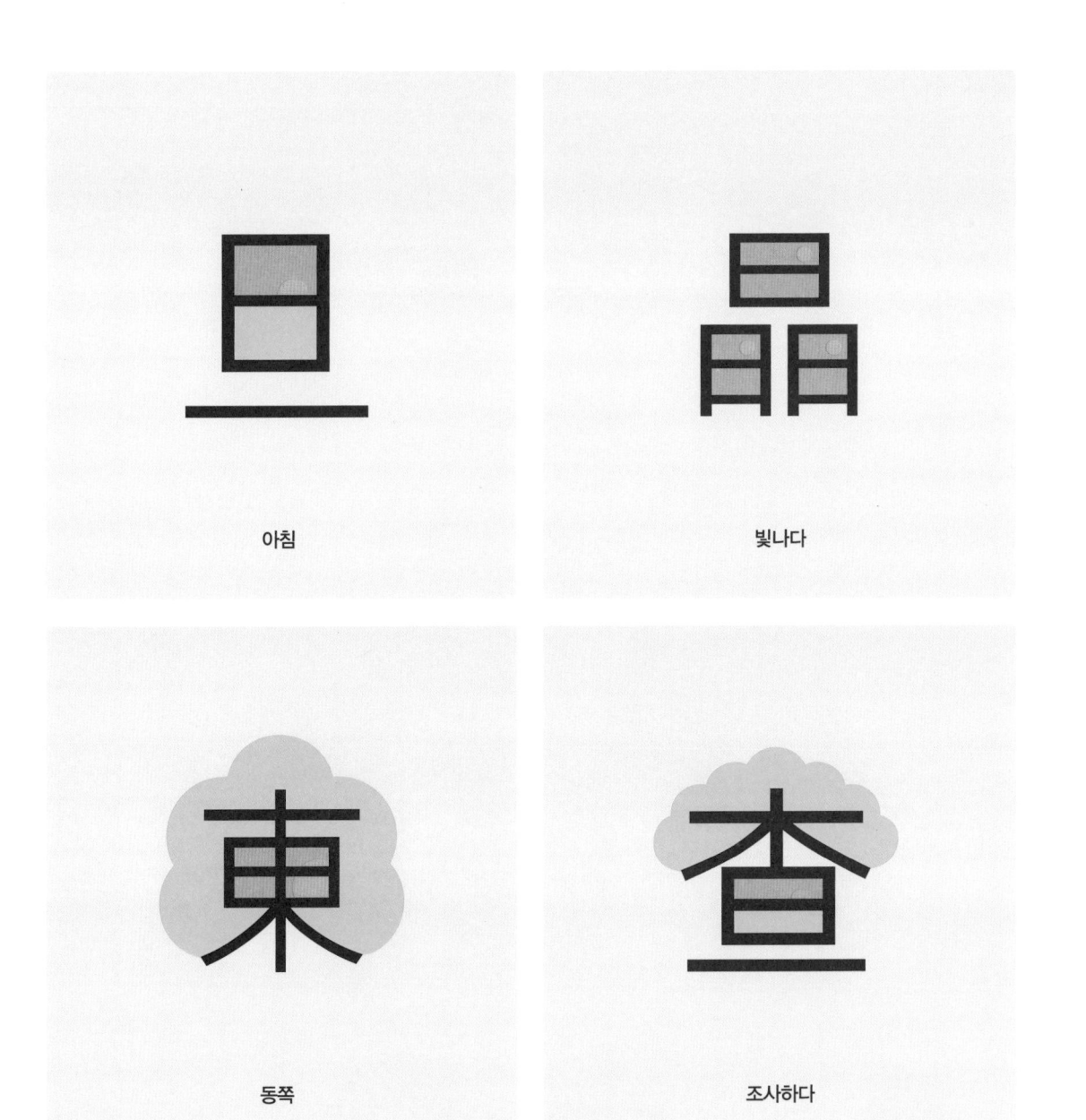

아침

빛나다

동쪽

조사하다

旦 아침 [dàn]

(아침 단) 해가 수평선 위로 떠오르는 장면을 생각하면 기억하기 쉽다.

晶 빛나다 [jīng]

(밝을 정) 과거에는 세 개의 동그라미로 표현했는데, 두 개를 밑에 그리고 그 위에 한 개를 올려놓은 모양이었다. '반짝이다', '똑똑하다', '수정'의 의미도 있다.

東 동쪽 [dōng]

(동녘 동) 나무와 해를 합했다. 해는 동쪽에서 떠오르고, 사람들은 나무 사이로 해가 뜨는 것을 보았을 것이다. 간체자는 **东** 이다.

查 조사하다 [chá]

(조사할 사) 원래는 '뗏목'을 의미했다. 수평선 너머에 무엇이 있는지를 조사하러 가려면 뗏목이 필요했을 것이다.

山東 산동 지역 [shāndōng]

산동은 중국 동쪽 해안에 위치한 지역이다. 중국에서 문화적으로 가장 중요한 곳 중 하나로 도교의 역사적 중심지이자 유교의 발생지. '산의 동쪽'이라는 뜻의 山東은 이곳이 타이항 산의 동쪽에 있기 때문에 붙여졌다.

山東人

산동인 [shāndōngrén]

산의 동쪽 + 사람
= 산동 지역 사람 = 산동인

山東女人

산동 여자 [shāndōngnǚrén]

산의 동쪽 + 여자
= 산동 지역 여자 = 산동 여자

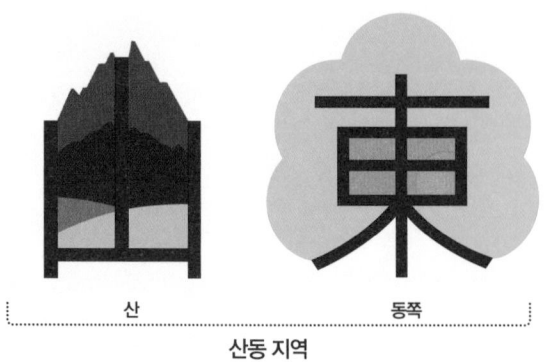

산	동쪽

산동 지역

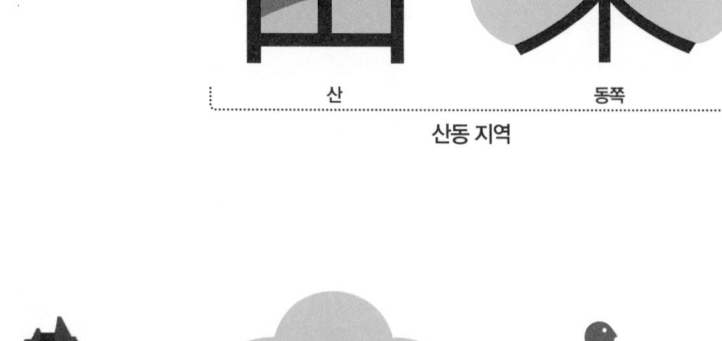

산	동쪽	사람

산동인

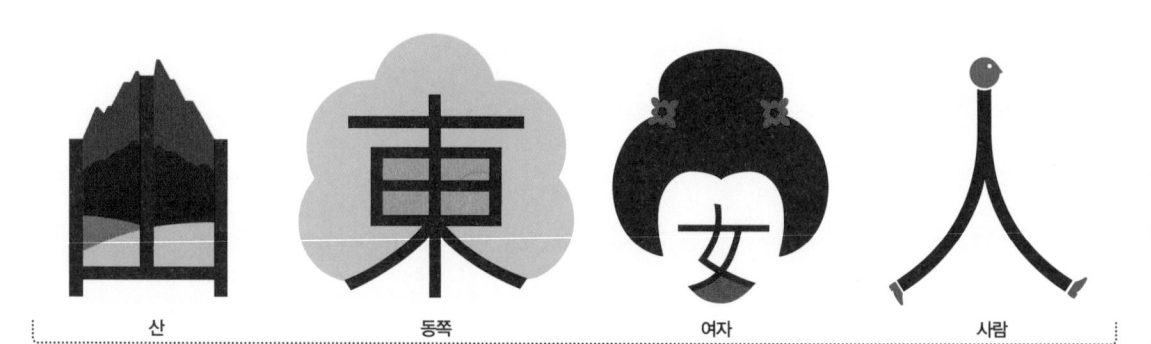

산	동쪽	여자	사람

산동 여자

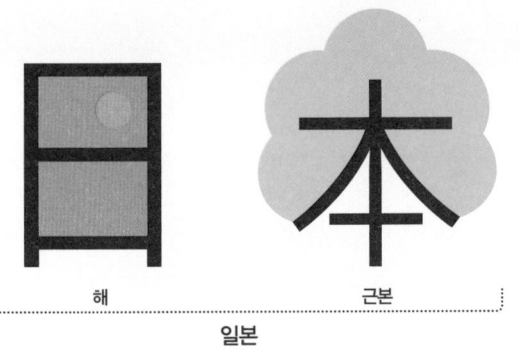

해 　　　　　　　　　　　근본

일본

日本 **일본** [rìběn]

일본은 중국의 동쪽에 위치해
있다. 해는 동쪽에서 떠오른다.
해 + 근본 = 일본

日本人
일본인 [rìběnrén]

일본 + 사람 = 일본인

日本女人
일본 여자 [rìběnnǚrén]

일본 + 여자 = 일본 여자

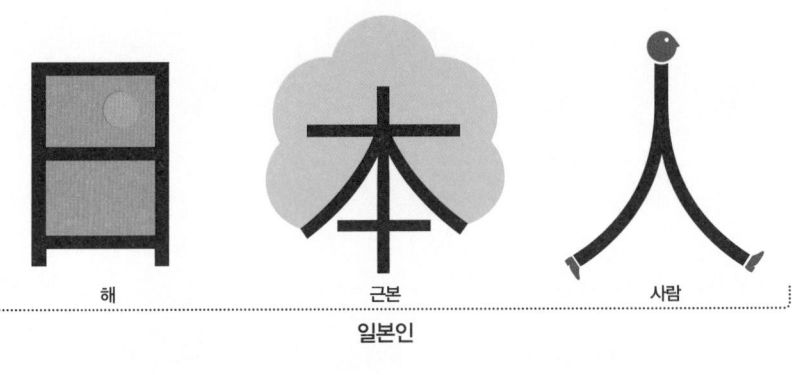

해 　　　　　　　근본 　　　　　　　사람

일본인

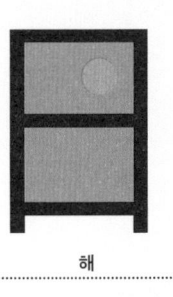

해 　　　　　근본 　　　　　여자 　　　　　사람

일본 여자

月 달 [yuè]

(달 월) 초승달 모양에서 유래했다.
'월'이라는 뜻으로도 쓰인다.

肉 = 月 고기 [ròu]

(고기 육) 고기 혹은 육류를
뜻하는 肉이 부수로 쓰일 때는
달月과 비슷해 보인다. 두 한자의
차이를 그냥 구분할 수는 없고,
부수로 쓰인 한자의 의미로
뜻을 파악한다. 식당 메뉴판에
月이 부수로 쓰인 한자나, 肉이
쓰였다면 고기가 들어간 요리라고
생각하면 된다.

친구

밝다

쓸개

피부

朋 친구 [péng]
(벗 붕) 상형문자에서는 조개 껍질 두 개를 그린 것이었다. 당시에는 조개가 화폐로 사용되고 있었다.

明 밝다 [míng]
(밝을 명) 해와 달이 동시에 뜨면 '밝다' 혹은 '환하다'라는 한자가 된다. '내일의, 내년의'라는 뜻도 있다. 47쪽 설명을 참고하라.

胆 쓸개 [dǎn]
(쓸개 담) 무언가를 담는 '용기'를 뜻하기도 한다. 번체자는 膽이다.

肤 피부 [fū]
(살갗 부) 고기와 남자가 결합한 한자다. 번체자는 膚이다.

查出 알아내다 [cháchū]

조사하다 + 나가다
= 조사해 나가다 = 알아내다

查明 조사하여 밝히다
[cháming]

조사하다 + 밝다 = 조사한 것을
명확하게 하다 = 조사하여 밝히다

來日 장래에 [láirì]

해를 나타내는 日은 '날'이라는
뜻으로도 쓰인다.
오다 + 날 = 장래에

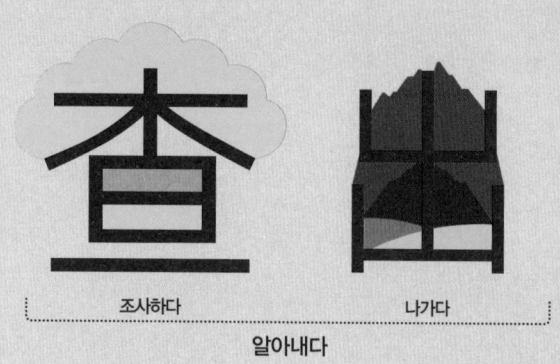

조사하다   나가다

알아내다

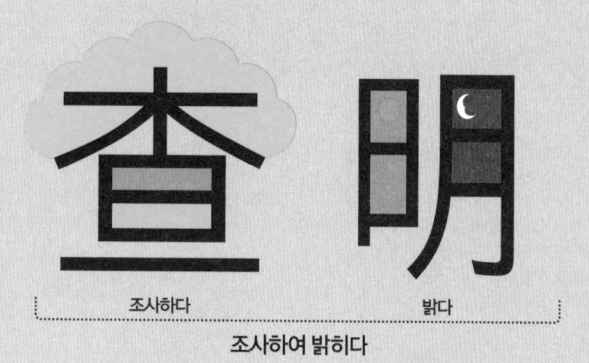

조사하다   밝다

조사하여 밝히다

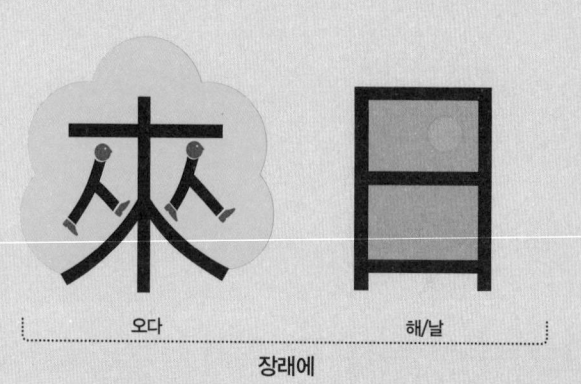

오다   해/날

장래에

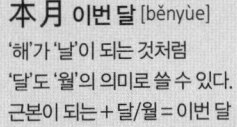

明日 내일 [míngrì]

낮과 밤이 지나면 내일이 온다.
밝다＋날＝내일

本日 오늘 [běnrì]

근본이 되는＋날＝오늘

本月 이번 달 [běnyùe]

'해'가 '날'이 되는 것처럼
'달'도 '월'의 의미로 쓸 수 있다.
근본이 되는＋달/월＝이번 달

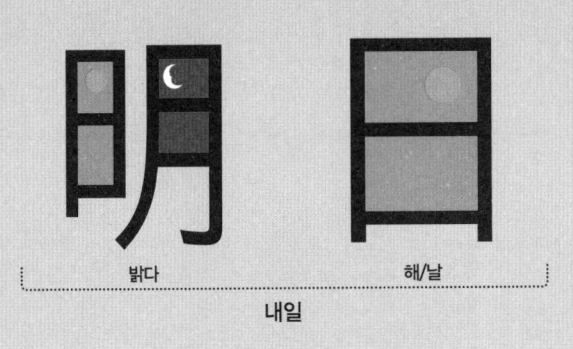

밝다 · · · · · · · · · · 해/날

내일

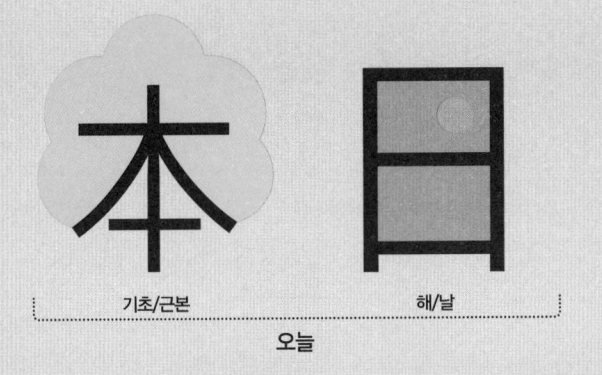

기초/근본 · · · · · · · · · · 해/날

오늘

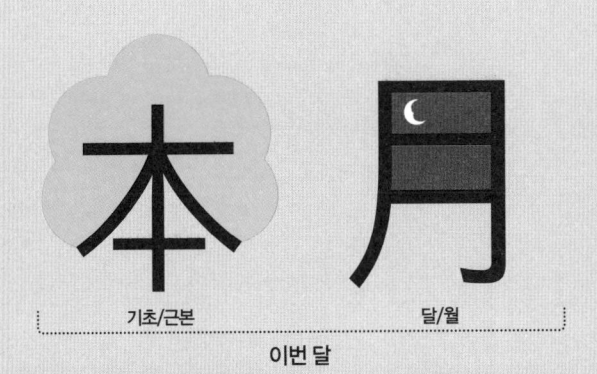

기초/근본 · · · · · · · · · · 달/월

이번 달

工 gong [gōng]
(장인) 전문기술자에게서 온의
맡은 공사를 ... 를 들고
있다. 청동 연수용 자기를
관찰하고, 후두부에는 그 의미가
활성화되어 있다. 그 옴, '공,' 원,
농으로 쓰인다.
工이 쓰인 한자는 대장과 관련 있다.

左 왼쪽 [zuo]
右 오른쪽 [you]
巫 무당 [wu]

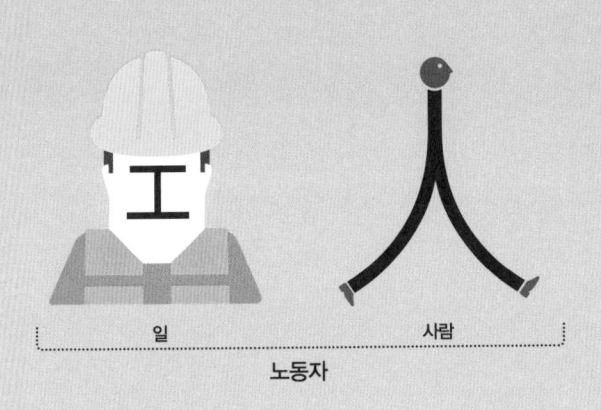

일   사람

노동자

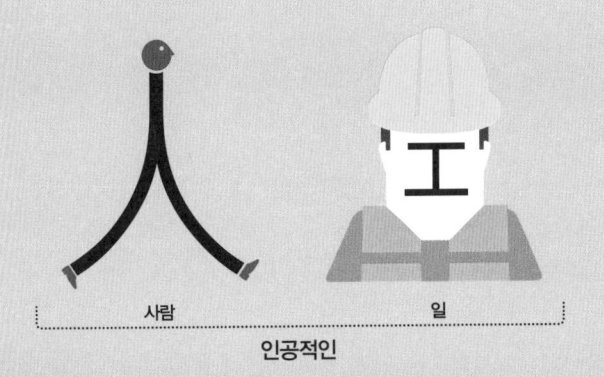

사람   일

인공적인

여자   일

여성 노동자

工人 **노동자** [gōngrén]
일 + 사람 = 일하는 사람
= 일꾼 혹은 노동자

人工 **인공적인** [réngōng]
사람 + 일 = 사람의 일 = 인공적인

女工 **여성 노동자** [nǚgōng]
여자 + 일 = (바느질 등) 여자의 일
= 여성 노동자

白 흰색 [bái]

(흰 백) '해'라는 한자 위에
획 하나를 그어서 만들었다.
눈이 부실 정도로 밝은 빛을
백색광이라고 하지 않는가.
태양은 우주에서 가장 밝은
빛으로 백색광을 내고 있다고
생각하면 쉽게 기억할 수 있다.

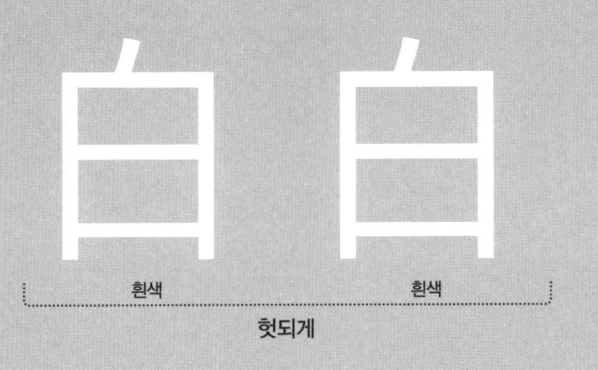

흰색 · 흰색

헛되게

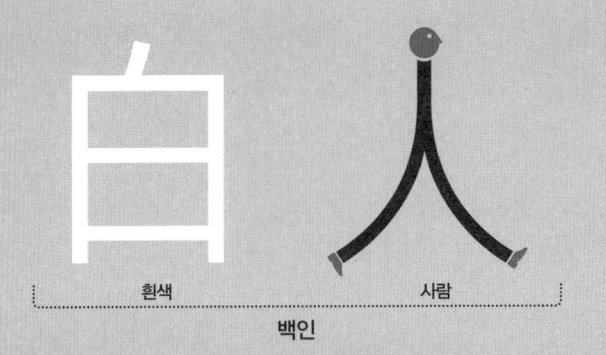

흰색 · 사람

백인

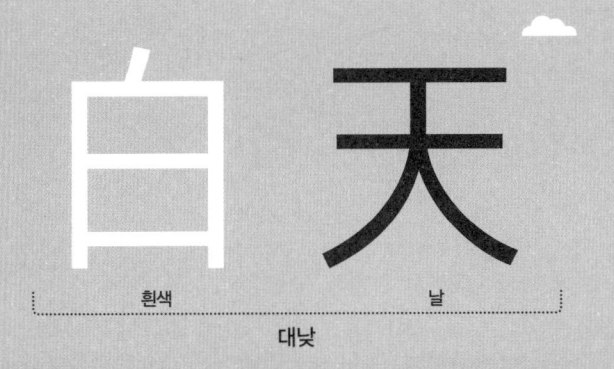

흰색 · 날

대낮

白白 헛되게 [báibái]
흰색 + 흰색 = 헛되게/의미 없는

白人 백인 [báirén]
흰색 + 사람 = 흰 사람 = 백인

白天 대낮 [báitiān]
여기에서 天은 '날'의 뜻으로
쓰였다. 흰색 + 날 = 대낮

習 배우다/연습하다 [xí]
(익힐 습) 이 한자는 '깃털'과
'흰색'이 합해진 것이다.
원래는 비행을 배우는 것을
뜻했다. 간체자는 习 이다.

虎 호랑이 [hǔ]
(범 호) 호랑이를 나타내는
이 기본형 한자에는 '용감하다',
'용맹하다'라는 뜻도 있다.

唬 겁주다 [hǔ]
(부르짖을 호) 입과 호랑이가
결합했다. 한밤중에 호랑이가
으르렁거리는 소리를 들으면
얼마나 무서울지 생각해보라.

| 양 | 들어가다 | 호랑이 | 입 |

양이 호랑이 입으로 들어가다

관용표현으로 쓰이는 **羊入虎口**는 '양이 호랑이 입으로 들어가다'라는 뜻이다.
위험한 상황으로 들어가 희생자가 될지도 모른다는 의미로 매우 위험하다는 경고의 표현이다.

| 따르다/~와 같이 | 호랑이 | 입 |

호랑이 입과 같이 위험한

'따르다' **如**는 '~와 같이'의 뜻이고, **虎口**는 '호랑이 입'을 나타내는데 위험하다는 의미이다.
표지판에 자주 쓰이는 표현인 **馬路如虎口**처럼 응용할 수 있는데
'대로는 호랑이 입과 같이 위험하다'라는 뜻이다.

門 문 [mén]

(문 문) 문을 나타내는 이 한자는
서부 영화의 술집에 나오는 문과
흡사하게 생겼다.
간체자는 门이다.

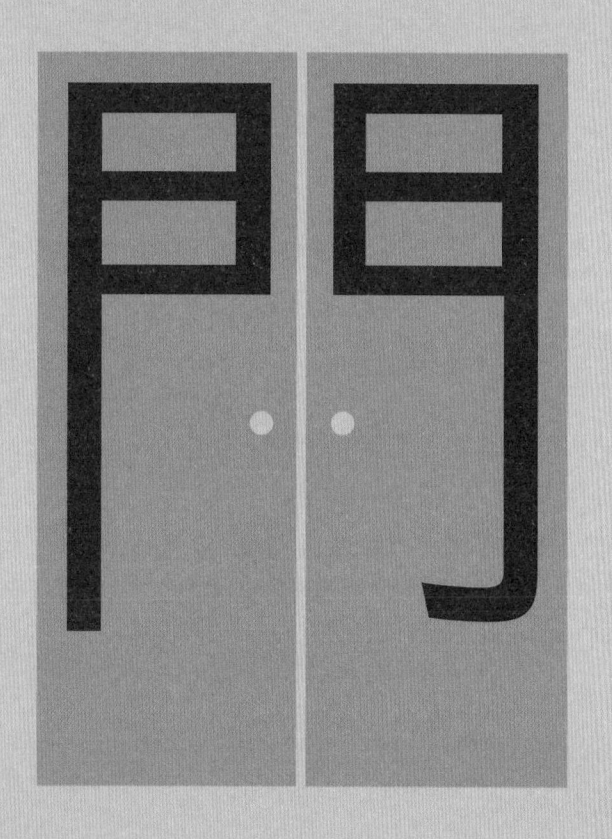

재빨리 움직이다

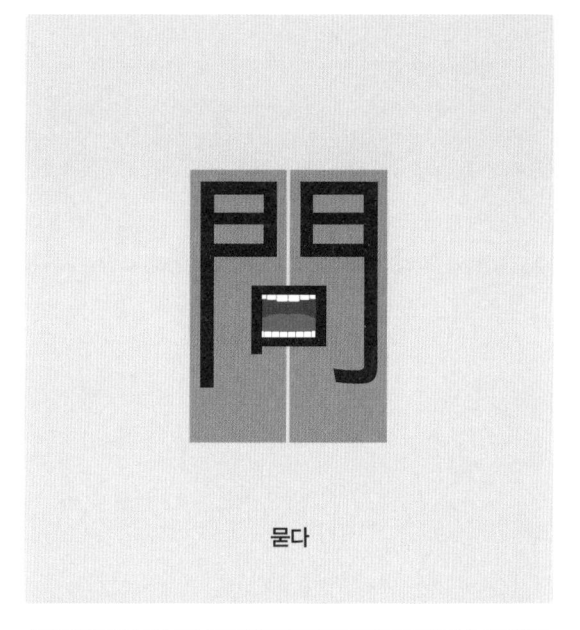

묻다

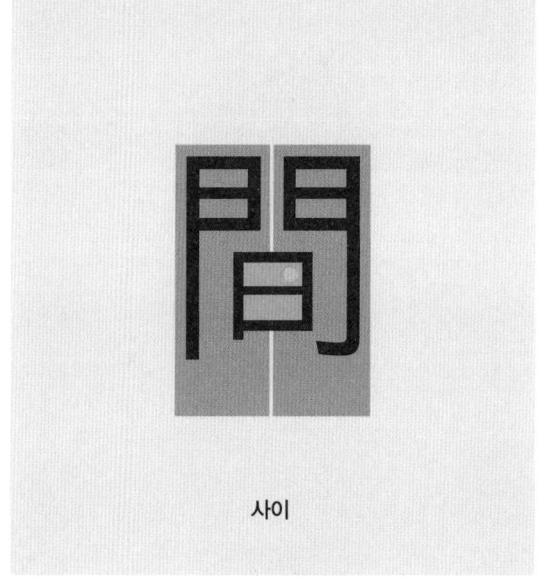

사이

한가하다

閃 재빨리 움직이다 [shǎn]
(번쩍일 섬) 한 사람이 붙잡히지 않으려고 술집 문으로 도망치는 장면을 생각하면 쉽게 외울 수 있다. 이 한자는 '번쩍이다'라는 뜻도 있다. 간체자는 **闪**이다.

問 묻다 [wèn]
(물을 문) 문과 입이 결합한 한자다. 질문은 지식을 향한 문을 여는 것이다. 간체자는 **问** 이다.

間 사이 [jiān]
(사이 간) 문과 해를 결합해서 만들었다. '공간', '틈'을 뜻하기도 한다. 간체자는 **间** 이다.

閒 한가하다 [xián]
(한가할 한) 전기가 없던 때, 어둠이 깔리고 달이 뜨면 일을 할 수 없었다. 이 한자는 '쓸데없다', '고요하다'의 뜻도 있다. 이 한자 대신 번체자 **閑**과 간체자 **闲**도 쓸 수도 있다.

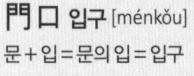

大門 대문 [dàmén]
크다+문=큰 문=대문

門口 입구 [ménkǒu]
문+입=문의 입=입구

大門口 정문 [dàménkǒu]
크다+입구=큰 입구=정문

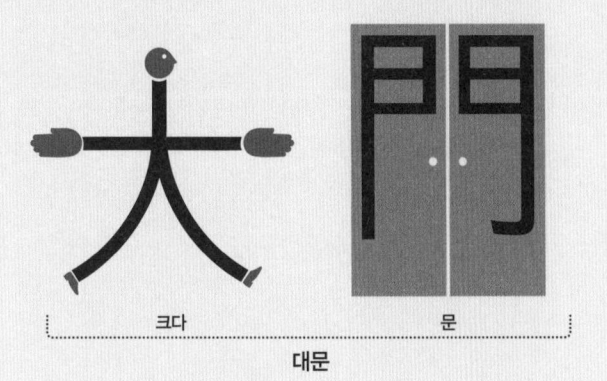

크다　　　　　　　　문
대문

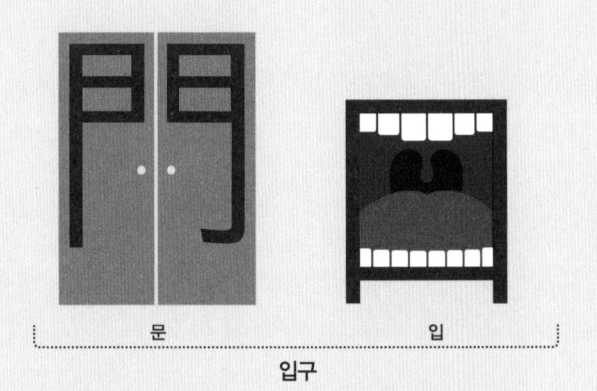

문　　　　　　　　입
입구

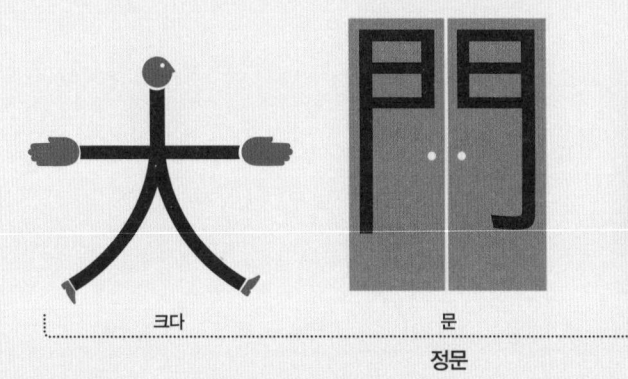

크다　　　　　문　　　　　입
정문

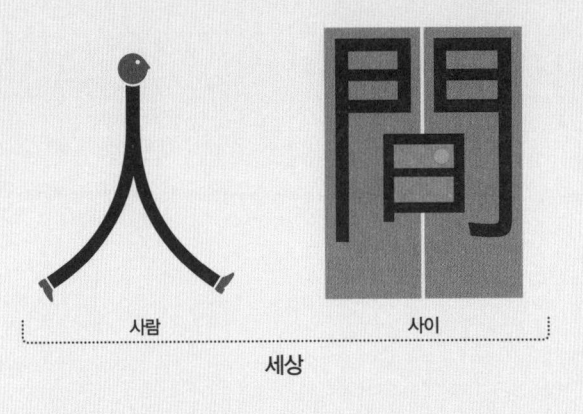

人 사람 　　間 사이

세상

人間/人间 세상 [rénjiān]
사람 + 사이 = 세상

閒人 한가한 사람
[xiánrén]
한가하다 + 사람 = 한가한 사람

閃人 재빨리 피하다
[shǎnrén]
재빨리 움직이다 + 사람
= 재빨리 피하다

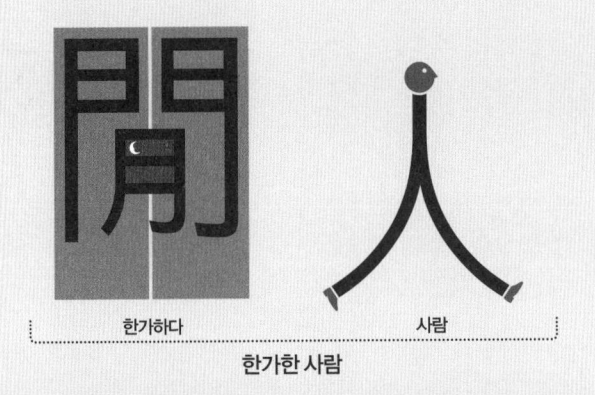

閒 한가하다 　　人 사람

한가한 사람

閃 재빨리 움직이다 　　人 사람

재빨리 피하다

水 물 [shuǐ]

(물 수) '물'을 뜻하는 이 한자는 작은 물줄기 두 개가 큰 강으로 합류하는 모습처럼 보인다.

氵 물 [shuǐ]

'물'의 부수 형태다. 삼수변三
點水으로 알려져 있는데 '물 세
방울'이라는 뜻으로 옆 쪽 淡을
참고하라.

물이 광활하게 펼쳐진

거품

샘물

담백하다

淼 물이 광활하게 펼쳐진 [miǎo]
(물 아득할 묘) 물 세 개를 합했다. 많은 물을 의미할 때 쓴다.

沫 거품 [mò]
(거품 말) 물과 '끝'을 나타내는 末자가 결합했다. 바닷물이 해안에 부딪치면 결국 거품이 된다고 생각하면 외우기 쉽다.

泉 샘물 [quán]
(샘 천) 흰색과 물이 결합했다. '샘'이라는 뜻도 있다. 흰 눈이 녹아 샘물이 되었다고 생각하면 쉽게 외울 수 있다.

淡 담백하다 [dàn]
(묽을 담) 물과 '뜨겁다'를 결합했다. '싱겁다', '적다', '희박하다'의 뜻도 있다.

江 강 [jiāng]
(강 강) 물+일

汝 당신 [rǔ]
(너 여) 물+여자

沐 씻다 [mù]
(머리 감을 목) 물+나무

淋 젖다 [lín]
(물 뿌릴 림) 물+수풀

水晶 수정 [shuǐjīng]

이 단어에 쓰인 水는
'물' 특유의 맑은 속성을 뜻한다.
물＋반짝이다＝수정

口水 침 [kǒushuǐ]

입＋물＝침

淡水 담수 [dànshuǐ]

이 단어는 대만 타이베이 북쪽에
있는 작은 도시의 이름이기도
하다. 담백하다＋물＝담수

淡月 불경기인 달 [dànyuè]

중국에서 장사가 잘 안 되는
불경기인 달淡月은 7월이다.
이때를 '유령의 달'이라고도 한다.
적다＋달＝적은 달＝불경기인 달

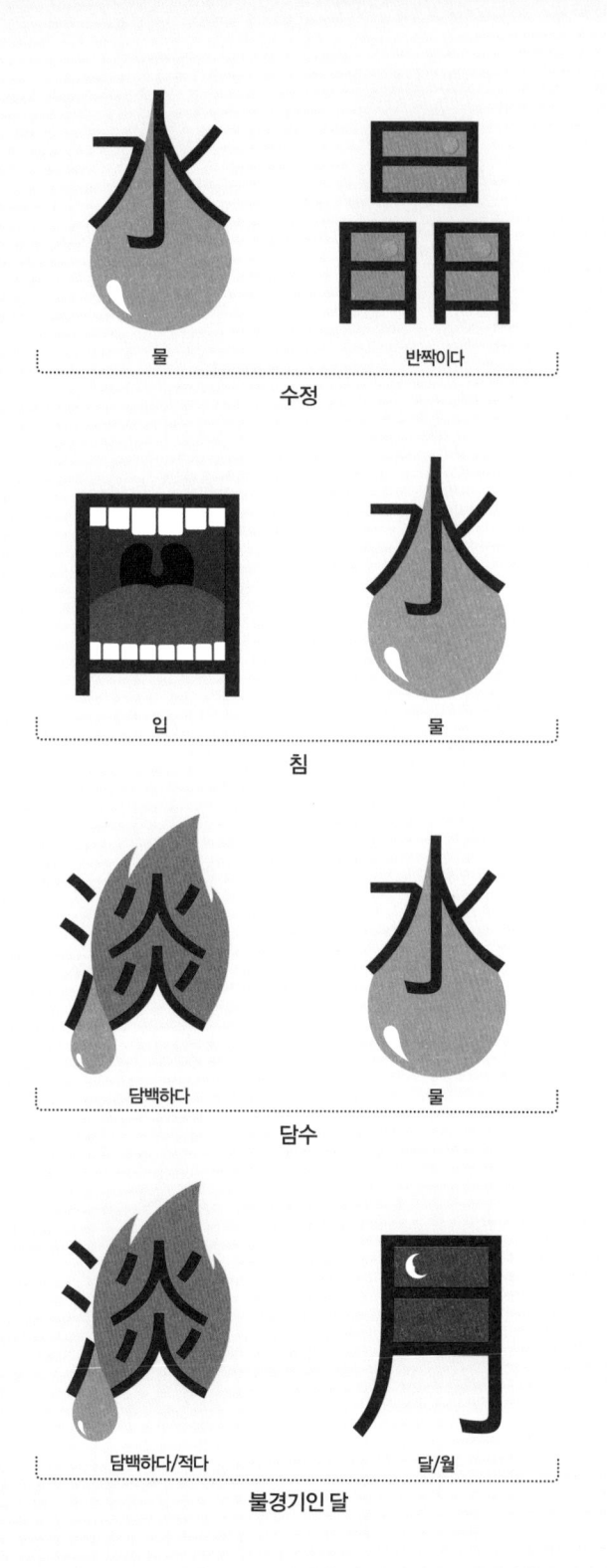

물　　　　반짝이다

수정

입　　　　물

침

담백하다　　　　물

담수

담백하다/적다　　　　달/월

불경기인 달

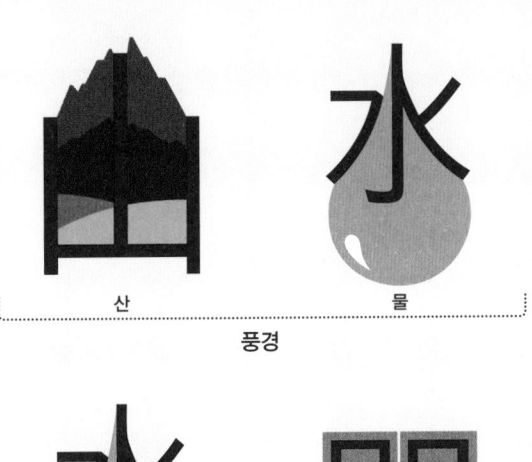

산

물

풍경

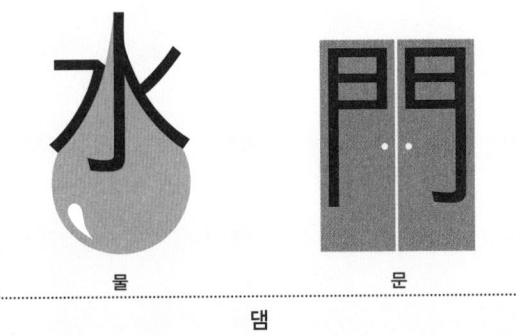

물

문

댐

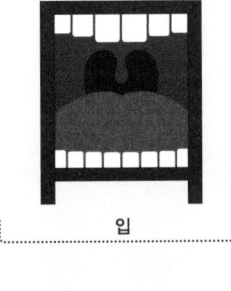

입

거품

침

샘

물

샘물

山水 풍경 [shānshuǐ]

대부분 풍경에는 멋진 산과 넓은 강이 있다. 일본의 후지산, 중국의 황산, 베트남의 하롱베이 등이 산수 풍경을 즐길 수 있는 대표적인 곳이다.

산 + 물 = 산과 물 = 풍경

水門 댐 [shuǐmén]

1970년대 미국에서 있었던 워터게이트 사건을 언급할 때도 사용했던 단어다. '워터게이트'를 그대로 번역하면 이 단어가 된다.

물 + 문 = 물의 문 = 댐

口沫 침 [kǒumò]

입 + 거품 = 입 거품 = 침

泉水 샘물 [quánshuǐ]

샘 + 물 = 샘물

牛 소 [niú]

(소 우) 원래는 황소를 뜻했으나
한자를 쓰는 방식이 예서로
바뀌며 '소'라는 뜻으로 변화했다.
복합형 한자에 이 글자가 들어
있으면 '고집'과 관련이 있다.

牛 소 [niú]

'소'를 의미하는 부수로 사용한다.

水牛 물소/버팔로
[shuǐniú]

물소는 초승달 모양의 큰 뿔이
달린 동물로 중국 남부 지방에서
경작을 위한 가축으로 길렀다.
물＋소＝물소＝버팔로

天牛 하늘소 [tiānniú]

하늘소는 검은 몸통에
작은 흰 반점이 있는 곤충인데
그 반점들은 밤하늘의 별을
연상시킨다.
하늘＋소＝하늘소

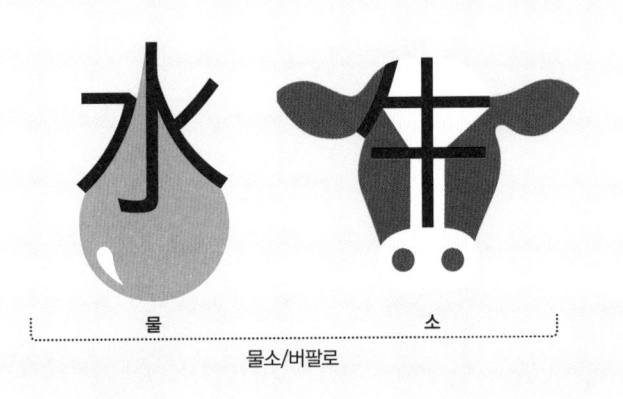

물소/버팔로

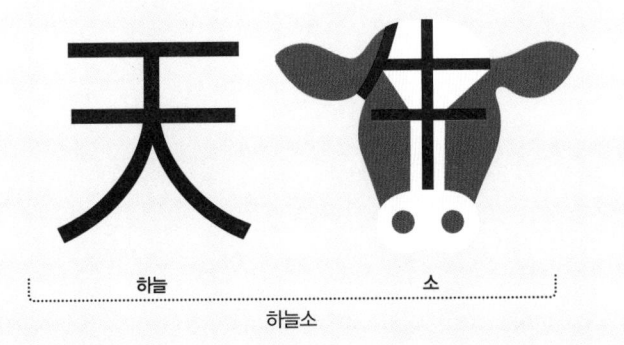

하늘소

馬 말 [mǎ]

(말 마) 예전에는 말의 옆모습
전체를 나타냈지만, 현재는 말의
몸통과 꼬리, 다리만 남아 있다.
간체자는 马이다.

의문 조사

욕하다

돌진하다

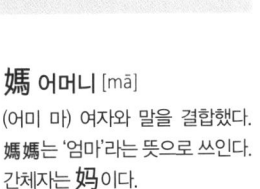

어머니

嗎 의문 조사 [ma]
(의문조사 마) 입과 말을 합했다. 문장 끝에 이 한자가 붙으면 '네' 혹은 '아니오'로 대답하는 질문이 된다. 간체자는 **吗** 이다.

罵 욕하다 [mà]
(욕할 매) '소리치다'와 말을 결합했다. '비난하다', '꾸짖다', '질책하다'라는 동사로 사용한다. 간체자는 **骂** 이다.

闖 돌진하다 [chuǎng]
(엿볼 틈) 말이 문을 박차고 돌진하는 모습을 연상시킨다. 간체자는 **闯** 이다.

媽 어머니 [mā]
(어미 마) 여자와 말을 결합했다. **媽媽** 는 '엄마'라는 뜻으로 쓰인다. 간체자는 **妈** 이다.

玉 옥 [yù]

(옥 옥) 구슬 세 개를 꿴 모양을
본뜬 것으로 王과 구분하기 위해
점 ` 을 추가했다. 玉과 王의
부수는 모두 玉인데, 부수로 쓰일
땐 점을 쓰지 않는 경우도 있다.
이럴 땐 王과 모양이 비슷하게
보인다. 옆 쪽에 있는 玉이
그 예다. 玉은 '깨끗하다'라는
의미로도 쓰인다.

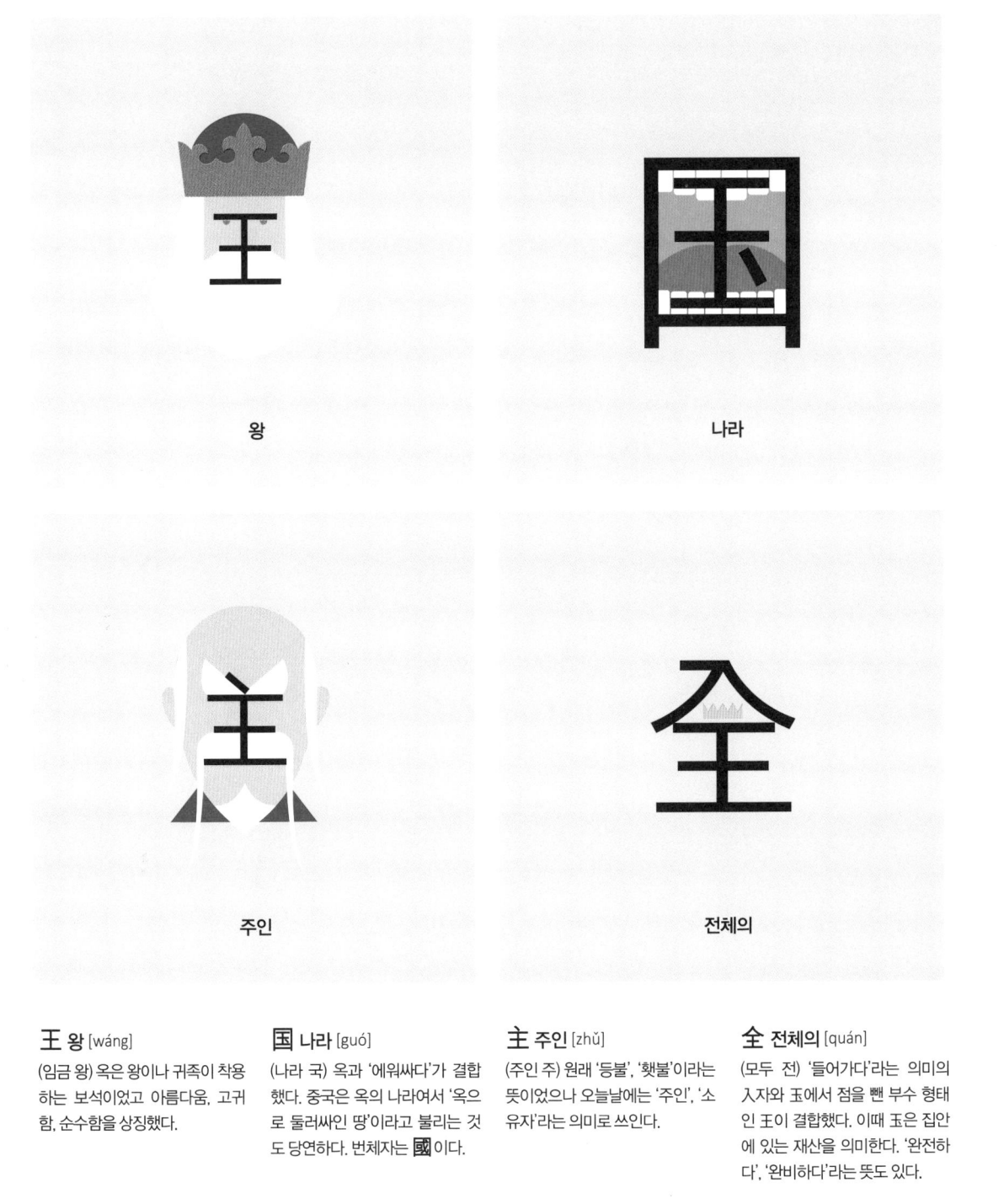

왕

나라

주인

전체의

王 왕 [wáng]
(임금 왕) 옥은 왕이나 귀족이 착용하는 보석이었고 아름다움, 고귀함, 순수함을 상징했다.

国 나라 [guó]
(나라 국) 옥과 '에워싸다'가 결합했다. 중국은 옥의 나라여서 '옥으로 둘러싸인 땅'이라고 불리는 것도 당연하다. 번체자는 **國** 이다.

主 주인 [zhǔ]
(주인 주) 원래 '등불', '횃불'이라는 뜻이었으나 오늘날에는 '주인', '소유자'라는 의미로 쓰인다.

全 전체의 [quán]
(모두 전) '들어가다'라는 의미의 入자와 玉에서 점을 뺀 부수 형태인 王이 결합했다. 이때 玉은 집안에 있는 재산을 의미한다. '완전하다', '완비하다'라는 뜻도 있다.

女王 여왕 [nǚwáng]
여자 + 왕

国王 국왕 [guówáng]
나라 + 왕

王国 왕국 [wángguó]
왕 + 나라

美国 미국 [měiguó]
아름다운 + 나라

川 강 [chuān]

(내 천) 갑골문자에서는 육지
사이를 흐르는 강의 모습을
형상화했다. 오늘날에는 세 개의
선으로 이루어져 있는데 흐르는
강물을 상징한다. 川은 중국의
4대강으로 잘 알려진 쓰촨성
지역을 뜻하기도 한다.

州 주 [zhōu]

(고을 주) 川의 선 옆에 점을
하나씩 찍으면 '고을'이라는 뜻의
州가 된다.

舟 배 [zhōu]

(배 주) 나무 배 만양양식 모이는
이 한자는 삿대로 움직이는 배가
강 위에 떠 있는 때 모양이다.

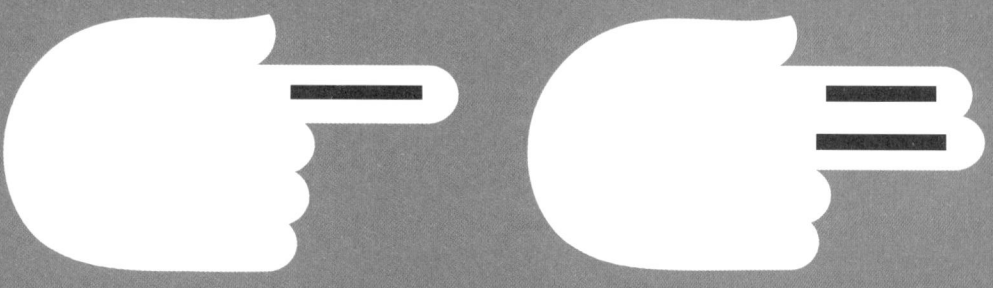

一 일 [yī]
맨 처음 배우는 획이다. '하나'를 의미한다.

二 이 [èr]
획 하나에 또 하나를 더 하면 '둘'이 된다.

三 삼 [sān]
하나 더하기 둘은 셋이다.

四 사 [sì]
숫자 4는 '죽을 사死[sǐ]'와 발음이 비슷하여 불운을 가져온다고 생각한다.

五 오 [wǔ]
숫자 5을 뜻한다.
이 한자는 성姓으로도 사용된다.

六 육 [liù]
숫자 6은 광동어로 '부'를 상징하는데 '행운'을 뜻하는 祿[lù]와 발음이 비슷하기 때문이다.

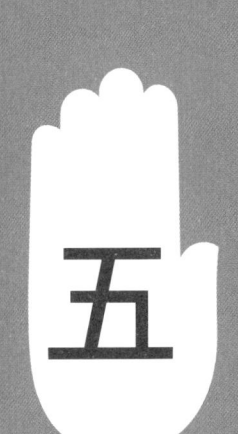

七 칠 [qī]
7은 행운의 숫자로 생각한다.

八 팔 [bā]
8은 행운을 가져다주는
숫자 중 하나라고 생각한다.
'큰 돈'을 뜻하는 發財 [fācái]의
앞 글자가 八의 발음과 비슷하기
때문이다.

九 구 [jiǔ]
그림에 표현된 것처럼
다섯 손가락을 위로 펴고,
나머지 손의 네 손가락을 옆으로
편 모양을 나타낸다.

十 십 [shí]
숫자 10은 완전한 것을 상징한다.

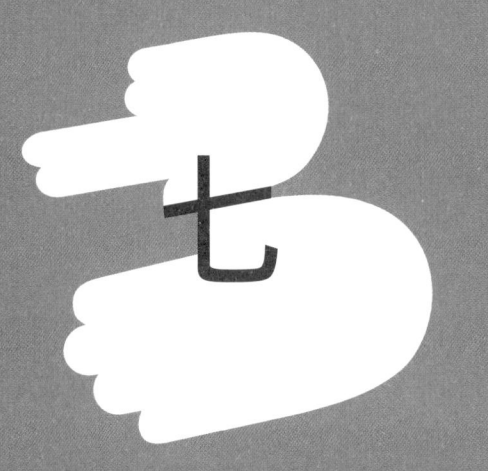

虫 벌레 [chóng]

(벌레 충) 독사가 똬리를 틀고
있는 모습을 본떴다.
윗부분은 마치 코브라의 머리처럼
보인다. 이 글자가 복합형 한자에
쓰이면 곤충, 파충류, 갑각류를
의미한다. 뱀蛇, 개구리蛙, 조개蛤
등이 그 예다. 번체자는 蟲이다.

(127쪽 참고)

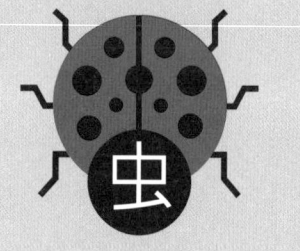

長 길다/길이 [cháng]
(길 장) 머리가 긴 사람의 모습에서
유래했다. '길다', '길이'를 뜻한다.
간체자는 **长**이다.

賬 회계/빚 [zhàng]
(장부 장) 이 한자에는 '조개'를
뜻하는 부수가 있다. 뜻은 '조개'와
관련이 있고(130쪽 참고),
발음은 長과 유사하다(11쪽 참고).
조개는 '부'와 관련이 있는데
이 한자에도 돈의 의미가 있다.
간체자는 **账**이다.

心 심장/마음 [xīn]

(마음 심) 원래 심장의 모양에서
유래했지만 형태가 바뀌어 지금의
모습이 되었다.

忄 심장/마음 [xīn]

心이 부수로 쓰일 때의 형태다.
옆 쪽에 있는 怕를 참고하라.

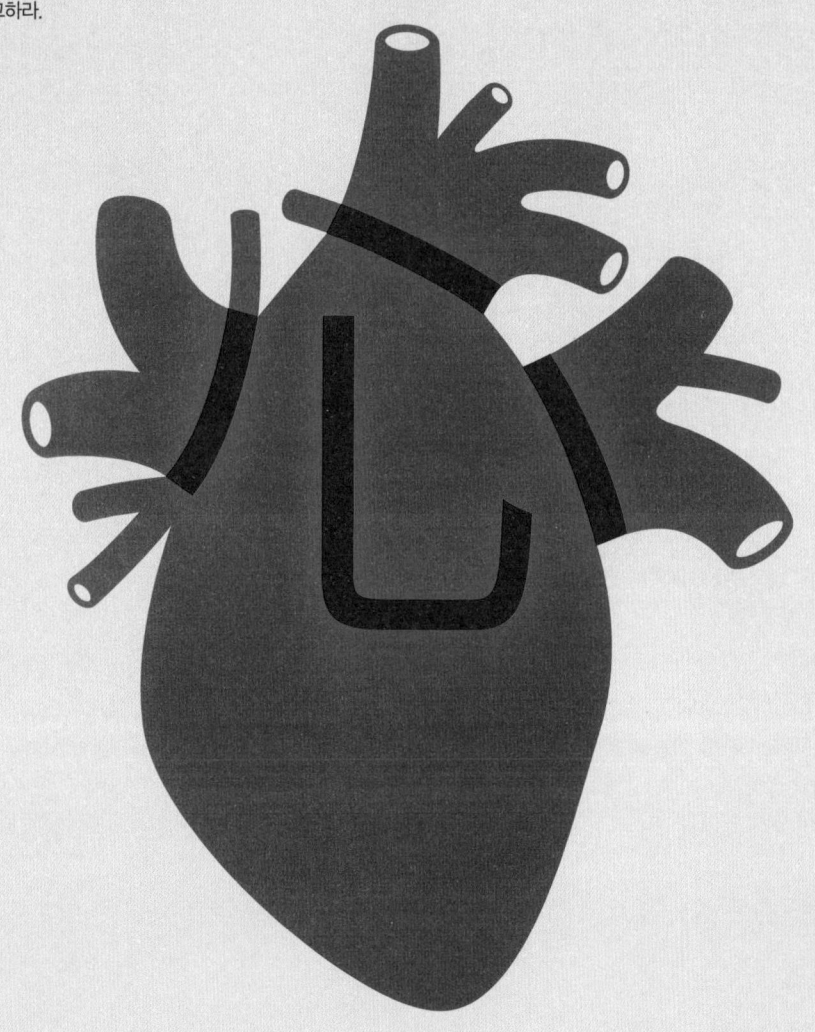

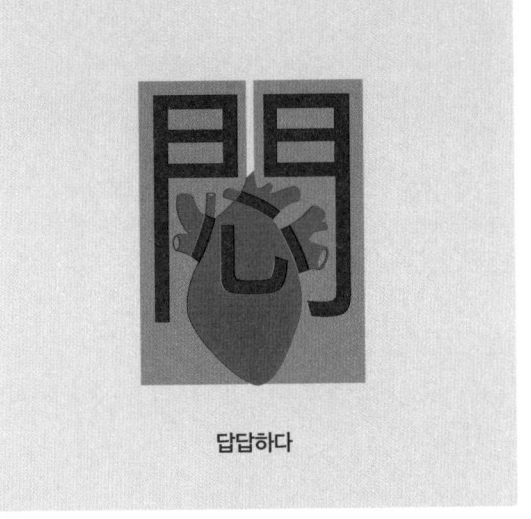

반드시

답답하다

용서하다

무서워하다

必 반드시 [bì]
(반드시 필) 心에 丿을 첨가했다. '나누다'의 八과 '말뚝'의 弋를 합한 것이라고도 하는데, 나무 말뚝으로 땅을 분명히 나눈다 해서 '반드시'가 되었다고한다.

悶 답답하다 [mēn]
(답답할 민) 門 안에 마음이 있다. 너무 답답해서 밖으로 나가고 싶은 마음을 표현한다고 생각하면 기억하기 쉽다. 간체자는 闷 이다.

恕 용서하다 [shù]
(용서할 서) '만일'(48쪽 '따르다' 참고)과 '마음'을 합한 것이다. 잘못을 행한 사람을 마음으로 용서할 수 있을지 자신에게 물어보라.

怕 무서워하다 [pà]
(두려워할 파) 심장과 흰색이 결합한 한자다. 너무 두렵거나 겁이 나면 얼굴이 창백해진다.

安心 안심하다 [ānxīn]
안정되다 + 마음

小心 조심하다 [xiǎoxīn]
작다 + 마음

全心 온 마음 [quánxīn]
전체의 + 마음

刂 [dao]
칼 刀을 부수로 할 때에 변형된다.
몇 획에 있는 예를 참고하라.

刀 [dao]
칼
(칼 刀) 긴손잡이는 짧아지고
손 제에 칼날 부 깨가 붙은
모양이다. 그러나 예서에
이르러서 손잡이가 사라졌다.
칼 모양으로 물건을 나눌 때
사용한다.

(배를) 젓다

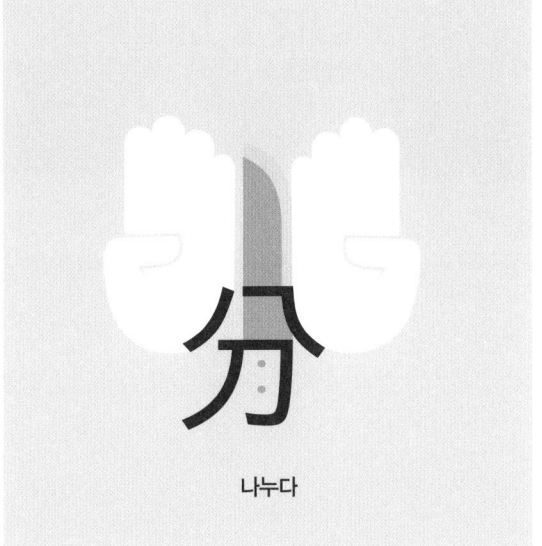

나누다

수다스러운

비치다

划 (배를) 젓다 [huá]
(그을 획) 무기와 칼이 결합한 한자다. 노를 '젓다' 외에도 '자르다', '긋다'라는 의미로도 쓰인다. 번체자는 **劃**이다.

分 나누다 [fēn]
(나눌 분) 숫자 8 밑에 칼이 붙어 물건을 두 개로 가르는 칼의 모습을 형상화했다.

叨 수다스러운 [dāo]
(탐낼 도) 입과 칼이 만났다. '재잘거리다'라는 의미로도 쓰인다.

照 비치다 [zhào]
(비출 조) 칼, 해, 입, 불이 결합했다. 빛이 '비치다', 거울 등에 '비추다'라는 의미로 쓰인다.

分心 한눈을 팔다 [fēnxīn]
나누다 + 마음

分明 분명히 [fēnmíng]
나누다 + 밝다

分子 분자 [fēnzǐ]
나누다 + 아들 (96쪽 '아들' 참고)

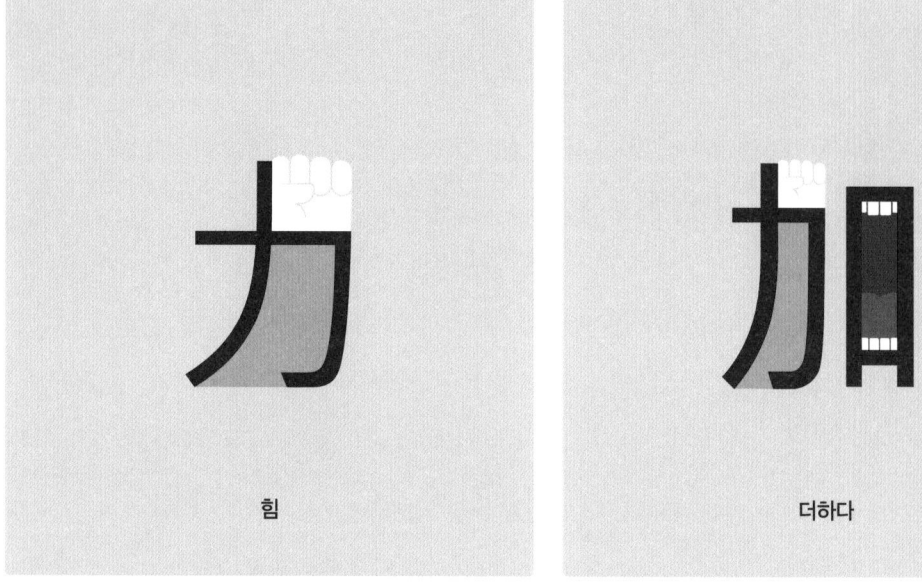

힘

더하다

세우다

운전하다

力 힘 [lì]

(힘 력) 원래 '쟁기'를 의미하는 글자였다. 쟁기를 끌기 위해서는 힘이 넘치는 동물이 필요하다. 이 의미가 확장되어 쟁기를 끄는 힘을 의미하게 되었다.

加 더하다 [jiā]

(더할 가) 힘과 입을 결합하여 만들었다. 또한 '증가하다'라는 의미도 있다. 미국 캘리포니아의 약자로도 사용한다.

架 세우다 [jià]

(시렁 가) '더하다'와 나무를 결합했다. 동사로는 '짓다', '지탱하다', 명사로는 '선반'이라는 뜻으로 사용한다.

駕 운전하다 [jià]

(멍에 가) '더하다'와 말을 결합했다. '타다'라는 뜻도 있다. 간체자는 驾이다.

加州 캘리포니아 [jiāzhōu]

캘리포니아 주

豕 돼지 [shǐ]

(돼지 시) 고대에 돼지를 의미하는
한자는 코가 튀어나오고, 배가
크고, 발굽이 있고, 꼬리가 달려
있는 모습이었다.

豬 돼지 [zhū]

(돼지 저) '돼지'를 가리킬 때
더 많이 사용하는 한자다.
글자 왼쪽에 '돼지'라는 기본
한자가 있다.

宀 지붕 [mián]

(집 면) 단독으로는 거의 쓰이지
않고, 다른 한자의 부수로 주로
사용된다.
주거, 건축과 연관이 있다.

재앙

안정되다

감옥

家

집

灾 재앙 [zāi]

(재앙 재) 지붕과 불이 만났다. 지붕이 타고 있으면 재앙 아닌가! 번체자는 災이며, 이 번체자는 '강'과 '불'이 합해진 것이다.

安 안정되다 [ān]

(편안할 안) 기본형 한자 女가 긍정적인 의미로 쓰였다. '편안하다', '편안히'라는 의미도 있다.

牢 감옥 [láo]

(우리 뢰) 과거에 소는 짐을 나르는 수단이었다. 이 한자의 원래 의미는 '외양간, 우리'였지만, 시간이 지나면서 '감옥'이라는 명사로 변화했다.

家 집 [jiā]

(집 가) 오래전에는 돼지가 집 안에 있으면 풍요로운 집이었다. '가족', '가정'이라는 뜻도 있다.

水灾 수해 [shuǐzāi]

물 + 재앙

火灾 화재 [huǒzāi]

불 + 재앙

天灾 자연 재해 [tiānzāi]

하늘 + 재앙

大家 모두 [dàjiā]

큰 + 가족

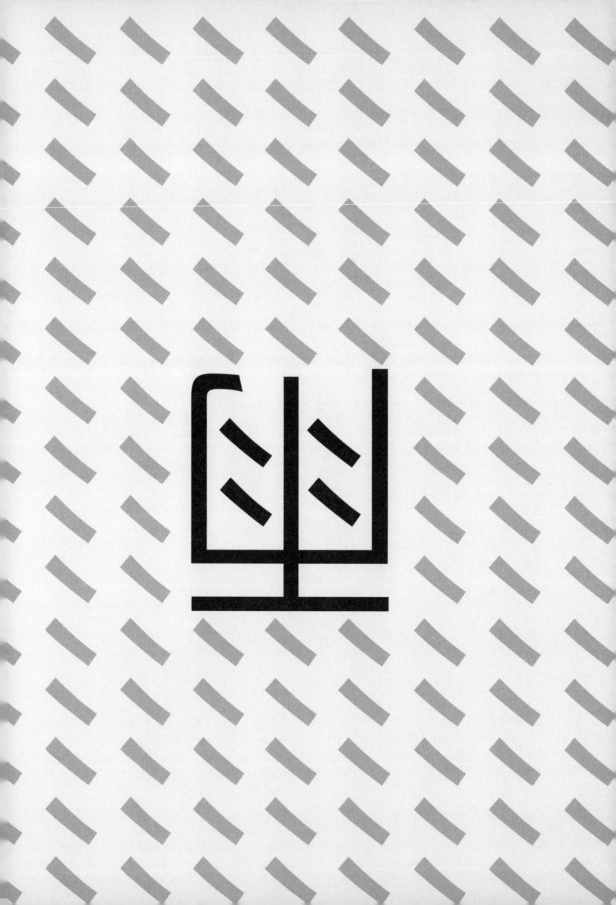

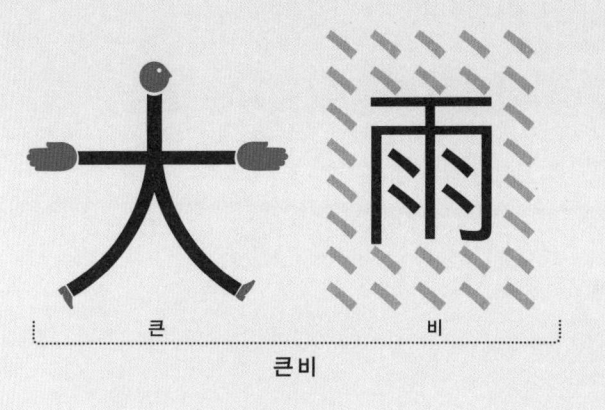

큰   비

큰비

雨 비 [yǔ]
하늘에서 빗방울이 떨어지는
모양을 형상화했다. 위의
가로 획 ㅡ은 하늘을 의미한다.

大雨 큰비 [dàyǔ]
크다＋비＝크게 내리는 비
＝큰 비

雨水 빗물 [yǔshuǐ]
비＋물＝빗물

雨林 우림 [yǔlín]
비＋수풀＝우림

비   물

빗물

비   수풀

우림

子 아들 [zǐ]

(아들 자) 갑골문자에서 이 한자의
초기 형태는 머리 하나, 팔 두 개,
다리 하나가 있는 아기의
모습이었다. '아기' 혹은 '유아'
라는 의미에서 지금은 '아들',
'아이'로 확장되었다.
'아들/아이'라는 의미뿐만 아니라
子는 한 음절 명사에 붙이는
접미사로, 혹은 작은 물건을
의미할 때 사용하기도 한다.
옆 쪽에 있는 日子를 참고해보라.
이런 경우 子는 [zi]로 발음한다.

좋다

글자

자두

쌍둥이

好 좋다 [hǎo]
(좋을 호) 여자와 아들이 결합했다. '상당히', '매우'라는 뜻도 있다.

字 글자 [zì]
(글자 자) 지붕과 아들이 만났다. 아들이 그 집안에 태어나면 사람 수가 늘게 되고 결국에는 문명과 문학이 지속될 수 있다. '문자' 혹은 '단어'를 뜻하기도 한다.

李 자두 [lǐ]
(오얏 리) 나무와 아들이 결합했다. 고대 중국에서 자두는 겨울에 꽃이 피었기 때문에 인내의 상징으로 인식되기도 했다. 성姓으로도 쓰인다.

孖 쌍둥이 [zī]
(쌍둥이 자) '아들'이라는 한자 두 개가 결합했다. 쌍둥이는 지역에 따라 행운이나 불행을 상징했다.

子女 자녀 [zǐnǚ]
아들/아이 + 여자

王子 왕자 [wángzǐ]
왕 + 아들

日子 일자 [rìzi]
해/날 + 아들/접미사

好心 선의 [hǎoxīn]
좋다 + 마음

目 눈 [mù]

(눈 목) 고대 갑골문자에서는
눈 모양이었으나 전서에서
직선 형태로 변화했다.

자신

(냄새가) 지독하다

서로

눈물

自 자신 [zì]

(스스로 자) 과거에 '코'를 의미했으나 지금은 '자신'이라는 뜻이다. 사람들이 자기 이야기를 할 때 얼굴, 특히 코를 가리키기 때문이다.

臭 (냄새가) 지독하다 [chòu]

(냄새 취) '자신'과 개가 만난 한자다. 개 코가 워낙 예민하기 때문에 '냄새를 맡다'의 뜻이었으나 시간이 지나며 냄새가 '지독하다', '구리다'라는 뜻으로 변화했다.

相 서로 [xiāng]

(서로 상) 나무와 눈이 결합한 것이다. '자세히 살펴보다' 혹은 '관찰하다'라는 의미가 담겨 있는데 지금은 뜻이 확장되어 '서로', '이미지'가 되었다.

泪 눈물 [lèi]

(눈물 루) 물과 눈이 결합한 간체자다. 번체자는 淚이다.

手 손 [shǒu]

(손 수) 갑골문자에서는
팔에 손가락 다섯 개가 붙은
다소 추상적인 형태였다.
손에 '잡다', '쥐다'라는 뜻도 있다.

扌 손 [shǒu]

手를 부수로 쓸 때의 형태다.
'들어 올린 손'이라는 뜻으로
옆 쪽의 扶를 참고하라.

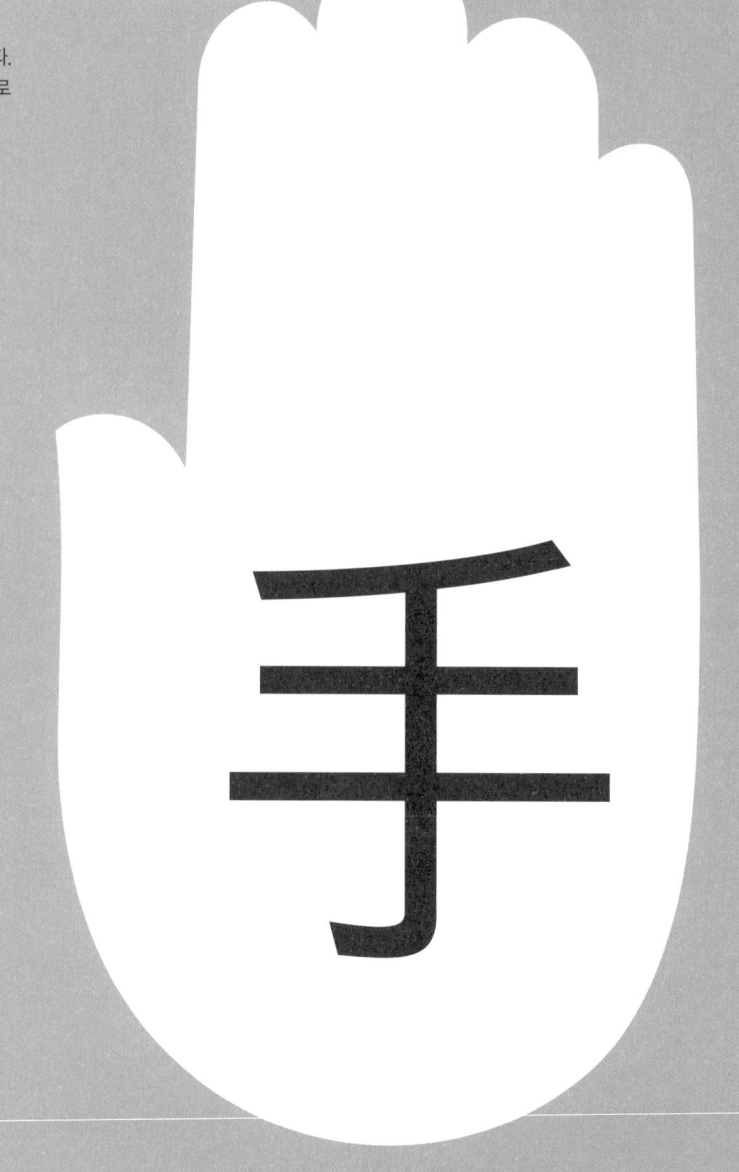

돕다

분장하다

치다

베끼다

扶 돕다 [fú]
(도울 부) 한 남자가 손의 도움을 받는 모습을 표현했다. '떠받치다', '의지하다'의 의미도 있다.

扮 분장하다 [bàn]
(꾸밀 분) 손과 '나누다'가 결합했다. 왼쪽의 手는 의미를, 오른쪽의 分은 발음을 담당한다.

拍 치다 [pāi]
(칠 박) 손과 '희다'가 결합했다. 手는 이 한자의 의미를, 白은 발음을 담당한다. 손바닥으로 '치다', 파도가 '치다' 등의 의미로 쓰인다.

抄 베끼다 [chāo]
(가릴 초) 손과 '적다'라는 의미의 少(133쪽 참고)가 결합했다. '표절하다', '베끼다'라는 뜻으로 사용한다.

扶手 손잡이 [fúshǒu]
돕다+손

人手 일손 [rénshǒu]
사람+손

拍手 박수치다 [pāishǒu]
치다+손

小抄 커닝페이퍼 [xiǎochāo]
작은+베끼다 (132쪽 小 참고)

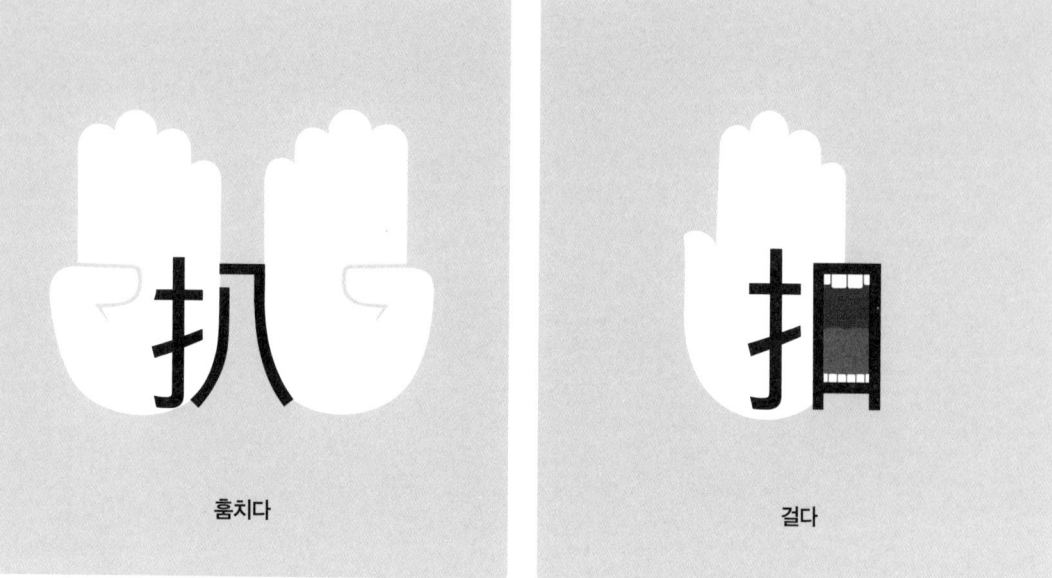

훔치다

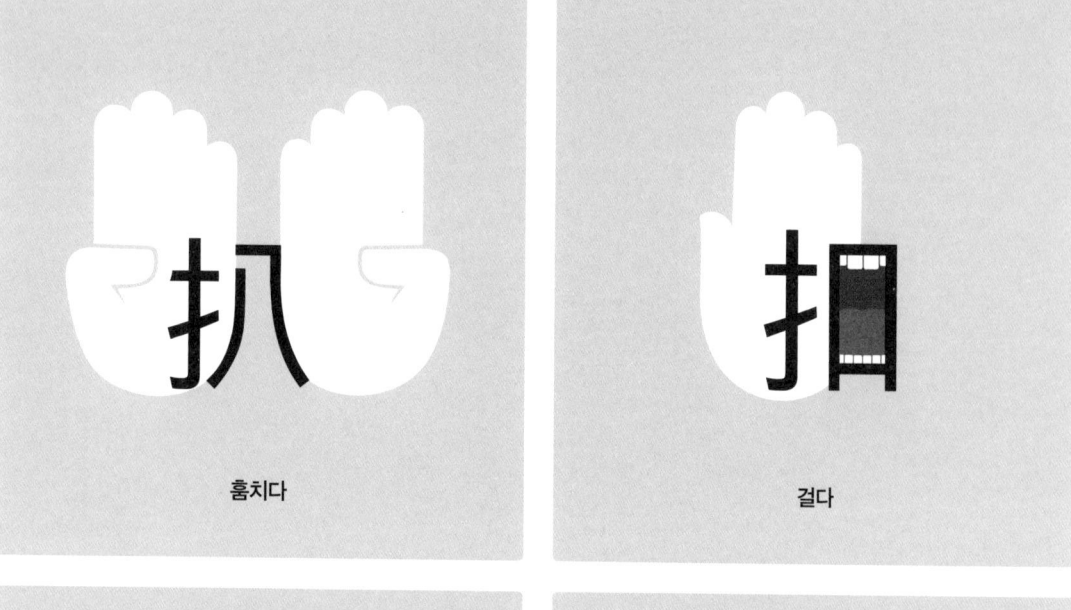

걸다

묶다

찾다

扒 훔치다 [pá]
(뺄 배) 手와 숫자 八이 결합했다. 손이나 갈퀴로 '그러모으다', '붙잡다'라는 의미에서 '훔치다'로 확장되었다. 도둑이 당신 옆에 웅크리고 앉아 지갑을 훔치는 장면을 생각해보라.

扣 걸다 [kòu]
(두드릴 구) 손과 입이 결합해 만들었다. '채우다', '합류하다', '빼다', '매듭', '단추' 등 다양한 의미로 쓰인다.

捆 묶다 [kǔn]
(두드릴 곤) '포위하다'와 '가둬놓다'라는 의미의 困과 手가 결합한 것이다. 포로의 손이 묶여 있는 장면을 떠올리면 기억하기 쉽다.

找 찾다 [zhǎo]
(채울 조) 손과 '무기(124쪽 참고)'가 결합했다. 도망간 죄수를 찾아 나서기 위해 손에 무기를 드는 장면이 떠오른다.

飞 날다 [fēi]

(날 비) 이 한자를 보면 부리가
긴 벌새가 생각난다. '쏜살같이
움직이다'라는 뜻으로도 쓴다.
간체자이며 번체자는 飛이다.

戶 집 [hù]

(지게 호) 문이 한 쪽만 있는
모습을 나타낸다. 문이나 창문을
의미할 때도 있지만, 주로 '집'으로
많이 쓴다. 간체자는 户 이다.

大戶 대가족/대부호
[dàhù]

크다 + 집

貧戶 가난한 집 [pínhù]

가난하다 + 집
(131쪽 '가난하다' 참고)

賬戶 계좌 [zhànghù]

회계 + 집

网 **그물** [wǎng]

(그물 망) '그물'이란 한자의
간체자다. 번체자인 網은 예서로
글자체가 변하면서 생겨났다.
왼쪽의 糸가 '명주'라는 재료를
뜻하고, 오른쪽 '그물/속이다'의
罔이 발음과 의미를 담당한다.

罒 **그물** [wǎng]

'그물'이라는 한자의 부수다.
잘못 쓰면 숫자 4 四와
헷갈릴 수 있다. 131쪽 '사다'를
뜻하는 買를 참고하라.

夕 해질녘 [xī]
(저녁 석) 해가 지는 모습이다.
'저녁', '석양'이라는 뜻도 있다.

多少 [duōshǎo]
많다 + 적다 (133쪽 少 참고)

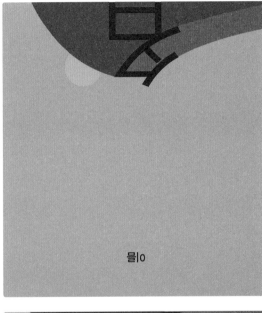

多 [duō]
(많을 다) 해질녘, 두 개가 겹쳐져 시간이 충분함을 의미한다. 시간이 충분하다, 많다, 라는 뜻을 의미한다.

名 [míng]
(이름 명) 해질녘과 입이 결합한 것이다. 저녁이 되어 어두우면 사람의 이름을 크게 불러 이름을 부르는 것을 의미하고 있다.

盟 [méng]
(맹세 맹) 수풀과 해질녘이 만났다. 해질녘은 盟이다.

岁/歲 [suì]
(해 세) 걸음과 해질녘이 결합한 것이다. 나이를 셀 때 쓴다. 가령 一歲는 '1세', 열 살 등을 뜻한다.

言 말하다 [yán]

(말씀 언) 갑골문자와 금문에서 이 한자는 '혀'를 의미하는 설舌자와 비슷하게 생겼다. 짧은 가로획이 위에 덧붙여 있는가로 그 차이를 구분했는데 혀를 사용하고 있다는 뜻이다. '연설', '말하다'의 뜻으로도 쓰인다.

讠 말하다 [yán]

일부 간체자에서 '말하다'의 부수로 사용한다.

편지/믿다

계산하다

자세하다

말/언어

信 편지/믿다 [xìn]

(믿을 신) 사람과 '말하다'가 결합했다. 원래 '사람들의 말'이라는 의미였으나 뜻이 확장되어 '편지' 혹은 '믿다'라는 뜻이 되었다. 당신은 사람들이 하는 말을 모두 믿는가?

計 계산하다 [jì]

(셀 계) '말하다'와 숫자 10이 결합하여 '계산하다' 혹은 '헤아리다'의 뜻이 되었다. 10까지 셀 수 있으면 기본적인 계산도 할 수 있다. 간체자는 **计**이다.

詳 자세하다 [xiáng]

(자세할 상) '말하다'와 '양'이 결합했다. 동사로는 '자세히 설명하다', 형용사로는 '자세하다', '세세하다'라는 뜻이다. 간체자는 **详**이다.

語 말/언어 [yǔ]

(말씀 어) '말하다'의 言과 '나'라는 뜻의 吾를 합했다. 吾는 숫자 5와 '입'이 결합했다. 간체자는 **语**다.

自信 자신하다 [zìxìn]

스스로 + 믿다

相信 믿다 [xiāngxìn]

서로 + 믿다

日本語 일본어 [rìběnyǔ]

일본 + 언어

國語 국어 [guóyǔ]

나라 + 언어

己 **자신** [jǐ]
(몸 기) 밧줄처럼 생긴
이 한자는 '자신'을 의미한다.

自己 **자기 자신** [zìjǐ]
스스로 + 자신

辶 걷다 [chuò]

(쉬엄쉬엄 갈 착) 단독으로 쓰지
않고 부수로 쓰이는 형태다.
한자에 이 부수가 들어가면
걷는 것과 연관되는 뜻이 담긴다.

도착하다

거닐다

급박하다

이것

达 도착하다 [dá]

(이를 달) '걷다'와 '크다'가 결합해 큰 걸음으로 목적지에 도착한다는 의미를 만들었다. '도달하다', '통하다'라는 뜻으로도 쓰이며 번체자는 達이다.

逛 거닐다 [guàng]

(거닐 광) '걷다'와 '미치다'의 狂이 결합했다. 광狂은 개와 왕이 결합한 것이다. 한가롭게 '거닐다', '배회하다'라는 의미로 쓰인다.

迫 급박하다 [pò]

(다그칠 박) 간체자로 '걷다'와 '흰색'을 결합했다. '다가오다', '강요하다'의 뜻도 있으며, 형용사로 사용하면 '다급하다'의 의미도 있다. 번체자는 迫이다.

這 이것 [zhè]

(이 저) '걷다'와 '말하다'가 합해진 번체자다. 간체자인 **这**는 '걷다'와 文을 합했다.

达人 달인 [dárén]

도착하다 + 사람

狂犬 광견 [kuángquǎn]

미치다 + 개

土 토양 [tǔ]

(흙 토) 맨 아래 획은 수평선을,
그 위에 있는 십 자는 식물이나
사람이 만든 구조물을 의미한다.
'군인'라는 뜻의 士와(116쪽 참고)
土가 다른 점은 맨 아래 획이
위의 십 자보다 더 길다는 것이다.
또한 土는 5대 기본 요소(오행) 중
하나인 땅을 의미하기도 한다.
형용사일 때는 '촌스럽다' 혹은
'토속적이다'라는 뜻이 된다.

在

존재하다/~에

肚

배/복부

坐

앉다

佳

아름답다

在 존재하다/~에 [zài]
(있을 재) 재능을 뜻하는 才[cái]와 토양이 결합했다. 才는 발음을 토양은 의미를 부여하는 역할을 한다. 원래는 '존재하다'라는 뜻이었는데 '~에, ~에서'로 의미가 확장되었다

肚 배/복부 [dù]
(배 두) 고기와 토양이 결합했다. 우리 몸의 배는 토양의 결실이 저장되는 곳이다.

坐 앉다 [zuò]
(앉을 좌) 사람 두 명이 땅에 앉아 있는 모습이다.

佳 아름답다 [jiā]
(아름다울 가) 사람과 두 개의 토양이 결합했다. '좋다', '훌륭하다'라는 뜻도 있다

自在 자유롭다 [zìzài]
자신＋~에

大肚子 임신(부) [dàdùzi]
큰＋배＋아이

坐在 ~에 앉다 [zuòzài]
앉다＋~에

佳人 미인 [jiārén]
멋진＋사람

士 군인 [shì]

(선비 사) 士에는 '군인', '선비' 등
많은 의미가 있다.
숫자 '일一'과 숫자 '십十'이 만나
하나부터 열까지 모든 것을
잘하는 사람을 뜻한다.

志 의지 [zhì]

(뜻 지) 군인과 마음이 결합했다.
군인이나 선비들은 마음을 정하고
결심하면 전쟁에서 승리하거나,
학생을 가르치며 결국 성공하게
된다.

士 선비 [shì]

(선비 사) 고대 중국에서는 무관이 학자가 되는 경우가 더러 있었다. 유교에서는 지도자가 현명하고 결단력이 있어야 한다고 말한다. 이런 이유로 이 한자는 '선비'와 '군인' 두 가지 의미로 사용한다.

吉 행운의 [jí]

(길할 길) 학자와 입이 결합했다. 중국에서 선비는 매우 존경을 받으며 사회 계층에서도 가장 높은 위치에 있었다. 그래서 학자들의 말은 상서롭고 행운을 가져온다고 생각했다.

田 밭 [tián]

(밭 전) 농지에 물을 대기 위해
마치 열十자 모양으로 도랑을
파놓은 것 같은 모습을 본 떴다.
'밭'이나 '농장'이라는 뜻으로,
농사나 사냥과 관련된 한자를
만드는 데 사용하기도 한다.

천둥

~에서부터/~로 인하여

갑옷

설명하다

雷 천둥 [léi]
(우레 뢰) 비와 밭이 합해졌다. 갑골문자에서는 동그라미 하나와 점 세 개로 표현했는데, 천둥과 번개를 나타낸 것이었다.

由 ~에서부터/~로 인하여 [yóu]
(말미암을 유) 가운데 획이 위로 솟아 있는 밭의 모습을 하고 있다. 밭으로 들어가기 위해 길을 냈다고 생각해보라. '원인', '이유'라는 의미도 있다.

甲 갑옷 [jiǎ]
(갑옷 갑) 원래는 씨앗에서 새싹이 막 나오는 모습을 나타낸 것으로 '껍데기'를 뜻했는데, '갑옷'으로도 쓰이게 되었다. 그밖에 '제일이다'의 의미도 있다.

申 설명하다 [shēn]
(납 신) 갑골문자에서는 비가 내리는 가운데 번개가 치는 장면을 표현한 것이었다. 그 뜻 역시 '번개'로 썼는데, 지금은 '설명하다', '거듭하다'라는 의미로 쓰인다.

기름

부유하다

마을/리

남자

油 기름 [yóu]
(기름 유) 물과 밭이 만났다. 밭 아래 광물에서 만들어진 액체, 즉 기름을 의미한다.

富 부유하다 [fù]
(부유할 부) 지붕, 숫자 1, 입, 밭이 결합한 것으로, 재산이 많고 편안한 집에서 사는 부유한 가정을 의미한다.

里 마을/리 [lǐ]
(마을 리) 밭과 토양이 결합해 '마을'을 의미한다. 시간이 지나며 그 마을이 가지고 있는 땅이 얼마나 길게 뻗어 있는가를 나타내는 '리'의 의미로 확장되었다. '속', '안쪽'이라는 뜻도 있다.

男 남자 [nán]
(사내 남) 밭과 힘이 결합했다. 오래전 남자들은 밭에서 일을 했다. 이 한자는 노동력을 가진 남성을 의미한다.

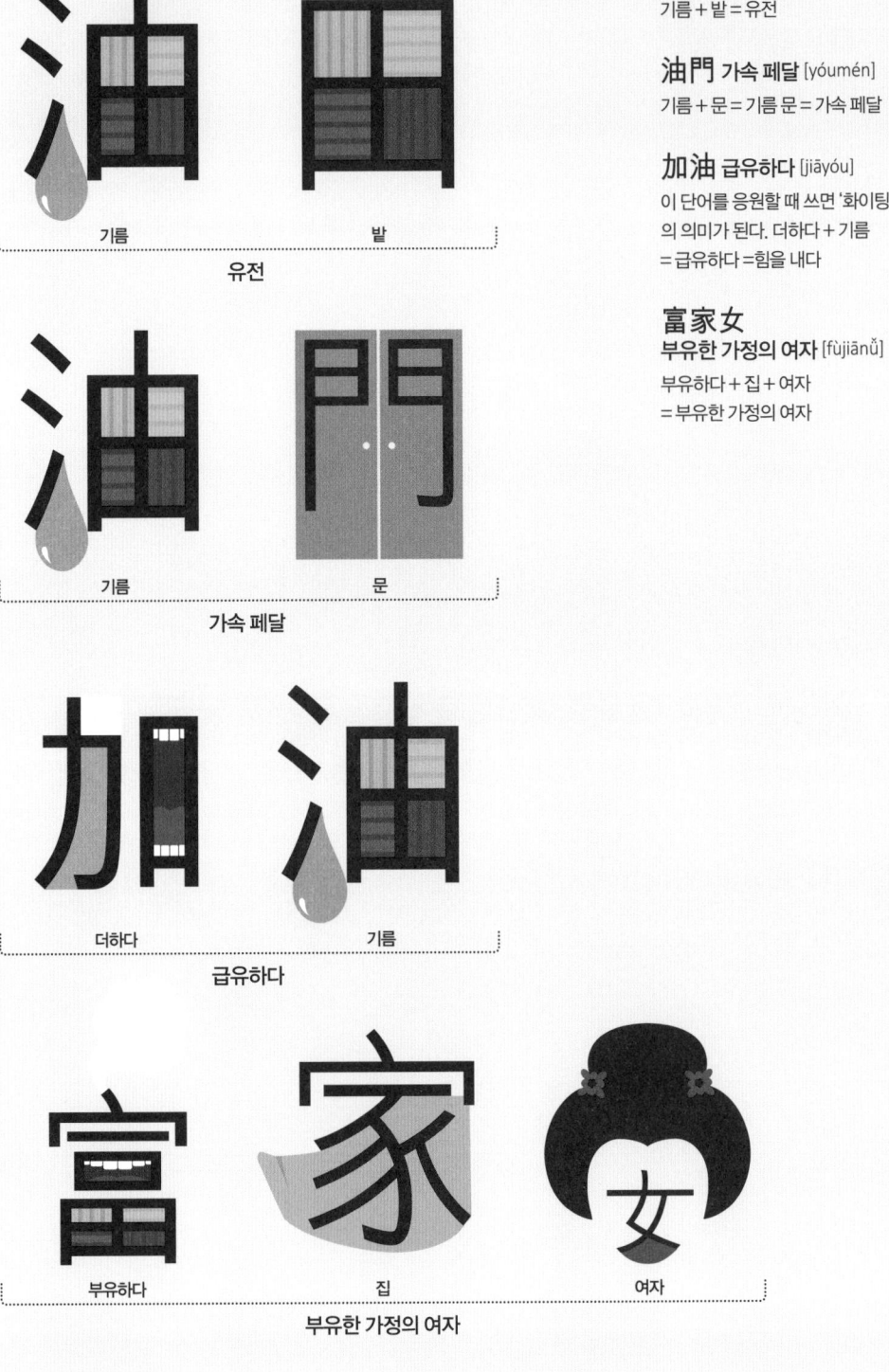

油田 유전 [yóutián]
기름＋밭＝유전

油門 가속 페달 [yóumén]
기름＋문＝기름 문＝가속 페달

加油 급유하다 [jiāyóu]
이 단어를 응원할 때 쓰면 '화이팅'
의 의미가 된다. 더하다＋기름
＝급유하다＝힘을 내다

富家女
부유한 가정의 여자 [fùjiānǚ]
부유하다＋집＋여자
＝부유한 가정의 여자

기름　　　　밭
유전

기름　　　　문
가속 페달

더하다　　　기름
급유하다

부유하다　　　집　　　여자
부유한 가정의 여자

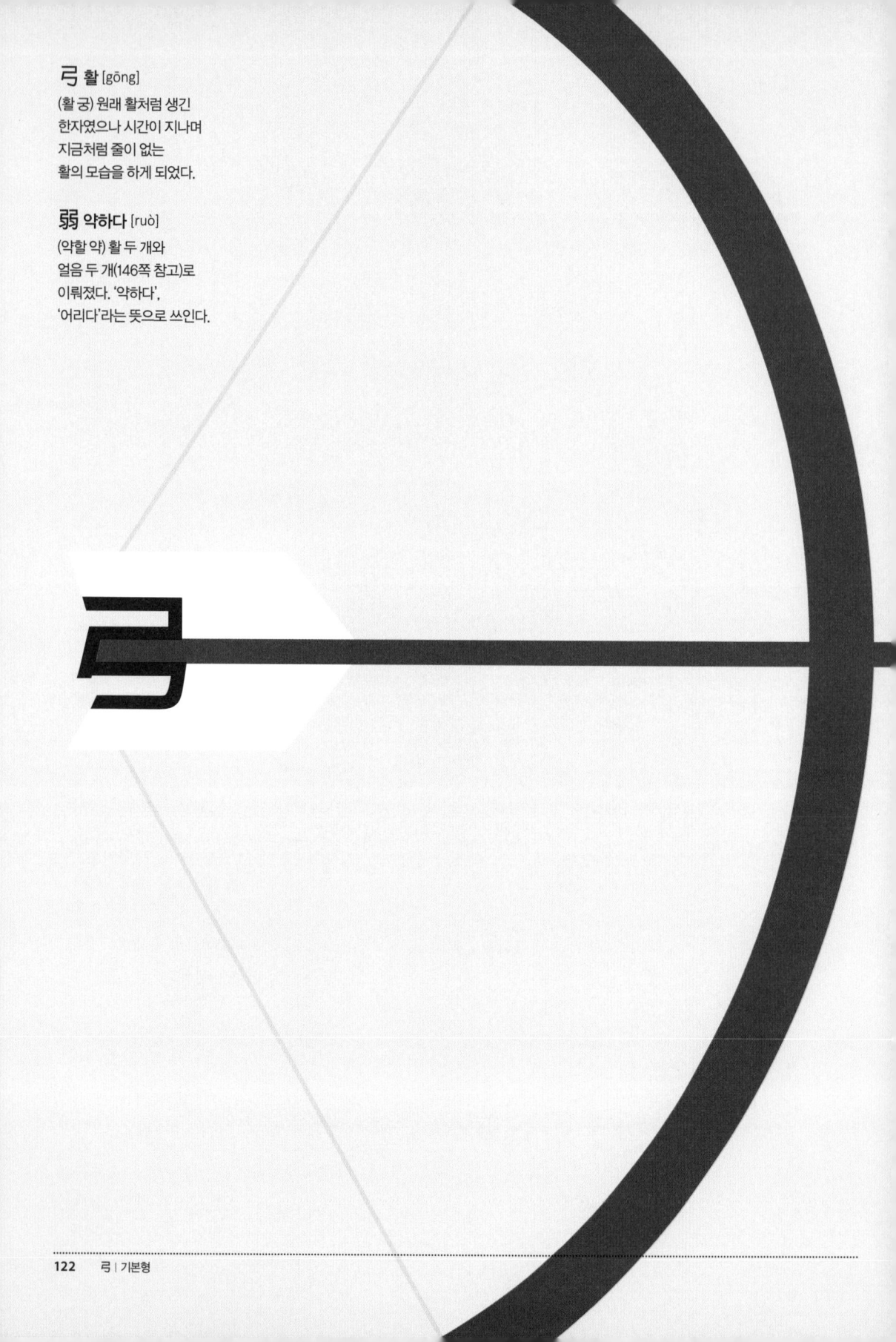

弓 활 [gōng]

(활 궁) 원래 활처럼 생긴
한자였으나 시간이 지나며
지금처럼 줄이 없는
활의 모습을 하게 되었다.

弱 약하다 [ruò]

(약할 약) 활 두 개와
얼음 두 개(146쪽 참고)로
이뤄졌다. '약하다',
'어리다'라는 뜻으로 쓰인다.

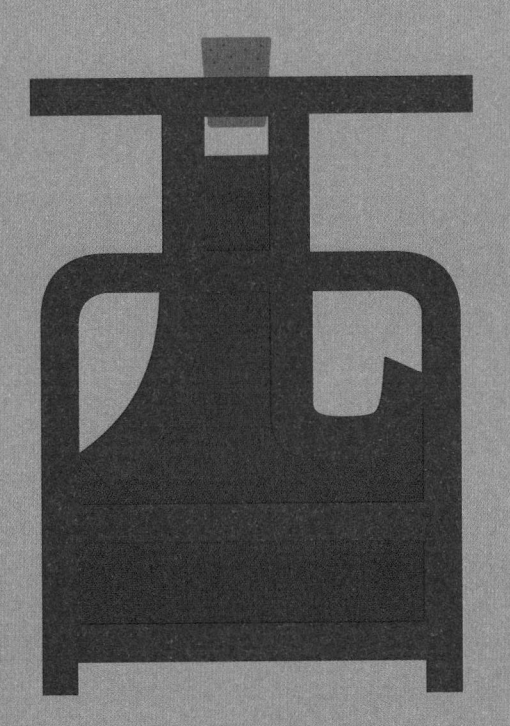

酉 술병 [yǒu]

(닭 유) 본래는 술 단지를
본뜬 것으로 술을 의미했으나
지금은 단독으로 쓰이기보다는
술이나 음식의 발효와 관련된
한자에 쓰인다.

酒 술 [jiǔ]

(술 주) 물과 술병이 만났다.
레스토랑에서 화이트 와인을
마시고 싶으면 白酒를 주문하라.

戈 무기 [gē]

(창 과) 날이 옆으로 길게 있고
그 밑에 손잡이가 달린 형태의
무기 모양을 하고 있다.

我 나 [wǒ]

(나 아) 손과 무기가 합해진 한자로
'나'를 뜻한다.
무기가 들어간 한자 중에서
가장 많이 사용한다.

犇 달리다 [bēn]

(달릴 분) 소 세 마리를 합하면
'달리다' 혹은 '달아나다'의 뜻이
된다. 소떼가 포식동물을 피해
달아나는 장면을 생각해보라.
이 한자의 간체자는 **奔**이다.

猋 회오리바람 [biāo]

(달릴 표) 개 세 마리를 합하면
'회오리바람'이 된다.
개 여러 마리가 당신 주변을
계속 뛰어다닌다고 생각해보라.

麤 거칠다 [cū]

(거칠 조) 사슴 세 마리를 합하면
'거칠다', '굵다', '크다'의 뜻이
된다.

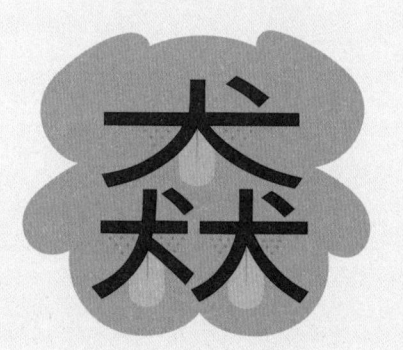

羴 노린내 나다 [shān]
(누린내 전) 양이나 염소 세 마리
가 만나면 양이나 염소의 악취를
뜻한다.

驫 떼 지어 달리는 말 [biāo]
(떼지어 달릴 표) 말이 세 마리가
되면 떼 지어 달리는 말이라는
뜻이 된다. 간체자는 骉이다.

蟲 벌레들 [chóng]
(벌레 충) 벌레, 곤충이라는 뜻의
번체자다. '벌레'를 의미하는 기본
한자 세 개로 이루어져 있는데
과거에는 간체자인 虫보다
많이 사용했다. '곤충들'이라는
뜻도 있다.

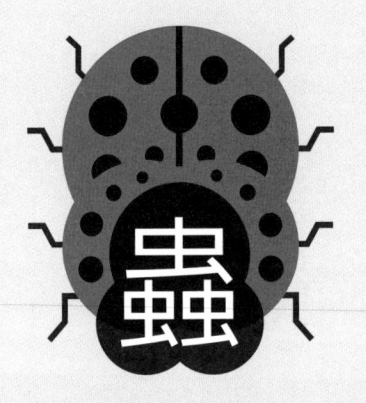

艹 풀 [cǎo]
(풀 초) '잔디'의 ㅗ 혹 잔이
단속으로 쓰지 않고 두수용만
쓴다. 이 물체가 나오의 사용과
관형이 있다고 생각하면 된다.
몇 쪽에 있고, 혹토 풀이는
풀으로 사용한다.

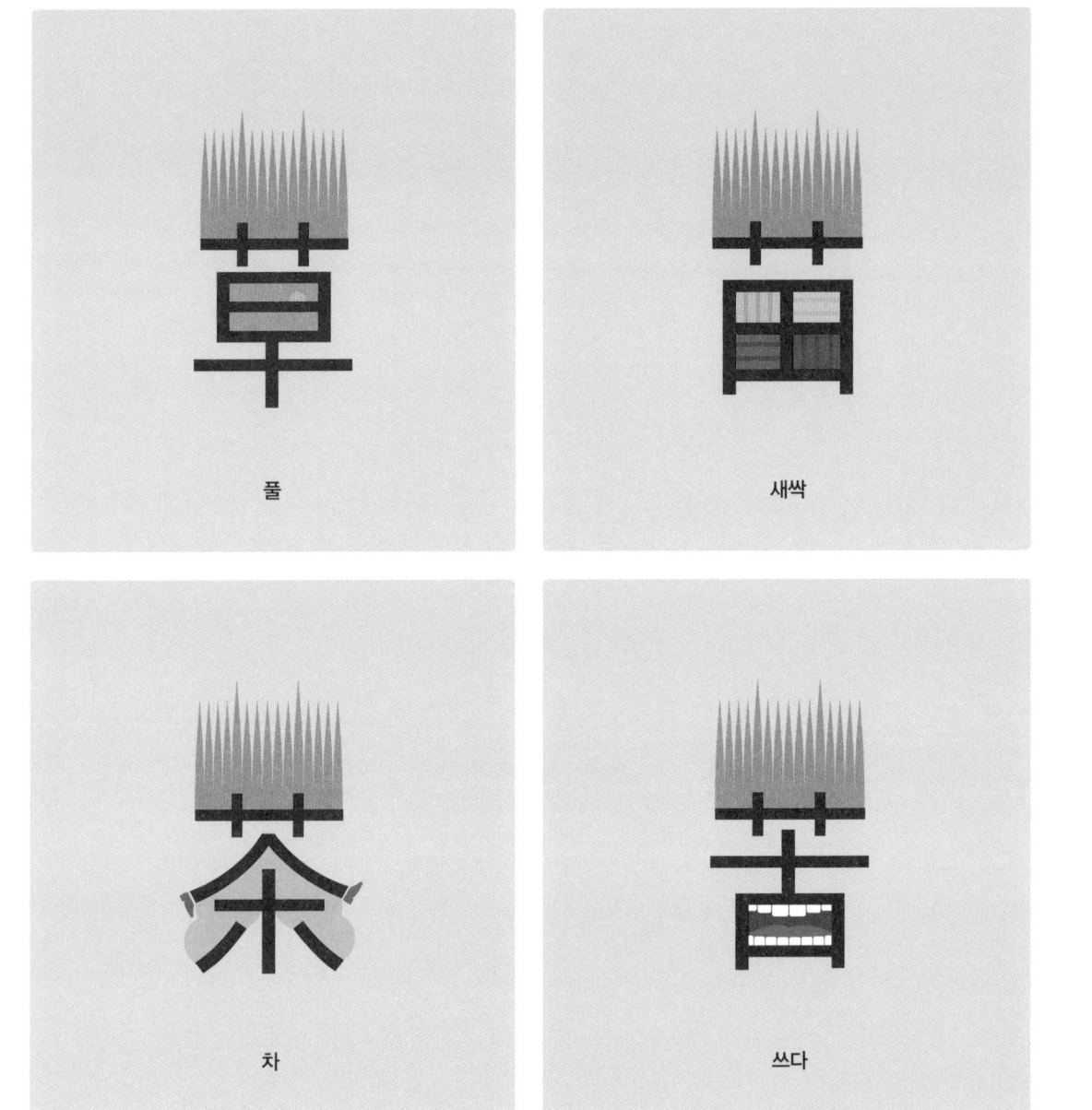

풀

새싹

차

쓰다

草 풀 [cǎo]

(풀 초) 풀과 '이르다'라는 의미의 무가 만났다. '풀'이나 '약초'를 의미한다.

苗 새싹 [miáo]

(모 묘) 풀과 밭이 결합했다. 밭에서 솟아나는 새싹을 뜻한다.

茶 차 [chá]

(차 차) 사람과 나무가 결합하고 풀이 합해져 만든 한자다. '차나무'라고 할 수도 있다. 원래 형태인 茶는 '쓴 약초'라는 뜻이었다.

苦 쓰다 [kǔ]

(쓸 고) 풀과 '오래되다'의 古가 결합했다. 오래된 식물은 맛이 좋지 않다는 것을 떠올려봐라. '힘들다', '고통스럽다'라는 의미도 있다.

貝 조개 [bèi]

(조개 패) 갑골문자와 전서에서는
조개가 입을 벌리고 있는 모습을
나타냈다. 고대 중국에서 조개는
장식품뿐만 아니라 화폐로도
사용했다. 이런 의미에서
'돈', '화폐'의 뜻으로도 쓰인다.
간체자는 贝 이다.

사다

팔다

가난하다

축하하다

買 사다 [mǎi]
(살 매) 그물과 조개가 결합했다. 마치 그물을 던져 조개를 잡는 장면이 연상된다. 과거에는 조개로 물건을 살 수 있었다. 간체자는 买이다.

賣 팔다 [mài]
(팔 매) 선비, 그물, 조개가 만났다. 원래는 '나가다'와 '사다'가 결합한 한자였는데, 물건을 팔아서 없앤다는 의미다. 간체자는 卖이다.

貧 가난하다 [pín]
(가난할 빈) '나누다'와 조개가 결합했다. 조개를 화폐로 쓸 당시 조개를 쪼개서 썼다면, 가난한 생활을 한다는 의미였을 것이다. 간체자는 贫이다.

賀 축하하다 [hè]
(하례할 하) '더하다'와 조개가 결합했다. 중국에서는 무언가를 축하할 때 돈을 주는 풍습이 있다. 간체자는 贺이다.

買賣 장사/매매 [mǎimai]
사다 + 팔다

買主 고객 [mǎizhǔ]
사다 + 주인

買回 되사오다 [mǎihuí]
사다 + 돌아가다

買家 소비자 [mǎijiā]
사다 + 집

小 작다 [xiǎo]

(작을 소) '크다'의 大가 양팔을
쭉 뻗은 남자를 나타낸 반면
'작다'의 小는 남자가 양손을 옆에
붙인 채 무릎을 꿇고 앉아 있는
모습을 묘사했다.

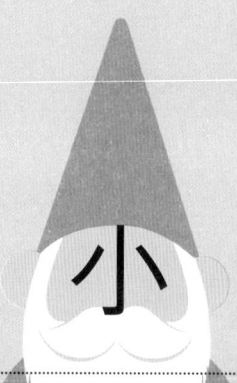

적다

날카롭다

먼지

손주

少 적다 [shǎo]

(적을 소) '적다', '모자라다', '조금'이라는 뜻이 있다. 의미가 확장되어 '젊다'로도 사용한다. 이때는 [shào] 라고 읽는다.

尖 날카롭다 [jiān]

(뾰족할 첨) '작다'과 '크다'가 결합했다. '날카롭다', '뾰족하다', '예리하다'의 뜻을 가지고 있다. 넓고 큰 밑변이 있는 삼각형이 점점 좁아져 날카로운 꼭짓점을 이루는 모습을 상상하면 외우기 쉽다.

尘 먼지 [chén]

(티끌 진) '작다'와 토양을 결합한 한자다. 번체자는 塵이다. 이 번체자는 사슴과 토양이 만난 형태인데 사슴이 무리지어 달릴 때 먼지가 날리는 장면을 생각해보라.

孙 손주 [sūn]

(손자 손) 어린 아이를 의미한다. 번체자는 孫인데, '아이'와 '잇다'의 系를 결합한 것으로 자식이 계속 이어진다는 의미다.

小人 비열한 사람 [xiǎorén]

작다 + 사람

大小 크기 [dàxiǎo]

크다 + 작다

孙女 손녀 [sūnnǚ]

손주 + 여자

孙子 손자 [sūnzi]

손주 + 남자

고양이

오리

작다 　　　　 고양이

새끼 고양이

산 　　　　 고양이

스라소니

貓 고양이 [māo]

(고양이 묘) '너구리'의 豸와 새싹이 결합했다. 간체자로는 猫인데 '개'와 '새싹'이 만났다.

鴨 오리 [yā]

(오리 압) 갑옷과 새가 결합했다. 수컷 청둥오리는 마치 녹색의 투구를 쓰고 갑옷을 입은 듯하다. 간체자는 鸭이다.

小貓 새끼 고양이 [xiǎomāo]

아주 간단하게 구성한 단어다. 작은 고양이는 새끼 고양이다.
작다＋고양이＝새끼 고양이

山貓 스라소니 [shānmāo]

스라소니는 살쾡이 과科의 동물로 귀 끝에 있는 털이 뾰족하게 자라는 특징이 있다. 스라소니는 주로 고지대의 숲에서 서식한다.
산＋고양이＝스라소니

貓王 엘비스 프레슬리 [māowáng]

고양이＋왕

鬼 유령 [guǐ]
(귀신 귀) 원래 형태는 사악한 얼굴을 한 사람의 모습이었다. 미신과 관련 있는 한자에도 사용한다.

小鬼 꼬마 유령 [xiǎoguǐ]
작다 + 유령

勹 싸다 [bāo]

(쌀 포) 종이나 천 등으로 '싸다'
라는 의미로 단독으로 쓰이지
않고 부수로 사용한다.
'싸다'의 뜻으로는 주로 包를 쓴다.

문장

~의

잘 분배하다

균등하다

句 문장 [jù]

(글귀 구) 갑골문자에서는 '밧줄'을 나타내는 ㅓ 와 '입'이 결합한 형태였다. 아래에 있는 句子가 구체적인 문장을 언급할 때 주로 쓰이는 반면, 句는 문장 등을 셀 때 사용한다. (예시: 열 개의 문장이 있다.)

的 ~의 [de]

(과녁 적) 흰색과 '싸다'가 만났다. '~의'라는 뜻이 있으며 가장 많이 사용하는 한자 중 하나다.

匀 잘 분배하다 [yún]

(고를 균) '균등하다'라는 뜻도 있다. '싸다'와 숫자 2가 결합하여 두 가지를 잘 나눈다는 의미다.

均 균등하다 [jūn]

(고를 균) 토양과 '잘 분배하다'가 결합한 형태로 땅을 공평하게 나눈다는 의미다. '가지런히 하다'로도 쓰인다.

句子 문장 [jùzi]

문장+아들

好的 좋아 [hǎode]

좋다+~의

均匀 균등하다 [jūnyún]

균등하다+잘 분배하다

几 몇 [jǐ]

(몇 기) '몇 개', '몇 명' 등을
의미한다. 번체자는 **幾**인데
幺와 戍이 만난 것으로
원래 뜻은 '좋다', '약간'이었다.
이 한자는 몇 가지 병음과
의미가 있다.
명사 = 작은 탁자 [jī]
부사 = 거의 [jǐ]
동사 = 도달하다/획득하다 [jī]
대명사 = 여러 개 [jǐ]

机 기계 [jī]

(기계 기) 나무와 '몇'이 결합했다.
간체자는 **機**이다.

평범하다

송이

수컷 봉황

암컷 봉황

凡 평범하다 [fán]

(무릇 범) 갑골문자와 금문에서 이 한자는 건축을 할 때 쓰는 기구를 나타냈다. 원래는 '물건을 만들기 위한 틀'이라는 뜻이었으나 '평범한'으로 변하였다.

朵 송이 [duǒ]

(송이 타) '멫'과 나무가 만났다. 꽃을 세는 단위인 '송이'를 뜻한다. 예를 들어 "几朵花?"[jǐ duǒ huā]는 "꽃이 몇 송이냐"고 묻는 문장이다.

鳳 수컷 봉황 [fèng]

(봉새 봉) '멫'과 새가 결합했다. 중국 신화에서 봉황은 새들의 왕이자 행운을 상징하는 존재다. 간체자는 凤 이다.

凰 암컷 봉황 [huáng]

(봉황 황) 이 한자는 멫, 흰색, 왕이 결합했는데 중국 신화에 나오는 암컷 봉황을 뜻한다.

几天 며칠 [jǐtiān]

멫＋하늘/날

十几 열 개 정도 [shíjǐ]

열＋몇

几天? 며칠? [jǐtiān]

몇＋하늘/날

好几 여러 [hǎojǐ]

좋다＋몇

厶 사적인 [sī]

(자기 사) 수천 년 동안 변화하며
다소 추상적인 한자가 되었는데,
'개인의'를 뜻하는 私와 같다.
아래 그림이 이 한자의 뜻을 잘
표현하고 있다. 또 다른 병음은
[mǒu]이다.

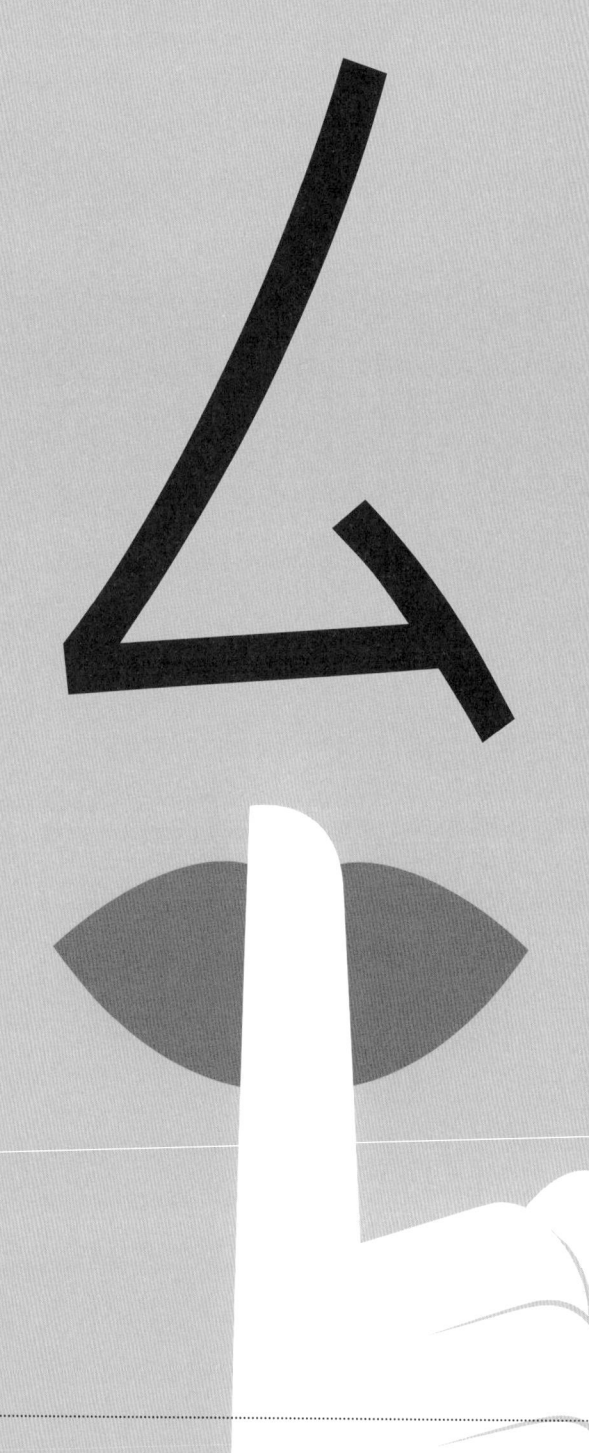

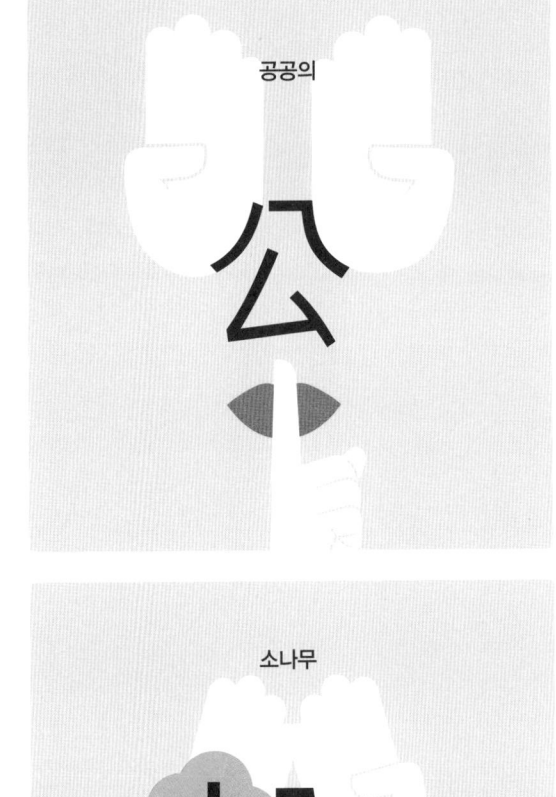

公 공공의 [gōng]

(공평할 공) 숫자 8과 '사적인'이 합해졌다. 公公이라고 쓰면 '할아 버지'라는 뜻이 되기도 하고, 동물을 가리킬 때는 '수컷'을 의미할 수도 있다.

去 가다 [qù]

(갈 거) 이 한자는 '사적인'과 '토양'이 합해졌다. 어떤 곳을 떠나서 다른 곳으로 간다는 의미다.

松 소나무 [sōng]

(소나무 송) 나무와 '공공의'가 합해졌다. '쉬다' 혹은 '느슨하다'의 뜻도 있다.

台 무대 [tái]

(받침 대) '사적인'과 입이 결합되었다. 연설가는 보통 혼자 무대에 나와 연설을 하지 않는가. 번체자로 臺가 있다.

公安 경찰 (중국) [gōng'ān]

공공의 + 안정되다

警察 경찰 (대만) [jǐngchá]

경찰 + 관찰하다

公主 공주 [gōngzhǔ]

공공의 + 주인

示 알리다 [shì]
(보일 시) 원래 '제물을 올려놓는 제단'을 의미했다. 고대 시대에 이러한 의식은 신들에게 얼마나 헌신하는 마음이 있는지를 보여주기 위해 시행되었다. 이런 의미에서 示는 '알리다', '보이다'의 의미로도 쓰인다.

礻 알리다 [shì]
示의 부수 형태다. 옆 쪽의 祥을 참고하라.

상서롭다

단체

신

복

祥 상서롭다 [xiáng]

(상서로울 상) '알리다'와 양이 결합한 것으로 '징조', '행운', '행복'의 뜻도 있다. 과거에는 행운을 비는 의미로 양을 바치기도 했다.

社 단체 [shè]

(토지신 사) '알리다'와 토양이 만나 경배의 장소를 의미했다가, 뜻이 변화하여 '단체' 혹은 '조직'이 되었다.

神 신 [shén]

(귀신 신) '알리다'와 '설명하다'를 합했다. 신은 전지전능하며 진실을 알려준다.

福 복 [fú]

(복 복) '알리다', 숫자 일, 입, 밭이 합해졌다. '행복', '축복'을 의미하기도 한다. 중국의 음력 설날, 빨간 종이에 이 글자가 적혀 있는 걸 자주 볼 수 있다.

神社 신전 [shénshè]

신 + 단체

安祥 침착한 [ānxiáng]

안정되다 + 상서롭다

干 방패 [gān]

(방패 간) 숫자 일一과 십十이
결합한 것으로 번체자는 幹이다.
갑골문자에는 공격과 방어가
모두 가능한 삼지창 같은 무기의
모습에서 유래했다. '건드리다',
'관계되다', '건조하다'의
의미도 있다.

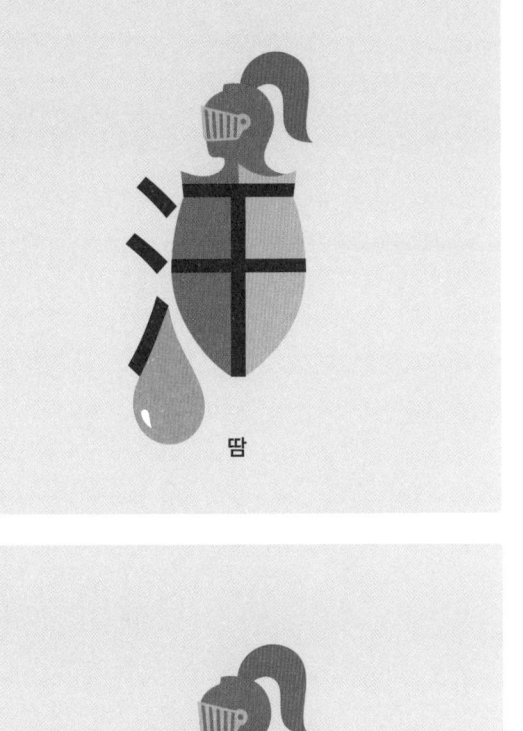

땀

평평하다

해/년도

행운

汗 땀 [hàn]

(땀 한) 물과 '방패/건조하다'를 결합했다. 몸 안에 있는 수분이 땀으로 배출되어 갈증을 느끼게 되는 상황을 떠올려보라.

平 평평하다 [píng]

(평평할 평) 방패와 숫자 8이 결합했다. '안정되다', '동일하다', '같다'라는 뜻도 있다.

年 해/년도 [nián]

(해 년) 음력 달력으로 지구가 태양 주위를 도는 데에 걸리는 시간을 뜻한다. 一年은 '1년'을 의미한다. '새해' 혹은 '매년'의 뜻으로도 사용한다.

幸 행운 [xìng]

(다행할 행) 방패, 토양, '~이다'가 결합했다. 아이러니하게도 원래는 '고문'을 뜻했으나, 요즘은 '행운'이라는 뜻으로 사용한다.

平安 평안하다 [píng'ān]

평평하다/안정되다 + 안정되다

幸福 행복 [xìngfú]

행운 + 복

〉 얼음 [bīng]
(얼음 氷) 단단하게 얼어서 이것
않고 다수로 사용된다.
투명 이수果氷菓㗱 이라고
통의대 용적, 통도 식용중이다.

얼음

얼다

겨울

도섭하다

冰 얼음 [bīng]
(얼음 빙) 얼음과 물로 '꽁꽁 언 물'
이라는 의미의 한자를 만들었다.
冰水는 '얼음물'을 뜻한다.

凍 얼다 [dòng]
(얼 동) 얼음과 동쪽이 결합하였다.
얼음은 의미를, 東은 소리를 담당
한다. 간체자는 冻이다.

冬 겨울 [dōng]
(겨울 동) '천천히'의 夂(이 한자는
'해질녘'과 비슷하게 보이지만 획
이 더 길게 나와 있다)와 얼음이 만
났다. 그대로 해석하면 '천천히 생
긴 얼음'이라는 뜻인데 얼음이 겨
울 동안에 천천히 만들어지는 모
습을 의미한다.

馮 도섭하다 [píng]
(성씨 풍) 얼음과 말이 결합되었다.
'도섭하다'는 걸어서 물을 건넌다
는 의미. 성姓으로 쓰이기도 한
다. 간체자는 冯이다.

欠 빚지다 [qiàn]

(하품 흠) 갑골문자에서
초기 형태는 사람이 입을 벌린 채
무릎을 꿇고 있는 모습이었다.
하품하는 사람의 모습을
형상화한 것으로 생각되는데
그 뜻은 '하품하다'였다.
예서로 바뀌면서 크게 벌린
입 모양이 한자에서 사라졌지만
欠이 붙은 한자는 여전히 입을
벌리고 숨을 내쉬는 것과 연관이
있다. 하품하는 것은 피곤하고
에너지가 부족하다는 신호다.
이런 의미에서 欠은 '부족하다'는
뜻도 있으며 현대 중국어에서
자주 쓰이고 있다.

입으로 힘껏 불다

요리하다

次

순서

유럽

吹 입으로 힘껏 불다 [chuī]
(불 취) 입과 '빚지다'가 결합했다. 여기서는 '빚지다' 대신에 '하품하다'의 의미가 사용되었다.

炊 요리하다 [chuī]
(불땔 취) 불과 欠이 결합했다. 여기서 欠은 '입으로 힘껏 불다'의 의미로 쓰였다. 요리를 하려고 작은 불씨를 힘껏 불어 살리는 모습을 생각해보라.

次 순서 [cì]
(버금 차) 얼음과 欠이 만났다. 일이 발생하는 횟수를 말할 때 사용한다. 예를 들어, 二次는 '두 번'을 의미한다.

歐 유럽 [ōu]
(토할 구) '지역'의 區와 欠이 결합했다. 이 한자의 발음은 유럽을 영어로 발음하는 것과 유사하다. 간체자는 欧이다.

匕 비수 [bǐ]

(비수 비) 칼의 손잡이 모양을
하고 있다.

它 그것 [tā]

(그것 타) 지붕과 비수가 만났다.

비교하다

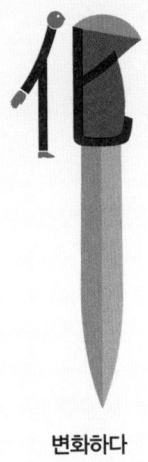

변화하다

指

손가락

花

꽃

比 비교하다 [bǐ]
(견줄 비) 비수 두 개로 구성되어 두 사람이 나란히 함께 걸어가는 모습을 연상시킨다.

化 변화하다 [huà]
(화할 화) 사람과 비수가 만났다. 화학과 관련된 단어에 자주 쓰이는데, 특히 성분이나 물질을 언급할 때 사용한다. '녹다', '변환하다'의 뜻도 있다.

指 손가락 [zhǐ]
(손가락 지) 손과 '의도'를 뜻하는 旨가 결합했다. 旨는 비수와 해를 결합해 만들었다. 동사로는 '가리키다'라는 뜻이 있다.

花 꽃 [huā]
(꽃 화) 풀과 '변화하다'가 결합했다. 꽃은 풀이 변형되어 만들어진 것일까.

매우 아름다운 공주
好美的公主 (97, 41, 137, 141쪽)

매우 긴 문장
好長的句子 (97, 85, 137쪽)

땀 냄새가 많이 나다.
好臭的汗 (97, 99, 137, 145쪽)

신의 계시
神的指示 (143, 137, 151, 142쪽)

행복한 산동 여자
幸福的山東女人 (145, 143, 137, 54쪽)

모두 조심하세요.
大家小心 (93, 87쪽)

예쁜 소녀
美少女 (41, 133, 46쪽)

생선이 매우 신선하다.
魚好鮮 (25, 97, 41쪽)

차가운 미인
冰山美人 (147, 42, 41, 16쪽)

새끼 양이 집으로 돌아가다.
小羊回家 (132, 40, 23, 93쪽)

모두가 평안하다.
人人平安 (21, 145쪽)

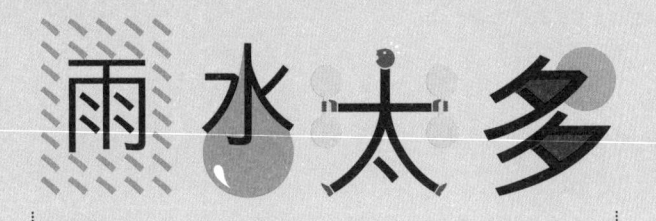

비가 많이 온다.
雨水太多 (95, 19, 107쪽)

어린 왕자
小王子 (132, 97쪽)

손자가 크고 있다.
孫子長大 [번체자]　孫子长大 [간체자]
(133, 85, 17쪽)

성형 수술을 받은 여자
人工美女 (61, 41, 46쪽)

매우 친절한 이씨 부인
大好人李太太 (17, 97, 16, 19쪽)

여동생이 일본에 간다.
妹妹去日本 (48, 141, 55쪽)

이 꽃은 얼마입니까?
這朵花賣多少? (113, 139, 151, 131, 107, 133쪽)

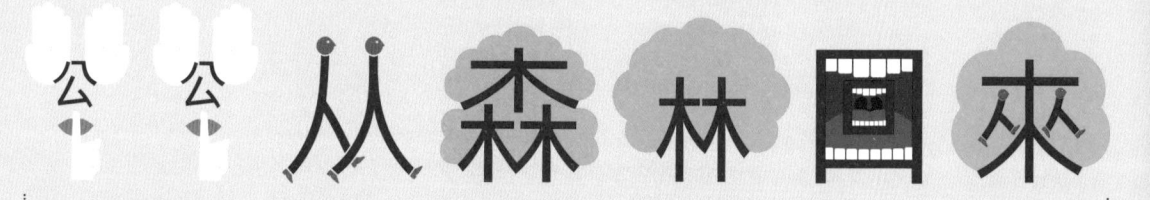

할아버지가 숲에서 돌아오셨다.
公公從森林回來 [번체자]　公公从森林回来 [간체자]
(141, 17, 33, 37쪽)

린 부인이 5월에 돌아온다.
林夫人五月回去 (33, 18, 82, 56, 23, 141쪽)

엄마가 임신했다.
媽媽大肚子 (77, 115쪽)

꼬마 녀석이 박수를 친다.
小子拍手 (132, 96, 101쪽)

인어공주가 크게 울었다.
人魚公主大哭 (24, 141, 27쪽)

부유한 가정의 여자는 아주 얄밉다.
富家女太臭 (121, 19, 99쪽)

피터팬 늑대 이야기

새

기린

물속이끼

소방피티

옛날 옛적에 피터라는 소년이 숲의 끝자락에 있는 집에 살았습니다.

어느 날 아침 피터는 캄캄한 숲으로 산책을 갔습니다.

대문 닫는 것을 깜빡하고 집을 나섰지요.

근처에 있던 오리가 대문이 열려 있는 것을 보고 피터 집 뒷마당에서
물놀이를 하려고 했습니다.

오리가 물놀이를 하는 사이에 새 한마리가 날아와 오리를 놀려댔습니다.

"날지도 못하면서 네가 새니?"

이 말에 화가 나서 오리는 퉁명스럽게 말했습니다.

"물놀이도 못하면서 새라고 할 수 있니?"

架鴨子

오리와 새가 말다툼을 하는 가운데 교활한 고양이 한 마리가 몰래
기어들어왔습니다. 고양이는 혼자서 생각했습니다.
'둘이 싸우는 동안에 저 새를 잡아먹어야겠다!'
고양이가 덮치려는 순간,
피터가 소리를 질렀고 새는 안전한 곳으로 날아갔습니다.

그 소리를 듣고 할아버지는 크게 꾸짖었습니다.

"숲에서 늑대라도 나오면 어쩌려고!"

"늑대는 무섭지 않아요!" 피터가 웃으며 말했습니다.

바로 그때 덩치가 크고 굶주린 회색 늑대 한 마리가 그들을 향해
숲에서 몰래 다가오고 있었습니다.

木 森 林 木 森 林 木 森

물체 느껴지는 온기를 손안에 간직했습니다.

하지만 먼지 묻은 오래된 제빵를 느끼는 피할 수 없었습니다.

함께 느껴지는 온기를 온전히 느낄 수는 없었습니다.

따라 길으로 돌아가서 많았지 느껴는 중에게 소중히 간직하고 있습니다.

친구들이 곤경에 처하자 피터는 밧줄을 들고 근처 나무로 올라갔습니다.
새가 늑대의 시선을 끄는 동안 피터는 밧줄로 고리를 만들어 늑대의
꼬리에 걸었습니다.

呱呱

狼

몸부림을 칠수록 고리가 더 단단히 꼬리를 조여서 결국 늑대는 꼼짝할 수 없게 되었습니다. 그 순간 사냥꾼이 근처를 지나갔습니다. 이 늑대를 잡기 위해 오랫동안 쫓아다닌 사냥꾼이었습니다. 그는 피터가 나무에 있는 것을 보고 늑대를 쏴 죽이겠다고 했지만 피터는 더 좋은 생각이 있었습니다.

늑대가 완성될 때쯤 마리가 달려간다. 누구도 그것에 얽혀들 그리하여 웃었다. 누구도 웃음을 보았다.

늑대를 완성한 뒤에 마리는 사자와의 이야기에 있는 웃음을 동경으로

三씨 [sān]

웅크려 다오기 통통 쳄이다.

기본형 한자

人 사람 [rén]　　16

天 하늘 [tiān]　　20

口 입 [kǒu]　　22

魚 물고기 [yú]　　25

犬 개 [quǎn]　　26

火 불 [huǒ]　　28

木 나무 [mù]　　32

竹 대나무 [zhú]　　39

羊 양 [yáng]　　40

山 산 [shān]　　42

女 여자 [nǚ]　　46

鳥 새 [niǎo]　　50

羽 깃털 [yǔ]　　51

日 해 [rì]　　52

月 달 [yuè]　　56

工 일 [gōng]　　60

白 흰색 [bái]　62

虎 호랑이 [hǔ]　64

門 문 [mén]　66

水 물 [shuǐ]　70

牛 소 [niú]　74

馬 말 [mǎ]　76

玉 옥 [yù]　78

川 강 [chuān]　80

舟 배 [zhōu]　81

一 하나 [yī]　82-83

虫 벌레 [chóng]　84

長 길다/길이 [cháng]　85

心 심장/마음 [xīn]　86

刀 칼 [dāo]　88

豕 돼지 [shǐ]　91

宀 지붕 [mián]　92

雨 비 [yǔ]　　　94

子 아들 [zǐ]　　　96

目 눈 [mù]　　　98

手 손 [shǒu]　　　100

飞 날다 [fēi]　　　103

戶 집 [hù]　　　104

网 그물 [wǎng]　　　105

夕 해질녘 [xī]　　　106

言 말하다 [yán]　　　109

皿 그릇 [mǐn]　　　110

己 자신 [jǐ]　　　111

辶 걷다 [chuò]　　　112

土 토양 [tǔ]　　　114

士 군인 [shi]　　　116

士 선비 [shì]　　　117

田 밭 [tián]　　　118

弓 활 [gōng]   122

酉 술병 [yǒu]   123

戈 무기 [gē]   124

鹿 사슴 [lù]   125

艹 풀 [cǎo]   128

貝 조개 [bèi]   130

小 작다 [xiǎo]   132

鬼 유령 [guǐ]   135

勹 싸다 [bāo]   136

几 몇 [jǐ]   139

厶 사적인 [sī]   140

示 알리다 [shì]   142

干 방패 [gān]   144

冫 얼음 [bīng]   146

欠 빚지다 [qiàn]   148

匕 비수 [bǐ]   150

한자 모음

책에 실린 모든 한자를 모았다. 번체자와 간체자가 다를 경우,
번체자를 먼저 쓰고 간체자를 붙여두었다.

人	사람 [rén]	16	大哭	큰 소리로 울다 [dàkū]	27
從/从	따르다 [cóng]	17	大器	큰 인물 [dàqì]	27
眾/众	무리 [zhòng]	17	火	불 [huǒ]	28
大	크다 [dà]	17	炎	뜨겁다 [yán]	29
夫	남자 [fū]	17	焱	화염 [yàn]	29
大人	어른/성인 [dàrén]	18	伙	무리 [huǒ]	29
大眾/大众	대중 [dàzhòng]	18	啖	먹다 [dàn]	29
眾人/众人	많은 사람 [zhòngrén]	18	焱焱	타는 듯하다 [yányán]	30
夫人	부인 [tàitai]	18	炎炎	불덩어리 [yànyàn]	30
太	지나치게 [tài]	19	大伙	모두들 [dàhuǒ]	30
太太	부인 [tàitài]	19	火大	화가 나다 [huǒdà]	31
太大	거창하다 [tàidà]	19	大火	큰 불 [dàhuǒ]	31
大夫	의사 [dàifu]	19	木	나무 [mù]	32
天	하늘 [tiān]	20	林	수풀 [lín]	33
人人	사람마다 [rénrén]	21	森	산림 [sēn]	33
天人	신선 [tiānrén]	21	本	기초/근본 [běn]	33
天大	매우 크다 [tiāndà]	21	來/来	오다 [lái]	33
天天	매일 [tiāntiān]	21	本來/本来	원래 [běnlái]	34
口	입 [kǒu]	22	本人	본인 [běnrén]	34
囗	에워싸다 [wéi]	22	來人/来人	심부름꾼 [láirén]	34
叩	외침 [xuān]	23	本人火大	나는 화가 났다. [běnrénhuǒdà]	35
品	품질 [pǐn]	23	杏	살구 [xìng]	36
因	이유 [yīn]	23	呆	멍청하다 [dāi]	36
回	돌아가다 [huí]	23	未	아직 ～ 하지 않다 [wèi]	36
人口	인구 [rénkǒu]	24	末	끝 [mò]	36
人品	인품 [rénpǐn]	24	未來/未来	미래 [wèilái]	37
回人	회족 사람 [húirén]	24	回來/回来	되돌아오다 [húilái]	37
人魚/人鱼	인어 [rényú]	24	來回/来回	왕복하다 [láihúi]	37
魚/鱼	물고기 [yú]	25	杏林	행림 [xìnglín]	37
犬	개 [quǎn]	26	休	휴식하다 [xiū]	38
吠	짖다 [fèi]	27	體/体	몸/신체 [tǐ]	38
哭	울다 [kū]	27	人體/人体	인체 [réntǐ]	38
器	그릇 [qì]	27	大體/大体	대체로 [dàtǐ]	38
大吠	크게 짖다 [dàfèi]	27	竹	대나무 [zhú]	39

笨	어리석다 [bèn]	39	日本女人	일본여자 [rìběnnǚrén]	55
羊	양 [yáng]	40	月	달 [yuè]	56
美	아름답다 [měi]	41	肉	고기 [ròu]	56
鮮/鲜	신선하다 [xiān]	41	朋	친구 [péng]	57
羔	어린 양 [gāo]	41	明	밝다 [míng]	57
咩	양의 울음소리 [miē]	41	膽/胆	쓸개 [dǎn]	57
山	산 [shān]	42	膚/肤	피부 [fū]	57
出	나가다 [chū]	43	查出	알아내다 [cháchū]	58
咄	꾸짖다 [duō]	43	查明	조사하여 밝히다 [chámíng]	58
仙	신선 [xiān]	43	來日/来日	장래에 [láirì]	58
屾	두 개의 산 [shēn]	43	明日	내일 [míngrì]	59
出口	출구 [chūkǒu]	44	本日	오늘 [běnrì]	59
出來/出来	나오다 [chūlái]	44	本月	이번 달 [běnyuè]	59
出品	생산하다 [chūpǐn]	44	工	일 [gōng]	60
火山	화산 [huǒshān]	45	左	왼쪽 [zuǒ]	60
火山口	분화구 [huǒshānkǒu]	45	右	오른쪽 [yòu]	60
休火山	휴화산 [xiūhuǒshān]	45	巫	무당 [wū]	60
女	여자 [nǚ]	46	工人	노동자 [gōngrén]	61
妠	말다툼 [núan]	47	人工	인공적인 [réngōng]	61
姦/奸	간통 [jiān]	47	女工	여성 노동자 [nǚgōng]	61
如	따르다 [rú]	48	白	희다 [bái]	62
妹	여동생 [mèi]	48	白白	헛되다 [báibái]	63
囡	딸 [nān]	48	白人	백인 [báirén]	63
婪	탐내다 [lán]	48	白天	대낮 [báitiān]	63
仙女	요정 [xiānnǚ]	49	習/习	배우다/ 연습하다 [xí]	63
女人	여인 [nǚrén]	49	虎	호랑이 [hǔ]	64
大妹	첫째 여동생 [dàmèi]	49	唬	겁주다 [hǔ]	64
鳥/鸟	새 [niǎo]	50	入	들어가다 [rù]	65
羽	깃털 [yǔ]	51	門/门	문 [mén]	66
日	해 [rì]	52	閃/闪	재빨리 움직이다 [shǎn]	67
旦	아침 [dàn]	53	問/问	묻다 [wèn]	67
晶	빛나다 [jīng]	53	間/间	사이 [jiān]	67
東/东	동쪽 [dōng]	53	閒/閑/闲	한가하다 [xián]	67
查	조사하다 [chá]	53	大門/大门	대문 [dàmén]	68
山東/山东	산동지역 [shāndōng]	54	門口/门口	입구 [ménkǒu]	68
山東人/山东人	산동인 [shāndōngrén]	54	大門口/大门口	정문 [dàménkǒu]	68
山東女人/山东女人	산동 여자 [shāndōngnǚrén]	54	人間/人间	세상 [rénjiān]	69
日本	일본 [rìběn]	55	閒人/闲人	한가한 사람 [xiánrén]	69
日本人	일본인 [rìběnrén]	55	閃人/闪人	재빨리 피하다 [shǎnrén]	69

水	물 [shuǐ]	70	三	삼 3 [sān]	82
淼	물이 광활하게 펼쳐진 [miǎo]	71	四	사 4 [sì]	82
沫	거품 [mò]	71	五	오 5 [wǔ]	82
泉	샘물 [quán]	71	六	육 6 [liù]	82
淡	담백하다 [dàn]	71	七	칠 7 [qī]	83
江	강 [jiāng]	71	八	팔 8 [bā]	83
汝	당신 [rǔ]	71	九	구 9 [jiǔ]	83
沐	씻다 [mù]	71	十	십 10 [shí]	83
淋	젖다 [lín]	71	虫	벌레 [chóng]	84
水晶	수정 [shuǐjīng]	72	長/长	길다/길이 [cháng]	85
口水	침 [kǒushuǐ]	72	賬/账	회계/빚 [zhàng]	85
淡水	담수 [dàn shuǐ]	72	心	심장/마음 [xīn]	86
淡月	불경기인 달 [dànyuè]	72	必	반드시 [bì]	87
山水	풍경 [shānshuǐ]	73	悶/闷	답답하다 [mēn]	87
水門/水门	댐 [shuǐmén]	73	恕	용서하다 [shù]	87
口沫	침 [kǒumò]	73	怕	무서워하다 [pà]	87
泉水	샘물 [quánshuǐ]	73	安心	안심 [ānxīn]	87
牛	소 [niú]	74	小心	조심하다 [xiǎoxīn]	87
水牛	물소(버팔로) [shuǐniú]	75	心/全心	온 마음 [quánxīn]	87
天牛	하늘소 [tiānniú]	75	刀	칼 [dāo]	88
馬/马	말 [mǎ]	76	划	(배를) 젓다 [huá]	89
嗎/吗	의문조사 [ma]	77	分	나누다 [fēn]	89
罵/骂	비난하다 [mà]	77	叨	수다스러운 [dāo]	89
闖/闯	돌진하다 [chuǎng]	77	照	비치다 [zhào]	89
媽/妈	어머니 [mā]	77	分心	한눈을 팔다 [fēnxīn]	89
玉	옥 [yù]	78	分明	분명히 [fēnmíng]	89
王	왕 [wáng]	79	分子	분자 [fēnzǐ]	89
國/国	나라 [guó]	79	力	힘 [lì]	90
主	주인 [zhǔ]	79	加	더하다 [jiā]	90
全/全	전체의 [quán]	79	架	세우다 [jià]	90
女王	여왕 [nǚwáng]	79	駕/驾	운전하다 [jià]	90
國王/国王	국왕 [wángguó]	79	加州	캘리포니아 주 [jiāzhōu]	90
王國/王国	왕국 [wángguó]	79	豕	돼지 [shī]	91
美國/美国	미국 [měiguó]	79	猪	돼지 [zhū]	91
川	강 [chuān]	80	宀	지붕 [mián]	92
州	주 [zhōu]	80	災/灾	재앙 [zāi]	93
舟	배 [zhōu]	81	安	안정되다 [ān]	93
一	일 1 [yī]	82	牢	감옥 [láo]	93
二	이 2 [èr]	82	家	집 [jiā]	93

水災/水灾	수해 [shuǐzāi]	93	賬戶/账户	계좌 [zhànghù]	104
火災/火灾	화재 [huǒzāi]	93	網/网	그물 [wǎng]	105
天災/天灾	자연 재해 [tiānzāi]	93	夕	해질녘 [xī]	106
大家	모두 [dàjiā]	93	多	많다 [duō]	107
雨	비 [yǔ]	94	夢/梦	꿈 [mèng]	107
大雨	큰 비 [dàyǔ]	95	名	이름 [míng]	107
雨水	빗물 [yǔshuǐ]	95	歲/岁	해, 세 [suì]	107
雨林	우림 [yǔlín]	95	多少	다소 [duōshǎo]	107
子	아들 [zǐ]	96	言	말하다 [yán]	108
好	좋다 [hǎo]	97	信	편지, 믿다 [xìn]	109
字	글자 [zì]	97	計/计	계산하다 [jì]	109
李	자두 [lǐ]	97	詳/详	자세하다 [xiáng]	109
孖	쌍둥이 [zī]	97	語/语	말, 언어 [yǔ]	109
子女	자녀 [zǐnǚ]	97	自信	자신하다 [zìxìn]	109
王子	왕자 [wángzǐ]	97	相信	믿다 [xiāngxìn]	109
日子	일자 [rìzi]	97	日本語/日本语	일본어 [rìběnyǔ]	109
好心	선의 [hǎoxīn]	97	國語/国语	국어 [guóyǔ]	109
目	눈 [mù]	98	皿	그릇 [mǐn]	110
自	자신 [zì]	99	己	자신 [jǐ]	111
臭	(냄새가) 지독하다 [chòu]	99	自己	자기 자신 [zìjǐ]	111
相	서로 [xiāng]	99	辶	걷다 [chuò]	112
淚/泪	눈물 [lèi]	99	達/达	도착하다 [dá]	113
手	손 [shǒu]	100	逛/	거닐다 [guàng]	113
扶	돕다 [fú]	101	/迫	급박하다 [pò]	113
扮	분장하다 [bàn]	101	這/这	이것 [zhè]	113
拍	치다 [pāi]	101	人/达人	달인 [dárén]	113
抄	베끼다 [chāo]	101	狂犬	광견 [kuángquǎn]	113
扶手	손잡이 [fúshou]	101	土	토양 [tǔ]	114
人手	일손 [rénshǒu]	101	在	~에 [zài]	115
拍手	박수치다 [pāishǒu]	101	肚	배, 복부 [dù]	115
小抄	커닝페이퍼 [xiǎochāo]	101	坐	앉다 [zuò]	115
扒	훔치다 [pá]	102	佳	아름답다 [jiā]	115
扣	걸다 [kòu]	102	自在	자유롭다 [zìzài]	115
捆	묶다 [kǔn]	102	大肚子	임신(부) [dàdùzi]	115
找	찾다 [zhǎo]	102	坐在	~에 앉다 [zuòzài]	115
飛/飞	날다 [fēi]	103	佳人	미인 [jiārén]	115
戶/户	집 [hù]	104	士	군인 [shì]	116
大戶/大户	대가족, 대부호 [dàhù]	104	志	의지 [zhì]	116
貧戶/贫户	가난한 집 [pínhù]	104	士	선비 [shì]	117

감사의 말

이 책은 우리 아이들이 중국어를 읽고 그 문화를 이해할 수 있기를 바라는 마음으로, 어렸을 때 배웠던 중국어를 분석해서 설명해보면 어떨까 하는 호기심에서 시작되었다.

브루노 지우사니와 크리스 앤더슨 덕분에 지극히 개인적인 이 프로젝트를 테드TED에 소개할 기회를 얻었고 예상보다 훨씬 많은 사람들이 나의 강연을 지켜보았다. 4개월 동안 강연을 준비하면서 개리 셰인월드, 다리오 페스카도, 로버트 레슬리가 지속적으로 용기를 주고 격려해준 것에 감사를 표한다.

노마 바와 함께 작업한 것은 나에게 너무나 큰 기쁨이었다. 노마 바의 황홀한 그림 덕분에 한자들이 새로운 생명을 얻게 되었다. 프로젝트 매니저였던 이사벨라 쇼에퍼 역시 빠뜨리면 안 되는 사람이다. 그리고 지난 6년 동안 나를 돌봐준 딤플 나스와니에게도 감사를 전한다.

책을 쓰면서 이 책이 스스로 생명력을 가지고 성장한다는 느낌을 받았다. 많은 사람들이 프로젝트에 참여하며 규모도 커졌다. 그리스핀, 노마, 디자이너 다렌 페리, 캐리사 챈, 그리고 연구를 도와준 바네사 루와 그림과 세부 사항에 대해 끊임없이 논의하는 일이 어느새 일상이 되었고, 지금도 나는 작업한 것을 집에 가지고 가서 아이들에게 승낙을 받는다. 아이에게 작업한 것을 보여줄 때면 깐깐한 판사에게 판결을 받는 죄수가 된 기분이다.

수많은 사람들이 나를 끊임없이 도와주었다. 마이론 슐즈, 수전 버드, 룰루 왕, 빌 그로스, 체이스 하비에, 팀 페리스, 스테판 새그마이스터, 필립 롤리, 우 선생님 가족, 모두에게 감사드린다. 마지막으로 템스 앤 허드슨의 루카스 디트리히가 아니었다면 이렇게 훌륭한 책을 출판하기 위해 함께 여행할 사람들을 만날 수 없었을 것이다.

나는 14세에 집을 떠나 세계를 돌아다니며 나 자신을 이해하고 내가 있어야 할 곳을 끊임없이 찾아다녔다. 맨발로 콜롬비아 아마존을 걷고, 보츠와나 사막에서 사자와 하이에나 울음소리를 들으며 잠을 청했으며, 힘들고 추운 곳에서 나의 인내심이 어디까지인지 시험해보기도 했다. 이렇게 방랑하면서 결국에는 나의 의문에 대한 해답은 내가 출발한 곳에 있음을 깨달았다. 그 해답은 바로 '집'이었다. 서예가인 어머니 린 팡지 씨와 도예가인 아버지 휴 루이팡 씨가 이제는 내 걱정을 그만 했으면 한다. 씩씩한 딸로서 이제 내가 있어야 할 곳을 찾았기 때문이다.

옮긴이 박용호
본명보다 '라이언 선생님'으로 더 알려진 영어교사. 창의적인 수업법을 다양하게 개발하여 영어교사 수업경진대회에서 대상을 수상했으며, 교사 트레이너로도 활약하고 있다. 저서 수입의 대부분을 레고 조립에 투자하고 해마다 해외 자기계발 연수를 떠나는 창의력 마니아로, 이 책도 직접 발굴해 소개했다. 저서로 『라이언 쌤 이렇게 가르쳐서 영어수업 대박내다』, 『하룻밤에 보는 영문법』, 『나도 미드로 영어공부하고 싶다』, 『영문법 훈련노트 1, 2』 등이 있으며 『글쓰기 좋은 질문 642』와 『글쓰기 더 좋은 질문 712』를 번역했다.

Literaturtheorie

von Franz

Literaturtheorie

von Franz Kafka

Literaturtheorie

von Franz Kafka

Literaturtheorie

Von Franz Kafka

Literaturtheorie

von Franz Kaf

카프카 문학론

안진태 지음

들어가는 말

1999년 뮌헨의 『문학의 집』과 베텔스만 출판사가 독일의 소설가와 평론가 및 학자들을 대상으로 〈20세기 최고의 독일어 작품〉 선정을 의뢰한 결과 오스트리아 작가 로베르트 무질의 『개성 없는 남자』가 1위를 차지했다. 2위에는 프란츠 카프카의 『소송』, 3위에는 토마스 만의 『마의 산』, 4위에는 알프레드 되블린의 『베를린 알렉산더 광장』, 5위에는 귄터 그라스의 『양철북』이 올랐다. 「디 벨트」지가 조사한 독일인이 뽑은 〈20세기 최고의 작가〉는 프란츠 카프카가 1위를 차지했고, 토마스 만, 베르톨트 브레히트, 어니스트 헤밍웨이, 헤르만 헤세의 순으로 나타났다. 〈20세기 최고의 독일어 작품〉 선정에서 1위를 차지했던 로베르트 무질은 14위, 노벨 문학상 수상자 귄터 그라스는 15위였다.

이러한 사실들을 보면 카프카야말로 20세기 후반의 세계 문학에서 으뜸가는 작가라고 해도 과언이 아니다. 세계에서 제일 권위 있는 문학상인 노벨 문학상의 권위가 비판받는 때가 종종 있는데, 카프카가 이 상을 수상하지 못한 이유를 드는 경우도 있다. 이렇게 카프카는 현대 문학에 큰 영향을 미친 소설가이다. 따라서 카프카를 빼고는 현대 독일 문학사를 쓸 수가 없다고 볼 수 있다.

20세기 현대에 있어서 고독하고 가장 난해한 문제 작가로 일컬어지는 카프카는 현실과 환상의 미묘한 교착 속에서 인간 존재의 보편적 의미를 추구했던 세계 문학의 거장이자 귀재이다. 따라서 카프카는 도스또예프스끼, 제임스 조이스와 더불어 현대 문학의 아버지라고 일컬어지고 있고, 괴테나 셰익스피어 이래 현재에 이르기까지 세계의 문예학자, 문학연구가, 비평가들에 의해 가장 많이 연구되고 있다.

독일어권에서는 1916년 최초로 카프카의 수수께끼 같은 성격을 띤 작품에 대해 「기이한 것의 논리」라는 논문으로 오스카 발첼이 해석을 시도한 이후로 몇 명의 문학사가들이 카프카를 관심의 영역으로 끌어들였으나 1929년에야 비로소 처음으로 본격적인 해석 논문들이 발표됐다. 뒤이어 헬무트 카이저가 카프카의 전체 작품에 심리학적 해석을 시도했고, 그 후 해석의 홍수 속에서 외국과 전후 독일에 카프카 연구가 엄청나게 활성화되었다. 이 결과 독일을 비롯한 세계의 독일 문학계에서 카프카 산업이라 할 정도로 지금까지 2만 건이 훨씬 넘는 연구 논문, 저서 등이 나왔다. 이렇게 많은 카프카 전문가들의 견해들은 다양한, 때로는 상충하는 해석들로 의미 경쟁을 벌이고 있다. 카프카에게 정치적, 이념적 굴레 등을 씌워 작품성과 연결시키는 사람들이 많은 것이다. 따라서 카프카가 탄생한 지 120년, 타계한 지 80년이 넘은 이 시점까지 그와 그의 문학을 둘러싼 수많은 해석과 논쟁으로 그의 수용사에 많은 영욕을 남기고 있다.

이러한 배경에서 국내에서도 여러 출판사에서 카프카의 작품, 일기 그리고 편지 등의 소개가 매우 활발하게 진행되고 있다. 하나의 예를 들면, 카프카의 소설 『성』은 1960년 1월 31일에 국내 처음으로 번역된 후 1994년까지 무려 35번 이상이나 번역 출판되었다. 지금은 훨씬 더 많을 것이다.

이렇게 국내적 및 세계적으로 이목을 끄는 카프카의 작품은 난해하기로 유명하다. 카프카 텍스트들의 재인식은 아마도 어떤 20세기 문학의 수용적 일치를 측정하는 것보다 훨씬 가능하기 힘든 작업일 것이다. 왜냐하면 일반적으로 카프카 문학의 기본 모델로 규정되는 〈꿈같은 내면적 삶과 은폐된 진리의 비밀〉을 풀고자 한 수많은 해석의 시도에도 불구하고 여전히 풀리지 않는 수수께끼로 남아 있는 작품 내용이 많기 때문이다. 동화(同化), 투사(投射), 자리바꿈, 응축과 같은 메커니즘으로 카프카의 작품들은 우리의 예상과 절대로 일치하지 않는 인물들로 가득 차 있다. 이 인물들은 그들이 처한 상황에서 이렇게 말하고 행하리라는 기대를 완전히 저버린다. 때로 카프카는 한 인물에 속하는 요소들을 여러 형상으로 나누어 분해하기 때문이다. 여기에서 우리는 이야기의 주역들을 어떻게 생각해야 좋을지 알 수 없게 된다. 이런 배경에서 카프카 문학은 접근하기 어렵다. 우리가 그의 문학을 이해했다고 여기는 순간 그 문학은 달아나 버린다. 카프카는 어두운 현실에 대해 대안을 제시하기보다는 오히려 출구가 보이지 않는 현실 상황을 철저하게 파고들기 때문이다. 이러한 카프카의 문학을 이해하려고 애쓰다 보면 어느 순간 더는 파고들기 힘들다는 사실을 깨닫게 되어 독자는 경악, 당혹감, 몽환성 그리고 불안을 느끼게 된다. 여기에다 카프카는 그의 대작들을 완성하지 못한 채 숨져 그의 삶, 미완으로 남은 그의 작품은 더욱더 미스터리로 가득 차 있다.

그러나 그의 문학의 심오성이나 매력은 이 모순의 존재와 해석의 어려움 속에 있다고 생각된다. 카프카의 문학은 난해하면서도 가슴에 와 닿는다. 카프카적 형상 세계는 이해를 거부하거나 방해하면서도 이미 독자에게 막대한 영향력을 행사하는 것이다. 그의 문학은 삶의 은밀한 부분을 건드린다. 그는 현실과 환상의 미묘한 교착 속에서 인간 존재의 보편적 의미를 추구하여 현대 문명이 낳은 인간 상실, 막다른 골목에 들어서 있는 현대의 상황, 현대인의 불안감, 소외감, 거대한 악마적인 존재와의 대결에서 좌절하는 인간상 등을 그리고 있다. 그러나 이러한 좌절의 상태에서도 카프카의 대다수 작품은 현실을 도피하지 않고 짐짓 하나의 구심점을 찾아서 정면으로 진입하려는 각고(刻苦)의 투쟁을 정립하고 있다. 따라서 난해하고 불투명한 작품 구성에도 불구하고 카프카의 작품은 변함없이 동서양의 문학가들에게 깊은 관심을 불러일으키고 있다.

필자는 이러한 많은 배경을 지닌 카프카의 작품을 개괄해서 수용하며 비평하고자 한다. 에른스트 피셔Ernst Fischer의 주장대로 〈피라미드 같은 카프카 해석〉에 또 다른 골조를 세우는 용기로 이 저작은 시작된 것이다.

이 연구의 중심에는 작품 속의 많은 사건들, 몇몇 잠언과 비유가 있다. 우리가 카프카 소설에서 읽어내는 것 중 많은 부분을 그는 자신의 단편에 간략하게 재현한다. 따라서 카프카의 단편 소설들은 양은 극도로 짧지만 서사가 풍부하여 인생 전반에 걸친 통찰을 반영하기에 부족함이 없다. 이러한 미니 픽션은 아마도 〈미래적 글쓰기〉가 되지 않을까도 생각된다. 직장에 출근할 때 지하철 한 구간에서 다 읽을 수 있을 정도의 속도감과 간편함이 있으니 말이다. 단지 짧지만 의미적으로 독자에게 즉각적인 반응을 끌어낼 수 없다는 점이 단점이라 할까.

6

결론적으로 이 책은 난해한 카프카 문학의 해설을 위해 발간되었다. 온 나라가, 아니 온 세계가 정치, 경제 및 민족 갈등 등으로 스트레스를 받았던 지난 3년간 필자는 이 저서 집필에 몰두하면서 줄곧 행복했다고 생각된다. 물론 수많은 책을 읽고 머릿속에 정리하느라 고통스럽기도 했지만, 필자가 독문학자라는 것이 이번처럼 행복하다고 느낀 때가 없었던 것 같다. 그리고 집필을 시작한 건 약 3년 전이지만 집필 구상 동기는 훨씬 오래전 필자의 대학 독문학과 시절로 거슬러 올라간다고 볼 수 있다. 필자가 대학 독문학과 시절 수업에서 처음으로 강독했던 작품이 카프카의 「변신」이었는데 이 내용이 너무도 해괴하고 몽상 같아서 오랫동안 남다르게 기억에 남아 있었는데 이것이 결국 독문학을 가르치게 된 오늘날 저서로 결실을 맺었으니 말이다.

이 저서를 이제 막 내려놓으면서, 즉 많은 어려움에도 큰 용기를 가지고 시도하여 발간되는 지금, 이제 남은 것은 카프카 문학 연구에 조금이라도 도움이 되었으면 하는 바람이다. 그러나 카프카 문학의 무한한 해석 가능성으로 저자의 미비한 점이 많으리라 생각된다. 어떤 종류의 완전함이란 불완전함의 한없는 축적이 아니고서는 실현될 수 없다고 본다. 따라서 뒷날 보다 좋은 내용을 위해서 부족한 점에 대해서는 아낌없는 지적과 편달을 바란다.

끝으로 이 책의 출판을 맡아 성의껏 편집을 위해 수고해 주신 열린책들의 홍지웅 사장님과 편집부, 그리고 원고 정리에 헌신적으로 협조해 주신 주위 여러분께 글로나마 심심한 감사를 드린다.

동해 바닷가에서
안진태

차례

범례

아래의 카프카의 주요 작품이나 그의 문학에 관련된 주요 저서는 〔 〕 속의 단어로 간단하게 줄이고 뒤에 면수를 표시했음.

1. Franz Kafka, *Der Prozeß*, herausgegeben von Max Brod, S. Fischer Verlag, Frankfurt am M., 1986. 〔P〕

2. Franz Kafka, *Das Schloß*, herausgegeben von Max Brod, S. Fischer Verlag, Frankfurt am M., 1986. 〔S〕

3. Franz Kafka, *Amerika*, herausgegeben von Max Brod, S. Fischer Verlag, Frankfurt am M., 1986. 〔A〕

4. Franz Kafka, *Erzählungen*, herausgegeben von Max Brod, S. Fischer Verlag, Frankfurt am M., 1986. 〔E〕

5. Franz Kafka, *Beschreibung eines Kampfes*, herausgegeben von Max Brod, S. Fischer Verlag, Frankfurt am M., 1986. 〔B〕

6. Franz Kafka, *Hochzeitsvorbereitungen auf dem Lande und andere Prosa aus dem Nachlaß*, herausgegeben von Max Brod, S. Fischer Verlag, Lizenzausgabe mit freundlicher Genehmigung von Schocken Books Inc., New York, USA, 1986. 〔H〕

7. Franz Kafka, *Briefe an Milena*, herausgegeben von Jürgen Born und

Michael Müller, S. Fischer Verlag, Frankfurt am M., 1986. [BM]

8. Franz Kafka, *Briefe an Felice und andere Korrespondenz aus der Verlobungszeit*, herausgegeben von Erich Heller und Jürgen Born, S. Fischer Verlag, Hamburg-Wandsbek, 1975. [BF]

9. Franz Kafka, *Brief an den Vater,* in: Ders. *Hochzeitsvorbereitungen auf dem Lande und andere Prosa aus dem Nachlaß*, herausgegeben von Max Brod, S. Fischer Verlag, Lizenzausgabe mit freundlicher Genehmigung von Schocken Books Inc., New York, USA, 1986. S. 119~162. [BV]

10. Franz Kafka, *Tagebücher 1910~1923*, herausgegeben von Max Brod, S. Fischer Verlag, Lizenzausgabe mit freundlicher Genehmigung von Schocken Books Inc., New York, USA, 1986. [T]

11. Gustav Janouch, *Gespräche mit Kafka, Aufzeichnungen und Erinnerungen*, S. Fischer Verlag, Frankfurt am M., 1968. [G]

Literaturtheorie

von Franz Kafka

Literaturtheorie

von Franz Kafka

Literaturtheorie

von Franz Kafka

Literaturtheorie

Von Franz Kafka

Literaturtheorie

von Franz Kafka

제1장 **카프카의 인물적 배경**

철학적 담론은 독자에게 이해되는 정확성을 그 본질로 삼는다. 그렇지 않다면 독자는 사기 협잡으로 의심할 것이며 이러한 사이비 철학적 담론은 철학적 속임수, 유혹, 부정직 등으로 질책을 받을 것이다. 따라서 철학적 텍스트는 그것이 의미하는 바를 명백히 말해야 한다. 결국 철학적 성과는 명확성에 있다.

그러나 문학적 텍스트는 명확성의 제한이 없이 열려 있어 자체적으로 해석되므로 다양한 가능성을 전개시킨다. 이러한 다양한 해석 가능성이 카프카 문학에서 제시된다. 따라서 하나의 철학적 텍스트로는 카프카의 문학적 텍스트의 풍부성이 측정될 수 없다.

카프카의 작품에서는 다분히 시공(時空)을 초월한 영점 시각(零點時角)을 주인공의 의식과 행위에 적용하기 때문에 주제상의 무한한 철학이 가능하다. 그런데 주제상의 철학을 해명하는 데 〈환원적(還元的) 해석*reduktive Deutung*〉 방법을 적용시킬 것이냐 아니면 〈사색적(思索的) 해석*spekulative Deutung*〉 방법을 적용할 것이냐에 따라 카프카는 문학가로 머물기도 하고 철학자로 변할 수도 있다. 환원적 해석은 역사적인 동시대성과 연관된 개인의 구체적인 증거를 제시하기 때문에 작가와 작품 내재적 여러 사건이 비교적 친숙한 관계를 유지한다. 사색적 해석은 작가와 일정한 거리를 둔 채 다의적이고 고차원적인 비유로 인간상과 세계관을 추적하므로 수많은 해석을 자극한다.

카프카의 불명료함, 의미의 변동, 의미의 유동성, 불확실성*Fragewürdigkeit*과 기타 해석자들이 카프카의 묘사 양식에 부여하는 표현들에서 볼 수 있듯이 카프카의 문학적 원칙은 일종의 인간의 신화적 요구이다.

문학이 전통과 가장 긴밀한 접촉에서 이 전통을 자신에서 밀쳐낼 때만이 문학은 사실 내용을 구출할 수 있다. 그것들의 파편 속에 보호되어 있는 숨겨진 가능성을 항상 많은 형상으로 나타내는 행운을 나타내려 하지 않는 사람은 가능성과 의미를 거짓으로 오용하는 전통에서 벗어나야 한다. 전통을 엄격하게 거부하는 데서 다시 전통으로 돌아올 수 있다.[1]

이런 배경에서 사변적인 상황뿐만 아니라 역사적 실증주의적이며 전기적 자료 등을 근거로 카프카 연구가 다양하게 진행되고 있다.

1. 표현주의 작가

표현주의 *Expressionismus* 의 예술 혁명은 상호 대립적인 방향, 정서, 이념, 표현 형식 등에서 다기적(多岐的)이고 카오스적인 혼란을 야기함으로써 이것들을 규제하고 결합하고 조화시키는 공통적인 요소를 지니지 못하고, 부정적 측면과 전통의 파기를 현저하게 나타낸다. 이 특징은 모든 전통적 특징을 부인하고 상호 모순적인 여러 주의(主義)의 홍수를 초래함으로써 무계획이 계획이 되고, 모든 규정 가능한 입장과 진술이 풍자적으로 지향되는 것이다. 따라서 비판과 항의 그리고 궐기의 소용돌이가 일어나고 이러한 혼란은 특히 전통과의 극단적 단절로 이해되어 이제 새로운 문학은 문학 그 자체만을 위하여 존재하는 것이 아니라 동포애적 입장에서 인간에 대해 눈을 돌리고 있다. 즉 새로운 문학은 인간 존재의 권리를 위해서 인간 실존의 의미와 품위를 위하여 투쟁할 것을 시사한다. 이러한 목적을 위하여 극단적인 노력으로 표현가능한 한계까지 언어가 형상화되고 때로는 언어의 한계

---

1 Theodor W. Adorno, Über Tradition, in: Ders., *Kulturkritik und Gesellschaft I, Prismen, Ohne Leitbild* (Gesammelte Schriften, Bd. 10, 1), Frankfurt/M., 1977, S. 320. (이하 *Prismen* 으로 줄임)

가 미치지 못하는 경우에 과다한 표현, 즉 얼굴 표정의 기술적 묘사 등도 동원된다. 따라서 감동은 거친 자연주의적 관찰이나 세련된 인상주의적 관찰에 의존하는 것이 아니라 표현주의적 폭발성으로, 그리고 무아경으로 전이되어 간다. 시인은 더 이상 기록하고 분석하는 데 머무르기보다는 인식하여야 하며, 〈향유에 취한〉 미의 숭배는 그 본성이 직접 파악되는 예술의 정열과 기풍을 통하여 분리된다. 결국 표현주의 문학은 제약과 우연성의 세계에서 벗어나 언어와 표현의 절대적 영역, 즉 언어와 표현의 순수한 〈직접성Unmittelbarkeit〉과 〈원래성Ursprünglichkeit〉에 관계한다.

20세기의 첫 10년이 문학사에서 뚜렷한 특징을 가지지 못한 가운데, 제1차 세계 대전 이전의 지배적인 경향으로서 표현주의가 나타났다. 1910년부터 제1차 세계 대전이 끝난 후, 즉 1925년경까지 표현주의는 독일에서 정신적인 삶을 규정하고 있었다. 이는 독일에만 국한된 것이 아니라 유럽의 예술적 개혁에서도 나타나고 있으나 단지 그 명칭에 차이가 있었을 뿐이었다. 표현주의자들의 증언이 중요하게 여겨지는 것은 그 속에 비범한 시기의 삶의 느낌이 분명하게 표현되기 때문이다.

예술 혁명 기간 중 인간은 점증하는 산업화와 전문화 과정 그리고 세계 대전의 참화를 경험하면서 폭군적인 사회적 장치에 대한 무기력한 자신을 절감해야 했다. 이와 같은 상황에 직면하여 표현주의 예술도 절대적 가치의 조형, 절대적이고 부서질 수 없는 인간의 근본적인 힘의 조형으로 돌파구를 모색하지 않을 수 없었다. 그때마다 변화하는 정신적 체험의 내용들이 그 이상 조형의 대상이 되지 못하고, 정신 자체와 그것의 체험이 직접적으로 또한 절대적으로 단어와 음과 색으로 조형되어야 했다.

1910년부터 1929년까지 베를린에서 발간된 표현주의 작가들의 잡지 『폭풍Der Sturm』에 기고한 일단의 표현주의 작가들이 보여 주었듯이, 단어와 문장의 결합은 문법적 논리에서가 아니라 예술적 논리에서 출발한다. 말하자면 단어나 문장의 결합은 음향적으로, 화음적으로, 조소(彫塑)적으로 표현하고자 하는 예술적 내용이나 감정 내용에 일치해야 하며, 비예술적이라 할 수 있는 문법적이고 인습적인 언어 형식에 구애될 필요가 없다.

이러한 표현주의는 1880년대의 자연주의 운동의 잔재를 청산하는 것으로 또한 신고전주의에 대항하는 사조이기도 했고, 증대되는 위기 의식, 사회적 제모순(諸矛盾), 자본주의와 팽배하는 기계 문명 등에 대한 절규이자 〈인류의 여명〉에 대한 예감을 그 밑바닥에 깔고 있었다.

이러한 배경에서 클레Paul Klee는 〈나는 그곳(표현주의)에서 인간, 동물, 식물, 땅, 불, 물, 공기 그리고 멀리 떨어져 있지만 모든 순환하는 힘들을 위한 일종의 고정된 언어 형식을 예감하게 하는, 창조의 근원적 시점을 구한다. 속세의 사상은 세계 사상 이전으로 물러나고, 사랑은 아득하며 종교적이다〉[2]라고 언급한다. 마르크 Franz Marc 역시 예술가에 대하여 새로운 노력을 요구하고 있다. 〈나는 점차로 뒤로 처지거나 혹은 더 나아진다고 말해지기 시작했다. 사물을 통하여 본다는 것, 오히려 사물은 그 외관과 함께 숨겨진 그 이면이 대부분 세련되게 은닉되어 있고, 그러는 동안 사물은 그것이 실제로 무엇을 숨기고 있는 것처럼 인간을 현혹시킨다. 그것은 하나의 물리적인 오랜 역사이다. 열정이 무엇인지, 명성과 고난이 무엇인지 오늘날 우리는 알고 있다. 최소한 우리는 두 번째 의미, 즉 학문적인 의미를 가지고 있고, 이러한 것의 배후에 다시 하나의, 그리고 또 많은 의미가 놓여짐을 나는 확신하고 있다.〉[3]

이러한 표현주의 사상이 카프카 문학에서 강한 인상을 보인다. 특히 카프카 작품의 초기 경향이 표현주의 범주의 강한 면을 보여 준다. 카프카는 자기 문학을 표현주의 사조라 명확하게 언급한 적이 없지만, 문학 작품뿐만 아니라 그의 창작의 보편적 상황에서 표현주의로 답하고 있다. 카프카는 쿠르트 핀투스의 유명한 표현주의 문학 사화집에 대해서 〈이 책은 나를 슬프게 한다. 작가들은 사람들을 향하여 손을 뻗친다. 그러나 사람들은 우정어린 손이 아니라, 눈과 가슴을 겨누며 꽉 쥐어진 채 경련하는 주먹만 본다〉[4]라는 견해를 표명하고 있다. 이러한 카프카의 표현주의 방식의 작품은 근본적으로 그의 이전 시대나 동시대의 사실주의와 자연주의, 신낭만주의에 의해 씌어진 전통적 심리 소설과 완전히 대립되고 있다.

실제로 카프카가 살았던 20세기는 〈도발의 미〉와 〈소비의 미〉 사이에 극적인 투

---

2 송익화 편저, 『독일문학사』, 서린문화사, 1986, 513면 이하.
3 송익화 편저, 앞의 책, 514면.
4 Hartmut Müller(권세훈 외 역), 『카프카 문학 사전』, 학문사, 1999, 307면.

쟁의 장을 이루었다. 미래주의에서 입체파, 표현주의에서 초현실주의에 이르는 아방가르드의 도발은 이전의 모든 미적 규범을 파괴하고 그 자리에 정신병 환자의 꿈, 마약에 의해 암시된 전망 그리고 무의식적 충동을 끼었었다. 현대인은 놀랍게도 아방가르드의 미술 전시회를 관람하고 〈이해 불가능한〉 조각품을 구입하면서도 매스 미디어가 제시하는 미의 모델에 따라 옷을 입고, 화장을 하고, 머리를 바꾼다. 이와 같은 모순을 어떻게 해석해야 할까? 도저히 설명할 수 없다. 이것이 20세기의 전형적인 모순이다.

카프카는 이 같은 모순을 철저히 객관화시켜 표현주의 작가로 여겨진다. 예를 들어 「변신Die Verwandlung」에서 인간이 벌레로 변한 그레고르의 생활은 가족들의 일상적 평범성과 병존하여 기괴한 모습을 보여 주는데, 이 음산한 분위기 속에서 떠도는 신랄한 유머, 그것이 전체적으로 자아내는 황폐하고 적적한 이상스러운 뉘앙스 등은 마치 표현주의파의 회화를 감상하는 느낌을 준다. 1910년대 카프카 문학에서 확인될 수 있는 소외 현상이나 부자 갈등의 주제화 등도 카프카의 작품을 역시 표현주의 산문에 포함시킨다. 가장 흥미롭고 완성도가 높은 이들 표현주의 산문들은 모두 주인공의 개인적 관점에서 바라본 왜곡된 세계를 보여 준다. 즉 이야기되는 사건은 수미일관 인물 관점에서 서술될 따름이다. 카프카는 시대의 부정적인 면을 비유적으로 나타내는 것이다. 결국 카프카의 작품은 사유하는 인간 상황, 현존에 대해 숙고하는 인간의 가장 기본적인 물음을 표현주의 방식으로 반영한 것이다.

1917년과 18년 사이에 카프카는 이런 경구를 쓴 바 있다. 〈네가 집 밖에 나가는 것은 필연적인 것이 아니다. 너의 책상에 머물러 귀를 기울여라. 한 번 귀를 막고 기다리기만 하라. 한 번 기다리지 말고 숨죽이고 홀로 있어라. 세계는 슬그머니 너에게 다가와 모습을 드러내고, 세계는 어쩔 수 없이 황홀경에 빠져 네 앞에서 몸을 뒤틀 것이다.〉[5] 세계는 여기서 동력학적 방식의 내적 체험 현상으로 변하고, 체험은 황홀경을 향한다. 그리하여 세계 재료의 포만함은 폭파되고 길은 모였다가 흩어져 버린다. 또 카프카의 1913년의 일기에 다음과 같은 내용이 있다. 〈무서운 세계를 나는 머릿속에 그린다. 하지만 나와 세계가 자유로워지려면 파멸밖에 도리가 없지 않을까? 세계가 나 자신 속에 숨죽이거나 숨어 있으니 차라리 수천 번 파괴되는 것이 나으리라. 그러기 위해 내가 여기 존재한다는 사실은 너무나 분명하다.〉[6]

내적으로 저지된 세계를 언어로 바꾸고 그것을 하나의 의사전달적 매개물로 압축하는 것이 카프카에게 〈삶의 권리를 보장하는〉 것이다. 삶이란 그에게 내적으로 저지된 세계 체험을 창작함으로써 해방되는 것인데, 이는 늘 새롭게 이행되어야 하는 자기 해방이다. 세계란 마치 선험적인 것처럼 카프카의 내부에 존재한다. 특정하게 고정된 세계상은 그것과 거리가 멀다. 이 내부적 전망에서 나타나는 평형은 외부 세계의 실용적 범례들과 무관하다. 카프카에게 그것은 비밀스럽고, 때로는 위험하며, 때로는 구원을 줄 수 있는 〈창작의 위안〉이다.

이런 배경에서 볼 때, 카프카는 확실히 내향적인 작가이다. 카프카는 외적 현실의 정당성을 인정하지 않았기 때문에 그러한 외적 현실로부터 자신을 격리시키고 〈홀로 있음Alleinsein〉을 통해 자신의 내적 현실을 충실히 그려내고 있다. 따라서 카프카는 외부 현상의 모사가(模寫家)가 아니라 자아를 핍박하고 해체하는 내면 세계의 갈등을 조형하는 고전적 표현주의자이다. 정신적 세계 밖에는 아무것도 존재하지 않는다고 생각했기 때문에, 오로지 내심의 소리에만 귀를 기울이고, 외계의 소리를 귀담아 들으려고 하지 않았던 그의 태도는 삼라만상에 숨어 있는 본질을 규명하려는 날카로운 관찰력을 낳게 했다.

카프카의 소설은 내면적인 사건을 나타낸다. 이것은 형상화 과정 속에서 나타나며, 이것들은 내면 세계를 지시해 주는 특징을 지닌다. 때문에 카프카 작품을 이해하려고 할 때는 언제나 작품 내에 형상화된 세계를 언어와 이미지 뒤에 따르는 내면 세계의 진행으로 이해하도록 노력해야 한다.[7]

외계(外界)를 내계(內界)와 조응하여 파악하려고 하고, 또 내계를 어떤 가치 체계의 상징으로 간주하려는 노력은 이제까지 문학에서 흔한 일이다. 흔들리는 외계의 객관성에 따라서 내계의 힘을 외계로 밀어내는 일은 제1차 세계 대전 당시 표현

6 브루노 힐레브란트(박병화·원당희 역), 같은 책, 343면 이하.

7 Vgl. Wilhelm Grenzmann, *Dichtung und Glaube*, Frankfurt/M., Bonn, 1960, S. 143.

주의의 문예 사조였다. 그러나 내계의 묘사를 유일한 현실 파악의 수단으로 이해하여, 외적 현실에 대해서 내적 현실의 우위를 확보하려는 노력은 카프카에 의해서 비로소 결실을 보게 되었다.

그러나 내면 세계의 표출로서의 카프카 작품을 이해하기 위해서는 작품 외적인 카프카의 사고 단면(斷面)들도 함께 고찰돼야 한다. 그는 단순히 외적 현실로부터 도피해서 몽상적 유토피아나 그리려 한 것이 아니었다. 그에게는 외적 현실 자체가 조화나 인과율 등이 깨어진 상태로 여겨졌으며 그런 까닭에 그는 외적 현실에 대한 전혀 새로운 시각을 부여하려는 인식 비평적 노력을 게을리하지 않았다.

조켈Walter H. Sokel은 카프카의 뛰어난 〈주관적인 것의 비유적 표현〉을 이유로 그가 고전적 표현주의자라고 확인하면서 동시에 표현주의자들 중 가장 성공적인 작가로 보고 있다.[8] 조켈은 카프카의 고유하고 원래적인 서술 형식이 「선고Das Urteil」의 집필에서 출현했다고 믿는다. 그는 「선고」의 집필 전까지 젊은 카프카가 유희적이고 무질서한 주관성과 극도의 객관성을 지닌 것처럼 보이는 엄격한 주관성 사이의 지속적인 싸움에 시달렸다고 믿고 있다. 이 싸움에서 최종적으로 주조된 형식이 〈꿈의 구조Traumstruktur〉로서의 〈고전적 표현주의〉라는 것이다.

후버Ottmar Huber는 〈표현주의의 내면성Innerlichkeit des Expressionismus〉이 한정적이고 불투명한 연금술(마술)로, 그로테스크하고 자기 분열적 세계관으로 타락했다고 서술하고 있다. 개인의 그로테스크한 상황의 확립으로 신화의 부담 경감 기능은 상실된다.[9]

물론 조켈과 여러 해석자들이 카프카에게서 표현주의적 작가상을 발견하는 문학 사조에 걸림돌이 되는 근거들도 존재한다. 카프카의 분석적이며 정교한 서술 방식과 비유적인 이야기 전개는 표현주의의 언어 및 서술 양식과 모순될 수도 있다. 카프카의 작품에는 또한 감정과 충동의 광기가 전면에 등장하지 않는다. 그의 문화 비판은 유대교에 국한된다. 그의 작품에 형상화된 부자 갈등의 문제는 표현주의에 해당되는 작품들보다 시기적으로 앞서 있다. 그의 문학은 병리적인 돌출

8 Walter H. Sokel, Der Expressionist Franz Kafka, in: *Forum 10* (1963), S. 288.
9 Ottmar Huber, *Mythos und Groteske, Die Probleme des Mythischen und ihre Darstellung in der Dichtung des Expressionismus*, Meisenheim am Glanm 1979, S. 59 f.

분위기, 세계 변화에 대한 의지, 역동적이고 황홀한 것에 대한 애착 등을 보여 주지 않는다. 이와 같은 이론들은 사실 타당성을 갖고 있어, 아직도 카프카 문학이 한마디로 정의되지 못한 감이 있는 실정이다.

이러한 배경에서인지 알레만B. Allemann과 헤젤하우스Clemens Heselhaus 등은 카프카를 자연주의 작가로 규정하기도 한다. 물론 초기의 카프카에게는 철저한 자연주의 작가인 홀츠Arno Holz, 졸라Emil Zola 등처럼 현재 존재하는 모든 것을 기록하고 엄밀하게 재현하는 것이 최대 관심사였다. 따라서 카프카가 지상의 현상 세계를 신뢰하고, 그것을 작품에 형상화하면서 현상 세계에 내재된 의미를 획득해 내기 때문에 그를 자연주의 작가로 볼 수도 있다. 1906년과 1907년 사이에 발표된 초기 작품 『시골에서 결혼 준비Hochzeitsvorbereitungen auf dem Lande』에서 카프카는 자연주의 작가처럼 대도시의 거리, 열차와 합승 마차에서 일어나는 모든 사건을 정확하게 기록하고, 동요하면서 흘러가는 삶을 총괄적 병기의 방식을 사용해 극명하게 고정시키려고 했다. 그러나 개별 사건은 작품 전체에서 구성적으로 특정한 반복적인 의미와 기능을 갖지 못한다. 현상들은 흔적을 남기지 않은 채 나타났다가 사라진다. 존재하는 모든 것 그 자체의 충만이 중요하다. 이 충만은 처음에는 중심 이념과 구성적 편성의 통제를 받지 않는다. 그러한 기록들의 정확성, 모든 개별적인 사건들을 생생하고 간결하게 기록하는 정밀함은 카프카의 후기 산문이 지닌 아주 놀라운 특성이다.[10]

이런 배경에서 나겔Bert Nagel은 카프카 서술의 즉물적(卽物的)인 정확성에서 자연주의적 경향을 발견하고자 하는 것은 큰 오류라고 말한다. 자연주의가 환경을 사진 복사하듯이 묘사함으로써 있는 그대로를, 즉 이미 결정된 것, 이미 인과율적으로 제약된 것을 확인하고자 하는 데 반하여, 카프카의 연상적인 사물의 병렬(竝列)은 바로 현실의 미해결 상태나 비인과율 그리고 현실의 절대 측량 불가능함을 밝히려고 한다는 것이다. 자연주의가 현실의 오류와 부정(不正) 따위를 개선하려 한 데 반해, 카프카는 절망적인 현실에 대한 모든 치유 노력이 수포로 됨을 보였을 뿐이라고 나겔은 말한다.[11]

---

10 빌헬름 엠리히(편영수 역), 『카프카를 읽다』, 유로, 2005, 40면 이하.
11 김용익, 『프란츠 카프카 연구』, 삼영사, 1984, 48면.

22

이러한 배경에서 아도르노T. W. Adorno는 카프카의 작품과 표현주의의 내면적 친숙도를 지적하며 그를 표현주의 서사 시인으로 확정한다. 조켈도 카프카의 표현 기법으로 〈표현주의적 꿈과 같은 서술 원리〉를 지적한다.[12] 작품의 발행일과 장소도 표현주의 전성기와 밀접한 관련을 맺고 있다.

2. 작가의 자기 투영

카프카 문학의 해석 경향은 크게 문학 내적(內的) 경향과 문학 외적(外的) 경향으로 나뉜다. 카프카의 작품 세계는 인간의 내적 자아와 외적 현실의 불화를 근간으로 하고 있는 것이다. 문학 외적 방법은 작품의 여러 시각 중에서 다의적(多義的)인 해석상의 모티프를 중시하며, 문학 내적 방법은 카프카 작품을 작가의 영적 생활의 반영으로 파악, 즉 형이상학적으로 고양되고 심리학적으로 주도되는 해석 방법이다. 외적 현실에는 사회 및 인간들의 소외적 상황과 계절, 분위기 등이 작용한다. 카프카는 외적 현실을 포기한 결과 모든 현실적인 삶을 포기하였다. 따라서 삶 자체가 카프카에게는 생소하며, 그의 가족과의 생활도 그에게는 어떤 나그네보다 더 생소하다고 그는 일기장에서 고백하고 있다.[13] 그의 대상에 대한 경이감도 세계가 주는 생소함에 근거하여 그들은 완전히 형이상학Metaphysik의 영역으로 들어간다.

표현주의의 자아가 더욱더 자신으로 내던져질수록, 이 자아는 배제된 현상계를 닮아간다.[14]

형이상학은 본질적인 것을 생각해 내고 문학은 이것을 형상화시킨다.[15] 예술 작

---

12 Walter H. Sokel, *Franz Kafka, Tragik und Ironie*, Frankfurt/M., 1976, S. 21.
13 F. Kafka, *Eine Biographie*, Frankfurt/M., 1954, S. 20.
14 *Prismen*, S. 275.
15 M. Heidegger, Herbert Seidler, *Die Dichtung, Wesen für Dasein*, Stuttgart, 1965, S. 7.

품의 역사적 존속은 정체된 것이 아니라 끊임없이 현재와의 관계 속에 있으며, 문학과 역사는 우리들의 〈경험에 비추어〉 의미가 부여되고 판단되는 것이다.[16]

1) 전기적 해석

실증주의*Positivismus*에 의하면 작품을 창작한 인물에 대한 지식이 없이, 말하자면 그가 자라난 생활과 환경에 대한 지식이 없이 그 작가의 작품은 이해될 수 없다. 이와 같은 견해로 작가의 생활에 대한 세부적인 연구를 행하는 소위 전기론(傳記論)이 대두되었다. 실증주의 방법의 창시자 중 한 사람인 텐Hippolyte Taine은 1859년 발자크Honoré de Balzac에 관한 방대한 논문에서 〈생활은 곧 작품〉이라는 원리를 제창했다.

정신만이 유일하게 정신적 작품의 근원은 아니다. 전체로서의 인간이 그 작품의 생성에 관여하고 있다. 작가의 타고난 천성, 교육, 생활, 즉 과거와 현재의 생활, 그의 고뇌와 능력, 그가 지닌 미덕과 악덕, 요컨대 그의 정신과 그 활동이 이루어지는 곳이라면 어느 곳이나 모두 그가 생각하고 기록한 것의 흔적을 남긴다.[17]

발자크를 이해하고 평가하기 위해서는 그의 성향과 생활을 알아야 한다는 것이다. 텐은 저서 『영문학사*Histoire de la littérature anglaise*』의 서론에서 예술 작품과 예술가를 결정짓는 것은 종족*race*, 환경*milieu*, 계기*moment*라고 했다. 첫째로 인간의 성격과 신체 구조에 주어진 차이점에서 생기는 천성 또는 유전된 소질을 연구해야 한다. 둘째로 종족이 살고 활동하는 환경의 연구인데 인간은 이 세상에 혼자 존재하지 않기 때문이다. 자연과 이웃이 그를 둘러싸고 있으며 후천적인 감명은 선천적인 것에 영향을 미친다. 물리적·사회적 환경은 기질을 형성시켜 유전되며 소질도 넓은 의미에서 같은 영향을 준다. 정치적인 권력도 종족에게는 교육, 직업, 거주지, 생활 조건이 개인에게 주는 영향 못지 않다. 셋째로 특정한 이념이

---

16 Manfred Jurgensen, *Deutsche Literaturtheorie der Gegenwart*, UTB 215, München, 1973, S. 8.
17 Hippolyte Taine, *Studien zur Kritik und Geschichte*, Paris, Leibzig, München, 1898, S. 279.

나 형태에서 또는 어떤 시대의 무대 관계에서 나타나는 감명을 받은 시대적인 차이를 고려해야 한다는 점에 대해서 〈오래된 것은 사라지며 그 계기에서 싹트는 것은 새로운 것〉이라고 했다.

이러한 근거에서 텐은 사회를 제2의 자연이라 보고 사회학적 문학 관찰의 선구자가 되었다. 텐과 비슷하게 쉐러Wilhelm Scherer는 3E의 요인을 내세웠다. 즉 타고난 천성이란 〈상속받은 것Ererbtes〉이요, 교육이란 〈학습된 것Erlerntes〉이고 생활이란 곧 〈체험된 것Erlebtes〉이다. 이로써 실증주의적 방법상의 세 가지 E가 제시되었다. 이 같은 세 가지 원천적인 것이 탐지되면 작품에 대한 정확한 이해가 가능한데, 여기에 연관되어 카프카 문학이 해석되는 경향이 많다.

카프카의 작품이 세계와 사물에 관계하지 않고 단지 언어와 연관되어 있다는, 그리하여 경험은 매우 제약적이고 우회적인 방법으로 복잡한 해결을 거친 후에야 문학에 투여가 가능해진다는 주장이 오래전부터 있어 왔다. 그러나 작품 내부의 미학적 구조에 초점을 둔 이들의 해석 방법은 작가와 자기 투영이라는 불가분의 관계를 누구보다 많이 갖고 있었던 카프카의 자서전적 요소와 〈소설은 곧 나이고, 나의 이야기는 곧 나다Der Roman bin ich, meine Geschichten sind ich〉(BF 226)는 카프카의 고백을 너무 경시하는 감이 있다.

카프카의 글에서 자아와 자아로 표현되는 것 사이에 아무런 차이점도 없다는 사실(〈소설은 곧 나이고, 나의 이야기는 곧 나다〉)은 그의 글쓰기가 무의식에 근접해 있다는 사실을 설명해 준다. 작가가 의식하지 못한 내용이 카프카 본질의 층을 형성할 수 있으며 이것의 분석적 관찰이 가능하다. 작품이 세부적으로 분해되어서 그 아래에 있는 본래적인 것, 즉 〈무의식적인 영혼의 층〉이 밝혀지는 것이다.[18] 기본적으로 카프카의 문학 작품들은 무의식의 흐름을 따라 기술된 독백이다. 이런 배경에서 〈현실과 인간 관계에 필요적절한 변경을 가하여 문학화하려는 욕망이 카프카의 일생을 관류하고 있다〉는 주장이 전기적 입장의 평자들에게 관심을 제고시킨다.

이러한 정신분석적 인식의 일차적 관심은 작품의 문학적인 면을 목표로 하지 않고 작품과 예술 성격도 배제한다. 정신분석가에게 작품은 분석의 대상이 아니고

---

18 Peter U. Beicken, *Franz Kafka, Eine Kritische Einführung in die Forschung*, Frankfurt/M., 1974, S. 32.

그 뒤에 감추어진 작가의 성격을 밝히고 해석하기 위해서 형상이 비추어진 스크린에 불과하다.[19] 이런 배경에서 「유형지에서In der Strafkolonie」, 「변신」, 「선고」 등을 중심으로 카프카의 〈개인 신화〉의 연구가 활발하다. 이 연구는 〈작가에게 의식되지 못한 내용〉 즉 〈상징 번역〉을 임상적 개념으로 풀이하는 것이다.

카프카는 「선고」를 집필하면서 새로 태어나는 기분을 경험했다. 즉 「선고」는 기법상 카프카적 전기(轉機)를 마련한 작품으로서 내용에 있어서도 카프카 작품이 보여 주는 기본적이며 전형적인 상황을 나타내고 있다. 그것은 〈부자(父子) 관계의 순수 영역〉을 아들인 게오르크 벤데만이 이탈함으로써 야기되는 갈등과 이에 수반되는 부친에 의한 게오르크 벤데만의 처벌을 의미한다.

카프카는 이러한 기분을 혜안 상태, 혹은 그로서는 접근할 수 없는 심원한 본질의 층을 풀어헤치는 격동적 영감의 순간이라고 말한다. 그는 이러한 〈고양(高揚)〉의 순간에만 자신의 내적 충만함을 형상화할 수 있으며, 완전한 문장들로 풀어낼 수 있다고 생각했다.

〈매일같이 최소한 한 줄의 글이 나에게로 향해 쓰여져야 한다. 마치 망원경이 혜성을 향해지듯이〉(T 11)라는 카프카의 말처럼 카프카는 작품 활동 초기부터 그의 문학이 자기에게 방향이 고정되어 있음을 천명한다. 확실히 카프카의 모든 기록은 〈그로부터 나오고〉, 〈그 자신에게 말을 걸고〉(T 10), 〈그를 세계의 모든 방향으로 확장하고〉(T 40), 〈그를 위해 하소연하고〉,[20] 〈그와 만나야만 하는〉(T 178) 전제이다. 요컨대 글쓰기는 카프카에 있어 자기 반영과 자기 성찰의 행위이며 자기는 저술의 주체이자 객체이다. 자신의 창작과 완전히 동일화된 사람은 〈이것이 나 자신이오〉(BF 226)라 말한다. 존재의 절망인 출구 부재에 부딪쳐, 〈나는 그러나 나여야 한다〉며 언제나 창작을 강조하는 카프카는 〈소설은 곧 나〉라고 말한다. 〈나는 글쓰기를 통해 나 자신에게서 달아나, 나에 대한 결론 자체를 포착한다. 나는 나에게서 빠져나갈 수 없다.〉(G 243 f.) 〈종국에 가서 내 자신을 포착하기 위해 나는 졸필을 통해 나 자신으로부터 달아나려 하지만 나를 벗어날 수가 없다.〉(G 201) 〈나는 나와 전혀 관련이 없는 것을 아무것도 쓰지 못한다.〉(BF 271)

19 Peter U. Beicken, a.a.O., S. 32.
20 F. Kafka, *Briefe 1902~1924*, hg. v. Max Brod, Frankfurt/M., 1986, S. 100.

이러한 카프카의 주장 등을 근거로 카프카 문학을 전기적으로 해석하는 학자가 많다. 바겐바하Klaus Wagenbach는 카프카의 젊은 시절에 대한 전기에서 젊은 작가의 정신적 발전 과정을 소상하게 밝히고, 그에게 미친 영향들을 분석하였다. 그는 사회주의적 이념과 그룹들에 대한 카프카의 동정적 태도를 부각시켰다. 그 밖의 연구 활동을 통하여 그는 카프카 문학에 대한 작품 내재적 해석에 반대했다. 실용주의적인 방법으로 그는 사실에 근거한 자료, 사진, 기록 문서 등을 전면에 내세웠으며, 1883년에서 1912년 사이의 프라하의 분위기를 서술하였다. 그는 또한 카프카의 언어 양식의 순수성을 프라하 독일어의 언어적 궁핍으로 설명하려고 시도했다.[21]

빈더Hartmut Binder는 카프카를 인위적 고립에서 해방시키고 그의 문학을 해석하기 위해 문학사적, 시대사적 및 전기적 요소들을 강조하여 카프카 문학의 발생사, 출전, 집필 일자 등 자서전적 요소들을 상세하게 밝혀 놓고 있다. 그는 「사냥꾼 그라쿠스Der Jäger Gracchus」는 1909년과 1913년 이탈리아 가르다 호숫가에 있는 항구 도시 리바에서 휴가를 보냈던 카프카의 자서전적 회상을 담고 있으며, 동시에 당시 카프카가 다른 사람들, 즉 부친과 약혼녀 펠리체 바우어Felice Bauer 그리고 프라하 주변 세계와 어려운 관계에 처해 있었던 자신의 상황 그리고 예술적 생산에 대한 동경 등의 자서전적 상황이 반영된 것으로, 이 작품 속에는 개인의 고립, 죽음에 대한 환상, 지옥과 같은 실존 상황, 모든 주변 관계로부터의 해체, 방향 상실성과 체류 장소의 불확실성 등의 중심 주제와 모티프들이 표현되고 있다고 주장하고 있다.[22]

쿠르츠Gerhard Kurz도 「사냥꾼 그라쿠스」의 운명을 카프카의 운명과 비교해 고찰한다. 우선 그라쿠스Gracchus라는 라틴어식 이름이 체코어의 카프카kavka, 즉 까마귀라는 의미를 담고 있는 점에서 사냥꾼 그라쿠스는 작가 카프카 자신의 비유이며, 특히 〈살아 있으면서〉 〈죽어 있는〉 사냥꾼 그라쿠스의 운명이야말로 카프카의 작가적 실존상의 반영이라는 주장이다. 『소송』에서 주인공 요제프 K를 구제의 길로 인도하고자 하는 여성인 〈뷔르스트너 양Fräulein Bürstner〉은 당시 카프카와 약혼을 했던 펠리체 바우어의 모델로 볼 수 있다.

21 Klaus Wagenbach, *Franz Kafka, Eine Biographie seiner Jugend*, Bern, 1948, S. 120.
22 Hartmut Binder, *Motive und Gestaltung bei Franz Kafk*a, Bonn, 1966, S. 171~185.

이렇게 이름이 같을 뿐 아니라 내적으로도 펠리체 바우어의 성격이 뷔르스트너 양에 투영되어 있음에서 뷔르스트너 양의 모델이 펠리체 바우어라는 사실을 알 수 있다. 즉 요제프 K가 뷔르스트너 양을 그녀의 방에서 만났을 때, 그녀는 〈저는 극장에 있어요〉(P 35)라고 말함으로써 자신의 취미를 말한다. 이는 펠리체 바우어의 취미인 연극 구경과 일치한다. 카프카가 그녀와 처음 사귀는 동안에 오고간 편지 내용도 주로 연극에 관한 것이었다.『소송』속의 재판소 심부름꾼의 부인이나 레니가 요제프 K에게 접근하여 그를 유혹하는 데 비해 요제프 K가 뷔르스트너 양을 적극적으로 손아귀에 넣고자 애쓰는 점은 카프카가 펠리체 바우어를 처음 만난 후 그녀를 늘 생각하게 되고 나아가서 지나가는 이야기로 한 팔레스티나 여행을 구실로 그녀에게 편지를 보낸 것과도 일치된다.[23]

앞의 언급대로 그라쿠스의 이름이 체코어 카프카의 의미를 담고 있듯이, 카프카의 작품에 등장하는 주인공들의 이름을 보아도 그의 작품이 그의 내면 생활을 반영한다는 것을 알 수 있다. 예를 들어『성』의 K나『소송』의 요제프 K의 약자 K가 카프카의 이니셜임은 분명하다. 또『소송』에서 〈뷔르스트너 양*Fräulein* Bürstner〉의 첫 자는 F. B.가 되는데, 당시 카프카의 약혼녀 펠리체 바우어Felice Bauer도 첫 자만을 쓰면 F. B.가 된다.「변신」의 잠자Samsa란 이름도 카프카의 이름에서 자음들만 바꾼 것이며,「선고」의 벤데만Bendemann의 Bende도 카프카의 자모음(字母音)을 바꾼 것이다. 카프카가 1913년 6월 3일에 약혼녀 펠리체 바우어에게 보낸 편지에 이러한 작중 인물들의 이름이 시사되고 있다.

그대는「선고」에서 어떤 의미를 발견했나요? 직접적 연관성을 지닌 추적 가능한 의미 말입니다. 저는 그러한 의미를 발견하지 못할 뿐만 아니라 설명할 필요도 느끼지 못합니다. 그러나 그 소설에는 눈에 띄는 것이 많습니다. 이름만 보더라도 그렇습니다. 그것은 제가 그대를 알게 되고 그대의 존재로 인하여 세상의 가치가 높아졌지만 그대에게 편지를 보내지는 않았던 시기에 씌어졌습니다. 게오르크Georg는 프란츠Franz와 철자 수가 같습니다. 벤데만Bendemann은 Bende와 Mann으로 이루어져

23 윤순호,「허상과 실상」,『카프카 연구』, 범우사, 1984, 219면 이하 참조.

있으며 Bende는 Kafka와 철자 수뿐만 아니라 두 개의 모음 위치도 같습니다. 〈Mann(남자)〉은 가련한 〈Bende〉에 대한 연민에서 그의 투쟁을 강화시키는 역할을 합니다. 프리다Frieda는 펠리체Felice와 철자 수뿐만 아니라 첫 철자도 같습니다. 그 이름에는 〈Friede(평화)〉와 〈Glück(행복)〉의 의미가 담겨 있습니다. Brandenfeld는 〈Feld(들판)〉로 인하여 〈Bauer(농부)〉와 연결될 뿐만 아니라 첫 철자도 같습니다. 그러한 몇 가지 사항은 물론 제가 나중에 발견한 것들입니다.[24]

특히 「변신」의 원고에서 주인공 그레고르의 이름이 종종 카프카라고 오기(誤記)되어 있는 사실이 이 작품이 〈전기적〉이라는 실증을 굳혀 준다. 「변신」의 저작 시기(1912. 11. 17~1912. 12. 6)의 일기의 기록도 자서전적 요소를 충분히 뒷받침해 준다. 「변신」의 서두에서 그레고르가 갑자기 갑충으로 변신했듯이 카프카도 일기에서 자신을 〈무로부터 출생한 갑충〉(H 89)으로 비유하고 있다. 즉 가족과 사회로부터 억압과 착취를 당하며 소외를 경험하는 그레고르의 상황은 카프카 자신의 문제이기도 하다. 또 〈그럴듯한 흉터를 가지고 이 세상에 나왔다. 그것이 나의 이승을 위한 준비의 모든 것이었다〉(E 116)는 「시골 의사Ein Landarzt」 속의 말도 카프카에게 적용된다.

『성』에서 프리다는 카프카의 천국의 사랑을 재현하고 있다고 말할 수 있는 밀레나Milena Jesenska의 모델이며, 소르티니 사건의 주인공인 아말리아는 두 번째로 정식 약혼을 했다가 파혼하게 된 율리에 보리체크Julie Wohryzek의 모델로 볼 수 있다. 이 정설은 일단 부인될 수 없다고 하더라도 이 작품 상의 모델의 모습에는 결코 한 사람만이 투영된 것이 아니라 여러 사람의 모습이 복합적으로 묘사되고 있다고 보아야 할 것이다.

이러한 자서전적이고 자기분석적인 서술이 카프카의 자기 인식인바, 이때 카프카의 삶은 그의 문학을 위한 인식의 수단이 된다고 볼 수 있다. 또 카프카의 경우 자기 분석으로서의 문학은 자기 추구라는 측면 외에 자기 폭로, 자기 문책, 자기 해결이기도 하다. 즉 카프카는 자신의 병들고 우유부단한 자아를 서사시의 영원한

---

24 F. Kafka, *Briefe 1913~1914*, hg. v. Hans-Gerd Koch, Frankfurt/M., 1989, S. 201.

젊음으로 가림으로써 부차적이고 일시적인 것을 오랜 세월 속에, 현재의 것을 과거의 무시간적인 문학 속에, 자신의 불안정성을 성스러운 전통의 부동성 속에 뿌리 내리도록 한 것이다. 이런 맥락에서 카프카는 표현주의 혹은 이와 유사한 기법으로 〈그의 내면적인 비천함〉(T 333)이나 〈그의 가공할만한 내면의 소리〉(BM 31)를 솔직하게 서술하고 있다.

이렇게 카프카만큼 문학과 삶을 만족할 만큼 동시에 수용하여 양자의 의미를 진지하게 규명하려던 작가도 드물다. 그는 약혼자 펠리체 바우어에게 〈소설은 곧 나다〉(BF 226)라고 고백한 대로, 그의 전체 작품량에 버금가는 생에 대한 가장 친숙한 증명서인 일기와 서한문도 도외시하지 않았다. 약혼자와 가족에게 보낸 아직 미회수분의 서신들을 추가 계산하면 일기문과 서간문들은 3천 페이지가 넘어 문학 작품보다 더 방대한 양인데도 카프카 자신은 그의 외면적인 생활을 직접적으로 밝힌 적은 거의 없다. 그러나 원래 출판을 위해서 쓴 것이 아닌 이러한 것들도 진정한 의미에서 자서전적 기록으로 간주될 수 있다.

카프카는 1914년 8월 6일자의 일기에서 다음과 같이 적고 있다. 〈문학적으로 볼 때 나의 운명은 단순하기 그지없다. 나의 꿈같은 내면적 삶을 표출하는 감각 앞에서 다른 모든 것들은 사소한 존재로 밀려나 놀랍게도 왜소한 모습으로 끊임없이 축소되어 간다. 앞으로 어떤 다른 것도 나를 만족시킬 수는 없으리라. 하지만 이러한 표현을 할 수 있는 나의 힘은 이제 전혀 예측할 수 없는 것이어서 어쩌면 벌써 영원히 사라져 버렸는지도 모르며, 어쩌면 또다시 나에게로 엄습할는지도 모른다. 나의 생활 환경은 결코 이 힘에 대해 호의적이지 않다.〉(T 306)

이렇게 카프카의 생활환경이 문학에 호의적이지 않은 내용이 단편 「포세이돈 Poseidon」에 암시되어 있다. 이 작품에서 바다의 신 포세이돈은 카프카의 자서전적 요소를 함축하여 현대 작가의 운명을 서술하고 있다. 고대 그리스 신화의 삼지창을 휘두르며 파도를 타고 대양을 통치하는 바다의 신 포세이돈은 현대 사회의 사무실 곳곳에서 부딪칠 수 있는 서류 더미에 싸여 일에 몰두하는 회계사의 모습으로 바다를 군림하는 불사신의 모습은 조금도 찾아볼 수 없다. 이렇게 포세이돈이 바다의 신이면서도 바다와는 유리된 채 사무실에 앉아 끊임없이 계산을 하는 모습은 글쓰기와 무관한 카프카의 보험 회사 직업 생활의 암시로 볼 수 있다. 카프카의 삶의 첫 요구는 〈사무실로부터 벗어남*Freiheit vom Bureau*〉(BF 649)이었다. 카프카의 고뇌는 직장 생활을 그만 두지 못하는 상태에서 문학을 추구하는 데 있었다. 바다의 불사신과 사무실의 일벌레, 어느 한쪽 자아의 실현에 안주할 수 없는 포세이돈처럼 카프카는 자아분열이란 고통에서 벗어날 수 없는 현대 작가의 운명을 의식하였다. 이렇게 포세이돈이 카프카의 분신이 된다는 사실은 카프카가 쿠르트 볼프Kurt Wolff에게 보낸 서신 속의 〈나 아니면 내 속 깊이 들어앉아 있는 저 공무원(포세이돈), 그 둘은 같은 사람이다〉[25]라는 내용에서 증명된다.

이렇게 관찰 시각과 환경 세계의 구조라는 엇갈리는 모순 속에 카프카의 창작 법칙이 드러나 있다. 물론 여기서도 예측될 수 없는 법칙이 있다는 것은 두 말할 필요조차 없다. 그것은 개인의 전망이라는 점에서 카프카의 〈중심점〉과 관계됨으로써 언제나 계측될 수 없는 성격을 띠고 있다. 여기서는 집단적 관심이 고려되지 않음은 물론이려니와 계몽적 야망 또한 들어 있지 않다. 그리고 인간학적 의미에 대해서는 아무 말도 언급되지 않는다. 〈나는 문학적 관심을 소유하고 있다기보다 내 자신이 문학으로 구성되어 있다. 나는 문학과 다르지 않고 다를 수도 없다.〉(BF 444)

카프카는 「변신」, 「선고」, 「화부(火夫)Der Heizer」를 그의 〈아주 개인적인 공포의 유령〉(G 168)으로 정의를 내리고 그 자신이 곧 문학의 소재임을 분명히 한다. 카프카는 1913년 6월 10일에 약혼녀 펠리체 바우어에게 〈오늘 저는 그대에게 「화부」를 보냅니다. 거기에 나오는 어린 청년을 호의로 맞아들여 그대 옆에 앉힌 다음 그의 소원대로 그를 칭찬해 주십시오〉[26]라는 구절의 편지를 보낸다. 「화부」의 주인공 카알은 부모 곁을 떠나 낯선 아메리카 대륙으로 가는 배 안에서 정의를 주장하다가 오히려 내몰리는 곤경에 처한다. 자신이 옳다고 생각하는 바를 관철하려는 카알의 행동 방식은 현실 극복 의지가 부족하다고 느끼는 카프카의 소망의 투영이다. 이제 카알은 더 이상 작품 내에 머물지 않고 카프카의 또 다른 자아를 지닌 형태로 펠리체를 찾아가는 것이다.[27]

25 F. Kafka, *Briefe 1902~1924*, hg. v. Max Brod, Frankfurt/M., 1983, S. 158.
26 F. Kafka, *Briefe 1913~1914*, a.a.O., S. 205.
27 권세훈, 「펠리체에게 보내는 편지에 나타난 카프카의 문학적 삶」, 『카프카 연구』, 제8집, 한국카프카학회, 2000, 13면.

「굴Der Bau」에서 주인공인 동물은 〈자신이 굴 앞에 서 있는 것을 마치 잠자면서 자신 앞에 서 있는 것과 같다〉(B 140)고 서술함으로써 굴과 자신을 동일시한다. 주인공 동물과 〈굴〉의 관계에 대한 묘사 — 즉 굴이 서술자의 노동과 노력으로 이뤄낸 자신의 〈작품Werk〉(B 139)이라는 생각, 〈첫 번째 작품Erstlingswerk〉(B 138)인 미로 구조를 지닌 굴 입구에 대한 노년에 접어드는 서술자의 반성과 비판, 완결되고 완전한 굴에 대한 꿈 그리고 굴과 주인공 자신의 일체감에 대한 언급 등 — 에서 독자는 카프카와 그의 문학 작품 간의 관계를 상기시키는 풍부한 은유들을 발견하게 된다. 따라서 주인공의 작품인 〈굴〉은 카프카의 자아와 그의 예술의 동일시와 일체감을 함의한다. 또 굴 밖의 소풍에서 돌아온 주인공이 느끼는 굴과의 공속감도 굴과 주인공의 밀접한 결합 관계를 말해 준다.(B 140, 149) 이러한 사건의 배경은 주위와 관계를 도피하는 카프카 자신의 묘사로 볼 수 있다.

『시골에서 결혼 준비』의 주인공 라반도 카프카처럼 자신의 주위 전체와 전혀 관계를 갖지 않는다. 이는 주위 세계와 전혀 관계를 갖지 않고 그 속에 자신을 바칠 줄 모르며 언제나 이방인으로서 그 세계와는 전혀 관련이 없는 독자적인 생각만을 가지고 있는 이른바 카프카적인 독신자의 기본적인 상황이다. 이 주인공 라반이 의지할 곳은 자기 자신뿐이며, 주위의 사람들과 접촉을 가지려 할 때마다 실패한다. 주위 사람들과 어떠한 대화도 실질적인 관계를 가져오지 못하는 라반 역시 카프카 같은 독신자 중의 한 사람이다.

특히 만년의 작품인 『소송』, 『성』 등의 자료들도 자서전적이다. 예를 들어 서른한 번째 생일을 앞둔 전야(前夜)에 『소송』의 주인공 요제프 K는 처형당하고 서른한 번째 생일을 앞둔 전야에 저자 카프카는 펠리체 바우어와 파혼하러 베를린으로 갈 결심을 한다. 1914년 6월 6일의 일기에서 불과 닷새 전에 펠리체 바우어와 약혼했다 파혼한 카프카는 자신을 쇠사슬에 묶인 죄인에 비유하고 있다.

베를린에 돌아왔다. 나는 죄인처럼 묶여 있었다. 나를 비록 실제의 쇠사슬로 묶어 경찰서 어느 한구석에 처박아 넣고 뭇 사람들의 구경거리로 만들었다 하더라도 이보다는 더 참을 만했을 것이다. 약혼에 대한 나의 심정은 바로 이런 것이다.(T 240)

또 28세 때의 일기문(1911년 11월 14일)이 그대로 30세에 발간한 소설집 「관찰 Betrachtung」 속의 「독신자의 불행Das Unglück des Junggesellen」의 내용이 된 사실과 동년 11월 5일의 일기문이 하나의 수정도 없이 「소란Großer Lärm」의 내용이 된 사실을 들 수 있다. 이렇게 카프카 소설에 등장하는 인물들은 작가의 분신과 같은 존재로서 종종 문학과 현실 사이의 경계를 넘어서 구체적인 일상 속으로 들어온다. 따라서 전기적 평자는 카프카의 문학을 〈자기 분석과 자기 판결로서의 예술Kunst als Selbstanalyse und Selbstgericht〉[28]로 판정한다.

2) 전기적 해석의 비평

카프카의 다양한 변형을 입증하기 위해서 카프카 연구가는 많은 방법을 찾아내야 했다. 특히 언어적 체계의 확실성이 상실된 카프카의 서술에 대한 해석을 찾기 위해 많은 방법이 시도되었다. 그런데 카프카 문학에서 유의할 점은 허구적 여러 요소를 증명 가능한 작가 자신의 실제적 면모에 국한시킴으로써 작품의 전체적 연관성과 궁극적인 의도가 손상되어서는 곤란하다는 의견이 적지 않다. 카프카가 자서전적 요소에 의존할 정도로 자신의 경험을 완전히 극복한 작가는 아니라는 뜻이다. 물론 카프카는 자서전에서 완전히 독립할 수 없다. 그러나 카프카의 작품은 다만 자서전이 아닌 자서전적 소설일 뿐이다. 자서전은 저술자 자신의 체험 이상도 이하도 아니다. 자서전 소설에서는 예술지향적인 순수한 창조로서의 허구성에 작가의 실제 경험이 가미된다. 이러한 의미에서 카프카의 자서전적 소설은 자서전과 순수 예술로부터 구분된다. 카프카의 자서전적인 기록은 자기 묘사와 자기 성찰의 결과이다. 그가 약혼녀 펠리체 바우어에게 〈나의 소설은 바로 나다〉(BF 226)라고 작품과 자신을 동일시한 것도 자기 인식을 위한 집념의 표현인 것이다.

이런 맥락에서 역사적 실증주의적이며 전기적 자료를 근거로 한 카프카 연구에 대한 비평도 상당하다. 따라서 카프카 문학의 작품내재적textimmanent 해석 방법과 작품 외적 요소의 해석이 대립적인 문제로 대두되고 있다. 그런데 신학적, 담론

---

28 Gerhard Kurz, *Traum-Schrecken, Kafkas literarische Existenzanalyse*, Stuttgart, 1980, S. 44.

분석적, 심리분석적, 철학적, 실존적 해석은 작품내재적 분석으로 해결된다고 주장하는 학자가 적지 않다.[29] 바이스너Friedrich Beißner, 발저Martin Walser와 헤넬Ingeborg Henel의 이론처럼 카프카의 작품은 세계와 사물에 관계하지 않고 단지 언어와 연관되어 있다는, 그리하여 경험은 매우 제약적이고 우회적인 방법으로 복잡한 해결을 거친 후에야 문학에 투여가 가능해진다는 주장이 오래전부터 카프카 해석의 근간이 되어 왔다.

이는 카프카 자신이 문자 그대로 언급하지 않았던 것을 카프카 문학이라고 말해서는 안 된다는 주장이다. 예를 들어 아도르노는 〈문자에 충실함*Treue zum Buchstaben*〉만이 합당한 해석으로 이끈다고 요구한다. 아도르노에게 언어는 절대적이다. 즉 지탱하기 위해서는 반드시 언어로 표현되어야 한다.[30] 명료하게 드러냄은 더 나은 세계를 위한 충분 조건은 아닐지라도 필요 조건은 된다. 아도르노는 자신의 저서 『카프카에 관한 고찰*Aufzeichnungen zu Kafka*』에서 〈카프카에 관한 기술(記述)에서 별로 합당한 것이 하나도 없으며 대부분의 기술은 한낱 실존주의에 부적합하다〉[31]고 비난하면서 〈카프카가 서술한 모든 것은 모험 소설만큼이나 확고한데,〉[32] 〈해답이 구해지지 않는 책임은 여전히 독자에게 있다〉[33]고 강조한다. 이는 종소리가 종을 때리는 사람의 힘만큼만 울리듯 카프카 문학 또한 독자의 안목만큼만 세상과 삶을 비춰 준다는 말이다. 아도르노는 철학과 문학의 엄격한 분리를 주장하면서 〈카프카의 권위는 작품에서 나온다. 글자에 충실히 머무는 것만이 도움이 되고 계도(啓導)된 이해는 결코 도움이 되지 못한다〉[34]고 말한다.

저자가 형상화시키는 철학이 그 저자의 형이상학적 내용이라는 예술가의 엄청난 오류를 카프카의 형상은 피하고 있다. 이 철학이 이렇다면 작품은 죽어서 태어나는

---

29 Vgl. Günther Heintz(Hg.), *Zu Franz Kafka*, (Reihe Literaturwissenschaft-Gesellschaftwissenschaft 42), Stuttgart, 1979, S. 15.

30 *Prismen*, S. 266.

31 *Prismen*. S. 302.

32 *Prismen*, S. 303.

33 *Prismen*, S. 305.

34 *Prismen*, S. 305.

것이다. 즉 작품은 시간이 지남에 따라 소모된다. 작품 초기의 의미에 대한 오류에서 방어해 주는 첫 조치로 모든 것은 단어적으로 받아들여지고 어느 것도 고차적인 개념으로 뒤덮이지 않는다.[35]

모든 명확성은 내용·소재적으로, 자서전적으로, 심리분석적으로, 실존 또는 존재분석적으로 위반되지 않는다. 이와 상반되는 카프카 작품의 미해결과 접근하기 어려운 독특한 성격을 폴리처Heinz Politzer는 다음의 관점으로 보고 있다. 즉 카프카의 비유는 문학의 로르쇄하 검사*Rorschach-Test*(심리학에서 잉크 얼룩 같은 도형을 해석시켜 사람의 성격을 판단하는 진단법)이며, 그 비유의 해석은 창작자의 본질보다는 해석자 성격에 관련된다고 폴리처는 언급한다.[36]

이렇게 카프카 작품에서 〈문자성의 원리〉가 강조되기도 한다. 유대인의 전통적인 『토라*Thora*』 해석을 연상시키는 이 원리는 카프카 문학의 파악에서 해석을 별로 상관없는 것과 결부시키려는 시도를 배격하는 데서 나온 것이다.

작품의 현실성은 문학의 나라에 존재하고, 작품의 사용은 해석자와 독자의 몫이다. 작품 분석의 첫 단계로 미학적 거리가 존재해야 하는 것이다.[37] 이러한 해석 방법에서 문학적 텍스트는 자율적 형상으로 이해된다. 해석은 작품 자체에 집중되며, 전기적, 역사적, 심리학적 혹은 철학적 종류의 문학 외적인 요소들은 부차적으로만 고려된다. 작품은 텍스트 구성, 구조, 장르의 성격, 언어 양식, 성격화 방법, 서술 시점, 사건 진행 공간 등의 조사로써 자체적으로 이해된다. 작가의 문학적 개성은 그의 전기적 실존과 분리된다. 따라서 텍스트가 제기하는 특수성의 종류와 정도가 정확히 수용돼야 하며, 그것에 정확하게 반응해야 한다. 외부적인 이유 때문에 텍스트의 강조점들을 재배분하는 대신, 텍스트 고유의 강조점들에 초점이 주어져야 한다. 텍스트의 이러한 양상들에 정확히 반응하기란 쉽지 않다. 이렇게 말하는 것은 문학에의 반응이 쉽지 않음을 말하는 것이다.

35 *Prismen*, S. 265.
36 Heinz Politzer, *Franz Kafka, Der Künstler*, Frankfurt/M., 1965, S. 43.
37 Vgl. Chris Bezzel, Mythisierung und poetische Textform bei Franz Kafka, in: Karl Erich Grözinger u.a. (Hg.). *Franz Kafka und das Judentum*, Frankfurt/M., 1987, S. 193, 202 u. 205 f.

이러한 배경에서 전기적 자료를 근거로 한 카프카 연구가 비평받는다. 전기적 비평은 도전을 회피하는 하나의 단순한 수단으로 나타난다는 것이다. 주석자들이나 심리학자, 정신분석학자들이 카프카의 소설을 유대인 사회에서 떨어져 나가 전래적인 부친에게 눌려서 열등감에 괴로워하며 결혼의 결정을 내리지 못하고 병으로 소모돼 가는 카프카의 심리 상태를 더듬으려고 한다면 쉽게 더듬을 수 있다. 따라서 비평가들은 공통적으로 카프카의 기괴하고 도전적인 작품 앞에서 당황하게 되며, 그의 작품을 가능한 한 가장 단순한 전기적 환원에 따라가기 위하여 그의 일기나 편지들에 의존하는 경우가 있다. 그러나 이 모든 것은 하나의 질문을 제기하게 된다. 곧 그 기괴한 작품이 어떤 것을 그렇게 단순하게 말하기 위한 방법이었을까? 괴기성, 불명료성, 인유성, 다의성, 기타 종류의 문학 텍스트의 수수께끼 같은 양상들은 어떤 단순한 것으로 나타내질 수 없으며, 따라서 그렇게 쉽게 처리될 수 없다고 바이스너 등은 주장한다.

바이스너는 형식과 구조에 치중하여 카프카의 작품을 분석하고 비판한다. 즉 카프카 연구자로서 그는 외부로부터 텍스트에 접근하는 해석에 반대하고, 이론을 위한 기록문이 아니라 문학인 작품에 대한 엄격한 〈어문학적 해설〉을 요구했다. 그런 까닭에 무엇보다도 먼저 문체, 형식, 구조, 서술 방식 등을 연구해야 한다는 것이다. 따라서 바이스너는 정신 세계를 완벽하게 조립한 카프카 언어의 예술적 구조에 유의하여 카프카 문학이 지닌 서사적 세계의 포용성을 찬양하고 있다. 바이스너의 문하생 발저도 〈문학 작품이 완전할수록 작가와의 관계는 적어진다〉[38]는 명제에 입각해서 카프카의 개인적인 면을 배격하고 예술의 순수한 창조성을 강조하면서 작품 위주의 해석을 중시한다. 따라서 자율적인 예술 작품의 이론에 부응하여 그는 카프카의 작품을 해석할 때 작가의 전기를 취급하거나 비문학적인 범주의 적용에 대해 반대했다. 발저는 반복적인 것과 전형적인 것의 상태, 카프카의 문학적 세계의 조직, 서술자의 서술 내용 사이의 관계 등을 연구하였다. 발저가 확인했듯이 카프카의 세계는 아무런 발전도 보여 주지 않으며, 그 구조는 부가의 법칙, 즉 고전적인 서사시 이론의 의미에서 〈부분들의 독립성〉에 의해 규정된다. 이런 배

---

38 Martin Walser, *Beschreibung einer Form, Versuch über Franz Kafka*, München, 1961, S. 69.

경에서 발저의 초기 산문, 예를 들어 『위험한 체류Gefahrenvoller Aufenthalt』(1955)는 주제와 양식에 있어서 카프카의 소설 「변신」과 유사하다.[39]

발저는 작가와 주인공을 분리시켜 카프카의 장편 소설을 일인칭 형식이 아닌 원래대로의 삼인칭 형식으로 읽어 간다. 그는 〈카프카는 하나의 매개체 Er를 통하여 이야기한다. 이 매개체는 사건의 중심이어야 하고 일인칭 인물일 필요가 없다〉[40]고 주장한다. 카프카는 그의 서술의 원근법적 시점을 주인공에게 옮겨 놓기 때문에 작가는 주인공의 밖에 서 있지 않으며 주인공 외의 어떤 인물에도 나타나지 않는다는 것이 발저의 이론이다. 카프카가 서술상의 시점을 주인공에 옮겨 놓음으로써 작가는 K들의 관찰만을 알리는 〈사실기록적인 기능protokollarische Funktion〉을 지닌다고 발저는 믿는다. 바이스너의 경우처럼 주인공이 이야기하는 것이 아니라, 발저의 경우에는 작가가 K들이 보고, 듣고, 말하고, 행동하는 외부적인 현상만을 기록하게 된다. 발저는 이와 같은 작가와 주인공의 관계를 〈일치 시점Kongruenz〉이라 부른다. 말하자면 바이스너와 발저 두 사람은 카프카 작품에 대한 문학 외적 비평을 배격하고 엄격히 작품 중심의 제한된 시각에서 작품 구조를 공식화하고 있다.

그러나 이러한 발저의 이론에 대한 모순을 슈테판J. Steffan은 들추어내고 있다. 카프카는 주인공을 통해서 이야기하는 것이 아니라 주인공에 관해서, 즉 주인공의 관념과 인지와 동기화Motivation에 관해서 이야기한다는 것이다.[41] 그는 만일 주인공의 사고와 감정이 묘사된다면 〈일치 시점〉의 원리는 파괴된다고 주장한다. 그 이유로서 〈일치 시점〉의 원리로는 주인공이 외부로부터 묘사될 수밖에 없다는 사실을 지적한다. 발저의 〈일치 시점〉에 의하면 〈카프카는 매개체 Er를 통해〉 이야기하기 때문에 주인공은 자신을 이야기해서도 안 되고 주인공으로부터 떨어진 설화자에 의해 주인공에 관해 이야기해서도 안 된다는 것이 슈테판의 주장이다.[42]

39 Hartmut Müller(권세훈 외 역), 『카프카 문학 사전』, 학문사, 1999, 285면.
40 Martin Walser, a.a.O., S. 30.
41 Jürgen Steffan, *Darstellung und Wahrnehmung der Wirklichkeit in Franz Kafkas Romanen*, Nürnberg, 1979, S. 29.
42 김용익, 『프란츠 카프카 연구』, 삼영사, 1984, 38면.

3. 카프카의 민족성과 종교성

1) 카프카와 프라하

먼저 카프카의 언어와 사상 등에 커다란 영향을 미친 그 당시의 프라하를 고찰해 보자. 당시 프라하는 프라하 학파를 형성할 정도로 수많은 문인, 학자와 사상가들의 집산지였으며 문화의 중심지였다. 프라하에서 독일어를 구사하는 대부분의 작가들은 유대인 혈통이었다. 그들의 독일어에 대한 언어 의식은 역사 의식이 종족 의식에 영향을 끼친 것보다 더욱 강하게 영향을 주었다. 프라하의 독일어를 사용하는 작가는 적어도 네 개의 윤리적 원천에 접근하게 되었다. 즉 그들이 문화적으로나 언어적으로 소속된 독일어, 생의 요소로 그들을 둘러싸고 있는 체코 혼, 유대인이 아닐지라도 역사적으로 어디서나 감지할 수 있는 시의 주요 인자를 형성하고 있는 유대 혼, 그리고 그들이 태어나 키워졌으며 그들의 운명을 결정해 준 오스트리아 혼이 그것 들이다.[43] 프라하가 이와 같이 복합적인 요소를 지닐 수밖에 없었던 구체적인 이유는 프라하는 중세 이래로 여러 민족의 팽팽한 대립으로 얼룩진 도시로서 국적별로 보면(1900년경), 전체 시민의 90% 가량이 체코인이고 5~6% 가량이 독일인, 4~5%가량이 유대인, 크로아티아인, 헝가리인이기 때문이다.

프라하의 유대인들은 체코어와 독일어를 사용하지 않는 소수계층 중에 다수를 차지했다. 유대인 중에서는 경제적으로나 사회적으로 상류층에 속한 사람들만이 독일어를 사용했다. 디츠Ludwig Dietz가 밝힌 계수(計數)에 의하면, 당시 약 45만의 프라하 시민 가운데 약 3만 4천 명만이 독일어를 사용하였으며 이들은 1918년까지 교양 있는 위정자 계급을 형성하고 있었다.

그러나 들뢰즈G. Deleuze와 가타리F. Guattari의 관점에 의하면 이들 독일어를 사용한 사람들은 소수지만 다수를 점하고 있다. 들뢰즈와 가타리에게 〈소수적〉이란 말은 〈다수적〉이란 말과 반대지만, 단순히 수적인 비교를 하는 개념이 아니다. 가령 곤충들은 인간보다 수가 훨씬 많지만 이 세계에서 인간이 다수자라면 곤충은

---

43 Johannes Urzidil, *Da Geht Kafka*, München, 1966, S. 6 f.

38

소수자이고, 여성이 남성보다 수는 적지 않지만 남성에 대해 여성은 소수자다. 다수자 내지 다수성이란 척도적인 것, 그래서 척도의 권력을 장악하고 있는 것이고, 그것이 평균적인 것이 되는 것은 바로 그것 때문이다. 그런 점에서 〈다수적〉이란 〈지배적〉 내지 〈주류적〉이고 언제나 권력을 함축하고 있다. 소수적인 것은 그 지배적인 것에서 다수인인 것의 권력에서 벗어난다.[44]

카프카 당시 프라하의 2만 5천 명의 유대인 가운데 약 1만 1천 명이 독일어를 구사하였다.[45] 이는 소수적인 언어라기보다는 다수적인 문화에서 만들어진 소수자의 언어로서 프라하 독일어는 다수적인 문학의 언어였다. 프라하 독일어는 국가의 후원을 받는 일종의 국경일 언어 *Feiertagssprache*이며, 살아 있는 것에서 자양분을 섭취하지 못하고 기념비나 서류의 먼지와 특권에서 자양분을 섭취하는, 이민족(異民族)들 사이에 끼어 있는 귀족들의 언어였다.[46]

이러한 배경에서 프라하와 카프카의 관계를 고찰해 보자. 카프카의 부친 헤르만 카프카는 인구가 100명밖에 안 되는 한촌(寒村) 보섹이라는 곳에서 태어났고, 유대인이 자유를 얻게 되자 보섹 마을을 떠나 프라하로 이주했다. 이러한 부친의 출신은 모친의 출신과 대조를 이룬다. 카프카 부모의 출신이 얼마나 달랐는가 하는 것은 프라하 혼인 등기소에 있는 헤르만 카프카와 율리에 뢰비의 1822년 8월자의 혼인 등기에서 볼 수 있다. 그 기록에 의하면 헤르만은 체코계 유대인의 지방 프롤레타리아 출신으로 프라하에 와서도 그 당시 벌써 오랫동안 비어 있었고 20년 뒤에는 완전히 헐린 게토의 슬럼에 살았고, 율리에는 자산 있고 학식 있는 독일계 유대인 중산층 출신으로 구시가(舊市街)권 내의 가장 아름다운 저택의 하나인 〈스메타나 하우스〉에서 살았던 것으로 되어 있다. 그리고 카프카 자신은 1년 뒤인 1883년 7월 3일 마치 양친의 출생의 상이함을 다시 한 번 문서로 증명이나 하려는 듯 이 두 구역의 경계선(성 니콜라우스 사원 고위 성직자 관할 구역인 〈쭘 투름 하우스〉 2층 27호실)에서 태어났다. 카프카는 1921년 10월 29일자 일기에서 〈고독과 공동 사회 사이의 이 경계 지대에서 나는 거의 밖으로 넘어선 적이 없다. 그뿐만이 아니

---

44 질 들뢰즈/펠릭스 가타리(이진경 역), 『카프카』, 동문선, 2001, 43면.
45 Ludwig Dietz, *Franz Kafka*, Stuttgart, 1975, S. 11.
46 Ernst Fischer, *Von Grillparzer zu Kafka*, Baden-Baden, 1975, S. 335.

고, 나는 고독 그 자체의 내부보다도 이 경계 지대에 보다 많이 정착해 있었다〉[47]라고 기록하고 있다. 카프카는 게토 구역과의 경계에서 성장하면서, 비록 독일계 학교에 다녔지만 체코 민족과의 밀접한 관계를 잃은 적이 없었다.

카프카는 프라하에서 태어나서 일생을 그곳을 떠나지를 못하고 죽어서도 그곳에 묻히게 되어 카프카와 프라하는 영원한 관계를 맺게 된다. 그가 증오하고 또 사랑했으며 언제나 떠나려 했는데도 그를 꽉 붙들어 두었던 도시, 그 세계를 그가 뒤로 물러서서, 그러나 정확하게 하나하나 기록해 놓은 도시, 그 위험스러운 다양성과 생소함이 현대적인 소외의 면모들을 지니는 듯한 도시에 준엄한 진실이라는 도구로 카프카는 〈자신의〉 상황이 낳은 결과들을 기록하려고 노력했다.

카프카는 대부분의 경우에서 주위 세계에 부정적 판단을 내렸음에도 이 주변 세계가 카프카의 작품의 주제나 문체에 결정적인 몫을 차지하고 있다. 주제의 기초가 될 수 있는 것으로는 프라하에 사는 독일인들의 섬 사람 같은 폐쇄성을 들 수 있다. 카프카는 프라하에서 태어나 그곳에 생활 기반을 두었으면서도, 체코어도 히브리어도 모르는 유대인으로 체코적 토속 교육을 받은 것이 아니라 일률적으로 독일 교육을 받아 독일 정신으로 성장했다. 물론 이것은 프라하의 상류 유대인의 생활 태도이기도 하지만, 여하튼 생의 뿌리를 박은 카프카의 대지는 체코이면서도, 공간의 위치를 점하는 육체는 유대인이고, 무한대로 하늘을 나는 정신 세계는 독일이다. 이런 배경에서 볼 때, 독일적이기 때문에 자기를 둘러싸고 있는 체코인으로부터 배척되고, 오스트리아인에 의해서는 보헤미아인으로 기피되고, 독일인으로부터 유대인으로 경멸되고, 자식으로 부친의 지배 하에 있는 가정에서 소외되고, 유대인으로 기독교에서 단절되고, 무신론자로서 종교적 유대인에게 외면당하고, 예술인으로 일반 대중에게서 이해되지 못한 카프카는 유대인이기에 너무나 독일인이며, 독일인으로서 너무나 체코인이고, 체코인이기에는 너무나 유대인이라는 이율 배반의 화신이다.

이러한 카프카의 소속 불명이 그의 작품의 주제를 이루고 있다. 전체적으로 볼 때, 카프카의 〈고독의 삼부작Trilogie der Einsamkeit〉이라 불리는 『성』, 『소송』과 『아메리카』의 작품도 인간을 위해서 만들어진 거대 조직 —— 재판소(예: 『소송』),

---

47 F. Kafka, *Tagebücher*, hg. v. Hans-Gerd Koch, Michael Müller und Malcom Pasley, Frankfurt/M., 1990, S. 871.

행정 관청(예: 『성』) 그리고 대기업체 또는 재벌(예: 『아메리카』) ― 에서 점점 멀어지는 현대 산업 사회에서 인간의 운명을 다룬 비극들이다. 다시 말해서 『소송』에서는 미로적인 법정과 점점 멀어지는 주인공 요제프 K, 『성』에서는 측량하고자 끊임없이 접근하려고 애쓰는 토지 측량사 K와 성과 마을 사이의 거리, 그리고 『아메리카』에서는 주인공을 삼켜 버린 무한한 아메리카 대륙이 묘사된다.

이러한 카프카의 소속 불명은 작품 「가장의 근심Die Sorge des Hausvaters」에 나오는 정체 불명의 물체인 오드라덱Odradek에서 절정을 이룬다. 「가장의 근심」 도입부에서 일인칭 서술자는 오드라덱이라는 이름의 의미에 대해 깊이 생각하지만 그 어떤 확실한 결론에 이르지 못한다. 그러고 나서 그는 이 이상한 존재의 외양과 목적 그리고 체제 장소에 대해 기술한다. 오드라덱은 교대로 지붕 밑 다락방에, 계단에, 복도에, 현관에 체류한다. 종종 그는 수개월 동안 보이지 않다가 다시금 우리의 집으로 되돌아온다. 남들이 그에게 〈너는 어디에 사느냐?〉(E 130)고 물으면, 〈불확실한 거처〉(E 130)가 그의 대답이다. 〈불확실한 거처〉란 바꾸어 말하면 〈어디에도 소속 못함〉으로 인한 현존의 불가능성이다.

1914년 7월 카프카는 그의 부모에게 보낸 편지에서 〈내가 해약을 통고하고 프라하로부터 떠나 버리면, 나는 그 어떤 것도 모험하지 않고 모든 것을 얻을 것입니다〉[48]라고 언급하고 있다. 이렇게 출생지와 거주지에 대한 카프카의 태도에서 나타나는 것은 소외, 거리감 그리고 실패 등이다.

프라하에 사는 독일인들의 정치적·사회적 상황을 카프카는 아주 분명하게 파악하고 있었다. 밀레나에게 보낸 편지에서 그는 이 상황을 아주 간결하게 〈나는 한 번도 독일 국민 속에서 산 적이 없다〉고 표현하고 있다. 카프카는 이로써 친가(親家)에 대해 한 번도 도달할 수 없었던 해방을 적어도 주위 세계에 대해서는 관철했던 것이다. 그의 일기에 이런 구절이 있다. 〈대체로 자립하지 못했던 나는 사면팔방으로 자립, 독립, 자유에 대한 끝없는 욕구를 가지고 있다. 고향의 패거리들이 나를 에워싸고 돌며 내 시선을 분산시키게 하느니, 차라리 가죽 눈가리개라도 쓰고 나의 길을 극단까지 가고 싶다.〉[49]

---

48 F. Kafka, *Brief April 1914~1917*, hg. v. Hans-Gerd Koch, Frankfurt/M., 1989, S. 102.
49 Klaus Wagenbach, *Kafka*, Reinbek bei Hamburg, 1964, S. 58.

2) 카프카와 독일 문학의 문제

카프카 문학의 해석에 표현주의·초현실주의·니힐리즘·실존주의 등의 온갖 현대적 술어가 동원되고 있다. 그러나 1970년대 후반부터 독일 문학이라는 큰 테두리 안에서 지금까지는 거의 전적으로 서구적인 관점에서 해석되었던 카프카 연구가 방향을 바꾼다. 서구적 관점에서의 다양한 연구도 그 한계점에 도달했으며, 점차 유대교와 프라하적인 배경에서 고찰하려는 새로운 연구 좌표가 모색되었다. 그것은 카프카 문학을 일반적인 독일 문학으로부터 원래 자신의 위치로 되돌리는 것을 의미하며, 카프카 연구의 새로운 단서뿐만 아니라 유럽 문화 이해에 새로운 실마리를 제공하고자 함이었다.

이런 배경에서 카프카를 서양 문학사 전통보다는 오히려 유대 특수적인 전통으로 고찰하고자 하는 경향이 있다. 그것은 그를 유대 문화에 귀속시킨다기보다는 단순히 독일어권 작가라는 전제로 인한 오류적 해석에 대한 대항이며, 유대적 사고로부터 20세기 보편적 진실을 도출하려는 것이었다. 여기에 이론적 단초를 제공한 사람들은 아도르노, 베냐민, 블로흐 등으로 1960년대 신비판철학의 기반 지식을 제공한 철학자, 미학자들이다. 그들의 카프카 해석은 이미 1920~1930년에 쓰여진 것이었다.

이런 맥락에서 프라하를 중심으로 독일어로 작품을 쓴 카프카를 볼 때, 그의 소속에 대한 의문이 생긴다. 작가의 언어나 국적, 거주지에 대한 소속을 규명해 볼 필요가 있는 것이다. 예를 들어 1930년에서 1940년대에 걸친 독일 망명 작가들의 경우를 보면, 하인리히 만Heinrich Mann은 프랑스로 도피한 후 체코의 시민이 되었고 만년 10년을 미국에서 생활하였다. 그렇다고 해서 그가 역사적, 지리적 사정으로 독일, 프랑스, 체코, 미국의 작가가 될 수는 없다. 그러나 프랑스와의 친근성, 프랑스에 관한 박식, 걸작 소설 『앙리 4세Henri Quatre』에서 프랑스적 주제의 선택 등으로 본다면 하인리히 만의 작품에는 〈골인(人) 기질esprit gaulois〉의 색채가 농후하다. 특히 후기 작품에는 어귀, 표현, 문장 또는 장(章) 전체에 이르기까지 프랑스어로 서술된 부분이 빈번하다. 그리고 릴케와 같이 두 개의 상이한 언어와 문학적 전통에 똑같이 정통한 사람의 경우는 실제로 비교 연구의 대상이 된다.

많은 이론가의 의견에 따라 정치적, 지리적 규준에 의하여 언어적 규준을 선택한다면, 우리는 또 다른 벽에 부딪치게 된다. 즉 프랑스어로 저술한 벨기에, 스위스, 캐나다, 아프리카의 작가들의 작품은 과연 프랑스 문학에 속하는가라는 문제가 제기되면 누구나 잠시 주저하지 않을 수 없다. 독일 문학의 경우도 마찬가지다. 그 범위는 브로트Max Brod와 카프카를 포함하는 체코 작가에까지 확산되는 데에 대해서는 어떻게 생각되어야 하겠는가?

여기에서 아인지델Wolfgang von Einsiedel이 자신의 저서 『말과 글의 전통에서 세계 문학Die Literaturen der Welt in ihrer mündlichen und schriftlichen Über-lieferung』의 서론에서 제기한 논점을 고려해 볼 가치가 있다. 그에 의하면 그 책에 포함되지 않는 문학은 〈국가의 구별과는 반드시 일치하지 않는 어족(語族)Sprachgemeinschaft에 따라 분류하였다. 다만 예외적인 경우에 한해서 종교군 Glaubensgemeinschaft 또는 인종군Bevölkerungsgruppe에 따라 분류했다.〉[50] 그는 문학의 특징의 하나는 〈다소간 고유의 인상Physiognomie을 내포하고 있어서 전체적으로 보아 다른 문학과 비교하여 명백히 식별될 수 있다〉[51]고 생각하였다.

카프카는 독일적 환경에 완전히 동화되어 있었다. 그러나 그는 자신이 독일인이나 오스트리아인이라고 느낀 적은 없었다. 따라서 그는 독일인에 대해서 거의 관계를 가진 일이 없었다. 그렇지만 그는 독일 문학에 속하고 있었으며 자신도 그렇게 느끼고 있었다. 그는 독일어로 글을 썼다. 그에게 〈독일 문학〉은 독일어로 쓰여진 모든 문학이었다. 그가 여러 가지 언어상의 전제 조건들을 인식하고 있었는지는 확실하지 않다. 아무튼 여기에서 인식의 여부는 중요하지 않은 것 같다. 그보다는 언어의 투명함을 지키려는 결심이 젊은 카프카의 발전 과정에서 저절로 생겼다는 편이 옳다. 이것은 — 언어에는 찬성하고 같은 세대의 문인들에는 반대했던 — 결단이 낳은 독특한 변증법이다. 따라서 카프카는 독일어로 글을 썼지만 독일어 상용의 주민 사이에서 생활하지는 않았다. 그래서 그는 프라하를 떠나 독일어를 상용하는 도시(예를 들어 베를린)로 이주를 간절히 원했다. 보다 정확히 표현하면,

---

50 Wolfgang von Einsiedel, *Die Literaturen der Welt in ihrer mündlichen und schriftlichen Überlieferung*: Beiträge zu einer Gesamtdarstellung, Zürich, 1964, S. 5.

51 Wolfgang von Einsiedel, a.a.O., S. 19.

카프카는 체코인 사이에 살면서 독일어로 글을 쓰는 유대 작가였다.[52]

　여하튼 순수한 게르만 민족이 아닌 카프카가 즉물적(卽物的)인 독일어를 구사하여 독특한 문체를 창안하고, 탁월한 작품을 창작했다는 사실은 특기할 만하다. 일반적으로 마틴 루터, 괴테, 니체, 릴케, 토마스 만 등은 자신의 독특한 언어를 창조하여 독일어의 발달에 기여한 바가 크다는 평을 받고 있다. 카프카도 비록 이방인이라고 하지만, 훌륭한 언어 창조자이고, 또 그의 독일어가 가장 즉물적이라는 점에서 현대 독일어의 동향과 일치하고 있다고 말할 수 있다. 현대 언어학에 있어서는 번잡을 피하고 가급적으로 단순화하는 경향을 띠고 있기 때문이다.

　언어 외에 지연과 혈연을 보면 프로이트, 호프만슈탈, 슈니츨러는 다같이 유대계 오스트리아 사람이고, 또 카프카와 릴케는 프라하 태생이다. 다만 호프만슈탈과 슈니츨러가 관능적인 사랑을 작품의 주제로 삼은 데 대해서 카프카의 경우에는 성(性)에 대해서 금욕주의자Stoiker적인 수도승의 태도를 견지했다고 말할 수 있다. 어떤 작품이 시대적 지방적 또는 민족적 특수성을 갖고 있으면 다른 일반 사람에게는 이해될 수 없다는 주장은 그 작가의 특수성을 말할 때 자주 강조되는 현학적(衒學的)인 속설이다. 예컨대 하아스Willy Haas는 그릴파르처나 슈티프터의 작품까지도 옛날의 오스트리아 사람이 아니면 이해할 수 없다고 말하고 있다.

　그러나 이러한 문학의 특정적인 지협성과 시대성이 부정되는 경향이 있다. 모든 예술은 본래 개성적·일회적·특수적인 표현인 동시에 보편적이고 영원한 가치를 지닌다고 괴테는 주장했다. 그는 세계 문학의 개념을 주장한 것이다. 따라서 괴테는 시(詩)를 개인 소유물이 아니라 〈온 인류의 소유물이어서, 세계 어느 곳이나 어느 시대에나 그리고 수만의 인간에게 자기를 계시〉[53]하는 것으로 보고 있다. 그리고 〈시재능이란 결코 희귀한 것이 아니다. 그러므로 좋은 시 한 수를 지었다 해서 자신이 대단한 인물이라고 생각할 필요가 없다〉[54]고 그는 덧붙여 말하고 있다. 괴테에게는 이러한 사실이 진정으로 진실이었기 때문에, 표절의 문제란 그에게는 존재하지 않는다. 괴테와 실러Friedrich Schiller가 합작(合作)했을 때, 누가 어느 부

---

52 Hans D. Zimmermann(Hg.), *Kafka und das Judentum*, Frankfurt/M., 1987, S. 187.

53 Johann Peter Eckermann, *Gespräche mit Goethe*, Baden-Baden, 1981, S. 211.

54 Johann Peter Eckermann, a.a.O. S. 211.

분을 썼느냐 하는 문제 같은 것은 조금도 중요하게 생각하지 않았다고 그는 말하고 있다. 〈내 것과 네 것이 무엇이 중요한가?〉 그는 자기가 표절하고 있다고 생각하지 않고, 셰익스피어와 모차르트의 리듬으로 시를 쓸 수 있었고, 다른 사람들이 자기 시를 그렇게 사용하는 것을 아주 기꺼이 여겼다. 시란 온 인류의 소유물이므로 미래의 시는 국경 안에 갇혀 있을 수 없다. 세계 문학 시대가 눈앞에 다가 온 것이다.[55] 이러한 여러 맥락에서 볼 때 카프카는 릴케처럼 범세계적인 작가이다.

3) 카프카와 시오니즘

종교사회학적 연구에 의하면, 한 가정에 있어서 그 가족이 지금은 비록 조상의 종교적 신앙을 간직하지 않고 있어도, 그 종교의 전통적인 생활 방식과 사고 방식은 계속 보존되고 있다고 한다. 하나의 종교에 의하여 익숙해진 특정한 사고와 태도 방식은 계속 그 가정에 잔존하고 있다는 것이다. 이런 의미에서 카프카는 유대인이었다.[56] 이는 그의 서재에 있었던 시오니즘에 관한 책들을 논외로 하더라도, 그가 시오니즘 성향의 학생 클럽인 〈바르 코호바Bar Kochba〉의 회원이었다는 점, 시오니즘 계통의 잡지 『팔레스티나Palästina』와 『자기 방어Selbstwehr』를 정기 구독했고, 팔레스타인의 사태 발전에 상당한 관심을 보였으며, 죽기 직전 베를린에 있는 유대 문화 전문학교를 방문했다는 사실과 팔레스타인으로 이주하려는 의사를 표명한 1923년에 쓴 몇 장의 서신 등으로 증명된다.[57]

카프카가 동경한 유대 사회란 세속적인 것과 신적인 것의 거리가 극복되어 있고 인간과 신, 시간과 영원, 유한한 것과 무한한 것이 분리되지 않고 통일되어 있는 사회였다.[58] 세속적인 세계와 신적인 세계의 분리 사상에 빠져들어, 과거에 존재했으나 현재는 더 이상 가능하게 보이지 않는 전체성을 자신의 내부 내지 외부에서

---

55 Vernon Hall, Jr, A Short History of Literary Criticism, New York University Press, 1963, S. 92.

56 Hans D. Zimmermann(Hg.), Kafka und das Judentum, Frankfurt/M., 1987, S. 186.

57 Bert Nagel, Kafka und die Weltliteratur, München, 1983, S. 115.

58 Bluma Goldstein, Franz Kafkas Ein Landarzt: A Study in Failure, in: Richard Brinkmann und Hugo Kuhn(Hg.), Deutsche Vierteljahrsschrift für Literaturwissenschaft und Geistesgeschichte, 42. Jahrgang, Stuttgart, 1968, S. 747.

인식할 수 없다는 무능력에 고통받던 카프카는 유대 사회에 귀속함으로써 자신의 무의미한 실존을 초월하고자 했다.

카프카는 1914년 6월 2일 그레테 블로흐에게 보내는 서신에서 〈나는 시오니즘 Zionismus에 대해 찬탄하면서도 동시에 역겨움을 느낀다〉고 적고 있다. 유대인 문제를 동화를 통해서가 아니라 팔레스타인에 유대 국가를 건설함으로써 해결하고자 했던 유대 민족주의 운동에 대해 카프카는 이중적인 태도를 취했다. 카프카는 시오니즘의 공격성과 선동성을 거부했다. 그러나 그는 1913년 9월 5일 빈에서 열린 제11차 시온주의자 회의에 참석했으며, 시오니즘 경향의 〈유대인 공직자 연합〉의 회원이 되었다. 그리고 1914년에는 유대 민족 기금(팔레스타인 정착을 위한 기금)을 후원했을 뿐만 아니라, 팔레스타인에 새로운 유대인 정착지를 건설하는 데 동의했다. 이런 배경에서인지 카프카는 작품에서 팔레스타인의 모체라 할 수 있는 아랍인을 비하하고 있다.

예를 들어 단편 「재칼과 아랍인Schakale und Araber」에서 재칼들은 세계를 두 개로 나누는 투쟁 속에서 살고 있다. 그것은 아랍인들의 무덥고, 시끄럽고, 불결한 세계와 순수성의 사막과의 투쟁이다. 재칼들은 적의에 차 있다. 그들은 숨을 쉴 수 있는 공기를 절실히 소원하고 세계를 뼛속까지 청소하고 싶어 한다. 〈순수함, 우리들은 오로지 순수성만을 원하고 있다.〉(E 124) 그들은 북방에서 온 이방의 사람들에게 이 투쟁을 끝마치게 하려 한다. 그리하여 아랍인들의 목을 가위로 잘라버려 달라고 한다. 즉 그들은 과격한 해결로 순수를 얻으려 하고 있다. 물론 이방인은 그들의 소원을 이루게 해줄 수 없다. 그러기 때문에 재칼들은 어리석은 희망을 지니고 살아가는 꼴이 된다. 〈바보들, 그들은 정말 바보들이다〉(E 124)라고 아랍인들은 말하고 있다.

카프카는 팔레스타인을 여행하는 상상을 하면서 독학으로 히브리어를 공부하기도 했다. 그는 유대인들이 동화해야 한다는 입장에 반대하고, 유대 민족주의적 경향을 지지하면서 이후 몇 년간 유대인 문제와 관련된 많은 책을 읽었다. 그는 프라하의 독일인들과 더 이상 동일하다고 생각하지 않고 자신을 유대인이라고 느꼈으며, 단지 언어와 교육으로 인해 독일 문화에 구속되어 있을 뿐이라고 생각했다.[59]

카프카는 유대인을 〈동(東)유대인과 서(西)유대인〉[60]으로 구분하고 자기 자신은 서구 사회의 상층 계급과 융합하여 그 착취의 배분에 참여하려는 서유대인의 전형이라고 생각하는데, 이 내용이 1920년 11월에 밀레나에게 보낸 다음의 서신에 잘 나타나 있다. 〈우리 두 사람은 서부 유대인의 특징적인 본보기들을 풍부히 알고 있지요. 내가 아는 한 나는 그들 중에서 가장 서부 유대인적 인간이지요. 과장해서 표현하자면, 나에게는 안정된 한순간도 주어지지 않았으며 주어진 것이라곤 하나도 없습니다. 현재와 미래뿐 아니라 과거까지도 모든 것을 노력해 얻어야만 하며, 어느 인간이나 부여받고 있는 그 어떤 것까지도 싸워 얻어야만 하는데 이것이 아마도 가장 어려운 일일 것입니다.〉(BM 294) 따라서 카프카는 서부 유대인의 이미지를 엄격하게 자신에게 적용시키고 있다.

이에 대해서 동구 제국의 유대인들은 고래(古來)의 민족적 전통을 순수하게 유지하기 때문에 끊임없이 배척과 추방을 당할 뿐만 아니라, 빈곤의 위협에 노출되어 있는 실정을 카프카는 영혼의 고통을 동반한 공감과 동정으로 바라보고 있었다. 지나치게 예민한 감수성을 지닌 카프카는 유대 문제가 내포한 심각성에 압도되어 어떤 수단으로도, 근본적으로는 시오니즘에 의해서도 구제될 수 없는 절망에 빠져들었다.[61]

이러한 카프카의 유대 사상이 그의 작품에 자주 나타나고 있다. 『성』에서 성의 주인인 백작 이름 〈서서(西西)Westwest〉는 서쪽을 나타내는데, 이는 서구에서 서구인에게 동화하려는 유대인, 서구 유대인의 문제성을 암시한다. 서구적 동화는

---

59 Hartmut Müller(권세훈 외 역), 『카프카 문학 사전』, 학문사, 1999, 137면 이하.

60 유대인은 역사적 뿌리와 종교적 성향에 따라 몇 그룹으로 나뉜다. 중세 시대를 거치며 유대인은 기독교 지역의 〈아슈케나짐〉과 이슬람교 지역의 〈세파르딤〉의 양대 세력을 형성하게 됐다. 독일을 중심으로 한 아슈케나짐은 리투아니아, 폴란드, 러시아 등으로 확산되었고 홀로코스트를 거치면서 많은 피해를 입었다. 스페인을 본거지로 한 세파르딤은 15세기 말 기독교가 이베리아 반도를 장악한 후 네덜란드, 이탈리아, 북아프리카, 터키 등으로 흩어졌다. 이 밖에 바빌로니아와 예멘 등 중동 지역에도 예루살렘에서 쫓겨난 상당수의 유대인들이 살고 있었고 이들은 이스라엘이 세워지자 그곳으로 이주했다. 유대인들은 또 종교적 성향에 따라 정통주의자Orthodox, 자유주의자Liberal, 세속주의자Secular로 크게 나뉜다. 검은 옷과 모자, 수염이 특징인 〈하시디즘〉으로 대표되는 정통주의자는 유대교의 전통을 그대로 지키려는 세력이다. 자유주의자는 유대교의 가르침과 근대 사회를 조화시키려는 입장으로 미국과 유럽에 광범위하게 존재한다. 하지만 오늘날에는 통과 의례와 기념일을 제외하고는 특별한 종교적 관심을 보이지 않는 세속주의자들이 가장 많은 수를 차지하고 있다.

61 김정진, 『카프카 연구』, 탐구당, 1986, 40면.

불가능의 표시로 실제로는 서구에 귀속되지 못하는 자기 착각일 뿐이다. 서의 반대는 동이다. 동구 유대인들은 동화하지 않는다. 서구화된 독일 유대인들은 동구 유대인들에게 거부감을 느꼈지만 1918년 붕괴 이후 진정한 유대인의 정체성을 전통과 종교의 의무를 지키는 동구인에서 보았다.

바르나바스Barnabas와 같은 전달자인 클람의 마을 서기 이름 모무스Momus는 그리스 신화에서 밤의 아들이다. 모무스는 밤의 아들로 실수 속에서도 발견되고 뒤엉켜지도록 되어 있다. 제3의 전달자는 구약에서의 이름인 예레미아스Jeremias 이다. 예레미아스, 바르나바스 그리고 모무스 외에 또 하나의 이름이 갈라터 Galater이다. 그는 다른 성 관리이다. 바울은 신약에서 아나톨리엔의 한 자치구인 갈라터에 중요한 편지를 쓴다. 이 편지로 기독교가 유대교와는 상관없는 독립적인 신앙공동체가 된다. 갈라터라는 관리의 이름으로 무엇이 의도되었는가는 쉽게 답을 찾을 수 없다. 그런데 그 두 조수는 클람이 아니라 갈라터로부터 왔으니, 율법에 충실한 갈라터, 유대교의 대표자로부터 보내졌다고도 추정될 수 있다. 바르나바스는 바울의 편지에서 그와 연맹한 사도 이름이라고 한다.

카프카의 바르나바스 역시 선교자로 볼 수 있는데 성의 사절로서 메시지를 K에게 전하는 것이 그가 맡은 역할이기 때문이다. 올가와 아말리아는 시나고가 Synagoga와 에클레시아Ecclesia의 알레고리이다. 시나고가는 붕대를 눈에 매고 부러진 창을 든 여인상이며, 에클레시아는 개선 장군처럼 창을 높이 들고 있는 여인이다. 카프카는 『성』에서 이런 식으로 서구 유대성과 동구 유대성을 서술했다.[62]

이렇게 카프카에게 유대적 유산이 생생한 관심의 대상이 되어 유대적 생활과 전통의 요소들이 그의 문학에 강력한 영향을 미치고 있다. 인간의 보편적인 문제로서 고통과 죄의 근원성을 구약 시대의 유대 민족의 수난사에서 찾는 사실은 카프카 문학과 유대적 요소들과의 상관관계에서 핵심이 된다.[63] 이러한 유대적 요소는 카프카의 거의 모든 작품을 관통하고 있는데, 특히 브로트는 카프카 작품의 주인

62 H. D. Zimmermann, klam a mam? Zu Kafkas Roman *Das Schloß*, in: Karl Erich Grözinger u.a. (Hg.), *Franz Kafka und das Judentum*, Frankfurt/M., 1987, S. 224~237.

63 Bert Nagel, *Kafka und die Weltliteratur, Zusammenhänge und Wechselwirkungen*, München, 1983, S. 107.

공들이 겪는 심리적 갈등을 통하여 히브리 종교 문학과 탈무드의 영향을 강조한다.[64] 부버Martin Buber는 카프카 작품이 법정, 은총, 죄, 벌, 속죄 등의 개념들로 바꾸어진 유대교의 기본 표상들을 구체화하고 있다고 보았다. 그밖에도 바겐바하, 야노우흐G. Janouch, 폴리처, 바인베르크K. Weinberg, 아이스너P. Eisner 등의 연구에서 공통적으로 추출되는 것은 유대적인 영향이다.

물론 카프카의 작품에서 유대인이란 단어는 직접적으로 표현되지 않는다. 그의 일기에는 유대적인 것이 표면에 나타나 있지만 그의 장편 혹은 중단편에는 유대적인 것이 비교적(秘敎的)으로 감추어져 있다. 예를 들어, 『만리장성의 축조Beim Bau der Chinesischen Mauer』에서 유대인은 중국인으로 철저하게 대치되고 있다. 여기서는 동물들과 사물들이 그 대상이 아니고 〈동물과 사물의 모습으로 살아가는 인간〉[65]이 그 대상이다. 그렇다고 해서 『만리장성의 축조』 등의 카프카 작품에서 중국인의 모티프가 전혀 없는 것은 아니다. 카프카는 자신의 유대성을 현대 사상과 결부시켜 카프카 자신의 또 다른 유대성을 창조하고 있는 것이다.

다시 말해서 카프카의 많은 텍스트에는 유대적인 것이 분명하게 표현되지 않지만, 놀라울 정도로 많은 양의 유대 지식이 계시되어 있다. 예를 들어 브로트는 『성』의 발문에서 〈성 앞마을〉에서 에르츠 산맥에 위치한 취라우Zürau와 같은 어느 특정한 마을이 떠올랐다고 적고 있는데, 베냐민Walter Benjamin은 이에 대하여 〈우리는 거기에서 어떤 다른 마을을 인식할 수도 있다. 그것은 탈무드의 전설에 나오는 어느 한 마을이며, 이 전설은 랍비가 〔어째서 유대인은 금요일 저녁에 향연을 준비하는가?〕 하는 질문에 대한 대답으로 들려주는 전설이다〉[66]라고 해석한다.

숄렘G. Scholem이 보기에, 카프카의 세계는 유대적인 것을 가장 본래적인 방식으로 성찰하고 있다. 다시 말하자면 카프카의 작품은 인간이 그 자체로서는 접근할 수 없고 파악할 수 없는 절대성에 대한 주해로 읽혀지는 구전 『토라Thora』를 구현하고 있다.[67] 예컨대 「법 앞에서Vor dem Gesetz」 텍스트 성립에 영향을 주었

---

64 Bert Nagel, a. a. O., S. 107.

65 Karl Erich Grözinger, *Kafka und die Kabbala*, Frankfurt/M., 1992, S. 21.

66 Walter Benjamin, *Über Kafka. Texte, Briefzeugnisse, Aufzeichnungen*, hg. v. H. Schweppenhäuser, Frankfurt/M., 1981, S. 424.

을 것이라 추정되는 프란츠 베르펠Franz Werfel의 『페르시아의 여황제 에스터
Esther, Kaiserin von Persien』에는 문지기가 등장할 뿐 아니라 모세의 죽음에 관
한 장면이 삽입되어 있다는 사실,[68] 그리고 무엇보다도 카프카 자신이 유대계였다
는 등의 사실은 손쉽게 「법 앞에서」를 『토라』와 연결시킬 수 있다. 토라는 유대교
에서 유대 백성에게 내린 하나님의 계시나 율법 그 자체를 의미하기도 하고 좁은
의미에서는 이 율법을 전해 받은 모세의 다섯 경전(구약의 창세기, 출애급기, 레위
기, 민수기, 신명기) 또는 그와 관련된 구승 전통을 뜻하며, 「법 앞에서」에서 법을
구하러 떠난 시골 남자의 구도와 좌절의 모습에서 현대 유대인의 정체성이나 자기
이해에 대한 우화적 성찰을 기대할 수도 있다.[69]

　이러한 맥락에서 「법 앞에서」는 유대교의 전래 이야기에 기원을 둔다고 볼 수 있
는데, 이때 미드라쉬Midrasch 전설의 모세 이야기가 가장 신빙성 있는 출처가 되
고 있다. 모세가 유대의 경전인 『토라』를 받으러 가면서 신의 도움으로 문지기 천
사들을 물리쳐 가는 역정을 나타낸 모세 성담을 카프카가 자신의 이야기로 전도시
켜 표현했다는 것이다. 다시 말해서 카프카는 유대교가 몰락해 가는 과정에 놓인
자신의 세대의 믿음과 목표의 상실을 시골 남자를 통해 나타낸 것이다.[70]

　『소송』의 주제를 숭고한 정의 및 하느님의 나라로의 편입으로 파악한 브로트는
시오니즘에 관해서 다음과 같이 풀이하고 있다. 이 세계에는 기독교와 이교(異敎)
와 유대교가 정립하고 있다. 그 가운데서 기독교는 차안(此岸)을 부정하고 피안(彼
岸)만을 긍정하며, 이교는 차안에 살고 차안을 지속하는 데 대해서 오로지 유대교
만이 차안에서 피안을 파악한다. 기독교도가 고립된 개인적인 수도자·성자라고
하면, 이교도는 선천적인 지배자·세습적인 군인이며, 유대교는 기도사(祈禱師)이
자 정치가이고 동시에 예언자이기도 하다. 따라서 인류의 미래는 오로지 유대교에

　67 Gershom Scholem, Religiöse Autorität und Mystik, in: Ders., *Zur Kabbala und ihrer
Symbolik*, Frankfurt/M., 1981, S. 22 f.

　68 Hartmut Binder, *Kafka Kommentar zu sämtlichen Erzählungen*, München, 1975, S. 183.

　69 이문희, 『「법 앞에서」 앞에서 또는 카프카 읽기」, 『카프카 연구』, 제8집, 한국카프카학회, 2000,
225면 참조.

　70 Vgl. Ulf Abraham, Mose vor dem Gesetz. Eine unbekannte Quelle für Türhüterlegende, in:
Manfred Voigts(Hg.), *Franz Kafka 『Vor dem Gesetz』, Aufsätze und Materialien*, Würzburg, 1994,
S. 89～103.

의해서만 구제될 수 있다. 그리하여 인류의 미래에 대한 축복의 전제로서 유대인의 차안에서의 실생활과 그 사명과 역할이 중요한 뜻을 갖게 된다.

이렇게 브로트는 유대계의 시오니즘적인 입장에서 카프카의 작품을 해부하고 있다. 브로트는 유대 문제를 단지 한 민족의 비참한 운명에 관한 고찰로만 그치지 않고, 인류 전반의 문제로 부연(敷衍)하고, 또 그 문제를 넓은 시야로 전개시켰다. 또 브로트는 『성』에 나오는 두 측량 조수 아르투어와 예레미아스를 유대 극에 나오는 띠 달린 긴 소매옷을 입은 유대인으로서 카프카를 매료시킨 인물이라고 말하고 있다.[71] 브로트를 비롯한 종교적 입장에 서 있는 해석자들은 「선고」를 신의 심판과 은총이라고 보았다. 조켈은 작품 『아메리카』에서 상징으로서 극장을 사용하는 카프카의 수법을 유대 극을 보았던 그의 경험에서 발상된 것이라고 암시하며,[72] 빈더도 「어느 개의 연구Forschungen eines Hundes」가 유대 극과 관련이 있다고 말하고 있다.[73]

안더스G. Anders도 같은 견해로 그에 따르면, 카프카의 대부분의 작품은 유대인을 다루며 그중에서도 『성』과 「요제피네, 여가수 또는 서(鼠)씨족Josephine, die Sängerin od. das Volk der Mäuse」이 대표적이다. 카프카가 남부 오스트리아에 있는 〈비인의 숲 요양원〉으로 가기 직전인 1924년 3월 프라하에서 쓴 「요제피네, 여가수 또는 서(鼠)씨족」은 일반적으로 카프카의 최후의 작품으로 알려져 있다. 이 작품의 생성에 결정적으로 영향을 미친 사건은 젊은 팔레스타인 여자로서 히브리어를 탁월하게 구사하며, 모임에서도 또한 히브리어 노래를 불렀던 〈푸아 벤토핌Puah Bentovim〉과 카프카의 만남이다. 이러한 생성사에 근거하여 많은 해석자들이 쥐의 족속을 유대 민족으로, 그리고 요제피네를 그들 민족의 인도자로 간주한다.

브로트도 「요제피네, 여가수 또는 서(鼠)씨족」에서 궁지에 몰려 있는 무방비 상태의 쥐 떼들을 유대 민족의 상황으로 이해했으며, 카스팔P. van Caspal은 이야기

---

71 F. Kafka, *The Diaries of Franz Kafka 1910~1913*, hg. v. Max Brod, translated by Joseph Kresh, New York, 1948, p. 328.

72 Walter H. Sokel, *Franz Kafka, Tragik und Ironie*, Frankfurt/M., 1976, S. 507.

73 Hartmut Binder, *Motiv und Gestaltung bei Franz Kafka*, Bonn, 1966, S. 13.

의 마지막 문장에 나오는 〈선택된 자들Auserwählte〉(E 216)의 단어를 근거로 요제피네를 구약에 나오는 선지자 예레미아로 해석하고 있다. 빈더는 이를 유대 문화 전문학교의 영향과 동부 출신의 유대인 디아만트Dora Diamant의 영향을 받은 베를린 시절, 카프카의 눈에 시간을 초월하고 모든 위험을 견뎌 내는 위대성으로 비친 시오니즘 운동과 그 발현 형태가 유대 민족의 영원한 역사 속의 일화가 되었다고 보고 있다. 페렌치스R. M. Ferenzis는 요제피네와 공동체(대중) 사이의 독특한 관계, 요제피네의 노래에 대한 공동체의 몰이해, 노래로써 공동체를 보호하고, 정치나 경제의 나쁜 상태로부터 공동체를 구원하려는 그녀의 욕구 등은 카프카의 유대 사회와의 관계, 카프카가 자신에게 주어진 것으로 이해했던 사명, 그러나 또한 이러한 사명을 거절하지 않은 것에 대한 파멸의 비유적 표현으로 보고 있다.[74]

그러나 이러한 「요제피네, 여가수 또는 서(鼠)씨족」의 유대 민족에 연관된 해석에 반대하는 이론도 적지 않다. 나겔은 〈여가수 요제피네〉에서 이방인으로서의 유대인과 그들의 고독이 표현되어 있는 것은 사실이지만, 카프카는 유대인을 예로 들어서 인간 전체의 일반적인 낯설음과 인간의 고독을 제시하려 했다고 말하고 있다.[75] 폴리처도 유대 민족이 역사에 대한 의식이 없다는 점에서 유대 민족에 연관된 해석에 반대하면서, 예술가가 어떤 한 민족에 국한될 수 없듯이, 이 작품에서 쥐의 족속도 또한 인류 전체로 확대 해석되어야 한다는 것이다.

4) 카프카의 종교성

카프카 문학은 현대인으로서의 형이상학적인 시도인 동시에 하나의 종교로 발전할 수 있는 가능성을 시사하고 있다. 그러나 그의 종교성은 기성 종교로부터 완전히 독립된 것이다.[76] 〈나는 키르케고르처럼 이미 축 늘어져 버린 기독교의 손에 의해서 삶으로 인도된 것은 아니다. 그렇다고 시오니스트처럼 날아가는 유대교의

---

74 Hartmut Binder, *Kafka-Handbuch*, Bd. 2, Stuttgart, 1979, S. 399.
75 Bert Nagel, *Kafka und die Weltliteratur*, München, 1983, S. 120.
76 김정진, 「Franz Kafka의 장편 소설 『소송』 연구」, 『독어교육』, 창간호, 한국독어독문학교육학회, 1983, 14면.

기도복(祈禱服)의 옷자락의 끝을 붙잡고 매달린 것도 아니다. 나는 종말이 아니면 시초인 것이다.〉(H 89) 카프카는 대화에서 〈문학Dichtung은 압축, 즉 정수Essenz 입니다. 이에 대해서 문예Literatur는 용해물이고, 무의식의 삶을 경쾌하게 해주는 기호품, 즉 마취제입니다. 또 문학은 정반대로 인간의 눈을 깨우쳐 줍니다. 따라서 문학이 그대로 종교가 된다고는 할 수 없지만, 확실히 기도(祈禱)가 되려는 경향이 있다고 볼 수 있습니다〉(G 32)라고 말하고 있다.

그 당시 카프카의 동료 문인들은 뒷발로는 여전히 부친의 유대 혼에 매달려 있었고 앞발로는 아무런 새로운 지반(地盤)을 찾지 못하고 있었다.[77] 카프카 부친의 종교에 관한 교육은 카프카에게 불만족스러운 방향으로 나아갔다. 카프카는 이렇게 일기에 적는다. 〈항상 결론에 도달하는 것은 내가 이해할 수 있는 것 이상으로 교육이 나를 부패시켰다는 점이다. 〔……〕 이 불완전성은 타고난 것은 아니고, 따라서 나는 그만큼이나 더한 고통을 감내해야 한다. 모든 사람처럼 나 역시도 태어나면서부터 나의 내부에 어리석은 교육이 밀쳐낼 수 없었던 중심점을 가지고 있는 것이다.〉[78] 왜냐하면 유대교의 모든 면에서 부친은 모범이 될 수 없었기 때문이다. 1896년 6월 13일 카프카는 프라하의 짐시 예배당에서 열린 유대인 축제 〈바르-미츠바 Bar-Mizvah〉[79]에 참가했다. 이 종교 축제는 그에게 다만 〈우스꽝스러운 암기〉에 지나지 않았다. 그는 제단 옆에서 기도를 낭송하고 집에서는 짤막한 연설을 해야만 했다. 부친은 아들을 초대하면서 이 축제를 〈견진 성사Konfirmation〉로 여겼다.

부친은 카프카가 경멸했던 동화된 서유럽 유대인이었다. 이른바 〈4일 동안의 유대인들〉처럼 부친은 추수 감사절, 성전 축성 축제, 페샤흐Pessach 축제 등 세 가지의 종교적 축제와 황제 탄신 기념 축제에만 참가했다. 따라서 『부친에게 드리는 서신Brief an den Vater』에서 카프카는 부친의 피상적인 종교심을 비판했다.

카프카는 종교상으로 기독교나 유대교 중 어느 한편으로 경도되지 않았다. 이로 말미암아 유대 민족의 태두리를 벗어나 인간 존재의 기반과 저초(底礎)에까지 도

---

77 F. Kafka, *Briefe 1912~1924*, hg. v. Max Brod, Frankfurt/M., 1958, S. 337.
78 브루노 힐레브란트(박병화·원당희 역), 『소설의 이론』, 예하, 1994, 347면.
79 기독교의 견진 성사에 해당하는 유대교의 종교 의식. 열세 살의 소년에게 종교적인 책임과 의무를 자각시키는 의식이며, 성년에 이른 소년이라는 뜻임. 이때 카프카에게는 히브리어의 지식이 없었다.

달할 정도로 그의 사상은 보편성을 내포하고 있다.

결국 카프카는 정통 유대교와 기독교를 막론하고 현실 종교에서 안식처를 찾을 수 없었다. 그의 견해에 따르면 사제들과 종교 의식들은 단지 영혼의 조력자에 불과하다. 그러나 인간은 절대자 혹은 〈절대적인〉 것에 대한 믿음을 찾아낼 수 없음에도 이에 대한 확신이 없이는 살아갈 수 없다. 절대적인 것으로부터 벗어나려는 삶만이 진정한 삶이다. 〈무한히 높은 것이나 혹은 심원한 것〉과 자기 자신 사이의 지속적인 관계를 감지하는 사람은 절망할 필요가 없다. 그런 사람은 사후의 구원을 동경할 필요도 없다. 죽음은 오래된 감옥에서 새로운 감옥으로 옮겨가는 것과 같으며, 새로운 감옥이나 오래된 감옥이나 혐오스럽기는 마찬가지다. 그러나 〈믿음에 대한 한 줌의 미련〉을 품고 있는 인간이 갖고 있는 희망은 신이 어느 날 우연히 감옥 복도를 지나다 죄수를 발견하자 〈그대들은 이 자를 다시는 감옥에 가두지 못하리라. 이 자를 나에게로 보낼지라〉라고 말하리라는 것이다.

두 가지 글에 등장하는 〈믿음에 대한 한 줌의 미련〉이라는 표현을 통해 카프카는 죽음에 대한 생각과 관련하여 신뢰, 화해, 〈신에의 귀의〉라는 문제를 언급한다. 모든 회의에도 불구하고 그는 은총이 자신에게 내릴지 알지도 못하면서 기다림과 정진을 통해 은총을 얻고자 노력했다.

카프카는 1917년 9월에서 1918년 4월에 걸쳐 씌어진 취라우 잠언에서 신학적 물음들과 집중적으로 담판을 벌였다. 특히 『8절지 노트의 기록die acht Oktav-hefte』 중 세 번째와 네 번째에는 신의 창조와 원죄, 실낙원과 최후의 심판에 대한 단상들이 여러 개 발견된다. 카프카의 시각에서 볼 때 인류 역사는 추락과 원죄의 반복으로 나타난다. 그러면 원죄에 관한 카프카의 잠언을 살펴보자.

낙원으로부터의 추방은 그 주요 부분에 있어서 영원하다(시간외적인 영원한 과정이다). 그러므로 낙원으로부터의 추방은 최종적이고 이 세상에서의 삶은 불가피하다. 그럼에도 불구하고 그 과정의 영원성은 (혹은 시간적인 관점에서 보자면 그 과정의 영원한 반복은) 우리가 지속적으로 낙원 안에 머무를 수도 있을 뿐만 아니라 실제로 그곳에서 지속적으로 존재하는 것을 가능하게 한다. 우리가 여기 이 세상에서 그 사실을 알거나 모르거나 상관없이.(H 69)

카프카는 여기서 실낙원의 상태, 즉 인간의 시간이 영원과 분리된 상태를 영원한 것으로 묘사하면서도, 다른 한편으로는 실낙원의 영원한 반복이 오히려 인간을 낙원의 영원성 속에 머무르게 할 수도 있다는 역설적인 가능성을 열어놓는다.

카프카는 이러한 실낙원 등 성서상의 모티프를 작품에 간접적으로 자주 차용했다. 예를 들어 「변신」에서 부친이 그레고르를 향해 던진 대상은 사과이다. 그런데 다른 과일이나 소도구일 수도 있을 텐데 카프카는 왜 구태여 사과를 등장시켰을까. 사과는 인식의 나무로 실낙원을 상징하며 원죄 의식과도 관련된다. 실낙원의 원인은 아담과 이브를 유혹해서 에덴 동산에서 쫓겨나게 한 선악과, 즉 사과인데 카프카는 이 사과를 작품에 자주 등장시키고 있다. 「변신」에서 부친이 던진 사과 조각이 몸에 박혀 생긴 그레고르의 상처는 〈살 속에 박힌 가시적인 기념물〉(E 90)로서 그레고르가 인간 이전의 동물적 단계로 퇴행에 대한 벌인 동시에 가족의 일원으로서의 정체성을 기억시키는 매체이기도 하여 신화와 현실의 양자적 개념을 암시한다. 인류의 조상이 사과를 따먹는 순간 자기 의식을 갖게 되고 원죄를 느껴 쫓겨나야 했듯이 그레고르는 자기를 의식하는 순간 변신한다. 사과의 형태는 원형(圓型)이며 원형은 종말이 없는 무한을 의미한다. 따라서 〈내일 지구의 종말이 온다 할지라도 나는 한 그루의 사과 나무를 심겠다〉는 스피노자 파의 말도 있다. 마찬가지로 그레고르의 고독과 원죄의 짐은 끝이 없어 죽을 때까지 그 고독과 짐을 감내해야 했다.[80] 또 『아메리카』에서 주인공 카알이 테레제로부터 사과를 받아 〈한 입 깨물기가 무섭게 강한 향기가 흘러 나온다.〉(A 118) 이는 인식의 나무 열매와 죄의 타락에 대한 비유적 표현이다.[81] 『소송』에서도 체포 선언이 있은 직후에 〈사과가 그의 유일한 아침 식사였다.〉(P 12)

카프카는 창세기의 원죄 이야기를 읽은 후 1916년 6월 19일자 일기장에 〈인류에 대한 신의 분노〉(T 366)라는 말을 적었다. 그는 오래된 유대 전통에 따라 신에 대한 논쟁을 벌이면서 신의 잔인함을 비난했다. 그는 선악과를 따먹지 말라는 신의 금기 사항은 근거 없으며, 이를 어긴 뱀, 아담, 이브에 대한 신의 처벌이 부당하다고 생각하며 이를 명확히 밝히고 있다.

---

80 홍경호, 「카프카의 『변신』 연구」, 『카프카 문학론』, 한국카프카학회, 1987, 241면.
81 김용익, 『프란츠 카프카 연구』, 삼영사, 1984, 123면.

우리 인간은 단지 선악과를 따먹었기 때문에 죄가 있는 것만이 아니라 아직도 생명 나무 열매를 따먹지 못한 데 죄가 있다. 그리하여 죄와는 상관없이 우리 인간이 처해 있는 상황이 죄가 된다.(H 48)

또 카프카는 최후의 심판과 메시아에 관련된 잠언에 대해서 〈메시아는 그가 더 이상 필요 없게 될 때에야 비로소 올 것이며, 그는 자기가 도착한 그다음 날에야 비로소 올 것이다. 그는 마지막 날에 오는 것이 아니라 가장 마지막 날에 올 것이다〉(H 67)라고 쓰고 있다. 카프카는 여기서 최후의 심판의 날을 지나서 메시아가 더 이상 필요 없게 되는 시점으로 〈메시아의 출현을 지연〉시키고 있다.

카프카의 잠언에서 분명하게 드러나는 것은, 카프카가 유대교적 종말론에 대해 회의적이며 그가 의미하는 영원성은 종말 이후에 이어지는 유토피아적 시간으로서가 아니라 현세의 어떤 순간에 가능하거나 혹은 불가능한 어떤 것으로 나타난다는 점이다.[82]

카프카의 관점에서 볼 때 인류의 역사는 유대교적인 의미에서 메시아의 출현으로 완성되는 것이 아니다. 그것은 종말은 지연된 채 결코 신적 시간의 충만함으로 채워질 수 없는 〈불완전한 시간의 확장〉으로 나타난다. 다시 말해서 카프카가 묘사하는 인류의 역사 혹은 구원사는 〈미완성적인 것의 영원한 반복〉[83]으로 나타난다고 말할 수 있다. 전승된 기독교관이 변증과 회의(懷疑)를 통해 왜곡됨으로써 그것의 확고하던 내용이 카프카에서 수정되거나 해체된 것만은 확실하다. 따라서 카프카 작품에 투영된 신은 은총이나 형벌의 문제를 따지기 전에 우리 인간의 의식으로는 전혀 포착할 수 없는 거리에 머물러 있다. 이런 배경에 관련된 종말(최후의 심판)의 사상이 카프카의 작품에 자주 나타난다.

예를 들어 「유형지에서」에서 죽은 전임 사령관의 부활을 열망하는 그의 추종자들은 찢어진 속옷에 상의를 걸치지 않은 부두 노동자들로서 가난하고 굴종적인 천

---

82 박은주, 「카프카의 텍스트에 나타난 시간 의식과 시간의 허구적 형상화」, 2005년 독어독문학회 가을학술대회 발표 논문 참조.

83 Marina Cavarocchi Arbib, Jüdische Motive in Kafkas Aphorismen, in: Karl Erich Grözinger u.a. (Hg.), *Franz Kafka und das Judentum*, Frankfurt/M., 1987, S. 141.

민으로 묘사된다. 전임 사령관이 일정 햇수의 기간이 지나면 부활하여 자신의 동조자들을 지휘하여 유형지를 재정복한다는 예언(E 177)은 종교 해석에 연관된 카프카의 강력한 공포로 일종의 종말 사상이다.

또 카프카의 『어느 투쟁의 기록Beschreibung eines Kamfes』을 보면 다음과 같은 구절이 있다. 〈대체 나는 어떤 나날을 보내고 있는가! 어째서 모든 것이 이토록 형편없이 구축되어 있단 말인가? 도대체 아무런 외적인 이유가 발견되지 않은 채 이따금 높다란 집들이 무너져 내려앉곤 하지 않는가. 〔……〕 길거리에 가끔 사람들이 넘어져 죽은 채로 있다. 〔……〕 시청 탑 끝은 빙빙 자그마한 원을 그리며 돌고 있다. 유리창마다 덜컹덜컹 소리를 내며 흔들리고 있고, 가로등 지주들은 엿가락처럼 휘어져 있다. 원주 위의 성모 마리아 상의 옷깃은 바람에 휘날리다 못해 찢겨 날아가고 있다. 그런데 아무에게도 이런 광경은 보이지 않는 것일까?〉(E 13 f.) 여기에서 종말론에 관련된 카프카 특유의 의식을 추론해 볼 수 있다.

레싱은 이러한 종말론을 색다르게 해석하고 있다. 레싱은 그의 저서 『인류의 교육Die Erziehung des Menschengeschlechts』에서 연속적이고 발전적인 계시가 제3시대에 이르러 정점에 달할 것이라고 주장하고 있다. 레싱은 이 제3시대를 교육을 통한 이성의 승리로 생각했다. 그는 이 제3시대를 기독교 계시의 완성이라고 믿었다. 그래서 그는 13세기와 14세기의 몇몇 광신자들에 대해 연민의 정을 가지고 심지어는 탄복하기까지 했다. 레싱이 보기에 이 광신자들에게 잘못이 있다면, 그것은 그들이 너무 조급하게 〈영원한 새 복음〉을 선포했다는 데 있다.[84] 레싱은 제3시대, 즉 역사를 새롭게 완성시킬 시대가 임박했다고 하는 신화의 영향을 받았다.

「이니스프리의 호도(湖島)The Lake Isle of Innisfree」로 우리에게 친숙한 아일랜드의 시인 예이츠William B. Yeats도 「재림(再臨)The Second Coming」이라는 시에서 〈최고의 인물들은 신념을 잃어가고, 최악의 인간들만 광기(狂氣)로 가득하네The best lack all conviction, while the worst are full of passionate intensity〉라고 신념의 타락으로 인한 세상의 종말을 예언했다. 세계의 붕괴는 국외자들의 중심 테마가 되었다. 그런데 제1차 세계 대전 이전에 이미 세계 종말의 강력한 몰락

---

84 K. Löwith, *Meaning in History*, The Universtyof Chicago Press, 1949, p.208.

이 있었다고 해도 지나친 말은 아니다.

카프카의 신과 인간의 분리는 17세기 네델란드의 철학자 스피노자의 정신과도 유사하다. 탈근대화를 주장하는 철학자들 사이에서 가장 각광받고 니체Friedrich Nietzsche 다음으로 주목받는 스피노자는 분노하고 기뻐하는 인격신을 부정하고 범신론적 세계관을 가졌다는 이유로 생전에 유대교에서 파문당하고 암살의 위협에 시달렸으며, 급기야 사후 100년이 지나도록 그의 철학이 매장당해야 했다. 그때는 곧 다가올 프랑스 대혁명의 폭발을 향해 자유 사상이 꿈틀대던 불온한 시대이기도 했다. 평생 좋은 자리를 마다하고 렌즈 깎기를 생업으로 삼았던 유물론적 범신론자 스피노자는 자신의 이름을 숨기고 써낸 『신학 정치론』에서 〈신에 대한 지적인 사랑〉을 설파하면서 〈국가의 목적은 자유〉라며 교회의 지나친 간섭을 막고 종교와 사상의 자유를 보장해야 한다고 주장했다가 세상으로부터 매장 당했다.

그러나 스피노자는 무신론자는 아니었다. 신은 극히 단순한 존재이거나 무한정한 외연 그 자체로서 자신 안에 포함되는 모든 것과 닮아 있다. 말하자면 그냥 물질 자체가 되겠는데, 결코 정의롭지도 자비롭지도 않거니와 그렇다고 질투심이 있는 것도 아니다. 그것은 우리가 상상하는 것과는 아무 상관이 없으며, 결론적으로 벌을 내리는 존재도 보상을 해주는 존재도 아니다. 지적 사고 과정과 상상력의 농간을 혼동하지 않을 만큼 이지력을 잘 사용할 줄 아는 자들, 그릇된 교육에 의한 선입관들을 과감하게 떨쳐낼 수 있는 사람들은 신에 대해 건전하고 명쾌한 개념을 얼마든지 터득할 수 있다. 이들은 신을 아무 차별 없이 만들어 내는 모든 존재들의 근원으로 보고 있으며, 이때 그 모든 존재들은 신이 보기에 어느 하나라도 다른 하나보다 결코 낫거나 못한 것이 아니다. 인간이라 해도, 신이 만들어 낼 때 구더기 한 마리나 한 송이 꽃보다 더 각별한 무엇이 있는 게 아니라는 얘기다.

카프카는 희망이란 어느 정도의 거리를 두고서 관찰할 때에만 지속될 수 있다면서 이러한 상상을 다시 상대화한다. 그는 자신이 신으로부터 언제나 멀리 떨어져 있었던 것이 아니라고 펠리체 바우어에게 보낸 편지에 적고 있다. 1916년 7월 20일자 일기에는 자신이 의심하는 신에게 자비를 기원하는 기도가 적혀 있다.[85]

---

85 Hartmut Müller(권세훈 외 역), 『카프카 문학 사전』, 학문사, 1999, 213면 이하.

저를 불쌍히 여기소서, 제 몸의 모든 구석구석에 이르기까지 죄악으로 물들었나이다. 하지만 제가 반드시 경멸스러운 성품만은 가지고 있던 것은 아니며 작은 선의의 능력들도 가지고 있었지만, 이제 그 모든 것들은 나에게서 다 소진되었습니다. 만물이 나에게 호의를 베풀려는 바로 이 순간 완고한 존재인 저는 종말에 이르렀나이다. 저를 부디 망자로 생각지 마소서. 죽음이 먼 곳에 있든 이미 가까운 곳에 있든 이 바람은 우스꽝스러운 자기 사랑이라는 것을 알고 있나이다. 하지만 제가 한 번 더 생명을 얻게 된다면 생명의 자기 사랑을 가지겠나이다. 생명이 가소로운 것 아니라면 생명의 필연적인 연설들도 가소로운 것은 아닐 것입니다.(T 370)

카프카는 1912년 여름 하르츠 산지의 융보른 자연 요양원에서 수주일간 요양을 하면서 신약성서에 전념한 적이 있다. 그때 그는 「복음 신문Evangelische Missions-zeitung」을 연구하게 되었고, 감리교도와 기독교연맹 회원들과 종교 토론을 벌이기도 하고 매일 성경을 1장씩 읽으면서 예배에도 참석했다. 이때의 경험이 『아메리카』의 오클라호마 자연 극장의 분위기로 묘사된다.

『아메리카』에서 주인공 카알이 몇 번의 추방을 거친 후 마지막으로 찾아가는 곳은 오클라호마의 자연 극장이다. 이 자연 극장은 매우 환상적이며 동화적으로 종교적인 면모를 보여 준다. 이 자연 극장에 나타난 종교상의 분위기로 인해 브로트는 카프카의 풍자적인 예지와 희시적(戱詩的)인 뉴앙스를 도외시한 채 카톨릭 교회적인 해석을 견지함으로써 카알의 채용을 그리스도 사랑 안에서의 구제에 대한 비유로 받아들인다.

혹자는 오클라호마의 자연 극장을 오늘날 위기에 처한 교회의 모습으로 파악하기도 한다. 〈오클라호마의 대극장은 그대들을 부릅니다! 오늘 하루 단 한 번만 부릅니다! 지금 이 기회를 놓치면 영원히 놓치게 됩니다! 미래를 생각하는 사람은 우리에게 오시오! 〔……〕 그렇지만 자정까지 입장할 수 있도록 서두르세요! 모든 문이 열두 시에 잠기고 더 이상 열리지 않습니다! 우리를 믿지 않는 사람은 저주받을 겁니다! 클레이튼으로 출발!〉(A 223)이라는 자연 극장의 응모 포스터의 외침은 분명히 종교적으로, 특히 〈성령과 신부가 말씀하시기를 〔오라〕 하시는도다. 듣는 자도 〔오라〕 할 것이요, 목마른 자도 올 것이요, 또 원하는 자는 값 없이 생명수를 받으라 하시더라〉는 요한 계시록*Offenbarung des Johannes* 22장 17절을 상기시켜 준다. 또 〈모두 다 환영한다*Jeder ist willkommen*〉(A 223)는 자연 극장 포스터의 외침도 〈우리를 따르지 않는 자에게 저주가 있으라!*Verflucht sei, wer uns nicht gehört!*〉는 카톨릭에서 중요한 의미를 던져준 말이다.[86]

5) 전쟁과 카프카

동양에는 덕(德)이라 하고 서양에서는 〈virtue〉라는 개념이 있다. 현대 윤리 개념의 핵심인 이 단어의 의미는 삶과 행동이 도덕 원리에 일치되는 것을 말한다. 그러나 이 *virtue*의 어원을 거슬러 올라가 보면 뜻밖의 의미를 만나게 된다. 이 단어는 라틴어 〈비르투스*virtus*〉에서 왔다. 이는 고대 그리스어 〈아레테*arete*〉에 해당하는 개념인데 〈사물이 그 잠재된 본성을 최대한 실현하는 능력〉을 뜻한다. 이것을 인간에 적용하면 인간다움을 가장 잘 구현하는 능력이다. 아레테는 사람에 따라 달라질 수 있는데 통치자의 아레테는 지혜이고, 군인의 아레테는 용기이며, 평민의 아레테는 절제이다. 이것들은 국가 안에서 전체적 조화를 이룬 아레테로서 정의를 합쳐 플라톤의 4주덕을 이루게 된다. 이런 아레테가 고대 로마로 건너가 비르투스가 되면서 특히 〈남자다움〉이라는 뜻이 강조된다. 라틴어로 〈비르*vir*〉는 〈사나이〉를 뜻하기 때문이다. 따라서 로마에서 덕은 전쟁터에서 용기이며 어떤 역경 속에서도 〈그 무언가를 이뤄 내는 창조적 힘〉을 의미했다. 이러한 사상이 그리스 신화에도 반영되어 있다.

그리스 신화에 전쟁의 신 아레스*Ares*가 있다. 로마 신화에서는 마르스*Mars*라 불리는 아레스는 제우스와 헤라 사이에서 태어난 아들로 전투를 위한 전투를 좋아했고, 특히 유혈이 낭자한 것을 즐겼다고 한다. 그래서 그런지 정실 부인에게서 태어난 적자(嫡子)였지만 그리 부모의 사랑이나 인정을 받지는 못했다고 전해진다. 아니 오히려 제우스는 피비린내 나는 싸움과 전쟁을 즐기는 아레스에 대한 혐오감을 공공연하게 드러냈다고 한다. 아레스는 이성과 절제를 좋아하는 그리스 시대에

---

86 김용익, 『프란츠 카프카 연구』, 삼영사, 1984, 122면 이하 참조.

는 이렇듯 존경을 받지 못했다. 화가 나면 물불 가리지 않고 무기나 주먹을 휘두르는, 이성적인 생각을 하지 않으려는 신이었기 때문이다. 그는 충성과 복수심으로만 행동을 했다고 한다. 그러나 로마 시대에 접어들면서 충성과 복수심이 전투의 미덕으로 여겨지자, 아레스는, 아니 마르스는 급부상한다. 제우스 다음으로 존경받는 신이 된 것이다. 시대에 따른 아레테의 변화처럼 시대에 따라 신의 대접도 이렇게 달라졌다.

이 같은 아레테 개념의 변질은 동양적 덕의 개념에서도 발견된다. 윤리적 의미가 강조되는 유가(儒家)의 덕과 달리 도가(道家)의 덕은 우주 만물의 이치인 도(道)에 부합하는 자연스러운 행위를 의미했다. 새가 하늘 높이 날고, 쥐가 땅을 깊이 파는 것은 그 본성에 따른 것이라는 점에서 덕으로 바라봐야 한다고 말한 이가 장자(莊子)였다. 이는 유가 사상의 원천이자 핵심 덕목인 인(仁)에서도 발견된다. 고대 중국 문헌에 등장하는 인의 의미는 전에는 〈남자다움〉(시경), 〈재주 많음〉(서경), 〈세력의 규합〉(좌전)과 같은 사람의 탁월한 능력을 뜻했다. 그러나 이러한 의미가 논어에 이르러 어질다는 의미를 띠기 시작했다.

이와 같이 동양이나 서양에서 여러 가지 개인에 담긴 활력 넘치는 덕은 선악의 개념이나 전체주의적인 국가관 등의 집단 사상으로 변모했다. 철학자 니체는 이처럼 활력이 넘치던 덕의 의미가 기독교의 세례를 받으면서 점차 선악의 쇠사슬에 묶인 옹졸한 개념이 됐다고 한탄했다. 흔히 『권력의 의지Der Wille zur Macht』로 번역돼 온 니체의 〈힘의 의지〉는 바로 우리의 본성에 간직된 창조적 힘을 인위적 윤리로 억누르지 말고 맘껏 발현시키자는 것이라 할 수 있다.

그러나 근대의 권력 국가, 그중에서도 특히 나치 독일과 같은 독제 국가는 각자의 창조적 힘을 집단적 윤리로 억누르며 기능적 인간을 대량으로 양성하는 체제가 됐다. 정의와 양심이 없는 곳에 책임 있는 행위란 기대할 수 없다.

이런 맥락에서 카프카는 전쟁 등에서 정의와 양심이 없는 맹목적인 애국심 등의 집단 사상을 작품에서 조롱하였다. 예를 들어 「유형지에서」에 등장하는 장교 *Offizier*는 정의와 양심이 없는 광신적이고 맹목적인 애국심에 불타는 사나이다. 따라서 〈당신이 입은 그 제복은 열대에서 입기에는 너무 두텁군요〉(E 151)라는 탐험가의 말에 〈그렇습니다. 그러나 이 제복이 바로 고국을 의미합니다. 우리는 고국을 잃고 싶지 않습니다〉(E 152)라고 장교는 대답한다. 장교는 강렬한 햇빛이 눈부시게 내리쬐는 열대의 모래밭 외로운 골짜기에서도 조국에 대한 소속감과 긍지를 느끼게 하는 이 두터운 제복을 자랑스럽게, 또한 아무런 불편도 느끼지 않고 입고 있어 어떻게 보면 〈융통성 없는 사람beschränkter Kopf〉(E 157)으로 보일 정도로 정의와 양심이 없는 맹목적인 애국심에 사로잡혀 있다.

따라서 장교는 전임 사령관에게 맹목적으로 충성하는데 이는 〈나의 전우여, 그때는 정말 좋은 시절이었지요!〉(E 164)라는 중얼거림만 봐도 알 수 있다. 장교는 전임 사령관이 써준 판결문을 신주 모시듯 가죽 지갑에 싸서 항상 왼쪽 가슴에 간직하고 그것을 꺼낼 때면 으레 손을 깨끗이 씻기까지 한다. 장교가 보여 준 맹목적인 애국심과 충성심 그리고 신념을 위하여 목숨까지 바치는 용기는 이념 등에 동화된 기능적 인간의 형태이다.

이러한 맹목적인 사람들에 의해 전쟁은 항상 〈인류의 자유,〉〈악덕한 민족에 대한 보복〉 같이 가슴 뛰는 이념들을 앞세우며 발생한다.

그러나 많은 사람들이 인류의 자유와 정의 등의 이념을 위해 국가와 민족을 위해 목숨을 던졌지만 전쟁이 끝났을 때 개인에게 돌아온 운명은 낭패와 공포뿐으로, 이 역시 아레스 신화에 암시되어 있다. 전재의 신 아레스는 번번이 막대한 살생만 저질렀을 뿐, 한 번도 전쟁에 이겨 본 적이 없었다. 그리고 아레스가 아프로디테와 연애하여 낳은 쌍둥이의 이름이 포보스Phobos(공포)와 데이모스Deimos(낭패)였다. 전쟁은 결국 〈공포〉를 낳고, 스스로도 〈낭패〉를 보게 된다는 진리를 신화가 가르쳐 주는 것이다.

결국 전쟁을 선동하는 〈절대 정신〉은 개인의 상처를 치료해 주지도, 망가진 삶을 보상해 주지도 못한다. 독일 등의 패전국 젊은이들은 전쟁이 끝난 뒤에야 비로소 자기들이 그토록 숭고하게 생각했던 전쟁의 이념이 사실상 허구에 지나지 않았음을 알게 되었다. 인류의 자유 등의 전쟁의 이념들은 타인을 학살하기 위한 명분으로 쓰였을 뿐이다. 그들은 자신이 〈정의의 군인〉이 아니라 〈악마가 고용한 폭력배〉에 지나지 않았음을 뼈아프게 깨달아야 했다.

이긴 쪽 사람들에게도 전쟁은 고통일 뿐이었다. 물론 나라를 위해 목숨을 바친 젊은이들의 〈숭고한 희생〉으로 자유 세계가 지켜질 수 있었는지도 모른다. 하지만 전쟁터에서 쓰러져간 많은 젊은이들 모두 그 부모에게는 우주보다도 더 소중한 사람들이다. 우주를 잃고 조국을 얻었다 한들 무슨 의미가 있겠는가? 전쟁은 국가와 민족의 거창한 이상이라는 것이 얼마나 공허한지를 깨닫게 했다. 정작 중요한 것은 개인 하나하나의 삶과 자유다. 모든 고통의 원인이 자신에 대한 애착에 있다는 부처의 말씀은 옳지만, 개인의 애착을 끊어 버리라는 전체주의적인 주장은 비현실적이다. 개인적 애착이 없는 생명이란 존재할 수 없다.

따라서 전체보다도 개인을 중시하는 사상이 증대하면서 이의 결과로 실존주의 *Existentialism*가 탄생한다. 개인을 중시하는 실존주의는 전쟁이 끝난 유럽에서 선풍적으로 번져갔다. 카프카도 전쟁을 증오한 결과 군인 생활을 경멸했는데 『부친에게 드리는 서신』에 이 사실이 잘 나타나 있다. 〈예를 들어 제가 제법 절도 있게 경례를 붙이고 씩씩한 걸음을 걸어 보일 때면 아버지는 저한테 잘 한다고 격려해 주셨지요. 하지만 저는 군인이 될 아이가 아니었습니다.〉(H 123)

카프카의 보편적인 시대적 고민은 무엇보다도 1914년에 발발한 제1차 세계 대전을 암시한 것으로 보아야 할 것이다. 사라예보의 황태자 저격 사건이 일어나기 14일 전에 카프카는 베를린에서 파혼하고 북해로 갔다가 세르비아에 대한 오스트리아의 최후 통첩 사흘 뒤에 프라하로 돌아온다. 그 당시 카프카가 살고 있던 프라하 시와 체코의 보헤미아는 오스트리아 제국에 속에 있었으며, 오스트리아 제국이 바로 대전의 주역을 맡고 있었기 때문에 남달리 감수성이 예민한 청년 카프카에게는 세계 대전의 충격이 그 어느 누구 못지않게 역겨운 것으로 받아들여졌다.

세계 대전에 대해서는 카프카의 편지와 일기에 50줄도 채 기록되어 있지 않다. 그렇지만 거기에 대한 카프카의 견해는 명확하다. 카프카는 〈나는 그들에게 온갖 저주를 보낸다〉고 언급하며 〈싸우는 자들에 대한 증오〉를 보인다. 그리고 전쟁이 발발한 지 8일밖에 안 지났을 때 벌써 〈애국적인 행렬 〔……〕 이 행렬들은 전쟁의 가장 꺼림칙한 수반 현상의 하나이다. 〔……〕 나는 노여운 시선으로 그 곁에 서 있다〉[87]고 쓰고 있다. 노여운 시선은 전쟁 발발 2주일 뒤에 쓰여진 「유형지에서」에서 기이한 처형 관습의 설명을 듣는 탐험자의 〈노여운 시선〉(E 167)으로 나타난다.

---

87 Klaus Wagenbach, *Franz Kafka, Eine Biographie seiner Jugend*, Bern, 1948, S. 120.

이렇게 카프카는 전쟁이 발발했을 때 호전적인 사람들에 대해 증오를 느껴 악의에 찬 눈길을 보냈다. 따라서 애국 시위 행진을 못마땅하게 여겼으며 참전자들에게 〈온갖 나쁜 일〉이 일어나기를 바랐다. 카프카는 1914년 8월 6일에 있었던 프라하 시민들의 애국적 시위를 물끄러미 바라보던 자기 자신을 기록하고 있다.

애국적 시위가 있었다. 시장의 연설에 이어 독일 만세가 합창되었다. 〈우리 임금님 만세!〉 나는 석연치 않은 시선으로 물끄러미 바라보며 서 있었다. 나의 환상적인 내면 생활을 표현하려는 의지가 모든 것을 하찮은 것으로 따돌렸으며〔……〕.(T 262)

더욱이 그가 「유형지에서」를 쓰기 불과 1개월 전에 서부 전선에서는 그때까지 사상 최대의 공방전인 〈마르느 전투〉가, 동부 전선에서는 오스트리아 제국군이 대패한 〈갈리시아 전투〉가 있었으며, 특히 카프카가 1914년 9월 13일자의 일기에서 자신이 갈리시아의 비보에 깊은 충격을 받았으나 이러한 충격이 오히려 글을 쓰려는 자기의 의지를 더욱 새롭게 한다고 기록한 것으로 보아[88] 제1차 세계 대전이 작품을 쓰게 하는 데 직접적인 동기로 작용하였다고 판단된다. 따라서 「유형지에서」에서 탐험가와 장교의 대립적 위치를 그 당시의 세계 대전에 연관시키는 바겐바하 같은 학자도 있다

4. 카프카의 여성관

빈더의 연구에 의하면 여성 문제에 대해 당시 프라하의 젊은 지식층에게 가장 큰 영향을 끼친 사람은 바이닝거Otto Weininger, 그로스Otto Groß, 쿠Anton Kuh, 프로이트Sigmund Freud 등이었다. 이들의 여성론을 요약하면 여성을 육체적 측면에서만 보고 있다고 말할 수 있다. 그러나 카프카는 이들의 설에 동조할 수가 없어 결국 그 나름대로 육감적 사랑과 천국적 사랑 두 가지로 나누고 있다. 〈육

---

88 Chris Bezzel, *Kafka Chronik*, München, 1975, S. 99.

감적 사랑은 천국의 사랑을 기만한다. 육감적 사랑만으로는 이를 이룰 수 없으며 천국의 사랑을 부지중에 내포하고 있기에 그것이 가능하다.〉[89] 이런 맥락에서 육감적 사랑은 부정적 여성의 사랑으로, 정신적 순수한 사랑인 천국의 사랑은 긍정적 여성의 사랑으로 묘사되고 있다.

1) 부정적 여성상

카프카의 최초의 여성 경험은 1903년 7월 초였다. 그러니까 그가 우리 나이로 20세에 가겟집 처녀를 알게 되어 그녀와 하룻밤을 지낸 것이다. 그러나 그 당시로서는 문학을 지망하는 학생이 아니었고 단지 법학을 공부하는 학생으로 이 체험의 작품화는 생각하지 못했다. 그 증거로는 다음해인 1904년 가을에 쓰여진 『어느 투쟁의 기록』의 초고에서 그러한 흔적을 전혀 찾아볼 수 없기 때문이다. 그다음의 체험은 곧 추크만텔에 있었던 유부녀와의 관계로 1905년과 1906년 두 번에 걸친 그곳 체류에서 이루어졌으며, 이는 그의 친구인 브로트에게 보낸 서신 내용대로 그 자신은 어디까지나 수동적이었던 것 같다. 왜냐하면 그녀와의 관계는 1907년 이른 봄에 씌어진 『시골에서 결혼 준비』에 별로 흔적이 없기 때문이다.

카프카가 적극적인 감정으로 순정을 바친 최초의 여성은 헤드비그라는 여성이었다. 그녀에 대해서도 앞의 두 여인과 마찬가지로 별로 남겨진 것이 없으나, 다만 그가 그의 숙부인 의사 지그프리트 뢰위를 찾아 일가우 근처의 트라쉬에 갔을 때 알게 되었듯이 카프카 쪽에서 상당히 적극적이어서 1907년 8월 초에 알게 되었는데도 8월 29일에는 그녀에게 첫 편지를 보내고 있으며, 9월 중순에는 그녀를 위해 프라하에 직장을 마련해 주려고 애썼으나 헛수고로 끝나고 말았다. 이러한 관계는 깊은 상호 이해나 정신적 유대가 없었으므로 그렇게 오래 지속되지 못했다.

성(性)은 카프카에게 〈성 접촉은 행복이라기보다는 벌과 같다〉(G 296)는 그의 언급에서 보듯이 무서우면서 외설스러웠다. 가능한 한 금욕주의적으로 살기 위한 성적 접촉에 대한 그의 거절적 태도가 문학 작품에는 나타나지 않지만 그의 일기책

---

89 F. Kafka, Betrachtungen Nr. 79, in: F. Kafka, *Hochseitsvorbereitungen auf dem Lande*, Frankfurt, 1986, S. 48.

에는 남녀가 함께 사는 것에 대한 고통스러움, 강요받은 것에 대한 낯설음, 동정심, 쾌락, 비겁 그리고 공허감과 같은 감정으로 기록되어 있다. 성교는 말하자면 함께 있는 행복감에 대한 처벌이었다. 따라서 카프카는 여성의 유혹에 심하게 저항하고 있다. 한 예로 카프카는 자신이 좋아하는 중국 시인 원매〔袁枚(1716~1797): 중국 청대의 시인〕의 「한밤중에In tiefer Nacht」라는 시를 자주 인용하여 이러한 저항을 나타내고 있다.

한밤중에

추운 밤에 나는 책에 몰두하여
잠자리에 들 시간을 잊고 있었다.
금실로 수놓은 이불의 향기도
벌써 사라지고, 화롯불도 이미 꺼졌다.
그때까지 분노를 애써서 참고 있던 나의 애첩이
나의 등불을 빼앗아 들고
〈지금이 도대체 몇 시인지나 아세요?〉라고 소리친다.

In tiefer Nacht

In der kalten Nacht habe ich über meinem
Buch die Stunde des Zubettgehens vergessen.
Die Parfüms meiner goldgestickten Bettdecke
sind schon verflogen, der Kamin brennt nicht mehr.
Meine schöne Freundin, die mit Mühe bis dahin
ihren Zorn beherrschte, reißt mir die Lampe weg
Und fragt mich: Weißt Du, wie spät ist es?(BF 119)

이 시의 주인공은 소위 〈학자〉로 〈집 안에 틀어박혀 있기 좋아하는 사람〉이다.

이 학자가 등불을 밝히고 밤새도록 공부를 할 동안 그의 애첩은 잠자리에서 그를 초조하게 기다린다. 공부에 몰두한 그는 화롯불이 꺼지는 것도 모른다. 방은 차갑게 식고 침상에 가득했던 향기도 이미 사라져 버린 지 오래다. 마침내 새벽이 밝아오자 그때까지 애써 참아오던 애첩은 화를 내며 그에게서 등불을 빼앗아 들고 〈당신, 지금 몇 시인지 아세요?〉라고 소리친다.

이렇게 카프카는 중국 문학에도 조예가 깊었다. 1982년 노벨 문학상 수상자인 엘리아스 카네티E. Canetti는 카프카를 가리켜 〈서구가 내세울 만한 유일한 중국적인 작가는 카프카다〉[90]라고 언급했으며, 카프카 자신도 약혼녀 펠리체 바우어에게 보내는 서신에서 스스로를 가리켜 〈근본적으로 나는 중국인이다〉(BF 657)라고 했다. 또 카프카는 야노우흐와의 대화에서 자신의 글쓰기와 연관해서 중국 예술 일반의 진실적 형상 세계에 대하여 〈참된 리얼리티는 언제나 비사실적이지요. 〔……〕중국의 색채 목판화가 지니고 있는 선명성과 순수성 그리고 진실성을 한 번 보십시오. 이렇게 말할 수 있는 것은 그 나름의 어떤 의미가 있기 때문일 것입니다〉(G 206 f.)라고 피력하고 있다. 카프카는 이 시 「한밤중에」를 약혼녀 펠리체 바우어에게도 음미하도록 권하였다. 그는 펠리체 바우어에게 진정한 가정이라기보다 수도 생활에 가까운 그런 결혼 생활에 대비토록 한 것이다.

이렇게 성교를 〈함께 사는 행복에 대한 벌〉로 본 카프카는 유대 법에서 신성하게 간주되는 것을 거부하고 또 완전히 다른 전통에 화답하는 결과가 되어 유대법과 이중으로 결별하게 된다. 삶의 의미를 풍요롭게 하기 위하여 무엇보다 결혼에 집착하는 것이 모세의 후손임을 말해 주는 것이라면, 성의 거부는 성 바울의 사도임을 의미한다. 위대한 전향자인 성 바울은 늦둥이 유대인이자 과도기를 대표하는 전형적 인물로서, 스스로 선조들의 법을 고치는 임무를 떠맡고 마침내 이 법의 폐지를 선포한 자이기도 하다. 카프카는 혹독한 벌을 피하기 위해 자신에게 〈가능한 한 금욕적으로 살아야 한다. 그것이 명예를 지키는 유일한 길〉(T 226)이라고 믿었다.

이런 배경에서인지 카프카의 결혼에 대한 태도는 부정적이다. 그와 육체적인 측면에서 가장 긴 관계를 맺어서 결혼을 진지하게 생각하여 두 번이나 약혼을 하였

90 Elias Canetti, *Das Gewissen der Worte*, Frankfurt/M., 1981, S. 148.

으나, 자신의 창작 활동을 위해 파혼하고 만 펠리체 바우어를 처음 만난 것은 1912년 8월 13일이었다. 그런데 이러한 결혼 문제에는 카프카 부친의 정서가 큰 방해가 되었다.

카프카가 『부친에게 드리는 서신』에서 언급했듯이 그의 비사교성은 부친과의 긴장된 관계에서 점점 심화되었다. 그의 부친의 목표는 아들을 상인으로 만들어 기업가의 딸과 결혼시키는 것이었다. 부친은 아들이 적어도 법률가로 입신출세하기를 원했다. 실패로 끝난 이러한 양육 방침은 카프카가 부친에 대해 증오심을 갖게 되는 요인으로 작용하였다. 결혼하려는 그의 시도는 부친에 의해 주입된 세속적 출세와 부친과는 달리 자신은 갖지 못한 특징으로 좌절되고 만다.

카프카의 부친은 항상 아들의 문학 작품을 이해하지 못하고 못마땅해 하면서 아들의 핵심 문제인 결혼에 대해서 장애가 되었다. 『부친에게 드리는 서신』에 의하면 카프카는 여성을 순수성과 상반된 더러운 존재로 보았는데 이의 동기자는 다름 아닌 그의 부친이었다.(BV 62) 카프카는 사랑에 이르는 길은 더러움으로 통하기 때문에 결혼이란 오직 성의 단념에서만 이루어질 수 있다고 믿게 되는데, 이의 동기자는 다름 아닌 그의 부친이라는 것이다. 그는 〈침대 속의 30분〉(BM 149)에 대한 엄청난 두려움을 극복할 수 없었으며, 그래서 결혼이라는 것은 그의 부친만의 독무대고 자신에게는 끝까지 막혀져 있을 수밖에 없다고 생각했다.(BV 143)

카프카는 죽음을 몇 주 앞둔 1924년 5월 도라 디아만트의 신앙심이 깊은 아버지에게 보낸 서신에서 그녀와의 결혼을 허락해 달라고 간청했다. 그는 이 편지에서 자신이 신앙심 깊은 유대인은 아니지만 〈회개자, 즉 신에게로 귀의하는 자〉라고 종교적 입장을 밝히고 있다. 이는 신앙심이 깊은 그녀 부친을 염두에 두고 한 말인 것 같다. 그러나 이 결혼 시도도 부친의 반대로 실패하게 된다.

카프카가 율리에 보리체크와 결혼하려 하자, 그녀가 카프카의 부친의 마음에 들지 않는다고 해서 부친은 20년 전이나 마찬가지로 아들에게 그 여자와 결혼을 하느니 차라리 사창가에서 육체적 문제를 해결하라고 야유까지 했다.

그 여자는 틀림없이 프라하 유대 여자들이 하듯이 고르고 고른 블라우스를 입었을 테지. 그래서 너는 그걸 믿고 그녀와 결혼하기로 결심했겠지. 그것도 될 수 있는 대로 빨리, 일 주일 내에, 내일 아니 오늘이라도 하고 말이야. 나는 너를 이해하지 못하겠다. 넌 어른이 아니냐. 도시에 살고 있고. 그런데도 아무 여자하고나 재깍 결혼해 버리는 것 외에는 다른 방책을 모른단 말이냐. 너 정 겁이 난다면 내가 직접 데리고 가마.[91]

유대인 부르조아에 속하는 유대인 교회당 당지기라는 율리에 부친의 신분은 카프카 부친의 눈에 사회의 최하층으로 보였고 그런 집의 딸과 혼인 관계를 맺는 것은 치욕으로 생각되었던 것이다. 펠리체 바우어와의 경우와 마찬가지로 이번에도 자신의 결혼 계획을 이성적으로 생각하고 있었던 카프카는 부친의 이 말에 몹시 의기소침했다. 부친의 이러한 판정으로 인해서 카프카는 성(性)에 대해서, 그럼으로써 또한 결혼에 대해서 불결하다는 관념을 떨쳐 버릴 수가 없었으며 자신과 더불어 불결이 시작되었다고 믿게 되었다.(BV 62) 카프카는 그의 부친의 가치 척도를 그대로 받아들였기에 그의 결혼과 여자 문제에 관한 그의 부친의 경멸을 당연한 것으로 인정하고 자신을 철저히 불결한 존재로 생각하게 되었다.

이렇게 독선적인 부친이 아들 카프카의 결혼 계획을 조롱하며 방해하는 내용이 작품에 자주 암시된다. 펠리체 바우어를 처음으로 알게 된 지 40일 만에 씌어진 단편 「선고」의 주인공 게오르크의 부친도 아들의 결혼을 반대하며 결혼 문제와 관련된 아들의 모든 계획을 자신과 죽은 아내와 게오르크의 친구에 대한 조소로 받아들인다.

그런데 카프카의 여성들과의 성(性)의 불결함이나 이의 결과로 볼 수 있는 〈결혼의 거부〉 등의 문제는 부가적인 부담도 가지고 있었으니 제1차 세계 대전 전 사회에 팽배했던 섹스관, 결혼관, 윤리관이 그것이다. 이 수상쩍은 윤리관은 부친도 공유했던 것으로 카알 클라우스가 기술한 바로는, 규범을 만든 사람들이 남성 여성의 관계를 오도(誤導)해 놓았다. 여성의 성은 인습에 묶어 놓고 남성의 그것만 풀어 놓는 추세였기 때문이다. 중산층의 규수들이 순결을 처녀성의 이상(理想)으로 못박아 두었기 때문에 중산층의 아들들은 그에 관한 지식과 경험을 사창가에서

---

91 Klaus Wagenbach, *Kafka*, Reinbek bei Hamburg 1964, S. 120.

나 얻을 수밖에 없었다. 그래서 프라하에는 카바레, 음악이 나오는 카페 외에도 수많은 홍등가가 있어 난봉꾼이나 문사들 중에서도 몇 명은 아주 신망이 높았다.[92]

프로이트는 〈금지된 것은 욕망된 것이다(사람들이 욕망하지 않았다면 금지할 이유가 대체 어디 있겠는가?)〉라는 관점에서 (규범적인) 금지의 밑바닥에 (성적인) 욕망이 자리 잡고 있음을 지적한다. 그래서 그런지 카프카도 역시 (박사 학위를 받은 이후) 얼마 동안은 명백히 속물적인 성(性) 생활에 자신을 내맡겼다. 바로 이런 특이한 향락의 형태가 그에게는 두려움으로 언제까지나 낯설었지만, 그의 창녀들과의 만남에는 당대의 사람들이 가지고 있던, 보기에는 그럴듯하지만 그렇고 그런 시들함 같은 것은 없었다. 오히려 이런 만남들 역시 남모르는 공동체에의 동경이었다. 초기의 산문 「골목으로 난 창Das Gassenfenster」에서 〈무엇이든지 간에 매달릴 수 있는 팔 하나〉(E 34)만이라도 찾던 그런 그리움 말이다.[93]

카프카가 사창가를 방문한 흔적은 그의 일기 처음 몇 해의 기록에서 볼 수 있는데, 그 후에도 그는 종종 이곳의 꿈을 꾸게 된다. 그러다가 결혼 계획이 파국을 맞으면서, 또 점점 금욕적인 규율을 따르게 되면서 카프카는 이런 장소를 피했다. 따라서 카프카 자신은 몇 번 안 되는 사창가 여자들과의 관계를 나중에 〈불결한〉 것으로 생각하여 매우 부정적으로 보고 있다. 이러한 맥락에서 카프카는 1913년 8월 14일 일기에 〈성교(性交)는 함께 있는 데서 얻을 수 있는 행복을 벌하는 것. 가능한 한 금욕적으로 살 것, 독신자보다도 더 금욕적으로, 그것만이 내가 결혼을 견디어 낼 수 있는 유일한 길〉(T 226)이라고 언급하고 있다.

그런데 카프카는 불결함을 인간들의 정신적 및 육체적 욕망과 결부시킨다. 즉 정신적뿐 아니라 육체적으로도 불결함이 본질적인 것이다. 이러한 〈불결〉의 모티프는 카프카 작품에서 자주 나타난다. 예를 들어 단편 「재칼과 아랍인」에서 아랍인들은 불결한 세계로 묘사된다. 재칼들은 숨을 쉴 수 있는 공기를 절실히 소원하고 세계를 뼛속까지 청소하고 싶어 한다. 〈순수함, 우리들은 오로지 순수성만을 원하고 있다.〉(E 124) 또 「낡은 쪽지Ein altes Blatt」에서 광포한 북방의 유목민이 불결한 종족으로 해석된다. 〈얼굴을 찌푸림으로써 그들은 무엇을 말하고자 하거나 놀

92 Klaus Wagenbach, *Kafka*, a. a. O., S. 81.
93 Klaus Wagenbach, *Kafka*, a. a. O., 1964, S. 81.

라게 하는 것이 아니다. 그들은 그렇게 생긴 사람들이기 때문에 그렇게 할 뿐이다. 그들은 자신들이 필요한 것을 갖는다. 그들은 무력을 사용한다고는 말할 수는 없다. 그들은 거리낌이 없이 도시를 더럽힌다. 그들은 거리낌이 없이 동물들을 산 채로 잡아먹는다. 그들은 전혀 다른 것, 인간과는 다른 것, 동기 부여된 삶과는 절대적 대조를 이룬다.〉(E 119)

카프카 작품의 주인공들의 투쟁은 이러한 불결함에서 벗어나기 위한 몸부림이며, 이 몸부림에 관한 서술은 세계를 순수하고, 진실한 곳으로 고양(高揚)시키려는 카프카의 노력이다. 그러나 작가와 주인공들의 이러한 노력과 투쟁은 실패한다. 불결함은 내면적으로 필히 전체와 관계를 맺고 있기 때문이다. 다시 말해서 불결함은 지상적인 삶의 본질이고 법칙이기 때문에 이것들의 극복은 불가능하다.

이 같은 불결의 하중(荷重)에 흠뻑 젖어 지상에 태어났으며 또한 부지불식간에 혹은 아주 분명하게 다시 소멸될 거라는 것을 깨닫게 될 것이다. 이 불결은 우리가 발견하게 될 가장 깊은 곳에 있는 지반(地盤)일 것이다. 가장 밑에 있는 지반은 용암 대신 더러움을 지니고 있을 것이다.(T 288)

불결이 인간의 본질이기 때문에 주인공들의 삶은 이 더러움을 인식하고 승인하는 과정에 불과하다. 『소송』에서 〈우리들은 정말 더러움 안에서 몰락한다〉(P 79)는 요제프 K의 절규도 이러한 차원에서 이해되어야 한다. 또 카프카가 「유형지에서」를 〈불결한 이야기schmutzige Geschichte〉[94]로 단정한 것도 우연한 일이 아니다.[95]

그런데 카프카의 작품에서 불결함의 본질이 매춘으로 큰 비중을 차지하게 된다. 즉 여성들은 작품들에서 불결한 장면으로 등장하는 것이다. 『아메리카』에서 여가수로 등장하는 거구의 브루넬다의 신비로운 건물에서 닫힌 문들이나 큼직한 숫자로 미루어 볼 때 이 건물은 매음굴이랄 수밖에 없다. 『성』에 나오는 〈신사의 여관 Herrenhof〉 역시 남녀의 접촉을 은밀히 유도해 내는 기능으로 미루어 천박한 매음굴에 지나지 않음을 알 수 있다.

94 F. Kafka, *Briefe 1902~1924*, hg. v. Max Brod, Frankfurt/M., 1975, S. 153.
95 김용익, 『프란츠 카프카 연구』, 삼영사, 1984, 109면 이하.

여기에 속하는 카프카의 여성 인물들은 지극히 단순한 사고 구조를 가지고 있으며 도덕적, 성적 수치심이 결여된 비교적 형이하학적 인물로 그려져 있다. 결론적으로 카프카의 여인상은 말하자면 어느 정도까지는 창녀로 요약된다. 그들과의 결합에서 결혼에는 도달될 수 없고 다만 〈정신이 없는〉 상태에서만 이루어지는 낯선 고장의 유혹의 결합인 것이다. 카프카의 많은 작품에서 남성 인물이 결혼을 하지 않은 독신으로 등장하는 것도 같은 맥락에서 이해될 수 있다.

『아메리카』에서 여성은 브루넬다라는 완전히 수동적인 성의 부풀어 오른 살덩이로 나타난다. 〈어느 날 밤 그 하녀가 [카알] 하고 존대말을 쓰지 않고 마구 부르는데 놀라 어리둥절하게 서 있는 그를 얼굴을 찌푸리며 숨소리도 거칠게 그녀 방으로 끌고 갔다. 문을 걸어닫고 와락 달려들어 목을 숨막히도록 힘주어 끌어안고는 자기 옷을 벗겨 달라고 조르면서 그녀는 잽싸게 그를 벌거벗겨 침대 속으로 끌어들였다.〉[96] 이 사건으로 하녀는 임신하고, 이 사실을 안 카알의 부친은 그를 내쫓아, 이로 인해 그는 아메리카로 떠나게 된다.

매춘부와 나란히, 때로는 혼동되어 카프카의 소설에 등장하는 또 다른 여성은 『소송』에 나오는 엘자와 레니, 『성』에 나오는 프리다와 페피처럼 오직 하녀들뿐인데, 그녀들은 주인공이 호의를 구하지 않는데도 자기들 편에서 호의를 베푼다. 『소송』의 뷔르스트너 양도 창녀 이상으로 묘사되어 있다. 『소송』과 『성』에서는 이름부터가 두 가지 뜻을 가진 뷔르스트너 양*Fräulein* Bürstner(솔질하는 사람이란 뜻) 그리고 하녀들을 줄여 부르는 이름인 레니와 프리다는 세탁부로 또 변호사, 집사, 관리 등의 정부지만, 요제프 K를 보자마자 그에게 곧바로 끌리고 그를 유혹한다. 『성』의 주인공 K가 프리다와 갖는 육체 관계를 통해서 체험하는 것은 〈절대적으로 낯선 것으로 도취*Sichverirren in die absolute Fremdheit*〉[97]에 대한 가능성이다. 그런데 그 장면은 맥주 찌꺼기가 고여 있고 쓰레기가 널려 있는 술집의 바닥에서 전개된다. K에게 프리다와의 사랑은 심리적으로 큰 위안이 되지만, 그 사랑은 좌절되고 만다. 서로 간의 의사소통이 단절된 상태에서 생긴 오해가 둘을 갈라 놓은 것이다. 『성』의 프리다 아말리아도 〈모성과 창녀성의 혼합물*Mischung von Mutterschaft*

---

96 카프카(곽복록 역), 『아메리카』, 신원문화사, 36면 이하.

97 Benno von Wiese(Hg.), *Der deutsche Roman*, Bd. II, Düsseldorf, 1963, S. 277.

und Promiskuität⟩[98]로 그려져 있다.

요제프 K가 훌트 변호사를 찾아갔을 때 레니가 그에게 입맞춤을 하며 ⟨당신은 애인을 나로 바꾸셨어요⟩(P 96)라고 외치듯이 대체적으로 이러한 여성들은 놀라울 정도로 손쉽게 교환된다. 이러한 여성들은 영혼의 변신이 없으며, 변화만이 그것도 그때그때의 신분 변화와 동시에 작품 속에 등장하는 인물의 표현에 있어서 변화만이 있을 따름이라고 나겔을 피력한다.[99]

심지어 「변신」에서는 근친상간의 면모도 보이고 있다. 폴리처는 평범한 인간 그레고르의 변신을 근친상간적 모티프로 해석하였다. 즉 절대로 소유할 수 없는 여동생을 소유하겠다는 그레고르의 죄악이 변신의 원인이 아닌가 하는 의문을 제기하였다.[100]

음악에 대하여 특별한 재능이나 취미가 없으면서도 여동생의 연주를 듣고 감동하였으며 그 여동생을 자기 방으로 데려가 생명이 붙어 있는 한 그 방 안에 가두어 두고 싶어한 그레고르는 그녀를 음악 학교*Konservatorium*에 보내겠다는 결심을 한다. 따라서 음악이 그의 동경을 나타낸 것이라면, 여동생은 소유욕을 상징한다. ⟨그러면 그(그레고르)는 여동생의 어깨 위까지 기어올라가 그녀의 목에 입을 맞추어 주리라. 직장에 다닌 후부터 여동생은 리본이나 깃을 달지 않고 목을 드러내 놓고 다녔으니까.⟩(E 99)

심지어는 여동생 그레테 자신도 약간의 애욕성을 보이고 있다. 그레테가 집안의 하숙생을 위해서 바이올린을 연주할 때 벌레가 된 그레고르가 출현하자 불쾌감을 느낀 하숙인들이 이것을 구실로 하숙 계약을 취소하겠노라고 그의 가족들을 위협하자, 이들 하숙인들의 교만에 비분강개해야 할 여동생은 오히려 하숙인들에게 잘못을 빌고 아양을 부린다. 즉 음악에 무관심한 하숙인들의 호기심을 자극시키는 교태 같은 행위를 하자 그레고르는 실망과 분노의 눈초리를 보낸다.

이렇게 대부분의 카프카 문학의 여성들은 육감적 사랑에 치우쳐 있다. 카프카에게 여성들이란 말하자면 ⟨유혹의 올가미⟩이며 ⟨남성을 유혹하기 위해 거짓말도 서

---

98 Heinz Politzer, *Franz Kafka, Der Künstler*, Frankfurt/M., 1978, S. 312.
99 Bert Nagel, *Franz Kafka, Aspekte zur Interpretation und Wertung*, Berlin 1974, S. 60.
100 Heinz Politzer, *Franz Kafka, Der Künstler*, Frankfurt/M., 1978, S. 128.

습지 않는〉(G 178) 존재로 인식되고 있다. 따라서 카프카의 독신의 남자 주인공들이나 카프카 자신의 공통적 심적 상태인 고독, 불안, 우울, 방만, 유아적 특징, 자질구레한 성찰 따위가 일으키는 강박 관념의 소산으로 여성상도 들 수 있다.

따라서 카프카 작품의 주인공들의 정신적 갈등 과정에는 언제나 애욕적인 여성들이 등장하여 이러한 갈등에 직접 또는 간접적으로 영향을 미친다. 그런데 이러한 애욕은 인간이 아닌 그림에서도 등장한다. 예를 들어 「변신」에서 그레고르가 방해를 받지 않고 자유롭게 기어다닐 수 있도록 하기 위해 여동생이 어머니의 도움을 받으면서 그의 방에 놓여 있던 가구를 치우는 과정에서 그레고르는 액자 속의 여인과 관련되어 있는 성적(性的) 모티프를 분명하게 보여 준다. 그가 애호하던 가구와 물건이 거의 들려 나가고 방이 텅 비게 되었을 때 소파 밑에 있던 그레고르는 어린 시절부터 사용해 온 책상마저 들려 나갈 기미가 보이자 무엇 하나라도 붙들어 두고 싶은 마음에서 가족들에게 자신의 모습을 보이지 않으려는 세심한 배려도 잊어버린 채 소파 밑에서 기어나온다. 이때 그레고르의 눈에 띈 것은 바로 텅 빈 벽에 걸려 있는 털제품을 두른 여인의 그림이 들어 있는 액자이다. 그는 급히 벽으로 기어 올라가서 액자의 유리에 들러붙는다. 뜨거운 하체가 차가운 유리에 닿자 그레고르는 쾌감을 느낀다. 이 느낌이 바로 그레고르가 느끼는 애욕의 정점이다. 그가 지금 전신으로 감싸고 있는 이 액자만은 누구에게도 빼앗기지 않겠다고 생각하며 방어 태세를 취한다.

또 그림과 같은 사진에서도 에로틱한 면이 묘사된다. 『성』에서 마을 여관집 여주인이 평생 몸에 지니고 있는 낡은 사진의 주인은 다름 아닌 성의 관리 클람이 수십년 전 그녀를 처음 부를 때 보낸 성의 배달부다. 객관적으로 보아 전혀 중요하지 않은 이 인물의 사진을 클람이 준 다른 기념물과 마찬가지로 그녀가 성물처럼 소중히 간직하고 있는 것은 클람의 부름이 그녀의 삶에서 유일하고도 가장 복된 사건이었다는 데 기초한다. 이 사건과 관련된 모든 물건이 삶의 뒤에서부터 그녀 인생에 의미와 가치를 지속적으로 부여하고 있다. 그만큼 배달부의 사진은 축복과 아름다움의 아우라에 싸여 있으며 시간이 갈수록 기억 속에서 더욱 신화화된다. 여관집 여주인은 따라서 단 한 번, 그리고 잠시 보았을 뿐인데도 그 성의 배달부를 아름다운 청년으로 기억하고 있으며 그 사신의 사진을 여전히 희망의 기호로 지니고 다닌다. 결국 에로틱한 관계를 대신하는 그 사진은 〈보상 기능〉의 역할을 수행하는 것이다.

앞의 언급대로 그레고르는 변신한 이후에도 여성과의 관계에 놓여 있다. 그러나 「변신」에서 여성의 존재는 비밀스럽게 암시적으로 묘사되어 있다. 여인의 사진이 들어 있는 액자와 변신한 그레고르의 관계를 바탕으로 우리가 고찰해야 할 것은 카프카의 세계에서 성(性)이 갖게 되는 특별한 의미와 기능이다. 카프카에게 있어서 성은 남녀간의 사랑을 바탕으로 하는 합일(合一)에 의한 조화를 의미하는 것이 아니라, 오히려 배우자와의 결렬을 초래하며 개인을 정신과 육체로 분열시킨다.[101]

따라서 카프카 문학의 여성상은 남성을 세속적인 세상으로 밀어내는 역할 외에 그들만의 독자적인 역할을 하지 못하고 있다. 카프카의 많은 작품에서 여성 인물이 주인공으로 등장하지 않는 것도 같은 맥락에서 이해될 수 있다. 이러한 카프카의 여성상은 다분히 편협적인 시각에서 파사(播寫)되고 있어 엠리히Wilhelm Emrich가 즐겨 사용하는 카프카의 〈세계관의 총체성〉에 어긋나는 본보기 중의 하나이다.

2) 여성과 직무의 관계

카프카의 작품에 나타난 성(性)의 방종은 결혼을 포기한 카프카 같은 사람이 흔히 지닐 수 있는 여성 혐오나 불만의 표현이다. 따라서 그의 여성들은 다분히 동물적이고 가학적이며 종족 유지의 본능을 지닌 단순한 성의 포로로 기술되어 있다. 그들은 이성과 감성의 조화, 부덕, 인간의 내면성 따위에는 전혀 개의치 않는다. 예컨대 『소송』에서 훌트 변호사의 애인 레니 양은 피고들을 긁어 모으는 데 긍지를 지니고 성(性)을 하나의 물물 교환 행위 이상으로 보지 않는다. 따라서 레니가 요제프 K와 나누게 된 일시적 사랑도 하나의 〈교환〉(P 96)으로 여긴다. 요제프 K가 훌트 변호사를 찾아갔을 때 레니가 그에게 키스를 하고 〈당신은 애인을 나로 바꾸셨어요[……]〉(P 96)라고 외친다. 숙부는 이때 레니가 훌트 변호사의 애인인 점을

---

101 Norbert Oellers, Die Bestrafung der Söhne, Zu Kafkas Erzählungen *Das Urteil*, *Der Heizer* und *Die Verwandlung*, in: Werner Besch, Hugo Moser, Hartmut Steinecke und Benno von Wiese (Hg.), *Zeitschrift für deutsche Philologie*, Bd. 97, Sonderheft, Berlin u.a., 1978, S. 78.

주지시키면서 〈작고 더러운 것〉(P 96)인 그녀를 가까이 하지 말도록 타이른다.

「변신」에서 그레고르는 자신의 직업에서 체험한 비인도적 분위기로 인해서 사생활, 특히 여성과의 관계에서 〈충심에서 우러나는 교제〉를 점점 더 갈망하게 된다. 그레고르는 〈사랑스럽고 덧없는 기억인 지방 여관 방의 하녀, 진지하긴 했지만 너무 늦게 그가 구혼했었던 모자점의 출납원〉(E 93)의 두 여성에 대한 기억을 지니고 있다. 카프카가 이렇게 여성들을 작품에 묘사한 동기는 그 자신이 현실적으로 여성과의 관계를 성취할 수 없었기 때문에 내면화된 환상에 사로잡힌 결과이다.[102] 불가능한 사랑을 에로틱한 환상이 대신하는 것이다.

실제로 카프카는 여성과 인간적이고 지속적인 관계를 이루지 못했는데, 이는 그가 가정적으로 〈침잠된 의존 관계〉[103]에서 생긴 비독립적 성격이었고, 직업으로 인해 야기된 물리적이고 〈심리적인 궁핍과 기형〉에 사로잡혀 있었기 때문이다.

이런 카프카의 실제적 여성적 욕망이 작품에 반영되는데, 예를 들어 『소송』에서 은행원 K는 이런 생각을 한다. 〈나를 도와줄 여자를 구해야겠다. 그는 거의 깜짝 놀라며 처음에는 뷔르스트너 양을, 그다음에는 정리(廷吏)의 부인을 그리고 마지막에는 나에 대해 이해할 수 없는 욕망을 가지고 있는 그 작은 간호사를 생각했다.〉(P 95) 그런데 레니는 요제프 K의 재판 사건을 좌우할 수 있는 사무국장과 변호사 앞에서도 그를 유혹한다. 따라서 남의 집인데도 불구하고 옆방에서 나는 소리에 따라 손님인 요제프 K는 그쪽으로 갔으며, 그곳에서 그녀의 고의적인 소란에 자의적으로 말려든다.

> 그때 그녀의 무릎이 미끌어졌고, 그의 조그마한 외침 소리에 그녀는 거의 카페트에 넘어질 뻔했다. K가 그녀를 유지시키려고 그녀를 움켜잡자 그녀 쪽으로 몸이 기울어졌다. 〈이제 당신은 저의 사람이에요〉라고 그녀는 말했다. (P 96)

따라서 요제프 K의 숙부는 그를 위해 모였던 이 자리, 특히 여간해서 만날 수도 없는 사무국장마저 동석한 이 절호의 기회가 그의 음탕한 행동에 의해 묵살되어

---

102 한석종, 「카프카 문학 세계의 사회학적 분석」, 『카프카 연구』, 범우사, 1984, 36면.
103 Heinz Hillmann, *Franz Kafka, Dichtungstheorie und Dichtungsgestalt*, Bonn, 1973, S. 213.

버린 것을 한탄한다. 결국 요제프 K는 이 간호사 레니와 관계를 가짐으로써, 변호사 및 사무국장과의 중요한 면담을 놓치고 만다. 또 요제프 K에게 최초로 유혹의 손길을 뻗치는 재판소 심부름꾼의 부인은 대중 앞에서도 젊은 학생과 함께 마룻바닥에서 딩굴 정도로 대담한 육감적인 여인이다. 그녀는 요제프 K에게 〈당신은 아름답고 음울한 눈을 갖고 계시군요. 사람들은 제가 아름다운 눈을 가지고 있다고 말하지요. 하지만 당신 눈이 훨씬 더 예뻐요〉(P 67)라고 말하면서 유혹의 손을 뻗치며, 요제프 K 역시 그녀에 대한 순수한 사랑에서가 아니라 예심 판사에 대한 보복으로 그녀를 빼앗으려 한다.

지젝Slavoj Zizek은 이러한 여성적 존재를 『소송』에서 남성적 요소와 비교하여 분석한다. 이 작품에서 요제프 K는 목욕통에 아이들의 옷을 집어넣어 빨고 있는 한 젊은 여성에 의해 법정의 문이 어디 있는지 안내받는다. 그녀는 〈알아요. 곧장 들어가시면 돼요〉(P 37)라고 말한다. 법정이라는 초자아는 근본적으로 이 여인에 의해 대표되는 여성적 욕망의 무질서 세계이다. 반면에 그 작품에 삽입된 「법 앞에서」의 비유에서 남성적 거인 문지기는 그 무질서를 인정할 수 없어 시골 남자의 진입을 방해한다. 이 관계를 지젝은 여성적 무질서와 남성적 법의 이중적 존재라는 시각에서 파악한다.[104]

『아메리카』의 배에서 기적적으로 상원의원이자 대자본가로 출세한 숙부를 만난 카알도 폴룬더의 초청으로 그의 딸 클라라와 만나고 그녀의 집요한 유혹을 받는다. 이로 인해 자신의 의도를 어긴 데 분노한 숙부의 결별의 서신을 받고서 안락한 생활은 끝나고 새로운 방랑의 길이 시작된다. 마찬가지로 『성』의 토지 측량사 K도 바로 자신의 제의를 결정할 관리 클람의 애인 프리다와 관계를 가짐으로써 그와 사이가 나빠진다. 프리다는 카프카의 작품들에 나타나는 여성 인물 중에서도 가장 극단적으로 묘사된다. 즉 도덕심이나 도덕적인 수치심은 전혀 없으며 지극히 본능적으로 행동한다. 수치심은커녕 한 걸음 더 나아가 남자들과 추문을 삶의 수단으로까지 삼는 영악성도 지니고 있다. 버림을 당하거나 스스로 떠난 경우이거나 곧바로 새로운 상대를 찾고 만나고 어울린다. 또 필요하다고 생각하면, 즉 K하고 결

---

104 슬라보예 지젝(김소연·유재희 역), 『삐딱하게 보기. 대중 문화를 통한 라캉의 이해』, 시각과 언어, 1995, 292면 이하 참조.

혼을 위해서는 여인숙의 여급이라는 획득하기 어려운 자리도 가차 없이 버렸다가도 그 자리가 그녀에게 다시 필요하게 되면 어떤 방법과 수단을 써서라도 그 자리를 되찾고야 만다.

『소송』에서도 여러 여성들은 무의식적으로 요제프 K의 반항력을 말살시키기 위해 법원에 봉사하는 도구들이다. 이들은 법원과 독립해서 행동하지만 법원의 절멸 전략을 도와주는 힘으로 작용한다. 이들이 피고인 요제프 K를 도와주는 일은 진실을 은폐하기 위한 것이다. 엠리히의 말을 빌리면, 이것은 숨겨진 새디즘적인 지배 욕망이기도 하다.[105]

『소송』에서 남자들만이 법정에 저항하고, 법정에 불안해 한다. 반면 여자들은 피고인들에게 순순히 자백하고 반항하지 말고 법정에 복종하라고 권고한다. 이렇게 여성은 당연히 법정에 속하는데, 모든 사람은 일반적이며 보편적 삶의 법정과 존재의 법정 안에 있기 때문이다. 피고인 요제프 K와 같은 소수의 남성들만이 자신들이 고발되었다는, 자신들에게 체포령이 내려졌다는, 자신의 정당성을 변호해야만 한다는 사실을 의식하고 있다. 그래서 그들은 모든 사람들이 호기심 어린 시선으로 자신들을 보고 있다는 고통에 휩싸인다.

3) 긍정적 여성상

앞에서 언급된 대로 카프카 작품 대부분의 여성들은 일종의 여성적 주체성이 없는 성적인 여성, 즉 부정적 인물로 묘사되고 있다. 그러나 카프카 작품에서 여성이 성에 좌우되는 부정적 이미지만 갖고 있는 것은 아니다. 이의 예로『성』의 아말리아를 들 수 있다. 성에 딸린 마을에서 소방대 협회가 개최한 축제가 열렸다. 이 축제에서 성은 마을에 새 소화 펌프를 기증했으며, 성도 함께 참여했다. 이때 성에서 파견된 관리 소르티니는 마을 사람들과 어울리지도 않고, 이날을 위해 차려입고 모여든 마을 처녀들에게 관심도 기울이지 않았다. 그러던 그가 자신보다도 키가 큰 아말리아를 보고는 한 눈에 반해서 다음날 아침 자신이 묵고 있는 여인숙으로

---

105 W. Emrich, *Franz Kafka, Das Baugesetz seiner Dichtung*, Wiesbaden, 1975, S. 243.

오라는 편지를 심부름꾼을 통해 그녀에게 보낸다. 그러나 이 편지를 읽은 아말리아는 자존심이 상해 몹시 분노해서 편지를 가져온 심부름꾼의 얼굴에 찢어 던져 거부의 대답을 보낸다.

그러나 소르티니의 천박한 요구를 거절한 대가로 아말리아는 그녀 가족과 더불어 벌을 받기 시작한다. 즉 그녀와 가족은 온 마을 사람들로부터 소외당하고 구두장이인 그녀의 아버지에게 마을 사람들의 주문은 서서히 줄어들다가 급기야는 완전히 끊긴다. 농사를 짓지 않는 그들에게 이제는 누구도 그들의 생계를 위한 도움을 주지 않는다. 뿐만 아니라 아말리아 가족들은 온 마을 사람들로부터 멸시당하고 있다고 여겨진다. 아말리아의 언니인 올가는 아말리아의 잘못을 만회하기 위한다는 명분으로 날마다 여인숙에 드나들며 그곳에 오는 성의 하인들과 거리낌 없이 아무 곳에서나 뒤섞이기까지 한다.

이렇게 가족들에게 엄청난 불행을 가져다주었음에도 감정도 없고 나이도 짐작할 수 없는 모습의 아말리아의 태도는 당당하다. 그녀는 성의 우렁찬 트럼펫 소리가 들리는 가운데 어두운 시선으로 모든 것을 내려다보며 〈우주의 화음harmonia mundi〉을 듣는다. 소르티니의 청을 거절한 행동을 추호도 후회하지 않을뿐더러, 오히려 그녀의 행위로 인하여 생긴 어려움을 극복하려고 성으로부터 용서를 구하기 위하여 가능한 모든 방법을 다하는 가족들까지 경멸한다. 아말리아는 스스로 선택한 운명이기 때문에 후회가 있을 수 없고 설령 후회가 있다 하더라도 스스로 책임져야 함을 누구보다도 잘 알고 있다. 때문에 그녀는 그녀의 죄를 만회하고자 모든 노력을 다하는 아버지, 오빠 바르나바스, 언니 올가까지 경멸하는 것이다.

이러한 사실들을 볼 때 아말리아는 카프카 작품의 다른 여성들과는 확연히 구별되는 인물이다. 대부분 본능적이고 형이하학적인 여성들에 반해서 아말리아는 그런 특징들과는 전혀 상관없는 인물이다. 그녀는 자신의 순결을 고수하기 위하여 자신과 가족들에게 불행을 가져올 정도의 냉철한 도덕적 정신에 삶의 최고의 가치를 두고 있다.

아말리아는 여성 주인공들뿐 아니라 다른 남성 주인공들에 비해서도 훨씬 높은 정신성을 지니고 있으며 본능과는 거리가 먼 이성적인 인물이고 자신의 삶과 운명을 스스로 선택하고 결정하는 주관성이 뚜렷한 인물이다. 이러한 아말리아에 대해 폴리처는 〈카프카는 그의 다른 주요 인물들에게는 주지 않았던 것을 이 여주인공에게는 허락했다. 즉 아말리아는 절망을 이기고 살아날 수가 있다. 절망과 더불어 살 수가 있다〉[106]고 언급한다.

아말리아의 일화는 일종의 작품 기법으로도 볼 수 있다. 카프카 작품의 여러 여성들의 성적(性的) 성격에 식상할 수도 있을 독자들에게 여성적인 순수함이나 독립성을 제공하는 것이다. 따라서 아말리아는 결국 또 다른 여성미의 표현이다. 여성의 이미지를 넘어 남성적 이미지까지 수용하여 여성 속의 남성적인 극단적 욕구가 아말리아 코드로 표출된다.

카프카의 현실에도 작품 속의 아말리아처럼 모든 통일체를 유지시키는 여성이 있다. 카프카 생애에서 그가 만난 여성들 중 펠리체 바우어, 밀레나, 도라 디아만트 그리고 여동생 오틀라 등은 지적이고 생기가 넘쳐 긍정적이다. 그중에서도 밀레나는 아말리아처럼 일찍이 본 적이 없는 살아 있는 불꽃이었다. 카프카에게 있어서 긍정적 여성상은 글쓰기의 목표에 이르는 대상으로 간주되는데, 이의 실제적 인물이 밀레나이다. 작품 속의 아말리아처럼 카프카가 직접 숭고한 접촉을 가진 여성이 밀레나인 것이다. 그녀는 행복의 원천인 어머니의 이미지로 각인되며, 이 때문에 카프카는 그녀에게 열려 있는 자세를 취했다.

카프카는 밀레나와 성애 수준에서 사랑을 나눈 것이 아니고 육체적 접촉에서도 불안이 아닌 아늑함을 느꼈다. 따라서 밀레나는 카프카를 계속 살아가게 만든 원동력이었다. 그것은 일종의 〈궁정적인〉 사랑이었다. 〈궁정적인〉 사랑이란 17～8세기 프랑스 궁정에서 빈번히 이루어진 것인데, 남편이 있는 귀부인을 연모하고 그 여성을 위해 자신의 모든 것을 바치는 식의 사랑이다. 밀레나는 남편이 있었고 〈당신은 빈에서 계속 살아선 안 된다〉는 카프카의 요청에도 남편과 아직은 헤어지지 않았다. 카프카 역시 펠리체 바우어나 다른 여성의 경우와는 달리 밀레나에 대해 매우 절제된 감정을 가지고 있었고, 동시에 『아메리카』 및 『부친에게 드리는 서신』의 원고는 물론 자신의 일기까지 다 보여 줄 정도로 강한 신뢰를 가지고 있었다.

우르치딜Johannes Urzidil은 카프카가 밀레나에게 보낸 서신에서 생명력 있는

---

106 Heinz Politzer, *Franz Kafka, Der Künstler*, Frankfurt/M., 1978, S. 420.

자연을 보다 강렬하고 직접적으로 그리고 있다고 보았다.[107] 카프카가 밀레나에게 서신을 보내기 시작한 1920년부터 마지막 단편 산문집인 『단식 예술가*Ein Hunger-künstler*』가 나오기까지 4년의 기간은 전기(傳記)의 시기이며 위기들로 가득 찬 시기였다. 밀레나와 갈등으로 중첩되는 위기를 겪으면서 카프카는 자신의 삶의 재료를 문학의 높이까지 끌어 올리는 데 성공한다. 1920년 이후로 카프카는 다시 짧은 산문을 쓰기 시작하고 1922년에는 『성』을 집필한다. 이어서 임종의 침상의 더러움과 악취(1920년 6월 10일, 목요일, 메란) 속에서 망상하는 한 남자의 마지막 단편들이 쏟아져 나온다.

그런데 이러한 살아 있는 불꽃격인 밀레나에게 카프카 자신은 너무도 낮게 여겨졌을까? 카프카는 그녀에 대한 자신을 매우 비하적으로 묘사하고 있다. 카프카는 밀레나 부인에게 보낸 서신에서 자신을 〈더러운 산짐승〉(BM 223), 〈부정한 역병(疫病)〉(BM 224)이라고 불렀다. 그리고 왜 그가 그렇게도 〈순수〉라는 말을 입에 올리는지 설명한다. 〈나는 불결합니다. 한없이 불결합니다. 바로 그렇기 때문에 고함을 지르는 데서는 순수함을 가지고 하는 것입니다. 깊은 지옥에 빠진 사람들만큼 순수하게 노래할 수 있는 사람들은 없습니다. 우리들이 천사들의 노래라고 생각하는 것은 사실은 (지옥에 빠진) 그자들의 노래인 것입니다.〉(BM 208)

---

107 Johannes Urzidil, Kafkas Briefe an Milena, in: *Neue literarische Welt* 4, Nr. 5, Darmstadt, Zürich, 1953, S. 6.

제2장 **카프카 문학의 구성 분석**

의미 *Sinn*란 작품이 갖고 있는, 그래서 겉으로 곧 드러나는 것이며 의미화란 작품 속에 숨어 있어 겉으로 쉽게 드러나지 않는 것을 인식하는 행위이다. 작가가 현실의 구조 뒤에 숨어 있는 구조를 발견하는 것이 의미화라면, 문학사회학자가 작품의 구조 뒤에 숨어 있는 의미를 발견하는 것도 의미화이다. 또 소설의 제도화란 어떤 소설의 양식이 전제적인 힘을 발휘하는 것을 뜻한다. 이러한 의미화, 소설의 제도화 등을 잘 작용시킨 작가가 카프카이다.

카프카의 천재적인 업적은 죽어버린 언어의 제 수단을 동원하여 엄청난 충격력을 가진 작품을 창조해내는 데 있다. 그는 극단적인 소원화의 제 수단, 즉 가면이나 일그러짐, 비논리나 부조리, 현실과 비현실의 혼합, 역설의 의식적인 전개 또는 초현실적인 것들을 자신의 주관적인 의도로 혼합, 구성하여 작업하고 있다. 그는 소설의 제도화인 소설 양식의 고착화를 거부하고 소설이 보여 주는 가치관의 대립적 요소들을 찾아내고 있다. 카프카의 소설 양식의 고착화에 대한 거부란 바로 해체 구성으로 기존의 구성이 해체된 상태를 말한다.

현상은 인간의 시선(視線)에 들어 있는 동안에만 사실적이고, 아름답고 평온하다. 그러나 끊임없이 변하여 스스로 쇠약해지는 인간의 관념이나 감정, 사고 등이 사물들을 끊임없이 변경시키는데, 이 사물들이 개별화되면서 〈완전히〉 충분한 존재를 보여 주지 못하기 때문이다.[1] 따라서 이미 언급된 내용을 되풀이해서 해체하는 카프카의 특성이 발생하는 것이다.

확신이란 절대로 없다. 따라서 카프카의 산문은 가장 극단적인 언급으로 작용하지만 조금도 웅장하질 못하다. 그러나 그의 산문은 어떤 진술도 그대로 존속시키지 않는다. [……] 그 작가는 모든 경우에서 똑같이 작용한다. 그러나 소설이든 편지든, 그의 산문의 극소화된 무게가 모든 사실과 모든 인간 관계를 압도한다.[2]

카프카는 체험을 과격한 방법으로 말하려는 충동에 사로잡혀 있다. 따라서 그는 사물 질서의 여러 법칙을 파괴하고 충격적인 부조리의 형상 세계를 묘사하는 모험을 하게 된다.

질서의 법칙의 파괴는 환상성 기능에 기초가 되는 확장적 동기를 낳는다. 그것은 인식론적으로 현실을 탈출하여 가능한 세계로 가는 것이며, 실제적으로 문화적으로 구속적인 가치에서 일탈하여 금기되고 금지된 영역으로 들어가는 것이다. 그것은 독자로 하여금 이미 존재하는 가치관 속에 안주하게 하는 것이 아니라 스스로 그 가치관을 깨뜨리게 하는 고통스런 상황에 빠지게 한다.

명백함을 연결시켜 주는 요소로서의 고전적 모티프, 문화사적으로 도입된 정보 전달자로서의 고전적 모티프, 또 문화사적으로 도입된 정보 전달자로서 명백한 의사 전달 능력으로서의 고전적 모티프가 카프카의 세계에서는 불명확함과 불명료성, 혼란의 기능을 한다.[3]

이런 맥락에서 카프카의 인물들은 오직 불가사의한 고차적인 힘에 의해서 움직인다. 고전적 모티프와 소재의 변형Deformation으로 인물 관계가 불명확하게 되는 것이다. 아도르노는 카프카의 이러한 내용을 〈다의(多義), 불확실성, 폐쇄된 것의 끊임없는 묘사〉[4]로 규정한다. 그의 말을 빌리면, 카프카 독자들은 카프카의 작품의 습격을 받으면 그것으로부터 피할 수가 없다. 왜냐하면 카프카 작품은 서술

1 Vgl. W. Emrich, *Franz Kafka*, Königstein, 1981, S. 80.

2 Martin Walser, Kafkas Stil und Sterben, in: *Die Zeit*, Nr. 31, 26. 07, 1991, S. 57.

3 Dietrich Krusche, *Kafka und Kafka-Deutung*, München, 1974, S. 100.

4 Theodor W. Adorno, Aufzeichnungen zu Kafka, in: Ders. *Prismen, Kulturkritik und Gesellschaft*, Schriften 10, 1, Frankfurt/M., 1977, S. 265.

되면서 정적으로 고정되어 있지 않고 이미 언급된 것의 끊임없는 파기로 해설되고 변용되기 때문이다. 또 카프카는 에피소드들을 서로 배열한다고 아도르노는 주장한다.[5]

따라서 인습적인 고정 관념에 젖어 있는 독자는 대상을 파악하는 데 방해를 받거나 그르치게 되는 수가 많다. 카프카는 세계 속에 갇혀 인습에 젖어 있는 인간이 보는 것과 다른 모습을 보여 주기 때문이다.

이러한 결과 카프카의 문학은 난해하다는 평을 받고 있다. 한 문예 작품이 난해하다는 사실은 그 구성 요소의 의미, 언어 유희, 표상 세계 등이 밝혀지지 않은 데서 온다. 카프카의 독특한 언어, 서술 기법, 다의적인 해석의 신비에 찬 내용 등은 사실상 전달될 수 없는 것을 전달하고자 하는 독특한 표현 의지이다. 카프카는 〈세계의 파괴〉를 감행한 것이다. 카프카의 이름과 함께 산문 문학은 인간이 지금까지 살아온 경험적 본질의 카테고리를 파괴하고 있다. 적어도 정상적 의식에 대한 관망과 사색의 형태에 대한 행동은 보이지 않는다. 카프카는 은폐되어 완전히 밝혀지지 않는 고도의 미를 간직하고, 인습 세계와 그 관념에서 이탈한 새로운 진기한 표상 세계를 창조하여 작품을 더욱 난해하게 한 것이다.

그런데 카프카의 소설은 여기까지 이르게 된 과정에 대한 해명이 없으며, 인물의 과거, 인물됨이나 외모 역시 어둠 속에 묻혀 있다. 작가 자신이 모든 사실적인 진술을 몸소 부인하고 철회하기 때문에 카프카의 이야기들은 아무 곳에도 도달하지 못한다. 모든 현실적 진술을 철회하는 카프카의 문체는 모처럼 지니게 되었던 기존의 확신을 다시 의문시하게 하여 작품 서두의 서술 상황은 그 뒤에 이어지는 주석들에 의해 해명되는 것이 아니라 은폐된다. 따라서 연속되는 문장들은 어떤 의미도 펼쳐 보이지 않으며 각각의 진술 내용을 상대화한다.

이러한 카프카적 현상에 대해 소설 연구가 프랑소아 본디는 〈도처에서 소설 몰락의 굉음이 들려온다〉고 불평한다. 푸른 하늘과 대지, 황도를 따라 움직이는 해와 달, 그리고 기쁘면 웃고 슬프면 우는 인간의 심성은 변하지 않았다. 그런데 카프카가 조작한 소설의 괴기스러움은 어찌된 것이며 이에 관하여 소설의 몰락을 공언하

---

5 Theodor W. Adorno, *Aufzeichnungen zu Kafka*, a.a.O., S. 279.

는 발언은 어떻게 해석되어야 하는가?

예를 들어 「변신」의 주인공 그레고르나 『소송Der Prozeß』, 『성Das Schloß』의 주인공 K, 『아메리카Amerika』의 주인공 카알은 아무 인과 관계의 설명도 없이 던 져지고, 또 인물을 관제해 줄 어떤 보호자도 동반되지 않는다. 자연과 역사에 대한 구상적 세계는 축출된 듯이 보인다.[6] 이에 대해 피셔는 〈카프카의 작품들에는 계속 비평의 피라미드가 쌓인다. 나는 감히 그러한 피라미드 위에다 또 하나의 골조를 세우려 하지는 않는다. 내 논문은 단지 몇 가지 문제점들에 관한 노트에 불과하다〉[7] 라고 언급한다.

카프카 작품들의 난해성, 즉 유동성과 다의성의 다른 표현인 어둠Dunkelheit은 펠만Ralph Fehlmann의 견해에 의하면 작품들 속의 명백한 언어적 논증의 혼란에 서 발생한다.[8] 빛은 낙원의 원초적 질서를 의미하는데 카프카는 작품에서 빛과 어 둠의 이미지를 대비하여 사용하고 있다. 카프카는 전달할 수 없는 것, 설명할 수 없는 것을 어둠 속에서 전달하고 설명하고자 애쓰는 것이다. 〈우리는 굴 안에 있듯 이 글을 써야 한다. 작중 인물들이 어떻게 전개될지 모른 채 어둠 속으로 들어가야 한다.〉[9] 따라서 어둠은 카프카 문학 세계의 색채로 논증의 혼란을 나타낸다.

이외에 고정적으로 반복되는 〈음울〉, 〈신비〉, 〈미로〉, 〈의혹〉 등도 어둠처럼 개관 하기가 무척 난해한 카프카 작품에 대한 표제어들이다. 이러한 개념들은 해명이 아닌 암시적 역할을 수행하는 통상적인 상투어이다. 이러한 암시적 상투어들에 대 한 유일한 해명은 「비유에 관하여Von den Gleichnissen」 중 〈파악할 수 없는 것은 파악되지 않는다das Unfaßbare ist unfaßbar〉(B 72)는 카프카의 통찰뿐이다. 여 기서 카프카의 작품을 무의미의 순환(循環)으로부터 이탈한 시대의 반영으로 보 는 폴리처의 시각이 가능하다. 엠리히는 이러한 현상을 근거로 카프카 문학을 〈이 후의 미학이나 시학에 어떤 이름이 준비되지 않았는데, 그 이전에 그와 같은 비유 세계가 나타나지 않았기 때문〉[10]이라고 비유Gleichnis로 성격짓는다. 이러한 비유

6 김주연, 『독일 문학의 본질』, 민음사, 1991, 333면.

7 Ernst Fischer, *Von Grillparzer zu Kafka*, Frankfurt/M., 1975, S. 325.

8 Fehlmann, Ralph, *Geschichtlichkeit und Widerstand, Die Dialektik der Aufklärung im Erzählwerk Franz Kafkas*, Bern, Frankfurt/M., 1981, S. 38.

9 Bert Nagel, *Franz Kafka, Aspekte zur Interpretation und Wertung*, Berlin, 1974, S. 80.

에 근거한 카프카의 사고나 창작의 기본 형식으로서 미로(迷路)가 불가피하다. 가장 깊은 미로에서 저술된 작품의 내재적 진실은 신비한 면모를 지녀 긴장감을 자극하고 독자에게 지속적인 불안을 야기시킨다.

지금까지의 내용을 요약해서 말한다면, 카프카에게 현상Phänomen은 더 이상 직접적인 보편성을 띠지 않는다.

카프카에서 무엇인가 습득하는 사람에게는 어떤 상황도 최종적이지 못하다. 긍정적이든 부정적이든 세상의 상황에 대해 언급하는 사람은 더 많이 아는 자를 찾아야 한다. 모든 것을 판단할 수 있는 사람들을 찾아야 하는 것이다.[11]

이렇게 시간적 지형적으로 서구의 계몽적 세계와 거리가 먼 카프카 작품은 바로 그의 시대의 비판의 결과로서 이해될 수 있다. 즉 카프카에게 있어서 외적 현실은 보편성이 상실된 체험인데, 이는 그 당시의 시대 상황과도 일치하는 것이다. 페터 지마에 따르면 카프카 텍스트의 다의성은 주체의 위기에서 새로운 주체성을 찾으려는 세기 전환기 소설의 기본적인 특징에 해당된다. 즉 〈세기 전환기의 소설들은 모든 일회적인 것과 특수한 것을 의문시하는 매개의 중의성을 그 정반대의 차원 — 텍스트와 그 기호의 다의미성 — 으로 변화시키려는 변증법적 시도〉인 것이다.[12] 따라서 카프카의 불확정적인 서술 전략의 배경에는 세계 대전 이후의 20세기의 상황, 즉 소외 의식과 불안이 팽배했던 당시 사회적 혼란과 무관하지 않다.

19세기 말엽에서 20세기로 전환하면서 급속한 산업화 과정에서 야기된 계층간의 갈등, 제국주의 경쟁 하에서의 국가간의 대립, 전통적인 기독교 이념에 대한 근본적인 의문에서 비롯된 종교관의 분열 현상 등이 이 시대 상황을 대변한다. 외적 현실은 이미 절대 규범과 보편적 가치를 지니지 못하고 뿌리 없이 이리저리 흔들리고 있으며, 각 개인은 저마다의 세계 속에 파묻혀 공동의 이해를 이룰 수 없다.

10 W. Emrich, *Franz Kafka*, Königstein, 1981, S. 81.

11 Martin Walser, *Beschreibung einer Form, Versuch über Franz Kafka*, München, 1961, 30.

12 페터 지마(서영상·김창주 공역), 『소설과 이데올로기. 현대 소설의 사회사』, 문예출판사, 1996, 301면 이하.

기존 가치들은 절대성을 상실하고, 개인이 지금까지 삶을 규정하고, 해석하고, 밝혀 왔던 모든 관념들은 보편성을 더 이상 유지할 수 없게 되었다. 현대 문명이 낳은 비인간화와 부조리한 사회의 현실이 결과적으로 계몽주의 이래로 과학적인 이성으로 극복했다고 믿어온 또 다른 현실에 불과했다는 인식은 인간으로 하여금 어떠한 판단도 확신할 수 없도록 만들기에 충분했다.

이렇듯 인간 상호 간의 관계가 절대 규범과 보편적 가치를 상실하고, 정상적인 사고 행위에서 보편 이념이 표출될 수 없으며, 보편성을 창출하고 매개해야 할 언어가 그 기능을 상실한 상황에서 외적 현실을 〈있는 그대로〉, 〈꼼꼼하게〉, 〈사실적으로〉 묘사해야 한다는 요구는 시대를 초월한 초석을 형상화하려는 카프카의 창작 의지와 상반될 수밖에 없었다.(G 185) 따라서 카프카는 작품에서 자신의 독특한 보편성을 전개시킨다.

카프카의 작품에서 서로 모순되거나 이질적인 요소들이 해결되지 않은 채 긴장 상태로 양립할 수밖에 없는 것도 바로 이러한 시대적 배경 때문으로 볼 수 있다. 결론적으로 카프카는 소재의 변형을 통해 자신과 더불어 문제시함으로써 인류의 발자취를 반성한 것이다.

결국 카프카의 작품은 서구 모던의 합리성의 위기를 확인해 준 셈이다. 따라서 소위 새로운 시대적-계몽주의적 인식 능력이 그의 작품의 여러 곳에서 언급되고 있다. 그러한 형상은 종종 전근대적 혹은 고대적인 모티프와 상황의 형태로 나타나 우리의 존재와 존재의 의의를 보다 근본적인 입장에서 파악시킨다.

이런 배경에서 카프카를 잘 알지 못하는 사람이 카프카 문학을 우연히 대하면 그것은 기괴하고 무의미한 유희, 그저 자기 자신에 몰두하고 있는 황당무계한 행위라고 생각할지도 모른다. 그러나 카프카의 기술된 언어만 살펴보아도 이러한 해석은 타당치가 않다고 인식하게 된다. 논증의 혼란 속에 내재적 진실이 담겨 있는 것이다.

카프카의 작품에 기술된 것은 깊이 분석해 보면, 냉철하고 명확한 조서처럼 즉물적인 언어이며, 어떠한 요술도 또 어떠한 〈순수한〉 추상도 받아들이지 않는다. 따라서 황당무계한 행위처럼 생각되었던 것이 사실은 참된 현실이며 우리 자신의 아주 구체적인 운명이 된다. 이와 반대로 지금까지 현실이라 생각되었던 것이 가상(假象)의 모습을 띠게 된다. 환영이 진리가 되어 나타나고, 여태까지 참된 현실이라고 믿어 왔던 것이 허위로 나타나는 것이다.

다시 말해서 카프카는 이성 등 인과성의 파괴라는 방법으로 〈세계의 건설〉을 희구하고, 기만화된 현실의 저편에 있는 〈법칙〉이나 〈진리〉라는 〈파괴될 수 없는 것〉을 추구하였다. 카프카는 1912년 12월 4일 약혼녀 펠리체 바우어에게 쓴 편지에서 단편 「선고」가 〈약간 분방하고 무의미한 것〉은 사실이지만 〈내면적 진실〉을 포함하고 있음을 분명하게 시사하고 있다.(BF 156) 또 같은 해 12월 29일과 30일자 편지에서 소설집 「관찰」에 〈치명적인 무질서〉가 내포되어 있지만 한편으로는 〈끝없는 혼란 속을 꿰뚫는 섬광〉이 있음을 강조하고 있다.(BF 218) 1913년 3월 13일과 14일의 편지에서도 카프카는 지금까지의 작품이 〈거짓〉이지만 근본까지 거짓은 아니라고 고백한다. 그의 작품들은 근본에 있어서 〈옳은 것〉이되 표면에 깔린 〈혼란과 허위〉 때문에 그것을 인식할 수 없을 뿐이라고 비유적으로 말하고 있다.(BF 336)

엠리히는 카프카의 이러한 초월화를 〈보편적인 것〉이라고 칭하고 있다. 이 개념은 서구의 형이상학에서 생긴 것으로서 대개는 긍정적인 의미를 갖고 있다. 따라서 엠리히와 발저는 카프카의 산문을 삶의 구제로 보아 그 작품에 실용적 응용성이 있다고 주장하고, 또 카프카 작품의 독자는 어떤 확신감도 현혹으로 놓칠 수 없다고 주장한다. 발저는 카프카를 읽으면 삶에 대한 무엇을 얻을 수 있다고 생각했다.

따라서 엠리히는 사실상 카프카 문학에서 실제적인 삶의 구조(救助)를 찾아내기 위해 노력하였다. 그는 카프카적 치료법에서 기적을 기대하였는데 카프카 문학에 빠져듦으로써 〈자유로워지는〉 인간 구제(救濟)를 기대할 수 있기 때문이다.

이(카프카의) 문학적 비유의 세계는 사물과 사고 행위의 모든 편견을 벗어난 입장을 취한다.[13]

한편으로 기울지 않는 공평한 곳에서 인간은 구제된다. 따라서 카프카의 문학을

---

13 W. Emrich, *Franz Kafka*, Königstein, 1981, S. 97.

인간 전체의 실존적 묘사로 여겨, 즉 삶에서 거리를 두는 전체성으로 여겨 끊임없는 현실 압박에서 벗어나는 구제를 얻을 수 있다. 이 내용을 요약해 볼 때, 카프카는 우리를 현실과 거리가 먼 꿈의 세계로 이끌어 가는 것이 아니라 바로 우리가 사는 현실을 직접적으로 절실하게 체험시키고 있다.

1. 카프카의 언어

일반적으로 언어는 개념의 표현인 동시에 감각적 요소로서 청각성과 시각성을 겸비하고 있다. 괴테의 문장이 독일어의 모범이라고 일컬어지는 것은 전자에 기울었던 독일어에 후자를 풍부하게 가미했기 때문이다. 〈언어는 기본적으로 개념적인 특성을 지니고 있기 때문에, 개별 대상이나 현실과 항상 부합될 수 없다〉[14]고 말한 괴테는 자신의 저서 『색채론Farbenlehre』에서 〈색채들이 최초의 기본적인 모습으로 아주 단순하게 존재하려 해도, 순수한, 말하자면 추상적인 상태에서 현실에 드러나게 되면, 그들은 다채로워진다. 〔······〕 이것을 통해 개별적인 것들이 무한정 생성된다. 따라서 어떤 언어로도 개별적인 것을 무한정 읽어 내지 못한다〉[15]라고 언급하고 있다. 괴테의 『색채론』의 내용대로 문학에 있어서 언어는 회화에 있어서 색소(色素)를 의미하며, 서술 형식은 색의 배합 및 배치를 의미한다. 이러한 의미에서 볼 때 언어와 서술 형식은 문학에서 가장 큰 비중을 차지하고 있다고 생각된다. 이 점은 클라이스트Heinrich von Kleist나 카프카와 같이 이성적 사유의 영역을 벗어난 대상을 취급하는 작가들에게는 더욱더 두드러진다. 문학이 아무리 새로운 방향으로 변형을 해도 언어라는 색소를 버릴 수 없으며, 클라이스트와 같이 〈성찰〉이 배제되거나 카프카와 같이 조리와 논리가 결여되어 있는 작가들은 그 공백을 언어와 서술 형식으로 채운다.

페취Robert Petsch는 〈소설에서의 언어 구사는 그 소설의 사건 및 내용이 입고

---

14 J. W. Goethe, *Farbenlehre, Goethes Werke*, hg. v. Erich Trunz, Hamburger Ausgabe, Bd. 13, München, 1981, S. 491.

15 J. W. Goethe, *Farbenlehre*, a.a.O., S. 75.

있는 의상이 아니라 피부와 같다〉고 언급하고 있다. 이렇게 언어는 작품의 본질적 역할을 한다. 그런데 이러한 언어는 표현되는데 사상 및 사물적 배경을 필요로 한다. 따라서 인간은 그 무엇을 말로 표현하는 것만으로는 불충분하므로 사물과 더불어 호흡하지 않으면 안 된다. 이 경우에 말은 수단 방법처럼 다뤄서는 안 되고, 어디까지나 실제로 고뇌와 더불어 체험되지 않으면 안 된다.

카프카의 경우에는 독일어의 청각성을 적당히 제어하고, 개념성을 정리하며, 문장의 내용에 따른 구분을 설정함으로써 개별적인 언어의 즉물성을 높였다고 할 수 있다. 따라서 그의 유대적인 천재적 소질, 즉 명석하고 합리적이며 조직적인 두뇌에서 나오는 예리한 관찰력과 풍부한 표현력이 함께 작용하고 있다고 볼 수 있다. 여하튼 외국 작가가 순수 독일 사람에게서 찾아볼 수 없는, 개성적으로 특징 있는 문체를 구사하여 아름답고 세련된 독일어 문장을 쓸 수 있다는 것은 기이한 사실이라고 아니할 수 없다.[16]

〈인간의 삶은 무엇보다도 사물과의 공존이며 대화이다〉(G 117)라는 카프카의 언급에서 공존과 대화는 곧 체험을 말해서 작가의 〈창작물은 체험의 앙금에 불과하다.〉(G 56) 따라서 체험이 작가에게는 중시될 수밖에 없다. 그런데 카프카의 경우에는 특히 언어적 체험이 문제시 된다. 카프카의 언어는 단순한 표현 수단이 아니라 그를 움직이고 안내하는 하나의 매개체가 된다. 예를 들어 메케Günther Mecke는 카프카를 소수 집단의 대표자로 보며, 따라서 그의 언어는 소수 집단의 언어로서 관청의 언어와 법의 전복을 꾀한다고 파악한다.

따라서 카프카의 내면 생활의 불확실성이 언어적 체험을 통해서 여과되고 정련됨으로써 그의 작품 내재적 구조는 첨예화되고, 확정되며 또한 지속적인 연관성을 띠게 된다. 이런 뜻에서 언어는 카프카에게 있어서 영원한 반려이자 구원(久遠)의 연인이었다. 카프카는 야노우흐에게 〈무언가를 말한다는 것만으로는 부족하다. 사물과 살아야 한다. 언어란 본질적으로 중개자이며 무엇인가 살아 있는 것이며 하나의 매개체이다. 이 매개체를 하나의 도구로 취급할 것이 아니라 그것을 체험하거나 감수해야 한다. 언어는 영원한 애인이다〉(G 158)라고 말함으로써 작가와 언

---

16 김정진, 『카프카 연구』, 탐구당, 1986, 60면 이하.

90

어 체험의 뗄 수 없는 관계를 강조하고 있다.

이렇게 언어에 예민했던 카프카는 일상적으로 사용되는 말들이 얼마나 믿을 수 없는가를 인식하고 있었다. 이 결과 그는 최대한 압축된 일상어에서 문학이 끄집어 낼 수 있는 것이 무엇인가를 탐구하였다. 따라서 카프카는 논리가 아닌 순수한 인접을 통한 연결로 생겨난 의미를 자신의 이미지들에 압축시킴으로써 야노우흐의 〈창작은 압축이다*Dichtung ist Verdichtung*〉[17]라는 이론을 실현시켰다. 그는 압축을 꿈의 형성 및 모든 관련된 창작 활동의 본질적인 메커니즘으로 간주했다. 이러한 압축은 결국 문장의 간결성으로 유도된다.

따라서 카프카의 문체에서 첫째로 눈에 띄는 점은 압축으로 인한 최대한의 간결성이다. 언뜻 보기에 무미건조하면서도 아주 미묘하고 정확한 표현을 시도하는 그의 문체는 극단적일 정도로 수식이 없고, 집중적이며, 투명하고, 수사적으로 분명하며, 낯설면서 엄격한 특징을 지니고 있다. 이것은 아마도 그가 프라하 대학에서 법학을 전공했기 때문이라고 생각된다. 그는 언어의 한 마디도 낭비하지 않고, 최소의 어수(語數)로써 최대의 효과를 거둘 수 있는 경제 원칙에 따르고 있는 것이다. 이러한 사상은 괴테의 『파우스트*Faust*』에서 파우스트가 제자 바그너에 행한 언어의 표현력인 강연술에 대한 설교 내용과도 같다.

성실하게 성공하는 길을 찾도록 하게!
소리만 요란한 바보가 되어서는 안 되네!
이성이 있고 올바른 생각만 있으면,
기교를 부리지 않아도 저절로 강연이 되는 법이지.
자네들이 말하고자 하는 것이 진지하다면,
말마디를 찾아 꾸며 댈 필요가 있겠는가?
그래, 자네들 연설이 그토록 찬란하게 빛난다 해도,
그 속에는 인생의 휴지 조각을 꾸겨 넣은 것과 같으니,
가을날 메마른 나뭇잎 사이로 살랑거리는

---

17 마르트 로베르(이창실 역), 『프란츠 카프카의 고독』, 동문선, 2003, 211면.

습기 찬 안개 바람처럼 불쾌한 것이네.(48행 이하)

예를 들어 카프카의 단편 「비유에 관하여」, 「신임 변호사Der neue Advokat」,
「프로메테우스Prometheus」 등에서는 설화자가 사건을 냉정하고 객관성 있게 서
술하기 때문에 주관적 표현인 다양한 추측 부사, 접속사, 주관적 인식을 표현하는
종속문이 가능한 한 배제되고 독자들을 그럴듯한 객관 세계에 몰입시키기 위해 병
렬적parataktisch 보고로 일괄한다.[18]
　이러한 문장의 간결성에서 야기되는 카프카 언어의 특성은 〈무색farblos〉, 〈무음
klanglos〉, 〈냉담gemütlos〉이다.[19] 카프카의 언어관을 볼 때, 분위기라는 개념은 거
리가 멀다. 분위기의 개념은 인상주의에서 유래하는데 카프카는 인상주의를 그의
객관적 경향으로, 역사적 본질을 향하는 경향으로 극복하였다. 따라서 일상적 의
미의 아름다움이 카프카에게는 전혀 없다. 이것이 작품의 특징이 될 정도로 카프
카의 세계에는 〈아름다운 인간〉, 〈아름다운 사물〉, 〈아름다운 풍경〉이 없다. 이는
어느 정도 동화적 요소로 볼 수 있다. 동화의 등장인물들은 감정적 표현을 하지 않
는다. 카프카의 세계에 아름다움을 부여하는 것은 다만 문체일 뿐이다.
　그런데 카프카의 언어의 매력은 일상어보다 더 장중해서가 아니라 무색, 무음과
냉담처럼 무미건조함 때문에 고양(高揚)된다. 그는 군더더기 없고, 냉정하고, 중립
적이며, 논리정연하게 조립된 언어를 구사한 것이다. 안더스Günther Anders는 이
러한 카프카의 언어를 미답지(未踏地)Niemandsland로부터 온 일종의 영적 언어
로 결론짓는다.[20]

1) 언어의 불확실성

힌두의 여섯 학파 가운데 미망사(어원적으로 〈탐구〉를 의미함) 학파는 언어는

---

18 김용익, 『프란츠 카프카 연구』, 삼영사, 1984, 36면 참조.
19 Norbert Fürst, *Die offenbaren Geheimtüren Franz Kafkas, Fünf Allegorien*, Heidelberg, 1956,
S. 70.
20 Günther Anders, *Kafka, Pro und Contra*, München, 1972, S. 63 f.

영원하다는 소위 성상주론(聲常主論)을 주장하였다. 언어의 본질은 말소리가 아니라 그 말소리에 의해 드러나는 음성의 불변적 패턴이며 그것이 지시해 주는 의미는 개별적 사물이 아니라 역시 영원불변한 존재인 보편이며 그것과 언어 사이의 관계도 인위적인 약정이 아니라 본래부터 불가분적, 불변적으로 존재해 온 것이라는 극단적 입장을 고수하였다. 미망사 학파나 베다의 보조학인 문법 학파에 있어서 언어는 그리스 철학의 영향을 받은 기독교의 요한 복음에서 〈태초에 말씀이 있었으니[……]〉의 말씀(로고스)에 대응하는 개념이다. 그러니까 기표(記標: 기호)가 먼저 만들어지고 그것의 기의(記意: 의미)는 그 후에 일구어지기 시작했다. 〈창세기〉에서처럼 먼저 말이 있고 그에 따라 실체가 생겨났다는 이 관점은 동양 사회에는 없던 서구적 개념으로서의 〈개인〉, 〈근대〉, 〈존재〉, 〈자연〉 등 이제는 우리에게 너무 자연스러워진 용어들에도 마찬가지로 적용된다.

그런데 이러한 언어 옹호론과 반대되는 이론도 상당한 실정인데, 카프카도 그 중의 한 사람이다. 일반적으로 내적 세계와 외적 세계의 갈등의 주제를 다루는 카프카 문학의 핵심은 절대 진리의 결핍이다. 카프카는 야노우흐와의 대화에서 〈진리란 모든 인간이 삶을 위하여 필요로 한다. 그러나 어느 누구로부터도 그것을 얻을 수도 없고 생기게 할 수도 없다. 모든 인간은 그것을 자신의 내적인 것으로부터 언제나 다시 생산해 내야 한다. 그렇지 못하면 그는 죽어버린다. 진리가 없는 삶은 불가능하다. 진리는 아마 삶 자체일지 모른다〉(G 224)라고 말하고 있다. 이는 진리는 언어를 통해서는 인식될 수 없으며 단지 삶 자체를 통해서만, 다시 말해서 우리의 전체적인 〈체험과 직관〉을 통해서만 도달될 수 있다는 의미이다.

이의 예가 「사냥꾼 그라쿠스」에 잘 나타나 있다. 사냥꾼 그라쿠스가 자신의 운명과 인류사가 어떤 관계인가를 질문 받았을 때 다음과 같이 대답한다. 〈아, 그 관계 말입니까? 아주 오래된 옛날이야기지요. 모든 책들은 그것으로 가득 차 있습니다. 모든 학교에서는 성생님들이 그것을 칠판에 그리지요. 어머니들은 아이가 젖을 빠는 동안에 그것에 대해서 꿈을 꾸지요. 포옹 속에는 속삭임이 있습니다. 상인들은 그것을 구매자들에게 이야기하고 구매자들은 그것을 상인들에게 이야기하지요. 군인들은 행군 시에 그것을 노래하고, 설교자들은 그것을 교회에서 부릅니다. 역사 서술가들은 자신의 방에서 입을 딱 벌린 채 오래전에 일어난 사건을 바라보며 그것을 계속해 써 나가고 있습니다. 신문에는 그것이 인쇄되어 있고 민중들은 그것을 손에서 손으로 옮깁니다. 그것이 보다 빨리 지상을 돌 수 있도록 전보가 발명되었으며, 사람들은 파묻힌 도시들 속에서 그것을 파내며 승강기는 그것을 가지고 마천루 지붕으로 급히 달려갑니다. 기차를 탄 승객들은 그들이 통과하고 있는 시골에다 차창으로부터 그것을 알립니다. 그러나 예전에는 그것을 야생 동물들이 그들에게 포효로서 알렸으며, 별들에서 그것을 읽을 수 있었고, 호수들은 그 영상을 담고 있었으며, 시냇물들은 산으로부터 그것을 가져오고, 눈들은 그것을 다시금 정상 위에 뿌립니다.〉(B 250)

여기에서 언어의 진보와 발전은 순수한 본질을 발전시키는 것이 아니라 오히려 퇴보시키고 소멸시킬 뿐이라고 비판되고 있다. 따라서 신적인 자연성과 언어로 암시되는 인위적 사회성이 비교 대립되고 있다. 인류의 언어가 시작되기 이전만 해도 인간들은 자연스럽고 조화로운 세계 — 별, 호수, 야생 동물, 냇가와 산들 — 속에서 살았다. 그러나 그 세계가 점진적인 언어의 발전으로 인한 문명화됨으로써 점점 낯설게 되고 변질되어 허위의 세계가 되어 버렸다는 것이다. 현실과 환상이 하나의 조화로운 통일을 형성하고 있던 본래의 근원적인 삶이 인간의 인식 활동의 흔적인 언어(글)로 인해서 점점 빗나간 길을 걷게 된 것이다. 프로이트의 이론에 의하면 종교 이념은 체험의 언어(글)로 기록된 표현이나 사고의 최종 결과가 아니라 환상, 즉 인간의 가장 간절한 소원의 실현이다.

〈진리는 아마 삶 자체일지 모른다〉(G 224)는 카프카의 진술은 바로 〈진리는 언어로 전달될 수 없다〉는 결과를 낳게 했다. 20세기의 언어 위기를 문제화한 대표적 작품 중의 하나인 『찬도스경의 편지』도 언어가 현실을 지시하는 기능을 상실했다는 점을 강조하고 있다.

동양에서도 언어는 그리 중요한 것이 아니었다. 노자(老子)의 『도덕경(道德經)』 첫 대목에 나오듯 〈말은 뱉어지는 순간 그것의 진실이 오염되어 버린다(道可道, 非常道. 名可名, 非常名)〉고 생각됐다. 도가(道家)의 언어도단(言語道斷: 언어는 도를 해칠 수 있다), 불가(佛家)의 불립문자(不立文字: 도는 언어로 전해질 수 없다), 유가(儒家)의 입상진의(立像盡意: 형상을 통해 뜻을 전한다)는 바로 그런 의사소통관을 담고 있다. 이러한 언어의 불확실성이 카프카의 문학의 특징이다. 따라서 문예 형식에 대한 카프카의 끊임없는 새로운 모색은 현실의 매체로서의 언어가 그 기능을 상실하여 불확실하다는 데서 그 이유를 찾을 수 있다.

결론적으로 카프카 문학의 본질인 진리, 즉 파괴될 수 없는 가장 신뢰할 만한 존재인 정신 세계는 언어에 의해 정확히 표현될 수 없다. 〈어떠한 말도 진실에 일치하지 않기 때문이다.〉(G 69) 이 같은 상황이 그가 끊임없이 노력하지 않을 수 없는 이유를 분명히 보여 준다. 내면 세계는 살아 있을 뿐이지 서술되는 것이 아니기 때문이다.

언어는 감각 세계 밖의 모든 것에 대하여 다만 암시적으로 사용될 뿐이지 결코 비교적인 방법으로 사용될 수 없다. 언어는 감각 세계에 상응하여 다만 소유와 소유 관계만을 다룰 뿐이다.(H 34)

따라서 진실을 보기 위해서, 즉 사물이 우리에게 스스로를 보이기 이전에, 그러니까 사물에 이름이 붙기 이전의 사물을 보기 위해 카프카는 인간 특유의 표상계를 파괴하고 있다. 가령 아침이 되면 태양이 동쪽에서 항상 떠오른다는 습관적인 사실을 모르는 인간이 난생 처음으로 아침 해가 떠오르는 것을 보면 깜짝 놀랄 것이 당연하듯이, 일상적인 생활권에서 제외된 인간의 눈으로 볼 때는 모든 일상적인 것이 경이적인 것으로 보이고, 조리가 어긋나 보이며, 순간순간의 모습으로 이어지는 그로테스크한 양상으로 나타날 것이다.[21]

이러한 변형적 모습이 카프카 문학의 특이성이다. 이러한 변형은 세계와 인간 존재의 본질을 보다 근본적으로 파악해 보려는 방법이다. 카프카는 〈나는 사물들이 나에게 자신을 보여 주기 이전에 스스로에게 부여하는 모습을 너무나 보고 싶어 고통스럽기까지 하다〉[22]라고까지 말하고 있다. 말하자면 무의식의 세계를 참되게 표현하기 위해서는 새로운 언어가 필요하며, 따라서 기존 언어 질서를 파괴하는 것이 불가피하다. 이렇게 카프카는 언어란 감각적 세계밖에서는 완벽하게 표현할 수 없다고 생각했기 때문에 인간의 내면 세계, 그중에서도 추상적 관념이나 형

21 신태호, 「카프카와 클라이스트의 소설 기법」, 『카프카 연구』, 범우사, 1984, 296면.
22 F. Kafka, *Nachgelassene Schriften und Fragmente I*, Frankfurt/M., 1993, S. 60.

이상학적 개념의 표현은 언어에 의존할 수 없다고 보았다.

따라서 카프카는 이러한 장애를 극복하고 처음부터 저주받은 숙명에 합당한 언어로 글을 썼다. 그의 초기 작품 『어느 투쟁의 기록*Beschreibung eines Kamfes*』부터 이미 감각적, 추상적인 양식의 제요소가 많이 포함되어 있다. 카프카는 이 작품에서 벌써 세계의 소멸과 언어 붕괴의 관계를 알고 있었다. 사물이 소멸되어 가고 있기 때문에 사물과 언어의 연관은 단절된다. 언어에는 이제 세계와 관련이나 로고스와 관련이 없다. 바꾸어 말하면 언어는 근저도 없고 실체도 없으며 공허하다. 언어는 돌이 된다. 카프카는 이 관계를 이미 알고 있어서 1910년 12월 15일의 일기에 다음과 같이 묘사하고 있다. 〈나는 마치 돌로 되어 있는 것 같다. 나는 꼭 내 묘비 같기만 하다. 여기에 의혹이나 신념, 사랑이나 반감, 용기나 불안이 비벼뚫고 들어올 틈이라고는 특수한 경우에나 일반적인 경우에나 전혀 없다. 다만 막연한 희망이 살아 있을 뿐이다. 그렇지만 그것도 묘비에 새겨져 있는 글 이상의 것은 아니다. 내가 쓰고 있는 언어는 한 마디도 다른 언어와 같지 않다. 자음과 자음이 귀에 거슬리는 소리를 내면서 마찰을 하는가 하면, 모음은 박람회장이나 검둥이처럼 그 소리에 장단을 맞추어 노래를 부르고 있다. 어떠한 언어도 내 의혹의 베일에 둘러싸여 있다. 그래서 언어보다도 먼저 내 의혹이 눈에 띄게 피어나기 마련이다. 하지만 그것이 어떻단 말인가! 나에게는 언어가 전연 보이지 않는다. 나는 언어를 만들어 내고 있다. 이것이야말로 최대의 불행이 아닐까? 다만 이렇게 되면 나는 나와 독자의 얼굴의 정면이 아닌 방향으로 썩은 냄새를 풍겨가는 언어를 만들어 내야 할 것이다.〉(T 22)

이러한 언어의 이율 배반성은 언어가 이미 그 발생에 있어 혼란에 귀속되고 있다는 사실에 기인한다. 따라서 우리는 카프카 문학에서 문자의 마력에 사로 잡힌 삶의 공포를 발견한다. 그리고 언어적 고정에 대한 불확실성이 어느 대상에 대한 두려움으로 변화되어 결국 카프카적 서술의 소용돌이로 빠져든다. 그의 작품은 절대로 확신을 드러내지 않기 때문이다. 언어적 체계인 확실성이 카프카의 서술법에서 상실되고 오직 카프카의 문학적 유산만을 확립시키는 것이다.

카프카는 언어에 대한 불안을 극복하기 위해서 사고 가능성의 모든 것을 동원하려고 노력한 결과 그의 문체에 있어서는 감각적 표현과 사상적 표현이 판이하게 다르다. 전자는 모든 허식과 낭비를 버리고 문장 전체의 진실성을 위해서 극도로 간결한 즉물적인 문체를 사용한다. 이에 대해서 후자의 경우에는 순수한 논리적 사고 작용이 그대로 언어로 표현된 것처럼 내면적인 정치(精緻)한 사고가 마치 철학의 추사성(追思性)을 나타내는 미네르바의 부엉이처럼 꼬리를 물고 독백과 대화 그리고 자문자답 형식을 취하면서 전개된다. 때로는 토론이 나오는가 하면, 논리적으로 모순성이 추구되고, 온갖 기지, 역설, 해학, 풍자, 반어 등이 남김없이 등장한다.[23] 이에 대해 제임스 조이스가 『젊은 예술가의 초상*A Portrait of the Artist as a Young Man*』에서 던진 〈논리적이고 이치에 닿는 어리석음*logical and coherent absurdity*을 놔두고 비논리적이고 이치에도 맞지 않는 어리석음을 받아들이는 것은 어떤 자유인가?〉라는 질문이 연상된다.

2) 시각적 서술

카프카는 변증법적으로 형상*Bild*, 담론*Diskurs*, 작품의 울림*Textklang*, 작품의 유희*Textspiel*의 네 가지 문학적 형태로 나타난다.[24] 그런데 이 중에서 형상이 카프카 문학에서 큰 영향을 미치고 있다. 즉 카프카는 사고 방식을 논증이라기보다는 형상적으로 풀어간다. 브로트*Max Brod*는 카프카적인 특별한 사고 방식은 〈담론적으로가 아니라 그저 형상적으로 진행된다. 보통 대화나 토론에서도 그의 말에는 형상들이 지배적이다〉[25]라고 언급하여 카프카의 형상화 경향을 일찍이 간파하였다. 그의 형상 세계는 구체적 대상성을 바탕으로 한 사고 전개 방식으로, 논증적이 아니라 시각적 요소들로 응집된 기호로서 나타난다. 카프카는 무대 장면적인 묘사를 선호한 것이다. 그는 일단 그의 의식 속에 단락적으로 들어온 사상(事象)을 정지시켜 집중적으로 집요하게 묘사함으로써 가시적(可視的) 인지(認知)를 가능하게 한다.

23 김정진, 『카프카 연구』, 탐구당, 1986, 59면.

24 Chris Bezzel, Mythisierung und poetische Textform bei Franz Kafka, in: Karl Erich Grözinger u.a. (Hg.). *Franz Kafka und das Judentum*, Frankfurt/M., 1987, S. 204.

25 Max Brod, *Franz Kafka, Eine Biographie*, New York, 1946, S. 236.

이러한 구체적인 형상 세계로 시각화 경향은 현실의 탈개념화 과정과 맞물린다. 추상적인 개념이나 논증적 담론보다는 구체적으로 시각화된 형상 기호는 텍스트 체험 과정에서 수용자 직관에 직접적으로 영향을 미친다. 이는 논증적 담론에서의 개념적 현실 인식이 아니라 체험적 미적 인식이라고 볼 수 있다.[26]

「변신」에서 그레고르가 변신한 갑충은 사실상 표현될 수 없고, 결코 볼 수 없는 상상적 동물인데도 우리에게 친숙한 시각적 동물로 이해되어 〈부당함〉과 〈당연함〉의 당혹스런 동시성을 갖게 한다. 따라서 본 적이 없는 신비스런 동물에서 아무런 놀라움을 발견하지 못하는 〈기괴한 일상성〉이 놀랄 만하다. 갑충이란 명백한 동물로 극히 시각적으로 표현되었지만 관계된 사람들 중 어느 누구도 실제로 그 동물을 본 사람은 없다. 따라서 이 동물을 이해하고 관찰하는 것은 전혀 불가능하다. 갑충 그레고르를 실재하는 갑충으로 해석하는 것은 어리석다.

카프카 자신이 이 점을 명확하게 말한 적이 있다. 쿠르트 볼프 출판사가 슈타르케(Ottomar Starke)에게 「변신」에 들어갈 삽화를 그리게 하겠다는 계획을 세웠을 때, 카프카는 출판인에게 보낸 1915년 10월 25일자 편지에 〈슈타르케가 어쩌면 곤충을 그려보고 싶어할 거라고 갑자기 생각났습니다. 그래서는 안 됩니다. 결코 그래서는 안 됩니다. 제가 그의 힘을 제한하려는 것이 아니라, 다만 제가 당연히 제 작품에 대해 더 잘 이해하고 있기 때문에 그에게 요청하려는 것입니다. 곤충 그 자체를 그려 넣어서는 안 됩니다. 어렴풋하게 곤충을 암시하는 것조차 결코 안 됩니다〉[27]라고 쓰고 있다. 갑충을 실재하는 동물로 해석하는 것은 어리석다는 의미다. 이렇게 갑충은 인간의 표상 세계에 들어맞을 수 없는 이물(異物)로 전혀 다른 것, 이해할 수 없는 것, 감각과 표상으로는 도달할 수 없는 것인데도 작품에서는 시각적으로 당연한 동물로 등장하고 있다.

이러한 형상의 시각적 개념이 『소송』에서도 나타난다. 사람의 성현(聖顯)으로 볼 때, 왕이나 여왕 하면 우리가 흔히 만나는 사람이나 참으로 형편없고 진부한 사람들이 상상된다. 그러나 왕이나 여왕에 대해 반응할 때, 그것은 그들의 인격에 대

---

26 이유선, 「디지털 다매체 시대의 글쓰기 전략」, 『카프카 연구』, 제12집, 한국카프카학회, 2004, 252면 이하.

27 F. Kafka, *Briefe 1902~1924*, hg. v. Max Brod, Frankfurt/M., 1986, S. 136.

한 반응이 아니고 그들이 지닌 신화적인 역할에 따른 반응이다. 어떤 사람이 재판관이 되거나, 대통령이 될 경우 그 사람은 더 이상 그 사람이 아니라, 그 신성한 직함을 대표하는 사람이 된다. 예를 들어 재판관이 법정으로 들어오면 사람들은 모두 일어선다. 그러나 사람들은 그 사람을 보고 일어서는 게 아니라, 그 사람이 입고 있는 법복, 그 사람이 맡고 있는 역할에 대한 경의로 일어서는 것이다. 재판관 자신의 역할에 가치를 부여하게 하는 것은 그 역할로서 재판관이 지니는 완전무결함, 즉 그 역할의 원리로 대표되는 완전무결함이지, 나름대로 생각과 편견을 지닌 재판관들의 무리가 아니다. 그러니까 우리가 일어서서 경의를 표하는 대상은 재판관 자체가 아니라 신화적인 인격인 것이다.[28] 따라서 『소송』에서 재판관들은 이러한 위엄과 인격을 시각적으로 만들고자 한다.

여기에 화가 티토렐리가 이용되어 인격이나 정서도 인위적인 그림으로 나타난다. 법의 세계의 인물들은 자신의 품위를 시각적으로 보이려고 하는 것이다. 따라서 법정 한가운데에서 재판관의 초상화를 그리는 화가 티토렐리는 재판관들을 실물대로 그리지 않고, 옛날 위대한 재판관들의 그림이 풍기는 것처럼 재판관으로서의 중요한 의미와 기능을 그림으로 나타낸다. 실제로 재판관은 부엌 의자에 앉아 있으면서도 그림에서는 옥좌에 앉아 있는 모습으로 나타난다. 〈나는 형상도 옥좌도 본 적이 없습니다〉(P 126)라는 티토렐리의 언급에서 보듯이 재판관으로서 그들의 품위 있는 자세는 그림 속에서 순전히 꾸며낸 것이다. 결국 재판관들은 실제로 아주 평범한 사람들이며, 티토렐리의 진술에 따르면 모든 것이 법정에 속해 있다는 사실이 분명하게 밝혀진다. 그러나 화가는 일상생활에서는 볼 수 없는 재판관 직무의 본질, 기능, 의미를 인위적으로 시각화 하는 임무를 띠고 있다.

그런데 애욕적인 모습이 시각적인 그림으로 나타나기도 한다. 예를 들어 「변신」에서 그레고르가 방해를 받지 않고 자유롭게 기어다닐 수 있도록 하기 위해 여동생이 어머니의 도움을 받으면서 그의 방에 놓여 있던 가구를 치우는 과정에서 그레고르는 액자 속의 여인과 관련되어 있는 성적(性的) 모티프를 분명하게 보여 준다. 그가 애호하던 가구와 물건이 거의 들려 나가고 방이 텅 비게 되었을 때 소파

---

28 조셉 캠벨·빌 모이어스(이윤기 역), 『신화의 힘』, 이끌리오, 2002, 41면.

밑에 있던 그레고르는 어린 시절부터 사용해 온 책상마저 들려 나갈 기미가 보이자 무엇 하나라도 붙들어 두고 싶은 심정에서 가족들에게 자신의 모습을 보이지 않으려는 세심한 배려도 잊은 채 소파 밑에서 기어나온다. 이때 그레고르의 눈에 띈 것은 바로 텅 빈 벽에 걸려 있는 털제품을 두른 여인의 사진이 들어 있는 액자이다. 애욕이 시각적으로 발동하는 것이다. 그레고르는 급히 벽으로 기어 올라가서 액자의 유리에 들러붙는다. 뜨거운 하체가 차가운 유리에 닿자 그레고르는 쾌감을 느낀다. 이 느낌이 바로 그레고르가 느끼는 애욕의 정점이다. 실제 인물이 아닌 시각적 사물에서 애욕의 정점을 느끼는 것이다.

또 카프카는 「요제피네, 여가수 또는 서(鼠)씨족」에서 요제피네의 노래는 〈소리를 낸다〉의 개념보다도 〈소리를 그린다〉 혹은 〈소리를 본다〉라는 시각적 경험으로 묘사하고 있다. 음악적 소질이 없는 생쥐족 모두를 감동시킨다는 요제피네의 〈노래의 힘*Macht des Gesanges*〉(E 200)은 듣는 것보다 보는 것에 있어 시각적이다. 따라서 요제피네의 〈예술을 이해하기 위해서는 듣는 것뿐만 아니라 보는 것 역시 필요하다.〉(E 201) 카프카는 이 점을 강조한다. 〈사람들이 그녀 앞에 앉아 있으면 그녀를 이해한다. [……] 사람들이 그녀 앞에 앉아 있으면 그녀가 여기서 부는 휘파람은 휘파람이 아니라는 사실을 알게 된다.〉(E 202) 따라서 요제피네의 노래를 듣고 싶은 독자는 〈소리를 그린다〉 혹은 〈소리를 본다〉라는 미적 경험에서 카프카가 의도하는 바를 이해해야 한다. 이는 비형식적인 소리의 연결을 의미한다. 이러한 시각적 현상에 관련해서 『성』에 나오는 다음 장면을 살펴보자.

『성』에서 성을 구경하러 나섰던 K는 근처의 학교에 들른다. 거기서 〈어린 아이들이 빽빽이 밀집하여 선생님을 에워싸고, 시선은 한결같이 선생님을 향한 채 사방팔방으로 끊임없이 지껄여대고 있었다. K는 이 아이들의 빠른 말씨를 전혀 알아들을 수 없었다.〉(S 14) 알아들을 수 없는 소리, 그것은 의미화를 중단한 소리이고 형식이 파괴되어 비형식화된 소리, 즉 시각화가 파괴된 비시각화된 소리이다. 이런 배경에서 『성』에서 K는 마을 사람들과 같은 언어를 사용하지만 그들이 하는 말을 이해하지도, 자신의 말을 이해시키지도 못한다.

3) 카프카와 클라이스트의 언어관

카프카의 서술관은 클라이스트의 언어 양식과 유사하다. 카프카가 구사하는 독일어 표현의 정확성과 견실성과 무게는 헵벨Johann Peter Hebel과 클라이스트의 언어 표현의 영향을 받았으며, 그들과 능히 겨룰 수 있는 것은 그가 프라하 언어의 풍토적인 특색을 유감없이 발휘하기 때문이다.

가장 일반적인 의미에서 어떤 대상들을 비교 검토한다는 것은 이 대상들의 공통점과 차이점을 가려내는 데 있다. 이러한 점에서 볼 때 클라이스트와 카프카 소설의 서술상의 공통점은 다같이 〈사실적〉이라는 점에 있으며, 차이점은 클라이스트의 리얼리즘이 〈정열적〉인 반면, 카프카의 리얼리즘은 〈상징적〉이라는 데 있다. 카프카와 클라이스트의 소설이 지극히 사실적이면서도 클라이스트의 사실성은 철저하게 객관적인 데 반해, 카프카의 그것은 순수하게 객관적인 것도 아니고 또 순수하게 주관적인 것도 아니며 거기에는 환상적 세계가 섞여 있다. 그러나 카프카가 서술하는 환상적 세계는 현실에서 소외된 인간의 즉흥적 표현이 아니라, 일상생활 속에 숨겨져 있으면서 소외된 사실의 폭로다.[29]

다음으로 이들 두 작가가 그들의 작품에서 취급하는 공통의 과제는 형이상학적인 문제들로 인간 존재의 신비와 이 세계를 지배하는 절대적 진리를 파악하려 한다. 다만 클라이스트는 이러한 문제를 담고 있는 현상을 그대로 받아들였던 반면, 카프카는 이 현상을 지배하고 있는 질서를 파괴하고 부정함으로써 보다 적극적이고 근본적으로 대상 파악에 임하였다.[30]

클라이스트의 작품에서 사건들은 대부분 운명적이고 마적(魔的)dämonisch이고 우연적이며 수수께끼 같아서 인간의 능력으로는 파악할 수 없다는 사실이 우선 카프카의 작품과 유사하다. 이러한 사건들을 표현 대상으로 하면, 작가는 이해의 한계에 부딪치게 되어 어떤 독단적인 해석을 가하지 않는 한, 직접적으로 이 신비의 세계를 파헤칠 수는 없다. 클라이스트의 소설에서는 이러한 신비적 대상이 서술자의 외부에서 일어나는 사건에 있기 때문에 그 현상은 파악할 수 있어도 본질까지

---

29 Günther Anders, *Kafka, Pro und Contra*, München, 1951, S. 11.
30 신태호, 「카프카와 클라이스트의 소설 기법」, 『카프카 연구』, 범우사, 1984, 290면.

제2장 **카프카 문학의 구성 분석** 101

파고들기는 어렵다. 그러나 자기 내부에서 일어나는 신비적 충동이든, 외부에서 일어나는 신비적 사건이든 그 참모습 그대로를 밝혀 내려는 것이 클라이스트의 기본적 태도이므로, 그의 이와 같은 대상에는 무력한 사유 활동을 가급적 배제하고 내부에서 생기는 느낌은 직접 표현으로, 외부에서 생기는 사건은 그 현상만을 객관적으로 서술하고 있다.[31]

이와 같이 클라이스트는 그 스스로가 설정한 제약에 의하여 신비적 사건을 줄거리로 하는 소설에서 사건 진행을 객관적으로 서술하는 데 모든 노력을 기울이고 있다. 『미카엘 콜하스*Michael Kohlhaas*』나 『성 도밍고에서 약혼*Die Verlobung in St. Domingo*』에서와 같이 이따금 일인칭 서술자가 등장하는 경우에도 서술자의 일정한 주관이 없는 보고서처럼 기술되고 있다. 또 『칠레의 지진*Das Erdbeben von Chili*』에서 돈나 엘리자베드가 그녀의 오빠인 돈 페만도에게 한 귓속말은 독자에게 궁금함을 남긴 채 그대로 지나가 버리며, 소설이 끝날 때까지 직접이든 간접이든 이에 대한 해명은 전혀 없다.[32] 이와 유사하게 카프카도 작품의 난해성을 작품이 이끌려 가는 서술자의 태도로 심화시킨다. 작품의 진행 과정에서 서술자는 구체적으로 해명을 하지도 않고 주석을 달지도 않아 독자는 추측만 할 뿐이다. 그러면 카프카와 클라이스트의 문체를 비교해 보자.

일반적으로 카프카의 언어 양식은 극단적일 정도로 수식이 없고, 집중적이며, 투명하고, 수사적으로 분명하며, 낯설면서 엄격한 특징을 지니고 있다. 표현의 가능성들은 관청어의 건조함에서부터 열정적인 연설가의 강렬한 음조에까지 걸쳐 있다. 그러나 주인공이 인지하여 해명하려고 시도하는 무시무시한 일들과 연관된 숨막히는 듯한 문체의 인상이 지배적이다. 계속 이어지는 인지 내용들을 표현하기 위해 카프카는 흔히 연결성이 없는 일련의 주문장들을 사용한다. 이때 문장 내용과 문장 구조가 일치한다. 이것은 특히 작가의 동물 이야기들에서 동물들의 반응이 묘사될 때 적용된다. 동물들의 행동은 리듬을 갖춘 문장들에서 표현된다. 그런데 카프카 문장의 제일 독특하고 빈번한 용법은 〈체험 화법*erlebte Rede*〉을 들 수

---

31 신태호, 같은 책, 299면.

32 R. Hebling, A peripatetic writer without a biography, in: R. Hebling (Ed.), *H. v. Kleist, Novellen und Ästhetische Schriften*, New York, 1967, p. 11.

있다. 즉 카프카는 인물들의 내면 세계를 표현하기 위해서 〈체험 화법〉을 사용한 것이다.

체험 화법은 서술자의 생각과 감정을 독자적인 구문론(통사론)에 입각하여 재현한 것이다. 이는 독자로 하여금 주인공의 내면 세계에 직접 관여하도록 하는 서술 기법이다. 서술자가 말하는 상황은 언어적으로 예비된다. 체험 화법은 상위의 동사에 의해 삽입되지 않는다. 여기에는 내적 독백과는 반대로 삼인칭과 과거형이 나타난다. 서술자라는 거푸집을 통해 서술되어지기 때문에 형식상으로는 간접 화법에 속한다. 이때 서술자는 단순히 거푸집에 불과하여 등장인물의 감정이나 생각이 강조된다. 그래서 독자의 눈에는 서술자보다 주인공의 시각이 더욱 눈에 띄게 된다.

체험 화법의 이러한 성격은 독자에게 강한 역동성을 주게 된다. 이러한 서술 방식은 여러 가지 기능을 갖고 있다. 즉 어떤 사건이 일어난 후의 시간이 메워진다. 사건에 대한 서술자의 즉흥적인 반응, 그의 심리 상태, 해석 시도가 표현되고, 허구적 인물들의 머리에 떠오른 생각, 결심, 계획이 서술된다. 다음은 『소송』에서 주인공이 처형되기 직전의 장면으로서 체험 화법의 전형적인 예라고 할 수 있다.

K의 시선이 채석장 옆에 있는 집 맨 위층을 스쳤다. 돌연 불이 켜지며 창문이 활짝 열리더니 멀고 높아 희미하긴 하지만 약하고 메마른 듯한 어떤 사람이 끄덕하고 허리를 굽히고는 마음껏 팔을 벌렸다. 저것이 누구냐? 친구냐? 착한 사람이냐? 호의를 가진 사람이냐? 구원을 베풀 사람이냐? 개인의 자격이냐? 대표자의 자격이냐? 아직 구할 길이 있더냐? 잊어버렸던 구실이 아직도 있더냐? 그렇다. 아직도 구실은 있다. 아무리 철저한 논리가 있다 해도 살려고 하는 사람 앞에서 논리는 필요 없다. 한 번도 얼굴을 보이지 않은 재판관은 어디 있느냐? 결국 내가 가보지 못한 상급 재판소는 어디 있느냐? K는 양팔을 높이 들고 손가락을 쫙 폈다.(P 194)

『소송』의 서술 형식을 살펴보면, 체험 화법으로는 도저히 불가능한 카프카 특유의 서술 형태인 〈삼인칭형Er-Form〉과 잠정적인 〈일인칭형Ich-Form〉의 혼합 형태를 탄력 있고 적절하게 활용함으로써 법원의 〈소송〉과 〈재판〉에 관한 모든 진술들이 비록 요제프 K 개인의 제한적 견해에서 출발하지만 동시에 거의 은폐되어 나타나지 않는 서술자(작가)의 판단(여기서는 카프카의 사고 속에 존재하는 법원이라고 이해하면 쉽다)에 의해 실재의 가능성을 시사해 주는 풍부한 상상력과 기만(환상)이 잘 비교된 묘사를 보여 준다.

결론적으로 이러한 체험 화법 외에 카프카의 소설에는 문체상의 다양성이 거의 없다고 볼 수 있다. 모든 사실이나 상황에 대한 서술은 무미건조하고 과장이 없고 간결하다. 그의 소설에 등장하는 인물들은 어떤 고뇌나 분노나 사랑을 표현할 때에도 단조롭고 담담한 언어를 사용하고 있다. 때때로 발작적인 표현이나 부르짖음이 있지만 즉시 사라져 버리고 만다. 따라서 그의 소설에서는 오직 하나의 상황인 어지러운 〈더듬음〉만이 지배할 뿐이다. 등장인물들의 진술에서 다소의 문체상의 변화를 느낄 수 있지만, 이것은 소설 전체를 지배하고 있는 〈단조로움〉에 영향을 주지는 못한다.[33]

클라이스트는 서술의 객관성을 유지하기 위해서 서술자가 일관된(또는 주관적) 관점을 취하지 않는다는 것 외에 허식적인 형용사의 절약과 과도할 정도로 간접 화법을 사용한다. 토마스 만은 〈클라이스트의 소설 언어는 역사적 관점에서 고찰해서는 안 된다. 그의 시대에 그와 같이 글을 쓴 작가는 없기 때문이다. 〔……〕 그는 또 25행이나 되는 간접 화법의 문장을 종지부나 쉼표도 없이 쓰고 있으며, 이 문장에는 13개의 〔daß〕가 들어 있고, 또 〔kurz, daß〕라는 접속사로 맺는가 하면, 이것도 부족하여 〔und daß〕를 하나 더 첨가하고 있다〉[34]고 말하였다. 수식어의 절약과 간접 화법을 많이 사용한다는 것은 서술자의 주관적 판단을 가급적 배제하기 위한 수단이라고 볼 수 있다. 따라서 클라이스트의 서술 기법 및 서술 언어의 세 가지 특징인 일관된 시점의 포기, 수식어의 절약, 간접 화법의 빈번한 사용은 대상을 철저하게 객관적으로 서술한다는 하나의 목표를 위한 기법이다.

또 하나 클라이스트 소설의 서술상의 특징은 문장 구조다. 그의 소설의 문장 구조는 두 가지로 나눌 수 있다. 하나는 병렬적parataktisch 구조요, 다른 하나는 상황적hypotaktisch 구조로 전자는 연속적 움직임의 기술이며, 후자는 사건의 계속

---

33 신태호, 같은 책, 305면.

34 Thomas Mann, *H. v. Kleist und sein Erzählungen*, Frankfurt/M., 1956, S. 17.

을 중단하고 동시적인 것을 파악하거나 사건의 맥락에서 유리된 것의 독자적인 기술이다. 이때 병렬적 구조는 주제선Leitlinie을 형성하고, 상황적 구조는 복선 Nebenlinie을 형성한다. 이 두 개의 선은 모자이크처럼 사건의 세계를 누비며 언어의 능력이 미치는 한, 객관적으로 정확하게 묘사한다.[35]

또 클라이스트 언어의 특징은 구술 형식이다. 클라이스트의 언어관은 그의 소설의 문체와 서술 기법과도 직결된다. 이 점은 어디까지나 그의 세계관과 작품에 선택된 대상을 파악하려는 기본적 태도에서 오는 것이다. 카프카의 언어 역시 다양하게 분류된 복합문의 핵심을 찌르고, 앞으로 밀고 나아가는 도도한 흐름, 예리하게 윤곽을 그리는 엄밀성과 기능주의적 성격을 지닌다. 카프카의 소설에서는 환상적 세계와 현실적 세계가 서술상의 특수한 관점에 의하여 결합되어 있다.

예를 들어 「변신」에서 그레고르의 변신도 서술자에게 아무런 이의를 제기할 수 없는 부득이한 자연 현상으로 수용된다. 심지어 작품을 읽어 가노라면 독자도 서술자와 동일한 입장을 취하게 된다.[36] 나겔은 작품의 내용이 너무나도 사실적이어서 독자는 전개되는 사실이 있을 수 있는 일인지를 생각해 볼 겨를도 없으며, 결국에 가서는 처음에 도저히 믿어지지 않던 꿈같은 사실도 사실로 받아들이게 되는 것이 바로 카프카 작품의 특징이라고 말했다.[37]

그러나 이러한 현상을 서술하는 카프카의 언어와 문체는 지극히 정확하고 무미건조하며 과장이나 주석을 곁들이는 일이 없으며, 어느 부분을 특별히 강조하거나 감정에 호소하는 흔적이 없다. 이렇게 언어의 절약과 정확성에 의하여 사실성을 부과시키려는 시도는 클라이스트의 언어 서술 기법과 유사하다.

또 카프카는 클라이스트와 같이 긴 문장을 많이 사용하고 있다. 그러나 그의 장문(長文)은 클라이스트나 토마스 만에서와 같이 복잡한 가운데서 어떤 통일을 이루는 것이 아니라, 단순한 단문들을 나열해 놓은 데 불과하다. 카프카는 이러한 장문들을 특별한 목적과 상황에서 쓰고 있다. 자신이 어떤 확신에 도달할 수 없을 때

---

35 신태호, 같은 책, 300면 이하.

36 Vgl. Benno von Wiese, *Die deutsche Novelle, Von Goethe bis Kafka*, Interpretationen II, Düsseldorf, 1962, S. 322.

37 B. Nagel, *Franz Kafka, Aspekte zur Interpretation und Wertung*, Berlin, 1974, S. 89.

그는 언어의 세계를 더듬는 듯 짧게 끊어야 할 문장을 확신이 없어 끊지 못하는 듯이 서술하고 있다. 또 진술이 사방으로 전개되고 그 서술의 진실이 주장되었다가 다시 이에 대립되는 진술이 행해지며, 큰 진전이 이루어지는 듯하다가 스스로 부정된다.[38]

따라서 카프카의 서술 태도도 클라이스트와 유사한 언어관에서 나왔다는 것을 알 수 있다. 즉 클라이스트가 언어를 하나의 수단으로 보지 않고 언어 활동 자체를 창조적 활동[39]으로 보고 언어와 사유를 동시에 진행시키거나, 언어에 의하여 사유를 이끌고 나가듯이 카프카도 언어와 사유를 동시에 이끌어 가고 있다.[40]

쿠르트 투홀스키는 1921년 11월 20일 베를린에서 열린 루트비히 하르트의 낭독의 밤에 〈카프카는 클라이스트의 위대한 아들이다. 그는 현재 독일어로 창작된 가장 명징하고 아름다운 산문을 쓰고 있다. 〔……〕 이 산문에는 내면적 흐름, 알아듣기 어려운 운각, 정신 분열증 상태까지 이르는 형상 등이 조용하면서도 충만하게 펼쳐진다〉[41]라고 주장했다.

따라서 클라이스트의 서술 기법에서 카프카적인 느낌을 볼 수 있다. 한 사람이 다른 사람에게 다가가면서 서술하는 부차적인 특징들이 인간 전체를 대표할 수 있게 된다. 카프카는 인물들의 몸짓을 가리키고, 인물들이 흥분한 순간에 지나칠 정도로 예민하게 알아차리지만 겉으로 보기에 중요치 않은 세세한 면들을 묘사한다.

카프카나 클라이스트 다 같이 이 세계를 지배하는 근본적 진리를 파악하려는 점에서 일치하지만, 클라이스트는 외부에서 일어나는 현상만을 서술자의 주관이 없이 철저하게 사실적으로 서술함으로써 이 목적을 달성하였고, 카프카는 시공을 초월한 외계점에 서서 〈인습의 눈〉을 배제하고, 이 세계에서 일어나는 현상을 사실적으로 서술함으로써 그 내부의 진리를 파악하려 하였다. 카프카가 클라이스트와 마찬가지로 사실적이면서도 그로테스크한 양상으로 나타나는 것은 〈인습의 눈〉을 배제하여 지금까지 이 세계를 지배한 인과 관계와 질서를 제거한 상태에서 현상을

---

38 신태호, 같은 책, 302면.

39 H. v. Kleist, Über die allmähliche Verfertigung der Gedanken beim Reden, in: H. Sembner(Hg.), *Sämtliche Werke und Briefe*, Bd. 2, Darmstadt, 1970, S. 320.

40 신태호, 같은 책, 303면.

41 Hartmut Müller(권세훈 외 역), 『카프카 문학 사전』, 학문사, 1999, 237면 이하.

서술하기 때문이다.

클라이스트는 그의 친구인 릴리엔슈테른Rühle von Lilienstern에게 보낸 편지에서 〈듣자 하니 자네는 예술에도 손을 대고 있다고 하는데, 그보다 더 거룩하고 동시에 더 쉬운 일은 없네. 그런데 왜 또 그렇게 어려운가? 무의식적인 첫 번째 동작은 다 아름다운데, 이것이 이해되면 왜 이그러지고 마는가. 오! 오성이여! 가련한 오성이여! 너무 많이 생각하지 말고 〔……〕 자네의 감정을 따르게〉[42]라고 말하고 있다. 여기서 클라이스트는 오성의 빈약함을 한탄하고 감정에 따를 것을 역설하여 카프카와 같은 노선을 가고 있다. 카프카처럼 클라이스트에게도 감정은 수단인 동시에 대상이다. 수단으로서의 감정은 대상 파악의 직접성을 의미하며, 대상으로서의 감정은 단순한 감상이나 정서가 아니라 혼의 파동이며, 인간 존재의 양상 자체이고, 자아의 자율적 의식이다. 이와 같이 인간의 합리적인 사유 영역을 벗어나는 혼의 문제나 존재의 신비를 감정으로 직접 파악하려는 클라이스트와 카프카의 문학은 자연적으로 언어의 한계에 봉착하게 된다.[43]

카프카에 의하면, 인간 자신의 〈개인적 진실das, was man ist〉은 표현되기가 무섭게 〈이질적이고 상대적인 진실das, was man nicht ist〉로 급변한다.(H 249) 따라서 긍정적인 진술이 타자에게 이화감(異化感)을 조성하는, 다방면의 부정적인 것으로 전도될 수 있다. 또 여기서 인간이 사물과 더불어 호흡한다는 말은 내면적인 세계는 체험될 수 있지만, 글로 기술할 수 없다는 뜻이고, 사물을 단지 객체로서가 아니라, 마음속에 살아 있는 주체로서 즉물적으로 체험한다는 뜻이다.

따라서 클라이스트와 카프카는 이 한계를 극복하기 위해서 모든 노력을 경주하고 있다. 때문에 이들의 문학은 언어가 지니고 있는 모든 능력을 — 때로는 그 능력 한계를 넘어서 — 총동원하여 이러한 한계를 극복하려는 투쟁이다. 여기에서 주의할 점은 카프카의 사실주의는 클라이스트에 비해 현실 속에 숨어 있는 환상적 꿈의 세계까지 파헤치는 보다 철저하고 적극적인 사실주의라고 할 수 있다.[44]

다시 말해서 가능한 한 사유를 배척하고 감정을 직접 표현하는 것이 바로 카프

---

42 *Kleists Briefe an Rühle von Lilienstern*, Königsberg, 31. August 1806.
43 신태호, 같은 책, 291면 이하 참조.
44 신태호, 같은 책, 302면.

카와 클라이스트의 기본적 언어관이다. 그것은 또한 언어 이전의 원초적인 세계이다. 그러므로 작품내재적*textimmanent* 해석의 도전은 항상 현대적인 해석의 고차원적인 사고가 아닌 〈원초적인 숙고〉를 요구하므로 카프카의 텍스트의 실재 의미는 결코 일치되지 않는 것처럼 보인다. 카프카는 사물이 인식 주체인 인간에게 나타나기 전의 있는 그대로의 원형을 보고자 하기 때문에 그에게 있어서 〈진실과 현상이 일치되지 않는다*Wahrheit und Erscheinung decken sich nicht.*〉[45] 〈사유의 배척〉은 언어(표현) 이전의 대상의 파악이다. 이는 주체의 삶의 욕구와 행동에 의해 충분하게 통합이 이뤄지지 못한 영역으로 명확한 개념과 이념에 대한 통합이 이뤄지지 못한 세계로 카프카의 꿈같은 내면적 삶을 말한다. 따라서 카프카와 클라이스트의 내면 세계는 그들의 주관 세계이다.

클라이스트와 카프카의 제문제들을 다시 요약해 보면, 이들은 다같이 작품에서 합리적 사유가 미치지 못하는 영역을 대상으로 하고 있다. 구체적으로 말하면 클라이스트에 있어서는 우연한 현상과 그것이 인간 존재에 가하는 위협 및 영향이 그려지고, 카프카에게 있어서는 이 사회에서 생존권을 박탈당하거나 위협받는 인간의 투쟁이 주로 그려지고 있다. 그들은 다 같이 이러한 문제들을 종교나 민간 신앙의 힘을 빌려 안이하게 처리하지 않고 형이상학적 차원에서 근본적으로 파악하여 진리에 도달하려고 하였다. 그러나 이러한 문제들이 이성적 사유로는 해결될 수 없어서 그들은 각기 다른 방법에 접근하였다. 카프카기 적극적이고 혁명적인 데 비해, 클라이스트는 적극적이긴 하지만 혁명적 요소는 지니지 않고 있다. 다시 말해서 존재의 신비 및 신비로운 현상들이 순수 감정으로 감지될 수 있는 한, 클라이스트는 충실히 모든 것을 다 서술함으로써 그 속에 숨은 진리를 유추해 보려고 노력한 반면, 카프카는 시공을 초월한 외계점에 서서 이 지구를 뒤흔들듯이 인습에 젖은 기존 질서를 흔들어 파괴하고서 그 뒤에 숨은 존재의 진리를 파악하고자 하였다.[46]

결론적으로 카프카와 클라이스트는 다같이 존재의 위기라는 극한적 상황에서

45 W. Emrich, Die Bilderwelt Franz Kafkas, in: H. Politzer(Hg.), *Franz Kafka*, Darmstadt, 1973, S. 289.
46 신태호, 같은 책, 297면 이하.

우리의 존재를 지배하는 진리를 파악하려는 근본적 입장은 동일하지만, 클라이스트는 우리의 존재 영역 내에서 감정을 수단으로 대상을 파악하려 했고, 카프카는 존재 영역 밖에서 보다 적극적인 입장에서 대상을 파악하려 하였다. 그리고 서술 방법도 다같이 사실적 수법을 사용하고 있는데, 이러한 입장의 강도의 차이에서 클라이스트의 사실주의는 객관적으로, 카프카의 사실주의는 주관적으로 보이게 된다.[47]

2. 비유와 상징

괴테는 『상징Symbolik』에서 〈말로서 대상이나 우리 자신을 나타내지 못한다〉[48]고 언어의 한계를 직시하고, 『색채론』에서도 〈언어는 상징적이고 비유적이기 때문에, 언어로 대상을 직접적으로 표현하지 못하고, 간접적으로 표현할 수밖에 없다는 사실을 사람들은 깊이 생각하지 않고 있다〉[49]고 언급하고 있다. 이렇게 인간의 근본적인 바탕과 정신 세계는 언어에 의해 암시적으로 표현될 뿐이지 구체적으로 표현될 수 없어서 비유Gleichnis나 은유Metapher의 힘을 빌린다. 카프카 작품이 지니고 있는 다양성과 아울러 또 하나 우리를 당황하게 하는 것은 바로 이러한 비유나 상징적 표현이다.

카프카 문학은 작품의 내용을 확실하게 보여 주지 않고 비유나 상징Symbol 등으로 왜곡시켜 나타낸다. 카프카의 작품에 등장하는 인물들은, 엠리히의 표현을 빌리면 〈비유적 성격〉[50]을 지닌 세계에서, 다시 말해서 분명한 일체화(一體化)가 능성이 결여된 세계에서 활동하고 있다. 그 세계에서는 구체와 추상, 형상과 의미 등의 구분 자체가 지양되어 있다. 카프카의 창작 대상은 인습적 오성의 밖에 위치

47 신태호, 같은 책, 305면.

48 J. W. Goethe, *Werke im Auftrag der Grossherzogin Sophie von Sachsen*, Bd. II/11, München, 1987, S. 167.

49 J. W. Goethe, *Farbenlehre, Goethes Werke*, hg. v. Erich Trunz, Hamburger Ausgabe, Bd. 13, München, 1981, S. 491.

50 W. Emrich, *Franz Kafka*, Wiesbaden, 1975, S. 81.

하며 그의 문체와 사유는 비유적 방식으로 이루어지는 것이다. 고정화된 개념으로는 자신의 심중을 알리지 못하는 카프카에게 〈진실은 항상 하나의 심연〉(G 173)이기 때문이다. 우리는 카프카의 텍스트에서 이와 같은 심연을 읽을 수밖에 없기 때문에 답답한 느낌이 반복된다.[51]

카프카만이 갖는 난해한 생각들은 그의 사유, 더 정확히 말해 그의 의식 내용이 안개처럼 몽롱하기 때문이고, 그것이 그 자신에게 전적으로 달려 있는 한 그는 그 몽롱함 속에서 아무 방해도 받지 않고 자족감에 빠져 쉬고 있다. 그러나 또 한 가지 이유가 있는데 인간적 대화라는 것은 첨예화와 고정화, 지속적 인간 관계, 다시 말해 내 자신 속에 존재하지 않는 사물을 필요로 한다. 따라서 카프카는 관습주의에 편승해서는 도저히 자신을 표현할 수 없었다. 이는 공리 및 개념, 정의에 제한되지 않았던 그의 세계관과 직접적으로 관련된다. 따라서 카프카는 일반인들의 공통된 시각과 인식으로 수용된 인상과 결론을 일단 왜곡시키고, 왜곡된 대상에 비유나 상징의 표현을 가함으로써 진실에 도달하려 하였다. 카프카 자신은 언젠가 이를 안개처럼 몽롱한 사유라고 칭했다.

이러한 배경에서 카프카의 단편 작품에는 어떤 존재론도 나타나지 않아 내용의 수수께끼가 풀려야 그들 작품은 이해된다. 〈나는 항상 전달할 수 없는 것, 뼛속에 지니고 있고 이 뼛속에서만 체험할 수 있는 것을 이야기하려 애쓴다〉[52]는 카프카의 말에서 보듯이, 설명할 수 없는 것을 설명하려는 그의 시도는 독자에게 다양한 해석을 가능하게 한다.

보편성의 관점에서 카프카는 끊임없이 수정하지 않을 수 없었으나 그것을 나타내 보이지 않는다. 카프카의 원형적 형상들은 항상 유동적으로 상반된 파라독스 *Paradoxon*(역설)와 (변화하는 그리고 의미의 재구성으로 작용하는 형상의) 유동적인 비유와 상징에서 인식된다. 그러나 카프카의 인물은 전래적 의미의 성격이 아니고, 일상 현실과 직접적으로 연관된 신화적 실제성이다. 이런 맥락에서 시인이자 평론가이며 연출가인 이윤택은 카프카의 위대성이란 〈일상 속의 공유 체험〉을 작품으로 재현한 데 있다고 보았다. 〈나의 습작 시절 그리고 그 지루했던 직장

---

51 W. Emrich, *Franz Kafkas Diagnose des 20. Jahrhunderts,* Mainz, 1983, S. 33 f.
52 F. Kafka, *Briefe an Milena*, Frankfurt/M., 1966, S. 191.

생활의 단조로움 속에서 나를 견딜 수 없는 고통 속으로 몰아넣었던 갖가지 느낌들은 분명히 카프카적이었다. 막연한 관념으로서가 아니라 구체적인 일상적 느낌으로서 나는 카프카의 체험을 공유한 것이다. 카프카와 병, 카프카와 악몽, 카프카와 직장, 카프카와 여자 그리고 카프카와 글쓰기는 카프카 개인의 갈등 이전의 우리들 고유 체험인 것이다. 카프카는 그렇게 우리들 일상적 느낌 속에 살아 있는 작가였다. 나는 이 점에서 카프카의 위대성을 느낀다. 그는 가장 평범한 일상 속의 진실 등을 흘려버리지 않고 진지하게 묵상하고, 아프게 느끼며, 정밀하게 묘사한 우리들의 위대한 시민이었다. 그의 문학은 영웅적이 아니며 천재적인 착상에서 솟아오른 것도 아니다. 도시 고정 봉급자 생활을 영위하는 소지식인이라면 누구나 느낄 수 있는 감정들을 놓치지 않고 기록하고, 누구나 꿈꿀 수 있는 악몽들을 현실 속의 이미지로 결합시키는 집요함이 그의 문학을 창출해 낸 것이다. 바로 이 일상 속의 이미지가 고전이 되었다.〉[53] 심지어 휘브너Kurt Hübner는 신의 등장의 화체(化體)도 알레고리적 의미로 규정하지 않고, 일상생활의 직접적인 비유와 상징으로 규정하는 데서 카시러Ernst Cassirer의 견해와 같다.[54]

이러한 카프카 특유의 상반된 대립 감정과 파라독스에서 연유한 비유와 상징을 정확히 풀이하지 못하고 작품의 일단면(一端面)만을 보는 데서 카프카 작품 해설의 오류가 생겨난다. 카프카의 작품과 같은 비유와 상징적 작품을 올바르게 해석하기 위해서는 작가가 의도적으로 표현한 파라독스한 외적 표현을 꿰뚫고 그 내적 진실을 찾아야 하고 작품은 전체적으로 해석되어야 한다.[55]

카프카는 동적이고 다변적인 현상들을 일순간 고정시켜 놓고 상황을 설명하는 순간 촬영의 기법을 사용한다. 따라서 그의 주인공들의 인식 노력은 모든 정지된 대상의 세부적 분석에 집중된다. 이와 같은 노력은 〈모든 미세한 부분이 인식되어야 전체가 인식된다〉[56]는 작가의 서술 형식의 소산이다.[57] 이러한 양상은 카프카가

53 이윤택, 『카프카의 아포리즘』, 청하, 1988, 12면 이하.
54 Ernst Cassirer, *Philosophie der symbolischen Formen II, Das mythische Denken*, Darmstadt, 1953, S. 51.
55 Vgl. Bert Nagel, *Franz Kafka, Aspekte zur Interpretation und Wertung*, Berlin, 1974, S. 39.
56 F. Kafka, *Sämtliche Erzählungen*, hg. v. Paul Raabe, Frankfurt/M., 1977, S. 320.
57 Vgl. F. Kafka, *Briefe 1902~1924*, hg. v. Max Brod, Frankfurt/M., 1983, S. 143 f.

전체적인 실재에 대한 묘사를 포기하고 그의 의식과 주관에 의해 가장 본질적으로 여겨지는 대표적 성분, 인자(因子), 경향 등에 치밀한 묘사를 가하여 존재의 총체성과 절대성을 추구하는 파르스-프로-토토Pars-pro-toto(일부로서 전부를 대표시킴)인 것이다. 여기에서 부분들은 치밀하게 묘사되어 명확하게 드러나지만 상호 연관성이 희박하여 연재 소설에서처럼 단절이 일어나기 쉽다. 현실의 순간순간을 연속적으로 포착하는 이러한 서술 기법으로 카프카의 주인공들은 구별 없이 순간만을 살다가 고립되어 죽어가는 과정을 제시하기 때문에 그의 작품의 연작성(連作性)과 미완결성이 불가피하다.[58]

따라서 독자는 의식적으로 조각만 제시되어 있는 크고 작은 서술 부분들을 수수께끼처럼 다시 맞추어 전체를 만들어야 한다. 카프카 작품에서는 아주 사소한 부차적인 상술조차도 소설 전체의 포괄적인 복합 관계에 중요한 의미 영역을 차지하는 필연적인 연관성을 띠고 있기 때문이다. 〈어떤 작품의 전체는 개별적인 말들과 그것들의 연계로부터 이해되어야 하지만, 개별적인 것의 완전한 이해는 이미 전체적인 것의 이해를 전제로 한다〉[59]는 딜타이W. Dilthey의 해석 이론이 충족되는 것이다.

엠리히는 〈연속되는 순간들 속에서 말하자면 시간을 초월한 생의 전체가 끊임없이 인간에게 밀어닥치게 된다. 이러한 생의 전체는 원래 인간이 지니고 있는 일반적인 시공에 의한 관찰 형태와 사유 형태에 의해서는, 다시 말해서 인과 관계의 결합에 의해서는 파악될 수가 없다. 인과 관계의 결합을 통하여 이러한 전체를 파악하려면 이는 이해될 수 없고 해석될 수 없는 모습을 지니게 될 것이다. 그러나 생을 전체적으로 관찰하면 존재의 진리를 얻게 될 것이다〉라고 해명하면서, 이러한 것들이 바로 존재의 진리에 도달하는 길이기도 하다고 덧붙였다.[60]

이러한 전체성에 관한 설명으로 카프카의 초기 작품 『어느 투쟁의 기록』에 〈동강난 몇 마디 말로는 아무것도 듣지 않겠습니다. 제게 모든 것을 이야기해 주십시

58 김용익, 『프란츠 카프카 연구』, 삼영사, 1984, 108면.

59 Jürgen Demmer, *Franz Kafka, Der Künstler der Selbstreflexion*, München, 1973, S. 29 f.

60 W. Emrich, Franz Kafka, in: Otto Mann und W. Rothe(Hg.), *Deutsche Literatur im 20. Jahrhundert*, Bd. III, München, 1967, S. 182.

오. 처음부터 끝까지요. 그 이하는 듣지 않겠단 말입니다. 아시겠어요. 전체를 저는 열망하고 있는 겁니다〉(B 18)의 언급을 참조할 필요가 있다. 이러한 한꺼번에 그리고 완전하게 해명되어야 한다는 〈전체das Ganze〉에의 집착은 끝에 가면 꿈속의 공주가 나타나 꿈꾸었던 대로 근사하게 모든 것을 해결해 주리라고 믿는 동화 *Märchen*의 면모를 지니고 있다.[61] 카프카는 인위적으로 꾸며져 효과만의 지적인 느낌을 자아내는 모든 것을 배척한 것이다.

결국 카프카는 본질을 보여 주지 않고 부분이나 순간을 비유적이나 상징적으로 묘사하여 전체성을 보여 주는 셈이다. 따라서 카프카 해석은 다양할 수밖에 없다. 특히 카프카는 실존주의 등 여러 사조에 그 뿌리를 박고 있어 어느 하나만의 사조에 적응시켜 해석될 수도 없다. 이 점에 관하여 파스칼Roy Pascal은 다음과 같이 언급하고 있다.

카프카에 대한 중요하고 불가피한 과업은 해석의 문제다. 카프카 자신은 별로 도움을 제공하지 못하고 있다. 그는 일기조차도 비유적으로 쓰고 있다. 그래서 그의 작품은 해석자들의 〈모든〉 해석을 다 환영한다. 이는 마치 그의 작품 『아메리카』에 있는 오클라호마의 자연 극장의 광고문인 〈모두 다 환영Jeder ist willkommen!〉이라는 말과 같다. 브로트와 무어는 그의 소설을 신의 은총을 추구하는 인간의 비유로 보고, 나이더는 프로이트의 정신분석학의 용어를 사용하여 멋대로 해석하고, 벤즈는 그의 소설을 실존주의의 예증으로 해석하고 있다.[62]

이와 같이 파스칼은 카프카 해석의 다양함을 예로 들고 이어서 〈이러한 해석들이 다 각기 옳은 일면을 갖고 있으며, 그릇된 점은 카프카의 유동성과 다양성을 하나의 목적을 위한 경직성으로 격하시키는 것이며, 때로는 그 자신도 부인하는 견해를 피력하고 있는 것이다〉[63]라고 하였다. 이상에서 인용한 파스칼의 견해는 카프카의 작품 해석의 다양성을 인정하여 각기 그 타당성이 있어, 어느 하나만의 입장

61 Klaus Wagenbach, *Kafka*, Reinbek bei Hamburg, 1964, S. 41.
62 Roy Pascal, Franz Kafka, in: *The German Novel*, University of Toronto Press, 1956, p. 246.
63 Roy Pascal, Franz Kafka, a.a.O., p. 219.

에 고정시키는 것은 부당하다는 점을 강조하고 있다. 카프카 문학에 대한 비평이 조심스러운 것도 바로 이러한 다양한 해석 때문이다.

예를 들어 「선고」 한 작품의 해석만 해도 다양하다. 1902년 카프카와 우정을 맺게 된 브로트를 비롯한 종교적 입장에 서 있는 해석자들은 「선고」를 신의 심판과 은총이라고 보았고, 아도르노를 비롯한 사회주의적·마르크스적 입장에 서 있는 해석자들은 「선고」를 제1차 세계 대전 이전의 비인간적인 오스트리아의 관료 제도를 비판한 것으로 보고 있으며, 위터스프로트H. Uyttersprot를 비롯한 심리적 입장에 서 있는 해석자들은 「선고」를 카프카 자신의 육체에 대한 혐오, 신체적인 열등감, 소녀에 대한 심적인 친화력, 다른 사람보다 강한 죄의식 등과 같은 심리적 현상의 묘사로 보고 있으며, 빈더, 카네티 등은 「선고」를 카프카의 자서전적 문제, 즉 펠리체 바우어와의 일련의 약혼·파혼 과정과 연결시켜서 파악하려 하였다. 카네티는 작가 카프카의 생활 환경과 예술 작품 사이의 광범위한 유사성을 확인할 수 있다고 믿었다. 베르나 베르겐그루엔은 가톨릭적인 관점에서 카프카의 작품을 해부하고 있다.

이렇게 카프카 작품이 다양하게 해석되는 이유는 그의 작품이 비유와 상징적으로 서술되기 때문이다. 따라서 이러한 비유와 상징이 옳게 규명되어야 수수께끼로 감춰진 카프카적 형상들에 접근할 수 있다.

1) 비유

〈비유 설화(比喩說話)〉를 뜻하는 단어 〈파라벨Parabel〉은 그리스어의 *Parabole*, 즉 〈병치(竝置)하다〉인 *Paraballein*에서 독자적인 줄거리를 지니는 하나의 비유를 뜻하는데 그 속에서는 어느 하나의 다른 상념 영역에서 나오는 어떤 사건 과정을 통해 어느 한 가지 진리를 일목요연하게 투시하는 것을 말한다. 이는 비유적인 이야기로서 어느 한 가지 진실을 밝히기 위해 겉으로는 원관념(原觀念)과 전혀 무관계한 다른 사례(事例)를 들어 독자적인 줄거리를 가진 이야기를 병치시켜 비유 확대한 화법을 말한다. 즉 전달을 목적으로 전달할 수 없는 것을 비유적으로 표현한 것이다.

114

베냐민의 이론에 의하면, 일반적인 비유 형태는 어린이들이 만드는 종이배로 규정된다. 접은 배를 펴면 평평한 종이, 즉 현실에 관련성이 없으면서도 현실과 유사한 원료이다. 평평하게 된 종이에는 원래 내용이 분명히 담겨 있지만 보이지 않는다. 칼러Erich von Kahler는 자신의 논문인 「서사적 예술 형식의 몰락과 변천 Untergang und Übergang der epischen Kunstform」에서 현대 소설들이 점차 비유, 즉 범례 이야기로 변해가고 있으며, 모든 현대 문학들이 이미 비유화거나 비유적인 특성을 지니고 있다고 말했다.[64] 이러한 배경에서인지 카프카 문학의 본질은 비유적 서술이다. 1950년대 초 헤젤하우스는 자신의 논문 「카프카의 서술 형식 Kafkas Erzählformen」에서 카프카 작품의 독특한 서술 형식을 가리켜 〈비유 설화 형식Parabelform〉이라 칭하였다.

다음의 베냐민의 말이 카프카의 비유적 성격을 잘 묘사하고 있다. 〈카프카의 결정적인 천재성은 그가 전혀 새로운 어떤 것을 실험했다는 점이다. 다시 말해서 그는 진리의 전승 가능성, 즉 진리의 하가다(유대인의 민중 설화: 필자주)적인 요소를 붙들기 위해 진리 자체를 단념했다. 카프카의 작품들은 처음부터 비유이다. 그 작품들이 비유적이 되지 않을 수 없었던 점은 그의 문학의 불행이면서 또한 아름다움이다. 그 비유들은 하가다가 할라차(유대교의 종교적 율법: 필자주)에 굴복하듯이 교리 앞에 간단히 무릎을 꿇지는 않는다. 그 비유들은 숨을 죽이고 웅크리고 있는 듯이 보이는 때에도 알지 못하는 사이에 이미 육중한 앞발을 그 교리를 향해 내밀고 있다.〉[65]

또 베냐민은 카프카의 비유를 꽃이 피어나기 이전의 꽃봉오리로 묘사한다. 비유란 꽃봉오리로서 나중에 피어날 꽃에 대해 알려지지 않는 비밀을 지니고 있다. 피어난 꽃이란 꽃봉오리의 찬란함이 전체적으로 나타난 것이지만 그 아름다움의 비밀은 꽃에 나타나지 않고 있다. 아름다움은 속된 세계를 벗어나 미학적으로 존재하는 것이다.[66] 이상과 같이 카프카의 문학적 형상으로 비유가 명백하다.

64 Erich von Kahler, Untergang und Übergang der epischen Kunstform, in: Ders., *Untergang und Übergang*, Essays, München, 1970, S. 7~51.

65 Walter Benjamin, *Über Kafka*, Frankfurt/M., 1981, S. 87.

66 Vgl. Walter Benjamin, Franz Kafka, Zur zehnten Wiederkehr seines Todestages, S. 166, in: Ders., *Über Literatur*, Frankfurt/M., 1975, S. 154~185.

그(카프카)의 작품들은 직유가 아니며, 자체를 그대로 받아들이려 하지 않는다. 사람들이 그 작품들을 인용하여 해석하도록 창조된 것이다. 카프카의 직유가 수반되어 K의 행동과 그의 동물들의 행동이 해석되는 학설이 있는가? 그것을 위한 학설은 존재하지 않는다. 이것저것들이 그 학설을 암시한다고 말할 뿐이다.[67]

이러한 카프카의 비유는 종래의 논리적 도식이나 가치관을 해체시키며 어떤 새로운 그리고 파악할 수 없고, 기술할 수 없는 근원적인 제3의 비교점을 간접적으로 시사해 준다.[68]

〈나의 감방(監房)은 나의 성채(城砦)meine Gefängniszelle-meine Festung〉[69]의 감방에 대한 비유적 성격은 일단 뒤로 제쳐두고 필자는 이 문안을 단어적으로 또는 형상적으로 수용하고자 한다. 감방이 무엇을 뜻하는지 답변을 내릴 수 없다. 감방은 역설의 요소로서 다른 성채와 대립되는 형상으로 비본질성(다른 것을 위해 본래 생각되었던 것을 서서히 없애는 것)은 더 이상 존재하지 않는다. 따라서 비유적 언어 사용이 가능하게 된다. 베첼Chris Bezzel은 이러한 불확실성을 부유성 Schweben으로 규정한다. 이러한 불확실성을 나타내는 부유성을 베첼은 또한 〈흔들림Schwingen〉[70]으로도 규정하고서, 이 개념과 엠리히의 유동성을 〈공감각(共感覺)Synästhesie〉으로 보고 이 공감각을 더 많은 차원에서 증명하였다.

카프카 문학에서 이야기 단계로까지 확장된 비유는 부분별로 해석 가능한 알레고리와는 달리 하나의 비교점을 뛰어넘어 실증적 차원까지 상승된다. 예를 들어 카프카의 『성』은 천상(天上) 또는 은총의 장소를 나타내고, 그 밑의 마을은 인간계를 나타내는 비유로 암시된다. 이는 『성』에서 절반은 외계에 존재하고 다른 절반은 내계에 존재함의 암시이다. 주인공 K를 지배하는 성은 K 자신의 외부에 존재함과

---

67 Walter Benjamin, a.a.O., S. 166.

68 이주동, 「카프카의 최초의 비유 설화 『나무들』 연구」, 『카프카 연구』, 제8집, 한국카프카학회, 2000, 282면.

69 Hans Helmut Hiebel, *Das Zeichen des Gesetzes, Recht und Macht bei Franz Kafka*, München, 1983, S. 16.

70 Vgl. Chris Bezzel, Mythisierung und poetische Textform bei Franz Kafka, in: Karl Erich Grözinger u.a. (Hg.). *Franz Kafka und das Judentum*, Frankfurt/M., 1987, S. 202.

동시에 내부에도 존재하는 것이다.

구체적으로 볼 때, 『성』에 등장하는 〈영주의 저택〉은 보통 명사이면서도 동시에 빈에 있는 한 카페의 이름으로 — 문인들은 〈신사의 여관Herrenhof〉이라고 부르지 않고 〈창녀의 저택Hurrenhof〉이라고 불렀다 — 에른스트 폴락이 프란츠 베르펠, 오토 픽Otto Pick, 에곤 에르빈 키쉬, 오토 그로스Otto Gross 등을 만나곤 했던 곳이다.[71]

이러한 비유의 힘 때문에 〈실제적인 사실성〉이 항상 〈비사실적으로〉 되어버린다. 즉 비유로 인해 우리에게 정상적으로 나타나는 가치관과 질서는 부정되고 또 다른 알 수 없는 층위나 방향으로 끊임없이 전이되는 것이다. 결론적으로 카프카가 인식 지평을 엄격히 제한시켜 부분 양상이나 부분 사건을 세심하게 분석하고 집중적으로 묘사하면 할수록 비유는 그의 작품을 〈전체성 인식으로서의 문학〉[72] 혹은 자기 인식으로서의 문학으로 성숙시키는 역할을 한다. 이렇게 비유는 보다 의미가 풍부한 세계를 제시하여 독자를 매료시킨다.

카프카의 비유에 전형적인 형상은 표상들간의 우열의 파기이다. 그 어떤 꿈이나 유령의 세계가 일상적인 현실보다 우월하고, 우리들의 경험적, 정신적 현실의 아주 상이한 요소들이 거침없이 병존한다. 장엄한 요소가 통속적인 요소에 이어지며, 인간이 사물이나 동물로 혹은 그 반대로 나타난다. 이러한 당혹스러운 사건이 누구도 당혹하게 하지 않는다는 점이 카프카 문학의 특징이다. 이는 독자가 마법의 목소리에 귀를 기울이는 순간 이미 일어난 사실에 의구심을 잊은 탓이다. 카프카는 이야기가 진행됨에 따라 초현실과 현실 사이를 몇 번이고 내왕하면서 독자의 의식을 혼란시켜 독자로 하여금 이미 일어난 일을 자명한 것으로 받아들이도록 하는 것이다.

그런데 이러한 카프카의 비유에는 형상의 영역만 서술될 뿐 어떤 해결책이나 진리가 지시되거나 암시되지 않는다. 그것은 의미 영역이 형상 영역 안으로 함몰되었기 때문이다. 따라서 환상 영역에 주어져 있지 않은 의미 영역을 형상 영역 속의 주인공이 그러하듯이 독자 스스로가 수없는 성찰과 독서 행위로 찾아내야 한다.

71 Klaus Wagenbach, *Kafka*, Reinbek bei Hamburg, 1964, S. 131.

72 Heinz Hillmann, *Franz Kafka, Dichtungstheorie und Dichtungsgestalt*, Bonn, 1973, S. 10.

다시 말해서 비유된 형상과 의미의 관계가 제한적이거나 단절되어 야기된 표현과 표현된 것 사이의 부족한 연결은 독자에 의해 사색적으로 뜯어 맞추어져야 한다(절대적 은유). 결론적으로 카프카 문학에서는 〈전체로서의 비유성〉에 대한 깊은 이해가 필요하다.

물론 카프카가 비유로 서술했는지에 대해서는 논란이 많다. 그러나 많은 해석자들은 카프카의 비유에 일반적인 언어로는 이해시킬 수 없는 특이한 성격이 있다고 보고 있다.

2) 상징

상징을 뜻하는 단어 *Symbol*은 그리스어에서 유래하는 말인데, 원래는 증거를 의미하지만 더 나아가서는 하나의 징표*Zeichen*로서 어떠한 의미를 나타내는 형상 *Sinnbild*을 가리키고, 오늘날에는 보통 감각적 형상이 그 본래의 의미에 더해져 본래적 의미가 아닌 것을 담는 경우를 말한다. 상징은 자연적 상징(예: 빛 — 진리의 상징)과 상투적 상징(예: 십자가 — 기독교의 상징) 등으로 나누어지며, 언어, 신화, 종교, 철학 등의 문화 영역과 사회생활 전반에 걸쳐 발견된다. 상징의 두 주류로 볼 수 있는 제유(提喩)[73]와 환유(換喩)[74] 사이에 오늘날 더 이상 큰 차이를 둘 수가 없다. 두 가지의 경우 모두 의미의 전환이 필요하다. 부분을 가지고 전체를 나타내는 방법(부뚜막→가정과 가족), 원료로 제품을(포도→포도주), 신체적인 징표로 사람 전체나 어떤 집단을(백발→노인, 푸른 양말→규수 작가), 작가로 작품을(호메로스를 읽다), 수단으로 결과를(혀→말, 손→필적) 나타내는 방법 등이 있으며 그 역의 방법도 있다. 보편적인 것으로 특수한 것을 나타내는 경우(죽어야 할 존재로 사람을 나타냄)가 그것이다.

카프카가 서술하고자 하는 보편성, 즉 모든 삶의 현상과 사고의 총체성은 본래

---

73 *Synekdoche*. 제유는 전체 대신에 부분을 지명하는데(예를 들어 〈왕관을 얹은 머리〉는 〈군주〉를 의미하고, 〈손〉은 어떤 의미에서는 〈근로자〉의 대신이 된다), 때로는 일부분으로 전체를 대신하는 경우가 있다(예를 들어 〈워싱턴 보고〉란 〈워싱턴 시에 있는 정부의 보고〉라는 의미이다).

74 *Metonymie*. 환유란 그것 자체를 정통으로 그 이름으로 부르지 않고 그것이 가진 하나의 성질이나 속성 또는 그것과 연관이 있는 관념을 말하는 것이다.

적인 것으로 상징적이다. 카프카의 총체성은 일상적 언어 형식과 일상적 형상과 사고 가능성으로 서술되면서도 비본래적으로 보인다. 카프카가 추구하는 총체성은 모종의 세계관의 구조에 접합되기 힘들고, 작품 안에서 직접적으로 표현되지 않아 자체의 의미를 포기하고 역사적으로 제한된 구조로 바뀌기도 한다. 카프카의 최종 목표는 제한된 종교적·철학적·역사적 입장을 조형하는 데 있지 않고 본래적 진실을 파악하는 데 있는 것이다.

따라서 카프카의 이야기는 황당무계하게 되는데 이는 이들 작품이 상징적이기 때문이다. 표현은 사실적이되 표현된 세계는 사실 이상이라는 데서 비롯된다. 카프카의 직관과 시작(詩作)의 행위는 인간과 사물의 진리, 아니 인간과 사물의 현실성을 파괴하므로 카프카는 상징의 대표적 작가이다. 이와 관련하여 엠리히는 그의 저서 『프란츠 카프카 *Franz Kafka*』에서 다음과 같이 피력하고 있다.

그러므로 이것은 엄밀한 의미에서의 비유는 아니다. 왜냐하면 우화적(寓話的)인 혹은 비유적인 서술은 반드시 어떤 특정한 의미 혹은 개념을 지시하는 것으로서, 이를테면 세 개의 반지에 대한 레싱의 비유[75]는, 세 개의 반지에 있어서 세 개의 종교를 일의적(一義的)으로 분명하게 표시하고 있기 때문이다. 〔……〕 알레고리와 비유는 확실하고 분명한 종교 철학 혹은 세계관의 배경이 있어야만 비로소 가능하다. 〔……〕 따라서 엄밀한 의미에 있어서는 결코 알레고리도 비유도 아니다. 〔……〕 카프카의 문학 구조는 괴테 이래의 〈상징적〉이라 일컬어지는 문학 형식과 상통하고 있는 것으로 보일는지 모른다. 〔……〕 카프카의 경우, 사정은 완전히 다르다. 그의 경우에는 제현상(諸現象)은 벌써 직접적으로 우주적인 생(生)을 개시(開示)할 수가 없다. 〔……〕 카프카에 있어서 직관(直觀)과 시작(詩作)의 행위는 인간과 사물의 진리,

75 레싱의 작품 『현자 나탄 *Nathan der Weise*』에서 유대인 나탄이 말하는 세 개의 반지에 대한 비유는 다음과 같다. 한 동방의 왕가가 반지를 갖고 있었다. 왕들은 대대로 가장 덕이 높은 아들에게 그 반지를 물려주었다. 그런데 문제가 생겼다. 한 왕이 복제품 반지를 두 개 만들어 세 아들에게 하나씩 반지를 물려주었던 것이다. 사람들은 어느 반지가 진짜인지 밝혀야 한다고 생각했다. 재판관은 현명한 결정을 내렸다. 대대로 덕이 높은 후계자가 반지를 소유해 왔으므로, 세 명의 아들은 각각 자신의 행실을 통해 진정한 반지의 주인이 자신임을 입증해야 한다는 것이다. 여기에서 교훈은 다음과 같다. 여러 종교가 저마다 자기만이 진리라고 주장한다. 그러나 이러한 주장에서 그치지 말고 모든 종교인은 자신의 덕을 통해, 인간 사회에 주는 선과 광명을 통해 자신의 믿음이 진정 선하고 아름다운 것임을 입증해야 한다.

아니 인간과 사물의 현실성을 파괴한다. 때문에 카프카에 대해서는 상징이라는 말은 더 이상 문제가 되지 않는다. 카프카의 이 문학 세계의 구조는 개개의 형상과 우주적 지향과의 상호 관계 속에서 비로소 그 진면목이 드러난다.[76]

이러한 여러 가지 관점에서 볼 때 카프카 문학이 지닌 〈전체로서의 상징성〉에 대한 깊은 이해 없이는 그의 문학의 올바른 해석이 불가능하다.

이러한 카프카의 상징적 성격을 작품 「변신」을 예로 들어 구체적으로 규명해 보자. 스필카Mark Spilka는 매우 시사(示唆)가 풍부한 논문에서 「변신」의 시작 부분이 고골Nicolai Gogol의 『코The Nose』 및 도스또예프스키의 소설 『분신The Double』과 직접적인 연관을 가지며,[77] 그의 플롯의 어떤 면은 명백히 『데이비드 커퍼필드David Cofferfield』에서 차용된 것이라고 주장하고 있다.[78] 이렇게 그레고르의 변신은 많은 카프카 작품이 획일적인 해석을 불허하듯이 논자(論者)에 따라 가지가지 의미를 찾아낼 수 있다.

첫째, 유대인이었던 카프카는 약 1500년에 걸쳐 유럽 각처에 흩어져서 많은 학대를 받으며 다음날의 운명을 예측할 수 없이 살아가던 유대인의 운명을 상징한 것으로 해석될 수 있다. 인간은 일생을 통해서 항상 내일 자기의 운명이 예측하지 못하는 기괴비참(奇怪悲慘)한 것으로 변할지 모르는 불안감에 싸여 있다. 실제로 우리들은 죽음이란 가장 큰 변화를 눈앞에 놓고 산다.[79]

둘째, 그레고르의 운명은 한 인간의 인간성보다도 한 인간의 사회적 기능이 중요시되어가는 물질적 기계화 속에 살아가는 모든 인간의 상황을 상징한다고 볼 수 있다.

셋째, 「변신」의 서두에서 주인공 그레고르가 〈어느 아침 어수선한 꿈에서 깨어, 자기가 한 마리의 거대한 갑충으로 변신하여 침대 위에 누워 있음을 발견한다〉(E 57)는 내용은 카프카 개인의 경우와 마찬가지로 어느 날 아침 갑자기 객혈 현상을

76 W. Emrich, *Franz Kafka*, Frankfurt/M., 1960, S. 76.
77 Mark Spilka, *Dickens and Kafka*, Indiana University Press, Bloomington, 1963, p. 90.
78 Mark Spilka, *Dickens and Kafka*, a.a.O., p. 16.
79 박이문, 『문학 속의 철학』, 일조각, 1981, 6면 이하.

일으킨 폐결핵 환자가 가족과 타인의 기피, 혐오, 학대 속에서 죽음에 이르는 질병 과정을 상징적으로 묘사한 것이라고 해석될 수 있다. 물론 카프카에게 있어서 「변신」의 성립(1915년)과 객혈(1917년) 또는 유대 민족의 박해(1933년 이후)의 사이에는 시간적 간격이 있지만, 카프카 문학을 〈예언의 문학〉이라고 보면 이 견해를 무턱대고 견강부회의 이론이라고 단정할 수 없다.[80]

넷째는 시대와 장소를 떠난 보편적 인간 상황의 상징으로 해석될 수 있다. 부유한 유대인이 내일 아침에 개처럼 비참히 학살당할 수도 있다. 오늘의 도둑이 내일 아침에 영웅이 되고, 오늘의 매국노가 내일 아침에 애국자가 되는 변신의 시대 속에 우리는 살고 있다. 우리의 역사를 돌이켜 보건대, 양심에 따라 변신을 거부하고 끝까지 고려 왕실에 충절을 지키다가 선죽교에서 살해당한 정몽주와 몰살당한 그의 가족들, 한편 그를 죽여 변신한 뒤 왕권을 약탈하고 500년 동안 자손을 많이도 번식한 이방원. 어느 쪽이 잘 살았다고 할 수 있을까. 6·25 전쟁 때에도 한 동네에서 나름대로 똑똑하고 꿋꿋했던 탓에 공산주의자 혹은 국군에게 학살당한 사람이 있는 반면 머리가 부족했거나 실리에 약삭빨라 변신한 덕분에 살아남아 면장 군수 국회의원이 되어 자손을 번식하고 출세시킨 이들도 있었다. 생존 경쟁의 승리자로서 크나큰 긍지를 느낄 수 있지만 살아남은 자신에 대해서는 어쩐지 거북하고 계면쩍은 감정이 될 수 있는 것이 변신이다. 치열한 생존 경쟁의 시대, 강하게 살아남는 것이 미덕인 시대에 인간의 마음을 뒤흔들어 놓는 것이 변신이다.

이러한 인간 상황의 변신이 카프카 작품에도 반영되어 이미지나 용모까지도 의도적으로 변신시키는 동기가 나타난다. 예를 들어 『소송』에서 재판관들은 자신의 이미지를 변신시키려는 강력한 의지를 보인다. 이 작품에서 법의 세계의 인물들은 인위적으로 자신을 변신시키려 한다. 여기에 예술적 변신이 작용한다. 법정 한가운데에서 자유로운 생활을 하기 때문에 화가 티토렐리는 재판관들의 초상화를 그리는 자격을 얻었다. 그런데 그는 재판관들을 실물대로 그리지 않고, 옛날 위대한 재판관들의 그림이 풍기는 것처럼 재판관으로서의 중요한 의미와 기능을 그림으로 나타내야만 한다. 실제로 재판관은 부엌 의자에 앉아 있으면서도 그림에서는 옥좌

80 김정진, 「카프카의 문학 작품에 나타난 동물 군상의 상징적 의의」, 『카프카 연구』, 범우사, 1984, 264면.

에 앉아 있는 모습으로 변신한다. 〈나는 형상도 옥좌도 본 적이 없습니다〉(P 126)라는 티토렐리의 말에서 암시되듯이 재판관으로서 그들의 품위 있는 자세는 그림 속에서 순전히 꾸며서 변신된 것이다. 초상화를 그리기 위해서 〈아침 일찍 내 침대로 기어 올라오는 재판관을 맞이할 때, 내가 욕하는 소리를 당신이 들으시면 재판관에 대한 외경심은 사라질 것입니다.〉(P 134)

결국 재판관들은 실제로 아주 평범한 사람들이며, 티토렐리의 진술에 따르면 모든 것이 법정에 속해 있다는 사실이 분명하게 밝혀진다. 그러나 화가는 일상생활에서는 볼 수 없는 재판관 직무의 본질, 기능, 의미를 예술적으로 변신시켜야 하는 임무를 띠어 그들의 직무와 위엄을 인위적으로 만든다. 의식이 없는 — 심지어 성찰하면서도 자주 상당한 당혹감을 느끼는 — 삶의 과정을 의미로 변신시키는 사람이 바로 화가 티토렐리이다.

이때 티토렐리가 재판관들의 실제의 모습을 자신의 개인적인 재량에 따라서 그리거나 변경해서는 안 된다는 사실이 중요하다. 오직 옛날 위대한 재판관들을 그렸듯이 그들을 그려야만 하는 것이다. 따라서 그가 그려야만 하는 것이 상부에서 제시된다. 여기에서 우리가 인식할 수 있는 것은 재판관의 직무 본질과 기능은 미리 정해졌다는 사실이다. 그것들은 세계 질서에 묻히고, 자의적으로 변경될 수 없고, 심지어 항상 동일하다. 왜냐하면 모든 재판관들은 똑같은 자세로 앉아 있고, 오직 몸의 형태, 화구의 종류와 관리들의 계급만 변하기 때문이다.[81]

참고로 예술가 혹은 티토렐리의 모델 가운데 하나는 카프카의 청년 시절 가장 신비로운 친구였던 오스카 폴락이었음이 분명하다. 카프카는 확실히 그에게 많은 애정을 가지고 있었다. 하지만 폴락은 거기서 빨리 벗어나며 1915년에 요절했다. 그는 화가는 아니었지만 이탈리아 바로크 예술에 대한 전문가였다. 그는 건축, 도시 지도, 고대의 행정 및 상업에 대한 서적 등 카프카에게 깊은 영향을 미쳤던 많은 영역에서 두드러진 능력을 가지고 있었다.[82]

앞에서 카프카의 상징적 성격을 작품 「변신」을 중심으로 고찰해 보았다. 그런데 우의(寓意)를 나타내는 알레고리와 상징을 혼동해서는 안 된다. 알레고리란 추상

81 빌헬름 엠리히(편영수 역), 『카프카를 읽다』, 제2권, 유로, 2005, 103면 이하.
82 Vgl. Max Brod, *Franz Kafka, Eine Biographie*, Frankfurt/M., 1966, S. 94~103.

적인 개념이나 사상재(思想財)와 사유(思惟)된 복합체를 상징적으로 지각(知覺)되는 구체적 실체의 현상으로 옮겨놓는 화법을 말한다. 즉 이념적인 것이 의인화 *Anthropomorphisierung*로 물질화된 것이다. 여기서는 어느 것 대신에 어느 〈다른 것〉을 말하지만, 이 〈다른 것〉이란 그 자체로서는 뜻이 없다. 「변신」의 주인공 그레고르는 어느 날 아침 난데없이 한 마리의 커다란 갑충이자 독충이라는 딱정벌레로 변해 버림으로써 자기의 인간으로서의 실체를 은폐한다. 인간이 벌레로 변신함으로써 자기 실체를 은폐한다는 기만 행위는 카프카 나름의 알레고리 수법이다.

카프카의 알레고리는 비본질적인 언어 양식이 아니라, 본질적인 언어 양식으로 이해된다. 각각의 형상은 자체적으로 의미되지 본질적으로 다른 것을 의미하지 않는다. 즉 우리에게 주어진 일상의 언어 형태, 형상과 사고 가능성 등은 항상 스스로의 세계를 나타낸다. 그러나 그 뒤에는 매우 깊은 인식이 담겨 있다. 자기 형상적 의미 배후의 본질적 의미는 잘 해명되지 않는다. 특히 이 본질적 의미가 우리 삶에 관련된 일반적인 것과 보편적인 것에 관련될 때 더욱 해독되지 않는다. 그리고 알레고리는 이렇게 추구된 일반적인 것에는 삽화되지 못하는데, 이렇게 추구된 일반성은 우리 인식의 고유 법칙으로 다른 존재가 되거나, 인간 자신의 인식이 변하기 때문이다. 본질성은 형상으로 고정되어야 마땅한데 본질적 영역과 비본질적 영역의 혼돈으로 인해서 독자는 본질성의 정확한 규정이 어렵다.

3. 동일 시점

카프카 연구자로서 바이스너는 형식과 구조에 치중하여 카프카의 작품을 분석하고 비판한다. 그는 카프카 연구에서 자서전적 요소 등 외부로부터 텍스트에 접근하는 해석에 반대하고, 이론을 위한 기록문이 아니라 문학인 작품에 대한 엄격한 〈어문학적 해설〉을 요구했다. 무엇보다도 먼저 문체, 형식, 구조, 서술 방식 등을 연구해야 한다는 것이다. 현실을 초월한 시공간에서 일어나는 사건들이란 가시적인 세계에서 일어나는 실제적인 것들이 아니라 등장인물들, 특히 주인공의 정신 세계, 의식 세계에서 일어나는 가상적인 그 무엇을 의미하므로, 카프카의 작품을 이해하기 위해서는 우선 주인공의 현실 세계보다도 오히려 그의 정신 세계에서 일어나는 그 무엇을 이해해야 한다는 것이다.

이러한 주인공의 정신 세계를 묘사하는 서술 방식 중의 하나가 〈동일 시점 Einsinnigkeit〉이다. 1952년에 바이스너가 이름 붙인 〈동일 시점〉이란 모든 서술을 작품의 중심 인물에 고정시키는 서술 원리로서 설화자가 이야기 안에서 자신의 의식과 느낌을 중심 인물과 함께 하여 설화자의 강력한 주관을 반영하는 방식이다.

카프카 소설의 기법상의 통일은 주인공에 의하여 이룩된다. 카프카는 모든 것을 주인공의 시점에 의하여 서술하는 것이다. 카프카의 주인공들은 자신이 체험하여 알고 있는 것만을 서술하고, 세상에 대하여 자기 자신의 모형을 강요하고, 다른 인물들은 주인공의 시각 속에 나타났다가 사라져 버려 실체를 지니지 못한다. 카프카의 소설의 주인공은 자기가 추구하는 일에서 다른 인물들에 의해서 방해는 받을지라도 근본적인 태도의 변화는 없다. 따라서 우리는 결코 주인공이 부재하는 영역에는 들어설 수가 없다.

바이스너의 말을 빌면 〈카프카는 이러한 기법을 통하여 자기 자신뿐 아니라 독자도 주인공으로 변형시킨다.〉[83] 그의 주장에 의하면 카프카의 서술자는 〈외적 현실 세계〉를 떠나 온갖 가능성과 통일성을 유지한 〈내적 인간〉을 서사 문학의 대상으로 삼으며, 따라서 냉철하게 관찰하는 자로서 서술 대상의 바깥에 머물면서 피서술 세계에 대하여 거리를 취하는 것이 아니라 주인공의 내면 세계로 들어가게 된다.[84] 요컨대 〈모든 것은 주인공의 반영이고 투사〉[85]로 〈동일 시점〉으로 서술되는 것이다. 따라서 사건과 서술 사이의 거리가 지양된다.[86]

이런 맥락에서 독자는 주인공의 시각을 통해서만 상황과 사건을 인식하며, 서술자와 독자는 서술된 것 이상을 알지 못한다. 서술 시점의 동일성은 내면적 경험들의 철저한 표현, 즉 〈꿈같은 내면적 삶traumhaftes inneres Leben〉(T 262)의 묘사로서 이해된다. 바이스너는 정신 세계를 완벽하게 조립한 카프카 언어의 예술적

83 F. Beißner, *Der Erzähler Franz Kafka*, Stuttgart, 1952, S. 34.

84 F. Beißner, *Der Erzähler Franz Kafka und andere Vorträge*, Mit einer Einführung von Werner Keller, Frankfurt/M., 1983, S. 36 ff.

85 Peter Richter, *Variation als Prinzip*, Bonn, 1975, S. 34.

86 F. Beißner, *Der Erzähler Franz Kafka*, Stuttgart, 1952, S. 34.

구조에 유의하여 카프카 문학이 지닌 서사적 세계의 포용성을 찬양하였다. 이렇게 바이스너가 주장한 서술 과정의 〈동일 시점〉은 여러 가지 방법으로 이해되고 해석될 수 있다.

1. 자신의 의식 속에 갇힌 자아는 현실에 대한 직접적인 통로를 갖지 못하고 객관성의 허상에 만족해야만 한다.

2. 자아는 사물에 대한 기만적인 권력을 믿지는 않으면서 세계의 실체성을 인정한다.

3. 오로지 주인공의 눈을 통해 이루어지는 묘사는 카프카가 지닌 어떤 정신적 특성의 표현이다. 그의 자아는 삶과의 연관성을 상실한 상태에 있다. 자아의 허약함은 직접적인 접촉을 회피하게 만든다.

4. 〈동일 시점〉은 내면적 인간에 대한 한결같은 지향 및 정신 생활의 표현으로 이해될 수 있다. 주인공과 서술자의 시각이 일치됨으로써 서술된 세계의 통일이 이루어진다.

5. 이러한 서술 방식은 자본주의적 지배에 순응한 소시민인 카프카의 전반적인 무견해성을 나타낸다. 이것은 작가의 고립되고 연대 의식 없이 경쟁만을 강조하는 피고용인 정신을 드러낸다.[87]

카프카는 중편 「변신」, 「선고」 그리고 세 장편 소설 『성』, 『소송』, 『아메리카』의 주인공에 〈동일 시점〉에 의한 강열한 주관을 반영하고 있다. 예를 들어 「변신」에서 〈어느 날 아침, 잠에서 깨어 보니 사람이 갑충이 되어 있다〉(E 57)라고 이상한 사건을 냉정하게 건조한 문체로 보고하듯 시작되지만 주인공 그레고르는 자신이 왜 갑충이 되었는가의 원인에 대해서 알 수가 없다. 따라서 독자도 정보를 주인공의 의식, 사고, 관찰을 통해서만 전달받기 때문에 그레고르가 갑충이 된 원인을 알 수 없다. 또 하나의 예로 「변신」의 한 구절을 인용해 보자. 그레고르가 잠에서 깨어나 갑충으로 변한 자신을 발견하고 난 후의 서술이다.

---

87 Hartmut Müller(권세훈 외 역), 『카프카 문학 사전』, 학문사, 1999, 113면.

〈나에게 무슨 일이 일어났는가?〉 하고 그는 생각했다. 그것은 꿈이 아니었다. 정상적이고 약간 작은 그의 방은 낯익은 네 벽 사이에 조용히 놓여 있었다. 그레고르의 시선은 창문으로 향했다. 흐린 날씨는 — 창틀에 떨어지는 빗방울 소리가 들리는데 — 그를 아주 우울하게 만들었다.(E 57)

여기서 독자는 주인공 그레고르와 의식을 같이 나누면서 그의 눈을 통해 방 안을 둘러보고 창 쪽을 바라본다. 독자는 주인공과 완전히 밀착되어 주인공의 의식을 통해 생각하고 주인공의 감각을 통해 사물을 인식하게 된다. 즉 그레고르의 눈과 귀를 통해 보고 들은 것과, 그의 의식에 떠오른 것만으로 모든 서술이 이루어지고 있으며, 나머지 인물들의 대화나 행동은 그레고르의 귀에 들리거나 보이는 경우에만 직접적으로 서술되고 있다. 그러므로 독자에게 이야기를 들려 주고 있는 서술자의 존재를 독자는 느끼지 못한다. 즉 〈이야기되는 사건은 주인공에 의하여 보여지고 체험되고 생각되어 마치 일인칭 소설과 같다.〉[88]

또 『아메리카』에서 서술되는 모든 것은 카알에 의해 보여지고 느껴진다. 16세의 주인공 카알은 객관 세계의 아주 단면만을 의식한다. 이 좁은 의식은 그가 직접 보고 감지한 영역에서만 표출된다. 카알은 『소송』과 『성』의 주인공 요제프 K나 측량 기사 K에 비해 나이가 어리기 때문에 현실 세계에 대한 체험의 폭이 좁다. 그는 지적인 집중력이라든가 지속적 논리에 의한 사고가 결여되어 있다. K들이 논리적인, 때로는 궤변적인 의문과 추리로 그들이 처한 세계의 인과율을 간파하려는 데 반하여 카알은 그렇지 못하다. 인간과 사물을 단지 자신들의 목적 달성을 위한 방법으로 깨닫고 있는 K들과는 달리 카알은 천진난만함과 정직으로 일관하기 때문에 가장 긴급한 현실 문제를 처리해 나갈 능력이 부족하다. 카프카가 종종 언급한 바 있는 〈인식의 나무의 열매*Baum der Erkenntnis*〉(H 36)를 아직 먹지 못한 것이다. 이 좁은 의식은 그가 직접 보고 느낀 영역에서만 표출된다. 다시 말해서 그는 외부 세계를 감각적이고 가시적인 방법으로 수용한다. 뉴욕 항구나 숙부의 복잡한 책상이나 수없이 쇄도하는 도로상의 인파와 자동차 행렬 등 외부 세계에서 일어나는 낯

---

88 Walter H. Sokel, *Franz Kafka, Tragik und Ironie*, Frankfurt/M., 1976, S. 21.

선 현상에 몰입하는 그의 호기심이나 행위는 특정한 목적이나 동기에서가 아니라 어떠한 현상이 단지 감각적으로 보이기 때문에 일어나는 자연적 행위이다. 외부 세계에 대한 관조적인 인식인 것이다.[89]

카알이 이처럼 직접 보고 감지한 것만을 카프카는 아주 어린애처럼 단순하고 순진하게 서술한다. 어떠한 것도 카알이 없이 혹은 그에 반(反)하여, 그의 부재시에 서술되지 않는다. 서술자는 다른 사람의 사고가 아닌 카알의 사고만을 전달할 뿐이다. 이는 주관적이고 체험적인 시점을 계속 견지함으로써 서술 영역을 제한시키려는 카프카의 서술 원리의 결과이다.

카프카는 일인칭 형식뿐만 아니라 삼인칭 형식에서도 언제나 동일 시점으로 서술한다. 예를 들어 『성』에서 서술되어지는 모든 것은 K에 의해 보고 느껴진다. K 없이는, 즉 그의 부재시에는 아무것도 서술되어지지 않는다. 설화자는 다른 사람이 아닌 전적으로 K의 생각만을 전달할 뿐이다. 『소송』에서도 독자는 요제프 K가 보고, 듣고, 생각하는 것 외에는 아무것도 알지 못한다. 따라서 설화자는 자신만을 이야기하게 되며 요제프 K로도 변하고 측량 기사 K로도 된다.〉[90]

물론 『아메리카』의 테레제Therese의 이야기, 『성』의 올가Olga의 보고, 「법 앞에서」 등에서 사건이 중심 인물의 시야에서 벗어난 듯한 인상을 주기도 한다. 그러나 테레제의 이야기는 카알이 미국에서 겪게 될 시련을 암시하기 위해 서술 시점을 잠시 주변 인물로 옮긴 것에 지나지 않는다. 올가의 보고에서도 측량 기사 K는 성과 관리 세계의 부패상을 폭로하고 그들과의 투쟁에서 끊임없이 야기되는 패배 의식을 털어 버리고 새로운 임전 태세를 갖추기 위해 계속해서 관심을 가지고 개입한다. 비유 「법 앞에서」도 독립된 제목으로 발간한 사실이 있어 『소송』의 전체적인 시각에서 벗어난 것으로 간주될 우려가 있으나, 그 비유에 등장하는 청원자인 시골 남자의 운명이 가망 없는 소송에 심혈을 기울이다가 비참한 최후를 마치는 요제프 K의 운명과 유사하다는 점에서 「법 앞에서」는 요제프 K의 시점에서 이해되어야 한다. 바이스너는 중심 인물 없이 서술된 예외적 상황으로 「변신」의 마지막 부분, 즉 그레고르가 죽은 후에 계속해서 서술된 몇 페이지가량의 에필로그와 게

---

89 김용익, 『프란츠 카프카 연구』, 삼영사, 1984, 119면 이하.
90 F. Beißner, *Der Erzähler Franz Kafka*, Stuttgart, 1952, S. 29.

오르크 벤데만이 죽은 후에 다리 위의 교통을 서술한 「선고」의 마지막 장면을 지적한다.[91]

이렇게 카프카 작품의 사물과 인물들은 고정된 가치를 지니지 않고 중심 인물의 입장에 따라 변화하는 상대적 가치를 지닌다. 이 같은 사실이 사물과의 친숙도를 상실시키고 인물들의 지속적인 특징을 해체시킨다. 따라서 사물과 인물들은 중심 인물의 의식과 주관에 의해 형성된 하나의 기능에 불과하다. 사물의 특성과 인물들의 행동 방식은 중심 인물이 처한 그때그때의 상황에 의해 결정되어 변화하는 것이다.

그러나 동일 시점만을 순수하게 유지하려고 할 때, 표면상 많은 제약을 받게 된다. 즉 시점 인물 한 사람의 감각과 의식을 통해서 그 인물이 없는 곳에서 일어나는 일을 서술하려 하거나 그 인물 바깥에서 인물을 관찰하여야 될 경우에 어려움을 직면하게 된다. 그러므로 보다 많은 표현의 자유를 얻기 위하여 이 시점의 한계를 벗어나 서술자가 모습을 드러내는 경우가 있다. 서술자가 주인공의 시각과 감각 속에 엄격히 머물러 그와 함께 체험할 뿐이라는 논리는 서술 시점과 주인공의 시점의 일치를 시사한다.

조켈이 카프카 문학의 특징으로 명명한 〈꿈의 원리 *Traumprinzip*〉도 〈동일 시점〉과 일치한다. 꿈의 원리는 동일 시점처럼 〈카프카가 서술한 것을 항상 유일한 주인공의 눈과 두뇌를 통해 체험하게 하는〉 서술 원리인 것이다. 따라서 조켈은 카프카의 조형들은 〈주인공의 정신적인 경향을 구체화하고 결정화(結晶化)한 것〉에 불과하다고 간주(看做)한다.[92]

조켈은 카프카의 조형들은 주인공의 정신적인 경향을 구체화하고 결정화(結晶化)한 것에 불과하다고 간주한다. 카프카는 자신의 주관 세계를 표출하기 위해 〈동일 시점〉의 문체를 고수했기 때문에 꿈과 같은 내면의 세계를 묘사하려고 한 카프카의 노력은 단적으로 성공했다고 볼 수 있다.

91 F. Beißner, *Der Erzähler Franz Kafka*, Stuttgart 1952, S. 36.
92 Walter H. Sokel, *Franz Kafka, Tragik und Ironie*, Frankfurt/M., 1976, S. 11.

4. 작품의 익명성

〈모든 것이 다른 것에 의존해서 생하고 멸하므로(緣起), 독립된 실체성이 없다 (諸法無我, 一切皆空)〉는 사상이 불교적 존재론이다. 그런데 인간의 마음(識)은 없 는 것을 만들어 내는 작용을 한다. 예를 들어 〈a는 b이다〉라고 이름 붙여져 그 a는 마치 a 아닌 것으로 분리되어 독립적인 실체성으로 여겨진다. 이러한 실체성의 언어 화가 이름이다. 인간의 존재 양식은 플라톤의 경우처럼 〈이데아〉라는 보편적 관념으 로서가 아니라 〈a, b, c, d〉 등의 이름이 붙는 개별적 실존자로 존재하는 것이다.

〈이름과 본성은 일치하는 경우가 많다Names and natures do often agree〉라는 격언이 있다. 그리스인들이 명명하듯이 여기에서 최초의 작명가의 활동이 보인다. 여기에서 낱말과 사물의 관계를 해명하는 견해가 나온다. 그리스인은 그리스어의 특성을 모든 문제의 대상으로 삼아 낱말과 사물의 관계에 대해 철학적으로 접근하 였다. 플라톤은 〈모든 사물에 대해서는 이 사물 자체의 본성에서 비롯되는 올바른 명칭이 있다〉거나 사물의 명칭은 〈약속과 합의에서 연유된다. 왜냐하면 우리가 사 물에 부여하는 각각의 이름은 옳기 때문이다〉[93]라고 말했다.

이러한 배경에서 볼 때 모든 사물에 그 이름, 즉 명칭이 그 본질의 인식을 토대 로 한다면, 이 명칭은 객관적이고 참되며, 사물의 본질을 나타낸다. 그러나 사물이 명칭을 규정과 관습을 통해 갖는다면, 이 명칭은 주관적, 자의적이며 그 본질을 나 타내지는 않는다. 이런 생각이 플라톤의 저서 『크라틸로스Kratylos』에 담겨 있는 데, 이 책은 사물에 붙이는 이름이 단순히 편리를 위한 부호인지 아니면 본래 그것 이 지칭하는 사물의 본성을 나타내 주는 것인지를 검토하고 있다. 헤르모제네스 Hermogenes는 그 이름 자체가 신들의 언어를 인간에게 전달하는 전령의 신 헤르 메스Hermes에게서 태어난 사람, 즉 헤르메스의 아들이란 뜻이다. 성서에서 하나 로 된 민족이 스스로 이름을 만드는데, 이는 그들이 여러 나라로 흩어지지 않기 위 해서였다.

---

93 Platon, Dialog *Kratylos oder über die Richtigkeit der Namen*, c 384, *Handbuch der Linguistik. Allgemeine und angewandte Sprachwissenschaft*, München, 1975, S. 435.

처음에 온 세상은 하나의 동일한 언어를 사용하였다. 그런데 사람들이 동쪽으로 이동하다가 바빌로니아에 있는 한 평야에 이르러 거기에 정착하게 되었다. 그들은 〈자, 벽돌을 만들어 단단하게 굽자〉 하고 서로 말하며 돌 대신 벽돌을 사용하고 진흙 대신 역청을 사용하였다. 그들은 또 〈자, 성을 건축하고 하늘에 탑을 쌓아 우리 이름을 떨치고 우리가 사방으로 흩어지지 않도록 하자!〉 하고 외쳤다.[94]

동양의 논리도 결코 이에 뒤지지 않았다. 한자(漢字)에서 이름 〈名〉자는 저녁 석(夕)에 입 구(口)를 합친 자이다. 해가 저물고 어두울 때 상대편을 부르거나, 자신을 알릴 필요에서 〈이름〉이 생겨났다는 주장이다. 〈어둠〉 속에서 자기를 밝히는 등불이 이름인 셈이다. 고대 중국의 논리 체계의 발전에 크게 기여한 순자는 공자의 정명론(正命論)에 바탕을 둔 〈명실론(名實論)〉을 폈다. 그는 지(知)와 지(智)를 구분하고, 전자는 사람들이 가지고 있는 앎의 능력을 지칭하는 데 썼고, 후자는 사람이 안 것과 실제 대상이 들어맞았을 때 쓰는 용어로 의미를 부여했다. 그에 따르면 인식 대상을 구분하면서 생기는 것이 명(名)인데, 이는 약속이고, 따라서 다른 것이면 다른 이름을 붙여야 한다고 했다.

중국 조나라 사람으로 논리의 대가로 꼽히는 공손룡이 〈흰 말은 말이 아니다〉라는 명제는 유명하다. 그의 논리는 이렇다. 말이라는 것은 모양을 가리키는 개념이고, 희다는 것은 빛깔을 가리키므로 흰 말은 말이 아니고, 말에는 흰 말, 검은 말, 누런 말이 있는데, 흰 말이라면 나머지 색의 말들을 포함시키지 않으므로 말이 아니라는 것이다. 물론 순자는 이에 대해 흰 말은 말 속에 포함되는 것인데 명칭만 갖고 사실을 혼란시키는 것이라고 비난했다. 우리나라에도 사물에 걸맞는 개념인 이름에 관해서 김춘수의 시 「꽃」이 있다.

꽃

내가 그대 이름을 불러 주기 전에는

94 *Die Bibel*, nach der Übersetzung M. Luthers, Stuttgart, 1975, I, Mose 11.

그는 다만
하나의 몸짓에 지나지 않았다.

내가 그의 이름을 불러 주었을 때
그는 나에게로 와서
꽃이 되었다.

내가 그의 이름을 불러 준 것처럼
나의 이 빛깔과 향기에 알맞는
누가 나의 이름을 불러다오
그에게로 가서 나도
그의 꽃이 되고 싶다.

우리들은 모두
무엇이 되고 싶다.
너는 나에게 나는 너에게
잊혀지지 않는 하나의 눈짓이 되고 싶다.

　　존재의 의미를 조명하고 그 정체를 이름으로 밝히려는 의도를 가진 이 시는 주체와 대상이 주종(主從)의 관계가 아니라 상호 주체적인 만남의 관계를 형성하고 있다. 이 시에서 화자는 꽃을 비롯하여 이 세계의 모든 대상은 오직 명명(命名)을 통해서만 존재할 수 있다고 말한다. 꽃에서 구체적인 이름을 붙여 주기 전에는 그 꽃은 오직 〈하나의 몸짓〉에 지나지 않을 뿐 꽃으로서는 아무런 존재 이유를 지니고 있지 않다. 내가 그것을 꽃이라고 명명할 때 비로소 그것은 꽃으로서의 존재 이유를 부여받는다. 이렇게 주체(나)와 객체(꽃)는 서로 깊이 연관되어 있기 마련이다. 〈내가 그의 이름을 불러 주었을 때/그는 나에게로 와서/꽃이 되었다〉는 둘째 연은 이 점을 아주 실감나게 보여 준다.

　　인류 역사는 정복의 역사이다. 동서고금을 막론하고 국가·민족·인종들은 다른 국가·민족·인종들을 침략하여 그들의 땅과 재산을 빼앗아 왔다. 시대와 지역의 차이에도 불구하고 침략과 정복들에 공통되는 양태가 있다. 어느 땅을 침략하여 자기 것으로 만들기 위해서는 법률적·실효적·도덕적 소유권을 확립해야 한다. 먼저 법률적 소유권. 지리상의 발견 시대에 〈신대륙〉을 찾아나선 탐험가들은 새로운 땅에 도착하면 우선 자기나라 국기를 꽂았다. 이어 그 지역을 담은 지도를 제작하고 주요 지점에 대해 자기 방식의 〈이름〉을 붙였다. 이는 모두 나중에 발생할 소유권 다툼에서 우위를 점하기 위한 것이었다. 때로는 이전에 그 땅을 차지했던 사람들이 붙여 놓은 지역의 이름을 자기 방식으로 대체했다. 미국의 경우 영국 이주민은 원주민이 〈위킨다코아〉라고 부르던 곳은 〈버지니아〉, 네델란드 이주자들이 〈뉴암스테르담〉이라고 부른 곳은 〈뉴욕〉으로 바꾸어 버렸다. 1920년대 마케도니아 남쪽을 차지하게 된 그리스는 모든 지역에 그리스식 이름을 붙였고, 그리스를 점령한 로마 제국은 그리스 신화의 신들을 그리스 이름에서 로마 이름으로 바꾸어 버렸다. 따라서 〈제우스Zeus〉는 〈유피테르Jupiter〉로 〈아프로디테Aphrodite〉는 〈베누스Venus〉로 〈포세이돈Poseidon〉은 〈넵투누스Neptunus〉로 바뀌었다. 한국과 일본에 관해서도 〈임나일본부설(任那日本府說)〉 그리고 〈창씨개명(創氏改名)〉 등이 세계사적 맥락에서 정복을 위한 수단으로서 그 실체가 드러난다.

동양과 서양의 인식의 차이에 주목한 미국의 니스벳Richard Nisbett 교수는 『생각의 지도The Geography of Thought』라는 흥미로운 책에서 이런 지적을 했다. 서양의 아이들은 동사보다 명사를 먼저 배우지만, 동양의 아이들은 상대적으로 동사를 먼저 배운다. 중국인들은 차를 권할 때 〈더 마실래(再喝点兒)?〉라고 하지만 서양 사람들은 〈차 더 할래More tea?〉라고 묻는다. 동양인은 맥락과 행동을 중시하므로 명사를 굳이 표현할 필요가 없지만, 서양인은 마시는 것이 무엇인지가 더 중요하다는 설명이다. 이러한 마시는 것의 다양한 범주화로 이름이 생겨나게 된다. 따라서 서양인들은 사물의 범주화에 관심이 많아 각종 관사(a, the)가 발달했지만, 동양인들은 명칭보다는 속성에 관심이 많아 명칭 따위에는 별 관심을 보이지 않는다고 했다.

사물의 이름이 불러일으키는 연상 작용이 실제로 냄새를 느끼는 데에도 영향을 미친다는 이론이 있다. 장미를 호박꽃이라고 부르면 덜 향기롭게 느껴지지만 고약한 냄새를 풍기는 사물에 그럴듯한 이름을 붙이면 냄새도 나아진다는 것. 영국 옥스퍼드대 에드먼드 롤스 교수팀은 〈체다〉와 〈암내〉라고 각각 이름 붙인 치즈의 냄새를 자원 봉사자들에게 맡게 하고 이들의 두뇌 움직임을 측정하는 실험을 실시해 이 같은 결과를 얻었다고 BBC가 2006년 9월 26일 보도했고 그 연구 결과는 신경학회지 『뉴런Neuron』에 실렸다. 〈체다〉 치즈 냄새를 맡은 실험 대상자들의 뇌는 냄새를 분석하는 부위가 활성화됐다. 〈체다〉 표시가 돼 있지만 실제로는 맑은 공기 냄새를 맡은 대상자들의 뇌도 같은 부위가 약하게나마 활성화됐다.

그러나 〈암내〉 표시가 된 치즈나 같은 표시가 돼 있지만 실제로는 맑은 공기 냄새를 맡은 대상자들의 뇌는 이 부위가 전혀 활성화되지 않았다. 연구팀은 숨을 깊게 들이쉬어 냄새를 맡는 행동은 뇌의 〈냄새 부위〉 활성화에 아무런 영향을 미치지 않았다고 덧붙였다. 롤스 교수는 〈이번 실험에서 이름이 후각에 영향을 미친다는 점이 확인됐다〉며 〈안와전두피질이라는 뇌 부위에서 조절되는 냄새의 쾌감이 후각으로 전이된다〉고 말했다. 그는 치매나 교통사고로 인해 안와전두피질이 손상된 사람은 식성이 바뀌어 비만이 될 수도 있다고 지적했다. 포도주 제조업자나 레스토랑 업주들이 맛을 어떤 이름으로 표현하느냐에 따라 고객의 미각에도 영향을 미친다는 사실에 착안해 롤스 교수는 〈이름과 맛의 소비자 경제학〉도 언급했다. 결국 사물에 그럴듯한 이름을 붙이면 냄새도 나아진다는 것이다.

1) 이름의 익명성

이름의 배경은 원래 창세기 시대까지 거슬러 올라간다. 인류의 시조 아담은 배우자 하와를 비롯한 모든 동물들에게 이름을 지어 준다. 모든 개개의 종류를 그들의 본질에 따라 이름 붙이는데, 고고학적 견해로는 이름은 본질을 표시했기 때문으로 보인다. 이름을 지어 주는 자는 명명한 것들을 소유한다.

이렇게 이름이 창세기부터 발전했던 사실과 반대로 카프카가 속했던 유대 사회에서는 이름이 태고 시대부터 신적으로 거부되었다. 따라서 명확히 한정된 상황에서 소임을 하는 〈이름〉은 태고적 전통에 뿌리박고서 시공을 초월해 여전히 거부되고 있다. 이것은 신의 이름을 발설하지 말라는 금기와 연관되어 있다. 여기서는 유대인들의 신이 아니라 유대인 개개인이 문제시되고 있다. 금기의 신비한 생존력, 그리고 그 의미를 점차 변질시키기에 이른 거대한 역사적 변천 등이 이렇게 해서 증명된다. 지금까지 신의 이름은 신성한 것, 함부로 부를 수 없는 것이었다. 반면 이렇게 비밀에 부쳐진 이름 덕분에 유대인들은 누구나 하느님이 누군지 알고 있었다. 이제 카프카는 그의 시대의 유대 디아스포라Diaspora,[95] 적어도 그가 태어난 중유럽의 디아스포라에서는 신과 인간의 이름이 모두 똑같은 금기 사항임을 확인하게 된다.[96]

이러한 이름의 금기 사항이 카프카 작품에서 다양하게 전개되고 있다. 카프카의 사물들은 인간이 그것들을 보고 명명(命名)하는 순간 출현하고 변화한다. 그러나 인간의 관념은 근거가 없기 때문에 사물들을 불신한다. 인간이 붙인 사물들의 우연한 이름은 사물들의 실재(實在)와 본질에 결코 일치하지 않는다. 인간이 사물을 숙고하면 할수록 견고하고 확실하던 구조는 또다시 파괴되어 사물의 구조는 부단한 해체의 과정을 겪는 셈이다.[97] 이러한 사실은 1904년에서 1905년 사이에 쓰여진 카프카의 소설 『어느 투쟁의 기록』에 잘 나타나 있다.

그렇습니다. 나는 당신을 맨 처음 보면서부터 당신이 어떠한 상태에 있었는지를 벌써 느끼고 있었습니다. 나도 그러한 경험이 있었지만 그것은 육지에서의 배멀미입니다. 내가 농담으로 그런 말을 하는 것이 아닙니다. 당신이 사물의 진짜 이름을 잊어버리고서 지금 엉겁결에 떠오르는 대로 이름을 대고 있는 것이 바로 이 육지의 배멀미의 특징입니다. ── 그리고 내가 정말 묻고 싶은 것이 있는데 말입니다. 도대체 그 사물들은 어떻게 되었습니까. 내 주위에 있는 그것들은 모두 눈처럼 내려서 녹아 없어져 버리곤 합니다. 다른 사람들 앞에서는 테이블 위에 있는 자그마한 브랜디 잔도 마치 무슨 거창한 기념비처럼 요동도 하지 않는데 말입니다. ── 나는 여태까지 한 번도 내가 살고 있다는 것에 대해서 확신을 가져 본 일이 없었습니다. 내 주위에 있는 사물들을 바라볼 때, 이것들이 언젠가 과거에는 살아 있었을지도 모르지만 지

95 디아스포라diaspora는 원래 〈이산(離散)〉을 뜻하는 그리스어 대문자로 쓰면 팔레스타인에서 추방되어 세계 각지로 흩어진 유대인과 그 공동체를 뜻했다. 이것이 더욱 넓혀져 타의에 의해 자기가 속해 있던 공동체와 땅에서 추방된 이들을 일컫는 데 쓰인다.
96 마르트 로베르(이창실 역), 『프란츠 카프카의 고독』, 동문선, 2003, 20면.
97 김용익, 『프란츠 카프카 연구』, 삼영사, 1984, 68면.

금은 모두 죽어 가고 있다는 생각이 든답니다.(B 32)

여기에서 카프카는 세계의 유동성, 즉 해체성을 경험하고 있다. 진짜 이름을 잊어버리고 진지하지 않게 이름을 대는 익명의 시대에 여러 질서는 흔들리고, 사물은 아름다운 윤곽을 잃고 해체되어 우리들이 파악할 수 없는 것이 되어 버린다. 이러한 익명성이 카프카 소설에서 여러 근거로 전개되고 있다. 카프카의 단편 「기도자와의 대화Gespräch mit dem Beter」에 다음과 같은 서술이 있다.

나는 경험하고 있다. 내가 굳은 육지 위에서 배멀미가 난다고 말하면 그것은 농담으로 생각되지 않는다. 배멀미의 본질은 그대가 사물의 참된 이름을 잊어버리고 지금 우연한 이름을 사물에 급히 쏟아 붓는다는 것이다. 다만 빨리! 빨리! 그러나 그대들이 그것들로부터 떠나기가 무섭게 다시 그것들의 이름을 잊어버린다. 그대들이 포플러 나무가 있었다는 사실을 알지도 못했고 알려고도 하지 않았기 때문에 〈바벨탑〉이라고 이름을 붙였던 들판 위의 포플러 나무는 다시 이름 없이 바람에 흔들리고 있다. 그대들은 그 나무의 이름을 〈술 취한 노아〉라고 불러야 할지 모른다.(E 12)

대지 위에서 생기는 배멀미의 본질은 지진이나 취객의 휘청 걸음에서 오는 것이 아니라 인간의 건망증에서 온다. 따라서 〈나〉의 세계 해석은 현재적인 순간성을 면치 못한다. 객체의 이름을 잊었으므로 객체는 그때그때 명명한 대로 〈포플러〉요, 〈바벨탑〉이요, 〈술 취한 노아〉이다. 포플러는 과거에는 〈바벨탑〉이었으나 지금은 〈노아〉일 뿐이다. 그리고 〈노아〉의 미래는 불확실하다.

짐머만H. D. Zimmermann은 카프카의 소설 해석을 위해서 등장인물의 이름의 상징을 해독하고자 했다. 우선 『성』에서 〈클람Klamm〉은 정확히 번역하자면 〈착각 Täuschung〉, 〈자기 착각Selbsttäuschung〉, 〈환상Trugbild〉이라는 것이다.[98] 따라서 클람의 모습은 관찰자의 기분에 따라, 상황에 따라 달라져 그의 본질은 알 수 없다.

---

98 Hans Dieter Zimmermann, klam a mam? Zu Kafkas Roman *Das Schloß*, in: Karl Erich Grözinger u.a. (Hg.), *Franz Kafka und das Judentum*, Frankfurt/M., 1987, S. 224.

클람은 마을에 올 때 전혀 다른 모습이고, 떠날 때 다르며, 맥주를 마시기 전에 다르고, 마신 뒤에 다르고, 깨어 있을 때 다르고, 자고 있을 때 다르며, 혼자 있을 때 다르고, 이야기 중일 때 다르다고 해요. 따라서 저 위의 성에서는 거의 근본적으로 다르다는 걸 알 수 있죠. 그리고 마을 안에서 나도는 차이점들에도 꽤 큰 차이가 있어요. 신장, 자세, 몸짓, 수염에서 차이가 있어요. 그렇다고 이 모든 차이가 무슨 요술에서 비롯된 게 아니라, 구경꾼이 처해 있는 순간적 기분, 흥분의 정도, 희망 또는 절망의 수많은 등급에서 생기는 것으로 알 수 있어요. 구경꾼은 대개 그냥 순간적으로 클람을 보도록 되어 있거든요.(S 169 f.)

이러한 클람의 착각적인 내용대로 카프카는 실제로 〈착각하다täuschen〉라는 동사나 〈착각시키는〉 내용을 소설 속에서 수없이 사용하는데 이는 일종의 본질을 숨기는 익명성으로 볼 수 있다. 이런 배경에서 카프카 작품에 시각적 또는 정신적으로 착각시키는 내용이 많다. 예를 들어 『성』의 주인공 K가 마을에 도착한 첫날밤에 주막에서 슈바르처에게 자신이 성에 대해서는 아무것도 아는 것이 없다는 것을 알려주려는 듯이 〈어떤 마을에 내가 잘못 찾아왔나 보군요〉(S 7)라고 말한다. 하지만 곧 K는 태도를 바꾸어 자신이 성의 백작으로부터 임무를 위임받은 토지측량기사라고 밝히고, 〈성에 도착 신고를 하기엔 지금이 너무 늦은 시간이란 것쯤은 당신이 가르쳐주지 않아도 이미 잘 알고 있다〉(S 8)고 말하여 착각을 유발시킨다.

또 행동 공간이 심리학적으로 작용하여 멀리 떨어진 공간이 바로 인접한 공간으로 또는 인접한 공간이 멀게 착각시키는 경우도 있다. 예를 들어 「이웃 마을Das nächste Dorf」에 등장하는 어떤 할아버지의 견해에 따르면 건강한 젊은이가 평생 동안 말을 타고 가도 이웃 마을에 도착할 수 없다. 그런데 이웃 마을의 〈이웃〉이란 내용을 보면 마을은 가깝다. 그러나 평생을 말을 타고 가도 도달하지 못하는 사실에서 이 마을은 엄청나게 멀어 서로 착각을 불러일으킨다.

「이웃 마을」에서처럼 가까운 듯이 보이면서도 끝이 없는 공간적 착각 방식은 「황제의 칙명Eine kaiserliche Botschaft」에서도 계속된다. 「황제의 칙명」에서 칙사는 오직 한 개인인 〈당신Du〉에게 황제의 소식을 전하기 위하여 간다. 그런데 그 칙사는 무슨 이유에서인지 결코 자신의 목적지인 〈당신〉에게 도달할 수 없다. 동시에 한 개인인 〈당신〉은 온 힘을 다하여 황제의 칙명을 고대하고 있으나, 오직 그를 위해 정해진 그 소식은 영원히 도착하지 않는다. 소식을 전할 칙사와 그를 맞이할 〈당신〉 사이에는 알 수 없는 무한성과 영원성이 개재되어 있어 서로를 갈라놓고 있다. 따라서 황제의 칙명을 받고자 하는 소망은 천천히 그러나 철저하게 착각에 빠지게 된다.

이런 착각적 맥락에서 수수께끼 같이 접근할 수 없는 성을 대표하는 인물 클람의 속성은 고정된 이미지가 아니라 여러 다른 상황에서 나타나는 불확실성과 애매함의 이미지로 성의 신비성을 암시하고 있다. 이렇게 신비에 싸인 성을 주인공 K는 볼 수 없고, 따라서 그는 오랫동안 성을 쳐다보고만 있다. 여기는 K, 저곳은 성이라는 정체적 대치 상황, 기다림, 엄격한 위계 질서, 예속성, 단지 피상적일 뿐 전혀 알려지지 않은 낯선 그 무엇을 향해 움직여야 하는 점, 이러한 모든 것들이 K의 앞으로의 삶이나 행위의 향방을 결정하도록 되어 있다.

성의 주인인 백작 이름은 〈서서(西西)Westwest〉이다. 왜 하필 서쪽을 나타내는 이름일까? 이는 서구에서 서구인에게 동화하려는 유대인, 서구 유대인의 문제성을 암시한다.

바르나바스Barnabas와 같은 전달자인 클람의 마을 서기 이름인 모무스Momus는 그리스 신화에서 밤의 아들이다. 모무스는 밤의 아들로 실수 속에서도 발견되고 뒤엉켜지도록 되어 있다. 제3의 전달자는 구약에서의 이름인 예레미아스Jeremias이다. 예레미아스, 바르나바스 그리고 모무스 외에 또 하나의 이름이 갈라터Galater이다. 그는 다른 성 관리이다. 바울은 신약에서 아나톨리엔의 한 자치구인 갈라터에 중요한 편지를 쓴다. 이 편지로 기독교가 유대교와는 상관없는 독립적인 신앙공동체가 된다. 갈라터라는 관리의 이름으로 무엇이 의도되었는가는 쉽게 답을 찾을 수 없다.

카프카의 바르나바스 역시 선교자로 볼 수 있는데 성의 사절로 K에게 메시지를 전하는 것이 그가 맡은 역할이기 때문이다. 올가와 아말리아는 시나고가Synagoga와 에클레시아Ecclesia의 알레고리이다. 시나고가는 붕대를 눈에 매고 부러진 창을 든 여인상이며, 에클레시아는 개선 장군처럼 창을 높이 들고 있는 여인이다.[99]

이렇게 카프카 작품의 주인공이 아닌 인물들의 이름이 다양한 암시를 하는 반면, 작품의 주인공들은 이름이 없는 익명으로 등장한다. 카프카 작품에서 왜곡은 인식을 목표로 하고 또한 인식을 촉진시킨다.[100] 이러한 왜곡의 한 방법으로 카프 카는 일정한 대상에 이름을 없애는 탁월한 재능을 발휘한다. 특정한 대상이나 인 물에 대한 신비한 개명과 변형은 정상적인 독자들의 소외감을 높이는 촉매제 역할 을 한다. 이유는 독자가 굳건히 신뢰했던 진실이 곧 파괴되기 때문이다. 따라서 카 프카에 있어 대상 a는 첫 번째 손을 대기가 무섭게 b를 의미하고, 대상 b는 고정시 키려는 찰나 c로 나타난다.[101] 이러한 사물의 인식 태도에 대해 카프카는 〈내가 나 자신을 통해서 나의 생에 대해 확신을 가진 적은 한 번도 없었다. 즉 나는 나를 둘 러싸고 있는 모든 사물을 오로지 근거가 빈약한 표상 속에서 파악하기 때문에 나 는 항상 그 사물들은 오직 한 번 살았을 뿐 이제는 몰락하고 말 것이라고 생각한 다〉(E 13)라고 기술하고 있다. 여기서 〈근거가 빈약한 표상〉은 어느 한 사물의 본 질성과 궁극성에 대한 심층적인 성찰 없이 〈우연히〉 표상된 것을 의미한다. 〈사물 의 진실한 이름〉을 망각한 채 급하게 붙여진 이름이 최선인 양 추구하는 것을 카프 카는 거부한 것이다.(Vgl. E 13)

일반 사상(事象)은 〈우연한 이름〉을 가진 우연의 산물이기에 카프카는 개개(個 個)의 가치를 저해시키는 힘에 대해서 불신과 적개심을 느끼게 되어 그것을 타파 하려는 고뇌에 찬 노력을 기울이게 된다. 따라서 카프카의 작품에서 진실한 이름 을 망각하고 급하게 붙여진 이름에 거부하는 내용이 자주 나타난다. 예를 들어 「어 느 학술원에 드리는 보고Ein Bericht für eine Akademie」에서 빨간 페터Rotpeter 는 동물 세계에서 점진적으로 인간화되어 가는 원숭이로 그의 이름은 한때 실종됐 던 〈훈련된 동물 원숭이〉 페터의 이름에서 따와 붙여진 것이다.

한 방은 뺨에 맞았지요. 그것은 가벼웠지만 털 없는 커다란 빨간 상처를 남겼으 며, 역겹고 제게 전혀 맞지도 않는데다 형식적으로 한 원숭이로부터 고안된 빨간 페 터라는 이름을 제게 주었습니다. 마치 얼마 전에 죽어 여기저기 잘 알려졌던 훈련된

99 H. D. Zimmermann, a.a.O., S. 224~237.
100 Günther Anders, *Kafka, Pro und Contra*, München, 1972, S. 39.
101 Günther Anders, a.a.O., S. 10.

동물 원숭이 페터와 제가 뺨에 난 빨간 반점만이 다르다는 듯이 말입니다.(E 140)

인간들이 사물의 진실한 이름을 망각하고 급하게 이름을 붙여 주어 자신을 원숭이 페터와 동일한 존재로 취급하는 데 대해 불쾌해 하여 그 이름이 자기에게 전혀 맞지 않다고 주장하는 빨간 페터는 전형적인 이름의 거부 현상을 보이는 존재이다. 이러한 배경에서 카프카 작품의 주인공들은 이름이 없고 익명으로 등장한다.

카프카가 이름을 없애는 의도는 상표를 교환함으로써 그 상표와 연관된 선입견을 지양하여 선입견이 배제된 판단을 하도록 하는 데 있다.[102] 『소송』에서 카프카가 주인공 이름을 작품 첫 문장의 첫째 단어가 아닌 셋째 단어(*Jemand mußte Joseph K*[……])(P 7)로 사용하고 난 뒤 뒷전으로 아주 밀어놓다가 모두 10장으로 구성된 소설의 한 가운데인 제6장의 둘째 문단에서 언제 그런 일이 있었나 할 정도로 자연스럽게 전면에 부각시켰다가 다시 잊혀지는 사실은 아주 흥미로운 현상이다. 다시 말하자면 서술자는 주인공 요제프의 이름을 딱 한 번 쓰고서는 작품 끝까지 더 이상 사용하지 않고서 그의 이름은 성으로만 불리는데 이 성도 또한 익명인 K이다. 따라서 서술자에게 있어 K는 익명의 존재, 억압된 존재, 자리 바꿈의 존재이다.[103]

이를 구체적으로 밝혀보면, 주인공 요제프 K의 이름은 『소송』의 첫 문장에서 분명하게 서술자에 의해 언급되고 있음에도 첫 문장에서 유일하게 한 번 쓰인 것을 빼고는 제6장에서 숙부가 등장할 때(P 87 u. 89)까지 요제프라는 이름으로 불리지 않는다. 물론 작중 인물이 그 이름을 얼핏 별다른 의미 없이 부르는 경우가 몇 번 있다. 즉 제8장에서 레니와 요제프 K 그리고 상인 블로크 세 사람이 등장하면서 부엌에서 그녀가 요제프란 이름을 세 차례 부른다.(P 145 f. u. 155) 제9장에서는 성당에서 법정 신부*Gefängniskaplan*가 설교단에서 성당 문 밖으로 막 나가려는 그를 요제프라고 부른다.(P 179) 서술자가 아닌 작중 인물이 그의 이름 요제프를 부르는 경우는 사실 제1장에 이미 나오고 있다.(P 7) 요제프 K가 자신의 이름을 부르는 경우를 빼놓고는(P 14) 어떤 상대방에게도 그는 자신의 이름을 알린 적이 없다.

---

102 Günther Anders, a.a.O., S. 11.
103 고원, 「요젭 카의 육체적 표현과 그것의 심리학적 의미」, 『카프카 연구』, 제4집, 한국카프카학회, 1994, 6면.

레니와의 관계에서도 마찬가지다. 〈그런데 저를 레니라고 불러 주세요〉(P 93)라고 그녀만 자신의 이름을 그에게 알리고 있을 뿐이다. 그는 레니에게 따로 자신의 이름을 알리지 않고, 숙부가 변호사에게 K의 이름 요제프를 소개함으로써 비로소 그녀는 그의 이름을 알게 된다. 이외에 그는 시종일관 요제프란 이름이 없이 머리글자 K로만 알려진다. 『소송』에서 재판관들의 초상화를 그리는 자격을 얻은 화가의 이름 티토렐리Titorelli도 예명이며 작품 끝까지 본명이 나타나지 않는다.

또 「선고」에서 주인공 게오르크 벤데만에 중요한 영향을 미치는 러시아의 친구에게 카프카는 특별한 의미를 부여하지만 그에게 이름도 형체도 주지 않는다. 그는 처음부터 끝까지 오로지 게오르크 벤데만의 친구로서만 작품에 나타날 뿐이다.

발터 휠러러 같은 학자는 저서 『형식의 묘사Beschreibung einer Form』에서 카프카 작품의 인물 이름이 K로만 밝혀지는 점에 주목하고 〈이것만도 인간의 비인간화 경향을 간취하기에 충분하다〉는 언어학적 해석을 내리고 있다. 인물의 비인간화를 나타낼 때 이름의 거부 현상이 나타난다는 것이다. 예를 들어 「변신」에서 갑충으로 변하여 직장에서 해고된 그레고르에 대한 그의 부친의 적대적인 입장을 나머지 가족도 이어받을 때 익명 현상이 나타난다. 누구보다도 그레고르에 동정적이었던 여동생 그레테도 부모에게 〈나는 이 괴물 앞에서 오빠의 이름을 부르고 싶지 않아요. 그래서 하는 말이지만 우리는 그것(이름)을 제거하도록 힘써야 해요〉(E 100 f.)라고 선언하여 이름의 제거로 주인공의 최후를 예고한다.

그런데 이러한 인물의 비인간화에 반대되는 인물의 외경화에도 이름의 거부 현상이 나타나 역설적이다. 『성』에서 브뤼켄 여관의 여주인공 가르데바는 주인공 K에게 성과 마을 주민을 다스리는 권력의 표상인 클람을 묘사할 때, 〈클람의 말을 할 때 클람이라는 이름으로 부르지 마세요. 그분이라든지 그런 어떤 것으로 불러 주세요. 재발 이름으로 부르지 말아 주세요〉(S 84)라고 클람의 이름을 사용하지 말 것을 요구한다. 마을 사람들의 마음속 깊이 자리 잡고 있는 클람의 외경스러움을 나타내기 위해서는 이름을 제거해야 한다는 것이다.

심지어는 작품에 등장하는 인물이 모두 익명인 경우도 있다. 예를 들어 작품 「유형지에서」에서는 인물 모두가 익명으로 등장한다. 이들은 〈전임 사령관Der alte Kommandant〉, 〈신임 사령관Der neue Kommandant〉, 〈탐험가Der Reisende〉, 〈죄수

Der Verurteilte〉, 〈장교Der Offizier〉 등의 신분으로만 불리고 있다. 이는 작가가 이들을 하나의 통상적인 인간으로서가 아니라 하나의 특수한 인간의 유형으로 나타내는 것이다. 예를 들어 전임 사령관은 권력자를 상징하는 인물이다. 그러나 권력자 존재는 도달할 수도 접근할 수도 없는 다의적인 모습으로 경험된다. 또 장교는 계급과 성명, 기타의 모든 인적 사항이 알려지지 않은 채, 다만 유형지의 재판관으로만 소개되고 있다. 이름이 없이 계속해서 〈장교〉라고만 불리는 것은 바로 장교에 대한 카프카의 총체적 선입관, 혹은 총체적 〈이미지〉를 말해 주는 것으로서 이를 통하여 우리들은 카프카의 장교상을 어느 정도 파악할 수 있다.[104] 이러한 인물의 이름은 죽은 후에도 밝혀지지 않아 익명성은 영원히 계속 된다. 「유형지에서」에서 〈찻집Teehaus〉(E 176)은 이 작품에서 처음이자 마지막으로 나타나는 집으로 일종의 안식처인 셈이다. 그러나 그곳의 한 탁자 밑에 전임 사령관이 묻혀 있다. 탁자가 밀쳐졌을 때 〈이곳에 전임 사령관이 잠들어 있다. 지금 이름의 기입을 주저하지만 그의 동료들이 그를 위하여 무덤을 파고 비석을 세웠다. 수년 후에 사령관은 다시 소생하여 이 집에서 동료들을 거느리고 유형지를 탈환하리라는 예언이다. 믿고 기다려라!〉(E 177)고 새겨져 있어 원래 죽은 자의 이름을 나타내는 돌비석에도 이름은 새겨지지 않아 영원한 익명성을 나타내고 있다.

랑게-키르히하임Astrid Lange-Kirchheim은 프란츠 카프카의 「유형지에서」와 베버Alfred Weber의 『관리Der Beamte』, 두 텍스트 사이의 유사성을 규명하면서 〈유형지〉를 개인을 조직에 몰락시키는 체계, 즉 점점 강력해지며 또 점점 익명화되어 가는 관리 체제로 암시하고 있다.[105] 「유형지에서」처럼 「법 앞에서」에 등장하는 개별 인물들, 즉 문지기 내지 시골에서 온 남자의 이름은 물론 그들 개인에 대해 한 마디의 설명이나 암시도 없다. 카프카가 상세하게 해석한 것은 오직 등장인물들의 태도, 그들의 상호 관계, 그들 상호간의 위계 질서뿐으로 이는 익명성의 발로이다.

이러한 카프카 주요 작품의 주인공의 익명성에 예외적으로 『아메리카』만 특수

104 구정철, 「카프카의 〈장교상〉 연구」, 『카프카 연구』, 범우사, 1984, 135면.
105 Jörg Wolfradt, Der Text als Botschaft des Textes, Zu Franz Kafkas Roman Der Verschollene, in: The Germanic Review, Volume 71, Nr. 3, Washington DC, 1996, p. 222.

한 경우로 카알 로스만Karl Roßmann이라는 주인공의 이름이 있다. 이전의 소설들에서는 각자가 한결같이 K의 첫 글자 등 익명성으로 이야기를 시작한 데 반해여기에서 주인공은 카알 로스만이라는 이름으로 신대륙에서 새로운 탄생을 체험하는 것이다. 카알 로스만은 카프카의 소설 주인공인 K의 제3의 화신으로 K보다더 운이 좋은 자이다.

그러나 카알 로스만에서도 익명성의 모티프가 종종 나타난다. 즉 〈모두 다 환영 *Jeder ist willkommen!*〉(A 223)이라는 자연 극장에 들어가기 위해 주인공 카알로스만은 시험에 응하는데 이름을 묻는 시험관에게 본명을 대기가 겁이 나서 〈네그로Negro〉(A 232)라고 대답함으로써 이름을 감추며 자신의 품위를 낮춘다. 이이름이 갖는 특이한 성격이 〈오클라호마 극장〉 전체에 대한 해석에 영향을 미친다. 카프카의 텍스트를 글쓰기 과정으로 이해하는 볼프라트J. Wolfradt는 이 이름을 〈검은 잉크〉[106]로 해석하는가 하면 로베르트손R. Robertson은 〈노예화〉[107]의 상징으로 해석한다. 이 두 가지 견해의 논리적인 설득력에도 불구하고 이 이름을 카알 로스만과의 관계에서 살펴보면 보통 명사를 고유 명사로 대체한 격이 된다. 즉경마장의 〈기수Reiter〉가 이제 고유한 이름을 갖게 됨으로써 새로운 정체성을 찾게 된 것이다. 검은 색이 주는 이미지는 이제까지의 미숙함과 순진함과는 다른 차원의 성숙함과 강인함을 내포하고 있다.[108] 한편 이 새로운 이름은 그의 〈환멸에 대한 계속적인 표지〉[109]가 될 수 있으며, 이 자연 극장이 아직은 구원의 세계가 아닌허위와 모순의 세계임을 말해 주기도 한다. 참된 자신의 이름을 상실함으로써 카알 로스만은 무형적인 익명의 대중으로 전락되어 〈실종자der Verschollene〉가 된것이다.[110]

또 카프카의 〈비유 설화Parabel〉에 나오는 인물들의 유형도 일반적으로 익명이

106 Astrid Lange-Kirchheim, Franz Kafka: *In der Strafkolonie* und Alfred Weber: *Der Beamte*, in: Heinz Otto Burger(Hg.), *Germanisch=Romanische Monatsschrift 58*, Heidelberg, 1977, S. 202~221.

107 Ritchi Robertson, *Kafka, Judentum, Gesellschaft. Literatur*, Stuttgart, 1988, S. 84.

108 권세훈, 「프란츠 카프카의 『실종자』와 하일지의 『경마장 가는 길』」, 『카프카 연구』, 제10집, 한국카프카학회, 2002, 9면.

109 H. Politzer, *Franz Kafka, Der Künstler*, Frankfurt/M., 1978, S. 254.

110 김용익, 「카프카의 『실종자』 연구」, 『카프카 연구』, 범우사, 1984, 165면.

다. 예를 들어 「비유에 관하여」의 첫 번째 단락의 서술자도 익명이요, 두 번째 단락의 대화 파트너들인 상대방의 특징도 〈일자(一者)*Einer*〉와 〈타자*Ein anderer*〉나아가 〈첫 번째 사람*Der erste*〉과 〈두 번째 사람*Der zweite*〉으로 명명되어 익명이다.

> 그러자 어떤 한 사람이 말했다.
> 〈너희들은 왜 거부하는가? 만약 너희들이 비유를 따른다면 너희들 자신이 비유가 될 것이고, 그렇게 되면 너희들은 일상의 노고에서 벗어나게 될 것이다.〉
> 또 다른 사람이 말했다.
> 〈그 말 역시 비유라는 것을 내기해도 좋소.〉
> 첫 번째 사람이 말했다.
> 〈당신이 이겼소.〉
> 두 번째 사람이 말했다.
> 〈하지만 유감스럽게도 비유 속에서뿐이요.〉
> 첫 번째 사람이 말했다.
> 〈아니요, 현실적으로 이겼지만 비유 속에서는 진 것이오.〉(B 72)

이렇게 주인공들에 대한 아무런 정보를 제공하지 않고 익명의 대화자들을 내세워 단지 그들의 대화를 통해서만 그들의 상반된 역할 기능을 추론하게 한 것은 암암리에 독자의 개입을 유도하려는 강한 의도로 이해될 수 있다. 말하자면 서술자에 의해 언급되지 않은 빈 공간은 독자의 몫으로 독자 스스로가 능동적으로 채워나가야 한다는 것이다.[111]

2) 상황의 익명성

카프카 작품의 익명성은 이름에만 적용되는 게 아니라 작품의 상황에도 나타난

---

111 이주동, 「카프카의 비유 설화 『*Von den Gleichnissen*』 연구」, 『카프카 연구』, 제4집, 한국카프카학회, 1994, 101면.

다. 작품에서 인물의 이름이 없는 것은 물론 외모에 관한 무언급으로 익명성은 더욱 강하게 된다. 하나의 예로 「유형지에서」에서 장교의 외모에 관해서 작품 전체를 통하여 한 마디의 언급도 없다. 따라서 우리는 장교의 외모에 관해서는 그가 피로해 보인다는 것 외에는 아는 바가 없다. 그의 얼굴의 생김새는 물론이고 머리카락과 눈의 색깔마저도 알 수 없으며 키가 큰지 작은지도 알 수 없다. 심지어 「굴」에서는 주인공도 존재를 드러내지 않아 무엇인지 알 수 없다. 추측만 되지 구체적으로 자태를 나타내지 않기 때문에 주인공은 두더지 아니면 뱀 정도로 추측만 될 뿐이다.

이러한 현상은 카프카적인 특징으로 받아들여져야 한다. 그의 다른 작품들에서도 여타 등장인물들은 말할 것도 없고 주인공들까지도 그들이 어떤 외모를 갖고 있는가에 대하여 언급이 없는 것이 통례이기 때문이다. 독자는 「선고」의 주인공 게오르크 벤데만이 어떻게 생겼는지 알 수 없으며, 「변신」에서는 그레고르가 갑자기 벌레로 변신했으니까 더 말할 나위도 없다. 그레고르가 변신한 갑충은 결코 볼 수 없는 상상적 동물인데도 우리에게 친숙한 시각적 동물로 이해되어 〈부당함〉과 〈당연함〉의 당혹스런 동시성을 갖게 한다. 갑충이란 명백한 동물로 극히 시각적으로 표현되었지만 관계된 사람들 중 어느 누구도 실제로 그 동물을 본 사람은 없는데도 그것에 관해서 아무런 놀라움을 발견하지 못하는 〈기괴한 일상성〉이 있다. 따라서 이 동물을 이해하고 관찰하는 것은 전혀 불가능하다.

『성』의 주인공 K도 측량 기사*Landmesser*라고만 소개될 뿐 그의 인물에 관하여는 한 마디의 설명도 들을 수 없다. 물론 『성』에서와 같이 등장인물이 많은 작품에서는 이따금 〈뚱뚱한 젊은이*ein dicker junger Mann*〉, 〈털 복숭이*Vollbärtiger*〉 등 직업이나 이름을 대신해서 간단히 외모의 특징으로 인물을 묘사하는 것이 보통이다.[112]

성의 최고의 인물인 관청 장관 클람도 가정만 되지 등장하여 보이는 경우가 없다. 성에 들어가려는 시도가 계속해서 실패하자 주인공 K는 클람을 직접 만나기 위해 온 힘을 기울인다. 그러나 성에 맞선 인간 개인의 주장은 성립될 수 없듯이, 클람을 만나려는 K의 주장도 인정되지 않는다. 클람은 성과 마을 주민을 다스리는

---

112 구정철, 「카프카의 〈장교상〉 연구」, 『카프카 연구』, 범우사, 1984, 140면 이하.

권력의 표상인으로서 성을 가장 여실히 노출시킨다. 그러나 지금까지 그를 만나본 마을 사람은 없다. 〈당신(K)이 클람을 정말로 만난다는 것은 정말로 불가능합니다. 〔……〕 클람은 마을 사람과 말하지 않습니다. 그는 지금까지 마을 사람과 대화를 나눈 적이 한 번도 없지요.〉(S 50) 클람의 외모 또한 변화무쌍하여 마을 사람들은 그의 진정한 모습을 알지 못한다. 즉 그의 모습은 보이지 않고 권력만을 행사하는 것이다. 이는 보이지 않는 법원에 의해 처형되는 『소송』 속 요제프 K의 〈결코 본 적이 없었던 재판관은 어디에 있던가? 그가 결코 가본 적이 없었던 고등 법정은 어디에 있던가?〉(P 272)라는 외침의 내용과 일치한다.

이러한 익명적 성격이 성의 일반 관리의 모습에도 나타나고 있다. 성에서 근무하는 관리들은 외부의 현상 세계의 가시적인 현실적 생활과 전혀 접촉하지 않는다. 공무와 생활이 풀릴 수 없게 얽혀 있음에도 불구하고, 그들은 개인, 구체적이고 가시적인 외부의 생활과 직접 접촉하지 않는다. 따라서 K는 보이지 않는 권력자, 비인간적인 조직에 반항하고 도전하면서 자아를 주장하고, 자신의 존재 의미를 얻기 위해 성에 들어가려 한다. 이 작품에서 마을 사람들도 성의 내부와 규모에 대해서 아는 바 없으며 성과의 직접적인 면담이란 존재하지 않는다. 오로지 서류와 조서만으로 모든 일이 처리된다.

또 「유형지에서」에서 언어도 익명적이다. 이 작품에서 장교의 언어는 매우 강한 설득력을 발휘한다.[113] 작품 처음에 〈이것은 독특한 기계입니다〉(E 151)로 시작되는 장교의 언어는 간단명료한 것이 특징이다. 복잡한 기계의 구조와 기능의 설명에서 그는 듣는 사람으로 하여금 이해하기 쉽게 핵심을 빠뜨리지 않고 조리 있게 이야기하며 형벌 제도의 모순성과 그 절차의 잔인성을 자신의 감정은 조금도 개입시키지 않고 그 분야의 전문가다운 어조로 무척 침착하게 설명한다. 뿐만 아니라 장교는 눈앞에 보이는 사물을 간단하고 정확하게 서술함은 물론이고, 앞으로 일어날 일들도 풍부한 상상력으로 마치 눈앞에서 전개되는 일처럼 사실적으로 설명하는 뛰어난 표현력을 갖추고 있다.[114]

이렇게 의사소통에서 명료한 장교가 죄수에게는 알아듣지 못하는 말로 말하여

113 구정철, 같은 책, 144면.
114 구정철, 같은 책, 142면 이하.

언어의 익명성이 나타난다. 이렇게 언어의 투명성, 명료성, 확정성을 부정하는 중요한 장면이 있다. 장교는 탐험가에게 죄수의 몸에 쓰여질 상관 불복종 죄의 판결 내용을 나타내는 전임 사령관의 글을 보여 준다. 장교는 탐험가에게 그 글을 읽어 볼 것을 요구하나 탐험가는 그것을 당황감을 갖고 쳐다본다. 문제는 탐험가가 그것을 전혀 알아볼 수 없다는 것이다.

〈읽어 보세요〉 하고 장교는 말했다. 〈읽을 수가 없어요〉라고 탐험가는 대답했다. 〈그러나 그것은 아주 명백한데요〉라고 장교는 말했다. 〈그것은 아주 예술적이지만 나는 그것을 판독할 수가 없어요〉라고 탐험가는 회피적으로 대답했다.(E 159)

죄수의 몸에 새겨 넣을 판결문을 기록한 스케치는 〈미로처럼 서로 엇갈리는 수 없이 많은 선에 지나지 않으며 그 선들은 종이를 가득 메우고 있어서 간신히 중간에 흰 공간을 알아볼 수 있을 정도〉(E 159)여서 읽을 수가 없다.

또 장교는 탐험가와 죄수가 알아듣지 못하는 프랑스어로 이야기하여 그들이 판결 과정이나 판결문의 내용에 대해서 전혀 알지 못한다.(E 153) 이렇게 죄수가 알아듣지 못하는 불어로 장교가 이야기하는 것으로 보아 프랑스령은 아닌 것 같은데, 이 유형지의 지형이나 위치가 설명되지 않아 강한 익명성을 띠고 있다.

결국 소설이나 희곡과 같은 문학 작품은 사람 사는 이야기를 담고 있어 이들 주인공들이 당하는 부조리한 사건은 실제로 우리 모두에게 닥치는 상황이다. 따라서 죄수가 자신에 해당되는 장교의 설명을 이해할 수 없는 사실은 현대에 법원 등에서 일반 시민은 이해하지 못하는 전문 용어를 사용하여 일반인을 소외시키는 사실과 같다. 일반인들에게서 판결문은 불필요하게 어려워 변호사 등을 거치지 않으면 해독이 불가능하다. 판결문을 접하고 어떤 깨달음을 얻거나 설득당하기는커녕 우리네 삶에 도움이 되는 지침이나 정보를 얻는 일마저 쉽지 않다는 것은 분명 심각한 문제이다. 어려운 판결문은 법에 대한 시민의 이해와 소통을 가로막는, 법치주의 실현의 장애물이다.

『소송』도 작품이 끝날 때까지 익명적인 권위로부터 완전히 벗어나지 못한다. 먼저 『소송』에서 나오는 도시는 익명이다. 그러나 그 익명의 도시는 너무도 자세히 묘사되어 있어 우리는 그것이 프라하라는 사실을 추측할 수 있다. 『소송』이 쓰여지기 몇 해 전 『어느 투쟁의 기록』의 단편들에서 이미 익명으로 등장하는 프라하는 여러 장소와 기념비들을 통해 나타난다. 특히 『소송』에서 법원 서열 체계의 최고봉인 〈최고 법원höchste Instanz〉도 가정(假定)만 되지 실제로 존재하지 않아 익명적이다. 따라서 이 최고 법원은 주인공의 눈에 보이지 않아 도달될 수 없다. 이런 점에서 카프카에게 나타나는 최고 법원의 부재는 바로 관료 체제의 권력 장치가 보여 주는 익명성을 드러낸다. 〈최고 법정〉은 자명한 것으로 받아들여지면서도 실제로 그 존재 여부는 해명되거나 증명되지 않아 요제프 K는 최고 심급 과정을 정확히 알 수 없는 법원 당국과의 소송에서 완벽하게 패한다. 『소송』에서 최고 법원처럼 카프카 작품에서는 최고의 대상이나 인물은 존재만 하지 보이지 않거나 가정만 되는 경우가 많다.

이런 맥락에서인지 『만리장성의 축조Beim Bau der Chinesischen Mauer』에서 만리장성의 건설에 대한 절대 명령은 최고 사령부의 공고문에 의해 시행되나, 어느 누구도 최고 사령부가 어디 있으며 누가 거기에 앉아 있는지를 아는 사람이 없어 익명적이다.

이러한 카프카 작품에서의 익명성은 카프카 개인적인 상황의 거리감 있는 관찰의 암시이다. 카프카는 이름들과 자동적으로 연관된 예전의 고정 관념을 타파하고 그가 말하고자 하는 바를 선입견 없이 주시하게 함으로써 피상적인 진실 수용 방법을 피하게 한다.

관료 제도의 남용으로 이랬다 저랬다 하는 번의의 파도, 이 성명 저 성명, 이 정책 저 정책의 남발에서 생기는 큰 물결, 작은 물결에 쫓기다가 대중은 바람에 이리저리 흔들리는 벌판의 포플러와도 같이 굳은 대지 위에서 배멀미를 일으킨다. 따라서 사물에 이름을 부여하면 그 상(像)은 몰락해 버리고 이내 또 다른 이름을 부여해야만 한다. 즉 〈인간과 사물은 표상하는 사람에게 끊임없이 파멸하는 것으로 나타나 표상 자체는 근거가 없다.〉[115] 그래서 그러한 관찰자에게는 영원히 〈진실과 현상이 일치하지 않는다.〉[116]

115 W. Emrich, Die Bilderwelt Franz Kafkas, in: H. Politzer(Hg.), *Franz Kafka*, Darmstadt, 1973, S. 287.

이것으로 현대 사회의 또 하나의 모순인 소원화 현상의 원인이 문학적 비유상을 통해 폭로되었다. 카프카는 〈사물이 나타나기 전에 존재했던 대로 보고하고자〉(E 14) 하므로 나타난 것이 실체와 실질적 연관성을 갖는지, 실체 자체인지 의문스럽다. 이러한 의문스런 사물에 부여된 이름이나 그 이름으로 등장한 상(像)은 그 실체나 본질에 일치하지 않는다. 그저 우연히 사물 위에 퍼부은 것이다. 따라서 카프카는 이러한 불확실한 존재에 이름의 부여를 거부하는 것이다.

또 카프카 소설에서 이름의 익명성이 가지는 배경은 서구 경제 구조의 변화 역사에서도 찾을 수 있다. 점점 붕괴되어 가는 소설 형태의 변화 현상, 그리고 작중 인물로서의 개인과 주인공이 익명의 형태로 사라지는 현상은 서구에서 자유 경쟁의 경제 구조가 카르텔과 독점 경제 체제로 대치됨으로써 개인주의가 사라지는 현상과 같다.

5. 시작은 있고 끝이 없는 문학

카프카의 작품은 구체적인 인간 상황의 도외시, 의미를 밝혀 주는 구체적인 문맥의 거부, 해명하는 현실 연관성의 배제 그리고 독립적으로 이루어지는 시작의 무연관성을 근본 특징으로 삼고 있다. 이 중에서도 시작의 무연관성, 즉 시작 지향적이고 종결이 없는 내용이 카프카 문학의 큰 특징이다.

카프카의 많은 작품에 나타나는 공통점으로 사건의 정황이 제시되지 않은 상태에서 바로 이야기가 시작되며, 이 사건은 마치 그것이 일어났으되 일어나지 않은 것처럼 종결되고, 끝이 났으되 또다시 일어날 수 있는 것처럼 암시된다. 그것은 일어난 것과 일어나지 않은 것 사이에 있는 사건으로 사건 없는 사건, 이야기 없는 이야기로 독자의 뇌리 속에 남는다. 주인공들의 영역도 마치 부재하는 것처럼 정해져 있지 않다.

『아메리카』에서 주인공 카알은 이방 세계인 아메리카에 던져진다. 실제로 카프

---

116 W. Emrich, *Die Bilderwelt Franz Kafkas*, a.a.O., S. 289.

카는 이 소설의 결말에 대해 쓴 일기의 글에서 주인공이 아메리카에 도달한 상황을 〈밀어젖혀진zur Seite geschoben〉(T 299) 상태로 설명하고 있다. 카알은 뉴욕에 도착하자 잃어버린 우산을 찾아 헤매다가 화부와 우연히 부딪쳐 그의 부당한 대우를 변호하는 입장에 빠지게 된다. 우산을 깜빡 잊었던 사소한 부주의가 하녀의 유혹처럼 그를 위기로 몰고 간다. 위기는 또다시 외삼촌의 등장으로 미국 사회로 넘어간다. 카알은 외삼촌의 교육 계획을 이탈하여 폴룬더의 별장을 방문했던 한 번의 죄과로 또다시 추방된다. 카알은 폴룬더의 별장을 떠날 때 외삼촌의 세계의 필수품인 신사모 대신에 옛날에 쓰던 여행모와 트렁크 우산을 갑자기 발견한다. 이것들은 여행자, 즉 추방자의 운명을 분명하게 암시한다. 그는 옥시덴탈 호텔에 보이로 취업함으로써 다시금 사회의 일원이 되었으나, 승강기 근무 시에 한 번의 태만으로 그 일자리를 잃고 추방된다. 이는 처음의 실패(하녀의 유혹과 추방)와 근본적으로 다를 바 없는 동일한 실패의 반복이다. 이러한 『아메리카』의 내용처럼 여러 반복적 사건의 실패의 해결이 없는 특징이 카프카의 모든 소설의 끝이 없고 처음부터 다시 시작하는 경향이 되고 있다.

카프카 소설의 주인공들은 대부분 존재의 위협을 받거나 혹은 전혀 일상적인 생존권에서 추방된 상태에서 자기의 잃어버린 생존권을 찾으려는 투쟁의 장면으로부터 시작한다. 예를 들어 〈누군가 요제프 K를 밀고했음이 틀림없다. 무슨 잘못한 일도 없는데 어느 날 아침 그가 체포되었기 때문이다. 집주인 그루바흐 부인의 하녀는 매일 아침 8시경에 그에게 아침 식사를 가져다주었지만 이날 아침에는 얼굴도 보이지 않았다〉(P 7)라고 카프카의 『소송』은 일반적으로 흔치 않은 특별한 상황으로 시작된다. 요제프 K는 사실 죄를 저지르지 않았고 이 글의 내용대로 중상모략에 의해 체포된다. 그런데 어느 사람이 중상 모략했는지에 대한 언급이 없으면서 요제프 K는 체포된다. 주인공과 마찬가지로 독자들은 요제프 K가 왜 체포되는지 작품 끝까지 알지 못한다.

카프카의 「변신」도 〈어느 날 아침, 잠에서 깨어 보니 사람이 갑충이 되어 있다〉(E 57)라고 이상한 사건을 마치 별일 아니라는 듯 냉정하게 아무런 해석도 없이 건조한 문체로 보고하듯 시작된다. 독자는 그레고르가 왜 갑충이 되었는가의 원인에 대해서 주인공과 마찬가지로 작품 끝까지 알 수가 없다. 작품에서는 변신과 그 이후의 과정만 매우 사실적이고 세밀하게 기록되어 있을 뿐이다. 그다음에는 과거와 미래가 없이 서로 병렬되고 심지어 교환이 가능한 일련의 상황과 에피소드들이 뒤따른다. 따라서 고전적 의미에서의 종결된, 완성적인 끝이 있을 수 없다.

「사냥꾼 그라쿠스」에서도 그라쿠스가 저승이라는 목적지에 도달할 수 없는 이유에 대해서 혹은 불행의 원인에 대해서 — 주인공을 통해서나, 서술자를 통해서나 — 작품 마지막까지 아무런 해명도 제공되지 못한다. 장편 『성』에서도 주인공의 미래에 대한 어떤 전망도 없이 실패의 반복 속에서 불투명하게 미결정적으로 끝나고 있다. 즉 『성』에서 주인공 K는 프리다와의 만남에 이르는 일련의 사건 이후 브뤼겐 호프의 여주인을 비롯하여 면장, 선생 등과 대화하게 되고, 또 소년 한스와 프리다, 올가와 길고 긴 이야기 속으로 빠져든다. 그러나 소설의 마지막 부분에 브뤼겔과 페피의 이야기로까지 계속되는 많은 대화로 인해 주인공의 현재적 행동과 사건이 점점 감소하여 소설 내부에서 〈비현재성〉이 확장될 뿐이지 명확한 단정적 종말을 제시하지 못한다. 「선고」의 주인공의 죽음마저도 전(全) 갈등과 행동 결합과 의미들이 종말에 가서 으레 해명되고 해결되는, 우리에게 익숙한 소설 구성의 의미에서 볼 수 있는 본래적인 끝이 아니다.

이렇게 카프카의 주인공들은 시작부터 익숙한 생존권의 관련으로부터, 심지어 친숙한 공시적(空時的)인 관련으로부터 일탈된다. 인과 관계를 설명하는 앞의 이야기가 없이 갑자기 이야기가 시작되는 이른바 〈절대적 시작absoluter Anfang〉[117]인 것이다.

「변신」이나 『소송』의 처음 장면처럼, 카프카 문학의 대부분의 주인공들은 모두 외부에서 가해지는 힘에 의해서 예기치 못한 불행의 상황으로 빠져드는 등 시작 부분에 절대적인 작품 내용이 담겨 있지만 몽매하고 애매한 내용으로 끝을 맺는 카프카의 작품 세계에 대해서 마티니F. Martini는 〈그것들(감각적이고도 뚜렷하게 드러나는 사물과 사건들)이 카프카에 의해서 그때그때 정밀하고 완결된 상태로, 일상적인 의미로 뚜렷하게 하나의 연관을 이루지만, 그 연관은 일상적인 모든 경험으로부터 벗어나 있으며 무엇보다도 어떠한 형태의 일상적인 해석도 허용치 않

---

117 Dietrich Krusche, *Kafka und Kafka-Deutung*, München, 1974, S. 122.

는다〉[118]고 설명한다.

그러면 카프카는 어찌하여 그의 소설을 종결지을 수 없는가? 그의 소설이 〈미해결〉로 남는 것은 과거도 없고 미래도 없는 인간, 다시 말해서 인과성Kausalität이나 역사성에 의해서는 도저히 생각할 수 없는 인간의 〈있음〉 자체를 서술하는 데 연유한다. 자연 과학의 가장 중요한 원칙 중의 하나인 인과성의 법칙이 타파되는 것이다.

인과성에 따르면 모든 것은 원인과 결과의 빈틈없는 연결체로 연구되어야만 한다. 물론 자연 과학적인 〈인과성〉 개념과, 개별적인 현상들을 초월하는 인과성은 서로 다른 가치를 지닌다. 그러나 〈인과성〉의 범주는 개별적인 원인·결과 관계의 일반적인 타당성만 요구하므로 문예학으로 전수될 수 없다. 이런 배경에서 카프카 문학의 인물들의 사고와 행동은 인과성과 역사성에서 크게 벗어나 있다. 예를 들어 「변신」에서 주인공 그레고르는 어느 날 아침 어수선한 꿈에서 깨어, 자기가 한 마리의 갑충으로 변신하여 침대 위에 누워 있음을 깨닫는다. 이렇게 사람 형태를 가진 생물이 하급 곤충으로 변한 다음에도 역시 인간으로서의 기능을 지속하고 있다는 것은 인과성을 띨 수가 없다. 사람이 별안간 벌레로 변해도 정신 기능을 잃지 않고 있음이 사실이라면 그 사실은 인과성을 벗어난 것으로서 그 이유를 과학이 아닌 어떤 신비(神祕) 속에서 찾아야 할 것이다.

이런 맥락에서 카프카는 인간이 처한 〈탄탈로스Tantalos적 상황〉[119]을 인과적 장

118 Fritz Martini, *Das Wagnis der Sprache, Interpretation deutscher Prosa von Nietzsche bis Benn*, Stuttgart, 1970, S. 307.

119 탄탈로스는 신의 사랑을 받아 늘 제우스 신에게 초대되어 올림포스에 올라가서 신들과 식사를 했는데, 어쩌다가 마음을 잘못 먹어 신이 먹는 신찬(神饌 암브로시아Ambrosia와 신이 마시는 신주(新酒 넥타Nectar)을 훔쳐서 인간 친구와 나누어 먹었다. 이것이 발각되기 전에 또 하나 엉뚱한 짓을 했는데, 그는 뤼디아 지방의 시필로스 산상(山上)에 음식을 한 상 차려 놓고 올림포스의 여러 신을 초대하여 대접했다. 음식이 모자라자 자신의 아들 펠로프스Pelops를 죽여 요리를 해 상에 차려 놓았다. 신들은 그것이 인육임을 알고 손을 대지 않았으나 그중에 데메테르Demeter 여신만이 배가 고픈 나머지 그것의 왼쪽 어깨 살을 깨끗이 먹어 치웠다. 제우스 신의 명령으로 아기 펠로프스의 살은 다시 마법(魔法 가마 속에 넣어서 끓여지고, 운명의 여신 클로토Klotho가 생명을 불어넣어 그 아기는 다시 살아났다. 데메테르 여신은 자기가 먹어 없앤 왼쪽 어깨살 대신에 상아를 메워 주었다. 몹쓸 짓을 한 벌로 탄탈로스의 나라는 망하고, 탄탈로스는 제우스 신의 손에 의해 죽은 후 무한 지옥 타르타로스에 갇혀 두고두고 고통을 받게 되었다. 펠로프스는 후에 아트리데Atride 종족인 아트레우스의 아버지가 되는데, 이 종족은 탄탈로스의 참혹한 행위의 대가로 아가멤논과 오레스테스까지 신들의 저주를 받게 된다.

애를 받지 않고 그의 의식이 용납하는 대로, 그의 눈이 닿는 대로 서술하였다. 따라서 「변신」에서 인간 그레고르가 갑자기 벌레가 되는 등 카프카는 인과성의 법칙에서 완전히 벗어나고 있다. 따라서 그의 소설들은 〈갑작스러운 시작〉과 〈열린 결론〉을 불가피하게 한다. 카프카는 추상적 사고 유희를 좋아하지 않는다. 그의 사고는 존재에 대한 반추 작용이며, 존재하는 모든 것이 처한 상황의 필연과 당위에 관계할 뿐이다. 그의 사고는 데카르트Descartes의 근본 명제(*Cogito ergo sum*: 나는 생각한다, 고로 존재한다)와 거리가 멀고 키르케고르Sören Kierkegaard의 〈주관적인 것이 진실된 것이다〉라는 경구와 가깝다.

작품에서 〈비현실성〉이 확장되고 명확한 단정적 종말을 제시하지 못하는 사실은 미래 혹은 목표에 대한 추구의 환영적 성격 및 희망 없음과 연결된다. 이는 〈목적은 있지만 길은 없다. 길이라고 불리는 것은 망설임뿐이다〉(H 32)라는 카프카의 잠언 내용과 유사하다. 이런 맥락에서 목표나 희망적 미래에 대한 주인공 K의 먼 거리가 『성』의 파편적 특성 및 종결 불가능성과 밀접한 관계를 지닌다.[120] 따라서 『성』에서는 주인공의 현재적 행동으로 충동되는 역사적 현재가 사라지고 미래와 목표가 소실됨으로써, 카프카의 서사는 파편적이고 끝이 없는 이야기가 된다.

이런 의미에서 「변신」이나 『성』은 『소송』의 화가 티토렐리가 언급하는 〈무제한적인 연기Verschleppung〉(P 137 f.)의 또 다른 서사적 형상화로 종결이 없는 〈끝 없는 서사〉의 기획으로 나타난다. 『소송』에서 요제프 K가 티토렐리를 찾아갔을 때, 그는 세 가지 방면 방법에 대해 가르쳐 준다. 〈진정한 무죄 방면〉, 〈외견상의 무죄 방면〉, 〈소송의 무제한 연기〉가 그것이다. 하지만 티토렐리는 진정한 무죄 방면은 전적으로 불가능하고, 외견상의 무죄 방면에는 제2의 체포가 따르며, 제2의 무죄 선고에는 제3의 체포가 따르고 하는 식으로 계속되기에, 그에 비해서 〈무제한의 연기〉가 피고인의 장래를 훨씬 안정된 것으로 보장한다고 말한다. 요컨대 화가가 권하는 방법, 사실상의 유일한 방법은 무제한 연기인 셈으로 끝이 없는 카프카의 작품의 비유인 셈이다.

이렇게 『소송』에서는 정상적인 것으로부터 사소한 이탈이 시작은 있으나 끝이

---

120 Vgl. Winfried Kudszus, Erzählung und Zeitverschiebung in Kafkas *Prozeß* und *Schloß*, in: Heinz Politzer(Hg.), *Franz Kafka*, Darmstadt, 1980, S. 331~350.

없는 상황으로 몰고 간다. 요제프 K가 수많은 자기 변명과 무죄 주장을 반복하면서 홀트 변호사와 화가 티토렐리에게 소송 변호를 의뢰했으나 모두가 실패로 돌아간다. 소송 전과 달라진 것이 하나도 없이 항상 처음과 같은 것이다. 따라서 수많은 변화와 다양함을 보이는 듯한 요제프 K의 행위도 순간적인 것으로 종국에는 처음의 혹은 유사한 상황으로 귀결하고 만다.

이처럼 카프카의 서술이 근본적으로 상황의 발전이나 진보 대신 동일한 상황의 반복을 보여 주는 것은 거듭 좌절하는 인생의 저주스러운 모습을 적나라하게 표출하려는 의욕의 결과이다. 〈소송〉 자체가 끝날 수 없기에 『소송』은 끝이 없는 소설이 되는 것이다. 결국 카프카 문학은 『소송』의 지연된 소송과 같이 시작은 있되 끝은 없이 〈중간에 존재함〉에서 주제를 끌어오는 미완성의 글쓰기이다. 카프카의 글쓰기는 끊임없이 의미를 생산하면서 동시에 의미를 지연시키는 의미의 현존과 부재의 경계에서 왔다 갔다 하는 것이다.

결국 카프카의 무제한적이고 끝이 없는 서사의 기획은 근대 소설뿐만 아니라 서구의 전통적 서사 전체에 대한 근본적인 의문을 제기한 셈이다. 왜냐하면 끝이 없다는 것은 결말의 부재를 의미할 뿐만 아니라, 종말이자 목적, 그리고 기원으로서 기능하는 결정적 고정점을 서사 전체에서 찾을 수 없다는 것을 뜻하기 때문이다. 이는 종말을 통해 모든 사건들을 포섭하고 거기로 수렴시키는 서술 방식을 근본적으로 전복하려는 시도이다.[121]

1921년 10월 16일의 일기문에서 카프카는 항상 시작으로 끝나고 목표에 도달하지 못하는 것을 〈영원한 시작의 불행Unglück eines fortwährenden Anfangs〉(T 397)이라고 언급하고 있다. 이에 대해 마티니F. Martini는 〈비밀성과 다의성을 보여 주는 카프카의 마술은 그때그때 결정적인 말, 결정적인 결론 앞에서 끊어져 항상 발단만 제시할 뿐 결과는 제시하지 않는 기법에서 기인한다〉[122]고 언급한다. 하셀블라트D. Hasselblatt도 〈시작 지향적이고 종결이 없는〉[123] 경향을 카프카 소설

---

121 이진경, 「카프카 — 큐비즘적 서사 공간과 욕망의 건축술」, 고미숙외 저, 『들뢰즈의 문학 기계』, 소명출판, 2002, 310면.

122 F. Martini, *Das Wagnis der Sprache, Interpretation deutscher Prosa von Nietzsche bis Benn*, Stuttgart, 1970, S. 303.

123 Dieter Hasselblatt, *Zauber und Logik, Eine Kafka-Studie*, Köln, 1964, S. 61.

의 특성으로 정의한다. 즉 카프카의 많은 작품은 도입부가 특이한 내용으로 시작하지만 끝부분은 몽매적으로 끝난다는 것이다. 하셀블라트는 카프카 작품에 있어 종결의 우연성을 〈창작에 관련하여 볼 때 단지 취약점, 우연, 일상의 이질적인 것, 기존 소설의 원리와 방법에 일치하지 않는 것들이 항상 우연적인 종결을 가능케 한다. 그 때문에 카프카의 텍스트들은 미완성으로 보인다〉[124]라고 지적한다.

프랑스의 소설가이자 비평가인 블랑쇼Maurice Blanchot도 카프카를 결말에 이르지 못하게 되는 문학의 대표자라고 설명한다. 모세와 같이 카프카의 주인공들은 약속된 땅을 결코 보지 못한다. 이 결론의 불가능성에 관해 블랑쇼는 말하기를, 그것은 작품 속에서 죽어서 자신을 자유롭게 하는 것의 불가능이라 한다.

이렇게 끝이 없는 카프카의 작품은 현실을 변화시키거나 근본적인 해결책을 제시해 주지 못했다는 비판도 많이 받는다. 실제로 여러 현실의 문제에 대한 카프카의 명쾌한 답을 말해 주리라 기대하는 독자는 책을 읽으며 당황스러울지도 모른다. 카프카의 작품은 대답을 제시하는 대신 질문을 던지는 작품으로 볼 수 있기 때문이다. 그러나 엄밀히 볼 때, 카프카 작품 외의 종교적 경전과 서양 철학의 고전들조차 우리를 실존적 방황에서 해방시켜 주었던가? 〈인간은 노력하는 한 방황한다Es irrt der Mensch, solang' er strebt〉(317행)라는 괴테의 『파우스트』의 구절처럼 방황은 인간의 운명이다. 경전과 고전이 제시하는 그 위대한 대답들이 옳고 그른지를 무슨 근거로 판단할 것이며 인간의 삶은 아주 구체적인 작은 선택들로 이루어지는데 거창한 대답들이 대관절 무슨 상관이란 말인가. 따라서 카프카는 현대인들에게 명확한 답변을 유보하는 대신에 인간 소외 등에 대한 의식을 일깨워 주었다는 점만으로도 그의 작품 세계는 높이 평가될 만하다.

또 카프카는 〈끝이 없는 소설〉을 썼으나 그것은 소설을 미완성인 채 두는 것을 뜻하지는 않는다. 그것은 완결되지 않는, 그러나 충분히 완성된 그런 소설이다. 그것이 과연 가능할까? 왜냐하면 소설의 끝이란 여백을 마주하고 있는 글자들의 경계선이 아니라, 소설의 모든 이야기가 결국은 그리로 귀착되는 귀결점이고, 따라서 이야기가 시작하자마자 항상 이미 존재하면서 이야기를 방향 짓는 목적지이기

---

124 Dieter Hasselblatt, a.a.O., S. 63.

때문이다. 이것이 없다면 이야기는 횡설수설 종잡을 수 없는 잡담이 되지 않을까? 커머드에 따르면, 현대 문학에 나타나는 종결의 불가능성은 묵시록이라는 근본적인 허구의 패러다임의 쇠퇴를 말해 주는 징후이며, 이러한 허구의 종말과 문학의 종결 불가능성, 즉 종말의 허구의 붕괴라는 두 주제의 결합이 바로 현대 소설에서 가장 잘 드러난다는 것이다.[125]

---

125 프랭크 커머드(조초희 역), 『종말 의식과 인간적 시간 ― 허구 이론의 연구』, 문학과 지성사, 1993, 4장 참조.

제3장 카프카 문학의 내용 분석

파라켈수스Philippus A. Paracelsus는 아리스토텔레스의 4원소 이론에 이의를 제기하며 연소 과정에서 나타나는 세 가지 기본 물질들이 더 이상 〈분리될 수 없는 것〉으로 생각되었던 아리스토텔레스의 4원소(불, 물, 흙, 공기)와 모든 다른 물질들 내지 신의 창조물의 기본을 이루고 있다고 보았다. 파라켈수스의 이 세 가지 기본 물질은 〈황〉, 〈수은〉, 〈소금〉이다. 파라켈수스의 황, 소금 그리고 수은에서 중요한 것은 화학적 물질들이 아니라 그것들과 함께 물체들이 서로 변화되고 서로 영향력을 미치는 기본 특성들과 힘들에 대한 상징들이다. 이 3원칙은 세상의 모든 사물들 속에 감추어져 있으며 연금술적인 연소 과정에서의 물질 변화에서 눈으로 볼 수 있게 된다. 즉 〈소금〉은 연소 과정에서 재로 남는 것이고, 〈수은〉은 연기로 공기 속으로 승화하는 것이며, 〈황〉은 남김 없이 그리고 순수하게 〈정신적인 것Geistiges〉으로 타버리는 것이다.[1]

이렇게 물리적인 요소에서 파생된 〈더 이상 분리될 수 없거나 파괴될 수 없는 것〉이 정신 세계에도 적용된다. 모든 본래적이고 근원적인 것은 그 원상(原狀)이 분해되거나 파괴될 수 없다. 카프카는 이러한 불가분성(不可分性)을 진실로 여겨 언급하고 있다. 카프카가 말한 〈unteilbar(불가분의)〉를 〈unzerstörbar(파괴될 수 없는)〉와 같은 의미 영역에 포함시키는 〈불가분의 진실〉이 유추되는 카프카의 잠

---

1 H. G. Kemper, *Deutsche Lyrik der frühen Neuzeit*, Bd. 3, Tübingen, 1988, S 126.

언 한 편을 음미해 보자.

> 인간은 자신 속에 있는 뭔가 파괴될 수 없는 것에 대한 지속적인 신뢰 없이는 살 수 없다. 이때 파괴될 수 없는 것과 신뢰는 인간에게 계속해서 모습을 드러내지 않을 수도 있다. 이와 같은 계속적인 은닉에 대한 표현 가능성 중의 하나가 개인적인 신에 대한 믿음이다.(H 67)

이 한 편의 짧은 잠언에 인간, 신, 삶, 죽음, 신앙 등의 낱말이 기록되어 인간의 총체성을 말해 준다. 한 사람의 작가가 인간과 신, 삶과 죽음, 유신론과 무신론 등의 문제를 도외시할 수 없다는 전제에서 〈뭔가 파괴될 수 없는 것〉으로서의 〈불가분의 진실〉은 대립적인 것들의 상호 관계뿐만 아니라 한 인간의 사고와 행동을 규제하는 핵심적인 힘이라고 가정될 수 있다. 불가분의 진실이 무엇이냐는 구체적으로 밝힐 수 없지만, 그것은 인간의 내면에 도사린 뭔가 파괴될 수 없는 것, 우리가 항상 의존하여 사고하고 행동할 수 있는, 계속적으로 신뢰할 수 있는 가장 본질적이고 원래적인 것이다.

카프카에 의하면, 인간이 살 수 있는 것은 이러한 파괴될 수 없는 것에 대한 지속적인 믿음이다. 그러나 이러한 파괴될 수 없는 것에 대한 믿음은 가시적으로 나타나는 것이 아니라 은폐되어 있다. 카프카는 문학을 통해서 이 은폐된 파괴될 수 없는 것을 표현해 내고 있다.

카프카의 〈파괴될 수 없는 것〉은 플라톤의 이데아의 세계와도 연관된다. 플라톤은 이데아, 즉 관념 혹은 보편의 세계와 감각적으로 인식되는 경험계를 이원화시켜 전자는 변치 않는 그리고 참다운 실재로서 이성nous에 의한 진지(眞知)의 대상이며, 반면 후자는 영원한 이데아의 모사(模寫)이자 그림자로서 참다운 실재가 아니고 그에 대한 인식 또한 참이 아닌 억견doxa에 불과하다고 생각했다.

플라톤의 변하지 않는 이데아 같은 카프카의 〈파괴될 수 없는 것〉과 같은 개념으로 현대 철학의 굳건한 기반을 닦은 프랑스의 철학자 데카르트의 〈에고(자아)〉 사상도 들 수 있다. 그는 모든 철학적 이론을 〈에고(자아)〉 위에 세우려 했다. 그는 모든 것을 의심할 수 있되 자아만은 의심할 수 없는 존재라고 믿었다. 데카르트의 자아는 말할 나위도 없이 육체적인 것이 아닌 순수한 정신적인 것이다.

이는 「변신」에서 갑충으로 변한 그레고르가 방바닥 밑, 천장 위를 기어다녀 육체적으로는 벌레가 됐음에도 불구하고 가족들을 비롯한 모든 사람들이 그 갑충은 정신적으로는 인간 그레고르라는 것을 한 번도 의심조차 하지 않고 그를 대하는 것과 같다. 이미 벌레로 변한지도 오랜 시간이 흘렀고 이제 벌레로 죽어야만 하는 그레고르는 정신을 소유하는 인간만이 할 수 있는 사고를 가지고 있다고 카프카는 강조하고 있다. 예를 들어 그레고르는 벌레로 변한 후 자신의 입맛에 맞는 음식이 없어 내내 아무것도 먹지 못하고 있다. 그러다가 그레고르는 벌레가 된 이후에 자신에게 알맞는, 자신이 진정으로 원하는 음식이 무엇인가를 깨닫게 되는데 그것은 육신의 생명 연장을 위한 음식이 아니고 그의 정신이 강렬히 갈망했던 정신적 양식인 예술, 즉 여동생 그레테의 바이올린 연주라는 음악이었다. 즉 그레고르는 하숙생들의 요청에 의하여 우연히 듣게 된 여동생의 바이올린 연주를 듣고 그것이야말로 자기가 찾던 음식이라고 여긴다. 결국 갈망했던 음식을 마침내 찾은 것으로 여긴 여동생의 바이올린 연주를 듣겠다는 열정에 사로잡혀 자신의 흉측한 모습을 잠깐 잊고 방에서 기어 나와 인간 세계에 들어가는 것에서 분해되거나 파괴될 수 없는 인간적 본질을 볼 수 있다. 이러한 카프카의 파괴될 수 없는 존재인 진실의 추구가 카프카 문학의 본질이다.

그런데 카프카는 이러한 불가분의 진실을 변증법이라는 역설적 방법으로 추구하고 있다. 카프카는 진실을 불가분의 것으로 정의하면서 진실은 스스로 인식될 수 없고 진실을 인식하려는 자는 허위임에 틀림없다고 주장하는데 이는 〈진리란 불가분한 것이다. 따라서 스스로는 인식될 수 없다. 진리를 인식하려고 하는 자는 허위이어야 한다〉(H 36)라는 잠언에 잘 나타나 있다. 이 진술에서 확인되는 사실은 진실은 허위를 통해 인식된다는 점으로 역설적이다.

사실 진실은 두 가지로 이에 대해 카프카는 다음과 같이 설명한다. 〈우리에게는 생명 나무를 통해 묘사되어 있듯이, 두 가지 종류의 진실이 존재한다. 활동자의 진실과 휴식자의 진실이다. 제1의 진실에서는 선과 악이 구분되나, 제2의 진실은 다름 아닌 선 그 자체다. 제2의 진실은 선과 악 그 어느 것에 대해서도 알지 못한다. 제1의 진실은 실제로 우리에게 주어졌다. 제2의 진실은 예감적으로 이는 슬픈 광경이다. 기쁜 광경은 제1의 진실이 순간에, 제2의 진실이 영원에 속한 상태이다. 때문에 제1의 진실은 제2의 진실의 빛 안에서 소멸된다.〉(H 80)

역설적 순환으로 의미는 파기되어 비밀스럽고 파악이 불가능하게 된다. 이 역설적 순환이 지속되는 한, 의미 혹은 무의미에 대한 의문은 풀리지 않는다. 그러나 작품의 부분들은 엄격한 논리적 맥락 속에 존재하며, 자체적으로나 상호적으로 합리적인 검증이 가능하다. 카프카는 이러한 역설적인 형태를 찾아냈다. 즉 카프카의 불확실성이 유일한 확실성이라 불릴 수 있는 적절한 형태인 것이다.

1. 역설적 순환

역설법이란 원래 겉으로는 모순되고 우선 명확히 밝혀지지 않는 일상적인 견해, 상식에 모순되는 주장이다. 그 대립되는 개념을 상세히 관찰해 보면 대상에 상반되는 진술들의 종합이다. 이런 식으로 니체, 휘브너, 엘리아데Mircea Eliade, 케레니Karl Kerényi와 프랑크Max Frank 등은 〈불일치되는 것의 일치Vereinbarung des Unvereinbaren〉를 주장한다.

특히 엘리아데는 인간이란 질적으로 다른 이중적인 세계 속에서 살고 있다고 주장하며 이 서로 다른 두 개의 〈실재〉를 그는 〈두 가지 존재의 질서, 곧 성(聖)과 속(俗)〉이라 부른다. 엘리아데는 우리 삶 속에서 마주치는 일상적인 것들을 〈속〉이라 하고 개인 또는 집단의 독특한 경험에 의해 의미를 갖게 되는 것들을 〈성〉이라 규정했다. 가령 우리가 흔히 마주치는 나무, 돌, 자동차, 건물은 모두 〈속〉의 영역이지만 이 물질이 한 개인에게 특별한 경험을 가져다주는 순간 〈성〉의 범주에 들어간다. 이 성과 속은 분리되거나 단절되는 것이 아니다. 엘리아데에 의하면, 성과 속은 인간의 두 가지 경험의 양태일 뿐 아니라 인간의 삶을 설명해 주는 새로운 〈범주〉이다.

인간을 설명하는 범주인 시간과 공간, 신과 인간 등의 전통적인 형식도 엄밀히 볼 때 성과 속의 형태적 규범이다. 따라서 엘리아데는 성과 속이야말로 인간과 문화를 포괄할 수 있는 근원적인 범주로 여겼다. 성은 속의 반대이다. 이분법적 실재의 범주에서 본다면, 성은 〈그곳〉이고, 속은 〈이곳〉이며, 성은 〈그때〉이고, 속은 〈지금〉이며, 성은 〈전혀 다른 것〉이다. 하지만 그러한 성과 속이 함께 있다는 것이 바로 종교적인 경험이다. 선과 악, 천당과 지옥, 죄와 벌 등 이분법적 사고에 길들여진 서양인들에게 선과 속 역시 좀처럼 화해할 낌새를 보이지 않는 대립이었다. 신성 모독이란 그들에겐 지구상의 단어가 아니었던 셈이다. 그러나 알고 보면 성과 속은 양극으로 분리되어 있는 실체가 아니다. 이러한 양극 사상은 원래 신에게서 파생되었다.

원래 신은 상반된 성격을 지니고 있다. 초기의 히브리인에게, 또 『구약성서』에서 신은 전 우주에서 일어나는 모든 것에 책임을 졌는데 그때는 선과 악에 대한 명백한 구분이 없었다. 『구약성서』에서 하느님은 〈나는 빛과 어둠을 만들고, 또 평화도 주며 재앙을 만든다〉라고 말하고 있다. 예를 들어 천사들이 하느님의 찬양을 올바르게 노래하지 않았다 하여 하느님이 분노한 결과 천사의 전 무리를 완전히 와해시킬 때 하느님의 상반 감정의 병존이 나타나고 있다.

성경 66권에는 들지 못한 『도마Thomas 복음』에 이런 구절이 있다. 〈제자들이 물었습니다. 우리도 천국에 들겠습니까? 예수께서 말씀하셨습니다. 너희가 둘을 하나로 만들 때, 안을 바깥 같이, 바깥을 안 같이, 위를 아래와 같이, 아래를 위 같이, 남자와 여자가 하나 되어 남성이 이미 남성이 아니며, 여성이 이미 여성이 아닐 때, 그때 너희가 천국에 들리라.〉 천국의 신성은 남자와 여자가 하나 되는 비밀 속에 존재하며 그 천국의 비밀이야말로 생명력 넘치는 땅에 충실한 것이기도 하다. 땅과 하늘, 위와 아래, 안과 밖, 남자와 여자, 선과 악, 빛과 어둠을 하나로 품는 것이 신성이며 신비다. 자연으로서 우리는 신성하고, 신비한 존재다. 인도의 신 시바처럼 신이 만든 존재 속에는 창조와 파괴가 하나로 합쳐 있었다. 시바 신의 머리에는 해골과 초승달이 있는데, 이 해골과 초승달은 죽음과 부활을 상징하는 것이다.

이렇게 신은 선과 악의 상반 감정을 가지고 있다. 신은 원래 선하지만 무서운 존재다. 지옥을 발명한 신은 얼마나 무서운 존재인가. 또 신의 작업인 세상의 종말을 생각해보라. 회교도들의 죽음의 천사 이야기를 들어보면 〈죽음의 천사가 다가오면 회교도들은 두려워한다. 그러나 이윽고 손으로 쓰다듬으면 그들은 천복을 느낀다〉고 한다. 불교, 특히 티베트 불교에서 명상하는 부처는 〈평화로운 측면과 분노로

치를 떠는 두 측면〉을 보이면서 나타난다. 수도자가 자기의 자아와 고통과 기쁨이 함께 하는 속세의 달콤한 삶에 연연할 경우, 신은 분노로 치를 떠는 측면으로 나타난다. 그러나 자아를 잊고 자신을 포기하면 다 같은 부처라도 천복을 주는 부처로 나타난다. 산스크리트어로 이것을 〈비베카viveka〉라고 하는데 이는 〈분별〉이라는 뜻이다. 머리 위로 불 칼을 높이 치켜든 부처 이미지는 그런 의미에서 대단히 중요하다. 이 칼은 바로 분별의 칼로, 현세적인 것과 영원한 것을 분명하게 하는 칼인 것이다.[2]

이란의 주르반교와 루마니아의 민간 신앙에서 신과 사탄은 형제다. 에티오피아의 전설은 성자와 마녀를 남매로 등장시킨다. 하느님이 뱉은 가래침에서 악마가 뛰쳐나오고(모르도바 신화), 신은 수면에 비친 자신의 모습에서 악마를 발견한다(핀란드 전설). 또한 사탄은 원래 하느님의 그림자였다(불가리아 민요).

이 대립의 합일, 그 총체성의 신비는 어떤 의미에서 신에 대한 완벽한 정의다. 철학의 선사(先史), 사유의 체계화 이전에 상반되는 모든 것은 신에게서 완전히 결합되었다. 신과 악마의 우정, 성자와 마녀의 혈연 관계에 대한 숱한 신화와 전설은 악의 존재, 그 〈창조의 결함〉이라는 신비를 꿰뚫어보게 한다.

이러한 논리는 융Carl G. Jung의 〈반대의 일치coincidentia oppositorum〉라든가 뒤랑의 〈균형 잡기〉와도 일맥상통하고, 또 어느 면에서는 동아시아의 음양론(陰陽論)과도 비슷한, 충분한 보편성을 지닌 논리라고 볼 수 있다.

동양 철학에서 〈음양〉이라는 문자는 처음엔 구름이 해를 가려 흐린 상태를 상형한 음(黔)과 쨍쨍 내려 쪼이는 햇볕을 상형한 양(昜)으로 표현됐고 지상의 산언덕에 의해 양지와 그늘이 생기는 것에 착안해 부(阜: 언덕)방을 더해 〈음양(陰陽)〉으로 확정됐다. 이것이 후대에 이르러 더 발전되어 음양이기(陰陽理氣)가 우주 만물 변화 생성의 원리일 뿐 아니라 남녀 자웅 등 생식에서부터 선악(善惡), 호오(好惡), 득실(得失), 군신상하(君臣上下) 등 모든 질서와 가치 판단의 준거가 되었다.

중국의 음양 이미지를 보면, 원 안에 검은 물고기 비슷한 형상과 흰 물고기 비슷한 형상이 서로 꼬리를 물고 있는 모습이 있다. 그런데 검은 물고기 비슷한 형상을

2 조셉 캠벨·빌 모이어스(이윤기 역), 『신화의 힘』, 이끌리오, 2002, 71면.

자세히 보면 가운데에 흰 점이 하나 있다. 물론 흰 물고기 비슷한 형상에도 검은 점이 하나 있다. 이들 점이 있기에 음양은 상호 작용을 하는 것이다. 음양론의 대표적 논리인 음양생식론은 유가 철학에 흡수되면서 인류 지대사로 자리매김했다. 이러한 대립의 합일 사상이 문학에도 나타난다.

괴테의 『파우스트*Faust*』에서 가장 매혹적이면서도 혼란스러운 부분은 그 도입부가 아닐까 생각된다. 「천상의 서곡Prolog im Himmel」에서 하느님이 악마인 메피스토펠레스에게 보여 준 것은 놀랍게도 너그러움, 차라리 〈공감〉이었다. 하느님은 〈나는 자극하고 활동하며 악마로서 할 일을 해야 하는 이 친구(메피스토펠레스)를 인간에게 동반자로 붙인다〉(342~343행)라고 말했다. 이에 호응하여 악마 메피스토펠레스는 〈나는 기꺼이 영감님(하느님)을 만난다네〉(350행)라고 읊조린다. 메피스토펠레스는 항의하고 부정하는 영(靈)이다. 아래의 그의 말에서 알 수 있듯이 메피스토펠레스는 삶의 흐름을 멎게 하고, 수단과 방법을 가리지 않고 일의 진행을 방해한다.

> 나는 항상 부정하는 정령이외다!
> 그것도 당연한 일인즉, 생성하는 일체의 것은
> 필히 소멸하게 마련이기 때문이지요.
> 그래서 아무것도 생성하지 않는 편이 더 낫다는 겁니다.
> 그래서 당신네들이 죄라느니, 파괴라느니,
> 간단히 말해서 악이라고 부르는 것이
> 내 본래의 특성이랍니다(1338행 이하).

그런데 이러한 그의 행위가 오히려 인간의 활동을 자극하여 생을 복돋는 결과를 가져와 역설적이다. 결국 괴테에게 악과 오류는 똑같이 생산적이다. 메피스토펠레스는 악을 옹호하며 싸우지만 결국 선을 행하는 결과가 된다. 생을 부정하는 이 악마는 신의 협조자인 셈이다. 괴테는 악과 오류를 인간의 삶에서뿐 아니라 〈하나-전체*Tout-Un*〉로 여겼던 우주에도 필요한 것이라고 생각했다. 자연은 모순으로 인해 비옥해지는 것이다.

162

이 대립의 합일, 그 총체성의 신비는 양성인(兩性人)의 신화를 재현한 발자크의 환상 소설 『세라피타Seraphita』에서 절정을 이룬다. 주인공 세라피투스-세라피타는 성(性)이 다른 두 존재를 사랑하는 인물이다. 고대 사회에서 자웅 동체(雌雄同體)는 이상적인 인간의 표상이었다. 신은 전체이며 하나이기 때문이다. 성의 분리는 원죄의 결과였다. 남녀 양성신의 신화는 〈반대의 일치coincidentia oppositorum〉를 표현하는 형식 가운데서 명료하게 신적 존재의 역설을 보여 주는데, 이 신화에 대응하는 것은 남녀 양성 인간에 관련된 일련의 신화나 제의이다. 이 경우 신에 대한 신화는 인간의 종교 체험의 표본을 형성한다. 〈원초인〉이나 조상을 남녀 양성으로 보는 전승은 매우 많고, 그보다 후대의 신화 전승도 〈원초의 부부〉에 대한 것이 많다.

몇몇 랍비의 주석서에는 아담도 종종 남녀 양성으로 언급된다. 따라서 이브의 〈탄생〉은 결국 원초적 남녀 양성이 남성과 여성이라는 두 존재로 분리에 불과하다. 〈아담과 이브는 어깨가 맞붙어서 등을 맞대고 있었다. 그래서 신이 도끼로 쳐서 또는 둘로 잘라서 그들을 갈라놓았다. 이와 다른 의견도 있다. 즉 최초의 인간(아담)은 우측이 남자이고 좌측이 여자였는데, 신이 그것을 반으로 쪼갰다.〉[3]

아담의 갈빗대에서 이브를 만들었다는 이야기도 이 맥락에서 이해될 수 있다. 〈갈빗대〉라고 번역된 히브리어 원문은 〈첼라tsela〉이다. 그런데 이 말은 〈갈빗대〉라 번역할 필요가 없다. 기원전 3세기에 나온 그리스어 70인 역(譯)의 이 이야기에 나오는 아담의 〈첼라〉에 한해서만 〈갈빗대〉로 번역됐기 때문에 그 후 〈갈빗대〉로 이해되어 왔을 뿐, 그 말 자체는 그냥 〈한쪽side〉이라는 뜻이었다. 『출애굽기』 26장 20절을 보면 〈성막 다른 편〉이란 말이 나오는데, 그 〈다른 편〉의 원문이 바로 〈첼라〉이다. 첼라를 다른 한쪽이라든가 다른 한 편으로 번역한다면, 아담의 갈비뼈를 꺼내서 이브를 만든 것이 아니라 아담의 〈한쪽〉을 잘라 이브를 만든 것으로 된다. 다시 말해서 아담을 둘로 잘라 한쪽은 남자(이쉬)가 되고 다른 한쪽은 여자(잇샤)가 되었다는 것이다. 첼라가 갈비뼈가 아닌 한쪽이 되면 아담과 이브는 서로 반쪽이 된다. 자웅동체였던 인간이 신에 의해 반반으로 나눠진 것이다.

---

3 『베레쉬트 라바』 I, 1, fol.6, col.2; Krappe, pp. 312~322.

그리스도는 비록 남성으로 태어나 남성으로 죽었지만 부활할 때는 남성도 여성도 아니었다. 인도 사상이나 노장 철학에서 만남직한 〈대립의 합일〉이라는 개념이 세계의 문화 풍경을 관통하며 다채로운 파노라마를 그려 나간다. 따라서 서양의 사유가 더는 플라톤 철학의 범주 안에서 〈영광스러운 고립〉에 안주할 수 없을 것이다.

〈대립의 합일〉이라는 고대의 주제와 모티프들은 오늘날에도 인간 드라마의 한 부분을 이루고 있으며 모든 수준의 문화적 삶과 현대인의 꿈과 환상에 변증법적으로 개입하고 있다. 우리는 이 낯설고 기이한 비(非)유럽적인 요소들을 껴안아야 한다. 괴테의 메피스토펠레스와 발자크의 세라피투스-세라피타는 우연히 탄생한 게 아니다. 두 사람은 자신의 작품이 유럽 문학에 속한다고 보았으나 그 기원은 그리스와 지중해와 고대 중동과 아시아를 넘어 더 먼 곳까지 거슬러 올라간다. 『파우스트』와 『세라피타』에서 다시 살아난 신화들은 아주 먼 공간과 시간 속에서 온 것이다. 그것들은 역사 이전의 세계에서 출발하여 〈시간을 뚫고〉 우리 곁에 변증이라는 역설법으로 찾아온 것이다.

1) 카프카의 변증법적 의식

카프카 생존시의 예술가들은 익숙한 질서로부터 벗어나, 즉 〈눈으로 목격한 것, 귀로 들은 것〉(T 16)을 떠나 완전히 대립적이고 모순적인 것을 경청하여, 그 이상 생각할 수 없는 말들, 구름처럼 해체되는 말들을 쓰기 시작하였다. 이른바 변증법이라는 형상이 유행을 이룬 것이다. 카프카가 동경한 유대 사회도 세속적인 것과 신적인 것의 거리가 극복되어 있고 인간과 신, 시간과 영원, 유한한 것과 무한한 것이 분리되지 않고 통일되어 있는 사회였다.[4]

이러한 변증법이라는 역설적 형상이 카프카의 진실 탐구의 본질적인 방법이다. 변증법은 담론으로 대화적-논거적dialogisch-argumentatorisch 형태를 지니며,

---

4 Bluma Goldstein, Franz Kafkas *Ein Landarzt*: A Study in Failure, in: Richard Brinkmann und Hugo Kuhn(Hg.), *Deutsche Vierteljahrsschrift für Literaturwissenschaft und Geistesgeschichte*, 42. Jahrgang, Stuttgart, 1968, S. 747.

특히 카프카 소설에서 사건 전개의 특수한 형태를 지닌다. 따라서 카프카의 소설은 대립적이며 다의적이고 양가적이다. 그의 작품은 현실의 부정성을 끊임없이 끌어들여 역설적이다.

비평 이론에 따르면 카프카는 계몽을 극복한 변증법에 잠겨 있다. 이러한 카프카의 변증법은 논리성이 없는데 반드시 합당하게 묘사될 수 없다는 의식이 카프카의 사상으로 작품에 내재되어 있기 때문이다. 물론 변증법의 덫에서 빠져나올 때도 있는데, 이는 의미가 모든 작품에 알려진 확실한 단위를 형성할 때이다. 그러나 이러한 사상이 확립된 직후에도 곧바로 작품의 확정적인 진술에 의문, 즉 작품의 궁극적인 가치에 대한 의문이 제기된다. 이러한 의미의 확실성과 변증법 사이의 불일치는 극복되기 어렵다. 왜냐하면 카프카의 작품 기법이 비유의 다의성(多義性), 아니면 이의성(二義性)Zweideutigkeit을 전제로 하면서 한편으로는 몽환적이고 비밀에 가득찬 배경, 괴기성 및 환상적 가공의 분위기가 깔린 세속의 일상적 현실을 비유적으로 표현해 내면서 또 다른 사실들의 이색적인 모순성과 역설법을 드러내는 묘사법을 주로 쓰고 있기 때문이다.

페터 지마에 따르면 카프카 텍스트의 대립적 다의성은 주체의 위기에서 새로운 주체성을 찾으려는 세기 전환기 소설의 기본적인 특징이다. 즉 〈세기 전환기의 소설들은 모든 일회적인 것과 특수한 것을 의문시하는 매개의 중의성을 그 정반대의 차원 — 텍스트와 그 기호의 다의미성 — 으로 변환시키려는 변증법을 시도한다.〉[5]

이러한 여러 근거를 종합해 볼 때, 카프카의 작품에서 다양론(多樣論)을 낳게 한 근본적인 연유는 바로 그의 작품에 나타난 반대 감정의 양립이었음이 밝혀진다. 즉 상반된 대립 감정으로부터 시작되어 복합적으로 진행되는 카프카 작품의 내면의 흐름은 전체적으로 파라독스의 상징성을 형성하고 있다. 따라서 독자는 이성을 모욕하는, 다시 말해서 그가 역설로 느끼는 원 운동에 빠져든다. 이러한 카프카의 근본 사유 방식인 부정과 파라독스는 도식화된 개념과 논리적 사유 체계에 의해 인과론적·목적 지향적으로 형성된 상대적 가치관의 모형을 파괴하며, 동시에 그

---

5 페터 지마(서영상·김창주 역), 『소설과 이데올로기. 현대 소설의 사회사』, 문예출판사, 1996, 76면.

들로부터 제외된 정신 세계, 즉 우리의 습관적 사유 방식과 세계 이해 밖에 있는 참 존재의 핵심적인 정신 세계를 다시금 암시적으로 드러낸다.[6]

이런 배경에서 폴리처는 〈카프카의 비유에는 일반적으로 격언이 지니는 고전적 비유화에서 발견되는 역설법이 드러난다. 이것이 핵심이다. 그런 핵심 주변에는 안 풀리는 모순당착을 맴도는 비유화가 불분명한 갈등을 견지하고 있다〉[7]라고 말하여 카프카 텍스트의 특성을 역설적 우화라고 칭한 바 있다.

물론 이러한 역설적 서술로 인하여 진실 파악의 현상에서 카프카 문학이 독자들에게서 벗어날 위험성도 있는데, 아도르노는 이를 다음과 같이 표현하고 있다. 〈카프카는 자신이 지배하는 해석의 힘으로 미학적 거리를 끌어낸다. 그는 관심없다는 과거의 관찰자에게 극도의 노력을 기대하고, 그 관찰자를 엄습하여 관찰자가 올바르게 이해했는지에 그의 정신의 균형을 초과할 정도로 얽매인다는 것을 암시한다. 카프카의 전제에서 작품과 독자의 명상적 관계는 절대로 훼손되지 않아야 한다. 작품과 그들의 제물 사이에 지속적인 간격을 두는 것이 그의 작품의 목적이 아니고, 최근의 삼차원적 영화 기술에서 열차가 관중을 향해 돌진하는 무서움을 느끼도록 카프카적 영향력을 일깨우는 것이 작품의 목적이다.〉[8]

2) 카프카의 변증법적 배경

카프카의 형안(炯眼)에서는 자명하고 일상적인 것이 경이적인 것으로, 또한 경이적인 것이 극히 일상적인 것으로 바뀐다. 소위 전도(顚倒)된 인식 방법이라 할 수 있다.[9] 이중 구조로 표현된 세계는 우연이나 실제를 넘어 다른 것을 지적하게 되고, 문자 뒤에 문자를 지니게 된다. 이러한 카프카의 사고의 이중 구조는 그의 인식의 탄력의 결과이다. 다시 말해서 카프카의 역설적 방법은 원래 작가 자신의 의지의 소산으로 그의 삶과 문학의 본질이 되고 있다.

6 이주동, 「카프카의 사유 방식과 사유 형태」, 『카프카 문학론』, 범우사, 1987, 153면.

7 Heinz Politzer, *Franz Kafka, Der Künstler*, Frankfurt/M., 1978, S. 43.

8 T. W. Adorno, Aufzeichnungen zu Kafka, in: Ders., *Prismen, Kulturkritik und Gesellschaft*, Frankfurt/M., 1976. S. 255 f. (이하 *Prismen*으로 줄임.)

9 Günther Anders, *Kafka, Pro und Contra*, München, 1972, S. 15.

삶과 문학에 대한 카프카의 〈이중적 시선Doppelperspektive〉은 결국 자신의 글쓰기의 형식 원리가 되었으며 20세기 문학에 깊은 영향을 미치게 되었다. 따라서 카프카의 문학 작품에 있어서 언어의 이원성 또는 이중 구조가 작품 흐름의 주를 이루는데 이는 내면적 무한성의 표현이다. 그 결과 그의 작품의 해설에서 일의성 또는 명료성은 불가능하여, 이의 해결로 독특한 미학적·존재론적 범주가 발견되지 않으면 안 된다.

카프카의 이중 대립적 세계 인식은 〈오직 진실과 허위 두 가지만이 존재한다〉(H 73)라는 그의 말에 잘 드러나 있다. 이같은 실제 생활의 심원(深遠)한 양면적 대립은 삶의 의미와 목적에 커다란 의문을 제기하면서 그의 인생관, 세계관 형성에 결정적인 요인이 되었다.

이에 대해 카프카는 야노우흐와의 대화에서 〈많은 사물은 반대 가운데로 결연히 뛰어 들어가야만 얻어질 수 있다. 인간은 잃어버린 고향을 찾기 위해서는 타향으로 가보아야 한다〉(G 207)라고 이야기하고 있다. 또 다른 야노우흐와의 대화에서 카프카는 〈인간은 삶을 얻기 위하여 삶을 포기하지 않으면 안 된다〉(G 250)고 하여 역설적 표현을 통한 진실한 삶에 대해 언급하고 있다. 이런 맥락에서 카프카의 작품에서 문학과 세계의 비양립성이 전체적인 인식 체계로 나타나는 특색이 있다. 따라서 카프카 작품의 연구에서 필수적인 요소 중의 하나는 그의 변증법적 인식과 의식으로 설정해 놓은 비밀이나 진실의 세계에 접근하는 데 있다. 즉 카프카의 역설적 방법에 대한 규명은 그의 문학 현상 전반을 거시적으로 조명하는 데 혹은 개별 작품을 미시적으로 해명하는 데 있는 것이다.

카프카 문학의 대립의 구조는 진실과 허위의 문제에 깊은 연관을 보이면서 불확실하게나마 현실 극복, 자기 극복을 요구하고 있다. 주인공들의 절대적 자아, 잠재적 자아는 항상 사회 혹은 그들 스스로가 설정한 가상적 적대자와 부단히 충돌하고 대립하는 가운데 고립감과 좌절감에 휩싸여 최종적인 죽음을 맞이하게 된다. 이는 〈단단한 육지에서 배멀미Seekrankheit auf festem Land〉(B 32)로 표현되는 역설로 이러한 대립적인 세계 인식과 고통스런 체험이 카프카 문학의 특징이 되고 있다.

이러한 대립적인 인식 방법은 카프카의 삶의 반영이라고도 볼 수 있다. 실제로 카프카 자신의 삶부터가 현실과 비현실의 역설적 관계이다. 카프카는 항상 자신감을 갖지 못했기 때문에 알지 못할 죄의식을 느꼈다. 그는 인간과 사물에 대한 관계에도 자신이 없었으며 평생토록 자신이 인간 공동체에서 배척당할까 봐 두려워했다. 그는 언제나 변함없이 인간의 애정을 갈구했지만 때때로 인간의 육체적인 접근을 견뎌 낼 수 없었다. 다시 말해서 그는 긴밀한 교제도 완전한 고독도 원치 않았다. 결국 〈고독과 공동체 사이의 경계선상에서〉 살아가는 것이 그의 목표였다.

이러한 카프카의 삶의 이중성이 역설적 요소로 나타나기도 한다. 그의 이중성은 요구와 동경을 동시에 내포하기도 하는데, 이는 특히 그의 부친과의 관계에서 돋보인다. 카프카는 「변신」의 그레고르나 「선고」의 게오르크 벤데만과 마찬가지로 그의 부친에 대해 경외심(敬畏心)을 품고 있으면서도 동시에 부친 가까이 머물러 사랑받기를 동경했다. 그는 약혼녀 펠리체 바우어에게 〈나는 아버지를 경탄해 마지않는다고 말한 적이 있지요? 그대는 나의 아버지가 나의 적이고 나는 그의 적이라는 사실을 알고 있습니다. 그렇지만 그의 인격에 대한 나의 경탄은 아마 그에 대한 불안만큼이나 클 것입니다〉(BF 452)라고 말함으로써 양면적 표리(表裏)를 밝힌 바 있다. 부친에 대한 카프카의 양립 감정, 곧 불안과 동경이 법정이나 성에 대한 요제프 K와 K의 역설적 처신 방법으로 투영되어 있다. 요컨대 커다란 강력한 힘인 법정, 성, 부친은 주인공에게 불안의 원천이자 동경의 대상이다. 주인공과 주변 인물과의 관계도 이러한 공식에서 도출할 수 있다. 주변인들에 대한 동경과 불안이 서로 교차하면서 주인공의 행위를 규정하는 것이다.[10]

이러한 부친과의 갈등 외에 카프카의 현실과 비현실의 또 다른 역설적 관계로 직업 생활과 글쓰기의 관계를 들 수 있다. 카프카에게 창작은 내적 필연성과도 같은 것이었다. 1923년 3월에 클로프슈톡Robert Klopstock에게는 〈글쓰기는 이 세상에서 나에게 가장 두려울 정도로 중요한 것입니다. 광인에게는 그의 광기처럼 혹은 임산부에게 그의 임신이 중요한 것처럼요〉[11]라고 썼다. 문학 작업을 할 수 없을 때 그는 삶에서 추방된 것처럼 느꼈다. 〈내가 문학적 관심을 가지고 있는 것이 아니라, 오히려 문학이 나를 지탱시킨다. 나는 그 이외의 어떤 것도 아니며 될 수

---

10 김용익, 『프란츠 카프카 연구』, 삼영사, 1984, 94면.
11 F. Kafka, *Briefe 1902~1924*, hg. v. Max Brod, Frankfurt/M., 1983, S. 431.

도 없다.〉[12] 이러한 문학적 열정에도 불구하고 카프카는 관리로서 부득이 낮에는 일하고 밤에만 창작해야 하는 이중의 삶을 영위해야만 했다. 그는 직업인으로서의 자신과 작가로서의 자신을 좀처럼 조화시킬 수 없는 〈끔찍한 이중 생활〉에 대해서 끊임없이 하소연했다.

이러한 삶의 방식의 결과 삶과 문학이 대립적으로 인식되게 되었다. 즉 카프카는 현실을 대립적으로 인식하여 직업인의 삶과 문학적인 삶의 양자 택일을 하지 않으면 안 되었다. 결국 카프카는 문학적 표현을 통해 자신의 내면 세계를 해방시킴으로써, 그리고 자신의 〈꿈같은 내면적 삶〉을 표현함으로써 삶의 의미를 찾았다. 외부 세계와의 불화로 고통스러워하던 카프카는 문학에서 구원을 찾았기에 자신을 가리켜 〈행복한 탐구자〉라 불렀다. 그에게 문학은 바로 치료법상의 의미와 효과를 지닌 셈이다.

결국 카프카의 삶은 현실적 삶의 극복과 문학의 순수함을 동시에 겨냥하는 분열된 시선으로 주체와 현실간의 이중적 괴리다. 이러한 영향이 작품에 반영되어 카프카 문학은 매우 역설적이다.

3) 부정의 문학

사물들은 인간의 직관과 사고로 인해 변한다. 정확히 말해서 사물들은 변화를 하여 그들 본래의 아름다움, 편안, 용기, 건강 그리고 진실을 상실한다. 인간은 자신의 표상 능력으로 사물을 자체적으로 인식하지 않고, 존재자의 있는 그대로의 현실을 도식화하고, 제한하고, 파손하는 것이다. 인간은 자신의 직관과 사고로 인해 〈전체〉에 이르는 통로를, 정확히 말해서 존재자의 근본적인 순수, 미, 선과 진실에 이르는 통로까지 차단한다. 이는 인간의 표상이 존재자의 진실 위에 허위를 씌우는 격이다. 즉 세계의 참된 고통 위에 아름다움이라는 가상이 놓여 있다고 가정하는 것이다. 이러한 가상적 허위의 타파가 카프카의 소설에서 아주 다양하게 이뤄진다.

---

12 Hartmut Müller(권세훈 외 역), 『카프카 문학 사전』, 학문사, 1999, 198면.

카프카는 〈모든 거짓의 집합 속에 들어있는 진실〉[13]을 밝혀 내고 거기에 도달하기 위해서 시대의 조류와 완전히 다른 불가시적인 세계를 가시적으로 나타내고 있다. 이러한 방식으로 진실에 도달하려는 카프카의 노력이 다음과 같이 언급되고 있다. 〈인간이 무엇인가 하는 것은 표현될 수 없다. [……] 다만 인간이 아닌 것과 거짓은 전달될 수 있다. 거짓의 집합 속에 비로소 어떤 진실이 들어 있을 수 있는 것이다.〉[14]

카프카가 볼 때, 진실의 입장에서 진실은 이해될 수 없다. 즉 진실은 인식될 수도, 전달될 수도, 설명될 수도 없다는 데 카프카의 문학에 대한 고통과 회의가 있다. 그에 따르면 진실한 생이나 인간의 본래적인 순수 자아는 개념적으로 혹은 논리적으로 공식화될 수 없다. 왜냐하면 내적인 세계에 대한 개념 공식과 논리적 정의는 보편적 삶의 관계를 인간의 지상적인 소유와 목적이라는 기준 하에 제한하고 왜곡시키기 때문이다.

따라서 〈우리가 무엇인가를 표현하고 전달하려면, 우리가 전체 속에 있는 진실로부터 분리해야 한다. 그런 점에서 그것은 허위일 수밖에 없다〉[15]라고 빈더는 말하여 〈진리란 불가분한 것이다. 따라서 스스로를 인식할 수 없다. 진리를 인식하려고 하는 자는 허위이어야 한다〉(H 36)라는 카프카의 잠언의 구절을 뒤받침하고 있다. 진실 인식은 왜곡과 전도의 우회적 방법에 의해서 가능하다는 의미이다. 일반적인 개념으로 허위의 세계는 극복되어야 하고 진실의 세계는 존재되어야 한다. 그리고 진실의 세계는 전달되어야 한다. 그런데 존재하는 진실의 세계는 전달될 수가 없다. 바로 여기에 카프카의 딜레마가 있다. 〈이 세계의 언어는 감각적인 세계에 상응하여 오직 소유와 소유 관계만을 다루기 때문에, 감각적인 세계를 벗어난 모든 것은 결코 비유적으로 사용될 수 없고 단지 암시적으로만 사용될 수 있다.〉(H 34)

문제는 진실의 개체화와 언어의 개체화다. 언어의 개체화의 결과는 당연히 의사

13 W. Emrich, *Protest und Verheißung*, Frankfurt/M., Bonn, 1963, S. 259.

14 Vgl. W. Emrich, Franz Kafka, in: O. Mann und W. Rothe(Hg), *Deutsche Literatur im 20. Jahrhundert*, Bd. II, Bern, 1967, S. 193.

15 Hartmut Binder, *Motiv und Gestaltung bei Franz Kafka*, Bonn, 1966, S. 81.

유통(意思流通)의 단절이다. 인간은 언어로 자신의 진실을 표현하고 전달하려는 욕망을 지니고 있다. 그러나 자신의 개별적인 진실만을 언어로 표출시키고자 하기 때문에 이 언어는 항상 인간 각자의 개성을 벗어나기 힘들다. 개성에 대한 개념상의 본질적인 규정은 그것의 불가분성에 귀착한다. 개성은 공동으로 분할될 수 없는 속성을 지니고 있다. 따라서 각자의 언어는 고유한 기능인 의사 유통을 그르치게 된다.

이런 의미에서 리스Wiebrecht Ries는 〈진실의 파괴〉 혹은 〈미로(迷路)로서의 진실〉의 문제로 역설적 양자 세계의 일치를 논증하였다. 대상(對象)과 사고는 서로 부합하지 않는다는 니체의 회의(懷疑)가 카프카로 하여금 〈선과 악의 저편〉에 있는 〈현존재Dasein에 대한 원근법주의(遠近法主義)의 특성〉을 발견하게 한 것이다. 그리하여 현재 해석되고 있는 세계 현상과 전혀 다른 해석 가능성에 이르게 된다.[16] 따라서 선과 악, 진실과 허위, 삶과 죽음 등이 서로 역설적으로 작용하는 것이다.

카프카는 선이 악으로부터 갈라지는 상대적 진리란 〈행하는 자의 진리Wahrheit des Tätigen〉(H 80)이며, 반면 선과 악을 구별치 않는 절대 진리는 〈안주하는 자의 진리Wahrheit des Ruhenden〉(H 80)라고 말하고 있다. 카프카는 선과 악을 역설적으로 구별하지 않고 있다.

약혼녀 펠리체 바우어에게 보내는 1917년 9월 30일자 편지에서 카프카는 〈내 몸 안에 두 개의 자아가 투쟁하고 있다는 것을 그대는 알고 있지요. 이 둘 중에서 더 나은 자아가 그대에게 속하고 있다는 사실에 대해서는 바로 요 며칠 사이에 거의 의심하지 않고 있지요. 〔……〕 내 안에서 싸우고 있는 이 두 자아는 〔……〕 선한 자아와 악한 자아이군요. 이 둘은 시시때때 한 번은 악한 가면으로 또 한 번은 선한 가면으로 바꿔 쓰면서 이 혼란스러운 투쟁을 더욱 더 엉클어지게 만드는군요〉(BF 755)라고 서술하고 있다. 이러한 선과 악의 이중적 자아 사상은 괴테의 〈파우스트〉적 사상과 상통한다. 최고의 인식과 인생 향락을 동시에 갈구하는 파우스트의 이중성은 가슴속에 〈두 개의 영혼〉을 지니고 있다는 독백으로 표명된다.

16 Wiebrecht Ries, *Transzendenz als Terror, Eine religionsphilosophische Studie über Franz Kafka*, Heidelberg 1977, S. 72.

내 가슴속에는, 아아! 두 개의 영혼이 깃들어 있으니,

그 하나는 다른 하나와 떨어지기를 원하고 있다.

하나는 음탕한 사랑의 쾌락 속에서,

달라붙는 관능으로 현세에 매달리려 하고,

다른 하나는 용감하게 이 속세의 먼지를 떠나,

숭고한 선조들의 영의 세계로 오르려 하는 것이다.

오오! 이 땅과 하늘 사이를 지배하며

대기 속에 떠도는 영이 있다면,

황금빛 해미 속에서 내려와

나를 새롭고 찬란한 삶으로 인도해 다오(1112행 이하).

선의 인식의 방법으로 그것의 상대적 개념인 악에 머무를 수밖에 없는 필연성은 〈나는 내가 말하는 것과 달리 쓴다. 나는 생각과는 달리 말한다. 나는 마땅히 생각해야만 하는 것과는 다르게 생각한다. 그리하여 가장 깊은 어둠으로 계속 빠져들어 간다〉[17]는 카프카의 집필 자세에서 유래한다. 이 말을 역전시키면, 카프카의 작품들은 바로 가장 깊은 어둠에까지 이르는 그의 내적인 체험 세계를 표현하고 있음을 의미한다.

선과 악, 즉 진실과 허위에 대한 불분별성은 진실과 존재의 기반으로서 신이 그 이상 존재하지 않는 한, 모든 진술을 가공스러운 논리의 법칙 하에 묶어 둔다. 따라서 카프카 작품에는 결백한 이중적 투쟁이 담겨 있다. 카프카의 문학에서는 변증법적 관계가 유일하게 사실적이고, 그의 변증법적 문학 세계는 자아의 특수한 현실 인식의 투영으로 나타난다. 이는 근본적인 회의적(懷疑的) 사고 과정에서 모든 진술이 지니는 이념의 특성을 적나라하게 보임으로써 우리 인간은 진실을 소유하지 못하고 있다는 니체의 확신과 유사하다.

이러한 니체적 사고가 카프카의『소송』에서 〈법 앞에서〉의 해석을 둘러싸고 〈어떠한 문제에 대한 올바른 이해와 바로 그 문제에 대한 오해는 서로를 완전히 배제

---

17 F. Kafka, *Briefe an Ottla und die Familie*, hg. v. Max Brod, Frankfurt/M., 1981, S. 21.

하지 않는다〉(P 185)는 요제프 K와 법정 신부의 논쟁에 나타나고 있다. 다시 말하면, 어떤 일의 올바른 판단(파악)과 그 일의 오해는 서로가 서로를 완전히 배제할 수 없는 것이다. 또 〈그 기록은 불가변적(不可變的)이고 의견들은 종종 그 기록에 대한 절망의 표현일 뿐이다〉(P 185)라는 법정 신부의 견해도 선과 악, 진실과 허위, 빛과 어둠, 현상과 근원 등이 우리가 인식하듯이 결코 반대 개념일 수 없다는 입장의 표명이다. 우리가 말하는 통시적(通時的) 진실과 공시적 진실은 모두가 일반적인 개념상의 약속일 뿐이다. 그러나 이 약속의 길이와 폭은 개체의 시각, 인식 등에 무제한 일치하지 않는다.[18]

따라서 카프카는 왜곡적 표현을 암시적으로 선택한다. 말하자면 그는 실재(實在)의 참모습을 확보하기 위해 일단 그 실재를 왜곡시키거나 전위시킨다. 따라서 카프카의 세계는 항상 자신과 불일치 상태에 있다. 이러한 행위는 취소될 수 없는 문자 세계에서는 합리화되지 못한다.

영원히 타인적인 것과 끊임없이 변화하는 것의 융합에서 카프카의 세계는 불일치되는 것을 일치시키는 경전이 될 수 없었다. 그 결과 카프카의 세계는 동질적 · 일치적이 못 되고 부정적이고 해체적이다. 히벨H. H. Hiebel은 카프카의 의향을 인식했다고 생각했는데 이는 〈카프카에게 있어 역설의 논리적 해체 배후에는 그 역설의 실용적 비해체성이 존재한다*Für Kafka steht hinter der logischen Auflösbarkeit der Paradoxie deren pragmatische Unauflösbarkeit*〉[19]는 그의 언급에 근거한다. 카프카의 은유 구조에 대해서 히벨은 〈카프카에 있어 본래의 영역은 형상적 논리의 파괴와 징후성의 파괴로 비본래적 영역을 보여 준다. 그러나 이들의 파괴는 다시금 본래의 영역으로 돌아간다. 따라서 불확실성이 형성된다〉[20]고 서술하고 있다. 여기에서 당연히 본질성–비본질성 대립이 지양된다. 이렇게 어느 것이나 인간 생존의 문제들을 반대 감정으로 다루는 점에서 카프카의 문학은 〈부정 *Negation*의 문학〉이라 하지 않을 수 없다.

---

18 김용익, 『프란츠 카프카 연구』, 삼영사, 1984, 111면.

19 Hans Helmut Hiebel, *Das Zeichen des Gesetzes, Recht und Macht bei Franz Kafka*, München, 1983, S. 23.

20 Hans Helmut Hiebel, a.a.O., S. 37.

엠리히의 말을 빌면 카프카의 문학 속에는 〈인간 존재 자체가 희망과 절망, 진실과 허위, 죄와 무죄, 자유와 속박, 존재와 비존재, 신앙과 회의, 삶과 죽음, 지식과 무지, 여기 있음과 동시에 저기 있음의 끊임없는 긴장 속에서 구체적인 상(像)들과 정신적인 진술 속에 형상화되어 있다.〉[21] 여기에 반대 개념인 부정의 미학이 발생한다.

이 내용을 카프카 식으로 말하면 문학의 언어는 〈무엇이다〉가 아니라, 〈무엇은 아니다〉라는 부정적 술어 속에 보다 적극적으로 담겨진다. 〈목표는 있지만 길은 없다〉(H 32) 혹은 〈긍정적인 것은 주어졌으나 부정적인 것을 행하도록 부과되었다〉(H 61)는 카프카의 언급처럼 세계에는 부정의 요소가 자리를 잡고 있는 것이다. 따라서 카프카 문학의 술어는 〈무엇이 의미로운 것인가〉가 아니라 〈무엇이 사소한가〉를 먼저 지적함으로써 정녕 중요한 것의 가치를 암시하고, 〈무엇이 자유인가〉가 아니라 〈무엇이 억압〉인지를 먼저 밝힘으로써 해방의 가치를 옹호하고자 한다. 문학은 스스로 말하는 것 가운데서 말하지 않는 영역으로 흘러드는 것이다.[22]

〈어느 크레타 사람이 [모든 크레타 사람들은 거짓말쟁이다]라고 말한다〉라는 역설은 순수 논리적으로 볼 때 해체된다. 화이트헤드와 러셀에 의하면 여기에는 역설이 나타나지 않는데, 〈크레타 사람이 말하다〉와 〈크레타 사람이 거짓말하다〉의 두 언급은 서로 다른 언어 영역이기 때문이다. 논리적으로 볼 때 모순되는 진술은 서로 방해되지 않는다. (이중 구속Double bind: 이 따귀 때림을 처벌로 보지 마라 *Betrachte diese Ohrfeige nicht als Strafe!*). 그러나 심리학적으로 볼 때 의사소통 영역의 강제적 변동은 자폐증 등 정신 착란의 원인론이 될 수도 있다.

이러한 카프카의 작품의 퇴행성은 해독을 불가능하게 만들고, 목적지의 역방향은 도착을 불가능하게 만든다. 그러나 부정적 개념들이 카프카의 주인공들의 채울 수 없는 무한한 갈망을 충족시켜 작품의 공통점으로 작용하고 있다.

21 W. Emrich, *Protest und Verheißung*, Frankfurt/M., 1968, S. 125 f.
22 문광훈, 「법 앞의 물음: 데리다의 카프카 읽기로부터」, 『카프카 연구』, 제8집, 한국카프카학회, 2000, 119면.

2. 작품의 변증법적 분석

카프카의 작품 세계는 인간의 내적 자아와 외적 현실의 불화를 근간으로 하고 있다. 구체적으로 말해서 주체와 객체, 순수 자아와 현실 세계, 개인과 사회, 예술 가와 시민, 고향과 타향 등의 변증법인 〈이분화된 세계*die entzweite Welt*〉가 작품 의 골격을 이루고 있다.

따라서 카프카 작품의 비논리성을 운운할 때 대부분의 독자는 대다수 그의 소설 작품들이 상식을 벗어난 이중 시각적 역설법*Paradoxon*이거나 모순 당착*Wider-spruch*의 산물이라는 점에서 이론의 여지가 없다. 카프카는 전적으로 자신의 판단 위에 서서, 근본적으로 역설적인 비유를 예술 수단으로 이용한 것이다.

베첼은 〈카프카 소설의 모든 사건 전개는 예기치 않은 방향 전환, 소외적 선회를 하게 된다〉[23]고 규정한다. 그리고나서 그는 〈작품의 울림으로서 변증법*Dialektik als Textklang*, 이것은 포괄적으로 연구되지 않은 음향적-글자맞추기의 음운적 일 치, 또 원(圓) 형태*Kreisform*와 변화 형태*Wechselform*를 따르는 모든 운율적 현 상이다〉[24]라고 언급하고 있다. 이러한 카프카 문학의 변증법적 현상은 카프카의 서 술 작품의 의사 전달 과정에서 모든 명백성에 베일을 씌우는 격이다.[25]

인간 존재는 본질적으로 역설적이고 불확실하다는 내용이 카프카 산문 해석의 첫 단계이다. 먼저 카프카의 짧은 산문들에 나타난 사고를 분석해 보면 하나의 논 리적 틀을 발견하게 된다. 이 틀은 〈어느 크레타 사람이 [모든 크레타 사람들은 거 짓말쟁이다]라고 말한다〉 같은 진술 유형으로 궤변적인 순환 논법을 연상시킨다. 모든 영역에서 서술되는 역설과 모호함에서 삶의 역설과 모호함이 인지되는 것이 다. 카프카는 현실을 벗어난 시점에 근거하여 우리의 시각으로는 포착되지 않는 현실의 또 다른 모습을 그려낸다. 그는 본질이 해명되지 않는 비밀스러운 현상 세 계 속에 인간 인식과 실존의 경계에 서서 전체로서가 아니라 분열되고 파편화된

23 Peter U. Beicken, *Franz Kafka. Eine Kritische Einführung in die Forschung*, Frankfurt/M., 1974, S. 345.

24 Peter U. Beicken, a.a.O., S. 345.

25 Vgl. Dietrich Krusche, Die kommunikative Funktion der Deformation klassischer Motive: *Der Jäger Gracchus*, in: *Der Deutschunterricht*. Jahrgang. 25, Heft. 1, Stuttgart, 1973, S. 140.

현실의 조각들을 묘사하는 것이다.

이렇게 카프카가 진행해 가는 서술 과정에서 우리에게 정상적이라고 생각되는 세계가 부정과 역설을 통해서 모순과 부조리로 드러난다. 카프카 표현의 대부분은 옛 격언이나 성서 따위의 정상적인 사고 표상을 왜곡시키기 때문에 역설적으로 보이는 경우가 허다하다. 카프카는 무상과 영원, 감각 세계와 정신 세계, 지상과 천국, 고뇌와 축복, 허위와 진실, 선과 악 등을 대립적으로 혼용한 것이다.

따라서 조켈은 자신의 명저 『프란츠 카프카, 비극과 아이러니*Franz Kafka, Tragik und Ironie*』 서문 말미에서 카프카의 전체 작품을 〈이중 투쟁에 대한 묘사 *Darstellung eines zweifachen Kampfes*〉[26]로 단정하며 다음과 같이 개괄한다. 〈이중 투쟁은 우선 자아와 자체가 벌이는 싸움, 곧 서로 신랄하게 싸우는 두 의지 방향으로의 자아의 균열이다. 두 번째로는, 자아가 하나의 막강한 권력, 즉 이야기 속의 현실을 지배하는 권력과 벌이는 싸움이다. 자아의 의식적인 의지는 극소수의 예외가 있지만 항상 무력하게 머무는 반면 이 막강한 권력은 영향력의 행사로서 이야기 속의 현실을 지배한다. 내면적인 투쟁의 주제는 따라서 권력 투쟁의 주제와 연관되어 있다.〉[27] 이렇게 조켈은 카프카 전창작(全創作)에서 계속 확장되고 변주되고 수정되어 나타나는 작품의 근본 구조를 이중 투쟁에서 발견한다. 따라서 조켈은 이러한 이중 투쟁의 실상을 밝히고, 이어서 그의 저서의 부제 『비극과 아이러니*Tragik und Ironie*』의 개념으로 투쟁 성격을 규명한다. 그에 의하면 자아 균열이 권력 투쟁과 제휴하면 그때의 투쟁은 비극적으로 된다. 또 자기 균열이 아닌, 자아의 요구나 기대와 작품 속의 지배적인 현실 사이에 극명한 모순이 부각될 때, 그 투쟁은 아이러니하게 서술되어 역설적이 된다.[28]

카뮈Albert Camus는 이러한 카프카의 역설의 문학을 묘사한다. 〈우리는 여기에서 인간 사고의 한계로 옮겨진다. 정말 이 작품에 있는 모든 것은 말의 진정한 의미에서 본질적이다. 어쨌든 이것은 모순의 문제를 전체적으로 묘사하고 있다. 모든 가능성을 제공하고 있으면서 어떤 것도 확증해 주지 않는 것은 운명이며 아마

26 Walter H. Sokel, *Franz Kafka, Tragik und Ironie*, Frankfurt/M., 1976, S. 30.

27 Walter H. Sokel, a.a.O., S. 30.

28 Vgl. Walter H. Sokel, a.a.O., S. 30.

도 또한 이 작품의 위대성일 것이다.〉[29] 발저는 〈가능성과 불가능성 사이의 균형〉을 역설적 순환으로 해석했다. 현상들의 모순적인 다의성으로 인해 의식이 마비된 자아는 스스로를 해방하는 행위의 가능성을 찾지 못한다.[30]

따라서 대립 사이의 긴장, 이른바 역설이 신비한 힘의 원천을 형성하는데, 이 같은 역설은 엄격한 논리의 제약을 받는다 하여 〈논리적 역설*logische Paradoxe*〉[31] 이라 불린다. 카프카의 역설은 정상적인 것의 전도(轉倒)가 아닌 하나의 모순 위에 기초할 뿐만 아니라 전통적인 역설처럼 모순의 종합을 꾀하지도 않기 때문에 모든 조화와 관습적인 사고 과정으로부터 일탈한다 하여 〈일탈적 역설*gleitende Paradoxe*〉[32]로 불리기도 한다. 닭이 먼저냐 달걀이 먼저냐 하는 역설의 근원적 문제처럼 시작도 없고 끝도 없는 역설의 순환에 착안해 〈역설적 순환*paradoxer Kreis*〉[33] 으로 불리기도 한다. 결론적으로 카프카에게는 모순과 부조리 저편에 있는 보이지도 않고 파악될 수도 없는 역설적 세계가 참된 인간의 세계이자 진리의 세계인 것이다.

그러면 이러한 역설적 요소를 카프카의 잠언과 작품에서 구체적으로 규명하고자 한다. 잠언 〈새장 하나가 한 마리의 새를 찾으러 떠났다*Ein Käfig ging einen Vogel suchen*〉(H 31)에서 새장과 새는 각각 이중 존재로 분열한다. 구속의 의미를 지닌 새장은 새를 찾기 위해 움직이는 다리를 소유함으로써 구속의 의미가 아닌 자유 의지를 지니고 있다. 반대로 새는 원래 움직이는 개념을 연상시키지만 여기서는 부자유스런 운명을 지녀 서로 역설적 관계를 지니고 있다. 크라이스R. Kreis에 의하면 새장과 새는 상대방뿐만 아니라 자기 자신도 부인하는 변증법적이고 역설적인 이중성을 함축함으로써 양자의 관계는 수많은 해석을 가능하게 하는 은유의 세계를 형성한다.[34]

카프카는 잠언에서 〈목표는 있지만 길은 없다. 길이라고 불리는 것은 망설임뿐

29 Klaus Wagenbach, *Kafka*, Reinbek bei Hamburg, 1964, S. 171 f.
30 Hartmut Müller(권세훈 외 역), 『카프카 문학 사전』, 학문사, 1999, 166면 이하.
31 Claude David(Hg.), *Franz Kafka, Themen und Probleme*, Göttingen, 1980, S. 57.
32 Rudolf Kreis, *Die doppelte Rede des Franz Kafka*, Paderborn, 1976, S. 50.
33 Claude David(Hg.), a.a.O., S. 57 f.
34 Rudolf Kreis, a.a.O., S. 148.

이다〉(H 32)라고 말하고 있어 이방인에게 세계와 그 율법에 이르는 길은 문자 그대로 요원하지만 또 다른 잠언에서 〈길은 무한히 있다〉(H 33)고 언급하여 역설적 성격을 보여 주고 있다.

이렇게 요원하면서도 무한히 있어 가까운 느낌을 주거나 반대로 가까우면서도 무한히 먼 내용이 작품에서 역설적으로 작용한다. 예를 들어 「이웃 마을」의 할아버지의 견해대로 건강한 젊은이가 평생 동안 말을 타고 가도 이웃 마을에 도착할 수 없다. 그런데 이웃 마을의 〈이웃〉이란 내용을 보면 마을은 가까운데 평생을 말을 타고 가도 도달하지 못한다는 사실에서 멀고도 가까운 내용이 역설적으로 작용하고 있다.

카프카는 인간의 내면을 지배하는 율법의 상실도 접근하지만 도달하지 못하는 거리적 역설로 표현하고 있다. 따라서 율법을 상실한 자는 오로지 충동의 힘으로 목적 달성을 위해 부단히 달리지만, 한 걸음도 그 목표에 다가가지 못한 채, 제 자리 걸음을 면치 못해 역설적인 움직임일 뿐이다.

성경의 민족은 율법을 통한 개인들의 집약이다. 그러나 오늘날의 군중은 모든 종류의 집약에 거역한다. 그들은 내적 무법 상태를 바탕으로 분산된다. 그것이 끝없는 움직임의 원동력이다. 군중은 서두르고, 달리며 시간 속을 돌진한다. 어디로? 어디로부터 그들은 오는가? 아무도 모른다. 그들은 행군하면 할수록 더욱더 목표에 도달하지 못한다. 그들은 헛되이 힘을 소모할 뿐이다. 그런데 그들은 가고 있다고 믿는다. 그때, 그들은 — 제자리걸음을 하면서 — 무(無) 속으로 추락할 뿐이다. 그것이 전부다.(G 191 f.)

「변신」에서도 밀폐된 작은 방이 황량한 넓은 공간으로 변하여 역설적이 되고 있다. 변신이 전개된 날 아침에 그레고르는 자신이 거주하는 방을 〈너무 작은 방zu kleines Menschenzimmer〉(E 57)으로 여긴다. 그러나 같은 날 밤에 그가 새로운 생활을 앞으로 어떻게 해나갈 것인가 하는 문제를 숙고하기에 이르자 그의 방을 너무나 넓고 높은 공간으로 체험된다. 〈넓고 높은 방은 그를 납작하게 엎드려 있도록 만들었으며 그를 불안하게 했다. 그는 그 이유를 알 수가 없었다. 왜냐하면 그

가 5년 전부터 살았던 익숙한 방이었기 때문이다.〉(E 74)

또 「변신」에서 여동생의 바이올린 소리에 끌려 작은 자기 방에서 나왔던 그레고르는 다시 방으로 돌아가는 길이 까마득한 것을 보고 자신이 다치고 지친 몸으로 어떻게 이 먼 길을 올 수 있었는지 의아해한다. 즉 나올 때는 여동생의 바이올린 소리를 듣게 되는 기쁨에 가깝게 느껴졌던 방이 다시 들어가 허전하게 될 때는 심리학적으로 까마득하게 멀게 느껴져 역설적이 된다.

이렇게 가깝고도 먼 역설적 내용이 인간 관계로도 나타나고 있다. 「변신」의 주인공 그레고르나 「선고」의 주인공 게오르크와 마찬가지로 카프카는 부친에 대해 경외심(敬畏心)을 품고 있으면서도 동시에 부친 가까이에 머물러 사랑받기를 동경했다. 그러나 누이는 가깝지 않지만 인접해 있는 반면에 아버지와 어머니는 가깝지만 떨어져 있어 인접하고도 멀다. 마찬가지로 『성』이나 『소송』 등에서 관료는 거리상으로는 언제나 인접해 있지만 직무상으로는 멀리 떨어져 있다. 이에 대해 〈멀리 떨어진 물체를 가장 잘 볼 수 있으며 말할 수 있다〉(G 32)고 야노우흐에게 말한 카프카의 입장이 입증된다. 멀리 떨어진 물체일수록 인식하기 힘들고, 물체에 가까이 접근하여 관찰하면 인상이 더욱 확실해진다는 것은 당연한 결과다. 그러나 카프카의 세계에서는 이것이 정반대로 되어 파라독스가 된다.[35]

「재칼과 아랍인」에서 순수와 평화 그리고 숨쉴 수 있는 깨끗한 공기를 갈망하면서도 시체를 먹는 재칼들의 태도도 역설적이다. 「시골 의사」에서 주술적으로 치료를 강요하는 환자 보호자와 과학적인 학문의 의사가 역설적으로 대비된다. 사람들은 의사는 환자를 고치는 사람으로 인정하면서도 그 방법에서는 오히려 미신과 마술적인 힘을 더 믿는다. 의사에게 주술사의 직무를 요구하는 셈이다. 개화됨과 미신은 결코 화해될 수 없는 역설적 관계이며, 의사 자신 역시 성찰과 무의식, 과학과 미신의 역설적 사이에서 유보적이다. 「시골 의사」의 마지막 장면인 눈 오는 황량한 벌판은 의사가 병자를 치료하기는커녕 오히려 자신이 병자처럼 되는 우울한 현실을 잊고자 질주하는 위안의 장소일 수도 있고, 아니면 자신의 소유를 포기한 자가 직면한 방황의 세계일 수도 있다.

---

35 Walter Jens, *Statt einer Literaturgeschichte*, Tübingen, 1962, S. 120.

『아메리카』에 나오는 광대 무변의 〈오클라호마의 자연 극장〉도 누구나 환영한다는 적극적인 측면과 그곳에 모인 사람들은 가진 것이 없는 수상한 사람들뿐이라는 부정적 측면을 동시에 지녀 역설적이다.[36]

또 다른 변증법 내용으로 허구의 공간에서 높은 영역과 낮은 영역의 관계가 작품에 나타난다. 〈우리는 바벨의 굴을 판다*Wir graben den Schacht von Babel*〉(H 280)라는 카프카의 짧은 잠언 문장에 방향의 역설적인 면이 나타나 있다. 바벨은 원래 하늘에 닿는 탑으로 가정되었다. 그 목표는 인류의 근원 내지 낙원으로서의 하늘로 향해 있다. 그것은 수직적 상향 방향으로 표현되었던 것인데 카프카는 여기서 매우 깊고 안 쪽으로 바벨을 파 그 목표의 방향성 자체를 뒤집는다. 즉 기존의 바벨탑 모델에서 표상된 방향성과 목표 지향성을 전복시켜 〈심연〉과 연관지어 역설적이 되게 하는 것이다. 이는 기독교적 사상이다. 소위 무참한 영락의 내부 공간이 원시 기독교적 관념에서는 땅 속에 설정되어 있다.

마찬가지로 『만리장성의 축조』에서도 (위로) 성벽 쌓기와 평행선을 긋고 있는 땅 속으로 (아래로) 미로 파기는 방향의 역설적인 면을 보여 준다. 이는 『성』과 『소송』의 주인공들의 활동의 방향성과 심리학적으로 비교해 볼 수 있다. 이들 주인공들의 기본 감정은 동일하지만 방향만은 서로 반대이다. 『소송』에서 주인공 요제프 K는 보이지 않고 비밀스러운 거대 조직에 쫓기면서 법정에 불려 다니는 반면에, 『성』에서 K는 동일한 기관에 접근하려 해도 그 기관에 의해서 거부당한다. 『소송』의 요제프 K가 자신을 숨기고 도망간다면 『성』의 K는 스스로 공격적으로 달려들어 서로 역설적인 방향성을 보여 준다.

작품 「유형지에서」에서는 도구들이 역설적으로 이용되고 있다. 〈제도기*Zeichner*〉는 원래 인간의 삶을 위해 제도되었지만 「유형지에서」에서는 죄수의 처형을 위해 제도되어 역설적이며, 써레*Egge*도 원래는 삶의 작업인 흙의 경작에 사용되게 되어 있으나 여기서는 죽음의 작업인 처형의 기구로 이용되어 역설적이다. 또 이 작품에서 우스꽝스런 〈야만적인〉 행위에 대해서 〈개화된〉 탐험가는 수동적인 자세를 취한다.

---

36 김용익, 「카프카 소설의 서술 구조」, 『카프카 문학론』, 범우사, 1987, 30면.

산문 소품 「양동이를 탄 사나이Der Kübelreiter」에서도 역설적 내용이 감지된다. 〈다 써버린 석탄, 텅 빈 양동이, 무의미한 삽. 〔……〕 내 양동이는 벌써 내가 타고 다닐 정도로 비었다. 〔……〕 내 양동이는 탈 수 있는 동물에 대한 장점을 갖고 있다. 그러나 그것은 저항력이 없다. 그것은 너무 가볍다.〉(B 92 ff.) 그래서 양동이는 영원한 작별을 고하고서 그를 세상 밖으로 데려와 빙산 지역으로 끌고 올라간다. 그곳에는 인간의 눈이 미치지 못하고 모든 생명이 소멸된다. 그러나 이 먼 곳, 생명 없음은 결코 절멸을 의미하지 않고 오히려 인간의 생명성을 나타내 역설적이다. 이 소품의 초고는 다음과 같은 문장으로 끝을 맺는다.

〈이곳(빙상 지역)이 아래의 겨울의 대지보다 더 따뜻한가? 둘레에는 천지가 하얀 빙산이다. 검은 색이라곤 내가 탄 양동이뿐이다. 옛날에는 높은 곳에 있다가, 이제는 깊은 곳에 내려와 있다. 산을 쳐다보다가 목을 삐었다. 하얗게 언 얼음의 평원, 사라진 스케이트 타는 사람들이 여기저기에 스케이트를 타고 지나간 길을 남겨놓았다. 깊게 쌓여 있는, 한 치도 안 되는 넓이의 움푹 들어간 눈 위에서 난 작은 북극 지방의 개의 발자국을 따라간다. 나의 양동이 타기는 의미를 상실했다. 나는 양동이에서 내려 양동이를 어깨에 메고 간다.〉(H 41) 이 의미는 명료하다. 대지는 몸을 따뜻하게 하는 석탄을 그에게 거부했다. 양동이는 그를 지상에서 자유의 영역으로 운반했다. 이 자유의 영역은 카프카의 경우에는 늘 혹한의 추위의 형상으로 표현된다. 그러나 그는 이 혹한이 대지보다 따뜻하다고 생각하여 역설적이다.

따라서 모든 것이 전도된다. 해방하는 양동이가 이제는 유일한 검은 색이다. 탄 사람이 이제는 스스로 탈 수 있는 도구를 운반해야 한다. 왜냐하면 이제 모든 것이 그 사람 혼자에게 부과되어 있기 때문이다. 공허하고 해방하는 사물들의 도움은 이제 그에게는 무거운 짐이 된다.[37]

「황제의 칙명」의 마지막 부분은 다음과 같이 역설적으로 끝난다. 〈그러나 밤이 오면, 〔당신〕은 창가에 앉아 그 칙명이 오기를 꿈꾸고 있다. 정확히 우리네 백성들은 그처럼 희망 없이 그리고 희망에 가득 차 황제를 본다.〉(E 129) 이 문장은 희망과 절망을 대등하게 표현하고 있어 언어 유희적인 특성을 배제하기 힘들다. 그러

---

37 빌헬름 엠리히(편영수 역), 『카프카를 읽다』, 유로, 2005, 171면 이하.

나 이러한 대립적 서술에서 유의할 것은 황제와 백성의 관계, 더 나아가서 개별자의 운명이 결코 희망과 절망의 역설적 관계에 있다는 점이다. 황제를 바라보는 백성들의 이와 같은 이중 시각은 카프카가 평소 애용하는 사고의 역설적 구조를 반영하는 것으로 이들의 시각은 어디까지나 가망 없이 굴러가는 절박한 삶을 표출한 것이다.

또 하나의 변증법적 모티프의 예를 들자면 『시골에서 결혼 준비*Hochzeitsvorbereitungen auf dem Lande*』를 들 수 있다. 이 소설에서 주인공 라반은 여행을 위해 정거장에 도착하기 직전에 기차를 잘못 타게 된다면 좋겠다는 생각을 한다. 〈그렇게 되면 마치 계획이 벌써 시작된 듯한 생각이 들 것이다. 나중에 착오가 밝혀진 후 다시 이 역으로 되돌아오게 되면 기분이 더 좋아질 텐데.〉(H 16) 라반의 상상은 시골에 도착하는 시간을 조금이라도 미루고 싶은 마음을 반영한다. 그러나 기차가 일단 출발한 다음에 라반은 기차가 오히려 빨리 달리기를 바란다. 왜냐하면 그는 지나쳐 온 고장에 머무르고 싶지 않기 때문이었다. 〈거기는 어둡고, 아무도 알지 못하며, 집으로부터 멀리 떨어진 곳이라면 낮에도 무서울 게 틀림없다. 다음 정거장, 혹은 앞이나 나중의 정거장들, 아니면 내가 향하고 있는 마을은 그렇지 않을까?〉(H 19) 라반에게는 자신이 지금까지 살아온 도시를 제외한 모든 공간이 두려움으로 다가온다. 그래서 그는 공간들을 될 수 있는 한 빨리 벗어나기를 바란다. 하지만 그러면 그럴수록 라반 스스로 도착하기를 망설였던 공간에 더 빨리 도착하는 역설에 빠지고 만다.

또 다른 공간적 역설을 보여 주는 대표적 장소로 방(房)을 들 수 있다. 방은 가정에서 가장 아늑한 안식처로 하루의 피로를 최종적으로 풀어내는 곳이다. 그러나 이러한 방이 카프카의 작품에서는 고립과 안정이라는 이중적 의미를 띠어 역설적이다. 예를 들어 『어느 투쟁의 기록*Beschreibung eines Kampfes*』에서 중심 인물인 일인칭 서술자는 자신의 방을 피해, 고독을 피해, 아는 사람과 더불어 산책을 하지만 즉시 집으로 돌아가 방에 앉아 있을 생각을 하여 방이 안식처로 작용한다. 〈나〉는 방을 뛰쳐나와 넓은 공간을 확보하였지만 그 공간은 오히려 〈나〉를 〈보통 때보다 더욱 왜소하게〉(B 45) 하여 방이 안식처로 암시된다. 그러나 이러한 방의 안식처의 작용은 매우 드물고 대부분의 카프카의 작품에서 방은 부정적 요소를 띠어 역설적이다. 「변신」에서 그레고르가 잠에서 깨어난 후 흉한 모습의 갑충으로의 변신을 발견하게 되고 또 최종적인 죽음을 맞이하게 되는 장소가 방이다. 또 「선고」의 첫 장면에서도 게오르크 벤데만은 자신의 방 안에 앉아서 후에 자살하게 될 강과 다리를 바라본다. 『소송』과 「독신자의 불행Das Unglück des Junggesellen」 등에서도 방이 비극적 사건의 출발점이다. 따라서 카프카의 소설에서 가정의 가장 아늑한 안식처라 볼 수 있는 방은 비극의 출발점이자 중심점을 이루어 역설적인 공간이 되고 있다.

「포세이돈Poseidon」에서 바다의 신인 포세이돈이 바다를 거의 본 적이 없다는 사실도 역설적이다. 바다 자체로 볼 수 있는 포세이돈에게 바다는 상상력으로만 존재하고 있다.

「사이렌의 침묵Das Schweigen der Sirenen」에서 오디세우스는 밀랍으로 두 귀를 막고 몸을 쇠사슬로 돛대에 묶음으로써 사이렌들의 위험을 피하고자 한다. 그것은 사실 사이렌의 노래를 막을 수 있는 수단이 못 되는데도 순진한 오디세우스는 자신의 안전을 확신하고 있다. 그런데 사이렌들은 노래를 하는 대신 침묵했다. 카프카에 따르면 침묵은 노래보다 훨씬 더 치명적인 무기다. 하지만 오디세우스는 놀랍게도 사이렌의 침묵을 이겨낼 수 있었다. 귀를 막은 바람에 사이렌이 침묵하고 있는 것을 몰랐던 것이다. 그는 사이렌들이 노래를 하고 있고 밀랍이 그 노래를 막아주고 있다고 믿고 무심하게 사이렌을 지나쳐 버린다. 따라서 사이렌은 오디세우스를 놓치고 패배자가 된다.

이 내용에서 역설적 요소가 담겨 있다. 원래 귀를 막는 것은 〈소리〉를 듣지 않기 위한 행동인데, 여기서는 그 반대인 침묵을 듣지 못한 결과가 된다. 즉 침묵을 듣지 않기 위해 귀를 막은 셈으로 역설적이다. 본문을 호메로스의 텍스트와 비교해 보면 또 다른 두 가지 역설적 사실이 나타난다. 하나는 영웅의 대명사인 오디세우스가 순진한 바보로 전도되는 사실이고, 다른 하나는 노래하는 마녀 사이렌이 노래 대신 침묵을 행하여 신화적으로 타락한다는 사실로 역설적이다. 카프카는 이 작품의 마지막에 주석을 덧붙인다.

이외에도 여기에 대해 한 가지 주석이 전해 내려오고 있다. 오디세우스는 워낙 꾀가 많아 운명의 여신조차 그의 가장 깊은 마음을 꿰뚫을 수 없을 만큼 여우 같은 사람이었다고 한다. 어쩌면 그는 인간의 오성으로는 알 도리가 없으나, 사이렌들이 침묵했었다는 것을 정말로 알아차렸을 것이다. 그래서 그는 그녀들과 신들에게 위와 같은 외견상의 과정을 다만 어느 정도 방패로서 들이대고 있었는지 모른다.(H 59)

주석에 따르면 오디세우스는 너무나도 교활하고 영리한 자로서, 사실은 사이렌들이 침묵하고 있다는 것을 꿰뚫어 보았지만 일부러 어리석은 자의 흉내를 냄으로써 그들을 속여 넘긴 것이라고 한다. 이렇게 하여 주석은 본문의 내용과 역설적 관계로 본문을 전면으로 부정하고, 텍스트의 첫 문장을 무효로 만들어 버린다. 따라서 이 주석으로 작품은 미궁에 빠지게 된다. 여기서 오디세우스는 다시 영웅이 되었고 사이렌은 오디세우스의 지략에 제압당한다. 따라서 역설적 내용이 다시 역설화된다. 카프카는 신화를 전도시키고, 다시 전도시킨 것이다.

괴벨Rolf J. Goebel은 「사이렌의 침묵」을 탈영웅화와 탈신화화라는 관점에서 분석하다가 주석에서는 그러한 관점이 더 이상 유지될 수 없음을 인정하면서 다음과 같이 결론을 내리고 있다. 〈이러한 (본문과 주석의) 모순으로부터 해석가가 결코 풀 수 없는 진짜 역설이 성립한다. 〔……〕 여기에서도 이야기는 「프로메테우스」와 비슷하게 신화 수용의 문학적 문제에 관한 내재적 반성을 시도한다. 왜냐하면 동일 신화에 대해 서로를 의심스럽게 만드는 허구적 전승들이 공존하고 있다는 사실에 의해 그러한 전승 행위가 필연적으로 부분적이고 상대적일 수밖에 없음이 증명되고 있기 때문이다.〉[38]

카프카는 신화도 이러한 역설의 배경에서 다루고 있다. 아도르노가 언급한 〈신화에 대한 카프카의 소리 없는 함성은 〔신화에 저항할 수 없다〕는 내용〉[39]이 이러한 신화의 역설적 배경을 나타내 주고 있다. 〈신화가 숨는다Der Mythos versteckt〉는 내용은 〈신화는 역시 드러낸다Der Mythos offenbart auch〉는 내용의 대가이다. 이는 신화의 변증법이고, 또 계몽의 변증법도 나타낸다. 어떤 견해도 고수되지 않

---

38 Rolf J. Goebel, *Kritik und Revision, Kafkas Rezeption mythologischer, biblischer und historischer Tradition*, Frankfurt/M., 1986, S. 50.

39 *Prismen*, S. 278.

으며, 어떤 지식도 절대적으로 받아들이지 않는 것이다. 여기에 아도르노와 카프카의 변증법이 일치한다. 또 발저와 엠리히도 〈카프카의 세계상은 부동적이지 않고 유동적이며 고착되지 않으므로 비신화적이다〉라는 내용에 동의한다. 카프카의 세계상은 항상 〈과정*Prozeß*〉에 있는 것이다. 아도르노는 이러한 과정을 수용한다. 그러나 이러한 과정은 고정된 신화를 순간적으로 포기할 수 없는데 이것이 무언의 적응 과정이다.

결국 카프카는 신화도 변증법적으로 다룬다. 따라서 베냐민은 카프카적 세계를 모든 신화에 연결시킨다. 소설 기법에서 확인되듯이 변증법은 모든 신화적이라 볼 수 있는 질서와 계급 조직에 선행하는 법칙이다.[40]

신에게로 걸음을 옮기면 옮길수록 신으로부터 멀어진다는 역설적이며 절망적인 명제를 안고 카프카는 이른바 〈고독의 삼부작*Trilogie der Einsamkeit*〉인 장편 『성』, 『소송』, 『아메리카』를 비롯하여 중편 「변신」 그리고 단편 「선고」와 「유형지에서」 등의 걸작을 내놓았다.

「선고」에서 아버지는 아들에게 〈너는 본래 순진한 아이였지, 그런데 좀 더 깊이 들어가면 악마적인 존재였어〉(E 53)라고 말하여 역설적 관계를 내보이듯이 여러 장면에서도 역설적인 언급이 보인다. 『성』에서 이방인 토지 측량사 K가 도착한 아랫마을은 최첨단적인 성과는 달리 전근대적이고 굴종적이며 폐쇄적인 공동체 지역이다. 무엇보다도 〈성〉 자체에서 역설적 성격이 돋보인다. 일반적으로 〈성〉이란 외부의 적으로부터 보호해주는 시설이다. 즉 적이나 질병 등과 차단시켜서 안전하게 해주는 시설이지만 카프카의 『성』에서 성은 인간의 실존을 해치는 벽으로 나타나 역설적이다. 마치 「작은 우화Kleine Fabel」에서의 벽과도 같다.

벽이란 원래 해로운 것으로부터 막아 주는 역할을 하지만 「작은 우화」에서 쥐는 광활한 우주에 대한 불안한 공포 앞에 자신을 보호하기 위해 세운 확고한 시설인 벽이 실존을 위협하며 점점 죄어오는 것을 느낀다. 따라서 안정감과 보호를 줄 것이라고 생각했던 벽이 어느 날 갑자기 쥐에게 생명을 위협하는 고양이로 돌변한다. 마지막 벽으로 몰린 쥐를 고양이는 의기양양하게 잡아 먹는다. 여기에서 안정

---

40 Walter Benjamin, Franz Kafka, Zur zehnten Wiederkehr seines Todestages, in: Ders., *Über Literatur*, Frankfurt/M., S. 160 f.

되고 평화로운 삶을 보장하는 벽이 장애적 동기 유발의 세계로 전환되어 우리가 통상적으로 생각하고 평가했던 안전의 가치가 역설적인 전도로 나타난다.

『성』에서 클람의 수석 비서관인 에어랑거Erlanger는 〈극단적인 우스꽝스러움과 극단적인 진지함은 서로 멀리 떨어져 있지 않다〉(S 345)고 말하여 역설적 관계를 드러낸다. 주인공 K가 측량 기사로 인정되길 바란다는 언급에 〈당신 말대로 당신은 측량 기사로 채용되었습니다. 그러나 유감스럽게도 우리는 측량 기사가 필요 없어요. 우리들의 소규모 농장 경계는 말뚝으로 표시되어 있고, 모든 것이 장식으로 등기되어 있습니다. 소유 변동은 거의 없고 사소한 다툼은 우리 스스로 조정합니다. 그러니 토지 측량사가 무슨 소용이 있겠소?〉(S 60)라는 면장의 말이 주인공 K의 역할의 역설적인 면을 보여 준다. 따라서 K가 마을에서 며칠 동안 아무 일도 하지 못하고 허송 세월을 보냈을 때, 도리어 성은 그를 훌륭한 토지 측량사라고 〈인정〉하여 역설적인 면을 더욱 드높인다.

『소송』에서도 주인공 요제프 K가 체포될 때 자신은 법을 모른다고 항의하자, 이에 대해 〈그(K)는 법을 모른다고 시인하면서도 또한 죄가 없다고 우기는군〉(P 11)이라는 감시인 프란츠의 말에서 〈법을 모른다〉는 내용과 〈죄가 없다는 법의 지식〉의 역설적 관계를 느낄 수 있다. 그런데 『소송』에서는 법정 전체도 역설적 의미를 지니고 있다. 법정은 꼭두각시들이 우둔하게 명령을 수행하는 극장이기도 하면서 두려운 현실이기도 하다. 법정이라고 하는 이 세계 극장에서는 모든 것이 결정되어 있고, 철저한 가르침을 받아 규범에 어긋나지 않는다. 또 이 세계의 영원히 변함없이 단조롭게 반복하는 연극은 꼭두각시 같으며 전혀 생명력이 없다. 요제프 K는 이 꼭두각시들에 처음부터 끝까지 우위에 서 있다. 하지만 동시에 그들은 훈련이 잘된, 익숙한 방식으로 요제프 K의 두 손을 반항할 수 없도록 무자비하게 붙잡아 역설적인 현실을 보여 준다.

환경적으로도 역설적이다. 이 법정에는 빨래들이 건조실에서 말려지면서, 끊임없이 세탁과 청소가 이루어지지만, 오물이 도처에 쌓여 있고 매연과 연기의 자욱한 공기가 법정 사무국을 가득 채우고 있다. 삶의 모든 과정을 반영하는 법정은 끊임없이 깨끗하게 되려고 하지만 끊임없이 오물에 파묻히는 것이다. 이것은 법정이 지닌 이중의 의미로 동시에 카프카의 날카로운 역설적 세계 비판이다.

역설적 성격은 「법 앞에서」의 시골 남자의 장면에도 나타나 있다. 법에 도달하기 위해 평생을 매달리는 강력한 의지의 시골 남자가 그 의지를 가로막는 문지기에게는 저항하지 않고 손쉽게 굴복하는 예속적 태도가 역설적이다. 그는 온갖 실패에 굴하지 않고 법으로의 입장을 계속 시도하는 불굴의 의지를 보이지만, 문지기의 주장과 명령에는 무조건 굴복하는 의지 부재의 면모를 가지고 있는 것이다. 따라서 시골 남자는 고집스러우면서도 전혀 고집이 없는 역설적 인물이다. 시골 남자는 들어갈 수 없는 법 앞에서 기다리다 죽어간다. 끝까지 그의 출입을 막던 문지기는 시골 남자가 죽자 〈이 문은 오직 당신만을 위한 것이었다네〉(E 121)라는 말을 남기고 철수한다. 오로지 그를 위해 만들어졌기에 그의 길인데도 의지가 강한 시골 남자는 평소 기다리기만 하고 끝내 들어가지 못하는 역설적 인물인 것이다. 이는 「황제의 칙명」에서 칙사가 한 개인인 〈당신Du〉에게 황제의 소식을 전하기 위해 가는데 〈당신〉은 온 힘을 다하여 황제의 칙명을 고대하고 있으나, 오직 그를 위해 정해진 그 소식은 영원히 도착하지 않는 내용과 유사하다. 문지기와 시골 남자 사이에는, 또 소식을 전할 칙사와 그를 맞이할 〈당신〉 사이에는 알 수 없는 무한성과 영원성이 개재되어 있어 서로를 갈라놓고 있다.

「법 앞에서」에서 가장 문제되는 것은 입장이 가능하다고 했으면서 계속 입장을 가로막는 문지기의 역설적 태도이다. 그러나 『소송』에서 법정 신부는 요제프 K에게 「법 앞에서」의 시골 남자에 대해 〈이 사나이는 사실상 자유롭지요. 그는 어디든 가고 싶은 곳으로 갈 수 있어요. 단지 법의 입구만 금지되어 있을 뿐이지요. 그것도 단 한 사람, 이 문지기에 의해서 막혀 있을 뿐이지요. 그가 입구 옆 의자에 주저앉아 평생을 보낸다면 그건 자발적인 행동으로 이야기는 어떤 강제에 대한 언급도 없어요〉(P 186)라고 지적한다. 이 언급대로 작품의 시골 남자는 하고 싶은 것은 무엇이든 할 수 있고 가고 싶은 곳은 어디든지 갈 수 있다. 하지만 이 사나이는 이러한 자유를 스스로 포기하고 마치 죄수처럼 법 앞에 붙들려 있다. 그가 갈망하는 것이 바로 자유로운 상태에서는 얻을 수 없는 의무라는 역설적 관계가 있기 때문이다. 결론적으로 시골 남자는 모든 곳으로 자유롭게 갈 수 있는데 오직 그가 가장 들어가고자 하는 법의 입구는 금지되어 역설적이다.

법정 신부가 제시하는 또 다른 해석도 역설적이다. 「법 앞에서」의 요지는 문지기가 법으로의 입장이 가능하다는 말로 시골 남자에게 헛된 희망을 불어넣어 그를 평생 동안 기다리게 했다는 내용으로 가해자는 문지기, 피해자는 시골 남자로 묘사되고 있다. 그러나 법정 신부는 피해를 주는 측이 시골 남자이고 문지기는 그의 피해자라는 역설적 관계를 내세운다. 즉 법정 신부에 따르면 별 문제가 없는 상황에서 평지풍파를 일으킨 것은 문지기가 아니라 시골 남자라는 것이다. 이 시골 남자는 별 뚜렷한 이유도 없이 법의 문 앞에 와서 평생을 주저 앉아 기다림으로써 문지기를 말할 수 없이 괴롭혔다는 것이다. 문지기는 시골 남자 때문에 그 긴 세월을 잠시도 쉴 수 없었다.

법정 신부는 시골 남자가 법의 문 앞에서 그토록 오래 기다려야 할 필연성이 이야기에 없다는 사실을 지적한다. 〈사나이(시골 남자)는 사실상 자유롭지요. 〔……〕 그가 입구 옆 의자에 앉아서 평생을 보냈다면, 그건 자의로 한 일이지요. 이야기에는 그렇게 하지 않을 수 없도록 강제되었다는 말은 쓰여 있지 않아요.〉(P 186) 즉 누구도 시골 남자에게 법 안으로 들어가라는 과업을 부여한 바가 없다는 것이다. 반면에 문지기는 법에 고용되어서 법이 요구하는 바를 수행해야만 한다. 법정 신부는 문지기의 모든 행동이 필연적이고 정당한 것이었다고 주장하여 문지기와 시골 남자 간의 역설적인 관계를 보여 준다.

결론적으로 이러한 다양한 역설적 내용이 카프카 문학 전체를 상징한다고도 볼 수 있다. 아무리 찾아 다녀도 자기가 원하는 곳에 도달하지 못하는가 하면(『성』의 K), 그곳에 도달해도 입장을 허가받지 못한다(「법 앞에서」의 시골 남자). 심지어는 자기가 원하는 곳에 도달하지 못하는 모티프는 죽음에서도 발생한다. 예를 들어 「사냥꾼 그라쿠스Der Jäger Gracchus」에서 그라쿠스는 존재하는 것의 세계 밖에서 생활하고 있다.

「사냥꾼 그라쿠스」에서 독일 슈바르츠발트 지대에 살던 사냥꾼 그라쿠스는 순간적으로 잘못 디딘 발걸음으로 추락하여 죽지만 전 지구를 떠돈다. 이탈리아 가르다 호수의 리바 항구의 일상적인 풍경이 사실적으로 묘사되고, 꽃으로 장식된 죽은 자의 관이 도착한다. 그리고 이 죽은 자 그라쿠스를 리바 시장이 방문하고 그와 대화한다. 그는 전혀 움직임이 없이 관에 누워 있으면서도 자신은 〈끊임없이 움직인다〉(B 77)고 말하여 역설적이다. 그라쿠스는 죽어 있으면서 어느 정도 살아 있는 상태에 있는데, 이는 그의 죽음의 배가 항로를 잘못 들어섰기 때문으로, 이 잘못의 원인은 명확하게 규명되어 있지 않다. 단지 그에게 있어서 분명한 것은, 그는 오직 〈지상에 머물러 있고〉, 그의 나룻배는 줄곧 이승의 〈물 위를 떠다닌다〉. 여기에 역설적인 본질이 있다. 죽었으나 동시에 어느 정도 살아 있는 사냥꾼 그라쿠스는 지상의 한 가운데서 죽음과 삶의 이중성을 포괄하고 있다. 여기에는 생과 사, 육지 생활과 수상(水上) 생활, 사냥꾼과 뱃사공의 수호신, 이승과 저승 등 여러 표상이 상호 대립하고 있다. 주인공 그라쿠스는 이와 같이 상호 대립하는 역설적 이공간(異空間)을 표류하고 있다. 카프카는 생과 사, 육지와 물 그 어느 쪽의 극에도 소속하지 않은 채 양자의 중간 영역을 표류하는 그라쿠스의 존재 상황을 창조한 것이다.

중간 영역을 표류하는 그라쿠스는 도리어 그 때문에 〈생〉에만 한정된 소유의 세계에 매이지 않고 전체와 연관 속에서 자연과 세계를 파악할 수 있는 가능성을 지니게 된다.

결론적으로 그라쿠스는 이쪽과 피안 사이를 헤매고 다니는 자이며 〈죽은〉 사람이기도 하고 〈어느 정도 살아 있는 자〉로 언제나 움직이고 있다. 어느 한 곳에 정착할 수가 없기 때문에 영원히 유동적이다. 크루셔D. Krusche는 카프카 문학의 본질인 역설적인 예를 「사냥꾼 그라쿠스」에서 찾고 있다.

독자에게 알려진 전형에 관한 정체성이 최소한 남아 있는 한도에서 각각의 모티프는 문화사적인 모티프가 된다(죽음의 나룻배와 그 배의 사공, 위대한 사냥꾼, 살바토레로 불리는 남자). 그러나 바로 이러한 정체성의 핵심은 각각 모티프의 논리적인 변형(죽음의 나룻배를 여객선으로, 죽음의 나룻배의 키잡이를 아내와 자녀가 있는 남자로, 그리고 책임 문제에 속수무책인 기혼인 살바토레, 자신의 사냥을 즐겁게 행하는 사냥꾼, 자신의 삶에서 무절제한 사냥에 어떤 죄의식도 느끼지 않거나 문제가 되지 않는 사냥꾼)으로 취급되고, 그로 인해 서술의 테두리 속 모티프의 의미가 불명확해진다.[41]

41 Dietrich Krusche, Die kommunikative Funktion der Deformation klassischer Motive: 『Der Jäger Gracchus』, in: *Der Deutschunterricht*. Jahrgang. 25, Heft. 1, Stuttgart, 1973, S. 140.

프랑크Manfred Frank는 주인공 그라쿠스를 『표류하는 화란인Der Fliegende Holländer』과 『영원한 유대인, 아하슈버Der Ewige Jude, Ahasver』의 변형된 현대적 전형으로 간주한다. 살아 있는 죽음이란 운명, 그들의 영원한 방랑과 동경, 죽음이 불행을 의미하지 않고 구원의 상징이라는 구조적 틀이 이 세 인물들의 공통분모라는 데서 프랑크는 그 이유를 찾고 있다. 〈인간 존재의 초월적 목표의 부재가 결코 현세의 삶에 구원의 뿌리를 박게 하지는 않는다〉는 구원의 파라독스에 근거를 둔 프랑크의 해설은 설득력을 갖는다.[42]

「어느 학술원에 드리는 보고Ein Bericht für eine Akademie」의 〈원숭이-인간〉처럼 두 계(界)에 양다리를 걸치고 있거나, 고양이와 양의 혼용으로서 아무데서도 동족을 찾아볼 수 없지만 그래도 물려받은 〈유산〉이기에 푸줏간 주인의 칼로 죽일 수도 없는 동물, 또 「가장의 근심die Sorge des Vaters」에서 오드라덱이라 불리는 실패처럼 두 문화, 두 언어 사이에 양다리를 걸치고 그 존재의 모순 자체에 의해 일종의 영원성을 부여받은 존재 등을 보면 카프카의 주인공은 늘 사냥꾼 그라쿠스처럼 이중의 존재이다.

양극화한 상상력에서 구조적으로 창출해 내는 형식이 내용을 결정한다는 카프카의 미학 사상은 분석적 이성이 지배하는 현대의 합리주의 시대에서 문학의 과제는 현실의 모사(模寫)가 아니라 직관을 통한 미학적 구성임을 제시하고 있다.

엠리히는 저서 『프란츠 카프카Franz Kafka』에서 사냥꾼 그라쿠스를 카프카의 전 작품을 풀어헤치는 열쇠가 되는 인물로 보고 있다. 그는 이쪽과 피안의 중간에서 부유(浮遊)하는 〈환영(幻影)〉인 그라쿠스를 지반으로 해서 방대한 카프카 해석을 해냈다. 바꿔 말하면 시간과 공간, 원인과 결과라는 경험적인 질서에 익숙해진 세상 사람들은 그라쿠스에 대하여 알 수 없고, 설사 안다고 하더라도 그의 소재를 모르며, 어렵게 그의 소재를 파악하더라도 그를 도울 수 없다. 따라서 「사냥꾼 그라쿠스」는 카프카의 이중적 다양성의 대표적인 작품이다.

엠리히는 이렇게 증언한다. 〈선과 악의 인식을 바탕으로 했을 때 카프카에게 있어서는 허위의 어떤 세계에 우리가 처해 있다는 사실은 불가피하다. 왜냐하면 이

---

42 Manfred Frank, *Die unendliche Fahrt, Ein Motiv und sein Text*, Frankfurt/M., 1979, S. 50.

허위의 세계란 결단코 인간에 내재해 있는 존재의 진실, 즉 천국에는 결코 도달할 수 없는 지속적인 인식 행위에서 움직이고 있기 때문이다.〉⁴³ 〈결코 가보려 해도 목표에 도달할 수 없다〉라는 말은 이미 인간은 〈천국〉에서 추방된 존재이기 때문이다.

결론적으로 카프카는 자신의 이야기에 대한 두 개의 해석 방식을 제시한다고 볼 수 있다. 이중의 역설적 구조가 두 개의 해석을 병치시키는 것이다. 후기 구조주의적 이론들과 특히 라캉Jacques M. Lacan의 정신분석학적 이론에 토대를 둔 히벨은 역설을 해결하려고 의도하는 해석학적 관점과는 달리 카프카에게서 나타나는 역설을 그의 글쓰기의 특징적인 구성 부분으로 인정하면서, 법에 대한 추구를 〈욕망의 장소〉인 〈이드Es(무의식)〉에 대한 추구로 해석한다.⁴⁴

3. 꿈같은 초현실적 문학

18세기의 새로운 교양 독자층은 더 이상 단순한 모방이나 희한한 이야기에서 만족할 수 없어 허구성을 의식했다. 18세기의 계몽주의, 19세기 실증주의 등 합리주의적 가치 체계가 그 유효성이 흔들릴 때, 다시 말해서 급격한 문화사적인 전환기에서 가치와 질서 체계의 상실에서 환상 문학이 만개하게 되었다. 따라서 환상적 장르 생성은 역사·사회적인 발전을 반영하고 있다. 환상 문학은 모든 형이상학적 문제제기와 함께 현대 독자들의 허구적 의식을 위한 유희였던 것이다.⁴⁵

이런 배경에서 작가는 사물을 진리, 순수와 더불어 영원의 영역으로 드높이지 않으면 안 되었다. 여기에서 꿈이라는 매개가 생겨나고 그 속에서 현실이 반영되었다. 꿈은 현실의 가면을 벗긴다는 것이 예술의 감동성이다. 형이상학적 선이해(先理解)로 설명될 수 없고 경험적으로도 증명될 수 없는 현실이 꿈에 의해 그 모

43 W. Emrich, *Franz Kafka*, Frankfurt/M., 1960, S. 54.

44 Vgl. Hans Helmut Hiebel, *Das Zeichen des Gesetzes, Recht und Macht bei Franz Kafka*, München, 1983, S. 203, 220 ff.

45 W. Freud, Einführung in die phantastische Literatur, in: Ders.(Hg.), *Phantastische Geschichten*, Stuttgart, 1979, S. 78.

습을 드러내는 것이다. 그리하여 현실은 인간적 체험의 설명될 수 없는 총체성으로 설명된다.

더 구체적으로 설명해서 꿈은 현실의 여러 관계를 폐기하고 사물들을 추상적인 관계 속에 넣으면서 동시에 개개의 사물을 가장 선명하고 사실적으로 묘사하기도 한다. 이러한 꿈같은 초현실적 표현이 카프카 문학의 특색이다.

쉽게 이해되거나 풀 수 없는 카프카의 작품 세계는 결코 모사된 사실적인 세계가 아닌, 현실의 환상적인 파편들로 조립된 초현실적인 형상들이다. 따라서 카프카 작품의 언어는 정조(精調)의 요소가 없고, 그때그때 주인공에게 설정된 상황에 의하여 강력한 영향을 끼쳐 여러 가지 점에서 초현실주의로 향하고 있다. 그는 꿈이 인간을 불가항력적으로 초현실적 상황으로 끌어 넣는 것처럼 독자를 소설적 상황 속으로 끌어들여, 작중 체험을 하게 한다. 이에 대해 되블린Alfred Döblin은 다음과 같이 서술하고 있다. 〈이것들은 정말 특이하게 서로 섞여 있지만 전혀 꾸며낸 것 같지 않은 완전히 진실된 아주 실제적인 하나의 중심에 의해 배열된 완전한 초식에 관한 보고(報告)들이다. 카프카의 몇몇 소설들은 말했다. 즉 그것들은 꿈의 성질을 가졌다. 그리고 사람들은 그것에 동의할 수 있다. 하지만 대관절 꿈의 특질은 무엇인가? 언제나 우리에게 아주 분명하고 투명한 그 꿈들의 흘러감, 그리고 이 흘러가는 사물들의 깊은 정당성에 대한 우리의 감정과 인식, 또 이 사물들이 우리와 아주 많은 관계가 있다는 감정이 그것이다.〉[46] 이렇게 된 근본에는 청년 카프카가 이미 『어느 투쟁의 기록』에서 몰두하던 기본적 인식에 대한 비판적 의문, 즉 우리의 정상적인 관념들이 정말 인간의 삶을 보증하고 정돈할 수 있는지에 대한 의문이 배경을 이룬다. 따라서 카프카는 우리의 이성으로 규정된 관념들을 해체한다. 이 이성적 관념들은 사물들과 세계의 연관을 붙잡을 힘이 없기 때문이다.

이러한 꿈과 같은 세계는 현대의 초현실주의Surrealismus를 상기시킨다. 초현실주의적 문학은 이성의 통제를 배제한 상태에서 사고를 기록한다. 현실과 꿈 사이의 한계를 없앰으로써 실제적인 것이 극복되며, 역설적인 조화를 통하여 〈초현실〉이 표현되는 것이다. 따라서 플라톤이 주장한 이성보다는 아리스토텔레스가 중

---

46 Klaus Wagenbach, *Kafka*, Reinbek bei Hamburg 1964, S. 147.

요시한 이성에서 벗어난 감성이 지배적이 된 카프카의 작품은 꿈과 같은 초현실적인 성격을 띠게 된다. 카프카 문학이 보여 주는 불합리성, 미로적 괴기성, 몽환성 등을 내포한 초현실적인 구조는 — 엠리히의 말처럼 — 진정한 보편성이 바로 수수께끼같은 것으로 변해 버렸다는 사실을 표현하고 있다.[47]

카프카에게 있어서 꿈의 상태란 감각적인 인지의 상태와는 아주 다른, 무한한 정신이 현존하는, 순수한 관조의 상태로, 일상적인 표상 세계를 넘어서는 예감의 상태다. 그 자체로서는 형체도 장소도 없는 공간인 거울에 모든 상들이 비추이듯, 꿈에서는 끊임없이 흐르는 가상적인 상의 구체적인 현재성이 느껴진다. 시공의 제약을 벗어난 이러한 상태에서는 관습적인 연속적 시간의 의미가 상실되어 〈공허한 시간〉으로, 혹은 〈단절된 시간〉으로 나타나게 된다. 이런 배경에서 카프카 작품은 우리 시대의 지배적인 표현 욕구이자 양상인 환상성으로 20세기적 현실의 본질을 꿰뚫고 있다.

1) 꿈같은 초현실적 작가

19세기의 작가들은 모든 갈등을 심리적이고 정신사적인 측면에서 해결하고자 노력한 데 반해 카프카는 이와 같은 측면의 감정 분석을 늘 회의의 눈으로 바라보았다. 그는 가능한 가시적인 외부 세계를 명확하게 묘사하여 꿈같은 내면적 세계에 간접적으로 접근하였다. 따라서 카프카는 꿈과 같은 초현실적 서술의 대표적 작가로 꼽힌다.

창작 주체와 외적 현실은 — 보편 진리와 일상적인 현실이 모순 관계를 보여 주는 것처럼 — 화해할 수 없는 대립 관계를 이루게 되는 인식에서 카프카는 외적 현실을 등지고 자신의 내면 세계에 몰두하게 된다. 다시 말해서 시대적 상황의 불확실성에서 벗어나 확실성을 되찾을 수 있는 유일한 길은 파편으로 흩어진 외적 현실이 아니라 결코 협소하지 않은 범위와 가능성을 지닌 세계인 내적 인간으로 통하며, 이러한 배경에서 카프카는 자신의 〈꿈같은 내면적 삶*traumhaftes inneres*

---

47 W. Emrich, *Franz Kafka*, Königstein, 1981, S. 23.

Leben⟩(T 306) 속에서 새로운 가능성을 발견한다. 빈번히 인용되는 1914년 8월 6일자 일기문에서 카프카는 자신의 창작의 대상이 자신의 ⟨꿈같은 내면적 삶⟩이라고 밝히고 있다.

> 문학적인 면에서 볼 때, 나의 운명은 단순하기 이를 데 없다. 나의 꿈같은 내면적 삶을 묘사하고픈 마음이 모든 여지의 것을 부수적인 것으로 제쳐 놓아서 다른 모든 것은 소름끼치도록 움츠러들었으며 또한 계속 움츠러들고 있다. 다른 어떤 것도 결코 나를 만족시키지 못한다.(T 306)

이 언급의 핵심은 꿈과 창작의 불가분의 관계이다. 카프카는 꿈을 서술하는 것이 아니라 꿈과 같은 내면적 삶을 꿈과 같은 서술 방식으로 서술한다. 꿈같은 내면적 삶은 관찰이 불가능하다. 카프카의 시각에서 볼 때 ⟨내면의 세계는 체험될 뿐이지 묘사될 수는 없다.⟩(H 53) 관찰이 불가능한 내면 세계에 대한 체험 노력은 꿈과 같은 서술 형식으로 나타날 뿐이다.

카프카에게 꿈과 현실, 현실과 문학은 구분되지 않으며, 문학은 현실태로서의 꿈을 언어로 전달하는 역할을 한다. 1914년 8월 6일자 일기 내용대로 ⟨꿈같은 내면적 삶⟩(T 306)의 표현은 다른 모든 것을 부수적인 것으로 내몰아 무섭도록 생기를 잃게 한다. 카프카는 극히 비일상적인 일, 자신의 영혼 치유 내지 파멸에 관한 글에만 전념했노라고 1922년 7월 말일 경에 브로트Max Brod에게 보낸 편지에서 언급한 바 있다.[48]

꿈은 하나의 우회로서 결국 우리는 늘 그 꿈 곁에서 가장 가까운 체험의 주변 세계로 되돌아오게 된다. 이로써 ⟨서술된 것은 세계를 조명하고, 작가는 그리하여 어둠 속으로 사라진다⟩(G 206 f.)는 카프카의 예술적 실천이 제시된다.

하아스는 카프카의 「밀레나에게 보내는 서신Briefe an Milena」의 발문(跋文)에서 카프카 작품과 꿈과의 불가분의 관계를 역설하였다. 그에 의하면, 카프카의 천재성은 특수한 꿈의 사실주의Traum-Realismus, 꿈의 밀도Traum-Dichte, 꿈의 논

---

48 F. Kafka, *Briefe 1902~1924*, hg. v. Max Brod, Frankfurt/M., 1958, S. 401.

리*Traum-Logik*로서 작동하고, 작품의 전체 구성도 〈꿈의 방식〉으로 이루어져 있다.[49] 토마스 만도 이러한 측면을 강조했다. 그는 카프카가 몽환자로서 작품을 전적으로 꿈의 특징으로 기초하고 형상화한다고 말했다. 동시에 카프카의 문학이 비논리적인, 가슴을 죄는 꿈의 우수꽝스러움과 꿈과 같은 희한한 환영(幻影)의 우수꽝스러움을 웃음을 자아낼 정도로 세세하게 모방한다고 말했다.[50]

그(카프카)는 몽환가였다. 그의 작품들은 종종 완전히 꿈의 성격에서 구상되고 형상화되었다. 이 작품들은 꿈, 즉 삶의 기이한 그림자 놀이의 바보짓거리를 정확히 모방하여 웃음을 자아내게 만든다. 그러나 웃음과 고차원적인 희비극이 우리에게 남겨진 최상의 것이라는 점을 세계 문학이 배출한 최상의 것으로 여기고 싶은 마음이 생길 것이다.[51]

조켈도 카프카의 작품이 서술구조상 꿈의 원리를 철저히 견지한다는 점에서 카프카의 천재성을 인정하였다.[52] 카프카 스스로도 자신을 〈잠자며 꿈꾸는 자〉로서 또한 〈깨어 있으면서 꿈꾸는 자*Tagträumer*〉[53]처럼 글을 쓰고 있다고 밝히고 있다. 뜬 눈으로 꿈을 꿀 줄 아는, 낮에도 꿈꿀 수 있는 자인 카프카는 깨어 있는 상태에서 〈완전히 자신의 내면으로 침잠〉(T 291, 468)할 수도 있고, 또한 종종 〈몰아의 상태*Selbstvergessenheit*〉[54]에 도달하곤 했다. 따라서 카프카는 자신의 글쓰기를 〈보다 깊은 잠〉으로 또는 〈꿈같은 내면적 삶〉(T 306)의 묘사로 이해한다.

이런 맥락에서 꿈과 같은 서술이 카프카 문학의 공식으로 볼 수 있다. 카프카가 언급하는 모든 것은 정신적인 의미로 수렴된다. 형상들의 상호 연관성 상실, 주인공들의 불확실한 전망, 불안의 기본 정서, 꿈과 현실의 결합에서 카프카와 초현실

49 Vgl. F. Kafka, *Briefe an Milena*, hg. v. Max Brod, Frankfurt/M., 1981, S. 213.

50 Vgl. Klaus Wagenbach, *Franz Kafka, Eine Biographie seiner Jugend*, Bern 1958, S. 144.

51 Hartmut Müller(권세훈 외 역), 『카프카 문학 사전』, 학문사, 1999, 282면.

52 Vgl. Walter H. Sokel, *Franz Kafka, Tragik und Ironie*, Frankfurt/M., 1976, S. 9 f.

53 S. Freud, Der Dichter und das Phantasieren, in: Ders. *Bildende Kunst und Literatur*, Frankfurt/M., 1969, S. 177.

54 F. Kafka, *Briefe 1902~1924*, Frankfurt/M., 1958, S. 385.

주의자들 사이의 유사성이 나타난다. 예컨대 현대 회화에서의 연상(聯想) 묘사, 몽환적 환상 등이 상기되는 것이다.

이런 맥락에서 카프카에 의해서 묘사된 현실은 꿈 속처럼 비현실적이며 인간 상호간의 관계는 단절되어 있다. 카프카는 자신의 이야기가 〈형상들Bilder〉일 뿐이며, 이 형상은 〈바라봄Sehen〉이 아닌 〈눈감음Augenschließen〉의 결과라고 말했다.(G 51 f.) 이 눈감음은 외부 현실 세계의 사실적인 묘사를 포기하고 현실적인 사건들을 꿈같이 비현실화 시킨다.

따라서 인습적인 시간 개념의 상실, 재빠른 공간 변화, 원근의 급박한 뒤바뀜, 순간적인 등장인물들의 배열, 감각적으로 불가능한 시점 인식의 변화, 모든 사건들의 뒤엉클어짐 등에서 우리는 꿈의 기교로서 몽환과 같은 내면 세계를 표출하려는 카프카의 의도를 직감할 수 있다. 카프카는 고정되고 인습적인 삶에 얽매인 관념의 세계로부터 탈피하여 보다 포괄적인 인식을 위한 불가결한 〈거리〉를 창출해 내기 위하여 세상의 잡다한 것들로부터 자유로워지기를 요구한 것이다.

이는 카프카의 행동 반경이 실제 현실과는 달리 작품 세계에서만은 꿈속에서처럼 시공간의 제약에서 벗어나 지극히 자유로워지려는 욕망이다. 일상적인 삶을 영위하는 자는 세상을 생존의 투쟁의 시각에서만 바라보고 모든 것을 인위적으로 해석하지만 카프카는 이러한 〈고용된 존재das Engagiert-Sein〉[55]를 극복하여 현실에 얽매인 제한된 시야에서 꿈의 세계로 잠입함으로써 새로운 진리를 인식하였다.

카프카에게 새롭다는 것은 이 시점에서 체계일탈적인 경이로움이, 즉 말로 표현될 수 없는 것이 아무런 일탈 없이 확고부동한 체계로 들어오는 것이다.[56] 오토의 말을 빌리면 〈외경의 요소를 뺀 비의(秘儀)는 경악과 불가사의이며 변신과 같은 기적·변이는 인간의 심적 상태에 경이의 감정으로 밀려든다.〉[57]

그러나 카프카 특유의 방식인 꿈같은 초자연적 현상은 작품의 끝까지 재전환이나 해명되지 않아 독자를 혼란 속에 빠뜨린다. 카프카가 쓴 내용은 끊임없이 의문

55 H. Hillmann, *Franz Kafka, Dichtungstheorie und Dichtungsgestalt*, Bonn, 1973, S. 24.

56 U. Durst, *Theorie der Phantastischen Literatur*, Tübingen, 2001, S. 269.

57 Sang-Il Lee, *Schock und Schaffen, Erforschung nach dem Kulturbewußtsein und der Tradition*, Changwon Verlag, Seoul, 1975, S. 324 f.

만 제기시키는 것이다. 카프카의 서술자가 묘사한 것이 자체적으로 파악되지 않는 이유는 항상 발생되지 않을 수 있는 것을 상대했기 때문이다.[58] 대체로 처음에 꿈 같이 낯선 상황이 묘사되어 독자는 이에 대한 해명을 기대하며 계속 읽어 가지만 후속되는 대목에서도 앞서의 내용에 대한 설명은 나타나지 않고 오히려 점점 미궁에 빠져들어 독자는 논리적 연결을 위해 출발점으로 되돌아가 보지만 실패하고 만다. 이에 따라 인물들이 자아의 분열로 말미암아 출구 부재의 허구 공간에서 자체 내의 회전 운동을 하는 텍스트의 구조는 독자들에게 불가능한 논리를 쫓는 원 운동을 강요한다.

이렇게 꿈의 형태는 분석적 방법으로 해석되지 않는다. 논리적 시각으로 접근해 들어가다가 미로에 빠지는 원인 또한 여기에 있다. 따라서 이러한 혼란 상태를 벗어나기 위해서는 카프카의 개별적인 형상과 서술 자체를 모조리 음미 검토하여 작품의 우주적인 뜻을 이해해야만 한다. 구체적으로 말해서 카프카의 소설은 느낌으로서 공유 체험으로 먼저 접근해야 한다. 분석적 시각으로서가 아닌, 종합적 이미지로 파악되면 카프카의 소설이 안고 있는 난해한 다의성이 일원론적 세계관으로 드러난다. 즉 카프카의 작품을 느낌으로서 공유 체험으로 접근하면 작품의 몽환적 내용이 사실적으로 느껴진다.

예를 들어 사람이 동물로 변하는 모티프로 시작되는 「변신」의 이상한 특징은 꿈 같은 현상에 대한 사실적 차원의 해석이다. 「변신」에서 그레고르의 변신도 분석적 시각이 아닌 종합적 이미지로 파악되면 서술자에게 아무런 이의를 제기할 수 없는 부득이한 자연 현상으로 수용된다. 심지어 작품을 읽어 가노라면 독자도 서술자와 동일한 입장을 취하게 된다.[59] 이는 카프카의 불확실성이 확실성으로 불릴 수 있기 때문이다. 즉 변신의 사건은 매우 중대하기는 하지만 인간이 변신할 수 있다는 것이 유효하게 되는 것이다.

나겔은 작품의 내용이 너무나도 사실적으로 쓰여져서 독자는 자기 눈앞에 전개되는 사실이 있을 수 있는 일인지, 혹은 있을 수 없는 꿈인지를 생각해 볼 겨를도

---

58 Vgl. Hartmut Binder, *Motiv und Gestaltung bei Franz Kafka*, Bonn, 1966, S. 360.

59 Vgl. Benno von Wiese, *Die deutsche Novelle, Von Goethe bis Kafka*, Interpretationen II, Düsseldorf, 1962, S. 322.

없으며, 결국에 가서는 처음에 도저히 믿어지지 않던 꿈같은 사실도 사실로 받아들이게 되는 것이 바로 카프카 작품의 특징이라고 말했다.[60] 따라서 그레고르가 갑충으로 변신하여 잠에서 깨어나는 것보다 그것에서 아무런 놀라움을 발견하지 못하는 〈기괴한 일상성〉이 발생한다. 놀라운 대상이나 사건이 우리를 불안하게 하거나 당혹케 하지 않고 그것들을 정상적인 것처럼 아무런 동요 없이 천진무구(天眞無垢)하게 서술하게 되는 것이다. 따라서 카프카의 소설에서는 환상적 세계와 현실적 세계가 서술상의 특수한 관점에 의하여 결합되게 된다. 독자는 〈불신의 유예(猶豫)suspension of disbelief〉나 〈잠정적인 불신의 지양zeitweilige Aufhebung des Unglaubens〉[61]을 거듭하면서 카프카의 작품을 〈읽고, 경악하고, 감사할 수밖에 없다.〉[62] 경악하고 감사할 수밖에 없는 상반된 감정은 무한한 해석의 가능성을 높여 준다.[63]

여기서 카프카가 작품을 쓰기 전에는 구상을 하지 않고 집필의 과정에서나 구상을 한다는 배경을 알 필요가 있다. 그의 안개 같은 의식의 내용이 집필 시에야 비로소 〈첨예화되고, 고정되고, 지속적인 연관성〉을 지니게 되는 것이다. 이러한 집필 성향은 어떠한 사건의 전개보다 〈뼛속에서만 체험될 수 있는〉[64] 인간의 진실과 존재의 문제에 치중하려는 작가적 의식이다. 따라서 꿈같은 내면적 세계를 형상화하려는 의지는 바로 카프카의 운명으로 그의 작품의 난해성은 그 자신의 비일상성의 변형된 형태인 꿈의 형태에서 기인된다.

이러한 카프카의 꿈같은 내면적 문학을 비평하는 사람도 상당한데 이의 대표적인 인물로 크루셔와 폴리처를 들 수 있다. 크루셔는 꿈같은 내면적 삶에 침잠하여 카프카가 개인적 문제로 물러남으로써 역사적이고 사회적인 문제를 포괄적으로 다루지 못했다고 비난하고 있다. 〈이렇게 개인적인 문제로 물러나고 역사적·사회적 현실을 내면적 요소로 기능을 바꿔 놓음으로써 카프카는 표현주의를 벗어나지 못하고 있다. 〔……〕 따라서 그는 자신을 둘러싸고 일어나는 역사에는 몰두할 수 없

---

60 Bert Nagel, *Franz Kafka, Aspekte zur Interpretation und Wertung*, Berlin, 1974, S. 89.
61 Erich Heller, *Franz Kafka*, München, 1976, S. 69.
62 Bert Nagel, *Franz Kafka, Aspekte zur Interpretation und Wertung*, Berlin, 1974, S. 11.
63 김용익, 『프란츠 카프카 연구』, 삼영사, 1984, 9면.
64 F. Kafka, *Briefe an Milena*, Frankfurt/M., 1966, S. 191.

다. 그는 역사를 단지 자신의 영혼 속에서 일어나는 메아리로 체험하는 것이다〉[65] 라고 주장하면서 크루셔는 카프카의 꿈같은 내면적 삶을 비판한다. 보편성에서 이탈은 역시 모티프 변형의 결과로도 볼 수 있는데, 이의 결과 크루셔는 모티프가 변하므로 모티프 연구를 거부하기도 하였다.

폴리처는 카프카 문학에 대한 모든 해석을 부인했는데, 이유는 모든 해석이 그의 문학에 어차피 나타나는 초현실적인 것을, 즉 해석 불가능한 것을 해석하려 들기 때문이라는 것이다. 폴리처는 「시골 의사」의 환상적인 사건 전개에 유의하면서 이 작품을 〈불안한 꿈에 대한 문학적 서술이 아니고 오직 속기술*Stenogramm*〉[66]이라고 비평하였다.

이렇게 카프카의 〈꿈과 같은 초현실적〉 내용에 대해 끊임없는 비평이 제기된다. 물론 앞에서 언급된 대로 카프카의 〈꿈같은 내면적 삶〉의 묘사에서 시간은 역사적, 일상적 현실 속의 연대기적 시간이 아니라 무의식 속에서 정지된 혹은 과거 현재 미래가 한 순간으로 응축된 무시간적 시간으로 서술되고 있다. 그러나 이 내용이 크루셔의 주장대로 역사적 현실성을 훼손하는 것은 아니다. 카프카의 꿈과 유사한 내면 생활에 대한 묘사가 주로 탈출과 치유·구원을 지향한다 해도, 그 자신과 독자를 꿈속에서와 같은 무책임성의 영역으로 집어넣는 것은 분명 아니다. 흔히 사람들은 카프카를 초현실주의자들과 연관시켰으며 초현실주의자들 자신도 그를 끌어대기도 했지만, 실제로 카프카는 꿈속에서 비이성의 구속받지 않는 자유에 접근하기 위해 현실과 결별하지는 않았다. 꿈을 노력의 목표로 삼기는커녕 그는 부단히 현실을 추구했다. 그에게는 이 현실이야말로 불가능의 금지된 영역이었던 것이다.

다시 말해서 카프카 문학은 꿈같은 환상성과 상징성 때문에 난해하다고 알려져 있지만 자칫 비현실적으로 보이기 쉬운 그의 소설들은 실제로는 우리가 살고 있는 현실 사회의 모습을 다루고 있다. 따라서 시인이자 평론가이며 연출가인 이윤택은 카프카의 난해성을 〈일상의 변형된 형태(꿈의 형태)와 느낌*feeling*〉에 근거를 두어 다음과 같이 분석하고 있다. 〈카프카의 난해성은 비일상성에 있는 게 아니라, 일상

65 Jürgen Steffan, *Darstellung und Wahrnehmung der Wirklichkeit in Franz Kafkas Romanen*, Nürnberg, 1979, S. 70 f.

66 Heinz Politzer, *Franz Kafka, Der Künstler*, Frankfurt/M., 1965, S. 150.

의 변형된 형태(꿈의 형태)에서 기인한다. 이 변형된 형태는 분석적 방법으로 해석되는 것이 아니다. 논리적 시각으로 접근해 들어가다가 미로에 빠지는 원인 또한 여기에 있다. 그러므로 카프카의 소설은 느낌으로서 공유 체험으로 먼저 접근해야 한다. 분석적 시각으로서가 아닌, 하나의 종합적 이미지로 파악하면 카프카의 소설이 안고 있는 난해한 다의성이 일원론적 세계관으로 드러난다.〉[67]

현실적인 것과 꿈같은 비현실적인 것과의 복잡기묘한 혼효(混淆)는 마치 사람들이 현미경 아래에 물체의 조각을 놓고 들여다보는 것처럼 미지신비의 세계이지만 실은 적나라한 세계의 참모습인 것이다. 카프카의 〈내적 삶〉 자체는 〈꿈같은〉 것이 아니라, 이러한 〈내적 삶〉과 모순·대립의 관계에 있는 외적 현실에 사로잡혀 있는 것이 〈꿈같이〉 보여진다는 것이다. 그것은 꿈꾸는 이를 깨워 그의 내부에서 끝없이 동요하는 어두운 세력으로부터 심오한 자기 의식과 적극적인 에너지를 끌어내는 것이었다.

따라서 외적 현실을 등지고 자신의 〈꿈같은 내면적 삶〉에 몰두하려는 것은 단순히 현실을 도피하거나 현실과 동떨어져서 존재하려는 것이 아니라, 인간 상호간의 관계가 의문시되고 이해될 수 없게 되어 버린 〈외적 파편의 세계〉를 대신하여 〈세상을 거역한 또 다른 세계〉를 창조해 내려는 카프카의 의지로 보아야 한다.

2) 꿈같은 초현실적 작품

카프카의 작품들은 우리들을 꿈같은 세계 속으로 불러들인다. 이 꿈같은 세계에서 일어나는 현상이나 사건은 시간과 공간으로 규정된 현상계에서는 일어날 수 없는 것처럼 느껴져 시간과 공간, 원인과 결과와 같은 경험적 질서는 카프카의 작품에서는 찾아볼 수 없다. 결론적으로 카프카의 작품 세계의 〈시도 동기Leitmotiv〉는 꿈의 원리와 꿈의 구조로, 즉 〈정신적인 것을 투사하고 주관적인 것을 구상화시키는 문체 의지와 형식 의지〉[68]로 표출된다.

〈어느 아침 어수선한 꿈에서 깨어, 자기가 한 마리의 거대한 갑충으로 변신하여

---

67 이윤택, 『카프카의 아포리즘』, 청하, 1988, 19면.
68 Walter H. Sokel, *Franz Kafka, Tragik und Ironie*, Frankfurt/M., 1976, S. 10.

침대 위에 누워 있음을 발견한다〉(E 57)는 시작 부분처럼 「변신」은 〈어수선한 꿈에서 깨어나는 순간〉 시작된다. 이러한 시작 부분과 마찬가지로 「변신」의 마지막 부분, 즉 그레고르가 죽은 후에 계속해서 서술된 에필로그에서도 갑충으로의 변신이 꿈의 세계를 대변하고 있다. 동일 시점적 소설이 중심 인물이 죽은 후에도 계속해서 그의 시각으로 이야기되는 것은 하나의 꿈에서 또 다른 국면의 꿈으로 변전되는 것이다. 이렇게 카프카의 기법은 인간을 기상천외의 갑충의 모습으로 변신시킴으로써 꿈과 같은 초현실의 세계를 일상적인 현실 세계에 대치시킨다.

흔히 카프카의 소설을 난해하다고 하는 것은 이렇게 현실과 비현실의 경계를 무너뜨리는 환상적인 일들이 너무나 자연스럽고 진지하게 다뤄지기 때문이다. 「변신」에서도 사람 형태를 가진 생물이 하급 곤충으로 변하고도 역시 인간으로서의 기능을 지속하고 있다. 사람이 별안간 벌레로 변해도 정신 기능을 잃지 않고 있음이 사실이라면 그 사실은 인과성을 벗어난 것으로서 그 이유를 꿈속에서 찾아야 할 것이다.

그레고르는 이미 변신했으면서도 여전히 인간으로 남아 있다. 그는 인간으로서 자기 속에 숨겨진, 보다 높은 곳에 이르려는 인간적인 충동을 발견하면서 현실과 꿈같은 세계를 끊임없이 내왕하는 이중의 역을 하고 있다. 즉 그는 완전히 자기 안에 있으면서 동시에 완전히 자기 밖 꿈속에 있는 이중의 실존 상태에 있다. 사고와 존재를 일치시키는 상황이 조성되어 현실과 꿈같은 상황이 융합되고 있는 것이다.

이렇게 비현실적인 꿈같은 사건이 점차로 진짜 현실로 하나씩 입증되는 사실이 카프카 문학의 특징이다. 「변신」의 첫 구절의 〈나에게 무슨 일이 일어났을까?〉(E 57)라는 주인공의 꿈에 잠긴 듯한 독백은 이야기가 진행되면서 실제의 현실로 전개된다. 꿈같은 방식으로 시작된 이야기가 진행되면서 자연적인 양상을 띠게 되는 것이다. 그레고르는 자신의 변신을 이상하지만 있을 수 있다고 받아들이면서 앞으로 일어날 일에 생각을 집중한 결과 모든 망설임과 불확실성은 사라진다. 카프카는 묘사의 정밀성으로 꿈같은 것을 현실적으로 정확하게 표현한 것이다. 이렇게 카프카 문학에서는 꿈같으면서도 줄거리는 매우 현실에 근거하여 내적인 것과 외적인 것이 구분되지 않는다.

카프카 자신도 「화부」를 〈어떤 꿈에 대한 회상〉(G 53)으로 그리고 「변신」을 〈표

상이 배후로 물러나 있는 현실을 드러내는 꿈〉(G 55)으로 보고 있다. 또 카프카는
「변신」과 관련하여 〈꿈은 심상이 숨겨져 있는 현실을 드러낸다. 이것은 삶의 끔찍
스러움이며 예술의 충격적인 성격이다〉(G 55 f.)라고 말한 바 있다. 카프카는 야
노우흐와의 대담에서 〈변신은 무서운 꿈입니다. 소름이 끼치는 표상입니다. 꿈은
현실을 폭로하는데, 그 현실의 배후에는 표상이 남아 있습니다. 그것은 삶의 공포
입니다. 예술이 주는 충격이지요〉(G 55 f.)라고 말하고, 이어서 〈변신은 결코 나의
고백은 아닙니다. — 어느 의미에서는 — 비밀 누설이라고 할 수는 있을 겁니다.
물론 암호Kryptogramm 따위는 아닙니다. 그저 그것뿐입니다〉(G 55)라고 말하고
있다.

이러한 내용이 『소송』을 읽고 난 후 앙드레 지드André Gide가 1940년 8월 28일
일기에 기록한 내용에 담겨 있다.

이 책은 모든 합리적 설명을 비웃는다. 그의 형상들이 지닌 사실주의는 줄곧 환상
적인 것을 꿰뚫고 있다. 형상들의 세밀한 투영을 통해 일목요연해지는 환상적 우주
의 〈자연주의적〉 재현 내지는 낯선 세계로 허우적거리며 들어가는 현상을 표현할 때
의 침착함과 대담함에 대한 나의 감탄은 이루 말할 수 없을 정도이다. 여기에서 배울
점이 매우 많다.[69]

「신임 변호사」에서는 현실과 비현실이 인간의 세계와 신의 세계의 대립으로 동
시에 나타나고 있다. 신비로운 신화적 사상과 현대적 업무(여기서는 변호사 부체
팔루스의 사무실)로 암시되는 인위적 사상이 대립되는 것이다. 과거 알렉산더 대
왕의 군마(軍馬)였던 부체팔루스가 변호사로 등장하는 상황은 전근대 내지는 신화
가 근대와 중첩됨을 의미한다. 부체팔루스의 모습에서 과거 수많은 전투를 치르며
벌였던 세계사적 활동의 흔적은 거의 볼 수 없고, 현실에 합리적으로 순응하며 살
아가는 소시민적 왜소성이 돋보인다. 따라서 고대 시대와 현대의 대조에서 신화적
문화와 현대의 사무실 문화가 대조된다. 이렇게 두 영역 존재의 상태 사이에서 방

---

69 Hartmut Müller(권세훈 외 역), 『카프카 문학 사전』, 학문사, 1999, 295면.

황하는 인물들을 발명해내는 카프카의 힘은 무한하여 그는 꿈같은 환상적인 이야기의 작가라는 평을 받는다.

또 〈이것은 독특한 기계입니다〉(E 151)라는 장교의 말로 시작되는 「유형지에서」의 서두에서부터 강조되는 바와 같이 본 작품 속에서 기계의 역할이 중요하며 기계의 구조와 기계가 수행하는 처형 절차에 관한 설명이 대부분을 차지한다. 이 기계는 처음부터 끝까지 자율적으로 전 과정을 이행한다. 이러한 점에서 볼 때 기계는 단지 하나의 사물로만 머물러 있는 것이 아니고 인간처럼 나타난다. 그러나 이러한 기계와 처형 절차는 이 세상 어느 곳에도 존재하지 않는 꿈같은 비현실적인 것 들이다. 이러한 것들은 단지 카프카의 꿈같은 환상의 세계에서만 가능하다. 따라서 작품은 이러한 꿈같은 비현실적인 성격으로 공상가의 이야기로 느껴진다.

전혀 꿈같은 이야기가 아주 사실적인 필치로 서술된 「변신」에서 보듯이, 카프카는 그레고르의 변신과 같이 꿈속에서나 볼 수 있는 불가능한 사건을 물리적으로 확실하고 명료하게 묘사한다. 이렇게 변신된 그레고르나 유형지의 기계 등은 사실적으로 기술되기 때문에 독자들은 마치 현실에서 일어나고 있는 이야기 같은 착각에 빠진다. 꿈같이 비현실적으로 애매모호하게 설명되지 않고 엄밀하고 치밀한 묘사 방식으로 독자의 눈앞에서 그레고르가 벌레로 변신하는 모습과 기계의 구조와 작동하는 모습, 신의 작업에 인간의 개입 등이 생생하게 그려져 현실과 비현실이 융합된다. 이런 배경에서 아도르노는 〈끊임없이 감춰져 모호해지다 다시 되찾아지는 문학에서 모든 확실한 진술은 불확실성이라는 일반적인 조건을 불러일으킨다〉[70]고 해석한다. 따라서 「변신」 등의 작품에서 묘사된 사상(事象)은 계속해서 독자에게 〈부당함〉과 〈당연함〉의 당혹스런 동시성을 갖게 한다. 변신 등을 촉발했을 수도 있는 꿈은 전개는 되지만 그것에 대한 해명은 없기 때문이다.

「변신」의 꿈같은 내용처럼 카프카의 단편 소설과 장편 소설은 대체로 모든 정상적인 정향(定向) 가능성이 갑작스럽고 이해할 수 없이 상실되면서 시작된다. 꿈같이 멍한 상태에서 작품의 주인공들이 눈을 떴을 때, 그들은 더 이상 자신들의 관념으로 정돈하고 해명할 수 없는 세계로 갑작스럽게 옮겨지는 것이다.

---

70 *Prismen*, S. 257.

〈어느 아침 어수선한 꿈에서 깨어나니, 자기가 한 마리의 거대한 갑충으로 변신하여 침대 위에 누워 있음을 발견한다〉(E 57)는 「변신」의 시작처럼 『소송』의 주인공 요제프 K도 그레고르처럼 잠에서 깨어나 멍한 상태에서 체포된다. 〈누군가 요제프 K를 밀고했음이 틀림없다. 무슨 잘못한 일도 없는데 어느 날 아침 그가 체포되었기 때문이다. 집주인 그루바흐 부인의 하녀는 매일 아침 8시경에 그에게 아침식사를 가져다주었지만 이날 아침에는 얼굴도 보이지 않았다〉(P 7)라고 『소송』은 흔치 않는 특별한 상황으로 시작된다. 그 후 그에게 일어난 사건은 한밤중에 꾼 악몽의 연속일 수도 있지만, 그는 대낮에 깨어 있는 상태에서 그것을 경험한다. 이른바 〈깨어 있으면서 꿈꾸는 자Tagträumer〉[71]인 것이다. 그가 소송 도중 처음이자 유일하게 꾸는 꿈 — 누군가 비석 위에 그의 이름자를 천천히 새겨 넣는 모습을 보는 꿈(E 138) — 을 카프카는 소설에서 잘라내어 독립된 모음집에 『꿈Ein Traum』이란 제목으로 발간했다.

카프카는 자신의 작품 「선고」를 〈어느 날 밤의 유령〉(G 54)으로 보고 있다. 헬러 E. Heller는 「선고」의 평가에서 〈악몽의 기괴함과 불합리성에 대한 사실적 묘사〉를 카프카 문체의 힘으로 판단한다. 다시 말해 그는 〈현실적인 것과 몽상적인 것의 합일, 일상적인 것과 형이상학적인 환상의 체현(體現)적 합일〉을 카프카적 본질로 파악하고 있다.[72]

엠리히는 작품 「굴」의 굴 속에서 동물이 희망하는 최고의 각성된 의식과 동시에 깊고 평화로운 수면(睡眠)의 이중적 존재 상태는 카프카의 문학적 글쓰기의 속성인 꿈 내지 환상의 측면과 날카로운 현실 인식의 결합을 보여 주고 있다고 생각한다.[73] 단편 「굴」에서 주인공인 동물은 〈자신이 완전히 각성된 상태에서 안정된 판단력을 가지고 밤의 유령을 볼 수 있는 능력이 있다〉(B 140 f.)고 서술하는데, 여기서 〈밤의 유령Gespenster der Nacht〉은 밤에 이루어지는 카프카의 글쓰기가 지닌 꿈의 측면과 연관되는 은유로 볼 수 있다. 작가의 고뇌는 도저히 피할 수 없는

71 S. Freud, Der Dichter und das Phantasieren, in: Ders. *Bildende Kunst und Literatur*, Frankfurt/M., 1969, S. 177.

72 Erich Heller, *Franz Kafka*, München, 1976, S. 16 f.

73 빌헬름 엠리히(편영수 역), 『카프카를 읽다』, 유로, 2005, 267면.

상황적 사실을 증명하고, 가능하면 그같은 사실을 받아들이도록 자극한다. 카프카는 그것을 ⟨불안으로 잠 못 이루는 밤⟩[74]의 창작이라고 칭했다. ⟨내가 하는 것은 오로지 이런 식의 창작일 뿐, 따사로운 햇빛 속에서 이야기를 쓴다면 그것은 다른 것이 된다.⟩[75]

이 밖에 장편 『성』에서는 K가 기묘한 마을 세계와 성 세계에서 길을 잃는데 이는 모두 꿈과 같은 서술이다. 『성』에 다음과 같은 예문이 있다. ⟨그는 아직 잠 속에 묻혀 있지는 않았지만 잠 속으로 빠져들고 있었다. 이제는 아무도 그에게서 그 상태를 빼앗아서는 안 되었다. 그리고 그것으로 그에게는 커다란 승리가 성취된 것으로 여겨졌다. 이것을 축하하러 한 떼의 사람들이 이미 와 있었다. 자기가 아닌 다른 누군가가 이 승리를 찬양하기 위해 샴페인 잔을 치켜들었다. 〔……〕 어느 그리스 신상과 매우 닮은 벌거벗은 비서 한 명이 전투 중에 K한테서 밀려났다. 정말 우스꽝스러웠다. K는 그 꼴에 대해 자면서도 씨익 웃었다. 〔……〕 그러자 마침내 그[비서]가 가버리고 K만 홀로 있었다. 싸울 태세를 갖추고 뒤돌아 보며 적을 찾았다. 하지만 이제 적은 없었다. 모였던 사람들도 흩어져 버렸다. 샴페인 잔만이 산산조각난 채로 바닥에 깔려 있었다. K는 그것을 완전히 으깨어 버렸다. 그런데 그 파편에 찔려 깜짝 놀라 다시 잠을 깼다. 깨어났을 때의 어린애처럼 기분이 좋지 않았다. 그럼에도 불구하고 뷔르겔의 벌거벗은 가슴을 보자 꿈속으로부터 이어진 이런 생각이 머리를 스쳤다: 여기 너의 그리스 신이 있다! 그를 깃털 이불에서 끌어내라⟩(S 249 f)

이 부분은 성 관리인 뷔르겔의 방에서 그의 설명을 듣던 중에 K가 선잠에 빠져 꿈을 꾸다가 다시 깨어나는 상황이다. 여기서 상황은 비록 과거형 동사로 서술되고 있지만, 그것이 ⟨그날 밤 그는 이런 저런 꿈을 꾸었다⟩라는 식으로 이미 완결된 과거의 일로서 회상되는 것이 아니라 K가 서서히 잠에 빠져들어 가면서 겪게 되는 꿈과 생시가 교묘하게 겹쳐지는 순간들이 마치 현장 중계되듯이 생생하게 서술되고 있다. 즉 서술자는 이른바 ⟨서사적 거리Epische Distanz⟩를 두지 않고, 주인공 K가 겪어 가는 체험의 순간을 이탈하지 않은 채 바로 그 순간 속에서 서술해 가는

74 F. Kafka, *Briefe 1902~1924*, hg. v. Max Brod, Frankfurt/M., 1975, S. 384.
75 F. Kafka, *Briefe 1902~1924*, a.a.O., S. 384.

것이다. 따라서 여기서 동사의 과거형은 그 과거적 의미를 상실하게 된다.[76]

「시골 의사」는 초현실이 현실 속으로 갑자기 들이닥치는 환상적인 악몽 같은 인상을 준다. 일인칭 서술자의 시점에서 기술되는 해석과 그 직접 체험으로 이야기가 성립된다. 이것은 의사로서의 직무일 뿐만 아니라 자기 존재에 대한 해석이다. 서술자인 시골 의사는 밤에 울린 종소리로 외딴 마을의 환자에게 오게 된다. 시골 의사는 마차에 올라타고 말을 데려온 마부는 하녀 로자를 덮친다. 환자는 죽게 내버려 달라고 귀에다 속삭이는데, 의사는 로자 생각에 이곳으로 온 것을 후회한다. 어서 빨리 집으로 가서 로자를 구하고 싶지만, 이승적인 말이 끄는 마차는 꿈속처럼 겨울날 추운 눈벌판을 아주 느리게 헤맬 뿐이다. 의사로서 쉽게 진단서를 쓰지만 그곳 사람들과 이해 소통이 힘들다.

이러한 전체의 사건이 시골 의사의 꿈에서 발단한 듯한 인상을 풍긴다. 따라서 개별 모티프들이 여러 곳에서 독립적으로, 명확한 상호 연관이 없이 나타난다. 갑작스런 마부의 등장, 문맥상 설명할 수 없는 자명종의 잘못 울림, 환자와 그의 가족들이 의사를 오히려 환자처럼 대하고 침상에 강제로 눕히는 등의 모티프가 꿈의 상징성을 보인다. 또 이들 작품에서 재빠른 공간의 변화, 원근의 급박한 뒤바뀜, 순간적인 등장인물의 배열, 감각적으로 불가능한 시점 인식의 변화, 모든 사건들의 뒤엉클어짐과 인습적인 시간 개념의 상실 등도 꿈의 기교로서 〈꿈같은 내면적 삶〉(T 306)을 표출하려는 카프카의 의도가 직감된다.

꿈이 가진 정보 정리의 기능은 특히 창의성이 필요한 분야에서 진가를 발휘한다. 〈좀처럼 풀리지 않던 문제가 밤새 잠 위원회의 작업을 거친 후 다음날 아침이면 쉽게 풀리는 일이 있다〉는 작가 존 스타인벡의 말은 꿈이 가진 창의력을 대변한다. 18세기 이탈리아의 작곡가 타르티니는 꿈에서 악마의 바이올린 연주를 들었다. 그는 잠에서 깨자마자 꿈에서 들은 소리를 재현해 보려 했다. 그 음악은 바이올린 소나타 「악마의 트릴」로 탄생했다. 초현실주의자들은 꿈에서 많은 영감의 원천을 찾았다. 시인 생 폴 루는 매일 밤 침실 문 앞에 〈시인은 시작(詩作) 중〉이라는 글귀를 걸어 두고 잠자리에 들었다. 미술 분야에서는 달리의 「꿈」, 브루벨의 「달아나 버

---

76 Vgl. Fritz Martini, *Das Wagnis der Sprache, Interpretation deutscher Prosa von Nietzsche bis Benn*, Stuttgart, 1970, S. 312.

린 잠」 등이 꿈 이미지에서 착안한 대표적 작품으로 꼽힌다. 과학자들도 〈잠든 사이에〉 많은 성과를 이뤘다. 꿈속에서 뱀 또는 원숭이를 보고 벤젠의 분자 구조에 대한 영감을 얻었다는 케쿨레의 일화는 유명하다. 인도의 천재 수학자 라마누잔은 힌두교의 여신 나마지리가 중요한 발견 때마다 꿈에 나타나 수학적 통찰력을 제시해 주었다고 말했다. 잠자는 동안 사람들은 외부 세계에 주의를 기울이지 않기 때문에 낮 동안 미처 의식에 닿지 못했던 생각들이 자유자재로 조직되어 지적 성취의 원천이 될 수 있다. 꿈은 아주 독특한 사고 양식이므로 깨어 있을 때 지니고 있었던 우리의 능력을 보완하고 풍요롭게 만들 수 있다. 꿈이 가진 힘은 거기에 있다.

이런 맥락에서 카프카는 1912년 9월 11일자 일기문에서 자신이 꿈에서 체험한 뉴욕항을 상세히 기술하고 있는데, 이와 같은 꿈의 체험이 미국 방문객들의 사적인 보고와 찰스 디킨스의 『아메리카 노트*American Notes*』에 나타난 뉴욕 항의 묘사와 더불어 『아메리카』에서 소란스러운 뉴욕 항구를 기술하는 데 큰 도움을 주고 있다.(T 180)

이러한 꿈같은 내용은 언어적 특징도 지닌다. 현실적인 것에서 꿈같은 환상적인 것으로의 비약에서 흔히 직설법이 접속법(가정법)으로 교체된다. 카프카는 현실적 묘사를 할 때는 분위기에 맞게 직설법의 표현을 쓰다가 꿈같은 환상적 묘사에서는 발생하지 않은 사건의 표현에 사용되는 접속법을 쓰는데 이런 수법으로 서술되는 인물들은 꿈속의 장면처럼 가깝게 느껴지기도 하고 때로는 희미하게 멀어지기도 한다.

접속법을 역설적으로 사용하는 예는 단편 「싸구려 관람석에서 Auf der Galerie」에서처럼 신빙성이 없는 것이 직설법으로, 현실적인 것이 접속법으로 묘사되는 경우이다. 이를 통해 방향 감각 상실과 환상적인 것을 표현할 수 있게 된다. 소설 인물들도 꿈결속의 인물들처럼 행동하며, 그들은 가깝고도 멀리 떨어져 있다. 그들은 개인의 언어를 말하지 않아서 그들의 언어는 서술자의 언어와 구별되지 않는다. 다만 『아메리카』의 화부와 부랑자 들라마르쉬, 『소송』의 숙부의 표현 방식만은 일상 어법을 사용함으로써 개성이 부여되어 있다.[77]

---

77 Hartmut Müller(권세훈 외 역), 『카프카 문학 사전』, 학문사, 1999, 163면 참조.

꿈의 원리나 구조, 자아 균열은 카프카의 작품 해석상 프로이트와 연결을 가능
하게 한다. 카프카는 프로이트의 심리적 미로(迷路)인 신화와 비유를 채택하여 가
장 만족스러운 작품을 쓸 때 항상 프로이트를 염두에 두었다. 그의 예술은 구성 원
리로서 항상 억압, 애증의 〈이중감Ambivalenz〉 그리고 초자아와 〈이드id〉에 의해
서 둘러싸여 핍박당하기 때문에 그의 동질성을 더 이상 유지할 수 없는 자아를 형
성하는 과정들을 내세웠다.[78] 1912년 9월 23일의 일기에서 카프카는 〈육체와 정신
의 완전한 열음vollständige Öffnung des Lebens und der Seele〉(T 214)인 「선고」
의 탈고를 〈프로이트에 대한 당연한 회상〉(T 214)의 덕으로 돌리고 있다.

조켈은 이와 같은 기록에 유의하여 카프카를 〈프로이트적 신화 세계의 작가
Dichter der Freudschen Mythenwelt〉[79]로 규정하면서 〈의식적인 의지와 무의식적
이고 내면적인 성향 사이의 불화〉를 자아 균열의 원리로 삼는다. 무쉬크Walter
Muschg도 카프카의 꿈의 예시에 대해 프로이트의 이론과 연관시킨다. 그에 의하
면 예술 작품은 〈다양한 사실, 즉 한편으로는 비유적 체험이, 다른 한편으로는 무
의식에 대한 개념적 규정이 문제되기 때문이다.〉[80] 무쉬크는 카프카 작품에서 프로
이트 이론의 심층심리 발달을 인식한 것이 아니고 정신분석적 관심으로 관찰된 사
건의 문학적 표현을 인식하였다. 초현실적인 것의 표현 형식, 곧 비유 형식이 지닌
개연성(蓋然性)은 독자로 하여금 자신들의 딜레마를 카프카 편에 전적으로 투사시
켜 카프카의 실제보다 자신들의 특질을 이야기하는 꼴이 되어 버린다.

1904년에서 1905년경의 최초의 산문 『어느 투쟁의 기록Beschreibung eines
Kampfes』의 제목에서 보이는 〈기록Beschreibung〉의 개념은 마흐Ernst Mach의
학설과 브렌타노Franz Brentano 등의 실험적이며 귀납적인 심리학의 영향을 받았
다. 그러나 이들의 심리학과 카프카의 프로이트의 꿈에 연결된 심리학 외에 카프
카는 심리학과 거리를 두었다. 〈심리학은 지상에 완전히 익숙해져 있는 우리들이
생각하는 거울에 비친 거꾸로 된 영상을 기술하는 것이다. 거울에 비친 거꾸로 된

---

78 Walter H. Sokel, *Franz Kafka, Tragik und Ironie*, Frankfurt/M., 1976, S. 19.

79 Walter H. Sokel, *Franz Kafka, Tragik und Ironie*, a.a.O., S. 18.

80 Peter U. Beicken, *Franz Kafka. Eine Kritische Einführung in die Forschung*, Frankfurt/M.,
1974, S. 28.

영상은 절대 있을 수 없기 때문에, 우리는 어디로 방향을 바꾸든 우리가 보는 것은 오직 지상뿐이다.〉(H 53)

4. 작품의 시간성

아우구스티누스Augustinus Caesar는 『고백론』에서 시간은 외부에 존재하는 대상이 아니라 정신의 체험이라는 명제를 내세운다. 그는 시간 체험을 정신의 이완과 긴장, 즉 정신의 균열과 통합하는 기능으로부터 도출하며 기억과 기대라는 심리학적 범주와 결합하여 설명한다. 이런 배경에서 성스러운 시간이 탄생한다.

성스러운 시간의 탄생과 재현은 크게 두 가지로, 하나는 전통적 고대 종교에서 시간관이요, 다른 하나는 그리스도교에서의 시간관이다. 전통적인 고대적 시간관을 순환적(循環的)zyklisch 시간 혹은 가역적(可逆的) 시간관이라 한다면, 그리스도교적 시간관은 일직선적(一直線的)linear 시간 혹은 불가역적(不可逆的) 시간관이라고 할 수 있다. 이것은 엘리아데M. Eliade에 의해 구분된 시간관이다.

〈일직선적〉이란 시작과 끝이 명확하게 절단되는 어떤 지속을 특징짓는 개념이다. 가령 그리스도교의 시간은 역사적 시간을 새롭게 평가한다. 즉 역사 안에 그리스도가 육화(肉化)되어 시간의 신성성을 획득하였지만 그것은 일회적인 역사적 사건이기 때문에 신화적 시간처럼 가역적이 아닌 일직선적, 즉 불가역적 시간이다. 이를 엘리아데는 다음과 같이 표현하고 있다. 〈그리스도교는 역사적 시간의 평가에서 이보다 더 전진한다. 신이 육화(肉化)되어, 즉 역사적으로 제약된 인간 실존을 받아들여 역사를 성화화시켰다. 복음서가 환기시킨 그때는 본디오 빌라도가 유대의 총독이 된 특정한 역사적 시대였다. 그것은 그리스도의 현존으로 성화되었다. 현대의 그리스도교도가 의례적 시간에 참여함으로 그리스도는 살아 있고, 수난받고, 부활한 그때로 되돌아간다. 그것은 신화적 시간이 아니고 본디오 빌라도가 유대를 다스렸을 때의 시간이다. 또 그리스도교도에게 성스러운 달력은 그리스도의 생애와 동일한 사건을 무한히 재현한다. 그러나 이러한 사건은 역사 안에서 일어나는 것이고 더 이상 시간의 기원, 태초에 생긴 사건은 아니다.〉[81]

유대교의 충실한 계승자인 기독교는 역사라는 단선적 시간을 받아들였다. 따라서 세계는 오직 단 한 번만 창조되었으며 오직 단 한 번의 종말만이 있을 뿐이다. 마찬가지로 그리스도의 육화(肉化)도 역사적 시간 속에서 오직 단 한 번 일어났을 뿐이며 심판 또한 단 한 번만 있다고 한다.

이와 반대로 의례적 시간은 순환적 시간이다. 유대교는 교회에 대해 성서 해석의 비유적 방법론뿐만 아니라 보다 중요한 것으로 우주적 종교의 축제와 상징을 〈역사화〉시키는 모델을 제공하였다. 따라서 원시 기독교의 〈유대화〉는 곧 〈역사화〉라고 말할 수 있다. 다시 말해서 예수의 가르침과 초대 교회의 역사를 이스라엘 백성의 역사와 연결시키고자 했던 초기 신학자들이 기독교를 역사화한 셈이다. 따라서 유대교는 수많은 계절 축제와 우주적 상징을 이스라엘 역사에서 일어났던 중요한 사건과 연관시켜 역사화시켰는데, 예를 들어 초막절이라든가 유월절, 혹은 빛의 축제 봉헌절 등을 들 수 있다.[82]

이런 배경에서 시간은 순환적 시간과 직선적 시간인 두 시간 개념으로 구분된다. 순환적 시간의 배열에서 직선적 경과가 생긴다. 이러한 순환적 시간과 직선적 시간은 〈신화적 시간〉과 〈역사적 시간〉으로 구분된다. 다시 말해서 시간은 순간의 무한한 연속으로 이해하는 물리적 시간(역사적 시간)과 정신적 체험으로 이해하는 심리적 시간(신화적 시간)으로 구분된다. 이는 세계의 시간과 삶의 시간의 구분으로도 볼 수 있으며 이 사상이 문학적으로도 자주 전개된다.

오래전부터 시간은 문예학의 영역에서 중요한 학문적 관심 분야로 간주되어 왔지만 시간 구조에 대한 관찰과 분석 작업은 20세기의 학문적 담론 속에서 특별히 중요성을 인정받게 되었다. 주지하다시피 아인슈타인Albert Einstein의 시간의 상대성 이론에 의해서 그 크기와 범위가 보편적, 동질적 그리고 객관적으로 인정되는 전통적인 시간의 개념은 결정적으로 해체된다. 점점 심화되는 산업화와 현대 사회의 급진적인 분화 과정으로부터 영향을 받아 자연 과학 등 학문적인 영역을 넘어서 사회 전반에 걸쳐 시간적인 현상에 대한 관심이 증가하게 된다. 베르그송

---

81 M. 엘리아데(이은봉 역), 『성과 속』, 한길사, 1998, 119면.
82 E.Goodenough, *Jewish Symbols in the Greco-Roman Period*, Volumes VII~VIII: Pantheon Books, New York.

Henri Bergson은 예전에 동질적으로 받아들여진 시간 경험의 파편화와 해체 상황을 극명하게 드러내 주는 것이 현대 철학의 과제 중 하나라고 규정하기도 하였다.[83]

이렇게 관습적이고 통속적인 시간 개념의 해체를 잘 나타낸 문학으로 괴테의 『파우스트』를 들 수 있다. 사건의 발전과 시간적 범위 사이에는 그 기능의 상호 관계가 직접적으로 존재하기 마련이다. 그러나 괴테의 『파우스트』 드라마에서는 일직선적인 시간의 발전이 전제되지 않는 만큼 포괄적이고 연관적인 시간의 흐름을 기대할 수가 없다. 또한 시간적인 범위 역시 한 마디로 확정될 수 없으며 시간의 길이도 줄거리에 대해 별다른 의미를 갖지 않는다. 각 장과 더불어 한 새로운 시점이 전개되는데 이는 그 전과 그 후의 시간과 아무런 연관이 없음을 뜻한다. 예를 들어 『파우스트』의 「헌사Zueignung」의 마지막 구절인 〈내가 지닌 모든 것은 아득하게 보이며, 사라진 것은 나에게 현실로 나타난다Was ich besitze, seh' ich wie im Weiten,/Und was verschwand, wird mir zu Wirklichkeiten〉(31~32행)는 말은 괴테의 이러한 시간 체험을 잘 나타낸 것으로, 현재가 과거로 물러나고 과거가 현재로 다가와서 현재에 옛날의 정열과 감정으로 『파우스트』를 창작하는 괴테의 경지를 보여 주고 있다. 즉 과거·현재·미래를 동일 시점으로 보려는 시간 개념이 특징적이다.

또 「서재Studierzimmer」 장면과 「라이프치히에서 아우어바흐의 술집Auerbachs Keller in Leipzig」 그리고 「마녀의 부엌Hexenküche」 장면 간의 정확한 시간 측정은 완전히 불가능하다. 그러나 독자나 관중은 이 비통일적이고 비합리적인 시간에 대해 하등의 의식을 하지 못하는데, 이는 그들이 직접적이고 현재적인 사건에 완전히 매혹되기 때문이다.

> 그건 문헌 학자들이
> 당신만이 아니라 자기들 자신까지 속였던 것이오.
> 신화 속의 여자란 아주 특수한 것이라오.
> 시인이란 제멋대로 그려서 내놓는 터이라,

83 Linda und Annette Simonis, Einleitung, Moderne als Zeitstruktur, in: Ders., *Zeitwahrnehmung und Zeitbewußtsein der Moderne*, Bielefeld, 2000, S. 18 f.

언제 어른이 되었다든지 늙은이가 되었다는 이야기는 없이,

언제 보아도 군침이 넘어가는 모습을 하고 있어

어려서도 꼬임에 빠지고 늙어서도 청혼을 하는 법,

요컨대 시인이란 세월에 묶이지 않는 것이오(7427행 이하).

괴테는 시간적인 연속을 공간적으로 병렬시켜 원형적으로 배열하고 있다. 따라서 표면상으로 〈연속적인〉 발전이 동시성으로 파악돼야 한다. 그의 관심사는 동시적(공시적)이 아니고 동일 의미의 것이다. 괴테는 이러한 시간의 동시성에서 영구무한성을 포착하고 창작과 활동의 무한한 가능성과 의의를 발견하여 활용하였다.

이러한 괴테의 시간 개념처럼 토마스 만도 시간 경과 감각의 부재를 한 편의 방대한 장편 소설의 주제로 삼았다.『마의 산Der Zauberberg』에서 그는 본질적으로 알프스 산중의 요양소 환자들에게 생기는 사건 외에는 관심이 없고, 그들의 사상이나 견해에 대해서도 처음부터 관심이 없다. 그의 관심사는 그들의 외계(外界)로부터의 격리, 따라서 시간으로부터의 격리 또는 고립이다. 요양소 환자들은 변화가 중지된 분위기 속에 정체되어 있다. 그들을 꼼짝 못하게 하는 것은 〈신비한 마술, 실생활에 있어서의 어떤 비정상적이고 초자연적인 경험 중의 하나와 방불한 시간적 원근법의 왜곡〉[84]으로 이 내용이 소설『마의 산』의 다음의 문장에 잘 나타나 있다.

시간이란 무엇인가? 이것은 한낱 수수께끼이다. 실체란 없고 동시에 전능한 것이다. 현상계(現象界)에 존재하는 하나의 조건으로 공간 속의 물체의 존재와 운동과 결부되어 혼합되어 있는 하나의 운동이다. 그러나 운동이 없으면 시간도 존재하지 않을 것인가? 시간이 없으면 운동도 없을 것인가? 얼마든지 물어보라? 시간은 공간 작용의 하나인가? 그렇지 않으면 그 반대일까? 아니면 두 가지는 같은 것일까? 얼마든지 물어보라! 시간은 활동하고 동사적인 성질을 가지고 있어 〈낳는〉 힘을 가지고 있다. 대관절 시간은 무엇을 낳는 것일까? 변화를! 현재는 벌써 당시가 아니고 여

84 A. A 멘딜로우(최상규 역),『시간과 소설』, 대방출판사, 1983, 143면.

기는 이미 저쪽이 아니다. 두 개의 사이에는 운동이 있기 때문이다. 그러나 우리들이 시간을 측정하는 운동은 순환적이고 그 자체로써 완결된 것이기 때문에, 이 운동은 거의 정지와 정체라고 불러도 좋을 것이다. 당시는 쉬지 않고 현재 속에, 저쪽은 쉬지 않고 여기에 되풀이되기 때문이다. 그리고 또 종말이 있는 시간과 유한적인 공간이라는 것은 아무리 필사적인 노력을 해도 상상할 수 없는 것이기 때문에 우리들은 시간은 영원하고, 공간은 무한한 것이라고 생각하도록 이미 결정을 보았다. 간단하게 그렇게 생각할 수는 없다고 하더라도 이 편이 어느 정도 생각하기 쉬울 것이라는 의미에서이다. 그러나 영원과 무한을 용인한다는 것은 국한된 것과 유한한 것을 모두 논리적으로, 계산적으로 부정하고 상대적으로 그것을 영(零)으로 환원시키는 것을 의미하는 것이 아닐까? 영원 속에서 전후가, 무한 속에서 좌우가 있을 수 있을까? 영원과 무한이라는 임시적인 가정과 거리, 운동 변화 그리고 우주 속의 국한된 물체의 존재들은 어떻게 조화될 것인가? 얼마든지 물어보라![85]

괴테의 『파우스트』와 토마스 만의 『마의 산』처럼 카프카의 시간도 정적인 존재로 파악된다. 괴테나 토마스 만의 시간 개념처럼 카프카의 인물들도 자기 자신의 시간 체계를 몸에 지니고 다닌다. 그들의 시간 체계의 주요한 특징은 항상 순간에 살고 있어 시간의 합리성에서 벗어나는 것이다.

1) 카프카의 시간 의식

카프카의 시간관에서 중요한 내용은 순간과 지속이 결합되는 역설적인 시간 이미지이다. 가령 카프카는 〈인간 발전의 결정적인 순간은 지속적이다. 그렇기 때문에 지나간 모든 것을 쓸모없는 것으로 선언하는 혁명적인 정신 운동들은 옳다. 왜냐하면 아직 아무 일도 일어나지 않았기 때문이다〉(H 30)라고 쓰고 있는데, 여기서 순간은 무한한 지속과 역설적인 상응 관계 속에 놓인다.[86]

85 Thomas Mann, *Der Zauberberg*, Frankfurt/M., 1975, S. 365.
86 Vgl. Bertram Rohde, *Studien zu Franz Kafkas Bibellektüre und ihren Auswirkungen auf sein Werk*, Würzburg, 2002, S. 203 ff.

카프카는 인물의 탄생 자체보다 생성의 과정에 역점을 두어 상황을 조작하고 있다. 따라서 카프카의 작품에 나오는 주인공의 성격이나 개성보다는 그 주인공의 상황이 중요한 역할을 하므로 그의 작품은 상황 소설*Situationsroman*이라 불린다.[87] 상황 소설을 통하여 카프카가 파악한 것은 인간의 실존 상황이고, 이런 의미에서 일종의 존재론적인 사실주의이다. 카프카 소설에서 중요한 상황은 국부적 순간적 상황이므로 시간 개념이 파기된다. 카프카의 문학 양식에서 이야기의 줄거리는 끊기거나 비약되기도 하고, 기록, 삽화, 비유가 삽입되거나 극도의 압축으로써 시간 개념에 대담하게 도전하고 있다.

카프카는 1922년 1월 16일자 일기에서 외부 세계와 자신의 내면 생활의 불일치로 생겨난 붕괴를 시간의 개념으로 묘사하고 있다. 〈파탄이다. 잠을 잘 수도 없고 깨어날 수도 없고 삶을, 삶의 연속을 견뎌 낼 수도 없다. 시계들은 일치하지 않는다. 내면적인 시계는 진저리 치도록 악마적으로, 경우에 따라서는 비인간적 방식으로 질주하고, 외면적인 시계는 자신의 쉬엄쉬엄 보통의 속도를 유지한다. 이 두 상이한 세계가 분리될 때 무엇이 일어날 수 있는가. 그리고 그들은 서로 분리되거나 혹은 적어도 무서운 방식으로 서로를 파괴한다.〉(T 345) 여기서 이야기하는 내면의 시계와 외면의 시계 사이의 불일치는 비록 두 시계가 카프카 자신의 사무실 일과 작가로서 이중 생활을 의미하긴 하지만, 어떤 특정한 상황에 한정된 것이 아니라 현대 사회의 일반적 상황과 관련된다.[88]

이렇게 카프카의 내면 상황과 외면 상황의 불일치가 그의 문학에서 시간의 불일치로 나타난다. 이러한 시간 관념은 상태의 불연속성에 따른 자아 정체성의 해체와 관련된다. 카프카는 일기에서 진보나 미래를 거짓되고 불가능한 것으로 묘사함으로써 자아 감정과 정체성에 내재하는 목적론적 구조를 간파하고, 미래를 차용하는 희망의 원리를 비판한다.[89] 이런 맥락에서 카프카의 작품에는 미래적 시점의 개입이 거의 없다.

87 Norbert Fürst, *Die offenen Geheintüren in Franz Kafkas*, Heidelberg, 1956, S.58.
88 한석종, 「카프카와 카네티와의 비교 연구」, 『카프카 문학론』, 카프카 연구, 제2집, 한국카프카학회, 1987, 215면 이하.
89 F. Kafka, *Tagebücher*, hg. v. Hans-Gerd Koch, Michael Müller, Malcom Pasley, Frankfurt/M., 1990, S. 335 f.

따라서 카프카의 작품에서 이야기의 발전적 계기의 결핍이 특징이며 인물은 〈영원한 행동〉에서 〈순간적 포착〉으로 바뀐다. 〈인간사는 한 방랑자의 두 발자국 사이의 순간이다〉(H 54)라는 카프카의 언급처럼 긴 시간의 지속이 순간으로 전도되어 나타나는 것이다. 이러한 시간관에 따르면 인류의 역사는 결정적 사건 내지 순간의 반복과 지속으로 채워지는데, 그럼에도 불구하고 그러한 지속은 또 하나의 새로운 결정적 순간인 지금의 시점에서는 아직 아무런 일도 일어나지 않은 것처럼 되어 인류의 긴 역사는 방랑자의 두 발자국 사이에 끼일 만큼 짧은 순간과 역설적으로 일치한다.

한슈타인Adalbert von Hanstein은 이러한 서술 양식을 〈순간 묘사Sekundenstil〉라고 불렀다. 한순간에 보고, 듣고, 느끼고, 생각되는 모든 것이, 즉 내·외적 모든 사건이 동시에 문장에 표현된다는 것이다. 따라서 카프카의 인물들은 항상 순간에 살고 있으며 그 순간 속에 개재(介在)해 있는 불확실성을 조감(鳥瞰)할 수 있는 능력이 결여되어 있다. 그들은 과거와 미래가 없는 시간 질서의 외부에 산다. 그들의 시간은 점(點)으로 느껴지지 연속적인 선(線)으로 느껴지지 않는다.

이렇게 점으로 느껴지는 카프카의 시간 개념은 그의 제논Zenon에 대한 언급을 연상시킨다. 〈제논은, 정지하고 있는 것은 정말 아무것도 없는가 하는 절박한 물음에 단지 이렇게 답하고 있다 — 그렇다, 날아가는 화살은 정지되어 있다.〉(T 29) 날아가는 화살은 우리 눈에는 단지 움직이는 것처럼 보일 뿐이지만 사실은 매순간 공간의 어떤 정해진 부분 속에 존재하는 것이다. 화살이 존재로서 순간적인 어떤 장소에 있다고 하는 것은 원래 정지되어 있는 것을 의미하고, 또 날아가는 화살의 비행 경로란 무한히 많은 그러한 정지의 순간들로 구성되어 있기 때문에 그 화살은 운동 중이 아니라 정지되어 있다는 것이다.[90] 마찬가지로 카프카의 시간 개념에 의하면 시간도 화살이 나는 것처럼 끊임없이 움직이나 결국은 정지의 순간들로 구성되어 있다.

이러한 맥락에서 카프카는 작품의 상황을 현미경적 안목에서 세계상에까지 전개시킨다. 카프카가 〈야노우흐와의 대화〉에서도 밝혔듯이 그에게 있어서 역사는

---

90 이주동, 『카프카 문학론』, 카프카 연구, 제2집, 범우사, 1987, 136면 이하.

사건의 축적이 아니라 그 돌발적인 사건들이 지닌 〈의미〉를 읽어 내는 것으로 존재한다. 그리고 이러한 사건의 의미는 외관상 우연적으로 보이는 것을 객관화하는 것, 다시 말해서 관조와 숙고를 동반한 역사 의식과 성찰의 시각에서 읽어야 한다는 것이다.(G 85)

나아가 카프카는 〈모든 순간은 또한 시간 외적인 것과 상응한다. 현세 다음에 피안이 올 수는 없다. 왜냐하면 피안은 영원하고, 따라서 현세와 시간적으로 접할 수 없기 때문이다〉(H 69)라고 쓰고 있다.

여기서 현세의 시간성과 피안의 영원성은 시간상 연속적으로 서로 접촉할 수 없는 것으로 표현되어 영원성은 시간의 타자로 묘사된다. 그럼에도 불구하고 시간 속의 〈매 순간〉이 〈시간 외적인 것〉과 상응함으로써 현세의 시간성은 영원성과 어떤 〈관계〉를 맺게 되는 것으로 나타난다. 여기서 시간과 시간 외적인 것, 순간과 영원은 다른 공간 — 현세와 피안 — 에서 동시적으로 존재한다고 볼 수 있으며, 따라서 우리는 어떤 〈한 순간〉에 서로 다른 공간에 존재하는 시간 혹은 영원을 경험할 수 있는 가능성을 가지고 있다.

이것은 시간과 그 타자인 영원성이 서로 역설적으로 결합할 수 있는 가능성을 드러낸다. 물론 이러한 〈끊임없이 현존하는 영원성〉[91]은 여전히 실낙원의 끊임없는 반복을 포함하게 되는 그런 차원의 영원성이다. 따라서 카프카의 시간 이미지에서 나타나는 〈영원성은 단순히 시간성의 정지를 의미하는 것이 아니라〉(H 83) — 즉 영원성은 시간성이 시작되기 전과 끝난 후에나 존재하는 것이 아니라 — 시간성과 어느 순간에 결합되고 일치할 수도 있는 것으로 나타난다. 이런 의미에서 카프카의 시간 사유 속에서 영원성은 단순히 시간성에 대립하는 개념만은 아니며, 그렇다고 해서 시간과 영원의 일치가 늘 가능한 것으로 나타나는 것도 아니다.

따라서 독자들은 시간 지속이 길이나 속도와 분리되어 오직 그 강도에 의해서만 표시되는 일종의 악의(惡意) 같은 시간 연속에서 시간이 진행되고 있다는 느낌을 갖는다. 시간 폭이 밀도가 있느냐 허술하냐 하는 것을 평가하는 표준으로서의 외적인 시점을 찾아보아야 허사다. 보통 기준으로부터 얼마나 변형되었는가를 사

91 Vgl. Marina Cavarocchi Arbib, Jüdische Motive in Kafkas Aphorismen, in: Karl Erich Grözinger u.a. (Hg.), Franz Kafka und das Judentum, Frankfurt/M., 1987, S. 141.

정(査定)하기 위해서는 어떤 외적인 기준이 있어야 한다. 관념적 시간에서 시간 기준은 아무런 기능이 없고 사실상 자취를 감춰 버린다. 따라서 거기에는 시계가 없다. 있는 것은 그 자체 이외에 아무것도 필요로 하지 않는 감정의 기복(起伏)이 있을 뿐이다. 보러Karl Heinz Bohrer에 의하면 이러한 카프카의 시간 의식은 또한 〈시간을 강조했던 현대의 시기에 정반대로 나타나는 시간의 손실〉[92]을 보여 준다고 한다.

2) 작품에서 시간의 불일치

종래의 문학은 일반적으로 시간을 동적으로 생성하는 것으로 파악하였다. 즉 시간을 논리적·인과적으로 분해할 수 있는 계기, 또는 역사적 진행 과정이라고 본 것이다. 이 시간 개념의 근저에는 서구 문화가 오랜 세월 동안 배양해 온 존재의 질서에 대한 확신이 깃들어 있다. 특히 소설의 주제는 시간 속에서 행동하고 느끼고 생각하기 때문에 시간의 모든 변형으로부터 자유로울 수가 없는 인간 행동을 다루어야만 했다. 그러나 카프카 문학에서는 이러한 시간 개념이 파괴되고 있다.

카프카의 소설에는 허구적 시간과 작중 인물의 심리적 지속 두 가지가 어떤 고정적 표준으로 젤 수 없는 일종의 신화적 리듬에 속해 있다. 이 두 가지는 완전히 연대기적 시간에서 분리되어 속된 시간은 타파되고 〈의미 깊은 사건의 연속〉의 근거가 되는 절대적인 시작이 설정된다. 따라서 카프카의 소설의 인물들의 행동은 그 전행동(前行動)으로부터 유기적으로 이어지는 것이 아니라, 항상 새로이 시작되고 이러한 시작의 순간은 과거와 미래를 지양하고 연속되는 시간의 점(點)으로 집약되어 어떤 초시간적(超時間的)인 것이 개재되어 있는 것처럼 느껴진다. 따라서 카프카의 서술된 것에 대한 과거적 회상도 거의 나타나지 않으며, 그때그때의 사건이 앞으로 어떻게 진전되리라 예견하며 앞질러 서술하는 경우도 철저하게 피하기 때문에 과거와 현재, 미래의 시간적 개념이 없다. 서술된 사건은 엄격히 일직

---

92 칼 하인츠 보러(최문규 역), 『절대적 현존』, 문학동네, 1995, 231면.

선상에 놓인다. 다시 말해서 사건 진행이 회상과 예시에 의해 방해를 받지 않는다. 결국 카프카는 신화적 시간과 역사적 시간 개념을 잘 나타내며 시간의 개념을 자유롭게 활용한 것이다.

시간은 카프카 소설의 모든 국면인 주제, 형식, 매체(언어)에 영향을 미치고 있다. 따라서 카프카는 루이스Wyndham Lewis가 명명한 〈현대 소설의 시간파(時間派)〉에 속하는 작가로 볼 수 있다. 특히 신화적인 순환적 시간성 묘사가 카프카 문학의 특색으로, 그의 작품에서 시간의 개념은 우리의 일상적이고 상식적인 개념과는 다르게 나타나 초월적이다. 카프카의 잠언 및 일기의 곳곳에서 묘사되는 시간에 관한 형이상학적 관념과 이미지들에서는 당대를 풍미한 역사주의와 다원주의의 중요한 시간 관념인 진보적 시간 의식이 해체된다.[93] 그래서 그의 서사 텍스트에서는 관습적이고 통속적인 시간관과 충돌을 일으키고 전통적인 서사 텍스트의 시간 구조나 시제 체계를 해체하는 특이한 시간 표현들이 발견된다. 이러한 시간 개념은 곧 반복성과 거기서 일탈하는 갑작스러움이나 돌발성의 공존과 역설적 결합이다.

따라서 카프카 문학에서 지속과 종결의 표현 요소로 사용되는 시간은 무의미하다. 카프카는 줄거리의 시작, 전개, 종결에 집착하지 않는다. 예를 들어 일주일의 짧은 허구적 시간은 연속성을 가질 수 있지만 본질적인 발전 요소로서 묘사된 종래의 시간 개념으로는 분석되기가 곤란하다.

「가장의 근심」의 형상 오드라덱은 언제까지 쉬지 않고 움직이는 걸까? 「사냥꾼 그라쿠스」의 주인공은 언제까지 세계의 온 바다를 헤매고 있는가? 「신임 변호사」의 부체팔루스가 찾으려는 인도의 문은 언제까지 보이지 않을까? 「포세이돈」의 불사신이 삶을 미루어야 할 세계의 종말은 언제 도래할까?

수수께끼 형상 오드라덱은 낡은 실타래처럼 보이는가 하면 아이처럼 미소를 띠운다. 새로 부임한 변호사 부체팔루스는 알렉산더 대왕의 부친인 필립을 태우고 전쟁터를 지배한 고대 마케도니아 시절을 회상하며 법전 속에 묻혀 살고 있다. 여기에서 〈언제나〉라는 시간 개념은 〈아무 때도 아닌〉 시간을 의미하고 있다.

---

93 칼 하인츠 보러(최문규 역), 같은 책, 258면 이하 참조.

또 『성』에서 실제로 주인공 K가 마을에 머문 시간을 우리는 정확하게 계산할 수가 없다. 성과 마을 안에는 아침 식사 후 2시간이 지나면 어둠이 깔린다. 카프카는 시간의 자연적 경과에 대해 전혀 무관심한 태도를 취한다. 즉 K가 마을 체류 둘째 날에 벌써 나흘째 머문다고 생각할 정도로 카프카의 정확하고 구체적인 시간 묘사는 보이지 않는다. 작품 전체의 의미는 모든 순간 속에 포함되어 있어서 시작부터 종결에 이르는 발전은 찾아볼 수 없다. 작품에서 연관성이 없는 시간 개념이 지배하다보니 시간의 단위인 계절 등도 법칙에서 벗어난다. 따라서 『성』에서 계절들은 아주 단조롭다. 봄과 여름이 불과 이틀 동안처럼 짧게 느껴지고 아주 좋은 날씨에도 종종 눈이 온다는 것은 계절의 법칙이 다르게 지배되고 있음을 의미한다. 따라서 『성』의 주인공 K의 계절은 순환의 영속성을 띠지 않고 압축되거나 확대된다.

그것은 카프카가 자기 자신의 실존에 관한 어떤 확신, 즉 〈인간의 성장 중의 결정적 순간은 영속적이다〉[94]라는 확신을 갖고 있었기 때문이다.[95] 이는 〈그리스 비극〉[96]에서 운명에 해당하는 것인데, 현대인에게는 시간이 순간화 되어 있어 운명도 상황 속에 집약된다.

카프카의 단편 「포기하라Gib's auf」의 주인공 〈나〉는 자기 자신의 세계와 탑시계Turmuhr 사이에 시간의 일치를 발견하지 못하고 질서의 혼란에 빠진다. 〈나〉의 개인 시계는 그것에 따라 행동해 온 자기 생활 질서를 위한 기준으로 직선적 시간인 역사적 시간으로 볼 수 있으며, 탑시계는 보다 높은 질서를 위한 초개인적인 공공의 기준으로 간주되어 순환적 시간인 신화적 시간으로 볼 수 있다. 두 시계 사이의 시간의 불일치는 개인의 질서와 보다 높은 질서 관계의 붕괴다. 〈내가 탑시계와 내 시계를 비교했을 때 나는 내가 생각했던 것보다도 벌써 훨씬 늦었다는 것을 알

94 F. Kafka, *Tagebücher*, Frankfurt/M., 1981, S. 199.
95 진영철, 「소외된 실존과 겨울 여행」, 『카프카 문학론』, 카프카 연구, 제2집, 한국카프카학회, 1987, 184면.
96 비극은 일종의 필연적인 충돌, 즉 주인공의 파멸로 귀결되는 숙명적인 투쟁을 그리는데, 이러한 투쟁의 독특한 형식들이 그리스에서 헵벨Friedrich Hebbel에 이르는 고전극의 핵심을 이룬다. 비극에는 언제나 인류의 종국적인 현존 문제, 자유와 필연, 성격과 운명, 죄와 벌, 자아와 세계, 인간과 신에 대한 문제들이 다뤄진다. 비극은 관중으로 하여금 동정과 슬픔으로 심령에 파멸을 불러일으킨다. 이로서 순화 작용Katharsis이 가능하다.

았는데, 나는 바삐 서둘러야 했고 이 발견에 대한 놀라움이 나의 길을 잃게 만들었다.〉(B 87) 폴리처에 의하면 카프카가 생시에 거주하던 시대인 〈나의 시계〉는 구황실인 소위 〈헝가리-오지리 제국〉으로서 이미 사양길에 접어든 퇴색해 버린 구세대이고 저물어가는 기성 세대인 데 반해서 〈탑시계〉는 보다 벌써 빠르게 전진해가는 미래의 현대 과학 시대로 지적된다.

「사냥꾼 그라쿠스」에서 그라쿠스가 죽기 전의 시간의 흐름, 즉 영양을 쫓다 추락하여 골짜기에서 피를 흘리며 죽음에 이르는 과정은 소위 역사적인 시간의 순서이다. 그러나 그라쿠스가 추락 후 죽게 되자 이러한 역사적 시간을 이탈하게 된다. 그라쿠스가 슈바르츠발트에서 추락한 이래로 인식하는 시간은 스스로가 말했듯이 〈아주 오랜 세월〉이지만 천국은 문이 보일 것 같은 곳까지 올라갔다가도 금방 지상의 나룻배로 내려오는 상승과 하강의 반복에 불과하다. 마치 수백 년, 수천 년혹은 그보다 더 오랜 시간 동안 변함없이 나룻배를 밀고 당겼을 물결처럼 그라쿠스에게 시간이란 신화의 시간과 마찬가지로 순환적일 뿐 전체적으로 흐름 자체가지양되어 있다.

사냥꾼 그라쿠스가 지상의 모든 피조물이 언급하는 자기 이야기를 살아 있는 손님에게 전할 때, 다음과 같이 말한다. 〈나는 아니다, 난 할 수 없다, 모든 사람이 그것을 알고 있고 바로 내가 너에게 그 사실을 말하려 한다! 그것은 아주 오래된 일이다. 역사가들에게 물어봐라! 그들에게 갔다가 다시 와라. 그것은 아주 오래된 일이다. 도대체 어떻게 내가 그것을 이 꽉 찬 머리에 담아둘 수 있는가.〉(B 251) 당장 그라쿠스는 역사가들에게 가보라고 지시한다. 그는 자신의 운명을 〈역사적인비운〉(B 250)으로 느낀다.

역사적 비운에 대해서는 역사가들이 가장 좋은 정보를 제공해줄 수 있을지 모른다. 그러나 그 자신은 자신의 역사를 꽉 찬 머리에 담아둘 수 없다. 왜냐하면 자신의 역사의 기원, 연관 관계와 현상 양태는 예측할 수 없기 때문이다. 바꿔 말하면 사냥꾼 그라쿠스 이야기의 보편적 삶은 한편으로는 우주 전체가 이야기하는 근원적으로 영원한 것이다.[97]

---

97 빌헬름 엠리히(편영수 역), 『카프카를 읽다』, 유로, 2005, 38면 참조.

『사냥꾼 그라쿠스의 단편Fragment zum Jäger Gracchus』에서 그라쿠스는 자신의 이야기를 가장 보편적인 것으로 받아들인다. 그라쿠스의 보편적인 삶은 한편으로는 전 우주가 이야기하고 있는 근원적이고 영원한 것이며, 다른 한편으로는 역사가들이 잘 알고 있는 역사적인 사건이다. 그라쿠스에서 볼 때, 보편적인 이야기의 의미와 의의(意義)는 모든 존재자 자체 속에 포함되어 있다. 이는 곧 세계의 극히 보편적인 합법칙성과 이의 의의 해명을 모든 지상적인 존재자의 경험적인 탐구에서 얻고자 하며, 원초부터 현재에 이르기까지의 전세계를 외면적인 총체성의 형식으로 제시하고자 하는 시도이다. 그라쿠스의 또 하나의 삶인 우주적 이야기는 모든 것이 끊임없이 알려 주는 존재자의 비밀을 밝혀 주고 있다. 카프카 문학의 모든 형상은 이 존재자의 비밀을 이미 알고 있고 또 그 비밀에 대해서 이야기하고 있기 때문에 어떠한 형상이든 그 본질상으로는 동일하다. 그것은 곧 세계와 자아와 사물이 하나임을 의미하고 있다.[98]

또 『만리장성의 축조』에서 주인공 서술자도 자신의 작업을 〈역사적〉이고 〈비교 민족사적〉인 것으로 강조하면서 만리장성을 둘러싼 과거의 사실과 담론들을 재구성하려고 시도한다. 카프카는 이 작품에서 부분 축조된 만리장성을 역사에 대한 은유로 형상화하면서, 역사에 대한 문학적 서사화를 통해 민족 정체성 구성에서 나타나는 틈새와 모호성의 문제를 제기한다. 「어느 개의 연구」에서 주인공 개는 현재의 올바른 이해를 위해 과거 시대에 대해 곰곰이 숙고한다. 「도시 문장(紋章)Das Stadtwappen」에서는 바벨탑 계획의 역사적 진행에 대한 통찰이 현재 상황에 대한 인식을 가능하게 하는 것으로 묘사된다.

카프카의 단편 「낡은 쪽지」도 과거적 시간 감정을 함축하고, 또 한편으로는 정확한 시간을 명시하지 않아서 시간 감정을 파기한다. 이야기는 옛날부터 전해져서 카프카적 현재에 전형적인 사건으로 묘사된다. 서술자는 과거 시제로 이야기하고 있지만 그는 어느 곳에도 서술된 것 이상으로 나가지 않는다. 사건은 순간적으로 역설적인 과거형으로 서술되기 때문이다. 사건은 일반적인 시점에서 그리고 전적으로 통일된 시점에서 이야기되며, 그와 같은 시점에 있을 법한 거의 피치 못할 오

---

98 박환덕, 「카프카의 산문의 구조에 대하여」, 『카프카 연구』, 범우사, 1984, 82면 이하.

류도 시정되지 않는다. 마르티니는 〈카프카는 과거형으로 서술하지만 그의 서술은 직접적인 현재성을 달성한다〉[99]고 말하여 유사한 견해를 보인다. 즉 의무를 지우는 구속력 있는 사고(思考) 조직의 해체인 것이다.

「굴」에서도 서술자가 향유하고 싶은 것 ─ 혹은 향유한다고 믿는 것 ─ 이 〈무한한 시간endlose Zeit〉(B 148)이라는 점에서 〈굴〉과 시간의 밀접한 관계가 암시된다. 「굴」에서 모든 과거적 차원은 텍스트 첫 문장으로 기술되어 현재적 사건으로 끝난다. 전 텍스트는 현재형으로 서술되며, 결정적인 과거와 다시는 일어날 수 없는 사건만이 과거와 완료형으로 기술된다. 주인공 동물은 무한한 시간을 약속하는 것처럼 보이는 굴을 통해 굴의 외부에서 겪게 되는 양적으로 계산되는 객관적인 시간 의식의 고통에서 도망치고자 한다.[100] 왜냐하면 굴 밖에 존재하는 시간은 〈양적으로 정해진gemessen〉(B 140) 것이며 어쩔 수 없이 죽음의 그림자가 드리운 시간이기 때문이다. 반면에 굴 안의 세계를 특징짓는 정적, 침묵, 공허 그리고 평화와 따뜻함은 굴 안에서 동물이 누리기를 원하는 〈아름다운 시간들의 개념〉(B 146)으로 나타난다. 주인공 동물은 〈반은 평화롭게 잠자면서 반은 즐겁게 깨어 갱도에서 보내곤 하는 아름다운 시간들〉(B 146) 속에서 굴과 동시에 자기 자신의 존재의 의미를 찾고자 한다.[101]

「굴」에서는 현재 시제의 애매성을 활용하는 극단적인 서사적 처리로 시간 재현의 어려움을 드러내는 동시에 영원히 반복하는 변화하지 않는 시간 이미지를 통해 신화적 시간성에 접근한다. 따라서 굴 안에서 주인공인 동물은 모든 것을 〈양적으로 계산하는 시간 의식〉의 고통에서 도망쳐 〈무한의 시간〉을 누린다. 〈성곽 광장을 보고 난 다음에 나에게는 무한정 시간이 있다 ─ 굴 안에서는 늘 끝없이 시간이 있다 ─ 내가 거기서 행하는 모든 것은 훌륭하고 중요하며 나를 어느 정도 만족시키기 때문이다. 〔……〕 이런 식의 작업으로 유희를 벌임으로써 작업량을 늘리고 혼자서 웃고 기뻐하고 많은 작업으로 뒤죽박죽이 되지만 일을 그만 두지 않는다. 너

99 Fritz Martini, *Das Wagnis der Sprache*, Stuttgart, 1970, S. 312.
100 빌헬름 엠리히(편영수 역), 『카프카를 읽다』, 유로, 2005, 275면 참조.
101 박은주, 「카프카의 텍스트에 나타난 시간 의식과 시간의 허구적 형상화」, 2005년도 가을독어독문학회 발표 논문 참조.

희 통로며 광장들이여, 그리고 무엇보다 성곽 광장의 문제들이여, 너희들 때문에 바로 나는 이 세상에 태어났으며, 너희를 위해서는 목숨조차 대수로이 여겼다. 내 오랫동안 그 때문에 떨며 너희에게 돌아가는 것을 망설이는 어리석은 짓을 한 이후로 내가 너희 곁에 있는 지금 위험이란 게 뭐 대수롭겠는가.〉(B 148 f.)

헤넬Heinrich Henel은 작품 「굴」을 이해하는 데 무엇보다도 현재형의 의미가 중요하다고 했다. 그에 따르면 〈현재형〉은 여기에서 다섯 가지 기능을 수행한다. ① 원래적인 현재로서 현재 일어나는 사건, ② 역사적 현재로서 이전의 사건, ③ 반복적 현재로서 현재의, 그러나 동일하거나 비슷하게 일어나는 사건, ④ 점진적 현재로서 동시에 현재의, 그러나 미지의 미래로 끝없이 이어질 수도 있을 사건 그리고 ⑤ 현재는 내적 독백 형식으로 쓰인다고 규정한다.[102] 작품에서 하나의 사건이 일회적일 뿐만 아니라, 반복적으로 기술되거나 사고되는 과정과 실제 일어나는 사건이 서로 불명료하게 구분되지 않게 서술됨으로써 위와 같은 기능적 효과를 나타내고 있다.

내 굴에서 가장 아름다운 것은 그러나 고요함이다. 물론 그것은 기만적이다. 갑자기 이 정적은 깨지고 모든 것이 끝장이 난다. 하지만 일시적으로나마 지금은 아직 고요하다. 몇 시간이고 나는 나의 갱도를 기어다닌다. 〔……〕 때때로 몸을 쭉 펴고는 기분 좋게 갱도를 한 바퀴 돌아온다. 〔……〕 이따금씩 규칙적으로〔……〕.(B 134)

독백하는 서술자인 나는 현재 일어나는 사건을 서술하는 데서 이것은 언제나 다시 반복되었으며, 또한 앞으로도 반복될 수 있다는 사실을 의식적으로 나타낸다. 따라서 서술자의 의도는 〈할 수 있다kann〉, 〈몇 시간 동안도 〔……〕 할 수 있다 stundenlang 〔……〕 kann〉, 〈때때로manchmal〉, 〈이따금씩 규칙적으로regelmäßig von Zeit zu Zeit〉 등의 언어적 표현으로 표시된다. 또한 사건의 일부는 현재 일어나는 것으로, 그리고 또 다른 일부는 반복적으로 기술된다. 갱도를 기어다니는 것이나 잠자기 등을 그는 기억해 내는데, 이들은 현재 일어나는 사건과 연관된다. 그

---

102 Heinrich Henel, Das Ende von Kafkas DER BAU, in: Heinz Otto Burger(Hg.), *Germanisch-Romanische Monatsschrift*, Heidelberg, 1972, S. 4.

렇기 때문에 모든 진술이 반복적이면서도 현재 일어나는 것으로 이해된다.[103]

이렇게 반복적인 것을 현재적으로 또는 일회적인 것을 반복적으로 뒤섞어 서술함으로써 다음과 같은 효과를 발생시킨다. 독백하는 나는 지금 행동이나 사건을 서술하면서 과거의 일들에 대해서 항상 숙고하기에 행위와 사건들은 현재에서 과거로, 또는 반대로 과거에서 현재로 이동이 가능하다. 현재 기술되는 것들은 일회적이지 않고 계속 반복되는 습관일 수 있는 일상적이다. 행위를 하면서 동반되는 생각들을 지금 동시에 일어나는 것처럼 서술하는 표현 방식은 이것이 단순히 생각뿐인지 반복되는 행위들인지 혹은 계속되는 사건 과정인지를 알 수 없게 한다. 이것은 또한 아직 실행 여부가 불투명한 일종의 소망 행위나 소망 사건으로 간주될 수도 있다. 현재 시제형 표현으로 발언과 경험적 사건의 구분이 없어지면서 동시에 서술자는 사건을 앞으로 어떻게 진행될 지에 대해서 전혀 모른 채 현재만을 서술할 뿐이다. 따라서 작품 「굴」은 일종의 독백일 뿐이다.[104]

「황제의 칙명」에서 황제의 칙명이 도착할 수취인 〈당신Du〉과 황궁 사이에 놓인 거리는 미로(迷路) 상태이다. 〈그(칙사)는 지칠 줄 모르는 강인한 남자였다. 그는 양 팔을 앞으로 번갈아 내뻗으며 군중 사이를 뚫고 지나갔다〉(E 128)라는 칙사(勅使)의 힘에 대한 표현처럼 칙사는 무슨 일이든 할 수 있는 듯한 자신감에 사로잡힌다. 그러나 임무를 띠고 떠난 칙사는 아무리 쳐부수고 나아가도 무수한 집단을, 끝없이 퍼져있는 그들의 거주지를 뚫고 나아가 임무를 수행하지 못하고 미로 속을 헤맬 뿐이다. 칙사가 헤매듯 내달리면서 거리에 쏟아 부은 시간이 무려 〈수천 년 Jahrtausende〉(E 129)으로 묘사되고 있다. 이는 그림Grimm 형제의 민담『잠자는 숲속의 공주Dornröschen』에서 공주가 100년 동안 잠을 자고 나서 깨어나 느끼는 감정과 같다. 100년 동안 긴 세월도 잠 속에서는 순간으로 느껴지기 마련이다.

이와 마찬가지로 황제의 궁궐을 서둘러 나갈 때 숫자적 세월은 서술자에 의해 경과되지 않는다. 따라서 수천 년이 지난 지금까지 황제의 칙사가 등장하는 무대

103 이유선, 「카프카의 『Der Bau』 연구」, 『카프카 연구』, 제9집, 한국카프카학회, 2001, 76면.
104 Dorrit Cohn, Kafka's Eternal Present, Narrative Tense in Ein Landarzt and Other First-Person Stories, in: John Hurt Fisher(Ed.), Publications of the Modern Language Association, Vol. 83, Nr. 1, New York, 1968, p. 144.

의 시간은 연속적이며, 이 역할이 끝날 거라는 암시도 없어 시간의 초월성이 암시되어 있다. 시간의 공간화와 공간의 시간화가 시공간적 구조물에서 이루어져 기억 속에 응축된 무한한 시간이 어느 누구도 도달할 수 없는 공간으로 언급되고 있는 것이다.

단편 「밤에Nachts」는 카프카에게 나타나는 시간 의식과 과거와 역사적 시간을 바라보는 카프카의 시각을 아주 요약된 형태로 보여 준다. 이 단편에서 서술자는 아주 일상적인 밤의 정경인 잠자리에 든 사람들의 모습을 인류사의 과거와 미래로 확장된 시각으로 서술한다. 현재 자신의 집에서 편안하고 안정된 잠자리에 들어 있는 사람들은 실제로는 〈예전에 언젠가는 그랬고 이후에도 그렇듯이〉(B 88) 황야에 이전의 그 자리에 내던져진 채 잠을 자고 있었고 미래에도 똑같이 그럴 것이라고 묘사한다. 단지 한 사람만이 깨어 여기에 남아 파수꾼으로서 그것을 기억하고 서술하는 것이다.

이 작품에서 이른바 역사의 진행이 〈과거-현재-과거의 귀환〉이라는 세 단계의 순환으로 묘사된다는 것을 알 수 있다. 여기서 과거에의 기억은 미래에 대한 예견으로 다시 복귀한다. 현재 속에서 과거가 기억되고 현재 속에서 과거가 미래에 다시 도래할 것이 예감되는 것이다. 한 사람의 깨어 있는 파수꾼에 의한 〈현재 시점의 성찰〉 속에서 역사의 과거로 향하는 시각과 미래로 열리는 시각이 한데 모아진다. 현재의 〈순간〉에 과거와 미래의 모습은 하나가 되고 미래는 과거의 반복으로, 즉 망각되었던 것의 귀환으로 나타난다. 그리고 여기서 현재의 경험적 사실은 역사적 시각의 확장 속에서 상대화되고 확고부동한 사실성을 잃어버리고 가상적 성격을 띠게 된다. 현재의 가상성은 역사 과정의 과거와 미래적 계기의 동시적 순간 포착으로 야기되며, 이러한 순간은 과거의 기억과 미래의 예감 위에서 부유하는 〈공시적 순간〉이기도 하다. 이러한 〈공시적 현재의 순간〉을 통해 서술자는 연대기적이고 인과론적 시간에 속하는 경험적 현재로부터 거리를 취하고 〈메타 역사적 시점〉을 구성해낸다.

다시 말해서 〈밤에〉 깨어 파수를 보는 서술자 — 카프카는 항상 〈밤에〉 글쓰기 작업을 했다 — 의 과거에 대한 성찰은 현재에 대한 거리와 대조적 긴장을 가능케 하는 〈메타 역사적 현재〉를 구성하는 종말론적 기억에 접근한다.[105] 여기서 기억은 불가역적인 시간의 법칙성을 거역하며 영원성과 결합하여 주어진 물리적 시간성을 초월할 수 있는 것으로 나타나는데, 카프카에게서 나타나는 이 공시적 현재의 순간, 이 기억과 성찰의 순간 역시 세속적인 시간을 초월하는 〈시간 밖의 시간〉의 순간이다.[106] 그런데 이 순간은 보러의 표현대로 일상적인 시간의 맥락에서 고립되어 시간이 부정되는 무시간성의 상태, 즉 문학 내적으로 작동되는 상상적이고 심미적인 경험의 상태를 묘사한다고 볼 수 있다. 이는 또한 쇼펜하우어가 말하는 명상의 상태와도 비교되는데, 여기서 스스로에 침잠하여 명상하는 개인은 자신의 개체성 및 의지를 망각하며, 이때 대상의 역사성은 지양되고 시간의 변화는 표피적인 것이 된다는 것이다.[107]

또 「신임 변호사」와 「포세이돈」에서는 현재의 입장에서 과거를 되돌아보고 반추하는 불규칙한 시점 변화가 익명의 보고자의 서술 방식으로 나타난다. 이들 작품에서는 병렬적인 접속 방식으로 연결된 과거와 현재가 대립쌍을 이룬다. 「신임 변호사」의 주인공인 부체팔루스와 「포세이돈」의 주인공 포세이돈에는 동시에 경험하기가 물리적으로 불가능한 신화와 근대가 육화되어 있는 것이다. 시간적 거리가 무시된 채로 공존하는 과거와 현재는 무시간성의 공간에 위치한다. 이렇게 카프카의 시간에는 처음도 끝도 없으며 신화나 지나간 역사를 상징하는 단편적 조각들이 현재의 공간으로 들어온다. 문화적으로 상이한 시간들이 동일 공간에 병렬적으로 배열되는 현상 속에서 〈수백 년의 세월이 찰나적인 한 순간보다 앞서지 않는다〉[108]는 것도 가능하다.[109] 여기에서 현재와 과거는 서로를 밀어내거나 부정하는 대신 비교의 대상이다.

지금까지 작품들에서 언급되었듯이 카프카의 소설에는 사건 진행의 밑받침이

105 Vgl. Aleida Assmann, Zur Metaphorik der Erinnerung, in: Kai-Uwe Hemken (Hg.), *Gedächtnisbilder, Vergessen und Erinnern in der Gegenwartskunst*, Leipzig, 1996, S. 32 f.

106 박은주, 「기억과 망각의 〈역설적 결합〉으로서의 글쓰기」, 『뷔히너와 현대 문학』, 21호 2003, 475면 이하 참조.

107 칼 하인츠(최문규 역), 『절대적 현존』, 문학동네, 1995, 265면 이하 참조.

108 F. Kafka, *Nachgelassene Schriften und Fragmente II*, Textband, hg. v. Jost Schillemeit, Frankfurt/M., 1992, S. 91.

109 권세훈, 「카프카 작품에 나타난 포스트모더니즘 경향」, 『카프카 연구』, 제5집, 한국카프카학회, 1996, 14면.

되며 이야기의 구조를 형성하는 시간의 합리적 흐름이 결여되고, 별로 연관성도 없는 〈순간〉만이 존재한다. 카프카의 작품에서는 단지 그때그때 주인공의 순간적인 해석이나 감지가 나타나는데 이러한 주인공들의 해석이나 감지는 변화 무쌍하고, 전지적 서술자가 출현하지 않기 때문에 서술의 현재적 성격은 불가피해진다. 하나의 상황이 종결되지 않은 채 새로운 장이 시작되고, 그 이전 장의 서술 내용이 그 어떤 연관성을 띠지 않기 때문에 독자가 읽고 있는 대목은 언제나 현재적 사실로 체험된다. 이러한 점을 슈테판Jürgen Steffan은 〈카프카의 소설에 있어서 현재성은 항구적이다. 그것은 절대적인 해석을 통해 현재를 과거로 만들 가능성이 존재하지 않기 때문이다〉[110]라고 설명하고 있다.

다시 말해서 카프카에게는 과거에 존재했던 것, 그러나 더 이상 존재하지 않는다고 믿어지는 것이 불현듯 현재 속에서 얼굴을 내밀고 또한 미래를 예시한다. 여기서 카프카가 꿈꾸는 것은 아름다운 유토피아가 아니라 과거 언젠가 그리고 현재 어느 순간인가 존재할 수 있는 것으로서 미래에도 존재 가능한 디스토피아적 백일몽으로 구체화된다.

카프카의 작품에 회상(과거)과 예견(미래)이 결여되어 있다는 것은 그의 서술이 〈현재에 대한 경험〉[111]이고 체험임을 단적으로 말해 준다. 이는 카프카의 서술이 〈시간을 단축하는 서술zeitraffendes Erzählen〉이나 〈시간을 확장하는 서술 zeitdehnendes Erzählen〉이 아니고 〈시간의 흐름과 일치하는 서술zeitdeckendes Erzählen〉임을 말한다.[112] 바꿔 말하면, 하나의 인간이 과거와 미래가 없이 비참한 현실에 〈있음Dasein과 예속Ihmgehören〉(H 33) 자체를 경험하고 체험할 수밖에 없다는 사실의 강조이다.[113]

카프카의 영원한 현재의 창조는, 사건들 속에 들어있는 신비는 사건들의 새로움에서보다는 오히려 그것들이 단지 잊혀졌던 것일 뿐 어떤 면에서는 〈낯익은〉 것들이라는 느낌에서 나오는 것 같다. 그러나 사회가 나날이 쇠퇴함에 따라 이런 경

110 Jürgen Steffan, *Darstellung und Wahrnehmung der Wirklichkeit in Franz Kafkas Romanen*, Nürnberg, 1979, S. 46.

111 Jürgen Steffan, a.a.O., S. 158.

112 Vgl. Eberhart Lämmert, *Bauformen des Erzählens*, Stuttgart, 1967, S. 100.

113 김용익, 『프란츠 카프카 연구』, 삼영사, 1984, 34면.

험의 리듬은 점점 얻기 힘들어진다. 결국 존재*Sein*라는 단어는 독일어에는 두 가지를 의미하는데, 그것은 〈실재하다*Dasein*〉(H 33)라는 말과 〈거기에 예속되다 *Ihmgehören*〉(H 33)는 말이다. 지금까지 언급되었듯이 카프카의 작품에서는 현대 문화를 대표하는 직선적 시간 의식인 과거 현재 미래의 연속적인 시간 구조가 해체된다.

물론 얽매이는 시간 개념이 카프카 작품에 전혀 없다는 뜻은 아니다. 예를 들어 카프카의 「변신」에서 그레고르는 자신의 방에 있는 침대 위에서 변신된 자신을 발견한다. 이때 자명종의 시계 바늘이 4시에 맞춰져 있다는 초조하게 반복하는 시간 언급을 통해 그레고르는 〈시간 경과의 메커니즘〉[114]에 강제적으로 얽매어 있는 피고용인이라는 사실이 밝혀진다. 즉 그의 변신은 새벽 4시에 일어나기 위해 맞추어 놓은 자명종 시계의 울림에 맞춰 행동하지 못한 데서부터 시작된다.

이를 좀 더 규명해 보면, 「변신」의 제1장에서 그레고르는 침대 맞은편 상자 위에 놓여 있는 자명종 시계에 주로 주의를 기울인다. 그는 긴박감을 느끼며 시계 바늘이 움직이는 데 따라 출발을 서둘러야 한다고 생각한다. 그러나 정해진 시간의 궤도를 이미 이탈해 버렸기 때문에 그는 끝내 출발하지 못한다. 제1장은 대략 아침 6시 반에서 7시 반 사이에 일어난 일을 묘사하고 있다. 제2장은 두 달을 서술 대상으로 묘사하고 있지만, 그레고르의 시간 의식은 흐려지고 지향성이 결여되어 있다.

이렇게 카프카는 시간적인 계기(繼起)가 담긴 전후 관계가 있는 사건을 그려내기도 한다. 그러나 그것들은 시간적인 진공 속에 멈춰 있어서 음악적 운동이나 정서적 리듬 등의 부분으로서의 가장 일반적인 방법으로만 서로 관련을 맺고 있다. 이것은 아직도 작용하고 있는 시간을 내포하기 때문에 시간이 단축된다거나 연장된다든가, 진행한다거나 정지한다는 문제가 아니다. 그러니까 이때 시간은 스스로 정복하지도 않거니와 정복당하지도 않은 채, 그저 부재(不在)할 뿐이어서 주제의 처리와는 무관한 외적인 것이다.[115]

이렇게 가끔 얽매이는 시간 개념이 있기는 하지만 대다수의 카프카 작품에서는

114 Heinz Politzer, *Franz Kafka, Der Künstler*, Frankfurt/M., 1965, S. 106.

115 A. A. 멘딜로우(최상규 역), 『시간과 소설』, 대방출판사, 1983, 146면 이하 참조.

과거와 현재, 미래의 뚜렷한 차이가 사라지는 시간 개념이 나타난다. 앞에서 얽매이는 시간 개념으로 묘사된 「변신」에서도 합리적 흐름이 결여된 시간 개념이 대부분이다. 그레고르가 하는 일은 오로지 좁은 방을 기어다니는 일과 이따금 창문을 내다보는 것에 국한되어 있다. 이와 같이 좁은 공간에서 무의미하게 선회(旋回)하는 시간은 변신에 따르는 그레고르의 공간 상실과 병행하는 시간 의식의 상실을 표현한다. 특히 제2장의 가족 관계 부분에 이르면 시간은 쏜살처럼 흘러가기 시작한다. 따지고 보면 그때까지의 사건은 정확히 6시 30분에서 7시 30분까지 약 한시간에 걸쳐 일어난 일이었다. 불안한 잠에서 깨어나는 장면에서 시작하여 〈거의 실신 상태와 같은 꿈〉을 끝으로 사건은 일단락되었다가 불행한 일이 있던 날의 황혼녘에 다시 깨어나는 것으로 사건은 계속된다. 그리고 그때부터 언제나 정확한 시간의 흐름을 간접적으로 나타내 주던 탁상시계는 사라지고 희미한 불빛이 새어드는 방안에서 〈곧bald〉, 〈늦게spät〉, 〈매일täglich〉 같은 애매한 부사들이 시각을 짐작하게 할 뿐이다. 생활은 〈독신자〉처럼 계속되고 거기서부터 이야기는 카프카의 이상의 하나였던 정결Reinheit을 비웃듯이 이어진다.[116]

5. 실존주의적 개념

유럽 문학은 세계 대전 후 실존적 문제를 목전에 두고 있었다. 범세계적인 멸종전(滅種戰) 이후 강대국들의 중요한 정치적·경제적 과업의 성과로서 핵무장이 정체를 드러냈다. 파시즘에 대항했던 인류가 전쟁 직후에 다시 지구를 황폐화시킬 수 있는 수단을 만드는 데 열중한다는 점에서 부조리성의 극단이 나타난다.

특히 두 차례의 가공할 전쟁에서 삶을 행복하게 해주는 것은 〈정의〉니 〈진보〉니 하는 장밋빛 이념에 유혹되어 수많은 사람들이 죽음을 당했다. 더 나아가서는 죽음을 산 자를 위한 도구로 이용하는 경우도 있었다. 목숨을 던져가며 타격을 가하는 것은 사람뿐이라고 한다. 닭싸움, 개싸움처럼 동물들이 성이 나서 반사적으로

---

116 홍경호, 「카프카의 『변신』 연구」, 『카프카 문학론』, 카프카 연구, 제2집, 한국카프카학회, 1987, 247면.

대들고 피를 흘리는 일은 흔하다. 하지만 동물은 싸우다가 그 결과로 죽을 뿐 애당초 죽기로 작심한 것은 아니다. 인간만이 상대를 괴롭히고 복수하기 위해 목숨을 무기로 삼는다는 것이다. 내 몸을 방어하는 본능적 자구(自救) 행위로서가 아니라, 민족 국가 종교 같은 〈우리〉라는 의식을 앞세워 최악의 자해(自害)를 택하는 것이 인간이다. 따라서 집단을 위해 버린 생명을 찬양하는 〈조국을 위해 바친 거룩한 영혼〉, 〈민주화에 헌화한 생명〉, 〈자유를 위해 산화한 목숨〉 등의 죽음을 미화한 격언들을 주위에서 자주 듣는다. 그러나 죽은 당사자들에게는 이 모든 찬사가 무슨 소용이 있겠는가. 자기 생명이야말로 국가나 민족과도 비교할 수 없는 우주 전체보다도 더 귀한 것이다.

심지어는 산 자를 위해 죽음으로 부추기는 종교적·사회적 경향까지도 등장한다. 뉴욕의 비행기 자살 테러는 태평양 말기 일본의 가미카제를 연상시킨다. 하늘에서 고속으로 내리꽂히는 인간 미사일인 것이다. 죽음을 무릅쓰는 정도가 아니라 죽기로 작정해 버린 공격. 일본군은 가미카제식의 인간 어뢰에다 회천(回天)이라 써 붙였다. 어차피 죽을 목숨, 기울어 버린 전세를 뒤집고 하늘로 가라는 부추김이다. 이스라엘에서도 많은 자살 테러가 잇달아 많은 사상자가 나고 있다. 팔레스타인 측의 테러 단체는 이것을 순교라고 가르친다. 그렇게 죽으면 그 영혼을 70명의 성스런 처녀가 시중을 든다고 한다. 그래서 12~15세의 아이들까지도 순교자가 되기 위해 줄을 선다고 한다. 이렇게 고유하고 신성한 생명을 포기하도록 부추기는 경향은 강자와 상위 층의 약자 및 저능 층에 대한 생명 경시적 사상이 국가의 폭력 행위와 전쟁 등으로 합리화되는 것이다.

문제되는 것은 부조리의 원형적 인간들이 아무런 죄가 없는 순진한 사람들을 죽음으로 몰아넣는다는 것이다. 히틀러, 뭇소리니, 나폴레옹, 마르크스 등처럼 이념을 실현시키고자 수많은 인명을 살상한 혁명가적 〈지도자〉들은 역사상 수없이 많았다. 그리고 그보다 훨씬 많은 사람들이 신의 부재를 전제로 하고 살아가는 가운데 세상을 어지럽힌다. 이들은 〈미래의 이상향을 위해, 또는 미래의 엄청난 재난을 막기 위해 제한적인 폭력을 사용하는 것은 도덕적으로 용납될 수 있다〉고 주장하면서 전쟁을 일으킨다. 이러한 배경에서 현실적으로 무력하게 죽어 간 사람들이 수없이 많다.

그러나 두 차례의 가공할 전쟁을 겪은 사람들은 삶을 행복하게 해주는 것은 〈정의〉나 〈진보〉라는 장밋빛 이념이 아니라 개개인의 주관적 의지와 자유, 즉 실존임을 깨닫게 되었다. 이러한 극단에 직면하여 인간이 느끼는 무력감, 당황감이 이 시대의 특징이다. 여기에서 바로 〈세계 내 존재〉, 〈죽음에 이른 병〉이 중요한 문제로 제시된다. 따라서 불가피성의 감정으로 인해 많은 작품들은 죽음의 문제를 테마로 다루게 됐다.

세계 대전 후에 걸쳐서 거의 이름조차 알려지지 않았던 카프카도 전쟁으로 말미암아 드러나게 된 인간 존재의 본질적인 허약성을 예언적으로 통찰한 작가로서 온 세계의 주목을 끌게 되었다. 카프카의 실존 문제는 인간의 궁극적인 문제로 등장하여 프랑스의 사르트르, 카뮈 등에 의해 본격적인 실존주의Existentialismus 문학이 등장하게 됨에 따라 전세계를 휩쓸게 되었다. 사르트르는 카프카의 작품을 〈이스라엘적 종교성〉의 실존철학적인 측면에서 해석했다. 그는 내버려진, 아무런 보장도 받지 못한 인간의 현존재를 내세운 것이다. 존재론Ontologie에 입각한 카프카의 실존주의 문학 사상에 있어서 인간 존재란 단순히 실재할 뿐만 아니라 세계에 소속하는 것을 뜻한다. 그것이 이 세계의 율법이고, 소속을 벗어나려고 하는 것은 율법에 위배되므로 마땅히 벌을 받고 죄의식 속에서 고민하지 않으면 안 된다. 즉 인간은 원죄에서 연유하는 숙명의 무의미성을 자기 자신의 책임으로서 되새겨야 한다. 그런데 인간은 이미 율법의 보호를 빼앗기고 모든 관계를 박탈당한 채 생활의 근거를 상실하고 존재의 영점(零點)인 고독의 지옥 속에서 방황한다.

이러한 문학의 등장은 불가분의 실존주의적 문학 해석을 요구하게 된 근본 원인이다. 다시 말하면 실존주의적 방법은 실존주의 철학의 사상과 그 제개념을 문학 연구에 도입시켜 문학의 가치에 윤리적인 혹은 형이상학적인 면을 강조하여, 문학이 제시하는 제반 사항을 주관적 입장에서 해명하고, 존재의 진실과 실존의 의미를 문학 연구에 적용시키는 데 그 의의가 있다.

1) 존재를 위한 문학

유럽 문학은 오랫동안 그 시대에 유행했던 철학의 어휘를 사용하고 그것에 사상적 기반을 두었다. 이러한 문제는 시대 상황을 근거로 볼 때 일반적 의식 상황의 표현이었다. 따라서 다양한 철학 사상이 카프카 문학에도 강력한 영향력을 미쳤다.

엠리히는 카프카의 문학이 칸트Immanuel Kant, 괴테, 헤겔적 의미에서 인간 세계의 총체성을 20세기에 구현시켰다고 확신하였다. 조켈은 카프카를 처음부터 프로이트적 신화 세계의 작가로 단정한 나머지 카프카의 사고와 프로이트의 사고의 관계 이상을 파고들지 않았으며, 폴리처는 카프카의 다양성을 확신한 나머지 애초부터 일의적인 해석의 시도를 포기하였다.[117] 폴리처는 미로적인 것을 카프카의 본질로 보았다. 그는 계속해서 서로 모순적이고 상호 지양적인 카프카의 진술 저편에 은닉된 〈존재의 진실〉을 발견하는 것이 아니라 허무와 부조리를 발견하였다. 그에게 카프카는 절망적인 비유의 작가, 대답 없는 절망적인 의문의 작가이다. 결론적으로 말해서, 카프카의 문체에 대한 폴리처의 연구 결과 문제시된 〈성공적인 언어 형상〉 즉 수용자의 편에서 흔히 감지되는 파라독스의 예술 수단은 실존의 신비한 깊이를, 다시 말해서 실존의 밖과 위에서 지배하고 있는 힘을 전제하면서도 이 인간 외적 힘을 그 이상 심측(深測)하거나 구명할 수 없다는 발상에서 유래한다.[118]

이렇게 다양한 카프카의 작품에 대한 해석을 정리해 보면 일반적으로 네 가지로 구분된다. 첫째로 신의 심판과 은총이라는 주제를 중심으로 풀이하려는 종교적 해석, 둘째는 1963년 프라하에서 열렸던 〈카프카 회의〉에서 『아메리카』는 〈카프카 자신은 의식하지 않았지만 자본주의적 경쟁 체제에서 낙오된 인간〉을 그렸다는 계급 투쟁의 입장에서 해석했던 공산주의 진영의 프롤레타리아적 해석, 셋째는 카프카 자신의 부친에 대한 콤플렉스에 의한 창조의 원충동을 이끌어 내려는 심층심리학적 해석, 그리고 네 번째 해석은 극한 상황에서 인간의 절망과 희망의 변증법을 살펴보려는 실존주의적 해석이다. 여기에서 보듯이 카프카 문학이 실존주의적인 방법으로 해석되는 경우가 많다. 카프카는 작품에서 실존주의를 의식하지 않았지만 결과적으로 〈카프카의 문학은 존재를 위한 문학〉임을 의도하였고, 오늘 우리들로서는 그의 문학을 실존주의 문학이라 하지 않을 수 없게 되었다.

---

117 Jürgen Demmer, *Franz Kafka, Der Künstler der Selbstreflexion*, München, 1973, S. 29.
118 김용익, 『프란츠 카프카 연구』, 삼영사, 1984, 14면.

실존주의적 방법은 전후 실존주의 사상적 경향과 더불어 키르케고르의 영향과 베르그송Henri Bergson, 후설Edmund Husserl의 철학 사상을 발판으로 하여 독일에서는 신화, 환상, 꿈의 세계에서 펼쳐지는 현실의 참모습을 발견하고 인생의 참된 의미를 밝히려는 데서 대두되었다. 실존주의는 존재와 실존 사이의 관계에 대한 질문과 인간이 이 세계에 어떻게 존재하며 무엇으로 존재할 수 있는가 하는 질문에 대해 일상의 현실로 복귀함으로써 그 해답을 얻으려는 철학의 한 방향이다. 따라서 자아의 동일성에 관한 문제가 실존주의의 첫 번째 전형적인 문제로 나타난다. 실존주의의 또 다른 측면은 존재의 부조리성이다. 욕망하는 정신과 실망만 안겨 주는 세계 사이의 절연, 통일에의 향수, 지리멸렬의 우주 그리고 그 양자를 한데 비끄러 매놓는 모순이 바로 부조리이다. 실존주의자들은 표현주의 시대에서 성립된 카프카의 작품에서 실존의 문제가 예증적으로 표현되어 있음을 발견했다.

실존주의는 실존의 관계 상실과 결속 상실을 주장한다. 인간이 발견한 세계에는 자연 법칙이 있을지언정 보편타당성을 지닌 인간적 법칙은 없다. 따라서 인간은 자유롭게 결정할 수 있다. 기존의 행동 법칙에서 볼 때나 스스로가 설정한 일의 선택에서도 그러하다. 따라서 인간은 자신이 되고자 하는 것을 위하여 〈구상Entwurf〉한다. 이러한 구상은 누구에게나 자유롭다. 인간은 자유롭도록 판결을 받았기 때문이다. 이러한 판결을 받은 이유는 그가 그 자신을 창조한 것이 아니기 때문이다. 그럼에도 불구하고 인간은 자유롭지 못한데 그 까닭은 일단 세계에 던져진 그는 자기가 행하는 모든 것에 〈책임Verbindlichkeit〉이 있기 때문이다. 즉 선택에는 책임이 따른다. 그러나 이 세상에 태어난 것은 자신의 의지에서가 아니므로 존재에 책임이 없다. 즉 이 세상에 원해서 태어나지 않았고 또 원해서 이 세상을 떠날 수도 없는 것이다. 결국 인간은 〈허무Nichts 속으로 내동댕이쳐진 존재〉이다.

실존주의 내용대로 카프카 작품의 주인공들은 허무 속으로 내동댕이쳐져 있다. 「변신」에서 그레고르는 밤 사이에 무시무시한 벌레로 변신한다. 「선고」에서 게오르크 벤데만은 생부(生父)에 의하여 사형 선고를 받고, 『소송』에서 요제프 K는 깨어 보니 피고가 되어서 불합리하게 생각되는 재판의 변화를 이해하지도 못하면서 이미 발효된 재판에 내동댕이쳐져 있다. 『성』에 나오는 측량 기사 K도 측량을 위하여 성으로부터 초빙을 받고 왔으나 마을에서만 머무를 뿐 성에 도달하지 못한다.

이렇게 이들 주인공들의 상황은 실제로 부조리하게 전개된다. 이들은 실존주의 주장대로 실존의 관계와 결속을 상실하고 있다. 따라서 카프카 주인공의 생애의 고뇌와 노력은 어떻게 하면 세계로부터 입장과 소속을 허락받고 존재의 가치를 획득하는가에 조여지고 있다. 그들은 자기 자신을 위해 정력과 끈기로 세계에 질서를 부과해 보려 하지만 성공하지 못한다.

　이러한 실존의 관계 상실과 결속 상실의 관점에서 카프카 작품을 좀 더 구체적으로 분석해 보면, 그의 장편 『성』과 『소송』의 주인공들은 참 존재를 찾아 헤매다가 결국 실패하고 마는 인간상을 보여 주어 실존주의적 경험의 반영으로 해석된다. 『성』에서는 권력의 관계에 대한 천착이 강력하다. 측량 기사 K는 성에서 일하기 위해 파견된다. 그는 성의 지배 하에 있는 비밀로 가득찬 마을에 이른다. 어느 누구도 그를 알지 못하며, 사람들은 그를 피하고 불쾌하게 행동한다. 명령을 달성하기 위하여 성으로 들어가려는 그의 시도는 실패하고 K는 결코 알려지지 않는 목표의 길에 머무른다. 즉 그는 마을 공동체와 아무런 관계도 가지지 못하고, 심지어 성에 다다르는 데 마을 사람들의 끊임없는 방해를 받는다. 따라서 〈멋진 원을 그리려는〉 토지 측량사 K의 시도는 끊임없는 행진에 그치고 만다. 그는 끊임없이 가까워지지만 그런 만큼 멀어지는 꼬불꼬불한 길을 가는 측량 기사인 것이다.

　이는 마치 카프카의 단편 「이웃 마을」의 어떤 할아버지의 견해대로 건강한 젊은 이가 평생 동안 말을 타고 가도 이웃 마을에 도착할 수 없는 것과 같다. 이웃 마을의 〈이웃〉이란 내용을 보면 마을은 가까운데 평생을 말을 타고 가도 도달하지 못하는 사실에서 『성』에서 K의 운명과 같다. 즉 가까우면서도 먼 역설적 내용이 심리학적으로 작용하는 것이다.

　결론적으로 K는 성의 측량과 부과된 임무로서 마을에 소속되기를 기대하지만 헛된 꿈이다. 토지 측량사가 탈진하여 죽음이 임박해서야 비로소 〈확실한 부수 상황을 고려하여〉 마을에 사는 것을 허락한다는 성으로부터의 소식을 듣게 되는 것으로 이 작품은 끝난다. 결국 그의 생은 품위가 떨어진 무희망(無希望) 속에 사라지는 것이다.

　같은 방식으로 「황제의 칙명」에서 황제의 칙사도 허무 속으로 내동댕이쳐진 존재이며 부조리한 세계에 살고 있다. 칙사는 칙명을 기다리는 그대에게 도달해 보려고 아무리 애쓰지만 헛된 노력이다. 그는 자기 자신을 위해 정력과 끈기로 이러한 세계에 질서를 부여해 보려 하지만 실패한다.

또 소설 『소송』에서 주인공 요제프 K는 고발을 당하고 있는데 그것의 내용은 밝혀져 있지 않고 있다. 그는 30회 생일에 체포당할 때, 자기 출생 증명서를 제시하면서 수사관에게 〈체포 영장〉을 요구한다. 수사관이 영장을 제시하지 못하자 요제프 K는 〈누가 자기를 기소했는지, 어떤 기관이 소송을 제기하는지〉를 따진다. 이에 대해서도 답변을 얻지 못하므로, 제복도 아닌 여행복 차림의 그 수사관들이 〈관리〉인지 의심스럽다. 더욱이 체포당했어도 그것이 요제프 K의 직업 활동을 방해하지 않고 그의 평소 생활에는 아무런 지장을 주지 않는다〉(P 18)는 말이 요제프 K를 더욱 놀라게 한다. 그때 수사 반장이 그런 체포를 알리는 일이 〈내 의무〉(P 18)라고 하자, 요제프 K는 〈바보스런 의무〉(P 18)라고 경멸조로 대답한다. 이런 상황에서 요제프 K는 자신의 죄와 재판관을 조사해 보려고 애쓰지만 그것은 헛된 노력일 뿐이다. 실존주의자들의 용어로 표현해 보면, 그는 부조리한 세계에 내동댕이쳐진 존재인 것이다.

중편 「변신」에서도 주인공 그레고르가 어느 날 잠에서 깨어 보니 자신이 커다란 갑충으로 변신되어 있음을 발견한다. 「변신」이 상징하는 바와 같이 본질적으로 변해 버린 부조리의 주인공들에게는 삶이 고역일 수밖에 없다. 그레고르는 부친이 던진 사과가 등에 박히는 중상을 입고 사랑하는 여동생이 밖에서 잠가 버린 방 안에서 죽는다. 그레고르는 죽고자 하는 의도가 없어도 세상에 의해 허무 속으로 내동댕이쳐져 불가항력적으로 죽임을 당한다. 그것은 그가 대결하고 있는 부조리한 운명이다.

이렇게 카프카가 그리는 세계는 실존과 결속을 상실한 부조리한 세계로 나타난다. 인간은 예기치 못한 완전히 변화된 현실과 대립하고 새로운 상황에 의해 고통을 당한다. 결국 문학 작품은 사람 사는 이야기를 담고 있다. 따라서 이들 주인공들이 당하는 부조리한 사건은 실제로 우리 모두에게 닥치는 상황이다. 다시 말해서 요제프 K 자신의 재판은 요제프 K 개인 한 사람의 재판으로 간주되지 않고 현대인 전체의 실재 생활 현실을 대변해 주는 통상적인 실존주의적 해석 규범이다.

그러나 카뮈는 이런 부조리는 〈절망〉이 아니라 더 큰 희망의 표현이라고 말한다.

종교적 실존이라는 테마를 공유하고 있는 「선고」가 부조리하면 할수록 『성』의 집요함은 더욱 감동적으로 다가오고, 카프카가 집요하게 신의 도덕적 위대성, 계시, 선과 일관성을 인정하지 않는 것은 〈신의 품안에 좀 더 열렬히 뛰어들기 위해서〉라고 쓰고 있다. 〈부조리는 인식되고 인정을 받게 되며, 인간은 부조리와 타협한다. 그러면 바로 그 순간부터 그것이 더 이상 부조리가 아님을 우리는 알게 된다. 인간 조건의 범주 내에서 이 범주 밖으로의 도피가 허용되는 것보다 더 큰 희망이 대체 무엇이 있겠는가?〉[119]

엠리히는 카프카의 인물에서 특이한 인식 능력을 보여 준다.[120] 엠리히도 카뮈의 영향을 받아서인지 카프카 인물들의 불안한 행동에서 삶의 심연을 재었다. 그는 시지프Sisyphus의 달리기(무의미한 헛수고를 상징함)를 가망 없음의 알레고리가 아닌 삶의 의지의 알레고리로 보았다.[121] 1922년 1월 19일자 일기에서 카프카는 운명적으로 어린애를 지니는 축복이 거부된 독신자의 고독을 〈시지프는 독신이었다〉(T 407)고 위안하고 있다. 시지프가 현대 인간의 시련을 대변해 주는 신화적 존재임은 주지의 사실인데, 카프카의 영향을 받았던 카뮈는 『시지프의 신화Le mythe de Sisyphos』 속에 출산할 수 없는 독신자 카프카의 악령을 부조리한 인간상으로 대치하고 있다.

작가 알랭 드 보통은 〈인간을 불행하게 만드는 것은 반드시 행복해야 한다는 강박 때문〉이라는 역설적인 행복론을 펼친다. 행복은 본래 없다고 주장하는 그는 일종의 염세주의자다. 그는 이렇게 말한다. 〈사랑 때문에 낙심한 젊은이가 사랑의 본래 계획에 행복이 절대 없다는 것을 듣는다면 얼마나 큰 위안이 되겠는가. 가장 염세적인 사상가들이야말로 가장 쾌활할 수 있는 것이다.〉

따라서 좌절, 불안, 절망, 슬픔 같은 부정적 감정 역시 욕망의 한 형태이며 따라서 생의 에너지라고 한 원조(元祖)는 바로 키르케고르이다. 키르케고르가 사상사

119 김광규 편저, 『카프카』, 문학과 지성사, 1980, 106면 이하.

120 W. Emrich, Kafka und der literarische Nihilismus, S. 119, in: Maria L. Caputo-Mayr(Hg.), *Franz Kafka*, Berlin, Darmstadt, 1978, 108~125.

121 W. Emrich, Franz Kafkas Diagnose des 20. Jahrhunderts, in: Ders und Bernd Goldmann(Hg.), *Franz Kafka, Symposium 1983, Akademie der Wissenschaften und der Literatur zu Mainz*, Mainz, 1983, S. 33.

에 미친 공로는 신을 절대화하여 무조건 따를 것을 주장한 것이 아니라 신과 인간의 관계와 인간 내면의 본질에 천착해, 신을 보는 관점을 하늘에서 땅으로 끌어내렸다는 점이다. 키르케고르는 삶의 완성을 위해 불안과 절망은 필수 요소라고 말했다. 한 단계에서 다른 단계의 삶으로 옮겨가는 것은 외부의 힘이 아닌 순전히 〈자기 자신의 결단〉에 따른 것이어서 매 순간 반성하고 노력하는 인간이라면 〈불안과 절망〉을 자양분으로 삼을 수밖에 없기 때문이다. 관습과 제도로 굳어 버린 당시 교회에 비판적이었던 그는 결국 교회와 격렬한 논쟁을 벌였고 그 싸움은 그를 죽음으로 몰아넣는 한 요인이 되어 1855년 10월 어느 날, 거리에서 졸도한 뒤 한 달 만에 병원에서 42년의 짧은 삶을 마감했다.

카프카는 일기에서 키르케고르에 대해 거듭 언급하고 있으며 또 키르케고르의 사상 과정을 자기의 독특한 방법으로 더욱 발전시키려고 했다.[122] 카프카의 키르케고르에 대한 최초의 언급은 카프카의 나이 만 30세가 되는 1913년 8월 21일자의 일기에 있는 다음의 기록이다. 〈나는 어제 키르케고르의 『사사기(師士記)Buch des Richters』를 입수했다. 내 짐작으로는 그 사람의 경우는 본질적인 차이가 있음에도 불구하고 내 경우와 너무 닮았다. 최소한 그는 같은 세계에 있다. 그는 마치 내가 한 사람의 친구와 흡사하다는 것을 입증해 주고 있다.〉(T 232)

이 일기 내용처럼 카프카는 키르케고르의 생애에서 자신과 닮은 점을 발견했다. 키르케고르는 레기네 올젠과 불행한 약혼을 했다. 그는 카프카처럼 고독과 공동체 사이의 경계선상에서 생활했으며, 우울하고 비사교적이며 자학적이고 신경질적인 성격의 소유자였다. 그는 이러한 내적인 곤경을 저술 활동을 통하여 극복하려고 시도했다. 이러한 키르케고르처럼 카프카도 글쓰기로 여러 곤경을 극복했다. 그는 글쓰기를 단념해야 하는 순간이 온다면 미쳐 버릴 것이라고 여러 차례 말했다. 〈제 마음은 온통 글쓰기로 향한다. 〔……〕 언젠가 제가 글쓰기를 그만 두게 된다면 제 자신 또한 더 이상 살아 있지 않을 것이다. 제가 존재하는가 존재하지 않은가 하는 모든 것은 그것에 달려 있다.〉(BF 451) 또 카프카는 친구인 폴락에게 보낸 서신에서 〈신은 내가 쓰는 것을 원하지 않지만 나는 써야 한다〉[123]고 고백하고 있으며, 일

122 Otto Friedrich Bollnow, *Existenzphilosophie*, 7. Auflage, Stuttgart, 1972, S 14.

123 Martin Walser, *Beschreibung einer Form, Vergleich über Franz Kafka*, München, 1963, S. 11.

기에서 〈나는 문학 바로 그것이지 다른 어떠한 것도 될 수 없으며, 또 되려고도 않는다〉[124]라고 언급하고 있다.

키르케고르가 불행한 약혼을 했듯이 카프카도 세 번의 약혼이 결국 결실을 맺지 못하게 되었는데 이는 결혼 생활이 그가 전념하려 했던 글쓰기인 창작 생활과 상극적이었기 때문이다. 이렇게 자신의 내부에서 엄청난 창작욕을 느끼는 카프카는 아들로서 가정에 관심을 가져야 한다는 의무 때문에 창작욕을 억제시켜야 하는 것에 대해 괴로워했다. 그러나 카프카는 동시에 생의 모든 쾌락을 포기함으로써 보다 높은 차원의 문학적 삶을 영위해 나갈 수 있었다. 즉 그는 고도의 작가적 실존 방식을 살았다. 이렇게 키르케고르와 카프카의 유사성 때문인지 카프카의 작품이 키르케고르의 실존주의적으로 해석되는 경우가 많다.

특히 『만리장성의 축조』, 「사냥꾼 그라쿠스」 같은 작품들은 모두 키르케고르에게서 많은 영향을 받아 실존주의 철학의 경향을 보여 준다고 볼 수 있다. 카프카가 극단적인 정밀로서 현장감 있게 묘사하는 대상의 이면(裏面)인 은유와 추상성이 개입되어 있는 「유형지에서」도 여러 가지 면에서 키르케고르의 철학으로 해석될 수 있다.

그런데 「선고」나 「변신」 같은 아주 특징적인 작품들은 카프카가 키르케고르를 읽기 전에 쓰여졌다는 사실이 중요하다(두 작품은 1912년작, 카프카가 키르케고르를 처음 읽은 것은 1913년). 그렇다고 해도 심판에 광적으로 집착한 카프카의 특색이 전적으로 독자적인 사고 방식의 발전인가 하는 점은 의심스럽다.

카프카가 키르케고르의 결정적인 신앙 고백서라고 한 『공포와 전율 Furcht und Zittern』이 암시하는 종교관이나 실존적 이념이 카프카의 작품 「선고」에 투영되었다고 보는 견해는, 이 연대기적 기록상의 근거에 앞서는 무언가 일맥상통하는 상관성이 있음직한 사실 때문에 카프카의 기록에는 없는 키르케고르의 저서 입수 시기를 훨씬 소급해 보아야 한다는 데 있다. 그 으뜸가는 요인으로서 카프카의 가문이 유대계라면 카프카 자신이 유대교나 기독교의 경전을 외면했을 리 없고, 또한 「선고」에 등장하는 〈부자(父子)〉와 〈친구〉의 관계가 유대교나 기독교의 야훼 신인

---

124 Martin Walser, a.a.O., S. 11.

〈하느님〉과 〈아브라함〉, 그리고 〈잃어버린 아들〉로 거시(擧示)되는 〈탕자(蕩者)의 비유〉와 너무나도 일맥상통하는 상관성이 또한 원인이라고 할 것이다. 「선고」속의 부자 관계와 주인공 게오르크 벤데만과 약혼녀 브란덴펠트의 관계는 비록 카프카 자신의 자전적 요소가 그대로 투영된 양상이기는 하나, 설정이 된 그 상황 이면에는 자전적 양상을 훨씬 초월하는 키르케고르의 종교적 영향을 결코 배제할 수 없을 것이다.[125]

키르케고르는 30대 초반에 쓴 저서 『이것이냐, 저것이냐 Entweder-Oder』에서 인간의 삶을 세 단계로 나눴다. 1단계에서는 쾌락만을 좇는데 이것만으로는 결코 행복할 수 없다. 〈권태〉 때문이다. 따라서 남을 생각하며 가치와 윤리에 따르는 두 번째 〈윤리적 단계〉로 넘어가는데 이 역시 삶의 유한성 때문에 근본적인 〈생의 불안〉에서 벗어날 수 없다. 삶의 완전한 단계인 세 번째는 〈종교적 단계〉이다. 그는 〈인간이 스스로의 내면적 결심〉에 따라 진정 신을 믿고 따를 때 삶에 대한 무력감과 허망함을 떨쳐 버릴 수 있다고 말한다. 이러한 키르케고르의 삶의 단계가 카프카 작품의 인물에도 적용된다.

「선고」의 주인공 게오르크 벤데만의 사생활은 부친의 눈으로 볼 때는 키르케고르의 1단계의 쾌락적 실존의 삶이다. 영성(靈性)에서 멀리 떠나 있는 감성의 실존자로서 부친에게 배은(背恩)하고 친구를 배반, 여인에게 탐닉해 있는 탕자적인 패륜아인 것이다.

〈그 여자가 치맛자락을 치켜들었다고 해서,〉 부친은 날카로운 음성으로 말하기 시작했다. 〔……〕 〈그 여자가 이렇게, 자 이렇게 치맛자락을 치켜들었다고 해서 네가 그 여자에게 접근하고, 아무런 방해도 받지 않고 그 여자와 욕망을 채우기 위해서 어머니의 기념을 모독하고 친구를 배반하고 친애비를 꼼짝달싹도 하지 못하게 침대에 처박아 놓았지. 꼼짝달싹도 할 수 없나 어디 두고 보자.(E 51)

부친의 눈으로는 게오르크 벤데만이 〈세상을 떠난 어머니의 기념을 모독하고 친

125 김윤섭, 「카프카의 작품에 나타난 키르케고르의 실존적 이념」, 『카프카 문학론』, 카프카 연구, 제2집, 한국카프카학회, 1987, 37면.

구를 배반하고 부친을 침대 속으로 방기한〉 행위를 그의 애인 브란덴펠트와의 욕구 충족을 위한 탕자적인 이기심의 소치로 단정한다. 이와 같은 부친의 주관적인 견해로서 불신, 불효의 소치에 대한 힐책은 「선고」의 종말까지 일관한다.

악전고투로 자수성가하여 일으켜 세운 부친의 가업을 노쇄한 부친 몰래 폐업하고 〈꼼짝달싹도 하지 못하게 친애비를 침대에 처박아 놓고〉(E 51) 또 곤경에 처해 있는 페테르스부르크의 친구에게는 연민만 가졌을 뿐 벌써 3년째 떠나 있는 그와는 단절이나 다름없이 인연을 끊어 〈배반〉했으며 1년 전에 세상을 떠난 〈모친의 기념에는 모독〉을 했다. 또한 부친의 만류에도 불구하고 〈유복한 집안의 처녀라는 브란덴펠트와의 약혼〉을 하여 〈아무 방해도 받지 않고 욕망을 채우기 위해〉 매사에 방종을 일삼아 온 아들 게오르크 벤데만의 행적은 부친의 식견으로는 아무리 생각해도 인륜에 어긋나는 패륜아의 생활인 것이다.

키르케고르의 『이것이냐, 저것이냐』의 제1부 「유혹자의 일기Tagebuch des Verführers」는 바로 이러한 쾌락적 생활, 쾌락적 실존의 예찬으로 그치고 있다. 「선고」 속에 등장하여 주인공 게오르크 벤데만 위에 절대자처럼 군림하는 〈부친상 (父親像)〉은 흡사 키르케고르의 저서 『공포와 전율』 속의 아브라함의 종주신인 야훼를 방불케 한다. 즉 게오르크 벤데만의 부친은 비록 생시에 그토록 엄격하고 준엄했던 카프카의 실부의 자전적인 초상(肖像)이 모형으로 재현된 듯 하면서도, 그 이면에 감추어진 부권의 전능자적인 힘은 여타의 작품들처럼 가혹하고 가차없이 주인공을 죽음으로 몰아 간다.[126]

이러한 게오르크 벤데만에게 있어 키르케고르가 설정한 세 번째 종교적 단계의 결여는 명백하다. 오로지 쾌락적인 실존 단계에 있는 게오르크 벤데만에게, 즉 윤리적 단계에 못 미쳐 있는 그에게 종교적 실존의 생활상은 없다. 이러한 의미에서 키르케고르의 종교적 실존의 단계를 배제하고 있는 작품의 이념은 카프카 본연의 세계관적 견해에 의한 것이다.[127]

이런 맥락에서인지 카프카는 나중에 키르케고르를 멀리했다. 1917년 10월 카프카는 일기에 〈키르케고르는 하나의 별이다. 그러나 그것은 나로서는 거의 접근할

126 김윤섭, 같은 책, 52면.
127 김윤섭, 같은 책, 43면.

수 없는 곳에 있다〉[128]고 기록하고 있다. 또한 카프카 자신은 브로트에게 보내는 1918년 1월 31일차 서신에서 〈키르케고르에게 느꼈던 모든 찬미와 존경에도 불구하고 키르케고르에 대해서 지극히 비판적이었던 사실〉과 함께 키르케고르의 저작을 〈역겹고 불쾌한 서적〉이라고까지 말하고 있다.[129]

2) 개인의 자유와 결단

19세기는 프랑스 대혁명의 영향으로 절대 군주의 힘이 약해지고, 민족끼리 단결하여 국가를 이루어야 한다는 목소리가 높아 가고 있던 시기였다. 헤겔Georg Wilhelm Friedrich Hegel의 사상은 이러한 시대의 흐름과 요구를 정확하게 반영하고 있다. 그에 따르면, 역사는 절대 정신에 따라 발전한다. 물론 사람들 하나하나는 절대 정신을 느끼지도 알지도 못한다. 그러나 절대 정신은 사회와 정신을 움직여 자신이 목적한 방향으로 역사를 이끌어 간다. 마치 유능한 경제 관료가 정책을 제대로 설계하면, 시장 사람들은 단지 자기 이익에 따라 사고 팔 뿐인데도 나라 전체의 경제가 일정한 방향으로 움직이게 되는 것처럼 말이다.

이런 맥락에서 모든 인간 존재의 의미는 근대적 견지에서 보면 오직 인간 존재의 역사 속에서 전개된다. 헤겔에서 마르크스를 거쳐 슈펭글러O. Spengler, 토인비A. Toynbee 등에 이르기까지 절대적인 것은 역사화되고, 일체의 역사적 투쟁을 거치면서 언젠가 분명해질 수도 있는 행복을 고대한다. 이로서 인간의 절대적 책임은 역사적인 것으로 옮겨진다. 즉 일체의 범행, 잔혹 행위 혹은 저급한 타협은 역사의 미래 혹은 피할 수 없는 역사의 조건들에 눈을 돌림으로써 정당성을 인정받는다.

〈최고의 도덕〉인 국가는 이러한 역사의 발전을 드러내고 이끄는 역할을 한다. 따라서 시민들은 국가의 이상에 얼마나 충실하게 따르느냐에 모든 삶의 의미를 두게 된다. 이러한 생각은 민족 국가를 이루기 위해 강한 애국심을 필요로 했던 그 당시 지배층의 요구에 아주 잘 들어맞았다. 따라서 헤겔은 〈프로이센의 국가 철학자〉로 대접받았고, 유럽 대학에서 그의 철학은 〈시대 정신Zeitgeist〉으로 여겨졌다.

128 F. Kafka, *Briefe 1902~1924*, hg. v. Max Brod, Frankfurt/M., 1975, S. 190.
129 김윤섭, 같은 책, 43면.

그러나 절대 정신을 강조한 헤겔 사상에 반대하는 목소리도 거셌는데 니체, 쇼펜하우어, 키르케고르가 대표적이다. 특히 니체는 역사를 기념비적, 골동품적 그리고 비판적 방법으로 볼 수 있다고 했다. 이는 각각 찬미, 회고, 반성을 뜻한다. 이들 니체, 쇼펜하우어, 키르케고르 등은 헤겔의 절대 정신에 맞서 개인의 자유를 외쳤으나 헤겔의 영향력이 너무나 강력했기에 이들의 반론은 그리 반향을 불러일으키지 못했다. 이러한 키르케고르 등의 절대 정신을 벗어난 개인적 실존주의적 사상이 카프카에게도 답습되었다.

카프카는 외적 현실을 포기하여 결국 현실적 삶을 포기하였다. 그는 소외적 작가로 모든 단체를 기피하여 〈국가의 지침에 따르는 바른 생활〉, 즉 집단의 절대 정신을 강조한 헤겔 사상에 반대하였다. 카프카는 니체, 쇼펜하우어 등의 사상처럼 헤겔에 맞서 개인의 사상을 외쳐 실존주의의 창시자로 여겨지는 키르케고르의 사상과 상통한다. 키르케고르는 헤겔의 철학이 개인의 실생활에는 도움을 줄 수 없다고 비판했다. 키르케고르에 따르면, 인간은 끝없이 결단을 내려야 할 존재다. 국가나 신앙에 기대어 무엇이 옳고 그른지 판단을 내리는 것은 인간답지 못하다. 인간은 〈신 앞에 선 단독자〉 같아야 한다. 자신의 결정이 상황이나 명령 같은 것들 때문에 불가피했다고 핑계 대지 말고, 신 앞에 홀로 서서 심판을 받는 기분으로 무엇이 옳은지, 어떻게 살아야 할지 결정을 내려야 한다는 뜻이다. 한 마디로 삶의 중심을 국가나 사회가 아닌 나 자신에게 두라는 주장이다.

이처럼 실존주의는 개인의 자유와 결단의 중요성을 강조하는 데서 출발했다. 진정한 인간, 완전히 자유로운 인간은 다른 곳에 기대어 자신의 의미를 찾지 않는다. 주변과 상황을 핑계 대지 않고 항상 주체적으로 살기 때문에 긍정적이며 도전적이다. 진정한 인간 실존은 이런 모습이어야 한다. 그런데 이러한 개인적 자유나 결단이 카프카의 작품에서 부정적으로 나타나기도 한다.

예를 들어 「도시 문장」에서는 노동자들이 개인적 분리나 개별화를 포기하고 차라리 단체에 예속되어 화합 속에 공동 작업에 참여했더라면 탑이나 도시 건설에 성공했을 것이다. 그러나 「도시 문장」에서 건축 노동자들은 개인적인 현실만 평가하여 공동 작업을 거부함으로써 하늘에의 도전은 본의 아니게 실패한다. 이 작품에서 사회의 발전은 개인적으로만 생각된 잘못된 방향으로 이루어져 그 사회는 정도에서 이탈하고 만다. 개인적 질서의 시기 다음에는 무질서가 뒤따른다. 그래서 작품에서 사람들은 방향을 잘못 잡은 발전을 급진적인 파괴를 통해서 철회하기를 열망한다.

이와 반대로 사람들은 자신에게 주어진 자유를 도리어 부담스럽게 여기는 경우가 있다. 늘 자기의 결정에 대해 고민하고 책임져야 하기 때문이다. 그래서 많은 사람들은 자기에게 주어진 자유를 스스로 포기해 버리고 싶어하기도 한다. 『카프카의 에로틱한 신화Kafkas erotischer Mythos』라는 저서에서 슈타흐Reiner Stach는 〈자아가 없는 존재는 죄에 대한 의식이 없고 그와 더불어 죄도 없다〉라고 말하고 있다. 프롬Erich Fromm은 저서 『자유로부터 도피Die Furcht vor der Freiheit』에서 〈인간은 소외되지 않은 상태가 그에게 부과하는 자유와 책임 그리고 고독을 확실하게 감당할 수 없을 경우, 그 자신을 권위에 복종시키거나, 파괴라는 이차적 창조성, 또는 무비판적인 자동 인형적(自動人形的) 동사(同詞)를 통해 해소시킨다〉[130] 고 언급하고 있다.

프롬에 의하면, 나치즘이 독일을 지배할 수 있었던 것도 이러한 경향, 즉 독일 국민이 자발적으로 자유로부터 도피했기 때문이었다. 따라서 한편으로는 히틀러의 권위에 순복, 그 희생이 되는 것을 기쁨으로 느끼고, 다른 한편으로는 자기보다 못한 사람, 이를테면 유대인을 멸시·학대하여 욕구 불만과 열등감을 해소시키려고 한 심리와 행동의 발로가 파시즘 운동이라고 프롬은 묘사하고 있다. 그것은 해방된 노예가 다시 예전의 예속된 삶을 그리워한다는 심리로 때로 자율이 힘겹다는 것을 말해 주는 사례들이다. 분명 예속이 자유보다, 타율이 자율보다 편할 때가 있다. 어떤 결정을 위한 고심이나 심리적 갈등이 불필요하기 때문이다. 어쩌면 대중은 강력한 리더 밑에서 지시하는 대로 따르고 싶은 본능이 숨어 있는지도 모른다. 이를 사르트르는 〈자기 기만(自己欺瞞)〉이라고 하였다.

이러한 배경에서인지 1910년 10월 21일자 일기에서 카프카는 〈얽매여 있다 gebunden sein〉[131]는 감정을 토로하고 있으며, 동시에 여기에서 벗어나면 더 좋지

---

130 정문길, 『소외론 연구』, 서울, 1982, 184면 참조.

131 Fritz Keller, *Studien zum Phänomen der Angst in der modernen deutschen Literatur*, Winterthur, 1956, S. 46.

않은 일이 생길 거라는 감정도 기술하고 있다.[132] 개성의 상실과 획일화가 진행되고 있는 현대 사회에서는 군인, 공무원 등 사회적으로 주어진 역할에 안주해 무한한 자유에서 오는 책임을 벗어 버리려 하거나, 종교가 제시하는 삶의 의미를 좇음으로써 스스로 삶을 결단해야 하는 불안에서 벗어나려는 경향이 강하다. 사회심리학적으로 볼 때 사람은 고립·고독 그리고 자유로부터 도피하고 어떤 단체·국가 등 한 사회의 어느 부분에 속함으로써 독립된 개인으로서의 자기 행동에 대한 책임을 벗으려는 심리를 갖게 되는 것이다. 이는 동시에 자아의 부정을 의미한다.

이런 배경에서인지 실제로 카프카도 사회적으로 주어진 역할에 안주하고자 몇 번이나 군인이 되려는 생각에 사로잡혔으나 자원 입대할 결단을 내릴 수 없었다. 동시대의 수많은 지성인들과 마찬가지로 그는 군복무를 통해 자신의 삶에 대해 새로운 사회적 의미를 부여할 수 있기를 희망했다. 그는 내적인 긴장을 해소할 방법을 찾고 싶어한 것이다. 카프카는 야노우흐와 대화에서 〈우리들은 자유와 책임에 대해 공포감을 지닌다. 그 때문에 우리들은 차라리 공동으로 손질한 울타리 안에서 질식하는 편이 낫다〉(G 37)고 언급하고 있다. 만일의 경우를 대비하여 미리 무거운 군화를 사두었던 카프카는 1919년 6월 21일 징병 검사를 받았으며 〈무장 국민군 복무〉에 적절하다는 판정을 받았다. 그러나 이틀 후 그가 근무하는 노동자 재해 공사가 그에 대한 징집 면제를 청구했다. 그는 결국 입대하지 못했다. 따라서 도망 길도 차단되고 말았다.[133]

자율보다 권위에 복종하게 되는 프롬의 이론이 카프카의 작품에서도 나타나고 있다. 예를 들어 『소송』에서 상인 블로크는 자신의 능력과 권리를 변호사에게 맡긴다. 심지어 그는 변호사의 말에 복종하는 〈변호사의 개Hund des Advokaten〉(P 166)로 묘사될 정도로 개인의 책임과 권리를 포기한다. 따라서 홀트 변호사와 그의 간호사 레니 양은 블로크를 항상 개처럼 다룬다. 블로크는 소송에 열중하고 항상 자신의 일에 몰두하는 피고로서 홀트 변호사의 고객이 아니라 한 마리의 개에 불과하다. 홀트 변호사가 그에게 개집에 들어가듯이 침대 밑으로 들어가 그곳에서 짖으라고 명령했다면 그는 흔쾌히 그 짓을 했을 위인(爲人)이다.(P 144 f.)

---

132 Fritz Keller, a.a.O., S. 46.

133 Hartmut Müller(권세훈 외 역), 『카프카 문학 사전』, 학문사, 1999, 209면.

이렇게 강력한 인물 밑에서 지시대로 따르고 싶은 본능은 「변신」에서 그레고르가 얼마 전에 근무하는 회사에서 승진을 기피하는 듯한 장면에서도 암시된다. 그레고르는 승진으로 회수금을 거두어들이는 권리를 위임받아 후궁의 궁녀들처럼 살아갈 수 있는 특권을 누릴 수 있게 된다. 그런데 그는 업무에 있어 어느 정도 게으름을 피웠고 어쩌면 자신의 처지를 일전(一轉)시켜 자유를 안겨 줄지도 모를 출세 앞에서 오히려 주춤한다. 따라서 그는 성공을 바라면서도 한편으로는 그것을 피하려고 하며 직업이라는 쳇바퀴를 맴돈다. 그는 가족들이 회사 사장에게서 빈 돈을 갚기만 하면 곧장 달성될지도 모를 자신의 독립을 위하여 애쓰면서도 불만스러운 근무 자세를 취하여 다가올 자유를 두려워함으로써 목표에서 떠나려 한다.

이에 관한 또 다른 예가 『성』의 마을 사람들의 행위에서도 나타난다. 『성』에서 성 당국은 권력의 중심에 있으며 성 아래 마을 사람들은 자신들의 권리를 포기하고 성의 권위를 무비판적으로 받아들인다. 마을 사람들의 성격적 특성으로 간주될 수 있는 맹목적인 복종 태도는 그들의 외적인 모습을 통해서도 표현되고 있다. 마을에 도착한 다음날 이미 K는 마을 농부들의 모습에서 〈고통의 기색이 역력한 얼굴〉(S 26)을 발견한다. 특히 〈두개골은 마치 위에서 얻어맞은 것처럼 납작하게 된 것 같고, 얼굴 생김새는 그렇게 얻어맞은 고통 속에서 만들어진 것 같았다〉(S 26)라는 농부들에 대한 세밀한 묘사 속에 성에 대한 그들의 종속성이 암시되어 있다.[134]

그런데 작품을 자세히 살펴보면 『성』의 주인공 K도 무의식적으로 권력에 대한 종속성을 지니고 있다. 이에 대한 근거로 K가 마을에 도착한 다음날 성을 향해서 길을 떠나기 전에 시골 주막 주인에게 자신의 은밀한 비밀처럼 행한 다음의 언급을 들 수 있다. 〈당신한테만 털어놓지만 난 사실 힘이 없어. 따라서 권력을 가진 사람들에게 당신 못지않은 존경심을 갖는지도 몰라. 다만 당신만큼 솔직하지 못해서 그런 마음을 숨길 따름이지.〉(S 12)

이러한 권력을 휘두르는 대표적 인물로 성의 관리인 소르티니를 들 수 있다. 소르티니는 공허하고 추하며 불공정하고 무자비한 권력을 대표하며 저항하는 인간을 멸시하고 죽음과도 같은 고립 속으로 몰아넣는 힘으로 작용한다. 이러한 관료

---

134 조정래, 「기다림의 미학」, 『독일언어문학』, 제34집, 한국독일언어문학회, 2006, 59면.

적 분위기는 성에 딸려 있는 마을에서도 탐지된다. 성은 일상적이고 구체적인 마을과 대비되는, 그 실체가 베일 속에 가려진 초일상적 세계로서 초자연적이고 형이상학적인 영역으로 암시된다.

『성』에서 올가의 동생 아말리아는 소르티니의 사랑을 거절했는데, 이 사실은 프리다를 통해 마을 사람들에게 곧 알려진다. 그러자 마을의 사람들이 독자적인 판단도 없이 스스로 소르티니의 하수인 역할을 자임하여 권력에 대한 맹목적인 종속성을 보인다. 즉 그동안 오랜 세월 동안 친밀하고 다정하던 이웃들이 갑자기 썰물 빠지듯이 순식간에 아말리아 가족에게서 떠나간다. 마치 「변신」에서 그레고르가 벌레로 변신하자 그동안 오랜 세월 동안 돌봐 주던 직장 동료가 순식간에 멀어져 가는 것과도 같다. 그레고르는 벌레로 변신하여 직장에 도저히 나갈 수 없는 처지에 놓이기 전까지 5년 동안 결근 한 번 하지 않고 충실한 직장 생활을 해왔다고 자부하고 있었다. 그는 자신이 그토록 성실한 직장 생활을 해왔기 때문에 직장에서의 자기 위치는 평생 보장될 것이라고 확신해 왔다. 그러나 예기치 못한 변신으로 딱 하루 제시간에 출근을 못하게 되자 당장 회사 지배인이 그의 집을 방문하여 그의 태도를 단순한 태만 탓이라고 질책하는가 하며, 심지어는 그가 공금이라도 횡령한 것처럼 의심하는 말조차 서슴지 않는다. 5년간의 공적이 삽시간에 무너지는 것이다.

이처럼 아말리아의 마을 사람들은 성주에게 자진해서 예속되어 명령을 받은 적도 없는데 아말리아와 그녀 가족을 멀리 한다. 결국 그들은 자신의 주체를 스스로 포기하는 셈이다. 소르티니는 가만히 있는데 마을 사람들이 스스로 성주의 대행 역할을 한다. 따라서 그렇게 잘 지내던 사람들이 하나하나 찾아와 아말리아의 아버지에게 맡겼던 일감을 회수해 가고, 그를 마을의 소방대장 자리에서 쫓아낸다. 그의 가족은 졸지에 외톨이가 되고, 가족의 삶은 급속히 파괴된다. 아버지는 성의 관리를 찾아다니며 용서를 구하지만 용서는 불가능했다. 왜냐하면 성의 관리도 그들이 지은 죄가 무언지 모르기 때문에 용서할 수 없었던 것이다.

여기에서 보듯이 성이나 관리 소르티니는 아무런 처벌이나 제재를 가한 적이 없지만, 그의 영향력은 전혀 구체적이지 않고 보이지 않는 배후의 힘에 의해 자연스럽게 일어난다. 아말리아와 그녀 가족들의 소외는 이미 알고 지내온 사람들로부터라는 데 있다. 이웃 주민들 스스로 독립된 개인으로서의 자아를 버리고 성에 예속되는 것이다. 이 익명의 힘이 서서히 아말리아의 가족을 죽인다. 아말리아의 가족은 더할 수 없는 형벌을 받는 것이다. 그녀를 포함한 그녀의 가족들은 마을 사람들로부터 소외당하는 데서 그치지 않고 추방당하는 지경에까지 이른다. 잘 아는 사람들이 실은 잘 모르는 사람들이다. 〈무지한 자에게는 모든 게 가능해 보인다〉(S 56)라고 말하면서 K는 흐름에 굴복하는 공동체나 처세에 능한 지식을 비판하지만 마을 사람들은 아말리아가 소르티니를 거절했으니 성의 미움이나 처벌이 가해질 것이라는 예상 속에서 그 가족과 멀리 하고자 했고, 그런 태도가 그들을 극단의 형벌로 밀고 간다.

> 뚜렷한 벌은 내리지 않을 것이라는 것을 우리는 모두 알고 있었어요. 다만 사람들이 우리에게 멀어져 갔을 뿐이예요. 마을 사람들도 성도 말이예요. 〔……〕 물론 우리에게는 농토도 없었고, 어느 곳에서도 우리에게 일거리를 주지 않았어요. 말하자면 우리들은 생전 처음으로 무위도식이라는 형을 선고받은 셈이지요. 〔……〕 아무런 일도 일어나지 않았어요. 불려나가는 일도 없었고 아무 소식도 없었으며 방문도 없었고 아무 일도 없었던 거예요.(S 197 f.)

이렇게 『성』에서는 세상사에 밝고, 모든 구체적인 생활에 아주 정통한 사람들이 자발적으로 대중 공동체의 관례에 종속된다. 여기에서 모든 사람이 굴복하게 되는 습관의 위력, 서서히 진행되는 절대적인 모든 문제제기에 대한 무관심, 일상적인 인습, 현상(現狀)에의 체념, 존재하고 존속되는 것에 대한 경솔한 긍정, 현대의 결정적 요구에 대한 무감각, 부정(不正)에 대한 무지 등을 볼 수 있다.

『성』의 마을 주민처럼 현대인들은 자신이 만들어 낸 권력 문명의 노예가 되어 버렸다. 그렇다고 해서 이 세계의 법칙을 거부하면 그들은 홀로 고립될 수밖에 없다. 현대 사회의 율법을 알지 못하는 아말리아는 그것을 거부하는 〈깨어 있는 개인〉이기에 마을 사람들은 결코 그녀를 받아들이지 않는다. 이렇게 마을 사람들에게 인간적 관계는 부재하고 오로지 권력에 복종만이 존재한다. 푸코Jean Bernard Léon Foucault는 〈권력은 위가 아니라 아래에서 행사된다〉고 말했는데, 이 내용대로 『성』에서 권력은 〈위〉에서 통치하는 성의 관리가 아니라 바로 〈아래〉의 마을 사람들에 의해 행사되는 것이다.

이렇게 권력이 아래에서 행사되는 내용이 카프카의 또 다른 작품 「법 앞에서」에도 나타난다. 『성』의 K가 성 앞에 존재하는 것처럼 「법 앞에서」의 시골 남자는 법 앞에 서 있다. 시골 남자는 오직 법의 문을 통해서만 법 안으로 들어갈 수 있다. 그런데 문지기라는 제일 아래의 사람에 의해서 법 안으로 들어가는 입구가 봉쇄된다. 〈나는 제일 말단 문지기에 지나지 않아. 방마다 문지기가 서 있는데 안쪽으로 갈수록 더욱더 강해지지. 세 번째 문지기만 해도 나는 쳐다볼 수도 없다구.〉(P 182) 이 말처럼 시골 남자의 법으로의 진입을 막는 문지기는 방을 지날 때마다 있는 다른 문지기에 비해 가장 아래의 〈최하급의 문지기〉에 불과하다. 그는 법의 가장 바깥문에 있는데 그 뒤에는 그보다 더 강한 두 번째 문지기가, 그 두 번째 문지기 뒤에는 더 강한 세 번째 문지기가 있는 것이다.

이는 『성』에서 성의 내부는 수많은 사무실이 인접해 있으며, 권력의 분할과 그 서열이 끝도 없어 보이는 복잡하고도 폐쇄적인 사회를 보여 주는 것과 같다. 『성』에서 K도 성으로의 진입을 위해 조직의 힘을 극복하면 할수록 더욱더 강한 조직이 나타나 힘에 부치게 된다. 이는 「황제의 칙명」에서 〈그(황제의 칙사)는 지칠 줄 모르는 강인한 남자였다〉(E 128)고 묘사된 강인한 칙사(勅使)가 아무리 쳐부수고 나아가도 무수한 군중의 집단을, 끝없이 퍼져 있는 그들의 거주지를 뚫고 나아가지 못하여 임무를 수행하지 못하는 내용과 같다. 〈그(황제의 칙사)는 여전히 심심 궁궐의 방들을 헤쳐 나가고 있다. 그러나 결코 그 방들을 벗어나지 못할 것이고, 그가 설령 궁궐을 벗어나는 데 성공한다 하더라도 아무런 득도 없을 것이다. 계단을 내려가기 위해서 그는 스스로와 싸워야 할 것이고, 설령 그것이 성공한다 하더라도 아무런 득이 없을 것이다. 궁궐의 정원은 통과할 수 있을지 모른다. 그러나 그 정원을 지나면 두 번째로 에워싸는 궁궐, 또다시 계단과 정원, 또다시 궁궐, 그렇게 수천 날이 계속될 것이다. 그래서 마침내 그가 가장 외곽의 문에서 밀치듯 뛰어나오게 되면 — 그러나 그런 일은 결코, 결코 일어나지 않을 것이다 — 비로소 세계의 중심, 침전물들로 높이 쌓인 왕도(王都)가 그의 눈앞에 펼쳐질 것이다. 어느 누구도 이곳을 뚫고 나가지는 못한다. 비록 죽은 자의 칙명을 지닌 자라 할지라도 — 그러나 밤이 오면, 〔당신〕은 창가에 앉아 그 칙명이 오기를 꿈꾸고 있다. 정확히 그렇게 우리네 백성들은 그처럼 희망 없이 그리고 희망에 가득 차 황제를 본다〉(E 128 f.)

이렇게 관료 사회의 구조는 피라미드적으로 끝이 없다. 이러한 피라미드적 성격을 보여 주는 또 다른 작품으로 산문 소품 「대변인Fürsprecher」을 들 수 있다. 〈여기 통로에서 아무것도 발견하지 못하면 문을 열어라. 그 문 뒤에서 아무것도 발견하지 못하면 또 다른 층이 있다. 위에서 아무것도 발견하지 못하면, 그것은 어려운 상황이 아니니 다른 계단으로 뛰어올라라. 오르기를 멈추지 않는 한, 계단 또한 끝나지 않는다. 발로 밟고 올라갈수록 계단은 위로 자라난다.〉(B 105 f.) 이런 식으로 「법 앞에서」에서 피라미드식의 법의 진입에 작용하는 문지기들의 숫자는 정해지지 않고 이어진다. 따라서 시골 남자가 기다려야 하는 시간은 일정한 확정성 없이 계속 늘어난다.

그렇지만 시골 남자는 첫 관문을 통과해야 다른 문도 통과할 수 있기 때문에 지금 당장은 첫 관문을 담당하는 제일 말단의 문지기가 세상에서 제일 권력 있는 사람이다. 〈그렇게 들어가고 싶으면, 내 금지령을 어기고 들어가도록 해보게. 그렇지만 내가 힘이 세다는 사실을 알아두어야 하네〉(P 182)라는 문지기의 주장처럼, 말단 문지기가 입장을 허가하는 제일 막강한 권력을 발휘하는 역설적 모티프가 성립되어 〈권력은 위가 아니라 아래에서 행사 된다〉는 푸코의 이론이 입증되는 것이다.

결국 카프카가 그리고 있는 위계 질서 구조는 고전주의적인 의미가 아니고 푸코적 의미의 피라미드 형태로 카프카의 다음의 글이 이를 잘 나타내고 있다. 〈나는 그 인물에 대해 완전히 무방비 상태였다. 그는 탁자 옆에 조용히 앉아서는 탁자판을 바라보고 있었다. 나는 그의 주위를 빙빙 돌았고, 그에 의해 목이 졸려지는 듯한 느낌을 받았다. 내 주위에도 제3의 인물이 돌고 있고 그 역시도 나에 의해 목이 졸려지는 것처럼 느꼈다. 그의 주위에는 또 다른 네 번째 인물이 돌고 있는데, 그도 세 번째의 인물에 의해 목이 졸리는 것처럼 느꼈다. 이런 식으로 해서 그것은 천체의 운동과 그 너머의 것에 이르기까지 계속되었다.〉(H 286 f.)

법정 내부의 관리들의 서열 제도와 변호사들의 서열도 피라미드 형태의 위계 구조로 특징지어지는데 이에 대해 훌트 변호사는 다음과 같이 언급한다. 〈법정 신분의 서열이나 승진은 끝이 없습니다. 그 사정에 밝은 사람일지라도 완전히 파악할 수가 없지요. 법정의 절차는 일반적으로 하급 관리들에 대해서도 비밀로 되어 있고, 그 때문에 자기들이 관계하고 있는 사건 진척의 완전한 파악은 언제나 불가능하며, 따라서 재판 사건이 어디서부터 오는지 모르는 사이에 그들의 시야에 나타났다가 어디로 가는지도 모르는 사이에 사라져 버립니다.〉(P 103) 「법 앞에서」의 문지기는 고위 관청의 존재를 끌어들여 권력 피라미드를 암시하면서 자신들은 말단으로 명령을 수행할 뿐이라고 책임을 회피하면서도 〈자네가 무시를 당했다고 생각해도 안 될 테니까 그대로 받아두기로 하겠소〉(E 121)라고 말하면서 자신이 권력의 최고 결정권자인 양 시골 남자가 주는 모든 물건을 뇌물로 받는다. 따라서 시골 남자는 뇌물만 바치지 그다음의 법의 문이 어떤 것인지, 그다음 다음 법의 문이 어떤 것인지 전혀 알 수 없다. 결국 시골 남자는 〈법 안〉이 아니라 〈법 앞에〉 서성거리다 떠나 『성』에서 〈성 안〉이 아니라 〈성 앞에〉 서성거리다 떠난 K의 운명을 답습한다.

『성』의 성에서도 사실상의 주인은 행정의 책임자가 아니라 뷔르겔 같은 말단의 비서들이다. 이러한 비서들의 모호한 위계 질서 때문에 담당 관리를 만나는 것이 불가능하다. K는 수많은 비서들을 통과하는데 실패하며, 따라서 성에 도달하지 못한다. 더욱 나쁜 것은 이 느릿느릿한 행동이 도대체 무엇을 뜻하고 있는지 아무도 모르고 있다는 사실이다. 성에 우글거리는 〈한쪽의 담당 비서들과 다른 쪽의 무관한 비서들〉(S 251) 사이에서 자포자기한 K는 차라리 그들처럼 〈아무런 꿈도 꾸지 않고 아무런 방해도 받지 않고〉(S 251) 잠을 자는 편이 낫다고 생각한다. 이러한 결과 성의 실체는 결코 접근되지 않고 그것에 대한 진술은 무한히 이어진다. 그것을 구성하는 마을 사람들과 하급 관리들은 무수히 많다. 이러한 성은 심급의 위계와 지배자의 활동으로 대체되어, 합스부르크 관료제나 민족들의 모자이크로 이루어진 오스트리아 제국처럼 신분적이고 인접적인 작은 집들이 모인 것임이 드러난다.

성은 [……] 옛날 기사의 성도 아니고 화려한 현대식 저택도 아니었다. 그것은 옆으로 퍼진 건축물로 몇 개의 3층 건물과 빽빽이 들어찬 많은 낮은 건물로 이루어져 있었다. 이것이 성이라는 사실을 모르고 있었더라면, 작은 도시쯤으로 오인했을지도 모른다.(S 13)

『아메리카』에서도 이러한 말단의 위력이 옥시덴탈 호텔의 수위장에 잘 나타나 있다. 〈어떤 의미에서 수위장으로서 나는 모든 사람들의 상관이야. 왜냐하면 수많은 작은 문들과 문이 없는 출구들은 말할 것도 없고, 이 정문, 세 개의 중간 문, 열 개의 옆문, 말하자면 이 호텔의 모든 문들이 내 관할 하에 있거든〉(A 166)이라는 말처럼 공공 건물의 겉보기에 가장 하찮고, 지위가 가장 낮은 인물인 수위가 역설적으로 지배적 인물이 되고 있다. 모든 것이 입구를 거쳐야 하므로, 누구도 직접 안으로 들어가지 못하면 자기의 권리를 자유롭게 주장하지 못하기 때문이다.

권력은 〈법〉이 우리로 하여금 믿게 하고자 하는 것처럼 피라미드적이 아니라 선분적이고 선형적인 것이며, 높은 곳에서 멀리 떨어져 작동하는 게 아니라 인접성에 의해 작동한다. 여기에 바로 하급 주체의 중요성이 있다. 가령 사법적 권력은 도달할 수 없는 최고 법원인 판사들에 의해 행사되기보다는 직접 피고들이 대면하는 문지기(수위)·서기·하급 관리에 의해 행사되고, 학교에서 권력은 교육부 장관이나 장학사·교장보다는 직접 대면하는 교사에 의해 행사되며, 공장에서의 권력은 사장이나 이사들보다는 직접 대면하는 반장이나 십장에 의해 행사되고, 군대에서 권력은 총사령관이나 사단장보다는 직접 대면하는 하사관들에 의해 행사된다. 이는 그들이 바로 선분의 양 끝을, 그 절단을 관리하는 위치에 있기 때문이고(선분성), 그 선분들이 어긋나지 않도록, 그래서 하나의 직선으로 연결될 수 있도록 관리하는 위치에 있기 때문이다.[135]

이러한 장면이 권력의 태두리 안에서 그것을 신봉하며 살아가는 사람들에게 너무 분명하고 당연한 일이지만, 외부인의 눈에는 이해할 수 없는 광경으로 비칠 수도 있다. 이는 주체(자아)의 객관화와 비인간화의 과정에서 현대인 모두가 감수해야 하는 보편적인 정신 현상으로도 볼 수 있다. 따라서 카프카의 작품은 물질 문명이 눈부시게 발전한 사회에서 개인의 존엄성을 상실하고 소외되어 가는 현대인에 대한 우화(寓話)라고도 볼 수 있다.

그러면 『성』에서 마을 주민을 움직이게 하는 보이지 않는 〈권력〉이 어디서 연원하는가? 그것은 성의 명령이나 성의 규칙에 따르는 그들의 복종에서뿐만 아니라,

---

135 질 들뢰즈/펠릭스 가타리(이진경 역), 『카프카』, 동문선, 2001, 136면 이하.

그들 자신의 욕망에서도 나온다. 가령 프리다의 양모를 자처하는 여인숙 안주인은 프리다처럼 한때 클람의 정부였다. 그는 그 이후에도 클람에 대한 강한 욕망을 갖고 산다. 클람이 준 사진, 목도리, 나이트 캡은 그녀가 평생 간직하고 있는 기념물이다. 〈세 물건이 없었더라면 여기서 이처럼 오래 견디지 못했을 거예요.〉(S 78) 그 물건들은 그녀로 하여금 억척스레 일하고 장사를 번창하게 했다는 점에서 〈그녀의 삶을 살게 한 추동력이었고 동시에 그녀의 심장에 자리 잡고 그것을 잠식하는 병이었다.〉(S 83) 클람의 편지를 꿈을 꾸는 듯이 만지작거리는 면장의 부인 역시 마찬가지이다.

이러한 『성』에서 K는 직무상의 삶과 비직무상의 삶 사이, 그리고 마을과 성 사이의 밀착 관계처럼 성주인 클람과 마을 사이의 밀착 관계를 알지 못하고, 클람을 만나기 위해서 무슨 짓이라도 다하겠다고 지속적인 투쟁을 감행한다. 왜냐하면 그에게 있어서는 〈사활이 걸린 문제〉이고 〈뻔뻔스러운 관청의 횡포 때문에 그의 생존이 위협당하고〉 있기 때문이다.

3) 실존주의적 개념의 비판

근래에는 문학적 사실이 실존주의 등의 의미 내용으로 축소되어서는 안 된다는 이론이 적지 않다. 카프카 작품의 해석에 있어서 작품 자체에 쓰어진 그대로의 의미와 거리가 상당히 먼 해석조차도 이 소설의 상징적, 비유적 내지는 우화적인 의미를 얻으려는 터무니없는 노력에서 발견되는 어떤 새로운 의미와 연관성을 가진다는 것이다. 따라서 값싼 철학으로 전락한 실존주의가 통상적인 해석 모범을 제시한다고 비판된다.

실제로 20세기에 들어와서 키르케고르의 실존주의의 영향을 받지 않는 작가가 몇 명이나 될까 의문이 가기도 한다. 카프카와 릴케R. Rilke가 키르케고르의 영향을 받았고, 사르트르와 카뮈, 베케트Samuel Beckett 모두가 실존주의 작가로 불릴 충분한 근거가 있다.

이들의 문학은 매순간 존재하는 자체가 문제인 실존적인 인간이 의식의 지향성을 가지고 끊임없이 지향하는 존재, 선택의 피곤함을 견뎌 내는 존재, 삶에 기계와 같은 전문가가 아니라 흔들리면서 가능성을 실현할 수 있는 아마추어, 주체성을 가지고 시시각각의 삶을 음미하는 존재, 윤곽성을 찢어 내는 존재, 매순간 대지에 살과 뼈를 지문처럼 찍어 내는 존재, 부단히 자신의 삶에 근심하고 염려하는 존재 등으로 표현된다.

그런데 문학적 사실이 사회적 의미로 환원되어서도 안 된다는 이론이 있다. 문학적 사실이 자료나 앙케트의 결과로 생각되어서는 안 된다는 것이다. 문학사회학자가 알아야 하는 것은 문학적 사실의 변증법적 움직임이다. 그 움직임을 간과할 때, 문학 작품은 의도로 축소되고, 지식의 대상이 되어 버린다. 작가가 제공하는 정보의 해석은 가능하지만, 문학 작품은 그 변증법적인 움직임 때문에 자료나 앙케트의 결과와 다르게 작용한다. 확실한 지식으로는 소설보다 자료나 앙케트가 훨씬 중요하며, 쥬다노프Andrei Jdanov의 〈문학은 현실을 반영해야 한다〉는 입장에서는 신문이 소설보다 훨씬 확실하게 현실을 반영한다. 그것은 문학적 사실의 의미가 중요하지 않다는 뜻이 아니라, 그것에만 매달려 있으면 문학적 사실이 이해 · 설명 · 판단되기 힘들다는 뜻이다. 의미 내용에만 지나치게 집착하게 되면, 이류의 작품을 일류의 작품보다 더 중요시하게 되는 경우가 생긴다.

이런 맥락에서 카프카의 실존주의적 문학을 부정적으로 평가하는 평자도 있다. 여기에는 문학의 사회와 관련성을 중시한 모방 이론에 입각한 비평가들이 주류를 이루는데, 이의 대표로 루카치Georg Lukács를 들 수 있다. 루카치는 일류의 작가인 카프카, 베케트 등을 무시하고 이류의 작가들을 더 높게 평가하고 있다. 그것은 그가 의미 내용을 더 중요시하였기 때문이다. 그는 카프카의 사실적 묘사는 인정하면서도, 결국 총체적 세계관이 결여된 데카당스 작가에 불과하다고 주장한다. 루카치는 카프카가 불안이라는 근본적 체험 때문에 현실의 본질적 특성과 경향을 발견하지 못했고 따라서 현실의 의미 없는 부분들과 자신의 무력만을 묘사하는 데 그쳤다고 비판한다.[136] 〈추상적인 객관성〉을 내세워서 단지 표면 구조만을 묘사하는 〈자연주의〉 및 〈추상적인 주관성〉을 띠고 공허한 내면성의 허상 속으로 퇴각하는 형식주의와 달리 리얼리즘은 루카치에 의하면 사실을 변증법적 총체성에서 반

---

136 Jürgen Steffan, *Darstellung und Wahrnehmung der Wirklichkeit in Franz Kafkas Romanen*, Nürnberg, 1979, S. 70 f.

영한다.

리얼리즘 창작 기법의 본질적 구성 요소는 전형Typus으로, 이는 개별성과 보편성을 융합시키면서 일반적인 법칙성을 구체적인 형태 속에서 묘사할 수 있는 장편소설의 인물 형식을 말한다. 전형으로서의 인물은 자의식과 전망을 지니고 있어야 한다. 따라서 루카치는 20세기 시민 계급 문학의 새로운 기법과 형식(소외 등)에 반대한다. 그는 단순히 형식적인 데카당스 개념에 의존한 채 시민 계급 출신의 작가들에 의해 〈몰락의 산물〉로서 사용되었던 일체의 모든 기법들을 거부한 것이다.

리히터H. Richter 역시 카프카가 사회적 현실 속에서 다만 의미 파괴적인 모순들만 볼 수 있었을 뿐 보다 인간적인 미래에 이를 수 있는 풍부한 모순들을 보다 깊이 인식하고 형상화하는 데 실패했다고 주장한다.[137] 그 밖에 엘스베르크J. Elsberg 등이 이와 유사한 주장을 하고 있다. 그러나 문학의 사회적 관련성을 중시하는 비평가 중의 한 사람인 크라프트H. Kraft는 카프카의 초기 작품에는 인간의 개인적 실존이 다뤄지고 있지만, 중·후기의 작품에서는 사회적 문제성이 결정적 역할을 한다고 주장하면서 그를 비판적인 리얼리스트로서 높이 평가하고 있다.[138]

카프카의 소설들은 엄격한 시·공간적 통일성, 엄격한 시점의 일관성을 축으로 이야기를 짜나가는 근대적 소설의 형식에서 완전히 벗어나 있다. 디테일의 강력한 리얼리즘에도 불구하고 루카치 같은 근대주의자들이 카프카를 끝내 받아들이지 못했던 것은 이 때문이었다. 20세기 현대 문학이 카프카 없이는 불가능했을 것이라는 식의 과장 섞인 평가 역시 이 때문이었을 것이다. 요컨대 카프카의 〈모더니즘〉은 문학 형식상의 근대주의에서 완전히 벗어나 있다. 이런 식으로 카프카는 〈모더니즘〉이란 말조차 그 반대의 의미를 갖는 역설적인 것이 되게 만든다. 그러나 루카치는 카프카가 소외 등에도 불구하고 사실성의 부분적 측면을 그려낼 수 있었다는 사실과 카프카의 예술 방법도 발자크나 톨스토이의 형식과 마찬가지로 문학으로 〈기능 전환〉할 수 있다는 사실을 인식하지 못한 것이다.

---

137 Peter U. Beicken, *Franz Kafka, Eine Kritische Einführung in die Forschung*, Darmstadt, 1974, S. 348.

138 Peter U. Beicken, a.a.O., S. 346.

254

제4장 카프카 문학의 소외 개념

　소외(疎外)*Entfremdung* 개념은 헤겔에서 마르크스K. Marx에 이르기까지의 사상 체계에 뿌리를 둔 매우 다의적이고 역사적인 개념이다. 관념론자 헤겔은 소외를 정신적인 존재 방식 내지 발전 과정으로 정의한다. 즉 헤겔은 정신은 자신을 대상화(對象化), 객관화함으로써 자신을 소외시키고, 이러한 과정을 통해 보다 높은 단계와 경지에서 발전·승화해 간다는 〈소외의 지양〉을 피력한다. 헤겔과 달리 마르크스는 소외의 문제를 단순히 정신의 자기의식적 영역에 제한시키지 않고 현실 세계로 옮겨 자본주의와 노동과의 연관점을 모색했다. 그에 의하면 근대 자본주의 사회에서의 노동은 필연적으로 소외를 수반할 수밖에 없으며, 이것은 노동의 생산물이 노동의 주체인 노동자와 대립하는 데서 야기된다.

　라캉에 의하면, 인간은 일생 동안 세 번에 걸친 소외를 겪는다. 출생 시에 모체로부터 분리될 때 소외되고, 거울 단계에 진입하여 〈이상적 자아〉를 형성할 때, 그리고 언어를 배워 상징계로 진입하여 기표적 주체가 될 때 그 직전 단계의 주체들로부터 소외되며, 이 순간들에 무의식이 생겨나게 된다.[1]

　소외는 근대 사회에서 현대 사회로 변신하는 과정에서 필연적으로 야기되었던 현상이다. 즉 현대 산업 사회를 지탱하는 자본주의 경제의 구조는 인간을 자기 소외에 빠지게 만들지 않을 수 없다. 이는 현대 사회의 맥락에서 불안, 죄의식 등 자

---

1 아니카 르메르(이미선 역), 『자크 라캉』, 문예출판사 1994, 130면 이하 참조.

아 감각의 상실이라는 광범위한 증후군으로 나타나고 있다.

카프카는 무의미하게 반복되는 일상과 권력의 횡포 속에서 자아를 인식하는 계기를 마련해 준 작가이다. 이러한 비극적 자아의 인식의 배경으로 소외가 등장한다. 따라서 소외 개념이 카프카의 창작 세계에서 특별한 의미를 갖는다. 즉 〈모든 타인과의 관계가 전혀 없는 상태〉²의 상(像)이 카프카의 창작 세계에서 각별한 의미를 갖는다. 따라서 카프카 작품에서 주제상의 큰 주류는 소외인 것이다. 그의 작품을 읽으면, 인간이 소외 상황에 빠져들어 인간성을 잃게 되는 비극을 느끼게 된다.

1. 작가적 배경

카프카 작품의 소외 개념은 먼저 카프카의 실제 생활에서 근거가 발생한다. 카프카는 자신의 상황을 대개 소외의 형태로 서술하는 것이다. 이는 〈뒤를 향한 시선 *Blick nach hinten*〉이라 불린다. 이 〈뒤를 향한 시선〉은 카프카 자신의 실제 생활을 되돌아보게 하는 문학의 유동적 원칙이며, 〈앞을 향한 시선*Blick nach vorne*〉은 인식의 더 많은 가치를 추구하는 것이다. 이렇게 카프카의 실제 삶을 반영하는 그의 문학 원칙은 (체념적으로) 고독, 즉 더 나은 것으로 변화의 불가능에서 시작한다.

실제로 카프카의 생의 기록들이 말하고 있듯이 카프카의 근본적인 경험은 이방인이나 실향민으로서의 우울한 감정이다. 유대인으로 그는 완전히 기독교 세계에 속하지 못했다. 무관심한 유대인으로서 〔……〕 순수 유대인도 되지 못했다. 독일어를 말하는 사람으로서 완전히 체코인에 속하지 못했고, 독일어를 말하는 유대인으로서 전혀 보헤미안 독일인에도 속하지 못했다. 보헤미안으로서 전혀 오스트리아에도 속하지 못했다. 그리고 직장의 사무실에도 속하지 못했는데, 그는 스스로 작가라고 생각해 글쓰기에 몰입했기 때문이다. 특히 글쓰기는 카프카의 삶의 변화에 결정적인 동기로 작용한다.

---

2 Heinz Hillmann, *Franz Kafka, Dichtungstheorie und Dichtungsgestalt*, Bonn, 1973, S. 35.

따라서 카프카에게 글쓰기와 거리가 먼 직업 생활은 참을 수 없는 고통이었다. 그는 주간의 직장 근무와 야간의 천직인 글쓰기 사이에서 심신을 저미면서 자신의 내재적 세계로 도피하여 정신적 이방인으로 고독한 국외자, 외로운 독신자로서 삶을 살았다. 이 결과 직장인으로서 전혀 시민 계급에 속하지 못했으며, 그렇다고 근로자 계급에 속하지도 못했다. 그는 자신의 힘을 가족을 위한 직장에 쏟아야 했기 때문에 작가도 아니었다. 가족의 부양을 위한 의무감에서 죄의식을 느낄 때는 구심성Zentripetalität을 띠지만 그 지긋지긋한 회사에서 빨리 사직서를 써내겠다고 할 때는 원심성Zentrifugalität 내지 분산성이 작용하여 카프카는 상반된 갈등의 고뇌를 느꼈다. 브로트Max Brod는 카프카가 부버와 베르펠과 나눈 한 대화에 대해 〈카프카는 공동체 감정을 갖고 있지 않다. 왜냐하면 그의 힘은 자신에 대해서만 간신히 충족되기 때문〉[3]이라고 전하고 있다. 이러한 갈등에서 카프카는 소속과 사교의 대명사격인 직장을 일찍이 포기하였다.

크레머는 이를 작가로서 카프카 개인의 소외된 삶의 탓으로 돌린다. 글쓰기의 매체적 추진력이 카프카를 자아 성찰과 삶의 실천으로부터 소외시켰으며, 그를 문학 기표의 이미지 연쇄 속에 갇히게 만들었다는 것이다.[4] 결국 카프카 작품 세계에서 주제상으로 큰 주류를 이루는 소외는 이러한 카프카의 실제 생활의 반영이다.

이후에도 카프카는 오직 글쓰기만을 중요시한 결과 인간과의 관계는 더욱더 소원해졌다. 카프카는 1913년 약혼녀 펠리체 바우어에게 보낸 서신에서 〈자신이 점점 인간 공동체로부터 멀어지고 있다〉(BF 276)고 고백하고 있다. 아니 그 스스로가 오히려 〈홀로의 존재〉를 택했는데 다음의 그의 일기 내용이 이를 잘 보여 준다. 〈둘이 함께 있을 때 나는 홀로 있을 때보다 더 황량함을 느낀다. 내가 누군가와 더불어 두 사람이 되면, 이 두 번째 사람이 나를 움켜잡게 되고 나는 이 사람에게 의지할 바 없이 내맡겨지게 된다. 내가 홀로 있다면 전 인류가 나를 움켜잡게 되지만, 수없이 많이 내뻗은 손들이 서로서로 뒤엉켜 아무도 나에게 다다를 수 없게 된다.〉(T 363)

이런 배경에서 카프카는 결국 글쓰기에만 전념하고자 독신으로 살았다. 이러한 영향을 받은 탓인지 카프카 작품의 전형적 주인공들은 모두 독신이다. 폴리처

---

3 Fritz Strich, *Kunst und Leben*, Bern und München, 1960, S. 142.
4 Detlef Kremer, *Kafka, Die Erotik des Schreibens*, Frankfurt/M., 1998, S. 123.

Heinz Politzer는 카프카의 문학 작품 전반에 〈독신자의 신분*Junggesellentum*〉이 중요성을 띤다고 말하고 있다. 만일 카프카가 약혼녀 펠리체 바우어나 밀레나와 결혼하여 독신자의 신분을 벗어났더라면 그의 본령(本領)이나 매력도 사라지고 말았을 것이다. 그는 역시 글쓰기를 천직으로 삼고, 적어도 법적으로 독신자의 신분을 고집했기 때문에 그의 참다운 면목이 유감없이 나타나 있다고 말할 수 있다. 그는 끊임없이 글쓰기를 통하여 〈이곳으로부터 탈출〉을 찾고자 시도한 것이다. 결국 카프카 자신의 독신 생활의 찬양은 주변 세계로부터 항상 자기 세계로 몰입 내지 환귀하려는, 그리하여 자신의 삶의 의미를 반추하려는 작가 의식이다. 카프카는 경험을 모으기 위해 세상에 뛰어드는 것이 아니라 정반대로 내적 세계를 최대한 살려내기 위해 세상에서 도피한다. 따라서 그는 소설을 구상하기 위해 경험이나 여행, 인간, 대화를 필요로 하지 않았다.

> 내가 이룬 것은 오로지 고립 존재의 성과였을 뿐이다. 문학과 관계없는 모든 것을 나는 증오하며 그것에 싫증을 느낀다.(T 228)

카프카는 일찍이 그의 젊은 시절의 친구 폴락에게 1903년 9월 6일자로 보낸 편지에서 〈은둔은 메스껍기 짝이 없다. 〔……〕 인간은 두더지와 그 생존 방식을 존경해야 한다〉[5]고 말하고 있다. 이 언급에서 카프카의 변경적인 지위 — 그는 고독과 사회의 경계 지대에서 살고 있었다 — 는 분명하다. 〈고독과 공동 사회의 이 경계 지대에서 나는 거의 밖으로 넘어선 적이 없다. 뿐만 아니라 나는 고독 그 자체의 내부보다는 이 경계 지대에 보다 많이 정착해 있었다.〉(T 401)

카프카의 이러한 〈두더지와 같은 생존 방식〉인 독신적이며 은둔적 생활 내용이 단편 「굴」에서 적나라하게 나타난다. 이 작품에서 두더지로 추정되는 일인칭 서술자는 노년이 가까워 오는 나이에 자신의 〈굴〉을 만들어 낸 그동안의 과정을 서술하는데 여기에서 그는 고립적인 불안에서부터 출발하며, 자신 이외에는 어느 누구도 신뢰하지 않는 노이로제적 불신감을 보인다. 따라서 유일한 등장인물인 주인공은

---

5 F. Kafka, *Briefe 1902~1924*, hg. v. Max Brod, Frankfurt/M., 1958, S. 17 f.

완전히 고립되어 자폐아인 양 자신의 굴 축조에만 몰두한다. 그는 타자와 절연 상태에서 소통이 단절된 채 오직 자신의 집짓기에만 골몰하는 것이다. 그는 동물처럼 무의식이 없으며, 이중적 감정을 느끼지 않고 사물의 차이에 주목한다. 굴 그리고 이따금씩 굴 밖으로의 외출이 생활의 전부이며 그 어떤 외부적 접촉이나 사교 등이 배제되어 있다.

그런데 타자와의 관계를 맺는 대신 그는 타자를 모두 잠재적으로 편견을 가지고 상상한다. 작품의 서두에서 〈나는 생애의 최절정기인 지금에조차 완전히 안정된 시간을 거의 갖지 못하고 있다〉(B 132)고 서술하는데, 그 이유는 누군가 자신의 굴에 침입해서 모든 것을 파괴할 수 있고 자신의 죽음을 초래할 수 있다는 불안감 때문이다. 〈내가 가진 가장 값진 것을 온 사방, 땅바닥, 나무 위, 공중의 모든 자들에게 적어도 잠시라도 활짝 송두리째 내맡기지 않고 내려가는 것이 정말 불가능하다〉(B 143)는 언급, 또 〈굴이 구원의 구멍만은 아니다〉(B 146)는 언급이 이를 보여 준다. 이렇게 외부 세계는 자신의 삶에 방해되는 요소이기 때문에 그는 절대적 고립과 단절을 고수하고 있다. 따라서 그의 잘 만들어진 굴은 그 어떤 방문자도 허용하지 않는다.

그런데 서술자는 굴에서 가장 아름다운 것인 〈정적〉 역시 어느 순간 갑자기 깨질 수 있는 〈기만적인trügerisch〉(B 134) 것으로 인식한다. 그리고 이러한 적의 침입 가능성에 대한 조바심과 불안에 찬 상상은 이 작품의 중반 지점에서 〈쉿소리 Zischen〉(B 149)로 현실화되어 나타난다. 물론 주인공 동물의 온갖 노력에도 불구하고 그 소음의 진원지와 정체는 확인되지 않는다. 주인공 동물은 쉿소리에 의해 깨진 아름답고 무한한 시간의 소리인 〈정적〉을 되찾고 싶어 하지만 〈이 모든 아름다운 것〉(B 153)은 〈현재〉에는 존재하지 않으며, 쉿소리가 틈입하는 장소를 찾는 작업도 실패로 돌아간다.

2. 이념적 배경

이념을 나타내는 〈이데올로기Ideologie〉라는 용어는 약 200년 전 프랑스 혁명과 거기서 태동된 유럽 시민 사회가 성립되던 시기에 등장했다. 프랑스 혁명 뒤 설립된 〈프랑스 국립학술원〉에서 데스뛰드 드 트라시Destut de Tracy 등의 학자들은 계몽주의 정신에 입각해 인간의 인식 문제 내지 관념의 형성과 작용 등을 연구하는 새로운 학문을 창시하였다. 이 〈아이디어(관념)에 관한 과학science des idees〉의 이름이 〈이데아idea〉와 〈로고스logos〉를 합친 〈이데올로기ideologie〉였다. 이 〈관념학〉이 등장한 지 얼마 안 된 1800년대 초 프랑스에서는 혁명적 이상의 일관된 실현을 요구하는 〈관념학파(이데올로기 학파)〉 학자들과 구세력 특히 가톨릭 세력과의 타협을 통해 권력을 구축하려는 나폴레옹 사이에 갈등이 벌어졌다. 나폴레옹은 자신의 정책을 비판하는 관념학파 학자들, 즉 〈이데올로그〉들을 〈현실 정치에 도무지 이해가 없는 몽상가〉라고 비난했다. 이 과정에 〈이데올로기〉 용어의 본래의 의미는 퇴색하고 논쟁에서 상대방의 생각을 허황된 것으로 몰아붙이기 위한 용어로 부각됐다.

요즘 우리가 사용하는 사회과학적 차원의 〈이데올로기〉 개념이 형성된 것은 마르크스에 이르러서다. 그는 프랑스 혁명과 그 뒤의 프랑스 역사를 연구하는 과정에서 시민 사회의 형성과 함께 새로운 지배 메커니즘의 등장을 발견했다. 〈자유·평등·박애〉의 구호 아래 사회 전체의 이익인 양 포장된 채 지배 계급의 특수한 이해 관계를 반영하는 기만적 의식을 마르크스는 〈이데올로기〉로 명명했다. 그 뒤 엥겔스와 레닌을 거쳐 이 개념은 〈계급 의식〉 또는 〈계급 의식을 반영하는 정치적 이념〉의 의미로 확대됐고, 정신분석학·지식사회학·신실증주의 등 여러 입장들이 이데올로기 논의에 개입되면서 이데올로기 현상은 현대 사회 분석의 중요한 요소로 자리 잡았다. 그러나 인간 본연의 가치보다 전체적인 이데올로기에 의해 조종되어 개인적 가치가 상실됨으로써 소외 개념이 발생한다.

현대의 사회는 공업Technik과 자본주의로 지배되어 급격하게 변화된 결과 개인도 역시 급진적으로 변하게 되었다. 이 공업과 과학적 개념으로 볼 때 세상은 계산·예측 가능하여 예언될 수 있는 것으로 파악되고, 자연은 물질로 강등(降等)되어, 인간처럼 대용(代用)적인 대상이 되었다. 인간이나 자연은 더 이상 실제적인 가치로 인정받지 못하고 개인적으로나 사회적으로 수익의 열망만이 합리화되어, 개인이나 세상 등의 본래의 차원은 완전히 억제되는 결과가 되었다.

260

이런 배경에서 인간성을 체념시키는 새로운 세력 균형이 형성되어 소외가 발생한다. 여기에서 발생한 〈소외〉 문제에 대한 관심은 1932년 칼 마르크스의 초기 저작 『경제학·철학 초고』(1883)가 출판됨으로써 촉발되었다. 그는 자본주의 사회에서 가장 핍박한 상황에 처한 노동자들의 참상을 소외라는 개념으로 정리했다. 그는 자본주의 사회의 노동자는 자기의 생명을 대상화한 〈노동 생산물〉로부터 소외되고, 가장 인간적이어야 할 노동이 외적 강제에 의해 이뤄지므로 〈노동 활동〉에서 소외되고 있다고 주장한다. 나아가 인간은 유적(類的) 존재를 구현하는 노동을 개인적 생존의 수단으로 전환시킴으로써 〈유적 존재〉로부터 소외되고, 이처럼 외화(外化)되고 소외된 노동이 현실에서 구체화되는 생산자와 비생산자(자본가)의 적대적 관계를 통해 〈인간〉으로부터 인간의 소외를 겪게 된다고 설파하고 있다.

마르크스는 한 걸음 더 나아가 자본주의 사회에서 인간의 소외된 제반 욕구가 화폐에 대한 강한 욕구를 자극함으로써 결국 화폐의 물신성(物神性)Warenfetischismus을 확고히 한다고 한다. 근대 산업 사회에서 인간의 욕구는 점차 증가하고, 이것을 만족시켜 줄 수단은 바로 화폐다. 인간의 노동과 그의 현존재의 소외된 본질인 이 화폐는 인간을 지배하고, 인간은 그것을 숭배하지 않을 수 없다. 여기에서 마르크스는 인간의 소유욕과 화폐의 물신성의 폐기를 위한 인간의 자기 귀환, 즉 사랑과 신뢰의 회복을 주장했다.

1) 카프카의 이데올로기적 분석

아도르노T. Adorno에 따르면, 문학적 주체는 그 본질에 있어서 결코 사(私)적이지 않고, 사회적이며, 문학 작품의 형식 구조에서 보여 주는 의미 내용에 사회적 요인이 결정적이라고 한다. 이런 배경에서 카프카의 문체가 보여 주는 현상은 일견 소위 〈독점자본주의〉의 모습과는 동떨어진 것처럼 보이지만, 사물화Verdinglichung 된 사회에 대한 미메시스Mimesis[6]라는 것이다.[7] 문학 작품의 역사적

6 모방·흉내와 함께 예술적 표현을 의미하는 수사학·미학 용어. BC 5세기경 피타고라스 파에 따르면 음악은 수(數)의 미메시스라고 했다. 그러나 이 말은 플라톤에 이르러 비로소 중요한 의미를 가지게 되었는데, 플라톤은 여러 가지 개체(個體)는 개체가 되도록 한 형상Idea을 흉내낸다고 하여, 이에 의해

평가의 기준을 정하는 데 있어서 단지 그 문학 작품에 테마화되어 있는 사회적 발전 과정(소재의 선택)만이 아니라, 매개 시도 및 그 처리(형식) 역시 평가되어야 한다는 주장이다. 이는 방법론적 자유와 표현의 무한한 가능성을 시사하는 예술의 유희적 성격이 결코 현실 차원을 무시하는 독아론에 빠지는 오류를 범해서는 안 된다는 현대 작가의 권리와 의무의 역설이기도 하다.

이런 맥락에서 아도르노는 카프카 작품의 소재(내용) 자체가 이미 〈신의 섭리〉뿐 아니라 〈은폐되어 있는 국가사회주의(나치즘)〉와 〈사물화된 사회주의〉를 인용하고 있음을 지적하고 있다.[8] 이러한 사물화가 인정Anerkennung 개념을 통해서 현대적 개념으로 밝혀지기도 한다. 그런 과정에서 공교롭게도 루카치, 하이데거, 듀이의 사상에서 유사점이 발견된다. 예를 들어 루카치는 〈일종의 사고 습관, 즉 습관적으로 고착된 일종의 관점〉도 사물화로 호명하는데, 여기서 관점이란 〈그 관점을 취함으로써 사람들이 사람과 사건에 대한 관심과 공감을 잃어버리는 것〉을 의미한다.

사회주의 이념에 대한 카프카의 호감은 그가 릴리 브라운의 『어느 여성 사회주의자의 비망록』을 높이 평가하고 나중에 이 책을 친구와 친지들에게도 추천한 사실에서도 확인된다. 1910년과 1911년에 카프카는 체코의 정치가 토마스 G. 마자락(1850~1937)이 창간한 현실주의자 정당의 기관지 『시대』를 정기 구독하였다. 지식인들을 망라한 이 정당은 평민에 대한 보통 선거권 및 자유민주주의를 토대로 한 민족 문제 해결을 요구하였다. 1910년부터 카프카는 현실주의자 정당의 집회에 빈번하게 참석하여 사회주의 이념에 접했다.

카프카는 특히 1908년부터 1912년까지 시기에 사회주의 등 정치에 보다 많은 관심을 보였다. 당시 그는 유명한 체코 정치가들의 발표회와 선거 집회에 참석하여 민족 민주주의자 크라마르 박사, 국가 사회주의자 클로팍, 사회 민주주의자 수쿱 박사의 정치적 이념을 접했다. 수쿱은 보헤미안 지방이 독일인들에 의해 지배

서 현상계의 열등성을 증명하는 이유로 삼았다. 플라톤에 따르면 현상계는 원형의 모방이다. 그러나 이 개념을 플라톤으로부터 이어받은 아리스토텔레스는 그의 『시학』에서 오히려 적극적으로 평가했다. 미메시스는 인간의 기본 본능이며, 현실의 모조가 아니라 보편자의 표상이라고 주장했다.

7 Theodor W. Adorno, *Ästhetische Theorie*, Frankfurt/M., 1992, S. 342 f.

8 한기상 편저, 『독일소설문학강독』, 학연사, 1987, 185면.

되는 것에 대해 반대했다. 1912년 6월 1일 이 체코 정치가가 행한 미국의 선거 제도에 관한 강연은 카프카의 장편 『아메리카』에 나오는 선거 장면에 영향을 미쳤다.

카프카는 사회주의 경향의 〈클럽 플라디취*Klub Mladych*〉[9]와 노동자 계급에 대한 정치 경제적 억압에 대항하여 투쟁한 정치 단체 〈빌렘 쾨르버〉의 집회에도 참가했다. 클럽 플라디취는 〈자유 학교〉의 설립자인 프란시스코 페러의 처형에 반대하는 집회를 개최하였다. 카프카를 개인적으로 알고 있는 카차라는 사람이 기록한 바에 따르면 카프카는 1909년 10월 13일에 있었던 이 시위에 참가했다. 〈군국주의와 애국심〉이라는 주제로 모임을 개최한 후 이 클럽은 반군국주의와 기타 반국가적인 이념을 유포했다는 이유로 프라하 총독령에 의거하여 해체되었다.

카프카는 야노우호에게 〈자본주의란 내부에서 외부로, 외부에서 내부로, 상부에서 하부로, 하부에서 상부로 향하는 종속 체계이다. 모든 것이 종속적이며 얽매어 있다. 자본주의는 세계와 영혼을 지배하는 상태다〉(G 102)라고 말하고 있다. 이러한 자본주의의 비판이 카프카의 작품에 자주 반영되고 있다.

카프카는 작품 「변신」에서 어느 날 갑자기 벌레로 변신한 주인공의 개인적인 삶을 통해 다가오는 후기 자본주의의 물신화되고 기능화 된 인간의 일그러진 모습을 정확하게 집어내고 있다. 그레고르는 가족 구조 내에서뿐만 아니라 산업 경영 구조 내에서도 오직 그의 기능 역할로 필요한 존재가 된다. 그는 절대로 인격으로서 필수적이 아니라 일정한 기능의 수행을 위해 필수적이다. 그는 후에 〈도대체 아침에 두서너 시간만 일을 하지 않아도 양심의 가책을 받아 멍하게 되어서 곧 침대에서 빠져 나오게 되고 마는 그런 충실한 인간은 존재하지 않는단 말인가〉(E 62 f.)하고 의문을 표시한다. 자신의 기능 역할을 수행해야만 비로소 사회적 유기체의 건강이 가능해지는데 이는 가족과 경영에 대한 〈효용성〉을 의미하며, 이런 경우 자신의 인격은 병들게 되는 것이다.[10]

1917년의 세 번째 『8절지 노트의 기록』에서 카프카는 〈억압받는 계층을 배려함

---

9 체코어로 〈청소년 클럽〉이라는 뜻을 지닌 여러 청소년 단체들의 연맹체로서 사회주의 이념을 전파하기 위해 1909년에 결성되었다.

10 Vgl. Wilhelm Bernsdorf, *Wörterbuch der Soziologie*, Frankfurt/M., 1972, S. 836.

으로써 짐을 벗으려는 특권 계층의 태도는 자신의 기득권을 보호하려는 것일 뿐이다〉[11]고 기술하고 있다.

그러나 스탈린 체제의 사회주의적 현실주의 독트린이 선언된 이후 카프카는 〈제국주의 세계의 반동적이고 데카당스적인 작가〉의 본보기가 되었다. 왜냐하면 그의 작품이 지닌 기억 구상이 스탈린주의에 입각한 사회주의적 현실주의의 규범에 부합되지 않았기 때문이다.[12] 하지만 그렇다고 해서 카프카의 문학이 이른바 발전을 방해하는 비현실적이고 반동적인 것으로 치부될 수 없음은 제2차 세계 대전이 끝난 후 많은 독자와 비평가들이 그의 작품에서 형상화되었던 권력과 공포의 기억을 파시즘과 연관하여 해석하고 이해했다는 점에서도 드러난다. 심지어 출판사의 편집인이었던 막스 슈뢰더는 실제로 히틀러에 대항하는 책을 쓴 망명 작가보다도 카프카의 책을 더 추천하고 싶다고 밝히고 있다.[13] 실제로 히틀러에 대항하는 한 줄의 글도 남기지 않은 카프카의 작품이 오히려 파시즘적 세계를 더 잘 기억하게끔 했다는 이야기다.[14]

1963년 5월 27일과 28일 양일간 체코의 수도 프라하 교외에 있는 리브리체 Liblice에서 앞으로 있을 카프카 탄생 80주년을 기념하는 〈카프카 토론회*Kafka-Konferenz*〉라는 국제 토론회가 개최되었다. 여기서 〈프라하 시점에서 본 카프카 *Franz Kafka aus Prager Sicht*〉라는 주제로 당시 동독의 작가 제거스Anna Seghers 등 많은 학자들이 다양한 카프카 상(像)을 제시했다. 이들 27명의 체코와 외국의 학자들의 토론 내용은 카프카 문학의 마르크스주의적 해석이었다. 이 토론회를 주최하고 그 후 1968년 프라하의 봄 이후에 영국에서 망명 생활을 했던 골드슈튀커Eduard Goldstücker는 〈한계 없는 리얼리즘〉이라는 용어로 카프카 문학을 〈반동적이고 퇴폐적〉이라고 몰아붙이는 데 대해 거부감을 보이면서 사회주의권에

---

11 Hartmut Müller(권세훈 외 역), 『카프카 문학 사전』, 학문사, 1999, 211면.

12 Eberhard Bahr, Kafka und der Prager Frühling, in: Heinz Politzer(Hg.), *Franz Kafka*, Darmstadt, 1980, S. 519 f.

13 Manfred Behn, Auf dem Weg zum Leser, Kafka in der DDR, in: Heinz Ludwig Arnold(Hg.), *Text + Kritik*(Sonderband, VII, 1994), München, 1994, S. 318.

14 박은주, 「기억과 망각의 〈역설적 결합〉으로서의 글쓰기」, 『뷔히너와 현대문학』, 제21호, 2003, 486면.

서의 카프카에 대한 새로운 평가를 요구했다.

프라하의 〈카프카 회의〉가 끝난 후 11년이 지난 후 골드슈튀커는 다음과 같이 회고하였다. 〈그것은 카프카의 작품과 인간을 마르크스적 관점에서 조명하려는 시도였다. 그러나 스탈린의 소련 권력이나 위성국들에 의해 지시되어진 모든 독선적 선입견적 관점을 배제한 것이다. 그것은 카프카를 위대한 작가로 증명하는 시도였다. 자본주의 체제에서 살든 사회주의에서 살든 간에 현대 인간에게 항상 많은 시사성을 갖고 있는 위대한 작가임을 증명하는 시도였다.〉이 토론회에서 아주 상이하고 다양한 카프카 조명이 이루어졌다. 카프카는 여기에서 소설 세계의 날조를 통해서 사회 현실의 날조를 제시한 아방가르드 리얼리즘의 대표자로 간주되는가 하면 다른 한편으로는 작품의 풍자성과 비유적인 현실 묘사로 관료주의자에 대한 비평가로 평가되기도 하고 또 다른 한편에서는 모든 산업 국가들과 사회주의 국가에도 상존하는 소외의 소설가로 규정되기도 한다.

이렇게 사회적 이데올로기적 사상을 중심으로 카프카 작품을 분석하는 사례가 많은데 이의 대표적인 사람은 베냐민이다. 베냐민은 종교적 알레고리적 해석은 물론 심리학·정신분석적 해석도 단연히 거부하고 역사 철학적 상을 포함하는 이념사적 틀을 만들었다. 베냐민에게 문제되는 카프카의 중심 문제는 인간 사회에서 삶과 노동의 조직 문제이며 이러한 조직 속에서 운명, 즉 카프카 세계의 타고난 숙명이 지적되고 있다. 그에 의하면 카프카는 역사 이전 세계에서 감춰진 면과 우리들 시대에 훼손된 면, 즉 인간 최고의 소외 상태를 보여 준다. 베냐민은 카프카의 비유 언어 형식을 통해 나타난 인간의 자기 소외를 마르크스주의적으로 분석하고, 순수문학적 관찰이나 평가는 대상으로 삼지 않는다.

이러한 베냐민의 해석은 설득력 있게 수수께끼, 비밀, 설명할 수 없는 것으로 보였던 작품의 핵심, 즉 카프카 세계의 특징이었던 현존의 훼손을 날카롭게 밝혀주고 있다. 베냐민은 예를 들어 카프카의 『소송』의 주제를 〈인간 사회의 노동과 생활의 조직 문제를 비유적으로 형상화시킨 것〉이라 했다. 사실 『소송』의 주인공 요제프 K는 어느 날 아침 아무런 이유도 없이 체포되는 몸이 되어, 이때부터 그는 철저히 소외된다. 그가 〈알 수 없는 힘〉과 대적하면 할수록 그는 더욱 국외자로 멀어져 그의 소외는 심화된다.

『성』에서도 K의 성과의 투쟁은 그를 자연스런 주위 환경에서 국외자로 만든다. 그가 성으로 가려한다는 것을 아는 마을 사람들이 그를 거부하고, 프리다의 관계가 붕괴되면서 그는 모든 자연스런 관계로부터 분리된다. 여기에서 성은 현대인의 어두운 자화상으로 현실에 참여하고자 하는 투쟁을 암시한다. 그러나 이들은 변화하고 발전하는 상황에 있지 않고 이미 변화된 상황에 처해 있다. 따라서 이미 변화된 상황에서 개인의 희망과 투쟁은 어쩔 수 없이 한계를 지니게 되고 때로는 무의미하기까지 하다.[15]

루카치도 저서 『오해된 사실주의에 대한 반론』(1958)에서 카프카 작품에 대해 정통 공산주의의 입장을 취했다. 그는 카프카 작품을 당시의 계급 투쟁에 대한 반영으로 이해한 것이다. 루카치는 저서 『토마스 만이냐 카프카냐』에서 카프카를 가장 자본주의적이고 데카당스적인 작가로 해석했다. 그의 이러한 해석은 스탈린 체제 하의 문화 정책에서 공식적이고 지배적인 기능으로 작용했다. 이 시기에 부르주아 계급은 착취자에 맞서 투쟁한 조직화된 노동자 계급에 대해 제국주의적인 정책을 관철시키려고 시도했다. 정통 마르크스주의의 관점에서 볼 때, 소시민의 처지에 대한 카프카의 고양된 사회적 감정은 인정받을 만하다.

헤름린Stephan Hermlin은 동독의 예술원 문학분과 위원장 재직 시절인 1960년대 초, 비어만Wolf Biermann 등 일군의 비판적 젊은 문인들을 등장시켰을 뿐만 아니라 사회주의 리얼리즘의 단선적 문화 정책이 경직되게 추진되는 와중에서도 〈더 나은 사회주의 문학을 위해서는〉 카프카를 읽어야 한다고 주장했다. 동독 창립 제1세대 작가로 영향력 있는 제거스는 그때까지 사회주의적 리얼리즘의 공적(公敵)으로 선고되었던 카프카를 드디어 환상적 리얼리즘*Phantastischer Realismus*의 작가로 전향시킬 전환점을 마련하였다.

2) 사회주의 이념에 대한 비평

카프카의 사회주의적 작품 개념에 대해 비판적 요소도 적지 않다. 카프카의 마

---

15 김용익, 『프란츠 카프카 연구』, 삼영사, 1984, 86면.

르크스주의적 해석에 부응하여 루카치는 카프카의 작품에 나타난 개성의 해체, 작품 세계의 비현실성, 세계관적 시각의 결여 등을 비판하였다. 카프카는 소외를 확실히 표현했지만 그 원인을 규명하지는 못했다는 것이다. 아도르노가 볼 때도 카프카 문학의 인물들은 강력한 순응 압박에 시달리는 인간의 변형을 나타내며 카프카는 작품에서 인간의 부패와 허위 의식을 그리고 있지만 이 상황에서의 탈출구를 제시하지 못한다.[16] 염세주의적 세계관을 지닌 카프카는 자신과 독자들에게 프롤레타리아를 지지하는 길을 막아 버렸다. 시민 사회의 위기를 표현한 그의 작품은 사회주의적 리얼리즘의 윤리와 일치하지 않는다는 것이다.

더 나아가서 사회주의·마르크스적 관점의 해석은 카프카가 소외당했던 현실과 사회 그리고 그가 희망했던 또 다른 은밀한 사회에 관심을 가졌다는 점에서 긍정적인 면을 지니지만, 문학 작품이 지니는 인간적이며 문학적인 가치를 주의(主義)라는 틀 속에 밀어 넣는 우를 범하고 있다고 비판되기도 한다. 따라서 카프카는 자본주의에 대해서 그리고 이것과 결부되어 있는 〈분업〉과 〈소외〉에 대해서 그렇게 크게 반응하지 않았다는 주장도 있다. 예를 들어 자본주의 체제의 본질을 보여 주는 카프카의 소설 『아메리카』에서 카프카는 우울의 원인으로서 사회학적으로 자본주의적 경제 건설을 엄밀하게 제시해 보이는 표현에는 놀랍게도 미미하다고 그리제바하Maren-Grisebach는 진단하고 있다. 카프카에게 그것은 보편적인 인간적 우울이라는 것이다.[17]

실제로 말년에 가까워질수록 카프카는 정치적인 사건들을 멀리 했다. 다시 말해서 카프카는 앞의 몇몇 정치적 활동 외에는 결코 정치에 참여하지 않았다. 작가란 카프카에게 거인이라기보다 〈실존의 새장 속에 감금된 오색조(五色鳥)〉와 같았다. 카프카는 작가의 역할, 그의 업적과 영향에 대해 평가하기를 〈사회적 평균치 인간보다 훨씬 미소하고 약하다〉(G 35 f.)고 했다. 물론 카프카는 여기에 〈작가는 그런고로 다른 인간들보다 유한한 존재의 어려움을 훨씬 밀도 높고 강렬하게 지각한다〉는 말을 덧붙였다. 카프카는 야노우흐와의 대화에서 〈작가는 인간에게 다

---

16 T. W. Adorno, Aufzeichnungen zu Kafka, in: Ders. *Prismen, Kulturkritik und Gesellschaft,* Frankfurt/M., 1976. (이하 *Prismen*으로 줄임)

17 Maren-Grisebach, *Methoden der Literaturwissenschaft,* UTB Francke, 1976, S. 86.

른 눈을 붙여 주어서 현실을 변화시키려고 한다. 그런 까닭에 작가란 국가에 위태로운 존재들이다. 변화를 원하기 때문이다〉(G 158)라고 작가의 존재에 대해 말하고 있다.

경험에서 우러난 언어로 인하여 작가란 존재는 시종 어떤 영향력을 행사해 왔지만, 그렇다고 해서 그 영향력이 직접적으로 그의 현실 참여와 일치하는 것은 결코 아니다. 현실 참여는 지극히 자기중심적인 반면, 작품의 지향성은 보편타당하고 객관적으로 나타날 수 있다. 이런 배경에서 카프카는 물론 국수주의나 군국주의적 색채를 띤 문필가는 아니며, 그렇다고 평화주의적 작가나 반전 작가도 아니다. 그는 어떤 정치적 이념에 따라 글을 쓰는 시인이 아니며 오로지 진실을 말하는 작가였다.

이는 괴테의 문학관에도 접근한다. 예술을 국가 정책의 수단으로 사용하도록 하자는 작가에 대한 정치가의 잦은 요구를 괴테는 받아들이지 않았다. 〈만일 작가가 정치적으로 작품을 쓰려면, 당(黨)에 헌신해야 한다. 그러나 그렇게 하는 순간 그는 작가로서는 끝장이다. 그는 그의 자유 정신과 편견 없는 견해에 작별을 고하고, 옹고집과 맹목적인 증오의 모자를 귀 밑까지 푹 눌러 써야 한다.〉 왜냐하면 〈작가는 타고난 대로 되는 것이지, 그 이외의 다른 존재로 만들 수는 없다.〉 그러므로 비평가와 서평가가 작가에게 작시법(作詩法)을 말해 주려고 하는 것 같이 어리석은 짓은 없다. 그렇게 하려고 하면 작가를 파멸시킬 뿐이라고 괴테는 주장했다.[18]

카프카에게는 진실이야말로 삶 자체였기 때문에 자기 보존을 위해서 그는 진실을 만들어 내지 않으면 안 되었다. 그는 글을 씀으로써 자신의 내면에 진실을 만들어 내고자 했다. 따라서 그의 문학은 진실 탐구의 성격을 띠게 되어 정치의 이념이나 인위적인 사건과의 처절한 투쟁이었다.

그렇다고 카프카의 작품이 세계와 대립된, 고립된 개인의 욕망을, 결국은 혼자일 수밖에 없는 실존적 고통을, 근본적으로 비정치적인, 혹은 반정치적인 삶을 그리려고 했다고 말해서도 안 된다. 카프카는 삶 자체가 정치임을 보여 주고자 했다. 인간이 사는 원동력인 욕망과 권력은 대립되면서도 대립되지 않는다. 하나가 다른

18 Vernon Hall, Jr., *A Short History of Literary Criticism*, New York University Press, 1963, p. 92.

하나로 되는 끝없는 변환 과정만이 있을 뿐이다. 이는 욕망의 장인 우리의 일상적 삶 자체가 하나의 정치적 장임을 보여 주는 것이다. 따라서 카프카는 정치를 우리의 일상 자체로 끌어들이고 있다. 그리하여 우리를 사로잡고 있는 현재적 삶의 권력, 바로 그것이 우리를 가로막고 있는 벽돌이라면, 그것에서 벗어나는 욕망을 창출하는 것이 바로 우리가 선 자리에서 다른 삶으로 나아가는 출구를 만드는 것이라고 말하고 있다.[19]

3. 주체의 객체화

마르크스에 의하면 개인의 사회적 역할은 물질의 관계로 규정된다고 한다. 따라서 인간은 소비 형태의 관점에서 파악되고, 이 소비 형태가 그 신분을 결정한다. 이렇게 인간이 소비 형태로 파악되는 내용이 카프카 작품에 자주 암시된다. 예를 들어 「양동이를 탄 사나이」에서 여자 석탄 장수는 곧장 값을 지불할 수 없는 고객에게 〈아무것도 아니에요Nichts〉(B 93) 혹은 〈정말 아무것도 아니에요. 아무것도 보이지 않고 아무 소리도 들리지 않아요〉(B 93)라고 말한다. 고객은 인간적인 관계에 기초해야 하지만, 이 작품에서는 즉시 지불이냐 아니면 사후 지불이냐 하는 지불 방식에 따라 고객 접대의 기준이 결정되므로 곧장 가격을 지불하지 못하는 옛 고객은 석탄을 얻지 못하고 〈영원한 작별Nimmerwiedersehen〉(B 94)로 사라져 버린다. 「양동이를 탄 사나이」에서 우리는 자본주의 시장 경제의 객체에 대한 인간의 사물화를 볼 수 있다.[20] 즉 인간의 관계는 오직 객체의 교환 가치를 통해서 결정되고 있음을 본다. 이 작품에서는 〈사물 숭배〉 때문에 옛 고객에 대한 인간적 관계가 무시되어 버린다.[21]

이러한 인간의 사물화가 「변신」의 에필로그에 해당되는 그레고르의 사후에 보인 가족들의 태도에서 정점으로 나타난다. 갑충으로 변신한 후 처음 얼마 동안은

19 이진경, 「고전 다시 읽기」, 『한겨레 책·지성 섹션』, 2005년 8월 19일자 참조.
20 Joachim Israel, *Der Begriff Entfremdung*, Reinbeck bei Hamburg, 1972, S. 380.
21 한석종, 「카프카의 난해성과 그 구성 요소」, 『카프카 연구』, 범우사, 1984, 47면.

가계 수입에 공헌하는 인간의 흔적을 아직도 느껴서인지 가족들은 그레고르를 계속 인간으로 취급한다. 인간 그레고르와 갑충으로서의 존재 사이에는 그 어떤 상응점이 있어 실질적으로는 그 어떤 변신도 일어나지 않은 것이다. 변신 이전과 이후의 생활은 너무나 일치하기 때문이다.

실제로 그레고르는 5년이나 직장에 근무하는 동안 한 번도 병을 앓아 본 적이 없고, 아침 기차 시간에 지각조차 해본 적이 없었기 때문에 회사로부터 신임도가 높았다. 매일같이 여행을 해야 하고, 기차 연결에 대한 걱정, 불규칙하고 좋지 못한 식사, 언제나 바뀌는 고객들과 사무적인 교제를 해야 하는 등 너무나도 증오스러운 외판원 생활은 자신의 경제적 노력 없이는 도저히 살아 나갈 수 없는 가족들에 대한 책임감 때문에 계속되어야 했다.

이렇게 그레고르는 세일즈라는 직업이 싫지만 가족 부양을 위해 온갖 희생을 다해 온 것처럼 앞으로도 자신의 회사 사장에게 부친이 진 빚을 다 갚기 위해서는 아마 5~6년은 더 그 노릇을 해야 한다. 〈나는 내 부모 때문만이 아니라면 벌써 오래 전에 해약을 하고 회사를 그만 두었을 것이다. 나는 사장 앞으로 걸어가서 솔직하게 나의 생각을 말했을 것이다. 그러면 사장은 책상에서 아래로 굴러 떨어졌을 것이 틀림없어.〉(E 58)

이러한 시민 사회의 이데올로기적 노동 윤리는 『어느 투쟁의 기록』의 〈인생은 사실 누구에게나 짧다. 〔……〕 이 짧은 인생에 자신과 가족을 잘살게 하기 위해 모두가 온통 일로 분주해야만 한다〉(B 250)라는 구절에 확연히 설명되어 있다. 의무와 혐오감, 이 양자의 어느 것도 자의로 선택할 수 없는 상황에서 그레고르는 자신의 실체가 은폐되는 벌레로 변신한다.

그레고르가 갑충으로 변한 이후 그의 가족에 대한 헌신은 망각되고 계속 (가계 재정에 도움이 되지 못하는) 동물로 존재하자 마침내 가족들은 짜증을 느껴 그를 인간이 아닌 물건으로 취급하게 된다. 그러다가 아버지가 던진 사과에 맞아 그가 죽자 가족들은 벌레와 그레고르를 동일시할 것인가를 놓고 곤혹해 하던 갈등을 버리고 벌레로 죽은 그레고르의 시체를 단순한 사물로 간주한다. 시중드는 할멈이 옆방에 있는 〈물건Zeug〉(E 106)을 치워 버릴 걱정은 말라고 하며 집을 떠났을 때 가족 가운데 어느 누구도 섭섭하다는 눈치조차 보이지 않는다. 어머니 역시 마찬

270

가지다. 결국 그레고르 자신으로 볼 때는 벌레가 되어서도 계속해서 자신의 완전히 무의미한 직업 생활의 실체, 인간적 따뜻함의 결여를 보게 되어 메마른 일상생활 그리고 특히 자신의 육체와 욕구로부터 철저히 소외된다.

심지어 「변신」에서는 순수 예술도 기업 세계의 결정체인 상품화, 즉 사물화에 좌우된다. 그레고르는 비록 생계 유지를 위해 자신의 내면 생활을 포기하더라도 여동생만은 아무런 걱정 없이 자기가 하고 싶은 음악에 정력을 쏟도록 하고 싶었고, 이러한 뜻은 곧 그레고르의 유일한 정신적 힘이었다. 그러나 이렇게 그레고르가 아끼던 여동생의 음악성은 어느 날 저녁, 그의 부모가 하숙인의 환심을 사기 위해 간소한 연주회를 베풂으로써 상품으로, 오락으로 전락된다. 딸의 연주회를 마련하는 부모의 행위는 딸의 음악을 사랑해서가 아니라, 음악이라는 수단을 통해 딸을 혹사하고 착취하는 행위이다. 따라서 그 음악을 감상하는 하숙인들은 음악에 심취하여, 음악성의 깊이를 추구하기 보다는 호기심으로 식사 후의 무료와 권태를 달래며, 또한 경제력으로 그레고르의 가정을 지배하는 권력 의식을 충족시킨다.

「변신」에서처럼 인간에서 벌레를 거쳐 하나의 사물로 이어지는 한 인간의 운명은 사회주의에서 인간의 사물화로 암시된다. 이에 관한 마르크스의 이론에 의하면 상품의 경제적 품질이 아니라 교환 가치에 의해서 개인의 사회적 지위가 상징되고 그다음에 인간의 물질화가 시작된다고 한다.

이런 맥락에서 페스탈로치Karl Pestalozzi는 카프카의 단편 「싸구려 관람석에서 Auf der Galerie」에서 인간 범주와 대상 범주를 구별하면서 여자 곡마사와 충동하는 관중과 지배인을 통풍 장치와 증기 장치와 같은 기계 장치의 한 부분의 대상 범주에 넣고 있다. 이 경우에 인간은 하나의 기능 또는 부품의 일종으로 평가 절하되고 있다.[22]

이러한 이데올로기와는 거리가 멀지만 카프카의 다른 인물에서도 인간의 사물화가 나타난다. 예를 들어 『성』의 경우에 클람의 비서 모무스는 한낱 클람의 〈도구 Werkzeug〉(S 112)로, 올가는 〈성의 하인들의 장난감〉(S 213)으로 매도당한다. 프리다는 K의 기만성을 비관하는 장면에서 그녀 자신을 하나의 〈저당물Pfand〉(S

---

22 Karl Pestalozzi, *Nachprüfung einer Vorliebe*, S. 170.

149)로 소유하려 든다고 힐난한다.

또 「가장의 근심」에서 오드라덱은 처음에는 사물로, 다음 단락에서는 인간으로 특징 지워진다. 그러나 그다음에는 역설적 순환의 방식으로 상대적 명료함에서 절대적 암흑으로 급변한다. 〈그는 흔히 오랫동안 말이 없다. 마치 나무 토막처럼. 그는 나무 토막인 것 같기도 하다.〉(E 130) 오드라덱은 교묘하게 어떠한 개념 규정에도 들어맞지 않는다. 그는 사물도 인간도 아니며 사물적 인간이거나 인간적 사물이다.

분업이 고도화되면 될수록 생산 행위는 필수적으로 일의 직접성과 전문성을 요구한다. 〈일〉로 표현되는 사회적 배역은 바로 〈의무〉, 〈금지〉 그리고 〈유능함〉을 연상시킨다.

이렇게 직업에 동화된 직업적 인간의 전형으로 「유형지에서」에 등장하는 장교 *Offizier*를 들 수 있다. 이 작품에서 장교는 기계의 작동과 기능에만 오직 흥미를 느낀다.[23] 즉 장교는 인간성을 상실하고 직업화된 인물이다. 장교에게는 사랑 따위의 감정도 없다. 장교는 죄수에게 고문의 형벌을 가할 때 죄수의 몸에서 흐르는 피를 보고도 동정이나 연민을 조금도 느끼지 않고, 무시무시한 고문 절차인 전율이 끼치는 사형 과정에 대하여 죄의식도 느끼지 않고 오히려 당연한 것으로 여기며 짜임새 있게 조직적으로 잘 만들어진 기계만을 칭찬한다. 장교의 감정은 무감각하고 외부에서 일어난 어떠한 변화도 느끼지 못하고 오로지 주어진 상황에 따라 움직이는 기계와 같다. 따라서 유형지에서 재판을 맡고 있는 장교는 비인간적인 사물로 정교하고 철저하게 만들어진 로봇과 같다.

이런 맥락에서 작품에서 장교의 외모에 관해서는 별반 설명이 없고 복장에 관해서만 비교적 구체적으로 설명되어 있다. 이는 카프카가 장교를 개성 있는 인간으로 나타내려 하지 않고 인간성이 제복으로 가려진 인간의 유형, 즉 동화된 인간으로 나타내는 것이다.

이렇게 직업에 얽매이는 인물상은 「법 앞에서」의 문지기에서도 나타난다. 법에 도달하기 위해 평생을 매달리는 시골 남자의 의지를 가로막는 문지기의 행위는 오

---

23 Bert Nagel, *Franz Kafka*, Berlin, 1974, S. 248.

직 직업관에 얽매인 융통성 없는 인물상이다. 시골 남자는 온갖 실패에도 굴하지 않고 법으로의 입장을 계속 시도하지만, 융통성 없이 문을 지켜야 한다는 문지기의 직업관 때문에 법 앞에서 기다리다 죽어 간다. 끝까지 출입을 막던 문지기는 시골 남자가 죽자 〈이 문은 오직 당신만을 위한 것이었다네〉(E 121)라는 말을 남기고 철수한다. 결국 이 문은 시골 남자를 위해 만들어졌기에 그는 마음대로 들어갈 수 있는 권리가 있으나 〈문을 지키는 직업〉의 문지기라는 직업 의식이 문의 통과를 끝까지 막은 것이다.

이렇게 직업에 동화된 문지기의 내용은 『소송』에서 법정 신부의 주장에 암시되고 있다. 일반적으로 문지기가 법으로의 입장이 가능하다는 말로 시골 남자에게 헛된 희망을 불어넣어 그를 평생 동안 기다리게 했다는 내용으로 가해자는 문지기, 피해자는 시골 남자로 묘사되고 있다. 그러나 법정 신부는 피해를 주는 측이 시골 남자이고 문지기는 그저 자기 직업을 고지식하게 수행한 피해자에 불과하다는 역설적 이론을 내세운다. 이 시골 남자는 별 뚜렷한 이유도 없이 법의 문 앞에 와서 평생을 주저앉아 기다림으로써 문을 지키는 직업관을 신봉하는 문지기를 말할 수 없이 괴롭혔다는 것이다. 법으로 들어가려는 시골 남자와 법으로의 입장을 막는 직업인으로서의 문지기의 상관관계 때문에 문지기는 긴 세월을 잠시도 쉴 수가 없었다.

법정 신부는 시골 남자가 법의 문 앞에서 그토록 오래 기다려야 할 필연성이 이야기에 없다는 사실을 지적한다. 〈사나이(시골 남자)는 사실상 자유롭지요. 〔……〕 그가 입구 옆 의자에 앉아서 평생을 보냈다면, 그건 자의로 한 일이지요. 이야기에는 그렇게 하지 않을 수 없도록 강제되었다는 말은 쓰여 있지 않아요.〉(P 186) 즉 누구도 시골 남자에게 법 안으로 들어가라는 과업을 부여한 바가 없는 반면에 법에 고용되어서 법이 요구하는 업무를 수행하는 직업인으로서 문지기의 행동은 필연적이고 정당하다는 내용이 법정 신부의 주장이다. 결국 시골 남자가 죽을 때에야 문지기는 〈이 문은 오직 당신만을 위한 것이었다네〉(E 121)라는 말을 남기고 철수하여 오랜 동안의 〈직업 업무〉에서 벗어나게 된다.

카프카의 단편 「포세이돈Poseidon」에서도 직업에 얽매인 인간상이 암시되고 있다. 포세이돈은 고대 그리스 신화에서 삼지창을 휘두르며 파도를 타고 대양을 통치하는 바다의 신이다. 그러나 현대 사회의 사무실 곳곳에서 부딪칠 수 있는 서류 더미에 쌓여 일에 몰두하는 회계사의 모습이 된 카프카의 현대판 포세이돈에서는 바다를 군림하는 불사신의 모습은 조금도 찾아 볼 수 없다. 더욱이 바다의 통치자는 대양을 한 번도 통과해 본 적이 없고 바다를 볼 수 있는 기회라고는 형 주피터를 방문하고자 올림포스 산에 오를 때 슬쩍 곁눈질할 때뿐이란다. 이유는 명백하다. 카프카의 포세이돈은 〈모든 대양의 수역〉을 계산하는 임무를 통해서만 자신의 정체성을 확보할 수 있다는 강박 관념에 사로 잡혀 있고 이 과제는 끝이 보이지 않기 때문이다. 강한 의지력을 보이면서 곧 자포자기하고, 반항적으로 도전하는가 하면 또 순응하고, 이렇게 포세이돈의 자아는 분열되어 있다. 해저 깊숙한 어딘가에 사무실을 차려놓고 — 바다는 그의 통치 구역이라는 자부심을 떨쳐 버리지 못한 채 — 그렇게 갈망하는 〈바다의 짧은 일주〉조차 미루면서 잠시 동안의 휴식조차 허락하지 않고 책상 앞에 앉아 다만 한순간을, 즉 그의 일이 끝나는 그 순간을 꿈꾸듯 동경하고 있다. 지구의 종말 앞에 — 포세이돈이 희망하듯이 — 그가 바다를 일주할 수 있는 행복한 순간이 올 것인가?

결론적으로 「유형지에서」에서 장교나 「법 앞에서」의 문지기, 「포세이돈」의 포세이돈은 직업적 인간의 유형이다. 직업적 인간은 사회적 메커니즘이 명령하고 지시하는 기능적 역할만 충실히 이행할 뿐이고 정의나 양심 같은 것을 전혀 중요하게 보지 않아 어떤 의미에서 보면 인간의 사물화, 즉 주체의 객체화로 볼 수 있다.

「유형지에서」에서 주체의 객체화의 현상은 주체적인 주인공이 없는 사실로도 암시된다. 대개의 작품에는 이른바 주인공이라 할 수 있는 중심 인물이 있다. 카프카의 장편과 대부분 단편의 서두에서 최초로 등장하는 인물이 중심 인물이 되는 경우를 볼 때, 작품 「유형지에서」의 도입부부터 독자와 함께 하는 인물인 장교가 중심 인물이 아닌가 생각된다.

〈이것은 특수한 기구입니다〉라고 장교는 탐험가에게 말하면서 탄복해 마지않는 눈초리로 평소부터 잘 알고 있는 그 장치를 건너다 보았다. 그 탐험가는 단지 예절상 사령관의 초대에 응했던 것 같다. 사령관은 상관에 대한 불복종과 모욕 때문에 판결받은 한 군인의 형 집행에 참여해달라고 그 탐험가에게 요청했던 것이다.(E 151)

274

그러나 자세히 살펴보면, 장교는 열변을 토하고 행동하고 자멸적 행위까지 하지만 시점 인물이 아니라는 점과 사건 끝까지 가지 않고 도중 하차한다는 점에서 중심 인물로 보기가 어렵다. 특히 〈탄복해 마지않는 눈초리를 하고*mit dem gewissermaßen bewundernden Blick*〉(E 151)라는 구절과 〈평소부터 잘 알고 있는 기구*den ihm doch wohlbekannten Apparat*〉(E 151)라는 구절에 나온 〈어느 정도*gewissermaßen*〉와 〈잘*doch*〉의 추측 부사를 볼 때 분명 상대방인 탐험가의 느낌일 수밖에 없다.

물론 「유형지에서」에는 중심적인 역할을 하는 탐험가가 있다. 작품에서 여행자 *der Reisende*로 소개되는 이 남자는 여러 나라의 법률 제도를 시찰하러 유럽에서 온 사람으로 단순히 여행자라기보다는 탐험가라고 불린다. 그가 이곳에 오게 된 경위는 그 자신이 생각하는 바와 같이 이곳 유형지의 법률 제도, 특히 명령 불복과 상관 모독죄로 유죄 판결을 받은 어느 병사에 대한 형집행 과정에 참관해 달라는 사령관의 요청을 거절할 수 없어 예의상 이 섬을 방문하게 되었다. 그는 목적의식이 뚜렷하지 않은 채 이곳에 온 것이다. 따라서 탐험가는 주인공이라 부르기에는 미흡함이 많다. 이 탐험가는 처음부터 끝까지 이렇다 할 행동을 하지 않고 시종 방관자의 입장을 떠나지 않는다. 독자와 의식을 나누는 시점 인물이라는 점에서만 주인공과 흡사할 따름이다.

이 장교나 탐험가처럼 인간은 상대적으로 행위의 주체가 되지 못하고 갈갈이 찢겨진 채 자신의 직업 안에서 항상 일방적이고 단편적인 기능인으로만 머물고 있다. 원래 직업이야말로 인간의 가치와 이념의 화신이다. 독일어의 직업이란 말은 *Beruf*인데 이 단어는 종교 개혁자 루터Martin Luther가 성서 번역 시 처음 번역한 단어로 원래 〈*rufen*(부르다)〉의 동사를 명사화한 단어로 적합한 영어로 번역하면 *calling*(직업)이며 우리말로 번역하면 소명(召命)을 뜻한다. 즉 그들에게는 직업이란 하늘로부터 내려받은 사명감, 즉 소명으로 여겨지고 있다. 이 말의 뜻대로 하면 세상에서 제일 행복한 사람은 자기 적성과 능력에 맞는 직업을 택한 자라는 결론이 나온다.

그러나 카프카 작품의 주인공들은 자신의 의지에 어긋난 일방적이고 기능적인 직업 속에 머물고 있다. 직접성과 전문성에만 수렴(收斂)된 직업은 개인에게 만족감을 주지 못하고 무의미한 일로 느껴질 수밖에 없다. 따라서 「변신」에서 그레고르는 이러한 직업에 대한 처지를 저주하면서 〈악마여, 이 모두를 쓸어가 버려라Der Teufel soll das alles holen!〉(E 58)라고 외친다. 개인은 거대한 눈에 보이지 않는 손에 조종당해 사물화되면서 자신의 결정이 환상에 가깝다는 사실을 깨닫게 된다. 이리하여 인간은 숙명적으로 삶의 부조리와 한계 상황에 놓이기 마련이다.

이렇게 물질적인 발달만을 추구한 나머지 인간을 비참 속으로 몰아넣는 산업 사회의 능률주의와 물질주의에 대해서 카프카는 다음과 같이 극단적인 공격을 하고 있다. 〈산업에 있어서의 테일러 시스템과 분업은 끔찍스럽다. 거기에는 인간의 노예화 이상의 것이 들어 있다. 〔……〕 모든 창조의 가장 숭고하고 가장 범해서는 안 되는 부분, 즉 시간이 불순한 기업적 이해(利害)의 그물 속에 빠져 버리게 된다. 〔……〕 이처럼 심하게 능률화된 삶이란, 바라던 부와 이득 대신에 굶주림과 비참만이 자라날 수 있는 소름끼치는 저주로 가득 차게 된다. 〔……〕 인간은 생물이라기보다 오히려 사물, 물건인 것이다.〉(G 105)

따라서 인간이 사물화가 되는 카프카 문학에서는 프로메테우스적인 천재가 존재할 수 없다. 괴테의 프로메테우스가 의미하는 인간의 〈거룩하게 불타는 마음 heilig glühend Herz〉[24]은 이미 〈금속의 마음〉(트라클)으로, 〈안개의 마음〉(바하만)으로, 〈코크스로 된 마음〉이나 납덩어리(엔첸스베르거)로 변해 버렸다.[25]

「요제피네, 여가수 또는 서(鼠)씨족」에서 이러한 천재의 결별 내용이 나타나 있다. 쥐로서 여가수로 등장하는 요제피네는 자신이 실제로 음악, 예술을 창조한다고 생각한다. 그녀의 노래는 다른 모든 쥐들의 휘파람과 근본적으로 다르다고 주장한다. 민족 가운데 아무도 그녀의 노래를 이해할 수 없을지도 모른다. 게다가 그녀는 동포에게 의존하지 않는다고 주장한다. 그녀가 동포의 보호를 받고 있는 것이 아니라, 그 반대라고 주장한다. 그녀는 자신이 민족을 보호해 주고 있다고 믿고 있다. 그녀의 노래는 표면적으로는 정치적 또는 경제적으로 어려운 상황에서 우리를 구해 주고 있다고 주장한다. 그러나 이것은 근본적으로는 본래의 최고의 목표인 천재를 달성하려는 욕망에 지나지 않는다. 그녀가 실제로 추구하는 것

24 괴테의 시 「프로메테우스」의 34행.
25 R. N. 마이어(장남준 역), 『세계 상실의 문학』, 홍성사, 1981, 55면.

은 다만 예술에 대한 공공연하고 확실한 인정, 시대를 넘어 지속되어 지금까지 알려진 모든 것을 훨씬 능가하는 천재성의 인정일 뿐이다. 예술은 그 심오한 의미에서 결코 이해가 불가능하지 않고, 대중인 민족의 이해력 바깥에 존재하지 않기 때문이다.

따라서 요제피네의 욕망은 민족 전체의 재판관같이 냉정한 태도에 의해 가차없이 거절되고, 오만하고 불가능한 것으로 선언된다. 그러한 종류의 태도에 대해 민족이 저항하는 것은 당연하다. 민족이 자아를 요제피네의 휘파람 속에서 인식한다 할지라도, 요제피네의 휘파람은 그야말로 민족의 휘파람이다. 요제피네가 부르는 노래는 모든 쥐에 의해 불려지고, 그녀가 만들어 낸 자유의 환상은 환상으로서 모든 쥐에 내재되어 있다. 사고(思考)를 능가하는 것은 모든 쥐에서 사고를 능가한다.

이런 식으로 카프카의 세계에서 기계화된 산업 사회에서의 천재성은 상실되고 모두가 일반화된 현대 인간의 처지가 된다. 마르크스는 『경제학·철학 초고』와 같은 시기에 쓰여진 『제임스 밀 평주』(1844)에서 소외되지 않은 완벽한 노동의 모습을 예술가의 창조 활동과 그에 의해 만들어진 예술품, 그리고 그것을 감상하는 이와 예술가의 교감에 비견되는 완벽한 인간의 노동으로 묘사하고 있다.

결국 요제피네의 상존하는 불안의 근원은 대중 앞에서의 고독이다. 천재성 등 모든 진보는 대중에게 무의미한 것으로 평가 절하된다. 인간이 사회적 동물이라면 전체에 대한 개체의 천재성 내지 존엄성은 금지된다. 상부 상조하는 이익 사회란 개체들이 선의의 목적을 위해서 조직한 집단 조직체이다. 따라서 개체의 실존적 가치는 상실되고 전체의 일원으로 구성되지 않을 수 없다. 그리고 전체의 일원을 구성하는 인자(因子)가 되면 요제피네의 천재성 같은 개성은 상호간의 이익을 전제로 조직된 집단에 흡수되어 상실되지 않을 수 없다.

결국 산업 사회에서 개개인을 평가하는 규준은 천재성 등 인격이 아니라 이용 가능성, 즉 기능적 업적 등이다. 인간으로서 마땅히 실존적 가치를 지녀야 할 어느 개체가 자신에 대응하는 집단 혹은 전체에 대해 소기의 값어치를 지니지 못할 때 그 개체의 배제가 현대 사회의 통념이다. 인간은 사회적 동물이므로 개인적인 천재성보다는 기능적인 직업인이 되어야 하는 것이다.

결국 그러한 사회는 기술 진보 이외의 다른 생활 목적을 알지 못하고 이데올로기, 즉 마르크시즘, 파시즘, 종교 정신 등을 이용하여 인간을 동화시킨다. 이러한 이데올로기의 사회, 즉 마르크시즘, 파시즘, 종교 정신 등에 의한 인간 동화의 결과는 인간의 착취이다. 카프카의 유작(遺作) 「어느 개의 연구」에서 일인칭 설화자인 개가 한 말 〈내가 일생 동안 정직한 노동을 통해서도 원하는 바를 달성할 수 없었다면, 내가 원하던 것은 불가능하고, 그리하여 완전한 절망이 따르게 된다는 사실이 증명된 셈이다〉(B 193)라는 불만 토로가 개인이 직면한 착취의 현실을 대변해 준다. 그러한 사회처럼 〈일차원적〉이 되어 버린 인간은 소외된 자, 톱니바퀴의 부속과도 같이 관리되고 조작되는 자의 역할 속으로 깊이 들어가 버린 결과 그의 본질에 진정 적합한 것이 무엇인가를 통찰하지 못하거나 역전을 시도할 수 없게된다.

이러한 맥락에서 카프카는 기업 조직의 기구에 의한 인간의 변형을 언급하여 〈자본주의적 제국주의〉를 비판하고 있다. 개인과 직장의 관계는 이른바 한 개체의 〈존재〉에서 〈소속〉으로, 〈소속〉에서 〈의무〉라는 3대 원칙이 성립된다. 생계비 지급이라는 직장 개념에서 본래의 인간화는 비인간화로 변한다. 직장은 일단 생계비 지급이라는 선행을 베풀고 나서 상대에 대한 지배권을 획득하는 인간 권력의 속성을 대변하는 것이다. 결국 직장은 (삶의 물질을 제공하여) 구원이라는 아름다운 허위가 되고 있다. 따라서 삶의 위기에서 벗어난 개인은 사회에 순종하는 객체가 된다. 그는 위기를 느끼지 못하고, 즉 저항하지 않고 사회에 적응하지만 그 결과는 자신의 황폐뿐이다. 이러한 동기는 카프카의 단편 「작은 우화Kleine Fabel」에서 쥐의 태도에 잘 나타나 있다.

〈아〉 하고 쥐가 말하기를 〈세상은 매일 좁아져 가고 있구나. 애초에 세상이 너무 넓어 난 불안했었지. 나는 막 달렸고, 그리고 드디어 멀리 오른쪽과 왼쪽의 성벽을 보았을 때 나는 행복했었다. 그러나 이 긴 두 성벽은 너무나 빨리 마주쳐 나는 벌써 마지막 방에 와 있고, 저기 방 안에는 내가 뛰어들게 될 덫이 놓여 있다.〉 ― 〈넌 달리는 방향을 바꾸기만 하면 돼〉라고 고양이는 말을 하고 쥐를 잡아 먹었다.(B 91)

이 텍스트는 어떤 견해와 이에 대한 항변을 나타내는 두 문장으로 이루어져 있다. 쥐와 마찬가지로 독자는 사건을 엿보는 고양이의 출현을 예기치 못한다. 전지적 작가는 이러한 맥락을 간파하고 있다. 이상하게도 고양이는 이 전지성을 공유하고 있는 반면, 아무것도 예감하지 못한 쥐는 죽음을 향해 달려간다. 이야기의 핵심은 쥐의 태도에 이미 예비되어 있다. 다시 말해서 쥐는 고양이의 충고에 따라 덫을 피하는 동시에 고양이의 먹이가 된다. 위험을 의도적으로 피하는 쥐의 행위가 자신의 죽음을 재촉한다.

이 공허한 〈모델〉에서 인간의 운명과의 관계를 생각해 볼 수 있다. 고양이는 인간을 마음대로 주무르는 잔혹한 운명을 대변한다. 잔혹한 운명은 인간의 환상을 파괴하고 인간의 자유가 미리 결정된 것임을 폭로한다.[26] 진퇴양난의 막다른 골목에 다다른 쥐의 모습이야말로 현대인이 처한 상황으로 사물화된 현대 산업 조직에서 극단적으로 소외된 인간이다. 즉 쥐는 기업처럼 생계의 구원이라는 아름다운 허위를 제공하는 고양이의 충고에 따라 덫을 피하는 동시에 고양이의 먹이가 된다. 위험을 의도적으로 피하는 쥐의 행위가 자신의 죽음을 재촉하는 것이다. 따라서 여기에서 고양이는 인간을 착취하는 잔혹한 기업으로 볼 수 있다.

이런 배경에서 〈나〉와 세계의 관계는 대결과 소외의 양상을 띠지 않을 수 없다. 외부 세계, 즉 제2의 자연으로부터의 산업 사회는 고립된 〈나〉에게 늘 소외의 충격을 주면서 〈나〉를 해체시킨다. 이러한 〈나〉와 세계의 관계에서 나타나는 소외의 가장 두드러진 현상은 인간의 사물시(事物視)이다.

결론적으로 취업이라는 행복의 가상이 고통을, 실제로 인간에 가해지는 기형화를 은폐한다. 그런데 이 고통을, 즉 본래의 비인간화를 사람들은 의식하지 못한다. 따라서 〈가장 중요한 것은 금전과 기계이며, 인간은 자본 증식의 오래된 도구일 뿐이다〉(G 114)라고 카프카는 야노우흐에게 말하고 있다.

카프카의 「변신」에 이러한 사상이 잘 암시되어 있다. 이 작품에서 그레고르는 스스로와 가족의 생활을 영위하기 위해서 회사와 가정의 톱니바퀴가 되려고 영혼을 희생적으로 직장에 팔아 버린다. 「변신」에서 지배인은 아주 경멸적인 언사로 회사의 피고용인이 점점 능률이 떨어지면서 쓸모없이 되어 가는 모습을 다음과 같이

---

26 Hartmut Müller(권세훈 외 역), 『카프카 문학 사전』, 학문사, 1999, 201면.

비판하고 있다. 〈이때가 실은 대단한 이익을 남기는 시기는 못 된다는 점을 우리는 인정을 하기는 하네. 그러나 잠자 군, 전혀 이익을 남기지 못하는 시기란 없는 것이며, 또 있어서도 안 되네.〉(E 65) 이 진술에서 지배인이 그레고르의 직업적 처지를 혹독히 비판하고 있음을 알 수 있다. 그의 주장에 따르면 그레고르의 판매고는 떨어지고 있어서 회사에서의 그의 처지가 위태롭다.

그레고르는 엄청난 업무량, 진실되지 못한 대인 관계 등 직업에 대한 많은 불만에도 불구하고 5년 동안 성실히 일해 왔으므로 직장에서 자기 위치는 확고하다고 믿고 있었다. 그러나 그레고르가 변신한 후 업무적 수단으로서의 이용 가치를 잃게 되자 나오는 회사 지배인의 태도는, 개인과 직업 사회는 상호간에 유용한 경제 수단으로서만 관계를 맺고 있음을 드러낸다. 선량하고 사심 없는 행동은 기업 세계의 눈에는 악하게 비쳐지는 것이다. 지배인의 언급에서 카프카는 거의 냉소적으로 인간이 얼마나 철저하게 시민 사회의 엄격한 기능주의와 노동 이데올로기에 얽혀있는 가를 보여 준다. 고용주는 피고용인에게 직접적이고 외부적인 권력을 통해서 피고용인을 자신의 통제 하에 둔다. 그 때문에 그들 피고용인은 〈외적 권력의 연관 속에서 변형된 정신에 의해 간접적으로 지배된다. 즉 외적 제재가 내적 통제로 대치되는 결과를 초래한다.〉[27] 달리 표현하면 기업 세계가 개적인 삶 속으로 침입하게 된 것이다.

「변신」에서 인간이 직업의 부속품으로 전락하는 상황이 그레고르의 부친에서도 잘 나타나 있다. 즉 그는 한 은행의 말단 수위직을 얻고난 후 가장(家長)으로서의 태도보다는 오히려 수위 직책이 가정에서도 그에게 더 결정적인 역할을 한다. 심지어 부친은 잠을 자면서까지 직장 제복을 벗으려 하지 않으며 상관이 부를 때는 언제나 뛰어나갈 수 있도록 만반의 준비 태세를 갖추고 있으면서도 가족이나 그레고르에 대해서만은 이성을 잃고 지배자가 되려 한다. 이러한 직업 사회화 때문에 그레고르 가족에게 개인적 삶이란 더 이상 존재하지 않는다.

이렇게 직업에서 개인이 상실되는 내용이 1907년에 완성된 초기 단편 「상인Der Kaufmann」에서 자기 직업의 노예가 된 한 소상인의 내적 독백을 통해 인간성이

---

27 Wilhelm Arnold, Hans Eysenek, Richard Meili, *Lexikon der Psychologie*, Bd. 3, Freiburg, Basel, Wien, 1972, S. 376.

상실되고 기계화된 일상에서 느끼는 끔찍스러운 소외가 강조되고 있다. 이 작품에서 카프카 특유의 정확한 사실주의적 세부 묘사, 고독한 인간의 지친 영혼에서 기인하는 환상과 기술 문명으로 인한 비인간화의 영향 등이 두드러지게 나타난다. 이러한 현대 사회의 비인간화를 잔인하게 보여 주는 카프카의 또 다른 작품으로 단편 「독수리Der Geier」도 들 수 있다. 이 작품에서 독수리는 인간에 대한 경제적인 압박 등을 상징하는데 이는 내면적인 고뇌와 불안을 상징하는 이미지로도 볼 수 있다. 여기에서 독수리는 인간을 억압하는 모든 힘이다. 권력을 가진 자, 금력을 가진 자, 잔소리하며 강압적인 직장 상사 그리고 사회적인 눈총 그리고 휴식을 거부하는 경제적인 압박이다. 이 독수리는 이제 인간의 보호 벽을 모두 무너뜨리고 인간을 정신적으로 피폐하게 만들고 있다.[28]

　　한 남자가 지나가다 잠시 나를 보더니 왜 내가 독수리를 참고 있느냐고 물었다. 〈저는 무방비랍니다〉라고 나는 대답했다. 〈독수리가 와서는 쪼아대기 시작했어요. 나는 물론 그 놈을 쫓으려 했고, 심지어 그 놈의 목을 졸라 죽이려고까지 했죠. 그런데 그런 짐승은 워낙 힘이 세고 내 얼굴을 쪼으려고 덤벼들어 나는 차라리 발이 낫다고 생각하고 발을 내 놓았죠. 이제 제 발은 갈기갈기 찢겨졌답니다.(B 85)

정신적으로 지친 자, 경제적으로 고통을 받는 자, 사회적으로 핍박받는 자들의 분노는 그러한 고통을 가져다주는 대상들을 원망하여 그들을 〈목 졸라 죽이고〉 싶을 정도로 울분에 떨지만 그러한 동물은 이미 엄청난 힘을 지닌 존재로 그 앞에 버티고 서 있다.[29]

또 직업에서 개인이 상실되는 내용이 장편 『성』에서도 적나라하게 암시된다. 발터 횔러러 같은 학자는 저서 『형식의 묘사Beschreibung einer Form』에서 카프카의 작품 『성』이나 『소송』의 주인공 이름이 K로만 밝혀지는 점에 주목하고 〈이것만도 인간의 비인간화 경향을 간취하기에 충분하다〉는 언어학적 해석을 내리고 있다. 인물의 물질화 등 비인간화를 나타낼 때 이름의 거부 현상이 나타난다는 것이다.

---

28 이규영, 「독일 문학에 나타난 『프로메테우스』」, 『독일어문학』, 제11집, 2000, 112면.
29 이규영, 같은 책, 113면.

『성』에서 맹목적인 복종만을 요구하는 정체불명의 조직체가 마을 주민의 일상과 운명을 완전히 장악하고 있다. 성은 주인공 K에게 마을 주민이라는 인식을 심어 주기 위해서 학교 급사일을 준다. 이는 K를 성의 영역에서 나가지 못하도록 마을에 묶어 두면서 동시에 성에 복종시키려는 것이다. 그러나 K의 목표는 성안의 토지를 측량하는 것이지 그 주변에서의 생활이 아니기 때문에 그는 마을 주민과 일체감을 얻지 못한다. 따라서 K는 급사일을 충실히 이행함으로써 마을에서의 생존 기반을 가질 수 있고, 더 나아가서 성안으로 들어갈 수도 있는 계기를 마련하리라는 점을 깨닫지 못하고 오로지 토지 측량사로서 정정당당히 성에 들어가기만을 바란다.

따라서 K가 이때 범하는 중대한 오류는 진정한 인간 관계를 개인적으로만 맺으려 한 점이다. 성안으로 들어가려는 지나친 강박 관념 때문에 그는 사람들과 교제를 오로지 개인적 목적을 위한 수단으로 이용함으로써 조직을 바탕으로 이루어져야 할 인간 관계를 형성하지 못한다. 맹목적이고 통찰력이 결여되어 있으며 조직체와 인간 관계도 맺지 못하는 K는 철저히 패배한다.

결국 『성』의 마을에서의 인간 관계도 인격적인 관계로 맺어지는 것이 아니라 고용 관계로 이루어져 있다. 그런데 K는 외부인, 곧 고용적 관습에 물들지 않은 사람으로 인격적인 인간 관계를 추구한다. 그는 권력에 대해 의문을 제기하고 거부하며, 바깥에서 객관적인 시선으로 바라보려 한다. 그러나 성의 간접적인 고용 제도에 복종하지 않은 자는 절대로 그 세계에 들어가지 못하기 때문에 추방자가 될 수밖에 없다. 마을의 계율을 어긴 바르나바스 가족이 이웃에게 소외당하는 것도 같은 이유에서다.

『성』에서 아르투어와 예레미아스라는 두 명의 쓸모없고 유치하기 짝이 없는 K의 조수들이 있다. 그들은 끊임없이 K를 향해 달려오고, K의 일을 방해하고, 그들을 지배하는 직무 법칙의 지배를 받고, 더 자세히 말하면 K에게 봉사하라는 〈공무적〉 지배를 받는다. 그들은 공직에 있는 동안, 즉 관리들의 보편적 삶의 강제를 받는 동안, 자신들의 의미를 설명할 수 없고, 결코 설명해서도 안 된다. 그들은 아무 생각이 없고 말도 없다. 그들의 말은 K가 이해하지 못하는 수수께끼 같은 유치한 장난이다. K가 그들을 몽둥이로 때리면서 해고할 때야 비로소 그들은 일에서 벗어나서 K에게 자신들의 기능과 자신들이 관청에서 받은 명령을 설명한다. 그 명령은 모든 것을 아주 심각하게 받아들이는 K를 농담, 익살, 웃음, 놀림으로 흥겹게 해주는 것이다.(P 221) 〈그건 그렇고 너희들이 나에게 왔을 때 왜 지금처럼 솔직히 말하지 않았느냐?〉라고 K가 조수 예레미아스에게 놀라서 물었을 때, 예레미아스는 〈그야 뻔하지요. 근무중이었기 때문이지요〉(P 222)라고 대답한다. 이 말에서 개인과 조직의 관계인 사무(私務)와 공무(公務)의 확실한 대립이 인식된다.

결국 『성』에서도 직업이 인간을 대표하며, 인간에게 존재 가치를 부여하는 것이다. 다시 말해서 인간의 존재 의미는 그 직업과 일치하는데 K로부터 해고당한 조수 예레미아스의 말이 이를 입증한다. 〈당신과 내가 고용 관계에 있었던 사이에는 당신이 나에게 대단히 중요한 인물이었습니다. 그것은 당신의 성품 때문이 아니라 일의 명령 때문입니다. 그리고 그 때문에 나는 당신이 원하는 것이면 무엇이든지 했습니다. 그러나 지금 당신은 나와 아무 상관이 없습니다.〉(S 224)

그런데 K는 성의 마을에서 통용되는 직업에 대한 개념을 파악하지 못하고 있다. 그는 〈언제나 자유롭게 지내고 싶어하는 존재〉로서 자기 개인을 주장하고 있는 것이다. 이것이 그의 환상이다. 〈조직은 독립적으로 모든 것을 지배하는 익명의 권력이 되고, 이 권력은 무제한 증대되어 개인의 생활을 지배한다.〉[30] 따라서 K는 개인의 의지를 달성하지 못하고 끊임없이 헛되이 반복 행위를 할 뿐이다. 획일화된 문명 사회에서 개인의 주관적 요구가 사회에 받아들여지기를 요구하는 것은 개인의 존재를 일깨우는 행위다. 그런 의미에서 성에 대한 아말리아의 전례없는 전면적 저항이나 역시 권력에 저항하는 K의 행동은 현대 사회가 공동체의 이름으로 개인에게 행하는 횡포와 억압에 대한 투쟁이다.

심지어는 권력을 행사할 수 있는 위치에 있는 인물도 〈고용〉이란 관계로 피해자 신분이 되는 경우도 있다. 예를 들어 「법 앞에서」의 요지는 문지기가 법으로의 입장이 가능하다는 말로 시골 남자에게 헛된 희망을 불어넣어 그를 평생 동안 기다리게 했다는 내용으로 일반적으로 가해자는 문지기, 피해자는 시골 남자로 묘사되고 있다. 그러나 법정 신부는 피해를 주는 측이 시골 남자이고 문지기는 그의 피해

---

30 W. Emrich, *Franz Kafka*, Wiesbaden, 1975, S. 234.

자라는 역설적 주장을 내세운다. 즉 법정 신부에 따르면 별 문제가 없는 상황에서 평지풍파를 일으킨 것은 문지기가 아니라 시골 남자라는 것이다. 이 시골 남자는 별 뚜렷한 이유도 없이 법의 문 앞에 와서 평생을 주저 앉아 기다림으로써 문지기를 말할 수 없이 괴롭혔다는 것이다. 문지기는 시골 남자 때문에 그 긴 세월을 업무에서 잠시도 쉴 수가 없었다.

법정 신부는 시골 남자가 법의 문 앞에서 그토록 오래 기다려야 할 필연성이 이야기에 없다는 사실을 지적한다. 〈사나이는 사실상 자유롭지요. 〔……〕 그가 입구 옆 의자에 앉아서 평생을 보냈다면, 그건 자의로 한 일이지요. 이야기에는 그렇게 하지 않을 수 없도록 강제되었다는 말은 쓰여 있지 않아요.〉(P 186) 즉 시골 남자는 누구도 그에게 법 안으로 들어가라는 과업을 부여한 바가 없어서 자유롭지만 문지기는 법에 〈고용되어서〉 법이 요구하는 바를 시골 남자가 죽을 때까지 수행해야만 한다. 결국 그 시골 남자가 죽을 때에야 〈이 문은 오직 자네만을 위한 것이었다네〉(E 121)라는 말을 남기고 철수하여 오랜 동안의 〈고용 업무〉에서 벗어나는 것이다.

결론적으로 「변신」의 그레고르나 『소송』의 요제프 K, 『성』의 K, 『아메리카』의 카알 등 여러 주인공들은 규칙적인 직업 생활에 파고들어 그것을 파괴하는 기이하고, 간파할 수 없고, 전율스러운 인간상으로 나타난다. 현대 사회의 횡포와 억압은 주인공들이 도피하려는 사업체의 비인간성이기 때문이다. 단순히 현대 사회의 거대한 직업 조직에 수동적으로 안주하면, 그러한 조직이 지닌 모순과 통폐(通弊)를 적출해 낼 수가 없다고 보기 때문에 카프카 주인공들은 처절하게 투쟁하는 것이다.

그런데 『아메리카』에서 주인공 카알은 투쟁을 하지만 이기적이거나 기만적이 아니기 때문에 충돌이 더 강하다. 카알이 소설의 제1장에서 자기를 위해서가 아니라 화부를 위해 변호하는 장면이 이러한 면을 입증한다. 그러나 카알의 공격도 직업 규율의 추종자들(선장, 삼촌, 요리장 등)의 입장을 조금도 변경시키지 못한다. 사회의 정점에 있는 상원의원도 직업화된 규율에 복종한다. 그는 조카 카알과 예기치 못한 만남이라는 개인적인 가정일로 말미암아 공무를 방해한 점에 대해서 선장에게 사과한다. 카알은 이 사죄를 이해하기 어려운 외삼촌의 자기 비하라고 느긴다. 심지어 선장은 사양하는 의례적인 말 한 마디도 없이 이 사죄를 당연하게 받아들인다. 이 사람들의 의식에서는 직업적인 것, 즉 공적인 것이 사적인 모든 것을 지배한다. 직업의 규율 문제가 튀어나오면 그의 친절도 쑥 들어간다.

결론적으로 직업이라는 거대한 매머드의 자본주의를 폭로하고 인간의 개인성을 회복하기 위해서 피투성이가 되어 도전하는 것이야말로 카프카 문학이 지향하는 하나의 목표이다. 그러나 조직은 무한히 증대되지만 개인은 유한한 존재로 패배하지 않을 수 없다. 이러한 개인과 조직의 관계가 『소송』에서는 개인과 법원의 관계로 나타난다.

> 이 커다란 법정 조직은 영원히 떠돌아 다닌다고까지 말할 수 있습니다. 우리들이 자신의 처지에서 독립적으로 무언가를 변경하면 우리들은 발붙일 지반을 잃고 추락하게 되고 맙니다. 반면에 커다란 이 조직체는 사소한 방해를 받더라도 다른 곳에서 쉽사리 보충될 수 있습니다. 있을 법한 일이기도 합니다만, 만일 이 법정 조직이 더 이상 폐쇄되어 있지 않고, 주의력을 끌지도 않고, 엄격하지도 않고, 노하지 않더라도 그 상태에는 조금도 변함이 없습니다. 이러한 사실들을 알아차리도록 노력하셔야 합니다.(P 104)

법정 조직은 일정한 법률에 따라 운영되어지는 조직이 아니라 생명력을 가진 유기체처럼 자신의 의지에 따라 확장하는 조직으로 유한한 개인인 요제프 K의 대척자(對蹠者)가 된다. 이러한 조직은 단지 원소적(原素的)으로만 작용하는 비인간적인 힘의 세계를 형성하여 개인의 개성과 품위를 인정하지 않는다.

이렇게 직업적 권력은 법과 계율까지 상징한다. 이런 배경에서 카프카의 작품은 직업 사회의 권력에 지배되는 현대인의 생존 방식과 인간 내면의 비인간적인 속성을 낱낱이 고발하여 〈탈인간화된 세계〉[31]에서 인간의 비합리적인 운명을 암시하고 있다. 이때 직업적 권력의 문제는 특정한 시대적 상황을 염두에 둔 것이라기보다는 인간 세계의 보편적인 화두(話頭)라는 성격을 띤다.

31 Werner Mittenzwei, Brecht und Kafka, in: Eduard Goldstücker(Hg.), *Franz Kafka aus Prager Sicht*, Berlin, 1966, S. 126 f.

이렇게 현대 인간은 조직 사회에 의한 자기 소외로 인하여 이미 내면과 외면과의 접촉이 불가능하게 되었다. 직업과 노동이라는 멍에를 걸머지고 있는 현실의 세계와 인간이고자 하는 내면의 세계 사이에는 이미 균형이 무너졌으며, 개인적인 자아는 노동 세계에 잠식되어 버린 실정이다. 이러한 현실에 대한 자아의 소외는 동시에 인간의 모든 부분 영역의 격리와 고립을 뜻한다. 바꿔 말하면 인간은 자신으로부터 완전히 소외되어 있다. 현대의 노동 세계에 있어서 인간의 내면과 외면 영역 사이의 연관이 파괴됨으로써 인간은 자신의 통일에서 전락하여 갑충과 같은 동물이 되는 것이다.[32]

결국 카프카의 작품은 본질적으로 애정이나 이해도 없는 주위의 소세계 속에 갇혀서 천덕꾸러기로 온갖 학대와 박해를 받고 아무런 자신이나 구제도 없이 소외당한 채 삶의 부조리와 한계 상황에서 돌파구를 찾지 못하는 소시민의 적나라한 모습을 나타낸다. 카프카의 문학을 마적(魔的) 리얼리즘, 환상적 리얼리즘이라고도 하고 혹은 초현실주의Surrealismus의 범주에 넣는 경우도 있는데 이는 그가 현대인의 절망과 실존의 문제를 미묘한 측면에서 파악하여 무자비하게 해부시켜 독자의 가슴을 서늘하게 하는 일말의 신비한 요소를 제공하기 때문이다.

지금까지 언급되었듯이 카프카의 문학은 현대 사회의 직업 등의 구조적 모순을 고발하고 있다. 물론 카프카 문학에 직업 등의 기술 문명을 긍정적인 즐거움으로 전환시키려는 의지가 없는 것은 아니다. 예를 들어 『아메리카』에서 기술 문명을 즐거움으로 전환시키려는 욕망이 나타난다. 즉 주인공 카알은 최신의 발명품인 자신의 책상의 정교한 기술을 유희로, 자신의 유년 시절의 인형극에 대한 즐거운 추억으로 이해한다. 여기에서 최후의, 최고의 유토피아적 희망이 열린다. 모든 기술이 목적에서 풀려난 유희로 변할 수 있다면, 인류는 다시 단조로운 노동의 노예화의 속박에서 풀려날 것이다. 이러한 유토피아적 유희 속에서 유년 시절과 〈기술자〉가 되고 싶은 유년의 소망이 결합되어 매혹적이고 의미심장한 통일체를 형성한다.

또 권력자의 횡포가 어쩌다가 권력 조직의 미숙으로 민중에 압도당해 지배되는 경우가 있다. 이 내용은 『아메리카』에서 판사의 선거 광경에서 나타난다. 〈일제히

---

32 박환덕, 「카프카의 산문의 구조에 대하여」, 『카프카 연구』. 범우사, 1984, 81면.

환성을 올리는 군중은 알아들을 수 없는 이름을 소리쳐 부른다. 이때 그들은 기계처럼 박수를 친다. 마침내 끝날 줄 모르는 신호는 모든 인간의 소리를 제압했다. 그리고 이런 경우에 대비해 교육받은 무리들이 반대 당을 완전히 침묵시켰다. 군중은 공짜 맥주를 받고 매수당한다. 이때 행렬을 이끄는 남자들은 군중들이 음식점 앞을 지나면서 맥주 한 잔씩 받을 수 있도록 준비했다.〉(A 204 f.) 그러나 권력의 대표자격인 판사 후보자는 발언의 기회도 얻지 못한다. 후보자가 말한 내용은 전혀 알아들을 수도 없다. 특히 다른 수많은 연설자들이 그가 말하고 있는 중에도 큰소리로 외치기 때문이다.

결국 모든 것은 역전된다. 후보자와 그의 정당이 이전에 군중을 지배하고 조직했다면, 이제는 군중이 법을 지키지 않고 지배한다. 후보자의 추종자들은 거의 움직일 수 없었다. 지배자도 자신의 체제의 포로가 되었다. 〈이 사람조차도 마음대로 한 발자국도 뗄 수 없었다. 군중들에게 영향력을 행사한다는 것은 더 이상 생각할 수도 없었다. 군중은 속수무책으로 넘쳐났다. 사람들이 옆 사람에게 기대다시피 서 있었고, 어떤 사람도 똑바로 서지도 못했다. 후보자는 끊임없이 연설했다. 하지만 그가 자신의 프로그램을 설명하는 건지 아니면 도움을 부탁하는 건지 더 이상 분명하지 않았다.〉(A 210) 여기에서 무분별하고 무계획적인 민중이 자기들 위에 군림하는 판사를 지배하게 된다. 이것을 뒤집어 보면 외견상 지배하고 있는 것처럼 보이는 지도자층이 그들 자신이 조직한 민중에 의해 비합리적으로 관리되고 있다는 뜻이다.[33] 이 내용은 인간은 자기 자신의 본래성 또는 고유성을 포기함으로써 소시민이 되었지만, 이제 그 모순을 깨닫고 자기 자신으로 돌아가려고 하는 것을 의미한다.

또 권력자가 스스로 권위적인 의식을 포기하는 모습이 카프카의 신화적 작품 「사이렌의 침묵」에서 주인공 오디세우스의 형상으로 암시되고 있다. 호메로스의 원전에 등장하는 오디세우스는 「사이렌의 침묵」에 나타난 카프카적 서술의 오디세우스가 아니다. 카프카에 있어 오디세우스는 첫 주체이지만 권위주의적으로 나타나지 않는다. 따라서 노 젓는 소시민적 종에 대한 오디세우스의 권위에 대한 언급이 없다. 카프카의 오디세우스는 노 젓는 종의 귀를 틀어막지 않고 자신의 귀를 틀

---

33 빌헬름 엠리히(편영수 역), 『카프카를 읽다』, 제2권, 유로 2005, 18면.

어막는다. 그러나 호메로스의 오디세우스 내용에서는 오디세우스의 모든 노 젖는 종이 충동적 유혹에 빠지지 않게 하기 위해서 그들의 귀를 모두 틀어막아 심리적으로 소시민적 모습이 연상된다.

마찬가지로 카프카의 오디세우스도 소시민적 모습을 보인다.「사이렌의 침묵」에서 오디세우스는 밀랍으로 귀를 막고 사슬로 온 몸을 돛대에 묶는다. 따라서 몸만 묶고 사이렌의 노래를 들었던 호메로스의 오디세우스와 구별된다. 호메로스의 오디세우스는 귀를 막지 않았기 때문에 자신의 몸을 묶었으나 귀를 막은 그의 부하들은 몸을 묶지 않고 노를 저어 간다. 사이렌의 위험한 노래를 듣겠다는 호메로스의 오디세우스의 선택은 영웅적이다. 그가 사이렌의 노래를 들으면 강렬한 충동에 빠지지만 그 노래 속에 파멸의 위험이 있다는 것을 충분히 알고 있다. 그러나 사이렌의 노래의 쾌락을 맛보고 싶었기 때문에 몸을 묶은 채 귀를 열어 두고 충족될 수 없는 충동의 고통을 감수하기로 결심한다. 반면에 카프카의 오디세우스는 자신의 귀를 막는 것으로 간단히 문제를 해결한다. 이는 생존을 위한 신화적 체험의 포기로 영웅이 아닌 평범한 소시민의 모습이다.

사이렌의 위협을 무사히 피해 간다는 목적에 비추어 보면 카프카의 오디세우스가 현명한 길을 선택한 것처럼 보인다. 하지만 그것은 모험이나 영웅성과는 거리가 멀다. 이러한 의미에서 카프카는 오디세우스를 영웅에서 왜소한 소시민으로 전락시켰다고 말할 수 있다.[34]

이러한 몇 개의 예외에도 불구하고 카프카 작품 대다수의 주제는 조직의 박해를 받는 소시민의 비애, 즉 현대 사회의 구조적 모순에 대한 고발이다. 심지어『아메리카』의 앞의 내용에서 민중들이 자신들에 군림하던 권력자를 지배하게 되는 내용에서도 결국은 민중들의 착취 내용이 간접적으로 암시되고 있다. 즉 민중들은 이러한 민중의 자유 사상을 의식하자마자 현대인의 난숙한 자본주의 등의 사회가 그를 죄인시 한다. 예를 들어『아메리카』의 주인공은 유럽의 봉건적인 가부장적 질서에서 벗어나 현대 산업 사회의 패러다임이 지배하는 신대륙에서 새로운 삶을 시작한다. 그러나 뉴욕 항에 들어오면서 바라본 자유의 여신상이 횃불 대신〈칼

---

34 김태환,「오디세우스와 사이렌」,『카프카 연구』, 제13집, 한국카프카학회, 2005, 57면.

Schwert〉(A 9)을 높이 쳐들고 있는 상황은 이 사회에서의 정착이 순탄치 않음을 암시한다. 이처럼 변형된 자유의 여신상은 개인과 자본주의 등의 조직 관계의 냉혹함과 함께 자유는 이미 마련되어 있는 것이 아니라 투쟁하여 얻어야 한다는 것을 상징적으로 보여 준다. 여기에 등장하는 아메리카는 〈개방된 미래의 세계일 뿐만 아니라 혼돈과 공포에 대한 투쟁, 즉 적나라한 실존과 힘의 투쟁의 세계이다.〉[35] 이러한 현대 산업 사회에서 인간은 더욱 비인간화되어 오로지 유물적 기능만을 담당하는 기계 부속품으로 전락하고 만다.

이에 관해서 카프카의 노동자의 현실과 사뭇 대조적으로 우리나라의 노동 문제와 독재 정권을 형상화시킨 김진경의 「카프카에게」라는 시를 음미해 보기로 한다.

카프카에게

자네의 소설 속에서
선량한 월급쟁이 잠자는 발견했지
어느 날 아침 잠에서 깨어
자신이 거대한 곤충이 되어 있는 것을
밑도 끝도 없는 악몽처럼
그렇지 그것은 자네가 사는 땅에선
악몽 또는 이야기

그러나 내가 사는 땅에서
그것은 엄연한 현실이라네
매일 새벽마다 곤충으로 간주된 사내들이
우유 배달부에게 끌려나가고
하얀 벽의 방에 갇히어
가느다란 다리 끝마다 바늘을 꽂고 바둥거리네

---

35 Jürg B. Honegger, *Das Phänomen der Angst bei Franz Kafka*, Berlin, 1975, S. 251.

또는 다리와 초라한 성기에 전선을 감고
단말마의 몸부림을 친다네
인간의 말을 잊어버릴 때까지
곤충의 비명을 지를 때까지
곤충의 체액을 토할 때까지

그리고 심판이 시작되네
곤충의 비명에 대해
곤충의 몸부림에 대해
이유를 알 수 없는 판결이 내리고
쇠사슬 소리, 열쇠 소리
1평의 채집통 속에
선량한 월급쟁이 사내는 갇혀 운다네

그러나 이것은 빠져나갈 길 없는
악몽이 아니라네
고통의 근원을 적은 알고 있으므로
자네의 이야기는 썩어가는 자본이 꾸는 꿈
그러나 이 땅의 고통은
썩어가는 두엄 위에 깨어나는 생명의 탄생일세.

　〈잠자〉, 〈곤충〉, 〈심판〉, 〈판결〉 등의 낱말들만 보더라도 이 시가 카프카의 「변신」, 『소송』, 「선고」에서 착상한 작품이라는 것을 금방 알 수 있다. 작품 전체로 볼 때 서술자의 카프카에 대한 태도는 매우 냉소적이다. 카프카를 부담없이 〈자네〉라고 부르는 것이나, 〈자네의 이야기는 썩어가는 자본이 꾸는 꿈〉이라고 노골적으로 격하시키는 것들이 그것이다. 서술자는 (그레고르) 잠자의 변신이 〈자네가 사는 땅에선 악몽 또는 이야기〉에 지나지 않지만 〈내가 사는 땅에서 그것은 엄연한 현실이라네〉라며 고문과 투옥으로 유지되는 독재 정치를 비판한다. 2, 3, 4연은 이러한 투옥과 고문을 카프카의 세계를 빌어 매우 사실적으로 그리고 있다. 이렇게 4연에 이르기까지 작가의 현실 인식은 매우 비관적으로 비친다.

그러나 5연에 이르러 작가는 비관을 넘어서서 희망을 바라본다. 비교도 특별한 기능을 지녀 구체성을 증가시킬 뿐만 아니라 거리감의 형성에 기여한다. 기대 지평이 구축되었다가 다시 상대화되면서 확실한 표상들이 점차적으로 해체된다. 즉 카프카 자신의 철학적 또는 종교적 사실들이 작품의 의미를 지니는 것이다. 〈자네의 이야기는 썩어가는 자본이 꾸는 꿈〉이지만, 〈이 땅의 고통은 썩어가는 두엄 위에 깨어나는 생명의 탄생〉인 것이다. 이러한 절망과 그리고 다시 그것을 넘어서는 희망의 제시는 확실히 카프카의 세계를 넘어선다. 카프카의 작품에서는 어디서든 이러한 적극적인 희망의 메시지를 들을 수 없다. 이 시에 언급된 (그레고르) 잠자나, 요제프 K, 게오르크 벤데만의 종말은 한결같이 지극히 불행하면서 또한 환상적이다. 이 땅의 고통 역시 지극히 불행하다. 그러나 그것은 꿈이 아닌 엄연한 현실이면서 새로운 시작인 것이다.[36]

4. 개인과 조직의 대립

카프카 문학에서 현대인은 거대한 조직을 구성하는 부속품에 지나지 않는다. 따라서 현대인의 상황은 카프카에게 아무런 위안도 줄 수 없고, 치유될 수도 없는 슬픈 것으로 반영된다. 인간의 삶 자체도 그에게는 비합리적이어서 어떠한 규칙으로도 규제될 수 없다. 우리가 합리적이고 규칙적인 삶이라고 보는 것은 우리 인간 현존재의 슬픈 운명의 상황을 은폐시킨 환상에 불과하므로, 인생이나 현실 전체로 묘사되는 것은 그것을 불합리적이고 비논리적 사건들의 연속으로 변형시킨 것이다. 카프카는 이것을 필연적인 논리로써 모호한 가운데 형상화하고 있다.[37]

「변신」의 주인공 그레고르처럼 막다른 골목에 처해 있는 인간 상황, 허위의 세계

---

36 이충섭, 「카프카와 한국의 작가들」, 『카프카 연구』, 제4집, 한국카프카학회, 1994, 125면.

37 Benno von Wiese, Franz Kafka, Die Darstellung einer modernen dichterischen Existenz, in: Ders., Zwischen Utopie und Wirklichkeit, Studien zur deutschen Literatur, Düsseldorf, 1963, S. 233.

와의 절망적인 투쟁, 공동체에서 이탈된 인간의 고독과 소외를 절망적으로 형상화시켜 놓는 위대한 부정성을 통해 카프카가 노린 문학적 의도는 인간의 존엄성이다. 이는 자신의 현재 상황에 눈을 뜨라는 각성으로 작품의 서술자가 카프카 자신을 서술하는 것이다. 카프카가 처해 있었던 사회적, 가정적 그리고 민족적인 상황이 그에게 엄청난 정신적인 고통을 가져다주었다는 사실은 이미 잘 알려져 있다. 1904년에서 1905년 사이에 씌어진 소설『어느 투쟁의 기록』에 다음과 같은 언급이 있다.

그렇습니다. 나는 당신을 맨 처음 보면서부터 당신이 어떠한 상태에 있었는지를 벌써 느끼고 있었습니다. 나도 그러한 경험이 있었지만 그것은 육지에서의 배멀미입니다. 내가 농담으로 그런 말을 하는 것이 아닙니다. 당신이 사물의 진짜 이름을 잊어버리고서 지금 엉겁결에 떠오르는 대로 이름을 대고 있는 것이 바로 이 육지의 배멀미의 특성입니다. 그리고 내가 정말 묻고 싶은 것이 있는데 말입니다. 도대체 그 사물들은 어떻게 되었습니까. 내 주위에 있는 그것들은 모두 눈처럼 내려서 녹아 없어져 버리곤 합니다. 다른 사람들 앞에서는 테이블 위에 있는 자그마한 브랜디 잔도 마치 무슨 거창한 기념비처럼 요동도 하지 않는데 말입니다. 나는 여태까지 한 번도 내가 살고 있다는 것에 대해서 확신을 가져본 일이 없었습니다. 내 주위에 있는 사물들을 바라볼 때, 이것들이 언젠가 과거에는 살아 있었을지도 모르지만 지금은 모두 죽어가고 있다는 생각이 든답니다. (B 32)

아도르노는 카프카 작품에 서술된 사건에서 인간의 실존적 상황을 추출해 확립한다. 이에 의하면 카프카의 모든 인물들은 자석같이 끌어 당겨져 타인의 지배를 받는다. 개인에게 세상은 닫혀 있어 파악되지 않거나, 개인은 세상에 내맡겨 있다. 또 한편으로 객관화된 주체성은 주관성이 없는 절대적인 내면성을 마지막 구원으로 삼고 있다.[38]

이를 요약하면 카프카의 작품에서는 비개인성이 모든 방법을 동원해 개인을 말

---

38 *Prismen*, S. 278 f.

살하고 있다. 따라서 미발달된 존재, 혹은 짐승·물건, 아니면 무한한 공간과 시간 속에서 방황하는 카프카의 주인공들은 지상에 조금도 소속되지 못한 채 자신의 개성은 온전히 말살당하고 있다. 이러한 카프카 작품의 인물들은 탄생의 소속인 혈통이나 이상적인 목표도 없고 있더라도 가상적일 뿐이다. 그들은 혈통과 목표를 중시하는 사회와 단절되어 철저하게 고립을 체험한다. 자신의 성장 바탕을 잊어버리고 혈통도 상실한 결과 카프카의 서술은 근본적으로 역사성이 없는 이야기다. 역사성을 상실한 인간은 자신에게마저 소외당하는 등 늘 고립되어 자신에게 얽매일 수밖에 없는 상황에서 순간의 연속만을 체험한다.

예를 들어 『성』의 주인공 K가 어디에서 왔으며, 전에는 어떻게 살았는지에 관해서 한 마디의 언급도 없다. 따라서 K의 태도는 의심스럽지만 작품 어디에도 그의 과거를 증명할 수 있는 근거는 없으며 그가 분명히 성으로 초빙되었는지 입증되지도 않는다. 조켈은 〈이 초빙은 의심스러운 상황과 모순 속에서 한 개인으로서 전개해 나갈 어려운 투쟁을 각오하는 K 자신에 의해 나온 것〉[39]이라고 보고 있다. 조켈은 카프카의 다른 주인공들처럼 K는 사회 내지 세계로 하여금 자아의 주관적인 요구를 사회의 현실로서 인정하도록 강요당하는데, 이것이 바로 그들의 투쟁이 지니는 의미라고 주장한다.[40]

결론적으로 카프카 작품의 주인공들 대부분은 대타자(對他者)적 관계에 있어서 한결같이 〈어느 곳에도 속해 있지 않은 상태Nichtzugehörigkeit〉에서 타자와의 합류와 소통은 불가능하다는 전제에서 이루어진다. 그들에게 남은 거라곤 오직 존재 자체가 불가능하다는 끔찍스런 느낌뿐이다. 그리하여 결국 자신의 주관성은 사물로까지 몰락하여 소외의 길을 걷게 된다.[41]

이렇게 어느 곳에도 소속하지 못하는 주인공들의 모습은 카프카 자신의 서술이라고도 볼 수 있다. 프라하의 상류 유대인의 생활 태도이기도 하지만, 여하튼 생의 뿌리를 박은 카프카의 대지는 체코이면서도, 공간의 위치를 점하는 육체는 유대인이고, 무한대로 하늘을 나는 정신 세계는 독일이다. 이런 배경에서 볼 때, 독일적

---

39 Walter H. Sokel, *Franz Kafka, Tragik und Ironie*, Frankfurt/M., 1976, S. 450.
40 Walter H. Sokel, *Franz Kafka, Tragik und Ironie*, a.a.O., S. 391.
41 *Prismen*, S. 276.

이기 때문에 자기를 둘러싸고 있는 체코인으로부터 배척되고, 오스트리아인에 의해서는 보헤미아인으로 기피되고, 독일인으로부터 유대인으로 경멸되고, 자식으로 부친의 지배 하에 있는 가정에서 소외되고, 유대인으로 기독교에서 단절되고, 무신론자로서 종교적 유대인에게 외면당하고, 예술인으로 일반 대중에게서 이해되지 못한 카프카는 유대인이기에 너무나 독일인이며, 독일인으로서 너무나 체코인이고, 체코인이기에는 너무나 유대인이라는 소속 불명의 화신이다. 이렇게 카프카의 소속 불명의 여러 요소들을 정리하면 다음과 같이 간추려진다.

① 개인〔자신〕 —— 독신 생활, 약혼 철회, 정식 결혼 포기
② 부친〔가족〕 —— 대극적(對極的) 관계, 부친 콤플렉스
③ 지연(地緣)〔공간〕 —— 프라하, 다원적인 복잡한 민족 구성
④ 혈연(血緣)〔민족〕 —— 유대인, 숙명적인 이방인의 입장
⑤ 질병〔개인〕 —— 폐병, 절망적인 불치의 전염병
⑥ 현대〔시간〕 —— 현대의 위기, 초극할 수 없는 요소

이러한 카프카 자신의 소외적 상황의 영향을 받고 발생한 카프카 작품의 주인공들의 행동이나 상황도 어디에도 속하지 못하고 지극히 사적이다. 특히 그들은 거대 조직에 의해 배타를 당하면서 연약한 개인의 비애를 실감한다. 현대 산업 사회의 거대 조직은 현대인의 공적(公的)인 면뿐만 아니라, 사생활의 면까지 침투하여 현대인을 거세할뿐더러 송두리째 먹어 삼키려고 하는 것이다. 따라서 그들은 거대 조직의 접근 불가능성을 고발하여 만천하에 폭로하고 있다. 카프카는 세속 밖으로 도피하여 홀로 〈순수 작가가 되는 길〉 즉 〈죽음에 이르는 병〉의 길을 가지 않고 〈소외된 인간homo alienus〉인 천애 고독한 이방인으로서 용감무쌍하게 세계와 대결하고, 완전한 것 속으로 들어가기 위해서 고투하는 것이다.

이런 배경에서 카프카의 인물들은 질서와 계급 조직에 비판적으로 투쟁한다. 카프카 자신도 『어느 투쟁의 기록』에서 〈알지 못하는 법칙에 의해 지배되는 것은 고통이다〉라고 언급하고 있다. 이러한 법칙의 성격을 아도르노는 명백히 신화적이라 규정한다.[42] 아도르노는 카프카 작품의 성격을 무한한 권력에 대한 반작용으로 보

고 있다. 따라서 카프카 작품의 주인공들은 직업의 관료와 갈등 관계에 있다. 예를 들어 『성』에서 K의 투쟁은 〈관청과의 사소한 여러 가지 문제를 해결하는 것〉이며 그것이 그의 유일한 소원이었다. 성으로부터 인정받고 성과의 접촉을 갖기 위해서 K는 성의 관리인 클람의 애인 프리다와 결혼을 시도하기도 하고 아말리아의 오빠인 바르나바스를 통해서 클람과의 연결을 시도하기도 하며 성의 다양한 관리들을 만나기도 한다. 「법 앞에서」의 시골 남자가 법 안으로 들어가기 위해 법의 문 앞에서 일생을 보내듯이, K도 토지 측량사로서 체류 허가를 얻기 위해 나머지 일생을 바친다. 결국 카프카는 관료적 통제의 위장된 외투를 제거하려 하여 그의 작품의 주인공들은 공통적으로 거대한 조직에 치열하게 맞서 삶의 본질을 파헤치고자 끊임없이 노력하나 결국 자신만 해체되는 모습을 보여 준다.

이러한 조직에 의한 개체의 상실에 근거해서 카프카 문학을 분석하는 경향이 많다. 예를 들어 카삭Hermann Kassak은 자신의 대표작 『강 뒤편의 도시Die Stadt hinter dem Strom』에서 현대 사회의 존재 형식을 밝히려고 노력하였다. 허깨비 같은 중간 세계의 불안스러운 비전 속에서 관료주의적으로 조직화된 권력 체계가 나타난다. 이 권력 체계는 포괄적인 방식으로 인간들을 통제하고 그들에게 공허하고 비참한 삶만을 허락한다. 이러한 조직인 법정이나 성의 권력 세계에서 각자는 배타된 개인으로서 극히 제한된 영역을 살아가지 않을 수 없다. 이러한 〈조직〉의 세계에서 누군가 개인이 경계석을 옮기려 시도한다면 그 행위는 혁명 기도로 간주되어 불신감과 분노를 사게 된다.

예를 들어 『성』에서 K가 성으로부터 바라는 것은 호의가 아닌 권리인데, 이것이야말로 〈행정 기관〉이 그에게 절대로 줄 수도 없고, 주려고도 하지 않는다. 〈저는 성에서 주는 선물을 원하지 않습니다. 전 저의 권리를 찾고자 할 뿐입니다〉(S 74)라고 K는 마을 면장에게 말하자, 이런 무례한 말을 듣고 불편해진 면장은 대답 대신 아내에게 〈다리가 또 쑤셔 오기 시작하는군. 찜질을 다시 해야 할 것 같아〉(S 74)라고 말하면서 딴전을 피운다.

이렇게 조직의 세계에서 개인의 독립을 주장하는 동기가 부정적으로 여겨지는

---

42 *Prismen*, S. 283.

배경에는 원래 원죄 사상이 잠재되어 있다. 죄 *Sünde*라는 단어의 어원은 〈분리시키다 *sondern*〉나 〈나누다〉이다. 여기에서 분열은 죄라는 결론이 나온다. 본래 낙원에서 추락 등은 인간의 고립화나 개체화로 연결된다. 최초에 이 세계가 낙원으로부터 분리된 동기는 〈인간 타락은 개별화의 원리로서 모든 분리의 시발점〉이라는 사실을 보여 준다. 개성을 획득함으로써 인간은 타락되어 천국의 통일로부터 분리된 것이다. 따라서 인간의 타락은 통일로부터 개체화로의 전락이다. 이러한 최초의 분리로 인해 인간은 개성을 획득하고 신으로부터 자유로워지게 되었지만 동시에 책임과 의무에 방치됨으로써 고통과 구속은 불가피하게 되었다. 현세의 고통은 이것과 연관되어 있다. 이런 맥락에서인지 카프카의 일부 작품은 인간의 개별화나 개성화를 부정적으로 나타내는 경우도 있다.

예를 들어 「어느 개의 연구」에서 카프카는 자신의 종족 세계를 탐구하는 젊은 개의 ─ 인간을 비유하고 있는 ─ 눈을 통해서 다른 개들이 자신들의 개인적인 발전을 절대적으로 믿고 있는 문명사적 세계란 본질적으로는 죽음과 몰락을 향하여 내달리는 사건으로 비유해서 보여 주고 있다.

「도시 문장」에서도 노동자들이 개인적 분리나 개별화를 포기하고 차라리 단체에 예속되어 화합 속에 공동 작업에 참여했더라면 탑이나 도시 건설에 성공했을 것이다. 그러나 「도시 문장」에서 건축 노동자들은 개인적인 현실만 평가하여 공동 작업을 거부함으로써 하늘에의 도전은 본의 아니게 실패한다.

이렇게 카프카 문학에서는 일반적으로 개인의 목표의 제한이냐 아니면 조직으로서의 개혁이냐의 어려운 선택이 제시된다. 그런데 사회의 발전은 오직 조직이나 집단을 이루는 방향으로 이루어져 그 사회에서 개인은 이탈되어 말살되고 있다.

결국 카프카의 작품은 이러한 상황에 대한 문제제기이며, 망각되고 상실된 생의 의미를 새로이 모색하려는 시도로서 허위적인 사회 질서, 법의 질서, 종교 질서에 대한 풍자 이상의 힘을 소유한다. 그러나 새로운 삶의 모색을 시도한 결과 토지 측량사 K 등 주인공들은 좌절만 당할 뿐이다.[43]

이러한 좌절의 체험이 특히 〈카프카에스크 *kafkaesk*〉란 단어에 잘 암시되어 있

---

43 김용익, 『프란츠 카프카 연구』, 삼영사, 1984, 88면.

다. 카프카에스크는 전율, 불안, 소외, 좌절을 나타내는 표제어이다. 이것은 불투명하고 의미 없는 운명에 어쩔 수 없이 내맡겨져 있는 상태에 대한 상념이며, 테러, 죄, 절망뿐만 아니라, 인간으로 하여금 무가치함과 무력함을 느끼게 하는 관료주의 조직 및 익명의 권력 구조에 의한 위협을 상기시킨다. C. D. 루이스가 에드워드 업워드의 장편 소설 『국경으로의 여행』(1938)에 대한 서평에서 처음으로 사용했다고 전해지는 단어 카프카에스크는 제2차 세계 대전 이후 서독에서도 사용되었고, 『두덴Duden 사전』에도 실려 있다. 동독에서는 〈시민 계급의 퇴폐성〉의 동의어로서 〈카프카주의〉라는 용어로 존재했다.[44]

현대의 유행어가 된 〈카프카에스크〉란 단어가 온갖 악몽·미망(迷妄)·유령적인 것, 인간의 사고와 행동과 꿈의 부조리, 그리고 현대의 관료주의 메커니즘, 인간을 노예화하는 제도의 부조리를 표현한다는 점에서 카프카의 문학의 본질을 가늠할 수 있다. 간단히 말해서 카프카에스크는 물론 우리 인식의 전형으로 카프카 작품에서는 주로 조직에 의한 개체 상실의 상념으로 묘사되고 있다.

예를 들어 「변신」에서 〈어느 날 아침 불안한 꿈에서 깨었을 때 자신이 한 마리의 흉측한 갑충으로 변해 있는 것을 발견했다〉(E 57)는 작품 처음의 문장처럼 젊은 외판원 그레고르는 어느 날 아침 갑자기 벌레로 변한 자신을 발견한다. 여기서 벌레로의 〈변신〉은 집단에 제대로 융화되지 못한 사람이 느끼는 소외감을 의미한다. 〈소외〉의 근본적인 의미는 〈이질성(異質性)〉에 있으며, 〈자신이 남과 다르다〉는 사실이 스스로를 억압하고 죄어 오는 것이다. 따라서 인간과 다르게 갑충이 된 그레고르는 고립된 상황에 수동적으로 지배를 당하는 처지가 된다.

그레고르는 여러 차례 가족 공동 사회의 영역에 도달하려고 노력했으나 결코 〈만남〉에 도달하지 못하고, 그 자신의 방으로 되돌아갈 것을 강요받으며, 그때마다 상처를 입는다. 따라서 한 개인이 동물로 변신하는 상상을 하거나 그 상상이 현실로 나타나는 상태는 그 차이에도 불구하고 기본적으로 자신이 소속되기를 원하는 공동체로부터 소외를 반영하는 것이다. 엠리히는 이러한 그레고르의 실존 상황을 가리켜 〈이 벌레의 가상적 환상적 비실재성은 바로 그레고르의 의식 속에 숨은 자

---

44 Hartmut Müller(권세훈 외 역), 『카프카 문학 사전』, 학문사, 1999, 312면 이하.

아의 실제가 현실 생활에 침투된 현상으로써 그가 도저히 벗어날 수 없는 최고의 실재성〉이라고 했는데, 이는 카뮈의 『시지프의 신화Le Mythe de Sisyphe』 내용과 유사하다.

카뮈의 시지프는 자신의 불행을 의식으로써 극복해 나간다. 즉 그의 시지프는 불가해한 자신의 비극적인 운명을 분명한 의식으로 항거하며, 그 운명을 대범하게 무시함으로써 극복한다. 카프카도 임의적 행위의 무의미함에도 불구하고 ─ 지각을 잃은 ─ 대담한 것을 결단력 있게 지속시킨다.[45] 그러나 이렇게 주인공이 강한 의식으로 자신의 상황을 개척한 만큼 그는 고립에 빠져들게 된다. 결국 카프카의 인물들은 현실의 고립에 대해 맹목적인 불안에 사로잡히게 된다.

전체적으로 볼 때, 카프카의 〈고독의 삼부작〉이라 불리는 『성』, 『소송』과 『아메리카』의 장편도 인간을 위해서 만들어졌는데도 차츰 인간의 손을 떠나 도리어 인간을 지배하게 된 거대 조직 ─ 재판소(예: 『소송』), 행정 관청(예: 『성』) 그리고 대기업체 또는 재벌(예: 『아메리카』) ─ 과 그 조직에 의해서 농락되고 무참하게 짓밟히는 현대 산업 사회에서 인간의 운명을 다룬 비극들이다. 다시 말해서 『소송』에서 주인공이 길을 잃는 미로적인 법정, 『성』에서 〈토지 측량사〉로서의 자신을 찾는 도정에서 측량하려고 애쓰는 성과 마을 사이의 거리, 그리고 『아메리카』에서 주인공을 삼켜 버린 무한한 아메리카 대륙이 묘사된다. 따라서 〈고독의 삼부작〉의 세계도 개인과 조직의 갈등이라 하겠다.

이를 구체적으로 고찰해 보면, 『성』에서 개인과 조직의 갈등은 토지 측량사 K가 〈성〉으로 불리는 세계에 들어가기 위해 끈질기게 노력하는 과정으로 개인인 K와 조직인 성의 대립을 보여 준다. K는 어떤 백작에게서 측량 일을 의뢰받고 백작의 성이 있는 마을에 도착한다. 그러나 성의 관리들은 그에게 일감이 없다고 통보하면서, 왜 일이 그렇게 되었는지, 앞으로 어떻게 해야 하는지에 대해 정확한 설명이나 대안을 제시해 주지 않는다. K는 문제를 해결하기 위해 여러 면에서 다양하게 일을 추진하지만 관리들은 계속해서 K의 노력을 좌절시킨다. 따라서 K는 마을 사람들과 친해지면 성에 좀 더 가까이 다가갈 수 있으리라 기대하면서 나름대로 마

45 W. Emrich, Kafka und der literarische Nihilismus, 119, in: Maria L. Caputo-Mayr(Hg.), *Franz Kafka*, Darmstadt, 1978, S. 115.

을에서 살기 위해 노력한다. 자기 자신을 마을에 적응시키는 것이다. 이는 『시골에서 결혼 준비』에서 라반이 도시에서는 개인적인 업무 능력으로 모든 사람들로부터 사랑을 받으려 하는 반면에 시골에서는 개인적으로 두드러진 행동을 피함으로써 주변의 사랑을 이끌어 내려는 행동 방식과 같다. 그러나 마을 사람과 친숙하게 되면 성에 좀 더 가깝게 접근할 수 있으리라는 K의 생각은 망상으로 판명된다.

이미 닫힌 세계에 길들여져 있는 마을 사람들에게는 개인의 견해란 있을 수 없다. 오히려 이 생각에조차 미치지 못하기 때문에 성의 명령에 무조건 복종하는 마을 사람들에 의해 K의 성으로의 접근은 차단된다. 마을 사람들이 자발적으로 대중 공동체의 관례에 종속되어 K의 성으로의 접근을 막는 것이다. 결국 마을과 성이라는 두 세계는 서로 엄격히 분리되는 이원론적 세계관이 아니라 은밀히 연관되어 있다. 마을은 곧 성의 일부이며, 성에 이르기 위해서는 마을에서 정착이 필연적이다. 따라서 성의 관리들이 묵는 마을의 중심인 〈신사의 여관Herrenhof〉의 내부 구조와 그 안에서 일어나는 관리들의 사무 처리 방식은 성 내부의 그것과 흡사하여 마치 성의 세계를 축소화하여 마을에 옮겨 놓은 듯하다. 이 결과 주인공 K는 성의 대리격인 마을에서 벗어나 성에 절대로 들어갈 수가 없다.

이렇게 마을 사람들은 습관의 위력에 대한 굴복, 서서히 진행되는 절대적인 모든 문제제기에 대한 무관심, 일상적인 인습, 현상(現狀)에의 체념, 존재하고 존속되는 것에 대한 경솔한 긍정, 현대의 결정적 요구에 대한 무감각, 부정(不正)에 대한 무지 등을 보여 주고 있다.

이는 (성의) 관료주의적 장치가 개인의 사적인 생활에 깊이 침투한 결과이다. 사적인 세계를 정복한 관료주의적 권력이 더 이상 가늠할 수 없는 비합리적인 모습으로 전도된 것이다. 카네티는 『말의 양심Das Gewissen der Worte』의 머리말에서 〈공적인 것과 사적인 것은 이제 더 이상 분리될 수 없으며, 이 양자는 지금까지 그 유례를 찾아볼 수 없을 정도로 서로 뒤얽혀 있다〉[46]고 자기 시대를 진단하고 있다. 이렇게 서로 구분될 수 없게 얽혀 있어서 결국 동질적으로 간주되는 상황에서 공적 영역은 사적 영역을 침투하는데, 이는 『성』에서 다음의 묘사에 잘 나타나 있다.

---

46 엘리아스 카네티(반성완 역), 『말의 양심』, 한길사, 1990, 23면.

〈K는 아직까지 공무와 생활이 이토록 뒤엉켜 있는 것을 다른 곳에서는 본 적이 없었다. 공무와 생활은 이따금 서로 자리 바꿈을 한 것처럼 보일 정도로 뒤엉켜 있었다. 예를 들어 클람이 차츰 K의 직무에 미치고 있는, 지금까지로 보아서는 단순히 형식적인 것에 불과한 권력은 같은 클람이 K의 침실에서 생생하게 발휘하고 있는 권력과 비교해서 과연 어떤 의미를 갖고 있는 것일까.〉(S 59)

『소송』에서도 요제프 K가 찾아간 법정은 어느 교외 지역의 빈민가에 위치한 셋집 다락방이다. 그곳은 심리가 행해지는 날에만 법정으로 사용되고 평소에는 법정의 정리 부부가 거주하는 가정집이라는 사실은 법정이라는 공적 공간이 가정이라는 사적 공간에 침투하고 있음을 의미한다.

『성』을 카프카의 대표작으로 꼽게 되는 이유는 이 작품이 개인의 존재 획득을 위한 고투의 집중적인 표현으로 볼 수 있기 때문이다. 이렇게 카프카와 그의 작품의 등장인물들은 〈거기〉, 곧 현실 세계에 참여하기 위해 적극적으로 투쟁한다. 그러나 정체를 파악할 수 없는 거대한 조직에 맞선 개인 K는 유한적 인간이기 때문에 성의 전체를 통괄하는 우주적인 삶의 모든 힘들을 자신의 자연스럽고 구체적인 생활에 대한 장애로 느낄 수밖에 없고 또 그 힘들과 투쟁하는 동시에 그 힘들에게 복종하지 않을 수 없다.

결국 〈죄가 있는 것은 조직이고 고위 관리들이다〉(P 76)와 〈이런 법정의 모든 표현 뒤에는, 그러니까 내 경우에는 체포와 오늘의 심문 배후에는 어떤 거대한 조직이 자리 잡고 있다는 사실에 의심의 여지가 없어요〉(P 42)라는 『소송』 속의 언급처럼 카프카의 소설들은 정체를 알 수 없는 거대한 조직에 맞선 무력하고 소외된 인간상을 보여 준다. 카네티는 그 조직의 실체는 권력의 문제와 직결된다고 보고 있다.[47] 여기에는 관료 조직을 들 수 있고, 독재를 행하거나 전체주의적 폭력을 휘두르는 권력 집단이나 정부를 언급할 수도 있다. 넓게는 현대 자본주의 사회의 전체를 들 수도 있다.

이러한 조직에 이르는 길은 개인의 어떠한 노력에도 좁혀지지 않고, 가까워지지 않고 멀어지지도 않는 형태로 〈목표는 있지만 길은 없다. 길이라고 불리는 것은 망

---

47 Elias Canetti, *Der andere Prozeß. Kafkas Briefe an Felice*, München u. Wien, 1984, S. 76.

설임뿐이다*Es gibt ein Ziel, aber keinen Weg; was wir Weg nennen, ist Zögern*〉
(H 32)라는 카프카의 잠언을 연상시킨다.

이 내용대로 조직의 표상은 상징적이어서 개인적으로 만나려는 노력은 좌절된다. 즉 거대한 조직은 전망될 수도 조망될 수도 없는 뒤엉킨 집합체이면서도 늘 사적인 모든 일을 장악하고 있으며 그 일들을 조용히 처리해 간다. 이렇게 조직이 전망되거나 조망되지 않기 때문에 개인이나 권리는 주장될 수 없고 이 질서 체계에서 반항이란 있을 수 없다. 요컨대 개인의 자아와 권리는 허상에게 주장하는 격이다. 따라서 개인은 조직을 전혀 파악 불가능한 거대한 단체로 인식하게 되는 만큼 이 조직과의 투쟁을 더욱 다짐하게 된다.

그러나 이 조직에 맞서서 자신의 정당성을 얻기 위해 투쟁하는 개인은 사방으로부터 위협을 받고 이에 대해 투쟁을 감행하면 할수록 미궁에 빠져들 뿐이다. 개인의 어떠한 노력도, 정보도, 경험도 그의 투쟁에 도움을 주지 못하므로 개인은 나아갈 방향을 찾지 못하고 만성적인 방황 상태에서 허둥대게 된다. 결국 작품의 결말에 개인은 거대한 조직과 맞선 자신의 행위와 의미는 구현될 수 없다는 현실을 인식할 뿐이다.

이러한 카프카의 사상을 피셔의 다음과 같은 서술이 절실히 보여 주고 있다. 〈카프카의 소설들은 근거 없는 불안한 꿈들이 아니라, 오히려 유령적이며 풍자적인 회화 속에 있으며 수백만 인에 의해 체험된 현실이고 예를 들 수 없는 권력 집중의 세계이며 무기력한 개인들, 세계 감정을 위해 다수에게 미치는 소설이다. 한 개인은 거대한 결단에 조금도 영향을 미칠 수 없다.〉[48]

일방통행제인 관료 조직은 〈착오를 계산에 넣지 않는 것〉이 원칙이며 어떤 일이든지 할 수 있다. 즉 관료 조직은 무엇이든지 할 수 있는 권력을 가지고 일반인을 지배한다. 그러나 이러한 무한한 권력을 가지고 있는 관료 사회에서 이루어지는 것은 하나도 없어 역설적이다. 결국 그들은 엄청난 권력만 있지 실제로는 무능하고 부패한 관리일 뿐이다.

한 예로 『성』의 한 에피소드에서 K가 서류를 분배받는 관리의 모습을 몰래 관찰

---

48 Ernst Fischer, *Von Grillparzer zu Kafka*, München, 1975, S. 339.

하는 장면이 있다. 이곳 관청 등은 무한한 조직이지만 미친 듯이 서둘러 서류만 돌릴 뿐, 단 한 건의 신청도 해결하지 못하는 무능한 조직이다. 관리들은 미친 듯한 몸짓으로 소리를 지르고 벨을 누르는가 하면 방에서 빠져나와 유치하게 행동까지 한다. 이러한 관료 체제는 매우 부조리한 우연적 사건들로 인해 제대로 돌아가지 않는다. 관리들은 기만적이고 태만하다. 막대한 비용에도 불구하고 그 결과는 보잘것없다. 그들은 밤에 여관의 침실에서 사람들을 맞이하고 공적인 임무를 수행하기도 한다. 그들은 밤늦게까지 근무하지만 아무것도 해놓은 일이 없고, 수없이 의사소통하지만 헛되이 끝나며 비서들의 모호한 위계 질서 때문에 담당 관리를 만나는 것도 불가능하다.

카프카의 단편 「포기하라Gib's auf」에서 주인공 〈나〉는 정거장에 이르는 길에 대한 그의 기대와 (담당 관리인) 경찰관의 대답 사이에서 일치점을 찾지 못한다. 〈나에게서 길을 알려 해요?〉(B 87)라는 경찰관의 대답을 듣고 그는 당황한다. 이 내용에서 문명 세계에서 관료 기구는 비인간적인 기술의 범주와 분리될 수 없음을 시사하고 있다.

이러한 관리의 무능함, 특히 관리의 지도층의 무능함이 『만리장성의 축조Beim Bau der Chinesischen Mauer』에서 성의 축조 내용에서도 암시되고 있다. 카프카의 작품에서 성은 부분 부분으로만 건립된다. 한 부분이 완성되면 새로운 부분을 쌓기 위해 건설 인부들은 멀리 떨어진 다른 지역으로 보내진다. 그래서 관찰자는 그것을 보고 생각한다. 〈지도층이 부분 축조를 의도하였다. 그러나 부분 축조란 다만 응급 처치일 뿐 당치 않은 것이다. 그러니 지도층이 무언가 당치 않은 것을 의도했다는 추론이 남는다.〉[49] 이러한 〈당치 않음〉과 헛된 노력에 대한 암호로서 『만리장성의 축조』는 영원히 결과가 없는 내용의 대표적 작품 「황제의 칙명」의 비유를 담고 있다.

이러한 관리의 무능과 부패는 재판관에서도 나타난다. 「법 앞에서」에서 문지기는 〈자네가 무시를 당했다고 생각해도 안 될 테니까 그대로 받아 두기로 하겠소〉(E 121)라고 말하면서 시골 남자의 모든 물건을 뇌물로 받는 것처럼 법원은 말단

---

49 Klaus Wagenbach, *Kafka*, Reinbek bei Hamburg, 1964, S. 104.

부터 부패하고 위선적이다. 따라서 법 사상을 다룬 『소송』에서 모든 것이 잘못되어 있다. 법조차도 칸트적인 법과 반대로 보편적 규칙이라는 허구를 수립하고 있다. 변호사는 엉터리 변호사이고 재판관도 엉터리 재판관이다. 그들은 돌팔이 변호사, 돈에 매수된 불성실한 고용인이거나, 최소한 진정한 심급을 은폐하고 자신을 표상 토록 하지 않는 〈접근 불가능한 재판정〉을 숨길 정도의 하급의 인간들이다.

『소송』에서 체포된 요제프 K가 심리를 받기 위하여 법정에 처음으로 출두하는 장면에서부터 재판관의 무능이 나타나고 있다. 예상 밖의 건물에서 어이없는 방법 으로 법정을 찾아간 요제프 K에게 재판관은 〈당신은 실내 장식가지요?〉(P 39)라 고 묻는다. 요제프 K는 사실 은행원이었는데, 이 잘못된 질문, 잘못된 판단이 바로 이 소송 절차의 본질을 보여 준다고 비난한다. 〈예심 판사님, 제게 실내 장식가냐 고 하신 질문은 — 나에게 물으셨다기보다는 일방적으로 제게 강요하는 것이었습 니다만 — 제게 행해지고 있는 소송 절차의 전모에 대한 특색을 나타낸 것입니다. 원래 소송 절차가 아니라고 이의를 제기하실지도 모르겠습니다만, 당신의 그 이의 는 정말 옳다고 말할 수 있습니다. 왜냐하면 내가 그것을 인정할 때에만 그것은 소 송 절차라고 말할 수 있기 때문입니다. 그런데 지금은 잠시, 말하자면 동정(同情) 에서 그것을 인정하도록 하겠습니다. 일반적으로 이런 소송 절차를 존중하려고 생 각할 때에는 동정하지 않고서는 그렇게 할 도리가 없습니다.〉(P 39) 『소송』에서 요 제프 K의 심리가 일요일에 열린다는 사실도 공적인 일의 내용과 때의 부적합성을 드러내고 있다.

심지어는 법 집행의 최고 심급인 〈최고 법정〉도 무능하고 부패할 따름이다. 〈무 죄를 위해서 당신과 나 그리고 우리 모두가 도달해야만 하는 최고 법정〉은 모습을 드러내지 않는다. 최고 법정은 요제프 K가 만나는 부정적이며 세속적인 법정과 무 관하지 않고 또 부패하고, 감각적이며 충동적인 관리들과도 무관하지 않다. 이러 한 법정은 〈도달할 수 없으면서도 도처에 실재〉하고 있다.

이러한 최고 법정의 불안전성이 「유형지에서」에도 잘 나타나 있다. 이 작품에서 죽은 전임 사령관의 방침에 무조건 따르는 장교는 〈죄는 항상 의심할 여지가 없다. 다른 법정들은 이 원칙을 따를 수 없다. 왜냐하면 그 법정들은 인원이 많고 또 그 위에 상급 법정이 있기 때문이다〉(E 156)라는 원칙에 따라 판결한다. 그러나 이 유형지에서는 인원이 많지 않기 때문에 의견들에 따라서, 논거에 찬반에 따라서 결정되지 않는다. 따라서 이 유형지가 최고 법정인 셈이다. 예전에 모든 것을 하나로 통합시킨 전임 사령관도 현재 그의 후임으로 재판관이 된 장교도 독립적으로 결정을 내린다. 그러나 그들의 결정은 이미 오래전에 내린 것이다. 피고는 의심할 여지없이 언제나 유죄이다. 결정이 내려질 필요가 전혀 없다. 그리고 처형 방식 역시 항상 동일하다. 죄수는 자신의 죄와 일치되어야만 한다. 그 자신이 그의 죄이다. 죄와 존재는 동일하다.[50] 이 처형 방식은 정확하게 장편『소송』의 재판 절차와 유사하다. 『소송』에서도 죄는 처음부터 확정되어 있고, 판결은 내려지지 않는다.

따라서 주인공 요제프 K는 법적 체계로부터 뚜렷한 명백성, 시종일관성, 고정성 등을 끌어내리려 하나 그가 아주 간단하게 제거될 때까지 그 어떤 대답도 얻지 못한다. 그것은 변호사 훌트가 파악하듯이 〈재판소는 계속적인 미결정의 상태에 머물러 있는 거대한 조직〉(P 104)이기 때문이다. 예를 들어 요제프 K가 정식 사법 관청에 속하지도 않는 하급 관리들에게서 얻어낸 중요한 정보란 K로서는 도무지 이해할 수 없는 것뿐이다. 사법 관청이 추구하는 일이란 〈주민들 가운데서 일어나는 죄가 아니라 법률에 쓰여진 대로 죄를 끄집어내는 것〉(P 11)이라는 감시인의 말에서 알 수 있다. 이러한 이야기들은 얼핏 들으면 아무런 의미도 없는 도무지 이해하기가 어렵게 보이지만, 실은 오늘날까지도 그대로 적용되는 법의 남발이나 무죄의 유죄 판결과 같은 현실에 대한 경종으로 해석될 수 있다.[51] 〈저도 이 사건을 잘 이해하지 못하지만 다른 사람들도 마찬가지로 이해를 못할 겁니다.〉(P 11) 이렇게 카프카는 삶과 법의 세계를 가르는 권력의 선분들을 세밀하게 묘사하고 있다.

『소송』의 내용과 문맥을 근거로 한 엠리히의 주장에 의하면 〈법의 세계는 확실히 선하지도 신성하지도 않으며 오로지 악의 세계를 구체화할 뿐이다.〉 이처럼 신비주의적이거나 신화적인 숙고를 싫어하는 엠리히의 견해를 요약하면 작품『소송』에는 다름 아닌 세계 현실의 사회정치적 실체가 반영되어 있다.

그런데 무능한 엉터리 법관들의 인상이 문제가 되지 않고 넘어가는 것은 거짓에도 힘이 있기 때문이고, 사법(정의)을 참과 거짓이라는 말로 재는 것이 나쁜 일이

---

50 빌헬름 엠리히(편영수 역), 『카프카를 읽다』, 유로, 2005, 343면.
51 한기상 편저, 『독일소설문학강독』, 학연사, 1987, 181면.

기 때문이다. 또 다른 인상이 훨씬 더 중요하다. 즉 법이 있다고 믿었던 곳에 실제로 있는 것은 오직 욕망일 뿐이다. 우리나라에서도 다년간 피나는 각고 끝에 합격하는 사법 고시의 합격의 목표는 실제로 법적으로 어려움을 겪는 자들을 위해 봉사하기보다는 일종의 자신의 출세적 〈욕망〉을 강하게 작용시키는 데 있다. 미국의 〈링컨 대통령〉보다 변호사로서의 〈링컨 변호사〉를 더 존중하는 마음 자세가 없이 고시에 전념하는 욕망이 사법부를 몰락시키는 원인이 될 수 있다. 단지 연구되기만 하고 더 이상 실행되지 않은 법, 바로 이 법이 정의로 나아가는 문으로 통하는 실정이다.[52]

따라서 카프카의 단편 「신임 변호사」에서도 변호사 부체팔루스의 법정 활동은 〈조용한 등불 밑에서〉(E 111) 법전을 연구하는 것으로 국한된다.

이렇게 카프카의 작품에서도 사법은 욕망이지 법이 아니다. 심리가 벌어지는 법정의 단순한 청중들뿐만 아니라, 사제나 화가 자신들, 『소송』에서 많은 자리를 차지하고 있는 모호한 젊은 여인들이나 도착(倒錯)적인 소녀들이 이를 입증한다. 이러한 결과 성당에서 요제프 K가 가지고 있던 책은 기도서가 아니라 도시의 명소 앨범이고, 재판관의 책에는 음탕한 그림들만 있을 뿐이다. 법은 포르노 서적 위에 씌어져 있다. 이는 사법이 결국은 거짓된 것이 아니라 그것이 가지는 욕망적인 성격을 보여 준다.[53]

이것은 막스 베버Max Weber의 동생이자 사회학자인 알프레트 베버Alfred Weber가 1910년에 발표한 글 『관리Der Beamte』[54]에서 묘사한 현대 관료 체제의 황량하고 생명 없는 메커니즘과 기능적으로 분활된 업무에 일치한다. 또한 베냐민은 카프카에 대해 물질주의적 이해를 시도하고, 관리 세계를 〈아버지들의 세계〉로 폭로하며, 그들은 〈권력 소유자〉로서 깊은 부패에서 나온 거대한 기생충이라고 규정한다.[55]

52 발터 베냐민(반성완 역), 『발터 베냐민의 문예 이론』, 민음사, 1983, 95면.
53 질 들뢰즈/펠릭스 가타리(이진경 역), 『카프카』, 동문선, 2001, 118면.
54 Alfred Weber, Der Beamte, in: Oskar Bie(Hg.), Die neue Rundschau 21, 4. Heft, Berlin, 1910, S. 1321~1339.
55 Peter U. Beicken, Franz Kafka, Eine Kritische Einführung in die Forschung, Frankfurt/M., 1974, S. 31.

이런 배경에서 생명이 자유롭게 전개되는 울타리로서가 아니라 모든 것이 정해진 틀 속에서 조직화되고 기계적인 법칙에 따라 움직이는 생명 없는 죽은 체계로서의 현대 관료주의와 그 권력이 카프카의 문학 작품에서 생생하게 형상화되고 있다.

그런데 이들 내용은 작품 속의 내용으로만 볼 수 없다. 이 관리들에 대한 세밀한 묘사는 이 작품 생성 이전에 카프카 자신이 근무하던 보험 회사에 관한 묘사와 매우 유사하다. 카프카는 18세에 프라하 대학 법과에 입학, 23세에 그곳을 졸업한 후, 이듬해인 1908년 6월부터 줄곧 〈노동자재해보험협회*Arbeiter-Unfall-Versiche-rungsanstalt*〉에서 근무하다 요양 생활을 위해 37세 때인 1922년 7월 1일 부로 이 직장을 퇴직한 일 외에는 명색이 그럴듯한 다른 직장을 가져본 적이 없다. 카프카의 노동자재해보험협회의 취직은 유대인으로서는 파격적인 특전이었다. 그는 그곳에서 관료 기구의 무자비성, 노동자의 가혹한 처우와 비참한 생활을 직접 체험했다. 특히 여러 가지 안전 설비의 결함에서 오는 노동자들의 상해(傷害)를 목격하고 그의 사회적 감정이 자극되었다고 한다.

카프카가 작품에서 조직의 정체를 신랄하게 폭로하는 것은 보험 회사 근무 당시의 체험이 기초가 되었다고 볼 수 있다. 따라서 가장 어렵고 고통스런 일이 카프카의 소명이라면 그의 사무적인 직업이 창작에 영향을 미치지 않을 수 없다. 여기서도 가장 심층적인 죄의식의 콤플렉스가 드러난다.

> 스스로 익히 깨닫고 있듯이 결국 그것은 잡담에 지나지 않는다. 나는 죄를 지었다. 사무적인 일은 가장 분명하면서도 정당한 요구이다. 그것이야말로 나에게는 바로 무서운 이중적 삶인바, 거기에서 빠져나오는 탈출구라고는 오로지 망상뿐이리라.[56]

그러나 카프카는 이러한 사무적인 일을 작품에 직접적으로 언급하지 않고 있다. 따라서 무라우Franz-Josef Murau는 카프카야말로 실제로 보험회사 직원이란 직업에 묶여 살았으면서도 〈관료 문학과 월급쟁이 문학*Beamten-und An-gestelltenliteratur*을 쓰지 않은 유일한 작가〉라고 평한다.[57] 이렇게 자신의 작품들

---

56 브루노 힐레브란트(박병화·원당희 역), 『소설의 이론』, 예하, 1994, 346면.
57 Thomas Bernhard, *Auslösung. Ein Zufall*, Frankfurt/M., 1988, S. 608.

을 실용적으로 이용해 먹는 데 대한 카프카의 거부감은 그의 마음속에 문학과 성스러움이 연관되어 있음을 말해 준다. 이 점에서 카프카에게는 전통적인 유대 사상이 뚜렷이 자리한다고 볼 수 있다. 이 유대 사상에 따르면 탈무드 학자는 토라 *Thora*를 가르치면서 어떤 이득도 취하지 않기 위해 육체 노동을 해야 한다고 되어 있다. 랍비나 스피노자처럼 카프카는 진정한 직업을 가졌다면 참으로 행복했을 것이다. 그러나 카프카는 자신의 직업을 혐오한 만큼 글쓰는 직업을 동경했다. 자신의 직업을 통해서는 몸과 정신의 활력이 실질적으로 사용되지 못하고 그저 소모될 따름이라 믿은 카프카는 직업을 인위적이고 쓸모없는 활동으로 본 것이다.

5. 세계 상실의 비극

정신사(精神史)의 지하수의 흐름을 알고 있는 자에게 1910년경에 돌발적으로 분출한 카프카의 암호 격류는 그다지 놀라운 일이 아니다. 카프카의 암호는 세계 상실의 비극성을 통찰하는 데서 태어나는 문학의 구성 요소이다. 그는 비극적 추상의 언어를 철저하게 전개하고, 그것에 의해서 우리가 순수 추상이라고 부르는 또 하나의 양식과 대립되는 현대의 한 양식의 기호를 굳혔다.

낭만파의 형상 기호는 명랑할 수도 있고, 경쾌할 수도 있으며, 노래하듯이 될 수도 있다. 그러나 카프카의 형상 기호는 서먹서먹하고, 냉혹하고, 거부적이며 반사하지도 않고 광체도 없다. 세계와 관련이 차단되고, 세계가 닫혀 버린 것이다. 언어 형상도 닫혀져 있고 암시적인 것도 없다. 그것은 직유도 될 수 있고 은유도 될 수 있으며 상징도 될 수 있다. 그것은 감각적 추상의 기호로 바꾸어 말하면 소원화 (疎遠化), 즉 세계 상실의 암호이다. 여기에서 낭만파의 암호문과는 근본적으로 다른 현대의 암호 언어가 생겨난다. 이것은 내버려진 자, 세계를 상실한 자, 즉 이방인의 언어다.

카프카는 세계의 유동성을 경험하였다. 여러 가지 질서는 흔들리고, 사물은 그 아름다운 윤곽을 잃고 용해돼 파악될 수 없는 것이 되어 버린다. 카프카의 현주소에서 비롯된 고립 내지 불안 의식은 인간이 현실 세계(집단) 속에 갇혀진 데서 나온 것이 아니라 오히려 내쫓겨진 데서 나온 의식이다. 따라서 카프카가 느끼는 것은 세계의 소원화, 세계의 이탈, 바탕의 상실 그리고 비현실이다. 즉 세계와 인간 자신이 서로 상실하게 되는 것이다. 카프카는 말한다. 〈어디로 사람들은 달려가고 있는가? 그들은 무엇을 원하는가? 우리는 사물의 초개인적인 연쇄적 의미를 더 이상 인식하지 못한다. 군집에도 불구하고 개개 인간은 그 자신 자체 내에 말없이 고립되어 있다. 세계 평가와 자아 평가의 상호 균형은 더 이상 이뤄지지 못하고 있다. 우리는 파괴된 세계에 살고 있는 것이다.〉(G 143)

이 언급처럼 카프카 작품의 인물들은 세계 상실이라는 안개에 둘러싸인 채, 밑바닥이 없는 공간에 매달려 있다. 거기에 사로잡혀 있는 자는 오로지 한쪽 면만 열려져 있어 넓은 세계가 없는 세계에 매어져 있다. 그는 바로 절대적 자유의 죄수이다. 발가벗은, 즉 실체 없는 비인격적 존재는 황량한 자아에 내맡겨져 있으며, 또 스스로의 감옥 속에 앉아 있으면서 본질의 상실에 내맡겨져 있다. 카프카는 이러한 현대인의 상황을 터널 속에서 사고를 당한 열차 여행자들의 상황에 비유하고 있다.

속세의 더럽혀진 눈으로 보면, 우리는 기다란 터널 속에서 열차 사고를 당한 승객의 상황에 있다. 더구나 사고 현장에서 입구의 빛은 보이지 않고 출구의 빛은 가물가물 아주 희미하기 때문에 눈을 똑바로 해서 그것을 찾아야만 하지만, 그때마다 곧 잃어버리고 만다. 그러다가 입구나 출구가 다 희미해져 버린다. 그런데 우리 주위에는 감각이 광란해져서 그러는지, 또는 감각이 극도로 민감해서 그러는지 아주 엄청난 괴기 같은 것만이 나타나고, 개개인의 기분이나 놀램의 정도에 따라 황홀해지거나 또는 기분이 상하는 만화경의 유희 같은 것이 계속된다. 나는 무엇을 해야 하는가, 또는 어째서 나는 그것을 해야 하는가와 같은 것은 이런 경우에는 전혀 문제되지 않는다.(H 54)

이 카프카의 터널 우화에서 곧바로 뒤렌마트Friedrich Dürenmatt의 소설 『터널 Tunnel』로, 또 귄터 아이히Günter Eich의 어둠 속을 달리는 열차를 주제로 한 방송극 『꿈Träume』으로 길이 통해 있다. 일반적으로 현실은 어둠으로, 신의 영역은 빛으로 처리된다. 우리는 빛의 세계를 목격하지만 그것을 전혀 소유하지 못하고 있다는 사실이 문제다. 〈긴 덤불 속에 조난당한 여행가의 상황에서 우리는 더 이상 시작의 빛은 볼 수 없으나 우리의 시야는 끊임없이 그것을 찾고 있고, 너무나도 미세하여 시선에서 놓쳐 버릴 정도로 그 시작과 끝이 불분명한 위치에서 현실의 더럽혀진 눈으로 그것을 바라보고 있다〉(H 195)라고 카프카는 말한다.

하이데거는 카프카의 터널 우화를 다음과 같이 증언하고 있다. 〈세계의 밤은 어둠을 널리 펼치고 있다. 이 세계의 시대는 신의 부재로, 신의 결락(缺落)으로 규정되어 있다. 신의 결락이란 이제는 어떠한 신도 인간과 사물을 가시적(可視的)으로, 일의적(一義的)으로 집결시키지 않고, 이러한 집결로 세계의 역사와 그 속의 인간의 머무름을 안배하지 않는다는 것을 의미한다. 그러나 신의 결락에는 보다 악한 사태가 고지(告知)되어 있다. 즉 신은 도망했고 신성의 광채는 세계의 역사에서 소멸되어 버린 것이다. 세계의 밤의 시대라는 것은 아주 빈약한 시대를 의미한다. 왜냐하면 이 시대는 더욱 더 빈약하게 되어 가고 있기 때문이다. 이 시대는 이미 신의 결락을 그 이상 결락으로 알아차리지 못할 정도로 빈약하게 되어 있다.〉[58]

카프카는 괴테의 인생관과 전혀 다른 관점에서 인물을 해석했다. 괴테 시대도 현실은 광명과 암흑이 있었고 사람들을 방황하게 만드는 불행도 있었다. 그렇지만 괴테는 『파우스트』 1부에서 〈선한 사람은 비록 어두운 충동 가운데 있을지라도 바른 길만을 알고 있다〉(328∼9행)고 믿었고, 2부에서는 더 나아가 선한 사람들에게는 분명히 구원이 있다는 것을 확신했다. 이렇게 노력하는 사람에게 미래는 현재보다 밝고 아름답다.

그러나 카프카의 관점에서 보면 주인공의 어느 구석에도 괴테가 발견한 고귀하다는 특징을 발견할 수 없고, 현재의 암흑에서 미래의 광명을 찾는 구원의 확신도 없다. 오히려 구원을 얻으려는 소원과 그 소원을 이룰 수 없다는 무능 사이의 갈등이 크게 되어 고통만 더 증대된다. 카프카 스스로도 〈이 삶은 견디기 어려워 보이고 또 다른 삶은 도달 불가능한 것으로 보인다〉(H 31)고 말하고 있다. 부정적인 현실을 대체할 만한 또 다른 삶을 희망하지만 실현될 가능성이 없다고 생각되는 것이다.

이러한 상황이 작품의 배경이 되어서인지 카프카의 주인공들의 갈망은 일종의

---

58 R. N. 마이어(장남준 역), 『세계 상실의 문학』, 홍성사, 1981, 42면.

미로와도 같다. 그들은 몽매한 세파 속에서 어떤 길을 제시받고 싶어 하지만 여전히 아무런 희망을 얻지 못한다. 카프카의 잠언에 의하면 〈목적은 있지만 길은 없다. 길이라고 불리는 것은 망설임뿐이다.〉(H 42) 따라서 중제자에 대한 갈망은 출구 없는 지속적인 과정의 결과가 된다. 우리의 존재 자체가 죄가 되기 때문에 우리들은 〈각자의 십자가를 짊어져야 하며〉(P 99) 이 상황에서 〈빠져 나갈 길이 없는〉(P 152) 인간 현존재로서의 고뇌가 있다.

카프카의 「변신」에서도 그레고르의 구원이 초점이 아니다. 그레고르를 다시 본모습으로 되돌릴 수 있으리라는 희망은 그레고르 자신에게도, 나머지 가족에게도 거의 의식조차 되지 않는다. 그들에게 변신은 그저 주어진 하나의 확고 부동한 사실일뿐이다. 이러한 카프카의 출구가 없는 삶에서 비롯된 소외감은 고립 의식 내지 불안 의식과 연관되면서 주인공들의 본질이 된다. 따라서 카프카는 자신의 주인공들이 〈항상 위기에서 아무런 출구를 발견하지 못한다〉(T 351)고 일기에 적고 있다.

> 출구는 없다. 〔……〕 이미 여기에 이른 것도 불쌍한 일이지만, 다른 인간들이 이 한계에 부딪쳐 그것을 온몸으로 뿌리쳤다 해도 나는 그렇게 할 수 없다. 나는 전혀 이곳에 온 적이 없었어도 이미 아주 어린 시절에 그곳으로 밀려가 쇠사슬로 묶어져 있었던 것처럼 생각된다. 오로지 불행의 의식만이 점차 짙어져, 불행 자체가 완성되었던 것이다. 그것을 보기 위해서는 날카로운 눈만이 필요할 뿐 예언자적 선견은 필요 없다.[59]

자서전적 작가라 볼 수 있는 카프카는 자신을 항상 가정과 학교, 사회, 문단과 직장, 국적에 있어서조차 소외된 이방인[60]으로 자각해 왔으므로 작품상의 주인공들이 소외자로 묘사되고 있음은 당연하다. 존재하고 있으되 일정한 지점에 소속될 수 없는 실향자(失鄕者)적 존재가 바로 카프카의 인물 유형으로 묘사되고 있어 이러한 소외 현상을 다양한 동기에서 규명해 보고자 한다.

---

59 브루노 힐레브란트(박병화·원당희 역), 『소설의 이론』, 예하, 1994, 349면.
60 Günther Anders, *Kafka, Pro und Contra*, München, 1955, S. 18.

1) 가정에서 소외

삶의 가장 본질적인 단위는 가정이다. 외부에서의 갈등을 풀 수 있는 가장 본질적 장소가 가정인 것이다. 그런데 카프카의 소외는 먼저 가정 생활에서 파생되어 역설적이다. 사회가 가정으로 침투할 때 가정에도 지속적인 진실한 행복이 있을 수 없다. 사회처럼 가족에서도 금전이 개재되어야 행복이 수반되게 되는 것이다. 예를 들어 「변신」에서 그레고르가 생계비라는 명목으로 벌어 들인 돈을 탁자 위에 놓을 때마다 고마운 마음으로 가족들은 돈을 받을 수 있었고 그레고르도 이에 대한 기쁨으로 돈을 내놓았다. 그런데 날이 갈수록 가족들이나 그레고르는 익숙해져 그것을 예사로 생각해 버리고, 그렇다고 서로 각별히 따뜻한 마음이 오고 가지도 않는다. 오직 여동생만이 아직도 그레고르와 친밀한 관계를 지니고 있다. 결론적으로 가정에서 어느 개체의 실존적 가치란 전체, 다시 말해서 전 가족에 대한 부양 의무를 충실히 지킬 때에만 존재한다.

따라서 그레고르는 가족의 부양 의무를 충실히 수행했을 때 전 가족의 환심을 샀지만 갑충으로 변신된 뒤에는 이 관계가 성립되지 않는다. 즉 그레고르가 벌레로 변모해 버린 뒤에는 한 인간으로서의 노동적 가치를 지니지 못하기 때문에 자기의 부모와 여동생도 이미 그레고르의 실제 가족이 아니다. 결국 그레고르의 존재는 단지 가정을 위한 것이었고, 가족들에게 그는 생계를 유지하기 위한 수단에 지나지 않았다. 〈그는 자명종 쪽을 바라보았다. 6시 30분이었다. 〔……〕 다음 기차는 7시에 출발한다〉(E 58 f.)라는 내용이 보여 주듯이 그레고르의 생활은 가족을 부양하기 위한 직업 생활로 철저히 짜여 있었다. 그러다가 몽매간에 돌아온 영혼, 즉 본래의 자기 자신이 가족의 생활을 위협하는 갑충이라는 엽기적인 모습으로 나타나자 그는 가정에서도 소외된다.

그레고르를 다시 인간으로 변신하게 할 수 있는 유일한 모티프는 아마도 가족의 관심일 것이다. 그러나 가족은 그를 철저히 외면한다. 이러한 사실은 그레고르의 방에서 물건을 치우는 장면에서 단적으로 예시된다. 벌레로 변한 그레고르가 방을 이리저리 기어다니는 것을 발견한 여동생은 어머니를 동원해 그레고르의 방에서 물건을 치우려고 한다. 물론 외견상으로는 그레고르가 자유로이 방을 기어다닐 수 있도록 하기 위한 배려라고 주장하지만, 그레고르를 기억나게 하는 옷장과 책상을 치우는 것은 그의 과거의 주체성, 즉 가족의 일원으로서 아들과 오빠로서의 주체성을 부인하고자 하는 의도가 숨어 있다고 볼 수 있다.

오직 어머니만이 그레고르의 방에서 그를 연상시키는 옷장을 치우려는 딸에게 가구를 치워 버린다는 것이 〈그레고르의 회복에 대한 모든 희망〉(E 84)을 포기하는 것은 아닌지 의문을 제기하면서, 방을 예전 그대로 놓아 두자고 제안한다. 그래야만 그레고르가 다시 가족의 일원인 인간으로 돌아왔을 때 갑충으로서의 과거를 쉽게 망각할 수 있기 때문이라는 것이다. 여기서 어머니가 그레고르의 회복에 대한 희망을 품고 있음이 드러나지만, 그것은 어떤 실천적 행동도 수반하지 않는 막연하고 추상적인 희망일 뿐이다.

결론적으로 가정에 얽매이다가 벌레로 변해 버린 그레고르의 고뇌는 자기 신앙에 일어난 육체적인 변화보다도 먼저 생계 부양자로서 의무를 다하지 못하게 된, 이른바 한 가정에 예속된 윤리적인 실존자로서의 죄의식이다. 그에게 주어진 이러한 죄의식은 무엇보다 자기 한 사람으로 인해서 지금까지 환희와 행복에 차 있던 가정의 평화를 깨뜨리지 말아야 한다는 의무감에서 온다. 이렇게 가족을 부양하는 책임감이 몸에 밴 그레고르는 빨리 갑충의 벌레에서 벗어나 출근해야겠다는 생각에 다급하지만, 가족은 오히려 그가 변신한 상황에 차츰 적응하며 자구책을 마련해 간다. 그러므로 더 이상 돈을 벌어 오지 못하는 〈벌레〉가 된 그가 생활에 불편까지 주게 되자 가족들은 그를 죽이려 든다. 결국 그레고르는 부친이 던진 사과가 등에 박히는 중상을 입고 사랑하는 여동생이 밖에서 잠가 버린 방 안에서 죽는다.

가족은 거대한 곤충으로 변한 그레고르를 방에 가두고, 그의 외양을 견디지 못하고 악의를 두려워한 결과 그의 죽음에 기쁨의 기색까지 나타낸다. 말라 비틀어진 갑충의 시체를 아무렇지도 않게 쓰레기처럼 빗자루로 쓸어 버리고 부친은 비정하게도 비애가 아니라 해방과 구제의 안도감이 곁들인 십자(十字)를 그은 다음 가족들과 더불어 이른 봄날의 햇빛을 받으면서 교외로 소풍을 가며 그동안 몰라보게 성숙한 딸의 새로운 삶에 희망을 건다.

여기서부터 무수한 해석의 가능성이 열린다. 사회학적 관점에선 시민 가족 이데올로기가 허상이라는 진실이 적나라하게 드러난다. 〈이 소설이 밝혀 주는 무서운 진실은 가장 아름답고 애정어린 인간 관계가 미망(迷妄)에 근거한 것이라는 통찰이다〉[61]는 엠리히의 말처럼 그레고르의 변신 후 죽음에 이르기까지 보여 준 가족들의 태도는 현대의 가족 사회에 진정한 애정이 없음을 보여 주고 있다. 개인은 결국 가족으로부터 버림받아서 산업 사회에서 극한의 소외 상황에 놓인다. 기계의 한 부품처럼 되어 버린 개인이 벌레같이 느껴지는 감정을 「변신」은 아예 한 마리의 벌레로 변해 버린 인간이 결국 비참하게 죽는 모습으로 덤덤하게 서술하고 있다. 따라서 「변신」에서 독자는 작품의 전개를 따라가는 동안 주인공 그레고르가 한 마리의 갑충이 될 수밖에 없는 참담한 상황을 스스로 읽어 내게 된다.

이렇게 그레고르의 가족이 그를 버리는 내용에서 변신이 되면 주체성이 상실되어 같은 가족이나 종족도 변할 수 있다는 사실을 보여 준다. 이는 오랜 병을 앓다가 죽은 아들의 유골을 화장하고 온 직후에 맛있는 음식을 찾고 내일을 걱정하는 오늘날 인간의 모습을 보는 것과 같다. 따라서 그레고르의 죽음은 고통스런 슬픔이 아니라 오히려 무거운 짐으로부터 가족을 해방시킨 것이다.

단편 「다리Die Brücke」에서도 가족적 분위기와 관계가 상실되는 동기가 나타난다. 어느 날 오랫동안 기다려 왔던 방랑자가 와서 이 다리를 믿고 몸을 맡기자, 끊임없이 생각하는 이 다리는 자신이 떠받쳐야만 하는 이 방랑자가 도대체 누구인지를 판단하고 인식하고자 몸을 돌린다. 〈다리가 몸을 돌리다니! 나는 한 번도 몸을 돌린 적이 없었다. 그때 나는 무너져 내렸다. 나는 무너져 내렸고, 기어코 산산조각이 났다. 사납게 흐르는 시냇물 속에서 언제나 그렇게도 (지금까지 가족처럼) 평화스럽게 나를 바라보던 날카로운 자갈들이 나를 찔렀다.〉(B 84) 사고에 힘입어 삶의 모순들을 절벽 위에 걸려 있는 다리의 형상으로 견뎌 낼 수 있다고 생각하는 인간은 방향을 바꾸고, 자신의 생활 방식을 변화시키고, 말하자면 자기 자신 위에 자신을 놓으려고 시도하는 순간에 사납게 흐르는 시냇물 속으로 무너져 그동안 언제나 〈가족처럼〉 평화스럽게 바라보던 날카로운 자갈들에 찔린다.

이렇게 가정에 밀착된 분위기가 『소송』에도 나타나 있다. 요제프 K는 〈그가 혼자였더라면 그 소송을 쉽사리 무시할 수 있을 것이고, 그렇게 되면 그러한 소송 사

---

61 W. Emrich, *Franz Kafka*, Frankfurt/M., 1957, S. 122.

건도 발생하지 않았을 것이다〉[62]라고 생각하곤 한다. 그런데 숙부의 등장으로 요제프 K로 하여금 가족 내지 친척과의 관계를 상기하도록 종용당한다. 숙부는 〈요제프야, 제발 너 자신과 우리 가문을 생각해 보아라! 너는 이제까지 우리 가문의 영예였으며, 이제부터도 가문의 수치가 되어서는 안 된다〉(P 82)라고 언급하여 요제프 K의 소송을 가족에 연루시킨다. 결국 요제프 K의 소송에 가족의 관계도 영향을 미치지 않을 수 없게 된다. 이렇게 카프카의 작품에서는 가정적 기능이 비정하리만치 인물을 억압하고 있다.

이렇게 작품에서 밀착된 가정 분위기는 사실 카프카의 현실을 반영한다. 카프카는 독신으로서 부모 슬하에서 부친의 감독을 받으며 참을 수 없는 직업 생활을 하며 살았다. 그는 그레고르처럼 가족을 위한 경제적인 노력을 기울였지만 〈자신의 가족 속에서도 이방인 보다 더 낯설게 살았다.〉[63] 유대 민족의 일원으로 프라하에서 태어나서 정치적·사회적·문화적으로 이방이었던 카프카는 가족간에서도 상속권을 잃은 아들로 자신을 의식했다. 카프카는 가정의 의무에서 벗어나고 싶지만 보이지 않는 힘에 의해 그곳을 쉽게 빠져 나오지 못했다.

2) 공간적 소외

카프카 작품의 내용이 독특한 것과 마찬가지로 작품에서의 공간 역시 매우 독특하게 설정되어 있다. 카프카의 많은 작품에서 작품의 주요 무대가 되는 주인공의 주거 및 활동 공간은 다른 작가들에 비하면 상당히 제한되어 있다. 사건이 탁 트인 하늘 아래에서는 거의 진행되지 않고 벽이라든가 감옥, 터널 등이 끊임없이 새로운 변모를 보이고 있다.

〈나의 감방(監房)은 나의 성채(城砦)meine Gefängniszelle-meine Festung〉라는 문안의 두 가지 기본 형태가 가장 좁은 공간으로 통합된다.[64]

62 Vgl. W. H. Sokel, *Franz Kafka, Tragik und Ironie*, Frankfurt/M., 1976, S. 194.

63 Günther Anders, *Kafka. Pro und Contra*, 4. Aufl., München, 1972, S. 18.

64 Hans Helmut Hiebel, *Das Zeichen des Gesetzes, Recht und Macht bei Franz Kafka*, München, 1983, S. 16.

『단식 예술가*Ein Hungerkünstler*』에서처럼 공간이 하나의 우리에 불과하기도 하고 「선고」나 「변신」의 경우처럼 거의 주인공의 집이나 방에 한정되기도 한다. 「변신」에서 그레고르가 하는 일은 오로지 좁은 방을 기어다니는 일과 이따금 창문을 내다보는 것에 국한되어 있다. 이와 같이 좁은 공간에서 무의미하게 선회(旋回)하는 행동은 변신에 다르는 그레고르의 공간 상실, 공간적 소외를 의미한다. 장편 『소송』에서도 주인공의 활동 공간은 도시 외곽 지대까지만 해당되고, 『성』에서 역시 성이 있는 마을 범주를 벗어나지 못한다. 마을과 성의 공간은 K가 투쟁을 하는 적대적 세계로 초기 작품에서 볼 수 없는 가공적인 공간 설정으로 실제 지리적인 지식으로는 이해될 수 없다.

그것은 오래된 기사의 성도 아니었으며, 새로 지은 화려한 저택도 아니었고, 3층 짜리 몇 안 되었지만 다닥다닥 붙어 있는 수많은 낮은 건물들로 이루어진 길게 늘어져 있는 건축물과 같았다. 이것이 성이라는 사실을 몰랐더라면, 일종의 작은 도시로 볼 수도 있었을 것이다.(P 13)

『성』에서의 외적 및 내적 공간들은 마을 사회와 성의 외곽에 국한되어 있는데 이것은 성의 세력을 나타내는 형식으로서 기능적 의미를 갖는다. 이것은 카프카 인물들의 공간 이동이 많지 않음을 말하는 것이며 동시에 카프카 작품의 주인공들이 보다 정신적인 문제에 골몰하고 있다는 간접적인 시사이기도 하다.[65]
이렇게 카프카의 소설에서 어디를 가도 맴돌듯 이어지는 공간은 막다른 골목 같은 삶의 고통을 나타낸다. 예를 들어 「작은 우화」에서 막다른 골목에 다다른 쥐에게 고양이는 〈방향을 바꿔 봐!〉(B 91)라고 말하면서 그를 잡아먹는다. 이는 〈실존 공간 체험의 문학적 조명〉이다. 카프카 자신도 〈나는 하나의 막다른 골목에 있다〉(G 169)고 자화상을 밝힌 바 있다. 따라서 카프카는 자신의 문학은 〈막다른 골목〉과 같은 절망적인 실존 상황에서 〈자기 자신의 가시에 찔려 죽는〉 그의 삶에 관해 끄적였던 개인적인 기록이기 때문에 자신의 죽음과 더불어 소각되어야 마땅하다

---

65 한경숙, 『종속에서 해방으로』, 산하, 2004, 209면.

고 생각했다.(G 202 ff.)

　이렇게 카프카는 주인공의 행동 공간으로 대다수 밀폐된 공간이거나 또는 반대로 끝이 없는 황량한 공간을 보여 주어 막다른 골목길에 갇힌 현대인의 악몽 같은 상황을 고발하고 있다. 따라서 카프카의 공간은 밀폐되어 답답하거나 끝이 없어 암담함을 보여 준다.

　이러한 카프카의 협소하거나 광활한 공간은 주인공에게 부정적 측면을 허용하여 주인공들은 한없이 밀폐된 공간에 〈갇히든지〉 아니면 한없이 확장된 공간에 〈버려지든지〉 둘 중의 하나이다.

　『아메리카』에서 주인공 카알의 단일 시점으로 서술되는 공간은 외부에서 보면 무한한 미로로 나타나지만 내부로 들어서면 숨막히게 협소한 감금 상태로 체험되어 〈광활한 공간〉과 한없이 확장된 〈밀폐된 공간〉이 동시에 체험된다. 예를 들어, 제1장의 아메리카 행 선박에서 카알은 잃어버린 우산을 찾으러 선실로 되돌아가는 도중에 배의 계단과 복도를 미로로 체험하며, 마침내 그가 당황하여 문을 두드리고 들어간 선실은 화부와 침대와 옷가지와 안락 의자로 빈틈없이 들어차 있는 공간이다. 카알의 아메리카 경로는 이와 같이 두 종류의 공간 사이를 왕복하는 성격을 띠고 있다. 호텔 옥시덴탈도 밖에서 보면 광범위한 미로로 확대되지만 카알이 근무하는 엘리베이터는 승객들에 의해서 밀리는 좁고 숨막히는 공간이다. 다시 말해서 아메리카라는 삶의 영역에서 카알이 처한 구제 불능의 부적응 상태가 공간 체험으로 나타나고 있다.[66]

　그런데 행동 공간이 심리학적으로 작용하여 멀리 떨어진 공간이 바로 인접한 공간으로 또는 인접한 공간이 멀게 변하는 경우도 있다. 「이웃 마을」에 등장하는 어떤 할아버지의 견해에 따르면 건강한 젊은이가 평생 동안 말을 타고 가도 이웃 마을에 도착할 수 없다. 그런데 이웃 마을의 〈이웃〉이란 내용을 보면 마을은 가깝다. 그러나 평생을 말을 타고 가도 도달하지 못하는 사실에서 이 마을은 엄청나게 멀어 서로 역설적이다. 쏜살같이 흘러가는 시간 속에서 이 이야기는 비좁은 공간에서 전개된다. 기억 속에 응축된 무한한 시간이 어느 누구도 도달할 수 없는 공간으

---

66 김정숙, 「프란츠 카프카의 소설 『실종자』 연구」, 『카프카 연구』, 제3집, 한국카프카학회, 1988, 151면.

로 언급되고 있다. 시간의 공간화와 공간의 시간화가 시공간적 구조로 이루어지는 것이다.

「이웃 마을」에서처럼 가까운 듯이 보이면서도 끝이 없는 공간적 재현 방식은 「황제의 칙명」에서도 계속된다. 「황제의 칙명」에서 칙사는 오직 한 개인인 〈당신 *Du*〉에게 황제의 소식을 전하기 위하여 간다. 그런데 그 칙사는 무슨 이유에서인지 결코 자신의 목적지인 〈당신〉에게 도달할 수 없다. 동시에 한 개인인 〈당신〉은 온 힘을 다하여 황제의 칙명을 고대하고 있으나, 오직 그를 위해 정해진 그 소식은 영원히 도착하지 않는다. 소식을 전할 칙사와 그를 맞이할 〈당신〉 사이에는 알 수 없는 무한성과 영원성이 개재되어 있어 서로를 갈라 놓고 있다. 따라서 황제의 칙명을 받고자 하는 소망은 천천히 그러나 철저하게 해체된다. 점점 멀어져 가는 공간적인 확장은 갑작스레 영겁적 시간으로 전이되면서 「법 앞에서」에서처럼 부질없고 끝없는 기다림이라는 절망을 그리고 있다. 「법 앞에서」의 무한한 기다림은 시골 남자의 죽음을 명시하고, 「황제의 칙명」에서도 끝없는 기다림은 죽음을 암시하고 있다.

『소송』에서도 법정은 서로 상당히 떨어져 있지만 인접한 뒷문으로 통하게 되어 〈인접하고도 먼〉 형태로 나타난다. 여기서는 정반대에 위치한 두 점이 기묘하게 접촉하는 것과 같이 외관상 떨어져 있는 사무실이 문과 통로로 무제한적으로 연결되어 멀고도 가까운 역설적 거리가 된다.

이러한 공간적 소외를 작품에서 가장 잘 보여 주는 장소로 방(房)을 들 수 있다. 방은 가정에서 가장 아늑한 안식처이다. 하루의 피로를 최종적으로 풀어 내는 곳이 방인 것이다. 예를 들어 『어느 투쟁의 기록』에서도 중심 인물인 일인칭 서술자는 자신의 방을 피해, 고독을 피해, 아는 사람과 더불어 산책을 하지만 즉시 집으로 돌아가 방에 앉아 있을 생각을 한다. 그는 방을 뛰쳐 나와 넓은 공간을 확보하였지만 그 공간은 오히려 그를 〈보통 때보다 더욱 왜소하게〉(B 45) 할 뿐이다. 따라서 넓은 하늘과 아름다운 산들도 방만큼 아늑할 수가 없는 것이다. 그런데 역설적으로 카프카의 작품에서는 소외적 사건이 발생하는 중심지가 가장 가정적 장소인 방이다.

안더마트Michael Andermatt는 저서 『소설에서 집과 방Haus und Zimmer im Roman』에서 〈카프카는 폰타네와 마찬가지로 방, 복도 등과 같이 공간의 형태를 이용하여 이야기하는 몇 안 되는 작가 중의 한 사람이다〉[67]라고 쓰고 있다. 예를 들

어 「변신」에서 그레고르가 잠에서 깨어난 후 흉한 모습의 갑충으로의 변신을 발견
하게 되고 또 최종적인 죽음을 맞이하게 되는 장소가 방이다. 또 「소란」은 〈나는
방 안에 앉아 있다〉[68]는 문장으로 시작되고, 「선고」의 첫 장면에서도 게오르크 벤
데만은 자신의 방 안에 앉아서 후에 자살하게 될 강과 다리를 바라본다. 『소송』과
「독신자의 불행Das Unglück des Junggesellen」 등도 사건의 출발점은 방이다. 이
렇게 카프카의 소설에서 행동의 출발점이자 중심점을 이루는 중요한 공간이 대부
분 방이다.

그런데 이러한 방은 고립과 안전이라는 상반된 이중 의미로 사용된다. 그레고르
의 방은 거리로 향해 있는 창문이 있는 쪽을 제외한 세 면에 가족의 거처와 연결되
는 문들이 있지만, 그가 변신한 아침에는 그 방문들이 모두 안으로 잠겨 있어서 가
족들로부터 격리된 상태를 보여 주고 있다. 이와 같이 폐쇄된 공간은 변신이 일종
의 감금 상태임을 시사한다.[69]

이렇게 카프카의 방에 감금 상태를 우리나라의 시인 이철범은 자신의 시 「카프
카의 성이 보이는 방 1」에 잘 나타내고 있어, 이 시 전문을 인용해본다.

카프카의 성이 보이는 방 1

검은 매연이 하늘을 가린
구로동 공장 지대
유리창으로
높은 콘크리트 굴뚝이 보이는
이범 의원 이층.
「변신」의 주인공이 갇혔던 방을 생각하면서
캄캄한 시멘트 계단을 밟고 오르면

67 Michael Andermatt, *Haus und Zimmer im Roman, Die Genese des erzählten Raums bei E. Marlitt, Th. Fontane und F. Kafka*, Frankfurt/M., 1987, S. 170.

68 F. Kafka, *Erzählungen und andere ausgewählte Prosa*, hg. v. Roger Hermes, Frankfurt/M., 1996, S. 42.

69 Benno von Wiese(Hg.), *Der deutsche Roman*, Bd. II, Düsseldorf, 1963, S. 327.

좁은 복도의 끝에
내가 기거하는 방이 있다.
벌써
두 번째 겨울을 이 방에서 지냈다.
낡은 벽지 위
언젠가 써 붙였던 민족·자유·통일이라는
붓글씨가 그대로 있고,
맞은편 벽엔
아담과 이브의 포옹 같은
알몸의 남녀가 안고 있는
로댕의 하얀 대리석 조각 그림이 걸려 있다.
그리고
그 옆엔 낡은 거울이,
그 속에 내 얼굴을 비쳐 본다.
내가 제 얼굴을 보는 것은 괴로운 일이다.
거울 속에서 내 얼굴을 보았다고 해서
내가 나를 아는 것은 아니다
나는 나에게 있어서
암호일 뿐만 아니라
인간은
나에게 있어서 암호 이상의 것이다.

「변신」의 그레고르는 외판원에서 징그럽고 어마어마하게 큰 곤충 모양의 괴물로 바뀐 뒤에 방에 갇혀 있다. 이철범의 시의 화자 역시 그레고르처럼 쓸모없는 존재로 전락했거나 그렇게 느끼고 있는 인물이 틀림없다. 그렇기 때문에 그는 〈「변신」의 그레고르가 갇혔던 방을 생각하면서〉 자기 방을 오를 수밖에 없다.

여러 가지 배경에서 카프카의 작중 인물들의 〈본질적 체험은 현실 세계에 속해 있지 않고 자신들에게 되던져진 상태〉[70]라는 사실을 알 수 있다. 그레고르의 고립은 직장과 가족 내에서의 배척 및 배제로 나타나며, 이는 그의 방에 감금 상태를 통해 공간적으로 시각화된다. 벌레로 변신한 그레고르의 방은 주변 인물 — 부모와 여동생, 회사의 지배인, 가정부, 하숙인 등 — 로부터 완전히 차단된 상태이고 자신은 갇힌 몸이다. 문 밖 출입이 금지되고 따라서 자유로운 행위의 구속을 받는 장소는 〈틀림없이 사람이 살고 있는 자기 방〉이지만 〈살기에는 비좁은 곳〉이다.

그레고르가 협소한 방에 폐쇄된 채 방 밖의 가족들을 동경하여 자신의 흉측한 모습을 불안해 하면서도 기어코 방 밖으로 나가는 것은 고립으로부터 해방을 열망하는 경우라 하겠으며, 부친으로부터 무자비하게 사과 구타를 받고 황급히 자신의 방으로 피하는 행위에서 방은 안전한 공간임을 말해 준다. 그런데 이러한 방에서 나올 때는 쉽게 나올 수 있었는데 다시 들어가는 길은 엄청나게 힘이 들어 안전한 공간의 길이 험하다는 것을 암시한다.

첫 번째 모험에서 지배인을 따라가려고 뛰쳐나왔던 그레고르가 아버지에게 쫓겨 방으로 들어갈 때는 문이 비좁아서 몸에 상처를 입는다. 두 번째 모험에서는 활짝 열린 문으로 나왔다가 여동생 그레테가 약을 들고 들어가면서 문을 닫아버리는 바람에 아버지의 공격을 피하지 못한다.

이러한 밀폐된 작은 방이 황량한 넓은 공간으로 변하는 경우도 있다. 변신이 시작된 날 아침에 그레고르는 그가 거주하는 방을 〈너무 작은 방zu kleines Menschenzimmer〉(E 57)으로 여긴다. 그러나 같은 날 밤에 그가 새로운 생활을 앞으로 어떻게 해 나갈 것인가 하는 문제를 숙고하기에 이르렀을 때 그는 그의 방을 너무나 넓고 높은 공간으로 체험한다. 〈넓고 높은 방은 그를 납작하게 엎드려 있도록 만들었으며 그를 불안하게 했다. 그는 그 이유를 알 수가 없었다. 왜냐하면 그가 5년 전부터 살았던 익숙한 방이었기 때문이다. 거의 무의식적으로 방향을 바꾸어 그는 약간의 부끄러움을 느끼면서 서둘러 소파 밑으로 기어들어 갔다.〉(E 74 f.) 또 여동생의 바이올린 소리에 끌려나왔던 그레고르는 돌아가는 길이 까마득한 것을 보고 자신이 다치고 지친 몸으로 어떻게 이 먼 길을 올 수 있었는지 의아해 한다.

이런 맥락에서 변신은 감금과 격리 상태를 초래하는 것만이 아니라 공간 상실도

70 Ernst Fischer, *Von Grillparzer zu Kafka*, Baden-Baden, 1975, S. 329.

의미한다. 그런데 공간 상실의 체험은 변신한 자신의 상태에 대한 수치심과 직면하고 있는 새로운 현실에 대한 불안감을 나타낸다. 따라서 그레고르는 일종의 병자이며 수인(囚人)이다. 그의 여동생도 마치 중병 환자가 누워 있는 방이나 낯선 사람이 누워 있는 방에 들어오기라도 하듯 조심스러운 발걸음으로 그의 방으로 들어오고 그레고르 자신도 변신 이후의 세월을 감옥살이로 생각한다.

이리저리 엉뚱하게 이어지는 방들은 뜻밖의 방향으로, 〈운명〉 밖의 방향으로 향하는 삶을 의미한다. 그 문들을 열려는 사람에게 삶이란 다양한 방향으로 열리는 희망의 세계이다. 그러나 그러지 못하는 사람에게는, 카프카의 유명한 우화에서처럼, 자신을 위해 나 있는 문조차 들어가지 못한 채 멈추어선 지점에서 죽게 되는 절망의 세계이다.

여기에서 유대교의 교리가 암시된다. 유대교에서 〈성서(聖書)는 무수한 방을 가진 큰 저택과 같고 모든 방 앞에는 열쇠가 놓여 있으나 맞지 않는다. 모든 방들의 열쇠는 서로 바뀌어 있어서 방 문에 전부 맞는 바른 열쇠를 발견하는 것은 지극히 어려운 임무〉[71]라고 한다. 이와 유사한 비유를 안더스도 다음과 같이 언급하고 있다. 〈카프카의 문학 세계에 이르는 길에는 허다한 자물쇠가 채워져 있어 우리들의 이해를 차단시킨다. 우리가 아무리 많은 열쇠를 갖고 있다 하더라도 우리는 거기에 도달할 수가 없다. 그 많은 열쇠를 동시에 이용할 수는 없는 노릇이기 때문이다.〉[72] 안더스는 이러한 카프카의 실존 자체를 사냥꾼 그라쿠스처럼 어느 곳에도 속해 있지 않은 고립된 이방인으로 보았다.

그런데 카프카 작품의 공간은 앞의 내용처럼 넓거나 비좁은 상태뿐 아니라 불결하거나 무덥고 어두운 환경적 상태로도 부정적 측면을 보인다. 이러한 내부 공간들은 대부분 어둡고 창문이 없거나 작다. 따라서 이 공간들의 공기는 숨막힐 지경이다. 예를 들어 『성』에서 빛이 들어오지 않는 칸막이 속에 병들어 누워 있는 여주인과 자기 침실에서 K를 맞이하는 병든 면장에게서 이러한 경향이 두드러진다. 공간 상태가 등장인물의 희미한 모습과 일치되는 방의 장면 등은 이목을 끄는 부분이다.

71 G. Scholem, *Zur Kabbala und ihrer Symbolik*, Zürich, 1960, S. 22.
72 Günther Anders, *Kafka, Pro und Contra*, München, 1951, S. 43.

어둠침침한 큰 방이었다. 바깥에서 들어온 사람은 처음에는 아무것도 볼 수 없었다. K는 세탁통에 걸려 비틀거렸는데 어떤 여자의 손이 그를 잡아 주었다. 어느 구석에서는 어린애들이 떠드는 소리가 크게 들려왔다. 또 다른 구석에서는 연기가 피어오르며 어슴프레한 주위를 더욱 어둡게 하였다. K는 마치 구름 속에 있는 듯이 서 있었다. 〈술취한 사람이구만〉이라고 누군가 말했다. 〈당신은 누구요?〉 하고 행세하는 투의 음성이 소리치고는 이번에는 그 노인 쪽으로 방향을 돌린 듯 말을 이었다. 〈그를 왜 들어오게 하였소? 거리를 떠도는 자들을 모두 들어오게 해도 된단 말이오?〉 〈나는 영주님의 토지 측량사입니다.〉 K는 그렇게 말함으로써 여전히 보이지 않는 사람들 앞에서 변명하려 했다. 〈아 토지 측량사로군〉이라는 어느 여자의 목소리가 나더니 아주 조용해졌다. 〈나를 아시나요?〉 K가 물었다. 〈물론이지요〉라고 같은 목소리가 짤막하게 말했다.(S 15 f.)

위 서술에서 어둡고 연기로 가득찬 방에서 서술자는 조감적(鳥瞰的) 위치에서 그 방의 구조와 상황을 독자에게 상세히 설명하는 것이 아니라, 밖에서 갓 들어와서 어둠에 아직 익숙하게 되지 못한 K의 시각에서 상황을 서술하고 있다. 따라서 확실하고 분명한 대상을 가지고 서술해 가는 것이 아니라 K가 체험하고 있는 보이지 않는 대상을 있는 그대로 서술해 갈 뿐이다. 즉 보이지 않는 사람이 누구인지 알 수 없기 때문에 K에게 말을 건넨 사람이 〈누군가〉라는 명칭으로 서술되며, 그 사람이 말한 내용으로 미루어 그 사람이 K를 데리고 들어온 노인에게로 방향을 돌렸을 거라고 짐작할 수 있을 뿐이다. 또 방에서 K와 마주하고 있는 사람들이 K의 눈에는 보이지 않기 때문에 감각적으로 느낄 수 있는 〈여자의 손〉이 의인화되어 그녀를 대신하고 있으며, 시각적인 모습이 아니라 청각적인 〈어린애들의 떠드는 소리〉나 〈음성〉 등이 인물화되고 있다. 곧 이어 방 안의 정경은 다음과 같이 바뀐다. 〈드디어 연기가 조금 흩어져서 K는 차츰 형편을 알게 되었다. 공동 세탁하는 날이었던 것 같았다. 문 근처에서 빨래가 세탁되고 있었다. 그러나 연기는 다른 쪽 구석에서 나오고 있었는데 그곳에서 K가 지금까지 본 일이 없을 만큼 큰 나무통 — 대략 침대 두 개의 부피였다 — 속에서 증기가 피어오르는 물에 두 명의 남자가 목욕을 하고 있었다. 하지만 그보다 더 놀라운 것은 — 무엇 때문에 놀라게 하는

지 잘 알지 못했지만 — 오른편 구석이었다. 거기에는 뒷벽의 단 하나밖에 없는 커다란 틈으로부터 — 아마도 뜰에서인 것 같은데 — 희미한 눈빛이 들어와서 방 구석 깊숙한 곳에서 키가 높은 등받이 의자에 피곤한 모습으로 거의 드러눕다시피 하고 있는 어느 부인의 옷에 명주로부터 오는 듯한 빛을 발하였다. 그녀는 젖먹이를 품에 안고 있었다. 그녀 주위에는 몇몇의 어린애들이 놀고 있었다.〉(S 16)

방 안의 연기가 차츰 흩어지고 K의 눈이 어둠에 익숙해짐에 따라 가려져 있던 방 안의 구조와 상황이 차츰 밝혀지고 있다. K가 처음 그 방에 들어 왔을 때 연기인 줄 알았던 것이 사실은 증기였다는 사실이 밝혀지고, 앞에서 사람들이 소리나 음성으로 등장했던 것이 이제는 시각적인 모습을 갖춘 인물로 바뀌어지게 된다.[73]

이렇게 『성』의 대부분 공간은 어둡고 빛이 없어 우울하게 묘사되고 있다. 후텁지근한 농부들의 방, 낡고 긴 복도들, 오물과 맥주 찌꺼기로 가득 찬 〈다리 주막〉과 〈신사의 여관Herrenhof〉의 술 마시는 방들도 어둠침침하다. K가 사환으로 잠시 일했던 학교 교실 바닥에는 정어리 기름과 커피 찌꺼기가 넘쳐흐른다.

이러한 공간의 인물들은 위축되고 찌꺼기처럼 허약하고 때로는 다리를 절룩거리며 그들을 둘러싸고 있는 공간처럼 남루한 옷을 입고 있다. 공간 속의 사물들이 의인화(擬人化)되어 부조리하고 그로테스크한 생활로 서술되는 것이다.

심지어는 법의 개념, 즉 법정, 정의, 변호사, 재판관 등도 언제나 허름하며 퇴락하고 더러운 환경 속에 등장한다. 가령 『소송』에서 절대적인 법을 집행하는 법정 청사는 시 외곽 지대에 허름한 임대 주택 건물의 다락방에 위치해 있다. 어린 아이가 끄적거린 듯한 필체로 쓰여 있는 표시를 따라 허름한 임대 주택 다락방으로 들어서면, 나무 격자로 엉성하게 칸막이가 된 반쯤 공개된 법원 사무실, 환기는커녕 여기저기 말리려고 널어놓은 빨래들로 뒤섞인 법정 안 풍경이 나온다. 재판소 사무국의 공기는 거기에 드나드는 사람으로 하여금 스스로 서 있지도 못하게 만든다. 엉터리 변호사인 훌트는 실제로 〈비좁고 천장이 낮은 방〉을 가리키는 후미진 장소를 얻는다. 따라서 거기에 익숙해진 사람은 바깥의 시원한 공기를 견디지 못하게 된다.

<hr>

73 윤일권, 『F. Kafka의 소설 『성』에 나타난 서술 기법에 대한 연구』, 연세대학교 대학원 석사학위 논문, 1984, 34면.

이러한 부정적인 재판관과 법정의 근원은 카프카의 부정적 일대기에서 파생된다. 한 예로 카프카는 1914년 7월 12일 베를린의 호텔 〈아스칸 장Askanischer Hof〉에서 가졌던 자신의 파혼식을 〈호텔 법정Gerichtshof im Hotel〉이라고 불렀고, 파혼 다음날에 펠리체 바우어 양의 부친에게 보낸 편지를 〈형장의 식사(式辭)Ansprache von Richtplatz〉라고 부정적인 의미로 칭했다.[74]

이런 배경에서 성스런 성당이나 안식처도 부정적 의미로 나타난다. 사계(四季)가 순환하는 카프카의 대표적 작품으로 생과 사 사이의 초시간적 회전을 보이는 『소송』에서, 초여름 요제프 K의 30회 생일에 일어난 체포 사건은 성당에서 절정을 이루다가 31회 생일을 하루 앞두고 그는 처형된다. 요제프 K는 춥고 비오는 늦가을 날씨를 피하려고 성당을 찾아 들어가지만 거기서도 안식처를 찾지 못한다. 구원의 장소로 알려진 성당 공간은 습기 차고 춥고 어둡다.

또 「유형지에서」의 마지막 부분에서 처형 기계가 파괴되고 장교가 죽은 후 탐험가는 죄수와 사병을 데리고 〈찻집Teehaus〉(E 176)에 간다. 이 찻집은 「유형지에서」에서 처음이자 마지막으로 나타나는 집으로 일종의 안식처인 셈이다. 그러나 그곳은 천장이 낮고 천장과 주위의 벽이 모두 그을려서 흡사 동굴과 같다. 안에서는 싸늘한 곰팡이 냄새가 난다. 그러한 찻집 안의 한 탁자 밑에 전임 사령관이 묻혀 있다. 탁자가 밀쳐졌을 때 〈이곳에 전임 사령관이 잠들었다. 지금 성명 기입을 주저하지만 그의 동료들이 그를 위하여 무덤을 파고 비석을 세웠다. 수년 후에 사령관은 다시 소생하여 이 집에서 동료들을 거느리고 유형지를 탈환하리라는 예언이다. 믿고 기다려라!〉(E 177)고 새겨진 거친 돌비석이 나온다. 따라서 안식처로 인식되는 찻집은 으스스한 느낌을 주는 무덤이 되고 있다. 이처럼 안식처 공간의 역겨운 상태가 작품 중에 위축된 공간으로 여러 곳에서 묘사되고 있다.

3) 출구 없는 벽

〈벽〉은 횔덜린Friedrich Hölderlin과 낭만파 시대에 숨겨져 있던 쟁점이었다. 이

74 Chris Bezzel, *Kafka Chronik*, München-Wien, 1975, S. 97.

것은 또한 우리 시대의 공공연한 쟁점이 되고 있다. 벽을 부숴 없애고, 그 저쪽에 새로운 정신적인 현실을 소원하는 것은 유토피아적 공상이다. 여기에서 볼 때 벽은 정신적 진리의 세계로 접근을 방해하는 형상이다. 벽은 자유, 동경, 희망 따위의 해방적 속성과는 달리 부정적 시각에서 인간의 상황, 한 마디로 말해서 속박을 의미하는 감옥의 기능을 지닌다. 이러한 벽이 카프카의 작품에서 소외적 요소를 띠는 공간적 요소로 작용한다. 카프카 작품 사건의 무대가 폐쇄된 벽으로 제한된 실내 공간이 되는 것이다.

한 예로 「작은 우화」에서 벽을 들 수 있겠다. 벽이란 해로운 것으로부터 막아 주는 역할을 하는 수도 있다. 그러나 광활한 우주에 대한 불안한 공포에서 보호해 주는 벽이 「작은 우화」에서는 실존을 위협하며 점점 죄어 온다. 따라서 안정감과 보호를 줄 것이라고 생각했던 벽이 어느 날 갑자기 쥐에게 생명을 위협하는 고양이로 돌변한다. 마지막 벽으로 몰린 쥐를 고양이는 의기양양하게 잡아먹는다. 여기에서 안정되고 평화로운 삶을 보장하는 벽이 재난적 동기 유발의 세계로 전환되어 통상적으로 생각되고 평가됐던 안전의 가치가 역설적으로 전도되고 있다.

이처럼 우리 앞에 가로 막고 있는 벽에서 벗어나는 문이나 출구를 찾는 것이 카프카의 시도이다. 카프카는 자신을 스스로 갇힌 동물로 보아 〈저는 자유를 원했던 게 아닙니다. 다만 하나의 출구를 원했습니다〉(E 142)라고 말한 적이 있다.

단편 「어느 학술원에 드리는 보고」에서 사방으로 열려진 자유의 위대한 감정을 소유하고 있던 한 마리의 원숭이가 인간들의 악의에 찬 총격에 상처를 입고 사로잡힌다. 그는 난생 처음으로 출구가 없는 상황에 처하고, 출구 없이는 살 수 없기 때문에 원숭이를 포기하고, 인간의 실존을 수용한다. 〈인간들 사이에서는 너무도 자주 자유라는 말로서 기만당하고 있습니다. 그리고 자유가 가장 숭고한 감정에 속하는 것처럼, 그에 상응하는 기만 역시 가장 숭고한 감정에 속합니다. 〔……〕 그렇습니다. 저는 자유를 원하지 않았습니다. 왼쪽이든 오른쪽이든 어디든 관계 없이 단지 하나의 출구만을 원했습니다.〉(E 142)

이렇게 카프카의 작품에서는 좁거나 폐쇄된 공간적·심리학적 공간에서 출구를 발견하려는 욕구가 강렬하게 나타나는데 이를 보여 주는 또 다른 작품으로 산문 소품 「대변인」을 들 수 있다. 〈여기 통로에서 아무것도 발견하지 못하면 문을 열어

라. 그 문 뒤에서 아무것도 발견하지 못하면 또 다른 층이 있다. 위에서 아무것도 발견하지 못하면, 그것은 어려운 상황이 아니니 다른 계단으로 뛰어올라라. 오르기를 멈추지 않는 한, 계단 또한 끝나지 않는다. 발로 밟고 올라갈수록 계단은 위로 자라난다.〉(B 105 f.) 이 내용에서 공간적 소외는 상승적 의미로 극복될 수 있다. 이 경우 출구란 에워싼 벽돌 어딘가에 숨어 있는 게 아니라 지금 우리가 서 있는 곳이고, 거기서 어떻게 살아가는가에 달려 있음을 의미한다.

이렇게 상승적 의미로 출구를 찾으려는 정서에서 벽이나 지붕과 같은 한계를 상승적으로 뚫고 나오려는 심리 현상이 나타난다. 인도 사상에서 아라한은 〈집의 지붕을 깨뜨리고〉 공중으로 비상하여 우주의 초월로 어떤 역설적이고 불가사의한 존재 양식, 즉 절대적 자유의 존재 —— 이들에 니르바나(열반), 아삼스크리타(무위), 사마디(三昧), 사하지(舍卒間) 등 여러 명칭이 있다 —— 에 도달을 상징적으로 보여 주고 있다.

카프카에서도 벽이나 지붕과 같은 한계를 상승적으로 뚫고 나오려는 심리 현상이 암시되고 있다. 예를 들어 『성』의 초두에 주인공 K의 성에 대한 다음과 같은 첫인상이 이를 잘 보여 주고 있다. 〈그것(성)은 마치 외딴 방에 갇혀 지내야 마땅할 음울한 거주자 한 사람이 지붕을 뚫고 나와 세상에 자신을 드러낸 것 같았다.〉(S 13) 이처럼 〈집을 뚫고 나오는〉 모티프가 카프카의 「시골 의사」에도 묘사되어 있다. 이 작품의 마굿간의 〈문 구멍〉(E 112)에서 〈우뚝 솟아〉(E 112) 비집고 나오는 말은 매우 뚱뚱하게 살이 쪄 있으며, 주인공을 십리 밖의 아픈 소년 집으로 왕진가게 한다.

문제는 오늘날에 있어서 벽을 부숴 버릴 것인가 그렇지 않으면 그대로 놓아 둘 것인가가 아니다. 이제 문제되는 것은 바로 이것이다. 우리는 어떻게 하면 〈벽〉이 되어 버린 세계를 그 벽에서 해방시킬 수 있는가. 어떻게 하면 벽이라는 숙명을 피할 수 있을까. 어떻게 하면 벽의 배후의 허무적인 무(無) 속에 파고들어 살려는 악령에서 도망쳐 나올 수 있을까?

따라서 벽을 극복하는 것이 문제가 아니라 벽을 다시 세계로 변용시키는 것이 문제다. 바꾸어 말하면 카프카가 〈황량한 벽〉에서 인식한 〈더 이상 없는 감미로운 생〉으로 다시 세계를 변용시키는 것이다.[75]

이렇게 〈고립의 벽〉에서 〈감미로운 생〉으로 세계를 변용시키는 욕망이 여러 환상적 요소로 나타나는데, 〈날으는 새〉로 연상되기도 한다. 카프카의 한 미완성 소품에서 서술자가 저녁에 집에 돌아왔을 때, 방 한가운데에서 커다란, 책상과 같은 높이의 아주 커다란 알을 발견한다. 알에서는 깃도 나지 않고 짧은 두 날개로 파닥거리는 황새 한 마리가 나온다. 〈이 세상에서 넌 무엇을 하고 싶니?〉(H 105)하고 그는 묻고 싶었다. 서술자는 이 거대한 새가 자신을 이곳의 고립에서 벗어나게 하여 저 멀리 남쪽 땅으로 운반해 가주었으면 하는 희망을 품어 본다.

카프카의 모든 동물 형상들과 마찬가지로 새는 인간 안에 자리 잡은 마음대로 할 수 없는, 도달할 수 없는, 그러나 다른 한편으로는 오직 인간의 힘과 훈련을 통해서, 끝없는 희생과 체념을 통해서 해명될 수 있는 영역에 대한 비유이다.[76] 새는 인간의 경험적 사고와 의지로는 도달할 수 없는 독자적인 힘을 갖고 있어 한계적 상황의 탈출로 연상된다.

또 다른 공간적 고립에서 초월로 카프카는 〈공간에서 벗어나 부유(浮游)하는〉 동기를 보여 준다. 따라서 카프카 작품의 인물들은 종종 표류하는 모습, 즉 부유하는 형태로 나타나고 있다. 카프카의 사냥꾼 그라쿠스의 부유는 성질은 다르지만 해방의 가장 간결한 형태이다. 즉 사냥꾼 그라쿠스는 부유하며 이승과 저승을 헤매고 있다. 이는 해체되어 시간적·공간적 바탕으로부터 해방된 세계인 것이다. 이렇게 상호 대립하는 양극 사이를 부유하는 그라쿠스의 모습에는 어찌할 수 없는 자기 모순이 있다. 그라쿠스 존재의 본래적인 특수성은 바로 이 양극성에 있으며, 이 양극성이 결코 단순화되지 않는 점에 있다. 그는 이 양극 사이를 끊임없이 부동하고 있기 때문에 그의 삶은 부유 그 자체라고 해도 지나친 표현은 아니다. 이렇게 카프카는 〈부유하고 있는 세계〉라는 비유를 발견해 냈다. 사물이 둥실둥실 떠 있고 인간도 역시 둥실둥실 떠 있는 것이다.

돌로 된 보도 위를 걸어야 하는 신사 숙녀들이 둥실둥실 떠 있다. 바람이 멎으면 그들은 멈춰 서서 서로 말을 서너 마디 건네며 고개를 숙여 인사를 나누곤 하지만,

---

75 R. N. 마이어(장남준 역), 『세계 상실의 문학』, 홍성사, 1981, 270면 참조.
76 빌헬름 엠리히(편영수 역), 『카프카를 읽다』, 유로, 2005, 216면.

바람이 또 세차게 불면 이것을 견뎌 내지 못하고 일제히 발을 뜨게 된다. 물론 모자를 단단히 짓누르고 있어야 하지만, 그들은 아주 즐거운 눈들을 하고 있다. 이런 형편없는 날씨에 불평하지 않는다.(B 34)

사물이나 사람들은 둥둥 떠 있어서 결코 정태적이지 않고 역동적인 유동 속에 있다. 이러한 카프카의 부유는 무차별성이 아니다. 그것이 무엇을 의미하는가는 1913년의 〈이따금 나는 이 세상이 살고 있는 것이 아니라 부유하여 어딘가 저승을 헤매고 있는 것같이 느껴진다〉[77]는 편지에 분명히 나타나 있다.

이러한 카프카의 부유하는 성격은 기독교적 사상과 상반된다. 소위 무참한 영락의 내부 공간이 원시 기독교적 관념에서 땅 속에 설정됐다면, 카프카는 그것을 공중으로 들어올린다. 카프카의 작품 『시골에서 결혼 준비』에서 공중에 둥둥 떠 있는 〈신사 숙녀〉를 상기하면 이해될 수 있을 것이다.

우리는 여기에서 카프카가 야노우호에게 행한 〈사물들이 공중에 둥둥 떠오른다. 뒤에 남은 것은 회색의 삭막한 독방뿐이다〉[78]라는 말을 회상할 수 있다. 그러나 여기서는 독방도 둥둥 공중에 떠오른다. 그것도 그 〈신사 숙녀〉처럼 지상에서 살짝 떠오르는 것이 아니라 풀어 헤쳐져 있는 총체적인 공간에 둥실 떠돌고 있다. 그런데 이렇게 인간과 건물 등 모두가 공중에 떠오르는 내용에서 기독교의 휴거(携擧) 사상이 연상된다.

밤이 찾아왔다. 그들에게는 〈마지막 밤〉이. 어둠을 밝히는 흰옷들이 모여들었다. 기도와 찬양. 오후 9시경 〈평택에서 예수가 꽃 마차를 타고 재림했다〉는 소식이 전해지자 기도는 열광으로 변했다. 이제 곧 〈신성한 육체로 변해 하늘로 올라갈〉 터였다. 서울의 다미 선교회 본부는 벌써 공중에 떠 있었다. 밖에선 20대 청년이 신에게 뺏긴 애인을 찾겠다며 나체 소동을 벌이거나 말거나. 나방이 불 빛을 쫓자 〈나방의 휴거〉라고 했다. TV 화면에 잡힌 붉은 조명은 〈종말의 불 기둥〉이라며 카운트다운을 했다. 드디어 자정. 벼락 함성과 울음, 그리고 다음은〔……〕. 시계는 딸깍 넘어갔

77 F. Kafka, Briefe *1902~1924*, hg. v. Max Brod, Frankfurt, 1989, S. 122 f.
78 R. N. 마이어(장남준 역), 『세계 상실의 문학』, 홍성사, 1981, 77면.

고 〈우리는 여전히 여기에 존재하고 있다.〉[79]

이 내용은 스티븐 솔하임이 묘사한 휴거 내용이다. 1992년 10월 28일은 그들에게 〈천년 왕국〉의 문이 열린다는 날이었다. 공무원과 교사, 대기업 간부가 직장과 가족을 버렸다. 세계의 눈에 비친 서울은 아마겟돈의 땅이었다. 일종의 종말론이었다. 그러나 휴거(携擧) 신도들은 돌아가 휴거(休居)했다.

이러한 종말론은 한국만의 현상은 아니다. 인류는 태생부터 최후를 고민했다. 고대 조로아스터교의 〈불의 정화〉와 유대교의 메시아, 불교의 미륵불은 최후에 대한 고민의 산물이기도 하다. 1990년대 중반 프랑스 등지에서 일어난 〈태양 사원〉 신도들의 떼죽음만 봐도 종말론은 동서고금을 아우른다.

그런데 카프카 작품에서 공중에 둥둥 떠오르는 모습은 카프카의 동양적 예술 감각에서도 유래한다. 카프카에 대한 여러 연구들에서 카프카가 동양 사상과 예술에 정통한 작가였음이 밝혀진 바 있다.[80] 실증적인 방법으로 카프카의 청년 시절의 삶과 문학 세계를 제시해 주고 있는 바겐바하는 카프카의 소묘화를 이렇게 묘사하고 있다. 〈위 쪽 그림 하나는 여섯 사람이 공중에 떠 있는 듯이 걸어 가고 있는 모습을 담은, 포플러가 서 있는 언덕 풍경을 묘사하고 있고, 아래 쪽 그림은 이러한 풍경을 배경으로 해서 공중에 둥둥 떠가듯 운반되고 있는 상자 모양의 중국식 여행용 가마를 보여 주고 있다.〉[81] 이 그림 속의 사물들이나 사람들의 모습인 〈공중에 떠 있는〉 또는 〈공중에 둥둥 떠가듯〉이라는 표현은 카프카의 문학적 작품에 나오는 〈떠 있는〉 모습의 형상적 표현이다.

4) 고향의 상실

카프카 문학의 외적 공간과 내적 심리적 갈등은 매우 불협화적이다. 이는 고향과 타향의 변증법인 〈이분화된 세계die entzweite Welt〉로 비화된다. 여기서 인간

---

79 『동아일보』, 2006년 10월 28일자, 「책갈피 속의 오늘」.
80 Vgl. Adrian Hsia(Hg.), *Kafka and China*, Peter Lang, Berlin, 1996.
81 Klaus Wagenbach, *Franz Kafka, Eine Biographie seiner Jugend*, Bern, 1958, S. 113.

이 하나의 안정되고 평화로운 삶을 구하고 보장받으려 했던 세계가 그의 자유롭고 자연스러운 실존을 파괴하는 공포스러운 동기 유발의 세계로 전환되어 나타난다. 우리가 고향이라고 불렀고 그리고 그것을 건설했던 세계가 카프카의 문학에서는 자유와 실존을 억압하고 파괴하는 덫으로 변화되어 나타나는 것이다. 말하자면 우리 독자가 통상적으로 생각하고 평가했던 질서와 가치가 카프카의 작품에서는 부정적인 전도(顚倒)로 나타난다.[82]

호메로스의 오디세우스 등은 오랜 시련을 겪지만 결국은 고향에 돌아온다. 그러나 카프카의 주인공들의 여행은 무한하다. 그들의 귀향은 영원히 연기되어져 끝없는 여행이 되고 있다. 마치 「황제의 칙명」에서 〈지칠 줄 모르는 강인한 칙사(勅使)가 양 팔을 앞으로 번갈아 내뻗으며 끝없이 군중 사이를 뚫고 지나가도〉(E 128) 무수한 군중의 집단을, 끝없이 퍼져 있는 그들의 거주지를 뚫고 나아가지 못하여 임무를 수행하지 못하는 것과 같다. 이렇게 고향에 대한 동경인 끝없는 여정의 모티프가 카프카의 작품에서 자아의 추구 등 여러 형태로 작용하고 있다.

카프카의 주인공의 자아를 찾으려는 시도는 — 결국 좌절하지만 — 새로움과 낯선 것들 사이에서 동요하는 구조를 지닌다. 전통적인 서사 구조와 구분되는 이러한 카프카의 회귀적인 이야기 구조 속에서 주인공들이 보여 주는 것은 역설적으로, 루카치의 표현을 빌리자면, 인간적 질서 속에서 고향 상실, 즉 초개인적인 가치 체계가 지닌 당위적 질서 속에서 영혼이 보여 주는 고향 상실이다.[83]

『성』의 주인공 K, 『소송』의 주인공 요제프 K, 『아메리카』의 주인공 카알 로스만 등은 모두 〈외롭게 낯선 곳에 산다〉는 공통점을 지니고 있다. 이런 배경에서 카프카의 주인공들은 자신의 집을 소유하고 있지 않다. 그들의 유일한 재산은 여행 도구들뿐이다. 그들은 가족과 떨어져 혼자 산다. 즉 그들은 고향을 상실하고 타향에 살고 있는 것이다. 카알은 미국에, 요제프 K는 도시에, K는 낯선 마을에 산다. 『아메리카』에서는 고향으로부터 타지로의 추방이며, 『소송』에서는 고향의 낯섦 속에서 자신을 세우려는 것이다. 『아메리카』에서 한 열여섯 살의 이민 소년이 낯선 세계에서 겪는 체험으로 나타났던 것이 「선고」에서는 〈낯선 곳〉에 있는 젊은 시절 친구에

82 이주동, 「카프카의 최초의 비유 설화 『나무들』 연구」, 『카프카 연구』, 제8집, 2000, 282면.

83 Georg Lukács, *Theorie des Romans*, Darmstadt, 1976, S. 52.

게 보낸 편지를 다 쓴 후 심판을 받는 한 젊은 은행원의 작은 세계로 나타난다.

『성』에서 K는 타지에서 측량을 통한 영토적인 적응으로 자신의 정체성을 찾아서 타향을 고향으로 만들어 그 속에서 정착하려고 한다. 낯선 마을에 도착한 K가 처음 본 성은 시골집들이 밀집해서 이루어진 초라한 소읍에 불과했고, 건물의 칠은 이미 벗겨지고 돌도 허물어질 것처럼 보였다. 우리가 흔히 볼 수 있는 유럽의 성과는 달리 몇 개의 3층 건물과 빽빽이 들어 찬 많은 낮은 건물로 이루어진 이 성의 모습에서 K는 다름 아닌 자신의 고향 마을을 떠올리고 고향에 있는 교회 탑과 이 성의 탑을 비교한다. 잠깐 동안 성의 모습과 실제적인 고향 마을이 겹쳐지는 이 구절에서 짓누르는 듯 우울한 인상을 주는 성 탑에 대한 묘사가 첨예하다.[84]

여기 있는 저 탑 ─ 눈에 띄는 유일한 탑이었다 ─ 은 어떤 저택에, 지금 보기엔 주요 건물인 성에 딸린 것인 듯하며, 부분적으로 보기 좋게 담쟁이 덩굴에 뒤덮여 있는 단조로운 원통형 건물에는 지금 햇빛을 받아 빛을 발하고 있는 조그만 창들과 ─ 창들은 이상한 미혹감을 주었다 ─ 발코니 모양의 테두리가 있었는데, 그 위에 쌓아 놓은 흉벽은 흡사 겁이 많거나 나태한 어린 아이가 그린 그림처럼 불확실하고 불규칙적이며 무너질 듯이 창공을 향해 톱니처럼 삐죽삐죽 뻗쳐 있었다. 그것(성)은 마치 외딴 방에 갇혀 지내야 마땅할 음울한 거주자 한 사람이 지붕을 뚫고 나와 세상에 자신을 드러낸 것 같았다.(S 13)

K로 하여금 어린 시절의 고향 마을을 연상시키는 성은 악몽에서 되살아나는 그의 내면적인 사막 혹은 성에 이르는 마을에 도착하기 오래전 K가 체험한 내적 상황의 반복이다. 결국 『성』에서 K의 사회적 자세는 성과 같은 관료적 전체주의 질서 속에도 또한 마을의 집단적 공동체적 질서에도 뿌리를 두지 못하고 있다. 그는 이 두 사회 집단이 필요로 하지 않는 〈영원한 토지 측량사〉로 달리 말하면 합법성을 획득하지 못했기 때문에 사냥꾼 그라쿠스 같이 고향이 없는 〈영원한 이방인〉이다.

카프카의 단편 「돌연한 출발Der Aufbruch」에서 주인공 집주인은 우리가 지금

84 류은희, 「〈카프카적〉으로 읽는 베른하르트의 문학」, 『카프카 연구』, 제7집, 한국카프카학회, 1999, 233면.

까지 고향으로 믿고 소유해 왔던 〈이곳으로부터 떠나는 것*weg von hier*〉(B 86)을 자신의 인생 역정으로 삼고 있다. 또 카프카의 단편 「귀향Heimkehr」은 인생 역정에서 오랜만에 돌아온 고향 집에서 느끼는 타향적 소외를 나타내고 있다.

나는 돌아왔다. 나는 들을 걸어가며 주위를 돌아본다. 그건 내 부친의 낡은 정원이다. 중앙에 작은 웅덩이가 있다. 낡고 쓸모없는 가구들이 뒤섞여 층계에 이르는 길을 막고 있다. 고양이가 난간 위에 웅크리고 앉아 있다. 언젠가 놀면서 장대에 매단 찢어진 천이 바람결에 날아오른다. 나는 도착했다. 누가 나를 맞아 줄 것인가. 부엌 문 뒤에는 누가 기다리고 있는가? 굴뚝에서 연기가 나고 있다. 저녁 식사를 위해 커피를 끓이고 있는 것이다. 너는 낯익은 느낌을 느끼는가? 편안함을 느끼는가? 나는 모르겠다. 전혀 그런 것 같지 않다. 그건 나의 부친의 집이다. 하지만 서 있는 물건 하나하나가 모두 차갑다. 그것들은 모두 제 자신의 용무에만 몰두하는 것처럼. 어떤 것은 내가 잊어버린 일들이고, 어떤 것은 내가 전혀 알지 못했던 일들이다. 내가 그들에게 무슨 소용이 있을까. 내가 부친의 아들, 늙은 농장주의 아들이라 한들 말이다. 나는 감히 문을 두드리지 못한다. 다만 멀리서 귀를 기울이고 있을 뿐이다. 엿듣고 있는 나 때문에 놀라는 일이 없도록 나는 멀리 서서 엿듣고 있을 뿐이다. 멀리서 귀를 기울이고 있기 때문에 아무 소리도 듣지 못한다. 희미한 시계 치는 소리만 들릴 뿐이다. 아니 어린 시절의 그 소리를 들었다고 믿고 있을 뿐이다. 부엌에서 일어나는 그 밖의 일은 거기 앉아 있는 사람들의 비밀이다. 그들은 그걸 나에게 털어 놓지 않을 것이다. 문 밖에서 오래 머뭇거릴수록 더욱더 낯설어지는 법이다. 지금 누군가가 문을 열고 나에게 무언가 물어 온다면 어떨까? 그러면 바로 나 자신의 비밀을 간직하려는 사람이 되지 않을까?(B 107)

이 글의 주인공은 타향에서 오랜 세월을 보내고 자기 고향 집에 돌아온다. 그러나 낯선 집에 온 듯 선뜻 들어서지 못한다. 따라서 이 글의 원 모티프*Urmotiv*는 고향에서 실향, 즉 고향과 타향간의 변증법이다. 이는 카프카 자신의 서술로도 볼 수 있다.

카프카 자신도 조국 이스라엘에서 밀려난 유대인으로 고향을 떠난 실향민이다.

유대인은 비유대인들보다 훨씬 고통에 찬 의식 속에서 위기의 사초를 경험했다. 따라서 카프카는 일생에 걸쳐, 특히 인생의 말기에 이르러 유대 사회와 연결을 맺으려는 시도를 하고 있다. 야노우흐와의 대화에서 카프카는 자기 가문, 자기 종족과 결합되어 있고, 이 가문과 종족이 개체보다 생명력이 길다고 말하고 있다. 또한 유대인은 오늘날 공간에 있어서는 극히 작고 평범한 고향을 동경해서 점차로 더 많은 유대 청년들이 팔레스타인으로 돌아가고 있는데, 이는 자기 자신, 자기의 근원, 성장으로 복귀하는 것이라고 말하고 있다.(G 146)

이런 배경에서 카프카는 인간의 내면을 지배하는 율법의 상실도 고향의 상실로 표현한다. 그리고 고향 상실자는 오로지 충동의 힘에 의해 목적 달성을 하고자 부단히 움직이지만, 한 걸음도 그 목표에 다가가지 못한 채, 제자리걸음을 면치 못하고 추락하는 오늘날의 군중이라고 한다.[85]

성경의 민족은 율법을 통한 개인들의 집약이다. 그러나 오늘날의 군중은 모든 종류의 집약에 거역한다. 그들은 내적 무법 상태를 바탕으로 분산된다. 그것이 끝없는 움직임의 원동력이다. 군중은 서두르고, 달리며 시간 속을 돌진한다. 어디로? 어디로부터 그들은 오는가? 아무도 모른다. 그들은 행군하면 할수록 더욱더 목표에 도달하지 못한다. 그들은 헛되이 힘을 소모할 뿐이다. 그들은 가고 있다고 믿는다. 그때, 그들은 — 제자리걸음을 하면서 — 무(無) 속으로 추락할 뿐이다. 그것이 전부다. 인간은 여기서 그의 고향을 잃어버린 것이다.(G 191 f.)

「사냥꾼 그라쿠스」에서 죽음을 맞이하는 그라쿠스의 태도에서 영적(靈的)인 고향의 동기를 볼 수 있다. 카프카는 이 작품에서 고향이란 모티프를 〈자랑스러운 *stolz*〉(B 78), 〈정말 아름다운*wunderschön*〉(B 77), 〈축복받은*gesegnet*〉(B 78), 〈행복한*glücklich*〉(B 78) 등의 어휘들과 연결시켜 긍정적으로 사용하고 있다. 그러나 〈산*Berg*〉(B 77, 78)으로 지칭된 고향의 긍정적인 의미는 동시에 또 다른 의미를 내포하고 있다.

85 김정숙, 「프란츠 카프카의 소설 『실종자』 연구」, 『카프카 연구』, 제3집, 한국카프카학회, 1988, 150면 참조.

고향은 사냥꾼 그라쿠스에게 〈질서Ordnung〉(B 78), 〈일tun〉(B 79) 그리고 「사냥꾼 그라쿠스」의 미완성작인 『사냥꾼 그라쿠스의 단편』에서는 〈사업Geschäft〉(B 250)과 〈가족Familie〉(B 249) 등으로 상징된다. 카프카는 그라쿠스의 고향에 대한 감정을, 죽음을 통해 처음으로 삶을 인식한다는 의미에서 이제는 잃어버린 순결에 대한 동경을 상징하는 고향, 그리고 일상적 시민 생활의 확고부동한 고지를 상징하는 고향이라는 두 가지 상반된 의미로 사용하고 있다.

사냥꾼 그라쿠스의 죽음은 〈정말 아름다운 고향wunderschöne Heimat〉(B 77)으로의 귀향, 즉 우주의 보편적인 조화로운 질서로의 회귀이다. 이러한 전체적이고 보편적인 세계 질서에 대한 예감 속에서 그라쿠스는 지금까지 행복하게 살아왔고 동시에 기꺼이 죽음을 맞이하려 했다. 카프카는 이러한 낙원에 대해 여러 곳에서 인류의 〈고향Heimat〉으로, 〈순수 상태Unschuldzustand〉로, 혹은 〈근원 상태Ursprungszustand〉로 표시한 바 있으며, 인간은 원래 이곳에서 살도록 되어 있었다고 언급한 바 있다. 〈우리는 낙원에서 살도록 창조되었다. 낙원은 우리들에게 봉사하도록 정해져 있었다. 그러나 우리의 운명은 변해 버렸다.〉(H 101)

이 내용대로 사냥꾼 그라쿠스에게 이해할 수 없는 운명적 〈불행Unglück〉(B 78)이 일어나는데, 이는 다음과 같이 기술된다. 〈내가 타고 있는 죽음의 조각배는 길을 잘못 들었어요. 키를 잘못 튼 거지요. 사공의 한 순간의 부주의로 정말 아름다운 고향을 벗어났지요. 무슨 일이 있었는지 알 수 없으며 내가 아는 거라곤 오로지 내가 지상에 머물고 있다는 것, 그리고 나의 조각배가 그때부터 이승의 물 위를 떠다니고 있다는 겁니다. 그렇게 해서 오직 스스로 몸담은 산에서만 살려고 했던 내가 죽은 다음부터는 지상의 온갖 나라들을 두루 돌아다니고 있답니다.〉(B 287)

어째서 이런 일이 일어났는지 — 물론 사공의 부주의로 인해 생긴 거라고 그라쿠스는 주장하고 있지만 — 그 이유에 대해서는 자세히 알지도 못한 채 사냥꾼 그라쿠스는 그가 죽은 후에 즐겨 돌아가고자 했고 돌아가기로 되어 있었던 아름다운 〈고향〉으로부터, 즉 자신의 영혼의 마지막 안식이 깃들 저편 세계로부터 영원히 벗어나 버렸다. 그는 이제 죽음의 조각배를 탄 채 약속된 저승으로 귀향 중에 있는 것이 아니라 이승과 저승, 생과 사, 즉 영적 고향과 타향 사이를 하염없이 방황하는 신세가 되었다.[86] 슈바르츠발트의 산에서, 즉 조화롭고 통일적인 보편적인 〈질

334

서의 장소〉[87]에서 거주하던 예전의 사냥꾼 그라쿠스는 죽은 후 고향을 상실한 영원한 방랑자의 신세가 되어 버린 것이다.[88]

결국 사냥꾼 그라쿠스의 떠도는 영혼이야말로 자기 본래의 근원적이고 순수한 상태로부터, 그리고 자신의 〈아름다운 고향〉(B 77)인 낙원으로부터 문명화된 인간 사회 속으로 굴러 떨어져서 고향으로 영원히 돌아갈 수 없게 된 인간의 비유라 할 수 있다.

5) 주체성의 문제

〈성은 시골집들이 밀집해서 이루어진 작은 읍에 불과했다. 〔……〕 나는 농부들 축에도 못 끼고 그렇다고 성 사람도 아닌 터라 벌써 다소간 외로운 생각이 든다. 농부와 성 사람 사이에 차이가 있는 건 아니라고 선생은 말했다〉(S 13 f.)라는 『성』의 내용처럼 많은 카프카의 작품은 타인으로 소외된 소시민성 형태로 서술된다.

이러한 소시민성은 현대인들의 소외 현상에서 유래하는 부정적인 전형이다. 20세기 산업 사회가 인간에게 끼친 계속적인 소시민성, 지식인의 무력감은 결국 현대인을 지치게 하여 지속적 노력을 포기하게 하고 있다. 이러한 소시민성을 진단하여 그 징후를 찾아내려고 시도한 카프카의 작품으로 3대 장편, 이른바 〈고독의 삼부작〉인 『소송』, 『성』과 『아메리카』를 들 수 있다.

『성』, 『소송』, 『아메리카』의 장편 소설에서 모든 사건들은 주인공의 눈을 통해 나타나는 〈동일 시점Einsinnigkeit〉의 성격을 띠는데 이들 주인공들의 내, 외적 윤곽은 뚜렷하지 않다. 그들은 계속적인 실패로 지쳐서 그 어떤 깊이나 내적인 삶, 기억, 발전도 상실한 불투명한 인물들이기 때문이다. 그들의 행동은 기본적으로 반응에 국한된다. 『아메리카』의 주인공 카알을 제외하고 이들은 모두 이기적이고 계산적이다. 끊임없이 합리적으로 반응하려는 노력의 계속적인 실패에 지친 그들

---

86 Vgl. Hartmut Binder(Hg.), *Kafka-Handbuch*, 2. Bd, Stuttgart, 1979, S. 337.

87 Gerhard Kurz, *Traum-Schrecken, Kafkas literarische Existenzanalyse*, Stuttgart, 1980, S. 115.

88 이주동, 「『사냥꾼 그라쿠스』에 나타난 문명사의 비판과 작가의 사명」, 『카프카 연구』, 제10집, 한국카프카학회, 2002, 146면.

은 자신들의 자발적인 감정 및 과거사에 대한 모든 생각을 떨쳐 버리게 된다. 따라서 개성이 없게 된 그들은 현대 세계에서 익명성과 소외를 보여 주는 인물들의 상징이 되고 있다.[89]

『소송』의 첫 문장에서부터 주인공 요제프 K가 주어가 되지 못하고 목적어(Jemand mußte Josef K. verleumdet haben [……])로 나타나는 사실에서부터 주체성의 상실이 암시되고 있다. 이 문장에는 주어가 앞에 나타나지 못하고 뒷면으로 물러나 있다. 사건을 야기, 확산시키는 문장의 하반부에 음조도 없고 힘없는 주어가 위치하여 작품의 시작부터 주체의 상실이 예견된다. 작품 전체의 사건이 개요 되어 있다고 볼 수 있는 이 첫 문장에서 시적 자아는 끝으로 밀려나 미래의 사건의 비극을 수동적으로 당하게 되는 것을 암시하는 것이다. 여기에 강한 추측을 나타내는 화법 조동사 〈mußte〉가 개입되어 능동적 확신 없이 불확실한 수동적 요소로 작용하는 자아의 모습이 예견된다.

이렇게 『소송』의 도입부에서 주인공 요제프 K는 어느 날 아침 갑자기 자기 의사가 반영되지 않는 이상한 상황에 처해진다. 그는 비밀스런 초세속적 법원에 의해 체포되는 소송을 당하게 되는 것이다. 처음에 요제프 K는 아직 법원의 성질도 모르며, 소송이 중도에 흐지부지 되자 그것이 자기에게 별로 피해를 주지 않는다고 여겨 소송을 무시한다. 그러다가 그가 점차로 법원과 소송에 관한 지식을 배워 가면서 소송을 약간 두렵게 여기기 시작하고 소송을 중시하여 적극적으로 대책을 강구한다. 이렇게 요제프 K가 법원을 점차적으로 알게 되어 독력으로 소송에 뛰어드나 점점 계획이 좌절되고 승소에 자신이 없어져 체념을 하다가 패소를 당하여 처형된다. 『소송』은 친구 브로트의 신학적 편집으로 인해 K의 죽음으로 끝나지만, 사실 거기서 그가 하려는 것은 최종 심판의 〈무한한 연기〉를 통해 끝없는 〈과정〉을 만드는 것이었다.

이렇게 비밀스런 초세속적 법원에 의해 체포되고, 1년 후 당국에서 파견된 공무원들에 의해서 처형되는 요제프 K는 존재의 모순성을 극복할 수 없는 모든 현대인으로 해석된다. 즉 그는 지치고 고립된 정신 속에서 주체성을 상실하거나 포기한

---

89 Hartmut Müller(권세훈 외 역), 『카프카 문학 사전』, 학문사, 1999, 205면 이하.

인간의 전형인 것이다.

『성』에서 자신을 거부하고 있는 성과 접촉하여 그 안으로 들어가는 일이 주인공 K의 유일한 목적이자 관심이다. 그런데 K가 성에 도착 이후부터 줄곧 마을에서 부딪치는 장애, 그를 반복해서 피로에 빠지게 하는 오지의 보이지 않는 벽은 다름 아닌 이방인이 겪는 소통의 불가능이며, 거기서 비롯되는 사회적 고립이다. K는 성의 요청으로 방문하지만 요청한 사람을 찾지 못해 성 아래 마을에 머물며 성안에 들어갈 길을 찾는다. 이렇게 K는 성에 들어가기 위해서 그 와중에 다양한 종류의 사람들, 다양한 양상의 욕망과 삶을 만나는 여행을 한다.

심지어 K는 보이지 않는 권력자, 비인간적인 조직에 반항하고 도전하면서 자아를 주장하고, 자신의 존재 의미를 얻기 위해 성에 들어가려 하나 그의 노력은 번번이 실패한다. 이러한 노력은 K의 착각이었다. 성에 맞선 인간 개인의 주장은 성립될 수 없어서 그의 주장 또한 인정될 수 없는 것이다. 이러한 계속되는 실패에 지친 K는 자신의 본래 목적(성에 들어가는 일)과 그것을 이루기 위한 수단(관리를 만나고 정보를 수집하는 활동)을 혼돈하게 된다.

『성』은 이 끝없는 여행을 보여 주는 소설로 완결되지 않았지만 충분히 완성된 소설이다. 사실 카프카는 『성』도 미완성으로 남겼다. 결핵 선고를 받고난 뒤인 1922년에 이 작품을 쓰기 시작한 카프카는 이를 완성하지 못한 채 죽음을 맞았다. 그런데 누구에게나 그렇듯이 작가들에게도 죽음이 뜻대로 되지 않는 경우가 많다. 스탕달은 항상 길거리에서 죽게 될까 봐 두려워했지만 불행하게도 길거리에서 뇌출혈로 쓰러져 숨졌다. 세상을 뜨기 20년 전에 벌써 〈썼노라, 살았노라, 사랑했노라〉고 묘비명을 만들어 놨지만 스탕달이 죽은 뒤 사람들은 〈썼노라, 사랑했노라, 살았노라〉로 단어의 순서를 바꿔 놓았다.

마찬가지로 카프카에게도 죽음은 그의 뜻대로 되지 않았다. 카프카는 그의 절친한 친구이자 비평가인 막스 브로트에게 자신의 사후에 유고(遺稿)들을 불태워 달라고 유언했지만, 브로트는 그 부탁을 어기고 이를 출판했기에 『성』은 세상의 빛을 볼 수 있었다. 이 작품의 결말에 대해서는 카프카가 생전에 브로트에게 남긴 말에서 그 의미가 추측된다. 마침내 성에서 체류 허가와 일을 해도 좋다는 허락이 내려온다. 하지만 그때 이미 K는 투쟁에 지칠 대로 지쳐 있어 그토록 바랐던 소망을 이루지 못하고 죽음을 맞게 된다.

이렇게 인간의 지친 모습이 작품 『성』의 많은 모티프를 차지한다. 예를 들어 『성』에서 비서와 마을 사람들 사이를 연결시키는 〈연락 비서〉 뷔르겔에서 K는 자신의 채용 문제의 중개 역할을 할 수 있는 조원자를 만난 듯한 느낌을 받으며, 뷔르겔 역시 그를 적극적으로 도와주려는 듯이 호의적인 태도를 보인다. 따라서 뷔르겔과 만남이 〈K에게는 그의 목적, 즉 성에 더 가까이 가기 위해 이 작품에서 그 예를 찾아볼 수 없을 정도로 즐거운 순간〉90이 되고 있다. 그러나 이 순간에 K는 너무나 지쳐 갑작스럽게 피곤을 느끼고 〈뷔르겔이 이야기한 내용이 자기에게 매우 관계 깊게 느꼈음에도 이제 자신과 관계있는 모든 일에 아주 싫증을 느긴다.〉(S 246)

따라서 자신의 권리를 위해 스스로 투쟁을 시도하고 감행했던 K는 스스로 기회를 저버린다. 밤의 심문이 비서들에게 불평과 불만을 일으킨다고 뷔르겔이 얘기하는데도 K는 어떤 대꾸도 할 수가 없다. 그는 더 이상 자신의 정당성의 주장에 정신을 집중할 수 없을 정도로 지친 것이다. 결국 카프카는 K가 죽음에 이를 정도로 지쳐야만 원하는 바를 이룰 수 있음을 보여 주고 있다. 즉 K는 피로한 나머지 사고력을 상실한 상태에서 세계 당국의 구조와 그 자신의 모든 소망을 성취하기 위한 가능성들, 즉 자기 실현을 위한 가능성들을 결정적으로 통찰한다.

이것은 소설 「굴」에서 언급되는 상태와 같다. 여기에서 주인공 동물은 지쳐 피로한 나머지 사고력을 상실한 상태에서 굴 안으로 들어간다. 이 중간 상태는 선명한 의식과 숙면을 결합하지 못하고, 이 둘을 포기하고, 도취적인 자기 망각 때문에 경험 세계를 합리적으로 지배하지 못하고, 또 숙면 때문에 완전히 경험 세계에서 벗어나지도 못한다. 〈그리하여 이제, 지쳐서 피로하여 어느덧 생각 따위는 할 수 없게 되어, 고개를 떨군 채 불안한 두 다리를 절반쯤 잠자며 걷는다기보다는 더듬으면서 입구로 다가가 천천히 내려간다. 오로지 이러한 상태에서만 나는 이 일을 해낼 수 있다.〉(B 147) 이렇게 지쳐 잠에 빠진 이 동물은 완전히 무의식 상태에서, 즉 자신 안에서 휴식을 취한다.

이렇게 지쳐서 망각에 빠지는 동기가 카프카 작품에 자주 연상된다. 마치 카프

90 Sabine Kienlechner, *Negativität der Erkenntnis im Werk Franz Kafkas*, Tübingen, 1981, S. 116.

카의 「프로메테우스」에서 프로메테우스의 죄가 오랜 세월에 지쳐서 망각되는 경우와 같다. 프로메테우스의 배신의 죄는 수천 년이 지나게 되자 신들도 독수리들도 그리고 프로메테우스 자신마저도 지쳐서 잊게 된다. 이제 의미가 없어진 무엇에 모두 지치고 만 것이다. 신들이 지치고, 독수리들도 지치며 결국 상처도 지쳐서 아물게 된다.(H 74) 고통을 정당화시켜 주었던 진실이 지쳐 잊혀져 효력을 잃게 되는 것이다.

이는 결국 주체성의 상실을 의미한다. 슈테판은 카프카 작품 세계의 현실이 완결된 의미로 인식되지 않고 주체의 변화 속에서 현상적으로 드러난다고 파악하면서 〈주체와 현실 간의 해소될 수 없는 괴리〉를 작품의 형식적·내용적 기본 구조로 보고 있다.[91] 이러한 카프카 특유의 주변 세계(현실)와 내면 세계(주체)의 불일치를 나타내는 한 예가 카프카의 메모지에 다음과 같이 적혀 있다.

내가 경험한 한에서 사람들은 학교에서나 집에서나 고유한 특성을 말소하려고 애썼다. 〔……〕 예를 들어 밤에 흥미진진한 이야기에 한창 몰두해서 읽고 있는 소년에게 간단히 그가 납득할 수 있는 증명으로써 그만 읽고 자야 한다는 사실을 이해시킨 적은 한 번도 없었다. 〔……〕 그렇게 독서에 몰두하는 것은 나의 특성이었다. 그런데 사람들은 가스를 틀어 꺼버려 나로 하여금 깜깜한 어둠 속에 있게 하여 나의 특성을 억눌렀다. 그 해명은 모두가 자니까 너도 자야 한다는 것이었다. 그 사실을 나는 알아들었고 또 이해가 안 가기는 하지만 믿어야 했다. 그 누구도 어린 아이만큼 많은 개혁을 하고 싶어하지 않는 법이다. 그렇지만 어떤 관점에서 보면 인정할 수도 있는 이러한 억압은 도외시하더라도, 거의 모든 경우에서 그렇듯이 내 경우에도 날카로운 바늘 하나가 언제까지나 남아 있어 아무리 보편적인 것을 증거로 끌어내어도 무디어지지 않았다. 〔……〕 내가 느끼는 것은 오직 나에게 가해지는 부당함뿐이었다. 〔……〕 사람들은 나의 특성을 인정하지 않았던 것이다. 〔……〕 그리하여 어쨌든 확실한 것은 고유한 특성에서 얻어지는 진정한 이득은 지속적인 자기 신뢰 가운데서 나타나게 되는데, 나는 내가 가진 특성에서 결코 진정한 이득을 얻지 못했다는 사실이다.[92]

91 Jürgen Steffan, *Darstellung und Wahrnehmung der Wirklichkeit in Franz Kafkas Romanen*, Nürnberg, 1979, S. 8.

어떤 세계에도 소속할 수 없는 이방인은 자신 존재를 상실한 인물을 의미하는데 실제로 카프카 작품의 주인공들은 존재를 상실하여 이방인이 된다. 끝내 성과 마을에 소속을 허락받지 못하여 지쳐 버린 K는 결국 이방인 신분으로 주체성을 상실하게 되는 것이다. 카프카에게 있어서 존재는 소속을 뜻하므로 소속할 만한 세계가 없는 자에게 존재란 있을 수 없다. 그런데 기계의 노예로 타락하여 단지 유물적 기능을 영위하는 존재로 전락하지 않고, 인간 본연의 자세로 환원하려는 의지를 가진 주인공들이 소속을 잃고 존재마저 상실하여 비극적인 인간이 되고 있다.

카프카 문학에서 소속감의 상실은 죽음에서도 볼 수 있다. 「사냥꾼 그라쿠스」에서 그라쿠스는 존재하는 것의 바깥 세계에서 활동하고 있다. 즉 그는 이쪽과 피안 사이를 헤매고 다녀 〈죽은〉 사람이기도 하고 〈어느 정도 살아있는 자〉로 언제나 움직이고 있다. 이렇게 그라쿠스는 영원히 움직이고 있는 존재인데 이는 소속감이 상실되어 어느 한 곳에 정착할 수가 없기 때문이다.

「변신」에서 그레고르의 주체성을 둘러싼 갈등은 결국 그가 가족과 사회에서 내몰리고 인간으로서의 주체성이 지워지고 벌레로 변신됨으로써 끝이 난다. 여기서 주체성은 타자에 의해 각인되는 것으로 결국은 타자에 의해 파괴되고 지워진다.[93]

「어느 학술원에 드리는 보고」에서 인간이 된 원숭이는 주체성도 없이 의심스러운 중간적 존재로 근근히 살아간다. 〈저의 발전이나 지금까지의 목표를 개관해 볼 때, 저는 불평도 만족도 하지 않습니다.〉(E 147) 낮에 그는 인간으로 버라이어티 쇼를 성공적으로 진행하고, 밤에는 같은 종족인 암컷 침팬지와 잠을 잔다. 〈저는 원숭이식으로 그녀 곁에서 편안함을 취합니다. 낮에는 그녀 보기를 원치 않습니다. 그녀의 눈길에는 어찌할 바 모르는 조련된 동물의 착란 증세가 담겨 있기 때문이지요. 그 점을 오직 저만이 알아보는데, 저는 그것을 견딜 수가 없습니다.〉(E 147) 원숭이로 남아 있는 암컷 침팬지는 인간 세계의 훈련을 받고 주체성이 없이 착각과 혼란 속에서 산다. 인간이 된 원숭이는 이를 자신과 다른 종족으로 인식하고 피하는 것이다.

---

92 Klaus Wagenbach, *Kafka*, Reinbek bei Hamburg, 1964, S. 30 ff.

93 박은주, 「기억과 망각의 〈역설적 결합〉으로서의 글쓰기」, 『뷔히너와 현대문학』, 제21호, 2003, 466면.

결론적으로 〈주체성의 상실〉은 소외의 결과가 된다. 그러나 주체성의 상실뿐만 아니라 너무 강력한 주체성도 소외의 결과가 되어 역설적이다. 요컨대 개인의 자아와 권리 주장은 성립될 수 없는 것이다. 실존정신분석학의 입장에서 볼 때, 주체의 확립을 통해서 〈자기〉를 내세우고, 그럼으로써 자신의 독립과 자유를 유지하려는 심리가 있다.

강력한 주체성이 소외가 되는 예로 『성』의 아말리아를 들 수 있다. 카프카 작품 전체에서 주체성이 제일 강했기 때문에 아말리아는 주변의 모든 사람들로부터 철저히 소외당한다. 성의 관리인 소르티니의 구애(求愛)의 서신을 가져온 심부름꾼에게 강력한 거절의 뜻을 표현한 주체성의 대명사격인 아말리아는 그 순간부터 마을과 마을 사람들에게 낯설어진다. 이러한 아말리아의 저항은 〈약한 물이 시간의 운동에 따라서 돌을 이긴다는 사실, 너는 그것을 안다〉라는 브레히트의 노자시(老子詩)에서처럼 강한 부드러움을 지니고 있다.

거동조차 힘들 정도로 병든 부모님의 모든 시중을 도맡아하기 때문에 거의 수면도 취하지 못하는 생활을 하면서도 언제나 흐트러짐 없는 몸가짐과 침착하고 냉철한 태도를 잃지 않고 자신이 맡은 모든 일에 어떤 실수도 하지 않는 아말리아는 그녀의 가족들에게도 낯설어진다. 그녀의 가족들 특히 오빠인 바르나바스와 언니 올가 역시 아말리아에게 낯설게 느껴진다. 올가는 〈우리가 그녀에게 낯설지요〉(S 165)라고 K에게 직접 말한다. 이렇게 자아의 주체성으로 인해 아말리아는 모든 주민들뿐 아니라 가족에서까지도 소외를 당하게 된다.

6) 죽음의 의의

죽음의 통찰, 현존재의 막다른 골목을 주제화하려는 시도는 비극적이다. 늘 새롭게 이 최후의 인식을 주시하고, 그것을 언어로 형상시킴과 아울러 이런 인식 과정에서 오로지 글쓰면서 실존한다는 것은 비극적이다. 카뮈의 『이방인Letranger』은 이러한 논쟁을 일으킨 실존주의 문학의 걸작이다. 주인공 뫼르소는 해변에서 친구와 패싸움을 하다가 아라비아인을 죽인다. 그는 어머니의 장례식에서도 눈물을 흘리지 않을 정도로 삶이란 어떤 가치로부터 배제되어 있다고 믿고 살았다. 오직 그가 느끼는 것은 강렬한 햇빛과 그냥 일어나는 정욕뿐이다. 다시 말하면 삶이란 자연 현상일 뿐이다. 신부가 사형 집행에 앞서 회개하라고 권고했을 때 그런 것이 무슨 의미가 있느냐고 강변한다. 그가 보기에 쎌라마뇨의 개나 그의 마누라나 가치로 따져 보면 매한가지다.

카뮈가 『시지프의 신화Le mythe de Sisyphos』의 권말 부록 「프란츠 카프카의 작품에서 희망과 부조리」라는 평론에서 언급한 것처럼, 그리스 신화에 나오는 시지프의 노력은 아마도 신들이 인간에게 과한 형벌 가운데서 가장 무서운 형벌이다. 돌을 산정(山頂)으로 끌어 올리는 중노동은 절망적인 작업이라 하지 않을 수 없다. 돌이 굴러 떨어지는 순간부터 카프카의 세계는 시작된다. 즉 부조리의 한계 상황에서 삶의 위락(慰樂)을 단념·거부하고 모든 숙명을 한 몸에 짊어지고 부단한 반항을 계속하는 생활, 거기서 절망과 환희를 찾으려는 윤리의 극한을 가는 자야말로 카프카의 문학 작품에 등장하는 주인공들의 적나라한 모습이다. 이것은 필연성과 가능성의 무한한 상호 매체로서 예술은 여기서 카프카가 살아남는 최후의 장이된다. 현대에 있어서 스스로 신을 상실한 인간은 부조리의 한계 상황에 처해 있는데 그 불합리한 현상이 바로 죽음이다. 따라서 모름지기 인간은 죽음과 죽음에 예속하는 모든 제도와 악덕, 예컨대 전쟁·죄악·폭력·압박감 등에 대해서 투쟁할 것을 호소한다.[94]

어떤 경우에도 분명한 것은 삶의 고통을 주시하는 사람은 대부분 그것의 해결책을 찾고 있다. 다른 말로 해서 삶의 절망을 보는 사람은 대부분 삶의 희망을 찾고 있는 것이다. 그러나 카프카의 전 작품을 살펴보아도 희망을 암시하는 부분은 별로 발견되지 않는다. 예를 들어 〈변신〉 이전, 즉 갑충이 되기 이전 인간의 외양을 하고 살았던 그레고르의 현실 상황을 살펴보면, 사회 구성원으로서 외판원일 뿐 아니라 가족의 생계를 떠맡은 가족 구성원으로서 그의 상황은 암울하고 암담할 뿐이다. 외판원으로서 불평과 불만으로 가득한 일상생활상 등 그가 처해 있었던 상황은 한 인간으로서는 더 이상 감당할 수도 그렇다고 어떻게 피할 수도 없고 또 어떤 개선의 여지도 전혀 보이지 않는 그야말로 진퇴양난의 상황이다. 결국 그는 자신의 포로다.

---

94 Vgl. Albert Camus, *Die Hoffnung und das Absurde im Werk von Franz Kafka*, in: Ders., *Der Mythos von Sisyphos, ein Versuch über das Absurde*. Düsseldorf, 1950, S. 162.

이는 마치 『소송』에서 요제프 K가 은행의 지위에서 얻으려는 가치와 소송에서 얻으려는 가치 사이에서 이러지도 저러지도 할 수 없는 진퇴양난과 같다. 요제프 K는 피고용인으로 비교적 지위가 낮은 은행원이며, 피고의 신분이다. 피고의 신분으로 그나마 직업의 세계가 부단히 침식당하고 있다. 그는 경력을 희생시키면서 소송 문제에 전념할 수도 없고 그렇다고 소송 문제를 완전히 털어 버릴 수도 없다.

이렇게 자기 의사대로 할 수도 없고 그렇다고 포기할 수도 없게 된 그레고르나 요제프 K의 심각한 비애와 절망이 현실로 강한 인상을 준다. 그러면 이러한 상황의 해결 방법은 무엇일까? 이의 방법으로 카프카 문학에서는 죽음, 즉 자신의 존재 부정이 나타난다.

카프카 작품에서 죽음은 계몽주의 시민 비극과는 물론 사실주의 서사 문학과도 기능 및 성격이 다르게 다루어진다. 따라서 카프카 작품에서의 죽음은 형태와 방법 등 여러 면에서 여느 문학 작품에서의 죽음과 현저히 구별될 뿐 아니라 특히 그 의미가 예사롭지 않다. 이는 카프카 자신의 죽음에 대한 생각이 남다른 데 기인한다.[95] 그것을 우리는 1914년 12월 13일자 그의 일기에서 볼 수 있다.

고통이 너무 심하지만 않다면 나는 임종의 침상에서 아주 만족할 것이라고 귀가 길에 나는 막스에게 말했다. 내가 쓴 것 중 최상의 글은 만족하게 죽을 수 있는 능력에 기초를 둔 것이라는 말을 나는 그때 덧붙이는 것을 잊어버렸고 또 나중에는 의도적으로 빼버렸다. 아주 설득력 있으며 근사한 모든 대목에서는 누군가가 죽는다. 그것은 그를 몹시 힘들게 하며 그리고 그 속에는 부당함이, 최소한 냉혹함이 있다. 이러한 죽음은 적어도 내 의견으로는 독자들에게 감동적이다. 그러나 임종의 침상에서 만족할 수 있을 것이라고 믿는 나에게는 그런 묘사는 사적으로 하나의 유희이다. 나는 죽어가는 사람 속에서 죽는 것을 기뻐한다. 그리하여 죽음에 쏠리는 독자의 집중된 관심을 계산해서 충분히 이용한다. 그러니까 죽음의 자리에서 비탄에 빠지게 될 것이라고 여겨지는 사람보다는 내가 훨씬 더 맑은 정신의 소유자인 것이다. 그러므로 나의 탄식은 가장 완벽한 것이다. 나의 탄식은 현실적인 비탄처럼 갑자기 중단되

95 한경숙, 『종속에서 해방으로』, 산하, 2004, 220면.

지 않는다. 나의 탄식은 아름답고 순수하게 항진한다.(T 326)

　이런 배경에서 프랑스의 소설가이자 비평가인 블랑쇼Maurice Blanchot는 카프카의 죽음과 예술과의 관계에 대하여 논하면서 〈카프카는 예술은 죽음과의 관계라는 것을 절실히 느끼고 있다. 왜 죽음과의 관계인가? 죽음은 극단이기 때문이다. 죽음을 마음대로 처리할 수 있는 자는 자기 자신을 극단적으로 마음대로 할 수 있다〉[96]라고 말하였다. 사르트르Jean-Paul Sartre는 『존재와 무Das Sein und das Nichts』에서 〈실존은 본질에 앞선다Die Existenz geht dem Wesen voraus〉는 유명한 말을 남겼다. 인간을 제외한 모든 사물은 고유한 본질을 지니고 있다. 가령 톱의 본질은 〈썰기 위한 것〉이다. 썰지 못하는 톱은 더 이상 톱으로서의 가치가 없다. 그러나 인간에게는 고유한 본질이 없다. 그냥 태어나서 세상에 던져져 있을 뿐이다. 또 인간은 이유 없이 세상에 왔다가 결국 죽어서 허무하게 없어질 존재다. 그러나 죽음은 인간의 삶을 허무하게 만들지 않는다. 오히려 그 때문에 인간은 더 가치가 있다. 〈나〉에게 주어진 바로 이 시간은 영원한 그 무엇을 위해 희생해야 할 도구가 아니다. 영원한 것이란 없다. 그렇기에 〈나〉는 매순간 스스로 선택하고 행동하고 책임짐으로써 〈나〉의 존재 이유를 스스로 만들어 나가야 한다. 〈실존이 본질에 앞선다〉는 말은 이런 뜻이다.

　이런 맥락에서인지 카프카의 많은 작품은 모두 주인공의 죽음으로 끝을 맺는다. 「변신」의 인물 그레고르가 그랬고, 「선고」의 게오르크 벤데만이 그러했으며, 『소송』의 요제프 K가 그렇고 『성』의 K가 그렇다. 예를 들어 「선고」의 주인공 게오르크 벤데만은 아버지가 사형 선고를 하자마자 기다렸다는 듯이, 계단을 올라오고 있는 하녀와 부딪칠 정도로 미친 듯이 달려 나가 육교 위에서 수많은 차량들이 꼬리에 꼬리를 물고 질주하는 차도 위로 몸을 던져 죽는다. 카프카는 「요제피네, 여가수 또는 서(鼠)씨족」에서도 여가수 요제피네로 하여금 죽음이라는 형태를 통하여 그녀의 목적인 공동체에 복귀하도록 하고 있다. 〈요제피네로 말하자면 점점 기울어지는 길을 걸을 수밖에 없다. 멀지 않아 그녀의 최후의 지저귐이 울리고 그리

---

96 Maurice Blanchot, *L'espace litteraire*, Gallimard, 1978, S. 119.

고 잠잠할 때가 올 것이다.〉(E 216) 단편 「법 앞에서」의 주인공인 시골 남자는 들어갈 수 없는 법 앞에서 기다리다 죽어간다. 끝까지 그의 출입을 막던 문지기는 시골 남자가 죽자 〈이 문은 오직 자네만을 위한 것이었다네〉(E 121)라는 말을 남기고 철수한다.

이러한 작품에서의 죽음들은 카프카의 여느 특징들과 마찬가지로 단순하거나 단일한 의미가 아니다. 카프카는 죽음으로써 〈나〉의 존재를 밝히는 것이다. 다시 말해서 이러한 죽음들은 카프카 자신의 상징이다. 카프카는 주인공들의 죽음을 통하여 본인 스스로의 죽음을 경험하고자 하였고 주인공들의 만족스런 죽음을 통해서 자신의 죽을 수 있는 능력을 시험하고자 하였다. 그는 죽을 수 있을 때 비로소 예술은 가능한 것이라고 믿었고 그것을 특히 「변신」, 『단식 예술가』 그리고 「선고」의 세 작품에서 다양한 형태로 강조하였다.

그런데 이들 주인공들 죽음의 특징 중의 하나는 이들은 어느 것 하나 장렬한 죽음이 아니라 한결같이 벌레처럼 또는 〈마치 개처럼wie ein Hund〉(P 194) 맥없이 죽어 갔다는 사실이다. 실제로 카프카 자신도 장렬한 죽음을 갖지 못했다. 그의 죽음은 저명 인사의 죽음도 아니고, 죽음과 동시에 그의 문학이 각광받는 훌륭한 작가의 죽음도 아니고 가문의 유능한 대들보인 장남으로서의 죽음도 아니요, 처자식을 둔 가장의 죽음도 아니었다. 생전에 카프카가 가문이나 종파, 어느 사회나 집단, 어떤 이념이나 강령에 구속되지 않았듯이 그의 죽음은 청교도주의적인, 적나라한 인간 카프카의 죽음이었다. 그의 죽음은 철저히 한 개인의 몰(沒)을 의미한다.[97]

카프카 자신이나 그의 작품 주인공의 죽음에서 보면 삶의 본질이 주어진 의미대로 해석되지 않는다. 그리고 어차피 죽고 마는 것이라면 언제 어디서 어떻게 죽든지 삶에서는 문제가 될 수 없다. 톨스토이의 『이반 일리치의 죽음』에서 병이 들어 죽어 가는 주인공 일리치가 옆방에서 즐겁게 놀며 떠드는 소리를 듣고, 〈먼저 죽든 나중에 죽든 마찬가지야〉라고 죽음을 모르는 그들을 미친놈이라고 경멸하며 삶에 허무를 느낀다. 톨스토이는 신이 없는 지상의 삶은 이반 일리치의 죽음을 피할 수 없다고 생각한다.

---

97 한석종, 「카프카-프라그멘테 소고」, 『카프카 연구』, 제5집, 한국카프카학회, 1996, 301면.

『소송』에서 요제프 K는 어느 겨울날 오전, 눈 오는 흐린 날에 최후로 화가 티토 렐리를 찾아가 그의 옹색하고 무더운 판자집에서 자신의 운명에 대한 계시, 믿지 않게 된 구원의 손길에 대한 계시를 기다리지만 형장(刑場)으로 끌려가서 끔찍한 사형을 달빛 속에서 자연스럽고 태연하게 받게 된다. 달빛은 죽음을 낭만적으로 정화(淨化)시키지 못하고 음험한 사람들의 조직체인 법정의 본질도 폭로하지 못한다.(P 237) 한편으로 생각해 볼 때, 요제프 K의 죽음은 단순하게 보면 한 개인의 부당하고 부조리한 죽음이지만 동시에 그 이면에는 근대 국가 이념의 죽음이라는 커다란 역사적 상황의 연출이라 할 수도 있다. 이러한 요제프 K의 죽음은 단편 「어떤 꿈Ein Traum」에도 나타난다. 이 단편의 내용은 묘지를 산책하던 요제프 K가 비석을 세우며 무덤을 만드는 곳에서 비석에 이름을 새기는 예술가를 만난다. 그리고 그 예술가가 J자로 시작해서 자기 이름을 새기는 것을 보면서 무덤을 파헤쳐 무언가에 떠밀려 그리로 끌려 들어간다. 따라서 「어떤 꿈」은 이른바 『소송』의 마지막 장의 죽음과 연관되어 있다.

「변신」에서 그레고르의 죽음은 정신적 죽음과 육체적 죽음으로 구분될 수 있다. 정신적 죽음은 자신도 모르게 인간의 형태에서 벗어난 갑충으로의 형태적 변형이고, 육체적 죽음은 부친이 던진 사과에 맞은 상처로 인하여 호흡이 정지된 죽음이다. 갑충이라는 유형은 벌레라는 하나의 실체로 인간 상호간의 의사소통이 단절되고 이해가 불가능하게 되어 인간 세계를 떠난 정신적인 죽음이다. 딱정 벌레로 변신에서 볼 수 있는 정체성의 변화는 그레고르 자신이 자신의 변신된 몸을 지각하고 인식하는 과정으로, 다시 말해서 순수하게 내면적이고 사적인 과정으로 나타나지 않는다. 그것은 처음 자신의 목소리를 〈동물 소리Tierstimme〉(E 66)로 인지하고 확인해 주는 회사의 지배인으로부터 시작해서 가족과 사회의 구성원들과의 의사소통 혹은 의사소통 장애를 통해 성립된다.

지금까지 외판원의 직업으로 가족을 부양하다가 마침내 갑충으로 변한 그레고르가 부친이 던진 사과에 의한 상처로 인하여 육체적인 죽음이 성립된다. 그는 이미 인간은 물론 어떤 대상과도 아무런 관계가 없다. 그레고르는 이제 노동의 불가능으로 더 이상 가족의 생계를 꾸려나갈 능력이 없어져 집안에서는 점점 성가신 존재로 전락될 수밖에 없다. 이리하여 그는 가족들, 특히 모친과 여동생으로부터 배반, 또 출구 없는 죽음으로의 재촉은 이제 타협도 할 수 없을 정도로 피로한 상태가 되었다. 즉 이미 가정이나 사회에서는 전혀 쓸모없는 존재로 전락했기에 차라리 밖으로 내쫓기는 것이 상책이라는 데서 나온 귀결이다. 따라서 그는 스스로 관계를 끊었던 것도 끊기를 원했던 것도 아니고 그의 의지와 노력과도 상관없이 갑작스레 딱정벌레가 되고, 그의 부친이 던진 사과에 맞은 상처가 악화되어 끝내는 〈아무것도 아닌 것Nichts〉으로서 죽어 간다.

이러한 그레고르의 〈딱정 벌레로의 죽음〉은 프로이트의 『꿈의 해석』에 나오는 장면을 연상시킨다. 어느 중년 부인이 꾼 꿈으로, 꿈의 내용은 상자 속에 있는 딱정벌레 두 마리에게 자유를 주기 위해 상자를 열어보는데, 한 마리는 열린 창문을 통해 날아가지만, 다른 한 마리는 그녀가 창문을 닫을 때 문틈에 끼여 죽는다는 것이다.[98] 프로이트는 이 꿈을 분석하면서 이 중년 부인이 가지고 있는 삶의 모순을 말한다. 그녀의 딸이 곤충들에게 보이는 잔인성과 곤충을 불쌍히 여기는 마음을 말하고, 〈아름답지만 허영심 많고 어리석은 아가씨와 못생겼지만 고매한 마음의 아가씨〉 즉 외모와 심성 사이의 모순을 말한다.[99]

딸이 나비 채집을 했던 그 해, 그 지방은 〈오월 딱정벌레〉로 극심한 곤란을 겪었다. 어린이들은 딱정 벌레를 난폭하게 다루고 잔인하게 〈짓이겨 죽였다.〉 당시 그녀는 오월 딱정 벌레의 날개를 찢은 다음 몸통을 먹는 사람을 보았다. 그녀 자신은 〈오월〉생이었으며, 결혼식도 〈오월〉에 올렸다. 결혼식 3일 후 그녀는 아주 행복하다는 내용의 편지를 부모님께 보냈다. 그러나 사실은 전혀 행복하지 않았다.[100]

그런데 그레고르가 딱정벌레로 변신하여 결국 죽음을 맞이하는 내용에서 번뇌와 의무로부터 해방의 동기도 볼 수 있다. 죽음에는 살아남으려는 의지와 삶의 힘겨움이 동시에 담겨 있다고 볼 수 있어 역설적이다. 카프카의 경우에 항상 자유를 향한 돌파가 오직 죽음에서 완수될 수 있듯이, 모순의 극복도 죽음에서만 가능하

98 프로이트(김석희 역), 『꿈의 해석』, 열린책들, 1998, 378면.
99 안철택, 「첼란과 카프카–혼의 친족성」, 『카프카 연구』, 제10집, 한국카프카학회, 2002, 91면.
100 프로이트, 같은 책, 379면 이하.

다. 죽음은 이성적인 행위이며, 따라서 육체적인 죽음과 동일시될 수 없고, 경험적으로 압박하는 한계의 극복을, 보편적인 실존으로의 도약을 의미한다.[101]

호네거Jürgen B. Honegger는 자신의 저서 『카프카에 있어 불안의 현상Das Phänomen der Angst bei Franz Kafka』에서 죽음은 불안과 밀접한 관련을 맺고 있으며, 더 나아가 불안에 대한 긍정적 등가물로서 또한 출구의 가능성으로 암시되고, 죽음 속에 구원의 가능성이 나타나 있다고 말하고 있다.[102] 카프카 자신도 그의 일기에서 〈죽음만큼 완전한 신뢰성으로 몸을 바칠 수 있는 것은 없다〉[103]고 쓰고 있다.

카프카 자신에게 있어서도 삶과 죽음 사이에 머물면서 최종적인 결정을 유보하는 것이 가장 큰 고통이었다. 삶과 죽음 사이에서의 고통과 불안이 크면 클수록 실제의 죽음에는 해방의 성격이 보다 강력하다. 이런 맥락에서 볼 때, 그레고르 및 다른 여러 주인공들의 죽음은 그들을 일생동안 괴롭혀 왔던 갈등과 모순된 상황에 종지부를 찍는 역할을 한다.

이러한 죽음을 통한 모순 극복에 니체의 사상이 담겨 있다. 조켈은 니체의 역저 『비극의 탄생Geburt der Tragödie』에 전개되는 디오니소스적 비극 개념을 도입해서 카프카의 중심 인물들의 죽음을 해석했다. 그는 비극의 관중들이 등장인물의 죽음과 같은 고통스런 과정을 통해 기쁨을 누리게 된다는 니체의 특이한 주장에 동의한다. 관중은 〈개별화의 원리princioium individuationis〉가 가장 잘 나타나 있는 등장인물의 비극적인 죽음을 통해 인간과 세계, 인간과 신 사이에 상실된 통일이 회복될 수 있다는 상징적 가능성을 발견한다. 죽음이 만족과 희열의 원천이라는 것이 니체의 기본적인 생각이다. 조켈은 이러한 파라독스를 〈비극적인 즐거움〉으로 정의했다.[104]

이렇게 죽음으로서 번뇌와 의무로부터 해방되는지 그레고르는 동트는 새벽녘의 한 줄기 밝은 빛을 바라보고 만족스러운 미소를 지으며 마지막 숨을 몰아쉬고 숨을 거둔다. 그가 죽는 순간의 모습을 보자. 〈널리 퍼지는 창 밖의 여명을 그는 여전

101 빌헬름 엠리히(편영수 역), 『카프카를 읽다』, 유로, 2005, 213면.
102 Jürgen Beat Honegger, Das Phänomen der Angst bei Franz Kafka, Berlin, 1975, S. 70.
103 F. Kafka, Briefe 1902~1924, hg. v. Max Brod, Frankfurt/M., 1975, S. 171.
104 Walter H. Sokel, Franz Kafka, Tragik und Ironie, Frankfurt/M., 1976, S. 75.

히 감지할 수 있었다. 그러고 나서 그의 머리는 의지를 잃고 완전히 아래로 가라앉았다. 그의 콧구멍에서는 마지막 숨이 약하게 흘러나왔다.〉(E 103) 〈이러한 상황 속에서 탑시계가 새벽 세시를 칠 때까지 그는 공허하고 평화로운 사고를 하고 있었다〉(E 103)고 그레고르의 죽음의 순간이 표현되어 있다. 마찬가지로 『단식 예술가』에서 주인공 단식 예술가 역시 스스로 자초한 죽음을 맞이하면서 단식 기록을 새롭게 세운 자신을 몹시 만족해하며 희미한 미소를 짓는다. 특이한 점은 카프카는 실제로 「변신」의 대미(大尾)라 할 그레고르의 죽음을 실재하지 않는 바이올린 소리로 대치했으며, 그가 죽은 뒤의 가족들의 감정도 〈이제는 신에게 감사할 수 있다〉(E 104)고 한 부친의 말로 대변시켰다.

결국 죽음이라는 자기 지양을 통해서 주인공과 타자나 공동체 사이의 중재와 화해가 이루어진다. 다만 현실과의 대결에서 위축되어 죽음으로써 자신의 개인적인 자아와 외부 세계 사이에 생긴 간격을 제거하는 점은 카프카 문학에 내재된 또 하나의 특징인 무력성이다.

6. 법의 소외적 개념

조직이나 개인의 횡포로부터 우리를 보호해 주는 것이 법으로 알려져 있다. 우리는 영원한 법이든 아니든 그 법을 올바르게 접하게 됨으로써 삶의 관점이 생긴다. 인간은 소속 세계의 법을 지키고 소속 세계에서 소속을 허락 받는 조건에서만 존재할 수 있게 된다. 따라서 법이란 그가 소속하고자 하는 세계에 통용되는 도덕이라 할 수 있다. 살아가기 위해서 지켜야 하는 갖가지 약속이나 관습의 체계가 법인 것이다. 법에 따르고 그 법이 정한 대로 나아가는 자는 선량한 시민으로서 보호와 은총이 주어진다. 그러나 여기에 거역하는 자는 그 반대의 처우를 받게 된다.

그러면 이 법의 근원은 무엇인가? 심판에 관련된 법, 법률에 대해서 율법Gesetz이란 특히 유대교에서 중요시된 개념이다. 시나이 산(山)에서 신의 계시를 받았다고 전해지는 모세의 십계Dekalog가 전형적이다. 그뿐만 아니라 구약성서 전체를 율법이라고 볼 수도 있다. 유대교는 법률의 기초에서 비로소 성립되기 때문이다.

그 교의(敎義)에 따르면, 법률은 히브리인에게 주어진 신의 명령의 구체적인 표현이고 절대적인 복종을 요구한다. 그것은 의식적인 것과 사회적인 것을 포함하고 있지만, 그 기조는 윤리적이고 그 해석·설명을 맡은 것이 랍비Rabbi이다. 켈리J. Kelly의 기독교적 내지는 유대교적 입장에서 볼 때, 법원이란 위기에 처한 신학 이론과 마찬가지로 인간이 스스로를 책임지지 않을 수 없는 신의 심판장이다.

현대에 일반적으로 법이란 사회의 질서를 유지하고, 그 구성원 상호간에 관계를 규율하기 위해서 어떤 강제 권능에 의하여 그 효력이 확보된 규범의 체계를 말한다. 광의의 법 개념은 법률, 명령, 그밖에 도덕률과 관습까지도 포함되므로 사회가 있는 곳에 반드시 법이 있다. 사람들은 사회적 장 안에서 하나의 방법에 불과한 것을 무한한 잠재적 절차로 만들고 싶어한다. 결국 이 절차는 도래할 현실, 이미 존재하는 현실로서 소송이라는 기계적 배치를 만들어 낸다. 이에 대해서 협의의 법 개념은 내면적·개인적·비강제적인 도덕에 의해서 외면성, 사회성, 특히 강제 가능성의 사회 통제를 위한 규범을 가리킨다. 즉 도덕이 마지막 보루를 개인의 내면적 양심에서 구하는 데 반해서, 법은 사회의 요구에 대한 복종을 우선적으로 강요하고 그것을 준수하지 않거나 위반할 때는 궁극적으로 조직적인 권력을 발동할 수 있는 가능성을 항상 보유한다. 이러한 법의 개념이 카프카 문학에서 다양하게 전개된다.

엠리히는 카프카의 법을 인간 내부의 파괴될 수 없는 것으로 보고 있다. 엠리히는 〈우리 자신의 현존재의 근거〉로서 〈인간의 내부에 존재하는 파괴될 수 없는 것이자 최고의 심급인 동시에 거짓 없는 것〉[105]으로 파악한다. 조켈은 카프카의 법의 신비적 속성을 강조하는 의미에서 정신 세계의 빛으로 설명한다. 브로트는 법을 신의 명령인 〈구약성서의 유산〉으로 보고 있다. 즉 전통적인 유대교 신학의 관점에서 브로트는 법을 인간으로 하여금 선한 삶으로부터 신의 왕국으로 이끌어 주는 〈신적인 사명〉[106]으로 해석하였던 반면, 니콜라이Ralf R. Nicolai는 자연법(스토아 학파와 로마의 자연법)으로 설명한다. 즉 니콜라이는 카프카의 법을 인간이 도덕적이고 윤리적인 법칙들을 만들기 이전에 소속되어 있었던 일종의 자연 철학적인

---

105 W. Emrich, *Protest und Verheißung, Studien zur klassischen und modernen Dichtung*, Bonn und Frankfurt/M., 1960, S. 190.

106 Max Brod, *Über Franz Kafka*, Frankfurt/M., 1966, S. 154 f.

자연법으로 해석하였다. 그리하여 법으로 들어간다는 것은 근원적인 자연적 상태로의 회귀로 해석된다.[107] 쉐러는 카프카의 법을 신적 세계 질서의 반영(토마스 아퀴나스와 스콜라 철학자들의 견해)으로 파악한다. 즉 그는 카프카의 법은 〈죽음과 더불어 시작되는 것이 아니라, 개개의 자아가 끝나는 도처에서 시작되는 피안의 모습〉[108]으로 규정한다.다른 한편에서 아브라함U. Abraham은 카프카 문학의 법을 처벌하고 감시하는 명령 체계로 이해하는 반면 케슬러S. Kessler는 발전된 윤리, 즉 법이 지니는 순수하게 사변적인 이념적 윤리의 측면을 주목하면서 카프카의 법을 〈실증적으로 정초된, 규범적이고 도덕적인 모든 규정을 넘어서는 인간됨의 근본 법칙〉[109]으로 해석하였다. 마르크스주의자들은 카프카 문학에 숨겨진 계급 이데올로기로서의 법의 성격을 놓치지 않고 있다.

헤넬은 법을 인간 본성의 표현으로 해석하였다. 그의 견해에 의하면 카프카의 작품 「법 앞에서」의 법은 개인적이며 주관적인 자신의 법을 뜻하는데, 이 법에 도달하기 위해서는 규정을 준수함으로써가 아니라 자신의 전 인격을 투여함으로써 가능하다는 것이다. 이렇게 카프카 문학에 들어 있는 법 개념은 다양하게 해석된다.

1) 개별과 보편 사이의 죄

카프카의 많은 작품은 일반적으로 법의 대상인 죄책(罪責)의 문제를 다루고 있다고 말할 수 있다. 카프카는 마치 죄라는 괴물을 수술대 위에 올려놓은 집도의(執刀醫) 같다. 그런데 그의 치밀하고 미세한 칼질 앞에서 죄는 낱낱이 해체되는 것이 아니라 그 해법은 더욱더 정교하게 확산된다. 이러한 죄의 개념이 그의 장편 소설 『소송』, 『아메리카』, 『성』뿐만 아니라 「변신」 등 여러 중편에서도 제시되어 주인공들의 삶이 심판을 받게 된다. 카프카의 단편들에서도 주인공은 죄로 처벌을 받는

107 Ralf R. Nikolai, Kafkas Auffassung von Freiheit, in: *Studia Neophilologica* 46, Oslo, 1974, S. 111.

108 Michael Scherer, Das Versagen und die Gnade in Kafkas Werk, in: *Stimme der Zeit*, 81. Jg., 2. Hefte, Freiburg, 1955/56, S. 111.

109 Susanne Kessler, *Kafka - Poetik der sinnlichen Welt*, Stuttgart, 1983, S. 71.

다. 「선고」에서 아들의 태도로 인해 가부장적 권위가 도전을 받아 아들이 처벌되며, 「유형지에서」에서는 자기 중대장에게 반항한 병사가 군대의 권위에 도전한 대가로 처벌된다.

카프카는 죄를 인간 보편의 문제가 아닌 개인의 감정으로 치부하고 제대로 된 논의조차 하지 않으려는 현실을 법원의 책임으로 돌린다. 『소송』이 〈누군가 요제프 K를 밀고했음이 틀림없다. 무슨 잘못한 일도 없는데 어느 날 아침 그가 체포되었기 때문이다〉(P 7)라는 문장으로 시작한다면, 요제프 K의 죄에서 도덕주의의 특징은 불식된다. 요제프 K는 사실 죄를 저지르지 않았고 중상 모략에 의해 체포된다. 그런데 어느 사람이 중상 모략했는지에 대한 언급이 없으면서 요제프 K는 체포된다. 도대체 누구에 의해서인가? 세상에서 일어나는 모든 것을 끊임없이 기록하고 조서를 작성하는, 게다가 스스로 거리낌없이 지상에서 생활하는 모든 것을 살게 만드는, 위선적이며, 외설적인 법정에 의해서다.

카프카는 개별과 보편 사이의 딜레마를 죄Sünde와 잘못Schuld이라는 두 가지 개념으로 구별해서 표현하고 있다. 전자는 구약성서에 나오는 바와 같이 인간이 선천적으로 지니고 있는 원죄 의식을 뜻하며, 후자는 사람마다 스스로 과오에 대해서 개별적으로 져야 하는 책임 관념을 뜻한다. 카프카처럼 죄를 아는 자는 동시에 법을 아는 자이다. 비극적인 성향이 있는 자는 법 앞에 서 있는 것이다. 〈악법도 법〉이라는 소크라테스의 유명한 말은 법의 양태적 가치에 대한 지적 해석이다. 악법의 〈악〉은 법의 구체적 내용을 지적한다. 나쁜 내용에도 불구하고 법은 법으로서 존중받아야 한다는 것이다.

카프카는 세 편의 단편 소설 「선고」, 「변신」, 「유형지에서」를 〈형벌〉이라는 공통 제목으로 출판해 달라고 쿠르트 볼프 출판사에 제의했다. 이들 작품에서 주인공들은 대체로 어떤 권위에 대항하는 과오가 주요 죄로서 처벌을 통해 속죄된다. 은총에 대한 희망은 착각으로 판명된다. 죄진 자는 자신의 벌을 받아들인다. 그 벌은 개인이 공동 사회와 분리로 야기되는 죄와 엄청난 불균형을 이룬다. 도덕적으로 볼 때 반사회적 태도로 말미암아 일인칭 자아는 공동 사회로부터 자신의 소외에 대한 모종의 책임을 져야한다. 사회에서 강제적으로 고립되었다는 생각 자체가 죄인 것이다. 따라서 인간의 존재 자체에 이미 죄가 주어져 있다. 이러한 생각의 배후에는 낙원에서의 추방에 관한 구약성서의 원죄 신화가 도사리고 있다.

이런 맥락에서 카프카는 삶 자체를 죄의 축적 과정으로 여긴다. 삶 자체를 죄의 축적 과정으로 여기는 카프카의 논리에서 추방과 죽음은 당위가 된다. 법에는 법전이 있으나 사람들은 그 법전을 보아서는 안 된다. 〈죄가 없는데도 심판을 받을 뿐만 아니라 무지하기 때문에 심판을 받는다는 것도 재판 제도의 특징〉이기 때문이다.

카프카는 한 잠언에서 〈우리에게 죄가 있다는 것은 인식의 나무 열매를 따먹었기 때문만이 아니라, 아직까지 생명의 나무 열매를 먹지 못했기 때문이기도 하다. 죄가 있다는 것은 우리의 처지이지만, 죄와는 무관하다〉(H 48)라고 쓰고 있다. 현세를 사는 인간의 상황 자체가 유죄라면 인간의 속성은 죄 자체와는 당연히 무관하다는 결론이 선다. 따라서 「선고」에서 요제프 K는 법정 신부*Gefängniskaplan*에게 〈저는 정말 죄가 없습니다. 그것은 실수입니다. 어떻게 인간이 죄가 있을 수 있습니까. 여기서는 너나 나나 모두가 똑같은 인간이 아닌가요?〉(P 180)라고 주장한다. 이 주장에는 성선설(性善說)의 사상이 담겨 있다. 요제프 K가 그렇게 믿고 있듯이, 인간이 살고 있다는 사실에, 그가 인간이라는 사실에 죄가 있을 수 있는가. 따라서 요제프 K는 인간에게는 죄가 없다고 주장한다.

죄란 유죄라고 인정하는 상대적 대상에게 있을 뿐 인간 자체에게 있을 수가 없다. 우리의 의식과 감각에 근거하는 선과 악에 대한 인식 활동 때문에 우리 인간은 피할 수 없는 〈악의 세계〉나 혹은 〈허위의 세계〉로 전락한 것이다. 〈악이란 특정한 과도기 과정에 나타나는 인간 의식의 작용이다. 본래 감각적인 세계는 가상이 아니고, 바로 그 세계의 악이 그러하다. 물론 그 악이 우리 눈앞에 감각적인 세계를 형성하는 것이다.〉(H 49)

카프카가 삶 자체를 죄의 축적 과정으로 보는 배경에서 삶 자체가 법정이 되고 있다. 삶 자체가 법정이라는 사실은 생존해야만 한다는 것이 죄가 된다는 암시이다. 삶 자체가 법정이라는 사실은 카프카 자신에게도 적용된다. 『부친에게 드리는 서신』에서 카프카는 부친 앞에서 모든 자신감을 상실했으며 〈그 대가로 끝없는 죄의식을 느꼈다〉(BV 134)고 적고 있다. 부친 헤르만 카프카와 자녀들 간의 관계를 그는 결말에 이르지 못할뿐더러 당사자들에게 끊임없이 해명을 요구하는 〈끔찍한 소송*schrecklicher Prozeß*〉(BV 141)이라고 성격지었다. 이 소송에서 부친은 재판관의 역할을 담당했다. 나중에야 비로소 카프카는 부친 역시 소송 당사자였음에도 불구하고 이 직위를 부당하게 차지했다는 것을 깨닫는다. 따라서 카프카는 평생토록 자신의 삶을 처음에는 부친 앞에서, 나중에는 타인들을 상대로 변호해야만 했던 인간의 역할을 맡았다고 느꼈다. 그런 측면에서 개별 인간은 지속적으로 영향력을 행사하는 가부장적 권위를 대변했다.[110]

삶 자체를 죄의 축적으로 보는 대표적 작품으로는 『소송』을 들 수 있다. 하나에서 열까지 무엇이든 죄를 다루는 법정에 속하고 법정의 소유이기 때문에, 인간 삶의 현실 전체가 그대로 죄로서 법정이다. 「변신」에서 그레고르가 잠에서 깨어나면서 갑충이 되듯이 『소송』에서 요제프 K는 잠에서 깨어나자 갑작스럽게 체포된다.

삶의 현실이 그대로 법정이라서인지 요제프 K는 체포되었다고 하지만, 일상생활에서 방해받지 않고 은행에서 근무를 계속한다. 〈당신은 체포되었소, 분명하지. 그렇다고 해서 당신의 직업을 방해하지 않아. 전과 같이 살아가도 무방해〉(P 18)라는 언급처럼, 삶과 법정의 차이가 없다. 또 요제프 K가 소송이 끝날 단계에서 그의 변호사를 해임하고 스스로 변호를 맡으려고 결심하는 내용이 삶 자체가 법정이라는 사실을 잘 묘사하고 있다. 소설에서도 〈정말 모든 것은 법정에 속한다〉(P 129)고 적혀 있다. 여자들 뒤꽁무니를 쫓아다니며 쉽게 매수당하는 관리들뿐 아니라, 요제프 K를 악착스럽게 따라다니는 타락한 소녀들까지 법정에 속해 있어(P 180) 법정과 삶의 구분이 어려울 지경이다. 따라서 요제프 K는 다른 사람들의 도움 〔……〕 그중에서도 특히 여성들의 도움으로 소송을 유리하게 이끌려고 한다. 이렇게 요제프 K는 체포된 때부터 그의 삶 전부가 체포로 비롯된 재판과 사건으로부터 한 순간도 벗어나지 못하고 그 안에서 맴돌게 되어 삶 자체가 법정이 되고 있다.

그러나 요제프 K는 피고의 신분이지만 피고용인인 은행원이다. 피고의 신분으로 그나마 직업의 세계가 부단히 침식당하고 있다. 결국 요제프 K는 은행의 지위에서 얻으려는 가치와 소송에서 얻으려는 가치 사이에서 결정을 내릴 수 없는 진퇴양난에 빠진다. 그는 직업을 희생시키면서 소송 문제에 전념할 수도 없고 그렇다고 소송 문제를 완전히 털어버릴 수도 없다.

---

110 Hartmut Müller(권세훈 외 역), 『카프카 문학 사전』, 학문사, 1999, 82면 이하.

따라서 요제프 K는 이 새로운 상황에 자연스럽게 대처하지 못하고 자신이 체포될 정도의 죄를 지었다는 것을 스스로 인정하지 않는다. 그러나 죄는 요제프 K 자신 속에 또는 그가 주관적으로 스스로 죄가 없다고 생각하는 바로 그 점에 있다. 따라서 〈저는 정말 죄가 없습니다. 그것은 실수입니다. 어떻게 인간이 죄가 있을 수 있습니까. 여기서는 너나 나나 모두가 똑같은 인간이 아닌가요?〉(P 180)라는 K의 주장에 법정 신부는 〈당신의 말은 옳아요. 그러나 죄가 있는 사람들은 늘 그렇게 말하지요〉(P 180)라고 단호하게 반박한다. 인간은 불완전하기 때문에, 즉 인간이기 때문에 죄가 있는 것이다. 요제프 K의 죄는 바로 〈법에 대한 무지〉에서 연유되며 또한 바로 자신의 죄를 기억하지 못하는 데서 온다.

이러한 사실을 모르는 요제프 K는 자기 죄의 모습과 개념을 정의하고 원인과 의미를 검토해 무죄를 끌어내리려 한다. 실제로 요제프 K가 죄의 의미를 찾아내면 고통은 많이 줄어들 것이다. 문제는 자신은 죄와 아무런 관계가 없다고 생각할 때다. 〈왜 나에게만 체포가〔……〕〉 같은 절규에 아무런 답도 찾을 수 없을 때 문제가 생긴다. 결론적으로 카프카가 『소송』에서 시도한 해법은 이렇다. ① 〈이 죄에 의미가 없다〉는 생각 자체가 죄가 되는 것이 아니라 〈그러므로 이 죄는 부당하다고〉 생각했기 때문에 죄가 되는 것이다. ② 〈이 죄는 부당하다〉고 말하려면 〈인간은 의미 없는 죄를 받을 권리가 없다〉는 전제가 있어야 한다. 그러려면 천부인권설처럼 어떤 초월적 존재나 법칙을 전제해야 한다. ③ 초월적 존재나 법칙을 가정하면 의미의 확인이 불가능한 죄에도 초월적 의미는 있을 것이기 때문에 아무 의미도 없는 죄란 존재할 수 없다. 이렇게 ①~③의 성찰을 거치면 『소송』의 요제프 K는 무의미한 죄를 겪어 부당하다는 상황이 성립할 수 없다.

따라서 요제프 K의 죄는 작품의 끝 부분에서 그가 처형을 당하는 순간까지도 그 자신이 전혀 모르는 것으로 묘사되어, 스스로 자신의 죄를 인정하지 않는 것은 물론 우리 독자들에게도 명쾌하게 밝혀지지 않는다.

중요한 점은 요제프 K는 항상 피고의 위치에서 자신의 무죄를 증명하려 하지만 판결은 별도의 객관적이고 중립적인 재판관을 통해서가 아니라 반대 세계에 의해 내려진다는 점이다. 주인공과 반대 세력 사이의 비대칭적 불균형은 주인공의 패배가 애초부터 예정되어 있음을 밝혀준다. 따라서 카프카의 인간들은 미지의, 파악할 수 없는 의지에 따라 움직여야만 하는 그림자처럼 활동한다. 그들은 누가 그들에게 형벌을 내리는지를 알지 못하고 그 형벌에 귀속되어야 하는 압박 속에서 살아간다. 그들은 불안과 꿈속에서처럼 출구를 찾지 못하고, 추상적인 무대에서 이리저리 헤맨다. 그들이 벗어나려고 하면 할수록 그들은 더 깊숙이 죄에 빠져들어가는데 이것이 카프카 인물들이 공통적으로 겪게 되는 운명이다. 즉 카프카의 주인공들은 강한 의식으로 자신의 상황을 개척하는 만큼 고립에 빠져들게 된다. 따라서 카프카의 인물들은 현실의 고립에 대해 맹목적인 불안에 사로잡히게 된다.

결국 법에서는 인간의 도덕적인 죄가 아니라 인간의 실존적인 죄가 문제시되고 있다. 결국 요제프 K도 자신이 지은 죄가 무엇인지도 모르면서 한 번도 적극적으로 저항하지 않고 누군가 시키는대로 고분고분히 수동적인 자세로 일관한다. 그는 아무것도 모르는 위반에 대해 속죄하고, 아무것도 알지 못하는 것을 찾는다.

2) 법의 훼손

카프카의 법이란 일반적으로 삼라만상을 지배하는 정체 불명적 필연성의 집합체를 뜻하는데,『소송』의 다음 내용이 이를 잘 보여 준다. 〈이 커다란 법정 조직은 영원히 떠돌아 다닌다고까지 할 수 있습니다. 우리들이 자신의 처지에서 독립적으로 무언가를 변경하면 우리들은 발붙인 지반을 잃고 추락하게 되고 맙니다. 반면에 커다란 이 조직체는 사소한 방해를 받더라도 다른 곳에서 쉽사리 보충할 수 있습니다. 있을 법한 일이기도 합니다. 만일 이 법정 조직이 더 이상 폐쇄되어 있지 않고, 주의력을 끌지도 않고, 엄격하지도 않고, 노하지 않더라도 그 상태에는 조금도 변함이 없습니다. 이러한 사실들을 알아차리도록 노력하셔야 합니다.〉(P 104) 이런 뜻에서 카프카의 작품은 개별과 보편 사이에 존재하는 딜레마의 심각한 자학적인 실연(實演)이고, 그의 독자적 자학적인 감정의 근원도 여기에 있다.

카프카의 세계는 〈소유Haben〉의 세계와 〈존재Sein〉의 세계의 대립적인 긴장에서 비롯된다. 카프카의 단어의 엄밀한 의미를 고찰해 보면 〈Sein〉이라는 단어는 두 가지를 의미하는데, 이는 〈거기에 있다Dasein〉와 〈그의 것이다Ihmgehören〉이다.(H 33)

『소송』에서 요제프 K는 은행의 지위에서 얻으려는 가치와 소송에서 얻으려는 가치 사이를 우왕좌왕한다. 요제프 K는 〈소유〉의 세계에서는 피고용인으로 비교적 지위가 낮은 은행원이며, 〈존재〉의 세계에서는 피고의 신분이다. 피고의 신분으로 그나마 〈소유〉의 세계가 부단히 침식당하고 있다. 그는 경력을 희생시키면서 소송 문제에 전념할 수도 없고 그렇다고 소송 문제를 완전히 털어 버릴 수도 없다. 그는 자신의 포로다.

『소송』에서 주인공 요제프 K는 죄의식도 없이 죄인이며 이방인으로 이중으로 예속되어 하루 아침에 그것도 생일날 아침에 구속 영장도 없이 체포되는 내용에서 볼 수 있듯이 법의 법칙은 심하게 훼손되어 선량하게 법을 지키는 소시민이 처벌을 받는다. 법을 충실히 지키기만 한다면 소송은 있을 수 없다. 그런데 카프카가 탁월하게 묘사했듯이, 법을 어긴다는 의식도 없이, 어떻게 어겼는가도 모른 채 처벌을 받는 사태가 발생한다.

이것은 나중에 카프카가 죽은 지 불과 10여 년 후에 있은 유대인들의 무자비한 체포·투옥을 미리 예언한 〈예언의 문학〉이라고 볼 수도 있다. 법을 지킨 결과 처벌을 당하는 개념을 구체적으로 파악하기 위해 장편『소송』속의 일 부분인 「법 앞에서」 내용을 인용해 본다.

법 앞에 한 문지기가 서 있다. 이 문지기에게 시골 남자 한 명이 찾아와 법 안으로 들여보내 달라고 부탁한다. 그러나 문지기는 지금은 들여보내 줄 수 없다고 말한다. 그 남자는 곰곰이 생각하다가 그러면 나중에는 들어가도 좋으냐고 묻는다. 〈그럴 수 있지〉라고 문지기는 말한다. 〈그렇지만 지금은 안 된다구.〉 법으로 들어가는 문은 언제나 활짝 열려 있고 문지기가 옆으로 비켜 섰기 때문에, 그 남자는 몸을 구부려 문 너머로 안을 들여다보려고 한다. 문지기는 그것을 보고 웃으면서 말한다. 〈그렇게 들어가고 싶다면 나의 금지(禁止)를 어기고 안으로 들어가 보도록 하게. 그러나 내가 강하다는 걸 명심해 둬. 그리고 나는 제일 말단 문지기에 지나지 않아. 방마다 문지기가 서 있는데 안쪽으로 갈수록 더욱더 강해지지. 세 번째 문지기만 해도 나는 쳐다볼 수도 없다구.〉 시골 남자는 그런 어려움을 예기치 못했다. 법이라는 것은 누구나 언제든지 가까이 갈 수 있는 것이라고 생각했지만, 그는 모피 외투를 입은 문지기, 그의 크고 뾰족한 코, 길고 숱이 적으며 새카만 타타르 풍의 수염을 자세히 보자 들어가도 좋다는 허가를 얻을 때까지 차라리 기다리기로 결심한다. 문지기는 그에게 의자를 주어 문 옆에 앉힌다. 그곳에 며칠, 몇 년을 그는 앉아 있다. 그 안으로 들어 가기 위해서 그는 여러 가지로 애를 쓰고 부탁을 해서 문지기를 지치게 만든다. 문지 기는 이따금 남자를 잠깐 심문하여, 그의 고향에 대한 이야기며 그 밖에 여러 가지 일을 묻지만 모두가 높은 사람이 묻는 듯한 무관심한 질문으로서, 마지막에는 언제 나 똑같이 아직 들여보낼 수는 없다고 말한다. 그 남자는 여행을 위해서 많은 것을 준비했고 문지기를 매수하려고 귀한 것이라도 모두 주었다. 문지기는 주는 대로 다 받기는 했지만 그럴 때마다, 〈일을 성의껏 하지 않았다고 자네가 생각하지 않도록 받아 두지〉라고 말한다. 여러 해 동안 시골 남자는 거의 쉬지 않고 문지기를 관찰한 다. 그는 다른 문지기들을 잊어버리고 이 최초의 문지기야말로 법 안으로 들어가는 유일한 장애라고 생각하게 된다. 첫 몇 해에는 큰소리로 불운한 우연을 저주하지만, 나이가 들어감에 따라 투덜투덜 중얼거릴 뿐이다. 그는 어린 아이처럼 되어 버리고 여러 해 동안에 걸쳐 문지기를 관찰한 결과 그 모피 깃에 벼룩이 있는 것을 알자, 그 벼룩에게 자신을 도와서 문지기의 생각을 바꿔 달라고 부탁한다. 마침내 시력이 약 해져 자신의 주위가 정말로 어두워졌는지 아니면 자신의 눈이 착각을 일으키고 있는 지 알 수 없게 된다. 그러나 그는 지금 암흑 속에서 법의 문으로부터 꺼지지 않고 새 어 나오는 빛을 알아본다. 그는 이제 얼마 살지 못하리라. 죽음을 앞둔 그의 뇌리에 는 전 생애의 모든 경험들이 모여서, 이제까지 문지기에게 던진 일이 없는 질문 하나 가 된다. 이제는 점점 굳어져 가는 몸을 일으킬 수도 없어서 그는 문지기에게 눈짓으 로 신호를 보낸다. 문지기는 그에게 몸을 구부리지 않으면 안 된다. 왜냐하면 남자의 몸이 오그라져 키 차이가 훨씬 벌어져 있기 때문이다. 〈도대체 새삼스럽게 아직도 무엇을 알고 싶단 말이지?〉 문지기는 묻는다. 〈자네는 싫증이 나지 않는 모양이군.〉

〈누구나 모두 법을 원하고 있는데 어찌하여 여러 해 동안 나 이외에는 아무도 들 여보내 달라고 청하는 자가 없소?〉라고 남자는 묻는다. 문지기는 그에게 이미 임종 이 다가온 것을 알고, 희미해져 가는 귀에 들리도록 큰 소리로 외친다. 〈여기는 자네 이외에는 아무도 들어갈 수가 없어. 왜냐하면 이 문은 오직 자네만을 위한 것이었다 네. 나는 이제 가서 문을 닫겠어.〉(P 182 f.)

〈법〉 텍스트를 비단 『소송』뿐 아니라 카프카 작품 전체의 이해에 주요한 관건으로 지목한 조켈의 경우 카프카 텍스트에서 법이 무엇인가에 대한 대답을 「법 앞에서」에서 법에 대한 시골 사람의 행동 방식과 법을 대행하는 문지기의 대응 방식에서 찾고 있다.[111] 「법 앞에서」에서, 법으로의 문은 시골 사람이 들어가고자 할 때 열려져 있음에도 입장은 허가되지 않고, 그의 기력이 쇠잔하여 죽으려 할 즈음에는 닫혀버린다. 시골 사람은 법의 문의 문지기가 지칠 정도로 부탁을 하며, 그가 가져온 모든 값진 것을 그곳으로 들어가기 위해서 문지기에게 바친다. 그런데도 문지기는 그의 출입을 허락하지 않는다. 법은 〈모든 사람에게 접근 가능한 것〉이어야 하지만 사실은 접근될 수 없고, 「법 앞에서」의 내용처럼 〈출입은 가능하지만 지금은 안 되는〉 무엇이다.

『소송』에서는 피고의 반항으로 인해 법정이 도전을 받는다. 근원적으로 존재하는 가상의 조화를 방해하는 반사회적 태도에는 무시무시하며 가혹한 형벌의 판결이 뒤따른다. 따라서 「선고」에서 게오르크 벤데만은 자신에 대한 사형 선고를 집행하며, 「변신」에서는 아버지가 던진 사과에 의해 그레고르는 심한 상처를 입는다. 『아메리카』에서 부모는 카알을 아메리카로 추방한다. 「유형지에서」에서는 자신의 임무를 게을리한 병사에게 사형 집행 도구가 기다리고 있다. 그런데 「유형지에서」에서는 죄와 벌의 문제에 있어서 벌이 앞서고 죄는 나중에 소추되는 인과 관계의 전도(顚倒) 현상이 나타난다.

이는 선(善)과 법의 인과 관계를 전도시키는 칸트의 법 이론을 연상시킨다. 이전에 선과 법에 대한 통상적 관념은 선이라는 도덕적 관념이 먼저 있고, 그러한 선을 형식화한 것이 법이었다. 반면 칸트는 이러한 관계를 역전시킨다. 즉 법은 그 자체로 〈보편적인 원리 내지 형식〉이며, 그러한 보편적 형식이 규정하는 바에 의해 〈선〉이 규정되는 것이다. 〈언제나 보편적 입법 원리에 타당한 방식으로 행동하라〉는 칸트의 도덕률은 행동의 근거가 보편적 형식으로의 법임을, 그리고 그에 따라 행동하는 것이 〈선〉임을 보여 주는 셈이다.

카프카 텍스트에 나타난 법과 권력 그리고 절대자라는 지배적 담론 체계는 서로

---

111 Vgl. Walter Sokel, *Franz Kafka, Tragik und Ironie, Zur Struktur seiner Kunst*, Frankfurt/M., 1976/1983, S. 221.

상관관계를 맺고 있어 부조리한 형상을 보인다. 이것은 카프카의 서술이 악의 기만성보다는 선의 기만성을 드러내는 것이다. 악의 기만이 처음부터 기만하는 것이라면, 선의 기만은 선의 이름 아래에서 자행되는 은폐된 악의 모습이다. 카프카는 삶에 편재한 선의 기만, 그 은폐성을 자신의 글 속에 폭로하고 있다.

『소송』에서 자의적인 해석에 입각한 요제프 K의 법정 공격과 정의의 주장은 늘 법정의 내밀한 기도(企圖)와 의중(意中), 즉 선의 기만으로 좌절되게 된다. 예를 들어 〈심문하는 날짜를 일요일로 정하는 것은 K의 직장 일에 방해가 되지 않기 위함이라고 법정은 설명한다. K도 그렇게 하는데 찬성하리라고 그들은 생각하고 있다고 한다. 만일 K가 다른 날짜를 원한다면 가능한한 그렇게 해주겠노라고 했다. 예컨대 밤에도 심문이 가능하겠지만 밤에는 K의 머리가 완전히 밝지는 못하다는 것이다.〉(P 32)

이렇게 법정은 그에 관해 아무것도 원치 않는다. 법정은 누가 들어오든 나가든 개의치 않는다. 법정은 한 번도 요제프 K의 행동을 구속하거나 공격한 적이 없으며 요제프 K의 공격에 대해 자신을 변호하지도 않는다. 법정은 실제로 요제프 K를 체포하는 직접적인 행동을 하지 않았다. 감독관은 그의 유일한 임무가 요제프 K에게 체포를 알리고 요제프 K가 이것에 대해 어떻게 반응하는지를 알아보는 일이라고 말한다.

이렇게 요제프 K가 설정한 법정이 그의 적으로 등장하지 않는다는 사실을 요제프 K가 사무국을 첫 번째 방문했던 장면에서도 볼 수 있다. 그는 사무국에 제 발로 왔다가 제 발로 나갔다. 판사나 관리들이 그를 경고하지도 않았고 사무국 밖으로 쫓아내지도 않았다. 그 자신이 그곳의 공기를 참을 수 없어 현기증을 느끼게 되었던 것이다. 오히려 관리가 그를 도와 사무국 밖까지 안내해 준다. 〈법정은 그대가 오면 받아들이고, 가면 떠나 보낸다〉(P 189)는 법정 신부 *Gefängniskaplan*의 말대로 요제프 K에 대한 법정의 공격은 전혀 눈에 띠지 않는다. 「법 앞에서」에서 청원자인 시골 남자의 종말이 가까이 왔음을 알아차리고 〈여기는 자네 이외에는 아무도 들어갈 수가 없어. 왜냐하면 이 문은 오직 자네만을 위해 정해진 것이었다네〉(E 121)라는 문지기의 외침도 이를 잘 나타내고 있다.

이 허풍쟁이 문지기의 위협을 시골 남자가 그저 무시해 버렸다면 자신에게 마련된 유일한 길로 들어설 수 있었을 것이다. 오로지 그를 위해 만들어졌기에 그의 길이며, 어떤 임의적인 권위로 금지되거나 제안되거나 강요되지 않은 길로 그는 목표에 이를 수 있었을 것이다. 결국 시골 남자는 끝까지 법을 지킨 셈이다. 그러나 법을 지킨 결과는 죽음뿐이다.

이런 배경에서 볼 때, 『소송』과 『성』 등의 주인공들의 적은 강제성이 아니라 그들의 개인적인 결정으로부터 생겨났다는 추론이 생긴다.[112] 『소송』에서 법정 신부는 「법 앞에서」의 시골 남자가 법의 문 앞에서 그토록 오래 기다려야 할 필연성이 결여되어 있다고 지적한다. 〈사나이는 사실상 자유롭지요. 〔……〕 그가 입구 옆 의자에 앉아서 평생을 보냈다면, 그건 자의로 한 일이지요. 이야기에는 그렇게 하지 않을 수 없도록 강제되었다는 말은 쓰여 있지 않아요.〉(P 186) 즉 누구도 시골 남자에게 법 안으로 들어가라는 과업을 부여한 바가 없다는 것이다.

『성』에서도 성은 공공연하게 마을의 정치적 권력 투쟁에 대해 강제성이 아닌 중립적 태도를 취하고 있다. 주인공 K에 대해서도 성은 중립적 태도를 보인다. 관청은 관청에 대한 K의 투쟁을 직무로, 의미심장하고 불가피한 토지 측량사의 활동으로, 정말 자유로운 인간의 본질에 적합한 활동으로, 일생에 걸친 작업으로 대한다. 심지어는 K가 관리 클람에게서 그의 연인 프리다를 빼앗고, 〈신사의 여관Herren-hof〉에 정차하고 있던 썰매 앞에서 그를 습격해서 몇 시간 동안 썰매를 이용하지 못하게 하고, 마을 비서 모무스의 조서와 심문에 반항을 했지만 클람에게서 다음과 같은 편지를 받는다. 〈당신이 지금까지 수행한 토지 측량 일에 찬사를 보냅니다. 〔……〕 계속 열심히 하십시오! 좋은 작업 결과가 나오도록 하십시오! 중도에 그만 두는 일이 생기면 내 분노를 야기할 것입니다. 아울러 곧 급료 문제도 결정될 것이니 안심하십시오!〉(S 114 f.) 이렇게 카프카의 여러 작품에서 조직은 항상 친절하게 주인공 개인의 모든 사정을 배려하고 양보한다.

그런데 여기에서 중요한 점은 〈언어의 본질은 명령어(슬로건)이다〉라는 명제가 암시된다. 가령 TV 뉴스에서 〈드디어 전쟁이 터졌습니다〉라고 아나운서가 말하는 것은 단지 그런 사실을 알려 주는 언표가 아니라, 〈그러니 참전하라〉든가 〈그러니

---

112 Vg. Martin Walser, *Beschreibung einer Form, Versuch über Franz Kafka*, München, 1961, S. 47.

대피하라〉 등과 같은 특정한 명령을 전달하는 언표 행위다. 심지어 수학 선생이 〈3+4=7〉이라고 가르칠 때, 그것은 지식의 전달이기 이전에 그렇게 계산하고 그렇게 답을 쓰라는 명령이다. 이는 〈석판〉이라는 말이 석판을 지칭하는 게 아니라 〈석판 가져와〉 등의 명령을 하는 것이란 점에서, 후기 비트겐슈타인에게서 시사되는대로, 이들은 여기에 발화 행위의 특성을 강조한 바흐친을 원용해 어조와 음고·음색 등의 음성학적 요인이 중요한 역할을 한다고 주장한다.[113]

따라서 앞의 클람의 편지의 언급은 K에 모든 사정을 배려하고 양보하는 것보다 K가 실제로 수행해야 하는 명령을 전달하는 것으로 선의 기만성에 해당된다. 앞에서 언급된 조직의 친절한 배려 등의 본질도 실제로는 그렇게 하라는 명령을 전달하는 것이다. 따라서 그들은 양보나 배려의 행동으로 원하는 것을 모두 얻어 내고 있다. 이는 「낡은 쪽지Ein altes Blatt」에서 〈북방 유목민들은 자신들이 필요로 하는 것을 갖는다. 그들이 무력을 사용한다고 말할 수는 없다. 그들이 손을 뻗치면, 사람들은 옆으로 물러서서 모든 것을 그들에게 맡긴다〉(E 119)는 내용으로 설명될 수 있다.

따라서 법정의 친절하고 배려하는 태도는 실제로 객관적 사실과 거리가 멀다. 이 태도와 말에서 진실과 현상의 불일치를 느낄 수 있다. 법정이 그토록 친절하게 K의 모든 사정을 배려하여 K가 심문에 대한 준비가 완전히 되어 있을 때를 출두 일시로 정하고 있다고 하지만 실제는 그의 저항력을 말살시키려는 선의 기만이다. 따라서 「법 앞에서」에서 〈자네가 무시를 당했다고 생각해도 안 될 테니까 그대로 받아두기로 하겠소〉(E 121)라고 하면서 뇌물을 받는 문지기의 선의 기만적 행동에서 시골 남자가 법정에 대한 그릇된 판단을 하듯이 요제프 K 역시 법정의 본질에 대해 착각을 하게 된다.

법에 접근하지 못한 채 법 앞에 앉아서 문지기의 허락만을 기다리며 자신의 결정을 유보하는 시골 남자처럼 『소송』 등은 법원 등의 배려에도 불구하고 법으로의 접근 불가능성에 대한 이야기이고 따라서 불가능한 역사의 이야기이다. 결론적으로 법으로의 통로를 발견하기 위한 길이나 방법은 존재하지 않는다. 법에 대한 존

---

113 질 들뢰즈/펠릭스 가타리(이진경 역), 『카프카』, 동문선, 2001, 61면.

중 또한 단지 〈법의 효과〉로서, 본보기로 나타나는 인간을 향한 것일 뿐 결코 법으로 들어가는 직접적인 통로는 없고 〈우회〉만이 있을 뿐이다.[114] 절대적 권위를 상징하는 반대 세계는 개별자인 주인공에게 접근 불가능이다.

이렇게 법원에서 공통적으로 체험하게 되는 〈접근 불가능das Unzugängliche〉[115]은 실제로 카프카 문학의 전체적인 사상이다. 그것이 법이든지, 재판정이든지, 부친이든지 혹은 다가갈 수 없는 성이든지 이러한 존재들에 대해 주인공들은 분투적으로 접근을 시도하고 그 의미를 탐구하기 위해 적극적으로 노력하지만 어떠한 접근이나 명료함도 얻지 못한 채 죽음에 이른다. 예외적으로 『아메리카』에서만 오클라호마의 야외 극장에서 주인공이 채용되고, 예술가가 되고 싶은 사람들은 누구나 초대된다.

『성』에서 자유로운 이방인 접근이 허용되지 않는다는 점으로 이 작품의 서두에 〈거리, 마을의 한길은 성 언덕으로 통하는 게 아니라 가까이 가기만 했다가 일부러 그러는 것처럼 휘어지며 설령 성에서 멀어지지는 않는다 해도 성에 가까워지는 것도 아니었다〉(S 15)라고 언급되어 있다.

이러한 성으로의 접근 불가능성에는 길의 혼돈성 외에 또 다른 측면이 있는데 바로 장엄함이다. 이를 테면 상향 운동은 성취의 개념으로, 드높음이나 상승의 의미가 탁월함과 왕권 지배 등으로 연상된다. 따라서 높은 상행은 성취의 관념과 결합되어 숭고함 혹은 탁월성을 함축한다. (종교적 의미에서) 높이 있다는 사실만으로도 강하고, 신성성을 지닌 존재로의 가치를 지닌다. 때문에 애써 올라가려고 노력한다면 자연스러우나 애써 내려가려는 노력은 부자연스럽게 들린다. 왕은 신하들을 위에서 다스리지 아래에서 다스리지 않는다. 어려움을 극복하고 유혹을 그 위에서 이기지 그 아래에서 이기지 못한다. 나는 새, 공중에 쏘아 올린 화살, 별, 산, 돌기둥, 자라는 나무, 드높은 탑 등 위로 향하는 개념과 경험적으로 결부된 여러 이미지들은 (기타 어떤 다른 의미가 이들 가운데 부가됐다 해도) 도달해야 할 대상, 획득하려는 소망, 즉 선한 것을 의미하게 된다. 그 가장 대표적인 무대는 산 꼭대기, 성, 탑, 등대, 사다리 또는 계단 등이다. 이런 맥락으로 수도사는 사원이나

---

114 박은주, 「카프카의 『법 앞에』 서 있는 데리다의 『법 앞에서』」, 『카프카 연구』, 제5집, 1996, 117면.
115 J. Derrida, Préjugés, Vor dem Gesetz, hg. v. Peter Engelmann, Wien, 1992, S. 55.

수도원을 높은 곳에 지어 신화적 장엄함의 효과를 극대화시킨다.

　이런 근거에서 『성』에서 성의 무대 배경이 의미심장하다. 높은 성의 배경은 하늘과 땅의 중간적 공간을 나타낸다. 마치 이곳은 하늘로 가는 공간인 듯 하다. 높은 성의 〈높은〉 내용에서 이 성의 숭고하고 성스러움의 심리적 요소가 담겨 있다. 결론적으로 매우 높은 곳에 있는 성은 신적인 심리를 불러일으킨다. 이것은 신적인 장엄을 경험시켜 민간인의 접근 불가능성을 암시하여 기를 꺾는 효과를 노린 것이다. 우리나라 김광규 시인의 시 「영산(靈山)」도 카프카의 이러한 〈성〉의 신비한 접근 불가능성을 연상시켜 준다.

영산

내 어렸을 적 고향에는 신비로운 산이 하나 있었다.
아무도 올라가 본적이 없는 영산(靈山)이었다.

영산은 낮에 보이지 않았다.
산허리까지 감긴 짙은 안개와 그 위를 덮은 구름으로 하여
영산은 어렴풋이 그 있는 곳만을 짐작할 수 있을 뿐이었다.

영산은 밤에도 잘 보이지 않았다.
구름 없이 맑은 밤하늘 달빛 속에 또는 별빛 속에 거무스레
그 모습을 나타내는 수도 있지만 그 모양이 어떠하며
높이가 얼마나 되는지는 알 수 없었다.

내 마음을 떠나지 않는 영산이 불현듯 보고 싶어 고속 버스를
타고 고향에 내려갔더니 이상하게도 영산은 온데간데 없어지고
이미 낯선 마을 사람들에게 물어보니
그런 산은 이곳에 없다고 한다.

결론적으로 성으로의 접근 불가능성은 성이 현실 세계에 실제로 존재하는 것이 아니라, 신비적 성격을 띠기 때문이다. 따라서 성을 향하는 주인공 K는 성 주위만 맴돌 뿐이다. 결국 그는 성이 있는 마을 범주를 벗어나지 못한다. 따라서 마을과 성의 공간은 K가 투쟁을 하는 적대적 세계로 초기 작품에서 볼 수 없는 가공적인 공간 설정으로 실제 지리적인 지식으로는 이해될 수 없다.

이렇게 〈멀어지지 않으면서 가까워지지 않아 접근이 불가능한〉 성의 모티프는 「이웃 마을」에 등장하는 할아버지의 견해와도 유사하다. 이 작품에 등장하는 할아버지의 견해에 따르면 건강한 젊은이가 평생 동안 말을 타고 가도 가까운 이웃 마을에 도착할 수 없다. 즉 가까우면서도 끝이 없는 것이다. 이처럼 가까운 듯이 보이면서도 끝이 없는 공간적 재현 방식은 「황제의 칙명」에서 절정이 된다. 이 작품에서 〈지칠 줄 모르는 강인한 칙사(勅使)가 양팔을 앞으로 번갈아 내뻗으며 끝없이 군중 사이를 뚫고 지나가도〉(E 128) 무수한 군중의 집단을, 끝없이 펴져있는 그들의 거주지를 뚫고 나아가지 못 한다. 따라서 황제의 칙명을 받고자 하는 소망은 천천히 그러나 철저하게 해체된다. 점점 멀어져 가는 공간적인 확장은 갑작스레 영겁적 시간으로 전이되면서 「법 앞에서」에서처럼 부질없고 끝없는 기다림이라는 절망을 그리고 있다. 이러한 〈접근 불가능〉과 헛된 노력에 대한 암호로서 「법 앞에서」 등은 「황제의 칙명」이라는 비유를 담고 있다. 따라서 조켈은 이러한 절대적 존재들의 이미지들을 〈무한한 거리와 애매성〉[116]의 속성으로 지적하고 있다.

이러한 접근 불가능성에도 불구하고 「법 앞에서」의 문지기가 말하듯이, 모든 사람들은 (법에) 접근하기 위해 애를 쓴다. 그러나 먼 곳에서 올라온 시골 남자가 평생토록 기다린 결과처럼 모든 사람들이 접근하여 들어가고자 애쓰지만 법으로의 접근은 허용되지 않는다. 한국의 시인 김광규의 다음의 시는 이러한 카프카의 법으로 접근 불가능의 개념을 패러디한 문학 계열, 즉 「법 앞에서」 계열에 드는 모티프의 구상화다.

---

116 Walter H. Sokel, *Franz Kafka, Tragik und Ironie zur Struktur seiner Kunst*, München, 1964, S. 129.

법원

지루하게 긴 생애를 살아
허리굽은 노인이
종교를 믿지 않고
법원으로 간다.

아무도 반기지 않는 사무실마다
쌓여 있는 기록과 법령집들
미농지와 도장과 재떨이 사이에
법이 있으리라 믿으며
억울한 노인은 지팡이를 끌고
아득히 긴 화랑을 헤맨다.

법을 끝내 찾지 못하고
어두운 현관문을 나서며
노인은 드디어 깨닫는다.
법원은 하나의 건물이라고
검사실과 판사실과 법정뿐만 아니라
구내 식당 다방 이발소 양복점이 있고
주차장에는 자동차들이 즐비한
법원은 호텔처럼 커다란 건물이라고.

3) 영원한 피고인

카프카의 세계에 존재하는 법은 과연 올바른가? 그 법은 무엇을 위해 있는가.
일반적으로 카프카의 작품에 나오는 주인공들은 법의 보호를 빼앗긴 채 숙명적인
심판에 의해서 인간 존재로서의 미래의 시간을 상실하고 자유스런 생활의 기반을

잃고 질식된 공간에서 처참하게 허우적거리는 인간상이다. 따라서 법에 대한 소외 현상이 암시된다.

법에 대한 소외는 법이 추상적인 힘을 지니고 보이지 않는 손으로 개인의 운명을 좌우하는 한 필연적이다. 보이지 않는 손은 절대자일 수도 있고 인간 세계의 관계를 유지하는, 해명하기 힘든 어떠한 힘일 수도 있다.

이런 배경에서 자아와 사회와의 관계에서 K 등 카프카의 인물들은 모두가 구별 없이 자기 자신에 저항하고 자신을 괴롭히는 두 개의 적(자신을 인간의 한계 밖으로 일탈시키려는 적과 자신을 구체적인 지상의 존재로 얽어 매려는 적)과 투쟁하는 인간, 즉 〈전인적 인간(全人的 人間)〉이다. 그러나 끝없는 정의의 주장에 대한 결과는 추방과 죽음이다.

특히 법원은 주인공의 반항력을 무의식적으로 말살시킨다. 『소송』에서도 〈법정은 아무것도 요구하지 않는다.〉(P 189) 그러면서도 요제프 K로 하여금 자신의 유죄를 최후로 자인하게 하고 처형받지 않을 수 없는 상황으로 유도한다. 법정은 하나의 수동적인 전권(全權)을 체현(體現)하며, 그것의 영향으로부터 피체포자의 일탈은 전혀 불가능하다.[117] 여기에서 자신의 권리를 자신의 대표에게 위임하는 것으로 끝나는 근대인의 운명이 슬며시 포개지고 있다.

「법 앞에서」에 서 있는 시골 남자는 자신에게 정해진 법의 문안으로 들어갈 수 있는 기회를 기다리며 문지기와 논쟁을 벌이나 효과가 없다. 시골 남자는 지금은 안 되면 〈나중에〉라도 들어갈 수 있느냐고 묻는다. 그 물음에 문지기는 〈그럴 수도 있지, 그러나 지금은 안 돼〉(P 182)라고 대답한다. 따라서 시골 남자는 입장을 허락 받을 때까지 그저 기다리기로 결심한다. 몇 날 몇 해 동안 기다리면서 그는 그곳으로 들어가기 위해 많은 시도를 한다. 여러 가지 부탁을 하거나 청을 하여 문지기를 지치게 하기도 하고, 그를 매수하기 위해 모든 것을 쓰기도 하며, 또 쉬지 않고 그를 관찰하기도 한다. 심지어 시골 남자는 문지기의 모피 안에 있는 벼룩까지 알아보게 되어 그 벼룩에게까지 그를 도와 문지기 마음을 움직여 주기를 간청하기도 한다. 그러나 시골 남자는 평생을 들어가지 못한다. 문지기는 그럴듯하게 시골

---

117 Dieter Leisegang, *Lücken im Publikum, Relatives und Absolutes bei Kafka*, Frankfurt/M., 1972, S. 43.

남자를 구슬리며 가진 것을 다 빼앗아 결국 스스로 지치게 만든다.

끝내 법 안으로 입장을 거부당하고 헛되이 평생을 기다린 시골 남자는 마지막 순간에 그동안의 모든 경험을 종합하여 〈누구나 모두 법을 원하고 있는데 어찌하여 여러 해 동안 나 이외에는 아무도 들여보내 달라고 청하는 자가 없소?〉(P 183) 라고 묻는다. 문지기는 그에게 이미 임종이 다가온 것을 알고, 희미해져 가는 귀에 들리도록 큰 소리로 〈여기는 자네 이외에는 아무도 들어갈 수가 없어. 왜냐하면 이 문은 오직 자네만을 위해 정해진 것이었다네. 나는 이제 가서 문을 닫겠어〉(E 121)라고 외친다. 시골 남자는 문지기에 속아 넘어간 것이다. 〈이 문은 오직 자네만을 위해 정해진 것이었다네〉라고 문지기는 말하면서도 시골 남자의 입장을 거부한다. 정작 문지기가 불어넣은 희망 때문에 평생을 기다리고 기만당한 시골 남자 자신이 어떤 의문을 제기할지는 너무나 분명해 보인다.

이렇게 영원히 지속되기만 하지 궁극적인 해결이 없는 법원의 성격은 법정의 화가 티토렐리의 언급에서 인식될 수 있다. 티토렐리는 요제프 K에게 피고가 법원으로부터 성취할 수 있는 세 가지 가능성을 일러 주는데 그것은 〈완전 무죄 석방Freispruch〉과 〈임시 무죄 석방scheinbarer Freispruch〉과 〈소송의 무제한적 지연 Verschleppung〉이다.(P 131)

〈완전 무죄 석방〉이 가장 좋지만 실제로는 불가능하고 단지 옛 전설에만 그것이 가능했다고 전해진다. 티토렐리 자신이 경험한 바로는, 적어도 공개 재판을 방청한 수많은 경우에서 무죄 선고를 받은 피고의 예는 한 번도 없다. 다만 옛날에 판례로서 무죄 선고가 있었던 모양인데, 확인하기조차 어려운 형편이다. 그것은 법원의 결과 또는 최종 판결이 공개되지 않을 뿐더러 재판관 자신도 그것에는 접근하기 어렵기 때문이다. 따라서 피고들 가운데 자신의 소송을 사실상 무죄로 가져갈 수 있는 사람은 아무도 없다. 이때 결정적인 힘으로 작용하는 것은 피고의 결백이다. 물론 법 이론상 죄가 없는 자는 당연히 무죄가 되기로 되어 있지만, 법정에서는 이런 논거도 효력이 없으므로 피고가 아무리 결백하더라도 무죄가 바로 선고되지 않는다.

둘째의 〈임시 무죄 석방〉의 경우는 화가 티토렐리가 피고에게 결백하다는 증명서를 써주면 피고는 그것을 가지고 화가와 친분이 두터운 재판관을 찾아다니면서 무죄를 호소한다. 또는 화가가 초상화를 그려달라고 찾아오는 재판관에게 직접 피고의 무죄를 보증하는 방법도 있다. 이와 같이 구속력을 가진 증명서에 많은 재판관들의 권위 있는 서명을 받아 가지고 피고의 소송 사건을 주관하는 해당 재판관을 찾아간다. 그러면 해당 재판관은 무죄를 선고하지 않을 수 없다. 그러나 이러한 무죄는 문자 그대로 임시로 풀려나는 것이지 절대로 소송에서 해방되는 것은 아니다. 왜냐하면 최종적으로 무죄를 선고하는 권한은 아무도 손이 닿지 않는 최고 법원에 속하기 때문이다. 이에 대하여 다음과 같이 쓰여 있다. 〈마지막으로 무죄를 선고하는 권한은 단지 가장 위의 당신이나 나에게나 우리들 모두에게 전혀 손이 닿지 않는 법원만이 장악하고 있어요. 그 곳이 어떤 곳인지, 우리들은 알 길이 없고, 곁들여서 말씀드리자면 알려고도 생각하지 않아요.〉(P 136) 따라서 〈임시 무죄 석방〉을 얻은 자는 얼마 있다가 다시 체포돼 심문 등을 받고, 그러다가 다시 임시 석방되는 식의 과정이 반복된다.

마지막의 〈소송의 무제한적 지연〉은 소송이 최초의 단계를 넘지 않게 하는 것이고, 그렇게 함으로써 피고에게 판결을 내리는 것을 막는다. 이것은 피고의 원조자가 끊임없이 법원과 연락을 갖고 꾸준히 공작을 해야 된다. 그리고 이 〈소송의 무제한적 지연〉은 〈임시 무죄 석방〉에 비해서 피고의 장래가 훨씬 안정된다는 장점을 갖고 있다. 이것은 갑자기 체포되는 위험성도 없고 초조감이나 불안감도 적다. 그러나 이 작전도 단점을 내포하고 있다. 그것은 외견적인 이유가 없으며 소송이 지연되지 않으므로 끊임없이 어떤 지령이 내리도록 작용하거나 그렇지 않으면 피고가 심문을 받고 재판 심리가 계속되도록 인위적으로 공작하지 않으면 안 된다. 때로는 피고가 원조자를 통해서 미리 재판관과 지시의 내용을 상담해서 정하는 것도 가능하다.[118]

카프카는 야노우흐와 대화에서 〈피고는 누구나 판결이 지연되기를 바라고 노력한다〉(G 109)라고 언급하고 있다. 여하튼 〈임시 무죄 석방〉과 〈소송의 무제한적 지연〉은 피고의 유죄 판결을 지연시키는 공통적인 효과를 가지고 있으며, 피고의 부담 면에서 볼 때, 이들 둘의 차이란 〈머리 카락 두께haarfein〉(P 139) 정도로 엇

118 김정진, 「Franz Kafka의 장편 소설 『소송』 연구」, 『독어교육』, 창간호, 한국독어독문학교육학회, 1983, 5면 이하 참조.

비슷하다.

법 앞에서 시골 남자가 법에 영원히 들어갈 수 없는 것처럼, 〈임시 무죄 석방〉과 〈소송의 무제한적 지연〉이란 두 법원의 성격도 영원히 결정을 내리질 않는다. 요제프 K의 변호사인 훌트는 〈소송의 무제한적 지연〉을 시도하고 있다. 요제프 K가 기소된 지 몇 달이 지났는데도 소송이 〈시작에 있다〉(P 108)든가 또 그것으로 〈발전이 있다〉는 변호사의 말이 이를 의미한다. 훌트 변호사가 맡고 있는 다른 피고인인 상인 블로크도 〈소송의 무제한적 지연〉을 겪고 있다. 훌트 변호사는 블로크에 대한 소송을 〈5년 반 이상〉이나 끌어가는데 성공하고 있는 것이다.

요제프 K나 블로크는 이러한 〈소송의 무제한적 지연〉을 눈치채지 못하고 자신의 〈완전하고 최종적인 해방〉, 즉 〈완전 무죄 석방〉을 바라지만 그들의 모든 이야기는 외관상의 무죄 방면의 공식과 절연하여 점차 무제한 연기(延期)로 들어가게 된다. 그들은 육체와 정신, 질료와 형식을 대립시키듯이 욕망과 법을 대립시키는 법의 추상적 기계에서 벗어나 사법의 기계적 배치 속으로, 다시 말해서 탈코드화된 법의 내재성 속으로 들어간다. 〈당신은 그것이 소송에 관한 것이 아니라고 저에게 반박할지도 모르겠습니다. 이 경우 나는 당신이 전적으로 옳다고 인정하겠습니다. 당신의 방법은 내가 동의하는 한에서만 하나의 절차가 될 뿐입니다.〉(P 39)

이런 오랜 소송에 지치게 된 요제프 K는 결국 작품 마지막 부분인 성당에서 법정 신부에게 〈소송에 영향력을 줄 수 있는 방법이 아니라 소송에서 어떻게 빠져나와 어떻게 소송을 피하며, 또 소송 밖에서 어떻게 살 수 있는가〉의 조언을 구할까 하나 기회가 여의치 못해 이 조언을 묻지 못하고 결국 승소를 단념하는 기미를 보인다. 신부가 〈결말을 어떻게 생각하는가〉(P 180)라고 묻자 요제프 K는 〈전에는 틀림없이 잘 끝난다고 생각했지요. 그러나 지금은 그런 생각에 의심이 가는 때가 많지요〉(P 180)라고 대답한다.

카프카의 시각에서 〈소유는 실제로 존재하는 것이 아니며 마지막 호흡과 질식을 요구하는 존재만이 존재한다.〉(H 64) 여기에서 말하는 〈소유〉의 세계는 K들의 참여가 거부되는 법정이나 성(城)의 세계이다. 이렇게 카프카의 많은 작품에서 주인공들은 흔히 결말을 얻지 못하는 영원한 피고의 입장에 있다.

제5장 **부친의 문학적 수용**

1. 문학에서 부친 콤플렉스

1) 부친 콤플렉스

정신분석학에서 이른바 부친 콤플렉스*Vater-Komplex*가 있다. 이를 이해하기 위해서 먼저 〈오이디푸스 콤플렉스*Oedipus Komplex*〉의 이해가 필요하다.

여자 아이가 자신과 동성(同性)인 어머니를 증오하고 타성(他性)인 부친에게 애정을 품는 〈엘렉트라 콤플렉스*Elektra-Komplex*〉와 반대로 남자 아이가 부친에 대해 적의(敵意)를 품고 어머니에게 애정을 품는 〈오이디푸스 콤플렉스〉라는 심리학적 용어가 유명하다. 이 말은 어머니에 대한 자식의 강한 애모심과 가끔은 망상적인 애모심을 표시하기 위해 프로이트의 심리학에서 사용되었다. 이것은 어떤 경우에는 승화될 수 있고 관습적으로 용인될 수 있다. 이것은 아버지를 어머니의 사랑에 대한 적수로 질투하는 감정의 원인이 될 수 있다. 그 극단적인 형식으로는 근친상간의 결과가 된다. 이 용어는 오이디푸스의 고전적인 신화에서 온 것으로, 오이디푸스는 부지중에 아버지를 살해하고 어머니와 결혼한다. 프로이트는 이 용어를 부지중에 주인공이 아버지를 살해하고 어머니와 결혼하는 고전인 소포클레스의 비극에서 빌어 왔다.

영국의 인류학자 프레이저Sir James George Frazer가 세계의 광범위한 지역의 풍속을 정리·분석해 놓아 현대 정신분석학·종교학·철학·문학 등에 광범위한 영향을 끼친 『황금 가지 *The Golden Bough*』에 따르면 아버지 왕을 살해하는 풍속은 세계적으로 널리 퍼져 있었다. 왕은 우주 에너지의 중심이므로 그가 병들거나 노쇠의 징후를 보이면 곧 천재지변이 일어나거나 곡식이 알차지 못하고 가축이 죽음을 당한다고 믿어 그전에 살해, 후계자에게 그 건강한 영혼과 힘을 옮겨 주기 위해서라고 프레이저는 풀이했다.

예를 들어 아프리카 실루크 족 정통에 따르면 왕자는 누구나 왕과 싸워 왕을 죽이면 즉시 왕위에 오를 수 있는 권리를 갖는다. 줄루 족도 왕이 주름살과 흰 머리카락이 생기면 왕의 처형이 관습이었다. 19세기 초 막강한 군사력을 바탕으로 강력한 왕국을 세웠던 샤카 왕도 흰 머리카락이 생기지 않는 머릿기름을 구하기 위해 애썼다.

그리스 신화에서 제우스도 자신의 아버지 크로노스를 죽이고 신의 왕이 되었다. 크로노스 역시 아버지 우라노스를 거세하고 자신도 그 처지가 될까 봐 자식들을 잡아먹다 제우스에게 당한 것이다. 이러한 주술적·신화적인 아버지 왕 살해 풍속은 고대 그리스 소포클레스의 희곡 『오이디푸스 왕』에서 윤리적·심리적 차원으로 완성된다.

테베의 왕 라이오스Laios는 자신이 아들에게 살해된다는 신탁(神託)의 충고에도 불구하고 아내 이오카스테와의 사이에서 아들을 얻었다. 그러나 아들이 태어난 후 신탁의 실현을 두려워한 그는 아이의 발뒤꿈치에 못을 박아 산 속에 버렸다. 아이는 코린토스의 왕 폴리보스Polybos에게 발견되어 오이디푸스(발이 부은 자)라는 이름으로 성장하였다. 어느 날 자신이 폴리보스와 왕비 메로페Merope의 친아들이 아니라는 말을 들은 오이디푸스는 진상을 알고자 델피의 신전을 찾아가 신탁을 청하였다. 여기서 그는 〈아버지를 죽이고 어머니를 아내로 맞는다〉는 기묘한 신탁을 받았다. 이를 피하려고 오이디푸스는 귀국을 단념하고 테베로 향하는데, 가는 도중에 좁은 길에서 한 노인을 만나 길 다툼을 하다가 그만 그를 죽이고 만다.

한편 테베에서는 날개가 달린 사자의 몸에 여자 얼굴을 가진 스핑크스[1]가 나타

---

1 그리스의 스핑크스는 보통 여자의 얼굴 모습을 지니고, 테베 시의 외곽에 있는 높은 바위 언덕에서 살았으며 지나가는 행인들에 수수께끼를 내어 알아 맞추지 못하면 잡아먹었다.

나 나그네들에게 수수께끼를 내어서 이를 풀지 못하는 사람을 잡아먹고 있었다. 그 수수께끼는 〈목소리는 하나인데 아침에는 네 발, 점심에는 두 발, 저녁에는 세 발로 걷는 것은 무엇이냐〉였다. 오이디푸스는 이 수수께끼를 풀어 스핑크스를 처치하고 그 공으로 테베의 왕좌와 왕비를 손에 넣어 2남 2녀까지 낳는다. 그러나 그후 그가 길에서 죽인 사람이 아버지 라이오스이고, 지금의 아내는 어머니 이오카스테라는 사실이 밝혀짐에 따라 이오카스테는 목을 매어 자결하고, 오이디푸스도 두 눈알을 뽑고 딸 엘렉트라의 인도로 유랑하다 죽는다. 그가 이처럼 벌을 받은 뒤에 테베는 건강과 풍요를 되찾게 되었다.

이 이야기는 너무나 유명하여 프로이트는 소포클레스의 왕의 이름을 빌려 모든 사람의 기본적 콤플렉스에 사용하고 있다. 오이디푸스 전설에서 주인공은 자기 아버지를 죽이고 자기 어머니와 결혼하지만 자기들의 정체를 모르고 산다. 이것은 어른이 자기의 오이디푸스적 경험을 이제는 의식하고 있지 않다는 사실의 시적 표현이라고 프로이트는 말하고 있다. 오이디푸스가 할 일을 신화가 예언한 것은 우리 모두가 이 경험을 겪지 않으면 안 될 운명의 불가피성을 상징하고 있다. 오이디푸스가 자기 눈을 자기 손으로 멀게 한 것도 〈자기 거세self-castration〉의 시적 형태로 볼 수 있다.

2) 부친과 딸의 갈등

1811년에 태어나 1889년에 죽은 독일의 여류 작가 파니 레발트Fanny Lewald 의 생애를 부친 콤플렉스의 한 예로 들어 보자. 레발트는 조심성 있고 헌신적인 어머니와 진보적인 유대 상인 아버지의 장녀로 일찍이 자기 동급생들 중에서 지적인 재능을 보였는데, 이 사실은 그녀의 선생님이 행한 〈어휴! 네 머리는 오히려 남자 위에 있고 싶은가 보구나! [……] 그러나 얌전한 여성이 되는 것도 바람직스럽지!〉[2] 라는 말에서 증명된다. 학교를 마친 후 그녀가 몇 년에 걸쳐 사랑하는 남성을 찾는 동안 활동적인 부친이 매일 아침 7시에서 저녁 8시까지 꽉 짜인 계획을 부과해도

2 Gisela Brinker-Gabler, *Deutsche Literatur von Frauen*, München, 1988, S. 487. (이하 *Deutsche Literatur von Frauen*로 줄임)

그녀는 무료함을 떨쳐 낼 수 없었다. 이에 대해 그녀는 〈긴긴 날 손에는 바느질거리, 또 각각 60분이란 더딘 시간마다 인간은 늙어만 가고 해가 지날수록 희망이 사라지는 생각이란 〔……〕〉3이라고 쓰고 있다. 마침내 그녀가 사랑하는 남성을 발견하게 되는데, 그는 프로테스탄트의 신학도로서 배우려는 그녀의 욕망은 인정하지만 그녀가 좋아하는 정열적인 춤을 금지시킨다. 그는 레발트와 결혼하려 하나 그녀의 부친이 둘의 관계를 청산하라며 반대해 마음속의 반항으로 그치고 이를 따른다. 그러나 얼마 후 그 퇴짜맞은 신학도가 죽게 되자 그녀는 죄의식에 사로잡혀 그의 종교였던 프로테스탄트로 개종한다. 이는 그 죽은 청년에 대한 부친의 이해할 수 없는 행위에 대한 속죄였다.

그 후 레발트는 사촌에게 정열을 바치는 등 환상의 삶에 우울한 세월을 보내게 된다. 결국 그녀는 가정에서도 문외한으로 간주되는데, 그 이유는 독서 및 배움의 욕망 그리고 결혼을 거부하는 강렬한 사랑 때문이었다. 평범한 시민성을 초월하듯 그녀는 〈선량한 인간의 아름답게 타오르는 감동이나 순수한 사랑의 공경함 그 자체가 보답이 되고, 모든 고통에도 불구한 강렬한 사랑은 경건과 행복이다〉4라고 말한다. 이렇게 그녀는 고귀한 영혼에 모든 것을 바친 정열의 여성이었다. 그러던 중 레발트의 부친은 그녀가 26세의 노처녀가 되자 그녀를 지방 의원과 결혼시키려 하였다. 그러나 그 남자가 횃불 빛에 게를 잡는 비유 등의 자기 자랑을 늘어놓자 마음의 거부감을 느끼게 된 레발트는 부친의 성화와 독촉에 대항하였다. 그녀는 〈자기 마음속 가장 깊은 의지를 배반하느니 차라리 창녀가 되는 게 낫다〉5고 부르짖기까지 하였다. 이것은 그녀의 표현대로 부친을 〈진정한 예술로 사랑하는〔……〕〉6이라고 한 딸의 비극적 드라마로, 그녀는 〈수많은 여성의 가슴에서 해방의 외침으로 토해 내는 모든 비탄, 고통, 분노의 격앙을 그때부터 끊임없이 느끼게 되었다〉7고 적고 있다.

그 당시 가장으로서는 그래도 나은 편에 속했던 그녀의 부친은 마침내 굴복하게

3 *Deutsche Literatur von Frauen*, S. 14.
4 *Deutsche Literatur von Frauen*, S. 88.
5 *Deutsche Literatur von Frauen*, S. 156.
6 *Deutsche Literatur von Frauen*, S. 156.
7 *Deutsche Literatur von Frauen*, S. 157.

되고 4년 후에 부친에게 창작 활동의 허가를 받는데, 거기에는 〈어느 누구에게도 그녀의 창작 내용을 알려서는 안 된다〉는 단서가 붙어 있었다. 이 시기에 고귀한 집안의 딸은 저술 활동이 금지되었기 때문에 창작에는 익명을 썼다. 그녀는 첫 소설을 인쇄하기 전 평가를 받기 위해 부친과 형제에게 보여 주었다. 이것이 『예니 Jenny』라는 제목의 소설인데, 레발트는 작품 속 유대인인 여주인공 예니에게 해방의 감정을 불어넣어 의식 있는 여성으로 발전시킨다. 자기 사랑을 파괴하는 폭군 격인 부친은 이 소설의 여러 곳에서 신성시되는데, 이는 여성이 예술의 고상한 분야에서 부성적 권위에 침묵해야 한다는 것의 증명이다. 예술의 장르가 아닌 생애 이야기에서는 부성적 권위가 언급될 수 있으나 부친에 좌우되는 예술 형태에서 그것은 나타나지 않았다.

레발트의 소설은 여성 미학의 범위에서 부친과 딸의 존경받는 남성과 여성의 역할로 감동해서는 안 된다. 무엇보다도 바로 이 부친과 딸의 역할이 그 작품에서 경건하게 보호되고 있다. 레발트는 부친을 거리감 있는 성격으로 이용할 수도 있는데, 이 경우 그녀의 의도 중 하나인 가정 생활의 전원적 묘사가 실패될 수도 있다.

지금까지 파니 레발트의 이야기를 자세히 언급하여 여성 미학이나 여성 작법을 역사적으로 평가하였다. 그 당시 극심했던 부친과 딸의 갈등으로 독일에서 현재까지 오랫동안 여류 작가들이 등장하지 않은 사실을 지적하고 싶다. 이러한 갈등이 남성의 당연한 예술적 모티프라 생각한다면 놀랄 일이다. 따라서 남성 중심적 가부장적 체계 속에서 거부되고 억압되었던 여성의 신비로운 힘을 부각시키고 활성화시켜 지금까지 파괴된 자연 세계인 여성 세계 회복에 적용해야 한다는 움직임이 문학적으로 일어나기 시작했다. 그 예를 들자면 오스트리아의 여류 작가 바하만 Ingeborg Bachmann은 소설 『말리나Malina』에서 가부장적 부친상에게서 벗어나려는 노력을 뷔르거Christa Bürger를 통해 보여 준다.

특히 영국과 독일의 〈시민 비극das bürgerliche Trauerspiel〉에 이러한 부친과 딸의 갈등을 다룬 주제가 많은데, 이의 대표적 작품으로 릴로George Lillo의 『런던 상인The London Merchant』과 레싱의 『에밀리아 갈로티Emilia Galotti』, 실러의 『계교와 사랑Kabale und Liebe』, 헵벨의 『마리아 막달레네Maria Magdalene』 등을 들 수 있다. 도젠하이머Elise Dosenheimer에 의하면 시민 비극은 18세기 이전의 종교적 · 영웅적 · 궁정적 삶이 아니라 현세적이고 시민적 삶을 기본 내용으로 하고 있다. 시민 비극은 중세의 종교극처럼 기독교적 정화는 물론 바로크 궁정극처럼 감동을 목적으로 하지 않으며, 현세에서의 시민적 삶을 위한 교훈을 담고 있다.[8] 따라서 시민 비극이 탄생될 수 있는 전제 조건은 극중 주인공인 시민 계급의 실재와 비극적 내용을 실체화할 수 있는 극 이론의 생성이라고 할 수 있다. 이러한 관점에서 루카치는 〈시민 비극은 계급 의식으로부터 나온 최초의 극이다. 그 극의 목적은 자유와 권력을 얻고자 투쟁하는 계급의 감정, 사고 방식 및 여타 계급과의 관계를 표현하는 것〉[9]이라고 정의하고 있다. 즉 루카치는 봉건 귀족에 대한 시민 계급의 해방 운동이란 측면에서 시민 비극을 고찰할 경우 신분간의 갈등 및 대립이 극중에서 필연적인 것으로 파악하였다. 실러는 『계교와 사랑』만으로도 시민 비극의 가장 뛰어난 작가의 한 사람이다. 작품 『계교와 사랑』 속 루이제 밀러린Luise Millerin의 〈아! 아버지의 상냥함은 폭군의 분노보다 더 야만스런 강압이다. 나는 어쩌란 말인가? 할 수 없어요. 무엇을 해야만 한단 말인가?〉[10]라는 부친에 대한 절망에 찬 외침은 시민 비극의 모토로 볼 수 있다.

크리스타 볼프Christa Wolf의 『카산드라Kassandra』도 부친으로부터 벗어나려는 딸의 모습을 다룬 작품이다. 볼프는 부권 사회가 오랜 전쟁의 역사를 통해 모권을 지배, 억압해 왔음을 문학의 영역에서 설명하려 하였다. 그는 자신의 작품을 통해 가부장적 사회에서 여성의 소외 문제를 끊임없이 추구하고 있으며, 이러한 상황적 어려움에도 여성이 여성적으로 글쓰기에 임할 때 가지는 특유한 성격에 대해 역설하고 있다. 여성들은 부권 사회의 모든 공공 영역에서 설 자리를 잃었고, 이런 방식으로 이질화된 존재는 결국 남성들의 권력에 의해 규정된 것이라고 볼프는 다음과 같이 주장한다. 〈예전에 수행자였던 여성이 이제는 제외되었거나 객체화되어 버렸다. 객체화, 이는 폭력의 원천이 아닐까?〉[11]

8 Elise Dosenheimer, *Das deutsche soziale Drama von Lessing bis Sternheim*, Darmstadt, 1974, S. 10.

9 Georg Lukács, Zur Soziologie des modernen Dramas, in: Ders., *Schriften zur Literatursoziologie*, Neuwied u. Berlin, 1972, S. 277.

10 F. Schiller, *Kabale und Liebe*, Sämtliche Werke in 5 Bänden, Bd. 1, München, 1968, S. 384 f.

11 Christa Wolf, *Voraussetzung einer Erzählung Kassandra*, Darmstadt, 1983, S. 144.

3) 부친과 아들의 갈등

앞에서 언급된 〈부친과 딸〉의 갈등이 다른 작품에서는 〈부친과 아들〉의 갈등으로 비화되는 경우가 있는데 괴테와 카프카의 문학이 대표적이다. 괴테의 『빌헬름 마이스터의 수업 시대*Wilhelm Meisters Lehrjahre*』에서 주인공 빌헬름의 부친에 대한 무의식적 저항을 느낄 수 있는데, 이 내용은 그 당시의 시대적 배경으로도 볼 수 있다. 이 소설은 프랑스 혁명(1789)과 실러의 결합(1794)이 가능했던 이후에 출간되었는데(1795~1796), 그때는 이미 혁명의 결과가 폭력과 인명의 피해로 인해서 혁명 자체에 대한 회의를 갖게 된 시기였기에 실러의 사상(실러의 미적 교육 인간론 등)에서 보여 주듯 조화의 사상 속에서 이상적 사회(실러의 미적 국가론)를 동경하던 때였다. 따라서 괴테 사상 역시 저항에서 조화의 시대로 혁명적 기질을 정지시키고 있던 시대였다. 이는 『빌헬름 마이스터의 수업 시대』에서 빌헬름이 상업인이 되기를 강요했던 부친에 대해 저항했던 사실로부터 출발하여 〈시민성과 개혁적 귀족의 종합〉[12]으로 상징된 〈탑의 사회*Turmgesellschaft*〉로 귀의하는 사실과 맥락을 같이한다. 아들의 만족이 지나치고 오만해지지 않도록 아들이 기쁠 때도 정중하게 보여야 했고 때로는 아들의 기분을 망쳐 버려야만 했던 엄격하고 강력한 부친상의 모습에 대해 아들은 두려움의 저항을 일삼았다.

> 아버지는 친구에게 모든 것을 마련하도록 허락하셨고 자신도 묵인하시는 태도였지요. 다만 주의시키시기를 애들에게는 그들이 사랑받고 있다는 것을 눈치채게 해서는 안 된다, 그렇지 않으면 점점 더 큰 것을 탐내게 될 것이라는 말씀이었고, 애들의 만족감이 지나치고 오만해지지 않도록 애들이 즐길 때는 진지하게 취급해야 하고 때로는 그만 두도록 해야 한다고 생각하셨던 거요.[13]

12 Ulrich Stadler, Wilhelm Meisters unterlassene Revolte, *Euphorion*, Bd. 74, Leibzig, 1980, S. 368.

13 J. G. Goethe, *Wilhelm Miesters Lehrjahre*, Goethes Werke, Hamburger Ausgabe Bd. 7, S. 21 f. (이하 *Wilhelm Miesters Lehrjahre*로 줄임)

따라서 빌헬름의 첫 번째 슬픔도 부친으로부터 발생한다. 할아버지가 수집한 수많은 값진 미술품이 부친에 의해 팔리는 모습이 빌헬름에게 큰 슬픔을 주는데, 이를 빌헬름은 당시의 인생에서 〈첫 번째로 슬펐던 시대die ersten traurigen Zeiten〉[14]라고 회상하고 있다. 〈그러면 그런 것을 모두 내려다 짐짝을 꾸렸을 때에 우리 아이들이 느꼈던 실망을 상상하실 수가 있겠지요. 그것이 제 생애의 최초의 슬픔이었습니다. 어렸을 때부터 그것을 즐겼고, 집이나 도시와 마찬가지로 변할 수 없는 것으로 생각한 것들이 점점 없어져 갈 때 마치 온 집 안이 텅 빈 것 같았던 것을 지금도 기억하고 있어요.〉[15]

뿐만 아니라 다윗과 골리앗의 인형 놀이에서도 빌헬름은 거인 골리앗을 두려운 부친상에 비유하고 다윗의 편에서 동정했으며,[16] 그의 태도는 〈부친에 대해 공격적〉[17]이었다. 이처럼 주인공의 행위는 모두가 부친에 대한 저항과 공격, 증오에서 출발하고 있다. 빌헬름이 서커스단에서 학대받고 있던 미뇽을 사들이는(2장 4절) 행위도 기존 사회에 대한 저항이며『햄릿Hamlet』공연의 시도도『햄릿』에 나타난 의붓아버지 클라우디우스에 대한 복수 감정을 빌헬름이 자기 부친에 대한 거부감으로 표현하려 한 저의였다.[18] 뿐만 아니라 1장 17절에서 계모를 사랑함으로써 생부와 적대 관계에 서게 되는 오이디푸스의 소재 〈병든 왕자der kranke Königssohn〉[19] 역시 〈참, 그렇습니다. 그것은 자기 부친의 신부를 연모하는 병든 왕자의 이야기를 그린 것이지요〉[20]라는 대화에서 보여지듯이 부친에 대한 저항적 음호로 보아야 한다.

왕자 안티오쿠스가 계모를 사랑하여 얻어진 병은 계모와 결혼해야 나을 것이라는 전설이 담긴 그림(「병든 왕자」)이 이 작품의 도처에 재현되며, 이 소설의 여러 곳에서 설명되고 있다. 이렇듯 빌헬름의 부친에 대한 증오심은『햄릿』과 「병든 왕

14 *Wilhelm Meisters Lehrjahre*, S. 69.
15 *Wilhelm Miesters Lehrjahre*, S. 69.
16 *Wilhelm Miesters Lehrjahre*, S. 21.
17 Vgl. Ulrich Stadler, a.a.O., S. 366.
18 Vgl. Ulrich Stadler, a.a.O., S. 371.
19 *Wilhelm Meisters Lehrjahre*, S. 70.
20 *Wilhelm Miesters Lehrjahre*, S. 70.

자」에서의 의부 클라우디우스와 생부 셀레우코스에 대한 증오심으로 음호화되고 있다.[21] 여기서 증오스런 부친의 존재는 빌헬름의 자아 성장에 장애적 요소가 되었다.[22] 따라서 부친에 대한 증오를 빌헬름은 연극으로 해소한다. 이러한 부친과 아들의 갈등이 카프카의 문학에서 더욱 적나라하게 나타난다.

카프카는 그의 형상 언어 속에 환시자와 분석가로서의 양면성, 즉 신비주의자와 심리학자로서의 양면성을 합일시켜 다의성을 그의 문제의 기본이 되게 하였다. 말하자면 카프카는 형상들 속에 그가 측량했던 두 경험 세계, 즉 그의 부친에 의해 지배받았던 유년 시절의 〈유사 신화적 저승pseudo-mythische Unterwelt〉과 신이 근접할 수 없는 곳에 머물러 한낱 예감으로 그쳐야 했던 환상 속의 〈유사 종교적 우주das pseudo-religiöse Universum〉를 용해시켰다. 이러한 해석 방법에 의해 전작 비평(全作批評)의 입장에서 카프카 문학의 문제성을 제기하고 연구 방법을 개진한 연구자들로 엠리히, 폴리처와 조켈을 들 수 있다. 카프카의 전작 비평에 있어 이들의 견해는 결코 도외시할 수 없을 정도로 정평이 나 있다.[23]

이 중에서 조켈의 카프카 문학에 대한 해석은 심리학적 측면과 사회학적 측면의 결합이다. 그의 저서의 주제는 부친과 아들 사이의 갈등 속에 뿌리를 내리고 있는 카프카의 독특한 비극이다. 반항과 처벌 사이의 의식 속에서 이루어지는 투쟁은 작가가 앓고 있는 잠재적 오이디푸스 콤플렉스를 가리킨다. 꿈의 구조 속에서, 그리고 동일 시점의 도움으로 그는 프로이트적 카테고리의 도구를 통해 해명될 수 있는 영혼의 실상을 표현했다. 작가의 개인적 문제성은 모든 인간에게 공통적인 형상 세계를 통하여 보편적인 의미를 갖게 된다. 따라서 일그러진 자아의 상태는 일그러진 사회를 반영하는 형상으로 나타난다.[24]

카프카의 부친 콤플렉스를 프로이트의 정신분석적 입장의 근거로 해명하는 것은 중요한 방법이다. 프로이트의 오이디푸스 콤플렉스, 즉 〈나는 너를 생선처럼 갈기갈기 찢어 버리겠다〉(H 97)라는 작품 「선고」 속의 부친의 아들에 대한 위협

---

21 Vgl. Ulrich Stadler, a.a.O., S. 360 f.
22 오한진, 『독일 사회 소설론』, 전예원, 1985, 158면 이하.
23 김용익, 『프란츠 카프카 연구』, 삼영사, 1984, 10면 이하 참조.
24 Hartmut Müller(권세훈 외 역), 『카프카 문학 사전』, 학문사, 1999, 294면.

이 부친이 카프카에게 손가락 하나 댄 적이 없음에도 불구하고 그의 육체에 각인되고 세계와 그 자신이 자신의 육체를 그렇게 갈기갈기 찢어 버리는 것처럼 경험된다.

> 만일 다음에 내가 죽거나 혹은 전혀 생활 능력이 없어지는 경우에는 〔……〕 나 자신이 나를 파괴했다고 감히 말하겠다. 옛날에 나의 아버지는 툭하면 〈네놈을 생선처럼 갈기갈기 찢어 버리겠다〉고 하신, 흰소리지만 무서운 협박을 하셨는데, 〔……〕 이제 이 협박이 아버지와는 상관없이 실현되는 것이다.[25]

카프카의 편지나 일기를 보면 사납고 성급한 부친을 집안 폭군으로 고발하는 장면이 많다. 동료나 가족이나 부하를 각자의 능력에 따라 냉혹하게 평하는 엄격한 부친은 물질적 이득을 얻지 못하는 아들 카프카의 생활을 심하게 꾸짖고 비난했다. 이로 인해 카프카는 폭군이 지배하는 생기 없는 가정에서 도피하려고 여러 번 시도했다.

이러한 경험이 카프카의 여러 작품에서 반영되고 있다. 카프카의 단편 「귀향」에 이러한 부친과 아들의 관계가 분위기적으로 잘 나타나 있다. 아들이 오랜만에 부친의 집에 돌아왔으나 부친의 정을 느끼지 못하는 황량한 모습을 보여 주고 있는 것이다.

> 나는 돌아왔다. 나는 들을 걸어가며 주위를 돌아본다. 그건 내 부친의 낡은 정원이다. 중앙에 작은 웅덩이가 있다. 낡고 쓸모없는 가구들이 뒤섞여 층계에 이르는 길을 막고 있다. 고양이가 난간 위에 웅크리고 앉아 있다. 언젠가 놀면서 장대에 매단 찢어진 천이 바람결에 날아오른다. 나는 도착했다. 누가 나를 맞아 줄 것인가. 부엌 문 뒤에는 누가 기다리고 있는가? 굴뚝에서 연기가 나고 있다. 저녁 식사를 위해 커피를 끓이고 있는 것이다. 너는 낯익은 느낌을 느끼는가? 편안함을 느끼는가? 나는 모르겠다. 전혀 그런 것 같지 않다. 그건 나의 부친의 집이다. 하지만 서 있는 물건

25 Hartmut Binder, *Kafka Kommentar zu sämtlichen Erzählungen*, München, 1977, S. 250.

하나하나가 모두 차갑다. 그것들은 모두 제 자신의 용무에만 몰두하는 것처럼. 어떤 것은 내가 잊어버린 일들이고, 어떤 것은 내가 전혀 알지 못했던 일들이다. 내가 그들에게 무슨 소용이 있을까. 내가 부친의 아들, 늙은 농장주의 아들이라 한들 말이다. 나는 감히 문을 두드리지 못한다. 다만 멀리서 귀를 기울이고 있을 뿐이다. 엿듣고 있는 나 때문에 놀라는 일이 없도록 나는 멀리 서서 엿듣고 있을 뿐이다. 멀리서 귀를 기울이고 있기 때문에 아무 소리도 듣지 못한다. 희미한 시계 치는 소리만 들릴 뿐이다. 아니 어린 시절의 그 소리를 들었다고 믿고 있을 뿐이다. 부엌에서 일어나는 그 밖의 일은 거기 앉아 있는 사람들의 비밀이다. 그들은 그걸 나에게 털어놓지 않을 것이다. 문 밖에서 오래 머뭇거릴수록 더욱더 낯설어지는 법이다. 지금 누군가가 문을 열고 나에게 무언가 물어 온다면 어떨까? 그러면 바로 나 자신의 비밀을 간직하려는 사람이 되지 않을까?(B 107)

이 글에서 타향에서 오랜 세월을 보내고 부친의 집에 돌아온 주인공은 낯선 집에 온 듯 선뜻 들어서지 못하여 부친과의 소외를 나타내고 있다. 카프카는 1912년 가을부터 본격적으로 쓰여지기 시작한 첫 번째 장편 소설 『아메리카』의 첫 장인 「화부Der Heizer」와 바로 그 해 9월과 12월에 완성된 단편 소설 「선고」 및 「변신」을 묶어 〈아들들Söhne〉이라는 제목의 작품집을 출판할 구상을 한 적이 있다.[26] 이 세 작품은 부친과 아들 사이의 갈등이라는 차원에서 존재의 가능성에 대한 실험으로 이해될 수 있다. 「선고」에서 아들은 결혼을 통해 부친으로부터 독립을 시도하지만 실패로 끝난다. 「선고」의 주인공 게오르크 벤데만은 아버지에 의해서 사형선고를 받고 자살을 하는데, 명목상의 이유는 그가 어떤 처녀와 약혼을 했다는 것뿐이다.

특히 조켈은 카프카 문학의 주제를 부자간의 갈등에 뿌리박고 있는 카프카 특유의 비극으로 보며, 반항과 처벌 사이에서의 투쟁은 작가 카프카의 잠재된 부친 콤플렉스를 묘사하고 있다고 파악하고 있다. 조켈은 그의 카프카에 관한 저술의 「만년작의 비극적 반어Tragische Ironien des Spätwerks」라는 논제 아래, 『성』의 관료

---

26 F. Kafka, *Briefe 1902~1924*, hg. v. Max Brod, Frankfurt/M., 1958, S. 116.

주의는 그 이전의 작품군(群)인 「선고」, 「변신」 및 「유형지에서」의 부친상Vater-Imago 및 주권 사상과 전형적 성격 내지 기본적인 특징을 같이 한다고 말하고 있다.[27] 「선고」와 「변신」에 나타난 부친의 모습은 그대로 비유로 발전하여 『소송』 속의 재판소, 그리고 『성』 속의 성 또는 실권자 클람의 모습으로 발전한다. 『소송』에서는 익명의 법정이 죄를 제시하고 유죄를 결정하고 판결을 내리는 과정에서 가부장적 권력을 행사한다. 『성』에서 클람은 조용하고 영리하며 신뢰할 수 있는 반면 의중을 알 수 없는 인물로 묘사된다. 여성들의 영웅인 클람은 수많은 여인들과 성관계를 맺고 상대방에 대한 관심이 없어지면 가차없이 관계를 끊어 버린다. 여인들은 어쩔 수 없이 그에게 끌리는 감정을 느낀다.

조켈에 따르면 『성』 소설의 핵심은 성과의 투쟁에서 주체의 주관적 요구, 즉 주체의 오만과 고집이다. 특권을 기반으로 세우고자 하는 주인공의 언제나 위협받는 존재론적인 계획에 조켈 특유의 정신분석학적인 통찰이 가미되어 『성』은 가부장적 가족에서의 부친의 권위를 의미한다. 젊은 K는 나이 많고 권력 있는 클람으로부터 애인을 빼앗고, 클람과의 투쟁에서 사랑의 줄다리기로 유리한 입장에 서고자 한다.

뮐러Michael Müller는 K가 투쟁을 통해서 스스로 대단한 인물이거나 아니면 적어도 보통 사람들보다는 좀 더 위대한 인물이 되기 위해서 클람을 적으로 선택했다고 주장한다.[28] 그러니까 K의 투쟁은 자신을 예외적인 존재, 즉 주변 인물보다는 한층 더 높은 상태에 올려놓기 위한 노력의 일환인 셈이다. 이러한 뮐러의 견해는 K의 유년 시절에 대한 묘사에 의해서 한층 더 설득력을 갖는다. 바르나바스와 함께 그의 집으로 가는 길에서 K는 갑자기 유년 시절의 기억들을 떠올린다. 어린 시절 놀이터였던 고향의 묘지에는 높은 담이 둘러쳐져 있었다. 자신들의 키보다 훨씬 높은 담장 위에 올라가는 시합을 벌였던 K의 친구들 중 겨우 몇 명만이 이 담 위에 올랐을 뿐 K는 아직 성공하지 못한 터였다. 미끄럽고 높은 담을 정복하고 싶

27 Walter H. Sokel, *Franz Kafka, Tragik und Ironie zur Struktur seiner Kunst*, München, 1964, S. 393, 395.

28 Michael Müller, Das Schloß, in: Heinz Ludwig Arnold(Hg.), *Text und Kritik*, Franz, Kafka, München 1994, S. 237.

은 욕망은 그 당시 어린 K에게 묘지에 대한 호기심 이상이었다. 그런데 어느 날 K는 입에 작은 깃대를 물고 그 높은 담을 단숨에 뛰어 올라간다. 이젠 〈지금 여기서 그보다 더 큰 사람은 아무도 없다.〉(S 32) 유년 시절 K에게 오랫동안 믿음을 주었던 이러한 성취감은 훗날 그의 또 다른 형태의 명예욕으로 이어진다.[29]

또 클람은 가부장적 권위의 상징으로서 사회학적 분석의 대상이 된다. 따라서 『성』에서는 접근 불능이며 예측할 수 없는 성의 행정 관청에 대한 K의 관계는 부친과 아들의 관계와 상응한다.

조켈은 「변신」도 전기적 입장의 부자간의 모티프로 밝히려 하였다. 그는 카프카가 출판업자 볼프에게 보낸 서신을 인용하면서 부자간의 갈등에서 이 작품의 모티프를 찾아야 한다고 주장하였다.[30] 「변신」에서 가계를 책임지는 방식으로 자신의 존재를 인정받으려는 노력 역시 좌절되고 만다. 그레고르는 가정과 사회에 자신의 노동력을 전부 제공한 결과 본래의 자신을 잃어버리는 자기 소외를 겪는다. 그레고르는 부친의 빚을 갚고 가족을 부양해야 한다는 의무감에서 외판원으로 일했다. 이렇게 그레고르가 부친의 빚을 갚는 내용에서 〈부친들의 죄를 아들들이 갚는다는 서구의 유대교나 기독교 문화〉가 연상된다. 그레고르는 문자 그대로 부친의 〈빚 Schuld〉(E 80)을 갚아야 하는 대리 채무자의 역할을 떠맡는다. 결과적으로 「변신」에서 부자간의 투쟁은 아들이 대리 채무자의 역할을 할 수 없는 〈기식자〉인 갑충으로 전락하는 순간 가시화된다.

그레고르의 부친은 겉으로는 무기력·무능의 권화(權化)처럼 보이지만, 사실은 한 가정의 절대적 지배자로 군림하는 카리스마적인 인물로 상징되고 있다. 작품 「변신」에서 아들의 변신에 대한 가족들의 반응 또한 의아함이나 망설임보다는 놀라움과 역겨움으로, 이 변화된 상황에 어떻게 대처하느냐에만 초점을 맞춘다. 모친과 여동생은 변화된 그레고르를 여전히 아들과 오빠로 여기면서 다시 원상 복귀를 고대하기도 했지만, 부친은 처음부터 냉엄하다. 그레고르가 변신한 다음 처음으로 방문이 열리는 장면에서 〈처음에 부친은 그레고르를 방 안으로 몰아넣으려는 듯이 자못 증오에 가득 찬 표정으로 주먹을 불끈 쥐고 위협적인 태도

---

29 조정래, 「기다림의 미학」, 『독일언어문학』, 제34집, 2006, 59면 이하.
30 Walter H. Sokel, *Franz Kafka, Tragik und Ironie*, Frankfurt/M., 1976, S. 83.

를 취한다.〉(E 68)

또 「변신」의 제2장 끝 장면에서 〈부친은 커다란 제복 자락을 뒤로 젖히고 두 손을 바지주머니 속에 처 넣은 채 분노에 가득 찬 표정으로 그레고르에게 덤벼들었다. 부친은 일부러 다리를 번갈아 높이 쳐들고 쫓아 왔는데, 그레고르는 부친의 장화 밑창의 크기를 보고 기겁을 했다. 〔……〕 이윽고 부친이 사과를 탄환처럼 그레고르에게 던지려고 결심한 듯이 보이는 이 마당에 그레고르는 도망칠 겨를도 없었다. 〔……〕 마침내 부친이 두 번째로 던진 사과가 그의 등의 연한 살에 사정없이 박히고 말았다.〉(E 89 f.) 가족들의 형언할 수 없는 혐기(嫌忌)와 증오, 학대와 박해 끝에 그레고르는 부친이 던진 사과에 얻어맞아 비참하게 죽고 만다.

「선고」에서 카프카는 자신의 작가적 존재를 구원하는 부친 형상에 대한 소망을 나타내고 있다. 「선고」에서 약혼을 해놓고 곧 결혼식을 올릴 예정인 게오르크 벤데만은 러시아의 친구에게 이 사실을 알리는 서신을 쓴다. 그리고 옆방의 부친을 찾아가 그의 친구와 이 서신에 대해 이야기를 한다. 그러나 게오르크 벤데만은 부친과 그의 친구가 그동안 자기보다 더 자주 서신을 주고받고 있었다는 사실을 알게 된다. 이 괴상한 부친은 아들에게 사형 선고를 내리고 게오르크 벤데만은 아무 이의나 반항도 없이 다리 난간에서 강물 속으로 뛰어내려 자살한다.

이 작품에서 독자들에게 직접 모습을 드러내지 않으나 작품 흐름에 지대한 영향을 미치는 두 명의 여성이 등장하는데, 이들은 주인공 게오르크 벤데만의 죽은 어머니와 그의 약혼녀 프리다 브란덴펠트이다. 이 두 명의 여성 인물은 주인공 게오르크 벤데만의 부친과 게오르크 벤데만의 세속적인 부침(浮沈)에 결정적인 역할을 한다. 게오르크 벤데만의 부친은 그의 부인이 죽은 이후, 가게에서도 가정에서도 아들 게오르크 벤데만에게 자신의 자리를 고스란히 빼앗기고 뒷전에 머무르게 되며, 게오르크 벤데만은 프리다 브란덴펠트와의 약혼 이후 가게의 판매고를 세 배로 확장시키는 등 사업에서 큰 성공을 거둔다. 결국 게오르크 벤데만의 이러한 세속적인 성공은 부친으로부터의 사형 선고를 받게 되는 결정적인 계기가 된다. 형벌을 내리는 부친은 동시에 고소인이기도 하다.

이렇게 부친은 형벌을 내리는 자다. 법원 관리들처럼 죄가 그의 마음을 끄는 것이다. 많은 부문이 관리들의 세계와 부친들의 세계가 카프카에게는 동일한 세계라는 점을 암시해 주고 있다. 결국 「선고」 속의 부친은 인간의 생활 위에 군림하여 인간을 속박하고 인간을 소외시키고 다스리는 거대한 존재이다. 부친이 아들에게 문책하는 죄는 부친 콤플렉스처럼 일종의 원죄처럼 보인다. 카프카는 「선고」를 쓴 직후 1912년 9월 23일자 일기에서 자신이 마치 강물 속에 빠져 앞으로 밀려 가듯이 「선고」의 이야기가 그렇게 자기 앞에서 전개되어 나갔다는 사실을 토로한다. 또한 이 이야기가 〈몸과 정신이 완전히 열려진 상태〉에서만 성립될 수 있었다고 고백하고 있다.(T 214)

이러한 부자간의 죄의 콤플렉스는 아브라함의 희생이 되는 그의 아들 이삭의 모습에서 전형을 찾을 수 있다. 카프카는 일기문 속에서 키르케고르의 작품을 읽고 마치 친구 같은 공명을 느꼈다고 말하고 있다.(T 232 f.) 그가 공명을 느낀 것은 신으로부터 사랑하는 아들을 죽이라는 명령을 받은 아브라함에 관해서 이른바 〈신의 의지 앞에서는 윤리의 목적론적 중지가 필요하다〉고 주장하는 키르케고르의 〈공포와 전율〉에 대해서이다. 부연하면 단편 「선고」의 주인공 게오르크 벤데만의 운명은 아브라함의 그것이고, 그가 항명하지 않고 기꺼이 한 투신 자살은 바로 〈운명의 목적론적 중지〉라고 말할 수 있다. 따라서 카프카가 도달한 종착점은 바로 윤리적 불가지론처럼 보인다.[31] 이해하지 않고 무조건 복종한다는 불가지론은 정치적으로 나치의 독제주의에 대한 굴복을 뜻하거나 가정적으로 부친에 대한 굴복으로 해석될 수도 있다.

「변신」에서 그레고르의 변신, 「선고」에서 게오르크 벤데만의 사형 선고를 각각 그들의 부친에 의한 가정으로부터의 추방이라고 생각할 때, 이들의 운명은 『아메리카』에서 부친에 의해서 유럽에서 추방된 칼 로스만의 그것과 동일하다. 『아메리카』에서 아들은 부친의 권위가 미치지 않는 듯이 보이는 새로운 〈꿈의 공간인 아메리카〉에서 삶의 근거를 확보하려고 시도한다. 부친의 권위로 대표되는 유럽의 구질서에서 벗어나려는 주인공은 결국 자본주의적 기술 문명이 꽃피기 시작하는 신대륙 아메리카에서 개인의 성공이 보장되는 삶을 모색하는 것이다. 그러한 실험은 부친이 아들이 하녀를 유혹하여 임신시켰다는 이유로 그를 아메리카로 추방하는

---

31 김정진, 『카프카 연구』, 탐구당, 1986, 123면.

형식으로 이루어진다.

이런 배경에서 카프카 작품들의 모든 경우에 있어서 부친들은 언제나 승리자로 나타나며, 아들들은 독신자로서 부친의 구실을 해보지 못한 채 사라지고 만다. 특히 이들에게는 결혼의 길이 완전히 막혀 버리는데 결혼이란 카프카의 경우에서는 부친들의 독무대이기 때문이다.[32]

이렇게 부친이 아들에게 대해서 마치 전제 군주처럼 군림하는 절대적 권위의 이율 배반적 성격, 그 위협과 공포가 심리적 상태인 이른바 부친 콤플렉스를 자아내고 있다. 그것은 말하자면 카프카가 고민하는 정신의 관상학이라고 할 수 있다.

이 모든 요소들은 카프카의 무의식을 자아내고 있다. 이러한 무의식은 「변신」의 주인공 그레고르의 죽음에 이르는 과정에 상세하게 나타난다. 정신분석학적으로 볼 때, 「변신」에는 「선고」처럼 오이디푸스 콤플렉스(부친 콤플렉스)의 특징이 짙게 나타나 있다. 부모 중에서도 모친은 항상 자모(慈母)의 모습으로 그려져 있는 데 반해서, 부친은 철두철미 그레고르 가정의 전제적인 폭군 같은 엄한 부친상으로 묘사되어 있다.

2. 『부친에게 드리는 서신』에서 부친상

1) 서신의 문학적 성격

서신 문학은 편지 형태의 문학이다.[33] 빌페르트Gero von Wilpert가 서간Epistel을 편지시Briefgedicht와 동일시하는 반면, 모취M. Motsch는 서간 문학을 〈문학적 산문 서신der literarische Prosabrief〉과 〈시적 서간die poetische Epistel〉, 그리고 〈편지시〉의 세 장르로 구분하고 있다.

문학적 산문 서신으로 여러 종류의 편지를 들 수 있는데, 이는 원래부터 어떤 특정한 수신인보다 일반인을 상대로 한 문학적 편지를 말한다.[34] 예를 들어 사도 서

---

32 이명제, 「카프카에 있어서의 〈독신자〉 문제」, 『카프카 연구』, 범우사, 1984, 244면.
33 Gero von Wilpert, *Sachwörterbuch der Literatur*, Stuttgart, 1979, S. 228.

간Apostelbrief과 치체로Marcus T. Cicero의 서신이 이에 해당된다. 시적 서간의 특징은 교육적·도덕적 내용이다. 대부분의 서신은 처음엔 문학으로서 폭넓은 독자층을 상대했지만, 그 후 특정 수신인에게 편지로 배달되었다.[35] 문학적 산문 서신과 시적 서신은 편지 성격이긴 하지만 편지시와는 경우가 다르다. 의미적으로 볼 때, 편지시는 시 형태의 편지가 아니라 심부름꾼에 의해 전달되는 시로, 어느 특정인을 수신인으로 삼아 보내는 시를 말한다.[36]

모취는 다음과 같이 편지시와 서간을 구분하고 있다. 편지시는 편지가 아니고 어떤 특정인에게 헌납하는 시로서 편지 대용으로 쓰여진다. 그와 반대로 서간은 편지Brief를 말하며, 개념과 본질의 규명이 어렵다. 따라서 서간은 문학 창작의 가장 오래된 형태로 17~18세기에 가장 융성했지만, 학문에서나 문학사적으로 거의 취급되지 않는 실정으로 오늘날 독문학이나 학술 논문에서도 문학적 서신의 연구나 가치 규명이 거의 이루어지지 않고 있다.

18세기에 서신 장르에는 학문적 접촉이 있었다. 로마의 시인 호라츠Horaz에 의하면 서간은 우화Fabel와 함께 교훈 문학의 가장 중요한 형태이다. 시인이 주로 교육자나 윤리학자로 인식되던 시대에 호라츠는 서간을 일반 대중의 교육 수단으로 이용하였다. 이는 호라츠의 〈유용성과 흥미docere et delectare〉 이론의 근거로 다른 문학보다 시적 서간이 이 이론에 적합했기 때문이다. 그 밖에도 서간이 일반적 관심의 척도로 수신인의 등급을 결정할 수 있다고 주장했다.[37] 예를 들어 교훈시Lehrgedicht나 우화 같은 장르는 시인과 독자의 직접적인 접촉이 불가능하지만, 서간은 편지의 성격으로 가능하다. 따라서 서간은 저자가 일반 대중을 상대하지만, 주제는 편지 성격상 개인적 성향이 짙다.[38] 또한 도덕적이고 교육적인 내용뿐 아니라 18세기에는 문예 비평의 수단으로 각광을 받았다.

---

34 Markus Motsch, *Die poetische Epistel, Ein Beitrag zur Geschichte der deutschen Literatur und Literaturkritik des 18. Jahrhunderts*, Bern u. a. 1974, S. 184.(이하 *Die poetische Epistel*로 줄임)

35 *Die poetische Epistel*, S. 185.

36 *Die poetische Epistel*, S. 186.

37 *Die poetische Epistel*, S. 9 f.

38 *Die poetische Epistel*, S. 179 f.

많은 서간은 작가나 문학적 교양인을 저자나 수신자로 하며 이들 사이에서 문학 창작과 비평의 문제들이 자주 논의되었다.[39]

서신 문학의 대표격인 괴테의 소설 『젊은 베르테르의 슬픔Die Leiden des jungen Werther』은 당시 유행했던 루소Jean J. Rousseau, 소피 폰 라 로헤Sophie von La Roche 등이 쓴 편지 소설의 영향을 받기는 했지만, 사실상 그 형식과 문학적 형상화에 있어 완전히 새로운 것이었다. 우선 형식 면에 있어서 당시의 다른 편지 소설들이 주로 서신의 교환, 즉 상호 교환되는 편지와 해설이 추가된 형식으로 구성된 편지 소설이었던 반면, 괴테의 편지 소설 『젊은 베르테르의 슬픔』은 거의 일반적으로 주인공 베르테르 혼자서만 쓴 편지로 구성되어 있다.[40] 따라서 이것은 〈시적 서간〉에 해당된다고 볼 수 있다.

이와 같은 구성은 독자로 하여금 완전히 주인공 베르테르의 시각에서만 바라보게끔 한다. 이것은 작가가 의도한 바로, 주인공의 내면적 세계를 더욱 효과적으로 전달하는 기능을 하게 한다. 이렇게 작품의 스토리가 완전히 주인공의 내면적인 시점으로 서술되어 독자들은 작품과의 거리감을 잃고 주인공의 시각과 일치되어 주인공과 거의 똑같은 내적인 영적 경험을 하도록 강요받는 것이다. 이와 같이 주인공의 관점에서 일방적으로 서술되는 작품의 구성은 당시의 편지체 소설들로부터 혁명적인 전환을 한 셈이 된다.[41] 이와 같은 형식은 괴테가 라이프치히에 있을 당시 게레르트에게서 배웠고, 또 루소의 작품 『신 엘로이즈Nouvelle Héloise』의 영향을 받은 것이다.

카프카의 서신 문학으로는 1917년에 쓰여진 『부친에게 드리는 서신』을 들 수 있다. 〈저의 모든 글은 아버지를 상대로 쓰여졌습니다. 글 속에서 저는 평소에 직접 아버지의 가슴에다 대고 토로할 수 없는 것만을 토로해 댔지요〉(BV 119)라는 내용대로 『부친에게 드리는 서신』은 부친을 상대로 쓴 편지로 카프카의 대표적인 서신 문학이다.

39 Die poetische Epistel, S. 11.
40 곽복록 엮음, 『울림과 되울림』, 서강대학교 출판부, 1992, 192면 이하.
41 곽복록 엮음, 같은 책, 193면.

2) 카프카의 서신에서 부친 콤플렉스

인간 상호간의 건전한 관계가 일반적으로 작품 활동을 고무하고 작품의 예술성을 고양하는 경우가 있는 데 반해, 카프카의 경우는 그렇지 못하다. 인간적인 관계가 파괴된 후에 으레 작품 활동이 있는 것이다. 이에 대한 하나의 예가 부친과의 관계이다.

문학 창작은 〈충동의 제어〉 형태로 나타난다. 따라서 문학 작품도 개인심리학적 표현력의 시각에서 고찰될 수 있다. 정신분석학의 개념을 이용한 폴리처는 카프카 작품 전체를 해석하면서 정신분석 개념을 활용하여 〈부친 영상〉의 형상화, 즉 〈오이디푸스 상황〉을 추적하고, 카프카의 〈피학대음란증Masochismus〉을 분석하여 그의 문학에 대한 무의식의 영향을 주목하였다. 즉 부친 상(像)과 부친 콤플렉스를 논구하고 카프카의 피학대음란증을 분석하면서 독신자 카프카의 정신상의 문제를 강조하였다. 이렇게 카프카의 문학 세계를 고찰하는 데 있어서 부친과의 대극적 대립 관계가 중요한 역할을 하고 있다.

카프카는 원래 평범한 삶, 가족 속에서 안정을 갈망했다. 부친에게 보내는 서신에서 그는 〈결혼해서 가정을 세우고 아이들을 키워 어려운 세상으로부터 지키고 길을 인도하는 것은 세상에서 인간이 이룩할 수 있는 최고의 것〉(BV 153)이라고 말하고 심지어 1911년 11월 24일자 일기에서는 〈아내가 없는 남자는 인간이 아니다〉(T 128)라는 탈무드의 구절까지 인용하여 가정적인 면을 보이고 있다.

이러한 사상의 카프카도 문학에 너무 심취한 결과 세속적인 결혼관 등을 중요시하는 부친의 사업 세계에서 구축(驅逐)되지 않을 수 없었다. 1923년 3월에 클로프슈톡에게 〈글쓰기는 이 세상에서 나에게 가장 두려울 정도로 중요합니다. 광인에게는 그의 광기처럼 혹은 임산부에게 그의 임신이 중요한 것처럼요〉[42]라고 썼다. 이런 배경에서인지 카프카 세계에서 고독하고 자유로운 독신 생활, 특히 결혼 생활에 반대되는 생활 형태가 〈순수 영역Der reine Kreis〉[43]으로 묘사된다. 이러한

42 F. Kafka, *Briefe, 1902~1924*, hg. v. Max Brod, Frankfurt/M., 1958, S. 431.

43 Norbert Oellers, Die Bestrafung der Söhne, Zu Kafkas Erzählungen *Das Urteil*, *Der Heizer* und *Die Verwandlung*, in: W. Besch, H. Moser, H. Steinecke und B. v. Wiese (Hg.), *Zeitschrift für*

〈순수 영역〉이 카프카의 생과 작품 세계에서 결정적인 역할을 하는 이유는 카프카 자신이 〈순수 영역〉의 보존이야말로 창작 생활을 위한 기본 조건이라고 여겼기 때문이다. 카프카는 글쓰기를 자기 자신의 〈완전한 일부*integraler Bestandteil*〉[44]라고 믿었으며, 이러한 사실을 약혼녀인 펠리체 바우어에게 〈나의 생활 방식은 오로지 글쓰기를 중심으로 이루어져 있습니다. 〔……〕 그대는 글쓰는 일만이 내 존재의 유일한 내적(內的) 가능성이라는 사실을 아직도 충분히 파악하지 못하고 있습니다〉(BF 66, 367)라고 언급하고 있다. 한 걸음 더 나아가 그는 글쓰기와 자신을 의심할 여지 없이 동일시하고 있다. 〈나는 문학적 흥미를 가지고 있는 것이 아니라 문학으로 이루어져 있으며, 다른 어떤 것도 아니며 다른 어떤 것일 수도 없다.〉(BF 444) 카프카는 결국 스스로 문학을 위해 생의 모든 쾌락을 포기한, 그렇기 때문에 사냥꾼 그라쿠스처럼 살아 있으면서도 죽어 있는 것이나 다름없는 삶을 영위한 작가였다.

따라서 카프카는 세속적인 출세와 결혼관을 가진 부친과 항상 대립되지 않을 수 없었다. 괴테는 엄격한 부친으로부터 진지하게 인생을 살아가는 방법을 배웠으며, 반대로 감수성이 풍부했던 모친으로부터는 명랑하고 활발한 성격을 물려받았다. 토마스 만은 부친으로부터 시민적인 감각을, 모친으로부터는 예술적인 감각을 이어받았다. 명료한 분별성과 정확성에 기반한 부친의 〈윤리성〉과 낭만적 기질과 음악성에 기반하는 모친의 〈예술성〉이라는 출생의 이중성이 변증법적으로 작용하여 토마스 만에게 창조적인 힘이 될 수 있었다.

이렇게 괴테와 토마스 만 두 작가는 부친 쪽과 모친 쪽으로부터 이어받은 자질의 균형이 잘 잡혀 있다. 그러나 카프카는 부친과 양면적으로 대립하여 이것이 그의 작품과 인생에 크게 영향을 미치고 있다. 카프카는 자기 시대의 부자간의 갈등을 특정한 인물의 심리학적 문제로 받아들이지 않고, 부친 세대에서의 유대인 생활 양식의 변화로 받아들였다. 카프카의 고통은 그의 부친에 의한 교육의 결과일 뿐만 아니라, 그 당시 프라하의 역사적 상황과 구조의 결과이기도 하다. 그 때문에 카프카는 역사적 사회화의 희생물로 볼 수 있다.

deutsche Philologie, Band 97, Sonderheft, Berlin, Bielefeld, München, 1978, S. 77.
44 Norbert Oellers, a.a.O., S. 72.

이러한 부친과의 대립이 카프카의 인생과 작품에서 중요한 요소를 차지하므로 이를 이 장에서는 작품『부친에게 드리는 서신』을 중심으로 규명하고자 한다.

카프카는「변신」의 발생 시기에 약혼녀 펠리체 바우어에게 그의 부친을 〈박해자 *Verfolger*〉(BF 112)로 단정한 바 있다. 이러한 카프카의 자서전적 해석은 1912년에서 1914년까지 펠리체 바우어 양과의 약혼과 파혼에 따른 생의 위기에 결부된 작품과 1917년에 쓰여진『부친에게 드리는 서신』과 1921~1922년에 쓰여진『성』에서 그 근거를 찾는다. 특히 〈저의 모든 글은 아버지를 상대로 쓰여졌습니다. 글 속에서 저는 평소에 직접 아버지의 가슴에다 대고 토로할 수 없는 것만을 토로해 댔지요〉(BV 119)라는 내용대로『부친에게 드리는 서신』은 부친을 상대로 쓴 편지이다. 그의 글은 그의 내면 생활의 투영이고 표현이며 갈등의 해결책이었다.

따라서『부친에게 드리는 서신』은 심리학적 해석의 주된 대상으로 우선적으로 문학 작품이 아니라 무의식적 성향의 표명이나 작가의 개인적 산물로 간주된다. 여기에서 주로 부친 콤플렉스가 분석되고 있다. 카프카는 이 서신을 1919년 11월 슐레지엔의 휴양지 슈튀들Stüdl에서 썼다. 직접적인 동기는 부친에 의해 일언지하에 거부된 율리에 보리체크와의 세 번째 결혼 시도였다.

서신의 일부는 1937년 브로트Max Brod가 펴낸 카프카 전기에 수록되었다. 이 서신은 언젠가 부친이 아들에게 자신을 무서워 하는 이유를 물었던 질문에 대답하려는 시도였다. 그것을 출발점으로 카프카는 부친과 자기 자신과의 관계를 분석했다. 그는 부친 헤르만 카프카에 대한 인물평을 하고 동시에 자신의 초상화를 그려 본다. 이 장문의 편지는 아들이 가부장적 세계 질서의 대변자인 부친에게 제기한 소송인 동시에 부친과의 사랑을 지키려는 갈망의 표현이다. 그 자체만으로도 훌륭한 문학성을 지니고 있으며 그의 작품에서 특징적으로 나타나는 주제와 동기들을 살펴볼 수 있는 귀중한 자료가 된다.

창작의 성숙기에 선 카프카가 장문의 편지 형식으로 자신과 부친 사이의 갈등 및 그 갈등에서 느꼈던 오랜 고통을 털어놓고 있음은 주목할 만하다. 브로트는 〈그 노작(勞作)은 단순한 편지라고는 할 수 없는 소책자로서 〔……〕 그것은 생의 갈등에 대한 가장 특이한 기록이며, 표현은 단순하지만 가장 난해한 글〉[45]이라는 평을 내리고 있다.『부친에게 드리는 서신』은 카프카의 어머니를 통해서 부친에게 넘겨지도록 되어 있었으며 카프카는 이 편지를 통해 고통스럽고 응고(凝固)되고 유착된 부친과의 관계를 규명해 보려는 생각으로, 부친에게 자기 자신을 이해시키고자 하였으나, 편지는 부친에게 전달되지 못했다. 이렇게 수신자에게 전해지지 못한 이 서신집이 카프카의 문학 작품과 연관이 있다는 것은 오래전에 알려진 사실이다.

부친은 카프카의 생애와 작품을 지배하고, 따라서 카프카의 작품에서 부친과 아들의 관계가 중요한 의미를 지닌다. 그러나 『부친에게 드리는 서신』은 〈우리 두 부자를 다소나마 안심시키고 삶과 죽음을 좀 더 쉽게 만들려는〉 허망한 시도에 불과했다. 또 이해심 없이 불신감을 가지고 아들의 문학적 작업을 바라보았던 부친을 〈안심시키려는〉 측면에서 많은 사실들이 위조되었다. 『부친에게 드리는 서신』의 첫 부분에서 카프카는 부친의 말을 인용하여 자신에게 가해진 질책의 핵심을 정리한다. 이 부분에서 카프카는 자신의 부친으로부터 받은 유년 시절의 감회와 자신이 처해 있던 시절을 다음과 같이 회상하고 있다.

세계는 세 부분으로 나누어지게 되었지요. 그 하나는 제가 살고 있는 노예의 세계로 나를 위해서만 제정된, 그러나 왠지 모르게 나로서는 결코 온전히 따를 수가 없는 법칙들이 지배하는 세계였고, 두 번째로는 내 세계와는 무한히 멀리 떨어진 세계로 아버지가 살고 계신 세계였는데 그곳에서 아버지는 통치하는 일에 열중하여 수시로 명령을 내리셨고 그 명령이 지켜지지 않을 때면 크게 역정을 내셨지요. 그리고 마지막으로 세 번째 세계는 나머지 사람들이 사는 세계였는데 그들은 명령과 복종의 일에서 벗어나 자유롭고 행복하게 살았습니다. 저는 줄곧 치욕 속에서만 살았지요. 아버지의 명령에 따랐으나 그건 치욕이었습니다. 왜냐하면 그것은 저한테만 내려진 명령이었으니까요.(BV 127)

그다음에 그는 자신이 부친을 어떻게 생각하는지를 묘사한다. 집안 형편이 넉넉하지 못한 부친 헤르만 카프카는 소년 시절에는 잡화 행상으로부터 시작하여 궁핍

45 Max Brod, *Über Franz Kafka*, Frankfurt/M., 1976, S. 22 f.

을 극복하고 자수 성가하여 마침내 직물 도매상을 경영하게 되었다. 카프카의 부친 쪽 형제 자매들은 모두 거대한 체구를 갖고 있었다. 사실 헤르만도 어깨가 딱 벌어진 당당한 체격이어서, 아들 프란츠는 평생 동안 그 부친에게서 위압감을 느끼고 있었다. 따라서 프란츠 카프카는 부친에게 대해서 콤플렉스를 갖고 있었고, 나중에『부친에게 드리는 서신』에서 그것이 잘 나타나 있다.

어린 시절 부친을 따라서 수영장에 들렀을 때의 느낌을 들어 보자. 〈저는 벌써부터 아버지의 벌거벗은 몸에 압도를 당했습니다. 예컨대 지금도 아버지와 제가 가끔 탈의실에서 함께 옷을 벗던 때를 잊을 수가 없습니다. 저는 삐삐 마르고 허약하고 볼품이 없는 대신에 아버지께서는 강건하고 뚱뚱했습니다. 탈의실에 들어가기만 하면 저는 비참하게 느껴지는 것이었습니다. 그것도 아버지에 대해서만 아니라 이 세상 모두에 대해서 그랬습니다. 아버지야말로 무슨 일에 있어서 저에게는 척도였으니까요. 그리하여 삐삐 마른 볼품 없는 소년이 아버지의 손에 이끌려 뒤뚱거리며 물을 겁내면서 맨발로 도약대에 나서서 아버지의 수영하는 동작을 흉내 내려고 아무리 애를 써도 제대로 되지 않을 때, 저는 무척이나 절망적이었으며, 그리고 그 순간에는 다른 여러 분야에서 저의 온갖 참기 어려웠던 체험들이 함께 연계되었습니다. 물론 아버지께서는 별다른 악의 없이 그런 동작을 해보이셨지만, 저는 수치심만 느껴질 뿐이었습니다. 때문에 아버지께서 가끔씩 먼저 옷을 벗고 밖으로 나간 다음, 저 혼자 탈의실에 남아서 사람들 앞에 나가기가 부끄러워 머뭇거릴 때가 저로서는 가장 마음이 편했습니다. 그러면 급기야는 아버지께서 되돌아와 저를 탈의실 밖으로 내몰았습니다. 저는 아버지께서 저의 당혹스러움을 눈치채지 못하신 것 같아 무척 다행스럽게 여겼으며, 겸하여 아버지의 당당한 체구를 자랑스럽게 생각했습니다. 하여간에 오늘날도 우리 부자 사이에는 그때와 똑같은 이질감이 틀림없이 존재합니다.〉(BV 123 f.)

그다음 단락은 치명적인 양육 방법에 대한 비판에 할애된다. 서신 서술자는 여기에서 비난을 구체화한다. 즉 부친은 자기 정당화가 심하고 다혈질이며 스스로도 지키지 못하는 규칙에 엄격했다. 의문의 여지가 많은 그의 양육 수단은 욕이나 위협이 아니면 자신의 힘겨웠던 젊은 시절에 빗댄 질책이었다.

부친의 독단은 가족 구성원들의 관계에도 영향을 미쳤다. 어머니 율리에 카프카와 누이들은 그의 영향권에서 벗어나지 못했다. 다만 여동생 오틀라만이 그의 요구에 부분적으로나마 반항을 시도했다. 카프카는 부유하고 교양 있는 독일계 유대인의 시민 계급 출신의 모친 율리에를 진실하고 관용적이며 헌신적인 여인으로 묘사했으나 그녀의 지나친 부친에 대한 순종과 의존성에 대해서는 비판했다. 카프카가 보기에 모친은 부친의 〈사랑하는 노예〉이며, 부친은 모친에게 〈사랑하는 독재자〉였다. 그래서 카프카는 『부친에게 드리는 서신』에서 〈아버지에게서 달아나기 위해서는 가족에게서도 달아나야 했고, 심지어 어머니로부터도 달아나야 했습니다. 우리는 어머니에게서 늘 보호를 받을 수 있었지만 그건 어디까지나 아버지와의 관계 속에서만 가능한 일이었죠. 어머니는 아버지를 너무나 사랑하셨고 너무나 충실하게 아버지에게 순종했기 때문에 아이들이 아버지와 싸우며 커가는 동안 지속적이고 독자적인 정신적 힘이 되어 주실 수 없었지요〉(BV 138)라고 서술하고 있다.

상점에서 온종일 남편을 돕다가 저녁이면 카드 놀이 상대가 되어 주었던 어머니는 아버지의 판단과 편견을 무비판적으로 수용했다. 이러한 내용이 작품에서 많이 반영되고 있다. 예를 들어 『아메리카』의 제4장 「렘시즈에의 길Weg nach Ramses」 중에 〈로스만은 양친의 사진을 손에 쥐었다. 그 사진에는 작은 키의 부친이 꼿꼿이 서 있으며, 모친은 조금 구부린 채로 부친 앞의 팔걸이 달린 의자에 앉아 있었다〉(A 87)라는 문장이 있다. 이런 식으로 카프카는 로스만 부친의 지배적 역할과 자식의 도덕적 죄의식을 용서하고 잊어버리려 하는 모친의 복종적인 태도를 독자에게 알리고 있다. 그런데 어머니 역시 아들의 창작 작업에 대해 아무런 이해심을 보여 주지 않았다.

1917년에서 1919년 사이에 카프카와 부친의 관계는 몹시 날카로워졌다. 카프카는 여동생 오틀라가 농장 경영을 하겠다는 계획을 지지하여(이 계획을 부친은 미친 짓으로 여겼다) 여동생이 농업 학교를 찾는 것을 도와주고 입학을 주선해 주었다. 또한 그는 앓고 있던 폐결핵을 부친에게 오랫동안 숨겨 오다가 약혼녀 펠리체 바우어와 결합을 제대로 한 선택이라고 생각하고 있던 부친에게 갑자기 파혼 이유가 병이라고 밝혔다. 이것이 부친과의 대립의 첫 전조였고 2년 후에 나온 『부친에게 드리는 서신』에 가면 그 절정에 달한다. 실제로 카프카는 이 폐결핵을 그의 여러 차례의 약혼의 위기와 연관된 정신적 갈등의 결과로 해석했다. 〈이따금 나의 뇌와 폐가 나도 모르는 사이에 조약을 맺고 있다는 느낌이 드네. [이렇게 계속 내 버려둘 순 없어]라고 뇌가 말하자 5년 뒤 폐가 그를 도와줄 준비가 되어 있다는 의사 표시를 하는 거지〉[46]라고 브로트에게 보낸 편지에 기록되어 있다.

『부친에게 드리는 서신』의 시작 부분과 마찬가지로 끝 부분에서도 시점이 바뀐다. 카프카는 부친의 말을 인용하여 아들에 대해 집중적인 비난을 하도록 만든다. 카프카의 대답은 눈에 띌 정도로 순종적이고 부분적으로는 심지어 동의한다는 투다. 근본적으로 그는 자신에게 죄가 있다는 비난을 완전히 부정할 수도 없고 부정하고 싶어 하지도 않는다. 부친에 의해 교육받은 〈자기 불신〉이 그것을 못하도록 막은 것이다.[47]

3. 「유형지에서」에서 카프카의 희망과 불안

키르케고르는 그의 저서 『불안의 개념Begriff Angst』에서 〈삶에는 불안에 사로잡힌 개인이 한편으로는 죄를 거의 탐욕적으로 응시하면서도 죄를 두려워하는 갖가지 현상들이 있다〉[48]고 기술하고 있다. 그는 이어서 〈존재의 밑바닥으로부터 전해오는 강렬한 전율을 지닌 사람〉은 자기 자신을 고발하는 〈신성한 고발자〉가 되어 자신에게 주어진 천부적 재능을 주시하는 평탄한 길을 택하지 않고 고뇌와 궁핍과 불안을 택하게 된다고 갈파했다.[49] 이러한 불안을 택한 작가가 카프카이다.

카프카의 문학을 대하게 되면, 그의 작품들이 불안 의식과 직접적으로 연관되어 있다는 인상을 받게 된다. 따라서 일생 동안 카프카를 그림자처럼 따라다니며 그의 실제의 삶과 문학에 커다란 의미를 부여한 불안 의식은 그의 작품을 해독하고 체험하는 데 없어서는 안 될 핵심적 요소이다.

46 F. Kafka, *Briefe 1902~1924*, hg. v. Max Brod, Frankfurt/M., 1986, S. 161.
47 Hartmut Müller(권세훈 외 역), 『카프카 문학 사전』, 학문사, 1999, 146면 이하.
48 S. Kierkegaard, Begriff Angst, in: K. Wagenbach, *Kafka*, Reinbek bei Hamburg, 1982, S. 77.
49 S. Kierkegaard, a.a.O., S. 77.

세계에 〈존재〉 자체에서 비롯한 카프카의 엄청난 불안, 그러나 문학을 위해 한 인간의 존재 방식으로 끝까지 감수해야 하는 불안은 그의 모든 논리적이고 추상적인 사고가 늘 그랬듯이 양면성을 지닌다. 그의 불안은 좁은 의미에서는 모순적인 방향 상실, 기반 상실에 대한 체험이고, 넓은 의미에서는 그와 같은 상황의 출현에 대한 방어의 측면을 지닌다. 이러한 불안의 가장 큰 원인은 부친과의 관계에서도 발생한다.

조켈은 카프카의 작품 세계에서 다음과 같이 세 개의 시도 동기(示導動機)Leit-motiv를 발견한다. ① 고백으로서가 아니라 이화(異化)와 비유적인 변경으로서의 내면 생활의 투사(投射), ② 보편적인 의미에서 단순히 사적이고 엄격히 주관적인 것의 변형, ③ 부친상Vater-Imago과의 대결이 그것이다.[50] 이렇게 카프카와 부친의 관계가 작품의 주요한 정서로 작용하고 있다.

어려서 체험한 억압적인 부친의 모습에서 결정적인 영향을 받은 카프카는 자신의 작품에서 종종 현실의 대표자인 부친과 소외된 자아로서의 아들의 갈등과 대립의 관계를 보여 주고 있다. 이러한 부자간의 갈등·대립의 구조가 후기에 이르러 〈집단과 개체, 종(種)과 예외, 대중과 예술가, 인류와 비인간 간의 대립〉 상태로 변화되어 간다.

카프카는 약혼녀 펠리체 바우어에게 부친에 대한 양면적 표리(表裏)를 밝힌 바 있다. 〈나는 아버지를 경탄해마지 않는다고 말한 적이 있지요? 그대는 나의 아버지가 나의 적이고 나는 그의 적이라는 사실을 알고 있습니다. 그렇지만 그의 인격에 대한 나의 경탄은 아마 그에 대한 불안만큼이나 클 것입니다.〉(BF 452) 「변신」의 주인공 그레고르나 「선고」의 주인공 게오르크 벤데만과 마찬가지로 카프카는 부친에 대해 경외심(敬畏心)을 품고 있으면서도 동시에 부친 가까이에 머물러 사랑받기를 동경하여 양면성을 보인다. 그러나 누이는 가깝지 않지만 인접해 있는 반면에 아버지와 어머니는 가깝지만 떨어져 있어 인접하고도 멀었다. 이는 〈멀리 떨어진 물체를 가장 잘 볼 수 있으며 말할 수 있다〉(G 32)고 야노우흐에게 말한 카프카의 입장이 입증되는 것일까. 멀리 떨어진 물체일수록 인식하기 힘들

---

50 Peter U. Beicken, *Franz Kafka, Eine Kritische Einführung in die Forschung*, Frankfurt/M., 1974, S. 121.

고, 물체에 가까이 접근하여 특정 부분을 미세하게 관찰하면 인상이 더욱 확실해진다는 것은 당연한 결과다. 그러나 카프카의 세계에서는 이것이 정반대로 되어 유일한 실제는 파라독스가 된다.[51] 이러한 파라독스가 카프카와 그의 부친 사이에 성립된다.

부친에 대한 작가의 양립 감정, 곧 불안과 동경이 법정(혹은 관리들)이나 성(혹은 관리들)에 대한 요제프 K와 K의 처신 방법으로 투영되어 있다. 요컨대 커다란 강력한 힘인 법정, 성, 부친은 주인공에게 불안의 원천이자 동경의 대상이다. 주인공과 주변 인물과의 관계도 이러한 공식에서 도출될 수 있다. 주변 인물들에 대한 동경과 불안이 서로 교차하면서 주인공의 행위를 규정하는 것이다.[52]

이러한 카프카의 부친상(父親像)이 「유형지에서」에서도 잘 나타나 있다. 1912년 12월에 「변신」을 완성한 뒤로 카프카는 거의 1년 반 이상이나 작품을 쓰지 않다가, 1914년 말에 이르러 대작 『소송』에 착수했으며 「유형지에서」를 완성하였다. 작품 「유형지에서」는 우선적으로 문학 작품으로서가 아니라 무의식적 성향의 표명이나, 작가의 개인적 신화의 산물로 간주된다. 작가가 의식하지 못한 내용은 상징들을 임상적 개념들로 바꾸는 작업으로 명백해진다.

물론 다른 많은 카프카의 작품처럼 「유형지에서」의 해석 가능성도 다양하다. 예를 들어 랑게-키르흐하임은 자신의 논문 「프란츠 카프카의 「유형지에서」와 베버 Alfred Weber의 『관리Der Beamte』」에서 두 텍스트 사이의 유사성을 규명하면서 〈유형지〉를 개인을 조직에 몰락시키는 체계, 즉 점점 강력해지며 또 점점 익명(匿名)화되어 가는 관리 체제로 암시하고 있다.[53] 바렌Austin Warren은 그 나름의 신학적 해석을 내놓고 있다.[54] 그에 의하면 「선고」, 「변신」 등 카프카의 중기 작품들처럼 「유형지에서」는 주로 죄책 의식과 형벌, 즉 죄와 벌의 문제를 다루고 있다.

51 Walter Jens, *Statt einer Literaturgeschichte*, Tübingen, 1962, S. 120.

52 김용익, 『프란츠 카프카 연구』, 삼영사 1984, 94면.

53 Astrid Lange-Kirchheim, Franz Kafka: *In der Strafkolonie* und Alfred Weber: *Der Beamte*, in: Heinz Otto Burger(Hg.), *Germanisch=Romanische Monatsschrift* 58, Heidelberg, 1977, S. 202~221.

54 Douglas Angus, The Existentialist and the Diabolical Machine, in: *Criticism* 6, 1964, pp. 141.

이러한 여러 관점에서 볼 때 작품「유형지에서」에 대해서 명백한 해석을 내리기는 어렵다. 그리스도의 처형으로도, 니체의 도덕 계보로도, 혹은 키르케고르의 철학으로도, 심판의 날로도, 역사상 가장 잔인한 종교적인 의식으로도 해석될 수 있지만 카프카의 의도적인 용어나 작품의 확언을 도출하기는 불가능하다. 카프카가 극단적인 정밀로서 현장감 있게 묘사하는 대상의 이면(裏面)에는 으레 은유와 추상성이 개입되기 때문이다. 더욱이 카프카의 시각적 특성으로 정상적인 것은 그의 예지(叡智)와 표현 기교에 의해 완전히 해체되어 비정상적인 것으로 수용된다. 따라서「유형지에서」에 등장하는 인물의 여러 모습은 카프카 자신의 내면성일 수도 있고 이 내면성에 부단히 충돌하는 외부 세계의 여러 현상일 수도 있으며, 양자의 포괄적 의미를 지닐 수도 있다. 그러나 그것이 사물 세계뿐만 아니라 인간 세계, 특히 카프카의 세계에도 관여한다는 점만은 분명하다. 또한 그것이 정신과 사물, 사고와 실재, 현실과 미래의 양면적 요소를 모두 함축하는 사물이면서 비사물인 동시에 인간이면서 비인간인 점도 확실하다. 결국「유형지에서」에 나타난 많은 다양한 상징을 심도 있게 규명해 보면 서로 의미깊게 연관되어 있다. 그러나 해당 사항을 고립되게 해석하면 카프카나 그의 문학 전체가 그러하듯이 공평하게 평가될 수 없다.

이러한 여러 배경에서 필자는 작품「유형지에서」의 특이한 잔인성과 절망감을 카프카 자신의 독특한 자서전적 사건의 암시로 해석하고자 한다. 정신분석학적 의미에서「유형지에서」를 폭군적 부친에 대한 고발의 표현, 이루지 못한 욕망의 표현으로 해석하는 것이다.「유형지에서」는 사회적 권위와 제도를 둘러싼 부친 세계의 명확한 확장이라는 의미에서「선고」그리고「변신」등의 작품과 동일하게 이해될 수 있다. 이러한 배경에서「유형지에서」에서 카프카와 부친 관계의 자서전적 양상을 심리학적으로 규명하고자 한다.

1) 유형지

일반적으로 유형지는 유죄 판결과 말뚝이 박혀진 제한된 지역으로 연상된다. 엠리히는「유형지에서」의 유형지 안에 두 개의 서로 다른 세계가 존재한다고 보았다.

즉 전임 사령관과 장교, 처형 기계로 연결되는 하나의 세계(엄격한 법의 원칙에 따라 통치되는 남성적인 세계)와 신임 사령관과 그를 둘러싼 부인들, 그리고 항만 건설로 이어지는 또 하나의 세계(인간성이 법에 우선하는 부드럽고 인자스런 여성적인 세계)가 유형지 내에서 서로 대립한다고 보았다.[55]

카프카는 이 개념들을 자신의 부친에 연관시킨다. 유형지는 카프카의 부친 헤르만 카프카에 관련되고 그의 지배를 받는 장소로, 여기에서 그의 아들 카프카가 죄수에서 시작하여 탐험가와 신임 사령관을 지나 석방된 죄수까지 발전 과정을 겪게 된다. 부친은 부자간 갈등의 정도에 따라 입법권이 있는 전임 사령관에서 이미 약해져서 마지막에는 파멸하여 죽게 되는 장교로 암시되고 있다. 『부친에게 드리는 서신』에서 카프카는 〈부친의 나라의 제한Grenzen seines Landes〉(BV 142)을 비교 형태로 언급하고 있다. 그리고 계속해서 자신은 자신에 재난이 되는 〈부친의 영향의 가장 깊고, 엄격하고, 조이는 반지〉(BV 142) 속에서 살았다고 말하고 있다. 이런 배경에서인지 자신에 대한 유형지의 크기에 대해 카프카는 그 서신의 여러 곳에서 강조하고 있다.

가끔 나는 세계 지도가 내 앞에 펼쳐 있고, 그대가 그 위에 비스듬히 몸을 펴고 있는 모습이 연상된다. 이는 당신이 나의 인생을 덮어주지 못하거나 또는 당신에 도달할 수 없는 지역에 해당된다.(BV 158)

2) 전임 사령관과 장교

① 전임 사령관
이 작품에서 전임 사령관은 법, 질서의 구현, 즉 일반적으로 유형지에서 법제도의 구현이다. 처형 장치는 전임 사령관의 고안물이고, 유형지 전체 기관은 그의 작품이다.(E 152) 공포스럽게도 전임 사령관은 재판관Richter, 건축가Konstrukteur, 화학자Chemiker, 도안사Zeichner라고 모든 요소를 지닌 군인으로 탐험가에게 생

---

55 W. Emrich, *Franz Kafka*, Wiesbaden, 1975, S. 220 f.

각된다. 죽은 전임 사령관의 방침에 무조건 따르는 장교는 〈죄는 항상 의심할 여지가 없다. 다른 법정들은 이 원칙을 따를 수 없다. 왜냐하면 그 법정들은 인원이 많고 또 그 위에 상급 법정이 있기 때문이다〉(E 156)라는 원칙에 따라 판결한다. 따라서 이 유형지가 최고 법정인 셈이다. 이 유형지에서는 인원이 많지 않기 때문에 의견들에 따라서, 논거의 찬반에 따라서 결정되지 않는다. 예전에 모든 것을 하나로 통합시킨 전임 사령관도 현재 그의 후임으로 재판관이 된 장교도 독립적으로 결정을 내린다. 그러나 그들의 결정은 이미 오래전에 내린 것이다. 피고는 의심할 여지없이 언제나 유죄다. 따라서 결정이 내려질 필요도 전혀 없다. 그리고 처형 방식 역시 항상 동일하다. 죄수는 자신의 죄와 일치되어야만 한다. 그 자신이 그의 죄다. 죄와 존재는 동일하다.[56] 이 재판 방식은 정확하게 장편 소설『소송』의 재판 절차와 유사하다. 『소송』에서도 죄는 처음부터 확정되어 있고, 판결은 내려지지 않는다.

그러나 신임 사령관은 이와 같은 재판 방식에 관심이 없고 오직 항구 건설에만 매달린다. 그는 옛날 재판 방식을 폐지하여 규정대로 심문 받고, 변호를 받고, 논거가 제시되는 인간적인 재판 방식으로 대체하려고 한다.

앞에서 언급되었듯이, 전임 사령관과 카프카의 부친 헤르만 카프카 사이에 명백한 유사점이 보인다. 전임 사령관처럼 부친은 〈정신적 최고 통치권geistige Ober-herrschaft〉(BV 124)을 가지며, 프란츠 카프카에게 〈모든 것의 척도Maß aller Dinge〉(BV 123)가 된다. 부친의 의견은 옳고(BV 124), 카프카는 그를 〈재판관 Richter〉(BV 141)으로 명백하게 묘사하고 있다.

카프카는『소송』등의 작품을 통해 재판관에서 소속된 법원의 조직과 당시 군주제 하에서의 경직된 관료 제도에 대한 비판을 강하게 드러낸다. 따라서 이러한 재판관과 유사한 부친도 같은 비판을 받는다. 〈부친은 우리들(여기서는 어린이)처럼 약하고 현혹되어 편파적〉(BV 141)이라는 카프카적 관점은 부친은 외면적으로만 강하지, 전인간적으로 강하지 못하다는 법치성을 암시한다. 전임 사령관의 고안이나 계획처럼 부친의 법은 〈자기 해방과 독립〉(BV 157)에 대한 사상적 제한으로 나타난다.

---

56 빌헬름 엠리히(편영수 역),『카프카를 읽다』, 유로, 2005, 343면.

② 장교

장교를 등장인물로 하는 카프카의 작품은 「유형지에서」 외에도 「거부Die Ab-weisung」라는 짧은 이야기가 있다. 그러나 「거부」에 등장하는 징세관Steuerein-nehmer인 대령은 하나의 체제를 상징하는 인물로 별다른 개성을 보이지 않는다. 「유형지에서」는 유형지의 재판관인 장교와 이곳을 찾아온 탐험가 사이의 대화로 엮어지는데, 그것도 대부분 장교의 설명으로 진행된다.

장교는 전임 사령관의 유지를 이어 받아서 폐기될 위험에 있는 기계를 유지하는 인물이다. 그는 탐험가에게 설명을 하면서도 결코 기계의 곁을 떠나지 않고 부단히 나사를 돌리고 기계를 오르락하며 탐험가의 이해를 돕기 위하여 구체적인 행동을 한다.

원래 장교는 전쟁터 등 군사 시설에 소속되어야 하는데 유형지라는 특수 사회에서 법과 질서를 다스리는 재판관이라는 사실이 역설적이다. 대단한 열정과 관심을 가지고 사형 집행에 참여하고, 비인간적 고문을 행하는 데 조금도 양심의 가책을 느끼지 않음은 물론 오히려 일종의 사명감까지 느끼는 장교의 성격은 일종의 새디스트Sadist 같기도 하다.

그러나 나겔은 장교가 새디스트가 아니라고 주장하는데 그는 사람을 괴롭히는 데 쾌감을 느끼는 것이 아니라, 기계의 작동과 기능에만 오직 흥미를 느끼기 때문이다.[57] 따라서 장교는 인간성을 상실하고 기계화가 된 인물이다. 장교에게는 사랑 따위의 감정도 없다. 장교는 죄수에게 고문의 형벌을 가할 때 죄수의 몸에서 흐르는 피를 보고도 동정이나 연민을 조금도 느끼지 않았고, 무시무시한 고문 절차인 전율이 끼치는 사형 과정에 대하여 죄의식도 느끼지 않고 오히려 당연한 것으로 여기며 짜임새 있게 조직적으로 잘 만들어진 기계만을 칭찬한다. 장교의 감정은 무감각하고 외부에서 일어난 어떠한 변화도 느끼지 못하고 오로지 주어진 상황에 따라 움직이는 기계와 같다. 따라서 유형지에서 재판을 맡고 있는 장교는 비인간적인 괴물이며 정교하고 철저하게 만들어진 로봇과 같다. 결론적으로 장교는 직업적 인간의 유형이다. 직업적 인간은 사회적 메커니즘이 명령하고 지시하는 기능적 역할을 충실

---

57 Bert Nagel, *Franz Kafka*, Berlin, 1974, S. 248.

히 이행할 뿐이고 정의나 양심 같은 것을 전혀 중요하게 보지 않는다.

또 장교의 외모에 관해서 그가 피로해 보인다는 것 외에는 알려진 바가 없다. 그의 얼굴 생김새는 말할 것도 없고 키가 큰지 작은지도 알 수 없다. 이에 비하여 장교의 복장에 관해서는 비교적 상세히 설명되어 있다. 장교는 견장과 참모 휘장이 달린 정복을 입고 있으며, 그 옷은 퍼레이드에 적합할 정도로 몸에 꽉 끼는 듯하며 허리에는 가죽띠에 단도를 차고 있다. 뿐만 아니라 옷깃에는 두 개의 예쁜 부인용 손수건까지 매달고 있다. 이렇게 입고 있는 정복은 유형지의 열대 기후에 맞지 않는 너무 두꺼운 옷이라는 탐험가의 지적대로 장교는 통념상의 소설에서 보는 인물과는 너무나 거리가 먼, 그로테스크할 정도의 괴팍한 인물이다.

이처럼 장교의 외모에 관해서는 별반 설명이 없지만 복장에 관해서는 비교적 구체적으로 설명되어 있다. 이것은 카프카가 장교를 개성 있는 인간으로 나타내려 하지 않고 인간성이 제복으로 가려진 인간의 유형, 즉 동화된 인간으로 나타내는 것이다. 카프카에게 옷은 언제나 전체적인 세계 질서의 내부 혹은 개별 인간의 정신적 그리고 생명의 발전의 내부에 있는 특정한 실존 단계의 상징이다.

따라서 「변신」의 제2장 끝 장면에서 〈부친은 커다란 제복 자락을 뒤로 젖히고 두 손을 바지 주머니 속에 처넣은 채 분노에 가득 찬 표정으로 그레고르에게 덤벼들었다〉(E 89)고 묘사되어 있다. 또 그레고르의 부친은 한 은행의 말단 수위직을 얻고난 후 가장(家長)으로서의 태도보다는 오히려 수위 직책이 그에게 더 결정적인 역할을 한다. 따라서 부친은 잠을 자면서까지 권위의 상징인 직장 제복을 벗으려 하지 않으며 상관이 부를 때는 언제나 뛰어나갈 수 있도록 만반의 준비 태세를 갖추고 있다.

『성』에서도 성의 관리들이 공적인 관계로 나타날 때는, 즉 제복을 입고 있을 때는 외경심과 복종을 강요하는 무제한의 권리를 지니지만, 그들이 공적 상징인 제복을 벗었을 때는 쉽사리 접근되어 권위를 상실하게 된다. 성의 관리들이 제복을 벗은 사적 영역에 서게 되면 얼마나 무방비 상태에 처하게 되는지는 뷔르겔 에피소드에서 실감할 수 있다. K가 한밤중에 실수로 뷔르겔의 방에 들어서자 제복을 입지 않은 잠옷 바람의 뷔르겔은 성의 관리로서의 막강한 권위를 상실한다. 성의 관리로서의 역할을 할 수 없는 상황에서 뷔르겔은 K의 요구에 자신의 의지를 대치시킬 힘을 상실하고 침입자인 K의 요구에 순순히 응한다. 성이 하층 계층과의 일정한 거리를 상실함으로써 완전히 세속적으로 되어 권위를 지탱해 주던 지고하고 피안적인 유효한 척도를 상실한 것이다. 또 K는 바르나바스가 자신을 성의 높은 사람들과 접촉할 수 있게 해주리라 믿지만 곧 생각을 바꾸게 된다. 빛나는 비단 옷을 벗은, 가까이서 본 바르나바스는 〈공적인 제복〉도 직책도 없는 천한 하인에 불과한 모습이기 때문이다. K는 공적인 제복도 못입을 정도로 자기 만큼이나 무기력하며 더 유치한 이 약은 인간, 기만적이고 어리석은 존재를 지나치게 신뢰한 까닭에 큰 상실을 겪게 된다.

「유형지에서」에서 장교는 『소송』의 주인공 요제프 K와 달리 스스로 죄의식이 없으므로 죄책감도 없다. 그는 사멸된 거나 다름없는 형벌 제도를 맹목적으로 순종할 따름이다. 그는 자신의 이상에 대해 부정적인 견해를 갖는 탐험가의 힘을 빌어 재래의 제도를 유지하려는 과오를 범한다. 이 결과 그는 정의를 증명해 보이려다 무의미하게 무참한 죽음을 당한다. 새로운 법이 그에게 유죄 판결을 내린 셈이다. 그는 자신의 전임 사령관이 고안하고 자신이 고수해 온 처형 기계에서 스스로 죽어 간다. 즉 처형 기계에 매혹되어 있는 장교는 죄수를 처형하려다 말고 자기 스스로가 그 기계의 가공 대상 내지 재료가 되는 자리로 들어가 죽음을 맞는 것이다. 장교가 전임 사령관의 설계도에 의해 제작된 낡은 처형 기계에 들어가 죄수 대신 죽는 것은 꿈속의 현실과 생활 현실의 착각에서 우발적으로 발생하는 사건의 비상한 묘출로 카프카의 〈마적 사실주의Magischer Realismus〉를 보여 준다.

이렇게 카프카 작품에는 현실을 착각하는 〈마적 사실주의〉가 자주 묘사되는데 「굴」이 대표적이다. 이 작품에서는 외부에서 쉬지 않고 자신과 외부 세계를 관찰하는 주인공 동물에게 전혀 알지 못했던 새로운 힘이 갑자기 영향을 미쳐 역설적 결과를 초래한다. 〈이곳(굴)은 새로운 힘을 주는 새로운 세계이니, 위에서는 피로감이 여기서는 그렇게 여겨지지 않는다.〉(B 147 f.) 그러나 이러한 상황은 자아의 착각으로 완전히 전도(顚倒)된다. 굴 위에 있을 때, 즉 굴의 바깥에 있을 때의 자아와 굴 안에서의 자아가 대립되게 된다. 자신의 자아와 자신 이외의 자아를 대립되는 것으로 대상화하는 것이다.

따라서 자아가 외부에서 자기를 목표로 침입하는 적으로 생각하는 치명적인 착각에 빠지게 된다. 〈쉿소리Zischen〉(B 149)로 깊은 잠에서 깨어나는 것이다. 이 소리는 동물이 어디 있든지 상관없이 동일하다. 음량과 음조의 변화가 전혀 없다. 그러나 이 쉿소리는 이 동물 자신의 호흡에 지나지 않는다. 이것은 그 자신에게서 울려 나온 타 동물에 대한 위협적인 소리이다. 그러나 이 동물은 자신의 소리를 듣지 못한다. 그는 위협적인 모든 것, 적대적인 모든 것, 모든 죄는 오직 외부 세계에만 있다고 생각한다. 이 동물은 쉿소리를 이해하지 못하고 이 소리에 쫓겨서 마지못해 자신의 굴을 파괴하기 시작한다. 따라서 모든 것이 전도되기 시작한다. 외부의 섬멸전이 굴 안으로 옮겨온다. 이 동물은 자신을 파괴한다. 굴 안의 상황이 완전히 바뀌어서 지금까지 위험한 장소가 평화의 장소가 되고, 반면에 성곽 광장은 세계의 소음과 세계의 위험들의 소음에 휩쓸린다. 왜냐하면 이 동물은 쉿소리에서 오직 외부 세계의 위협적인 소음만을 듣게 된다고 착각하기 때문이다. 「굴」의 동물처럼 「유형지에서」의 장교는 꿈같은 현실과 현실적인 삶을 착각하여 우발적인 죽음을 당하여 카프카의 〈마적 사실주의〉를 보여 준다.

처형 기계의 발명자인 전임 사령관과 점점 설득력을 잃어 가는 그 기계에 대한 모종의 안타까운 향수마저 어린 감응과 무관하지 않지만, 어쨌든 장교는 처형당하는 위치에서도 이전에 다른 사람들을 처형했던 기계 작동자일 때 못지않게, 아니 어쩌면 그보다 더 그 기계에 매혹되어 있다. 여기서 장교가 기계의 일부로 작동하여 죄수를 처형하는가(억압하려는 욕망), 아니면 그 기계의 재료가 되어 처형되는가(억압당하려는 욕망) 간에 존재하는 차이는 이 매혹된 욕망, 처형 기계로 요약되는 욕망의 배치에 비하면 지극히 사소하다. 이 처형 기계 장치는 기존 질서를 상징하며, 장교의 자살 행위는 이에 대한 반항을 뜻한다고 볼 수도 있다. 결론적으로 「유형지에서」의 장교는 종전에는 절대 변경시킬 수 없다고 인정된 권력에서 발생한 허약성의 전형적 인물이다.

이는 부친의 변화, 즉 그의 위세의 쇠퇴에 대한 카프카의 소망으로 볼 수 있다. 장교는 절망적으로 전임 사령관의 제도에 매달리면서 신임 사령관에 저항하여 탐험가를 자신의 편으로 끌어들이려 노력하는데, 이는 그가 헤르만 카프카처럼 신체제에서 자신에 대한 반란을 염두에 두어 유형지의 구체제를 믿기 때문이다.(E 163 ff.) 카프카에 의하면 그의 부친은 자신에 관해 자녀들이 불안스럽게 이야기를 하면 이를 자신에 대한 반항으로 보았다.(BV 141) 새로운 처형 기구에 대한 대체물도 없고 또 신임 사령관도 그 기계를 곧바로 대치하려 할 의도도 없어서 찬양받던 고통의 기구를 잃게 되는 장교의 상은 카프카의 희망의 의인화로 볼 수 있다. 이는 자기를 짓누르는 부친의 위세와 외면적인 우월성에서 구원의 희망인 것이다.

그렇다고 해서 장교가 마지막에 절망감에 빠져 자신이 찬양한 기계에서 자발적으로 죽는 사실이 부친이 곧바로 그리고 잔인하고 고통스럽게 죽어야 한다는 카프카의 소원을 나타내는 것은 아니다. 오히려 마지막에 기계에게 행한 〈정당하여라 *Sei gerecht!*〉(E 171)는 명령은 부친에게 다른 사람이나 자신에게 정의롭게 행하라는 극단적이고 강렬한 호소로 생각된다. 이는 카프카 자신이나 동료에게 기품 있게 행동하라는 호소로 자신이 필수적이라고 느껴지는 판단력에 대한 현실적인 회의(懷疑)에서 나온 것이다.

3) 전임 사령관과 장교에 나타난 카프카의 불안

부친에 대한 불안이 앞으로 기대되는 발전에 연관된다는 사실이 장교와 전임 사령관에 해당되는 다양한 양상에서 나타난다. 장교는 자발적으로 희생되었지만 그의 얼굴에서 〈다짐했던 구원〉(E 176)의 흔적을 찾을 수 없다. 그의 얼굴은 살아 있을 때와 마찬가지였다. 입술은 꼭 다물어져 있었고 눈은 떠 있었으며 살아 있는 기색이었다. 다짐했던 구원을 받지 못하는 사실은 이 희생이 살아 있는 동료들에게 긍정적 의미를 주지 못하는 암시를 한다.

이 작품의 결말까지 철저하게 옛 법질서가 부활할지 모른다는 막연한 희망이 남아 있다. 전임 사령관의 부활을 열망하는 전임 사령관의 추종자들은 찢어진 속옷에 상의를 걸치지 않은 부두 노동자들로서 가난하고 굴종적인 천민으로 묘사된다. 아직도 전임 사령관을 따르는 시대에 뒤떨어지고 분별없는 동조자가 있다는 사실은 부친이 과거에 가졌던 전능함과 정의감의 확신을 극복하지 못한 것에 대한 카프카의 불안을 나타낸다. 전임 사령관이 일정 햇수의 기간이 지나면 부활하여 자신의 동조자들을 지휘하여 유형지를 재정복한다는 예언(E 177)은 종교 해석에 연관된 카프카의 강력한 공포로 볼 수 있다.

카프카가 투쟁 끝에 얻은 자유와 서서히 피어나는 삶의 의욕을 자기 부친이 위세로 다시 뺏지 않을까, 그리고 독단과 자만으로 카프카 자신의 무능(BV 153)을 끝없이 납득시키지 않을까 두려웠던 것이다. 이는『부친에게 드리는 서신』에서 언급된 것처럼 카프카에게는 〈서로간의 강한 신뢰감〉(BV 153)이 부족하였고, 또 그는 자의적 행동, 예측 불능한 일, 특히 부친의 불가침적인 위세에 대한 두려움을 가지고 있었다. 이러한 부친의 불가침적인 위세에 대해 카프카는 〈그대(부친)에게 무죄인 것이 나에게는 죄가 되고, 반대로 그대에게 아무것도 아닌 것이 나에게는 관 뚜껑이 될 수 있다〉(BV 153)고 강한 어조로 묘사하고 있다.

4. 「유형지에서」에서 아들로서 희망과 불안

죄수, 탐험가와 신임 사령관은 카프카의 긍정적 발전을 암시한다. 이들은 많은 불안이 연관된 부친으로부터 벗어남을 암시하는 것이다.

1) 죄수

죄수는 오늘날에 살고 있는 우리들 인간을 상징한다고 볼 수 있다. 이들을 억압하고 처형하는 것은 전임 사령관으로 대표되는 과거의 질서와 신임 사령관으로 대표되는 현대의 질서이다. 과거의 봉건적 질서는 강압적이고 무자비했으며, 현대 산업 사회의 질서도 사악하기 이를 데 없다. 카프카는 신구 질서를 둘 다 야만적이라고 보고 있다. 원래 인간은 한 번 태어나면 반드시 죽기 마련이니까 사형수와 다를 바 없다. 인간 사회 자체는 태어난 그대로의 자연인에게 이유 여하를 막론하고 복종과 인고를 강요하는 고문 장치이다. 종교와 도덕, 철학과 예술도 사형수의 얼굴에 죽음의 변용의 광휘를 주기 위한 써레에 지나지 않는다. 따라서 이 단편에 나오는 장교의 죽음은 성스러운 종교의 죽음을 뜻한다고도 볼 수 있다.[58]

---

58 김정진, 『카프카 연구』, 탐구당 1986, 130면 이하.

다시 말해서 죄수는 현대 산업 사회에서 정체불명의 무자비한 명령자의 지시에 따를 수밖에 없는 소시민의 모습을 상징하고 있다. 그는 신을 상실하여 죄책감도 느끼지 못한다. 『소송』에서는 피고의 범죄가 알려져 있지 않은 데 반해서, 이 단편에서는 죄수의 범죄가 상관 모욕이라고 분명하게 알려져 있다. 즉 죄수는 『소송』의 주인공 요제프 K처럼 윤리도덕적인 죄가 아니라 실존적인 죄를 범한 것이다. 그는 복수라는 차원에서 상대방을 생각하려는 현대인의 죄를 감지하게 한다.[59]

죄와 유죄 판결과 처벌이 있는 유형지의 구제도에서 죄수는 매우 중요한 기능을 한다. 죄수는 자신의 몸에 새겨진 글을 〈상처〉를 통해 해득하게 된다. 그는 자신의 죄수 역할에 순응하여 모든 제도를 받아들이고 있다. 피고인이 판결을 인정했기 때문에 혹은 판결에 대한 무지(無知) 때문에 유죄 판결이 있는 것이다. 그의 짧은 저항(E 157)은 논리적이지만 그는 유죄 판결로 이끄는 법을 인정한다. 죄수는 〈개처럼 순종하는hündisch ergeben〉(E 151) 인물로, 장교의 말을 알아듣지 못하면서도(E 161) 저항하지 않고 자신에 처형 장치의 쇠고랑을 채우도록 하며,(E 161) 나중에는 별로 길게 생각하지 않고 〈자네는 석방이네〉(E 171)라는 장교의 최종 판결을 받아들인다. 즉 그는 『소송』의 요제프 K처럼 권력에 의해 〈마치 개처럼wie ein Hund〉(P 194) 따라야만 하는 희생자에 불과하다.

카프카는 맨 처음의 부친에 관해서 무지했고 불안에 차 있던 자신의 시기와 이 죄수를 연결시켰다고 볼 수 있다. 『부친에게 드리는 서신』의 많은 부분에서 카프카는 부친에 의한 자신의 〈유죄 판결Verurteilung〉(BV 128)에 대해 적고 있다. 즉 부친의 견해인 불복종이나 배반에 대해 아들에게 부과되는 유죄 판결인 것이다. 유형지에서 죄수를 상대할 때의 상사들처럼(E 156) 카프카 부친 헤르만 카프카는 위협적인 태도로 〈한마디의 이의〉(BV 128)도 인정하려 하지 않았다. 계속해서 카프카는 자신의 〈죄의식〉(BV 134, 141)에 관해, 또 부친의 〈판단Urteil과 유죄 판결Verurteilung〉(BV 138)에 관해 언급하고 있다. 「유형지에서」의 죄수가 죄의식을 느끼는지에 대해서는 알 수 없으나 그는 적어도 판결을 받아들여서 〈개처럼 hündisch〉(E 151) 순종한다. 그는 부친 앞의 카프카처럼 자신감을 상실하거나, 그

---

59 김정진, 같은 책, 131면 이하.

자신감을 무한한 죄의식과 교환한 것이다.(BV 143)

2) 신임 사령관과 탐험가

신임 사령관은 현대인에게 고대의 율법보다도 더욱 강하게 무시무시한 상처를 남겨 주는 자칭 인도적 사회의 대표자이다. 카프카는 신임 사령관의 모습을 통해서 인간의 야망성뿐만 아니라, 점점 퇴락해가는 인도주의적 개혁을 신랄하게 비판한다.

신임 사령관과 탐험가는 의지할 곳이나 안전과 명백함을 찾는 카프카의 자아상으로 볼 수 있다. 이들 둘은 카프카 자신의 두 가지 상이한 양상을 나타낸다. 그중한 편인 탐험가는 무엇인가를 추구하면서도 확신을 하지 못하여 결정을 내리지 못하는 인물이고, 다른 한 편인 신임 사령관은 전임 사령관의 규정에 대항하는 결단력 있는 인물로 여성들에 둘러싸여 있다. 그런데 이 여성들의 행위가 작품에서 뚜렷하게 나타나지 않고 있다. 카프카 여성상의 공통점 중의 하나는 이렇게 특성 없는 기능과 단순한 관계로 묘사된다는 점이다. 카프카 작품의 여성들은 경우에 따라서 기능 교환이 가능하다. 그들에게는 정신상의 발전이 없고 다만 지위의 변화와 표현의 변화만이 있다.

이러한 여성들처럼 탐험가도 무엇을 연구하는지, 또 그가 어디로 여행을 하는지에 대해서 알 수 없다. 이는 목적 없는 여행이나 연구이거나 또는 〈눈에 띌 정도로 무관심한〉(E 151) 관찰자의 관점으로 자신의 문제점을 없애려는 시도로 볼 수 있다. 멘델존Leonhard R. Mendelsohn은 〈강요된 자유enforced freedom〉란 말로 탐험가의 상황을 묘사하고 있다.[60] 탐험가는 사실상 자신이 가고 싶은 데로 갈 수 있을 정도로, 또 사건에 개입되지 않아도 될 정도로 자유스럽다. 그러나 이러한 자유가 그에게 책임감을 주어 결국은 자신이 결정하여 판결해야 했다.[61]

여기에서 카프카 삶의 자서전적 유사성이 있다. 카프카는 해방되어야 하고, 또

---

60 Leonhard R. Mendelsohn, Kafka's *In the Penal Colony* and the Paradox of Enforced Freedom, in: *Studies in Short Fiction 8*, Newbury College, Newbury, 1971, p. 313.

61 Leonhard R. Mendelsohn, a.a.O., p. 310.

자신의 삶에 관계되는 결정을 부친에 맡겨서는 안 되며 자기 자신을 믿어야 한다
는 사실을 인식하게 된다. 끊임없이 용기를 뺏고, 자기 불신으로 교육시킴으로써
(BV 162) 부친은 아들 카프카의 결정하는 능력을 빼앗는다.(BV 156) 〈당신(부
친)은 나의 결정권을 (무의식적으로) 항상 억압하고서, 이제야 그 결정력이 얼마
나 가치 있는지 (무의식적으로) 알고 있다고 생각한다〉(BV 156)는 언급에서 〈카
프카가) 불행스럽게 겪어야 하는 부친의 판단력에 대한 카프카의 불신이 보인다.
〈이 불신은 〔……〕 내 자신에 대한 불신Mißtrauen으로 또 모든 다른 사람에 대한
끊임없는 불안Angst이 되어 갔다.〉(BV 143) 1910년 10월 21일자 일기에서 카프
카는 〈얽매여 있다gebunden sein〉[62]는 감정을 토로하고 있으며, 동시에 여기에서
벗어나는 것이 더 좋지 않은 일이 생길거라는 감정도 기술하고 있다.[63] 「유형지에
서」에서 카프카는 탐험가가 결정하도록, 즉 카프카의 약한 존재를 상징하는 죄수
가 들어가게 되어 있는 처형 장치에 관해 판결하도록 한다. 여기에서 부친으로부
터 해방이 반영되고 있다. 이는 실제적인 호소로 부친에게서 부여받은 가치 내지
자칭적인 자신의 무가치성Wertlosigkeit(BV 130)에서 해방되어 자신의 행동에 대
해 상실된 자신감을 되찾겠다는 호소이다.

카프카가 꿈꾸어 왔던 자신 속의 강인함은 신임 사령관으로 상징된다. 카프카의
부친 헤르만 카프카가 항상 아들 카프카에게 나쁜 이미지로 금지시켰던 〈여성 관
계〉가 신임 사령관의 〈여성 관계〉(E 163)로 나타난다. 따라서 이 신임 사령관은 카
프카의 열망의 일부분으로 유형지의 규정과 법에 저항한다. 그리고 새로운 인물인
장교가 재판에 끼어들려 하고,(E 156) 새로운 방식을 도입하려 하기 때문에 탐험
가는 신임 사령관에게 희망을 갖는다.(E 157) 이는 부친에게 빼앗긴 자유를 실제
적으로 얻을 수 있고, 이 자유로 인해서 자신의 삶이 인도되는 암시이다. 즉 전임
사령관의 질서에 명백하게 상반되게 신임 사령관이 유형지를 이끌어가는 것과 같
은 삶의 인도인 것이다.

---

62 Fritz Keller, *Studien zum Phänomen der Angst in der modernen deutschen Literatur*,
Winterthur, 1956, S. 46.

63 Fritz Keller, a.a.O., S. 46.

3) 죄수와 탐험가에 나타난 카프카의 불안

① 죄수

죄수는 작품 마지막까지 자신의 죄를 모르며 또 자신에 관한 사건의 복수심 외에는 자신 주위의 일에 별로 관심을 갖지 않는 사실, 또 그에게 주어지는 명목상의 자유 등은 이 작품의 사항이 장교의 죽음으로 결코 해결되지 않는 것에 대한 불만으로 카프카의 불편한 심정을 암시한다. 멘델존의 언급대로 〈기계 시대의 날들은 셀 수 있을 정도로 한정되어 있지만, 기계의 창조로 이끄는 자극은 생기가 넘친다.〉[64] 이 작품에서처럼 현실에서도 옳지 않게 생각되는 것을 헤르만 카프카는 간접적으로 작품 속의 장교가 죄수에게 〈이제 자네는 석방이네〉(BV 148 u. E 117)라고 말하는 식으로 아들 카프카에게 전달한다. 죄수는 처음엔 자신의 자유를 믿지 않는다.(E 171) 탐험가가 간접적으로 싸워 쟁취한 사면(赦免)에도 불구하고 죄수의 무죄는 인정되지 않았기 때문에 그는 끝까지 죄수로 표현되고 있다.(E 177) 이 내용은 부친의 카프카에 대한 심리이며 이의 근거로 카프카는 『부친에게 드리는 서신』에서 〈그것은 물론 현혹이었고, 나는 아무리 좋은 경우라도 자유롭지 못하다〉(BV 148)라고 언급하고 있다.

② 탐험가

작중 인물 가운데서 그래도 인간적인 표본으로 꼽을 수 있는 인물은 탐험가 한 사람뿐이다. 탐험가는 유형지의 형벌 제도를 장교를 통한 설명을 들음으로써 자신에게 부딪치는 문제의 외부에 서서 비판적으로 판단하는 관찰자로서 사건을 경험한다. 그러나 전체의 이야기가 그의 시각에서만 묘사되기 때문에 보고자의 역할이 동시에 주어진다. 그는 독자를 그의 시각에만 관여하게 하여 사건에 직접적으로 연루된 인물인 장교와 독자의 밀접한 관계를 떼어 놓는다. 물론 탐험가는 사건과는 무관한 논평적인 관찰자일 뿐 아니라 어느 정도까지는 자신에게 제시되는 문제와 갈등의 세계로 이끌려 들어가 바로 그 세계에서 파악되는 이중적인 존재이다. 바로

---

64 Leonhard R. Mendelsohn, a.a.O., p. 315.

이와 같은 성격으로 인해서 탐험가는 「변신」, 「선고」 그리고 『성』, 『소송』, 『아메리카』의 주인공처럼 〈동일 시점〉에 의한 강렬한 주관을 반영할 수 없어 전적으로 객관적인 서술만을 요구하는, 따라서 독자들의 관심을 주인공들에게 묶어 두지 않는 객관적 작품의 주인공들과도 차이를 보인다. 이와 같은 서술 시점의 동요는 탐험가가 그레고르 삼자, 게오르크 벤데만, 카알 로스만, 요제프 K처럼 행동의 주체가 되지 못하고 실제로 장교가 행동의 주체가 되기 때문에 발생한다.[65]

탐험가는 장교의 대화의 상대자이며 또한 유형지의 재판 제도를 둘러싸고 그와 대립적 위치에 있다. 탐험가는 분명히 기계라든가 유형지에서 벌어지는 행형 제도(行刑制度)에 대해 반감을 갖고 있으나, 그렇다고 자신의 의지를 적극적으로 내세우지 않는다. 다시 말해서 그는 사형 제도의 폐지를 고려하고 있는 신임 사령관을 설득시켜 사형 제도에 적극 협조하도록 영향력을 행사해 달라는 장교의 부탁에 대하여 〈못해요nein〉라고 말하지만 그 말이 나오기까지 한참을 망설인다.

> 탐험가가 해야 될 답변은 자신에게는 애초부터 의심해 볼 여지가 없는 것이었다. 그는 그의 생애에 너무나 많은 것을 경험했기 때문에, 여기서 마음이 흔들릴 수는 없었다. 그는 근본에 있어 정직하고 두려움을 모르는 사람이었다. 그럼에도 그는 사병과 죄수를 바라보며 한동안 망설이고 있었다. 그러나 결국 그가 그렇게 해야 하는 것처럼 〈못해요〉라고 말했다.(E 169 f.)

카프카가 탐험가를 등장시킨 것은 순전히 기법상의 이유 때문이다. 기계 장치를 설명해야 하기 때문에, 그리고 누군가가 끝까지 남아서 작품의 결과를 마무리해야 할 필요성 때문에 기계에 대해서는 완전히 문외한인 탐험가를 등장시킨 것이다. 그 근거로 탐험가로 하여금 배를 타고 도망치게 함으로써 그 인물을 퇴장시켜 버리고 작품의 무게를 장교에게 떠맡겨 버린 카프카의 의도가 엿보인다. 따라서 탐험가는 어디까지나 부차적인 인물로 생명이 없는 기계 장치에도 미치지 못하는 조연자의 구실을 맡았을 뿐이다.[66] 그의 이러한 모습은 그의 한 행동에서 잘 나타난

---

65 김용익, 『프란츠 카프카 연구』, 삼영사, 1984, 40면.
66 홍경호, 「카프카의 『유형지에서』의 연구」, 『카프카 연구』, 범문사, 1984, 113면.

다. 그는 장교가 처형 기계 위와 아래로 올라갔다 내려갔다 하면서 열심히 구조와 기능을 설명하는 동안 처형 기계에 대해서는 별 관심을 보이지 않은 채 주위를 왔다 갔다 한다. 더욱이 탐험가는 장교의 여러 이야기를 들어서 이곳의 형벌 제도에 대한 자신의 발언의 중요성을 알면서도 적어도 외견상으로는 일단 그것을 무시하려고 한다. 그는 장교에게 자기의 의견을 솔직하게 터놓지 못하고 오히려 장교가 자신의 투쟁이 무의미함을 스스로 깨닫도록 유도한다.

이러한 탐험가의 우유부단한 성격 때문에 비록 망상적이지만 자신의 주의주장을 신봉하는 장교를 헛되게 희생시킴으로써 그를 배신한 죄책을 면치 못한다. 그는 또한 비인도적인 처형 장치로부터 죄수를 구해내야 하는데도 그 죄수가 동물적인 하찮은 존재이며 혐오감을 자아내는 장본인이라고 하여 혼자서 섬을 탈출하는 비인간적 태도를 보이고 있다. 카프카는 1921년 10월 20일자 일기문에서 〈처벌 *Strafe*은 해결*Auflösung*이자 구제*Erlösung*이다〉(T 399 f.)라고 말한다. 따라서 그 처벌된 죄수의 얼굴에는 성스러운 변용의 빛이 나타난다. 이에 반해서 장교는 자신의 유죄를 전혀 느끼지 못해서 구제를 생각도 못하고, 따라서 죽음의 얼굴에는 변용의 빛이 도무지 나타나지 않는다.[67]

탐험가는 단지 간접적으로 결정을 내리는데, 이는 장교가 자발적으로 죽어 탐험가의 결정을 빼앗기 때문이다. 멘델존은 장교의 시신(屍身)에 대해 〈탐험가가 열망했던 자유는 필연적으로 존재하지 않는다〉[68]고 극단적으로 묘사한다. 탐험가는 얻게된 (결정할 수 있는) 자유에서 계속 도피하여(E 177), 내적인 평온을 얻지 못한다. 신임 사령관도 획득한 권력과 새로운 개정에 대한 강력한 의지에도 불구하고 유형지의 자유가 아닌 강요성의 범위에서 벗어나지 못한다.

이는 서서히 안전하다고 인정되는 구조에 무의식적으로 사로 잡힌 카프카의 형상의 상징으로 볼 수 있다. 또 자신에 습득된 가치와 자신에 관한 잘못된 판결에 속박된 카프카 형상, 이러한 상황에서 카프카 자신은 또다시 강압의 지배를 받게 되어 한계성에 갇히게 되는 것이다.

---

67 김정진, 『카프카 연구』, 탐구당 1986, 131면.
68 Leonhard R. Mendelsohn, a.a.O., p. 316.

5. 「유형지에서」에서 언어와 의사소통의 문제

작품 「유형지에서」의 줄거리는 어느 북유럽 출신의 탐험가가 어느 열대의 유형지에 도착한 데서부터 시작된다. 그런데 장교가 대화의 내용을 다른 사람이 알아 듣지 못하도록 탐험가에게 프랑스어로 이야기하는 사실에서 유형지는 프랑스 영토가 아닌 것만은 확실하다. 또 등장인물들은 모두 사람과 사물의 언어적 표현인 이름을 밝히지 않고 단지 직업·신분·계급에 따라서 호칭되는 점이 카프카 작품의 통례적 특징을 따르고 있다.

1) 언어와 의사소통의 상징으로서의 처형 기계

이 작품에서 핵심적 역할을 하는 주역은 사람이 아니고, 악마적인 정교성을 갖고 조립되는 거대한 자동 처형 기계, 즉 물건으로 되어 있다. 따라서 본 작품에서 기계의 역할이 중요하며 기계의 구조와 기계가 수행하는 처형 절차에 관한 설명이 작품 대부분을 차지한다. 「유형지에서」의 처형 기계와 처형 절차는 이 세상 어느 곳에도 존재하지 않아 비현실적이며 단지 카프카적 환상의 세계에서만 가능하다. 기계 장치는 침대*Bett*와 제도기*Zeichner*와 써레*Egge*의 칼 모양의 쇠붙이로 구성되어 있다. 이 기계 장치로 처형될 때, 죄수는 침대에 배를 아래로 대고 붙들어 매여져 제도기 톱니바퀴 장치가 쇠사슬로 매달아 놓은 써레를 움직여서 죄수의 등에 판결문 구절을 천천히 새겨넣게 된다.

장교는 자신의 과거, 고향으로 지칭되는 유형지의 전통을 고수하기 위해 스스로 자신의 몸에 글씨를 새기며 죽어 간다. 이때 몸에 글씨를 새기는 처형 기계는 위계 질서를 망각한 불복종과 상관 모욕을 저지른 죄인 등 유형지에서의 계율을 어긴 자들을 처형하는 데 사용되어 왔다.

묘사되는 기계 작동의 진행과 해명 불가 과정, 다시 말해서 순전히 기술적이며 물리적인 기계 작동과 윤리적이며 정신적인 정의 인식 과정의 결합이 이 기계 묘사의 특징이다. 그리고 또한 그 도덕적인 인지 과정인 기계적 각인은 그로 인해 발생하는 육체적인 고통으로 잔인함과 공포가 정점에 이른다는 역설적인 형상을 보여 준다. 죄와 형벌 집행을 기술하는 방식에서도 매우 단순하지만 정확하고 체험적인 물질화를 보여 주고 있다. 신기술로 등장한 쓰기와 말하기 기계인 타자기, 음향 속기 혹은 축음기의 구성 및 작동 원리가 형벌 판타지의 원천이 된다. 형벌 집행 방식은 죄인이 범한 율법 구문이 몸에 바늘로 새겨지는 것으로 죄를 몸으로 체험하여 죽어가는 것으로 구원받는다는 것이다. 장교가 기계에 읽어 주는 프로그램에 따라 몸에 미로같이 뒤엉킨 선 같은 형태로 새겨지기에 눈으로 해독할 수 없으며 몸으로 체험되어야 한다. 열두 시간 동안 지속되는 고문 프로그램에 의한 해독 과정 속에서 죄인은 영혼이 아닌 죄를 범한 율법의 문자가 몸에 새겨지는 고통의 육체적 체험을 통해서 자신의 죄를 인식하게 되는 것이다.[69]

처형 기계는 두 가지 관점으로 되어 있다. 하나는 살인 기계를 절대 권력, 독제 권력과 같이 인간을 억압하는 권력 체제로 보는 정치·사회적 관점이고, 또 하나는 신이나 인간 존재 자체로 보는 종교적·철학적 관점이다.

정치·사회적 해석에는 자이들러Ingo Seidler나 나겔의 견해가 대표적이다. 자이들러는 처형 기계가 〈절대주의Absolutismus의 완전무결한 형상으로서의 전형〉[70]을 나타낸다고 말한다. 다시 말해서 살인 기계로 상징되는 세계는 인간을 억압하고 무조건적 복종을 강요하는 절대 권력, 독제 권력의 세계를 의미한다. 그러므로 그에 의하면 작품 전체의 주제는 반동적(反動的), 전체주의적, 절대주의와 자유주의적, 상대주의적 복수주의Pluralismus의 대결을 의미하고 있다고 한다.[71]

나겔은 이 작품이 인간이 처한 일반적인 위험 상황이나, 스스로 만든 제도에 쉽게 굴복하는 인간의 나약한 심성을 드러내고 있다고 말하고 있다. 고문 기계는 기구에 의하여 인간에게 가해지는 폭력을 나타내는 극단적인 예이다. 혹은 괴테의 표현을 빌리면 〈우리가 만든 피조물에 우리가 예속되는 것〉을 상징한다. 다시 말하면 〈인간에게 자발적 자제를 강요하는 제도적 권력을 상징한다〉[72]고 나겔을 말하

---

69 이유선, 「모방적 도전으로서 환상성」, 『독일문학』, 제96집, 한국독어독문학회, 2005, 144면.

70 Bert Nagel, *Franz Kafka*, Berlin, 1974, S. 245.

71 Vgl. Peter Beicken, *Franz Kafka-Eine Kritische Einführung in die Forschung*, Frankfurt/M., 1974, S. 293.

72 Peter Beicken, a.a.O., S. 254 f.

고 있다. 그리고 또 살인 기계는 〈강제에 의한 인간의 비인간화, 자진해서 받아들인 전체주의적 원칙의 테러 하에서 자유의 상실을 시사하고 있다〉[73]고 그는 말하고 있다. 그러므로 여기에는 관료주의의 테러에서부터 독제적 국가 기구, 나아가 핵무기와 로케트 무기의 관리 기구가 행사하는 공포의 지배까지 모든 억압적인 권력 기구가 포함된다고 나겔은 말한다. 그는 또한 이 작품을 기계 문명에 대한 비판으로도 해석할 수 있다고 보고 있다.[74]

폴리처는 〈신을 타살한 인간상(像)인 니체의 상(像)에 대하여 처형 기계는 하나의 반대상(反對像)을 상징적으로 제시하고 있다고 보고 있다. 즉 인간을 박해하고 인간을 죽이는 신의 모습〉[75]이라고 말한다. 그리하여 그는 이 기계가 인간의 신앙 발전 단계에서 가장 원초적 시기를 암시하고 있다고 주장한다.

장교의 설명에 의하면 죄수가 받아야 하는 구제도에 의한 판결, 즉 죄수의 육체에 새겨질 판결은 〈너희 상관을 존중하라!〉(E 155)이다. 물론 〈죄수의 죄는 언제나 의심의 여지가 없다〉(E 156)는 원칙 때문에 이곳에서 수행되는 재판 절차는 죄수가 아무리 경미한 범법 행위를 했다 하더라도 한결같이 열두 시간의 고통 후에 죽음을 당한다. 죄수에게는 변명의 기회조차 주어지지 않을뿐더러, 죄명은 물론이요, 판결이 내려진 사실조차 알려지지 않는다. 복잡한 장식 문자로 등에 아로새겨지는 판결문은 몸으로 판독되지 않으면 안 된다. 이리하여 죄수는 6시간 동안 단말마의 괴로움을 당하는 동안 모든 것을 체념하고, 다음 6시간 동안 판독하게 되는데, 많은 출혈로 말미암아 죽는 순간에는 갖은 고통을 겪은 얼굴에 숭고한 〈변용의 표정Ausdruck der Verklärung〉(E 164)이 나타난다. 이 전율적인 살인 기계 장치는 전임 사령관에 의해서 창안 발명된 흉기로서 유산으로 남겨진 것이다.

이 기계 장치는 인간 세계의 위협적인 율법 자체를 상징한다고 볼 수 있다. 큰 바다에 의해 문명 사회로부터 단절된 이 섬에 문명을 이식하려는 신임 사령관의 의도와 이 기계 장치가 문명의 소산이라는 사실은 서로 역설적이다. 이러한 기계 장치는 카프카의 실제 경험에서 유래되는 것 같다.

73 Peter Beicken, a.a.O., S. 254 f.
74 Peter Beicken, a.a.O., S. 255 ff.
75 H. Politzer, *Franz Kafka, Der Künstler*, Frankfurt/M., 1978, S. 179.

카프카가 노동자상해보험협회에서 근무하던 당시 환자를 치료하는 〈병원에서의 비슷한 장치〉(E 154)를 알고 있었다. 그 당시 일상적 경험이 그에게 관료 세계에 대한 회의와 거부감을 심어 주었다.

이 기구는 음침한 관료들의 소굴이며, 나는 그 안에서 유일하게 전형적인 유대인 으로서 일하고 있다.(G 105)

카프카는 직업상 일터에서 부상당한 노동자들에 관련된 일을 하면서 새로 인식 하게 된 그들에 대한 시각을 친구 브로트에게 분명히 밝히고 있다. 〈이 사람들이야 말로 얼마나 소박한가! 그들은 우리에게 부탁하러 온다네. 그들은 모든 것을 두드 려 부수러 보험 회사에 쳐들어 오는 것이 아니라, 말하자면 간절한 청이 있어서 오 는 것이라네.〉[76] 직업상 부당한 행위에 의해서 고통받는 노동자들과의 접촉은 카프 카에게 관리에 대한 잔인한 인식을 심어 주게 된다. 현실적인 체험을 통해서 카프 카는 관리들이 노동자들의 권익을 위해서가 아니라 자기 자신만을 위해서 존재한 다는 인식을 하게 된다. 아울러 그는 그러한 보험사무국 속에는 관료주의적 이기 심과 무질서가 지배하고 있음을 간파하게 된다. 카프카가 보험 회사에 사표를 내 고 나오기 직전에 스스로 쓴 개혁의 초안은 정의의 상징인 법원 기구에 대한 그의 불신을 잘 드러내고 있다. 〈노동자와 고용주의 관계는 법원의 개입이 없이 신뢰의 관계로 처리되어야 한다.〉[77] 이와 같이 카프카가 체험한 현실 속에 숨어 있는 부정 적 속성, 즉 비인간적인 관료주의의 모습은 작품에 등장하는 관리에 대한 비정상 적이며 잔인한 묘사 속에서 재차 확인된다.

이러한 관리에 대한 사상이나 추론으로 추상적이고 자서전적 해석이 가능하다. 잔인함이 세밀하게 묘사된 구체적인 도구인 처형 장치는 언어와 의사소통에 연결 된 추상적인 잔인성으로도 인식된다. 카프카는 언어를 고통스런 내적인 과정으로 보고 있는 것이다.

이러한 언어적 특징이 「유형지에서」에서 장교를 통하여 발휘된다. 장교의 언어

76 Max Brod, *Franz Kafka, Eine Biographie*, Frankfurt/M., 1966, S. 105.
77 Max Brod, *Franz Kafka*, a.a.O., S. 106.

는 매우 강한 설득력을 발휘한다.[78] 작품 처음에 〈이것은 독특한 기계입니다〉(E 151)로 시작되는 장교의 언어는 간단명료한 것이 특징이다. 복잡한 기계의 구조와 기능의 설명에서 그는 듣는 사람으로 하여금 이해하기 쉽게 핵심을 빠뜨리지 않고 조리있게 이야기하며 형벌 제도의 모순성과 그 절차의 잔인성을 자신의 감정은 조금도 개입시키지 않고 그 분야의 전문가다운 어조로 무척 침착하게 설명한다. 뿐만 아니라 장교는 눈앞에 보이는 사물을 간단하고 정확하게 서술함은 물론이고, 앞으로 일어날 일들도 풍부한 상상력으로 마치 눈앞에서 전개되는 일처럼 사실적으로 설명하는 뛰어난 표현력을 갖추고 있다.[79]

이렇게 의사소통에서 명료한 장교가 죄수에게는 알아듣지 못하는 말로 말하여 역설적 관계가 나타난다. 언어의 투명성, 명료성, 확정성을 부정하는 중요한 장면이 있다. 장교는 탐험가에게 죄수의 몸에 쓰여질 상관 불복종 죄의 판결 내용을 나타내는 전임 사령관의 글을 보여 준다. 장교는 탐험가에게 그 글을 읽어 볼 것을 요구하자 탐험가는 그것을 당황감을 갖고 쳐다본다. 문제는 탐험가가 그것을 전혀 알아볼 수 없다는 것이다.

〈읽어 보세요〉 하고 장교는 말했다. 〈읽을 수가 없어요〉라고 탐험가는 대답했다. 〈그러나 그것은 아주 명백한데요〉라고 장교는 말했다. 〈그것은 아주 예술적이지만 나는 그것을 판독할 수가 없어요〉라고 탐험가는 회피적으로 대답했다.(E 159)

죄수의 몸에 새겨 넣을 판결문을 기록한 스케치는 〈미로처럼 서로 엇갈리는 수 없이 많은 선에 지나지 않으며 그 선들은 종이를 가득 메우고 있어서 간신히 중간에 흰 공간을 알아 볼 수 있을 정도〉(E 159)여서 읽을 수가 없다. 또 장교는 탐험가와 죄수가 알아듣지 못하는 프랑스어로 이야기하여 그들이 판결 과정이나 판결문의 내용에 대해서 전혀 알지 못한다.(E 153) 이렇게 죄수가 자신에 해당되는 장교의 설명을 이해할 수 없는 사실에서 언어와 의사소통의 중요성이 암시된다.

죄수에게 낯선 언어는 확실히 그를 사건에서 제외시키려는 의도이다. 카프카는

---

78 구정철, 「카프카의 『장교상』 연구」, 『카프카 연구』, 범우사, 1984, 144면.
79 구정철, 「카프카의 『장교상』 연구」, 『카프카 연구』, 범우사, 1984, 142면 이하.

어느 대상을 묘사할 때, 이 대상에 어느 정도 거리감을 두게 한다. 앵거스Douglas Angus는 이를 서로간의 교류와 인간 관계에서 기술화Technisierung와 기계화Mechanisierung의 표현으로 보고 있다.[80] 이 작품에서 장교는 전임 사령관을 하나의 절대적인 저자로 보고 그의 권위, 그의 중심적인 힘 그리고 그의 언어의 절대적인 〈재현성〉을 믿는다. 그의 결말은 비참한 죽음이다. 그러나 사형 선고를 받았던 죄수, 자기에게 해당되는 장교의 설명을 전혀 읽지도 이해하지도 못하는 그가 자유인으로 풀려나 역설적인 관계가 성립된다.

필자는 여기에서 한 걸음 더 나아가려 한다. 카프카는 여기에서 부친이 그에게 가한 언어의 폭력을 실체화하고 있다. 형상적으로 볼 때, 카프카는 부친의 언어의 고문에 긴장하여 정신적인 처형을 당하고 있다. 이는 『부친에게 드리는 서신』에서 〈저는 아버님 앞에서는 〔……〕 말이 막히고 더듬거리게 됩니다. 그것도 아주 심해서 결국 저는 입을 다물고 침묵을 지킵니다. 〔……〕 아버님, 당신 앞에서는 생각도 할 수 없고, 말도 할 수 없습니다〉(BV 20)의 문장에서 살펴볼 수 있다. 이는 카프카의 〈언어 장애Redehemmung〉 현상으로 카프카에 있어서 인간 접촉의 실패뿐만 아니라, 자신의 약점을 드러낸다는 불안의 원인이 된다.

계속해서 카프카는 다음과 같이 그의 행동 무능력의 또 다른 결과로 부친을 기술한다. 〈저는 아버님의 마음에 들지 않는 어떤 것을 하려고 하면, 그리고 아버님께서 실패한 저를 위협하신다면 아버님의 견해에 대한 경외심이 너무나 커서 늦게서야 나 스스로를 책망한다 할지라도, 실패는 제어하기 어려웠습니다. 저는 자신의 행위에 대한 신뢰감을 상실했고 불안전하고 의심스러운 존재입니다.〉(BV 128) 이것은 카프카의 〈행위 장애Tathemmung〉로 사회에서의 일상적인 생활에서 나타난다. 특히 행위 장애의 양상은 결혼 시도와 프라하를 떠나려는 시도에서 강하게 나타나 있다. 카프카는 그의 약혼녀 펠리체 바우어에게 보내는 편지에서 그것에 대해 한탄하고 있다.[81] 〈대체로 비자립적인 인간인 나는 자립성, 비의존성, 모든 면의 자유로움에 대한 끝없는 욕망을 갖고 있습니다. 고향의 패거리들이 내 주위를 돌고 시계(視界)를 혼란스럽도록 하기 보다는 차라리 눈가리개를 끼고 가장 극단

80 Douglas Angus, The Existentialist and the Diabolical Machine, in: *Criticism* 6, 1964, S. 141.
81 한석종, 「카프카 문학 세계의 사회학적 분석」, 『카프카 연구』, 범우사, 1984, 25면 이하.

까지 나의 길을 가고 싶습니다.〉(T 320)

처형 장치가 침대와 제도기, 써레로 되어 있는 사실에 의미가 있다. 〈제도기〉는 인간의 삶을 위해 제도하지만 이 작품에서는 죄수의 죽음을 위해 제도한다. 즉 써레는 흙의 경작에 사용되게 되어 있으나 여기서는 처형 기구로 이용되는 것이다. 따라서 써레는 사람의 몸에 맞게 되어 있으며 크기도 다르며 종류도 다양하다. 〈이것은 상반신에 걸리는 써레이고, 이것은 다리에 걸리는 써레입니다. 머리에는 송곳만을 사용하게 되어 있습니다.〉(E 157) 써레가 여기서는 인체의 문자 파종으로 이용되는 것이다. 이렇게 제도기의 도안에 따라 써레가 죄수에게 바늘로 찌르는 고통을 주게 되는데, 이때 〈죄수가 범했던 계율〉이 써레로서 죄수의 육체에 새겨진다.(E 155) 이러한 문자 형상은 복종되지 않고, 죽음 직전에야 인식이 된다. 형상적으로 영혼이나 정신의 치명적인 상처에서 비로소 이해되는 것이다.(E 160) 이렇게 죄수에 씌워지는 써레는 카프카의 부친 헤르만 카프카의 계율이 아들 카프카에 각인되는 것과 같다.

카프카는 자신의 『부친에게 드리는 서신』에서 〈자신의 두뇌에 형식적인 고랑을 팠던 〔……〕〉(BV 134) 부친의 발언을 기억하고 있다고 언급하는데, 이것이 가공된 써레와 유사하다. 처형 장치의 교시는 모두 명령일 뿐이다. 명령 형태의 판결은 말의 처벌이다. 부친은 말로서 감정을 해치고 처벌하는 것이다. 〈당신(부친)은 〔……〕 갑자기 그대의 말로 내리쳐도, 누구도 당신을 유감으로 생각하지 않고, 〔……〕 그대에게 전혀 저항할 수도 없습니다.〉(BV 126)

부친은 자기 말의 폭력과 잔인성을 느끼지 못한다고 카프카는 기록하고 있다.(B 16) 심리학적으로 볼 때, 부친이 자녀들을 모든 사람이 보고 듣는 앞에서 모욕감을 주고, 자녀들에게 비난을 퍼붓는 것은 일종의 처형인데도, 부친은 자녀의 굴욕적인 감각을 느끼지 못하며, 자녀의 문제를 항상 공개적으로 처리하였다.(BV 134) 이 내용이 처형 장치의 침대 위에 혁대로 조여 매어져 저항하지 못하는 죄수로 상징되고 있다.

죄수는 자신의 몸에서 처형 통지를 느끼면서도 이에 반작용을 할 수 없다. 어떤 이의나 항의도 결국에는 죽음에 의해서 금지된다. 기계, 즉 기계를 상징하는 제도가 카프카의 부친처럼 결국 옳았음을 강압적으로 증명하는 것이다. 〈당신은 〔……〕

나에게 정말로 놀라울만치 옳았다고, 특히 대화에서 옳았다고 증명되는데, 이는 대화가 거의 없기 때문입니다.〉(BV 124)

2) 기계의 붕괴와 파괴

〈기계는 부서지고 있는 것이 분명했다〉(E 175)는 작품 속의 기계의 점진적인, 그리고 마지막의 피할 수 없는 붕괴는 부자간 의사소통의 완전한 파괴와 혼란의 형상적 표현으로 볼 수 있다. 아들의 말에 귀를 기울이고 이해하려는 시도의 상실에 대해서 작품 속의 기계(E 161)처럼 수선의 대치물을 찾을 수가 없다. 그 결과를 카프카는 『부친에게 드리는 서신』에서 묘사하는데, 처음에 그는 부친 앞에서는 〈생각할 수도 없고, 대화할 수도 없으며〉(BV 128) 또 〈대화를 잊어버린다〉(BV 128)고 하며 마지막에 〈당신은 불쾌하게 생각되는 저항을 나에게서 침묵시키려 했는데, 그 영향이 나에게 너무 심해서 나는 차라리 고분고분해져 완전히 입을 다물게 되었다〉(BV 129)고 언급한다. 이외에도 카프카는 〈당신이 직접적으로, 또 명백한 욕설적 언사로 나를 모욕했다고 기억되지는 않는다. 기억할 필요도 없는 것이다〉(BV 129)라고 언급하고 있다. 이러한 언급은 작품에서 기계에 의해 행해지는 것처럼 흔적이 없으면서도 간접적으로 짓누르는 의사 전달의 잔인성을 명백하게 보여 준다.

제6장 카프카 문학의 신화적 분석

1. 신화의 개념

서양 철학에서 형이상학의 절정을 이루는 헤겔에 있어서 모든 존재는 실상 〈정신〉 혹은 〈이데아〉라고 하는 절대적 존재의 변증법적 논리에 따른 전개의 과정으로서, 인간의 의식뿐 아니라 모든 존재도 합리적이라고 믿었다. 이와 같은 합리주의자들의 관점을 따른다면 결국 인간도 합리적으로 구성된 우주의 한 기능을 담당하는 것으로 해석되고, 따라서 전체로 본 우주에서 인간의 위치, 인간의 행동이 의미를 갖게 된다. 즉 인간의 존재는 다른 사물의 존재와 마찬가지로 다른 모든 것과 합리적인 관련과 의미를 갖게 된다. 따라서 모든 행동, 모든 존재 그리고 모든 사건에는 뜻이 있게 된다.

이런 사상적 배경에는 플라톤이 있다. 플라톤은 이데아, 즉 관념 혹은 보편의 세계와 감각적으로 인식되는 경험 계를 이원화시켜 전자는 변치 않는 그리고 참다운 실재로서 이성nous에 의한 진지(眞知)의 대상이며, 반면 후자는 영원한 이데아의 모사(模寫)이자 그림자로서 참다운 실재가 아니고 그에 대한 인식 또한 참이 아닌 억견doxa에 불과하다고 생각했다. 간단히 말해서 플라톤은 감성과 격정이 이성에 대한 위협으로 보았다. 이 사상이 신화에도 반영되어 있다. 그리스 신화에 등장하는 아폴론과 디오니소스는 각각 태양과 술을 관장한다. 아폴론이 빛이라면 디오니소스는 어둠이다. 여기에 근거해 후대는 아폴론을 이성, 디오니소스는 감성이라는 아우라를 씌웠다. 무엇이 옳고 그른가를 판단하는 것은 이성이었기에 역사에서 디오니소스는 늘 홀대받는다. 이성은 순수와 대중을 나누고 신화와 전설을 구분하는 등 모든 것을 둘로 나눠, 어떤 때는 감성의 영역까지 침범할 때가 있다.

그러나 아리스토텔레스는 플라톤의 이데아의 견해를 따르지 않았다. 그는 감성은 이성 못지않은 인간의 중요한 일부로 그 자체는 해로운 것이 아니며 다만 적절히 제어하지 못했을 때 해로울 수 있다고 보았다. 따라서 감성에 해당되는 감정이나 격정은 적절히 통제되어야 한다고 믿었다. 이렇게 이성에서 벗어난 감정이나 격정이 결국 신화 등의 환상 문화로 발전된다.

그러면 이러한 환상 문화의 본질인 신화는 현실, 진리, 의미와 관계가 먼 것일까? 사실 신화는 이들과 매우 애매한 관계이다. 그러나 신화는 세계의 양상을 포함하며 이 배경에서 신화적 요소는 이치적으로 설명된다. 신화는 이해될 가치가 있어, 없어서는 안 되는 독특한 세계를 창조하는 것이다. 따라서 신화는 일종의 진리를 내포하고 있다.

말에서 그리스어는 적어도 하나의 양상을 파악하게 된다. 그리스어로 신화를 나타내는 단어는 원래 고안해 낸 내용이 아니라, 진실적인 내용을 의미한다. 신화의 원형상에서 자발성 외에 이러저러한 것의 내용이 아니고, [……] 가장 일반적인 구체성이 담겨 있는 것이다.[1]

따라서 신화는 오늘날에 신학뿐 아니라 문학과 철학, 민담의 배경 및 심지어는 일상 대화의 일부분을 차지하고 있다. 오늘날에도 신화는 심리적인 토대를 형성하는 것이다. 그러고 보면 원시와 문명의 차이는 멀지 않다. 원시는 문명 속에 살아 숨쉬고 있고, 문명은 원시에 뿌리를 두고 있는 것이다. 따라서 사회의 일반적인 가정(假定)이나 스타일, 편견은 변해 왔고 앞으로도 변해 가겠지만 거기에 내재한 신화의 사상은 의연히 남아 있다. 케레니에 의하면 신화는 말 보다 앞서는 사건이다.

1 Karl Kerényi, Wissen und Gegenwärtigkeit des Mythos, in: Ders.(Hg.), *Die Eröffnung des Zugangs zum Mythos, ein Lesebuch,* Darmstadt, 1982, S. 234~252.

신화는 말의 존재로 볼 때 완전히 말의 밖이나 안에 있지 않고, 흔히 말하듯이 수동적이지 않고 스스로 발생하는 가공 속에 있다. 즉 말 속에 존재하는 내용이나 일반적인 것의 내용이 아니고 언급되어 축제적이 된 고차적인 말, 문학의 원초적인 말인 것이다.[2]

따라서 신화는 항상 존재하고 손상되거나 파손되더라도 거기에 인간의 근원적인 불확실성은 남아 있게 된다.

1) 문학의 요소로서 신화

철학은 이성*ratio*인 로고스에 굳건히 뿌리를 박고 있다. 철학은 궁극적으로 인간 영혼의 완성에 목표를 두고 이를 위하여 로고스를 수단으로 삼는다. 말하자면 이성이라는 날카로운 칼의 힘을 빌리는 것이다.

그러나 신화는 객관적 증명이 안 되어 로고스와 구별된다. 신화는 신이나 신의 존재, 영웅 그리고 마성에 대한 보고나 이야기다. 하지만 단순한 허구의 이야기는 아니다. 신화는 경험 세계와 다른 질서를 갖는 세계와 인간의 관계를 표상한다. 따라서 신화에는 계몽 사상이 담겨 있다는 의견도 있다. 신화는 인간의 사고가 깨어나기 전의 선사 시대에 이국적인 문학의 소산이기 때문에 표시하는 내용과 대상이 일상적인 차원을 뛰어넘는다. 우리는 참된 신화와 접촉을 못하므로 신화를 믿기 위해서 우리 자신이 계몽되어야 한다. 계몽이란 주지하다시피, 아직 미자각 상태(未自覺狀態)에서 잠들어 있는 인간에게 이성이라는 빛을 던져 주어, 편견이나 미망(迷妄)에서 빠져 나오게 한다는 뜻이다. 인간이 이성적 동물이라는 정의는 절대 반지처럼 견고하기만 하다. 그것의 부정은 인간을 마치 낭떠러지로 밀어버리는 것처럼 위태롭게 생각되어 왔다. 이성은 인류가 처한 모든 불행의 씨앗을 일거에 제거할 수 있는 유일한 능력으로 여겨졌던 것이다.

신화를 믿기 위해서는 우리 자신이 계몽되어야 한다는 주장을 한 바인리히H.

---

2 Karl Kerényi, a.a.O., S. 241.

Weinrich는 나아가서 신화의 정의를 위해서 과거와 현대의 차이점을 서술의 어법에서 찾으려고 하였다. 즉 현대는 공간에, 과거는 결정적 순간에 그 중점을 두고 있다.

한편 문학은 신화라는 날개로 하늘을 나르려고 한다. 이성의 칼날과 비교해 보면 신화라는 깃털의 날개는 너무나 무력하기 짝이 없다. 그러나 문학가에게는 철학가에서는 볼 수 없는 상상력이라는 마력이 있다. 바로 이 상상력으로 문학가는 황홀한 우주를 빚어 내고 찬란한 꽃을 피어낼 수 있다.

북미 신화 비평의 대표적 학자인 프라이Northrop Freye는 〈문학 작품은 원형적인 양상에서 신화〉[3]라고 언명했다. 무의식의 활동에 대한 매혹과 신화와 상징에 대한 관심, 이방과 원시 및 고대를 향한 열정, 이 모든 타자(他者)와의 만남은 새로운 과학, 새로운 종교, 새로운 휴머니즘의 도약을 예비한다. 상상력의 집합체로서, 이야기의 고갈되지 않는 소재와 모티프의 저장고가 신화라는 점에서 문학과 신화는 불가분의 관계를 형성한다.

태초부터 인류가 무의식적으로 체험한 집단 무의식이 인간의 두뇌 속에 각인되어 있거나, 후천적으로 전수되어 왔다는 것이 신화 문학론의 정설이다. 이와 같은 인류의 집단 무의식이, 즉 고대와 현대에 이르기까지 신화소가 되는 원초적 원형이 작가들의 문학 작품 속에 나타나고 있다.

아리스토텔레스는 신화를 문학의 가장 중요한 요소로 파악하여 그의 『시학 Poetica』에서 신화는 〈극예술dramatische Kunst〉의 중요한 요소로 설명된다.[4] 아리스토텔레스의 『시학』 이후 신화는 문학의 중요한 요소가 되어 신화 역시 종교에서 벗어난 의미로 이해되었다. 다시 말해서 『시학』에서 신화와 종교의 결별이 완성된 것이다.[5] 신화는 예술적 표현으로서 종교성을 상실하는 동시에 허구화되고 현실의 반대가 되면서 문학과 신화의 연결 고리가 마련되었다. 오토Walter F. Otto는 〈문학은 아직도 신화적으로 이야기한다〉[6]고 언급하여 고대 신화는 문학의 내부에

---

3 노스럽 프라이(임철규 역), 『비평의 해부』, 한길사, 2003, 241면.
4 Aristoteles, *Poetik*, Stuttgart, 1981, S. 32.
5 E. Grassi, *Kunst und Mythos*, Hamburg, 1957, S. 82.
6 Walter F. Otto, *Mythos und Welt*, Darmstadt, 1962, S. 269.

서 계속 생존한다고 하였다. 문학은 신화적 형상을 지속하고, 신화는 창작술을 매개로 다시 꽃피게 된다는 것이다.

신화는 대답할 수 없는 문제에 대해 어떤 대답도 줄 수 없으며 스스로 문제를 제기한다.[7] 이야기로 전래되어 온 신화적 사건들이 변천되면서 그 자리에 문학이 들어서는 경우도 있는데, 이때 신화는 신이나 영웅적 존재에 대한 우화적 소설로서 더 많이 이해된다. 특히 고대 문학은 이미지에 따라 신화를 재구성하였는데 이의 예로 호메로스의 유명한 서사시 『일리아스』와 『오디세우스』를 들 수 있다. 오디세우스는 호메로스의 작품으로 고대 그리스의 대서사시로서 트로이가 함락된 후 10년간에 걸쳐 각지를 방랑한 영웅 오디세우스를 주인공으로 한 모험담이다. 이야기는 오디세우스가 방랑 생활이 끝날 무렵, 님프인 칼립소의 사랑을 받아 외딴 섬에 붙잡힌 지 7년째 되는 시점에서 시작된다. 한편 오디세우스의 고국에서는 그가 이미 죽은 것으로 간주되어, 주변에 있는 젊은 귀족들이 오디세우스의 왕비 페넬로페에게 구혼하기 위해서 궁전에 눌러앉아 밤낮으로 연회를 열고 또 왕비의 외아들 텔레마코스를 괴롭히고 있었다. 이윽고 오디세우스가 고국으로 돌아와 아들 텔레마코스와 힘을 합쳐 악랄한 구혼자들을 퇴치하고 아내와 다시 만난 후, 여신의 중재로 구혼자들의 유족과도 화해하기까지 약 40일 동안에 일어난 사건의 문학적 내용이다. 특히 5권에서 칼립소에게 붙잡혀 있는 주인공 오디세우스가 등장하는데, 신의 명령으로 그는 가까스로 뗏목을 타고 귀국하려 하지만 그를 미워하는 바다의 신 포세이돈이 일으킨 폭풍으로 난파하여 간신히 스켈리에 섬에 상륙, 파이아케스인들의 보호를 받는다. 이 작품의 테마 역시 작가 스스로의 창작이 아니고 이미 존재했던 영웅 노래와 신화의 모음으로서 집대성된 것이다. 호메로스의 『일리아스』와 『오디세우스』 이후 서양 문학은 신화라는 탯줄을 갖고 태어났다고 볼 수 있다.

개개의 신화가 취급되면서 작가 자신의 작품으로 개작되기도 하는데 메데이아 Medea와 아리아드네Ariadne가 대표적이다. 메데이아는 그리스 신화의 여성 중에서 가장 많이 서양 문학 작품에 주인공이 되었다. 이 이야기는 기원전 8세기경에 대중에 회자되다가 기원전 5세기에 에우리피데스Euripides가 완결된 작품 『메데

---

7 Vgl. H. Weinrich, *Erzählstrukturen des Mythos*, Berlin, Köln, Mainz, 1971, S. 146.

이아*Medea*』로 만들어 일찌감치 고전 작품으로 경전화 되면서 수 세기 동안 서양의 여러 작가들에 의해 같은 이름으로 작품화 되어 왔다. 반면에 고전 작품 속에 자신의 이름을 뚜렷이 부각시키지 않은 아리아드네는 신화적 원형으로 문학 작품들 속에 숱한 다른 이름의 여성 인물로 형상화되어 왔다.

시대는 고대를 모범으로 삼아 단순히 문학에 한정되지 않고 조각, 음악, 미술에 도입된 신화적 소재를 작가 자신의 작품으로 발전시킨 것도 있다. 예를 들어 중세의 영웅 서사시『니벨룽의 노래*Niebelungenlied*』에서 영웅 지그프리트가 크림힐트의 사랑을 얻기 위해서 경험하는 시련과 모험의 이야기와 파르치팔*Parzival*이 성배 왕이 되기까지 치르는 험난한 시련의 이야기는 독일 서사 문학의 전통으로 계승되었다.

융의 원형, 신화와 집단 의식에 관한 이론은 성서적 주제를 다룬 토마스 만에 있어서 색다른 시간의 처리에 공헌했다. 이삭을 희생으로 바치려는 아브라함의 이야기나 요셉과 그 형제들의 관계에 관한 이야기는 원형적 유형의 되풀이로 착상되었다. 여기에서 작중 인물에게 주어진 역할의 배경은 어떤 주어진 방식대로 행동하고자 하는 개인적 욕구에서 자기보다는 구전(口傳)에 의해 정해져 있다. 이는 주인공과 동시대인을 통해서 영속(永續)해 나가는 신화의 일부인 것이다. 토마스 만의 소설에서처럼 성경의 주제가 재생되는 것은 신화가 오늘날 문학 속에 다시 등장하게 되는 생생한 증거라 할 수 있다. 이는 신화적인 이미지와 원초적 원형이 인간의 무의식 속에 잠재되어 있다가 작가의 신화적 상상력을 통하여 문학적 생산물에 반영되는 것이다. 수백 년이 지나면서 개개의 신화는 본래의 의미로 더 이상 해석되지 못하고 개작되면서 〈탈신화〉가 등장하기도 하는데 이의 대표적 작가로 카프카를 들 수 있다.

이렇게 신화는 기원전 8세기 고대 그리스의 호메로스에서 20세기 초의 카프카에 이르기까지, 토마스 만에서 보토 슈트라우스의 신작에 이르기까지 확고부동하게 문학 소재로 자리 매김을 하고 있다. 따라서 브로흐Hermann Broch는 제임스 조이스, 토마스 만, 나아가서 프란츠 카프카의 작품들을 충분히 신화적 작품으로 보고 있다. 조이스가 그의 작품『율리시즈』에서 오디세우스로 되돌아가는 동기를 마련한 것은 대단히 의미있는 일이다.

426

이렇게 이미 오래전부터 신화는 문학과 민담 그리고 유사한 기이한 이야기들의 내용에 혼용되어 왔다. 따라서 『구운몽』, 『금오신화』, 『홍길동전』 등 우리나라의 전래 문학뿐 아니라, 도스또예프스끼의 『까라마조프 씨네 형제들』이나 『죄와 벌』, 톨스토이의 『이바노비치의 죽음』 혹은 『참회록』, 헤세의 『싯다르타』 등은 대표적인 상상과 신비의 문학이다. 이러한 문학 작품들은 읽는 이에 따라 어떤 종교적 경전보다 더 종교적 감동을 줄 수 있다. 반대로 『리그 베다』 특히 『우파니샤드』와 『바그바그 기타』는 힌두교의, 『법구경』이나 『화엄경』 등은 불교의, 『구약』과 『탈무드 율서』는 유대교의, 『구약』과 『신약』은 기독교의, 『코란』은 이슬람의 핵심적 종교 텍스트이나 종교적 신념 밖에서 순전히 문학 텍스트로 읽고 감상될 수 있다.

이렇게 종교 텍스트가 특별히 문학 작품으로 읽힐 수 있는 데는 충분한 이유가 있다. 힌두교의 『베다』는 말할 것도 없고 『우파니샤드』, 유대교와 기독교의 텍스트인 『구약』의 많은 부분이 시적 운(韻)을 갖추고 있고, 그 중 어느 부분은 아예 〈시편〉이다. 불교의 여러 경전도 시적 형식을 갖고 있다. 종교 텍스트가 이처럼 시적, 즉 문학적 형식을 갖춘 것은 우연이 아니다. 종교적 진리는 이성에 앞서 감성에 의해 접할 수 있어 종교 텍스트는 독자의 이성보다 감성에 호소될 수 있다. 이런 점에서 종교적 텍스트가 문학적 표현 양식을 선호하는 경향을 띠는 것은 자연스럽다. 이렇게 신화와 문화 융합의 역사는 오래되었다. 문화의 영역은 어떤 문화가 다른 문화를 공격하여 삼키는 전쟁의 과정이라기보다는 서로 뒤섞여 보편과 특수의 영역의 조화를 이룬다. 일견 세계화론자들의 논리를 정당화시켜 주는 것으로 비치기도 한다.

브로흐는 종교적인 것, 우주적인 것, 그리고 총체적인 것에서 신화의 가장 본질적인 요소를 찾고 있어 태고의 신화까지 거슬러 올라가지 않고 문학적인 것을 통해서 신화적인 변천을 추적하고 있다.[8] 그에 의하면 신화는 문학의 원형으로 그 원형 속에 우주창조론, 즉 인간과 세계에 대한 모든 지식이 내포되어 있다. 그는 시대를 초월한 신화적인 것을 요구하며 삶의 근원으로 거슬러 갈 수 있는 새로운 신화를 희망했다.

이런 맥락에서 독일 문학에서도 계몽주의 이후부터 수많은 작가와 이론가들이

---

8 Hermann Broch, Geist und Zeitgeist, in: *Schriften zur Literatur 2. Theorie*, Frankfurt/M., 1981, S. 193 f.

신화 자체가 최고의 문학 작품이라 믿었기 때문에 고대 신화를 소재로 많은 작품과 비평을 썼다. 따라서 17세기의 계몽주의 시대에 배척되었던 신화가 18세기에 접어들면서 신화에 대한 향수로 반전되었다. 이 사실을 잘 보여 주는 횔덜린의 안티케Antike에 관한 시 하나를 음미해 볼 필요가 있다. 안티케 문화는 그리스 신화 세계에 사상적 기초를 둔 헬레니즘 문화로서, 그 바탕은 제우스 신을 정점으로 한 여러 신들에 대한 믿음이다.

> 아버지 헬리오스여!
> 당신은 내 가슴을 즐겁게 해줬소.
> 거룩한 루나여! 엔디미온처럼
> 나도 당신이 사랑하는 소년이었소.
>
> 오 그대들 충실하고
> 친절한 모든 신들이여!
> 내 영혼이 얼마나
> 그대들을 사랑했는지 아시겠지요!
>
> 그 시절 나는 아직
> 그대들 이름을 부르지 못했다오.
> 인간들이 마치 서로를 잘 아는 듯이 이름들을 서로 부르지만,
> 그대들 역시 내 이름을 부르지는 못했다오.
>
> 그러나 나는 인간들보다도
> 그대들을 더 잘 알게 되었소.
> 나는 에테르의 정적을 알지만
> 인간들의 말은 잘 이해하지 못한다오.
>
> 속살거리는 숲의 아름다운 소리가

나를 키웠고,
꽃들 속에서
배우는 걸 더 좋아했지.

여러 신들의 팔에서 난 성장했다오.

So hast du mein Herz erfreut
Vater Helios! und, Endymion,
War ich dein Liebling,
Heilig Luna!

O all ihr treuen
Freundlichen Götter!
Dass ihr wüßtet,
Wie euch meine Seele geliebt!

Zwar damals rief ich noch nicht
Euch mit Namen, auch ihr
Nanntet mich nie, wie die Menschen sich nennen
Als kennten sie sich

Doch kannt' ich euch besser,
Als ich je die Menschen gekannt,
Ich verstand die Stille des Aethers,
Der Menschen Worte verstand ich nie.

Mich erzog der Wohllaut
Des säuselnden Hains

Und lieber lernt' ich

Unter den Blumen

Im Arme der Götter wuchs ich groß.

이 시는 그리스의 고대 문화를 풍성하게 해준 여러 신으로 신화의 세계를 나타
낸다. 실러의 「그리스의 신들Götter Griechenlands」의 시에서처럼 아름다웠던 고
대 그리스의 세계와 인간에게 행복을 베풀었던 그리스의 신들이 찬미되고 있다.
사라진 신화의 재복원으로 예술은 다시 살아난다. 신들에 의해 지배되었다고 생각
되었던 세상은 합리적이고 규칙적으로 제어된 자연으로 변해 이제는 삶의 현실에
서 이야기될 수 없게 된 버림받은 신들의 생명을 문학에서 미적인 허구를 이용하
여 유지하도록 하는 것이다.

2) 슐레겔의 신화적 문학론

18세기말 독일 낭만주의가 시도한 미학적 혁신은 슐레겔Friedrich Schlegel이
주장한 〈새로운 신화Neue Mythologie〉의 대두와 같은 맥락에서 이해된다. 낭만주
의가 도래하면서 작가들은 문학에서 신화가 무시할 수 없는 존재임을 재인식하게
되었다. 니체가 〈그리스 비극〉의 디오니소스적인 기원을 강조한 것은 원시적인 것
에 대한 계몽주의 시대인의 경멸이 사라지고 칭송으로 바뀌는 것을 의미한다.
　독일 낭만주의 이론가이자 작가인 슐레겔은 그의 저서 『신화의 견해Rede über
die Mythologie』에서 고대 제신들의 찬란한 군집(群集)보다 더 훌륭한 상징을 보
지 못했다고 전제하면서 동시대인들에게 위대한 고대의 이 찬란한 형상들을 다시
새롭게 살려내려고 노력해야 한다고 했다.[9] 이처럼 슐레겔은 신화를 인위적인 문
학으로 보았다. 그는 저서 『신화의 견해』에서 〈우리 문학에는 고대인의 문학에서
보는 신화 같은 중심점이 없다. 근본적인 모든 것은 (이 점에 있어서 현대의 시문

---

9 Friedrich Schlegel, Die Rede über die Mythologie, in: K. Kerényi(Hg.), *Die Eröffnung des
Zugangs zum Mythos*, 5. Aufl., Darmstadt, 1996, S. 11.

430

학이 고대의 것에 비해 뒤떨어지는데) 다음과 같이 요약될 수 있다. 우리는 신화를 가지고 있지 않다. 여기에 덧붙여 말하고 싶은 것은 우리가 신화를 가질 때가 거의 되었다는 것이다. 아니 오히려 이제 신화를 하나 만드는데 진지하게 참여해야 할 때가 되었다〉[10]는 의견을 보여 주고 있다.

〈새로운 신화〉를 통해서 얻고자 하는 〈중심점〉은 상상적인 문학의 정수로서 바로 최고의 모범적 예술 작품을 의미한다. 이러한 점에서 슐레겔은 〈새로운 신화〉를 〈무한한 문학*das unendliche Gedicht*〉[11]이라 칭했다. 이러한 〈신비스런 문학〉[12]은 신화로서 정신적 사고의 모체가 되는데, 이는 〈신화와 문학은 하나이며 서로 분리할 수 없기 때문이다.〉[13]

이러한 새로운 신화는 단순히 고대 그리스 신화의 단순한 재생이나 답습이 아니다. 옛 신화가 문학에서 차지했던 비중이나 수준 그리고 그 특성에 걸맞는 새로운 신화라 불리는 당대의 문학의 창조이지 옛 신화의 복원이 아닌 의미에서 슐레겔은 〈옛 문학이 유일하고 불가분한 완성이라는 것은 허상이다. 이전에 한 번 존재했던 것이 왜 새로이 다시 되면 안 되는가? 다른 방법으로 당연히 가능한 일이다. 더 아름답고 더 큰 방법으로 하면 되지 않겠는가?〉[14]라고 말한다.

이는 〈완전한 문학〉으로 존재했던 옛 신화처럼 슐레겔은 자신의 시대에 맞는 신화적인 문학을 새로 만들 것을 주장하는 것으로 이 〈새로운 신화〉의 발생은 옛 신화처럼 자연 발생적이 아니라, 〈다른 방법〉으로 만들어져야 한다는 주장이다. 〈새로운 신화는 정신의 가장 깊은 심연에서 만들어져야 하고 모든 예술 작품 중에서 가장 인위적이어야 한다.〉[15]

신화가 인간의 상상이 아닌 정신에서 나온다는 것은 모순적으로 들리지만 슐레겔의 〈새로운 신화〉 개념은 정신과 상상의 잃어버린 통일을 겨냥하고 있다. 인위적

---

10 Friedrich Schlegel, Rede über die Mythologie, in: Ernst Behler und Hans Eichner(Hg.), *Friedrich Schlegel, Kritische Schriften und Fragmente*, Bd. 2, Paderborn u.a., 1988, S. 201. (이하 *Rede über die Mythologie*로 줄임)

11 *Rede über die Mythologie*, S. 201.

12 *Rede über die Mythologie*, S. 202.

13 *Rede über die Mythologie*, S. 202.

14 *Rede über die Mythologie*, S. 202.

15 *Rede über die Mythologie*, S. 202.

인 정신에서 생겨나는 이 〈새로운 신화〉는 정신과 상상의 종합을 암시하는데, 언뜻 보기에 상반된 이 두 요소의 공존은 하나의 무질서로 보인다. 〈정신의 가장 깊은 곳〉에서 나오는 〈가장 인위적인〉 예술 작품인 〈새로운 신화〉가 주는 〈무질서 Unordnung〉[16]를 슐레겔은 혼돈의 의미인 〈카오스Chaos〉[17]의 개념으로 보았다.

슐레겔의 이론대로 보면 〈새로운 신화〉의 근본이 바로 카오스인 셈이다. 그의 저서 『신화의 견해』가 나오기 1년 전에 이미 슐레겔은 한 단상에서 〈신화적인 문학의 본래 근본 형식은 절대적인 카오스이다〉[18]라고 말한 적이 있다. 슐레겔은 〈카오스〉라는 초기 낭만주의적인 문학의 화신이며, 동시에 최고의 아름다움을 구체화한 인물로 완성의 경지에까지 이른 문학의 형식을 말하는 것이다. 〈최고의 아름다움, 즉 최고의 질서는 바로 카오스의 질서이다. 이것은 조화로운 세계로 나아가기 위해서 사랑의 접촉만을 기다리는 질서이며, 옛 신화와 문학이 했던 바로 그 질서이다〉[19]라고 〈카오스〉 개념에 대해 슐레겔은 설명하고 있다. 여기서 말하는 〈카오스〉의 아름다움이란 단순히 혼돈스러운 무질서 상태가 아니라, 모순적이고 반대적인 요소들이 서로 혼합되어 있으면서 조화가 이루어진 상태를 말한다.

전통 사회의 특징의 하나는 그들이 사는 영역과 그 영역을 둘러싼 미지의 불확정적인 공간 사이의 대립을 상정한다. 그들이 사는 영역은 세계(더 정확히 말하면 우리의 세계)이자 코스모스(우주)이다. 그 이외에는 코스모스가 아니라 일종의 〈다른 세계〉이며, 유령과 악마와 외인(外人)들(이들은 악마와 죽은 자의 영들을 동일시하고 있음)이 살고 있는 이질적인 혼돈의 공간이다. 일견 이 공간의 단절은 사람이 거주하는 질서 있고 우주화 된 영역과 그 영역을 벗어난 미지의 공간과의 대립이다. 즉 한편에는 코스모스가 있고 다른 한편에는 카오스가 있다. 그러나 사람이 거주하는 영역은 우선 정화되고 그것은 신들이 한 일이기 때문에, 혹은 신들의 세계와 교류하기 때문에 하나의 코스모스를 보게 될 것이다.

---

16 *Rede über die Mythologie*, S. 202.

17 *Rede über die Mythologie*, S. 202.

18 Friedrich Schlegel, *Literary Notebooks 1797~1801*, edited with introduction and commentary by Hans Eichner, University of London, The Athlone Press, 1957, Nr. 1897.

19 *Rede über die Mythologie*, S. 202.

3) 신화의 쇠퇴와 문학적 회생

플라톤 사상 등의 인문주의 시대로 진입하면서 신화는 허구의 나락으로 떨어졌다. 플라톤은 전승되어 내려오는 신화에서 묘사되는 인간의 삶의 모습이 일관되지 않고, 모순적이며, 허위이고 기만적이라고 깨닫게 되며, 그러한 삶의 모습이 정의로운 정치 사회의 설계에 전혀 도움이 되지 못한다고 인식하였다. 플라톤은 모든 신화의 배경에는 작가들이 자리 잡고 있음을 알았다. 호메로스와 헤시오도스는 신들의 계시에 근거하지 않고 자신의 사색에 근거해서 자의적으로 신들의 계보를 만들었으며, 신들의 모습을 그려내고 그들의 임무와 권한을 가렸다고 보았다. 따라서 플라톤은 시인을 우습게 여겼는데, 그에 따르면 시인이란 좋게 말해서 〈뮤즈 신한테서 영감을 받은 사람〉, 나쁘게 말해서 〈귀신들린 사람〉, 더 나쁘게 말하자면 〈미치광이〉와 다름없었다. 이 같은 플라톤의 이론대로 신화는 점점 허구적으로 창작해낸 문학적 개념이 주된 요소로 사실 보고라는 본래의 의도는 미약하게 되었다.[20]

토마스 스프라트Thomas Sprat의 『영국 학사원의 역사History of the Royal Society』를 보면, 17세기에 자연 과학이 점차 권위를 갖게 됨에 따라 고전 신화가 얼마나 비하되었는가를 알 수 있다. 〈고대 세계의 전설과 종교에 담겨 있는 교묘한 내용은 거의 다 소멸되었다. 그것들은 시인들에게 이미 할 만큼 봉사를 다 했으며, 그래서 이제는 그것들을 폐기할 때이다〉고 스프라트는 쓰고 있다.

자연으로서 인간은 신성하고, 신비한 존재다. 그러나 태어나자마자 인간은 사회적인 존재로 길들여지면서 그만큼 신성과 신비로부터 멀리멀리 도망간다. 신비와 과학의 경계가 분명한 사회에서 신비하고 원초적인 힘들이 그 경계를 넘나들 때 막강해진 현대 과학은 그 힘들을 자꾸만 주변부로 확장한다. 따라서 현대의 도시 속에서 신성은 불안한 인간이 내지르는 무지한 탄성이 되고 신비는 명료하지 못한 미신이 된다.

과학 기술이 발달하고 사회가 산업화되고 이데올로기가 난무함에 따라 이전까지 절대 규범이었던 신에 대한 믿음도 그 절대적 의미를 상실하고 인간은 한정된

---

20 Vgl. Platon, *Sämtliche Werke*, Bd. 3, Hamburg, 1958, S. 114.

저마다의 오성의 척도로 자신의 세계를 구축하여 신화 등 다른 세계와는 담을 쌓아 버렸다.

이렇게 산업 사회의 지식인이 중세 시대까지 지녔던 신화적 가치를 상실해 버렸다는 이야기는 반드시 현대의 신화가 타락했다거나 열등하다고 말하려는 것이 아니고, 다만 현대인의 신화적 감수성이 뚜렷하게 빈곤해졌다고 말할 수 있다. 레비-스트로스Claude Lévi-Strauss가 〈문자를 갖지 않은 사회〉라고 했던 원시 사회에서는 현실과 신화 사이에 언제나 타협이나 균형을 유지하고자 하는 신중한 배려가 있었다. 그런 균형이 생명과 사고의 모순 사이에 균형을 잡아주는 역할을 했다. 하지만 이윤 추구를 제1원리로 삼는 오늘날의 산업 사회는 새로운 개척자로서 무의식의 영역을 침투하고 있다. 이윤 추구형 자본주의는 신화를 이야기하던 사회처럼 균형이나 공생을 배려하지 않은 채 무의식 영역의 개발(착취)을 촉진시키는 것이다.

따라서 야생의 자연이 조경사들에 의해 정리되거나 공장 기업인들에 의해 개발되고 나자 옛날의 신들은 갈 곳이 없게 되었다. 이에 대해 마르크스는 저서 『정치적 경제 비판Critique of Political Economy』에서 다음과 같이 썼다. 〈그리스 예술, 그다음에는 셰익스피어와 그 당시 물건들과의 관계를 예로 들어 보자. 그리스 신화는 그리스 예술의 무기고였을 뿐만 아니라, 그리스 예술이 자라난 바로 그 토양이었다. 그리스적 환상, 따라서 그리스 예술의 기초를 이룬 자연에 대한 태도와 사회적 관계가 자동 노새, 철도, 기관차 그리고 전신(電信)이 있었으면 존재할 수 있었을까? 불칸은 어떻게 로버츠 회사에 대항할 수 있었으며, 제우스는 피뢰침에, 헤르메스는 Crédit Mobilier(저당을 잡고 금전을 대출해 주는 금융 기관: 필자주)에 어떻게 대항할 수 있었을까? 신화는 그 어느 것이나 상상 속에서 그리고 상상력의 도움으로 자연의 힘을 정복하고, 굴복시키며 구상화(具象化)한다. 따라서 실제로 이러한 자연의 힘이 정복되면 신화는 사라진다.〉[21]

이 같은 동기에서 제우스 신의 벌을 받아 매일 독수리에 간을 쪼이는 프로메테우스. 만약 그에게 현대의 진통제가 있었다면 그 고통을 줄일 수 있지 않았을까?

---

21 Vernon Hall, Jr. *A Short History of Literary Criticism*, New York University Press, 1963, p. 141.

어둠 속에서 피를 찾아 헤매는 드라큘라, 그들은 현대적으로 볼 때, 햇빛 알레르기와 빈혈로 고통 받는 희귀병 〈포르피린증〉 환자였을 가능성이 크다. 이렇게 시간의 흐름에 따라 신화 역시 다른 장르에 등장하게 되었고 신화의 전체 역사는 탈신화 *Entmythologisierung*의 과정을 겪게 되어 높은 의미의 신화는 오늘날 더 이상 생각될 수 없게 되었다.

심지어 20세기 독일 신학자 불트만R. Bultmann은 자신의 성서 해석 방법을 아예 〈탈신화화〉, 즉 신화적인 것을 벗겨내기만 하면 학문성이 확보된다고 보았을 정도였다. 이러한 배경에서 우주적 제의, 자연의 신비에 현대인은 더 이상 접근할 수 없게 되었다. 그들의 신화 체험은 더 이상 우주를 향해 열려 있지 않는다. 결국 그것은 전적으로 개인적 체험이 되어 버려 인간과 그의 신에 관한 문제가 되었다. 이같은 인간의 정신 형태 속에는 우주가 끼어들 자리가 없게 되며 심지어 진정한 그리스도교도라도 더 이상 세계를 신의 창조물로 느끼지 않을 것 같이 보인다.

이 정도로 오늘날 고대 신화의 의미는 파괴되었고, 현대인은 신화의 길을 잃어버렸고 그 길은 방향을 상실했다. 이러한 신화적 요소의 감퇴는 로고스 탓이다. 로고스가 신화를 추방한 것이다.[22] 서구의 근대화 과정은 합리적 이성을 기반으로 한 계몽주의와 함께 발전되었고, 계몽주의는 중세의 무지몽매한 맹신에서 인간을 해방시키면서 동시에 인간을 이성과 합목적성의 노예로 전락시키는 역설에 빠지고 말았다. 작가 브로흐는 로고스의 실제인 과학은, 특히 과학적 실증주의는 신화적 체험을 허용하지 않는다고 주장한다.[23] 과학 또는 인식, 계몽 또는 로고스는 항상 진보적 사고로 고대 신화를 사라지게 한 것이다. 오늘날에는 학문도 신화를 추방하였다. 이렇게 신화를 상실한 현대를 향해 니체는 다음과 같이 탄식하고 있다. 〈충족되지 않은 현대 문화의 저 거대한 역사적 욕구, 수많은 이질 문화의 수집, 타는 듯한 인식욕 등이 신화의 상실, 신화적 고향의 상실, 신화라는 어머니의 품안의 상실을 의미하지 않는다면 무엇이겠는가!〉[24]

22 H. Weinrich, *Erzhlstrukturen des Mythos*, Berlin/Köln/Mainz, 1971, S. 146.

23 Hermann Broch, Geist und Zeitgeist, in: *Schriften zur Literatur 2. Theorie*, Frankfurt/M., 1981, S.182.

24 F. Nietzsche, *Die Geburt der Tragödie, Unzeitgemäße Betrachtungen I ~IV, Nachgelassen Schriften 1870 ~1873*, hg. v. Giorgio Coli und Mazzino Montinari, München, 1988, S. 146.

결국 신화는 알레고리(寓意)*Allegorie* 설 등에 의해 겨우 존재를 유지할 수밖에 없었다. 그러다가 신화가 다시 회생하게 되는데 여기에 문학이 큰 역할을 하게 된다.

주체와 객체간의 단절이 불러일으키는 소외 현상과 이러한 모순을 꿰뚫어 보았을 뿐만 아니라, 역사는 계몽과 발맞춰 일직선으로 진보한다고 확고하게 믿었던 계몽주의자들의 이데올로기를 회의와 의혹 속에 지켜본 사람들은 다름 아닌 작가들이었다. 이들은 인간 본연의 모습을 되찾고 사회적 총체성에 대한 염원을 실현시키는 노력을 이제라도 새롭게 시작할 것을 요구했고 자신들 주장의 근거를 〈신화의 재창조〉라는 작업에서 시도했다. 낭만주의의 젊은 세대들은 당대를 지배한 계몽의 합리주의, 분석 철학, 논리와 이성의 절대화, 실증적 지식의 합법성에 의문을 제기하고 이로 인해 파괴되는 인간 운명에 대한 구원의 손길을 〈사회 공동체를 새로 구성하는 종합적 신화의 창출〉에서 찾은 것이다.[25] 이러한 사조에 영향을 받아서인지 신화는 근대 이후 쉘링Friedrich Wilhelm Joseph von Schelling, 카시러 등에 의해 내재적 가치를 인정받고 레비-스트로스에 이르러 자명성(自明性)을 획득하게 되었다.

결국 철학도 종교도 새로운 신화를 만들어 낼 수 없으며 신화의 힘이 실증주의로 소멸된 시기에 신화에 대한 동경을 실현시킨 것은 문학이었다. 예를 들어 뤼드케W. Martin Lüdke는 탈신화 문제의 해결을 문학으로 보고 있다. 그에 의하면 신화는 참된 사실의 이야기로 이미 문학에 근접해 있다는 것이다.[26] 참된 사실의 서술·설명이 또한 문학의 과제이기 .때문이다. 철학과 종교는 한 때 신화 창조에 영향을 주었으나 오늘날은 그렇지 못하기 때문에 문학이 그 과제를 떠맡을 수 있다는 것이다. 이렇게 신화를 문학적으로 부흥시킨 작가들 중에 카프카도 포함된다.

브로흐는 카프카 문학의 예언적 성격을 평가하여 카프카의 작품들을 충분히 신

25 장혜순,「원형적 이미지로서의 신화와 인문학적 상상력」,『카프카 연구』, 제10집, 한국카프카학회, 2002, 174면.

26 W. Martin Lüdke, Mit Speck fängt man Mäuse oder Notizen zur Frage nach dem 〈wahren Sachverhalt〉 in Mythos und Literatur, in: Hans Bender und Michael Krüger(Hg.), *Akzente*, 26. Jahrgang, München, 1979, S. 487.

화적 작품으로 보고 있다. 카프카의 작품은 새로운 우주 창조론의 예감, 새로운 신통보(神統譜)*Theogonie*의 예감을 주고 있는 것이다. 비록 구체적인 작품이 예시되지 않았지만 브로흐는 카프카의 전 작품에 걸쳐서 이러한 요소를 인정하여 카프카의 많은 작품은 신화적 성격을 가지고 있다고 한다. 이렇게 카프카의 문학에는 신화적 요소가 담겨 있다. 그런데 카프카는 자신의 작품에서 어느 것도 사실 그대로 존속시키지 않는 것처럼 작품에서 신화도 경직스럽게 하지 않고 변경시켰다. 즉 그는 자신의 작품에서 신화를 가차없이 해체하여 재구성하고 있다.

2. 카프카의 신화 이론

문학사에서 시민 사회의 윤리와 미학적 형식이 만나는 이야기의 틀이 신화의 소재보다 더 명료하고 더 흥미 있게 제공되는 경우도 없을 것이다. 이러한 맥락에서 신화적 요소가 카프카 작품의 특징 중의 하나로 작용한다. 카프카 작품 자체가 존재 구조상 신화적이라는 사실, 카프카의 작품에서 현실의 짐을 벗게 하는 기능이 신화라는 내용은 숨겨진 사실이다. 현대 문학이 부족한 어떤 영원성을 자신의 문학에 들여놓기 위해 카프카는 보편적인 신화를 끌어와 모든 상상의 다양한 작품을 이끌어내고 있는 것이다.

그런데 카프카의 신화적 작품에서 중요한 사항은 고대 신화와 현대 신화의 대립으로 신화의 원초적 내용은 사라진다는 점이다. 카프카는 현대 신화로 신화와 일상 현실의 관계를 묘사하고, 신화에 대한 자기 방어 수단을 찾고 있다. 이렇게 카프카는 신화를 포괄적으로 보아 모든 사고 차원뿐 아니라 작품 구조에도 도입했는데, 이러한 방법은 신화적 유희*mythisches Spiel*로 규정된다.

1) 신화의 해체와 재구성

신화를 접하는 데서 끊임없는 지양 운동이 호르크하이머와 아도르노의 『계몽의 변증법*Dialektik der Aufklärung*』과 『비평 이론*Die kritische Theorie*』에서 성공리에 행해졌다. 그러나 이러한 사항이 카프카 문학에서 더 돋보인다. 카프카의 문학에서 신화적 요소는 단일적으로 설명되지 않는다. 카프카는 신화적 소재를 수용하여 끊임없이 가공한 것이다. 따라서 카프카 문학에 등장하는 신화의 내용에 본래의 신화 내용은 거의 남아 있지 않다. 카프카는 전래된 고대의 소재들을 개작해서 재구성한 것이다. 이는 사라져가는 현실을 인지하려는 카프카의 노력이다.

여기에서 먼저 카프카의 〈신화 작업Arbeit am Mythos〉 개념을 이해할 필요가 있다. 20세기의 독일 작가들이 모색한 — 독일 철학자 한스 블루멘베르크의 용어를 차용한 — 〈신화 작업〉은 초기 낭만주의 당시의 문제점들과 매우 상이하다. 따라서 이제 〈신화의 새로 읽기〉라는 작업은 의미의 다중성을 표제어로 삼은 포스트모더니즘에서는 기존의 인식론적 방법론적 주장에 대한 새로운 도전으로 받아들여지고 있다. 이 시대에 쓰여진 신화는 신화의 해석을 새롭게 선택하는 데서 나온 문화적, 사회적 산물이다. 신화 개념의 변천에 따라 고대 신화를 찾는 소리가 점점 높아져 가며 다른 한편으로는 고대와 결부된 새로운 신화 작품에 대한 동경이 점점 커가는 현실에서 카프카는 후자를 선택한 것이다.

따라서 새로운 신화 작품에 대한 동경에서 새로운 신화의 구현이 카프카 작품에서 발견된다. 카프카는 신화의 종교적, 문학적 진리 요구가 역사적으로 한정되어 있음을 인식했기 때문에 신화를 비롯한 전통적인 전래와 단절했다.[27] 그는 신화를 더 이상 시대를 초월한 것으로 보지 않았으며, 신화가 자체의 근원적인 것을 상실했을 뿐만 아니라 수많은 역사적 영향 속에서 훼손되었으므로 신화의 새로운 가능성을 인식하였다. 따라서 카프카의 신화 작업은 언어의 새로운 표현 가능성에 대한 탐구이다. 현대 소설의 위기를 가져온 인지의 위기는 바로 언어의 위기를 반영한다는 현실 진단에서 출발하는 카프카는 언어의 창조적 기능의 재창출을 신화의 재창조에서 찾고 있다. 이러한 카프카의 신화 작업의 전략을 규명하기 위해 먼저 아래의 물음에 대한 답변을 찾고자 한다.

① 어떤 종류의 신화적 요소를 카프카는 언급하는가?
② 카프카의 신화적 요소는 현실과 어떤 관계에 있는가?

---

27 Rolf Goebel, *Kritik und Revision, Kafkas Rezeption mythologischer, biblischer u. historischer Tradition*, Frankfurt/M., 1986, S. 17.

438

③ 이러한 신화적 요소의 힘이 어떻게 취급되는가?

카프카 신화의 해석으로 규명하고자 하는 이들 세 가지 질문의 답변은 하나같이 명백한 기본 경향을 지니는데, 이는 카프카의 신화 몰두는 자신으로부터 거리감으로 해체와 파괴의 경향이다. 카프카는 포세이돈, 프로메테우스, 오디세우스 등 신화적 인물의 정체성을 해체함으로써 원전의 막강한 위력을 무력화시키고 있다. 카프카는 삶의 세계와 신화적 세계, 새로운 신화와 옛 신화 등 다양한 여러 세계를 서로 변증법적으로 충돌시켜서 끊임없이 해체하는 것이다.

따라서 카프카의 작품에서는 일반적인 신적 요소는 사라져 일반적으로 모순성이 발견된다. 즉흥적이고, 매개가 없이 돌연적이고 원초적으로 작품이 진행되기 때문이다. 그러나 이 모순성은 자연적으로 만들어진 인간 체험이다. 카프카 문학은 한 곳에 머물러 있지 않고 인간의 원초적 체험을 끊임없이 보충하는 것이다. 그의 장편 소설은 에피소드적이며 순환적 서술로 끊임없이 이러한 원초적 체험을 나타내고, 그의 단편에서도 서술의 파기 운동으로 이러한 형상이 나타나고 있다. 실존적인 기본 체험이 카프카의 문학에 담겨 있는 것이다.

카프카는 이러한 상황의 묘사로 비유*Gleichnis*를 자주 사용한다. 폴리처는 카프카의 비유를 문학의 로르쏴하 검사*Rorschach-Test*(심리학에서 잉크 얼룩 같은 도형을 해석시켜 사람의 성격을 판단하는 진단법)라고 명명했다. 우리가 카프카 해석에서 작품보다 그의 심리에 관해 알려고 하면 결과가 별로 없을 것이다. 그러나 이 로르쏴하의 현상은 카프카의 신화 문학에서 도외시될 수 없다. 이는 다음과 같이 말할 수 있다. 카프카는 신화에 적합한 사건, 즉 앞서 아도르노가 언급한 대로,[28] 특정 신화가 필요한 제식(祭式)적인 면을 요구하고 있다. 따라서 카프카 작품에서 신화는 계속해서 새로 부활한다. 바로 카프카 특유의 신화의 재구성인 것이다.

카프카 신화의 재구성은 신화의 개방 구조, 말하자면 신화의 탄력성에 의해 가능했다. 이를 인식하기 위해서 카프카의 단편들의 주제를 주목해 볼 필요가 있다. 카프카는 신화의 힘으로 법, 권력, 질서의 의미를 보여 주거나 불가해한 것을 침묵의 외투인 신화로 뒤덮는다. 이는 카프카가 해석이 전통적인 의미 개념에서

---

28 Theodor W. Adorno, Aufzeichnungen zu Kafka, in: Ders. *Prismen, Kulturkritik und Gesellschaft,* Schriften 10, 1, Frankfurt/M., 1977, S. 243.

벗어날 정도로 고전적 모티프를 변형시키는 것이다. 카프카는 급진적인 문학적 변용을 통해 전승된 신화를 낯설게 만들었을 뿐만 아니라, 탈신화화시키는 과정에서 지녔던 자신의 관점마저도 거듭 수정하고 변주함으로써 불투명하게 만들고 있다. 카프카는 한편으로 현대에 있어서 신화의 변화된 의미 요구를 표현하려고 하고, 다른 한편으로는 탈신화의 방법으로서 자기 고유의 문학을 만들려고 한 것이다.

카프카는 신화의 유혹에 쫓아가지 않고, 그것을 낯설게 느끼고, 개작하고, 바로 잡고, 탈신화시키고, 새로운 해석을 붙여 활성화시켰다고 볼 수 있다.[29] 따라서 고대 그리스 신화에 등장하는 신화적 인물은 해체되어 재구성된다. 신에게서 불을 훔쳐 인간에게 가져다준 프로메테우스는 바위에 쇠사슬로 묶여 독수리에게 간을 쪼여 먹히는 형벌을 겪었다. 밤마다 간이 회복돼 다음 날 낮에 다시 쪼여 먹혔던 프로메테우스의 영원한 고통은 인간 고통의 본질을 말해 준다. 오래전부터 느꼈거나 여러 번 경험했다고 해서 고통이 익숙해지고 쉽게 견딜 수 있는 건 아니라는 것이다. 카프카는 이러한 프로메테우스 신화의 일반적 해석을 자기 방식의 프로메테우스로 변형시켜 신화적 작품을 자신의 고유한, 현재의 위치로부터 활성화시켰다. 다시 말해서 카프카는 자신의 작품 「프로메테우스」에서 탈신비화의 탈신비화를 보여 준 것이다. 물론 카프카 문학의 특징처럼 이 작품에서도 카프카의 신화 성격은 명확하게 나타나지 않는다. 이는 다의성과 불확실성으로 원전의 의미를 파괴한 신화적 변용이다.

이렇게 카프카는 신화를 제한적으로, 즉 인간에게 불가결한 기초로 묘사한 결과 그의 신화는 관습적인 신화와 달라 신화의 의미를 명백하게 해명해 내지 못하고 애매하게 된다. 이는 신화 성격에서 볼 때 카프카는 신화를 파괴하여 독자에게 새로운 시각으로 신화 읽기를 요청하는 것이다.

이런 맥락에서 많은 해석가들은 고전적 소재를 다룬 카프카의 「프로메테우스」, 「포세이돈」, 「산초 판사의 진실」, 「신임 변호사」 그리고 「사이렌의 침묵」을 신화의 새로 읽기, 즉 신화의 해체라는 관점에서 접근하고 있다. 아도르노는 〈카프카 작품

---

29 Vgl. Walter Benjamin, Franz Kafka, in: H. Politzer(Hg.), *Franz Kafka*, Darmstadt, 1973, S. 149.

은 시간의 울림을 고정시켰는데, 이는 정화된(탈신비화된) 믿음이 불결한 믿음으로, 또 탈신화가 악령학으로 나타나기 때문이다〉[30]고 서술하고 있다.

슈티렐레Karlheinz Stierle는 〈의미적 의도*intention significative*〉란 받아들이는 사람이 예상 외의 관련성을 시도함으로써 생겨난다고 보았다. 카프카의 신화 재구성은 불가해한 현실을 나타낸다는 사실이 중요하다. 신화는 현실을 완전히 저장하지 못하므로 현실은 신화적으로 설명될 수 없다. 신화란 〈목적이 없는 길*Weg ohne Ziel*〉(H 32)이거나 〈길이 없는 목적*Ziel ohne Weg*〉(H 32)이다.[31] 따라서 끊임없는 것이 선회하며, 속수무책이 예감된다. 우리가 신화의 사실성을 믿는다면, 두 가지 악 중에서 하나를 선택하는 것이나 우리가 카프카의 신화 해체를 믿는다면, 현재의 잠재적인 양상이 발견된다고 괴벨은 언급한다.[32] 그런데 전래된 신화의 재구성은 결코 카프카만의 창작은 아니며 이미 고대 이래로 작가들이 상당히 자유롭게 신화의 소재를 취급해 왔다.

앞에서 언급되었듯이 카프카의 대표적인 그리스 신화적 작품으로 세 단편 「포세이돈」, 「프로메테우스」, 「사이렌의 침묵」을 들 수 있는바, 이들 작품을 예로 신화의 해체와 재구성을 분석해 보겠다. 카프카는 「프로메테우스」와 「포세이돈」, 「사이렌의 침묵」에서 하나의 주인공들을 탈신비화시켜 신화를 변형시켰다.[33] 「사이렌의 침묵」에서 카프카는 〈꾀 많은 인간*homo pfiffikus*〉의 길을 표명함으로써 신화적 질문에 대한 답변을 하고 있다. 「프로메테우스」와 「사이렌의 침묵」에서는 전통적으로 내려온 하나의 진실 대신 서로 모순적인 진리들이 공존하여 그리스 신화적 요소를 나타낸다. 탈신비화는 진리를 요구하는데 이러한 진리는 원칙적으로 불가해한 것으로 끝날 수밖에 없다. 따라서 카프카 문학의 특징처럼 이들 작품들에서도 카프카의 신화 성격은 명확하게 나타나지 않고 있다.

30 Theodor W. Adorno, Aufzeichnungen zu Kafka, a.a.O., S. 283.

31 Roman Karst, Kafkas Prometheussage oder das Ende des Mythos, in: *The Germanic Review*, Volume LX, Nr. 2, Columbia University, New York, 1985, S. 46.

32 Rolf Goebel, Selbstauflösung der Mythologie in Kafkas Kurzprosa, S. 79, in: Barbara Elling(Hg.), *Kafka-Studien*, New York, Bern, 1985, S. 63~80.

33 이들 세 작품은 이 저서 「제7장 단편 분석」에서 더 자세하고 구체적으로 분석됨.

① 포세이돈 신화의 해체와 재구성

제우스 다음으로 유력한 신 포세이돈(로마 신화의 넵투누스[영어명 넵튠]에 해당)은 에우보이아 섬의 아이가이 근처에 있는 바다 밑에 궁전을 가지고 있고, 그가 청동의 발굽과 황금의 갈기가 있는 명마(名馬)들이 끄는 전차(戰車)를 타고 바다 위를 달리면 그때만은 파도도 잠잠해진다고 한다. 그는 바다의 신인 동시에 담수(淡水)의 신이기도 하고, 지진(地震)의 신인 것으로 보아, 원래는 대지(大地)의 여신과 결부된 지신(地神)으로 생각된다. 바다의 신으로서 포세이돈의 상징은 삼지창이며, 정식 아내는 대양신(大洋神) 네레우스의 딸 암피트리테로 두 사람 사이에는 트리톤, 로데, 벤테시키메가 태어났다. 그 밖에도 많은 여성과 관계를 맺어 페가소스, 오리온 등도 그의 자식이라고 한다.

이러한 포세이돈 신의 원전을 카프카는 해체하고 재구성하였다. 그의 작품 「포세이돈」[34]에서 바다의 신 포세이돈은 회계 업무를 보고 있다. 포세이돈의 이러한 상황은 전근대 내지는 신화가 근대와 중첩됨을 의미한다. 카프카는 이질적인 두 가지 시간 유형을 동시성으로 표현함으로써 서로를 비교 가능케 만들었다. 이러한 해체적 구성은 탈중심화로 대변되는 포스트모더니즘의 정신과 일맥상통한다. 「포세이돈」에서 카프카는 세계의 해득 불가능의 모티프를 다루므로 이에 대한 그의 서술적 근거를 제시하고자 한다.

신화의 역사화 혹은 역사의 신화화는 「포세이돈」의 주제이기도 하다. 1918년에 카프카는 「포세이돈」의 인물 구상에서 〈포세이돈이 자신의 바다에 싫증이 났다 *Poseidon wurde überdrüssig seiner Meere*〉(H 95)는 문장을 써넣은 뒤, 2년 후 실제 작품에서 정복되지 않는 힘의 소유자인 신을 현대의 직업인으로 전환시킨다. 따라서 포세이돈은 자신의 삶을 아무런 갈등 없이 헤쳐 나가는 영웅이 아니라 당국의 명령에 의해 자신에게 부과된 임무, 즉 하천을 관리하기 위해 끊임없이 〈계산〉을 기계처럼 반복해야 하는 관료가 된다. 즉 태고적으로부터 바다의 신으로 운명지어진 포세이돈은 물을 다스리는 삶으로부터 벗어나 근대적 질서에 편입되는 것이다.

---

34 이 작품 전문은 「제7장 단편 분석」 편의 〈8. 『포세이돈』〉에 실려 있음.

신화 속에서 포세이돈의 삶은 무한한 바다의 지배로 상징되는 반면 끊임없이 계산을 반복하는 근대의 포세이돈은 산업 사회의 윤리인 직업 의식에 충실하다. 그러나 기계와 같은 운동을 강요하는 새로운 직업은 기쁨을 주기는커녕 과거의 단조로움을 재현한다. 순환에 갇혀 단조롭게 질주하는 삶 그 자체는 정지될 수 없다. 이러한 포세이돈의 단조로운 삶이 현대에도 전이되었는지 장편『아메리카』에서도 주인공 카알은 이러한 삶 속에서 좌절을 겪는다. 〈카알은 거리를 내다보았는데, 그 모습에는 아무런 변화가 없었고, 그것은 즉 순환 속에 작용하는 모든 힘을 알지 못하고는 우리가 그 자체를 정지시킬 수 없는 거대한 순환의 일부분에 지나지 않았다.〉(A 41)

〈오늘날〉은 〈옛날〉에 비해 더 긍정적이지 않으며 그 반대의 경우도 성립한다. 장점과 단점을 동시에 지닌 신화와 근대는 각각 절대적으로 옳거나 그르지 않은 가치 개념이다.[35]

② 프로메테우스 신화의 해체와 재구성

인간들의 신에 대한 반응은 이중의 자세, 즉 〈요구〉와 〈거부〉로 나타난다. 카프카도 일생 동안 신에 대한 요구와 거부의 이중적 감정에 휩싸여 있었는데, 이는 〈신성에 대한 동경과 신성 모독에 대한 두려움으로, 이 모두는 인간의 내면에서 치솟는 강력하면서도 참기 어려운 힘〉(G 78)이라고 야노우흐와의 대화에서 피력하고 있다.

요구는 인간은 연약한 존재이므로 신의 힘을 끌어들여 자신들의 한계를 극복하려는 이기심의 발로이다. 신의 도움 없이는 삶 자체도 영위할 수 없다는 명제에서 신에 대한 요구가 발생하는 것이다. 따라서 신에게 접근하려는 노력은 인간의 삶이 어차피 비극일 수밖에 없다는 시각의 반영이다. 인간의 이러한 선택은 삶의 체념으로 귀착될 수밖에 없다는 절망감의 표현이다. 그런데 신과 최대한 가까운 거리에서 고귀, 순수, 절대를 소유하려는 욕망이 신의 영역 침범이나 신성 모독으로 여겨지는 경우도 있다.

---

35 권세훈, 「카프카 작품에 나타난 포스트모더니즘 경향」, 『카프카 연구』, 제5집, 한국카프카학회, 1996, 14면.

신의 거부는 인간들이 자신들 힘의 의지를 표방하는 행위이다. 인간은 원래 자신의 이성만을 깊이 신뢰하고 신의 절대 섭리를 경시할 정도로 개성과 독립심이 강하다. 따라서 신의 거부는 오만의 강화로 볼 수 있다. 신과의 접촉을 과감하게 시도하려던 바벨탑 축조자들이나 신들의 기밀을 누설한 프로메테우스의 무모함이 대표적인 오만의 강화로 〈신의 거부〉를 나타낸다.

이런 맥락에서 신을 거부한 인물로 프로메테우스를 들 수 있는데 그는 인간 세상에 살고 있었으며 신의 영역에서 불을 훔쳐 인간에게 나눠 주었다. 인간은 그 불을 쓰는 법을 배워 음식을 구워 먹고 밤에도 따뜻하게 잘 수 있게 되었다. 그런데 프로메테우스는 그 불을 제우스 왕국의 부엌에서 훔쳐 냈다고도 하고, 제우스 벼락에서 옮겨 붙였다고도 하며, 태양신의 마차 바퀴에 심지를 갖다 대어 붙여 왔다고도 한다. 그러나 천상 천하의 전능한 신 제우스로서는 프로메테우스가 한 짓이 패씸하기 짝이 없었다. 그래서 제우스는 크라토스Kratos(권력)와 비아Bia(폭력) 두 신을 시켜 그를 잡아서 인적 없는 광야의 끝 카우카수스 산 꼭대기로 끌어다가 큰 바위에 붙들게 하고 화신 헤파이스토스를 시켜 억센 쇠사슬을 만들어 그를 묶게 하여, 평생 동안 제우스의 상징인 독수리에게 간을 뜯어먹히는 무시무시한 형벌을 받게 하였다.

이렇게 프로메테우스가 쇠사슬에 묶여 형벌을 받아서인지 카프카 자신의 형벌도 쇠사슬에 묶이는 형상으로 표현되는 경우가 있다. 1914년 6월 6일의 일기에서 불과 닷새 전에 펠리체 바우어와 약혼했다 파혼한 카프카는 자신을 쇠사슬에 묶인 죄인에 비유하고 있다.

베를린에 돌아왔다. 나는 죄인처럼 묶여 있었다. 나를 실제의 쇠사슬로 묶어 경찰서 어느 한 구석에 처박아 넣고 뭇 사람들의 구경거리로 만들었다 하더라도 이보다는 더 참을 만했을 것이다. 약혼에 대한 나의 심정은 바로 이런 것이다.(T 240)

독수리가 프로메테우스의 간을 파먹지만 밤이 되면 간이 새로 돋아나 독수리에게 파 먹히는 그의 고통은 영원히 계속되었다. 후일에 헤라클레스가 그를 구해 주게 된다. 헤시오도스의 신화에 의하면 프로메테우스의 고통은 오랜 세월이 지난 후 제우스가 그의 아들인 헤라클레스가 독수리를 죽이는 것을 허락함으로써 끝난다.

또 그리스 신화에서 프로메테우스는 인류의 창조자로도 언급된다. 태고에 카오스가 정리되어 하늘과 땅 그리고 바다가 생성된 후 하늘에는 새, 바다에는 물고기 그리고 땅에는 네발 달린 짐승들이 각각 터전을 잡고 살아가고 있었다. 그러나 좀 더 고등한 동물이 필요하여 프로메테우스가 대지에서 흙을 취해서 물로 반죽하여 신들의 형상과 비슷한 인간을 만들었다고 한다. 이상의 프로메테우스에 관한 전설이 괴테의 시 「프로메테우스」에 잘 나타나 있다. 이 시에서 프로메테우스는 자신을 구속하는 제우스 신에게 심하게 저항한다.

프로메테우스

제우스여, 그대의 하늘을
구름의 안개로 덮어라!
그리고 엉겅퀴를 꺾는
어린이와 같이
떡갈나무에, 산봉우리에 힘을 발휘해 보아라!
하지만 나의 대지만은
손끝 하나 안 되니,
네 힘을 빌리지 않고 세운
내 오두막에,
그리고 네가 시샘하고 있는
내 가마의 불은
손대지 말지어다.

너희들 신들이여, 태양 아래서
너희보다 더 불쌍한 자 어디 있으랴!
너희들은 기껏해야
희생으로 바쳐진 제물이나

기도의 한숨으로써
위엄을 지탱할 뿐이니,
철없는 애들이나 거지 같은 인간이
어리석은 기원을 드리지 않을 때는
너희는 몰락하게 되리라.

내가 어릴 때,
철부지여서 아무것도 모르던 때,
나의 비탄을
들어줄 귀가 있고,
나처럼 괴로워하는 자를
불쌍히 여길 심정이 있겠지 해서
방황의 눈이 태양을 향했었노라.

거인족의 교만으로부터
나를 구해 준 자 누구였던가?
죽음과 노예 상태로부터
나를 도와준 자 누구였던가?
그 일을 해준 것은
거룩하게 불타는 나의 마음이 아니었더냐?
그런데 젊고 착했던 나는
완전히 속아서 천상에서 잠이나 자고 있는
너희들 신에게 감사한 마음을 작열시키지 않았던가?

너를 숭배하라고? 어째서?
너는 한 번이라도 번뇌자의
고통을 경감해 준 일이 있는가?
너는 한 번이라도 고뇌자의

눈물을 감해 준 일이 있었느냐?

나를 인간으로 단련시킨 것은
전능의 세월과
영원한 운명으로
그것이 나의 지배자지, 너희들이겠는가?

어린이 같은 싱싱한 꿈의 이상이
열매 맺지 않았다 하여
내가 인생을 증오하고
사막으로 도망칠 거라고
망상이라도 한단 말인가?

나는 여기 앉아서
내 모습의 인간을 만드노라,
나를 닮은 종족으로,
괴로워하고 울고
즐거워하고 기뻐하지만
너 따위를 숭배하지 않는
나와 같은 인간을 창조하리라.

Prometheus

Bedecke deinen Himmel, Zeus,
Mit Wolkendunst!
Und übe, Knaben gleich,
Der Dieseln köpft,
An Eichen dich und Bergeshöhn!

Mußt mir meine Erde
Doch lassen stehn,
Und meine Hütte,
Die du nicht gebaut,
Und meinen Herd,
Um dessen Glut
Du mich beneidest.

Ich kenne nichts Ärmer's
Unter der Sonn' als euch Götter.
Ihr nähret kümmerlich
Von Opfersteuern
Und Gebetshauch
Eure Majestät
Und darbtet, wären
Nicht Kinder und Bettler
Hoffnungsvolle Toren.

Da ich ein Kind war,
Nicht wußte, wo aus, wo ein,
Kehrte mein verirrtes Aug'
Zur Sonne, als wenn drüber wär'
Ein Ohr, zu hören meine Klage,
Ein Herz wie meins,
Sich des Bedrängten zu erbarmen.

Wer half mir wider
Der Titanen Übermut?

Wer rettete vom Tode mich,

Von Sklaverei?

Hast du's nicht alles selbst vollendet,

Heilig glühend Herz?

Und glühtest, jung und gut,

Betrogen, Rettungsdank

Dem Schlafenden dadroben?

Ich dich ehren? Wofür?

Hast du die Schmerzen gelindert

Je des Beladenen?

Hast du die Tränen gestillet

Je des Geängsteten?

Hat nicht mich zum Manne geschmiedet

Die allmächtige Zeit

Und das ewige Schicksal,

Meine Herrn und deine?

Wähntest du etwa,

Ich sollte das Leben hassen,

In Wüsten fliehn,

Weil nicht alle Knabenmorgen-

Blütenträume reiften?

Hier sitz' ich, forme Menschen

Nach meinem Bilde,

Ein Geschlecht, das mir gleich sei,

Zu leiden, weinen,

Genießen und zu freuen sich,

Und dein nicht zu achten,

Wie ich.

이러한 프로메테우스 신화의 원전을 카프카는 단편 「프로메테우스」[36]에서 해체하고 재구성하였다. 이 작품은 처음에 〈프로메테우스에 관해서는 네 가지 전설이 전해지고 있다〉(H 74)고 시작하여, 프로메테우스 신화와 관련된 네 가지 전설에 대한 보고 형식으로 구성되어 있다.

신화적 기능에서 볼 때 카프카의 「프로메테우스」에는 부분적인 축소가 보인다. 첫 번째 단락에서 고대의 이야기가 간단하게 소개된다. 두 번째 단락에서는 신화적 전설이 물질적 세계로 용해된다. 이는 신화가 물질적으로 체험되는 세계를 설명할 수 있다는 것을 나타낸다. 그러나 세 번째 단락과 네 번째 단락에서 바위로 되는 과정에 모순점이 있다. 세 번째 단락에서 프로메테우스 신화는 신이나 독수리 또 프로메테우스 자신에 의해 잊혀진다. 그러나 자신의 처벌 이유가 납득되지 않은 채 바위가 된 프로메테우스는 계속 존재하여 신의 잔인함을 보여 주고 있다. 자신에 해당되는 전설이 모든 해당자들에 의해 잊혀졌기 때문에 신화적 인물은 자신의 전설 없이 존재하고 있다. 네 번째 단락에서 — 여기에는 신이나 독수리와 상처뿐 아니라 인간도 해당된다 — 신화적 형상의 권태가 느껴진다. 사람들은 그것들에 지치게 되는 것이다. 따라서 인간뿐 아니라 신화적 신들이나 독수리도 곧 식어버린다. 전설로서 신화와 권력 행사(처벌)의 기능으로서 신화가 여기에서 구분된다. 첫 단락과 두 번째 단락은 전설적 신화를 테마로 삼는데 두 번째 단락에서는 기능적 요소가 느껴진다. 그다음의 단락에서는 신화적 기능이 비평적으로 조명되고, 네 번째 단락에서 이 신화적 기능이 다시 파기된다. 현실과 요구가 서로 갈등하며 순환되고 있다. 신화적 요구가 내재적으로 비평되는 것이다.

결국 프로메테우스에 대한 네 개의 전설은 서로 논리적으로 배열된 연속물이 아

---

36 이 작품 전문은 「제7장 단편 분석」 편의 〈9. 『프로메테우스』〉에 실려 있음.

니라 각각 다른 관점에서 프로메테우스 신화를 나열한 것으로, 신화를 〈역사적으로 다이나믹한 계승 과정〉으로 보는 작가 의식이 투영되고 있다. 따라서 여기 기술된 네 가지 신화는 신화의 단순한 재수용이 아니라, 신화 수용 자체에 대한 작가의 성찰 과정을 서로 모순되는 각도에서 보여 준다.[37]

안티케 신화가 초시간적인 진리를 담고 있는 반면에 구전의 성격이 강한 설화 형식은 다른 장르들에 비해 내용의 변화 가능성이 많다는 것이 특징이다. 안티케의 원형이 대부분 유지되는 첫 번째 단락에서 매일 다시 자라나는 프로메테우스의 간을 파먹는 독수리의 반복 행위는 시간의 영원한 순환성을 나타낸다. 두 번째 단락은 프로메테우스가 고통에 못 이겨 〈점점 깊게immer tiefer〉(H 74) 바위 속으로 밀려 들어가 마침내 바위와 하나가 되는 과정을 설명한다. 〈점점 깊게〉의 표현은 순환적인 신화적 시간이 직선적인 발전 형태의 역사적 시간으로 바뀌었음을 암시한다. 사건의 역사적 발전은 다시 세 번째 단락에서 비역사적인 시간에 해당하는 〈수천 년의 세월이 지나in den Jahrtausenden〉(H 74) 모든 당사자들이 프로메테우스의 배반을 망각함으로써 해체된다. 근거가 없어져 버린 것으로 인한 피곤함이 상처마저 봉하고 마는 상태를 다룬 마지막 단락은 그 이전의 단락들과 뚜렷한 연결 고리 없이 불연속성에서 독자적으로 존재한다.

카프카의 텍스트는 〈각기 프로메테우스 신화를 상이하게 전승하면서 스스로에게 부여한 절대적인 보편 타당성을 허물어뜨리는 네 개의 연관성이 없는 단락들이 앞뒤가 맞지 않는 상태로 병렬화된 것〉[38]이다. 신화의 절대적 진리와는 다르게 단락의 진리는 암시적이다. 선험적으로 확정될 수 없고 상황에 따라 변용되는 진리의 표현을 통하여 카프카는 견고하게 보이는 규범의 언어가 사실은 착각에 지나지 않는다는 것을 말하고 있는 것이다.[39]

슈티렐레는 카프카의 「프로메테우스」에서 신화의 모든 의미가 거부된다고 보고

---

37 김혜진, 『카프카의 단편에 나타난 신화적 모티브 고찰』, 서울대학교 대학원 석사학위 논문, 1998, 5면.

38 Rolf J. Goebel, *Kritik und Revision. Kafkas Rezeption mythologischer, biblischer und historischer Traditionen*, Frankfurt/M., 1986, S. 29.

39 권세훈, 「카프카 작품에 나타난 포스트모더니즘 경향」, 『카프카 연구』, 제5집, 한국카프카학회, 1996, 16면 이하.

있다.[40] 슈티렐레는 이 관계에서 절대적인 은유를 언급하는데, 신화적 체계가 새로운 의도를 착상할 때 이 은유는 절대적으로 발생하며 여기서 사실상 신화의 실체성은 포기된다. 최소한 자신의 기본 구조로 불변하여 일반적이 된 것에 새로운 것이 접목되는 것이다.[41]

③ 오디세우스 신화의 해체와 재구성

그리스의 국민 신앙에 의하면 원래 사이렌Sirene은 죽은 영혼들에 속한다. 이 영혼들은 피를 먹음으로써 그들의 존재를 보존하게 되어 있다. 사이렌은 흉측한 바다 괴물 스킬라와 카리브디스(소용돌이) 근처 바위섬에 사는데, 아름다운 노랫소리로 항해자들을 유혹한다. 그 노랫소리에 홀린 항해자들은 배에서 뛰어내려 사이렌을 향하여 헤엄쳐 가다가 거친 바닷물에 빠져 죽거나, 혹은 노래에 홀려 굶어 죽는다는 것이다.

플라톤도 『국가론』 10권에서 사이렌에 대해 기록하고 있는데, 아르메니우스의 아들로서 전장에서 죽은 에르가 죽은 자들의 나라에서 돌아와 보고하는 내용으로 등장한다. 세계의 구조에 대한 이 이야기에서 플라톤의 사이렌은 물의 요정이라기보다는 죽은 자들의 영혼이라고 할 수 있다.[42]

이후 사이렌의 몸이 새에서 물고기로 변해가면서 에로틱한 요소가 가미되어 인어의 전설로 고대부터 세계 각지에서 전해져 내려온다. 독일 라인 강의 로렐라이 전설에 등장하는 〈라인의 처녀〉도 인어다. 전설 속의 인어는 반드시 여자이며, 뱃사람을 홀리는, 아름답지만 무서운 존재다. 심지어 명 나라의 『본초강목(本草綱目)』, 조선 말기의 실학자 정약전이 쓴 『자산어보(玆山魚譜)』에도 인어에 대한 기록이 나온다. 『자산어보』에 따르면, 어선 그물에 가끔 인어가 걸리는데 뱃사람들은 불길하다며 내다버렸다고 한다. 이는 조선 시대의 뱃사람들이 바다 사자의 일종인 두유공을 인어로 착각한 것으로 본다. 두유공은 가슴에 새끼를 안고 젖을 먹이며

40 Vgl. Karlheinz Stierle, Mythos, als 〈bricolage〉 und zwei Endstufen des Prometheusmythos, in: Manfred Fuhrmamm(Hg.), *Terror und Spiel*. München, 1971, S. 460.

41 Karlheinz Stierle, a.a.O., S. 460.

42 최민숙 외 지음, 『물의 요정을 찾아서』, 이화여자대학교출판부, 2005, 27면.

바다 위를 헤엄치기도 한다. 이 모습은 멀리서 보면 마치 여자처럼 보였고, 여기서 조선 말기에 인어의 전설이 탄생한 것으로 보인다.

사이렌의 노래처럼 노래의 유혹에 대한 동기가 우리나라의 옛이야기에서도 가끔 나온다. 예를 들어 우리나라 신라 시대에 영재(永才)가 벼슬을 버리고 입산하다가 어느 산모퉁이에서 도적을 만났다. 가진 것을 내놓으라고 하자 영재는 아무것도 없다고 했다. 그런데 이 도적들은 영재가 이야기도 잘하고 노래도 잘한다는 것을 알고는 노래를 하라고 했다. 영재가 이에 「우적가(遇賊歌)」, 즉 도적과 만난 기연(奇緣)을 노래했다. 『삼국유사』에 전하는 이 향가는 온전하지 않아서 오늘날 정확한 이해가 어렵지만 그 노래를 들은 도적들은 모두 창과 칼을 버리고 영재를 따라 입산했다고 한다.

이렇게 노래가 유혹하는 동기가 담긴 작품으로 카프카의 작품 「요제피네, 여가수 또는 서(鼠)씨족」도 들 수 있다. 이 작품의 서술자는 요제피네를 고전적-낭만주의적 의미에서의 예술가, 이른바 〈오르페우스와 같은 형상〉으로 묘사한다. 〈우리의 가희는 요제피네이다. 그녀의 노래를 듣지 않는 자는 노래의 힘을 모른다. 그녀의 노래가 매혹시키지 못하는 자는 아무도 없다. 우리 족속은 도무지 음악을 좋아하지 않는 고로 이와 같은 일은 더 높이 평가되어야 한다.〉(E 200)

그리스 신화에서 음악의 유혹을 물리친, 즉 사이렌의 유혹을 이겨낸 영웅은 오르페우스로서, 그는 황금 모피를 찾아 떠난 아르고 호의 원정 대원으로 참가하여 콜키스로 항해하는 도중 사이렌이 사는 섬을 지나가게 되었다. 이때 오르페우스는 자신의 리라Lyra 연주로 사이렌의 노랫소리에 대항함으로써 선원들의 동요를 막았다고 한다. 사이렌은 자기의 노랫소리를 듣고도 유혹당하지 않고 통과하는 자가 있을 경우 바다에 빠져 죽게끔 되어 있어, 이때 물에 빠져 자살했다고 한다.

그러나 뭐니뭐니 해도 음악의 유혹을 물리치는 이야기는 그리스 영웅 신화의 대표격인 오디세우스 신화다. 그리스 신화의 영웅으로 호메로스의 작품 『오디세우스』의 주인공 오디세우스는 이오니아 해에 있는 섬 이타카의 라에르테스 왕과 왕비 안티클레이아의 아들이다. 성인으로 이타카의 왕이 된 오디세우스가 미녀 헬레나에게 구혼하였으나 그녀는 메넬라오스를 택했고, 오디세우스는 이카리오스의 딸 페넬로페를 아내로 맞이하여 아들 텔레마코스를 얻는다. 훗날 메넬라오스가 트로이의 왕자 파리스에게 납치된 아내 헬레나를 되찾기 위해 벌인 전쟁에 오디세우스도 참가하게 된다. 이때 트로이가 우세해져 그리스군이 위기에 처하자 오디세우스는 트로이 목마를 고안해 내어 전쟁을 승리로 이끈다.

그러나 10년에 걸친 전쟁이 끝난 뒤에 오디세우스는 바다의 신 포세이돈의 노여움을 사게 되고, 다시 10년이나 걸린 항해 끝에야 마침내 고향 이타카로 돌아가게 된다. 포세이돈에게 괴롭힘을 당하며 해상을 떠돌 때 오디세우스는 아에아에 섬에서 마법의 여신 키르케와 1년간 살게 되는데, 섬을 떠나기 전 오디세우스는 키르케로부터 사이렌에 대한 경고를 듣는다.

키르케는 항해를 떠나는 오디세우스가 사이렌의 섬을 지날 때 그녀의 노래가 분출하는 마술적 유혹에서 벗어나는 방법을 가르쳐 준다. 방법인즉 선원들의 귀를 밀랍으로 막고 또 오디세우스는 선원들로 하여금 자신의 몸을 돛대에 묶게 하라는 것이었다. 따라서 오디세우스는 선원들에게 그가 무슨 말을 하고 무슨 짓을 하던 사이렌의 섬을 통과하기까지 그의 몸을 풀어 주지 못하도록 명령을 내렸다. 그가 돛대에 묶여 있는 한 그에게 어떤 위험도 없을 것이라는 확신을 가지고 있었다. 그러나 그 위험은 그에게 괴로운 자기 향락이 된다. 사이렌은 오디세우스의 영웅담을 불렀고, 트로이 전쟁에서 죽은 그의 친구들에 대해 노래했으며, 그의 가족과 고향에 대해 노래했다. 뿐만 아니라 사이렌은 그가 그렇게 마음속으로 회상하고 동경했던 체험과 소망을 다시 노래로 불렀다. 그러나 배는 섬을 지나게 되고 노래는 멀리 사라졌다. 위험은 물러가고 오디세우스는 다시 의식을 찾게 된다. 따라서 오디세우스는 사이렌의 매력적인 유혹을 벗어나 드디어 섬을 통과할 수 있었다는 내용이다.

이렇게 노래의 유혹을 극복하는 오디세우스의 신화를 카프카는 작품 「사이렌의 침묵Das Schweigen der Sirenen」[43]에서 해체하여 재구성한다. 이 작품은 오디세우스와 사이렌의 만남을 파로디화 한 것으로 비판적 이성의 시각을 통해 신화 속의 영웅을 탈영웅화시킨다.

카프카의 「사이렌의 침묵」에서는 대단히 유치한 수단이 보호의 수단으로 봉사

---

43 이 작품 전문은 「제7장 단편 분석」 편의 〈10. 『사이렌의 침묵』〉에 실려 있음.

될 수 있다는 증거가 작품의 발단이 된다. 자기 귀를 막지 않은 호메로스의 오디세우스와 달리 카프카의 오디세우스는 보호받기 위해서 밀랍으로 자기 귀를 틀어막았을 뿐만 아니라 돛대에 자신의 몸을 붙들어 묶도록 한다. 그런데 이러한 오디세우스의 노력에 반대로 사이렌은 침묵을 지킨다. 이 사이렌의 침묵은 작품에서 여러 형태로 등장한다. 사이렌의 침묵에서 탈신화 현상이 직접적으로 시도되어 원작품(原作品)의 작가와 카프카 사이에 거리가 존재한다. 그다음의 이야기에 의하면 사실 오디세우스가 자기 귀를 밀랍으로 막는 수단은 근본적으로 사이렌의 노래에 대항하기는 역부족이다. 이 세상의 모든 사람은 그 정도는 어차피 다 알고 있는 사실이다. 단지 오디세우스만이 자기 수단 방법을 백 퍼센트 믿고 유치한 기쁨으로 사이렌을 향하여 항해했다. 호메로스의 오디세우스와 다르게 카프카의 인물은 사이렌의 소리를 전혀 들으려 하지 않는다. 신화적 영웅인 그는 처음부터 위험에 관해 전혀 개념하지 않으므로 탈영웅화된다. 이와 같은 신화의 해체와 재구성으로 카프카 작품은 호메로스의 작품과 구별된다.

안티케 신화를 이미 알고 있는 서술자는 먼저 전통적으로 인정되어온 진리를 〈이성〉의 비판적 시각으로 분석하고 수정함으로써 새로운 신화를 만들어 낸다. 따라서 오디세우스가 사이렌의 유혹을 물리치는 원래의 기본 구도는 변하지 않은 상태에서 카프카의 텍스트는 언어의 두 측면인 〈지시 표층Bezeichnende〉과 〈의미 표층Bezeichnete〉이 서로 일치하지 않는 상태를 보여 준다. 사이렌은 침묵하고 있는데도 오디세우스는 자신의 보잘것없는 보호막이 제대로 기능하고 있다고 믿는 것이다. 여기에서 사이렌의 〈침묵〉과 오디세우스의 유치한 수단이 대립된다. 침묵은 신화와 종교에서 중요한 의미를 지닌다.

원래 침묵은 신의 속성이다. 성서에서 카인이 아벨을 살해하고 나서 신은 침묵으로 일관한다. 그것은 카인에게는 어느 형벌보다 가혹한 힘으로 작용한다. 신의 침묵은 침묵이 아닌 엄청난 질책의 소리가 되는 것이다. 이는 침묵의 역설적 위력이다. 성서에서 예시된 카인에 대한 신의 침묵은 절대자로서 신과 인간의 괴리 및 대화 단절을 통한 번뇌와 형벌의 양상을 띠고 있다. 이러한 침묵은 종교 문학에서 그 유형은 다르지만, 동서 문학에서 문학의 지배적 테마를 이루어 왔다. 예를 들어 시공의 영원성과 무한성을 갈구하는 영국의 낭만주의 시인 키츠John Keats의 시

「그리스 단지에 대한 송시Ode on a Grecian Urn」의 주제가 대표적이다. 이 시에서 키츠는 감각적인 현상계를 초월한 영원 속의 침묵을 더욱 아름다운 것으로 노래하고 있다.

들리는 가락 아름다우나, 들리지 않는 가락이
더 아름답다, [……].

Heard melodies are sweet, but those unheard
Are sweeter, [……].[44]

이러한 신적인 침묵을 오디세우스의 유치한 전략이 극복하여 신화의 해체와 재구성이 발생한다. 신적인 침묵을 행사하는 사이렌이 오디세우스의 자신감으로 가득한 믿음에 물러서는 내용으로 기존 신화가 해체되고 재구성되는 것이다. 그러나 이러한 기존 신화의 변용은 작품에서 다시 모순이 되고 있다. 서술자가 제시한 기존 신화의 변용 가능성이 작품 말미에 소개한 〈부록Anhang〉에 의해 또 다시 의문시되기 때문이다. 오디세우스의 행동은 〈아마도vielleicht〉(H 59) 사이렌이 침묵하고 있다는 것을 알면서도 신들을 기만하기 위한 책략일 가능성이 높다고 부록은 전한다. 변용에 대한 또 다른 변용의 가능성이 동일 텍스트에 표현됨으로써 진리이거나 혹은 〈아마도〉 진리가 아닌 어떤 것이 확고 부동한 진리를 대신하게 된다. 카프카의 언어가 지닌 불확정성은 신화의 진리에 대한 반발 작용을 의미한다. 그러한 탈신화화는 더 나아가 참과 거짓에 대한 가치 판단을 가능하게 하는 종교, 도덕, 과학 등 모든 중심의 해체를 선언한다.[45]

44 Louis Untermeyer(Ed.), *Collins Abatross Book of Verse, English and American poetry from the 13. century to the present day*, London, Glasgow, 1960, p. 374.

45 권세훈, 「카프카 작품에 나타난 포스트모더니즘 경향」, 『카프카 연구』, 제5집. 한국카프카학회, 1996, 15면 이하.

2) 신화의 해체와 재구성의 비평

앞에서 언급했듯이 카프카 신화의 특징은 원래 신화의 해체와 재구성이다. 그러나 카프카 신화의 해체와 재구성을 비평하여 개인은 신화를 창조할 수 없다는 주장이 있다. 신화를 만들려는 경우에 생기는 심각한 단점에 대해, 블레이크William Blake의 『네 생물The Four Zoas』이나 파운드E. Pound의 『시편Cantos』을 읽은 사람은 알 수 있다. 개인이 만든 신화는 선대로부터 물려받은 신화만큼 공명(共鳴)의 폭을 갖지 못하고, 그것을 일부러 이해하려고 애쓰는 몇 사람을 제외하면 그 신화는 언제나 사적일 수밖에 없다는 것이다. 〈멜빌이나 카프카 같은 현대 작가들이 만들어 낸 것은 신화가 아니라, 신화에서 표현된 공적(共的)인 의식(儀式)이며 그것에 관련된 상징적인 행동을 나타내는 개인적인 환상이다. 멜빈은 말할 것도 없고 누구도 〔……〕 신화를 창조할 수는 없다〉고 하이만Hyman은 말하고 있다. 이 문제는 피코Giambattista B.Vico의 『새로운 학문Scienza Nuova』의 제3권에도 제기되어 〈호메로스의 작품〉은 한 시인이 아니라 한 민족 전체의 작품으로 취급되고 민요는 한 무리의 사람들이 공통적으로 지어 낸 노래로 여겨지고 있다. 이런 배경에서 카프카는 20세기의 진정한 신화를 쓴 적이 없다고 엠리히는 강조하여 주장한다. 엠리히는 〈카프카의 신화(神話)는 부정적 신화이다. 왜냐하면 그의 신화는 그것 자체의 파괴를, 폭로를 통해 그것의 해체를, 인식을 통해 그것의 극복을 꾀하기 때문이다〉[46]라고 카프카의 서술의 원리를 요약한다. 이는 카프카의 신화론을 지적한 것이다.

심지어는 카프카의 신화적 성격 자체가 부정되는 경우도 있다. 예를 들어 베첼은 신화적 형상의 불변성을 믿었기 때문에 카프카의 신화적 성격을 거부하였다. 베첼은 카프카 작품의 신화를 인정하지만, 카프카의 형이상학적 요소가 신화에 창조적으로 묘사된다는 것에 회의적이다.[47] 따라서 카프카 작품의 신화적 해석(베첼

---

46 W. Emrich, *Protest und Verheißung, Studien zur klassischen und modernen Dichtung*, Frankfurt/M., 1963, S. 263.

47 Chris Bezzel, Mythisierung und poetische Textform bei Franz Kafka, in: Karl Erich Grözinger u.a. (Hg.), *Franz Kafka und das Judentum*, Frankfurt/M., 1986, S. 205.

이 볼 때는 신학적 해석)은 거부되는데, 그 해석에는 의미의 불변성이 없다고 베첼은 보기 때문이다. 즉 카프카는 변증법을 적용하여 구조적 연관이 완전히 붕괴된다는 것이다.[48] 나베H. Naveh는 상반되는 상황의 계속 흔들리는 곡선(曲線)에서 직선(直線)적 요소를 확립했다.[49] 이 직선은 베첼의 논의와 비교해서 한층 더 높은 차원의 움직임으로 존재하지 않는 원칙을 원칙으로 설명하는 것이다. 카프카 문학에서 형이상학은 신화적으로 묘사될 수 없을 뿐 아니라, 카프카 문학에 형이상학성이 존재하지 않는다는 게 일반적이기 때문에 형이상학 자체의 묘사도 불가능하다. 이렇게 형이상학의 부정과 함께 신화적 성격도 부정되는 경우가 있다.

그러나 신화적 현상은 단일적 성격이 아니다. 신화적 현상은 다양한 방식을 응용 종합한 사상이다. 신화 발생론을 믿는 사람은 신화는 그것이 기술하는 바를 그대로 의미할 뿐이라는 말리노프스키Bronislaw Malinowski의 기능주의적 견해를 받아들이지 않는다. 그들은 말리노프스키와 반대로 신화의 표면적 의미 밑에는 〈진정한〉 의미가 숨어 있다고 생각한다. 모든 이야기는 서술자의 목적 의도와 일치하지 않을 지라도 합목적인 의미를 내포하는데 대체로 이들은 이를 알지 못하고 서술자의 의도를 자기네 방법이(실은 자기네 방법만이) 발굴해 낼 수 있다고 생각한다. 이들의 주장에 의하면, 신화의 진정한 의미는 구전되는 동안에 많은 우여곡절을 겪어 우연히 일실(逸失)되기도 하고, 아는 바를 다 말하기 싫어하는 신화 작가에 의해 고의적으로 은폐되기도 한다. 심지어는 그레이브스Robert Graves가 말하는 소위 〈향신화성(向神話性)〉 정치가나 종교가의 개작으로 전혀 다른 뜻의 이야기로 변조될 수도 있다.[50] 신화가 자신의 의미로 사용되거나 오용될 수도 있다는 것이다. 여기에서 오용이란 말은 은유의 성격으로 다른 새로운 의미로 옮겨짐을 의미한다. 그리고 신화 자체는 재생산되면서 은유 성격을 띤다는 사실이 유사 신화의 성격이다.

어떤 의미 깊은 동위 원소로 더 이상 연결될 수 없는 것과 이질적인 것이 형식상

48 Chris Bezzel, a.a.O., S. 198, 201, 203.

49 Hanna Naveh, Kafka: Chaos und die Illusion von Ordnung, in: Karl Erich Grözinger u.a. (Hg.), *Franz Kafka und das Judentum*, Frankfurt/M., 1986, 188 f.

50 K. K. Ruthven(김명렬 역), 『신화』, 서울대학교 출판부, 1987, 3면.

강제적으로 관계를 맺게 되는데, 이 관계는 전통적 은유가 요구하듯이 현실적이거나 명확하게 교환되지 않고, 그 애매성은 항상 새롭게 교환 시도와 노력을 요구한다.[51]

여기에 소문도 신화에 작용될 수 있다. 물론 소문은 거짓말이 아니다. 소문은 공공성을 만들어 내는 동시에 공공성을 대표한다. 신화를 새롭게 구성하는 또 하나의 가능성이 소문 속에 있다. 하나의 소문의 수용으로 인한 신화 성립의 예를 카프카는 잠언Aphorismus으로 묘사하고 있다.

표범이 사원으로 침범하여 제물 단지를 마셔 비운다. 그것은 계속해서 반복된다. 마침내 사람들이 그것을 미리 예측하게 되어서 의식의 일부가 된다.(H 61)

이렇게 신화에는 비유적으로 자유스럽게 지어 낸 이야기가 많지만, 이러한 자의적 의도가 쉽게 눈에 띄지 않는다. 가끔 그리스인은 존재하지 않는 신화에서도 깊은 의미를 찾았다. 따라서 알레고리적 신화는 많이 존재하지 않지만 매우 중요하다.

신화는 이렇게 발전해 왔다. 따라서 모든 신화는 다시 복권되거나 심지어는 탈신화화되어 특이한 존재가 된다.[52] 이런 배경에서 다양하게 해체되고 재구성된 카프카의 신화도 신화로 볼 수 있는지 의심이 간다. 앞에서도 언급되었듯이 문화 산업에서 신화 수용은 환각제에 비유되어 진정한 신화의 힘과 거리가 먼 유사 신화적 행위가 번창하고 있다.

그러나 카프카 작품은 신화적 사고 방식과 구조적으로 유사하다. 신화적 사고와 카프카 작품은 서로 공통적으로 합당성Adäquatität을 지니는 것이다. 다시 말해서 카프카의 신화 파괴적인 힘이 작품에서 또 다른 합당성을 느끼게 한다. 신화적 사고와 카프카 작품 둘의 서술은 단순히 작가의 세계가 아니다. 다시 말해서 카프카

51 Karlheinz Stierle, Mythos, als 〈bricolage〉 und zwei Endstufen des Prometheusmythos, in: Manfred Fuhrmamm(Hg.), *Terror und Spiel*, München, 1971, S. 462.

52 Roman Karst, Kafkas Prometheussage oder das Ende des Mythos, in: *The Germanic Review*, Volume LX, Nr. 2, Columbia University, New York, 1985, S. 46.

의 프로메테우스나 포세이돈, 오디세우스 신화의 변형은 결국은 원래의 그들 신화의 원초적 기능을 근거로 설명된다. 신화적 모티프사(史)와 소재사(史) 해설에서 해당 모티프와 소재가 카프카의 작품에 중대한 변화를 미치지 않는다. 카프카의 문학은 신화적 삶을 영위하며 독자에게 사실을 말하지 않는 고도의 신화적 사례를 제시하는 것이다.

중요한 점은 일련의 작품에서 수행된 탈신화화의 의도가 단지 신화에 대한 비판, 즉 전통에 대한 비판에만 머무는가 하는 문제이다. 신화에 대한 문학적 변용이 역사적 조건에 따라 이루어진다는 점에서는 한정된 시대의 산물이지만, 역사적 시간을 넘어서 여전히 신화의 틀을 빌리고 있다는 점에서는 그 속에 내재된 원형의 반복으로 볼 수 있다. 신화는 시간적 초월성을 나타내기 때문에 신화를 다루는 작가가 소속된 시대와 그때그때의 현실 개념과 일치된다. 따라서 카프카의 작품은 〈계승된 전통〉과 〈현대의 대도시의 경험〉이라는 두 개의 초점으로 이루어진 타원과 같다.[53]

3. 작품의 신화적 분석

1) 작품의 신화적 성격

카프카 작품의 전형적인 요소는 현실적인 사건들과 비현실적인 사건들의 융합으로 그가 구사하는 사실주의는 항상 우리들의 상상력을 뛰어 넘는다. 카프카는 시대 인식의 위기를 작품 속에서 전근대적이고 고대적인 상황의 비동일한 시간성으로 나타내기 때문이다. 이는 카프카의 신화적 이야기로 전개된다. 이러한 카프카의 신화적 저작이 우리 인식과 묘사의 도구를 발전시킨다. 삶의 현상의 되풀이 되는 응용보다 더 많은 것이 신화에 담겨 있기 때문이다. 이는 카프카의 또 다른 환상 문학을 의미한다.

53 Walter Benjamin, *Über Kafka*, Frankfurt/M., 1981, S. 84.

18세기 합리적인 세계상은 인간을 자연에 대한 공포로부터 벗어나게 했지만, 심리적으로 깊이 뿌리내린 불안감은 잠재적으로 남아서 인공적인 양분을 받고 있었다. 공포 문학의 한 예로 독자의 불안은 독자의 완벽한 환영화 능력을 상정하고 있다. 이러한 허구적 세계인 문학 작품에서의 불안과 공포는 그의 현실 속의 실존에는 아무런 영향을 미치지 않기 때문에 유희적으로 즐길 수 있다.[54] 이 새로운 환상은 개인에게 예정된 함정, 작동 중인 메커니즘, 모든 의미의 상실 속에서 포착된다. 괴물들은 모습을 바꾸어서 법, 도시, 관료 주의, 가족 등에 내재한다.[55] 카프카는 일반적인 환상 문학을 혁신한 것이다. 이렇게 전통적인 환상과 단절한 카프카는 더 이상 19세기적인 전통적인 주제에 의존하지 않고 초자연성을 내포한 새로운 환상을 창조했다.

따라서 변신(「변신」), 살아있는 죽은 자(「사냥꾼 그라쿠스」), 육체를 상실한 분신(『시골에서 결혼 준비』), 자동 기계(「독신자 브룸펠트」), 삶과 죽음, 생물과 무생물의 경계 소멸(「오드라덱」), 초월적인 시공간(「시골 의사」, 『성』) 등의 내용처럼 초자연적이며 현실 초월적인 양상을 가진 카프카의 세계는 19세기적인 환상 문학의 전통선상에서 20세기적으로 탈바꿈한다. 카프카의 환상이 철저하게 일상적이 되는 것이다. 환상이란 19세기 실증주의에서는 어디까지나 사실의 대립 개념으로서의 속임수였다. 20세기에는 더 이상 확고 부동한 외부 현실이 존재하지도 않으며, 현실의 충실한 모사로서 문학도 존재하지 않는다. 따라서 카프카 텍스트에서는 19세기적 환상성의 객관적 기준인 〈자연적/초자연적·영적〉인 구분이 더 이상 통용되지 않고, 대신에 텍스트의 구성적 주체가 그 핵심적인 심급으로 등장한다. 이 결과 주관적이며 상상적으로 설정된 세계와 현실 세계의 구별이 없어지는데 카프카 문학의 난해성이나 해석의 다양성은 바로 이러한 새로운 미정성에서 비롯된 것이다.[56]

이런 배경에서 카프카의 작품의 등장인물들은 분명 현실 세계에 발을 딛고 서 있으나, 어느 순간 갑자기 자연스럽게 비현실 또는 초현실 세계를 넘나들어 신화

---

54 R. Alewyn, Die Lust an der Angst, übn. aus: D. Penning, Die Ordnung der Unordnung, Eine Bilanz zur Theorie der Phantastik. in: Ch. Thomsen(Hg.), *Phantastik in Literatur und Kunst*, Darmstadt, 1980, S 44.

55 F. Raymond(고봉만 외 역), 『환상 문학의 거장들』, 서울, 2001, 222면.

56 이유선, 「모방적 도전으로서 환상성」, 『독일문학』, 제96집, 한국독어독문학회, 2005, 139면.

적 성격을 연출한다. 이러한 현실과 비현실(초현실)의 혼합 내용의 한 예로 「방해된 사원 건설」을 들어 보자. 이 작품에서 사원 건설은 인간의 작업이 분명한데 신적인 건축주에 의해 행해져 신화적 요소를 지닌다. 인간의 작업이 신적인 건축주의 손 놀림에 의해 순조롭게 되는 것이다. 마치 전지전능한 조물주가 이 건설 작업에 작용하는 것 같다. 이러한 신화적인 전능함은 곧 파기되는데, 이는 신적인 건축주가 낯선 노동자에 의해 공급되는 건축 자재에 의존하기 때문이다. 이렇게 신적 요소에서 인간적 요소로 전이되는 건설이 재난의 시작이다. 신의 지배 능력이 노동 세계의 법칙에 의해 한계를 맞는데, 이는 공급된 건축 자재에 낙서라는 흠이 생기기 때문이다. 서툴게 쓴 낙서가 사원의 신화적 숭고성을 파손시켜 성스러움에 침투하는 것이다. 따라서 사원 건설에서 신적인 건축주의 의지로 나타나는 신의 전능성이 한계를 맞게 된다.

신적인 건축주가 제거하려 해도 낙서는 제거되지 않아, 사원이 건설된 후에도 계속 존재할 것이다. 사원보다 더 오래 지속되기 때문에, 이 낙서는 영원이라는 신화적 성격을 지닌다. 또 이 낙서 문체의 신비적이고 해득 불가능한 성격도 신화적이다. 매우 날카로운 도구가 거기에 사용된 것 같은 데 도대체 그 도구의 소유자는 누구인가? 신들 아니면 현대의 기술화된 현실 세계이다. 결국 이 의문은 만족스럽게 풀릴 수 없는데, 분업의 결과인 대리석 돌의 유래가 만족스럽게 해결되지 않기 때문이다.

이렇게 카프카가 비현실적인 것을 현실적인 정확도로 표현하는 서술 원리를 안더스는 자신의 저서 『카프카, 찬성과 반대*Kafka, Pro und Contra*』에서 〈부정적 폭발의 원리*Prinzip der negativen Explosion*〉[57]로 명명하고 있다. 이러한 카프카의 묘사의 치밀성, 정확성에 의해서 독자는 매혹되고 환상적인 세계에 빠진다. 〈카프카의 언어는 평범하고 냉담한 언어다. [······] 그의 문학의 내용은 신비롭다. 그의 문체는 사실주의의 문체다. 그러나 이러한 사실주의에 의해서 표현된 것은 불가사의이고 풀리지 않는 비밀의 수수께끼다.〉[58] 이렇게 카프카의 사실주의에 의해 표현

57 Vgl. Günther Anders, *Kafka, Pro und Contra*, München, 1972, S. 13.

58 Heinz Politzer, Problematik und Problem der Kafka-Forschung, in: H. Politzer(Hg.), *Franz Kafka*, Darmstadt, 1980, S. 214.

된 것은 초현실적이며, 그것은 바로 꿈의 세계로 신화적 세계이다.

휘브너는 신화란 관념적인 것과 물질적인 것의 합일, 즉 꿈(초현실)과 현실의 합일, 내적인 것과 외적인 것의 합일이라고 주장한다.[59] 이러한 변증법적인 합일이 카프카 문학의 특징이 된 결과 카프카에게 내적인 것과 외적인 것은 구분되지 않는다. 예를 들어 카프카의 「변신」에는 악몽의 기괴함과 불합리성이 사실적으로 묘사되어 〈현실적인 것과 몽상적인 것의 합일, 일상적인 것과 형이상학적인 환상의 합일〉이 이뤄져 신화적 상황을 전개시킨다.[60] 〈어느 날 아침 그레고르가 꿈에서 깨어나자, 자신이 침대 위에 한 마리의 거대한 딱정벌레로 변해 있는 것을 발견했다〉(E 7)라고 「변신」의 처음부터 현실이 아닌 신화적 사건으로 시작된다. 근본적으로 볼 때, 인간이 곤충으로의 변신은 있을 수 없는 일로, 여기에서 신화적이며 꿈과 같은 요소가 나타난다. 카프카는 환상 또는 몽상을 통한 새로운 신화를 창조하려는 시도에서 우주적인 언어로 우주적인 진리를 표현하려 했던 것이다.

그러나 이러한 비현실적인 신화적 사건이 점차로 진짜 현실로 하나씩 입증되는 사실이 카프카의 특징이다. 이 작품 첫 구절의 신화적 독백인 〈나에게 무슨 일이 일어났을까?〉(E 57)라는 주인공의 꿈에 잠긴 듯한 망설임은 이야기가 진행되면서 이야기 속으로 사라진다. 신화적으로 시작한 이야기가 진행되면서 자연적인 양상을 띠게 되는 것이다. 그레고르는 자신의 변신을 이상하지만 있을 수 있다고 받아들이면서 앞으로 일어날 일에 생각을 집중한다. 이 결과 모든 망설임과 불확실성은 사라진다. 결국 묘사의 정밀성으로 세계의 추상성을 나타낸 카프카는 신화적인 것을 현실적인 정확도로 표현한 것이다. 이는 19세기 환상 문학의 순리적 서술 진행 방식인 자연적인 것에서 초자연적인 것으로 이동하는 것과는 정반대이다.[61] 이렇게 카프카 문학에서는 신화적이면서 줄거리는 매우 현실에 근거하여 내적인 것과 외적인 것이 구분되지 않는다.

특히 〈말하는 동물〉이라는 측면에서 「변신」의 그레고르의 이야기는 동화*Märchen*의 범주에도 충분히 들어간다. 이렇게 카프카 문학의 많은 작품은 동화적 요소도

59 Kurt Hübner, *Die Wahrheit des Mythos*, München, 1985, S. 114.
60 Vgl. Erich Heller, *Franz Kafka*, München, 1976, S. 16 f.
61 T. Todorov, *Einfürung in die fantastische Literatur*, Frankfurt/M., 1992, S. 152.

담고 있다.

예를 들어 「변신」은 동화 『헨젤과 그레텔Hänsel und Gretel』의 개작으로 이해될 수 있다. 동일한 가족 구성, 즉 아이들은 부모의 경제적 목적에 이용당한 후 죽음을 선고받는다. 그레고르＝헨젤은 부모의 고약한 계획을 알아차린다. 그레고르의 여동생의 이름이 우연치 않게도 그레테이다. 그러나 동화와 반대로 「변신」에서는 여동생이 오빠에게 애정을 보이지도 않고 동물 형상에서 구원도 이루어지지 않는다. 「변신」의 동화적 환상은 두 가지 요소에 의해 파괴되는데, 첫째로 주변 환경과 사건이 사실주의적 묘사에 의해서, 둘째로 독자의 기대를 완전히 실망시키는 비전형적 결말에 의해서이다. 「변신」이 동화적 환상에 젖은 독자의 기대를 실망시키는 이유로는, 일반적으로 동화는 〈해피엔딩happy ending〉으로 끝나는 경향이 있으나 「변신」은 비극적인 결말을 맺기 때문이다.

이와 유사하게 「사냥꾼 그라쿠스」는 구원 동화 형태와 어느 정도 비슷한 면이 있다. 그렇지만 올바른 그라쿠스 죽음에 대한 합당한 이유가 제기되지 않아 사냥꾼의 구원은 불가능하다. 본래의 의식은 상실되고 없다.[62] 또 『아메리카』는 요정의 요소 — 자정에 열두 번 종이 울리면 주인공은 벌을 받게 된다 — 를 지닌 동화적 소설로 실낙원과 복낙원의 신화이기도 하다. 이 작품에서 오클라호마 야외 극장에 관한 이야기도 신화적이다.

카프카의 작품 세계를 살펴보면 신화적 요소가 단지 위에 언급된 작품들에서만 발견되는 것이 아니다. 장편 『성』과 『소송』도 신화적인 암시를 내포하고 있다. 다양한 차원의 성배 전설과 신(新)오디세우스를 찾아볼 수 있는 『성』은 퇴화된 신화 형식의 본보기이다. 나베는 특히 『소송』에서 질서를 표명하는 창조 신화를 인식하였다.[63]

카프카는 『성』에는 인류가 부러워할 것이 없는 올림포스를 아주 풍자적인 형상으로 그리고 있다. 우선 성은 시각적으로는 산 위에 명백히 보이는데도, 도저히 접근할 수 없는 사실이 신화적이다. 이 접근 불가능성은 『성』의 처음 부분에 〈거리,

---

62 Hartmut Müller(권세훈 외 역), 『카프카 문학 사전』, 학문사, 1999, 77면 이하 참조.

63 Hanna Naveh, Kafka, Chaos und die Illusion von Ordnung, in: Karl Grözinger u.a. (Hg.), *Franz Kafka und das Judentum*, Frankfurt/M., 1986, S. 190 f.

마을의 한길은 성 언덕으로 통하는 것이 아니라 가까이 가기만 했다가 일부러 그러는 것처럼 휘어지며 설령 성에서 멀어지지 않는다 해도 성에 가까워지는 것도 아니었다〉(S 15)고 신비적으로 묘사되어 있다.

여기에 덧붙여서 자신의 모습과 권능을 계속 바꾸는 그리스의 조롱의 신 모무스Momus(이 모무스-프로테우스는 막강한 권력의 소지자인 신사 클람과 동일시된다), 그리고 〈보증하다bürgen〉라는 뜻의 동사에서 유래한 뷔르겔Bürgel이 있다. 뷔르겔이 몹시 중대한 발언을 하고 있는데도 그의 말을 듣다 지루한 나머지 잠이 든 K는 꿈속에서 그리스 신의 모습을 한 자신을 본다. 〈저기, 당신의 그리스 신이 있다! 그를 침대에서 쫓아내라!〉(S 250) 동화(同化)를 위한 필사적인 마지막 시도에서 그는 그리스 문화에 도움을 청하는 것이다.[64]

또 『성』에서 신화적인 모습을 띠는 인물로 클람도 들 수 있다. 신비와 비밀이 권력을 만들어 내는 가장 깊은 핵심이 클람이다. 프리다를 통해 클람과의 접촉을 추구하는 K는 클람의 신적인 절대 권력을 믿는 여관집 여주인에게 용납될 수 없는 불경을 저지른 셈이다. 여관집 여주인이 클람이 준 기념물을 성물처럼 소중히 간직하고 있는 사실은 클람의 부름이 그녀의 삶에서 유일하고 가장 복된 신화적 사건이었다는 데 기초한다. 클람 역시 종종 직무상 마을에 내려오긴 하지만 마을 누구와도 말을 하지 않아 인간에서 먼 신 같이 보여, 그의 모습에 관해서 분분한 의견들만 존재한다. 이는 마치 「유형지에서」에서 분명히 등장하지 않고서도 유형지에서 지대한 영향을 미치는 전임 사령관과 후임 사령관과도 같다.

이러한 〈신화적 사실주의〉는 『소송』에서 줄거리의 암시로 인식된다. 은행 업무 대리인 요제프 K는 체포되나, 그의 죄가 알려지지 않은 채 자유롭게 행동한다. 그는 자기의 무죄를 밝히며 재판소까지 가기 위해서 사람들이 그의 어떤 점을 비난하는지를 알려고 노력한다. 그러나 모든 것이 전지전능한 법의 본질과 같이 알 수 없는 그 어떤 신적인 것 속에서 불분명하게 남아 있다. 1년간의 심판 후에 K는 사형 선고를 받아 2명의 옥사장들에 이끌려 사형장으로 가는 모습도 신화적으로 보인다.

한편 신화의 환상적 배경에서 몸 하나에 머리가 둘 이상인 신의 모습이 신화에서

---

64 마르트 로베르(이창실 역), 『프란츠 카프카의 고독』, 동문선, 2003, 231면.

자주 나타난다. 두 얼굴을 가진 야누스를 비롯, 한 몸에 여러 개의 머리와 얼굴이 달린 존재는 수많은 신화에서 남다른 지혜와 재능을 가진 존재로 여겨져 왔다. 머리 셋 달린 개 케르베로스는 그리스 신화에서 지옥문의 수문장이다. 한 쪽이 잠들어도 나머지 둘은 눈을 부릅뜨고 명부(冥府)의 입구를 지킨다. 허욕에 찬 인간들이 삶과 죽음의 경계를 함부로 넘나들며 혼란을 일으키지 못하게 하게 하기 위해서이다.

여기서 중요한 점은 환상과 꿈의 영역에서 취해진 성상적(聖像的) 요소이다. 이를테면 기괴하고 악마적인 괴물의 모습이라든가 많은 팔을 가지고 온 몸에 많은 눈동자가 박혀 있는 다두신(多頭神)의 성상이다. 물론 이때 순전히 공상적인 산물이라 할 수 있는 유형과, 신체(머리, 팔, 손, 눈 등)의 복수성을 본질적인 요소로 담고 있는 유형 사이에 구조적 차이가 있다. 이와 같은 현상들은 신들의 고유한 속성으로 신들이 인간 세계에 속하지 않는다는 사실을 말해 주는 것이다. 그뿐만 아니라 이 형상들은 신들의 불가사의한 측면과 방종, 그리고 어떤 형태든지 마음대로 취한다고 여겨지는 신적 자유를 은연중에 보여 주기도 한다.

이런 다두신(多頭神)이나 머리, 팔, 손, 눈 등 신체의 복수성을 지닌 신의 방식으로 카프카는 아주 다른 시점들이, 혹은 아주 다른 공간들이 만나 공존하여 새로운 공간을 형성하는 내용을 소설에 담고 있다. 가령 『소송』에서 요제프 K는 티토렐리 집에 가려고 재판소와 반대 방향으로 갔지만, 그가 그 집 침대 뒤 쪽 문을 열자 재판소가 나타난다. 혹은 일하던 은행의 복도 문을 열자 자기 집에 왔던 재판소 관리들이 형리들에게 매를 맞고 있는 공간이 나타난다. 이는 신화의 다두신이나 다안신(多眼神), 즉 위에 얼굴이 달린, 혹은 앞 얼굴과 옆 얼굴이 한꺼번에 그려진 피카소의 그림과 같은 신화적 인상을 준다. 『성』에서는 K와 만나는 많은 서술자들의 관점이 병존되어 있는데, K는 그 상이한 관점, 상이한 욕망들을 하나의 척도로 위계화하지 않고 그들 사이를 옮겨 다닌다. 만나는 곳마다 다른 K로 달라지면서. 그리고 그 달라지는 K를 따라 전혀 다른 욕망이, 때론 정반대의 관점이 우리의 눈과 포개진다.

『소송』에서 요제프 K는 형장(刑場)으로 끌려가면서 〈항상 20개의 손을 가지고 세상에서 날뛰려고 하였다〉(P 192)라고 말하여 다수(多手)의 신화적인 표현을 나타내고 있다. 이는 주인공의 정신 상태, 즉 내적 상황의 신화적 표현이다. 또 「법 앞에서」에서 시골 남자와 문지기는 애초에 몸집에 있어서 큰 차이가 없었다. 처음에는 그들 사이의 대화가 정상으로 이루어졌기 때문이다. 그러나 죽음이 임박한 시골 남자의 모습이 왜소해진다. 〈문지기는 그(시골 남자)에게 깊이 허리를 굽혀야만 했다. 키 차이 때문에 그 남자가 매우 불리하게 되었기 때문이다〉(P 183) 성장기가 아닌데도 불구하고 문지기의 키는 커지고 더욱이 시골 남자의 키는 작아진다는 것은 생물학적으로 불합리한 신화적 묘사이다.

이렇게 기다림 등의 고통에 의한 신체의 급격한 변화가 카프카의 작품에 자주 나타난다. 예를 들어 『성』에서 바르나바스의 부친은 딸 아말리아가 성의 관리 소르티니의 부당한 요구에 반항한 이후, 그녀로서는 정당했지만 성의 입장에서는 일종의 법규 위반으로 간주되는 그녀 행위에 대한 용서를 성 당국으로부터 얻어내는 데 전념한다. 따라서 그는 면장과 비서들, 변호사와 서기들에게 탄원서를 보내지만 그들 대부분은 상대도 하지 않고 외면해 버린다. 딸의 명예를 되찾는 것이 아니라 용서를 구하는 것이 목적이었던 그는 〈가장 좋은 옷을 입고〉(S 206) 성 근처의 큰 길거리에서 관리들이 탄 마차가 지나가기를 기다리다가 그들을 보면 직접 용서를 구하는 청원서를 제출하겠다는 계획을 세운다. 그런 방식으로는 해결 불가능하다고 자신의 계획을 반대하는 가족들을 무시하고 성으로 가는 도로 근처에 있는 농장 울타리 옆 좁은 받침돌 위에 앉아서 지나가는 관리들을 매일 기다리는 동안 바르나바스 부친에게는 급격한 조로(早老) 현상이 나타난다. 비가 오는 날씨에도 같은 자리에 앉아 있다가 집으로 돌아온 〈그의 허리는 더 굽어지는 듯 보여〉(S 207) 신체의 급격한 변화를 보이고 있다.

2) 그리스 신화와 유대 신화의 구별

일반적으로 신화 하면 그리스 신화와 성서의 유대 신화가 떠오른다. 카프카의 신화적 작품도 그리스 신화와 유대인 신화 및 구약성서에 속하는 신화로 구별된다. 동화(同化)를 거부했거나 동화할 수 없었던 그 시대의 많은 유대인들과 달리 카프카는 이 이질성 속에서 헬레니즘이냐 유대교냐의 선택을 유도하는 대립보다는, 똑같이 강력하고 똑같이 구식이 된 국가 교육의 두 방법에 대한 숙고와 주제를 간파했다. 이교와 그에 잇따른 두 일신교 각각이 지니는 장점들을 다룬 브로트의 평론 『이교, 기독교와 유대교Heidentum, Christentum, Judentum』의 답으로 1920년 8월 7일에 보낸 편지에서 카프카는 다음과 같이 해명한다. 〈예컨대 그리스인들은 모두 어떤 이원론Dualismus에 아주 익숙해 있지요. 〔……〕 종교적 견지에서 보면 그들은 너무도 겸허한 인간들 — 일종의 루터파 — 이라고 할 수 있지요. 그들은 절대적으로 신적인 것을 자신들로부터 멀게 할 수 없었습니다. 만신전die ganze Götterwelt은 모두 절대적인 힘들이 인간의 육체적 존재로부터 일정한 거리에 있어 인간이 숨을 쉴 수 있도록 해주는 수단에 불과하지요. 인간의 눈길을 붙잡아 두는 이 국가 교육의 위대한 수단은 유대교의 율법보다는 덜 심오했지만 어쩐지 더 민주적이고(그리스인들 중에는 종교의 창시자나 지도자가 거의 없습니다), 더 자유로우며(그것은 붙잡아 두지만, 어떻게 그럴 수 있는지는 나도 모르겠습니다), 아마도 더 겸손합니다(신들의 세계를 보면 〔인간들은 단지 우리는 신들에게, 신들에게도 못 미친다, 우리가 신들이라면 어쩌겠는가?〕라고 물을 따름이지요.)〉[65]

그리스인들이 초월적인 것의 위협을 멀리하기 위해 의도적으로 고안해 낸 올림포스의 신들이 인간들과 구분되는 점은 오로지 거대한 몸집 정도이다. 그들이 프로메테우스에게 내린 영원한 형벌은 인간 법정의 엄청나게 부풀려진 판결에 지나지 않는다. 그러나 이 프로메테우스의 벌을 또 다른 〈국가 교육의 위대한 수단〉인 유대교의 견지에서 보면 어이없는 웃음거리가 되고 마는 것이다.

카프카의 진실 개념은 종교적-윤리적 방향(유대 정신)과 인식 비판적 방향(그리스 전통)에 기원하므로 그리스와 유대적 신화 사상이 모두 카프카의 작품에 담겨 있다. 대표적인 그리스적 작품으로는 1917년에서 1920년에 걸쳐 완성된 세 단편 「사이렌의 침묵」, 「프로메테우스」, 「포세이돈」을 들 수 있다. 단순한 신화적인 범위를 넘어서 실제의 고대 이야기를 카프카가 개작한 것까지 고려한다면 「신임 변호사」도 그리스적 신화 요소에 속할 수 있다.

이들 보다 내용이 난해한 작품인 「사냥꾼 그라쿠스」도 그리스 신화적 요소를 지닌다. 「사냥꾼 그라쿠스」에서 그라쿠스를 영접하는 리바의 시장은 그리스 신화에 나오는 저승사자 타르타로스Tartaros의 신 하데스Hades의 간접적인 체현이다. 죽

---

65 F. Kafka, *Briefe 1902~1924*, hg. v. Max Brod, Frankfurt/M., 1986, S. 279.

은 그라쿠스를 저승의 신 하데스의 궁전까지 쪽배로 동반하는 선장은 헤르메스이
자 죽은 자를 자신의 쪽배에 태워 저승으로 인도하는 샤론Charon의 형상으로 묘
사되고 있다. 신화에서 샤론은 선장처럼 두 명의 사자Bote들에 수행된다. 『소송』
의 법정에서 나온 프록코트를 입은 형집행자(刑執行者)인 두 사내도 샤론의 두 명
의 사자를 연상시킨다.

죽음을 상징하는 〈검정 장갑〉과 〈상장〉을 두른 모자, 죽은 자를 맞이하는 시장의
역할 등이 죽음의 신과 밀접한 관계를 나타내는 징표이다. 이런 맥락에서 저승의
신 하데스를 사열하는 50명의 소년들은 타르타로스의 강 스틱스Styx를 지키는 50
마리의 개 케르베로스Kerberos의 의인화로 해석된다. 또 여행객들의 목적지인
노랑색의 삼층집(B 75)은 바로 에로스 신의 신전으로 시사되고, 짐을 들어 주는
짐꾼들(B 75)은 여행객들에게 문을 열어 주는 에로스의 화신인 어린 소년의 등장
을 암시한다. 50명의 소년들이 격식을 갖춰 엄숙하게 사열하는 입장식, 예식의 주
인공들을 제외하고 모두가 퇴장한 뒤 기다란 초를 세우고 불을 켜는 침묵의 장면,
의식을 주관하는 승려처럼 그라쿠스의 이마에 손을 얹고 무릎을 꿇고 기도하는
시장의 진지함 등 그라쿠스와 시장의 만남이 제식의 형식을 갖추는 것도 이를 뒷
받침하고 있다. 여기에서 열리는 제식의 주역이 헤르마프로디트Hermaphrodit 신
이라는 점이 여러 상징물로 표현되고 있다. 그라쿠스의 도착을 리바의 시장에게
알리는 비둘기와 노랑새, 그리고 대문의 참나무 기둥은 아프로디테Aphrodite 여
신의 상징이다. 그리스 신화에서 아프로디테는 에로스의 어머니로 지칭되기도
한다.[66]

이러한 의미에서 크루셔는 「사냥꾼 그라쿠스」를 「사이렌의 침묵」, 「프로메테우
스」, 「포세이돈」 그리고 「신임 변호사」와 더불어 고전적인 모티프 전통과 연관시
켜, 〈작품 각자에 담겨진 고전적인 모티프가 그 원래의 신화 내지는 역사적 배경으
로부터 소원해지고, 변질되었으며, 변형되었고 또 일그러졌다〉[67]고 주장한다. 카프

66 Vgl. Robert von Ranke-Graves, *Griechische Mythologie, Quellen und Deutung*, Reinbeck bei
Hamburg, 1984, S. 47.

67 Dietrich Krusche, Die kommunikative Funktion der Deformation klassischer Motive: *Der
Jäger Gracchus*, in: *Der Deutschunterricht*, Jahrgang 25. Heft 1, Stuttgart, 1973, S. 130.

카는 근대의 시간을 과거의 극복이 아니라 인간의 원초적 경험에서 비롯된 신화의 변용으로 파악한 것이다.

따라서 「사냥꾼 그라쿠스」에 나오는 고대 그리스 신화적 모티프와 기독교적 모티프(이를테면 신약성서의 그리스도의 행동에 나타난 여러 가지 〈구원자*Salvator*〉라는 의미의 리바의 시장 살바토레Salvatore의 형상)는 전통적 의미를 더 이상 드러내지 않고, 오히려 계속되는 의미의 유보와 모티프들의 변형으로 전통적인 의미들을 문제화시킴으로써 마치 불확실성과 불규명성이 현실이 되어버린 것 같다.

카프카 신화의 유대적 분류로는 유대인의 신화와 구약성서적 신화를 다룬 작품 「법 앞에서」, 「황제의 칙명」, 「도시 문장」 등을 꼽을 수 있다. 카프카는 이들 작품에서 역사 속의 인물들과 신화 속의 영웅들에 대한 전승된 가치를 문학적으로 변용시킨다. 이들 세 작품은 서구 문명에서 개념화의 과정을 거치지 않고도 지배적인 가치로 고착화된 신화를 불규칙적인 시점 변화와 비연속적인 시간의 흐름으로 해체시킨다.

그리스와 유대 신앙간의 이질성을 카프카는 자신이 모방한 전설들의 불협화음 속에 투사시켰는데, 이의 대표적 작품으로 「포세이돈」과 「사이렌의 침묵」을 들 수 있다. 카프카의 작품에 등장하는 포세이돈은 바다의 신이지만 바다를 한 번도 본 적이 없다. 그는 전형적인 유대 상인처럼 사무실에서 온종일을 보내면서 그날그날 장부 정리를 한다. 「사이렌의 침묵」에 등장하는 오디세우스는 전통적인 방식으로 사이렌의 유혹으로부터 자신을 지키지만 그날 사이렌들은 노래를 부르지 않는다.

4. 인간과 동물의 신화적 변신

1) 인간과 동물의 관계

① 긍정적 동물상

일반적으로 우리는 생각하는 주체를 인간의 가장 보편적인 지표[68]로 인정하며, 생물학적 기원의 동질성 속에서 인간을 사고한다. 데리다Jacques Derrida의 지적처럼 인간이라는 기호를 마치 역사 문화 언어적 한계가 없는 것처럼 사용하고 있는 것이다. 따라서 인간이야말로 세상에서 최고의 발달된 존재로 여겨진다. 그러면 이러한 인간과 공존하는 동물은 무엇인가.

데카르트에게 동물은 하나의 기계이다. 그러나 개나 말 등 몇몇 가축의 관계에서 우리는 동물과 인간의 가까운 위치를 예감할 수 있다.[69] 이는 니체의 사상과도 일치한다. 니체에 의하면 자연은 끝없는 낭비이며, 의도도 고려도 없고 연민도 정의도 없는 냉철이며 불안한 존재다. 자연에서 사는 인간은 그 자연이 좋아서가 아니라 자연과 달리 존재하고자 하는 권력에의 의지 때문에 산다.[70] 그러면 이러한 권력의 의지를 추구하는 고차적인 인간에 대립되는 동물, 특히 연약한 하등 동물은 인간에 뒤떨어지는 존재인가. 절대 그렇지 않다.

흔히 사람들은 동물과 인간을 비교하면서 〈동물도 생각할 줄 아는가〉, 〈동물의 지능IQ은 얼마나 되는가〉라는 질문을 한다. 그런데 인간의 잣대를 동물에 대는 것은 올바른 비교가 못 된다. 가령 20세기 최고 천재 중의 한 명으로 여겨지는 아인슈타인과 멍청하게 생긴 강아지 한 마리를 한밤중에 산꼭대기에 함께 풀어 놓고 〈집을 찾아오라〉고 한다면 인간 아인슈타인은 길도 찾지 못하고 산 속을 헤매다 아사(餓死)하지만 멍청하다고 여겨지는 강아지는 스스로 살던 집까지 무사히 찾아온다. 여기에서 볼 때 우리의 능력으로 여겨지는 지능은 무엇이란 말인가. 그런데 우리는 동물에서 배운 것을 지식이라고 생각하지 않는다. 동물계의 그 엄청난 〈지식〉 중의 극히 일부만을 우리가 문자로 옮겨 놓은 것에 불과한데, 우리는 언제부터인가 우리의 학문 체계에 맞도록 정리해 놓은 것만을 지식이라 부르는 오만을 저지르고 있다. 따라서 카프카는 「어느 개의 연구」에서 자신의 종족 세계를 탐구하는 젊은 개의 눈을 통해서 인간의 학문 체계를 비판하고 있다. 여기에서 학문이란 본질적으로는 죽음과 몰락을 향하여 내달리는 사건으로 비유해서 보여 주고 있다. 〈세월에 따른 개들의 일반적인 진보는 곧 학문의 발달을 의미하는 것으로서, 이것

---

68 지표Index는 연기를 보면 불을 알 수 있듯이, 또 피를 보면 싸움이 있었음을 알 수 있듯이 인접한 어떤 사실의 징표를 나타내는 기호다.

69 Lutz Röhrich, *Mensch und Tier im Märchen, Schweizerisches Archiv für Volkskunde* 49, 1953, S. 228.

70 니체(이재기 역), 「선악의 피안」, 『니체 전집』, 9권 13장 참조.

은 흔히 칭찬의 대상이 되어 왔다. 학문은 분명히 발달한다. 그리고 그 발달의 속도는 날이 갈수록 빨라진다. 그런데 여기에 무슨 칭찬 받을 만한 것이 있단 말인가? 누구나 해가 갈수록 늙어가고, 더욱 빨리 죽음에 가까이 다가가는 것은 당연한 일이다. 그러니까 당연한 일을 훌륭하다고 칭찬하려는 것과 다름이 없다. 그것은 당연한 일이며 또 바람직한 과정이 아니므로 칭찬할만한 것이라곤 아무것도 없다. 나는 거기에서 몰락만을 볼 뿐이다.〉(B 199)

이는 학문의 발전은 순수한 본질을 발전시키는 것이 아니라 오히려 퇴보시키고 소멸시킬 뿐이라는 문명사적 발전 자체의 비판이다. 따라서 실제로 카프카는 소설이나 이야기 속에 등장하는 인물들을 대체로 학문적인 성격에서 벗어난 〈유럽의 일반적인 교양인〉으로 나타내고 있다.[71] 한 예로 『아메리카』에서 직업도 신분 증명서도 없는 카알 로스만은 오클라호마 야외극장에 취직하기 위해 자신을 〈유럽의 일반적인 학생〉(A 231)이라고 소개한다. 「어느 학술원에 드리는 보고」에서 인간이 된 원숭이도 자신의 변신의 목적이 유럽 일반인의 교양을 얻기 위한 욕구라고 설명한다. 〈이 진보! 깨어가는 두뇌 속으로 사방에서 밀려드는 이 지식의 빛들! 그것이 저를 행복하게 했다는 사실을 부인하지 않습니다. 그러나 또한 한 가지 고백하자면, 저는 그것을 과대평가하지는 않았습니다. 그 당시에도 이미 그랬고, 오늘날은 더욱더 그렇습니다. 지금까지 이 세상에서 되풀이된 적이 없는 그런 노력으로 저는 유럽인의 평균 교양에 도달한 것입니다.〉(E 146 f.)

이렇게 인간 위주의 학문을 비판하는 내용이 「사냥꾼 그라쿠스」에서도 암시된다. 이 작품에서 신의 숭고성 및 전능성인 자연이 인간의 인위적인 학문과 대립되고 있다. 이는 고대 시대와 현대의 대조에서 신비로운 자연적 사상과 글로 암시되는 인위적 사상의 대립이다. 인간이 언어로 자신만의 진실을 표현한 것이 학문이다. 그러나 인간 개별적인 진실만을 언어로 표출시킨 학문은 항상 인간만의 개성을 벗어나기 힘들어 인간 이외의 동물에 공동으로 분할할 수 있는 속성을 지니지 못한다. 따라서 인간의 학문은 자연 고유의 유통을 그르치게 한다. 이렇게 학문의 본질인 문자와 자연 고유의 행동 두 개념이 「사냥꾼 그라쿠스」에 서로 대립되는 개

71 이주동, 「『사냥꾼 그라쿠스』에 나타난 문명사의 비판과 작가의 사명」, 『카프카 연구』, 제10집, 한국카프카학회, 2002, 164면 이하.

넘으로 암시되고 있다.

예를 들어 「사냥꾼 그라쿠스」에서 사냥꾼 그라쿠스는 자신의 운명과 인류사가 어떤 관계인가를 질문 받았을 때 다음과 같이 대답한다. 〈아, 그 관계 말입니까? 아주 오래된 옛날이야기지요. 모든 책들은 그것으로 가득 차 있습니다. 모든 학교에서는 성생님들이 그것을 칠판에 그리지요. 어머니들은 아이가 젖을 빠는 동안에 그것에 대해서 꿈을 꾸지요. 포옹 속에는 속삭임이 있습니다. 상인들은 그것을 구매자들에게 이야기하고 구매자들은 그것을 상인들에게 이야기하지요. 군인들은 행군 시에 그것을 노래하고, 설교자들은 그것을 교회에서 부릅니다. 역사 서술가들은 자신의 방에서 입을 딱 벌린 채 오래전에 일어난 사건을 바라보며 그것을 계속해 써 나가고 있습니다. 신문에는 그것이 인쇄되어 있고 민중들은 그것을 손에서 손으로 옮깁니다. 그것이 보다 빨리 지상을 돌 수 있도록 전보가 발명되었으며, 사람들은 파묻힌 도시들 속에서 그것을 파내며 승강기는 그것을 가지고 마천루 지붕으로 급히 달려갑니다. 기차를 탄 승객들은 그들이 통과하고 있는 시골에다 차창으로부터 그것을 알립니다. 그러나 예전에는 그것을 야생 동물들이 그들에게 포효로서 알렸으며, 별들에서 그것을 읽을 수 있었고, 호수들은 그 영상을 담고 있었으며, 시냇물들은 산으로부터 그것을 가져오고, 눈들은 그것을 다시금 정상 위에 뿌립니다.〉(B 250)

여기에서 역사의 진보를 나타내는 학문의 발전은 순수한 본질을 발전시키는 것이 아니라 오히려 퇴보시키고 소멸시킬 뿐이라고 문명사적 발전 자체가 비판되고 있다. 따라서 신적인 자연성과 글로 암시되는 인위적 사회성이 비교 대립되고 있다. 인류의 역사가 시작되기 이전만 해도 인간들은 자연스럽고 조화로운 세계 — 별, 호수, 야생 동물, 냇가와 산들 — 속에서 살았으나 그 세계가 점진적인 학문의 발전됨으로써 점점 낯설게 되고 변질되어 허위의 세계가 되어 버렸다는 것이다.

바로 인간의 학문적 오만이 동물 경시 풍조를 가져온다. 인간은 인간에게만 적합한 내용으로 학문을 발전시킨 것이다. 이렇게 인간에게만 적합한 학문을 추구하다보니 동물들은 인간의 보조적인 수단으로 경시되는 경향이 있다. 그러나 이러한 동물 경시는 절대로 잘못된 생각으로 이에 대해 몇 가지 예를 들어 보고자 한다.

파리 크기만 한 폭격수 딱정 벌레를 길가에서 발견해도 절대로 손으로 잡지 마시라. 누군가 건드리면 폭격수 딱정 벌레는 섭씨 100도가 넘는 액체 폭탄을 순식간에 발사하기 때문이다. 뜨거운 독극물을 배 속에 품고도 이 배가 터지지 않는 까닭은 무얼까. 놀라운 신체 구조 덕분이다. 청산가리를 뿜어내는 노래기를 해부한 결과 배 속에 두 개의 주머니가 있고 양 쪽의 내용물이 서로 섞여야만 청산가리가 생산되는 방식으로 독극물을 품고 있었다. 곤충이 스스로를 방어하고 살아남기 위해 적응한 진화의 신비다. 이를 보면 〈곤충에 비하면 하늘의 별도 지극히 간단한 구조체일 뿐〉이라는 말에 동의하지 않을 수 없다. 그 작은 개체 안에 이렇게 큰 우주가 담겨 있다니! 스스로를 방어하기 위해 곤충이 개발하는 〈전략〉은 화학 물질만이 아니다.

이오나방, 스파이스부시 호랑나비 애벌레는 적을 방어하는 데 가짜 눈을 이용한다. 나방을 쪼아 먹으려 다가온 새들은 포식자의 눈을 닮은 나방 뒷날개의 가짜 눈과 맞닥뜨리면 혼비백산이 되어 달아난다. 스파이스부시 호랑나비 애벌레의 가짜 눈은 동공이 삼각형 모양이어서 한꺼번에 모든 방향을 다 보는 것처럼 오묘하게 생겼다. 어디 그 뿐인가, 플로리다거북 딱정 벌레는 개미가 아무리 공격해도 제자리에서 꿈쩍도 하지 않는다. 이 벌레의 무기는 바닥에 달라붙을 수 있도록 분비되는 기름과 6만 개나 되는 다리 끝의 가시털이다. 딱정 벌레의 등에 왁스로 실을 붙여 추를 매달아 실험한 결과 몸무게 13.5밀리그램의 딱정 벌레가 2그램짜리 추에도 끄떡 없었다. 자기 몸무게보다 148배나 무거운 무게, 사람으로 치면 몸무게 70킬로그램인 사람이 13톤이 넘는 무게를 감당하는 셈이다.

이러한 신기한 곤충 세계를 보면 도리 없이 곤충과 인간의 관계에 대해 생각하게 된다. 아르기오페 아우란티아 거미는 사마귀의 독니에 물리면 외과용 가위로 싹둑 자르듯 자기 다리를 잘라 버린다. 사마귀가 움켜잡아서가 아니라 독을 느끼기 때문이다. 통증 유발제로 알려진 꿀벌, 말벌의 독을 거미의 다리에 주입하는 실험을 했을 때에도 거미는 미련 없이 다리를 잘랐다. 그렇게 하지 못한 거미는 죽었다.

이렇게 자연에 절묘하게 적응하는 곤충은 어떤 면에서 보면 인간보다 우위한 능력을 지니고 있다. 따라서 동물에 대한 인간의 우위성을 인정하지 않는 경향이 많다. 니체는 자기 원인으로서 자연을 지배하는 신 같은 존재를 믿지 않았다. 그에 의하면 자연에 존재하는 모든 생물은 진화에 있어서 동일 선상에 있다. 그는 인간에 내재한 정신·신성을 부정할 필요가 없다고 말하면서도, 인간이 다른 모든 생물보다 더 진화된 만물의 영장이라고 믿지 않았다. 〈우리들은 인간을 〔정신〕이라든가, 〔신성〕 따위로부터 끌어내리지는 않는다. 우리들은 인간을 동물이란 위치에 되돌려 놓았다. 우리들은 인간을 가장 강한 동물로 보는데, 그것은 인간이 가장 교활한 동물이기 때문이다. 〔……〕 인간은 결코 만물의 영장이 아니다. 모든 생물은 완전성에 있어서 인간과 나란히 동일한 관계에 있다.〉[72] 소는 네발로 걸을 때 가장 안전하며, 인간은 직립 보행일 때 가장 편안하다.

결론적으로 유치하게 보이는 동물들의 행동과 생각에는 인간의 이성보다도 더 차원 높은 행동과 사상이 담겨 있다. 따라서 카프카는 단편 「사이렌의 침묵」에서 〈미흡하고 심지어는 유치하기까지 한 수단도 구원에 도움이 될 수 있다〉(H 58)고 역설하며, 동물의 유치한 수단에 의지하는 내용을 여러 작품에서 종종 나타낸다. 예를 들어 「법 앞에서」에서 시골 남자는 〈유치한kindisch〉(E 121) 방법으로 문지기의 모피 옷깃에 붙어 있는 한 마리 벼룩에게 문지기의 마음을 돌리도록 도와주기를 간청한다. 이러한 유치한 수단에의 의지는 이성만을 전적으로 신뢰하고 오만한 행동을 자행한 인간이 최후로 느끼는 자괴의 감정을 역설적으로 표현한 것이다.

여기에서 카프카와 니체의 사상의 일치가 암시된다. 니체처럼 카프카도 인간의 한계점과 동물의 잠재성 등을 인정한 예리한 관찰력으로 인간과 동물간의 차이를 인정하지 않았다. 1922년 초여름의 어느 날 야노우흐는 영국 작가 가네트David Garnett의 작품 『여우로 변한 귀부인Lady into Fox』을 읽고 나서, 바로 그 영어 서적을 들고 카프카를 방문한 적이 있었다. 야노우흐가 가네트의 이 작품을 「변신」의 기법을 그대로 모방한 것이라고 평하자, 카프카는 자못 피로한 듯이 빙그레 미소를 띠고 조용히 부정하듯이 손을 저으면서 〈그럴 리가 없습니다. 그것은 나에게서 얻거나 모방한 것이 아니라 시대라는 것입니다. 우리들은 다같이 그것을 시대로부터 모사한 것입니다. 원래 동물이란 인간과는 아주 가까운 관계에 있습니다. 이것이 그 철격자(鐵格子)입니다. 동물과의 친화가 인간과의 그것보다도 더 용이합니

72 니체(이재기 역), 「反그리스도者」, 『니체 전집』, 1권 14절 180면.

다〉(G 43)라고 말했다.

이 대화에서 〈동물과 친화Verwandtschaft mit dem Tier〉(G 43)가 인간과 친화
보다 더 쉽다는 카프카의 경우가 독특하다. 그가 만년에 의식적으로 사람의 입을
기피하고 동물의 입을 빌어 스케치한 일련의 동물 이야기를 창작한 점으로 미루어
보아 그가 평소에 동물에 대해서 비상한 관심을 갖고 있었던 것을 확인할 수 있다.[73]

심지어 카프카는 인간의 실존 상황을 동물의 존재 방식으로까지 파악하여 야노
우흐와의 대화에서 〈우리들은 동물로 귀환한다. 동물적 삶이 인간의 삶보다 훨씬
용이하다〉(G 44)라고 말할 정도로 동물의 존재 방식을 부러워하기까지 했다. 자
아는 인간의 존재를 포기하고 동물이 될 때 육체, 인간 그리고 사물들에 대한 우
위를 획득하는 것이다. 이렇게 카프카는 종종 인간에 대한 동물의 우위성도 인정
하였다. 이러한 인간에 대한 동물의 우위가 카프카의 다음의 산문 스케치에 잘 암
시되어 있다. 〈그 동물은 커다란 꼬리, 수 미터나 되는 길이의, 여우 꼬리와 같은
종류의 꼬리를 달고 있다. 나는 기쁜 마음으로 꼬리를 잡아보고 싶었다. 하지만
불가능하다. 그 동물은 늘 움직이고 꼬리는 늘 흔들린다. 가끔 나는 그 동물이 나
를 훈련시키고 싶어 하는 것이 아닌가 하는 느낌을 받았다. 그렇지 않다면 나에게
꼬리를 잡히려 하지 않는 이유가 무엇인가. 내가 그 동물을 잡으려면, 그 동물은
다시 조용히 기다린다. 결국 그 동물은 다시 나를 유혹하고서는 다시 멀리 도망친
다.〉[74] 이른바 카프카가 말하는 〈동물의 우위성〉의 내용을 뒤집어보면 「변신」에서
그레고르는 오히려 갑충으로 탈바꿈함으로써 구제되었다는 뜻으로 풀이될 수도
있다.

「법 앞에서」에 서 있는 시골 남자는 자신에게 정해진 법의 문안으로 들어갈 수
있는 기회를 기다리며 문지기와 논쟁을 벌이나 효과가 없다. 따라서 시골 남자는
입장을 허락받을 때까지 몇 날 몇 해 동안 기다리면서 그곳으로 들어가기 위해 많
은 시도를 한다. 여러 가지 부탁을 하거나 청을 하여 문지기를 지치게 하기도 하
고, 그를 매수하기 위해 모든 것을 쓰기도 하며, 쉬지 않고 그를 관찰하기도 하다

73 김정진, 「카프카의 문학 작품에 나타난 동물 군상의 상징적 의의」, 『카프카 연구』, 범우사, 1984,
261면.
74 빌헬름 엠리히(편영수 역), 『카프카를 읽다』, 유로, 2005, 217면.

가 시골 남자는 마지막 수단으로 문지기의 모피 안에 있는 벼룩에게 문지기 마음을 움직여 주기를 간청하기도 하여 동물의 우위성을 간접적으로 나타내고 있다.

이러한 배경에서 볼 때, 인간과 동물은 하나의 공동체를 형성한다. 이 공동체는 〈윤리적 이상〉과 연관시켜 볼 때 단순히 종족을 나타내는 말이 아니라 공동체적 삶을 가리킨다. 이 공동체의 본질은 단순히 개인에 대한 전체의 너그러운 이해심이 아니라 진정한 의사소통에 있다. 모든 사람의 마음에 이해된다는 것은 〈공동체의 이상적인 목소리가 완전히 비개성적〉[75]이라는 것을 의미한다. 따라서 카프카가 인간을 동물로 변신시키는 것은 동물 공동체를 거론하는 것이다. 동물 공동체는 인간 공동체와 구별되는 동물로서의 동질성을 지니는 동시에 인간적인 삶이 가능한 공동체이다. 예를 들어 「요제피네, 여가수 또는 서(鼠)씨족」에서처럼 인간과 동물은 서로 별개의 존재가 아니라 동물 세계가 인간 세계로 들어옴으로써 이질적인 두 존재 사이의 경계가 해체된다.

이렇게 카프카는 인간과 동물의 가까운 위치를 예감한 결과 그의 작품에 동물이 인간으로 또는 인간이 동물로 변신하는 모티프가 자주 나타난다. 카프카는 인간과 동물의 이중성을 작품에서 적나라하게 나타내는 것이다. 그런데 카프카의 동물을 주제로 한 작품은 둘로 대별될 수 있다. 하나는 작품 안에서 인간과 동물이 공존하는 경우이고, 다른 하나는 오로지 동물만이 등장하는 경우다. 「변신」(갑충)그리고 「시골 의사」(말) 등은 전자의 예이고, 「어느 개의 연구」(개), 「어느 학술원에 드리는 보고」(원숭이), 「요제피네, 여가수 또는 서(鼠)씨족」(쥐) 그리고 「굴」(두더쥐) 등은 주로 만년에 쓰어진 동물 이야기로 후자의 범주에 속한다.

이들 작품에서 카프카는 인간과 동물을 서로 비교하여 동물 속에서 인간을 관조하고 인간 속에서 동물을 반영할 뿐더러, 동물의 속성과 인간의 속성의 한계적 교차점을 포착하여 동물인 동시에 인간인 새로운 과도적 생물을 창조함으로써 일종의 동물성과 인간성을 이중 복사적으로 투시하고 있다.

이렇게 카프카는 통합 불가능한 인간과 동물 이상의 〈나〉로 주인공을 분열시키는 동시에 몽환적 사고의 메커니즘을 광범위하게 사용하여 자신의 여러 양상들을

---

75 Charles Bernheimer, Psychopoetik. Flaubert und Kafkas *Hochzeitsvorbereitungen auf dem Lande*, in: Gerhard Kurz (Hg.), *Der junge Kafka*, Frankfurt/M., 1984, S. 166.

하나의 동물 형상 속에 응축시킨다. 그럼으로써 이제 〈나〉로부터 더 이상 분리되지 않는다. 〈나〉는 이질적인 두 본성, 흔히 인간과 동물 두 본성의 형태를 자신의 내부에 무의식적으로 품고 있다. 이는 단일성의 상실이 잃어버린 요소들을 외재화(外在化)로 개인이 경험할 수 있는 궁극적인 해체의 표지이자 산물인 동물 안에 응축되어 나타나는 것이다.

　이러한 날카로운 관찰을 뛰어난 비유법과 독자적 기지로 나타내는 카프카는 인간의 동물화와 동물의 인간화를 시도한다. 이는 〈존재Sein와 무Nichts〉 사이를 마치 줄타는 곡예사처럼 건너려는 카프카의 의도이다. 카프카의 개념에 의하면, 인간은 〈존재와 무〉의 한계에 역설적으로 내던져진 존재이다. 거기에는 오로지 시지프스 신화의 고난과 곤욕, 불안과 절망이 뒤따를 뿐이다. 계몽주의 이후 현대인들은 이성으로 세계를 설명하고 지배하려 했지만, 이성의 한계에 봉착했으며, 이 위기가 카프카의 소설들에서 낯선 〈인간의 동물로의 변신〉이나 〈동물의 인간으로의 변신〉의 현상으로 나타난다. 카프카는 인간적 세계의 한계에 돌진함으로써 인간과 인간 이외의 것 사이의 한계를 지양하려 했던 것이다. 그때 인간과 인간 이상의 존재(신) 사이의 고차원적인 한계보다는 하부의 한계, 즉 인간과 인간 이하의 존재(동물) 사이의 저차원적인 한계를 제거하는 쪽을 택하여 해학의 자학성과 신랄한 반어성을 보여 주고 있다.

　자유로운 동물의 존재 형식은 카프카에게 늘 인간 존재의 모순을 표현할 수 있는 본질적인 가능성이었다. 동물은 모든 것을 객관화하고, 그로 인해 모든 것을 대상화하는 제한적 의식 속에 갇혀 살지 않는다. 동물은 여전히 사방으로 열려진 자유의 위대한 감정에 휩싸여 있다. 동물 이야기들의 무대인 보편적 영역에는 입상이 설치되어 있지 않다. 여기에서는 덧없는 것과 제한된 것이 영원하지 않다. 여기에서 불손함은 그 가면이 벗겨지고 모든 특권이 박탈된다. 따라서 동물의 존재는 카프카에게는 단지 어린 아이의 감정 세계와 심적 단계에 대한 추억일망정 여전히 인간의 내부에 현존하는 진정한 긍정적인 영역이다. 무엇보다도 이 존재는 인간의 꿈속에서, 즉 합리적 의식이 배제되는 상태에서 나타난다. 그 때문에 동물 존재와 합리적 세계의 갈등이 카프카의 수많은 동물 이야기로 규정되고 있다.[76]

　따라서 카프카의 작품뿐만 아니라 일기와 서한문에서도 은유의 힘을 지닌 허다

한 동물의 인간화 또는 인간의 동물화를 볼 수 있다. 가령 「어느 개의 연구」에서 서술자인 개는 인간처럼 말하고 인간처럼 행동한다는 점에서 〈동물의 인간화〉이지만, 동시에 그것을 통해 카프카가 동물이 되고 그것을 읽는 우리 역시 동물이 된다는 점에서 〈인간의 동물화〉이다. 그것은 비존재(허무)와 존재(사실)를 내포한 양면적 사실주의의 필법으로 허와 실의 이중 구조를 여지없이 폭로하는 것이다.

이상의 내용을 종합해 볼 때, 〈인간의 동물 되기〉는 동물적 본성이며, 또 〈동물의 인간 되기〉는 생각과 언어의 기능을 갖는다는 점에서 인간적인 본성이다. 그런데 카프카 작품에는 인간이 꼭 생명이 있는 동물로만 변신되는 것이 아니라 생명이 없는 무생물로 변신되는 경우도 있다. 〈인간은 생물이라기보다 오히려 물체이다〉(G 68)라고 카프카는 야노우흐와의 대화에서 언급하고 있다. 예를 들어 「프로메테우스」와 「다리」에서 주인공들은 인간과 돌의 본성에도 참여한다. 따라서 바위가 변신의 요소로 등장한다. 「프로메테우스」에서 이 무감각한 바위 덩어리가 고통당하는 프로메테우스의 육신을 받아들이기 위해 열린다. 벌을 명하는 신들이나 벌이 집행되도록 내버려 둔 인류보다 더 자비로운 바위는 살아 있는 존재와 무감각한 물체 사이의 융합을 실현한다. 그리하여 어떤 자연적인 혹은 초자연적인 법에 의해 고통이 필요했는지 알 수 없게 된 시점에서 프로메테우스의 고통을 종식시킨다. 바위가 된 프로메테우스는 외부 세계와 동화되는 한편, 바위 자체는 생명을 부여받는다.

또 〈이것은 독특한 기계입니다〉(E 151)라는 장교의 말로 시작되는 「유형지에서」의 서두에서 강조되는 바와 같이 이 작품에서 기계의 역할이 중요하며 기계의 구조와 기계가 수행하는 처형 절차에 관한 설명이 대부분을 차지한다. 이 기계는 처음부터 끝까지 자율적으로 전 과정을 이행하여 단지 하나의 사물로만 머물러 있지 않고 인간처럼 나타나 기계의 인간화가 상징된다.

카프카 특유의 동물과 무생물 체험은 존재와 진실 인식의 문제에 결부된다. 카프카가 인간에게 동물적 속성을 부여한다든가, 동물을 인간화 한다든가, 혹은 인간을 돌이나 기계 등 사물로 비인간화 시키는 것 등은 근본적으로 카프카의 〈존재

---

76 빌헬름 엠리히, 『카프카를 읽다』, 유로, 2005, 180면 이하.

와 진실〉에 대한 탐험이다.(G 99) 따라서 카프카 문학에 나타난 동물 모티프는 상처 입은 동물이나 맹목적인 금수와 유사한 20세기의 비참한 현상으로 단지 인간에게만 한정되지 않고 사물 상호간에도 파급되는 삼라만상의 적나라한 실상이다. 이는 모든 것이 유물적 기능으로만 전락된 현대 산업 사회의 부조리, 인간 소외를 상징하는 비참한 시대상이며, 고독과 허무, 불안과 절망에 가득 찬 실향민이라고 볼 수 있는 현대인의 슬픈 표정이기도 하다.[77]

이런 배경에서 〈인간의 동물 되기〉는 〈절대적 탈영토화〉[78]의 가능성으로 이해될 수 있다. 〈영토화〉란 원래 동물 행동학에서 나오는 〈텃세〉라고 번역되는 개념이다. 가령 호랑이나 늑대·종달새 등은 분비물이나 다른 사물·소리 등으로 자신의 영토를 만든다. 작가들은 이 개념을 변형시켜 다른 개념들을 만들어 낸다. 탈영토화는 기왕의 어떤 영토를 떠나는 것이다. 이를 다른 것의 영토로 만들거나, 다른 곳에서 자신의 영토를 만드는 경우에 대해 〈재영토화〉라고 한다. 그리고 이 개념은 다른 영역으로, 배치가 만들어지고 작동하는 모든 영역으로 확장해서 사용된다.[79] 가령 카프카의 시오니즘은 정신적 및 신체적 재영토화로 볼 수 있다. 동물이 되는 것은 인간의 영토를 벗어나 황량한 세계로 들어가는 것이나 그것은 그 자리에서 움직임이 없는 여행이고, 오직 강렬도로 체험되고 이해되는 여행이다.

② 부정적 동물상

카프카 작품에서 동물이 인간과 동등한 공동체를 형성하는 등 긍정적으로만 등장하는 것은 아니다. 오히려 동물이 인격 비하의 비유 등 부정적 이미지로 나타나는 경우도 있는데 개가 대표적이다. 따라서 카프카는 〈개처럼 순종하는hündisch ergeben〉(E 151), 〈마치 개처럼wie ein Hund〉(P 194) 또 〈개 같은hündisch〉(E 151)의 언급처럼 개의 비유로 인격을 비하하는 경우가 빈번하다.

카프카는 작품 「유형지에서」의 내용에 관해 불만족스런 상황에 대해서 1917년

---

77 김정진, 「카프카의 문학 작품에 나타난 동물 군상의 상징적 의의」, 『카프카 연구』, 범우사, 1984, 253면.

78 Gilles Deleuze u. Félix Guattari, *Kafka, Für eine kleine Literatur*, Frankfurt/M., 1976, S. 37.

79 질 들뢰즈/펠릭스 가타리(이진경 역), 『카프카』, 동문선, 1975, 17면.

9월 4일에 볼프에게 〈결말 직전의 두 쪽 내지 세 쪽은 졸렬합니다. 이런 부분들이 있다는 것은 심각한 결함이 있다는 것을 암시합니다. 어딘가에 한 마리의 벌레가 있습니다. 이 벌레 한 마리가 작품의 완전성에 구멍을 냈습니다〉[80]라는 편지를 썼다. 따라서 같은 시기에, 그러니까 한 달 전인 1917년 8월 5일의 일기에서 카프카는 이 작품의 결말 직전의 두 쪽 내지 세 쪽에 대한 새로운 초안을 만들려고 애쓴다. 이 새로운 초안에 따르면 탐험가가 죽은 장교의 무덤 옆에 누워서 〈가능하면 나는 개 같은 놈이 되고 싶다〉(T 383)라고 소리를 지른다.

〈가능하면 나는 개 같은 놈이 되고 싶다.〉 그러고 나서 그는 이 말을 곧이곧대로 실행에 옮겨서 땅에 엎드려 이리저리 기어다니기 시작했다. 단지 가끔 튀어올라, 확실하게 땅에서 몸을 떼어 남자들 가운데 한 남자의 목에 매달려서 눈물을 흘리면서 〈왜 이 모든 일이 하필이면 나에게 일어났어요!〉라고 소리쳤다. 그리고 다시 자신의 자리로 급히 돌아갔다.(T 383)

옛 법을 말살하도록 원인을 제공한 이 탐험가는 자신의 죄의 장소에 묶여 개가 되는 것이다. 세 권의 장편 소설 『성』, 『소송』과 『아메리카』에서도 많은 인물들이 개의 특징으로 서술되어 죽음을 당하거나, 제거되거나, 타도되어야 하는 부정적 운명을 나타낸다. 『아메리카』에서 로빈슨은 개처럼 학대를 받고 사회로부터 추방된다. 그의 델라마르헤에 대한 굴종과 브루넬다에 대한 비굴한 욕망과 카알에 대한 가혹한 행동은 개의 속성 바로 그것이다.

『소송』에서 자신의 능력과 권리를 변호사에게 맡겼던 상인 블로크는 변호사 훌트Huld의 말에 복종하는 〈변호사의 개*Hund des Advokaten*〉(P 166)가 된다. 따라서 훌트 변호사와 그의 간호사 레니 양은 블로크를 항상 개처럼 다룬다. 블로크는 소송에 열중하고 항상 자신의 일에 몰두하는 피고로서 훌트 변호사의 고객이 아니라 한 마리의 개에 불과하다. 훌트 변호사가 그에게 개집에 들어가듯이 침대 밑으로 들어가 그곳에서 짖으라고 명령했다면 그는 흔쾌히 그 짓을 했을 위인(爲人)이

---

80 F. Kafka, *Briefe 1902~1924*, hg. v. Max Brod, Frankfurt/M., 1975, S. 159.

다.(P 144 f.)

블로크의 가망 없는 소송에 대한 집념과 이로 인한 비굴한 행동은 「법 앞에서」의 시골 남자와 흡사하다. 요제프 K와 동일 인물로 볼 수 있는 시골 남자는 그의 법정 입장을 가로막고 있는 문지기의 모피 옷깃에서 벼룩을 발견하는데, 이것은 개의 시각의 작용인바, 요제프 K의 개와 같은 삶에 대한 은밀한 암시이다.[81] 작품의 마지막에 요제프 K는 정체 불명의 검은 예복을 입은 신사에 의해서 〈마치 개처럼 wie ein Hund〉(P 194) 무참하게 살해당하고 만다. 이것은 카프카와 같은 민족인 수많은 유대인들이 제2차 세계 대전 때 아무 죄도 없이 나치스 정권에 의해서 마구 체포되어 강제 수용소에서 개처럼 참혹하게 처형당한 사실로 암시될 수도 있다. 이에 대한 예로 다음과 같은 기술이 있다.[82]

야콥 거리의 어느 집에서 털뭉치처럼 생긴 작은 개가 한 마리 뛰어나와서 우리들 (카프카와 야노우흐: 필자주) 앞을 가로질러 템펠 골목 뒤로 자취를 감춰 버렸다. 내가 그것은 작은 삽살개였다고 말하자, 카프카는 다음과 같이 말한다. 〈삽살개라고요! 개일 겁니다. 그러나 어떤 징조일는지도 모르겠습니다. 우리들 유대인들은 가끔 비참한 착각을 일으키니까 말입니다.〉(G 68 f.)

카프카의 개의 체험은 직접적인 관찰 외에 꿈의 간접적인 경로를 취하기도 한다. 1911년 12월 13일의 일기는 개와 악몽에 대한 희귀한 체험을 담고 있다. 〈피곤해서 글을 쓰지 못하고 따뜻한 방과 차가운 방을 번갈아 가며 잠자리에 누워 있었다. 다리는 아팠으며, 꿈은 혐오스러웠다. 한 마리의 개가 앞발 하나를 내 얼굴에 가까이 한 채 나의 몸 위에 누워 있었다. 그래서 잠에서 깨어났다. 그러나 눈을 뜨고 그 개를 본다는 것이 한동안 겁이 났다.〉(T 138)

카프카는 1915년 9월 2일자 일기에서 〈어제와 오늘은 개의 이야기를 조금 썼다〉고 기록하고 있는데, 이는 작품에 관련되어 있다고 판단된다. 또 1913년 11월

81 김용익, 『프란츠 카프카 연구』, 삼영사, 1984, 105면.
82 김정진, 「카프카의 문학 작품에 나타난 동물 군상의 상징적 의의」, 『카프카 연구』, 범우사, 1984, 266면.

18일자 일기에서 〈나는 지금 이 긴 의자에 누워 있다. 발길질 한 번으로 세계에서 내던져진 나는 결국 무능한 인간이다. 가령 전혀 강요당하지도 않았는데도 아무런 고유한 가치도 없이, 강요하는 것을 전연 느끼지도 못하고서 학교에 가는가 하면, 개집에 웅크리고 앉아 있다가 먹이를 갖어다 놓으면 밖으로 뛰쳐나오고 먹이를 먹고 나면 도로 기어들어가 버리고 하는 따위의 인간밖에 되지 않는다〉(T 240 f.)라고 적고 있다. 밀레나에게 보내는 편지에서도 자기 비하의 상징적 동물로 개가 반복해서 등장한다. 개를 인간의 친구로 파악하는 대신, 완고한 호기심과 육감적 내지는 관능적 행위의 동물로서, 또한 불결하고 탐욕스런 동물로 파악하는 것은 유대인의 전통적인 사고 방식에서 영향을 받은 부정적 측면이다.(H 240)

카프카에게 개라는 존재는 언제나 인간이 출구를 찾지 못하는 단계의 표현이다. 개는 그렇게 진행되어서는 안 되며, 어떤 출구를 찾아야만 한다는 의견을 결코 갖고 있지 않다. 「어느 개의 연구」는 한 동물의 고통으로 가득 찬, 자기 파괴로 이끄는 실험들이다. 이 동물의 조상들은 길을 잃었고, 후손들이 끝없이 헤매게 만드는 원인을 제공했고, 진실을, 명쾌함을, 자백을, 높은 자유를 절망적으로 추구하는 원인을 제공했다.[83] 〈나〉와 〈개〉의 동일시는 모든 사상(事象)을 확실히 붙잡고자 했던 그의 정열로 미루어 존재의 근원에 대한 확고한 예지적 결론이기도 하다.

결론적으로 카프카에게 있어서 개로서의 생활 형식은 항상 인간이 어떤 탈출구도 찾을 수 없는 것과 같은 단계, 즉 한계 상황의 표현이다. 따라서 이 「어느 개의 연구」는 자아 파괴의 극한에 이르도록 고통으로 가득 찬 실험이다.[84]

그러나 드물지만 개로의 변신이 긍정적 의미를 지니는 경우도 있다. 〈상류층 가의 번잡한 한 길가에 마차 두 대야 세울 수 있을 테지. 하인이 긴장되어 문을 열었다. 시베리아 산의 멋진 여덟 마리의 세퍼트가 뛰어내렸다. 보도 위를 뛰면서 짖어댔다. 성장한 파리의 젊은 멋쟁이라고 사람들은 말했다.〉(B 55) 여기에서 세퍼트는 멋쟁이 인간의 비유로 동물에서 인간으로 심리적인 변신이다. 개의 상(像) 속에서 멋쟁이 인간의 특성이 공개되는 것이다. 이 비유상은 문학적 허구에서 조성된

---

83 빌헬름 엠리히(편영수 역), 『카프카를 읽다』, 유로, 2005, 212면.

84 W. Emrich, Franz Kafka, in: Otto Mann und Wolfgang Rothe(Hg.), *Deutsche Literatur im 20. Jahrhundert*, München, 1967, S 200.

비유로서가 아니라 우리의 현실계에 실체로서 등장한다. 정신적인 것, 영적인 것, 심리적인 것이 직관될 수 있는 실재로서 형성되는 것이다.[85]

2) 인간의 동물로 변신

문학에서 인간이 변신하는 동물이 많은데, 여기서는 먼저 인간이 새로 변신하는 모티프를 고찰해 보자. 인간이 새로 변신하는 내용은 여러 나라의 문학에 자주 나타난다. 새는 영적인 동물로 영혼의 모티프를 형성한다. 대다수의 고대 종교에서 비상(飛上)은 초인간적인 존재(신, 주술사, 정령, 저승 등)로의 접근으로 결국 마음대로 움직일 수 있는 자유, 영의 조건 그 자체의 획득을 상징한다. 예를 들어 비둘기는 전통적으로 베누스Venus뿐만 아니라, 기독교의 성령의 보편적인 조화 또는 사랑을 나타낸다. 미개인의 종교에서 새는 죽은 인간의 변신으로 이런 새들 중에는 까마귀가 지배적이며, 백조도 종종 나타난다. 검은색과 흰색은 모두 죽음의 색채인데, 이러한 색채를 갖춘 까마귀는 죽음의 전조나 죽음의 신을 동행하는 새로 알려져 있다.

인간이 새로 변하는 이야기는 이미 오래전에 오비디우스Publius Naso Ovidius의 『변신Metamorphosen』 속의 테레우스Tereus 왕의 신화에 담겨 있다. 다울리스의 테레우스 왕은 자기 부인 포르크네의 자매인 필로멜라를 능욕하고서, 그녀가 이 사실을 발설하지 못하도록 그녀의 혀를 잘라 버렸다. 그러나 필로멜라는 자신이 짠 직물의 그림으로 프로크네에게 이 사실을 알려서 둘은 공동으로 복수를 하게 된다. 프로크네는 자신의 아들 이티스를 죽여 요리를 하여 그의 아버지 테레우스의 식사에 올리면서 그 혼자만이 이것을 먹어야 한다고 다짐을 한다. 테레우스는 이 식인적 식사 중에 계속해서 자기 아들에 관해 묻는데, 나중에 이 모든 내막을 알게 되자 그는 칼을 빼들고 잔인한 두 자매를 뒤쫓는다. 그때 테레우스는 한 마리의 화난 오디새로 변하고, 포르크네는 항상 슬피 우는 밤꾀꼬리가 되며 필로멜라는 혀가 없어 더듬더듬 지저귀는 제비가 되었다. 다른 신화에 의하면 이티스는 꿩으로 변했다고

---

85 W. Emrich, *Protest und Verheißung*, Frankfurt/M., 1960, S. 114 u. 120.

한다. 로마의 신화에서는 이 순서가 바뀌어 필로멜라가 슬피 우는 밤꾀꼬리가 되고, 프로크네는 혀가 없어서 더듬더듬 지저귀는 제비로 변한다.

여기서 우리는 원인론Ätiologie을 고찰해 볼 수 있다. 즉 밤꾀꼬리가 슬피 울고, 제비는 지저귀며, 오디새는 이들 새를 뒤쫓는 내용을 살펴보면, 고대 다울리스(테레우스의 왕국)에 제비가 둥우리를 짓지 않는 이유가 이 신화에서 설명되고 있다. 동시에 애니미즘적 세계관animistische Weltanschauung을 볼 수 있는데, 이는 영혼은 죽지 않고 다른 생물로 변한다는 것이다. 이 신화에서 변신의 중점은 아들이 아버지로의 변신이다.

이렇게 인간이 새로 변신하는 내용이 문학에서 자주 나타난다. 특히 한(恨)을 품고 죽은 인간이 새로 변신되는 내용이 자주 나타나는데, 괴테의 『파우스트』 속의 다음의 민담적 노래가 대표적이다.

우리 엄마 창녀라서
나를 죽여 버렸단다!
우리 아빠 악당이라,
나를 먹어 버렸단다!
우리 작은 여동생이
나의 뼈를 찾아다가,
시원한 데 묻었단다.
그때 나는 귀여운 숲새 되어,
저 멀리 날아가네, 날아가네!(4412행 이하)

이 노래는 룽게Philipp Otto Runge가 기록하여 1808년 아르님Achim von Arnim의 『이주자의 신문Zeitung für Einsiedler』에 실린 저지 독일어 지역의 민담에 남아 있다. 아르님은 브렌타노를 비롯하여 괴레스Görres, 그림Jakob Grimm의 적극적인 협조로 『이주자의 신문』을 간행하고 난 후에 「위안의 고독Trösteinsamkeit」이라는 표제를 붙여 1808년에 출판했다.

뼈가 변하여 수줍은 새가 된, 살해된 어린 아이 같은 한(恨)과 마적이고 민담적인 것이 얼마나 진기하게 이 노래에 뒤섞여 있는가! 광기에서 우러나온 문장이 아니고는 어떤 감각을 동원하더라도 형상성과 음악성이 어우러진 이와 같은 순수한 상징적 표현에 도달할 수 없을 것이다. 아주 우연히 접하게 된 민담 세계로부터 괴테는 다른 어떤 양식으로도 포착할 수 없는 것을 가장 정확하게 그려 내고 있다. 그런데 이러한 내용의 노래가 그림 형제의 민담에도 담겨 있다. 그림 형제는 이 형태의 노래를 『어린이와 가정용 민담Kinder- und Hausmärchen』에 수록했는데 이는 낭만주의의 민담 찬미 풍조로 볼 수 있다. 그림 형제의 민담 「노간주 나무Von dem Manchandelbaum」 편에 들어 있는 이 노래는 다음과 같다.

> 우리 엄마는 나를 죽였고,
> 우리 아빠는 나를 먹었네.
> 누이동생 마를레니헨이 내 뼈를 빠짐없이 추슬러서
> 곱디고운 비단으로 정성껏 싸서
> 노간주 나무 밑에 두었네.
> 짹짹 짹짹! 나 같이 예쁜 새가 또 어디 있을까.[86]

이 노래의 배경을 보면 한 사악한 계모가 의붓아이를 죽여 요리를 하여 이 아이의 아버지인 남편의 식사에 올렸다. 그러고 나서 의붓자매 마를레니헨Marlenichen이 먹고 남은 뼈들을 노간주 나무 밑에 묻어 주자 그 뼈에서 한 아름다운 새가 날아오르면서 이 노래를 부른다. 이 민담 「노간주 나무」의 배경을 이루는 의붓자매의 이름 마를레니헨에서 성서의 내용이 암시되고 있다. 즉 수의(壽衣)를 감싼 예수 그리스도 시신의 매장과 부활시의 마리아 막달레나Maria Magdalena의 역할이 연상된다. 결국 마를레니헨은 예수의 매장과 부활시 역시 중요한 역할을 한 나사로 Lazarus의 자매와 동일시된다. 「노간주 나무」 민담은 본질적으로 태고의 신화를 이야기한다고 볼 수 있다. 또 『신약성서』에서 유래되는 맷돌의 모티프도 유의할 필요가 있다. 그리스도는 죄를 지은 자를 맷돌에 매달아서 바다에 잠기도록 하는 벌

---

86 Brüder Grimm, *Kinder-und Hausmärchen*, Nr. 47.

을 내렸다. 마찬가지로 「노간주 나무」에서 의붓아들을 살해한 계모는 이러한 운명을 받아서 맷돌에 맞아 죽게 된다.

여기에서 확인할 사실이 하나 있는데, 시간적으로나 공간적으로 멀리 떨어져 있는 사회들의 여건에도 불구하고 어찌하여 대단히 흡사한 이야기들이 만들어지는가 하는, 오래되었으나 아직도 해결 안 된 문제가 있다. 물론 이 문제에 관해서 여러 이론이 있다.

류James J. Y. Lieu는 『엘리자베스 시대와 원(元) 시대Elizabethan and Yuan』에서 주로 영국과 중국 문학을 비교하였는데, 지리적 관계도 그렇고 두 나라 사이에는 어떠한 교류도 없었기 때문에 중국의 희곡들은 엘리자베스 시대의 영국에는 잘 알려지지 않았다. 그런데도 두 나라의 희곡들 사이에는 공통적인 문체와 분위기를 느낄 수 있다. 이 같은 유사성은 인과론적으로 파악하기 어려우며, 영향의 문제를 벗어난 우연적인 유사성이다. 그러므로 영향과는 아무런 상관이 없는 유사성이라 해도 좋을 듯하다.

그러나 야우스Hans R. Jauß의 저서 『문예학의 도전으로서의 문학사Literatur-geschichte als Provokation der Literaturwissenschaft』에서는 유사성은 영향과 필연적인 관계가 있다. 문학의 형상도 필연적으로 그 시대의 사회적 및 정치적인 것의 영향을 받음으로써 서로 아무런 연관이 없는 작품일지라도 유사성을 지니고 있다는 것이다. 야우스는 위고Victor Hugo의 작품 『크롬웰 박사Dr. Cromwell』와 거의 같은 시대에 발간된 하이네H. Heine의 작품 『이념Ideen』을 비교했다. 그 결과 비록 두 작품이 동시에 출판되었지만 서로 아무런 관련이 없는 데에도 두 작품에 노출된 괴기(怪奇)grotesque를 통해 본 유사성이 밝혀졌다. 그러나 이 경우 그 유사성은 그 당시에 그들이 공통적으로 경험한 사회적 또는 정치적 혼란의 영향 때문이라고 보고 있다. 야우스는 그러한 여건을 〈문학에 있어서 7월 혁명〉이라 했다. 물론 하이네의 괴기는 위고의 그것보다 표현에서 감도가 진하지 않다는 차이점이 있다. 이것은 예술적 기법의 차이라 볼 수 있다.

또 서로 전혀 접촉을 갖지 않았던 시인들의 작품에 나타나는 이미지의 요소가 유사한 경우가 있다. 예를 들어 블레이크와 네발Gérad de Nerval 시인의 작품 속에 있는 〈검은 태양black sun〉의 이미지 조사이다. 검은 태양이 왜 그 두 사람의 시에 공통적으로 등장했는가 하는 것을 찾기 위해 비평가들은 흔히 심리학자 융의 심리학적 해석을 추구해 왔다. 즉 융의 비평 방법이란 문화인류학과 융의 연구 결과를 이용한 신화 비평인데 이는 어떤 작품에 나타난 이미지의 근원을 따져 올라가 보면 한 신화에서 유래되었다는 것을 밝히는 것으로, 그 신화가 결국 영향의 원천이 되었다는 것이다. 여기에서 〈검은 태양〉이란 것은 인간의 상상력의 구조 내에 나타나 있는 원형으로 간주된다.[87]

이 문제에 대하여 멕시코의 작가 옥타비오 파스Octavio Paz의 견해도 중요하다. 그는 모든 문학 작품은 다른 문학적 체계로부터 전해져 왔고 또한 그에 관련되어 있는 문학적 체계의 일부분으로서 〈번역의 번역의 번역translation of translation of translation〉이라고 정의하였다. 이는 문학이 근원적으로 폐쇄적 공간으로 분리되어 있는 것이 아니라 상호 연계성을 지녀 끊임없이 반복된다는 점을 통해 번역을 문학의 주된 개념으로 끌어올린 것이다. 그의 주장에 따르면 모든 텍스트는 독특한 것이며 동시에 다른 텍스트의 번역장으로 간주된다. 근원적으로 언어가 없던 시대를 번역한 것이 언어이며, 다음으로 모든 기호와 어휘라 할지라도 다른 기호나 어휘를 번역했다는 점에서 어떤 텍스트도 전적으로 원작이라고 볼 수 없다는 주장이기도 하다.[88]

이런 배경에서인지 앞의 괴테의 『파우스트』의 민담적 노래와 그림 형제의 민담 「노간주 나무」에 들어 있는 노래와 비슷한 내용이 다른 나라의 문학에서도 발견되고 있다. 예를 들어 노간주 나무 민담에서 자매가 뼈를 모아서 묻어 주는 것처럼, 이미 소포클레스의 『안티고네Antigone』의 신화에서 안티고네가 당시의 법을 어기고 죽은 오빠를 묻어 주는 장면이 있다. 마찬가지로 인간이 계모의 학대에 한을 품고 죽어서 새로 변하는 내용이 우리 문학에도 있는데 김소월의 시 「접동새」가 대표적이다.

87 이유영, 『독일문예학개론』, 삼영사, 1986, 251면 이하 참조.
88 Octavio Paz, Traducción, literatura y literalidad, Barcelona, 1971, p. 9.

접동새

접동
접동
아우래비 접동

진두강(津頭江) 가람가에 살던 누나는
진두강 앞 마을에
와서 웁니다.

옛날, 우리나라
먼 뒤 쪽의
진두강 가람가에 살던 누나는
의붓어미 시샘에 죽었습니다.

누나라고 불러 보랴
오오 불설워
시샘에 몸이 죽은 우리 누나는
죽어서 접동새가 되었습니다.

아홉이나 남아 되는 오랍동생을
죽어서도 못 잊어 차마 못 잊어
야삼경(夜三更) 남 다 자는 밤이 깊으면
이 산 저 산 옮아 가며 슬피 웁니다.

이 시는 설화를 소재로 쓴 시다. 옛날 진두강 가에 10남매가 살고 있었는데 어느 날 어머니가 죽고 아버지는 계모를 들였다. 계모는 포악하여 전실 자식들을 학대했다. 소녀는 나이가 들어 박천의 어느 도령과 혼약을 맺었다. 부자인 약혼자 집에서 소녀에게 많은 예물을 보내 왔는데 이를 시기한 계모가 소녀를 농 속에 가두고 불을 질렀다. 그러자 불탄 재 속에서 한 마리 접동새가 날아올랐는데, 접동새가 된 이 소녀는 계모가 무서워 남들이 다 자는 야삼경에만 아홉 동생이 자는 창가에 와 슬피 울었다 한다.

이렇게 전설에서 제재를 끌어 온 이 시는 민요적인 가락과 정조를 근대시로 살려 놓고 있다. 민요의 대체적인 모티프가 되고 있는 〈불행하고도 비극적인 생활과 사랑의 정한〉, 〈채워지지 않는 사랑과 그리움 그리고 그 이별의 정한〉 등이 이 시에 나타나 있다.

그런데 앞에 언급된 외국 민담의 노래나 우리의 시 「접동새」에서 보듯이 문학에서 사후(死後)에 새로 변하는 모티프는 한(恨)과 연결되어 서로 공통적이다. 한의 특징은 남에게 억울하고 원통한 일을 당했을 때 서양에서는 결투 등으로 똑같이 되갚음을 할 수 있다. 그러나 우리나라에서는 한을 가슴속 응어리로 떠안은 채 살아간다. 따라서 〈한〉이란 한국인이 본래적으로 지니고 있는 슬픔의 정서로 볼 수 있다. 이런 배경에서 우리의 옛 민요와 소리 및 시의 구절구절에는 오랜 세월에 걸쳐 농축된 진한 슬픔이 담겨 있다. 우리 문학에서 「접동새」 등 김소월의 시가 제일 많이 읽히는 이유도 역시 한의 정서와 관련이 있다. 한의 감정을 최대한 응축시킨 김소월의 시가 우리 정서에 맞는 것이다.

한의 뿌리는 파란만장했던 우리 역사에서 시작된다. 수많은 외세의 침입과 내란, 엄격한 신분 사회 등으로 인해 이 땅의 서민들은 한을 품으며 살아갈 수밖에 없었다. 우리 정서의 한을 다른 말로 정확히 번역하기 힘든 이유가 여기에 있다. 다른 민족에게는 우리의 한과 같은 정서가 없기 때문이다. 하지만 한은 어떤 식으로든 풀어야 했다. 그런데 우리가 택한 방법은 민속 신앙과 문화였다. 따라서 동네마다 점(占)집이다. 굿을 통해 마음을 삭이고 소리나 민요를 부르며 분노를 달랜 것이다.

또 이러한 한풀이에는 종교도 작용하였다. 20세기 세계의 종교 인구는 줄어드는 추세인데 한국만 예외인 상황이 우리 민족의 한을 푸는 동기와 관련이 있다. 기네스북에 오른 세계에서 가장 큰 교회와 아울러 도시의 밤하늘은 붉은 십자기로 뒤덮여 있다. 산이란 산에는 절이 들어섰다. 불과 1세기만의 일이다. 한국인은 끊임

490

없는 혼란의 역사 탓에 〈극적 해결〉을 열망한 것이다. 종교학자 데미안 톰슨은 〈한〉의 정서에 공감했으나 우려도 잊지 않았다. 교파가 다르다고 하나의 신*God*을 〈하느님〉과 〈하나님〉으로 부른다. 길거리에서 타 종교인에게 증오를 퍼붓는다. 개인과 가족에게 집착하는 것은 집단적 정체감이 옅어서인가. 명절의 끝없는 귀성 행렬은 〈그날 이후*The Day After*〉의 한 장면을 보는 듯하다.

인간을 동물로 표현하는 카프카의 재능은 다양하여 카프카의 작품에서도 종종 인간이 새로 변신하는 모습이 나타난다. 카프카의 작품에서 새들은 잠을 자고 있는 자, 병자 혹은 죽은 자의 정신적 영혼으로 반영되어 나타난다. 카프카가 즐겨 언급했던 『중국의 귀신 이야기와 사랑의 이야기*Chinesche Geister-und Liebesgeschichte*』에서도 한 정신병자의 영혼이 앵무새로 변해서 자신의 애인에게 사랑을 전달하기 위해서 그녀에게 날아간다.

카프카는 공간적 고립에서 벗어나려는 욕망을 〈날으는 새〉의 환상으로 표현하고 있다. 카프카의 한 미완성 소품을 예로 들어 보면, 서술자가 저녁에 집에 돌아왔을 때, 방 한가운데에서 책상과 같은 높이의 아주 커다란 알을 발견한다. 그 알에서 아직 깃도 나지 않은 짧은 두 날개로 파닥거리는 황새 한 마리가 나온다. 〈이 세상에서 넌 무엇을 하고 싶니?〉(H 105) 하고 서술가는 묻고 싶었다. 서술자는 이 거대한 새가 자신을 저 멀리 남쪽 땅으로 운반해 가주었으면 하는 희망을 품어 본다. 따라서 그는 새와 서면으로 계약을 체결한다.(H 105 f.)

새가 나를 수 있도록 키우기 위해서, 그는 새에게 물고기와 개구리 그리고 벌레를 먹이고, 자기 방을 더럽히고, 쾌적한 생활을 포기하여 인간의 동물적 삶이 전개된다. 이는 인간의 동물화로 심리학적으로 인간이 새로 변신하는 것이다. 먼 곳으로의 비행은 인간의 익숙한 생활을 희생하고 새의 입장이 되어야만 성취될 수 있다. 새의 비행 훈련은 그 스스로 주도하고, 체계적으로 관리해야만 한다.(H 105 f.)

다시 말해서 새는 날아서 공간적 고립을 벗어나고자 하는 인간 자신이다. 비행이 가능하도록 인간을 도울 수 있는 것은 인간 이외에는 없다. 오직 인간에 의한 자신을 넘어, 세계를 넘어 운반할 수 있는 힘이 내재되어 있다. 카프카의 모든 동물 형상들과 마찬가지로 새는 인간 안에 자리 잡은 마음대로 할 수 없는, 도달할 수 없는, 그러나 다른 한편으로는 오직 인간의 힘과 훈련을 통해서, 끝없는 희생과 체념을 통해서 해명될 수 있는 영역에 대한 비유이다.[89] 새는 인간의 경험적 사고와 의지로는 도달할 수 없는 독자적인 힘을 갖고 있어 한계적 상황의 탈출로 연상된다.

이렇게 공간을 벗어나는 배경에서 새장이 심리적으로 새를 향하는 역설적 요소도 카프카의 잠언에 나타나고 있다. 잠언 〈새장 하나가 한 마리의 새를 찾으러 떠났다*Ein Käfig ging einen Vogel suchen*〉(H 31)에서 새장과 새는 각각 이중 존재로 분열한다. 원래 구속의 의미를 지닌 새장은 새를 찾기 위해 움직이는 다리를 소유함으로써 자유 의지를 지니고 있다.

신화의 전설에 의하면 카프카의 「사이렌의 침묵」에 등장하는 사이렌도 외형은 인간의 머리를 지니고 있는 거대한 새로 인간과 새의 변신의 이미지를 동시에 지니고 있다. 사이렌은 새의 형태에서 인간의 아름다운 칭송의 노래를 불러 새에 인간적 성격이 잠재해 있다. 결국 새의 인간적 형태인 사이렌은 그녀의 섬을 지나는 사람들을 새와 인간적 심리로 유혹해서 파멸시키는 존재이다.

> 그대는 먼저 사이렌 자매에게 가게 될 것인데,
> 그들은 자기들에게 다가오는 인간들은 누구든지 다 호리지요.
> 누구든지 아무 영문도 모르고 가까이 다가갔다가 사이렌 자매의 목소리를
> 듣게 되면, 더 이상 그의 아내와 어린 자식들은 집에 돌아온
> 그의 옆에 서지 못하게 될 것이며, 그의 귀향을 반기지도 못할 거여요.
> 사이렌 자매가 풀밭에 앉아 낭랑한 노랫소리로 그를 호리게 될 것인즉,
> 그들 주위에는 온통 썩어가는 남자들의 뼈들이 무더기로
> 쌓여 있고, 뼈 둘레에서는 살갗이 오그라들고 있지요.[90]

그런데 개인의 새로의 직접적인 변신 외에도 사회가 집합적으로 새로 변신되어 심리적 현상으로 나타나는 경우도 있다. 즉 인간성이 상실되고 기계화된 일상에서 느끼는 끔찍스러운 사회상이 독수리 같은 사나운 새로 변형되어 나타나는 것이다.

89 빌헬름 엠리히(편영수 역), 『카프카를 읽다』, 유로, 2005, 216면.
90 호메로스(천병희 역), 『오딧세이아, 희랍어 원전 번역』, 단국대학교출판부, 1996, 184면.

이렇게 현대 사회의 잔인한 비인간성이 독수리로 변신되어 나타나는 카프카의 작품으로 단편 「독수리」를 들 수 있다.

> 한 남자가 지나가다 잠시 나를 보더니 왜 내가 독수리를 참고 있느냐고 물었다. 〈저는 무방비랍니다〉라고 나는 대답했다. 〈독수리가 와서는 쪼아 대기 시작했어요. 나는 물론 그 놈을 쫓으려 했고, 심지어 그놈의 목을 졸라 죽이려고까지 했죠. 그런데 그런 짐승은 워낙 힘이 세고 내 얼굴을 쪼으려고 덤벼들어 나는 차라리 발이 낫다고 생각하고 발을 내놓았죠. 지금 제 발은 갈기갈기 찢겨져 있답니다.(B 85)

이 작품에서 독수리는 인간에 대한 경제적인 압박 등의 변신으로 내면적인 고뇌와 불안을 상징하는 이미지로 볼 수 있다. 결국 독수리는 인간을 억압하는 모든 권력의 변신이다. 권력을 가진 자, 금력을 가진 자, 사회적인 눈총 그리고 휴식을 거부하는 경제적인 압박이다. 이 독수리는 인간의 보호벽을 모두 무너뜨리고 인간을 정신적으로 피폐하게 만들고 있다.

정신적으로 지친 자, 경제적으로 고통을 받는 자, 사회적으로 핍박받는 자들의 분노는 그러한 고통을 가져다주는 인물들을 원망하여 그들을 목 졸라 죽이고 싶을 정도로 울분에 떨지만 그 대상의 변신인 독수리는 이미 엄청난 힘을 지닌 존재로 그 앞에 버티고 서 있다.[91]

카프카의 작품에서 인간의 새의 변신 외에 인간이 말(馬)로 또는 말이 인간으로 변신되는 경우도 있다. 작품 「신임 변호사」의 주인공인 변호사 부체팔루스는 과거에 마케도니아의 알렉산더 대왕의 말이었다. 알렉산더 대왕의 군마(軍馬)로서 옛날 도달하기 어려운 인도의 성문까지 알렉산더 대왕을 태우고 갔던 부체팔루스가 오늘날의 사회 질서에서는 쉬지 않고 법전을 연구하는 변호사로 변신한다. 『노트와 별지에 기록했던 단편들 *Fragmente aus Heften und losen Blättern*』에서는 쓸모없는 회색 말 한 마리가 우두커니 마구간 앞에 서 있다가 갑자기 키가 후리후리한 귀부인 이사벨라Isabella가 되어서 주인공을 도와 무료로 소원한 세계에 발을 넣게

---

91 이규영, 「독일 문학에 나타난 『프로메테우스』」, 『독일어문학』, 제11집, 2000, 112면 참조.

한 다음 모든 곤란을 극복시켜 준다. 그 귀부인은 힘이 있는 한 세상을 조금이라도 더 알고 싶어한다. 그 밖에도 『8절지 노트의 기록』에는 못〔池〕에서 물을 마셨기 때문에 채찍으로 얻어맞는 말이 나오는데, 그 말은 신기하게도 사람의 말(언어)을 하는 것으로 되어 있다.

이렇게 카프카의 작품에서 자주 변신의 대상으로 나타나는 말의 이미지는 그의 단편 「인디언이 되고 싶은 욕망Wunsch, Indianer zu werden」에서처럼 절대적인 자유와 해방과 연결되는가 하면 「싸구려 관람석에서」와 「신임 변호사」에서 보듯이 인위적이고 억압적인 질서가 존재하는 현실 공간에 속박된 상태로 나타나기도 한다.[92]

카프카는 인간의 새와 말로의 변신 외에 여러 다른 동물로의 변신도 전개시킨다. 「사냥꾼 그라쿠스」에서 그라쿠스도 동물로 변신한다. 자신의 죄의 인정을 거부하는 죄를 진 사냥꾼 그라쿠스는 한 마리의 〈나비〉가 된다.

나는 항시 위로 올라가는 큰 계단 위에 있어요. 이 무한히 넓은 노천 계단 위에서 떠돌고 있는 겁니다. 어떤 때는 위로, 어떤 때는 아래로, 어떤 때는 오른쪽으로, 어떤 때는 왼쪽으로 항상 움직이고 있어요. 사냥꾼이 나비가 된 거지요.(B 77)

슈바르츠발트의 가장 위대한 사냥꾼 그라쿠스는 죽은 후 사냥의 대상조차 되지 못하는 미물인 나비로 변신된다. 나비의 속성은 소속되어야 할 귀착지가 없다는 것이다.[93] 따라서 죽은 사냥꾼 그라쿠스는 죽은 후에 귀착지를 찾지 못한다. 그가 마치 나비처럼 한껏 비상을 하면 저 천상의 문으로부터 빛나는 광휘를 볼 수 있다는 표현이 있는 데 이는 사냥꾼 그라쿠스의 영혼이 어느 순간에 초지상적인 세계, 즉 천상의 세계에 가까이 다가 갈 수 있다는 것을 의미하기도 한다. 이것은 잠이나 무의식 상태 혹은 죽음의 상태에서 영혼의 무한한 활동이 가능하다는 카프카 문학

92 권세훈, 「프란츠 카프카의 『실종자』와 하일지의 『경마장 가는 길』」, 『카프카 연구』, 제10집, 한국 카프카학회, 2002, 7면.
93 김윤섭, 「카프카의 『변신』과 이상의 『날개』에 나타난 구심성과 원심성」, 『카프카 연구』, 범우사, 1984, 338면.

적 토포스*Topos*이기도 하다.[94]

「변신」은 불안한 꿈에서 깨어나자 벌레로 변신된 몸을 통해 또 다른 자아의 탄생혹은 제2의 탄생을 보여 준다. 심지어 카프카 자신이 갑충(딱정 벌레)과 동일시되는 경지까지 이른 경우도 있다. 카프카는 1913년 펠리체 바우어에게 보낸 서신에서 자신을 〈땅 위의 연약한 벌레〉(BF 322)에 비유하기도 하였다. 또 〈나의 몸은 두려워 떨며 천천히 벽 위로 기어올라 간다〉(BM 156)는 밀레나에게 보낸 편지 내용이나 〈잠시 동안 나는 갑주로 온몸이 둘러싸여 있음을 느꼈다〉(T 30)라는 일기 내용처럼 카프카 자신도 심리적으로 벌레로 변신되고 있다.

이렇게 카프카 자신이 심리적으로 딱정 벌레로 변신하는 내용이 작품『시골에서 결혼 준비』에서 딱정 벌레가 된 라반Eduard Raban으로 환상적으로 전개된다. 〈내가 어려서 침대 위에 누워 있을 때, 커다란 갑충과 같은 꼴이 된다. 나는 가느다란 다리를 불룩 내민 배에다 갖다 댄다. 나는 말을 속삭이는데, 그것은 내 옆에 서서 고개를 수그리고 있는 나의 비참한 육체에 대한 명령이다. 명령은 당장에 실천된다. 몸은 바로 움직이기 시작하여 앞으로 나아간다.〉(H 10)

이러한 라반의 환상적 변신은 「변신」에서 그레고르의 실제적 변신과 비교해 볼 필요가 있다. 라반의 변신과 그레고르의 변신은 정반대로 진행된다. 그레고르는 라반의 환상과는 달리 깨어 있다. 그레고르는 전혀 그러한 동물로 변신을 원하지 않았다. 변신은 끔찍해서 이해할 수 없는 것, 낯선 것으로 불시에 그에게 발생한다. 그레고르는 라반처럼 자신의 자아를 갑충과 동일시하지 않는다. 라반처럼 그는 노동과 자아의 풀리지 않는 갈등에 빠져 있는 것은 사실이다. 하지만 처음에 그는 이 갈등을 라반처럼 근본적으로 성찰하지 않는다. 요컨대 그레고르는 두 영역 사이에서 동요한다. 그레고르는 마음속으로는 변신을 결코 수용하지 않으므로 잠속에서 잊고 싶어 한다.

그러나 라반은 시골에 있는 약혼녀에게 육체만을 보내고 자기 자신은 딱정벌레로 변신하여 침대에 편안히 누워 있는 공상을 한다. 이 모든 것은 현실 공간을 벗어난 상태에서 행동이 배제된 언어를 통해서만 가능하다. 〈딱정벌레로서의 라반은

---

94 이주동, 「『사냥꾼 그라쿠스』에 나타난 문명사의 비판과 작가의 사명」, 『카프카 연구』, 제10집, 한국카프카학회, 2002, 147면.

카프카가 무조건 전권을 행사하는 언어에 의지하려는 퇴행적 공상을 구현하고 있다.)[95] 라반의 변신이 자아와 육체의 분리를 특징으로 하는 반면에 그레고르의 변신은 동물의 육체와 인간의 의식이 결합되는 형태로 나타난다. 또 라반이 자신의 옷을 입힌 육체를 〈외부〉로 내보내고 자기 자신은 〈내부〉에서 자족감을 느끼는 것과 달리 그레고르는 자신의 변신을 외부에 드러낼 수밖에 없다.[96]

결국 카프카 작품에서 동물로 변신에 대해서는 여러 가지 해석이 가능하나 「변신」이나 『시골에서 결혼 준비』에서 보듯 현실로부터 벗어나고자 하는 욕망이 벌레의 변신으로 형상되어 카프카 자신의 심리적 변신 욕망을 보여 주는 것이다.

3) 동물의 인간으로 변신

「변신」에서 그레고르처럼 인간이 동물로 변신하는 것을 〈격하 변신*Degradation od. Erniedrigung des Menschen zum Tier*〉이라고 부른다. 인간의 동물로의 변신은 가치 하락이나 치욕스런 비인간성으로 생각되어 발전사(發展史)에서 비인간적으로 좋게 여겨지지 않기 때문이다. 인간의 개념에서 동물은 예속되는 존재로 여겨져, 인간의 동물로의 변신은 엄청난 불명예로 생각되는 것이다. 민담의 기념비적인 상징성을 저술한 바이트Hedwig von Beit와 프란츠Marie-Louise Franz는 동물로의 변신을 〈동물 단계로의 역행*Regression auf die Tierstufe*〉이라고 부르거나 〈인간이 더욱더 무의식으로 되돌아감, 즉 인간 개성의 융합에 필요한 무의식〉으로 해석했다.[97]

인간이 동물로 변하는 〈격하 변신〉에 반대로 동물이 인간으로 승격하는 변신은 〈격상 변신*Elevation od. Aufrückung des Tiers zum Menschen*〉이라 불린다.[98] 동

95 Charles Bernheimer, Psychopoetik. Flaubert und Kafkas Hochzeitsvorbereitungen auf dem Lande, in: Gerhard Kurz(Hg.), *Der junge Kafka*, Frankfurt/M., 1984, S. 170.

96 권세훈, 「프란츠 카프카의 동물 현상에 나타난 세계상의 변화」, 『독일 문학의 흐름』, 솔, 1999, 255면.

97 Max Lüthi, *So leben sie noch heute, Betrachtungen zum Volksmärchen*, 2. Aufl. Göttingen, 1976, S. 51.

98 Norbert Kassel, *Das Groteske bei Franz Kafka*, München, 1969, S. 155.

물로의 변신이 가치 하락으로 여겨지므로, 여기에서 구원의 염원인 인간으로의 변신이 요구된다. 카프카 작품에서 동물로 치환(置換)된 주인공들은 고전적인 우화나 낭만주의 동화의 그것들과 근본적인 차이를 드러낸다. 이들 우화나 동화에서 동물 주인공은 일종의 인간으로 이해되며 위기가 극복되면 다시 인간으로 바뀐다. 여기에서 동물들은 위험한 일에 직면한 어린 아이들을 도와 구원한다. 이것은 그림 동화에서 동물들이 젊은 왕자들 혹은 바보들이 위험한 시험과 모험을 극복하도록 도와주거나, 그들을 위해 모든 장애물을 제거해 주는 것과 동일하다. 이렇게 우화나 동화에서 동물로 변신된 주인공이 위기 등이 극복되면 다시 인간으로 되는 반면, 카프카의 변신된 동물은 사물로서의 기능을 지니고 있어 그 이상 인간 회복이 불가능하다. 일종의 〈인간은 사물이 된다〉는 명제의 출발로 격하 변신이 되는 것이다.

카프카의 작품에서 동물로 변신된 주인공이 다시 인간으로 변신 되는 내용은 희망으로만 전개될 뿐이다. 예를 들어 「변신」에서 벌레로 변한 그레고르가 방을 이리저리 기어다니는 것을 발견한 여동생은 어머니를 동원해 그레고르의 방에서 물건을 치우려고 한다. 물론 외견상으로는 그레고르가 자유로이 방을 기어다닐 수 있도록 하기 위한 배려라고 주장하지만, 그레고르를 기억나게 하는 옷장과 책상을 치우는 것은 그의 과거의 주체성, 즉 가족의 일원으로서 아들과 오빠로서의 주체성을 부인하고자 하는 의도가 숨어 있다고 볼 수 있다.

그런데 어머니는 그레고르의 방에서 그를 연상시키는 옷장을 치우려는 딸에게 가구를 치워 버린다는 것이 〈그레고르의 (인간으로의) 회복에 대한 모든 희망〉(E 84)을 포기하는 것은 아닌지 의문을 제기하면서, 방을 예전 그대로 놓아 두자고 제안한다. 그래야만 그레고르가 다시 가족의 일원인 인간으로 돌아왔을 때 갑충으로서의 과거를 쉽게 망각할 수 있기 때문이라는 것이다. 이렇게 어머니는 그레고르의 인간으로 변신에 대한 희망을 품고 있다. 그러나 이는 단지 희망일 뿐이지 카프카 작품에서 실제로 인간에서 동물로 된 존재가 다시 인간으로의 변신되는 일은 없다.

인간은 생물학적으로만 설명될 수 없는 〈윤리적 존재〉다. 중요한 것은 〈동물처럼 번식하고 존재하는 것이 아니라 어떻게 영적 가치의 실현을 위해 존재하느냐〉

이다. 살아 있는 한 인간은 누구나 〈어떻게 살아야 하는가〉라는 물음에 지나칠 수 없다. 따라서 가치 하락적 동물에서 인간으로 변신은 격상 변신이라 불린다.

작품 「변신」에서 그레고르가 동물로 변신하는 역(逆) 과정으로 「신임 변호사」에서는 동물이 인간으로 변신한다. 부체팔루스는 과거 알렉산더 대왕의 군마(軍馬)였는데 오늘날은 인간이 되어 법관으로 살아간다. 즉 말이 인간이 된 형상을 통해 현대의 사회 질서를 조망하고, 내면으로 방향 전환을 함으로써 외적인 어려움에서 벗어나려는 사람의 태도를 문제삼는다.[99]

「어느 학술원에 드리는 보고」에서는 원숭이가 인간화되는 과정이 묘사되고 있다. 이 작품에서 빨간 페터*Rotpeter*는 동물 세계에서 점진적으로 인간화되어 가는 원숭이로 묘사되고 있다. 빨간 페터는 하겐벡 회사 사냥 원정대에 의해 두 발의 총격을 받고 아프리카의 황금 해안에서 생포되어 유럽으로 온 뒤 훈련 과정을 통해 문명화된 원숭이다. 인간화된 원숭이 빨간 페터는 5년 전 자신의 과거 원숭이 시절의 삶에 대해 보고해 달라는 요청을 받고 학술원에서 강연을 하게 된다. 그는 학자들의 모임에서 요구한 바에 따라 원숭이로서의 전생(前生)과 자신의 인간화에 대해 강연을 한다. 그의 이름은 한때 실종됐던 〈훈련된 동물 원숭이〉 페터의 이름에서 따와 붙여진 것이다.

한 방은 뺨에 맞았지요. 그것은 가벼웠지만 털 없는 커다란 빨간 상처를 남겼으며, 역겹고 제게 전혀 맞지도 않는 데다 형식적으로 한 원숭이로부터 고안된 빨간 페터라는 이름을 제게 주었습니다. 마치 얼마 전에 죽어 여기 저기 잘 알려졌던 훈련된 동물 원숭이 페터와 제가 뺨에 난 빨간 반점만이 다르다는 듯이 말입니다.(E 140)

인간들이 자신을 동물 원숭이 페터와 동일한 존재로 취급하는 데 대해 불쾌해하면서 동물 원숭이의 이름이 자기에게 전혀 맞지 않다고 주장하는 위 진술은 빨간 페터가 단순히 인간 같이 행동하는 아프리카 동물이 아니라 인종 전시회에서 동물 대우를 받던 인간, 즉 아프리카인임을 암시해 주는 듯하다. 가령 사람의 말소

---

99 Hartmut Müller(권세훈 외 역), 『카프카 문학 사전』, 학문사, 1999, 139면.

리를 내는 원숭이는 사람처럼 말하는 게 아니라, 의미라곤 전혀 모른 채 특정한 어조와 발음으로 사람의 말을 포착해서 발화한다. 다만 여기서 문제가 되는 것은 설사 동물학상 인류에게 가장 가까운 동물이라고 인정되는 유인원에게 인간성을 부여한다 하더라도 그것은 인간의 가면을 벗기기 위한 가장일 것이라는 것이다. 그런데 그것만으로는 아직 충분하지 못하고 숙명적으로 더욱 깊숙이 심연 속에 빠져 들어가서 무서운 시련을 겪지 않으면 안 된다.[100] 이를 원숭이 빨간 페터가 잘 보여 주고 있다.

이외에도 카프카 작품에서 동물의 인간으로 변신이 종종 나타나는데, 미완성 작품인 『마을 학교 선생 *Der Dorfschullehrer*』의 두더지, 『유대인 사원에서 *In unserer Synagoge*』의 담비 등을 들 수 있다. 심지어는 「법 앞에서」에서 시골 남자는 법의 문을 통과하기 위해 문지기의 모피 옷깃에 붙어 사는 〈벼룩〉에게 문지기가 마음을 돌리게 해달라고 부탁하여 〈벼룩〉까지도 의인화(擬人化)되어 묘사된다.

4) 창조적 해방

카프카 작품에서 인간이 동물로 되거나 동물이 인간이 되는 신화적 기능은 미학적 유희의 가능성으로 현실에 대한 압력으로 전개된다고 볼 수 있다. 카프카가 볼 때 세상에는 미학적 요소가 끊임없이 작용한다. 그러나 의미 부여로 생긴 미학적 거리감으로 인간이 동물 되기나 동물의 인간 되기는 신화적 변신이 〈현실적 부담을 경감시킬 수도 있다〉는 사실을 암시하는 것이다. 예를 들어 마쿼드 Odo Marquard는 공포의 이야기에서 그 공포를 피하는 시도를 한다.[101] 이러한 신화 이론은 몇몇 문제성을 제외하고, 특히 마쿼드가 현실의 압박을 덜어 주는 신화의 기능을 그의 정치적 자유주의의 합리화 전략에 사용한 예[102] 외에 카프카에서는 현실

100 김정진, 「카프카의 문학 작품에 나타난 동물 군상의 상징적 의의」, 『카프카 연구』, 범우사 1984, 278면.

101 Vgl. Odo Marquard, in: Manfred Fuhrmann(Hg.), Lob des Polytheismus, Über Monomythie und Polymythie, S. 107 f. in: Ders., *Abschied vom Prinzipiellen*, Stuttgart, 1984, S. 528. (Kap. Erste Diskussion: Mythos und Dogma)

102 Odo Marquard, a.a.O., S. 91~116.

의 압박을 덜어 주는 기능이 있다. 아도르노는 저항 능력을 확립시키는 언어 능력을 주장하여 현실 압박에서 벗어나는 신화적 기능을 제시하고 있다.[103] 따라서 신화적 기능이라 할 수 있는 카프카의 변신도 한편으로는 현실적 압박을 경감하는 신화적 기능을 지니고 있다고 볼 수 있다.

결국 동물이나 인간의 변신은 또 다른 형태의 삶으로 구제를 의미한다. 이러한 변신은 하나의 고정된 의미로 현실의 압박을 경감시켜주어 현실에 대한 미학적 의미를 지닌다. 신화옹호론자에게 신화는 사고와 표현 형식으로 삶과 행동의 형태라고 케레니는 주장한다. 그에 주장에 의하면 사고와 삶 사이에는 어떤 틈이 있을 수 없다.[104]

이러한 동기에서 「변신」에서 그레고르의 동물로의 변신은 해방으로 해석되기도 한다. 다시 말해서 「변신」에서 그레고르의 신화적 변신은 일종의 구원적 모티프를 강하게 암시한다. 어느 날 아침 동물로의 깨어남은 의식의 깨어남, 즉 자기 인식의 행위이다. 모름지기 물질적인 가족 구조가 지니고 있는 힘, 모든 부조리한 인간의 모순된 힘으로부터 재창조되는 것이다.

출근하기 싫고 그대로 빈둥거리고 싶은 유혹적 소망은 갑충 변신으로 표출되어 실제로 출근을 하지 않게 된다. 직업으로부터 일탈하여 자유로운 자아를 찾고 싶은 소망이 역설적으로 흉물스런 갑충의 변신으로 실현되는 것이다. 따라서 「변신」에서 그레고르의 갑충으로 변신은 〈이른바 인간 세계의 절대적 파기〉를 뜻한다. 외판사원 직업에 나름대로 충실했던 그레고르의 벌레로의 변신은 자본주의적 직업 세계에서 타자에 의해 만들어진 정체성에서 해방을 의미한다. 한 집안의 경제적 지주인 선량한 그레고르의 머리에 어느 날 문득 책임을 저버리고 싶다는 저주스런 생각이 번득이고 바로 이때 갑충으로 변하게 되는 것이다.

따라서 엠리히는 카프카의 이렇게 변신된 동물을 인간의 〈해방적 자아Befreiendes Selbst〉[105]라고 언급한다. 조켈은 〈자아의 분열Ichspaltung〉이 변신의 형태

103 Theodor W. Adorno, Aufzeichnungen zu Kafka, in: Ders. *Prismen, Kulturkritik und Gesellschaft*, Schriften 10, 1, Frankfurt/M., 1977, S. 266.

104 Karl Kerényi, Was ist Mythologie? S. 219, in: Ders. (Hg.), *Die Eröffnung des Zugangs zum Mythos, ein Lesebuch*, Darmstadt, 1982, 212~233.

105 W. Emrich, *Franz Kafka*, Frankfurt/M., 1960, S. 115.

로 나타났다고 말하고 있다. 그는 변신은 결과적으로 가정에 대한 책임과 일과 의무로부터 도피의 기능을 하고 있다고 보는 것이다.[106]

이렇게 그레고르는 변신을 통해 가정의 경제적인 억압으로부터 도피하여 그의 변신은 일종의 〈자신의 재창조〉[107]로도 볼 수 있다. 재창조란 그대로 자신으로 머무는 지속 반복에서 자기 존재를 확인하여 정체성을 찾는 것이다. 이러한 정체성을 추구한 카프카의 대표적 작품으로 「굴」을 들 수 있다. 엠리히는 「굴」에서 굴의 존재를 주인공 동물의 자아와 동일시하고 주인공이 굴을 만들어 가는 과정을 자아 정체성을 구축해 가는 과정으로 해석했다.[108]

그대로 머묾과 반복은 폐쇄적이며 제한되고 갇혀 있음을 의미한다. 여기에서 벗어나는 것은 재창조로 카프카는 이를 변신으로 나타내고 있다. 따라서 그레고르처럼 갑충으로 변신하여 파멸하는 자는 사실은 자기의 본심으로 돌아간 자이다. 여기에서 파멸이 구원이라는 〈역설적 관계〉가 성립된다. 죄를 의식하는 자가 가장 구제에 가깝고, 반대로 죄를 의식하지 못하는 자는 언제까지나 현세의 권력에 예속해 있는 것이다.[109]

여기에서 카프카 특유의 역설적 사상을 느낄 수 있다. 즉 신이 창조한 세계에 악이 없었다면 자유가 설 여지가 없는, 선택할 것이 아무것도 없는 세계가 되어 버렸을 것이다. 상응하는 악덕이 없다면 미덕을 인식할 수 없으며, 빗나가도록 유혹받지 않는다면 미덕을 수행할 수도 없을 것이다. 신은 선과 악을 구분하고 둘 간에 거리를 두어 우리가 악의 본질과 대비해 보도록 함으로써 선의 본질을 파악케 하였다. 악의 배제는 선을 없애는 것이다. 종교 개혁가 루터는 개혁가답게 〈용감하게 죄를 지어라. 그리고 투철하게 회개하라!〉고 가르쳤다. 죄를 지을 수 있는 자만이 회개할 수 있다는 논리이다. 아닌 게 아니라 성 바오로는 그렇게도 혹독하게 기독교인을 학대한 경험이 있었기에 그토록 투철한 신앙에 들어갈 수 있었던 게 아닐까.

이러한 역설적 관계가 카프카 문학의 본질이다. 카프카에게 있어서 〈사유 과정

---

106 Walter H. Sokel, *Franz Kafka, Tragik und Ironie*, Frankfurt/M., 1976, S. 82.
107 R. Lachmann, *Erzählte Phantastik*, Frankfurt/M., 2002, S. 370.
108 빌헬름 엠리히(편영수 역), 『카프카를 읽다』, 유로, 2005, 266면 이하.
109 W. Emrich, *Franz Kafka*, Frankfurt/M., 1960, S. 122 f.

은 어떤 때는 직접적인 부정에 의해 제거되고, 어떤 때는 그 궤도의 반대 방향으로 전향을 통해 밀려나기도 하고, 어떤 때는 놀랄 정도로 전도된 근본 상황에 속한다.〉[110] 이러한 역설적 상황은 〈신화의 재난에 무엇으로 대비할 수 있을까? 찾는 사람은 발견하지 못한다. 찾지 않는 사람이 발견하는 법이다〉[111]라는 카프카의 잠언에 신화의 내용으로 잘 나타나 있다.

카프카의 이 잠언과 유사한 의미를 지닌 산스크리트어로 자주 인용되는 시가 있는데, 이것이 중국의 『도덕경』에도 나온다. 〈스스로 안다고 생각하는 자는 알지 못한다. 알지 못한다고 생각하는 자는 실로 알고 있다(知者不博, 博者不知).〉 이렇게 볼 때 안다는 것은 모르는 것이고 모르는 것은 아는 것이다.

위의 카프카의 잠언에서 ① 찾는 사람이 역시 발견하게 된다. 이것이 실현되지 못할 경우 희망은 실현되지 못한다. ② 찾지 않는 사람에게는 찾으려는 자극이 없다. 따라서 발견된 것은 방어력이 없는 제물이 된다. 즉 결정(판단)은 다른 곳에서 행해진다. 개인은 타인에 의해 결정되는 것이다.

이들 잠언은 두 해체에서 갈등의 잠재력을 지니고 있다. 그 잠재력은 어떻게 만들어지는가. ①과 ② 어느 내용도 행운으로 이끌지 못한다. 두 변형은 신화의 접촉으로 알려진 행위로 넘어간다. 변화 ① 진실의 바탕 추구는 실패한다. 변화 ② 신화적 힘이 권력, 법, 의미 등을 나타내므로 신화를 벗어난 존재는 불가능하다. 카프카의 역설은 정상적인 것의 전도(轉倒)가 아닌 하나의 모순 위에 기초할 뿐만 아니라 전통적인 역설처럼 모순의 종합을 꾀하지도 않기 때문에 모든 조화와 관습적인 사고 과정으로부터 일탈한다 하여 〈일탈적 역설gleitendes Paradox〉[112]로 불리는데, 위 잠언에서 이러한 〈일탈적 역설〉이 뚜렷히 나타나고 있다. 내용의 핵심은 고전적인 모순의 표현이 아니라 일반적인 이해로부터의 일탈, 즉 관습적이고 논리적인 진행으로부터의 방향 전환에 있는 것이다.

위의 내용들을 종합해 보면 카프카가 볼 때, 동물들은 그 본원적 형식에 있어서

110 Gerhart Neumann, Umkehrung und Ablenkung: Franz Kafka, Gleitendes Paradox, in: Richard Brinkmann und Hugo Kuhn(Hg.), *Deutsche Vierteljahrsschrift für Literaturwissenschaft und Geistesgeschichte*, 42. Jahrgang, Stuttgart, 1968, S. 704.

111 F. Kafka, *Hochzeitsvorbereitungen auf dem Lande*. hg. v. Max Brod, Frankfurt/M., 1986.

112 Rudolf Kreis, *Die doppelte Rede des Franz Kafka*, Paderborn, 1976, S. 50.

〈적극적으로 스스로 구제하는 뜻〉을 내포하고 있다. 따라서 인간의 모습을 지니며 동시에 동물이기도 하고(인간의 동물로 변신), 동물로 나타나면서 인간이기도 한 (동물의 인간으로 변신), 일체 속의 양면성은 고도의 정신체라는 사실이 증명된다.

이러한 동물로의 변신뿐 아니라 무생물로의 변신에서도 구제의 동기가 담겨 있다. 「프로메테우스」는 주인공 프로메테우스의 고통으로 시작하며, 그가 바위로 변신하여 무대에서 사라짐으로써 그의 고통은 끝나고 아울러 그는 구원된다.

프로메테우스에 관해서 네 가지 전설이 전해진다. 첫 번째 전설에 따르면 그는 신의 비밀을 인간에게 누설하였기 때문에 카우카수스 산에 쇠사슬로 단단히 묶였고 신이 독수리를 보내어 자꾸자꾸 자라는 그의 간을 쪼아 먹게 하였다고 한다.

두 번째 전설에 의하면, 프로메테우스는 쪼아 대는 부리가 주는 고통으로 자신을 점점 바위 속 깊이 밀어 넣어, 마침내는 바위와 하나가 되었다고 한다.

세 번째 전설에 의하면, 수천 년이 지나는 사이에 그의 배반은 잊었고, 신도 잊었고, 독수리도, 그 자신도 잊었다고 한다.

네 번째 전설에 의하면, 한도 끝도 없이 되어 버린 것에 사람들이 지쳤다고 한다. 신이 지치고, 독수리가 지치고, 상처도 지쳐 아물었다고 한다.(H 74)

여기에서 우리는 카프카의 전설에 이르러 수수께끼의 중심이 된 요소를 만난다. 즉 바위라는 요소이다. 프로메테우스에 대한 벌과는 무관한 이 무감각한 물질 덩어리가 고문당하는 범죄자의 육신을 받아들이기 위해 갑자기 열린다. 따라서 바위로 변신된 프로메테우스는 상처가 아물게 되어 구제된다. 벌을 명하는 신들이나 벌이 집행되도록 내버려 둔 인류보다 더 자비로운 바위는 살아 있는 존재와 무감각한 물체 사이의 융합을 실현한다. 그리하여 어떤 자연적인 혹은 초자연적인 법에 따라 고통이 필요했는지 누구도 알 수 없게 된 시점에서 프로메테우스의 고통을 종식시킨다. 따라서 바위로 변신된 프로메테우스는 외부 세계와 동화되어 구원되고 바위 자체도 프로메테우스의 생명을 부여받아 인간으로 변신이 이뤄지고 있다.

5) 변신에서 인간적 주체성

　민간 동화에서는 어린이들 혹은 연인들이 동물 혹은 사물로 변신을 통해 마녀나 악한 마술사의 추적을 피하는 경우가 많다. 따라서 이들 주인공들은 격하 변신을 의미하지 않으며 〈인간은 동물이다〉라는 명제에서 크게 벗어나지도 않는다. 이들에게 가끔 적용되는 〈비인간적〉이라는 말도 인간의 마음에 도사린 칸트적 야수성(野獸性)에 지나지 않는다. 따라서 우리는 이들에게서 소외나 이화감(異化感)을 느끼지 않는다. 이런 맥락에서 카프카의 작품에서도 변신된 동물에서 격하 변신을 느끼지 못하며 〈동물도 인간이다〉라는 명제를 보여 주는 경우가 있다.

　「변신」에서 인간인가 하면 인간 아닌 벌레요, 벌레인가 하면 벌레 아닌 인간인 그레고르의 존재는 매우 역설적이다. 변신은 그레고르의 외면에 전체적인 변화를 가져왔다. 외면은 그를 동물의 자태로 바꿔 놓았으나 그의 내면에는 그 같은 변화가 없다. 그의 내면은 인간의 의식을 갖고 있으며 이러한 의식은 변신 이전의 그와 변신 이후의 그가 동일인임을 알게 한다. 변신한 그레고르는 변신 이전에 겪었던 일들을 회상하고, 또 그것에 기초하여 현재와 미래의 일들을 생각한다. 변신한 자신을 현실적 상황으로 받아들이기 시작한 그레고르는 육체적으로 동물적 존재에 점점 익숙해지면서, 인간적인 식사나 쾌락을 거부한다. 반면에 정신적인 추구는 여전히 인간적으로 음악에 대한 동경이나 인간의 그리움으로 남아 있다.

　이렇게 그레고르가 겉은 동물이고 속은 인간이라는 이중성의 존재인 데서 가족들의 인식도 서로 다르게 발생한다. 그레고르는 너무나 징그럽고 〈끔찍한 자태 *Schreckgestalt*〉(E 99)로 변했다. 가족들은 그런 벌레의 자태와 동작에 접할 때, 또 그런 것을 의식할 때 자신들을 그레고르와 동일시 않는다. 따라서 가족들은 그런 벌레의 존재로서의 그레고르와 일치감을 갖지 않고 거리를 갖게 된다. 반면에 가족들은 내면적인 인간적 존재로서는 그레고르와 일치감을 갖고, 그의 입장에 서게 된다. 가족들이 그레고르에 대해서 이렇게 이중적인 입장을 갖게 된 결과, 한편으로는 그레고르에게 공감과 동정을 갖게 되고, 다른 한편으로는 그의 시각을 벗어나 제3자의 안목에서 그의 이야기를 관찰하고 그 전체의 의미 관계를 파악하게 된다.

「변신」의 끝 부분에서 여동생 그레테는 그레고르와 동인성(同人性)을 부정한다. 그레고르의 취업이 그의 가족 전체의 생계를 감당한다는 생각에서 그레고르의 인간성이 연상되다가, 약 한 달 동안 직장 활동을 하지 못하는 오빠 치다꺼리에 짜증이 날 대로 난 그레고르의 여동생은 갑충 오빠의 사람 취급을 거절하기 시작하는 태도를 보이며 〈저것이 그레고르 오빠란 생각을 버리면 돼요. 저 갑충이 그렇게 오랫동안 오빠인 줄로 믿었던 것이 불행의 씨었어요. 어떻게 저것을 그레고르 오빠라고 믿을 수 있단 말이에요. 만일 저것이 그레고르 오빠라면, 사람들이 이런 동물과 함께 산다는 것이 불가능하다는 것을 벌써 알아차렸을 게 아니에요〉(E 101)라고 말한다. 하지만 이는 오직 그녀의 이기주의적 심사(心思)에서 발생한 것이라고 볼 수 있다. 왜냐하면 그녀도 처음에 딴 사람들과 마찬가지로 갑충 그레고르가 오빠임을 의심치 않았고, 그녀가 태도를 바꾸게 된 마지막에도 갑충 그레고르 오빠의 형태나 태도에는 아무런 변화가 없기 때문이다.

따라서 변신한 그레고르는 여전히 인간 의식과 양심을 갖고 직장과 가족의 생계를 염려한다. 그 기괴한 갑충의 생활은 가족들의 일상적 평범성과 병존하여 양자 간의 단절에서 불가사의한 교섭으로 묘사되고 있다. 즉 갑충으로 변해서 방안을 기어다니지만 그레고르는 역시 전과 근본적으로 다르지 않은 인간 그레고르로 자아가 분해되거나 파괴되지 않고 있다. 따라서 그가 존재하고 있는 곳인 〈방Zimmer〉의 낱말이 당연히 인간의 사용 공간을 의미함에도 새삼스럽게 〈인간의 방 Menschenzimmer〉(E 57)으로 강조된다. 작품의 시작에서 이미 벌레의 몸이 되었지만 그레고르는 죽을 때까지 이 인간의 방에서 지내게 되어 그에 대한 인간의 주체성의 본질에 대한 의심이 없다. 그것은 그레고르의 주체성은 외면적 육체적 형태에 있지 않고 그레고르의 자아라고 불리는 정신력에 있다는 믿음이다.

따라서 갑충이 되었지만 그레고르는 여느 인간 못지않게 논리적으로 사고하고, 예민하게 느낀다. 그 자신이 벌레로 변한 것을 스스로 받아들이고 여타 다른 가족 구성원들에 의해서 확인받은 이후 그는 가족들 간의 대화를 통해서 변신 이전에 전혀 알지 못했던 가정 경제 상황은 물론 가족들의 일 거수 일 투족을 모두 알게된다. 즉 벌레로 변한 그의 육신과는 대조적으로 정신 세계, 의식 세계는 완전히 인간인 것이다. 그러기에 변신이 됐으면서도 그레고르의 죄의식, 즉 의무감에서 오는 죄책감은 지워지지 못한다.

　따라서 그레고르는 폐쇄된 자기 방에서 벌레가 됐지만 부모와 여동생의 모습을 연연히 그리워하는 인간적인 면을 여전히 지녀, 다시 전과 조금도 다름없는 다정스런 가족의 일원이기를 갈구하면서 온갖 수단을 강구한다. 무엇보다도 지금까지 자기가 부모나 여동생에게 이런 훌륭한 집에서 살림을 마련해 줄 수 있었다는 것을 자랑으로 생각하지만, 이제 그 모든 평화와 행복과 만족이 공포감으로 끝을 맺어야 한다는 생각에 몸서리친다. 벌레로 변신한 자기 처지로 인해서 점점 가세가 기울어지게 되고, 이미 5년 전에 사업에서 실패하여 은퇴한 부친이 다시 어느 은행 수위복을 입어야 하는 궁지도 염려한다. 또 더 이상 바이올린 교습을 받을 수 없게 된 여동생을 위해서 그레고르는 서글픈 비애감을 되씹는다. 육체적으로는 벌레지만 정신적으로는 인간의 본질로 남아 있는 것이다.

　따라서 그레고르는 〈어서 일어나야지〉(E 58), 〈어서 기차를 타야 할 텐데〉(E 58) 그리고 〈전처럼 부모님에게 돈을 가져다 드리고 집안의 평화를 깨뜨리지 말아야 할 텐데〉(E 58)라는 논리적인 죄의식에서 헤어나지 못한다. 이렇게 변신되었으면서도 그레고르의 내심에서 부모와 여동생에 대한 애정은 변함이 없다. 그래서 자기의 가정을 구하기 위해서 〈상반신을 침대 밖으로 끌어 내리려고 시도〉(E 61)도 해보고 〈조심해서 머리를 침대가로 돌려〉(E 61) 보다가 여의치 않자 〈몸 전체의 균형을 잡고 몸부림을 치면서〉(E 61) 방 안에서 〈큰소리가 나면 온 집안을 놀라게 하진 않더라도 집안 사람들이 걱정할 것이라고 생각〉(E 62)하여 아무도 문조차 열어주지 않는 상황에서 〈전력을 다해 침대에서 뛰어내린다.〉(E 63) 이렇게 간신히 뛰어내리는 순간에도 그레고르는 회사와 가족을 생각하고 있었다. 이러한 가족에 대한 인간애가 예술적으로도 영감을 받는다.

　그레고르는 벌레로 변한 후 자신의 입맛에 맞는 음식이 없어 내내 아무것도 먹지 못하고 있다. 이는 『단식 예술가』의 단식 광대가 경이적인 단식을 하면서 〈저는 입에 맞는 맛있는 음식을 발견하지 못했기 때문입니다. 만약 그것을 찾아냈다면, 저는 결코 세인의 이목을 끌지 못했을 테고, 당신이나 다른 모든 사람들처럼 배가 부르게 먹었을 것입니다〉(E 199 f.)라는 말과 같다. 그러다가 그레고르는 벌레가 된 이후에 자신에게 알맞는, 자신이 진정으로 원하는 음식이 무엇인가를 깨닫게 되는데 그것은 육신의 생명 연장을 위한 음식이 아니고 그의 정신이 강렬히 갈망했던 정신적 양식인 예술, 즉 여동생 그레테의 바이올린 연주라는 음악이었다. 즉 그레고르는 하숙생들의 요청에 의하여 우연히 듣게 된 여동생의 바이올린 연주를 듣고 그것이야말로 자기가 찾던 음식이라고 여긴다. 결국 갈망했던 음식을 마침내 찾은 것으로 여긴 여동생의 바이올린 연주를 듣겠다는 열정에 사로잡혀 자신의 흉측한 모습을 잠깐 잊고 방에서 기어나와 인간 세계에 들어가는 것에서 분해되거나 파괴될 수 없는 인간적 본질을 볼 수 있다.

음악에 감동되는데도 짐승이란 말인가? 자기도 몰랐던 양식으로의 길이 열리는가 싶었다. 그는 여동생이 있는 데까지 나가려고 결심했다. 그녀의 스커트를 잡아당겨 바이올린을 가지고 자기 방으로 가자고 의사 표시를 하기로 결심했다. 왜냐하면 그녀의 연주에 보답할 자는 자기 말고 이곳에서는 없기 때문이다. 적어도 생존하고 있는 동안 그녀를 방 밖에 내보내지 않으리라. 흉측한 이 모습도 도움이 되겠지. 문 옆에 있다가 침입자에게 덤벼들리라.(E 98 f.)

여기에서 동물 변신의 긍정적 의미가 있다. 일반적으로 인간이 동물로 변하는 것이 부정적으로 여겨져 〈격하 변신〉이라 불리는 것과 반대로 여기서는 인간이 동물로 변신하는 것이 긍정적 의미를 가져 〈격상 변신〉으로 되는 것이다. 문제가 되는 것은 지상에는 존재하지 않는 〈미지의 양식〉이다. 동물인 그레고르는 동시에 동물 이상으로 동물 속에 인간적 주체성을 유지하고 있는 것이다. 그의 변신은 동물 안에 있는 인간적 존재에 대한 동경을 일깨우는 의미를 지니고 있다. 음악은 카프카에게 사실 인간을 모든 지상의 한계에서 벗어나게 해줄 수 있는 가능성이다.

물론 카프카 문학 고유의 애매성 때문인지 그레고르에 미친 음악의 영향에 이의를 제기하는 학자도 있다. 폴리처는 그레고르가 갈망하던 미지의 양식이 음악과 동일한지 그리고 음악 속에서 구원을 발견했는지에 물음을 제기하고 있다. 작품에서 우리는 음악 그 자체가 그레고르가 갈망하던 천상의 양식이 아니라 단지 그 양식에 이르는 길에 지나지 않음도 알 수 있다. 여동생이 연주하고 있는 동안 그레고르는 가족과의 화해, 특히 여동생과의 화해를 꿈꾼다. 그러나 갑충을 본 하숙생의 공포에 찬 비명 때문에 그레고르는 이 꿈에서 깨어나고 바이올린 소리는 갑자기 중단된다. 이를 두고볼 때 여기서 음악이라는 수단 때문에 일순간 소음으로 가득 찬 세계가 정지되고 보다 나은 세계로의 돌파가 가능한 것으로 보였을 따름이라는 이론도 있다.[113]

그러나 이러한 일부 이론에도 불구하고 일반적인 내용을 종합해 볼 때 결국 그레고르는 여동생 그레테가 연주하는 음악을 통해서 인간으로 동물적 속박 상태를 초월했다고 볼 수 있다.

6) 영혼 윤회 사상

카프카의 작품에는 종종 불교의 사상이 담겨 있다. 이러한 불교 사상을 음미해 볼 수 있는 〈찾는 사람은 발견하지 못한다. 찾지 않는 사람이 발견하는 법이다〉[114]라는 카프카의 잠언이 있다. 이와 유사한 〈행하는 자는 실패할 것이다. 잡으려 하는 자는 잃을 것이다(爲者敗之, 執者失之)〉라는 말이 도가(道家) 텍스트에도 있다. 이 말은 성서에 나오는 〈찾는 자는 발견할 것이다〉(마테 복음 7장 7~8절)라는 말의 부정이며 전향이다. 우리는 불교 사상가들에서와 같이 카프카에서도 상대 개념들이나 상관 구조들의 논리적·인과론적 관계가 직접적인 부정에 의해 파괴되어 통례적인 사유 범주와 세계 관계와 다른 사유 및 세계 관계를 암시하고 있음을 알 수 있다.[115] 카프카에게 있어서 〈사유 과정은 어떤 때는 직접적인 부정에 의해 제거되고, 어떤 때는 그 궤도의 반대 방향으로 전향을 통해 밀려나기도 하고, 어떤 때는 놀랄 정도로 전도된 근본 상황에 속한다.〉[116]

이상에서 볼 때, 카프카의 작품 세계는 반대 방향으로 전향, 즉 또 하나의 생의

113 Heinz Politzer, *Franz Kafka, Der Künstler*, Frankfurt/M., 1978, 128 f.

114 F. Kafka, *Hochzeitsvorbereitungen auf dem Lande*. hg. v. Max Brod, Frankfurt/M., 1986.

115 이주동, 「카프카의 사유 방식과 사유 형태」, 『카프카 문학론』, 한국카프카학회, 1987, 145면 참조.

116 Gerhart Neumann, Umkehrung und Ablenkung: Franz Kafka, Gleitendes Paradox, in: Richard Brinkmann und Hugo Kuhn(Hg.), *Deutsche Vierteljahrsschrift für Literaturwissensschaft und Geistesgeschichte*, 42. Jahrgang, Stuttgart, 1968, S. 704.

시작인 죽음을 떼어 놓고는 생각할 수 없다. 카프카는 〈삶의 전체가 죽음으로 가는 길에 불과하다〉(G 59)고 야노우흐와의 대화에서 말하면서 인간을 숙명적으로 사형수에 비유한다. 이는 〈사는 것이 죽는 것이고 죽는 것이 사는 것이다〉의 뜻으로 이 말에서 〈삶〉과 〈죽음〉이라는 대위 관념은 정반대인 이질어(異質語)이면서 동시에 여기서는 동질어(同質語)로 교차된다. 이것은 불교에서 말하는 〈살아 있는 자는 반드시 죽게 되고, 만남은 이별하도록 되어 있다(生者必滅 會者定離)〉라는 개념과 일맥상통한다. 이렇게 카프카에게 있어서 삶과 죽음은 공존하며 표리 일체(表裏一體)를 이루어 반대 감정 병립을 형성한다. 따라서 카프카 문학에서 삶과 죽음을 동시에 소유하는 모습이 자주 암시된다. 카프카는 〈나는 끝이거나 그렇지 않으면 처음이다〉(H 89)라고 말하듯이 죽음을 삶의 마지막으로 보지 않고 삶의 시작이나 연장으로 보고 있다. 시인 릴케Rainer Maria Rilke도 젊을 때부터 이미 삶을 〈아직 오지 않은 죽음〉이라고 써 삶과 죽음을 동일시하였다.

여기에서 〈죽음은 삶의 또 다른 시작〉이란 내용은 불교의 윤회설(輪回說)을 연상시킨다. 앞에 언급된 파라독스한 인용문들을 보면 카프카의 사유 방식이 또한 불교적 사유 방식으로부터 출발하고 있다는 것이 드러난다. 동일한 가르침이 선불교(禪佛敎)의 텍스트에 실려 있다.[117]

불교의 대표적인 사상은 바로 윤회 사상이다. 이러한 윤회 사상은 먼저 힌두교에서 파생되었다. 힌두교에 의하면 인생의 궁극적 의미란 삶의 영원한 윤회의 고리에서 해탈(해방)되어 다시 태어나지 않는 데 있다. 시계가 없던 고대인들은 시간을 순환적 성격을 지닌 것으로 믿었다. 영원 회귀설을 거부한 아리스토텔레스조차도 역사가 주기적으로 반복된다고 생각하여 일종의 윤회설을 믿은 셈이다.

서구에서는 이미 오래전에 수학자 피타고라스가 이러한 윤회설의 이론을 수립하였다. 그는 우주의 만물은 신성(神性)이라는 순수하고 단일적인 것에서 시작된다고 여겼다. 신과 악마와 영웅은 이 신성에서 생겨나고 그다음 네 번째로 생겨난 것이 인간의 영혼이다. 이 영혼은 불멸하고, 육체의 속박을 벗어나 죽은 자의 거처로 가서, 다시 인간이나 동물의 신체 속에 거주하기 위해 이 세계로 돌아오기까지

---

117 Buddha, *Panna-, Diawantsutra und Zensprüche*, Frankfurt/M., 1967, S. 76.

그곳에 머문다. 그리고 완전히 정화되었을 때 마침내 맨 처음 출발한 근원으로 돌아간다. 이러한 영혼의 전생(轉生)에 관한 교설은 원래 이집트에서 기원하였으며 인간 행위에 대한 보수와 벌에 관한 교설과 연관이 있는데, 피타고라스 학파의 사람들이 절대로 동물을 죽이지 않는 것도 이 교설을 신봉하기 때문이다. 오비디우스는 피타고라스가 제자들에게 다음과 같이 말하였다고 전한다.

영혼은 결코 죽지 않고, 항상 한 거처를 떠나면 곧 다른 거처로 옮아 간다. 나 자신도 트로이 전쟁 때는 판토스라는 사람의 아들인 에우포르보스였는데, 메넬라오스의 창에 맞아 쓰러진 것을 기억한다. 최근에 아르고스 시에 있는 헤라의 신전에 가본 일이 있는데, 그곳에는 당시 내가 사용하던 방패가 전리품과 함께 걸려 있었다. 이와 같이 모든 것은 변할 뿐이지 사멸하지 않는다. 영혼은 이곳 저곳으로 옮겨가서 이번에는 이 육체, 다음에는 저 육체에 머무는데, 짐승의 몸에서 인간의 몸으로 이행할 때도 있다. 밀랍이 어떤 모양을 하다가 다시 녹아서 새로운 모양으로 변해도 밀랍은 항상 동일한 밀랍인 것처럼, 영혼도 항상 동일한 영혼이며, 때에 따라 여러 가지 상이한 형태를 취하는 것뿐이다. 그러므로 너희들의 가슴에 동족에 대한 사랑의 불꽃이 꺼지지 않았다면, 원컨대 동물들의 생명을 난폭하게 다루지 말라. 어쩌면 그것이 너희들의 친척일지도 모르니까.[118]

셰익스피어도 『베니스의 상인』에서 그라시아노에게 이 전생설(轉生設)에 관해서 이야기하도록 한다. 여기서 그라시아노는 샤일록Shylock[119]에게 이렇게 말하고 있다.

---

118 토마스 불핀치(김문 역), 『그리스-로마 신화』, 하권, 청림출판, 1993, 411면.
119 셰익스피어의 희곡 『베니스의 상인』에 등장하는 인물로 베니스에 사는 유대인 고리대금업자. 그는 기독교인 상인 안토니오로부터 3천 더키트를 빌려 달라는 요청을 받자, 그의 가슴살 1파운드를 담보로 잡고 돈을 빌려 준다. 안토니오는 변제 기일이 다가와도 돈을 갚지 못하게 되어 생명이 위태롭게 되지만 재녀(才女) 포샤가 재판관으로 변장하여 〈살은 베어 내되, 피는 한 방울도 흘려서는 안 된다〉는 지혜를 내려 살아난다. 샤일록은 원래 탐욕이 강하고 무비한 유대인 고리대금업자의 전형으로 묘사되고 있으나, 한편으로는 기독교의 박해에 대해서 자기의 권리를 주장하는 떳떳한 인물로 보는 견해도 있다.

네놈을 보고 있으면 내 믿음까지도 흔들려 오고

피타고라스처럼 동물의 영혼이

인간의 육체 속에 들어왔다는 생각을 가지고 싶게까지 한다.

네놈의 그 들개 같은 근성은

원래 늑대에게 깃들어 있던 것이다.

인간을 먹어 죽였기 때문에

목이 매이고, 그 영혼이 네놈 속에 들어간 것이다.

때문에 네놈의 욕망은 늑대 같고, 피비린내 나고

굶주려 걸근거리고 있는 것이다.[120]

독일에서 영혼 윤회의 사상은 중세 독일의 신비주의 사상가인 에크하르트J. Eckhart와 뵈에메J. Böhme의 영향을 많이 받고 있다. 여기에서 인물의 동일화(同一化) 작용이 일어나며, 현세와 미래의 구별이 없이 한 사람의 인물이 타의 인물이 되고 또 인간이 돌이나 짐승이나 나무나 별로 되기도 한다. 윤회 전생(輪廻轉生)의 사상으로 자연 근친(自然近親) 사상이 성취되는 것이다. 즉 원형은 마치 동일한 사물이 원을 그으며 되돌아 오듯이 자연의 반복적인 주기와 일치하는 신화의 시간, 즉 연속성이 지양된 시간 속에서 끊임없는 〈순환〉이다.

이러한 윤회 사상에 심취한 음악가 바그너R. Wagner는 쇼펜하우어의 철학에 심취되어 불교에 깊은 관심을 가져 새로운 예술관을 낳게 했다. 쇼펜하우어의 절대적 염세관에서 탈피하여 추상적, 철학적 사색에서 종교적 예술 체험으로, 개념에서 인간으로, 범(梵)사상Brahmanismus에서 불교로, 공허나 니르바나Nirwana에서 광명의 해탈로, 소승에서 대승으로 바그너의 사상과 예술관은 많은 변화와 영향을 받았다. 그의 작품『트리스탄과 이졸데Tristan und Isolde』에서 해탈의 문제,『파르시팔Parzival』에서 윤회 사상,『마이스터 에크하르트Meister Eckhardt』에서 체념의 문제가 잘 반영되어 있다.

괴테의 〈범신론〉이나 재생(再生) 사상도 불교의 윤회나 니르바나 사상과 유사점

---

120 W. Shakespeare, The Merchant of Venice, Sir Arthur Quiller Couch and John Dover Wilson(ed.), *The Works of Shakespeare*, V. 9, Cambridge University Press, p. 67.

이 있다. 윤회 사상을 대표적으로 잘 나타낸 괴테의 작품으로 시 「승천의 동경 Selige Sehnsucht」을 들 수 있다. 시 「승천의 동경」에는 자신의 소멸을 통해 덧없는 이승의 삶에서 무한 속으로 귀의하는 영원한 사랑이 담겨 있다.

승천의 동경

현자 외에 누구에게도 말하지 말라,
어리석은 민중은 곧잘 조소할 것이니,
살아있으면서 불에 타서 죽기를
원하는 자를 나는 예찬하리라.

네가 창조되고 또한 네가 창조하는
서늘한 밤의 사랑의 행위에
희미한 촛불이 빛을 내면
이상한 생각이 너를 엄습한다.

너는 어둠의 그늘 속에
더 이상 가만 있을 수 없으니,
욕망이 새로이 거세게 자극하여
너를 더 고차적인 교접에 이르게 한다.

그 어떤 거리에도 방해 받지 않고
마법에 걸린 듯이 날아가,
마침내 불을 열망하여서
나비, 너는 불 속에 뛰어들어 타죽는다.

죽어서 생성하라,[121] 이 마음을
자신의 것으로 삼아야 하리라!

그렇지 않으면 이 어두운 지상에서
서글픈 나그네에 지나지 않으리.

Selige Sehnsucht

Sagt es niemand, nur den Weisen,
Weil die Menge gleich verhöhnet,
Das Lebend'ge will ich preisen,
Das nach Flammentod sich sehnet.

In der Liebesnächte Kühlung,
Die dich zeugte, wo du zeugtest,
Überfällt dich fremde Fühlung,
Wenn die stille Kerze leuchtet.

Nicht mehr bleibst du umfangen
In der Finsternis Beschattung,
Und dich reißet neu Verlangen
Auf zu höherer Begattung.

Keine Ferne macht dich schwierig,
Kommst geflogen und gebannt,
Und zuletzt, des Lichts begierig,
Bist du, Schmetterling, verbrannt.

Und so lang du das nicht hast,

121 괴테는 영혼이 불나비가 되는 심미적 화형을 찬양했다. 그는 이 화형으로 인간의 영혼이 현존의 위치를 떠나는 것이 아니라, 그 현존 속으로의 부활이라 생각했다.

Dieses: Stirb und Werde!

Bist du nur ein trüber Gast

Auf der dunklen Erde.

첫 연 두 행은 〈빛을 그리며〉, 〈촛불〉 속으로 날아들어 타죽는 나비의 〈불꽃 죽음〉을 칭송한다. 여기서 사랑의 황홀은 죽음과 동질적으로 인식되고 있다. 즉 이 황홀경은 양초가 타 들어가는 것에 비유되며 마침내 불을 열망하여 불 속에 뛰어들어 타죽는다는 지상적 지혜와 천상적 구원인 불교 사상을 의미한다. 현세적인 생명의 종말은 천상의 개시(開始)라는 대립적 모순 관계에 있다. 따라서 지상에서 한 생명의 사별은 상실된 획득이 되는데, 왜냐하면 타죽은 생명은 신의 은총 속에서 찬미되기 때문이다. 자기 희생에 의해 유일의 무한 속으로 완전히 몰입해 들어가는 삶과 죽음의 역학적 관련성은 마지막 연에서 〈죽어서 생성하라*Stirb und Werde*〉(18행)라는 유명한 잠언적 시구로 인도되고 있다. 죽음의 변화를 통한 영원한 생성을 향한 동경이 변화의 영속이라는 괴테의 삶의 모토에 연결되어 그의 변형론과 일치하는 것이다.

이 시를 현대적 개념으로 해석해 볼 때, 신의 사랑과 은총을 받기 위해서는 새롭게 태어나야 하고, 이를 위해서 우선 낡은 자아의 파괴가 있어야 한다. 자아 파괴와 불태워짐은 새롭게 태어나기 위해 불가피하다. 이성은 신을 받아들이는 데 무력하고, 신을 받아들이기 위해서는 지상적인 인연에서 벗어나야 한다. 즉 신의 축복을 받기 위해서는 신에게 귀의해야 한다. 진실된 자유는 죽어서 생성하는 몸이 될 때에만 가능한 것이다. 이슬람 신비교에서는 불꽃이 신의 불빛으로 상징된다. 초의 모습이 시인에게 열망을 불어넣어 그는 나비처럼 그 불빛의 이끌림을 느낀다. 여기에서 나비는 신을 사랑한 나머지 자기 몸을 고행으로 내던져 죽는 인간을 상징한다. 위 시에서는 〈죽어서 생성하라〉의 내용이 주제로서 괴테는 〈그대가 태어났고, 그대가 생명을 잉태하는〉(6행), 즉 교접과 생성으로 암시되는 자연과 생의 윤회(오늘날의 용어로는 생태학적 균형) 사상을 묘사하고 있다.

괴테의 위 시의 〈죽어서 생성하라〉의 개념이 카프카의 문학에도 반영되고 있다. 카프카의 「프로메테우스」의 첫 번째 단락에서 매일 다시 자라나는 프로메테우스의 간을 파먹는 독수리의 반복 행위도 시간의 영원한 순환성을 나타내고 있다. 윤회 사상에 의하면 인간은 타고난 원죄로 누구나 〈변신〉의 악운을 지니고 있다. 따라서 카프카의 변신의 개념에도 일종의 〈영혼 윤회Seelenwanderung〉 사상이 담겨 있다.

「변신」의 주인공 그레고르의 갑충으로의 변신에서도 탄생과 죽음이 동시에 내재되어 있다. 어느 날 아침 불안한 꿈에서 깨어났을 때 자신의 침대에서 자신이 한 마리의 갑충으로 변신되어 있음을 본 그레고르는 갑충으로서의 새로운 탄생을 알리고 있다. 이것은 동시에 인간으로서의 육신의 죽음을 의미하기도 한다. 즉 그레고르는 〈불안한 꿈〉을 꾸고 있는 사이에 인간의 육신으로서의 죽음과 갑충으로서의 탄생을 겪는다. 그레고르는 육신의 죽음을 통하여 정신적인 삶을 위하여 갑충의 몸을 이용하는 것이다.

그러다가 부친이 던진 사과에 의한 상처로 재탄생되었던 갑충 그레고르도 죽는다. 갑충인 그레고르가 죽자 가족들은 그의 시체를 아무렇지도 않게 쓰레기처럼 빗자루로 쓸어 버리고 부친은 비애가 아니라 해방과 구제의 안도감이 곁들인 십자(十字)를 그은 다음 가족들과 더불어 이른 봄날의 햇빛을 받으면서 교외로 소풍을 가며 그동안 몰라보게 성숙한 딸의 새로운 삶에 희망을 건다. 이 내용에도 윤회 사상이 담겨 있다. 그레고르의 죽음으로 가족들이 그를 버리게 되지만 이 죽음이 다시 여동생의 발전으로 연결되는 것이다. 즉 하나의 죽음이 다른 존재의 발전으로 연결되어 윤회 사상이 연상된다. 여기에서 〈살고 있다〉는 사실은 〈죽는 것〉만 못하고 〈죽는 것〉은 그래서 오히려 〈사는 것〉보다 낫다는 진리를 일깨워 준다. 이러한 사례들을 가리켜 이중 시각적 비유라고 한다.[122]

카프카는 또 괴테의 시 「승천의 동경」의 〈죽어서 생성하라〉의 내용을 〈선과 악〉의 개념으로 인식했는데, 이는 도덕적 계명을 나타낼 뿐 아니라 영원한 생명의 의지를 나타낸다. 괴테처럼 카프카도 〈죽어서 생성하라〉를 삶의 내적(內的) 사건으로 이해한 것이다. 카프카에게 영원한 삶이란 이승의 삶에 연결되는 것이 아니라 모든 순간에 실질적으로 도달될 수 있는 인간의 영원성이다.[123]

122 Vgl. Gero von Wilpert, *Sachwörterbuch der Literatur*, Stuttgart, 1969, S. 599.

123 Claude David(Hg.), *Franz Kafka, Themen und Probleme*, Göttingen, 1976, S. 55.

〈죽어서 생성하라〉의 내용과 유사하게 〈죽어서 살아 있다〉의 모티프가 카프카의 「사냥꾼 그라쿠스」에서 암시되고 있다. 그라쿠스는 존재의 세계 밖에서 생활하고 있다. 즉 그는 삶과 죽음 사이를 헤매고 다니는 자로 〈죽은〉 사람이기도 하고 〈어느 정도 살아있는 자〉로 영원히 움직이고 있다. 그라쿠스는 한 세기를 넘게 수의를 걸친 백발 노인으로 시간 개념에서 벗어나 있다. 육지에도 수상에도 완전히 소속할 수 없는 그라쿠스의 존재 방식은 생과 사에 똑같이 소속하지 못하는 존재 방식이다. 그는 분명 절벽에서 추락하여 죽었지만, 그의 시체는 항로를 잘못 잡은 조각배에 실린 채 이 세상의 물 위에 남아 있게 됨으로써 〈죽어 있으면서〉 동시에 〈살아 있는〉 것이다.

이러한 죽음과 재탄생의 내용이 「유형지에서」에서도 나타난다. 이 작품의 마지막 부분에서 처형 기계가 파괴되고 장교가 죽은 후 탐험가는 죄수와 사병을 데리고 찻집Teehaus(E 176)에 간다. 그 찻집 안의 한 탁자 밑에 전임 사령관이 묻혀 있다. 탁자가 밀쳐졌을 때 〈이곳에 전임 사령관이 잠들었다. 지금 성명 기입을 주저하지만 그의 동료들이 그를 위하여 무덤을 파고 비석을 세웠다. 수년 후에 사령관은 다시 소생하여 이 집에서 동료들을 거느리고 유형지를 탈환하리라는 예언이다. 믿고 기다려라!〉(E 177)고 새겨진 비석이 나와 생명 윤회의 장소가 암시되고 있다.

엠리히는 이같이 삶과 죽음의 동시적 소유를 카프카의 모든 소설이 상호 간에 이해할 수 없게 된 〈두 세계〉 간의 대립과 갈등의 구조로 보고 있다. 즉 〈죽어서 살아 있는〉 사냥꾼 그라쿠스Gracchus(이 이름은 흔히 사용되는 실마리의 하나인데 이탈리아어로 그라키니오는 까마귀란 뜻)의 운명처럼, 존재하는 모든 것의 〈총괄적인 보편성〉과 그것을 상실한 채 수수께끼처럼 변해버린 현실간의 이원화된 세계를 그리고 있다는 것이다.[124]

결국 카프카도 영혼 불멸 사상을 신봉한 셈이다. 카프카는 일찍이 〈사물들이 한 때는 살아 있었는데 지금은 쇠락하고 있다〉[125]고 말한 적이 있다. 그에게 흔히 나타나는 동물이나 무생물의 의인화(擬人化)는 사물에 생명력을 부여한다는 단순한 차

124 W. Emrich, *Franz Kafka*, Königstein, 1981, S. 23.
125 F. Kafka, *Sämtliche Erzählungen*, Frankfurt/M., 1975, S. 189.

원을 넘어 인간이 동물이나 사물에 제어되고 동물이나 사물에 대해 경외감까지 품게 되는 경우를 강조한 것이라 하겠다. 따라서 카프카의 거의 모든 작품에서 반복되는 모델도 이와 유사한 존재다. 그렇기 때문에 그의 작품은 그 자신과 마찬가지로 〈끝〉도 없고 〈처음〉도 없이 단지 무한히 계속되는 수레 바퀴로 표현되고 있을 뿐이다. 그것은 〈변전(變轉)〉이라고 하는 장대한 우주의 신화로 카프카 작품의 영혼 윤회 사상인 것이다.[126] 카프카는 윤회설에 대한 관심을 다음과 같이 언급하고 있다. 〈인식이 시작됐다는 첫 표시는 죽고 싶다고 느끼는 일이다. 이 삶은 견딜 수 없고, 또 하나의 삶에는 이를 수가 없다고 생각된다. 그는 이미 죽으려는 생각을 부끄러워하지 않게 된다. 싫어진 낡은 독방에서 벗어나 새 독방으로 옮겨지고 싶다고 요구한다. 그곳도 한참 뒤에는 싫어질지도 모른다.〉(H 31)

여기에서 보는 바와 같이 카프카는 인간 영혼의 윤회를 동경하고 있다. 〈출생에 대한 망설임. 윤회가 있다 하더라도 나는 아직 가장 낮은 층계에도 서지 못한다. 나의 삶은 출생에 대한 망설임이다〉(T 411)라는 1922년 1월 24일의 카프카의 일기도 이에 대한 언급이다.

따라서 카프카의 형상 세계의 하나는 전체성, 즉 보편적인 삶의 현실을 형상적으로 반영하는 것이며, 다른 하나는 동일한 사물이 원을 그리면서 재귀하는 것을 말한다. 이는 일정한 역사적인 상황이 항상 같은 힘의 영구적인 운동으로 변용하고 있다고 볼 수 있다. 그 힘은 개인적이면서 동시에 이름을 밝히지 않는 불가시(不可視)적 〈운명의 힘〉의 성격을 띠고 있다. 그리고 이 운명의 힘으로부터 도주는 사실상 불가능하다.

7) 업보 사상

「변신」에서 부친이 던진 사과 하나가 등에 박혔다가 썩어서 화농(化膿)이 된 탓에 벌레가 된 그레고르는 죽는다. 그런데도 그의 죽음은 무의미한 파멸이 아니라 구원의 깨달음이 되어 불교 사상이 연상된다. 이는 그레고르가 자신의 죽음을 수

---

126 박환덕, 「카프카의 산문의 구조에 대하여」, 『카프카 연구』, 범우사, 1984, 84면.

긍한 것이다. 그는 자기 자신과 현세와 유화(宥和)하였다. 그렇다면 무엇에 대한 구원의 깨달음인가? 물론 소설 속에는 어디에도 이 같은 깨달음의 뜻이 담긴 내용은 없다.[127] 모름지기 물질적인 현대 사회 구조가 간직하고 있는 모든 부조리한 인간의 모순으로부터 구원을 받았다는 깨달음이요 인식일 수 있다. 따라서 작품상에서 그레고르의 죽음은 흔히 불교에서 지칭하는 한 인간의 〈대오각성(大悟覺醒)〉과 부합된다. 벌레로 변신한 한 영세한 소시민이 자신을 오히려 〈독충〉이라는 명분으로 일순간 은폐해 가지고 타자(他者)들의 의식 구조, 즉 진실이 무엇인지 응시해본 것이다.[128] 이는 마치 「신임 변호사」에서 인간이 된 말의 형상을 통해 현대의 사회 질서를 조망하고, 내면으로 방향 전환을 함으로써 외적인 어려움에서 벗어나려는 태도와 같다.[129]

이러한 카프카 작품의 불교 사상에는 업보(業報)*Karma* 사상이 담겨 있다. 인간이 먹고 자고 일하며 사랑하는 일체의 행위를 불교에서는 업(業)이라 부른다. 학업 개업 취업 농업 생업 활동에서부터 〈사람이 사람 만나서 사람 만드는〉 가장 큰 업까지 끝이 없다. 이 개념은 훗날 그에 상응하는 결과인 보(報)가 뒤따른다는 점에서 중요하다. 콩 심은 데서 콩나고 팥 심은 데서 팥 난다는 격으로 오늘의 내 행동이 내일의 모습을 결정한다는 것이다. 따라서 풍요로운 미래를 꿈꾸는 사람일수록 죄를 짓지 않는 현재의 습관과 행동의 지혜가 필요하다.

이런 맥락에서 카프카는 모든 질병도 죄업(罪業)의 현상으로 보았다. 〈그것은 물과 바람의 복수입니다. 우리는 이제 끝장입니다. 그렇습니다. 복수입니다. 왜냐하면 우리는 여태까지 이것들을 괴롭혀 왔기 때문입니다. 나도 그랬었고 내 친구인 기도하는 자도[……]〉[130]라고 카프카는 언급하고 있다. 이렇게 죄업이 모든 질병의 근원이라고 본 카프카는 1921년 4월 브로트에게 보낸 서신에서 자신의 질병에 관해 〈폐결핵의 발생 원인은 폐가 아니지요. 그것은 마치 세계 대전의 원인이 최후 통첩이 아닌 것과 같습니다. 오직 한 가지 질병이 존재하지 그 이상은 아닙니

127 W. Emrich, *Franz Kafka*, Frankfurt/M., 1960, S. 125.
128 김윤섭, 「카프카의 『변신』과 이상의 『날개』에 나타난 구심성과 원심성」, 『카프카 연구』, 범우사, 1984, 332면 이하.
129 Hartmut Müller(권세훈 외 역), 『카프카 문학 사전』, 학문사, 1999, 139면.
130 R. N. 마이어(장남준 역), 『세계 상실의 문학』, 홍성사, 1981, 25면.

다. 그런데 이 한 가지 질병은 한 마리 짐승이 광활한 숲에서 쫓기듯이 의학에 의해 맹목적으로 쫓기고 있습니다〉[131]라고 적고 있다.

카프카가 자신의 각혈에 대해 보여 준 반응도 이것과 동일선상에 있다. 그는 이 돌발적인 사건을 신의 처벌로 여겼다. 그는 바그너의 『직장 가인(職匠歌人)』을 인용하면서 신에 대한 반감을 〈나는 신이 더 노회하다고 생각하련다〉고 표현하고 있다. 따라서 카프카는 인간과 신 사이의 분리 상태를 느껴 그들 사이의 간극을 감지한다. 그는 이 분리 상태가 인간의 원죄로 소급된다고 확신하였다.

이들 내용 속에는 업보 사상이 담겨 있다. 이러한 업보 사상에 의해 전세(前世)에 죄를 짓고서 만들어진 이상한 잡종으로 「가장의 근심」에 나오는 오드라덱을 들 수 있다.

　　그것은 우선 납작한 별 모양의 실타래처럼 보인다. 그리고 그것은 실제로 실이 감겨 있는 것처럼 보이기도 한다. 물론 그것은 다만 끊겨진 채 서로 엉키고 매듭지어진, 여러 모양과 색깔의 낡은 실타래 조각일 수 있다. 그러나 그것은 그저 하나의 실패만이 아니라 별의 중간에는 횡으로 작은 막대기가 돌출해 있고, 이 막대기와 맞닿아 오른쪽 모서리에 또 하나의 막대기가 있다. 이쪽 면에서 보면 이 두 번째 막대기의 도움으로, 다른 쪽 면에서 보면 별이 발하는 빛으로 인해, 이 전체 모양은 마치 두 개의 다리로 서듯 곧추설 수 있다.(E 129)

오드라덱이 도대체 죽을 수도 있을까? 사멸하는 모든 것은 그전에 일종의 목표를, 일종의 행위를 가지며, 그로 인해 그 자신은 으스러지는 법이다. 〔……〕 그가 아무에게도 해를 끼치지 않는다는 것은 분명하다. 그러나 내가 죽고 난 후에도 그가 살아 있으리라는 생각이 나에게는 몹시 고통스럽다.(E 130) 또 독수리에 쪼여 먹히는 프로메테우스의 간장이나, 단편 「유형지에서」의 사형 집행 장치에 의해서 죄인의 등(背)에 써레로 아로새겨진 상처, 또 단편 「변신」에서 외판 사원인 주인공 그레고르가 벌레로 변신하는 것도 죄의식과 관계되어 있다.[132]

131 F. Kafka, *Briefe 1902~1924*, hg. v. Max Brod, Frankfurt/M., 1975, S. 320.
132 김정진, 『카프카 연구』, 탐구당, 1996, 311면.

이 세계는 사고와 의지적 행동이 이루어지기 이전의 근원적인 순수 상태의 인간, 즉 〈무위자의 진리〉가 존재하던, 다시 말해서 상대적인 진리가 아닌 절대적인 진리의 세계가 존재하던 낙원의 세계에 대립되는 타락한 인간의 세계이다.[133]

〈사냥이나 낚시〉는 살생의 행위이면서도 〈여가 활동〉 등의 구실로 의지와 이성에 근거한 일종의 〈행동자의 진리〉로 여겨져 상대적인 〈허위적 인식〉을 낳고 있다. 따라서 이러한 왜곡된 인식이 우리가 살고 있는 문명화된 세계의 질서가 되고 있다.

이런 맥락에서 카프카의 「사냥꾼 그라쿠스」가 죄와 구원이라는 주제로 연구될 수 있다. 〈과연 그라쿠스의 불행을 초래한 죄는 어디에 있는가?〉라는 질문에 대체로 네 가지로 요약된다. 첫째는 실존주의적 관점에 근거를 두고 그라쿠스의 끝없는 항해에서 20세기 현대인의 방황하는 모습을 읽어 내는 시도이다. 둘째는 실증주의적 고찰로 작품의 주인공과 실재 인물 카프카를 비교하여 자서전적 요소들을 찾아서 작품 속에 나타나는 카프카의 심리적 모티프를 추적하는 작업이다. 셋째는 신화 등 여러 원전의 모티프들이 「사냥꾼 그라쿠스」에서 카프카에 의해 어떻게 인용되고, 변형되는가를 관찰하면서 작가의 의도를 분석하여 작품을 해석하고 있다. 넷째는 신학적 해석에서 구원의 의미를 조명하려는 시도이다. 필자는 「사냥꾼 그라쿠스」를 마지막 넷째의 신학적 개념으로, 즉 불교와 힌두교의 관점에서 해석해 보고자 한다.

그라쿠스는 죽어 있으면서 어느 정도 살아 있는 상태에 있는데, 이는 그의 죽음의 배가 항로를 잘못 들어섰기 때문으로, 이 잘못의 원인은 명확하게 규명되어 있지 않다. 그러나 이 작품에는 남의 생명을 해치지 않아야 신성시된다는 상생의 법칙이 암시되고 있다. 이는 불교나 힌두교 등에서 주장하는 불살생의 원리에 관련된 업보(業報) 사상이다. 살생의 본질적인 행위인 사냥의 직업을 가진 그라쿠스는 슈바르츠발트에서 살육을 하지 않는 초식 동물인 영양을 쫓다가 바위에서 계곡으로 굴러 떨어져 피를 흘려 죽게 되는 데서 항로 이탈의 동기가 발생한다. 즉 살생의 직업인 사냥꾼이 초식성 동물을 죽이려다 자신이 죽는 업보를 당하는 것이

---

133 Vgl. Ralf R. Nikolai, Kafkas Auffassung von Freiheit, in: Bengt Hasselrot(Hg.), *Studia Neophilologica*, Vol. XLVI, Oslo, 1974, S. 107.

다. 죽음을 당하고서야 비로소 그라쿠스는 〈이승의 살생 도구인 사냥용 물품들을 훌훌 벗어 던져 버리고〉(B 78) 자신을 저승으로 데리고 갈 죽음의 돛단배의 갑판 위에 오른다. 그런데 이때 업보가 작용한 것일까? 자신의 돛단배는 —— 사냥꾼의 진술에 따르면 —— 키잡이의 잘못 돌린 방향키로 인해서, 다시 말해서 사공의 순간적인 부주의로 인해서 목적지를 벗어나 〈정말 아름다운 고향〉(B 77)을 빗나가게 된다. 자신의 〈아름다운 고향〉에 머무르려고 했던 그는 이제 바위에서 떨어져 죽은 이래로 저승이 아닌 지상의 모든 나라를 떠도는 업보를 겪고 있는 것이다.

따라서 이제 이승과 저승 사이에서 떠돌게 된 사냥꾼 그라쿠스의 불행한 운명에 대한 책임 문제가 〈리바〉라는 항구 도시의 시장인 살바토레와 그라쿠스 사이에서 논의된다. 그런데 시장의 이름인 살바토레Salvatore는 구원자를 뜻하여(라틴어로 살바토레는 구원자를 의미함) 시장이 그라쿠스의 구원자가 될 수 있음이 암시된다. 시장이 이 불행한 사태에 대해 사냥꾼 그라쿠스 자신의 책임이 전혀 없느냐고 묻자, 그라쿠스는 끈질기게 자신의 죄를 거부한다. 〈없어요. 나는 사냥꾼이었습니다. 그게 혹 죄가 되겠어요? 나는 사냥꾼으로 단지 자리가 주어져 있었습니다. 그때만 해도 (육식 동물인) 늑대들이 돌아다니던 슈바르츠발트예요. 나는 숨어서 기다렸고, 쏘았고, 맞추었고, 가죽을 벗겼습니다. 그게 죄인가요? 나의 일은 축복받은 일이었습니다. 사람들은 나를 슈바르츠발트의 가장 위대한 사냥꾼이라 불렀어요. 그게 죄인가요?〉(B 78) 그때 시장은 〈그렇다면 대체 누구의 책임인가요?〉(B 79)라고 되묻는다. 그러자 책임이 〈사공Bootsmann〉(B 79)에게 있다고 사냥꾼 그라쿠스는 대답한다. 그라쿠스는 책임을 자기 스스로 지려 하지 않고 계속해서 순간적 부주의로 키를 잘못 돌림으로써 아름다운 고향을 빗나가게 한 사공에게 그 책임을 전가시키고 있다.

그러나 사냥꾼 그라쿠스가 자신의 불행한 사태에 책임이 있다. 그는 인간의 살육의 도구인 엽총과 기타 사냥 무기를 사용하여 동물들을 마구 사냥하였으며, 특히 순진하고 귀여운 동물인 알프스 영양을 사냥하려 했다. 따라서 사냥꾼 그라쿠스는 자신의 폭력적인 사냥에 의해서 통일적이고 조화로운 세계로부터 지상의 불행한 세계로 굴러 떨어진 것이다. 그라쿠스가 죽은 후 유일한 행복은 바로 이러한 살생의 도구를 버리는 순간이다. 〈갑판에 발을 내딛기 전에 내가 항상 자랑스럽게 매고 다녔던 통과 가방과 사냥총의 넝마 무더기를 행복하게 내던져 버렸소. 그리고는 신부복을 입는 소녀처럼 수의로 기어들어 갔다오. 여기에 누워 기다렸는데 그 때 바로 불행이 닥쳤소.〉(B 78)

이런 배경에서 살생의 행위의 결과로 볼 수 있는 고기를 먹는 행위도 매우 부정적인 개념으로 나타난다. 예를 들어 「낡은 쪽지」에서 고기를 먹는 행위로 북방 유목민들의 야만성이 폭로되고 있다. 〈북방 유목민들은 나의 저장물 중에서도 좋은 것을 많이 가져갔다. 그러나 예를 들어서 푸줏간 주인에게 생긴 일을 생각해보면, 나는 불평할 수가 없다. 그가 물건을 들여놓기가 무섭게 유목민들은 그에게서 전부를 빼앗아 삼켜버린다. 유목민의 말들도 역시 고기를 먹는다. 가끔 한 기수가 자신의 말 곁에 누워 있고, 그들은 고기 조각의 양 끝에 각각 매달려 먹어 들어가므로 그 사이가 점점 가까워진다. 푸줏간 주인은 겁에 질려 고기 공급을 감히 중단하지도 못한다. 그러나 우리는 그것을 이해하고 있으며, 함께 돈을 내서 그를 보조하고 있다. 만약 유목민들이 고기를 얻지 못하면, 그들에게 무슨 일을 할 생각이 날지 누가 알겠는가. 그들이 매일 고기를 얻는다고 해도, 그들에게 어떤 생각이 떠오를지 아무도 모르는데 말이다. 최근 푸줏간 주인은 적어도 도살하는 수고만은 덜 수 있을지 모른다고 생각했다. 그래서 그는 아침에 살아 있는 황소를 한 마리 가져왔다. 그는 그 짓을 두 번 해서는 안 된다. 나는 한 시간 가량 내 작업장 맨 뒤쪽 바닥에 엎드려서 모든 옷가지며 이불, 방석들을 내 위에 쌓아올렸다. 그것은 황소의 울부짖는 소리를 듣지 않기 위해서였는데, 유목민들이 사방으로부터 그 황소에게 달려들어 이빨로 황소의 따뜻한 살점들을 뜯어냈기 때문이다. 조용해지고 나서도 한참이 지나서야 비로소 나는 바깥으로 나갈 엄두가 났다.〉(E 119) 이 내용에서 살생의 행위인 육식이 반문명적인 야만 행위로 부정적 관점의 극치가 되고 있다.

인위적인 수단으로 자연스럽고 조화로운 세계 질서를 파괴하는 행위야말로 사냥꾼이 잘못 들어서게 된 불행한 사태의 원이이요, 자연스럽고 조화로운 세계 질서 대신에 인간의 인위적인 강압적 질서를 대치시키는 행위야말로 바로 카프카가 말하는 낙원으로부터 인간 자신을 스스로 추방하는 행위다. 인간에 의해서 만들어진 규율에 따라 행해지는 사냥꾼 그라쿠스의 사냥 활동은 낙원과 같은 자연스러운 상태를 파괴하고 결국엔 인간의 본래적인 순수한 근원 상태마저도 변질시키는 행

522

위와 다름없는 것이다.[134]

이에 대한 처벌이 그의 여행을 동반하는 쪽배에 그려진 원주민 부시맨으로 암시된다. 웅대하게 그려놓은 방패에 온몸을 가리운 채 그라쿠스를 향해 창을 겨냥하고 있는 야성적 원주민의 모습은 그라쿠스의 죄에 대한 처벌의 암시이다. 결국 그라쿠스는 살육이 직업인 사냥꾼에서 육식 동물도 아니고 초식 동물도 아닌 살육을 초월한 한 마리의 나비로 변신되어 구원이 된 것일까?

---

134 이주동, 「『사냥꾼 그라쿠스』에 나타난 문명사의 비판과 작가의 사명」, 『카프카 연구』, 제10집, 한국카프카학회, 2002, 151면 이하.

제7장 주요 단편 분석

카프카의 작품들은 필연적인 논리의 힘과 짜임새 있는 구조의 〈잠언*Aphoris-men*〉과 무한히 확장할 수 있는 구조의 〈산문〉으로 구분된다. 잠언에는 진실의 자기 복제된 표현인 〈파괴될 수 없는 것〉이 부각되어 있는 반면, 산문에는 집중적으로 이 〈파괴될 수 없는 것〉과의 연관성을 상실한 채 허위의 세계에 속해 있는 인간들이 묘사되어 있다. 산문은 진지성을 띠게 되는데 이는 카프카에게 있어서는 기분, 체험, 심리, 표현 기법만이 중요한 것이 아니고 전적으로 존재라든지, 실존의 저초(低礎)가 문제가 되기 때문이다. 그런데 그 저초를 위해서는 개별적인 경우가 그 범례를 보여 준다. 그리고 그 범례는 모든 변화성에 있어서 항상 똑같은 존재론적 기본 상황을 시사하고 있다.[1]

그런데 잠언과 산문은 카프카의 친구이자 그의 작품의 편집자였던 브로트Max Brod의 주장대로 서로를 보충하면서 함께 어떤 전체를 이루고 있다.[2] 이는 카프카 문학의 이 두 경향이 허위 세계의 파괴와 진실 세계의 구축을 목표로 하고 있음을 뜻한다. 다만 서술 기법의 측면에서 카프카가 잠언에 진실과 허위를 병립시켰다면, 산문에서 진실은 허위를 통해서만 인식될 수 있다는 역설적 판단 아래 허위를 극사실적으로 묘사하고 있다.

이런 배경에서 이 장은 카프카의 잠언과 산문들을 규명하고자 한다. 여기에서

---

1 Norbert Fürst, *Die offenen Geheimtüren Franz Kafkas*, Heidelberg, 1956, S. 11 f.
2 Vgl. Max Brod, *Über Franz Kafka*, Frankfurt/M., 1974, S. 223.

그의 작품 「진정한 길」, 「비유에 관하여」, 「방해된 사원 건설」을 해석하고, 고대 세계와 현대 세계의 구조를 「신임 변호사」를 근거로 인식하고자 한다. 그리고 현대 인간의 상황이 「도시 문장」, 「낡은 쪽지」, 「황제의 칙명」을 근거로 규명된다. 이들 이야기들은 한 사람의 관점이나 이야기가 아니라, 종종 〈논평적 서술자auktorialer Erzähler〉[3]가 해설하거나(예: 「낡은 쪽지」), 이야기가 완전히 논평적으로 언급되고(예: 「도시 문장」) 또는 상황의 묘사로 비유Gleichnis가 삽입되기도 하여 신화적 성격을 띠기도 한다. 그러나 이들 작품이 명백히 신화적이라고 규정하기는 어려운데, 이는 그 작품의 극히 일부만 신화적으로 유사하기 때문이다. 이러한 유사성이 설명되지 못하면 이의 규명도 불가능하다. 따라서 다음에서 이러한 규명으로 카프카의 서술 구조를 이해시키고자 한다. 그러면 먼저 〈진정한 길은 어디를 지나는가?〉라는 중요한 질문을 던져 본다. 이 질문에 대한 답은 카프카 문학뿐 아니라 우리 시대의 예술, 어쩌면 이 시대의 정신적 행로를 결정지을 수 있을 것이다.

1. 진정한 길은 어디를 지나는가?

인간은 대상 세계에 대해 어떠한 확신도 할 수 없으며, 그것을 전체적으로 통찰할 수도 없기 때문에 그 본질을 파악할 수 없다.

근대적 현존재의 소용돌이는 도대체 무엇이 일어나고 있는가를 파악할 수 없게 하고 있다. 우리는 이 소용돌이로부터 헤어나 전체를 순수하게 파악할 수 있는 해안으로 나아가지 못하고, 마치 대양에서처럼 현존재의 소용돌이 속에서 방황하고 있다.[4]

---

3 슈탄첼Franz K. Stanzel에 의하면 〈논평적 서술자의 본질적으로 중요한 것은 그가 이야기의 중개 자로서, 말하자면 소설의 허구적 세계와 작가 및 독자의 현실 사이의 경계선상의 한 자리를 차지하고 있다는 점이다.〉 Vgl. Franz K. Stanzel(안삼환 역), 『소설 형식의 기본 유형』, 탐구당, 1982, 32면.
4 Karl Jaspers(이선실 역), 『현대문의 사상』, V. I, 태극출판사, 181면 이하.

그러나 문학은 사물계에 대한 비전을 제시하는 통찰이며, 이 통찰이 이미지화되어 표현된 것이라면, 다시 말해서 문학이 본질적인 것을 형상화하여 진리[5]가 될 수 있다면 카프카 작품을 통해 구현되는 세계의 본질이 어떠한 것인가를 짐작하기란 어렵지 않다. 다시 말해서 사상가들은 현대라는 상황의 본질을 사유하고 있는 데 반하여, 작가로서 카프카는 이것을 직관화하여 예술적으로 시화(詩化)하고 있다.[6]

이러한 배경에서 카프카는 그의 사상, 세계관, 종교관을 1917년 가을부터 1918년 봄 사이에 걸쳐서 『8절지 노트의 기록』의 세 번째와 네 번째의 잠언으로 게재하고 있다. 1920년경 카프카는 109편의 잠언을 정선하였는데 브로트는 이것들을 『죄, 고뇌, 희망과 진정한 길에 대한 성찰Betrachtungen über Sünde, Leid, Hoffnung und den wahren Weg』이라는 제목으로 출간하였다. 이들 잠언의 명사 중에서 세계, 삶, 인간 다음의 사용 빈도를 보이는 것이 〈길〉이다.

카프카는 삶을 길로 표시하여 영원한 삶과 연결되는 길을 〈진정한 길Der wahre Weg〉이라고 불렀다. 카프카는 〈진정한 길〉 외에도 〈정도(正道)Der rechte Weg〉 혹은 〈올바른 길Der richtige Weg〉이라는 단어를 여러 곳에서 언급하는데, 브로트와 안더스는 이 길을 도(道)로 명명하여 노자(老莊)의 도와 카프카의 길의 접점을 발견한다. 노자는 〈말할 수 있는 도(道)는 실체적 도가 아니다(道可道, 非常道)〉라고 언급하고 있다. 이 말은 도는 무형(無形)의 실체로서 시간과 공간의 제약을 받는 인간으로서는 그 실체를 말할 수 없다는 뜻이다. 마찬가지로 〈이름할 수 있는 이름은 실체의 이름이 아니다(名可名, 非常名)〉라고 언급하는데 이름은 현상계의 시원(始原)이므로 현상계 안에 있는 인간은 알 수 없기 때문이다. 그러나 방편으로서 억지로 이름을 붙인다면, 도(道) 또는 대(大)라고 할 수 있다고 한다. 이는 중국 고대 사상 중에서 안정된 사회를 이룩하려면 각자의 신분에 걸맞는 내용을 갖고 책임을 져야한다는 정명론(正名論)과는 그 범주에서 다르다. 무명(無名)은 천지의 시초요, 유명(有名)은 만물의 모태(母胎)이다. 즉 무명과 유명, 무와 유는 상호 의존적이며 영원한 도(道)의 양 측면이다. 무는 아무것도 없음이 아니라 감지할 수 있는 질(質)

5 Wilhelm Grenzmann, *Dichtung und Glaube*, 4 Aufl., Frankfurt/M., 1960, S. 9.
6 유문근, 「시적 형상화로서의 『소송』」, 『카프카 연구』, 범우사, 1984, 186면.

이 없음을 의미한다. 노자에게서 무는 유보다 상위 개념이다.

1912년 부버가 카프카의 문학 세계를 노자의 세계관에 비추어 해석하고 싶은 유혹을 느끼기 시작한 이후로 일부 카프카 연구가들은 꾸준히 〈카프카 문학과 노자 사상〉이라는 주제를 탐구해 왔다. 더 자세히 말하면 카프카의 소설 『만리장성의 축조』를 그렌베르크C. Greenberg가 유대인 분산의 언어적 비유로 이해한 것이 1964년이고 안더스와 브로트가 카프카의 잠언에 표현되어 있는 길이 노자의 도(道)와 일치하고 있음을 지적한 것이 각각 1951년과 1966년이다.[7] 노자의 독일어 번역자인 빌헬름Richard Wilhelm은 도 대신에 의미Sinn라는 용어를 선택하여 이 용어가 길에 의미의 토대를 두고 있다고 강조하고 있다.[8] 브로트 역시 카프카의 소설 『성』의 발문에서 토지 측량사 K가 찾고 있는 것은 〈진실한 생, 도(道)〉[9]였다고 쓰고 있다.

카프카에게 기억은 〈길〉이나 〈갱도〉 등의 공간적 비유로 나타난다. 여기서는 공간적 거리뿐만 아니라 시간의 거리 — 태고 시대나 성경의 구약 시대 혹은 신화와 현재간의 거리 — 도 상정된다. 카프카는 공간적 차원의 비유를 시간적 차원으로 전위시키면서 이 이중적 차원의 〈깊이〉, 〈심연〉으로 묘사되는 망각을 탐색하려는 욕망을 드러냈다.

이런 배경에서 『소송』의 요제프 K나 『성』의 K 등의 길은 공간적 차원에서 시간적 차원으로 전위된다. 따라서 이들 주인공은 단지 제한된 원 안에서 뱅뱅 돌듯이 그들의 편협한 행동과 자의적인 의도로 오류만을 반복한다. 『성』에서 주인공 K는 성과는 멀리 떨어져 있지는 않지만 성에 이르지 못하는 길을 영원히 가고 있다. K와 성 사이에는 K가 결코 뛰어넘을 수 없는 거대한 공간이 자리 잡고 있는 것이다. 또 단편 「포기하라」의 주인공 〈나〉는 이상적인 세속성의 상징으로서 인간 세계의 정거장에 도달하는 시도를 감행하나 길을 포기당함에 따라 그가 도달해야 할 목표(정거장)는 〈현세내 피안(彼岸)〉으로 남게 된다. 주인공 〈나〉는 현실과 이상이 교

7 편영수, 『카프카 문학의 이해』, 전주대학교 출판부, 1998, 35면.

8 Laotse, Tao-Te-King, *Das Buch des Alten vom Sinn und Leben*, Aus dem Chinesischen verdeutscht und erläutert von R. Wilhelm, Jena, 1911, 25.

9 이주동, 「카프카의 『움직이는 조감도』와 형상 사유」, 『카프카 연구』, 제7집, 한국카프카학회, 1999, 52면.

차하는 장소로 향하는 길을 가고 있는 만큼 그 교차점은 더 앞으로 물러나고 멀어져 그는 좌절한다. 따라서 이들 주인공들이 끊임없이 행동하고 사유하면 할수록 〈참된 길〉에서 점점 멀어져만 간다. 그들은 끊임없이 자신의 목표를 향해 가지만 거기에 이르는 길을 발견할 수가 없는 것이다.

이렇게 카프카에게 있어서 도달할 수 있는 지평선은 어디에도 열려 있지 않으며 이 세상에는 어떤 것도 질서가 잡혀 있지 않아서 목표 없는 길과 길 없는 목표의 혼란이 작품에서 형상화되고 있다.[10] 따라서 카프카는 잠언에서 〈목표는 있지만 길은 없다*Es gibt ein Ziel, aber keinen Weg.*〉(H 32)고 말하고 있다. 그러면 진정한 길(道), 즉 참된 길은 어디에 있는가?

진정한 길은 공중에 높이 팽팽하게 당겨진 밧줄 위가 아니라 지면 바로 위에 있는 밧줄을 넘어서는 것이다. 그것은 통행을 위해서라기보다는 틀림없이 비틀거리게 하는 것처럼 보인다.

Der wahre Weg geht über ein Seil, das nicht in der Höhe gespannt ist, sondern knapp über dem Boden. Es scheint mehr bestimmt stolpern zu machen, als begangen zu werden.(H 52)

카프카는 진정한 길의 실재를 지적하면서, 동시에 이 길을 통과해 가기가 쉽지 않음을 암시하고 있다. 여기에서 목적지에 도달할 수 있을 것인가 하는 문제에 답을 제시하지 못하지만, 진정한 길의 존재는 새삼 입증되고 있다.[11] 여기서는 경계성, 정체성의 추구 그리고 모순성 등과 같은 특정 요소들이 공간적으로 뿐 아니라 정신적으로도 상징화되어 나타난다.

위 잠언에서 카프카가 정의를 내린 진정한 길은 지상의 길이 아니다. 이 길은 땅 위로 나 있지 않고 오히려 땅 바로 위에 쳐 있는 가는 줄 위를 걷는 것이다. 이 줄은 공중 드높이에 팽팽하게 쳐 있지 않아 실제로 공중 보다 땅에 훨씬 더 가깝다. 이런 사실은 굉장히 애를 써야 이 줄을 통과할 수 있다는 말이며, 또 이 줄은 걸어가

---

10 한석종, 「카프카와 카네티와의 비교 연구」, 『카프카 문학론』, 한국카프카학회, 1987, 217면 참조.
11 Peter Bürger, *Prosa der Moderne*, Frankfurt/M., 1992, S. 302.

게 하기보다는 원래 넘어지게 할 목적으로 만들어졌다는 사실이다. 이 길은 가을날의 길처럼 쓸자마자 다시 마른 잎들로 뒤덮인다(잠언 15번). 노자의 표현을 빌리면, 이 길은 무의 상태로의 복귀(노자 14장), 뿌리로 되돌아감(노자 16장), 효자(孝慈)로의 복귀(노자 19장), 단순함으로의 복귀(노자 28장), 명백함으로의 복귀(노자 52장)이다.[12]

작품을 분석해 볼 때, 카프카는 첫 문장에서 진정한 길에 대해 묘사한다. 두 번째 문장에서 그는 진정한 길의 특징을 해석한다. 일반적으로 여겨지는 진정한 길을 뒤로 하고, 카프카가 묘사한 진정한 길의 성질을 고찰해 보자. 그는 밧줄 위로 움직인다. 이것은 그가 밧줄을 따라 움직이는 것이 아니다. 진정한 길을 가는 것은 줄의 곡예, 즉 밧줄 위에서 균형을 잡는 것이 아니다. 줄이 바닥 바로 위에 있다는 내용은 줄 위에서 균형 잡을 수 있다는 가정으로 유혹된다. 첫 문장에서 두 밧줄 높이가 서로 비교된다. 밧줄은 상당한 높이가 아니라 바닥 바로 위에 당겨져 있다. 높이의 변화에 따라 밧줄 위의 움직임도 변한다. 밧줄 위의 새로운 움직임 방향은 더 이상 수평적*längs*이 아니고 수직적*quer*이다. 따라서 밧줄의 높이가 운동 방향의 기능이다.

두 가지 길이 있는데 ① 밧줄 위를 따라가는 길*Der Weg entlang auf dem Seil*과 ② 밧줄 위를 가로질러 가는 길*Der Weg quer über das Seil*이다. 이 둘 중에 어느 것이 옳은 길인가에 대해서는 카프카 문학의 특징처럼 답변이 주어지지 않는다. 첫 번째 문장에서는 ①의 〈밧줄 위를 따라가는〉 길이 진정한 길이다. 인간 행동 양식(비틀거림. 걸어감)에 관해 언급한 두 번째 문장에서 진정한 길은 ①의 길이거나 ②의 길 중 하나에 해당된다. 진정한 길은 비틀거리는 것이 아니고 단지 더 낮게 걸려진 밧줄인 것이다. 진정한 길은 오직 그것을 걸어가게 된다는 사실만으로는 확정되지 않는다.

첫 번째 문장에 나타난 일반적인 개념으로 진정한 길은 높이 매달려 있지 않는데도 비틀거리지 않고 그 길을 걷는 것은 어렵다. 그러나 진정한 길을 가고자 하는 자에게 밧줄은 사실상 방해되게 걸려 있지만, 약간의 관심만 기울이면(길을 쳐다

---

12 편영수, 『카프카 문학의 이해』, 전주대학교 출판부, 1998, 38면 이하.

보기만 하면) 이 장애는 피할 수 있다. 그러나 이렇게 밧줄 위를 걸으면서도 높이 매달린 밧줄로 된 길이 진정한 길인가는 확실하게 설명되지 않는다.

위 잠언 「진정한 길」의 내용을 이해하기 위해서 먼저 〈목표는 있지만 길은 없다. 길이라고 불리는 것은 망설임뿐이다Es gibt ein Ziel, aber keinen Weg; was wir Weg nennen, ist Zögern〉(H 32)라는 카프카의 잠언의 이해가 필요하다. 인간은 선하게 살 수 있는 하나의 세계를 스스로 만들어 내고 싶어 한다. 그러나 이를 통해서 인간은 선에 대한 근본적인 질문을 제기하지 않고, 끊임없이 선을 추구하고 있는 것처럼 행동한다. 인식에 대한 추구가 인식 그 자체를 대체하는 것이다. 인간은 〈인식이라는 사실을 변조하고, 인식을 비로소 목표로 삼으려는〉 시도를 한다. 이러한 부단한 인식 노력 속에서 경험 세계가 진행된다. 결론적으로 목표는 근본적으로 존재한다. 그것은 우리 곁에 존재한다. 그러나 우리는 그것에 도달할 수 없다. 그것은 충분히 존재하는 것이지만 인식되지 않는다. 인간이 그것에 마음을 열고 다가서지 않기 때문에 그것은 나타나지 않는 것이다.

우리들은 변증법이라는 단순한 재지(才智)로서는 그 목표에 도달할 수 없다. 그리하여 우리는 카프카의 작품에서 근원도 없고 목표도 없는 단순한 움직임으로서의 상황을 탐지한다. 무(無)로부터 부상해서 무(無)로 침전하는 「변신」의 퇴행 변신의 출현과 흡사하다. 〈목표는 있지만 길이 없다. 길이라고 불리는 것은 망설임뿐이다〉는 내용과 「진정한 길」의 작품의 내용은 세계에 대한 묘사는 지극히 비합리적으로 이러한 파악할 수 없는 사건의 묘사에 대한 카프카의 고뇌에 찬 절규이다. 그렇기 때문에 〈언제 이 전도된 세계를 궁극적으로 조금이라도 바로 세울 수 있을까?〉(H 26)라고 자문하고 있으며, 〈거의 들리지 않는 귀로 긴장하여 낯선 음성을 듣고, 바로 그것을 표현하려고 하며, 거의 보이지 않는 눈으로 불빛을 인지하여 붙잡으려〉[13] 애쓰지만 도무지 방향을 잡을 수 없게 된다.

우리는 왕이 될 것인지, 왕의 심부름꾼이 될 것인지 선택한다.(H 33) 높이 당겨진 밧줄은 심부름꾼에 의해 서로 교환되는 의미 없는 (진정한 길에 관한) 칙서와 비교될 수 있다. 그 밧줄에는 누구도 걷지 않고 오히려 무의미함의 경고 표시로 가

13 Wilhelm Grenzmann, *Dichtung und Glaube*, 4. Aufl., Frankfurt/M., 1960. S. 15 f.

치 하락된다. 아래로 당겨진 밧줄의 형상은 왕이 되어 결정을 내리는 의도에 비교된다. 밧줄을 수직적으로*quer* 걸어가는 것이 진정한 길인지 왕도 모른다. 왕이 수직적으로 당겨진 밧줄에서 비틀거리거나, 그 밧줄을 조심스럽게 넘을 때, 종종 진정한 길로 예감된다. 그러나 실제의 왕들은 진리적 사실을 찾지 않고, 길이 불확실하고 모든 진실이 없더라도 하나의 길만 간다.

이 잠언의 중요한 특성은 진정한 길에 대한 불확실성으로 발저의 이론대로 카프카적 서술의 지양 움직임이고, 또 다른 한편으로는 진정한 길에 대한 확신이 없는 경험적 삶의 형이상학적 암시이다. 진정한 길이란 사실(진리)과 현실이 파기되지 않는 혼합이다. 카프카의 잠언집 『죄, 고뇌, 희망과 진정한 길에 대한 성찰』에 〈길은 무한하다. 거기에는 피할 수도 덧붙일 수 있는 것도 없다. 그러나 사람은 저마다 자기 자신의 치수를 지니고 있다. 틀림없이 너는 제 치수대로 길을 가야 한다. 너는 그것을 잊지 못할 것이다〉[14]라는 잠언이 있다.

어느 길이나 계속 쭉 뻗은 길만 있으란 법은 없다. 꺾어지는 길도, 가파른 길도, 심지어 거꾸로 돌아가는 길도 있다. 이러한 길을 자신이 찾아가야 한다는 명제는 분명하다. 그러나 문제는 반드시 도달해야 할 〈방향〉이 없다는 데 있다. 그리하여 그 길은 인간이 암중모색하듯이, 그러니까 무한히 더듬어 보다가 마는, 혹은 죽을 때까지 탐색하다가 실패하고 마는 노정일 뿐이다. 그래서 길을 찾다가 도중에 목표 지점에 도달하지 못하고 우왕좌왕하고 좌절해 버리는 인물들이 바로 카프카의 무기력한 주인공들이고 또한 우리 20세기 현대 인간들이다.[15]

2. 「비유에 관하여」

카프카의 「비유에 관하여」는 산문 소품이며 창작 시기는 1920~1922년으로

---

14 F. Kafka, *Betrachtung über Sünde, Leid, Hoffnung und den wahren Weg*, New York, 1953, S. 43.

15 김윤섭, 「Franz Kafka의 *Parabel*에 투영된 역설 기법」, 『카프카 연구』, 제6집, 한국카프카학회, 1998, 32면 이하.

1931년 베를린에서 출판된 『만리장성의 축조』에 처음으로 수록되었다. 이 작품의 해설을 위해 먼저 작품 전문을 인용한다.

　　많은 사람들은 현자의 말들이 언제나 일상생활에서는 적용될 수 없는 비유일 뿐이라고 하소연한다. 그런데 우리는 단지 일상생활만을 가지고 있을 뿐이다. 만약 현자가 〈저쪽으로 가라〉고 말한다면, 그는 우리가 저편 다른 쪽으로 건너가야 한다는 것을 뜻하는 것이 아니라 — 그 길의 결과가 가치 있는 것이라면 사람들은 어떻게 해서든지 그것을 실행할 수 있을 것이다 — 그 어떤 전설적인 저편을 뜻하는 것이다. 그것은 우리가 알지 못하는 그 무엇이고, 그것조차도 더 이상 자세하게 표현될 수 없는, 그래서 우리에게 전혀 도움을 줄 수 없는 그 어떤 것이다. 이러한 모든 비유들은 원래 파악될 수 없는 것은 파악될 수 없다는 것을 말할 뿐이다. 그리고 우리는 그 사실을 알고 있다. 그러나 우리가 매일 죽도록 노력해야 하는 일은 다른 것들이다.

　　그러자 어떤 한 사람이 말했다.

　　〈너희들은 왜 거부하는가? 만약 너희들이 비유를 따른다면 너희들 자신이 비유가 될 것이고, 그렇게 되면 너희들은 일상의 노고에서 벗어나게 될 것이다.〉

　　또 다른 사람이 말했다.

　　〈그 말 역시 비유라는 것을 내기해도 좋소.〉

　　첫 번째 사람이 말했다.

　　〈당신이 이겼소.〉

　　두 번째 사람이 말했다.

　　〈하지만 유감스럽게도 비유 속에서뿐이오.〉

　　첫 번째 사람이 말했다.

　　〈아니요, 현실적으로 이겼지만 비유 속에서는 진 것이오.〉(B 72)[16]

비유의 본성에 관한 대화에서 먼저 〈많은 사람들〉의 견해가 전달된다. 이들의 의견에 따르면 비유적인 말은 일상생활에 적용될 수 없는데, 이러한 표현 방식은 비

---

16 원문의 번역은 프란츠 카프카(이주동 역), 『프란츠 카프카 전집 I』, 솔출판사의 1997년도 판을 위주로 했음. 이후의 단편들도 이 작품에서 택했음.

본래적인 실상에만 관계하기 때문이다. 기본적으로 모든 비유는 하나의 사실, 즉 〈파악될 수 없는 것은 파악될 수 없다das Unfaßbare ist unfaßbar〉(B 72)는 것을 표현한다. 여러 서술자들의 연이은 주석들은 역설적 순환의 기본 모형을 따른다. 파악 가능한 결론 없이 출발점으로 되돌아가는 사고 활동은 비유가 파악될 수 없음을 직접적으로 보여 준다. 카프카의 작품에 흔히 나타나듯이 인식을 위한 독자의 노력은 작품의 구조 속에 자리 잡은 인식의 거부라는 응답만 받게 된다. 그러한 의미에서 이 산문 소품은 카프카 문학에 대한 상징으로 이해될 수 있다.[17]

카프카는 종교 철학자 부버의 강연회에 참석하거나 그의 작품들을 즐겨 읽었는데, 부버는 〈비유는 현자들 마음속에 혈관 속의 피처럼 흐른다Das Gleichnis strömt so in ihnen(den Weisen) wie das Blut in ihrem Adern〉[18]고 정의를 내린 적이 있다. 이러한 경험된 선지식을 근거로 볼 때, 「비유에 관하여」의 비유 언어들은 현자의 깨달음의 세계와 같은 의미 깊은 실존을 내포하고 있다.

카프카는 비유를 파악함으로써 하나의 투쟁을 시도하는데 이것은 내계와 외계의 투쟁인 동시에 인간의 의식과 인간이 의식할 수 없는 내적 경향과의 갈등이기도 하다. 의식할 수 없는 내적 경향은 거의 언제나 외계와 결탁하고 있다. 카프카 자신에 의해서 행해지는 이 양자 간의 투쟁이 그대로 작품을 형성해 나아간다. 그의 주요 작품의 주인공들은 언제나 의식의 면을 대표하는데 이야기의 줄거리를 형성하고 있는 것은 외계와 결탁한 비의식의 세계이다.[19]

「비유에 관하여」의 서술은 문자적 비유의 유용성에 대한 회의(懷疑)로 시작한다. 진정한 길이 현자의 비유로 설명된다면, 이 길은 항상 숨겨져 있다. 이는 현자의 비유는 일상생활에서 사용될 수 없기 때문이다. 텍스트에 나타나듯이 만인들의 계속적인 경험에 비추어 보면, 현자들의 말은 현실적 삶의 요구를 무심히 지나쳐 버리기 때문에 사실상 아무런 도움이 되지 못한다. 이 텍스트는 현자들에게는 〈오직 비유〉만을, 그리고 만인인 우리에게는 〈오직 일상적인 삶〉만을 고수하게 하는 반립적인 어법을 사용함으로써 그 양자간의 극단적인 모순 관계를 드러내고

---

17 Hartmut Müller(권세훈 외 역), 『카프카 문학 사전』, 학문사, 1999, 104면.

18 M. Buber, *Reden und Gleichnisse des Tschang-Tse*, 1. Aufl., Zürich 1951, S. 190.

19 김정진, 『카프카 연구』, 탐구당, 1986, 45면.

있다.[20]

계속되는 서술자의 보고에 의하면 현자의 말인 비유, 다시 말해서 지혜의 말에는 일상생활적인 중대성이 결여되어 있다. 이러한 주장을 증명하기 위하여 서술자는 하나의 범례적인 비유의 말을 예로 들고 있으며, 동시에 거기에 대해 여러 가지 부정적인 해석을 가한다.[21] 결론적으로 이 작품에서는 현자와 같은 입장의 한 발언자는 우리가 일상적인 삶을 포기하고 현자들의 비유적인 삶에 동참할 것을 비유적으로 그리고 있다.

이 작품의 독백의 첫 절반이 인용 부호로 되어 있지 않는 데서 그 내용은 무대 인물의 입장 표명이며, 대화로 전개되는 두 번째 절반은 첫 부분에 지시적 부사 〈그러자Darauf〉(B 72)로 독백에 직접 연결된다. 첫 번째 단락과 두 번째 단락을 연결시켜 주는 이 지시적 부사의 사용으로 앞 단락에서 논란이 되었던 핵심 문제가 두 번째 단락에서 다시금 되묻게 되어 두 단락 사이에 공통된 문제가 다루어져 하나의 동일한 상황이 전체적으로 전개되고 있다.[22]

이 지시적 부사로 대화가 독백으로 연결되는데, 첫 절반이 서술적 논의라면 독백으로 연결되지 못했을 것이다. 첫 문장에서 서술 기능이 분명하게 확립되지 않는다. 서술자가 자신은 해당시키지 않고 다른 사람에 대한 언급으로 첫 문장을 시작하는 것이다. 〈많은 사람들〉은 불평하지만, 그 자신은 불평하지 않는다. 그 자신도 불평한다면 서술자는 말의 서두 부분에 〈현자들의 말들은 언제나 비유이다Die Worte der Weisen sind immer wieder nur Gleichnisse〉라고 직접 화법 형태로 말했을 것이다.

인용 부호로 구분되는 다음의 완전한 문장에서 간접 화법 형태를 직접 화법으로 바꿔서 서술자 자신이 개입된다. 그 결과 이 대화 부분에서 첫 번째 서술자는 다른 서술자들의 많은 언급에서 무시된다. 〈첫 번째〉 서술자는 처음 독백을 하던 서술자

20 Vgl. Beda Allemann, *Zeit und Geschichte im Werk Kafkas*, Göttingen, 1998, S. 115.

21 이주동, 「카프카의 비유 설화 『비유에 관하여』 연구」, 『카프카 연구』, 제4집, 한국카프카학회, 1994, 100면.

22 Ingrid Strohschneider-Kohrs, Erzähllogik und Verstehensprozeß in Kafkas *Von den Gleichnissen*, in: Fritz Martini(Hg.), *Problem des Erzählens in der Weltliteratur*, Stuttgart, 1971, S. 318.

와 다른 인물이 되는 것이다. 따라서 첫 부분의 서술자는 모습이 보이지 않게 느껴진다. 이러한 불확실성에 의해, 특히 첫 번째 문장의 중개하는 간접 화법에서 중개하지 않는 직접 화법의 변동으로 인해서 비유의 세계, 즉 현인들의 세계와 우리의 일상 세계는 서로 다르게 구분된다. 그러나 이들의 명백한 분리는 곧바로의 변동으로 제거된다. 이 짧은 작품의 논지는 이미 첫 문장에 숨겨져 있다.

카프카는 진정한 길뿐 아니라 비유에도 〈저편으로 건너감Hinübergehen〉(B 72)의 은유를 사용하고 있다. 작품에 나오는 비유의 말인 〈저리로 가라Gehe hinüber〉(B 72)는 오직 구체적인 시간과 공간의 범주에서 삶의 가치와 목적을 〈소유Haben〉와 〈관계Verhältnis〉에서만 보려는 만인들에게는 전혀 무의미하게 들린다. 우리들의 의도적인 사고, 행동 그리고 소유하려는 욕구에 바탕을 둔 종래의 세계관에서 나오는 세속적인 사물들이나 일들은 끊임없이 카프카의 인물들이 비유적인, 정신적인 세계로 진입하려는 시도를 방해한다. 일상적인 행복과 유용성만으로 이루어진 세계상으로는 진실한 현자들의 비유의 세계에 도달할 수 없다는 사실을 일상 생활에 얽매인 인간들은 인식하지 못한다. 아마도 비유의 세계, 즉 정신적이고 신비주의적인 〈저편Drüben〉(B 72)으로 들어가기 위해서는 모든 일상적인 세계관의 사고나 행동을 포기해야만 한다는 전제 조건이 이 비유의 세계에 깔려 있다.

현자와 뜻을 같이 하는 대화 속의 두 번째 인물은 마지막 문장에서 〈아니요, 현실적으로 이겼지만 비유 속에서는 진 것이오〉(B 72)라고 독자의 통상적인 기대를 전도시키는 말로 끝을 맺고 있다. 바로 우리가 살고 있는 일상적 세계에서 현자의 비유의 세계로의 건널 수 없는 나락의 존재를 보여 주는 것이다.[23]

그러나 범례로 주어진 비유의 말이 구체적인 장소, 장소의 이동이나 정해진 방향을 지시하지 않기 때문에, 우리 만인들에게는 〈어느 전설적인 저편irgendein sagenhaftes Drüben〉(B 72)으로 들릴 뿐이다. 이때 부가어로 사용된 〈전설적인 sagenhaft〉(B 72)에서 알 수 있듯이, 저편이란 〈상상할 수 없는〉 동화에서나 나올 법한 막연한 장소를 지칭하고 있다. 구체적인 시공의 범주 안에서만 모든 것을 파악하려는 만인들은 언어가 오직 현실적인 대상이나 사건만을 기술한다고 믿는다.

---

23 이주동, 「카프카의 최초의 비유 설화 『나무들』 연구」, 『카프카 연구』, 제8집, 한국카프카학회, 2000, 279면 이하.

이들에게 저편의 세계란 이해 불가능할 뿐만 아니라, 더 이상 설명이나 표현도 불가능하다. 그러므로 〈저리로 가라〉(B 72)는 말은 일상생활에 아무런 도움이 될 수 없는 무의미한 말인 셈이다.[24]

결국 〈저편으로 건너감〉에서 진정한 길과 비유적 길이 동일시된다. 화면 밖에 위치해서 말소리만 들리는 서술자와 그다음의 대화자에게 진정한 길은 형이상학적으로 숨겨져 있는 심부름꾼의 세계에 속한다. 비유들의 비유에서 이쪽 편은 알려지지 않은 저편을 단념하는데, 저편은 도움이 되지 않기 때문이다. 구체적인 도움이 요구되는 것이다.

전설적인 저편에도 매우 회의적이지만 존재의 가능성은 부정되지 않는다. 현자들은 예나 지금이나 현명한데, 현명함이 없으면 진지함도 부정된다. 〈파악될 수 없는 것은 파악되지 않는다〉(B 72)고 현자가 말하면, 사람들은 이 분석적인 문장에서 불충분한 인식 획득을 탓하지 않고, 사람들이 이미 그것을 알고 있다는 사실을 탓한다. 이러한 인식은 의미가 있어서, 일상적인 노력의 필요가 없을 정도로 이미 알려져 있다.

문학과 현실 두 세계의 양립 불가능성은 두 번째 부분에서 표면상 해결되는 것 같다. 비유는 변화될 수 없으며, 인간이 변화하는 것이다. 인간은 비유에 거역하지 못하므로 그들 자신이 비유가 된다고 누군가 알리고 있다. 이런 방식으로 인간은 일상의 노고에서 벗어나게 된다고 한다. 이러한 근거는 비유에 의거한 삶처럼 자명하다. 모든 것은 자명한데 두 번째 사람에게서 이것도 단지 비유일 뿐이라는 이의가 제기된다.

이러한 이의는 당연히 옳다. 단지 비유의 인식이 현실로 전용될 수 있느냐의 물음이 다음의 질문으로 옮겨진다. 즉 첫 번째 사람의 진술이 비유인지, 그리고 누가 이 내기에서 이겼는지에 대한 질문으로 옮겨지는 것이다. 그것은 첫 번째 서술자에게 두 가지 장점이 된다. 첫 번째로 이 순간에 비유의 목적에 대한 질문이 없어진다. 원래 현실에서 거리가 먼 내용이 주제였던 것이다. 이 문제에서 진다는 것은 사실상 첫 번째 서술자의 패배인 것이다. 따라서 논쟁의 문제가 다시 형성된다. 첫

<hr />

24 이주동, 「카프카의 비유 설화 『비유에 관하여』 연구」, 『카프카 연구』, 제4집, 한국카프카학회, 1994, 100면 이하.

번째 서술자가 비유의 대변자처럼 오직 비유로 말을 한다고 부담 없이 서술한다. 그러나 현자의 비유는 유감스럽게도 삶을 경감에 도움이 되지 않는 특수한 것으로 판단된다. 비유는 비유에 해롭지 않다. 따라서 비유의 옹호자는 쉽게 다른 편에 승리를 공인한다.

두 번째 서술자는 자신의 승리는 단지 비유 속에서일 뿐이라는 암시로 자신 승리의 무익함을 설명한다. 따라서 비유의 반대자가 다시 유리하게 보인다. 그러나 이 작품의 마지막 답변에서 첫 번째 서술자가 다시 한 번 논의의 결과를 역전시킨다. 첫 번째 서술자가 현실이란 말을 다시 개입시키는 것이다. 현실 생활의 유용성에 많은 가치를 두는 상대방이 다시 원하는 바를 가지게 된다. 즉 그는 현실에서 승리하는 것이다. 끊임없이 고차적인 사실을 소유하고 있다고 주장되는 비유에서 두 번째 서술자는 졌다는 것이다. 따라서 〈현실에서는 이겼지만 비유 속에서는 진 것이오〉(B 72)란 텍스트의 마지막 말은 〈일상적인 현실 속에서 생각하는 가치 체계에서는 이겼으나 비유의 영역, 즉 현자들의 신비적인 고귀한 체험의 입장에서 본다면 진 것〉을 나타낸다.

심리적으로 볼 때 비유의 대표적 언급이라고 볼 수 있는 이 마지막 말에서 비유의 세계가 삶을 의미하여 승리했다는 느낌을 저버릴 수 없다. 그러나 그것은 반절의 진리이다. 비유 세계의 승리는 언어적 속임이다. 예를 들어 「법 앞에서」에서 시골 남자는 법정에 들어가려고 문지기를 매수하기 위해 귀중한 여행 장비를 모두 바친다. 이때 문지기는 뇌물 매수에 대해 〈내가 무언가 소홀히 했다는 생각을 했다는 생각을 하지 않게끔 당신이 주는 대로 받지요〉(E 121)라고 반응하여 언어적 속임을 이용하고 있다.

전환의 첫 언어적 전략은 이미 앞에서 언급되었다. 두 번째 서술자가 전치사 〈in〉의 잘못된 사용을 느끼지 못하는 것이 두 번째 언어적 계략이다. 그는 〈비유 속에서 *im Gleichnis*〉(B 72) 이긴 것이 아니고 〈비유에 관하여 *in Bezug auf das Gleichnis*〉 이긴 것이다. 그는 단지 비유에 관련해서 이겼기 때문에, 즉 현실 관련 틀 속에서 이겼기 때문에, 두 번째 서술자는 〈현실적으로 *in Wirklichkeit* 이겼다〉(B 72)고 첫 번째 서술자는 주장한다. 두 번째 서술자는 비유의 세계에 들어가지 못했다는 비난을 받게 된다. 비유 세계로 관여는 비유의 세계 속으로 빠져듦을 의미한다. 원래 비유 세계 체험은 두 번째 서술자가 첫 번째 서술자에 대한 비난에서 가능했다. 이제 비유 세계 체험 가능성은 두 번째 서술자의 언어 사용에 달려 있다. 상대자가 단어 〈in〉을 사용했기 때문에 첫 번째 서술자도 이 단어를 어려움 없이 잘못 사용하는데, 이 단어는 옳지 않고 자신이 원한 것이 아니다.

이 작품 속의 카프카의 변증법은 작품 구조뿐 아니라 내용면에도 담겨 있다. 비유의 무익성에 대한 주제는 계속 확립되거나 파기된다. 잘못된 것이 폭로된 후 비유의 세계는 부정되고 있다. 그러나 비유의 세계는 항상 옳다는 수사학의 힘을 내세워 비유의 유용성은 증명된다.

3. 「방해된 사원 건설」

그의 건설 여건에 모든 것이 순조로웠다. 낯선 노동자들이 대리석 돌을 가져왔는데, 이는 서로 잘 들어 맞게 잘려져 있었다. 그의 손가락의 측량이 있은 후에 돌들이 들려지고 옮겨졌다. 전에 어떤 건물도 이 사원 건축 만큼 공사가 쉽게 된 일이 없었고, 이 사원은 순수한 사원 양식으로 세워졌다. 단지 모든 돌에 — 어느 채석에서 그것들이 유래했는지 — 의미도 모르는 어린이 손의 서툰 낙서가 있었다. 더 정확히 말하면 분노나 모독을 위해서, 또는 웅대하고 날카로운 도구로 완전히 파괴하기 위해서 야만적인 산골 사람들이 새겨 넣은 것이 사원에 지속되는 영원 속에 새겨져 있다.

Alles fügte sich ihm zum Bau. Fremde Arbeiter brachten die Marmorsteine, zubehauen und zueinander gehörig. Nach den abmessenden Bewegungen seiner Finger hoben sich die Steine und verschoben sich. Kein Bau entstand jemals so leicht wie dieser Tempel oder vielmehr dieser Tempel entstand nach wahrer Tempelart. Nur dass auf jedem Stein — aus welchem Bruche stammen sie? — unbeholfenes Gekritzel sinnloser Kinderhände oder vielmehr Eintragungen barbarischer Gebirgsbewohner zum Ärger oder zur Schändung oder zur völligen Zerstörung mit offenbar großartig scharfen Instrumenten für eine den Tempel überdauernde Ewigkeit eingeritzt waren. (H 94)

작품 속 사원 건설의 내용이 두 부분으로 구성되어 있다. 처음 4개의 짧은 문장은 사원 건설에 관한 내용이고, 다섯 번째 긴 문장은 이 건설에 수반되는 오점에 관한 내용이다. 여기에서도 역시 카프카의 전형적인 역설적 서술 방식이 담겨 있다. 즉 처음에는 긍정적 사건(한 건물의 건립)이 묘사되고, 그다음에 〈Nur〉의 단어로 시작되는 독특한 하나의 긴 문장에서 이 긍정적인 성격이 수수께끼 같이 끄적여 놓은 낙서로 인해 상당히 훼손되어 부정적 인상을 띤다. 이 두 번째 부분은 정확히 작품의 중간에 있다. 첫 부분에는 전적으로 능동형 동사들이 있고, 두 번째 부분에서 유일한 동사(〈어떤 채석에서 그것들이 유래했는가aus welchem Bruche stammten sie?〉의 삽입구문은 사건에 직접적으로 해당되지 않으므로 넘어가고자 한다)는 수동형(waren eingeritzt)으로 사용되고 있다. 무엇이 발생했는데, 이를 야기시킨 사람을 찾을 수 없다. 그리고 누구도 이 사건을 저지할 수 없다.

첫 부분은 다시 구분된다. 첫 세 개의 문장은 공사에 참여한 인물들에 관련된다. 맨 처음에 알려지지 않은 건축주가 언급된다. 그는 실제로 활동하지 않는데, 이는 세 번째 문장의 내용대로 그의 손가락 측량 행동에 따라 건설이 저절로 움직이는 내용에서 알 수 있다. 낯선 노동자들이 스스로 조립되는 돌들을 가져오는 내용이 두 번째 문장이다. 네 번째 문장에서 사원 공사의 발생 역사가 묘사된다.

여기서 사용된 단어들, 즉 명사와 동사에 내포된 의미의 계속적인 변동에서 내용의 긍정성과 부정성이 교차적으로 함축되어 있다.

작품	함축 내용
첫 번째 부분:	
건설 여건에 모든 것이 순조롭다	긍정적
낯선 노동자	부정적
서로 잘 들어맞는 대리석 돌	긍정적
두 번째 부분:	
서툰 낙서, 분노, 모독, 파괴 등	부정적

| 웅대한 도구, 사원, 영원 등 | 긍정적 |
| 새겨져 있다 | 부정적 |

거대한 사원 공사의 긍정성은 낯선 노동자에 의한 돌의 공급이라는 부정적인 면을 지니고 있다. 그런데 돌의 모독의 부정적인 면은 제한적이다. 돌이 다시 웅대하게(웅대한 도구 등) 처리되어 긍정적인 양상을 띠는 것이다. 작품의 정서가 냉욕(冷浴)과 온욕(溫浴) 사이에서 교대되는 것 같다. 따라서 독자는 건설의 신비한 힘과 이국적인 신화의 엄습 사이에서 동요하게 되는데 카프카는 이 중 어떤 느낌에도 귀착시키지 않는다. 이러한 불확실성은 마지막 문장에서 접속사 〈oder〉를 세 번이나 사용하는 데서도 볼 수 있다.

문장의 길이를 고찰해 보면, 각각의 문장이 바로 앞선 문장보다 약간씩 길어진다는 사실을 볼 수 있다. 카프카는 지속적으로 상승하는 문장 길이로 또 다른 효과를 거두는 것이다. 사원 공사의 묘사는 짧고 명백하게 시작되다가, 계속 문장이 길어지면서 끝난다. 단어의 진정한 의미가 끊임없이 연결되어 마지막 문장은 한 번의 호흡으로 끝날 수 없을 정도로 길어진다. 이는 해명의 배열로 문장이 연이어서 읽혀지기 때문이다. 서술자도 이 작품의 끝에서 동시 발생되는 내용에 숨 가쁘고 정신이 없다. 이 작품은 심리적뿐 아니라 생리학적인 느낌도 완벽하게 보충한다.

이 작품의 마지막 문장처럼 카프카 문장은 일반적으로 휴지점Komma으로 이어가는 기다란 구문으로 좀처럼 종지점Punkt을 보이지 않는 경우가 많다. 또 행을 바꾸는 일이 드물기 때문에 인내력을 갖고 끈질기게 읽어 나가지 않으면 안 된다. 이렇게 카프카는 긴 문장을 많이 사용하고 있다. 그런데 카프카의 장문(長文)은 클라이스트나 토마스 만에서와 같이 복잡한 가운데서 어떤 통일을 이루는 것이 아니라, 단순한 단문들을 나열해 놓은 데 불과하다. 카프카는 이러한 장문들을 특별한 목적과 상황에서 쓰고 있다. 자신이 어떤 확신에 도달할 수 없을 때 그는 언어의 세계를 더듬는 듯 짧게 끊어야 할 문장을 (확신이 없어) 끊지 못하는 듯이 서술하고 있다. 또 서술이 사방으로 전개되고 그 서술의 진실이 주장되었다가 다시 이에 대립되는 진술이 행해지며, 큰 진전이 이루어지는 듯하다가 스스로 부정된다.[25]

작품은 뜻을 알 수 없는 낙서를 한 사람과 그 낙서 목적의 여러 해명 가능성을 제시한다. 그러나 이 해설의 어느 것도 맞지 않는다. 서술자는 다양한 해설을 제공하지만, 어느 것도 확실하지 않는 것이다.

이러한 불확실성에 문장의 억양도 작용한다. 처음 문장들의 명확성은 점점 해체된다. 작품 마지막의 가장 긴 문장은 열거 형태로 되어 있는데, 여기에서 접속사 〈oder〉 사이에 있는 개념들은 끝으로 가며 상승하는(여러 개의 *Jambus*와 *Anapäst*로 이루어진 시구) 유사한 억양으로 되어 있다. 이러한 억양은 반복되며 모욕적인 장광설, 훈계나 끊임없는 비탄을 음성적으로 연상시키는 리듬을 갖는다. 이러한 특징적 언어 형태로 언어 내용이 무관심될 수 있다. 언급되고 있는 것은 대개 단어의 혼돈이다. 그러나 표현되어야 하는 것은 분노나 비탄 등의 감정이다. 내용 *Inhalt*보다 더 중요한 것이 감정*Emotion*인 것이다. 내용은 혼돈적이고 구체적인 근거가 없다.

성스런 지역인 사원 건설에 고난의 그늘이 덮혀서는 안 된다. 이 작품에서 사원 건설은 인간의 작업인데 이것이 신적인 건축주에 의해 행해져 신화적 요소를 지닌다. 그가 등장하여 건설에 관심을 기울이자, 건설은 순조롭게 된다. 그리고 두 번째 등장 시에 그의 손놀림이 가장 돋보인다. 마치 전지전능한 조물주가 작용하는 것 같다. 우리는 이것을 완전한 신적인 지상의 세계를 구축하려는 근대의 유토피아적 재수용이라고 해석할 수도 있다. 중심에는 끊임없이 침몰해 가는, 자신을 파괴하는 세계의 한가운데서 그를 지켜줄 사원의 건설이 가능한지에 대한 의문이 자리 잡고 있다.

이러한 전능함이나 신화적 단일성, 건축 과정의 마성은 두 번째 문장에서 파기되는데, 이는 신적인 건축주조차도 낯선 노동자에 의해 공급되는 건축 자재에 의존하기 때문이다. 이러한 건설의 신적 요소에서 인간적 요소로의 전이가 재난의 시작을 보여 준다. 노동 세계의 법칙에 의해 신의 지배 능력이 한계를 맞는데, 이는 공급된 건축 자재에 흠이 생기기 때문이다. 서툴게 쓴 낙서가 사원의 신화적 숭고성을 파손시키는데 이 낙서에 의한 낯선 존재가 성스러운 울타리를 침투하는 것이다. 따라서 사원 건설에서 건축주의 의지로 나타나는 신의 전능성이 한계를 맞

---

25 신태호, 「카프카와 클라이스트의 소설 기법」, 『카프카 연구』, 범우사, 1984, 302면.

게 된다.

건축주가 제거하려 해도 낙서는 제거되지 않아, 사원이 건설된 후에도 계속 존재할 것이다. 사원보다 더 오래 지속되기 때문에, 이 낙서는 영원이라는 신화적 성격을 지닌다. 또 이 낙서 문체의 신비적이고 해득 불가능한 성격도 신화적이다. 매우 날카로운 도구가 거기에 사용된 것 같은데 도대체 그 도구의 소유자는 누구인가? 신들 아니면 현대의 기술화된 세계이다. 결국 이 의문은 만족스럽게 풀릴 수 없는데, 분업의 결과인 대리석 돌의 유래가 만족스럽게 해결되지 않기 때문이다.

마지막 문장은 이해되지 않는 혼란의 형태다. 신이 작용하면 모든 것은 투명하다. 그런데 신적으로 작용하는 사원의 성스러운 공간에 불가사의한 증세가 엄습하자 혼돈이 생겨난다. 인류는 자신이 유래했던 곳으로 되돌아간다. 즉 모든 신화 이전의 혼돈의 시대로 되돌아가는 것이다. 이는 〈신화의 세계가 카프카의 세계보다 비교할 수 없을 정도로 더 오래되었다*Die Welt des Mythos sei unvergleichlich jünger als Kafkas Welt*〉[26]는 베냐민의 사상과 일치한다.

고대에서 신비적인 것은 신들에 의해 나타나며(어떻게 건설 자체가 발생할까? 바로 신들에 의해서이다), 현대에서는 변형되어 분업된 생산 조건의 성격으로 발생한다(이러한 낙서는 어떤 채석에서 유래했는가?). 사원 건설이 신의 손에 있고, 신비적인 특징이 현대의 기술에 의해 생겨났다면, 여기에는 사원 건설의 정신적 표현인 〈건설적 문화〉와 서툰 낙서로 표현되는 〈파괴적 문화〉의 대립이 발생된다.

즉 신의 숭고성 및 전능성과 인간의 인위적 생산물인 글(여기서는 낙서)의 재난적 대립이 암시되고 있다. 이는 고대 시대와 현대의 대조에서 행위의 문화와 문자 문화의 대조로 신비로운 자연적 사상과 글로 암시되는 인위적 사상의 대립이다. 인간은 언어로 자신의 진실을 표현하고 전달한다. 그러나 자신의 개별적인 진실만을 언어로 표출시키고자 하기 때문에 이 언어는 항상 인간 각자의 개성을 벗어나기 힘들다. 개성에는 불가분성이 있다. 개성은 공동으로 분할할 수 없는 속성을 지니고 있다. 따라서 각자의 언어는 고유한 기능인 의사 유통을 그르치게 한다. 이렇

---

26 Walter Benjamin, *Über Literatur*, Frankfurt/M., 1979, S. 160.

게 문자-행동의 두 개념이 「방해된 사원 건설」, 「신임 변호사」, 「비유에 관하여」, 「포세이돈」, 「사냥꾼 그라쿠스」 등의 카프카 작품에 서로 대립되는 개념으로 자주 암시된다.

예를 들어 「사냥꾼 그라쿠스」에서 사냥꾼 그라쿠스는 자신의 운명과 인류사가 어떤 관계인가를 질문 받았을 때 다음과 같이 대답한다. 〈아, 그 관계 말입니까? 아주 오래된 옛날이야기지요. 모든 책들은 그것으로 가득 차 있습니다. 모든 학교에서는 성생님들이 그것을 칠판에 그리지요. 어머니들은 아이가 젖을 빠는 동안에 그것에 대해서 꿈을 꾸지요. 포옹 속에는 속삭임이 있습니다. 상인들은 그것을 구매자들에게 이야기하고 구매자들은 그것을 상인들에게 이야기하지요. 군인들은 행군 시에 그것을 노래하고, 설교자들은 그것을 교회에서 부릅니다. 역사 서술가들은 자신의 방에서 입을 딱 벌린 채 오래전에 일어난 사건을 바라보며 그것을 계속해 써 나가고 있습니다. 신문에는 그것이 인쇄되어 민중들은 그것을 손에서 손으로 옮깁니다. 그것이 보다 빨리 지상을 돌 수 있도록 전보가 발명되었으며, 사람들은 파묻힌 도시들 속에서 그것을 파내며 승강기는 그것을 가지고 마천루 지붕으로 급히 달려갑니다. 기차를 탄 승객들은 그들이 통과하고 있는 시골에다 차창으로부터 그것을 알립니다. 그러나 예전에는 그것을 야생 동물들이 그들에게 포효로서 알렸으며, 별들에서 그것을 읽을 수 있었고, 호수들은 그 영상을 담고 있었으며, 시냇물들은 산으로부터 그것을 가져오고, 눈들은 그것을 다시금 정상 위에 뿌립니다.〉(B 250)

여기에서 역사의 진보와 학문의 발전은 순수한 본질을 발전시키는 것이 아니라 오히려 퇴보시키고 소멸시킬 뿐이라고 문명사적 발전 자체가 비판되고 있다. 따라서 신적인 자연성과 글로 암시되는 인위적 사회성이 비교 대립되고 있다. 인류의 역사가 시작되기 이전만 해도 인간들은 자연스럽고 조화로운 세계 — 별, 호수, 야생 동물, 냇가와 산들 — 속에서 살았으나 그 세계가 점진적인 문명화 — 학문과 교통 수단의 발전, 빠른 기술화, 대중 매체, 산업화, 도시화 등 — 됨으로써 점점 낯설게 되고 변질되어 허위의 세계가 되어 버렸다. 현실과 환상이 하나의 조화로운 통일을 형성하고 있던 본래의 근원적인 삶이 인간의 인식 활동의 흔적인 글과 그에 따른 목적론적 행동 양식으로 인해서 점점 빗나간 길을 걷게 된 것이다.

프로이트의 이론에 의하면 종교 이념은 체험의 글로 기록된 표현이나 사고의 최종 결과가 아니라 환상, 즉 인간의 가장 간절한 소원의 실현이다. 이러한 문명화로 인한 세속적 삶이 글에 연관되는 문화로 암시되는데, 「방해된 사원 건설」에서는 〈낙서Gekritzel〉(H 94)로 암시되고 있다.

이렇게 카프카의 문학에서 낙서의 동기는 매우 부정적인 측면을 보인다. 예를 들어 『소송』에서도 주인공 요제프 K는 어린 아이가 서툴게 끄적거린 듯한 낙서를 따라 허름한 임대 주택 다락방으로 들어서니, 나무 격자로 엉성하게 칸막이가 된 반쯤 공개된 법원 사무실(P 54)이 보이는데, 여기에 환기는커녕 여기저기 말리려고 널어놓은 빨래들로 뒤섞인 불결하고 무덥고 어두운 법정 안 풍경이 나온다. 또 『성』에서도 짓누르는 듯한 우울한 인상을 주는 성의 묘사에서 어린 아이의 낙서 같은 그림이 언급되고 있다. 〈여기 있는 저 탑 ― 눈에 띄는 유일한 탑이었다 ― 은 어떤 저택에, 지금 보기엔 주요 건물인 성에 딸린 것인 듯하며, 부분적으로 보기 좋게 담쟁이 덩굴에 뒤덮여 있는 단조로운 원통형 건물에는 지금 햇빛을 받아 빛을 발하고 있는 조그만 창들과 ― 창들은 이상한 미혹감을 주었다 ― 발코니 모양의 테두리가 있었는데, 그 위에 쌓아 놓은 흉벽은 흡사 겁이 많거나 나태한 어린 아이가 그린 그림처럼 불확실하고 불규칙적이며 무너질 듯이 창공을 향해 톱니처럼 삐죽삐죽 뻗쳐 있었다. 〉(S 13)

돌에서 낙서 표시가 사원 건설보다 더 오래되었다는 사실에서 원시적 산골 사람들은 현대인과 동일시될 수 없다. 그러나 어떻게 보면 사원 건설을 다룬 이 단편은 다양한 문화가 서로 해체되면서 둘 다 존재하는 과도기도 보여 준다.

카프카는 어느 것도 있는 그대로 존재시키지 않는다. 따라서 이 단편 작품의 두 가지 세계에도 해명되지 않은 부분들이 있다. 사원 건설이 어떻게 해서 순조롭게 되는지, 또 어떻게 해서 읽을 수 없는 낙서가 돌에 쓰여졌는지에 대한 카프카의 해명이 없다. 하나의 비밀은 다른 비밀을 낳는다.[27] 해석 불가능한 것의 해석을 카프카는 해석 불가능한 것의 재수용으로 해결한다. 답변은 단지 질문에 대한 은유일 뿐이라고 슈티렐레는 말하고 있다.

---

27 Vgl. Beda Allemann, *Zeit und Geschichte im Werk Kafkas*, Göttingen, 1998, S. 152.

신화는 다른 새로운 신화로 교체된다. 그러나 카프카는 새로운 신화를 어둠 속에 놓아두어 불명확하게 하고 있다. 낙서로 표현된 신화적 양상은 새로운 신화의 역량을 지니고 있다. 카프카의 변증법적 지양은 새로운 신화를 고려 대상으로 삼고 있는 것이다.

4.「신임 변호사」

카프카의 단편「신임 변호사」는 산문 소품으로 창작 시기는 1917년 1월이며 잡지『마르시아스』(제1호, 1917년 7/8월)에 처음으로 수록되었다. 이 작품의 해설을 위해 먼저 해당 작품 전문을 인용한다.

우리에게는 새로운 변호사가 있는데, 부체팔루스 박사다. 그의 외모는 그가 아직 마케도니아의 알렉산더 대왕의 군마였던 그 시대를 이제 거의 연상시키지 않는다. 누군가 상세한 내용을 잘 알고 있는 사람이라면 몇 가지 일을 깨닫게 된다. 가장 최근에 그가 허벅다리를 높이 쳐들고 대리석을 울리면서 한 계단 한 계단 오르고 있었을 때, 나는 옥외 계단에서 경마의 작은 단골 손님과 같은 안목을 지닌 매우 단순한 정리(廷吏)까지도 그 변호사에 대해 경탄하는 것을 보았다.

사무실에서는 이 부체팔루스를 받아들이는 데 대체로 동의하고 있다. 사람들은 놀라운 통찰력을 가지고 이야기하고 있다. 말하자면 부체팔루스는 오늘날의 사회 질서 속에서는 어려운 상황에 처해 있고, 바로 그런 이유로 그리고 그의 세계사적인 가치 때문에 어찌됐건 그들의 동의를 얻게 되었다는 것이다. 오늘날에는 — 아무도 이것을 부인하지는 못한다 — 위대한 알렉산더란 없다. 물론 많은 사람들이 살인할 줄을 안다. 연회 식탁 위로 창을 날려 친구를 맞추는 역사적인 일도 없지는 않다. 많은 이들에게는 마케도니아가 너무 좁아서, 그들은 아버지인 필립을 저주하고 있다. 그러나 어느 누구도, 정작 어느 누구도 인도로 이끌지는 못한다. 이미 당시에도 인도의 성문들은 도달하기 어려웠다. 하지만 그들의 방향을 왕의 칼이 가리키고 있었다. 오늘날 성문들은 전혀 다른 쪽을 향하고 있고, 더 멀리 더 높이 건재하고 있다. 그러나 아무도 그 방향을 가리켜 주지 않는다. 많은 이들이 칼을 들고 있으나, 그것은 다만 휘두르기 위해서일 뿐이다. 그리고 그 칼들을 뒤쫓고자 하는 사람들의 시선은 혼란스럽기만 하다.

아마 그렇기 때문에, 부체팔루스가 그랬듯이 법전에만 몰두하는 것이 사실 최선책일지도 모른다. 그는 기병의 엉덩이에 옆구리를 눌리지 않은 채 알렉산더의 전투에서 끊임없이 울려오는 굉음으로부터 멀리 떨어져, 조용한 등불 밑에서 자유롭게 우리의 고서를 읽으며 책장을 넘기고 있다.(E 111)

이 작품에서 고대 세계와 현대 세계가 명백하게 대조되고 있다. 작품은 세 단락으로 신임 변호사 부체팔루스 박사가 소개된다. 첫 단락을 자세히 고찰해 보면 마케도니아의 알렉산더 대왕의 군마(軍馬)로서 그 대왕의 허벅다리 조종으로 움직였던 지난 시대 그의 출신을 알 수 있다. 두 번째 단락에서는 옛 시대와 새로운 시대가 서로 비교된다. 세 번째 단락에서는 부체팔루스의 새로운 행동이 묘사된다. 처음 두 단락의 서술 묘사법(오늘날에는 — 아무도 이것을 부인하지 않는다 — 위대한 알렉산더란 없다)의 명확성이 카프카의 전형적 방식대로 세 번째 단락의 첫 단어 〈아마Vielleicht〉(E 111)에 의해 파기된다. 부체팔루스의 새로운 행동은 〈아마〉 인정될 수 있거나, 〈아마〉 인정되지 않을 수도 있다. 이 부분에서 서술은 카프카적 불확실성을 불러일으킨다.

플루타르크는 〈그리스인들 사이에서나 야만인들 사이에서는 밀의(密儀) 행사나 제물을 바칠 때 다음과 같은 점이 지침이 되었다〉고 말하고 있다. 즉 〈두 개의 특수한 본질적 요소와 서로 대립되는 두 개의 힘이 있어야만 하는데, 그 가운데 하나는 오른쪽으로 똑바로 나아가고, 다른 하나는 방향을 딴 곳으로 돌리거나 다시 되돌아오게 하는 역할을 하게 된다.〉 되돌리는 것이 현존재를 글자로 변형시키는 공부의 방향이다. 그러한 방향을 지도하는 스승은 〈신임 변호사〉인 부체팔루스인데, 그는 막강한 힘을 가진 악렉산더 없이 — 다시 말해 계속 앞으로 전진해 가는 정복자 없이 — 길을 되돌리는 것이다.[28]

28 발터 베냐민(반성완 역), 『발터 베냐민의 문예 이론』, 민음사, 1983, 95면.

「신임 변호사」에서 알렉산더 대왕의 군마였던 부체팔루스가 변호사로 등장하는 상황은 전근대 내지는 신화가 근대와 중첩됨을 의미한다. 부체팔루스의 모습에서는 과거 수많은 전투를 치르며 벌였던 세계사적 활동의 흔적은 거의 볼 수 없고, 현실에 합리적으로 순응하며 살아가는 소시민적 왜소성이 돋보인다.

이러한 소시민적 왜소성은 「사이렌의 침묵」의 오디세우스에서도 볼 수 있다. 카프카의 오디세우스는 밀랍으로 귀를 막고 사슬로 온몸을 돛대에 묶었다. 이 점에서 몸만 묶고 사이렌의 노래를 들었던 호메로스의 오디세우스와 구별된다. 이때 호메로스의 오디세우스가 몸을 묶은 것은 귀를 막지 않았기 때문이다. 그러나 귀를 막은 그의 부하들은 몸을 묶지 않고 노를 저어 간다. 사이렌의 위험한 노래를 듣겠다는 호메로스의 오디세우스의 선택은 영웅적이다. 그는 사이렌의 노래를 들으면 강렬한 충동에 빠진다는 것, 그리고 그 속에 파멸의 위험이 있다는 것을 알고 있었다. 하지만 사이렌의 노래가 줄 쾌락을 맛보고 싶었기 때문에 몸을 묶은 채 귀를 열어 두고 충족될 수 없는 충동의 고통을 감수하기로 결심한다. 반면에 카프카의 오디세우스는 자신의 귀를 막는 것으로 간단히 문제를 해결한다. 이는 생존을 위한 신화적 체험의 포기로 영웅이 아닌 평범한 소시민적 선택이다.

이렇게 카프카의 오디세우스는 소심한 모습을 보여 준다. 그는 귀를 막음으로써 체험을 포기하고 그것만으로도 안심하지 못해 돛대에 스스로를 쇠사슬로 묶는다. 이중의 안전 장치를 한 셈이다. 사이렌의 위협을 무사히 피해간다는 목적에 비추어보면 카프카의 오디세우스가 현명한 길을 선택한 것처럼 보인다. 하지만 그것은 모험이나 영웅성과는 거리가 멀다. 이러한 의미에서 카프카의 오디세우스는 영웅에서 왜소한 소시민으로 전락되었다고 볼 수 있다.[29]

카프카는 「신임 변호사」에서 이질적인 두 가지 시대 유형을 동시성 속에서 표현함으로써 서로를 비교 가능케 만든다. 알렉산더 대왕이 휘두르는 폭력의 상징인 군마와 근대 법질서를 대변하는 변호사로 변신된 부체팔루스가 비교되는 것이다. 합리적 이성이 지배하는 새로운 질서에서도 과거와 마찬가지로 파라다이스에 이르는 길은 여전히 열려 있지 않다. 오히려 과거의 절대적 군주는 목표를 정확히 가

---

29 김태환, 「오디세우스와 사이렌」, 『카프카 연구』, 제13집, 한국카프카학회, 2005, 57면.

리킬 수 있었지만 현대의 지배 형태인 권력의 분화는 목표의 혼란을 가져올 뿐만 아니라 인간이 지향하는 목표를 더 멀어지게 만든다.[30]

구체적으로 설명해 볼 때, 이 작품의 보고자는 〈변호사회〉에 속해 있다. 다시 말해서 그는 신임 변호사로 법원의 구성원이다. 부체팔루스 박사는 알렉산더 대왕의 군마(軍馬)의 이름을 지녀서 법률가와 말(馬)이 혼합된 존재이기도 하다. 이 사실은 그가 법원 건물의 옥외 계단을 올라갈 때의 허벅다리 움직임에서 드러난다. 그러나 겉으로 봐서 부체팔루스가 마케도니아의 알렉산더 대왕의 군마였을 당시를 거의 생각할 수 없다.

변호사는 어려운 상황에 처해 있다. 위대한 알렉산더 대왕의 시대는 이미 지나갔고, 그가 통치하던 시절의 부정적인 흔적들만이 우리 시대에 남아 있다. 알렉산더는 도취 상태에서 자기 친구를 살해했다. 현대 사회에도 여전히 폭력 수단이 있다. 그러나 알렉산더 시대와는 달리 현대 사회는 방향을 상실했다.

알렉산더 대왕 시절의 전투 기병은 신화적 영웅이다. 그는 그 당시 인도로 이끌 수 없었지만 적어도 왕의 칼을 들고 있음으로써 방향을 잡고 있었다. 사실 칼과 방향은 동일하다. 이것들은 비록 도달될 수 없지만 적어도 추구의 대상이 되는 목표를 만들어 낸다. 이에 반해 〈낡은 법전〉으로 조직된 현대는 알렉산더 시대와는 달리 방향을 상실하고 있다. 그 이유는 공동체의 행위가 겨냥할 수 있는 일반적 동의를 얻는 목표가 더 이상 존재하지 않기 때문이다. 이런 까닭으로 현대에서 〈전투-말〉이 〈법-전투〉로 방향을 바꾼다.[31]

이렇게 사람들은 혼란 상태다. 모든 행위는 의미깊은 기준을 상실했다. 부체팔루스가 마지막 단락에서 보여 주듯이 모든 행동에서 거리감을 두는 것이 중요하다. 이제부터는 법전을 읽는 것이 그가 선호하는 행동이다. 아마 최선책은 평등과 정의를 보상해 주는 텍스트, 특히 고서의 공부이다. 여기서 보상은 〈행동의 포기〉, 즉 어차피 모든 정당성의 근거가 상실되어 더 이상 되찾을 수 없는 행동의 포기이다.

30 권세훈, 「카프카 작품에 나타난 포스트모더니즘 경향」, 『카프카 연구』, 제5집, 한국카프카학회, 1996, 14면.

31 편영수, 「카프카의 단편 연구(2)」, 『카프카 연구』, 제6집, 한국카프카학회, 1998, 85면.

그는 기병의 엉덩이에 옆구리를 눌리지 않은 채 알렉산더의 전투에서 끊임없이 울려오는 굉음으로부터 멀리 떨어져, 조용한 등불 밑에서 자유롭게 우리의 고서를 읽으며 책장을 넘기고 있다.(E 111)

이렇게 알렉산더 대왕의 군마였던, 옛날 도달하기 어려운 인도의 성문까지 알렉산더 대왕을 태우고 갔던 부체팔루스는 오늘날의 사회 질서에서는 쉬지 않고 법전을 연구하는 변호사로 변신한다. 왜냐하면 알렉산더 대왕 시대에는 적어도 알렉산더 대왕의 칼에 의해 분명하게 영원히 도달할 수 없는 인도의 문의 방향이 지시되었던 반면, 오늘날의 사회 질서는 완전히 방향 감각을 상실했기 때문이다.

그러나 아무도 그 방향을 가리켜주지 않는다. 많은 이들이 칼을 들고 있으나, 그 것은 다만 휘두르기 위해서일 뿐이다. 그리고 그 칼들을 뒤쫓고자 하는 사람들의 시선은 혼란스럽기만 하다.(E 111)

옛날에 분명하게 도달할 수는 없었지만 방향을 잡고 전진할 수 있었던 부체팔루스는 이제 끊임없이 법전을 연구하는 수밖에 없다. 그에게 확실한 것, 길을 지시해 주는 것이 주어지지 않았기 때문이다.[32] 이렇게 길을 지시해 주지 않는 모티프가 카프카의 단편 「포기하라」에 적절하게 나타나 있다. 이 작품에서 주인공 〈나〉는 정거장에 이르는 길을 (이 일을 담당하는) 경찰에게 묻는다. 그러나 그것에 대한 그의 기대와 경찰관의 대답 사이에서 일치점을 찾지 못한다. 〈나에게서 길을 알려 해요?〉(B 87)라는 경찰관의 대답을 듣고 그는 당황하게 된다.

이렇게 공동체의 적극성이 사라진 현대에는 보편적으로 인정할만한 목표가 더 이상 존재하지 않는다. 그런 까닭에 현대에서 군마는 법을 통한 투쟁으로 방향을 바꾼다. 그러나 변호사의 법정 활동은 〈조용한 등불 밑에서〉 법전을 연구하는 것으로 국한된다.

카프카 문학의 특징처럼 이 작품도 이중의 내용을 보여 주고 있다. 즉 인간이

32 빌헬름 엠리히(편영수 역), 『카프카를 읽다』, 유로, 2005, 120면 이하.

된 말의 형상을 통해 현대의 사회 질서를 조망하고, 내면적인 방향 전환으로 외적인 어려움에서 벗어나려는 인간의 태도를 보여 준다.[33] 이는 마치 「변신」에서 벌레로 변신한 한 영세한 소시민이 자신을 오히려 〈독충〉이라는 명분으로 일순간 은폐해 가지고 타자(他者)들의 의식 구조, 즉 진실이 무엇인지 응시해 보는 것과 같다.

크라프트Werner Kraft는 「신임 변호사」의 마지막 부분 이야기에 대한 해석을 시도하였다. 그는 그 이야기의 세세한 부분까지 면밀하게 해석을 하고 난 뒤에 〈문학에 있어서 여기에서만큼 신화 전체에 대한 강력하고도 결정적인 비판이 이루어진 적은 없다〉[34]고 언급하였다. 크라프트에 의하면 카프카는 〈정의〉라는 단어를 사용하지 않고 있다.[35] 그럼에도 불구하고 신화에 대한 비판이 이루어지는 출발점은 정의다. 그러나 신화에 대적할 수 있는 것이 정말 정의라는 이름의 법일까? 아니다. 법학자로서 부체팔루스는 자신의 근원에 계속 충실한 것이다. 다만 그는 개업하지 않은 듯이 보일 따름이다. 바로 여기에서 카프카적 의미에서 볼 때 부체팔루스와 변호사직에 있어서의 어떤 새로운 점이 있는지도 모른다. 단지 연구되기만 하고 더 이상 실행되지 않은 법, 바로 이 법이 정의로 나아가는 문이다.[36]

오늘날 부체팔루스는 자유스럽고, 말탄 자의 허리에 억눌리지도 않는다. 바로 이러한 자유가 행동의 충동을 불러일으킨다. 그러나 외부의 압력이 없으면 그런 동기도 없다. 왕을 필요로 하는 동기가 더 이상 없기 때문에 동기를 주어 자극하는 왕은 더 이상 존재하지 않는다. 어떤 나라도 더 이상 정복되어서는 안 되고, 문명의 경계 — 알렉산더 시대에 인도까지 확장되었던 문명의 국경 — 는 더 이상 있어서는 안 되며, 세계 제국도 더 이상 성립되어서는 안 된다. 카프카의 사상으로 볼 때 더 나은 결과를 예측시킬 것 같으나 작품에서 확실한 내용이 나오지 않고 있다. 〈변화된 상황에서 어떻게 살아갈 수 있을까?〉에 대해 카프카 특유의 방식대로 「신임 변호사」는 관점을 제시하지 않는 것이다.

33 Hartmut Müller(권세훈 외 역), 『카프카 문학 사전』, 학문사, 1999, 139면.
34 Werner Kraft, *Franz Kafka, Durchdringung und Geheimnis*, Frankfurt/M., 1972, S. 15.
35 Werner Kraft, a.a.O., S. 15.
36 발터 베냐민(반성완 역), 『발터 베냐민의 문예 이론』, 민음사, 1983, 95면.

이런 배경에서 부체팔루스가 고서 책장을 넘기면서 읽는 암시는 매우 중요하다. 법전은 새로운 시대의 고안물이 아니고, 이미 오래전부터 영원히 배제되지 않고 존재하여 왔다. 이것이 세밀한 번역으로 현대 세계까지 전해 온 것이다. 따라서 이 법전은 시간과 공간이 없는 자신의 영역을 형성한다. 그것은 항상 존재했고, 미래에도 존재할 것이다. 영원히 존재하는 법의 예로 모세의 율법서인 『토라*Thora*』를 들 수 있다. 법전은 평등을 보장하기 때문에 언제 어디에서나 통용되는 것이다. 필요에 따라 해석되는 법전은 종료되지 않아서 신화적 성격을 띤다. 즉 영원히 끝이 없는 운동으로서의 〈순환의 형태*Figur des Kreises*〉[37]이나 자체내 순환으로 신화적 구조를 지니는 것이다. 신적인 존재로서 자유와 평등을 보증하는 법은 현대인에 의해 실제적으로 느껴져 신화적 존재 방식이 되고 있다.

이 작품에서 다시 한 번 옛 신화가 의인화되지 않은(법전은 생명이 없음) 새로운 신화와 대조되고 있다. 이들 두 신화의 어느 것도 실제적으로 작용하지 않고 실제적으로 존재하지 않는다. 옛 신화는 앞서 가는 구조지만 누구도 더 이상 그 신화를 따르지 않는다. 또 새로운 신화에는 지도하는 성격이 없다. 옛 신화에 대조되게 현대 신화는 절대적인 무관심 속에 있다. 각자의 독특한 자발성이 없는 자유와 평등은 현실성이 없이 균등한 분야를 양상한다. 이러한 딜레마에서 돌파구는 아직도 없다.

앞 장의 사원 건설, 진정한 길에 대한 서술과 비유에 비교해 볼 때 고대 시대와 현대의 대조에서 행위의 문화와 문자 문화가 대조된다. 그런데 이 두 문화의 어느 것도 선호되지 못한다. 결국 군마 부체팔루스가 자기 주인 알렉산더의 허벅지 조종을 기다리고 있는 것처럼, 새로운 부체팔루스도 결국 외부의 조종에 의지하고 있다. 사무실이 그를 향해야 하는 것이다. 오늘날에는 누구도 알렉산더가 권력과 지도력의 상징인 칼로 이룬 왕도(王道: 최선의 방도)가 불확실한, 그리고 도달하기 어려운 최고의 목적이라고 보지 않는다. 아직도 권력은 칼로 현혹적으로 휘둘러지지만, 칼이 방향 설정에 도움되는 일은 더 이상 없다.

37 Dominique Iehl, Die Bestimmte Unbestimmtheit bei Kafka und Beckert, in: Claude David(Hg.), *Franz Kafka, Themen und Probleme*, Göttingen, 1980, 174.

5. 「도시 문장(紋章)」

인간의 발전적 역사에 대한 비판은 동양 철학자들에 의해 이미 오래전에 예언되었다. 〈먼 옛날 사람들은 무의식의 한가운데에서 살아 왔다. 그들은 개인을 떠난 자신의 종족과 하나였으며 평온과 망아에 도달했다. 그 시대에는 빛과 어둠이 고요한 화합 속에 존재했으며, 정령들과 신들은 이를 방해하지 않았다. 사계절은 질서 정연했으며, 모든 존재들은 서로 침해하지 않았다. 그리고 생존해 있는 것들은 자연적인 죽음에 앞선 그 어떤 죽음도 알지 못했다. 인간들은 의식하고 있었을지 모르나 그것을 이용하지 않았다. 그것은 개인적이 아닌 최고의 통일 상태였다. 그 시대에는 행동하지 않고 언제나 자연스런 흐름에 모든 것을 맡겼다.〉[38] 이러한 발전적 역사는 동양에서뿐 아니라 서양에서도 오래전에 〈황금시대〉로 예언되었다.

처음에는 〈황금시대〉가 있었다고 한다. 크로노스가 아직 하늘에서 다스리고 있었을 때이다. 그 당시 인류는 아무 걱정 없이 고통이나 비참함을 겪지 않고서 신들처럼 살았다. 그들은 늙지도 않았고 향연을 즐기며 언제나 젊게 살았으며 죽을 때는 아무 고통 없이 스르르 잠들었다. 노동의 법칙에 종속되지도 않았으니, 모든 재화는 자연적으로 그들에게 주어져 있었다. 대지는 스스로 풍부한 수확물을 생산했고, 그들은 풍요한 대지에서 평화롭게 살았다. 제우스의 시대가 도래하면서 이 종족은 지상에서 사라져 버렸지만, 이후로도 그들은 인간의 수호 천사나 부의 분배자와 같은 역할을 했다. 이것이 가장 오래된 황금 신화에 관한 신화다.[39]

이러한 신화적 이야기는 인류의 초창기를 정의와 선의가 지배하는 시대로 묘사하고 싶어 하는 교훈담의 소재로 아주 빨리 자리 잡았다. 크로노스가 사투르누스와 동일시되었던 로마에서, 황금시대는 사투르누스가 아우소니아(이탈리아)를 다스리던 시대였다. 신들은 인간들과 친밀하게 살았다. 당시에는 문이 아직 만들어

---

38 Dschuang Dsi, *Das wahre Buch vom südlichen Blütenland*, übersetzt und erläutert von Richard Wilhelm, Jena, 1912, S. 16.

39 피에르 그리말(백영숙·이영섭·이창실 역), 『그리스 로마 신화 사전』, 열린책들, 2003, 702면.

지지 않았는데, 이는 도둑도 없었을 뿐 아니라 인간들이 숨길 것이 전혀 없었기 때문이다. 그 당시 인간들은 채소와 과일만 먹고 살았는데, 죽이는 것은 생각조차 하지 못했기 때문이다. 인류 문명이 걸음마를 시작한 것은 사투르누스가 낫의 사용법을 가르쳐 주면서부터였다(낫은 그림이나 신화에서 사투르누스의 상징으로 나타난다). 그는 사람의 손길 없이도 생산물을 내주던 대지의 풍요함을 더 잘 이용할 수 있는 법을 인간에게 가르친 것이다.

여러 시인들이 앞다투어 이 주제를 노래했다. 그들은 양들의 등을 덮고 있는 선명한 빛깔의 양털, 달콤한 열매를 맺는 가시떨기들, 그리고 영원한 봄을 누리는 대지를 노래했다. 황금시대에 관한 신화는 신(新)피타고라스 신비주의에서도 나타난다.[40]

이러한 황금시대의 예가 카프카의 「사냥꾼 그라쿠스」에도 나타나고 있다. 사냥꾼 그라쿠스는 다음과 같이 인류사를 황금시대와 비교하여 설명하고 있다. 〈아, 그 관계 말입니까? 아주 오래된 옛날이야기지요. 모든 책들은 그것으로 가득 차 있습니다. 모든 학교에서는 성생님들이 그것을 칠판에 그리지요. 어머니들은 아이가 젖을 빠는 동안에 그것에 대해서 꿈을 꾸지요. 포옹 속에는 속삭임이 있습니다. 상인들은 그것을 구매자들에게 이야기하고 구매자들은 그것을 상인들에게 이야기하지요. 군인들은 행군 시에 그것을 노래하고, 설교자들은 그것을 교회에서 부릅니다. 역사 서술가들은 자신의 방에서 입을 딱 벌린 채 오래전에 일어난 사건을 바라보며 그것을 계속해 써 나가고 있읍니다. 신문에는 그것이 인쇄되어 있고 민중들은 그것을 손에서 손으로 옮깁니다. 그것이 보다 빨리 지상을 돌 수 있도록 전보가 발명되었으며, 사람들은 파묻힌 도시들 속에서 그것을 파내며 승강기는 그것을 가지고 마천루 지붕으로 급히 달려갑니다. 기차를 탄 승객들은 그들이 통과하고 있는 시골에다 차창으로부터 그것을 알립니다. 그러나 예전에는 그것을 야생 동물들이 그들에게 포효로서 알렸으며, 별들에서 그것을 읽을 수 있었고, 호수들은 그 영상을 담고 있었으며, 시냇물들은 산으로부터 그것을 가져오고, 눈들은 그것을 다시금 정상 위에 뿌립니다.〉(B 250)

40 피에르 그리말, 같은 책, 열린책들, 2003, 702면.

그라쿠스는 낙원과 같은 황금시대가 역사의 발전에 의해 상실되었다고 언급하고 있다. 역사의 진보는 순수한 본질을 발전시키는 것이 아니라 오히려 퇴보시키고 소멸시킬 뿐이라고 문명사적 발전 자체가 비판되고 있다. 인류의 역사가 시작되기 이전만 해도 별, 호수, 야생 동물, 냇가와 산들 속에서 인간들은 자연스럽고 조화롭게 살았다. 그러나 세계가 점진적으로 문명화됨으로써 점점 낯설게 되고 변질되어 허위의 세계가 되어 버렸다.

이렇게 인간이 자연스런 낙원에서 살았던 순수한 상태로부터 이미 오래전에 타락한 지상으로 굴러 떨어짐을 카프카는 날카롭게 비평하고 있다. 이런 관점에서 보면 카프카는 문명 비판론자인 셈이다. 이러한 문명 비판이 카프카의「도시 문장」에 암시되고 있다. 이「도시 문장」의 창작 시기는 1920년 9월로 1931년 베를린에서 출판된『만리장성의 축조』에 처음 수록되었다. 이 작품의 해석을 위해 먼저 작품 전문을 인용한다.

바빌로니아의 탑을 축조할 초기에는 모든 것이 웬만큼 질서가 있었다. 아니 그 질서가 너무 방대했을지 모른다. 마치 자유로운 작업 가능성의 여러 세기들을 눈앞에 두고 있다는 듯이 이정표, 통역관, 근로자 숙소와 교통 연계로에 대해 너무 많이 고려를 했다. 그 당시 지배적인 의견은, 심지어 아무리 천천히 지어도 전혀 지나칠 리 없다는 데까지 이르렀다. 이 의견을 과장할 필요는 전혀 없다. 정말 기초 놓기도 무서워서 뒤로 물러설 정도였던 것이다. 그래서 사람들은 다음과 같은 논거를 대었다. 하늘까지 이르는 탑을 쌓으려는 생각이 전 기획의 핵심이었다. 이 생각 이외의 다른 모든 것들은 부수적인 것이다. 한 번 그 크기에 사로잡힌 생각은 사라질 수가 없는 법이다. 인간이 존재하는 한, 탑을 끝까지 쌓겠다는 그 강한 염원 또한 존재할 것이다. 이런 관점에서 미래 때문에 걱정할 필요는 없다. 반대로 인류의 지식이 증진되고 건축술이 진보했으며 또한 계속 진보해 나갈 것이다. 우리가 지금 1년이 걸리는 작업이 백 년 후에는 어쩌면 반 년이면, 게다가 보다 훌륭하고 보다 견고하게 이루어질 것이다. 그런데 무엇 때문에 오늘 벌써 기력의 한계까지 지치도록 일하겠는가? 그것은 탑을 한 세대의 시간 안에 세우기를 바랄 수 있을 때에만 의미를 갖게 될 것이다. 그러나 그것은 그 어떤 식으로도 기대할 수 없었다. 그보다는 다음 세대가 그들의 완벽해진 지식으로 전세대가 해놓은 작업을 형편없다고 여기고 쌓아 놓은 것을 새로이 시작하기 위하여 헐어 버리게 될 것이라는 생각이 들 것이다. 그러한 생각들이 힘을 위축시켰다. 그래서 사람들은 탑을 쌓기보다는 오히려 근로자 도시의 건설에 더욱 마음을 썼다. 어느 동향인들이나 가장 좋은 숙소를 차지하려고 했고, 그로 인해서 분쟁이 일어났고, 피를 뿌리는 싸움으로까지 발전되었고, 이러한 싸움들은 결코 그치질 않았다. 지휘자들에게는 그러한 싸움이, 필요한 집중이 안 되기 때문에도 탑은 천천히 아니면 차라리 총평화 조약 후에나 지어야 한다는 데 대한 새로운 논거였다. 그렇지만 싸움만으로 시간을 보냈던 것은 아니고, 쉬는 동안에는 도시를 아름답게 꾸몄다. 그럼으로써 사람들은 또다시 새로운 시샘과 새로운 싸움을 야기시켰다. 그렇게 첫 세대의 시간은 지나갔다. 그러나 그 뒤를 잇는 세대들도 전혀 다를 바가 없었다. 단지 교묘한 기술만이 계속해서 늘어갔고, 그것과 더불어 싸움에 대한 병적인 투쟁욕 또한 늘어갔다. 두 번째 아니면 세 번째 세대는 이미 하늘에 닿는 탑을 건설하는 것이 무의미하다는 것을 인식하게 되었다. 그럼에도 불구하고 사람들은 도시를 떠나기에는 이제 너무나 서로 밀착되어 있었다.

전설과 노래에서 보면 이 도시에서 생겨난 것은 모두 어느 예언된 날을 동경하는 마음으로 가득 차 있다. 그날 도시는 다섯 번 짧게 계속되는 한 거인의 주먹질에 의해 부수어진다는 것이다. 그래서 또한 이 도시는 문장 안에 주먹을 가지고 있다.(B 70 f.)

이 이야기의 중심 모티프는 움켜쥔 주먹을 나타내는 프라하 시의 문장(紋章)이었을 가능성이 높다. 바벨탑을 건조할 때 처음에는 질서가 너무 잘 잡혀 있어서 사람들은 오로지 작업 조직만을 생각하였고 탑의 기초를 세우는 일에는 엄두를 내지 못했다. 탑 건축에 대한 생각은 영원한 이상이며, 그것을 실현하려면 여러 세대의 사람들이 참여하게 되리라고 사람들은 확신했다. 이 밖에도 사람들은 건축 기술의 발전을 이룩한 다가올 세대들이 그동안 만들어진 것을 불만족스럽게 생각하고 무너뜨릴 수도 있다는 가능성을 생각했다.

이러한 생각들이 추진력을 매우 심하게 마비시켜서 사람들은 그 사이에 노동자 도시를 건설하고 장식하는 일에 만족했다. 그러나 최적의 거주 가능성을 추구함으로써 시기심이 발동하고 군사적인 대치 상태가 발생한다. 이제 탑 건축에 대한 생각은 인간들에게 무의미한 것으로 여겨진다. 그들은 오로지 이 도시의 파괴만을 바라고 있다.

그러면 왜 이 공동 작업은 실패하는가? 왜 이 도시는 파괴되어야만 하는가? 불가피한 노동의 순서에 대해, 그리고 그들이 자유자재로 사용하는 시간에 대해 착각을 하는 건축 노동자들의 환상이 탑 건설을 방해한다. 그들은 자신들이 영원한 것으로서 생각했던 이상에서 이탈하고 물질적인 존재에만 만족했다.

이 단편에서 사람들은 기초를 놓는 일을 두려워해서 뒤로 물러서기 때문에 건축은 좌절된다. 즉 사람들은 하늘까지 이르는 탑을 쌓겠다는 생각은 인간이 존재하는 한 존재하는 영원한 생각이라는 견해를 가지고 있다. 이러한 생각은 한 세대에 의해 실현될 수 없기 때문에 그리고 인류의 지식, 고안과 건축 능력이 끊임없이 진보를 거듭하기 때문에, 지금부터 건축에 종사할 필요가 전혀 없다. 이보다 더 중요한 것은 노동자 도시를 건설하는 것이었다. 그런데 모든 사람은 이 노동자 도시에서 가장 좋은 숙소를 차지하려는 끊임없는 투쟁이 일어났다.

짧은 평화의 시기에 사람들은 도시를 아름답게 꾸밈으로써 또다시 새로운 시샘과 새로운 싸움을 야기시켰다. 이렇게 인류는 실리 위주의 실존으로 제한된다. 이것은 끊임없는 만인에 대한 만인의 섬멸전이다. 마치 「어느 개의 연구」에서 동물이 말하는 세계의 섬멸전, 즉 인간들 사이에 영속적인 투쟁이 벌어지는 것은 인간이 자기 자신을 끊임없이 객관화하고, 상대방을 사랑받을 수 있는 본래의 진실한 인간 존재로 보기보다는 위협적인 적으로 변화시키는 것과 같다. 선악이 절대적으로 인식되고, 모든 사람이 자기 자신과 해후할 수 있고, 모든 죄를 자기 자신이 진다면 인간들 사이에 참된 평화가 찾아올 것이다.[41]

그러나 이러한 사상에 반대가 되는 바벨탑의 건조는 그 자체가 불손한 모험이었다. 이러한 사실은 『만리장성의 축조』에서도 간접적으로 언급되어 있는데, 여기에서 만리장성이 〈인류 역사상 최초로 새로운 바벨탑 건설의 확고한 토대를 만들 것〉(B 54)이라고 주장되고 있다. 이러한 배경에서 니콜라이는 카프카에게서의

41 빌헬름 엠리히(편영수 역), 『카프카를 읽다』, 유로, 2005, 283면.

〈건축〉은 〈자연〉과는 반립적으로 끊임없는 활동의 변별적 특성으로서 항상 존재하며, 그것은 〈허위의 세계〉를 구축하는 〈인간의 몽매한 작품〉을 나타내는 것으로 보고 있다.[42]

이의 맥락에서인지 두 번째 아니면 세 번째 세대는 이미 하늘까지 이르는 탑을 건설하는 것이 무의미하다는 것을 인식했다. 그러나 이러한 인간 실존의 무상함은 인내될 수 없다. 따라서 이 단편은 〈어느 예언된 날에 도시가 한 거인의 주먹질에 의해 부수어진다〉(B 71)는 묵시록적 희망으로 끝을 맺는다. 즉 순수한 현세주의도 거인과 같은 하늘의 광포(狂暴)도 둘 다 신의 마음에 들지 않는 것이다.[43]

죄Sünde라는 단어의 어원이 〈분리시키다sondern〉나 〈나누다〉이기 때문에 분열과 죄는 동일하다. 따라서 본래 황금시대의 추락, 즉 인간 추락은 인간의 고립화나 개체화 현상에 있다. 결국 모든 재난은 동양 사상에서처럼 자연의 부조화에서 온다고 생각된다. 완전성(전체성)으로부터의 분열이 모든 재난의 원인이라고 믿는 것이다. 위기(독어: Krise, 영어: crisis)라는 말의 그리스어 krisis(krinein)가 분열을 뜻하고, 라틴어 cernere도 역시 분열을 뜻하는 데서 암시를 받을 수 있다. 한편 성(聖)을 뜻하는 단어 holy는 앵글로색슨어 hal이 어근인데, 이 말은 건강한, 온전한 혹은 전체의 의미를 지니고 있다. 동일한 어근에서 나온 hale이란 단어도 강건한 이란 의미를 지닌 것에서 짐작된다. 또 온전함 혹은 전체성을 뜻하는 영어의 whole이란 단어가 그리스어 heil과 친족 관계를 가지며, 독일어의 heilen이란 동사로 남아 병을 치료한다는 의미가 되었다. 이렇게 보면, healthy, heal, hale, holy, whole 등은 모두 동일한 의미를 내포하고 있다. 즉 고대의 인간은 병이나 재난의 원인을 성 혹은 완전성(전체성)에서 분열된 결과라고 보고 있다. 이것은 낙원에서 쫓겨난 인간의 운명을 상징한다고 볼 수도 있다.[44]

최초에 이 세계를 낙원으로부터 분리시킨 주요 동인(動因)인 인간 타락은 개별화의 원리로서 모든 분리의 시발점이다. 현세의 영역이 개성을 획득함으로써 인간

---

42 Ralf R. Nikolai, Kafkas Auffassung von Freiheit, in: Bengt Hasselrto(Hg.), *Studia Neophilologica*, Vol. XLVI, Oslo. 1974, S. 248.

43 빌헬름 엠리히(편영수 역), 『카프카를 읽다』, 유로, 2005, 295면 이하.

44 M. 엘리아데(이은봉 역), 『성과 속』, 한길사, 1998, 22면 이하.

은 타락되어 천국의 통일로부터 분리되었다. 따라서 인간의 타락은 통일로부터 개체화로의 전락이다. 이러한 최초의 분리는 인간으로 하여금 개성을 획득하고 신으로부터 자유로워지게 하였지만 동시에 책임과 의무에 방치됨으로써 고통과 구속을 불가피하게 하였다. 현세의 고통은 이것과 연관되어 있다.

「도시 문장」에서도 노동자들이 개인적 분리나 개별화를 포기하고 차라리 단체에 예속되어 화합 속에 공동 작업에 참여했더라면 탑이나 도시 건설에 성공했을 것이다. 그러나 「도시 문장」에서 건축 노동자들은 개인적인 현실만 평가하여 공동 작업을 거부함으로써 하늘에의 도전은 본의 아니게 실패한다. 여기에서 궁극적인 목표로의 제한이냐 아니면 급진적 개혁이냐에서 그릇된 선택이 제시된다. 사회의 발전은 개인적으로만 생각된 잘못된 방향으로 이루어져 그 사회는 정도에서 이탈하고 말았다. 개인적으로 추구된 목표와 달성한 목표 모두 틀렸다. 개인적 질서의 시기 다음에는 무질서가 뒤따른다. 그래서 사람들은 방향을 잘못 잡은 발전을 급진적인 파괴를 통해서 철회하기를 열망한다.

카프카 문학의 특징대로 「도시 문장」에도 서술자의 상황 묘사에 여러 역설이 명백하게 나타나 카프카의 통례적인 역설 구조가 담겨 있다. 서술적 지양 운동이 다양하게 나타나는 것이다. 짐머만은 개념의 비교로 성서의 바벨탑과 카프카의 탑을 대립시키고 있다.[45]

명제(성서)	반명제(카프카)
언어	언어의 혼란
언어의 혼란	통역관
이후의 분쟁	이전의 분쟁
축조의 촉진	축조의 나태
의미 깊은 축조	무의미한 축조
신의 개입	신의 부재

45 Hans D. Zimmermann, *Der babylonische Dolmetscher, Zu Franz Kafka und Robert Walser*, Frankfurt/M., 1985, S. 62 f.

작품의 처음 서술 내용부터 이러한 역설이 나타난다. 상반부에는 탑 건설에 종사하는 사람들에 사실상 탑 건설 중단을 주입시키는 사상이 언급되고 있다. 〈그러한 생각들이 힘을 위축시켰다〉(B 70)라는 문장에서부터 이러한 사상적 역설에서 야기되는 혼돈이 묘사된다. 하나의 위대한 사상(사원 건설)이 많은 사소한 사상(사원 건설의 조직)에 의해 손상되는 것이다. 여기에 묘사된 혼돈은 단지 사상적이다. 여기에 행동도 서로 상반적으로 예상되어 역설이 되고 있다. 두 번째 단락과 마지막 단락에는 서술 속의 역설에서 하나의 해결 가능성이 언급되어 구원의 가능성이 암시되고 있다. 그러나 그것이 실제적으로 이뤄질지에 대한 언급은 없다. 이렇게 카프카의 세계는 철두철미 구원이나 해결을 보여 주지 않는 비극의 세계로 어떠한 형식의 구제나 은총도 제시하지 않는다.

마지막 단락의 낙천적인 염세주의는 카프카가 이전에 묘사한 염세적인 낙천주의와 상반된다. 기술적 발전은 미래를 수월하게 해준다고 생각되어 낙천주의를 담고 있다. 그러나 탑을 쌓는 작업의 착수는 현재로 볼 때 무의미한데, 이는 미래의 세대가 이미 쌓아놓은 것을 다시 파괴할 수도 있기 때문이다. 인간 미래의 낙천적인 희망에 염세주의가 가미되는 것이다. 따라서 효율성의 추구에서 비효율성이 확인되는 회의가 염세적 낙천주의로 된다. 그러나 마지막 단락에 다시 낙천적인 염세주의가 언급되고 있다. 인간을 구원하기 위해서 종말이 온다는 묵시론*Apokalypse*적 날이 묘사되는 것이다.

이러한 종말적 사상은 카프카의 「유형지에서」에서도 암시되고 있다. 이 작품의 마지막 부분에서 처형 기계가 파괴되고 장교가 죽은 후 탐험가는 죄수와 사병을 데리고 찻집*Teehaus*(E 76)에 간다. 이 찻집 안의 한 탁자 밑에 전임 사령관이 묻혀 있다. 탁자가 밀쳐졌을 때 〈이곳에 전임 사령관이 묻혀 있다. 지금 성명 기입을 주저하지만 그의 동료들이 그를 위하여 무덤을 파고 비석을 세웠다. 수년 후에 사령관은 다시 소생하여 이 집에서 동료들을 거느리고 유형지를 탈환하리라는 예언이다. 믿고 기다려라!〉(E 177)고 새겨진 거친 돌비석이 나와 종말론적 사상을 연상시킨다.

도시의 〈전설과 노래〉는 〈어느 예언된 날〉에 대한 동경을 노래하여 묵시록적 종말적 사상이 암시되고 있다. 하늘에 이르는 탑을 쌓고자 하는 인간들이 모여서 도시를 형성하였는데, 그 원래적인 소원은 잊혀지고 부수적인 일들로 끊임없는 전쟁과 분쟁의 역사가 만들어졌다. 다시 말해서 여기 도시민의 역사는 원래적 소망의 망각 과정이다. 그렇기 때문에 이곳 전설과 노래에는 예언적인 〈그날〉(B 71)에 도시민들의 진정한 소망 성취가 이루어진다고 전해진다. 그날에는 거대한 주먹이 다섯 번의 주먹질로 이 도시를 산산 조각내어 그 망각을 파괴한다는 것으로 종말론을 암시하는 묵시론적 현상이 암시되고 있다. 그래서 이 도시의 문장에는 거대한 주먹이 새겨져 있다.

종말이란 신의 분노와 자극을 나타낸다. 작품에서 한 거인의 주먹에 의해 도시가 파괴되므로 이 주먹은 (신의) 분노와 자극을 나타내는 종말적 상징이다. 이렇게 주먹에 의한 세상의 파괴라는 묵시록적 내용이 괴테의 『파우스트』에도 적나라하게 나타나 있다.

> 그대는 아름다운 세계를
> 억센 주먹으로
> 산산이 부수었구나.
> 세상은 무너져 쓰러진다.
> 반신의 인간이 그것을 때려 부수었다.(1608행 이하)

이렇게 카프카 소설에서는 분노와 자극이 자주 주먹으로 나타난다. 「변신」에서 출근 시간이 지나도록 일어나지 않는 그레고르를 깨우기 위해 아버지가 〈주먹으로〉(E 60) 가볍게 방문을 두드릴 때만 해도 아버지는 아들에게 가족에 대한 의무감을 상기시켜 주려고 하였다. 그 후 아들이 직장에서 해고가 기정 사실화되는 순간 〈적의를 띤 표정으로 주먹을 불끈 쥔〉(E 68) 부친의 모습은 상황이 역전된 분노를 나타낸다.

이러한 부정적 내용과 반대로 주먹이 반가운 소식을 기다리는 긍정적인 내용을 나타내는 경우도 있다. 「황제의 칙명」에서 〈사람들의 무리는 너무나 방대했다. 그들의 거주지는 끝이 없었다. 거칠 것 없는 들판이 열린다면 그(황제의 칙사)는 나는 듯이 달려갈 것이고 그리고 머지않아 [당신]은 그의 주먹이 당신의 문을 두드리는 굉장한 소리를 들었을 것이다. 그러나 그렇게 하는 대신 그는 속절없이 애만 쓰고 있으니〉(E 128)라는 내용이 이를 잘 나타내주고 있다.

카프카는 이미 20세의 나이에 우리를 행복하게 해주는 책을 읽을 것이 아니라 우리를 〈신랄하게 비판하고 날카롭게 찔러대는〉 책을 읽어야 한다고 자극할 때에도 역시 주먹을 묘사하고 있다. 〈우리가 읽는 책이 주먹으로 머리를 때려서 우리들을 일깨우지 않는다면 우리는 무엇 때문에 책을 읽는가? 〔……〕 책은 우리의 마음속에 얼어붙은 바다를 쪼개는 도끼여야 한다.〉[46]

종말론을 기억시키는 묵시록적 환상이 구원으로 통하는지는 알 수 없다. 카프카의 특징처럼 여기서 파괴 뒤의 영원성이나 새로운 미래가 암시되지 않기 때문이다. 카프카는 존재의 신화적 관점을 개척하여 그의 작품 세계는 퇴폐, 몰락, 절망, 허무, 고독, 불안 등 어둡고 음산한 일종의 묵시록적 내용을 특히 장편 소설『성』과『소송』에 잘 나타내고 있다.

이 묵시록의 날에 인간에 지워진 삶의 책임에서 영원히 벗어나기 때문에, 스스로 책임지며 살아가는 인간 능력은 없어진다. 인간에게 목적이 없어지는 것이다. 여기에 나타나는 염세주의는 분명하게 설명될 수 없다. 〈낙천적optimistisch〉이라는 용어는 구원에 대한 열망의 성격으로 염세적 열망도 담고 있다. 결국 여기의 서술은 좌절의 감정을 주는데, 독자는 이 두 번째 전략을 현실적 해결로 느끼지 못하기 때문이다. 카프카가 현실적 해결을 제공하지 않기 때문에 여전히 독자들에 확고한 기반이 없는 셈이다.

건축술은 발달해 간다고 작품에 언급되고 있다. 탑 축조의 계획시에는 질서가 있었고, 그 질서는 너무 방대했을지 모른다. 이러한 모티프가 파라독스로 나타난다. 그때 행동에 대한 사상, 다수에 대한 단일성, 낮은 문화에 대한 높은 문화가 존재했다. 이 작품에는 많은 작은 근심에 대항하는 하나의 큰 사상, 그리고 하나의 위대한 행위에 대항하는 건축술의 미래 가능성의 사상이 담겨 있다. 단순한 이분법이 전개되는 것이다. 사상이 작용하여 행위를 저지하지만 많은 사소한 행위들은 중단되지 않는다. 그 사소한 행위들에는 모든 위대한 것들이 담겨 있는 동시에 절

---

46 F. Kafka, *Briefe 1902~1924*, hg. v. Max Brod, Frankfurt/M., 1975, S. 27 f.

대적 종말의 열망이 근거하는 좌절감이 담겨 있다. 추상적으로 이러한 감정의 혼란은 다르게도 묘사된다. 단일성에 대항하여 다양성이 존재하고, 다양성이 단일성에 연결되는 내용이 수많은 민족을 하나로 만드는 탑 축조의 사상이다. 이렇게 하나가 된 민족들은 준비 작업 중에 다시 많은 동향인*Landsmannschaft*(B 70)으로 분열된다. 이것은 사실상 한 사상의 종말이다.

세 번째 세대는 하늘에 닿는 탑 건설의 무의미함을 인식하게 되었다. 종말이 예측되는데도 공동 생활이란 단순한 사상이 하나의 위대한 이념으로 맹목적으로 유지된다. 기존의 민족 집단에 대항하는 싸움에서 민족 단체가 소수의 이익 집단으로 분열되는데 여기에서 하나의 사상이 다수를 하나로 뭉치게 한다. 그러나 이 다수는 하나의 위대한 행위로 결합된 것이 아니고, 오랜 세월동안 단일체로 공존했다는 느낌으로 결합된다. 습관이 위대한 사상이나 행위를 대치하는 것이다. 그런데 동향인들은 전설이나 노래에서 절대적인 종말을 동경하여 매우 역설적이다.

발전에 비평적인 역설도 있는데 이는 탑 축조의 실제적 발전을 저해하는 발전이다. 그리고 건설의 성공이 정말로 발전을 의미하는지에 대해서도 확실하지 않다.

여기에는 서로 다른 다양한 문화가 존재하고 있다. 탑 축조에 대한 〈시간 초월적〉 위대한 사상에 문화가 투입된다. 도시를 아름답게 꾸미려는 〈시간 의지적〉 노력이 그것이다. 아름답게 꾸미는 것은 일상의 문화이며 또 실용 문화이다. 이 아름답게 꾸미는 것은 삶을 더욱 안락하게 형성하려는 목적이다. 이렇게 도시를 아름답게 꾸미려는 노력이 생겨나면서, 다시 시간 초월적 전설이나 노래들이 생겨난다.

아름다워지려는 노력은 새로운 시샘과 싸움으로 변한다. 그러나 위대한 이념은 항상 존재하기 마련이다. 이러한 이념은 시작과 끝을 맺는다. 그러나 이러한 시작과 끝의 시점은 인간에 측정된 시간 밖에 존재한다. 하늘에 닿는 탑의 축조는 이념적일 뿐 아니라 물질적인 면이 있다. 이러한 탑의 축조는 하나의 사상으로 존재하여 이념적이고, 축조에 대한 준비 작업에서 물질적이다. 신에 의해 수행되는 종말에 대한 열망은 인간의 원초적 존재의 열망으로, 이 열망은 결국 인간의 조건에 달려 있다. 따라서 인간의 조건에 따라 종말의 열망에 대한 신화는 변하게 된다.

탑 축조의 이념 그리고 도시가 다섯 번 짧게 계속되는 한 거인의 주먹질에 의해 부서진다는 예언된 날의 동경은 어느 목적에 연관되지 않는다. 이는 고의적이 아니라 자연발생적으로 단순히 존재하는 것으로 시간을 초월한 문화적 산물이다. 따라서 이것들은 인간의 의도가 아니다. 느낌도 이와 같다. 서술자는 열망된 종말을 명백한 민족 의식으로 표현한다. 누가 이 탑 축조를 결심했는지에 대한 카프카의 답변은 없다. 케레니의 의견대로 권력 관계를 확신시키는 정치적 신화를 나타내기 위해 〈유사 신화unechter Mythos〉가 취급되었는지, 또는 〈순수한 신화echter Mythos〉가 취급되는지에 대한 결정을 내릴 수도 없다.[47] 카프카가 원인자를 언급하지 않으므로 이 질문은 해결될 수 없는 것이다.

바빌로니아 탑 축조라는 성서의 이야기에는 인간의 결정으로 기록되어 있는데, 카프카의 서술에는 위장적 요소가 있다. 작품 속의 인물들처럼 독자는 탑 축조의 필요성은 저절로 생겨났다고 생각하게 된다. 따라서 이 이야기 속에는 정치적으로 생기는 유사 신화가 저절로 생기는 순수 신화와 대립하고 있다.

고도(高度)의 문화는 시간의 초월, 즉흥성과 원초성을 지녀 신화적 성격을 띤다. 물론 탑 축조의 이념은 자발적이지만 근본적 유래는 있기 마련이다. 그런데 서술자는 이러한 이념의 유래에 대해 알려주지 않아 신화적 성격을 부여한다. 그러나 성서적 사건을 첨가해 보면, 하늘의 탑 축조는 정치를 수단으로 삼은 이념으로 들어난다.

처음에 온 세상은 하나의 동일한 언어를 사용하였다. 그런데 사람들이 동쪽으로 이동하다가 바빌로니아에 있는 한 평야에 이르러 거기에 정착하게 되었다. 그들은 〈자, 벽돌을 만들어 단단하게 굽자〉 하고 서로 말하며 돌 대신 벽돌을 사용하고 진흙 대신 역청을 사용하였다. 그들은 또 〈자, 성을 건축하고 하늘에 탑을 쌓아 우리 이름을 떨치고 우리가 사방으로 흩어지지 않도록 하자!〉 하고 외쳤다.

그러나 여호와께서는 사람들이 쌓는 성과 탑을 보시려고 내려오셔서 이렇게 말씀하셨다. 〈저들은 한 민족이며 하나의 동일한 언어를 사용하고 있다. 그래서 저들이 이런 일을 시작하였으니 앞으로 마음만 먹으면 해내지 못할 일이 없을 것이다. 자, 우리가 가서 저들의 언어를 혼합하게 하여 서로 알아듣지 못하게 하자.〉 여호와께서

47 Vgl. Karl Kerényi, *Das Wesen des Mythos*, S. 238 ff.

그들을 온 세상에 흩어 버리시므로 그들은 성 쌓던 일을 중단하였다. 여호와께서 거기서 온 세상의 언어를 혼잡하게 하시고 그들을 사방으로 흩어 버리셨기 때문에 그곳을 바벨이라 부르게 되었다.[48]

성서에서 하나로 된 민족이 스스로 이름을 만드는데, 이는 그들이 여러 나라로 흩어지지 않기 위해서이다. 탑의 축조는 하나의 효시(획기적 사건)로 여겨진다. 즉 하나의 정치적 신화를 위해서 진정한 신화의 성질이 상실된다. 이러한 의미에서 카프카가 성서 이야기를 돌려서 표현한 것이 〈우리는 바벨의 굴을 판다Wir graben den Schacht von Babel〉(H 280)라는 짧은 잠언 문장에 나타나 있다. 매우 깊고 안쪽으로. 이 구절은 카프카 기억 구상의 특징적인 면모를 보여 준다. 여기서 바벨은 원래 하늘에 닿는 탑으로 가정되었던 것으로서 그 목표는 인류의 근원 내지 낙원으로의 하늘로 향해 있다. 그것은 수직적 방향이었는데 카프카는 여기서 그 목표의 방향성 자체를 뒤집는다. 즉 기존의 바벨탑 모델에서 표상된 방향성과 목표지향성을 전복시키면서 바벨을 〈심연〉과 연관지은 것이다. 이는 마치 『만리장성의 축조』에서 (위로) 성벽 쌓기와 평행선을 긋고 있는 땅 속으로(아래로) 미로 파기의 방향의 역설적인 관계와도 유사하다.

6. 「낡은 쪽지」

카프카의 단편 소설인 「낡은 쪽지」(원래의 제목은 『중국에서 온 낡은 쪽지Ein altes Blatt aus China』)의 창작 시기는 1917년 3월로 격월간지 『마르시아스』(제1집, 1917년 7/8월호)에 처음 수록되었다. 이 작품의 해석을 위해 먼저 작품 전문을 인용한다.

우리는 조국을 지키는 데에 너무 소홀했던 것 같다. 우리는 지금까지 그 일에는

---

48 *Die Bibel*, nach der Übersetzung M. Luthers, Stuttgart, 1975, I, Mose 11.

마음을 쓰지 않고, 우리 일에만 몰두해 왔다. 그러나 최근의 사건들은 우리를 근심스럽게 만들고 있다.

나는 황제의 궁궐 앞 광장에 구두 수선소를 가지고 있다. 새벽에 내가 가게문을 열자마자, 나는 이곳으로 통하는 모든 골목 입구가 무장한 사람들에 의해 점령되어 있는 것을 보게 된다. 그러나 그들은 우리의 군사가 아니라 북방의 유목민들이다. 그들이 국경으로부터 아주 멀리 떨어져 있는 이 수도까지 어떻게 쳐들어왔는지 나로서는 이해가 가지 않는다. 여하튼 그들은 여기에 있고, 아침마다 그 숫자가 불어나는 것 같다.

그들은 자신들의 천성에 맞게 노천에서 야영을 하는데, 왜냐하면 주택을 싫어하기 때문이다. 그들은 칼을 갈거나 화살을 뾰쪽하게 만들거나 말을 훈련시키는 일에 전념하고 있다. 항상 지나칠 정도로 청결하게 유지되는 이 조용한 광장을 그들은 하나의 진짜 마구간으로 만들었다. 우리는 이따금씩 우리의 상점에서 뛰어나와 적어도 그 지독한 쓰레기들을 치우려고 노력하지만, 그것도 점차 뜸해져 가고 있다. 왜냐하면 그런 힘든 노력은 아무 소용이 없었고, 그 보다도 사나운 말 밑에 깔리거나 채찍에 맞아 부상당할 위험이 있기 때문이다.

유목민들과는 이야기를 할 수 없다. 그들은 우리의 언어를 알지 못하며, 더욱이 그들은 그들 고유의 언어도 가지고 있지 않다. 그들이 서로 의사소통을 하는 모습은 마치 까마귀들과 흡사하다. 언제나 이런 까마귀들의 외침 소리가 들려온다. 우리들의 생활 방식, 우리들의 시설물들은 그들에게는 중요하지 않을뿐더러 이해되지도 않는다. 그렇기 때문에 그들은 모든 기호 언어에 대해서도 거부적이다. 너의 턱이 탈구가 되거나 손목이 뒤틀릴 수도 있다. 그러나 그들은 물론 너를 이해하지 못한 것이며, 결코 이해하지 못할 것이다. 종종 그들은 얼굴을 찌푸린다. 그럴 때면 그들 눈의 흰자위가 돌고, 그들의 입에서는 거품이 인다. 그렇지만 그들은 그것으로 무엇을 말하고자 하거나 놀라게 하려는 것은 아니다. 그들은 그렇게 생긴 사람들이기 때문에 그렇게 할 뿐이다. 그들은 자신들이 필요로 하는 것을 갖는다. 그들이 무력을 사용한다고 말할 수는 없다. 그들이 손을 뻗치면, 사람들은 옆으로 물러서서 모든 것을 그들에게 맡긴다.

그들은 나의 저장물 중에서도 좋은 것을 많이 가져갔다. 그러나 예를 들어서 푸줏간 주인에게 생긴 일을 생각해 보면, 나는 불평할 수가 없다. 그가 물건을 들여놓기가 무섭게 유목민들은 그에게서 전부를 빼앗아 삼켜 버린다. 유목민의 말들도 역시 고기를 먹는다. 가끔 한 기수가 자신의 말 곁에 누워 있고, 그들은 고기 조각의 양 끝에 각각 매달려 먹어들어가므로 그 사이가 점점 가까워진다. 푸줏간 주인은 겁에 질려 고기 공급을 감히 중단하지도 못한다. 우리는 그것을 이해하고 있으며, 함께 돈을 내서 그를 보조하고 있다. 만약 유목민들이 고기를 얻지 못하면, 그들에게 무슨 일을 할 생각이 날지 누가 알겠는가. 그들이 매일 고기를 얻는다고 해도, 그들에게 어떤 생각이 떠오를지 아무도 모르는데 말이다.

최근 푸줏간 주인은 적어도 도살하는 수고만은 덜 수 있을지 모른다고 생각했다. 그래서 그는 아침에 살아 있는 황소를 한 마리 가져왔다. 그는 그 짓을 두 번 해서는 안 된다. 나는 한 시간가량 내 작업장 맨 뒤쪽 바닥에 엎드려서 모든 옷가지며 이불, 방석들을 내 위에 쌓아 올렸다. 그것은 황소의 울부짖는 소리를 듣지 않기 위해서였는데, 유목민들이 사방으로부터 그 황소에게 달려들어 이빨로 황소의 따뜻한 살점들을 뜯어냈기 때문이다. 조용해지고 나서도 한참이 지나서야 비로소 나는 바깥으로 나갈 엄두가 났다. 포도주 통 주위의 술꾼처럼 그들은 피곤해진 몸으로 황소의 잔해 주위에 누워 있었다.

바로 그때 나는 황제도 몸소 궁궐의 창문 안에서 바라보고 있으리라고 믿었다. 그는 전에는 한 번도 이 바깥 거처에 나온 적이 없으며, 언제나 가장 깊은 궁궐 안뜰에서만 살아 왔다. 그러나 적어도 내가 보기에 이번에는 정말 그가 창가에 서서, 머리를 떨군 채 자신의 궁궐 앞에서 벌어지는 일들을 바라보고 있는 것처럼 보였다.

〈어떻게 되려나?〉 하고 우리 모두 자문해 본다. 〈우리가 얼마 동안이나 이 짐과 고통을 참아 내야 될까?〉 황제의 궁궐은 유목민들을 유혹했지만, 그들을 다시 몰아내는 방법은 알지 못한다. 궁궐 성문은 닫혀 있다. 예전에는 언제나 장중하게 안팎으로 행진하던 보초병도 감옥에 가 있다. 우리 수공업자들과 상인들에게 조국의 구원이 맡겨져 있다. 그러나 우리는 그러한 과제를 감당해 낼 수가 없다. 물론 그럴 만한 능력이 있다고 자랑해 본 적도 없다. 그것은 하나의 오해이며, 우리는 그것으로 인해서 몰락해 가고 있다.(E 118 f.)

이 작품의 제목인 〈낡은 쪽지〉는 어떤 절박한 상황이 기술되어 있는 오래된 문서를 말한다. 그 내용에 따르면 〈조국〉이라고만 표기되어 있을 뿐 더 이상 자세한 설명이 없는 어느 나라가 북방 유목민의 침입을 당한다. 이 텍스트에는 외부의 무정부적 폭력으로 국가가 위협받고 있음에도 제대로 대처하지 못하는 상황이 묘사되어 있다. 정부와 시민들이 적에게 승리하지 못하는 이유는 개개인이 공동체와 동일성을 갖지 못하기 때문이다.[49]

정신이 혼란된 사람이 전하는데 우리의 미래에는 오직 고통받는 사람이 있다. 앞의 「도시 문장」에서는 일상의 난국으로부터 구원의 열망이 주제이고, 이 「낡은 쪽지」에서는 난국의 책임에서 벗어남이 중심 사상이다.

일인칭 서술자인 구두 수선공이 자기 도시로 미개적인 유목민의 침입을 묘사하고 있다. 고기를 먹어 치우며 왕궁 앞의 광장에 마구 쓰레기를 버리고 있는 북방 유목민은 알아듣지 못하는 〈까마귀Dohlen의 말〉(E 119)을 한다. 그 유목민들은 원하는 것을 빼앗고 시민들은 그 미개인들의 요구에 저항하지 못하고 따라가고 있다. 시민들에게서 저항은 기대할 수 없고, 그들은 단지 자기 행동만 할 뿐이다.

어쩔 수 없는 환경에 처해 있는 구두 수선공은 무언가 기대하는 마음으로 왕궁으로 시선을 돌린다. 그러나 황제는 자기에 주어진 책임을 하지 못한다. 카프카는 이에 대한 비난을 어느 놀라운 순간에 황제의 짧은 응시 행위로 형상화한다. 황제는 창가에 서서 머리를 떨군채 자신의 궁궐 앞에서 벌어지는 일들을 바라만 보는 것처럼 보인다. 그것은 후회와 고뇌의 몸짓이다. 한 정권이 항복하자, 그 도시에서는 낯선 민족의 침입에 대한 저항이 생기지만 황제가 궁의 창가에서 고개를 떨구고 있는 모습을 보이거나 국민들이 〈어떻게 되려나?〉 하고 불안해 하는 것은 그들이 침입자를 물리칠 용기와 힘이 없다는 것을 보여 준다. 결국 옛것이 새것에 대적할 능력이 없는 것이다.

우리 수공업자들과 상인들에게 조국의 구원이 맡겨져 있다. 그러나 우리는 그러한 과제를 감당해 낼 수가 없다. 물론 그럴 만한 능력이 있다고 자랑해 본 적도 없다.

49 Hartmut Müller(권세훈 외 역), 『카프카 문학 사전』, 학문사, 1999, 38면.

그것은 하나의 오해이며, 우리는 그것으로 인해서 몰락해가고 있다.(E 120)

따라서 저항은 잘못된 생각이며, 그들은 그 저항으로 몰락해 가고 있다고 언급되어 있다. 이것은 잘못된 생각이 아니다. 「낡은 쪽지」의 전 내용은 오해, 특히 바빌로니아의 탑 축조와 비교될 수 있는 위대한 신화적 오해를 증명하고 있다. 책임이 있는 전능한 황제의 정치적 신화는 문명을 벗어난 이국 세력의 침입을 겪는다. 그들에게는 합병 외에 어떤 방법이 없다. 여기에는 위협을 완화시키고 이국적인 것을 알릴 필요가 있다. 그러나 이러한 이례적인 충돌에서 명확히 나타나는 신화적 오해는 황제의 권한은 당연한 것으로, 전복될 수 없고, 국민의 이익을 위하는 것이다.

이 작품의 이야기는 노동과 조국 두 가지 해석으로 구분된다. 거칠은 유목민의 반문명적 위협에도 단순한 시민들의 노동은 유지된다. 일상 노동에 대한 위협은 조국에 대한 위협보다 훨씬 적다. 정치적-신화적 성격의 조국은 더 이상 권리를 갖지 못하는데, 거기에 담긴 이념이 혹독한 현실에 의해 부정되기 때문이다.

「낡은 쪽지」의 〈북방 민족〉처럼 카프카 소설에서는 〈북방〉이라는 비유가 부정적인 개념으로 암시되는 경우가 많다. 혹한의 북방에서 온 자유 분방하고 광포한 유목민들은 카프카에게는 언제나 인간 내부의 안전과 합리적이며 경험적인 이해를 벗어나고 있다.

예를 들어 「재칼과 아랍인」에서 〈순수함, 우리들은 순수함 이외에는 아무것도 원치 않는다〉(E 124)라는 세상을 뼛속까지 정화하고자 하는 재칼의 외침은 북방 민족의 부정적 개념에 대한 반항이다. 재칼들은 모순 속에 있다. 아랍인들에 대한 노골적인 혐오감이 있으나 재칼들은 아랍인들을 죽일 수 없어서 추운 북방의 고지대 사람들에게 그들의 과제를 대행시킨다. 〈우리는 알고 있소. 당신이 북쪽에서 왔다는 사실을 말입니다. 그리고 바로 거기에 우리는 희망을 걸고 있소〉(E 122)라고 가장 연장자인 재칼이 말한다. 결론적으로 북방에서 온 이방인이 살아있는 모든 것에서 피를 빨아먹으면서, 매우 오래된 싸움을 종식시켜야만 한다.

이렇게 〈북방 민족〉에 대한 부정적인 맥락에서인지 『만리장성의 축조』에서도 성벽 건축의 가장 중요한 목적이 〈북방 민족들Nordvölker〉(B 51)의 침입에 대한 방어인데 이에 부합되지 않는 현실이 한탄스러워 다음과 같이 외친다. 〈이 성벽은 일반적으로 유포되고 알려진 것처럼 북방 민족들을 막기 위한 발상이었다. 한데 어떻게 한꺼번에 건축되지 않은 성벽이 보호막이 될 수 있겠는가. 그야말로 그런 성벽은 보호막이 되지 못한 것은 물론 건축물 자체가 지속적인 위험에 처하게 된다.〉(B 51)

따라서 카프카의 작품에서는 부정적인 의미를 띤 〈북방〉과 반대 개념인 〈남방〉에 대한 동경이 자주 나타난다. 카프카의 한 미완성 소품을 예로 들어 보면, 서술자가 저녁에 집에 돌아왔을 때, 방 한가운데에서 책상과 같은 높이의 아주 커다란 알을 발견한다. 알에서 아직 깃도 나지 않은 짧은 두 날개로 파닥거리는 황새 한 마리가 나온다. 〈이 세상에서 넌 무엇을 하고 싶니?〉(H 105)하고 나는 묻고 싶었다. 서술자는 이 거대한 새가 자신을 저 멀리 〈남쪽 땅*die südlichen Länder*〉(H 105)으로 운반해 가주었으면 하는 희망을 품어 본다.

이는 괴테 등 많은 독일 작가들이 남쪽 땅인 이탈리아나 그리스를 동경하는 동기와 유사하다. 괴테를 비롯하여 현대 작가에 이르기까지 거의 예외 없이 남방 국가가 동경된다. 그 이유는 짐멜Georg Simmel의 견해에 따르면, 그 토지의 아름다움과 그것이 제공하는 풍물에 대한 동경뿐만 아니라, 북방의 생활과 극단적으로 상이한 남방 생활에 대한 동경이다. 미지의 것을 대립을 통하여 구출하고 갈구하였다는 것이 바로 진정한 동경인 것이다. 이러한 남방 문학의 동경을 나타낸 대표적 작품으로 괴테의 시 「미뇽의 노래」를 들 수 있다.

그대는 아는가, 레몬꽃 피는 나라,
그늘진 잎 사이에 황금빛 오렌지 빛나고,
푸른 하늘에선 산들바람 불어오고,
미르테 고요히, 월계수 높이 솟은,
그대여 그곳을 아는가?
그리로, 그리로!
오, 내 사랑, 같이 가고파라!

그대는 아는가, 둥근 기둥이 지붕 받치고,
홀은 화려하고 방 안은 나지막이 빛나고,

가엾은 아이여, 무슨 일을 당하였느뇨? 라고
대리석 조상(彫像)이 나를 보며 묻는,
그대여 그곳을 아는가?
그리로, 그리로!
아, 나의 보호자, 같이 가고파라!

그대는 아는가, 그 산, 그 구름길을?
노새는 안개 속에 길을 찾아 헤매고,
동굴에는 해묵은 용들이 살고 있고,
바위는 떨어지고 그 위에 폭포 흐르는,
그대여 그곳을 아는가?
그리로, 그리로!
오, 아버지, 같이 가세요!

Kennst du das Land, wo die Zitronen blühn,
Im dunkeln Laub die Goldorangen glühn,
Ein sanfter Wind vom blauen Himmel weht,
Die Myrte still und hoch der Lorbeer steht,
Kennst du es wohl?
Dahin! Dahin
Möcht' ich mit dir, o mein Geliebter, ziehn!

Kennst du das Haus, auf Säulen ruht sein Dach,
Es glänzt der Saal, es schimmert das Gemach,
Und Marmorbilder stehn und sehn mich an:
Was hat man dir, du armes Kind, getan?
Kennst du es wohl?
Dahin! Dahin

Möcht' ich mit dir, o mein Beschützer, ziehn!

Kennst du den Berg und seinen Wolkensteg?
Das Maultier sucht im Nebel seinen Weg,
In Höhlen wohnt der Drachen alte Brut,
Es stürzt der Fels und über ihn die Flut:
Kennst du ihn wohl?
Dahin! Dahin
Geht unser Weg; o Vater, laß uns ziehn!

이 시의 1연에서는 남쪽 나라 고향의 자연이, 2연에서는 남쪽 나라 고향의 예술이, 3연에서는 알프스를 넘어 이탈리아로 가는 길이 묘사되고 있다. 결국 이 노래는 남쪽 나라 고향에 대한 동경을 표현하고 있다. 이 시의 첫인상은 맑은 하늘의 따뜻한 남국 이탈리아를 연상시키는 식물들의 모습에서 찾을 수 있다. 이 시는 낭만적이고 환상적인 분위기로 한 번만 읽어도 산뜻하고 아름답게 느껴진다. 미지의 세계를 향한 동경이 가득 담긴 이 시는 괴테가 터득한 시작(詩作) 기술의 전면적 활용이라는 점에서 매우 성공적인 효과를 보여 주는 작품으로 주목된다. 우선 첫 행을 읽어 보면 아주 담담한 사실적 묘사가 눈에 들어온다.

레몬 꽃이 피고 오렌지가 나무에 달려 있다. 이것은 이탈리아의 봄을 말하는 전형적인 표상이다. 그럼에도 불구하고 여기서는 어떤 특정 계절과 관계가 있다기보다는 오히려 시간을 초월한 인상이 강하다. 꽃과 열매들이 마치 낙원에서 파우스트와 헬레나가 어울리는 전원적인 동굴에서처럼 서로 얽혀 있다. 어떤 과거도, 어떤 미래도 존재하지 않는다. 완전한 순간으로 영원히 투명하게 비치고 있다.[50] 『파우스트』에도 이러한 식물적 천국의 분위기를 보여 주는 장면이 있다. 황제의 궁정에서 벌어지는 가장 행렬에 참가하면서, 일군의 정원사 여성들이 나와 〈정교하게 반짝이면서 우리들 꽃들은/1년 내내 끊임없이 피어난다.〉(5098행 이하)라고 꽃들

---

50 한국 괴테 협회(편), 『괴테 연구』, 문학과 지성사, 1985, 301면.

의 아름다움을 읊는 장면이 「미뇽의 노래」와 같은 분위기로 묘사되고 있다.

시적 영감과 영원한 젊음의 상징[51]이자 아폴로의 나무[52]인 미르테와 월계수(4행)는 남녀의 온화한 감정을 나타내는 낭만적 성격을 띠고 있다. 이 두 식물은 고대의 화해를 나타내는 지혜의 상징이다.[53] 미르테와 월계수는 이탈리아의 상징으로 독일 문학과 미술을 지배하고 있다. 다정한 형태로, 또 신화적 숭배의 대상으로 미르테와 월계수가 「미뇽의 노래」에 등장한다. 괴테는 실제로 사랑의 상징으로 연인들에게 이 미르테와 월계수를 자주 보냈다. 한 예로 프랑크푸르트에 있는 그의 연인 마리안네에 편지와 선물이 오갈 무렵 그녀에게도 미르테와 월계수 잎을 보냈는데, 여기서 미르테와 월계수는 행복한 시절의 추억과 〈하템Hatem과 줄라이카 Suleika〉[54] 사이에서처럼 사랑과 시작(詩作)의 상징이 된다.[55] 또한 이것들은 신화에서 성스러운 식물로 암시되기도 한다.

카프카는 이러한 남방에 대한 동경과 상반되는 북방의 부정적인 내용을 「낡은 쪽지」에서 북방 유목민이 고기를 먹는 모습, 특히 쇠고기를 날것으로 먹는 모습으로 극적으로 나타내고 있다. 육식이 반문명적인 야만 행위로 부정적 관점의 극치가 되는 것이다. 이에 따라 먼저 육식 행위를 종교적·사회학적으로 분석해 보자. 인간의 육류(肉類) 선호는 문명 진화 과정에서 동물을 도구로 이해했기 때문이라고 독일의 난 멜링거가 저서 『육류Fleisch』에서 지적했다. 신석기 시대 사람들은 산 동물을 고기로 만들려면 가죽, 우유, 노동력을 포기해야만 했다. 그래서 신에게 기원을 할 때만 산 동물을 잡았다. 신의 권능을 갖추려는 지배자는 신적 능력을 과시하기 위해 육류를 독점했다. 권력과 결탁한 종교는 특정한 동물을 신성시하거나, 먹지 못하도록 강요함으로써 지배 이데올로기를 정당화시켰다. 육류에 속박당한 인류는 고기 욕구를 문화적으로 제도화시켰는데, 맥도날드의 햄버거나 치킨 식

---

51 Marcel Reich-Ranicki, *Frankfurter Anthologie*, 11. Bd., Frankfurt/M., 1976, S. 51.

52 Marcel Reich-Ranicki, a.a.O., S. 51.

53 Marcel Reich-Ranicki, a.a.O., S. 51.

54 〈트리스탄과 이졸데〉, 〈로미오와 줄리에〉 등의 서양의 전설적 사랑의 쌍과 유사하게 중동에서는 〈방랑의 상인 하템과 그의 연인 줄라이카〉의 전설이 있었다. 이의 소재가 수용되어 괴테는 자기 연인 마리안네를 줄라이카로 부르고 그녀는 괴테를 하템이라 불렀다.

55 Richard Friedenthal, *Goethe, Sein Leben und seine Zeit*, München, 1978, S. 683.

품 등이 대표적이다.

카프카는 삶 자체가 종교임을 보여 주고자 했을까. 인간이 사는 원동력은 대립되면서도 대립되지 않는다. 하나가 다른 하나로 되는 끝없는 변화 과정만이 있을 뿐이다. 이는 우리의 일상적 삶 자체가 하나의 종교적 장임을 보여 준다. 따라서 카프카는 종교를 우리의 일상 자체로 끌어들이고 있다. 최고의 교육자는 자연이다. 인간은 삶에서 구원의 의미를 볼 수 있는 것이다. 세상에서 장수하는 동물, 즉 거북이나 코끼리 등은 모두 초식(草食) 동물인데, 여기에는 다른 생명을 해치지 않아야 나의 생명도 누릴 수 있다는 상생의 섭리가 담겨 있다. 따라서 세계의 주요 종교와 전설에서도 신성시되는 동물을 보면 모두 육식(肉食)이 아닌 초식 동물이다. 꿈에 나타나면 재수가 좋다 하여 복권을 사게 하는 동물도 보면 돼지나 소 등 육식을 하지 않는 동물이다. 인도에서 신성시되는 소, 불교에서 신성시되는 코끼리와 거북이 등도 모두 초식 동물이다. 우리 고유의 신화 〈나무꾼과 선녀〉에서 선을 베푸는 것도 초식 동물인 사슴이고 중국 신화 〈견우와 직녀〉에서도 선을 행하는 것 역시 초식 동물인 소인 것처럼 신화나 전설에서도 선한 행위를 베푸는 동물은 모두 초식 동물이다.

반대로 성서 등에서 사악한 동물로 여겨지는 뱀 등을 보면 모두 육식 동물이다. 이솝 우화나 민담 등에서도 간사하거나 사악한 동물들은 여우나 늑대, 고양이 등으로 육식성 동물이다. 남의 생명을 해치지 않아야 신성시 된다는 상생의 법칙이 담긴 것이다. 이는 불교나 힌두교 등에서 주장하는 불살생의 원리에 관련된 업보(業報)*Karma*를 나타낸다. 이러한 내용이 우리나라 이제하의 단편 소설 「초식」에 잘 나타나 있다.

선거철만 돌아오면 초식에 돌입하면서 선량에 입후보하는 부친의 직업은 얼음 도매상이다. 그의 포부는 터무니없이 거창하다. 그가 선량이 되려는 것은 고기 먹는 자들의 무자비한 폭력을 저지시키고 이 땅에 풀 먹는 자의 평화를 이루게 하기 위해서이다. 결국 상황이 절망적임을 깨달은 그는 막바로 그 폭력의 근원지인 도살장을 찾아간다. 더 이상 소를 죽이지 말라고 그 주인을 설득하기 위해서이다. 물론 그 주인은 콧방귀도 뀌지 않는다. 반만 년만에 찾아온 민초들의 온전한 축제인 4·19 혁명이 일어났을 때 부친은 다시 그 도살장 주인을 찾아가 광목에 풀초(草) 자를 혈서로 쓰면서 설득해 본다. 역시 실패다. 이제 오히려 도살장 주인이 그를 설득시키는 사건이 벌어진다. 5·16 군사 쿠데타가 일어난 직후다. 그 설득은 단 한번에 이루어진다. 혁명을 축하하기 위해 공민학교 운동장에는 커다란 가마솥이 걸리고 그 도살장 주인이 소 한 마리를 잡는 살육의 잔치가 벌어진다. 모두가 잠든 어둠 속에서 숨죽이며 자행됐던 살육은 이제 천의 시선이 주목하는 대낮에 공공연히 자행된다. 부친이 설득하려 할 때에는 그토록 완고한 몸짓으로 거부하던 민초들이 운동장에 구름처럼 모여 도살장이가 소의 정수리로 날렵하게 내려찍는 도끼 솜씨에 열광한다. 그러고 나서 익힌 고기 한 점과 삶은 국물 한 사발을 얻어 마시며 환호하는 것이다.

아무 음식이나 함부로 먹지 못하도록 하는 전통의 상속자이면서 실제로 어떤 음식을 먹어야 좋은지에 대한 처방과 규칙을 카프카는 몰랐거나 거부했다. 따라서 카프카는 주변 사람들의 식생활 습관도 거부했다. 그의 주변에는 음식물의 규정을 세세히 준수하는 유대인들이 거의 없었다. 예민하고 쇠약해진 위를 위한 적절한 식이 요법이라는 핑계로 카프카는 엄격한 육류 금지 사항들로 이루어진 식생활 습관을 받아들였다. 뢰비와 그의 단원들이 그에게 유대인의 삶에 대한 향수를 불러 일으키던 1912년, 카프카는 고기·생선·달걀 등을 끊었다. 내적으로나 외적으로 무엇도 느슨함을 허락하지 않는 순전히 제한 원칙에 의거해 스스로를 통제해야 했던 카프카는 엄격한 금욕을 해결의 대안으로 택해서 아예 먹지 않아도 될 날을 기다리게 된다.[56]

이렇게 카프카는 육류 금지에 관한 규칙들을 준수하는 데 있어서 아주 엄격하고 완고했다. 예를 들어 약혼녀 펠리체 바우어도 시오니즘에 대해서는 그녀 마음대로 생각할 수 있었지만 고기를 먹는다든지 〔……〕 하는 문제는 그녀가 카프카와 결혼하기로 결심한다면 포기해야 할 사항들이었다. 그리고 그녀는 이 문제에 있어서는 카프카가 절대로 양보하지 않을 것임을 깨달아야 했다. 사실 절대로 양보 불가능한 이 점이 그의 파혼의 큰 원인이기도 했다. 그런데 그가 어떤 일관성 있는 형이상학적 종교의 신념으로 그런 완강한 태도를 택했느냐 하면 그렇지도 않았다. 그

---

56 마르트 로베르(이창실 역), 『프란츠 카프카의 고독』, 동문선, 2003, 137면.

는 이론적으로 채식주의가 특별한 가치를 지닌다고 생각하지도 않으면서 채식주의자였다.[57]

이런 맥락에서 카프카는 동물성의 음식물 내지 고기에 대해, 따라서 거기에 연관된 백정에 대해, (고기를 씹는) 이빨에 대해, 더러운 혹은 금을 씌운 거대한 이빨에 대해 항상 강박 관념을 보여 주고 있다. 따라서 카프카에게 고기를 먹는 이빨이 자주 주제를 이룬다. 백정이었던 할아버지, 정육점에 대한 어깨 너머식 교육, 펠리체의 턱뼈, 마리엔바트에서 펠리체와 잘 때를 제외하곤 지속되었던 육식의 거부 등이 카프카에 대한 아름다운 텍스트를 이룬다.

펠리체와 첫 번째 만남 직후 채식주의자인 카프카는 그녀의 피가 풍부한 근육질의 팔에 매혹되고 육식성의 큰 이빨에 섬뜩해한다. 그것은 펠리체와 카프카 사이의 중요한 문젯거리 가운데 하나였다. 백정에 의해 감시당하는 『단식 예술가 Ein Hungerkünstler』는 자신의 이력의 마지막을 날고기를 먹는 야수에서 마치게 된다.[58]

역시 카프카의 작품「잡종Eine Kreuzung」에 나오는 동물은 맹수의 치아를 갖고 있으면서도 우유를 마시고, 닭을 잡으려고 여러 번의 호기를 포착하면서도 살육을 감행한 적이 없고, 고양이를 보고 내빼지만 새끼 양을 보면 달려오는 이른바 살육을 싫어하는 동물이다.「재칼과 아랍인」에서 재칼은 〈우리는 물론 그들을 죽이지 않소. 〔……〕 우리들은 그들의 살아 있는 육체만 보아도 도망치지요. 보다 순수한 공기 속으로, 사막으로. 사막은 그렇기 때문에 우리들의 고향이지요〉[59]라고 외친다. 육식의 본능이 있는 야수 재칼이 육식을 피하는 장면이다.

7.「황제의 칙명」

「황제의 칙명」은 작가가 생존했을 때 출판되지 않았으며 1917년 3월에 쓰여진

---

57 마르트 로베르(이창실 역), 같은 책, 123면 이하.
58 질 들뢰즈/펠릭스 가타리(이진경 역), 『카프카』, 동문선, 2001, 51면 이하 참조.
59 카프카(이주동 역), 『프란츠 카프카 전집』, 솔 출판사, 1997, 230면.

것으로 추측되는 『만리장성의 축조』의 일부이다. 카프카는 이 「황제의 칙명」을 1919년 쿠르트 볼프 출판사에 의해 뮌헨과 라이프치히에서 발행된 단편집 「시골 의사」에 포함시켰다. 이 작품의 분석을 위해서 먼저 「황제의 칙명」 전문을 인용해 본다.

　　황제가 — 그런 이야기가 있다 — 한낱 개인에 불과한 〈그대〉에게, 그것도 황제의 태양 앞에서는 아주 먼 곳으로 피신한 왜소하고 초라한 신하, 바로 그러한 〈당신〉에게 임종의 침상에서 칙명을 보냈다. 그 칙사를 황제는 침대 옆에 꿇어앉히고 그의 귀에 그 칙명을 속삭이듯 말했다. 그 칙명이 황제에게 매우 중요했으므로, 그는 칙사에게 그 말을 자신의 귀에 되풀이하도록 시켰다. 그는 머리를 끄덕여 그 말이 맞다는 것을 시인했다. 그리고는 그의 임종을 지켜보는 모든 사람들 앞에서 — 장애가 되는 벽들을 모두 허물어지고, 멀리까지 높이 뻗어 있는 옥외 계단 위에는 제국의 위인들이 빙 둘러서 있다 — 이러한 모든 사람들 앞에서 그는 칙사를 떠나보냈다. 칙사는 곧 길을 떠났다. 그는 지칠 줄 모르는 강인한 남자였다. 그는 양팔을 앞으로 번갈아 내뻗으며 군중 사이를 뚫고 지나갔다. 제지를 받으면 태양 표지가 있는 가슴을 내보인다. 그는 역시 다른 누구보다도 수월하게 앞으로 나아갔다. 그러나 사람들의 무리는 너무나 방대했다. 그들의 거주지는 끝이 없었다. 거칠 것 없는 들판이 열린다면 그는 나는 듯이 달려갈 것이고 그리고 머지않아 〈당신〉은 그의 주먹이 당신의 문을 두드리는 굉장한 소리를 들었을 것이다. 그러나 그렇게 하는 대신 그는 속절없이 애만 쓰고 있으니. 그는 여전히 심심 궁궐의 방들을 헤쳐 나가고 있다. 그러나 결코 그 방들을 벗어나지 못할 것이고, 그가 설령 궁궐을 벗어나는 데 성공한다 하더라도 아무런 득도 없을 것이다. 계단을 내려가기 위해서 그는 스스로와 싸워야 할 것이고, 설령 그것이 성공한다 하더라도 아무런 득이 없을 것이다. 궁궐의 정원은 통과할 수 있을지 모른다. 그러나 그 정원을 지나면 두 번째로 에워싸는 궁궐, 또다시 계단과 정원, 또다시 궁궐, 그렇게 수천 날이 계속될 것이다. 그래서 마침내 그가 가장 외곽의 문에서 밀치듯 뛰어나오게 되면 — 그러나 그런 일은 결코, 결코 일어나지 않을 것이다 — 비로소 세계의 중심, 침전물들로 높이 쌓인 왕도(王都)가 그의 눈앞에 펼쳐질 것이다. 어느 누구도 이곳을 뚫고 나가지는 못한다. 비록 죽은 자의 칙명을 지닌 자라 할지라도 — 그러나 밤이 오면, 〈당신〉은 창가에 앉아 그 칙명이 오기를 꿈꾸고 있다. 정확히 그렇게 우리네 백성들은 그처럼 희망 없이 그리고 희망에 가득 찬 황제를 본다.(E 128 f.)

1917년 3월 카프카는 쇤보른 궁에서 방 둘짜리 집을 세냈다. 18세기 한 백작의 궁이었는데 지금은 여러 가구가 살고 있는 쇤보른 궁은 성(城) 아래 쪽의 쑥 들어간 면에 있었고 그곳에는 라우렌치Laurenzi 산의 발치까지 펼쳐진 커다란 정원이 있었다. 여기서 카프카는 창작 노트를 계속 써나간다. 소위 창작 노트 제6권의 처음 몇 장에서부터 규모가 큰『만리장성의 축조』같은 작품이 시작된다. 이 작품은 프라하의 명승지, 카프카가 사는 집 바로 앞에 있는 라우렌치 산의 〈기아(饑餓)의 성벽Hungermauer〉을 보고 쓴 것이 분명하다. 그것은 어떤 식으로든 사역(使役)을 해야만 하는 죄수들에 의해 전혀 아무런 목적도 없이 축조된 성벽이다.

카프카의 작품에서 성은 부분 부분으로만 건립된다. 한 부분이 완성되면 새로운 부분을 쌓기 위해 건설 인부들은 멀리 떨어진 다른 지역으로 보내진다. 그래서 관찰자는 그것을 보고 생각한다. 〈지도층이 부분 축조를 의도하였다. 그러나 부분 축조란 다만 응급 처치일 뿐 당치 않은 것이다. 그러니 지도층이 무언가 당치 않은 것을 의도했다는 추론이 남는다.〉[60] 이러한 〈당치 않음Unzweckmäßigkeit〉과 헛된 노력에 대한 암호로서『만리장성의 축조』는「황제의 칙명」이라는 비유를 담고 있다. 이것을 카프카는 후에 문맥에서 따로 떼어내어 단편「낡은 쪽지」와 마찬가지로 (이 작품 역시 같은 주제권에 들어 있음) 단편집「시골 의사」에 수록했다.

작품「황제의 칙명」은 한 인간과 그가 동경하는 진리의 세계 사이의 불가해 한 관계를 묘사하고 있다. 황제가 그대에게, 즉 황제의 태양 앞에서는 아주 먼 곳으로 왜소한 그림자인 초라한 신하, 바로 그러한 그대에게 임종의 침상에서 칙명을 보낸다. 이때 장애가 되는 벽들은 모두 허물어지고, 멀리까지 높이 뻗어 있는 옥외 계단 위에는 제국의 위인들이 빙 둘러서 있어 마치『니벨룽의 노래』의 서술 같은 중세 기사홀의 모습이 연상된다.『니벨룽의 노래』에서 조상들은 조상들의 홀에서

60 Klaus Wagenbach, *Kafka*, Reinbek bei Hamburg, 1964, S. 104.

그들의 전사들을 전투로 자극하고 그들의 승리를 축하한다. 또 괴테의 『파우스트』 속에 있는 노래 「툴레의 왕Der König in Thule」에도 「황제의 칙명」처럼 장엄한 왕의 임종 모습이 있다.

왕은 마지막 어연으로 수라상 받으셨네.
기사들은 그분 주위에 서 있었지.
바닷가의 그곳 성의
높은 조상의 홀에서.

Er saß beim Königsmahle,
Die Ritter um ihn her,
Auf hohem Vätersaale
Dort auf dem Schloß am Meer.

「황제의 칙명」에서 칙사는 오직 한 개인인 〈당신Du〉에게 황제의 소식을 전하기 위하여 간다. 그런데 그 칙사는 자신의 임무를 수행하기 위하여 모든 특권을 가지고 있지만, 무슨 이유에서인지 결코 자신의 목적지인 〈당신〉에게 도달할 수 없어 신화적 성격을 띤다. 동시에 한 개인인 〈당신〉은 온 힘을 다하여 황제의 칙명을 고대하고 있으나, 오직 그를 위해 정해진 그 소식은 영원히 도착하지 않는다. 소식을 전할 칙사와 그를 맞이할 〈당신〉 사이에는 알 수 없는 무한성과 영원성이 게재되어 있어 서로를 갈라놓고 있다.

황제의 소재지에서 시간·공간적으로 끊임없는 연속성이 관심을 끈다. 카프카는 세계의 중심에 있는 황제와 세계의 어느 구석인가에 자리하고 있는 개별적인 인간 사이의 건널 수 없는 무한한 거리감과 방해물의 존재를 보여 주고 있다. 칙사는 군중의 거주지를 지나야 한다. 그런데 극복해야만 하는 헤아릴 수 없이 많은 장애가 황제의 칙명이 도달하는 데 방해를 하고 있다. 황제가 멀리 떨어져 있는 개별적인 인간에게 보내는 칙사는 〈제지를 받을 때 태양 표지가 있는 가슴을 내보이면 다른 누구보다도 수월하게 앞으로 나아간다. 그러나 황제의 칙명은 결코 백성들 개인에게 도달하지 못한다. 사람들의 무리는 너무나 방대했고, 그들의 거주지는 끝이 없기〉(E 128) 때문에 결코 그에게 도달할 수 없는 것이다. 게다가 끊임없이 펼쳐지는 수많은 궁성과 성문, 궁정 때문에 칙사는 애타게 창가에서 기다리는 개별 인간인 우리에게 도달할 수 없다. 여기에서 사건은 마치 그것이 발생되었으되 발생되지 않은 것처럼 종결되고, 끝이 났으되 또다시 일어날 수 있는 것처럼 암시된다.

이는 신비스럽고 다의적(多義的)인 마법적 시작으로 인해 결정적인 말, 결정적인 추론(推論)은 벗어나고, 항상 시작만을 제공하지 결과를 제공하지 않는 카프카특유의 기법이다. 카프카의 이야기들은 출발점 주변을 순환하다가 항상 출발점으로 재귀한다. 카프카의 주인공들은 익숙한 생존권의 관련으로부터, 심지어 친숙한 공시적인 관련으로부터 일탈되어 작품을 시작하면서도 고전적 의미에서의 종결된, 완성적인 끝을 맺지 못한다. 즉 카프카의 작품들은 언제나 그 원인이 밝혀지기도 전에 끝나 버리는 것이다. 이것은 아포리즘에서 나타나는 실낙원의 반복, 위기의 연속적인 반복과 같은 것으로 여기에는 본래적 의미의 종결이 있을 수 없다.

결국 「황제의 칙명」은 일어난 것과 일어나지 않은 것 사이에 있는 사건으로, 사건 없는 사건, 이야기 없는 이야기로 독자의 뇌리 속에 남는다. 따라서 황제의 궁궐을 서둘러 나갈 때 숫자적 세월이 서술자에 의해 경과되지 않는다. 우리의 수학적·자연과학적 시간과 공간의 일상적 관점에서 비현실적 무한성이 신화적 실체로 되는 것이다.

그러나 밤이 오면, 당신은 창가에 앉아 그 칙명이 오기를 꿈꾸고 있다. 여기에서 〈당신〉은 모든 계급 조직의 말단에 있는 버려진 개인이며 헤아릴 수 없는 엄청난 민중의 의미 없는 개인으로 인간적 상실에서 구원을 열망한다. 오지 않는 황제의 칙서를 기다리며 시간을 죽이는 〈그대〉의 무의미한 기다림은 실존의 의미를 지니는 세계는 정확히 〈모순과 이율 배반과 고뇌, 혹은 무력이 지배하는, 말로 설명할 수 없는 세계〉[61] 즉 부조리의 세계를 의미한다.

이는 니체의 사상을 나타내기도 한다. 니체는 『선과 악의 피안Jenseits von Gut und Böse』에서 결정적으로 행동할 기회를 찾기 위해서라는 명분으로 〈자신들이

---

61 알베르트 카뮈(김화영 역), 『시지프 신화』, 서울, 1997, 35면.

얼마나 기다려야 하는지, 또 그런 기다림이 아무 소용없다는 것도 모른 채 그저 기다리고 있는 사람들〉[62]이 세상 곳곳에 있다고 갈파하고 있다. 니체의 경우 행동으로 옮길 적당한 시점을 위하여 그저 지루하게 참고 기다린다는 것은 오히려 인간의 독창적인 행위에 대한 걸림돌이 된다. 다시 말해서 정작 〈행동에 허가를 주는 저 우연〉[63]이 찾아 왔을지라도 줄곧 앉아 있기만 했기 때문에 행동으로 옮길 힘은 이미 메말라 버린다는 것이다.[64]

이처럼 「황제의 칙명」에서도 언제나 무의미한 의미 추구라는 모순적이면서 파라독스적 경험과, 세계 전체를 포괄하는 존재를 규정하는 것이 불가능하다는 허탈감이 내포되어 있다.

황제의 영역에서 알려지지 않은 개인의 의미도 중요하다. 황제의 영역이 개인에게 전달되면 그 개인은 의미 없는 고독에서 벗어날 수 있다. 이러한 관계에서 황제는 의미를 부여하는 인물이다. 그런데 이러한 사례는 이뤄질 수 없다. 어떤 특정한 기능을 수행한 자만이 완전한 무관심에서 벗어날 수가 있다. 그러한 기능은 동시에 열망되나 기능자는 한정된 범위에서만 요구된다. 황제는 모자에서 우편물을 마술로 불러낼 수 있는 마술사가 아니다. 기능이 없는 의미를 열망하는 것은 비현실적이거나, 형이상학적인 요구이다.

카프카는 이러한 무의미한 황제의 칙명을 기다리는 상황을 다양한 형상으로 제시하고 있다. 「황제의 칙명」이 실린 『만리장성의 축조』에서 한 거지가 어느 지방에서 일어난 봉기자들의 유인물을 가져온다. 거기에 사용된 문자들은 우리에게는 고풍스러운 성격을 가진 것이었지만 우리는 이렇게 말한다. 〈옛날부터 들어온, 옛날에 이미 잊혀진 케케묵은 소리들〉이라고. 중국 땅이 넓다 보니, 혹은 전달하는 데 장애물이 많다 보니 황제의 칙사는 백성들에게 그 메시지를 전하지 못하거나 너무 늦게 전해지고, 백성들은 이미 죽은 황제를 살아 있는 황제로 생각하기도 하고, 이 예처럼 봉기자들의 유인물도 읽혔을 때는 이미 너무 고루한 것이 된다는 식의 내

62 F. Nietzsche, *Jenseits von Gut und Böse, Vorspiel einer Philosophie der Zukunft*, Stuttgart, 1988, S. 204 f.

63 같은 곳.

64 조정래, 「기다림의 미학」, 『독일언어문학』, 제34집, 한국독일언어문학회, 2006, 57면 이하.

용이 다루어지고 있다.

역사가에게 불합리하지만 한 공동체의 정체성의 토대가 되는 만리장성의 신화는 오직 〈희망이 없으면서 동시에 희망에 차〉 죽은 황제의 전언을 기다리는 개별자를 보여 주는 전설이다. 물론 많은 것을 듣지만 그 많은 것에서 어떤 것도 알아낼 수가 없는 먼 곳에 사는 백성들에게 황제는 단지 개념으로만 존재하며 황제가 살고 있는 북경의 존재 역시 내세보다 더 먼 곳에 위치할 뿐이다. 그들에게 〈피안의 삶 이상으로 낯선〉 북경을 상상하느니 차라리 〈북경과 황제가 하나라고 믿는 것이 더 쉽다.〉(B 61)

이는 카프카의 메시아 사상과도 유사하다. 카프카는 〈메시아는 그가 더 이상 필요 없게 될 때에야 비로소 올 것이며, 그는 메시아가 도착한 그다음 날에야 비로소 올 것이다. 그는 마지막 날에 오는 것이 아니라 가장 마지막 날에 올 것이다〉(H 67)라고 쓰고 있다. 카프카의 관점에서 최후의 심판의 날을 지나서 메시아가 더 이상 필요 없게 될 때 메시아는 출현한다는 것이다.

구중궁궐의 방들에는 사자(使者)들이 대기하고 있어 수천 년 동안 돌진했으나 황제의 칙명은 인간에게 전달되지 못하는 내용에는 〈움직임 속에 정지(動中靜)〉의 사상도 담겨 있다. 여기에 관하여 1910년 12월 17일에 씌어진 카프카의 일기에 있는 제논에 대한 고찰이 필요하다. 〈제논은 정지하고 있는 것은 정말 아무것도 없는가 하는 절박한 물음에 단지 이렇게 답하고 있다 — 그렇다, 날아가는 화살은 정지되어 있다.〉(T 23) 날아가는 화살은 우리 눈에는 단지 움직이는 것처럼 보일 뿐이지만 사실은 매순간 그 공간의 어떤 정해진 부분 속에 존재하는 것이다. 화살이 존재로서 순간적인 어떤 장소에 있다고 하는 것은 원래 정지되어 있는 것을 의미하고, 또 날아가는 화살의 비행 경로란 무한히 많은 그러한 정지의 순간들로 구성되어 있기 때문에 그 화살은 운동 중이 아니라 정지되어 있다는 것이다.[65]

마찬가지로 황제의 칙사도 화살이 나는 것처럼 끊임없이 움직이나 결국은 정지되어 있다. 결국 황제가 중재를 거치지 않고 직접 사자의 귀에 대고 속삭였던 황제의 진짜 칙령은 도착할 수 없다.

65 이주동, 「카프카의 사유 방식과 사유 형태」, 『카프카 문학론』, 카프카 연구 제2집, 범우사, 1987, 136면 이하.

심리학적으로도 세계 그 자체, 세계의 중심, 침전물로 높이 쌓인 왕도(王都)가 황제와 백성 사이에 가로 놓여 있다. 따라서 황제와 백성의 접촉은 전혀 불가능하다. 이는 「낡은 쪽지」에서 〈황제는 전에는 한 번도 이 바깥 거처에 나온 적이 없으며, 언제나 가장 깊은 궁궐 안뜰에서만 살아 왔다〉(E 120)는 내용과 유사하다. 따라서 괴테의 유언처럼 가려지고, 변경되고, 도착(倒錯)된 황제의 유언만이 백성에게 전달될 뿐이다. 괴테는 〈좀 더 많은 빛을 *Mehr Licht*〉이라는 최후의 말을 남겼다고 전해지지만 오스트리아 작가 베른하르트Thomas Bernhard는 그게 아니라 〈더는 필요 없어 *Mehr Nicht*〉였다고 주장한다. 괴테가 죽을 때 임종했던 며느리 오틸리에는 〈네 손을 다오〉가 마지막 말이었다고 하고 주치의는 괴테가 손을 들어 허공에 글자를 썼는데 글자 중의 하나가 〈W〉라고 증언했다. 이는 베르테르Werther 혹은 빌헬름Wilhelm의 머리글이거나 〈여성 *Weib*〉 혹은 〈무엇 때문에 *Warum?*〉일 수도 있다.

〈프로메테우스에 관해서 네 가지 전설이 있다〉(H 74)라고 카프카는 말하고 있다. 하나 대신 네 개의 전설. 권위 있는 하나의 이야기가 아니라 네 개의 변조된 이야기. 네 시대의 서로 다른 네 가지의 해석. 이렇게 해서 영원한 사건 속에 우발적인 시간이 도입된다. 이 전설의 최초의 진짜 형태는 알지 못하노라고 고백함으로써 카프카는 이야기의 전달 불가능을 인정한다. 따라서 후대로 넘어와서 사람들이 여전히 그것을 하나의 유일한 진리로 믿었던 시대에, 더 이상 하나의 진실만이 통할 수 없으며 합리적인 해석이 따라붙기 마련이다.

이런 배경에서 「황제의 칙명」은 카프카 문학 전체를 상징한다고도 볼 수 있다. 「황제의 칙명」에서 기다림처럼 『성』에서도 성으로의 입장 허가의 기다림이 이야기 구성의 본질적인 요소가 된다. 『성』의 K는 아무리 기다려도 자기가 원하는 성에 들어가지 못하는 사람이다. 이러한 성으로 진입의 기다림은 그 자체가 내재적인 의미에서 볼 때 불확실성과 불안 그리고 공허함을 속성으로 하는 현대인의 시대적 특성을 대변하기도 한다.

또 「황제의 칙명」의 칙사처럼 「법 앞에서」의 시골 남자는 그곳에 도달해도 출입구를 못 찾을 수도 있다. 또 출입구를 찾아 들어간다 해도 그곳에서 행복을 누릴 수 있을지를 확신할 수 없다. 인간이 그 앞에 서서 평생토록 들어가고자 애쓰는 그

법의 문을 통과하기 위해서 출입증을 제시해야 하는가? 어떤 이는 일평생 그 문을 못 찾을 수도 있고, 어떤 이는 문을 찾았으나 그 밖에서 어슬렁거리다 죽어갈 것이고, 또 어떤 이는 그 문 안으로 들어갔으나 궁전을 보지 못할 수도 있을 것이다. 또 궁전에 발을 들여놓았다 해서 누구나가 황제를 볼 수 있을까? 결국 「법 앞에서」의 기다림은 시골 남자의 죽음을 명시하고, 「황제의 칙명」에서도 기다림은 죽음을 암시하고 있다.

브로트는 〈황제가 칙사를 통해 당신에게 칙명을 보낸다〉는 전설이 궁극적으로 카프카의 종교적 기본 태도를 나타내는 하나의 의미상이라고 말하고 있다. 〈신성은 존재한다. 하지만 그것은 우리 인간의 이해 능력으로 측량될 수 없다. 인간의 의식 (감각적 이해 능력) 속에서는 근원적인 신성의 모호한 굴절이 (예외적인 경우를 빼고는) 너무나 자주 발생한다. 〈황제의 칙명〉은 당신에게 도달하지 않는다. 하지만 만일 당신이 그것을 사랑 속에서 끊임없이 (그러나 밤이 오면, 〈당신〉은 창가에 앉아서) 기다린다면 당신의 행위는 옳은 것이다.〉[66] 거기에서 〈황제〉는 〈신〉을, 그의 〈칙명〉은 〈구원의 약속〉을, 그리고 그것을 기다리는 〈당신〉은 〈구원의 믿음〉을 갈망하는 인간의 종교적 상황을 상징할 수 있다. 신교도의 신앙과 유대 민족 신앙의 토대에 따르면 신의 명령은 신앙 가운데 신에게 마음을 열 준비가 되어 있는 인간에게만 전달된다.

평자들은 신을 빼앗긴 시대라는 좌표 위에서 카프카와 니체의 비유를 동일시한다. 〈천상의 신은 죽었고, 지상의 악마도 죽었다〉고 선포한 하이네에 열광한 니체는 『즐거운 지식 *Fröhliche Wissenschaft*』의 125번째 잠언에서 그 유명한 신의 죽음을 선포한다. 니체는 여기에서 밝은 대낮에 등불을 들고 시장 바닥을 질주하며 〈나는 신을 찾고 있다〉고 외치는 한 광인(狂人)을 기술하고 있다. 이는 광인이면서 신을 찾는 디오게네스의 이중적 파로디이다. 그 광인은 조소하는 청중에게 〈신은 어디로 갔는가? 〔……〕 우리들이 신을 죽였다. 그대와 내가! 우리 모두는 살인자다〉라고 외친다. 이러한 허무주의적 사고가 2년 후의 『자라투스트라는 이렇게 말했다*Also sprach Zarathustra*』의 핵심을 이룬다.

66 Karl Brinkmann, *Erläuterungen zu Franz Kafka*, Hollfeld/Obfr, 1984, S. 56.

카프카의 동창생 베르그만H. Bergmann의 회상에 의하면 카프카는 최소한『자라투스트라는 이렇게 말했다』를 읽었다.[67] 안더스도 니체의 역사 철학상의 표어 〈신은 죽었다〉를 카프카 문학의 근본 상황으로 보고 카프카의「황제의 칙명」에서 니체 수용을 발견한다. 황제는 임종 시에 하나의 칙명을 그대, 즉 우리 인간에게 보낸다. 그러나 그 칙명은 그대에게 결국 도달하지 못한다. 황제와 우리 개별자와의 거리가 너무 멀기 때문이다. 여기서 카프카의 작품은 니체가『비극의 탄생 Geburt der Tragödie』에 전개시킨 바 있는 디오니소스적 비극의 개념과 친숙한 관계를 지닌다. 카프카의 감동적인 죽음도 결국 인간과 신의 거리감에서 나온 결과인지 모른다.[68]

이런 배경에서 니콜라이는 카프카와 니체에 있어서의 진실과 허위를 고찰하고 있다. 그는 카프카 문학을 신에게서 멀어진 시대에서의 진실 추구로 보았다. 브로트가 카프카 문학을 종교적 감정과 접목시키려는 데 반대 입장을 보이는 니콜라이는 카프카가 종교적 영역과 동떨어져 있는 진실을 구체화하고 있다고 주장한다. 정신사적 관점에서 카프카가 원형의 철학 체계의 범위 내에서 통일과 분열(대극성)의 상관 개념으로서 진실과 허위라는 명칭을 사용했다면 니체는 그것을 〈아폴로적인 것과 디오니소스적인 것〉[69]의 갈등으로 표현했다는 것이다. 니콜라이는 카프카와 니체의 공통점을 첫째 이상적인 삼박자의 재수용(가장 높은 수준의 총체성을 창조해 내기 위한 고착화된 대립의 지양), 둘째 대극적 가치 설정에 토대를 둔 진실 개념의 거부, 셋째 인간의 실존 형식이 허위의 토대 위에서만 존속할 수 있는지 여부에 대한 숙고로 요약하고 있다.[70]

67 Wiebrecht Ries, *Transzendenz als Terror, Eine religionsphilosophische Studie über Franz Kafka*, Heidelberg, 1977, S. 69.

68 김용익,『프란츠 카프카 연구』, 삼영사, 1984, 131면 이하.

69 그리스 신화에 등장하는 아폴론과 디오니소스는 각각 태양과 술을 관장한다. 아폴론이 빛이라면 디오니소스는 어둠이다. 여기에 근거해 후대는 아폴론을 이성, 디오니소스는 감성이라는 아우라를 씌웠다. 무엇이 옳고 그른가를 판단하는 것은 이성이었기에 역사에서 디오니소스는 늘 홀대 받는다. 이성은 순수와 대중을 나누고 신화와 전설을 구분하는 등 모든 것을 둘로 나눠, 어떤 때는 감성의 영역까지 침범할 때가 있다.

70 Ralf R. Nicolai, Wahrheit und Lüge bei Kafka und Nietzsche, in: *Studia Neophilologica* (46), Oslo, 1974, S. 255~271.

이렇게 카프카 문학의 특징이라고 볼 수 있는 변증법적 대극성 개념이 「황제의 칙명」에도 나타나고 있다. 베첼은 「황제의 칙명」을 문장론적 변증법으로 고찰하고 있다. 따라서 그는 이 작품을 의미론적*semantisch* 구조와 구문론적*syntaktisch* 구조의 시적 변증법*poetische Dialektik*으로 규명하였다.[71] 그는 작품 「황제의 칙명」을 10개의 문장으로 구분하고 있다.

① 황제가 — 그런 이야기가 있다 — 한낱 개인에 불과한 〈그대〉에게, 그것도 황제의 태양 앞에서는 아주 먼 곳으로 피신한 왜소하고 초라한 신하, 바로 그러한 〈당신〉에게 임종의 침상에서 칙명을 보냈다. ② 그 칙사를 황제는 침대 옆에 꿇어앉히고 그의 귀에 그 칙명을 속삭이듯 말했다. 〔……〕 ⑤ 칙사는 곧 길을 떠났다. 〔……〕 그는 역시 다른 누구보다도 수월하게 앞으로 나아간다. ⑥ 그러나 사람들의 무리는 너무나 방대했다. 그들의 거주지는 끝이 없었다. 〔……〕 ⑧ 그러나 그렇게 하는 대신 그는 속절없이 애만 쓰고 있으니. 그는 여전히 심심 궁궐의 방들을 헤쳐 나가고 있다. 〔……〕 또다시 궁궐, 그렇게 수천 날이 계속될 것이다. 그래서 마침내 그가 가장 외곽의 문에서 밀치듯 뛰어나오게 되면, — 그러나 그런 일은 결코, 결코 일어나지 않을 것이다 — 비로소 세계의 중심, 침전물들로 높이 쌓인 왕도(王都)가 그의 눈앞에 펼쳐질 것이다. ⑨ 어느 누구도 이곳을 뚫고 나가지는 못한다. 비록 죽은 자의 칙명을 지닌 자라 할지라도 — ⑩ 그러나 밤이 오면, 〈당신〉은 창가에 앉아 그 칙명이 오기를 꿈꾸고 있다.

작품은 크게 ① 황제의 칙사 이야기와 ② 칙서의 도착을 꿈꾸고 있는 서술적 당신 두 부분으로 되어 있다. 거기에 주장과 파기, 긍정과 부정이 의미론적으로 구분된다. 문장 ①~⑤는 칙사 임무의 가능성(긍정)을 묘사하고, 문장 ⑥~⑨는 칙명 도착의 불가능성(부정) 그리고 문장 ⑩은 다시 가능성(긍정)으로 새로워진다. 이러한 움직임의 구조는 끝이 없는 무한한 느낌을 준다.[72]

71 Chris Bezzel, Mythisierung und poetische Textform bei Franz Kafka, in: Karl Erich Grözinger u.a. (Hg.). *Franz Kafka und das Judentum*, Frankfurt/M., 1987, S. 198~203.
72 Chris Bezzel, a.a.O., S. 200.

작품은 구문적으로 소위 대조*Kontrast*의 차원으로 긍정과 부정의 대립으로 구성되었다는 사실이 카프카의 신화적 칙사와 비신화적 칙사를 구성한다. 작가는 서술적으로 해독(解讀)*Entzifferung*될 수 없는 과정을 만드는 것이다.[73]

작품 하반부는 접속사 *Aber*를 4번 지니는 문장으로 시작되어 카프카적인 지양운동이 훼손되지 않고 계속 진행된다. 이렇게 베첼은 카프카적 의미의 불확실성에 대해 문장론의 미세한 범위까지, 또 작품의 음향적 실체까지 파고든다.

의식(儀式)*Ritual*의 생성사(史)를 살펴보면 의식의 가상성*Scheinhaftigkeit*과 통합 기능*Integrationsfunktion*을 알 수 있다.[74] 가상(假象)*Schein*과 존재*Sein*는 서로 밀접하다. 황제는 확실히 존재하고 있다. 그러나 그는 결국 혼자서만 존재한다. 그의 의미가 개인에게는 실제로 체험되지 않기 때문에 가상으로 나타난다. 개인도 확실히 존재한다. 황제에 의해 의미를 부여받을 때 개인의 존재 가치가 있다. 그러나 황제의 의미가 개인에게 주어지지 않아서 개인의 존재는 의미 없는 가상일 뿐이다. 국민이 없는 황제는 무의미하고, 의미를 부여하는 황제가 없으면 개인도 역시 의미가 없다. 따라서 제국의 마지막 버팀목이 백성임에도 불구하고 황제는 자발적으로 그들에게 도달할 수 없다. 이와 마찬가지로 백성의 생각이 오로지 황제를 향하고 있음에도 불구하고 백성은 자발적으로 황제에게 접근할 수 없다. 양자는 서로를 신뢰하고 있지만, 아무도 상대방에 가는 통로를 찾지 못한다. 이러한 존재와 가상의 변증법에서 신화적 구조가 존재한다. 자체적 의미가 없으므로 이 두 영역은 서로 신화적 성격을 띠는 것이다. 카프카의 다음의 언급이 이에 대한 설명을 주고 있다.

왕이 되거나 왕의 심부름꾼이 되는 선택이 그들에 주어졌다. 애들의 방식으로 모두가 심부름꾼이 되려고 했다. 따라서 순수한 심부름꾼만 있어서 그들은 세계를 돌아다니며, 왕이 없기 때문에 서로 간에 의미 없게 된 전달만 외치고 있다. 그들은 자신의 비참한 삶을 끝내고 싶지만 취임 선서를 했기 때문에 그 삶을 끝낼 수 없다.(H 33)

73 Chris Bezzel, a.a.O., S. 201.
74 Karin Keller, *Gesellschaft im mythischen Bann*, Wiesbaden, 1977, S. 125.

황제와 칙사의 대립은 변증법적이다. 이 둘은 두 범위의 극복될 수 없는 간격에 의해 제기되고, 동시에 그들 존재 서로간의 의존에 의해 확립된다. 그러나 비유담적parabolisch 내용과 신화적mythisch 내용은 확실하게 구분되어 있지 않다. 카프카는 이 두 영역의 역설적 성격을 작품에 도입하여 황제와 칙사의 간격은 극복되지 않는다.

또 다른 변증법 내용인 허구의 공간에서 높은 영역과 낮은 영역의 높낮이가 황제와 그를 맞이할 〈당신〉 사이에 나타난다. 황제로 대표되는 가장 상층의 정치적 세력이 보잘것없는 개인인 시민의 세계와 대립되는 것이다. 외견적으로는 지배자와 피지배자 층이 서로 결합되어 있지만 그것은 끝없이 뒤엉켜 있어 유능한 칙사라도 거기에 도달할 수 없다. 황제 영역의 배경은 상위에 있으며, 시간적으로 선택되지 않아 영원한 통치자로서 시간을 초월하고, 항상 존재하는 형상으로 장소적 제약을 받지 않아 신화적이다.

황제의 높은 영역과 개인의 낮은 영역이 무엇인가 관계가 있다는 내용을 카프카는 무의식적으로 나타내고 있다. 위계 질서의 저변을 떠받치고 있는 집단적 선입관으로는 만족할 수 없는 높낮이를 나타내므로 카프카 이야기의 내적 형세는 철저히 불확실하게 나타나고 있다. 보통 높음은 고상하고 숭고한 것들의 거주지, 낮음은 비속하고 지상적인 것들의 거주지라는 전통적인 상징으로 취급되어 쉽게 넘어간다. 그러나 카프카의 관점에서 볼 때 이것은 큰 오류다. 예를 들어 『성』은 우리의 가치 체계에 깃든 높낮이의 관습에 대한 끊임없는 수정이다. 물론 주인공 K는 일반적인 관점대로 성을 높은 결정 기관에, 마을을 평범하고 지상적인 것들에 연관 짓는다. 그러나 이러한 높음과 낮음은 사실 편견과 사고 관습에 기인한 현상으로, 카프카 자신이 이 편견을 버리려 애쓰는 만큼 결국 K는 무거운 벌을 받는다. 시간이 경과함에 따라 K는 자신이 얼마나 큰 실수를 범했는지, 또 삶 속에서 높낮이를 제자리에 두려면 얼마나 초인적인 노력을 쏟아야 하는지를 깨닫게 된다. 이 점에서 그는 궁극적인 실패에도 불구하고 진리를 향한 큰 걸음을 내디뎠다고 할 수 있다.[75]

또 황제의 영역이 너무 멀어서 접근 불가능하다는 〈무한한 거리적 성격〉이 『성』

---

75 마르트 로베르(이창실 역), 『프란츠 카프카의 고독』, 동문선 2003, 203면 참조.

에서도 암시되고 있다. 『성』의 서두에 〈거리, 마을의 한길은 성 언덕으로 통하는 게 아니라 가까이 가기만 했다가 일부러 그러는 것처럼 휘어지며 설령 성에서 멀어지지는 않는다 해도 성에 가까워지는 것도 아니었다〉(S 15)라고 언급되어 있어 조켈이 지적하듯이 〈무한한 거리와 애매성〉[76]의 속성을 나타낸다. 이는 「이웃 마을」에서 건강한 젊은이가 평생 동안 말을 타고 가도 가까운 이웃 마을에 도착할 수 없다는 할아버지의 견해와 같다. 이렇게 목적에 도달하지 못하는 동기를 카프카는 율법의 상실로도 표현한다. 이는 오로지 충동의 힘에 의해 목적 달성을 하고자 부단히 움직이지만, 한 걸음도 그 목표에 다가가지 못한 채, 제자리 걸음을 면치 못하고 추락하는 오늘날의 군중을 암시한다고 볼 수 있다.

성경의 민족은 율법을 통한 개인들의 집약이다. 그러나 오늘날의 군중은 모든 종류의 집약에 거역한다. 그들은 내적 무법 상태를 바탕으로 분산된다. 그것이 끝없는 움직임의 원동력이다. 군중은 서두르고, 달리며 시간 속을 돌진한다. 어디로? 어디로부터 그들은 오는가? 아무도 모른다. 그들은 행군하면 할수록 더욱더 목표에 도달하지 못한다. 그들은 헛되이 힘을 소모할 뿐이다. 그들은 가고 있다고 믿는다. 그때, 그들은 ― 제자리걸음을 하면서 ― 무(無) 속으로 추락할 뿐이다. 그것이 전부다. 인간은 여기서 그의 고향을 잃어버린 것이다.(G 191 f.)

마찬가지로 「황제의 칙명」에서 황제와 〈그대〉 사이의 거리도 가까운 듯이 보이면서도 끝이 없어 역설적이다. 따라서 황제의 칙명을 받고자 하는 소망은 천천히 그러나 철저하게 해체된다. 점점 멀어져가는 공간적인 확장은 갑작스레 영겁적 시간으로 전이되면서 「법 앞에서」에서처럼 부질없고 끝없는 기다림이라는 절망을 그리고 있다.

또 무의미한 황제의 칙명을 기다리는 〈상황〉도 다양한 모델로 제시되고 있다. 『만리장성의 축조』와 「황제의 칙명」에서 주제화되었던 칙서 연락의 문제점, 즉 접근 불가능성이 『성』에서는 다른 각도로 묘사되고 있다. 황제처럼 『성』에서 절대 권

76 Walter H. Sokel, *Franz Kafka, Tragik und Ironie zur Struktur seiner Kunst*, München, 1964, S. 129.

력을 행사하는 인물로 클람을 들 수 있다. 황제의 칙사처럼 성에서 누구도 클람에 가는 통로를 찾지 못한다. 클람 역시 종종 직무상 마을에 내려오지만 마을 사람 누구와도 말을 나누지 않고, 그의 모습에 관해서 누구도 알 수 없다. 성에 관해서처럼 클람의 모습에 관해서는 분분한 의견들만이 존재한다. 황제의 상황처럼 신비와 비밀이 권력을 만들어 내는 가장 깊은 상징이 클람이다.

「황제의 칙명」에서 칙명은 『성』에서 문서와 비교될 수 있다. 성의 관료 사회가 통제 및 행정 관리의 기재로 사용하는 매체는 문서이다. 관청의 일이란 마을의 삶을 통제하고 관리하기 위하여 언제 어디서나 조서를 작성하고 기록하는 것이다. 끝없이 삶을 문서화하는 작업이 이 관료 체제의 본과제인 것이다.

이렇게 공권력이 보증하는 서류나 조서 등은 처음부터 관리 목적으로 생겨났다. 예를 들어 최초 인명부는 〈고백 성사 증명서〉로 고백 성사 여부를 확인하는 검표였다. 15세기에는 군대 용병 수를 부풀려 급료를 착복할까 봐 통제할 요령으로 병사 신분증을 발부했다. 예외일 때만 발급하던 신분증은 중세 말 통행 허가증으로 대체되면서 〈의무〉로 바뀐다. 관청의 관인이 찍히고 바야흐로 개인의 모든 움직임을 중앙에서 통제하는 지배 수단으로 자리매김한 것이다. 〈사람들은 관리들에게 호출되어 청원서를 쓰고 그것을 포기해야 되며 경찰서와 재판소로 소환된다.〉[77] 즉 〈관료주의자들에게는 인간 사이의 적대적인 관계는 결코 존재하지 않고 단지 사건만이 있을 뿐이다. 사람은 행동할 뿐, 이탈하려는 자는 조서의 번호에 의해 알려지고 조서의 진행 속으로 빠져든다. 만약 이 존재가 개인적으로 소환되어진다면 그것은 한 인격이 아니라 사건이다.〉[78]

이렇게 모든 사건, 모든 존재가 기록되고 보존되는 견고한 문서의 작업으로 처리되는 성으로 K의 접근은 「황제의 칙명」의 칙사처럼 실패한다. 매우 역설적이지만 K의 운명을 좌지우지하게 될 성으로부터의 초빙은 바로 결정적인 문서상의 증거 결여로 일어났다. 『성』에서 K는 성으로부터 들어오라는 초청장을 받기를 원한다. 이 초청장은 「황제의 칙명」에서 칙명을 기다리는 〈그대〉에게처럼 K에게 존재의 의미를 부여하는 주체인 것이다. 그러나 그 초청장은 황제의 칙명처럼 K에게

77 Ernst Fischer, *Von Grillparzer zu Kafka*, Wien, 1962, S. 338.
78 Ernst Fischer, a.a.O., S. 338.

영원히 오지 않는다. 성의 초청장은 주인공의 욕망의 시선 속에만 존재한다. 토지 측량사를 부르는 일은 수년 전에 성으로부터 허가가 났으나 마을에선 불필요성으로 해서 무효화시켰던 것이다. 그러나 이 서류는 애당초 없는 것이었다. 클람으로부터 받은 허가 공문서도 면장의 해석에 의하면 결국 빈 종이 위에 서명만 댕강 남는다. 또 성의 부서 A에서 내려진 허가와 마을 측의 대답이 서로 전달되는 과정에서 어이없는 오류도 발생하여 황제의 칙명을 답습한다. 즉 마을에서 보낸 대답은 전혀 무관한 부서 B에게 전달되는데 그것도 내용은 사라지고 봉투만 도착하며, 담당 부서였던 A는 대답을 기다리다가 결국 그 일을 잊어버린다.

또 『성』에서 연락 두절은 문자 소통의 지연성 이전에 문자 작업의 지연성으로 문제화되기도 한다. 즉 과도한 과제 속에 항상 밀리는 문서 작업의 정체성, 기록된 정보에 대한 조망을 불가능하게 하는 문서들의 홍수, 그리고 문서의 공간적 저장 능력의 한계에서 오는 분실 사건 등이다.

바르나스가 두 차례에 걸쳐 K에게 전달한 클람의 편지는 모두 클람에게서 직접 받은 것이 아니라 어느 임의의 날, 임의의 시간에 필서인들로부터 전달받은 것이다. 필서인들은 그 편지들을 수많은 문서와 편지 더미 속에서 꺼내 전해주었으므로 방금 전달을 목적으로 쓰여진 내용이 아니라 이미 거기에 오랫동안 묶여 있던 낡은 편지라는 인상을 준다. 그런데 이 편지들은 또한 K에게 바로 전달되지 않고 절망한 심부름꾼 바르나바스가 전달을 미룸으로써 지연된 후 K에게 전해진다. 문제는 일차적으로 K의 초빙과 도착이, 그리고 소설의 전 내용을 이루는 K의 투쟁이 모두 이미 시효성을 상실한 문서의 부활에 ― 그를 부른 성의 결정이든, 그에게 전달되는 편지든 ― 불과하다는 점이다. 사실상 성의 문서에 기록된 K의 존재는 이미 효력을 잃은 낡은 기억에 불과하다. 이 조망이 불가능한 문서 우주라는 거대한 미궁 체계에 도달하려는 K는 결코 그의 목적에 다다르지 못하는 영원한 황제의 칙사인 셈이다.[79]

결론적으로 「황제의 칙명」의 칙사에서 현대인의 무의미함이 암시되고 있다. 자기에게 책임이 있는 미숙함 ― 자신이 질서를 창조하며 행동하기보다는 규정대로

---

79 김연신, 「권력의 매체, 매체의 권력」, 『독일어문학』, 제28집, 한국독일어문학회, 2005, 62면.

어떤 명령을 수행하는 것 — 은 무의미한 것을 교환하게 되어 있다. 칙사는 달리고, 달리고, 또 달리는데, 종점은 보이지 않는다. 이러한 제도의 붕괴에 대한 말은 하나도 없다. 그들의 신분이 그들에 의무를 지우는 것이다. 이 칙사에 세 동기가 담겨 있다.

① 의미 없이 맹목적으로 달리는 제도와 끊임없이 재창조하는 힘(아도르노는 이 힘을 관료제라고 명명한다).

② 모든 서술은 그것의 반대로 형성되는데, 이는 무엇이 유효한지 황제가 결정하지 못하기 때문이다. 그런데 이러한 지양 움직임을 피할 수 없다. 최고의 고용주인 황제가 존재하지 않는데 칙사들은 누구에 의무감이 있겠는가?

③ 세상 신비를 모든 전달로 파악하려는 것에 대한 회의, 즉 그 전달이 무엇을 알리는지, 또 그 전달이 어디에서 오는지도 전해지지 않고 있다. 이는 모든 종류의 전달에 적용된다.

결론적으로 「황제의 칙명」 등 카프카 문학은 바로 우리 인간은 정신적이고 우주론적 세계로서의 신적인 세계와 인간 세계 사이에 불필요한 수많은 동기들, 즉 인위적인 장애물들을 건설함으로써 결국 본래의 자유롭고 진실한 생애로의 접근을 막아서 인위적인 〈가상 세계Scheinwelt〉와 〈가상적인 삶Scheinleben〉을 지상에 건립하는 사실의 암시이다. 이것이 카프카가 그리는 현대인의 비극적인 실존 상황이다.[80]

「황제의 칙명」을 현대적 개념으로 분석해 볼 수도 있다. 현대에서 편지가 지닌 상황이 작품에 반영되고 있는 것이다. 편지라는 매체의 속성이자 비밀을 풀루서 Vilém Flusser는 고대, 기다림, 희망의 원칙에서 찾는다. 그리고 기다린다는 의미에서 편지는 본래 종교적이며, 좋은 소식을 기다린다는 의미에서 성스러운 요소를 내포하고 있다고 한다.[81] 따라서 전화기가 발명되고 대중 소통 매체가 분포된 이후에도 편지는 밀려나지 않고 인간 소통의 주 매체로서 영역을 유지해 왔다. 그러나 팩스, 인터넷 등 동시성을 겨냥하는 최첨단 통신 매체들이 사용되면서 사실상 편

---

80 이주동, 「카프카의 최초의 비유 설화 『나무들』 연구」, 『카프카 연구』, 제8집, 한국카프카학회, 2000, 281면.

81 Vilém Flusser, *Die Schrift*, Göttingen, 1992, S. 102.

지는 전달 시간과 비용이란 경제적 이유에서 새로운 매체들에 밀려나게 되었다. 그와 함께 편지가 품고 있는 고유한 소통 방식에 결부된 특별한 심리 작용, 삶의 감정 및 그 문화적 맥락과도 결별을 하게 되었다.

이미 무선 연락과 전화기가 사용되기 시작한 20세기 초에 카프카가 편지라는 매체에 깊은 관심을 기울이고, 다양한 측면을 작품 세계에 조명하여 주제화한 데는 바로 편지 문화와의 결별이 은밀히 시작되는 세기라는 역사적 배경에서 이해되어야 한다. 편지의 속성은 다른 매체에 밀려나기 이전에 이미 그 자신의 기능의 변화로 사라지기 시작했다는 것이다. 초기 작품부터 후기 작품에 이르기까지 〈편지〉는 카프카 문학의 주요 모티프로서 각기 다른 강조점으로 표현되었다.

키틀러Wolf Kittler는 「선고」, 「화부」, 「변신」 등의 작품에 묘사된 〈편지 쓰기〉의 기능을 카프카의 자서전적 현실과 관련시켜 분석한다. 이 작품들의 편지 쓰기는 작가의 현실에서 충족되지 못한 욕구에서 오는 환상, 즉 문학적 글쓰기의 대용이라는 욕구 충족과 결합되어 있다는 것이다. 따라서 카프카의 『만리장성의 축조』나 「황제의 칙령」 등에서는 문자 매체 자체가 갖는 전달의 속성에 대한 반성이 주제화되고 있다.[82] 실제로 이들 작품에 문자의 시간성, 전달자와 수신자 사이에 일어나는 연락의 비동시성, 이 연락의 비동시성이 결국에 공간적 애로로 인하여 소식 전달의 불가능으로 변화되는 과정이 주제로서 형상화되어 있다.[83]

8. 「포세이돈」

이 장에서는 고대 세계와 현대 세계의 구조를 카프카의 작품 「포세이돈」을 근거로 인식하고자 한다. 카프카의 단편 「포세이돈」은 산문 소품으로 창작 시기는 1920년 말로 1936년 프라하에서 출판된 『어느 투쟁의 기록』에 처음으로 수록되었다. 이 작품의 해석을 위해 먼저 해당 작품 전문을 인용한다.

---

82 Wolf Kittler, Schreibmaschinen, Sprachmaschinen, Effekte technischer Medien im Werk Franz Kafka, in: W. Kittler, G Neumann(Hg.), *Franz Kafka, Schriftverkehr*, Freiburg, 1990, S. 100.

83 김연신, 「권력의 매체, 매체의 권력」, 『독일어문학』, 제28집, 한국독일어문학회, 2005, 52면.

포세이돈이 작업 탁자에 앉아서 셈을 하고 있었다. 모든 하천을 관할하는 당국이 그에게 계속해서 무한한 일거리를 주었다. 그가 원하는 대로 조수를 가질 수도 있었을 것이다. 물론 그 역시 매우 많은 조수들을 가지고 있었지만, 그는 자신의 직무를 매우 신중하게 받아들이고 있었기 때문에, 만사를 다시 한 번 꼼꼼하게 계산했다. 그래서 조수들은 거의 도움이 되지 못했다. 그 일이 그를 기쁘게 했다고는 말할 수 없다. 그는 단지 그 일이 자신에게 부과되었기 때문에 그것을 이행할 뿐이었다. 물론 그는 이미 가끔, 그의 표현을 빌린다면, 좀 더 즐거운 일을 신청하긴 했지만, 사람들이 그에게 여러 가지 제의를 하면 언제나 지금까지의 일만큼 그에게 적합한 일은 정말 없다는 것이 드러난다. 그를 위해서 무언가 다른 일을 발견한다는 것은 매우 어려웠다. 가령 그에게 특정한 어느 바다 하나를 지정해주는 것은 불가능하였다. 이곳에서 셈을 하는 일이 단지 아주 귀찮은 일이라는 것을 제외하고, 위대한 포세이돈은 물론 언제나 군림하는 자리를 얻을 수는 있었다. 그런데 사람들이 그에게 물 바깥에 있는 일자리를 제공하면, 그는 벌써 그 생각만으로도 불쾌했다. 그의 신적인 호흡은 불규칙해졌고, 그의 단단한 흉곽은 흔들거렸다. 게다가 사람들은 사실 그의 불만을 심각하게 받아들이지 않았다. 만약 강자가 고통을 준다면, 아무리 가망이 없는 경우라 할지라도 겉으로는 그에게 복종하려고 노력하는 척해야만 한다. 아무도 포세이돈이 정말 그의 공직을 떠나리라고는 생각하지 않는다. 태초부터 그는 바다의 신으로 정해져 있었고, 그리고 그것은 유지되어야 한다.

그는 사람들이 그에 대해서 가지고 있는 생각을 알게 되면, 큰 물결들을 삼지창으로 휘몰아가면서 대체로 화를 냈다 ― 그리고 이것은 주로 자신의 일에 대한 불만을 초래했다. 그럼에도 불구하고 그는 여기 대양의 심연에 앉아 쉬지 않고 셈을 하고 있는 것이다. 가끔 주피터에게 가는 여행만이 단조로움을 깨뜨리는 유일한 중단이었다. 그러나 그것은 대개 그가 진노해서 돌아오게 되는 여행이었다. 그런 이유로 그는 바다를 전혀 보지 못했다. 다만 올림포스 산으로 바삐 올라갈 때 슬쩍 지나칠 뿐, 정말 한 번도 바다를 두루 항해해 보지 못했다. 그는 이렇게 말하곤 했다. 자신은 세계가 몰락할 때까지 기다리고 있다고. 그때서야 아마 자신에게 조용한 순간이 생길 것이고, 종말이 오기 바로 직전에 마지막 셈을 죽 훑어보고나서 재빨리 한 번 작은 일주 여행을 할 수 있을 것이라고.(B 73)

고대 그리스 신화에 나오는 삼지창을 휘두르며 파도를 타고 대양을 통치하는 바다의 신 포세이돈이 언급되고 있다. 그러나 현대 사회의 사무실 곳곳에서 부딪칠 수 있는 서류 더미에 쌓여 일에 몰두하는 회계사의 모습이 된 카프카의 현대판 포세이돈에서는 바다를 군림하는 불사신의 모습은 조금도 찾아 볼 수 없다. 더욱이 바다의 통치자는 대양을 한 번도 통과해본 적이 없고 바다를 볼 수 있는 기회라고는 형 주피터를 방문하고자 올림포스 산에 오를 때 슬쩍 곁눈질할 때 뿐이란다. 이유는 명백하다. 카프카의 포세이돈은 〈모든 대양의 수역〉을 계산하는 임무를 통해서만 자신의 정체성을 확보할 수 있다는 강박 관념에 사로 잡혀 있고 이 과제는 끝이 보이지 않기 때문이다. 강한 의지력을 보이면서 곧 자포자기하고, 반항적으로 도전하는가 하면 또 순응하고, 이렇게 포세이돈의 자아는 분열되어 있다. 해저 깊숙한 어딘가에 사무실을 차려놓고 — 바다는 그의 통치 구역이라는 자부심을 떨쳐버리지 못한 채 — 그렇게 갈망하는 〈바다의 짧은 일주〉조차 미루면서 잠시 동안의 휴식조차 허락하지 않고 책상 앞에 앉아 다만 한 순간을, 즉 그의 일이 끝나는 그 순간을 꿈꾸듯 동경하고 있다. 지구의 종말 앞에 — 포세이돈이 희망하듯이 — 그가 바다를 일주할 수 있는 행복한 순간이 올 것인가?[84]

더욱이 그의 정체성을 선입견에 사로잡혀 오인하고 잘못 이해하는 독자들 때문에 포세이돈 자신은 고통스럽단다. 이러한 불만과 비판적 시각은 다름 아닌 독자를 겨냥한 화살이다. 계몽주의가 표방한 분석적 논리의 파괴성에 대해 비판하는 포세이돈을 통해 카프카는 신화의 필요성을 강조하고 있다.

이 작품에서는 고대 세계와 현대 세계의 대립, 행동*Handlung*의 세계와 기호 *Zeichen*의 세계의 대립, 관료주의 세계와 안티케 신화의 세계가 서로 대립하고 있다. 안티케 신화는 포세이돈의 출신 배경에 관한 틀을 제공한다. 카프카의 「포세이돈」에서는 대립적 갈등의 미해결, 인간의 적응 전략 등을 접하게 된다. 이러한 대립은 전체적 서술에서 나타나지 않고 각각의 문장에서 묘사되고 있다. 신적인 것이 관료주의적으로 양식화되는 현상은 카프카가 꿈에 취해 우수꽝스러운 형상들을 창조하는 풍자가임을 보여 준다.

---

84 장혜순, 「20세기의 살롱 문화」, 『카프카 연구』, 제8집, 한국카프카학회 2000, 312면.

처음에 포세이돈의 행위는 무의미하고 단순하게 묘사된다. 포세이돈이 고위 행정 관리로 묘사되는데 이는 바다의 신이 행정 관리로 전락하게 된 것이다. 바다의 신은 가끔 그의 상급자인 주피터의 호출을 받아 공무 여행을 하지만 원래 자신의 영역인 바다를 볼 기회를 갖지 못한다. 일반적 상식과 다른 이 사실에 대해 사람들이 알게 되면 포세이돈은 화를 낸다.

포세이돈의 신적인 혈통은 포세이돈이라는 이름에서만 작용한다. 물론 초반의 문장들에 신들의 성격을 나타내는 요소들이 들어 있다. 주피터, 올림포스 산과 세계의 몰락에 대한 언급 등이 신적 요소이다. 모든 하천을 관할하는 당국이 그에게 무한한 일자리를 준다. 무한의 개념이 없는 하천뿐 아니라 모든 대양(大洋)으로까지 넓혀지는 그의 일터의 범위는 무한하여 포세이돈의 일의 노고는 끝이 없다. 그의 일의 기간도 영원하다. 포세이돈의 형상은 신화적이기 때문에 인간적으로 확정된 시대 동안만 일을 하는 것이 아니다. 그는 이미 과거에, 그리고 앞으로도 계속 바다의 모든 힘을 손에 지닌 신이다. 포세이돈의 신적 혈통을 나타내는 또 다른 암시는 그에게 모든 바다가 아닌 특정한 어느 바다를 지정해 줄 수 없다는 서술에 담겨 있다. 포세이돈은 모든 바다의 신인 것이다. 다음에 포세이돈이 군림하는 자리를 요구한다는 언급이 있다. 서술의 중간 부분부터 〈신적인 호흡göttlicher Atem〉(B 73)이나 〈단단한 흉곽eherner Brustkorb〉(B 73) 등의 표현으로 포세이돈은 신이며 당국의 관리가 아니라는 묘사가 점점 더 빈번하게 나타난다. 그러다가 작품의 중간 부분에서 신적인 규정이 명백해진다.

게다가 사람들은 사실 그의 불만을 심각하게 받아들이지 않았다. 만약 강자가 고통을 준다면, 아무리 가망이 없는 경우라 할지라도 겉으로는 그에게 복종하려고 노력하는 척해야만 한다. 아무도 포세이돈이 정말 그의 공직을 떠나리라고는 생각하지 않는다. 태초부터 그는 바다의 신으로 정해져 있었고, 그리고 그것은 유지되어야 한다.(B 73)

여기서부터 우리 자신도 더 이상 집무실에 있지 않고, 대양의 깊이 속에 있는 것 같이 생각된다. 세계의 몰락을 언급하는 마지막 문장이 새로운 면모를 일신시키는

데, 세계 종말이 있고서야 아마 자신에게 조용한 순간이 생길 것이고, 종말이 오기 바로 직전에 마지막 셈을 죽 훑어보고 나서 재빨리 한 번 작은 일주 여행을 할 수 있기 때문이다.

처음에 포세이돈과 그의 동료의 상황이 과거 시제의 실제 상황으로 묘사된다. 앉아서 계산하는 포세이돈에 관한 두 번째 언급이 끝난 직후 시선은 미래의 가능성으로 향한다. 즉 미래의 세계 종말로 향하는 것이다.

그런 이유로 그는 바다를 전혀 보지 못했다. 다만 올림포스 산으로 바삐 올라갈 때 슬쩍 지나칠 뿐, 정말 한 번도 바다를 두루 항해해 보지 못했다. 그는 이렇게 말하곤 했다. 자신은 세계가 몰락할 때까지 기다리고 있다고.(B 73)

마지막 변화가 되는 일상의 단조로움의 첫 변화는 포세이돈의 말에서 파악되는데, 그 단조로움이 옛날에는 현실이었는지에 대해서는 확인되지 않는다. 번거로운 현재가 세상을 붙잡고 있는 것 같다. 따라서 발전이란 존재하지 않는다. 신의 시간 초월성과 인간의 발전이 없는 고정성이 서로 마주쳐서 카프카식 대립이 발생한다. 인간의 현실이 신화적 성격을 띠고, 신적인 현실은 인간 고유의 현실로 나타나는 것이다. 자기를 직무에서 구원시키는 세계 몰락에 대한 신의 열망은 카프카의 단편 「도시 문장」에서 모든 것을 파괴하고, 이 파괴로써 구원하는 신적인 주먹(폭력)에 대한 인간의 열망과 일치한다.

전설과 노래에서 보면 이 도시에서 생겨난 것은 모두 어느 예언된 날을 동경하는 마음으로 가득 차 있다. 그날 도시는 다섯 번 짧게 계속되는 한 거인의 주먹질에 의해 부수어진다는 것이다. 그래서 또한 이 도시는 문장 안에 주먹을 가지고 있다.(「도시 문장」의 마지막 부분)

서술자는 틀림없이 포세이돈 신을 언급하고 있다. 세계 종말을 좌지우지하는 능력이 주어진 포세이돈은 신의 능력을 지니고 있다. 그를 현대의 체계 속에 편입시키는 현대의 행정 기술은 잔인하다. 바다의 신이 관청에서 처리해야만 하는 업무를 다루는 것은 잔인한 것이다. 포세이돈은 동료 관리들이 끝낸 계산을 확인 차원에서 다시 한 번 검산하는 근면한 회계원이다. 카프카는 이 〈계산의 모티프〉로 조화롭던 포세이돈의 삶의 양식을 해체시킬 뿐 아니라 그를 삶으로부터도 소외시킨다. 즉 계산이 부정적인 암시를 제공하는 것이다.

1916년 8월 27일자 일기에서 카프카는 〈계산술Berechnungskunst〉(T 372)을 관료 체계의 주된 특성이자 동시에 〈병폐Laster〉(T 373)로 규정하고 있다.[85] 왜냐하면 이것은 행정 체계를 유지시키고 발전시키기 위한 기본적인 전제이면서도 결정적으로 주체로서의 인간 고유의 권한, 즉 자신의 인생을 조망하고 선택하고 결정할 수 있는 능력을 상실시키기 때문이다.[86] 이러한 〈계산술〉에 관한 부정적 내용이 생텍쥐페리Antoine de Saint-Exupery의 작품 『어린 왕자Le Petit Prince』에 적나라하게 나타나 있다.

어른들은 숫자를 좋아한다. 새로 사귄 친구에 대해서 말할 때 어른들은 제일 중요한 것을 묻지를 않는다. 어른들은 〈그 친구의 목소리가 어떠냐? 어떤 놀이를 좋아하느냐? 나비를 수집하지 않느냐?〉 하는 말을 하는 적이 없다. 그들이 묻는 것은 〈나이가 몇 살이냐? 형제가 몇이 있느냐? 몸무게가 얼마나 나가느냐? 아버지는 돈을 잘 버느냐?〉 하는 것 등이다. 그래야만 그 친구를 아는 것으로 생각하는 것이다. 만일 어른들에게 〈창가에는 제라니움이 피어 있고 지붕에서는 비둘기들이 놀고 있는 장밋빛 벽돌로 지은 예쁜 집을 보았어요?〉 하고 말하면, 그들은 이 집이 어떻게 생겼는지 납득을 못한다. 〈나는 백만 프랑짜리 집을 보았어요〉라고 해야 비로소 그들은 〈거참 훌륭한 집이구나!〉 하고 감탄하는 것이다.[87]

여기에서 어린 시절에는 모든 것의 아름다움 자체를 음미할 수 있으나 성인이 되면서 오직 숫자, 즉 〈계산술〉에 의해서만 모든 것을 인식하는 태도가 비판되고 있다. 철이 들기 전에는 우리네 삶이 얼마나 아름답게 변화될 수 있는지가 감동적

85 F. Kafka, Tagebücher 1910~1923, hg. v. Max Brod, Frankfurt/M., 1951, S. 373 f.
86 Hartmut Binder, Kafka Kommentar zu sämtlichen Erzählungen, München 1977, S. 243.
87 생텍쥐페리(정소성 역), 『어린 왕자』, 거암, 1986, 29면 이하.

으로 느껴진다. 이러한 어린이들에게는 사막도 아름답게 보이는데, 이는 어딘가에 샘을 감추고 있다고 생각되기 때문이다. 이것이야말로 번뜩이는 삶의 지혜일 수 있다. 그러나 철이 들게 되면, 즉 어른이 되면서 권위적이고 타산적이며 의미 없는 세계만 보게 된다. 마음의 눈을 잃어버린 어른들은 모든 일에서 계산에 너무 얽매이기 때문에 삶에 있어서 정말로 중요한 것과 그렇지 않은 것을 가려내지 못하게 되는 것이다. 어린왕자는 말한다. 어른들은 언제나 스스로는 아무것도 이해하지 못해 자꾸만 설명을 해 주어야 한다고. 눈에 보이는 외양만을 좇을 뿐 사물의 본질을 읽어 내지 못하는 어른들은 바로 우리들 자신의 모습이기도 하다. 이와 비슷한 내용으로 과거에 필자도 수필 하나를 집필한 적이 있는 바 이를 수록해 본다.

　　어렸을 때의 한 기억이 문득 떠오른다. 내가 살던 시골 동네에 한 풍선 장수가 온 적이 있었다. 붉은 색, 노란 색, 줄 무늬의 혼합 색 등으로 하늘을 수놓을 듯 떠 있는 풍선들은 나와 동네 아이들의 호기심과 시선을 잡아끌어 우리 모두는 넋 잃고 구경하고 있었다. 그러던 중 이웃집 아주머니가 나오더니 울며 보채는 어린 아들에게 화려한 색깔의 풍선 하나를 집어 주어 우리 모두의 부러운 시선을 휩쓸어 갔다. 이 풍선을 받고 울음을 그치는 그 아이에 대한 부러움과 우리도 이 보물을 가져봤으면 하며 유심히 쳐다보고 있노라니 나의 눈앞에는 희한한 광경이 벌어지고 있었다. 그 아주머니는 치맛자락 속에서 구겨진 지폐 한 장을 꺼내 풍선 장수의 손에 쥐어 주지 않는가? 화려한 색상을 지닌 부푼 풍선 하나를 저런 볼품없는 누더기 같은 지폐 한 장에 바꾸다니. 따라서 그 풍선 장수야말로 얼마나 어리석게 보였던지. 어떻든 세월이 지나 성인이 된 지금 돈의 가치를 모른 채 단순하기만 했던 어린 시절의 나의 사고방식에 웃음이 나온다.

　　인간은 누구나 어린 시절을 동경한다. 아무리 고생스러워도 어린 시절은 그립고 되돌아가고 싶어 한다. 요사이 국내 및 서구 국가에서 어른을 위한 동화가 베스트 셀러 위치를 차지하는 경향도 이러한 인간 본연의 어린 시절의 발로이리라. 어린 시절에는 그 풍선과 같이 사물 자체에 아름다움을 느끼며 산다. 그러나 성장하면서 보이는 아름다움보다도 돈의 가치를 나타내는 숫자에 지배 되어 간다. 어른은 집을 볼 때 값만을 묻는 등 그 집의 아름다움을 모르나 어린이는 그 집의 꽃 한 송이 풀 한 포기에도 아름다움을 느낀다는 생텍쥐페리의 『어린왕자』의 한 구절이 나의 어린 시절 우둔했던 가지 판단 방식을 생각나게 한다. 값으로만 환산하는 성인의 가치 판단과 자연 그대로의 아름다움을 판단하는 어린이의 가치 기준을 볼 때 전자는 서울 등 대도시의 미적 감정이요, 후자는 시골의 미적 감정 방식으로 정의를 내리고 싶다. 빌딩 숲 대도시의 아름다움이란 돈의 숫자적 값어치에 얽매이고 있다. 잠깐 쉬었다 가는 몇 천 원의 카페에서, 연주 며칠 전부터 매진되는 몇 십만 원의 오케스트라 등 모두가 성인을 연상시키는 숫자적 값어치의 인위적인 아름다움뿐이다.

그러나 우리의 한적한 시골을 보자. 값어치를 초월한 자연의 아름다움이 얼마나 우리를 반기는가? 전국 제일 소도시의 나의 대학 정문을 벗어나면 휘황찬란하고 인위적인 도시의 아름다움 대신에 푸른 대자연의 웅장함이 우리를 맞이해주고 있다. 도시의 비싼 입장료의 오케스트라 대신에 이곳에는 훌륭한 자연의 음악인 온갖 새소리가 매일 들려오지 않는가? 우리 시골 사람들은 여기에 긍지를 가져야 하겠다. 숫자적 값에 지배되는 도시의 소란한 미에 도취되어 서두르는 도시인들보다 자연 그대로의 미를 향유하는 우리는 좀 더 마음의 여유를 가져야 하겠다.

카프카도 「포세이돈」 등에서 〈관료적 태도〉와 〈계산 기술〉에 대해 자기 비판적인 의견을 나타내고 있다. 여기에서 그는 특정한 상황에서 모든 가능한 요소들을 심사숙고하는 자신의 태도를 문제 삼았다. 삶에 중요한 결정을 내려야 할 때 이 〈계산 기술〉은 전혀 쓸모없는 것으로 판명된다. 따라서 작품에서도 계산을 통한 하천 관리와 신에게 적합한 바다의 무한함 사이의 관계가 불균형적이다. 카프카는 포세이돈의 형상 속에 자신의 이중적 존재를 표현하고 있는 것이다. 계산에 몰두하는 관리는 생산적이지만 제약을 받지 않는 작가적 존재에 대립적인 풍자화로 나타난다.[88]

이처럼 「포세이돈」은 카프카의 자서전적 요소를 함축하여 현대 작가의 운명을 서술하고 있다. 카프카가 포세이돈을 자기의 분신으로 본다는 사실은 그가 쿠르트 볼프에게 보낸 〈나 아니면 내 속 깊이 들어 앉아 있는 저 공무원, 그 둘은 같은 사람이다〉[89]라는 서신 내용에서 증명된다.

88 Hartmut Müller(권세훈 외 역), 『카프카 문학 사전』, 학문사, 1999, 250면 이하.
89 F. Kafka, *Briefe 1902~1924*, hg. v. Max Brod, Frankfurt/M., 1983, S. 158.

포세이돈이 바다의 신이면서도 바다와는 유리된 채 사무실에 앉아 끊임없이 계산을 하는 모습은 글쓰기와 무관한 카프카의 보험 회사 직업 생활의 심리학적 연관으로도 볼 수 있다. 카프카의 삶의 첫 요구는 〈사무실로부터 벗어남*Freiheit vom Bureau*〉(BF 649)이었다. 카프카의 고뇌는 직장 생활을 그만 두지 못하는 상태에서 문학을 추구하는 데 있었다. 〈나는 곧 소설이다*Der Roman bin ich*〉(BF 226)라는 카프카의 일기처럼 카프카의 짧은 인생은 문학이 아니고는 자기의 정체성을 확인할 수 없는 진정한 자아와 시민 사회의 가부장 제도가 강요하는 사회적 자아와 갈등으로 점철되었다. 바다의 불사신과 사무실의 일 벌레, 전체와 부분, 과거와 현재, 신화와 현대, 어느 한 쪽 자아의 실현에 안주할 수 없는 포세이돈처럼 카프카는 자아 분열이란 고통에서 벗어날 수 없는 현대 작가의 운명을 의식하였다.

〈사람들이 그에게 물 바깥에 있는 일자리를 제공하면, 그는 벌써 그 생각만으로도 불쾌했다. 그의 신적인 호흡은 불규칙해졌고, 그의 단단한 흉곽은 흔들거렸다〉(B 73)라는 포세이돈의 실존적 불안감에서 강조되듯이 신화 속의 포세이돈은 포세이돈이란 정체성을 현대에도 포기할 수 없고 현대의 포세이돈은 신화적 정체성을 배제해서도 안 된다는 점을 명백하게 보여 준다. 현실과의 타협을 거부하였던 카프카 자신의 체험과 분리돼서 생각할 수 없는 포세이돈의 상황은 현대 작가에게 부여된 총체적 삶의 형상화 작업의 절대화가 결과적으로는 삶을 거부하도록 강요한다는 아이러니를 그려주고 있다.[90]

「포세이돈」의 이념적인 것*das Ideelle*과 물질적인 것*das Materielle*의 신화적 단일 사상이나 개별적인 것 속에서 전체적인 것의 제시를 위한 비교 대상도 관심을 끈다. 포세이돈 신화에서 대양과 이 대양의 신은 하나로 이해된다. 여기에 바다의 관청이 삽입되어 단일성은 상실된다. 이념적 성격의 신이 사라지면, 바다와 바다의 당국이 가깝게 된다. 당국은 성스런 본질인 신화적 실체로서 물질적 뿐 아니라 이념적으로도 존재한다. 개인 포세이돈이 초개인적인 당국으로 대체되는 것이다. 개인적 존재(포세이돈)는 더 이상 일반적인 존재(대양)를 대표하지 않고, 일반적인 것이 구분할 수 없는 개별적인 것(파악되는 사실)으로 구성된다. 따라서 이

---

90 장혜순, 「20세기 살롱 문화」, 『카프카 연구』, 제8집, 한국카프카학회, 2000, 318면.

소설에서 의미 없어 무관심받는 다수가 의미를 지닌 단일적 존재(포세이돈 신화)로 대치된다. 직무는 끝이 없으므로 직무의 현상인 대양은 완전히 파악될 수 없다. 당연히 존재하는 신의 무한성은 직무를 끝마칠 수 없는 사실에서 상실된다. 신화적 힘이 현실적 힘으로 되는 것이다.

정확히 작품의 한가운데에 고통을 주는 신(사람들은 그의 신을 심각하게 받아들이지 않아야 한다)과 교류를 권장하는 내용이 있다. 이 권장은 순서적인 직무 분야의 단순한 묘사이다. 아도르노가 볼 때, 〈저항할 수 없는 신화에 대한 카프카의 소리 없는 아우성〉[91]인 것이다. 여기서 카프카는 신화의 대표자인 포세이돈을 진지하게 받아들이지 않고 단지 그에 복종하는 것 같다. 이는 아도르노 개념의 더 정확한 해석이다. 여기에서 행위는 열거되지 않고, 행위가 행해지게 되는 의식이 열거된다. 현존하는 강한 신화적 현실은 거부될 수 없다.

이밖에 자신이 관할하는 바다를 전혀 보지 못한 신의 소외인 계산이나 삼지창을 다루는 신에 대한 인간의 해설 등 규명해야 할 사항은 아직도 많다. 그러나 필자의 목적의 본질적인 해설은 이 정도로 마친다.

9. 「프로메테우스」

카프카의 단편 「프로메테우스」는 산문 소품으로 창작 시기는 1918년 1월이며 1931년 베를린에서 출판된 『만리장성의 축조』에 처음으로 수록되었다. 그러면 카프카는 프로메테우스 원전을 어떻게 해체하고 재구성했는지 규명하기 위해 먼저 작품 전문을 원문과 함께 인용한다.

프로메테우스에 관해서 네 가지 전설이 전해진다. 첫 번째 전설에 따르면 그는 신의 비밀을 인간에게 누설하였기 때문에 카우카수스 산에 쇠사슬로 단단히 묶였고 신이 독수리를 보내어 자꾸자꾸 자라는 그의 간을 쪼아 먹게 했다고 한다.

---

91 Theodor W. Adorno, Aufzeichnungen zu Kafka, in: Ders. *Prismen, Kulturkritik und Gesellschaft*, Schriften 10, 1, Frankfurt/M., 1977, S. 278.

두 번째 전설에 의하면, 프로메테우스는 쪼아 대는 부리가 주는 고통으로 자신을 점점 바위 속 깊이 밀어 넣어, 마침내는 바위와 하나가 되었다고 한다.

세 번째 전설에 의하면, 수천 년이 지나는 사이에 그의 배반은 잊혔고, 신도 잊었고, 독수리도, 그 자신도 잊었다고 한다.

네 번째 전설에 의하면, 한도 끝도 없이 되어 버린 것에 사람들이 지쳤다고 한다. 신이 지치고, 독수리가 지치고, 상처도 지쳐 아물었다고 한다.

남은 것은 수수께끼 같은 바위산이었다 ── 전설은 그 설명할 수 없는 것을 설명하려고 한다. 전설이란 진실의 바탕에서 비롯되는 것이므로 다시금 수수께끼 가운데서 끝나야 한다.

Von Prometheus berichten vier Sagen: Nach der ersten wurde er, weil er die Götter an die Menschen verraten hatte, am Kaukasus festgeschmiedet, und die Götter schickten Adler, die von seiner immer wachsenden Leber fraßen.

Nach der zweiten drückte sich Prometheus im Schmerz vor den zuhackenden Schnäbeln immer tiefer in den Felsen, bis er mit ihm eins wurde.

Nach der dritten wurde in den Jahrtausenden sein Verrat vergessen, die Götter vergaßen, die Adler, er selbst.

Nach der vierten wurde man des grundlos Gewordenen müde. Die Götter wurden müde, die Adler wurden müde, die Wunde schloß sich müde.

Blieb das unerklärliche Felsgebirge. ── Die Sage versucht das Unerklärliche zu erklären. Da sie aus einem Wahrheitsgrund kommt, muß sie wieder im Unerklärlichen enden. (H 74)

카프카의 신화 접촉이 간결한 문체로 의미심장하게 나타나고 있다. 여러 관점에서 볼 때, 카프카 작품 전체에 담겨진 서술의 구문론적*syntaktisch* 구조와 의미론적*semantisch* 구조가 이 작품에는 없다. 네 개 단락 문장 속의 구문론이 다양한 변형으로 축소되고 있다. 첫 번째 단락은 합성 문장으로 이 속 두 개의 문장은 각각 부문장을 지니고 있다. 두 번째 단락에는 부문장을 하나만 지닌 주문장이 있다. 세 번째 단락은 병렬적인 문장 구조를 띠어 두 개의 완전한 문장과 두 개의 생략된 문장이 하나의 합성 문장을 형성하고 있다. 네 번째 단락은 병렬적인 합성 문장으로 단순하게 구성되어 있다. 여기에도 역시 생략이 있다. 끝에서 두 번째 단락의 생략법은 가장 단순하게 해석된다. 여기에서 마지막으로 문장이 단축된다.

이러한 세세한 문장 분석에서 문장 구조의 느낌이 중요하다. 네 번째 단락은 가장 짧은 문장으로 시작하기 때문에, 그리고 이 단락 다음에 새로 합성된 문장이 계속되기 때문에, 먼저 가장 짧고, 문법적으로 가장 단순한 변화가 눈에 띈다. 네 개의 단락들 다음의 〈남은 것은 수수께끼 같은 바위산이었다*Blieb das unerklärliche Felsgebirge*〉(H 74)의 문장은 문장 위치나 짧은 길이, 내용의 간명함으로 〈신화적 이야기는 해설될 수 없는 것*das Unerklärliche*〉이라는 내용으로 「비유에 관하여」 중 〈파악할 수 없는 것은 파악되지 않는다*das Unfaßbare ist unfaßbar*〉(B 72)라는 카프카의 통찰을 나타내기 위해서 문장 마지막에 위치한 것 같다. 신화는 수천 년을 통해서 원래 의도된 것으로 축소된다는 내용을 이 마지막 변형의 문장에서 알 수 있다. 이런 방법으로 축소된 프로메테우스 신화는 물론 변형된 형태이다.

원래 티탄족으로 영웅이며 반신(半神)인 프로메테우스는 인류의 은인이 되기 위해 자신의 족속을 배신한다. 이 때문에 그는 영원한 형벌에 처해지며, 이 형벌이 수행되기 위한 기관(영원히 재생되는 간)이 생겨난다. 카프카가 보기에 그리스인들은 신들을 발명해 냄으로써 〈절대적으로 신적인 것〉으로부터 자신들을 보호하려 했는데, 카프카는 일단 이 〈절대적으로 신적인 것〉을 제거한다.

따라서 네 가지 가능성에 대해 〈전설이란 진실의 바탕에서 비롯되는 것이므로 다시금 수수께끼 가운데서 끝나야 한다〉(H 74)며 결론을 미정으로 남겨둔 채 매듭짓는다. 전설은 설명할 수 없는 것을 설명하려고 한다. 이 짧은 글에서 카프카는 신화에 대한 중요한 해석 틀을 두 가지 관점에서 제공한다. 첫째는 역사 속에 다양한 이미지로 전해 내려오는 것이 전설이라는 사실이고, 둘째는 전설은 수수께끼로 남아야한다는 사실을 강조하면서 전설 자체에 대해서 어떤 분석적 해석도 절대적일 수 없다는 점을 분명하게 강조한다.[92] 이러한 전설이 네 개의 단락으로 프로메테우스에 관해 나열되어 있다.

---

92 장혜순, 「원형적 이미지로서의 신화와 인문학적 상상력」, 『카프카 연구』, 제10집, 한국카프카학회, 2002, 177면.

네 개의 전설 중에서 첫 번째 전설은 그리스 신화와 일치하지만 그 나머지 3개의 전설에서는 그리스 신화가 해체되어 재구성되어 있다. 카프카는 그리스 전설에서 처벌과 고통의 반복 측면만 취한다. 그러다가 프로메테우스의 바위가 되는 표상으로 망각과 세계를 둘러싼 권태의 모티프가 도입됨으로써 전승된 신화는 해체된다. 즉 문학적 표현 형식을 통하여 진실의 구체적 설명 가능성과 전달 가능성으로 이해되는 그리스 신화는 해체된다.[93] 해체의 목적은 진실은 삶 그 자체이며, 작가의 본질적 표현 수단인 언어가 허위로 더럽혀졌기 때문에 삶에 대한 글쓰기는 허위임[94]을 강조하고자 하는 데 있다. 이 해체의 과정은 부정의 과정, 환원의 과정, 파괴의 과정이다. 이것은 전승된 것의 변형을 의도한 작가의 일관된 창작 태도이다.[95] 그러면 해체되어 재구성된 각 단락을 자세하게 규명해보고자 한다.

첫 단락은 원래 헤시오도스 신화에 등장하는 프로메테우스 전설의 축소이다. 이 신화 내용은 두 번째 단락에서도 사실상 계속 된다. 독수리가 프로메테우스의 간을 쪼아먹는다고 첫 단락의 마지막 문장에 서술되어 있다. 카프카는 요양소에서 세상을 하직하기 4년 전에 폐결핵과 싸우면서 집필한 「독수리」라는 아주 짧은 글에서 이미 독수리에 쪼아 먹히는 내용을 설정하고 있다.

한 남자가 지나가다 잠시 나를 보더니 왜 내가 독수리를 참고 있느냐고 물었다. 〈저는 무방비랍니다〉라고 나는 대답했다. 〈독수리가 와서는 쪼아 대기 시작했어요. 나는 물론 그 놈을 쫓으려 했고, 심지어 그 놈의 목을 졸라 죽이려고까지 했죠. 그런데 그런 짐승은 워낙 힘이 세고 내 얼굴을 쪼으려고 덤벼들어 나는 차라리 발이 낫다고 생각하고 발을 내놓았죠. 이제 제 발은 갈기갈기 찢겨졌답니다.(B 85)

이 글에 나타난 독수리 이야기의 흐름을 감안할 때, 그리스의 프로메테우스 신화에 등장하는 독수리는 자명하게 드러난다. 더구나 「독수리」에서 〈쪼아 먹다

93 Peter U. Beicken, *Franz Kafka, Eine kritische Einführung in die Forschung*, Frankfurt/M., 1974, S. 316.

94 Roman Karst, Kafkas Prometheussage oder das Ende des Mythos, in: *The Germanic Review*, Volume 60, Washington DC, 1985, p. 46.

95 편영수, 『카프카 문학의 이해』, 전주대학교 출판부, 1998, 145면.

hacken⟩(B 85)란 어휘는 바로 프로메테우스의 간을 쪼아 먹는 독수리를 상기시킨다. 전반적으로 보아 작품 「독수리」에는 신화의 주제가 상징적으로 수렴되어 있다고 볼 수 있다. 그리고 이 글의 독수리는 작가 카프카의 ⟨내면적인 고뇌와 불안, 그리고 걱정⟩을 상징하는 이미지다.[96]

두 번째 단락은 프로메테우스의 고통으로 시작되며, 그는 바위와 하나가 되어 무대에서 사라짐으로써 프로메테우스의 고전적인 전설은 끝난다. 이 단락은 프로메테우스 전설을 원래의 신화와 다른 성질로 끝나게 한다. 프로메테우스의 전설이 헤시오도스의 프로메테우스 신화의 내용과 다르게 변형되는 것이다.

첫 단락의 이야기에서 원래의 신화는 변형되지 않았다. 신화의 변형은 두 번째 단락의 형상 변형에서 시작되어 내용이 해체된다. 여기에서 전통적인 견지에서는 아주 부차적이지만 카프카의 전설에 이르러 수수께끼의 중심이 된 한 요소를 만난다. 즉 바위라는 요소이다. 죄나 그에 대한 벌과는 무관한 이 무감각한 물질 덩어리가 고통당하는 자의 육신을 받아들이기 위해 열리는 것이다. 벌을 명하는 신들이나 벌이 집행되도록 내버려둔 인류보다 더 자비로운 바위는 살아 있는 존재와 무감각한 물체의 융합을 실현시킨다. 그리하여 어떤 자연적인 혹은 초자연적인 법에 의해 고통이 필요했는지 알 수 없게 된 시점에서 프로메테우스의 고통을 종식시킨다.

바위가 된 프로메테우스는 외부 세계와 동화되는 한편, 바위 자체는 생명을 부여받는다. 고통받는 인간과 바위의 속성의 교환에서 젊은 시절의 마르크스가 주장한 소외 이론의 필적물이나 예화가 암시된다. 마르크스의 『자본론』 제1권의 구절에서 노동자의 힘든 노동의 산물인 나무 탁자가 갑자기 생명을 부여받고 벌떡 일어난다. 카프카의 경우에는 인간의 노동이 상품화 됨으로써가 아니라 인간이 끔찍한 고통을 받음으로써 이런 기적이 야기된다.[97]

세 번째 단락도 역시 계속된 연장으로, 특히 두 번째 단락의 연장으로 첫 번째 단락의 연장도 될 수 있다. 바위가 된 프로메테우스와 그의 죄는 몇 천 년이 지나는 사이에 잊혀지게 된다. 프로메테우스는 일상을 뜻하는 바위와 하나가 됨으로써

96 Hartmut Binder, *Kafka Kommentar zu sämtlichen Erzählungen*, 3. Aufl. München, 1983, S. 250.

97 마르트 로베르(이창실 역), 『프란츠 카프카의 고독』, 동문선, 2003, 229면 이하.

자신에게 인간과 신의 분열을 기억나게 하기 위해 상처를 입혔던 신, 독수리 심지어 자신의 죄까지도 망각한다. 마침내 이제 의미가 없어진 무엇에 모두 지치게 되는 것이다. 신들이 지치고, 독수리들도 지치며, 상처도 그렇게 아문다. 고통을 정당화시켜 주었던 진실도 잊혀져 효력을 잃고 만다. 프로메테우스는 인간과 신의 분열에 대한 인식과 그 극복 시도로 인한 고통에서 망각 속으로 물러선 것이다. 따라서 구원은 망각으로 이뤄지는 셈이다.

이렇게 지쳐서 망각하거나 체념하게 되는 현실이 카프카 문학의 대표적인 내용으로 볼 수 있다. 20세기 산업 사회가 인간에게 끼친 계속적인 소시민성, 지식인의 무력감은 결국 현대인을 지치게 하여 지속적인 노력을 포기하게 하고 있다. 이렇게 지쳐서 체념하는 소시민성은 이른바 〈고독의 삼부작〉인 『소송』, 『성』과 『아메리카』에 잘 나타나 있다.

『성』, 『소송』, 『아메리카』의 주인공들의 내·외적 윤곽은 뚜렷하지 않다. 그들은 계속적인 실패로 지쳐서 그 어떤 깊이나 내적인 삶, 기억, 발전도 상실한 불투명한 인물들이다. 그들의 행동은 기본적으로 반응에 국한된다. 그러나 끊임없이 합리적으로 반응하려는 노력의 계속적인 실패에 지친 그들은 자신들의 자발적인 감정 및 과거사에 대한 모든 생각을 떨쳐버리게 된다.

예를 들어 『소송』의 도입부에서 주인공 요제프 K는 어느 날 아침 갑자기 자기 의사가 반영되지 않는 상황에서 비밀스런 초세속적 법원에 의해 체포되는 소송을 당하게 된다. 처음에 요제프 K는 아직 법원의 성질도 모르며, 소송이 중도에 흐지부지 되자 그것이 자기에게 별로 피해를 주지 않는다고 여겨 소송을 무시한다. 그러다가 그가 점차로 법원과 소송에 관한 지식을 배워가면서 소송을 약간 두렵게 여기기 시작하고 소송을 중시하여 적극적으로 대책을 강구한다. 이렇게 요제프 K가 법원을 점차적으로 알게 되어 독력으로 소송에 뛰어드나 계속 계획 등이 좌절되자 결국 지치고 지치게 된 K는 체념을 하여 패소를 당하여 처형된다. 결국 『소송』에서는 최종 심판의 〈무한한 연기〉로 끝없는 〈과정〉이 만들어져 주인공을 지치게 하여 포기하게 하는데 이는 존재의 모순성을 극복할 수 없는 모든 현대인을 암시한다. 즉 지치고 지쳐 주체성을 상실하거나 포기한 인간의 전형인 것이다.

『성』에서도 자신을 거부하고 있는 성과 접촉하여 그 안으로 들어가는 일이 주인공 K의 유일한 목적이자 관심이다. 그런데 K가 성에 도착 이후부터 줄곧 마을에서 부딪치는 장애, 그를 반복해서 피로에 빠지게 하는 오지의 보이지 않는 벽 등은 다름 아닌 이방인이 겪는 소통의 불가능이며, 거기서 비롯되는 사회적 고립이다. 결국 성에 들어가려는 K는 계속되는 실패에 지쳐 피곤하게 되자 자신의 본래 목적과 그것을 이루기 위한 수단을 혼돈하게 된다. 「프로메테우스」에서처럼 망각이 구원의 모티프가 되는 내용이 「변신」이나 「사냥꾼 그라쿠스」 등에서도 나타난다. 벌레가 된 그레고르, 죽었으면서도 어느 정도 살아 있는 그라쿠스 등은 삶에서 죽음으로 이어지는 역사적 시간을 초월하여 망각된 인간의 근본적인 원형을 일깨운다.

「변신」에서 그레고르는 처음부터 변신이 완료된 것이 아니라 벌레로 변신된 육체와 인간의 기억과 의식을 한 몸에 지닌 채 자신의 직업에 나름대로 충실했던 외판 사원 그리고 가족의 생계를 책임지는 아들로서의 이전의 정체성과 벌레로서 현재 변화된 육체 사이에서 부유(浮遊)한다. 그레고르는 자신의 방에서 〈상속받은 가구들〉(E 85)을 다 치워 버리고 벌레로서 방을 자유로이 기어 돌아다니고 싶은 욕망과 〈그의 인간적 과거를 망각하는〉(E 85) 두 정체성 사이에서 혼란스러워 한다. 그러나 변신으로서 기존의 모든 것은 망각되고, 또 그러한 망각 속에서 고양된 구원이 가능하다. 망각 속에서 비로소 자유로운 실존이, 즉 완결된 전체로의 자기를 극복하는 귀속이라는 실존 형식이 출현하는 것이다.

카프카에게 있어서 전세(前世) 혹은 인류 역사에서 망각되고 억압되어 온 태고에 대한 기억은 자기 망각과 연관된다. 이러한 〈자기 망각〉으로 인해 존재의 죄를 인식하지 못하는 경우도 있다. 마치 「프로메테우스」에서 프로메테우스의 죄가 〈자기 망각〉으로 인해 인식되지 못하는 경우와 같다.

사회화된 주체는 망각 상태에서 비로소 이러한 전세와 태고에 맞닥뜨리게 된다. 이른바 주체의 자기 보존적 정체성을 구성하는 〈목적에 사로잡힌 기억〉은 전세 및 태고와 개인의 시원에 대한 기억을 억압하지만, 태고는 완전히 망각되지 않고 정체성의 균열을 통해 〈순간적〉으로 기억된다.[98]

망각된 것에 대한 기억, 이것이 예술의 기능이다. 예술은 스스로를 망각하면서

98 Vgl. Walter Benjamin, Zum Bilde Prousts, in: Ders., *Gesammelte Schriften* II-I, hg. v. Rolf Tiedemann und Hermann Schweppenhäuser, Frankfurt/M., 1980, S. 311.

어린 아이처럼 즐겁게 기억된 망각 속으로 걸어 들어갈 때 비로소 구원받는다. 기억과 망각이 하나가 되는 역설 속에서 비로소 인간의 예술, 인간의 실존의 완전한 의미가 밝혀지는 것이다.[99]

그러나 「변신」에서 그레고르는 망각으로 구원될 수 있지만 「프로메테우스」에서 프로메테우스의 망각에는 모순이 있다. 프로메테우스는 바위가 되어 잊혀질 수 있다지만 바위에는 망각의 부정적 능력이 없어 프로메테우스는 완전히 바위가 될 수 없는 모순이 있다. 이 점에서 앞선 단락들은 모순이 된다. 앞선 단락들은 축소되지 않고 기껏해야 부정된 것이다.

바위가 되는 것이 신화의 완전한 말살이 아니고, 잊혀짐이 신화의 완전한 말살이다. 잊혀지는 것은 바위로 되는 것과 모순 된다. 따라서 세 번째 단락은 두 번째 단락의 사상을 무너뜨린다. 헤시오도스의 프로메테우스 신화의 중심 요소는 배반이며, 카프카 작품에서는 배반 내용이 망각된다.

독자의 입장에서 볼 때, 카프카가 신화를 내용적으로 변형시키거나 부정하지 않기 때문에 헤시오도스 신화는 있는 그대로 나타나 있다. 세월이 지남에 따라 잊혀지는 신의 성격도 전해 내려온 헤시오도스의 프로메테우스 신화에 전혀 영향을 미치지 않는다.

네 번째 단락에서 사실상 불멸적 존재의 부활이 언급된다. 그의 상처가 아물게 되는 것이다. 프로메테우스의 죄는 신의 숨겨진 비밀을 인간에게 누설한 신에 대한 처벌이다. 이 처벌을 신이나 인간 그 어느 편에서도 문제삼지 않게 되자 보다 높은 질서에 대한 저항의 결과였던 상처도 지쳐 아물게 된다. 프로메테우스는 일상의 세계에 정면으로 맞서지 않았다. 이것이 상처가 아문 이유이다. 프로메테우스가 매일 자신의 간을 쪼아 먹히는 잔인한 의무에서 벗어남으로써 신화적 의미는 상실되면서 프로메테우스의 의미도 없어진다. 물론 그는 바위에서 벗어나지 못했기 때문에 아직 완전히 구원되었다고 볼 수 없다. 신화적 전설을 다룬 네 번째 단락은 세 번째 단락의 축소 형태가 될 수 없는데 이는 신의 처벌이 포함된 신화적 줄거리가 부정되지 않기 때문이다. 네 번째 단락은 단지 프로메테우스의 배반 이후의 시기만을

---

99 빌헬름 엠리히(편영수 역), 『카프카를 읽다』, 유로, 2005, 266면.

묘사하지, 변형되거나 변형되지 않을 수 있는 프로메테우스 신화 자체를 묘사하지 않고 있다. 본질적인 것으로 계속적인 축소는 발생하지 않는 것이다.

그러면 이 프로메테우스 신화의 축소판인 마지막 문장은 어떻게 이해될 수 있을까? 이 문장은 수수께끼 같은 바위산처럼 네 개의 단락 다음에 확고하게 놓여 있다. 이 마지막 문장은 신화적 현실에 대립되는 물질적 현실이다. 모든 신화적 변형을 초월하여 바위산이 존재하는 것이다. 수수께끼 같은 바위산의 해설에서 신화적 해설이 자연스럽게 제공된다. 그러나 신화의 해설 폭은 그리 넓지 않다. 논리성이 작용하면 수수께끼는 원칙적으로 존재될 수 없다. 그러나 전설은 다른 이유에서 해설이 불가능하다. 전설은 사실성의 근거로 유래되지만, 결국 불가사의한 수수께끼로 끝나기 때문이다. 사실성의 요구 없이 그것은 설명될 수 없다. 또는 이러한 설명이 가능하기 위해서는 높은 대가를 치르게 되어 전설은 인식적 가치가 없는 신화적 사건으로 가치 하락된다.

불가사의한 수수께끼의 수식어를 지니지 않은 바위산은 해설이 필요없다. 그것은 단지 거기에 존재하는 것이다. 어떤 것이 불가해하게 여겨질 때, 거기에 신화적 설명이 존재하는데, 이 신화적 설명에서 사실성을 요구하면 답변될 수 없다.

이 작품의 단락들과 마지막 문장은 신화적 세계와 물질적 세계의 비교 불가능성을 암시한다. 신화의 변형으로 신화적 해석이 거부되고, 마지막 문장의 언급으로 이러한 신화적 해석이 철학의 방식인 담론 형식이 되고 있다. 단락의 부분에서는 신화적 세계가 전제 조건이 되고, 마지막 문장의 담론 부분에서는 신화적 세계가 수수께끼 같이 되어버린다. 결국 합명제*Synthese*가 없는 변증법이다.

10. 「사이렌의 침묵」

유럽 문학에는 〈유혹에 의한 익사〉의 모티프가 많다. 이는 귀신에 홀려 물에 빠져 죽는 요괴 문학의 계열, 말하자면 하이네의 「로렐라이Loreley」 계열에 드는 모티프의 구상화다.

로렐라이

알 수 없네,
왜 옛날의 동화 하나가
내 마음속에서
나를 슬프게 하는지.

바람은 차고 날은 저무는데,
라인강은 고요히 흐르고
산봉우리 위에는
저녁 햇살이 빛난다.

저 건너 언덕 위에는 놀랍게도
선녀처럼 아름다운 아가씨가 앉아
황금색 장식구를 번쩍이며
금발을 빗어 내린다.

황금의 빗으로 머리 빗으며,
그녀는 노래를 부른다.
기이하게 사람을 유혹하는
선율의 노래를.

조그만 배에 탄 뱃사공은
걷잡을 수 없는 비탄에 사로잡혀
암초는 바라보지 않고
언덕 위만 쳐다본다.

마침내 물결이 조그만 배와 함께

뱃사공을 삼켜 버리리라.
그녀의 노래와 함께 이것은
로렐라이에서 일어났다.[100]

Die Loreley

Ich weiß nicht, was soll es bedeuten,
Dass ich so traurig bin;
Ein Märchen aus alten Zeiten,
Das kommt mir nicht aus dem Sinn.

Die Luft ist kühl und es dunkelt,
Und ruhig fließt der Rhein;
Der Gipfel des Berges funkelt
Im Abendsonnenschein.

Die schönste Jungfrau sitzet
Dort oben wunderbar,
Ihr goldnes Geschmeide blitzet,
Sie kämmt ihr goldenes Haar.

Sie kämmt es mit goldenem Kamme,
Und singt ein Lied dabei;
Das hat eine wundersame,
Gewaltige Melodei.

---

100 하인리히 하이네(김광규 역), 『19세기 독일시』, 탐구당, 1980, 82면.

Den Schiffer im kleinen Schiffe

Ergreift es mit wildem Weh;

Er schaut nicht die Felsenriffe,

Er schaut nur hinauf in die Höh'.

Ich glaube, die Wellen verschlingen

Am Ende Schiffer und Kahn;

Und das hat mit ihrem Singen

Die Loreley getan.

이 시는 하이네의 초기 서정 시집 『노래집*Buch der Lieder*』(1827) 속에 있는 「귀향*Die Heimkehr*」(1823~1824) 시편에 수록되었으며 질허P. F. Silcher(1789~1860) 작곡의 민요로 세계적으로 애창되었다. 독일의 시인 가운데 하이네만큼 널리 전 세계에 그 이름이 알려지고 그의 시가 애송된 사람도 드물다. 그러나 동시에 하이네만큼 적을 많이 가지고 많은 사람에게 증오되고 공격당한 사람도 찾기 어렵다. 나치스는 하이네의 책을 제일 먼저 분서(焚書) 처분했는데 그의 「로렐라이」 노래만은 너무나 독일 국민들에게 애송되기 때문에 끝내 금지하지 못하고 그 노래를 〈작자 미상〉의 노래라고 하여 허용할 수밖에 없었다.

1816년 하이델베르크에서 간행된 슈라이버Aloys Schreiber의 『라인 강 여행 안내』에 의하면 로렐라이의 전설은 다음과 같다. 옛날에는 어두워지는 저녁 무렵이나 달밤에 로렐라이 언덕 위에 처녀가 나타나 고운 목소리로 노래를 불렀다고 한다. 이 노래가 워낙 사람을 홀릴 만큼 아름다워 이 언덕 앞을 지나가는 배의 사공들이 넋을 잃고 이 처녀를 바라보며 노래를 듣다가 배가 암초에 걸리거나 소용돌이에 휩쓸려 그만 목숨을 잃는 수가 많았다. 이렇게 인류 역사와 신화에서 치명적 유혹 등으로 남성을 파멸시키는 여성이 자주 등장한다.

이는 바로 팜므 파탈*femme fatale*이다. 팜므 파탈은 〈숙명의 여인〉을 뜻하는 사회 심리학 용어로 19세기 낭만주의 문학 작품에서 처음 얼굴을 내밀었다. 그 뒤 미술·연극·영화로 확산되어 〈거부할 수 없는 매력으로 남자의 운명을 예기치 않은

612

나락으로 빠뜨려 헤어날 수 없게 만드는 악녀나 요부〉를 뜻하는 말로 쓰이고 있다.

팜므 파탈의 대표적 인물로는 요염한 살로메를 들 수 있다. 〈그대는 내 키스를 허용하지 않았지? 자 이제 키스를 할 테야. 과일을 깨물 듯 그대 입술을 깨물 거야. 어째서 날 바라보지 못하지? 독을 내뿜는 빨간 뱀 같던 그대의 혀는 더 이상 움직이지 않는군. 그대는 날 거절하고, 독설을 퍼부었지. 유대의 공주이자 순결한 처녀인 나를 창녀 취급했어! 난 아직도 살아 있거늘, 그대는 죽어서 머리나마 내 것이 되었구나. 아, 요카나앙, 그대는 내가 사랑을 바친 유일한 사내였어. 이제 난 어떡하나? 강물로도, 바닷물로도 이 정열을 끌 수 없으니. 그대는 내 허영을 불길로 채워 놓았지. 아, 어이하여 날 쳐다보지도 않았어? 눈길을 주기만 했더라면, 날 사랑했으련만.〉 이 내용은 아일랜드의 대문호인 오스카 와일드Oscar Wilde의 단막 희곡 『살로메Salomé』의 한 대목이다. 유대 왕비 헤로디아의 딸 살로메의 아름다운 춤에 넋을 잃은 의붓아버지 헤로데가 옥중에 있는 선지자 요카나앙, 곧 세례 요한의 목을 살로메에게 주었다고 하는 『신약성서』에 나오는 이야기가 세기 말적인 환상과 와일드의 다채로운 문장으로 세기 말을 대표하는 희곡이 되었다. 와일드의 작품에서 살로메는 〈멋있지만 자신에게 눈길조차 주지 않는 남자〉라면 죽여서라도 영원히 자기 것으로 만들려는 광기 어린 열정의 팜므 파탈로 다시 태어난다.

이러한 살로메 외에 대표적인 팜므 파탈로 역사적으로 어둠 속에서 동침해 적장의 목을 자르는 유디트, 가슴에 독사를 얹고 있는 클레오파트라, 동양의 양귀비와 장희빈 등이 있다. 신화적으로는 이브가 대표적 팜므 파탈로 등장한다. 이어 트로이 전쟁을 일으킨 헬레나, 그리스 신화의 영웅 오디세우스를 유혹한 키르케,[101] 다윗 왕이 빠져버린 밧세바가 있다. 그 외에 삼손의 머리칼을 자르는 데릴라, 카르멘, 메두사, 비너스, 현대에 와서는 롤리타와 마릴린 먼로에 이르기까지 관능적 매력과 아름다움을 통해 남성들을 종속시키고 치명적 불행을 안겨주었던 여성들. 서

---

101 키르케는 태양의 딸이자 유명한 마법사로서 식인 괴물인 키클롭스로부터 탈출한 뒤 아에아에 섬에 도착한 오디세우스 일행을 맞이한다. 그녀는 오디세우스의 부하들을 술과 음식으로 대접한 뒤 마법의 지팡이를 사용해서 그들 모두를 동물로 만들어 버린다. 이에 분개한 오디세우스는 헤르메스의 도움으로 키르케가 마법을 쓰려는 순간을 모면할 수 있었을 뿐만 아니라 칼로 그녀를 굴복시킨다. 이때 키르케는 용서를 구하면서 오디세우스의 명령에 따라 동물이 되어버린 부하들을 풀어 주고 사이렌의 유혹을 극복하는 방법을 알려 준다.

양의 미술에 성모 마리아만큼이나 자주 등장하는 여인들이다. 따라서 여성의 매혹적·파괴적 힘이 캔버스에 진동하는 들라크루아·클림트·뭉크·루벤스·렘브란트·마그리트·마티스 등 대가들의 걸작에 자주 나타난다. 이러한 여성들을 그린 그림들은 대부분 강렬한 에로티시즘, 또 죽음과 쾌락의 이미지로 범벅돼 있다. 대자대비한 성모와는 정반대로, 치명적 성적 매력으로 남성을 파멸시키는 요부인 팜므 파탈인 것이다.

팜므 파탈의 역사는 곧 남성 불안의 역사일까. 여성에 대한 남성의 뿌리 깊은 편견과 혐오감, 혹은 현실에서 이룰 수 없는 끈끈한 욕망이 팜므 파탈을 만들어 냈다고 볼 수 있다. 특히 가부장적 이데올로기가 정면 도전을 받자 불안해진 남성들이 공포와 갈망이라는 모순된 심리를 여성에게 투영했다고도 볼 수 있다. 이러한 여성의 치명적인 유혹으로 인한 인간의 파멸에서 그리스의 오르페우스와 오디세우스의 신화가 연상된다. 호메로스는 자신의 『오디세우스』12장에서 오디세우스와 사이렌에 대한 에피소드를 기술하고 있다.

10년에 걸친 트로이 전쟁이 끝난 뒤에 오디세우스는 다시 10년이나 걸린 항해 끝에야 마침내 고향 이타카로 돌아가게 된다. 바다의 신 포세이돈에게 괴롭힘을 당하며 해상을 떠돌 때 오디세우스는 아에아에 섬에서 마법의 여신 키르케와 1년간 살게 되는데, 섬을 떠나기 전 오디세우스는 키르케로부터 사이렌의 노래가 분출하는 마술적 유혹에서 벗어나는 방법을 듣는다. 방법인즉 선원들의 귀를 밀랍으로 막고 또 오디세우스는 선원들로 하여금 자신의 몸을 돛대에 묶게 하라는 것이었다. 선원들에게 그가 무슨 말을 하고 무슨 짓을 하던 사이렌의 섬을 통과하기까지 그의 몸을 풀어주지 못하도록 명령을 내렸다. 그가 돛대에 묶여 있는 한 그에게 어떤 위험도 없을 것이라는 확신을 가지고 있었다. 그러나 그 위험은 그에게 괴로운 자기 향락이 된다. 사이렌은 오디세우스의 영웅담을 불렀고, 트로이 전쟁에서 죽은 그의 친구들에 대해 노래했으며, 그의 가족과 고향에 대해 노래했다. 뿐만 아니라 사이렌은 그가 그렇게 마음속으로 회상하고 동경했던 체험과 소망을 다시 노래로 불렀다. 그러나 배는 섬을 지나게 되고 노래는 멀리 사라졌다. 위험은 물러가고 오디세우스는 다시 의식을 찾게 된다. 따라서 오디세우스는 사이렌의 매력적인 유혹을 벗어나 드디어 섬을 통과할 수 있었다는 내용이다.

카프카는 오디세우스를 전승된 신화로부터 완전히 이탈한 인물로 수수께끼 같은 신화의 힘을 극복한 인물로 묘사한다. 호메로스의 원전이 카프카의 「사이렌의 침묵」에서 해체되고 재구성되어 신화적 본질이 극복되는 것이다. 이 작품은 산문 소품으로 창작 시기는 1917년 10월. 1931년 그의 친구인 브로트Max Brod에 의해 베를린에서 출판된 『만리장성의 축조』에 처음으로 수록되었다. 제목도 브로트가 붙였다고 한다. 그러면 카프카의 사이렌 신화의 해체와 재구성을 분석하기 위해서 먼저 「사이렌의 침묵」 전문을 인용한다.

미흡한, 아니 유치하기까지 한 수단들도 구원에 도움이 될 수 있다는 것이 대한 증명.

사이렌으로부터 자신을 지키기 위하여 오디세우스는 귀에 밀랍을 틀어막고 자신을 돛대에 단단히 묶게 했다. 물론 예전부터 여행객이라면 누구나 그와 비슷한 것을 행할 수 있었을 것이다. 멀리로부터 이미 사이렌에게 유혹당했던 사람들을 제외하고는. 그러나 이런 것이 아무런 도움이 될 수 없었다는 것은 온 세상이 다 아는 일이다. 사이렌의 노래는 무엇이든 다 뚫고 들어가니 유혹당한 자들의 걱정은 사슬이나 돛대보다 더한 것이라도 깨뜨렸을 것이다. 그러나 오디세우스는 그런 이야기를 들었을 텐데도 그 점을 생각하지 않았다. 그는 한 줌의 밀랍과 한 다발의 사슬을 완벽하게 믿었고, 작은 도구에 대한 순진한 기쁨에 차서 사이렌을 마주 향하여 나아갔다.

그런데 사이렌은 노래보다 더욱 무서운 무기를 가지고 있었다. 그것은 침묵이었다. 그런 일이 사실 없었기는 하나, 누군가가 혹 그녀들의 노래로부터 구조되었으리라는 것은 아마도 생각해볼 수 있는 일이지만, 그녀들의 침묵으로부터는 분명 그렇지 못하다. 자신의 힘으로 그녀들을 이겼다는 느낌, 거기에서 오는 모든 것을 쓸어낼 수 있다는 자만심에는 이 지상의 그 무엇도 맞설 수 없을 것이다. 그리고 실제로 오디세우스가 왔을 때 그 강력한 가희들은 노래를 부르지 않았다. 그들이 이 적에게는 오직 침묵만이 해를 가할 수 있을 것이라고 믿었기 때문인지, 또는 밀랍과 사슬 이외는 아무것도 생각하지 않는 오디세우스의 기쁨에 넘치는 얼굴이 그녀들로 하여금 모든 노래를 잊게 했던 것인지는 알 수 없다.

그러나 표현을 하자면, 오디세우스는 그들의 침묵을 듣지 않고, 그들이 노래를 부르고 있지만 그가 단지 그것을 듣는 것으로부터 보호받고 있는 거라고 믿었다. 얼핏 그는 우선 그들의 고개를 돌림, 깊은 호흡, 눈물이 가득 찬 눈, 반쯤 열린 입을 보았는데, 그것이 들리지 않게 자기 주위를 감돌며 사라지는 아리아의 일부라고 믿었다. 그러나 곧 그 모든 것은 그의 먼 곳을 향한 시선에서 미끄러져 사라져 버렸다. 사이렌들은 그야말로 그의 단호함 앞에서 사라져버렸고, 그가 바로 그들 가까이에 갔을 때는 그녀들에 대해서 더 이상 아무것도 아는 바가 없었다.

그러나 그녀들은 — 그 어느 때보다도 더 아름답게 — 몸을 펴고 돌았으며, 그 섬뜩한 머리카락을 온통 바람결에 나부끼게 했고 바위 위에서 발톱을 한껏 드러내 놓고 힘을 주고 있었다. 그들은 더 이상 유혹하려 하지 않았다. 다만 오디세우스의 커다란 두 눈이 뿜는 빛을 될 수 있는 한 오랫동안 놓치지 않으려고 했다. 사이렌들이 의식을 지니고 있었다면, 그녀들은 그때 파멸되었을지 모른다. 그러나 그녀들은 그렇게 언제까지나 머물러 있었고, 단지 오디세우스는 그녀들로부터 벗어나게 되었다.

그 이외에도 여기에 대해 한 가지 주석이 전해 내려오고 있다. 오디세우스는 워낙 꾀가 많아 운명의 여신조차 그의 가장 깊은 마음을 꿰뚫을 수 없을 만큼 여우 같은 사람이었다고 한다. 아마도 그는 인간의 오성으로는 알 도리가 없으나, 사이렌들이 침묵했다는 것을 정말로 알아차렸을 것이다. 그래서 그는 그녀들과 신들에게 위와 같은 외견상의 과정을 다만 어느 정도 방패로서 들이대고 있었는지 모른다.(H 58 f.)

「포세이돈」, 「프로메테우스」, 「사이렌의 침묵」의 카프카의 삼대 신화 문학 해석의 마지막 단계인 이곳에서 처음으로 한 인물이 등장한다. 오디세우스는 자기의 수수께끼 같은 고대-신화적 세계와 신화적-현대적 세계의 틈 사이에서 존재하는 방법을 알고, 신화에 의지하면서 동시에 그 신화의 힘에 저항하는 인물이다. 카프카는 신화를 상이한 요소들과 새로이 결합시켜 〈신화는 현대로 세련된 변신을, 현대는 신화로 세련된 변신〉[102]을 목적으로 한다. 이러한 기교를 통해서 카프카는 새로우면서 동시에 차별적인 통찰력으로 세계를 관찰하고 동시에 현대 시점에서 전설적인 고대 세계로 시선을 돌린다.

---

102 Vgl. Norbert Rath, Mythos-Auflösung, Kafkas *Das Schweigen der Sirenen*, in: Christa Bürger(Hg.), *Zerstörung, Rettung des Mythos durch Licht*, Frankfurt/M., 1986, S. 91.

놀라운 방식으로 카프카는 「사이렌의 침묵」의 작품에서 〈미흡하고 심지어는 유치하기까지 한 수단도 구원에 도움이 될 수 있다〉(H 58)고 증명한다. 물론 이러한 유치한 수단은 카프카의 다른 작품에도 종종 나온다. 예를 들어 「법 앞에서」에서 시골 남자는 〈유치한kindisch〉(E 121) 방법으로 문지기의 모피 옷깃에 붙어 있는 한 마리 벼룩에게 문지기의 마음을 돌리도록 도와주기를 간청한다. 이러한 유치한 수단은 이성만을 전적으로 신뢰하고 오만한 행동을 자행한 인간이 최후로 느끼는 자괴의 감정을 역설적으로 표현한 것이다.

신화 바로 잡기는 카프카의 경우에서 이러한 불충분한, 대단히 유치한 수단이 보호의 수단으로 봉사될 수 있다는 증거를 말한다. 따라서 여기에서 언급된 유치한 수단이 문제의 발단이 된다. 오디세우스는 보호받기 위해서 밀랍으로 귀를 틀어 막았을 뿐만 아니라 돛대에 자신의 몸을 붙들어 묶도록 한다. 그다음의 이야기에 의하면 사실 이것은 근본적으로 사이렌의 노래에 대항하기는 역부족이다. 이 세상의 모든 사람은 그 정도는 어차피 다 알고 있는 사실이다. 단지 오디세우스만이 자기 수단 방법을 백 퍼센트 믿고 유치한 기쁨으로 사이렌을 향하여 항해했다. 호메로스의 오디세우스와 다르게 카프카의 인물은 사이렌의 소리를 전혀 들으려 하지 않는다. 신화적 영웅인 그는 처음부터 위험에 관해 전혀 개념하지 않으므로 탈영웅화되어 카프카의 작품은 호메로스의 그것과 구별된다.

이 작품의 서술 대상은 주인공의 책략과 보호 조치이다. 호메로스의 작품을 알고 있는 독자는 모든 점에서 불확실하게 느껴진다. 모든 것이 이중성(二重性)을 띠고 있다. 침묵에 대한 이유조차도 이중적이고 모순적이다. 침묵이 서술적으로 파악될 수 없기 때문에 그 원인이 이야기되지 않고 있다.[103] 원래 침묵은 신의 속성이다. 그런데 개별자가 자신의 제한적인 판단에 따라 이 침묵을 자의적으로 해석함으로써 그것의 의미가 유린 내지 훼손되어 숙명적인 불안이 불가피하게 된다.

「사이렌의 침묵」의 처음에 사건에 뒷받침되던 증거력은 끝에 가서 〈아마도 Vielleicht〉(H 59)란 단어로 연계되면서 다시 유명무실하게 되고 만다. 마지막 서술에서 앞에서 확실하게 묘사했던 오디세우스의 꾀, 즉 신화의 힘으로부터 도피하

103 Vgl. Rolf Goebel, *Kritik und Revision, Kafkas Rezeption mythologischer, biblischer u. historischer Tradition*, Frankfurt/M., 1986, S. 46.

는 오디세우스의 꾀가 단어의 선택(이었다고 한다*sagt man*, 아마도*vielleicht*)처럼 추측성으로 불확실하게 묘사되는 것이다. 작품의 마지막에 〈아마도 그는 〔……〕 사이렌들이 침묵했었다는 것을 정말로 알아차렸을 것이다*Vielleicht hat er* 〔……〕 *wirklich gemerkt, daß die Sirenen schweigen*〉(H 59)라고 쓰여져 있다. 이는 앞에 묘사했던 것과 완전히 다른 내용이다. 이 표현에 의하면 오디세우스가 유치한지 아니면 꾀 많게 행동했는지 확실하지 않다. 이렇게 오디세우스는 한편으로는 순진한 자로서 유치한 수단을 사용한 것으로 서술되어 있고, 다른 한편으로 그는 꾀 많은 자로 되어 있다. 따라서 작품 「사이렌의 침묵」은 〈여러 개의 가능성 사이를 맴도는 카프카의 불확실성의 표본 작품이다.〉[104] 언어적 규명은 이 정도이고 내용을 구체적으로 규명해 보자.

서술자의 견해에 의하면 바다의 요정 사이렌의 유혹에 저항하는 오디세우스와 그의 동반자들에 관한 안티케 신화의 해체와 재구성은 항해자가 하찮은 수단으로도 구원받을 수 있다는 증명이다. 여기에서 전래적 이야기가 변화되어 오디세우스는 동반자들의 귀를 막는 것이 아니라 자신의 귀를 막는다. 하지만 사이렌들은 보다 강력한 무기인 침묵을 동원한다. 그들은 오디세우스가 자신들의 침묵을 승리로 해석했다고 믿었다. 그 결과 그의 오만한 태도가 자신의 저항력을 약화시킬 터였다. 그러나 오디세우스는 사이렌들이 실제로 노래를 부른다고 확신했다. 그는 자신의 단호함에 의지하고 자신의 구조 수단을 신뢰함으로써 유혹을 이겨 냈다고 확신한 것이다. 추가적인 결말 부분에서 저자는 또 다른 가능성을 다음과 같이 밝히고 있다. 술수에 능한 오디세우스는 아마도 사이렌들의 침묵을 알고 있었다. 그는 밀랍과 사슬을 사용해서 그들을 미혹시키고 속인 것이다.[105]

브레히트의 작품 『오디세우스와 사이렌*Odysseus und die Sirenen*』에서도 사이렌은 아예 노래를 하지 않는 것으로 나온다. 사이렌에게는 예술가로서의 자의식이 있기 때문에 오디세우스처럼 움직임의 자유도 갖지 못한 인간을 상대로 그들의 예술을 보여 줄 까닭이 없다는 것이다. 노래를 부르기는커녕 오디세우스에게 욕을 퍼부었으리라는 것이 브레히트의 입장이다. 결국 오디세우스는 사이렌의 노

---

104 Hartmut Binder(Hg.), *Kafka—Handbuch*, Stuttgart, 1979, S. 359.
105 Hartmut Müller(권세훈 외 역), 『카프카 문학 사전』, 학문사, 1999, 108면.

래를 듣지 못했는데, 이것을 감추기 위해 자신이 노래를 들었다고 거짓말을 했다는 것이다.[106]

노래를 듣고 있지 않음에도 듣고 있는 척하는 가장을 통해 사이렌의 위력에서 벗어나는 오디세우스의 이미지는 일차적으로 예술가의 이미지와 관련해서 해석될 수 있다. 라트Norbert Rath가 오디세우스의 모습에서 〈연극 배우의 원형Prototyp des Schauspielers〉[107]을 읽어 내듯이, 카프카의 오디세우스는 자연 앞에서 느끼는 공포를 연극을 통해 해소하려 했던 고대인의 이미지를 연상시킨다. 말하자면 오디세우스는 〈최초의 배우der erste Schauspieler〉가 되는 것이다.[108] 〈행복감으로 빛나는 오디세우스의 얼굴은 최초의 마스크이며, 오디세우스가 사이렌과 신들에 맞서 내세울 수 있는 방패가 바로 이러한 연기력이다. 따라서 오디세우스가 연출하고 연기하는 가상의 사건은 최초의 연극이 되는 것이다.〉[109]

또 라트는 바츨라비크Paul Watzlawick의 의사 전달 이론Kommunikations-theorie의 도움으로 오디세우스 행위의 변증법을 규명하였다. 결국 오디세우스는 역설적 상황을 역설적으로 행동하여 해결한다고 한다. 이는 역설적 상황의 적응으로 역설적 상황을 피하면서 동시에 역설을 존속시키는 것이다.[110]

다음 단계로 라트는 〈카프카적 오디세우스의 행위〉와 아도르노와 호르크하이머의 저서 『비평 이론Die kritische Theorie』 방법의 구조적 유사성을 보여 준다. 즉 신화적 힘의 기반이 흔들리더라도 신화는 완전히 소멸되지 않는다. 이런 맥락에서 카프카는 자신의 사이렌 전설에서 사이렌에 대한 승리감이 이 승자를 신화적 덫에 생포되도록 몰아간다.

오디세우스는 신화에 대한 승리로 신화의 신비적 힘을 정복하였다. 그러나 힘이 있는 신화는 오직 옷만 바꿀 뿐 계속 유지된다. 따라서 오디세우스는 외견 현상의

106 Vgl. Bertold Brecht, Odysseus und die Sirenen, in: Ders. *Große kommentierte Berliner und Frankfurter Ausgabe*, hg. v. Werner Hecht, Jan Knopf, Werner Mittenzwei, Klaus Detlef Müller, Bd. 19, Berlin, Weimar, Frankfurt/M., 1997, S. 340.

107 Norbert Rath, a.a.O., S. 90.

108 Norbert Rath, a.a.O., S. 97.

109 Norbert Rath, a.a.O., S. 97.

110 Norbert Rath, a.a.O., S. 86~110.

승리를 설명하며 개인적인 새로운 힘을 포기한다. 이런 배경에서 이승의 어느 것도 신화에 대항할 수가 없다고 라트는 묘사하고 있다. 다시 말해서, 계몽이 신화적 딱지를 띤 계몽적 자의식과 신화의 교류를 재촉하여 계몽의 변증법 현상이 나타난다. 사람들이 신화를 배제했다고 확신할수록 신화적인 것은 피할 수 없이 되풀이되는 것이다.

꾀 많은 여우라는 소문이 오디세우스보다 앞서 나가 전래적 힘으로는 그와 맞설수 없다는 사실을 사이렌은 알고 있다. 오디세우스는 사이렌의 신화적 힘에 효력이 없는 수단으로 대항하는데도 그것이 효력이 있게 되는데, 이는 오디세우스가 신화적 힘에 자신이 믿는 인간적 힘을 속여 믿게 했기 때문이다. 이러한 방식으로 당한 신들은 물러나지 않을 수 없다. 신화적 힘은 인정받을 때에만 작용되는데 괴테의 시 「프로메테우스」의 다음 구절이 이를 잘 보여 주고 있다.

> 너희들 신들이여, 태양 아래서
> 너희보다 더 불쌍한 자 어디 있으랴!
> 너희들은 기껏해야
> 희생으로 바쳐진 제물이나
> 기도의 한숨으로써
> 위엄을 지탱할 뿐이니,
> 철없는 애들이나 거지같은 인간이
> 어리석은 기원을 드리지 않을 때는
> 너희는 몰락하게 되리라.

> Ich kenne nichts Ärmer's
> Unter der Sonn' als euch Götter.
> Ihr nähret kümmerlich
> Von Opfersteuern
> Und Gebetshauch
> Eure Majestät

Und darbtet, wären

Nicht Kinder und Bettler

Hoffnungsvolle Toren.[111]

신화는 틀림없이 존재하기 때문에 오디세우스도 이 신화의 기능을 모를리 없다. 그러나 그는 신이 아닌 인간을 선택하고 있다. 오디세우스가 신화와 인간의 선택을 결단력 있게 추진함으로써, 사이렌의 신화적 힘은 쇠퇴할 수밖에 없다.

「사이렌의 침묵」의 마지막 주석*Anhang* 부분은 우연적인 느낌이 있으나 오디세우스의 전략의 이해에 필수적이다. 이 해설을 통해 카프카는 오디세우스와 사이렌의 관계에서 누가 유혹하고, 무엇이 유혹을 압도하는 수단으로 유효했는가를 알려주는 결정적 열쇠를 제공하고 있다. 여기에서 오디세우스와 사이렌의 관계는 호메로스의 텍스트에 나타나지 않는 세 가지 특징을 나타낸다. 첫째는 오디세우스가 두려워하는 유혹은 사이렌의 노래에서 나오는 마력이 아니라 사이렌의 침묵이고, 둘째는 사이렌이 유혹하는 여성의 이미지에서 유혹당한다는 사실을 숨기지 않고 적극적으로 표현하는, 자신을 주체로 자각하는 남성적 시각의 이미지의 표출이다. 셋째는 욕망을 이성의 도구인 〈밀랍〉과 〈밧줄〉로 통제시키도록 명령했던 호메로스의 오디세우스와 달리 카프카의 오디세우스는 그의 매혹에 대한 무관심이 결정적으로 구원의 길을 열어줬다는 점이다.[112]

결국 자신의 힘으로 사이렌을 이겨냈다는 감정에서 자아를 재신화화하게 된다. 따라서 승리감으로 불손해진 오디세우스 역시 신화적 요소가 된다. 오디세우스는 완전한 의식에서 위장으로 신들에 대항했지만, 속임수 전략이나 자신의 승리한 작전에 불손한 감정은 없다. 귀에 밀랍을 막은 작전은 단지 속임수이며, 이러한 과정으로 신에 대항할 수 있다고 오디세우스는 믿고 있는데, 속임수가 아닌 실제적 과정은 효과가 없기 때문이다. 따라서 신화가 단지 가상적이 된다. 그는 자의식적 외견으로 신화적 외견을 이겨냈지만, 자신의 외견적인 자의식이 실제적 자의식이라

---

111 괴테의 시 「프로메테우스」의 13행 이하.

112 장혜순, 「원형적 이미지로서의 신화와 인문학적 상상력」, 『카프카 연구』, 제10집, 한국카프카학회, 2002, 176면.

고 믿지 않는다. 그가 이를 믿는다면 그의 인간적 의식은 매우 강력하지만 신화적 구조에서 벗어나기 때문에 공허하게 된다.

속임을 당할까 두려워하는 사이렌, 즉 이러한 불안에서 배제될 수 없는 사이렌이 한편에 있고, 또 다른 한편에는 자신을 믿는 오디세우스가 있다. 자기 확신으로 승리한 그는 자기 의식 속의 자아의 상승으로 신적 전능을 물려받아서 그 자신도 하나의 신화가 된다. 그러나 그는 자신의 방법이 효과가 없다는 것을 알기에 사실상 자신감 있게 신들 앞에 나타나질 못한다. 그는 사실상 자신감을 갖지 못하고 그의 자신감이란 단지 외견일 뿐이다. 그러나 그는 그 외견으로 유혹적인 경지를 벗어났다. 다시 말해서 신화적 힘을 이겨낸 것은 그 자신이 아니고 강력한 인간의 속임수 신화였다. 그럼으로써 그는 신화를 외견 신화로 만들지만, 신화의 힘은 부정되지 않는데, 그가 마지막에 (외견적인) 신화로 (사이렌의) 신화를 이겨내기 때문이다. 힘의 기능으로서의 신화는 타파되지 않는다. 그러나 신화의 비정복성은 파괴되어, 변화성의 신화가 확립된다. 오디세우스는 사실상 신화적 힘에 대적할 수 없는 연약한 인간으로 의식적인 속임수로 자기 의식을 개입시키는 인간이다.

따라서 고전적 〈이중 맹검(二重盲檢) 구조 *double-blind-structure*(의료 효과 조사를 위하여 투약이나 치료 등을 누가 받는지를 피실험자나 연구자에게 알리지 않고 하는 방법)〉가 담겨 있다. 오디세우스는 사이렌을 물리치면서도 이 승리를 인식하지 못하는 역설적 인물이다.[113] 오디세우스는 하나의 내용으로 사이렌과 싸워야 한다. 그의 사이렌과 싸움의 본질은 관계의 거절이다. 따라서 그는 의사의 전달과 거부를 한꺼번에 하고 있다. 다시 말해서 오디세우스는 사이렌에게 다음을 알린다. ① 무엇인가 주장한다(a. 나는 그대의 노래가 마음에 든다. b. 나는 그대의 유혹에 저항하고 그대의 지배자이다). ② 사이렌의 주장에 관해 주장한다(a. 우리 노래를 좋아한다고 말하는 자는 그 노래에 유혹된다. b. 우리의 지배자라고 말한 자는 우리에게 유혹된다). 그리고 ③ 이 두 가지 진술은 서로 부정되도록 구성되었다(a. 그 노래에 유혹된 사람은 그 노래가 전혀 마음에 들지 않는다. b. 우리에게 유혹된 사람은 우리의 지배자가 될 수 없다). 이러한 전달은 논리적으로 볼 때 의미

---

113 Norbert Rath, a.a.O., S. 92.

가 없지만 실용적인 현실이다.

사람들은 그 전달에 거부 반응을 할 수 없고, 또 한편으로는 그 전달에 대해서 전해내려오는 방식으로(반역설적 방법으로) 행동을 할 수 없는데, 이는 그 전달 자체가 역설적이기 때문이다.[114]

올바르게 감지(感知)되면 벌을 받는다. 따라서 오디세우스는 올바르게 감지되지 않기 위해서, 즉 노래의 유혹에 빠져 패배하지 않기 위해서 자신의 한정된 인식 수단을 속일 수밖에 없다. 작품 마지막 주석의 가정대로 오디세우스는 감지를 한정시켰다. 그가 자신의 보잘것 없는 수단을 믿었다면 그는 사이렌에 대항하지 못했을 것이다. 사이렌은 오디세우스를 두려워하지 않아서 노래했을 것이다. 오디세우스의 꾀가 두려워서, 또 사이렌 자신들의 절대적인 힘이 발휘되지 않을까 두려워서 사이렌은 침묵을 지킨 것이다. 라트의 의견대로 오디세우스는 그 노래에 저항할 수 없었을 것이며 이것이 결국 신화적 성격이다.[115] 하나의 신화가 동시에 외견 신화인 다른 신화에 의해 극복된다는 내용이 사실상 사이렌 침묵의 요지이다.

호르크하이머와 아도르노의 이론은 문학적 현실에 알맞는 해석 방식을 제공하지만, 이 작품의 문제점에는 적합하지 못한 감이 있다. 이들의 공동 저서 『계몽의 변증법Dialektik der Aufklärung』에 언급된 오디세우스는 카프카적 서술의 오디세우스가 아니다. 카프카에 있어 오디세우스는 첫 주체이며 계몽자이지 최고의 권위주의적 인물이 아니다. 따라서 노젖는 종에 대한 오디세우스의 권위에 대한 언급이 없다. 오디세우스는 노젖는 종의 귀를 틀어 막지 않고 자신의 귀를 틀어 막는다. 그러나 오디세우스의 노젖는 종이 충동적 유혹에 빠지지 않게 하기 위해서 그들의 귀를 틀어 막는 내용이 『계몽의 변증법』의 본질적 해석이다.[116]

그러나 아도르노와 호르크하이머의 『비평 이론』을 통한 해결 방식과 카프카의

114 Watzlawick, J. H., Beavin, D. D. Jackson, *Menschliche Kommunikation, Formen, Störungen, Paradoxien*, Bern usw., 1974, S. 196.

115 Watzlawick, J. H., Beavin, D. D. Jackson, a.a.O., S. 93 f.

116 Max Horkheimer, Theodor W. Adorno, *Dialektik der Aufklärung*, Frankfurt/M., 1986, S. 40.

오디세우스적 해결 방식의 유사점, 또 『계몽의 변증법』의 계몽 비평과 카프카 작품의 한정된 신화 해체 사이에 유사점도 있다.

　신화는 역시 계몽이고, 계몽도 곧바로 신화이기 때문에 한편이 다른 한편으로의 전체적인 변화는 피해야 한다. 이것이 『비평 이론』의 방법이다. 모든 사고(思考)는 그 사고가 자기 시대에 부정하는 것에 의해서 존재한다. 이런 맥락에서 카프카는 신화의 유혹을 따르지 않고 반대 신화*Gegen-Mythos*로 신화를 극복하였다. 카프카는 반대 신화란 단지 가곡을 기악곡으로 바꾸어 쓴 외견적 서술이라고 인식하였다. 이 외견적 서술은 방어의 목적과 계몽의 목적이 되어 신화의 기능을 극복하여 명료하게 해준다. 그러나 새로운 외견 신화로 무한한 힘을 지닌 현대인(지적이고 자아 의식적인 오디세우스)은 새로운 긍정성을 수립할 수 없고, 해방이나 비평의 수단에 공헌한다. 계몽의 변증법에 유사한 것이다.

　현대판 오디세우스인 카프카에게 신화의 유혹이 〈먼 곳을 향한 그의 시선〉에서 벗어났다. 오디세우스를 유혹하던 사이렌들은 그의 결단에 직면해서 자취를 감추었다. 그들에게 가까이 접근했을 바로 그 순간에 그는 그들을 잊게 된 것이다. 카프카가 갖고 있는 고대 세계의 선조들, 앞으로 우리가 만나게 될 유대 및 중국의 선조들 중에서 그리스의 이 선조는 잊혀질 수 없다. 오디세우스는 신화와 동화의 세계를 가름하는 문턱에 서 있다. 이성과 간지(奸智)는 신화에 술책을 삽입했다. 그 결과 신화의 권력은 난공불락의 위력을 상실한다. 동화는 신화의 위력을 이겨낸 승리의 전설이다. 그래서 전설을 쓰기로 계획한 카프카는 궤변가들을 위한 동화를 쓴 것이다.

　엘름Theo Elm에 의하면, 작품 「사이렌의 침묵」에서 카프카는 ① 고대의 낡은 소박한 내용과 형식의 변형으로 옛날의 고대 신화를 파괴한다. 이 작품에서 오디세우스는 계몽주의적 인물로 부각되며, 그는 자신의 합리적인 책략으로 마녀 사이렌의 마술을 이겨낼 수 있었다. ② 그러나 카프카가 주인공 오디세우스를 동시에 반어적으로 묘사함으로써 고대 신화를 해체하는 계몽주의를 또다시 문제시한다. 말하자면 오디세우스라는 인물의 형상을 통하여 계몽주의의 자명한 확실성이 문제시되고, 그러므로 결코 굴복을 모르며 승리만을 장담했던 계몽주의의 신화 (절대적 이성에 의한 기술과 과학의 발전으로 인간의 왕국을 건설하려는 현대적 신화들)도 역시 의문시된다. ③ 카프카의 신화 파괴는 그러나 신화적인 것의 모든 특성을 자체 안에 지니고 있는 것 같다. 카프카의 텍스트들은 모든 신화와 마찬가지로 놀랍고, 의미적이며, 다의적이기 때문이다. 그렇다고 카프카의 이야기가 본래의 신화가 지니는 무비판적인 자기 만족으로 복귀는 결코 아니다. 카프카의 재신화화 *Remythisierung*, 혹은 탈신화화*Entmythisierung*는 고대적인 필연적 신화뿐만 아니라 이성에 의해 합리화된 계몽적 신화에 대한 성찰을 끊임없이 나타낸다. 카프카 텍스트는 파악될 수 있는 의미로 끝나지 않는다. 왜냐하면 비판적 성찰은 텍스트에서 계속적으로 퇴색되기 때문이다. 바로 신화적, 전근대적, 고대적인 것의 형상화가 서구 모던의 합리성의 위기에 대한 카프카의 비판 의식의 결과이다.[117]

117 Theo Elm, 「*Nach den ⟨Großen Erzählungen⟩*」, 『카프카 연구』, 제4집, 한국카프카학회, 1994, 203면 이하.

카프카의 생애와 문학

〈문학은 곧 나의 삶이다〉라는 강한 의식 속에서 생을 오로지 창작 활동에만 바치고자 했던 소설가 카프카Franz Kafka는 1883년 7월 3일 체코의 프라하의 유대인 거주 지역 변두리의 마이젤/카르펜-가세 모퉁이 1/27번지에 위치한 〈탑 입구〉라는 집에서 상인인 헤르만 카프카와 뢰비 가문 출신의 율리에 카프카 사이에 첫째 아이로 출생하고 1924년 6월 3일 키어링에서 사망했다. 부모가 온종일 상점에서 일했기 때문에 소년 시절의 카프카는 외톨이로 지냈다. 특히 그는 성격상 가장 가깝게 느꼈던 부친의 사랑을 받지 못했다. 그는 스스로를 뢰비 가문의 일원으로 느꼈으며, 이 가문의 정서적 특징으로 〈예민함, 정의감, 불안감〉을 꼽았다.

1901/02년 겨울 학기에 카프카는 프라하의 독일계 〈페르디낭-카알 대학〉에서 처음에는 화학을, 그다음에는 독문학, 그리고 마지막으로 법학을 공부했다. 헤르만 카프카의 목표는 아들을 상인으로 만들어 기업가의 딸과 결혼시키는 것이었다. 부친은 아들이 적어도 법률가로 입신 출세하기를 원했다. 실패로 끝난 이러한 양육 방침은 프란츠 카프카가 부친에 대해 증오심을 갖게 되는 요인으로 작용하였다. 카프카의 비사교성은 자신이 『부친에게 드리는 서신』에서 언급했듯이 부친과의 긴장된 관계에서 고조되었다. 그러나 다른 한편으로 그는 부친의 강인한 성품에 감탄했다.

부친과 달리 어떤 경우에도 자신감을 갖지 못했던 성격의 카프카는 알지 못할 죄의식을 느꼈다. 따라서 그는 인간과 사물에 대한 관계도 여의치 못했고 평생토록 자신이 인간 공동체에서 배척당할까 봐 두려워했다. 다른 한편으로 그는 현실의 엄청난 압박에서 벗어나기 위해 고립 속으로 도피했다. 그는 언제나 변함없이 인간의 애정을 갈구했지만 때때로 인간의 육체적인 접근을 견뎌 낼 수 없었기 때문이다. 그래서 〈고독과 공동체 사이의 경계선상에서〉 살아가는 것이 그의 목표였다. 다시 말해서 그는 긴밀한 교제도 완전한 고독도 원치 않았다.

대학을 마친 후 카프카는 1907년에 〈앗시쿠라치오니 제네랄리*Assicurazioni Generali*〉라는 보험회사 직원으로 근무하며 생계를 유지하다가 1년 뒤에는 〈노동자 재해 보험 공사*Arbeiter-Unfall-Versicherungs-Anstalt*〉에서 근무하기 시작했다. 이 시절 그는 베르펠, 브로트Max Brod 등 소위 프라하 소설가 그룹과 가까이 지냈다.

이러한 보험회사의 직업 생활이 카프카에게 현실과 비현실의 역설적 관계로 작용하였다. 카프카는 관리로서 부득이 낮에는 일하고 밤에만 창작해야 하는 이중의 삶을 영위해야만 했다. 이러한 삶의 방식으로 인해 삶과 문학이 대립적으로 인식되게 되었다. 즉 카프카는 현실을 대립적으로 인식하여 직업인의 삶과 문학적인 삶의 양자 택일을 하지 않으면 안 되었다. 이것은 현실적 삶의 극복과 문학의 순수함을 동시에 겨냥하는 분열된 시선으로 주체와 현실간의 이중적 괴리다. 따라서 카프카는 자아의 본질인 글쓰기를 겨냥하여 직업 생활을 청산한다.

현대의 인간은 그들의 실존으로 말미암아 유죄이기 때문에 오성(悟性)의 힘을 빌어 스스로 고독을 극복하려고 하면 더욱 고독해진다. 작가로서 카프카는 현대인의 이러한 정신 상황을 작품에 옮기고 있다. 이 결과 남달리 예민한 감각과 동시에 형이상학적 두뇌를 소유한 카프카는 20세기 현대의 고독하고 가장 난해한 문제 작가로 꼽힌다. 이는 카프카의 문체가 철저한 영상성을 띠고 있으며 우화적 요소가 다분하여 의식적인 다의성(多義性)을 포함하기 때문이다.

카프카의 문체를 고찰해 보면 개별적인 문장은 명료하지만, 전체적인 내용에 있어서는 모호한 변증법적인 긴장을 그의 소설에서 느낄 수 있다. 카프카가 구사하는 사실주의는 항상 상상력을 초월하고 있다. 그것은 묘사의 치밀, 정확함에 의해서 사람을 매혹시키는 환상적인 세계의 자연주의적인 재현이라고 볼 수 있다. 또 비밀에 가득 찬 것을 표현하는 언어와 문체의 정확무비한 대담성은 다른 작가의 추종을 불허한다. 따라서 토마스 만도 다음과 같은 묘사로 카프카를 〈꿈을 그려내는 종교적 해학자Humorist〉라고 불렀다. 〈그는 몽상가였고, 그의 작품들은 자주 꿈의 성격 속에서 완전히 구상되고 형상화되어 있다. 그의 작품들은 비논리적이고 답답한 이 꿈의 바보짓을 정확히 흉내 냄으로써 생(生)의 기괴한 그림자 놀이를 비웃고 있다. 그러나 만일 그 웃음, 보다 높은 동기에서 나온 비애의 그 웃음이 우리가 가진, 우리에게 남아 있는 최상의 것임을 생각해 본다면 카프카의 이 응시들은 세계 문학이 산출해 낸 가장 읽을 만한 작품으로서 나와 더불어 평가될 것이다.〉

공포, 죄의식, 소외가 카프카 작품에 나타나는 인간 상황의 이해이다. 카프카는 현실성의 결여, 흥미 추구, 공허함 등을 문학 작업의 위험 요소로 인식했다. 그는 문학 작업의 목표를 대단히 높게 설정하여 그에게 문학은 〈예언자적 임무〉를 갖는다. 문학은 고차원의 관찰 형식이며, 우연성을 법칙성으로 바꾸고, 진리를 인식하는 일종의 〈기도 형식〉이다. 따라서 인간의 절망을 폭로했거나 또는 인간의 최종적인 구제를 시사했거나간에 우리들은 카프카의 작품 세계를 통해서 현실에 대한 날카로운 관찰과 현대의 인간적 상황에 대해 깊은 관조를 터득하게 된다.

인간은 전체와 개별의 틈바구니에서 강제(속박)와 자유(해방)의 이율 배반 속에 있을 뿐만 아니라, 고통스런 긴장, 즉 죄책성(罪責性)과 무죄책성(無罪責性)이라는 고민 속에 놓여진 것을 깨달을 만큼 인간 세계에서 문제성은 해명되기 어렵다. 이런 배경에서 카프카는 간접적인 각자의 상실을 주장한다. 그리고 역사적 변화와 사회 현상(現狀)에 대항하여 신화 속의 영원한 진리가 보여 주는 총체성의 상실을 부르짖는다. 카프카는 고차적 의미를 거부하고, 도덕과 책임에 대해 회의하며, 작품 「유형지에서」처럼 존재의 무(無), 즉 의미Sinn 없는 개인의 생명력(생존 능력)에 대해서도 회의하고 있다. 개인적 생존의 자율적 추구로써, 또 이에 따른 자신의 의미의 독자적 추구로 개인은 구출될 수 있다고 카프카는 생각했다. 이러한 사실은 외적인 것에 대한 개인적 저항 능력에서 가능하다. 그러나 개인에게 거대한 의미의 구상은 기대될 수 없고, 작은 것의 해결이 현명하다. 카프카의 절망은 인간의 구원에 대한 믿음으로 귀결된다. 따라서 그의 작품에는 희망의 상실에도 불구하고 형이상학적인 유머가 나타난다.

절망적인 시대의 인간 존재와 사회 구조의 불가해성을 상징적으로 표현한 카프카의 작품은 종교적, 실존주의적, 사회비판적, 심리분석적인 상이한 측면에서 해석될 수 있다. 예를 들어 사르트르Jean-Paul Sartre는 카프카의 작품을 〈이스라엘적 종교성〉의 실존 철학적인 측면에서 해석했다. 그는 내버려진, 아무런 보장도 받지 못한 인간의 현존재를 내세운 것이다. 실존 철학 외에도 허무주의 철학관에서 카프카 문학이 해석되는 예도 흔하다. 혹은 어떤 상호 의존 체계에서 서로가 헤어날 수 없는 상황을 기술했다고 보는 해석자들도 있다.

이렇게 사회 이데올로기적 해석을 위시해서 순수 문학적인 해석, 또는 철학적인 해석 등 카프카 문학 해석은 다양하다. 카프카는 현대 작가로서 문학·철학·신학·심리학·사회학 등 여러 부문에서 토론과 논쟁의 대상이 되는 것이다.

순수 문학적 해석의 대표자로는 헤르만 헤세가 대표적이다. 헤르만 헤세는 카프카의 〈순수 문학적인 것〉을 지지하며 다음과 같이 말하고 있다. 〈카프카 소설은 종교적, 형이상학적 또는 도덕적 문제에 대한 논문이 아니고 문학이다. 〔……〕 카프카는 우리에게 신학자로서 또 철학자로서 어떤 것을 이야기하는 것이 아니고 오직 작가로서이다. 그의 찬란한 문학이 문학을 수용할 수 있는 재능도 뜻도 없는 사람들에 의해 읽혀진다는 사실은 그의 책임이 아니다.〉 이러한 상황은 수용자들이 처한 고유한 입장과 또한 시대에 대한 그들의 반응으로 이해된다. 이러한 과정에서 포괄적인 이해의 전체성이 상호 반대적인 양상으로 분해되어 통일로 종합되지 않는 경우도 있다.

카프카 문학을 철학적으로 해석한 대표적인 사람은 바겐바하이다. 바겐바하는 브렌타노의 철학이 카프카 문학에 자료를 제공한 것으로 보고 있다. 브렌타노는 당시에 이미 은퇴하여 은둔 생활을 하고 있었지만 그의 수제자 세 명이 프라하에서 교수로 있으면서 그의 학설의 정통을 엄격하게 고수하면서 강연했으니 언어철학자 안톤 마르티Anton Marty와 후에 브렌타노의 작품을 출판한 오스카 크라우스Oskar Kraus 그리고 알프레트 카스틸Alfred Kastil이 그들이다. 대학에 들어가 두 번째 학기에 벌써 카프카는 마르티의 강의를 수강했고 그다음에는 전적으로 브렌타노의 철학에 관한 토론만 하다시피 배타적인 집단인 〈루브르 서클〉에 들었다.

이렇게 카프카의 여러 관점의 해석에서 수수께끼 같은 신비한 표현 세계에 압도된 나머지, 카프카에 필요 이상으로 지고한 차원의 의미를 부여할 가능성도 많다.

따라서 여러 측면에서 작품이 해석된 결과 작품 해석의 공통점에 이르지 못하고 상충 대립이 더욱 두드러지게 나타나고 있다. 그러나 카프카는 제시(提示)의 작가 이지 해결의 작가는 아니다. 해석이 해석을 낳는 일은 가급적 피하는 것이 좋다. 그는 개인적으로 제한된 유대인적 사고의 울타리를 뛰어 넘어 본 적이 없는 작가 일 수도 있으며, 부친과의 갈등, 직업과 가정이라는 좁은 세계를 초탈(超脫)하지 못한 채 폐결핵으로 쓰러진 가련한 인간일 수도 있다. 다만 그에게 문학이 있었을 뿐이다. 없는 것으로 있는 것을 미화시킬 수는 없다. 있는 것으로 없는 것을 미화 시키는 것도 부당하다. 이러한 점에서 의미가 의미를 낳는 사색적 해석은 가급적 피하는 것이 좋다고 생각된다.

카프카는 생존시에 그의 친지와 동료 애호가들에게 비밀스러웠지만 그가 죽은 후 몇몇의 저명한 문인들의 반응을 볼 때 그의 작품은 넓게 영향을 미치고 있다. 예를 들어 브로트는 작품 『성』을 카프카의 〈파우스트Faust〉라고 명명했다. 그만큼 이 작품은 그의 만년(晚年)에 집필되었고 질적으로나 양적으로 대표작이자 최고 걸작이다. 또 카프카 연구자 폴크스Peter Foulkes는 작품 『아메리카』를 그의 〈오디 세우스Odysseus〉라고 호칭했다. 헤르만 헤세는 일찍이 카프카를 가리켜 〈현대인 의 정신 상황을 정밀하게 기록하는 지진계(地震計)Seismometer〉라고 말했다. 이 는 카프카가 지진계와 같은 정밀성으로 인간 존재를 적나라하게 나타내는 시적(詩 的) 상형 문자라는 의미이다. 이렇게 카프카는 어디까지나 진지한 태도로 현대인 의 근본 문제에 접근했다. 그의 펜은 심장의 지진계의 바늘이고, 작가로서의 도구 가 아니라 기관(器官)이었다.

이렇게 다양한 면을 지닌 카프카는 생존시에는 주목을 받지 못했다. 이러한 카 프카 문학을 발전시킨 사람은 카프카의 절친한 친구였던 같은 유대인인 작가 브로 트였다. 브로트는 1907년 유대인 잡지 『현재Gegenwart』에 카프카의 문학적 재능 을 소개한 후 그의 생존시에는 친구의 창작적 용기를 북돋고 동기를 부여했을 뿐 만 아니라 사후에는 그의 유언의 집행자로서 카프카 문학을 세계 문학의 무대에 등장시킨 장본인이다.

카프카는 자신이 죽은 후에 그의 작품을 소각해 달라고 브로트에게 부탁했다. 그가 공표(公表)를 인정한 작품들은 이미 출판된 「선고」, 「화부」, 「변신」, 「유형지에서」, 「시골 의사」, 『단식 예술가』 그리고 「관찰」 등 일부였다. 카프카는 자신이 직접 출판했던 작품들을 사후에도 계속 남기려고 했던 반면에 끝까지 마무리 지을 수 없었던 다른 작품들을 모두 폐기하기를 원했다. 그가 자기 작품을 소각해 달라고 브로트에게 유언한 것은 자신 문학의 예술성에 대해서 불만을 느꼈다기보다는 그의 문학이 그에게 예술적 완벽성 이외의 아무것도 주지 못하는 절망에서였다. 그러나 브로트는 카프카의 유언을 따르지 않고 그의 사후에 〈고독의 삼부작 *Trilogie der Einsamkeit*〉이라 불리는 장편 소설 『소송』, 『성』과 『아메리카』를 출판하였다.

브로트는 장편 소설 『소송』 초판 후기에서 이에 관해 해명하고 있다. 즉 카프카가 살아있을 당시 그의 요구를 들어 주지 않겠다고 말했기 때문에, 만일 카프카가 진정으로 자신의 작품의 폐기를 원했다면 자신이 아닌 다른 사람에게 유언 집행을 부탁했을 것이라는 것이다. 카프카는 유언장에 쓰여진 자신의 의도와는 반대로 이미 생시에 몇몇 작품들을 출판하는 데에 직접 동의했었다. 따라서 발터 베냐민은 이 일에 관해 다음과 같이 해설하고 있다. 〈카프카가 출판을 꺼렸던 이유는 자기 작품을 숨기려는 의도 때문이 아니라, 작품의 미완성이라는 확신 때문이었다. 이러한 확신에서 처신한 카프카의 태도와, 그의 확신을 외면한 친구 브로트의 태도는 모두 다 이해할 수 있다. 〔……〕 카프카는 아직 완성되지 않은 것을 위해 이미 완성된 것은 남겨 놓아야 한다는 것뿐만 아니라 다른 누군가가 미완성된 것도 구해 줄 것이며 그러면 직접 출판을 허가하거나 작품을 없애 버려야 하는 양심의 가책을 덜어 주리라는 것도 알고 있었다. 〔……〕 한 가지 덧붙여 말하자면, 브로트가 카프카의 유언을 충실히 따르지 않음으로써 그의 작품들을 구한 것이다.〉

이렇게 카프카 작품 중에서 단편 소설 일부를 제외한 대부분은 브로트에 의해 세상의 빛을 보게 되었으며, 그의 이러한 노력이 없었더라면 훗날 왕성한 카프카 연구와 번역은 불가능했을 것이다. 브로트가 카프카의 작품들을 보존했던 주된 이유는 유고집들 속에 〈지금까지의 작품들보다도 더 훌륭한 것들이 포함되어 있다〉는 인식 때문이었다. 물론 오랫동안 카프카 작품의 편집을 독점해 온 브로트의 작업이 비판의 대상이 되는 경우도 있다. 1925년 『소송』을 필두로 여러 번에 걸쳐 카프카의 원고를 수정·보완하여 출판하는 과정에서 브로트는 오독의 실수를 범했을 뿐만 아니라 자의적 첨삭을 가하기도 했다. 또 그는 소설의 형태를 잡고 소설의 장들을 순서대로 배열하고 단편들로 표시된 미완성 장들을 분리시켰다. 결국 지금까지 알려져 있는 형태의 카프카 소설은 브로트에 의해 만들어지게 된 것이다. 책의 목차에 대해 브로트는 1925년의 『소송』의 초판 서문에서 다음과 같이 말하고 있다. 〈장의 구분과 장의 표제는 카프카 자신이 붙인 것이다. 장의 배열은 내 느낌에 따랐다. 그러나 내 친구가 내 앞에서 이 소설의 대부분을 읽어 주었기 때문에 원고를 정리할 때의 내 느낌은 기억에 의존할 수 있었다. 〔……〕 그 당시 이 소설을 묘사하고 있던 이 종이 묶음을 정리하는 작업은 오직 완성된 각 장을 미완성된 것과 구별하는 일에 국한했다. 나는 미완성 장들을 유작집의 마지막 권에 남겨 놓았으며 이 미완성 장들 속에는 줄거리의 진행에 영향을 줄만한 본질적인 것은 들어 있지 않다. 〔……〕 완성된 장들은 여기에 모아서 정리를 해두었다. 미완의 것 중에서 거의 완성에 이른 것이 분명한 단 하나만을 4행의 위치를 손쉽게 바꾸어서 제8장으로 삼아 이 책 속에 삽입했다. 당연히 텍스트는 전혀 손대지 않았다. 다만 수많은 생략을 원래의 모습으로 고쳐 썼을 뿐이다. 〔……〕 또 몇 가지 사소한 착오를 정정했는데 이것은 분명히 카프카가 원고를 최종적으로 검토하지 않아 원고에 남게 된 것이다.〉

브로트 스스로 밝혔듯이 그는 〈단편적인 것을 강조하거나 판독을 어렵게 만드는 모든 것〉을 빼 버렸는가 하면 표현들을 학교 문법에 맞춰 고치고 중복된 부분을 빼 버리거나 카프카가 지운 부분을 다시 되살리는 일도 서슴치 않았다. 그는 또한 카프카의 원고와 다르게 문장의 위치를 바꾸거나 문단을 조정하기도 하였다. 이러한 현상의 원인은 브로트가 카프카 작품의 비평판의 필요성을 강조했지만 현실적으로는 〈카프카 텍스트에 대해 문헌학자로서가 아니라 친구와 작가〉로서 접근한 데 있다. 브로트는 텍스트 자료에 충실하여 카프카의 정확한 의도를 읽어 내기보다는 가능한 전후 맥락이 쉽게 이해 가능한 글을 만들어 내는 데 더 많은 관심을 둔 것처럼 보인다.

이러한 배경에서 존재하게 된 카프카의 작품들은 일반의 반향을 일으키지 못하고 나치 시대에 이르러서는 카프카의 전 작품이 발매 금지되어 독일에서는 거의 매장되는 처지가 되었다. 1930년대 초에 독일 비밀 경찰은 도라 디아만트(카프카가 말년에 함께 보낸 여인)의 베를린 자택을 수색하여 원고 꾸러미를 압류했다. 이렇게 이 원고는 분실되었다. 1935년에 시작된 최초의 전집 출판은 처음에는 방해를 받다가 그다음에는 금지되었다. 더 나아가 카프카의 세 여동생들은 강제 수용소로 끌려가 거기서 죽음을 당했다. 이러한 위기의 상황에서 카프카의 문학을 유지시킨 장본인은 브로트였다.

브로트는 여러 번의 위기에도 불구하고 카프카의 원고를 끝까지 지켜냈다. 실제로 그는 1924년 카프카의 죽음과 함께 영영 사라질 뻔한 원고를 구해냈다. 전쟁 와중에 그리고 이미 그 이전에 수많은 편지, 문건 및 자료들이 분실되었다. 1924년에 유고 전부를 수집했던 브로트는 제2차 세계 대전이 끝난 후 남은 자료들을 텔아비브의 쇼켄 도서관에 맡겼다가 1926년 카프카의 가족들에게 넘겨주었다. 그 후 카프카 가족들은 옥스퍼드 보들리언 도서관에 모든 자료들을 기증하였다.

이러한 역경을 견뎌 낸 카프카의 작품은 그가 죽은 후에 열기를 얻게 되었다. 우선 전시중 미국에서 그의 작품의 일부가 간행되었고 뒤이어 전후의 프랑스 실존주의 작가들에게서 논의의 대상이 되어 갑자기 전세계적으로 카프카의 붐이 일어났다. 그의 작품이 지난 몇 십 년 동안에 세계적으로 유명해졌으니 문학에 식견을 가진 소수의 20년대 독일인들에서 출발하여 특히 프랑스에서 처음으로 앙드레 브르통Andre Breton과 미술 잡지 『미노토르Minotaure』를 중심으로 한 그룹에 의해, 후에는 카뮈와 사르트르에 의해 발굴되었고 마침내는 영국과 미국에서 널리 알려졌다.

카프카 작품을 최초로 번역한 사람은 밀레나 예젠스카Milena Jesenska였다. 그녀가 체코어로 번역한 단편 소설 「화부」는 1920년 4월 22일 잡지 『크멘』에 실렸다. 같은 해 7월 16일 단편 소설 「불행」이 그 뒤를 이었고, 9월 9일에는 모음집 「관찰」 중에서 여섯 개의 산문 소품들이 그 잡지에 실렸다. 헝가리어, 스웨덴어, 홀랜드어로 번역된 그 밖의 카프카 작품들은 작가의 생존 시에 출판되었다. 카프카가 죽은 후 스페인어, 이탈리아어, 영어, 불어로 번역된 작품들로 인해서 그는 세계적 명성을 얻는 계기가 되었다.

1950년에 카프카의 작품들은 독일로 〈되돌아와〉 이듬해부터 〈공식적인〉 첫 독일어판 전집이 출간되어 〈카프카 유행〉을 불러일으켰다. 전후 독일에서는 특히 외국 문학의 영향과 유행이 활발해져서 카프카도 그 조류에 따라 재수입된 감이 있었다. 1948년 이래 독일에서 그의 전집이 시도되었고 또 그의 수많은 미발표 유고들의 연구로 그에 대한 연구가 본격화되었다. 그래서 그의 전후 독일 문단에서 영향이 광범위하고 깊게 되어 독문학 작가로서 세계 문단에 영향을 끼친 한 사람이 되었다. 오늘날 1950년대의 카프카 유행은 사라졌지만 그의 작품이 주는 매혹은 당시에 비해 조금도 뒤지지 않는다.

카프카의 도시 프라하에서는 1957년에야 비로소 최초의 체코어 번역본이 나왔다. 1964년에 「유형지에서」의 최초의 러시아어 번역본이 나와 러시아 및 우크라이나 잡지에 실려 카프카가 타계한 지 40년이 지나고서야 처음으로 그의 작품이 온 세계의 독자들의 것이 되었다고 볼 수 있다.

카프카의 작품은 음악으로도 발전되었다. 그의 텍스트에 곡을 붙인 최초의 작곡가는 다재다능한 브로트였다. 그는 1911년 카프카의 시 「어린 영혼이 춤을 추며 뛰노네」에 단순한 멜로디를 붙여 작곡하였다. 에른스트 크레넥은 카프카의 아포리즘적인 텍스트들을 바탕으로 가곡을 작곡하였다. 한스 베르너 헨체와 고트프리트 폰 아이넴의 문학 오페라는 카프카의 텍스트를 가장 성공적으로 자곡화한 경우이다. 그러나 1966년 초연된 로만 하우벤슈톡-라마티스의 오페라 『아메리카』는 관객들로부터 심한 비판을 받았다. 반면에 같은 해 미국인 군터 A. 슐러가 카프카의 『소송』을 각색하여 만든 음악극은 함부르크에서 초연되어 큰 반향을 일으켰다.

그 이후 작품집 『시골의 결혼 준비』에 실린 짧은 산문 텍스트들이 가곡 작곡을 위한 원전으로 사용되었는데 이때 언급할 만한 가치가 있는 작품으로는 루카스 포스의 『시간 순환』, 얀 클루삭의 『4개의 작은 발성 연습곡』(카프카의 텍스트를 가사와 11개의 관악기에 적용함) 등을 들 수 있다.

카프카 연보

1883년 7월 3일 프라하에서 부친이자 상인인 헤르만 카프카와 모친 율리에 뢰비 사이에서 장남으로 태어나다.

1889년 독일계 초등학교 플라이쉬마르크트에 입학하다.

1893년 독일계 알트슈타트 김나지움에 입학하다. 이 시절에 오스카 폴락과 친교를 맺다.

1901년 뮌헨에서 독문학을 전공하려던 계획을 포기하고 프라하의 독일 대학에서 법률학을 전공하기 시작하다.

1902년 트리쉬의 외숙부이자 시골 의사인 지그프리트 뢰비 박사 댁에서 여름 방학을 보내다. 이때의 경험이 「시골 의사」 집필에 영향을 미치다. 독일 문학에 관심이 깊은 대학생들이 주최하는 강연회와 작품 낭독회에서 일생 동안 친교를 맺게 될 막스 브로트를 알게 되다.

1905년 8월에 쭈크만텔에 체류하여 여름 방학을 보내면서 대학 졸업 시험 준비를 하다.

1906년 4월부터 리하르트 변호사 사무실에 서기로 근무하다. 6월에 법학 박사 학위를 취득하다. 8월에 쭈크만텔을 재차 방문하다. 10월 1일부터 1907년 10월 1일까지 프라하의 형사 재판소에서 실무 견습 생활을 하다. 그 후 시민 재판소에서 견습 생활을 거치다. 1907년까지 『어느 투쟁의 기록』과 『시골에서 결혼 준비』 집필. 그 밖의 청년 시절의 작품들은 분실되다.

1907년 트리쉬에서 여름을 지내다. 빈의 수출 대학에서 수학하려는 계획을 세운 적이 있다. 10월 이탈리아 계통의 〈일반보험회사〉에 입사하다.

1908년 14년간 근무하게 될 〈노동자상해보험국〉에 입사하다. 북(北) 보헤미아 지방으로 공무 여행. 문예지 『휘페리온』에 8편의 단편을 기고하다.

1909년 9월 브로트 형제와 리바와 브레스키아로 여행하다.

1910년 일기의 집필을 시작하다. 판타 부인집에서 개최하는 〈판타 서클〉에서 종교 토론을 벌이다. 동 유대인 연극단의 순회 공연을 열심히 관람하며 유대인 여배우와 교제하다. 10월 브로트 형제와 파리 여행. 12월 베를린에 체류하다.

1911년 1월부터 2월까지 프리트란트와 라이헨부르크로 공무 여행. 막스 브로트와 취라우, 루가노, 마이란트, 파리에서 여름을 보내다. 그 후 취리히 근교 에를렌바하 요양원에서 시간을 보낸 적이 있다.

1912년 장편 소설 『실종자(혹은 아메리카)』 집필 시작. 여름에 막스 브로트와 바이마르로 여행하다. 그 후 하르츠 산지의 〈융보른 자연 요양원〉에 혼자 체류하면서 8월 13일에 펠리체 바우어 양과 알게 되다. 8월 14일 「관찰」의 원고를 로볼트 출판사에 보내다. 「선고」와 「변신」 탈고. 매부가 경영하는 공장의 일로 근심하다.

1913년 「화부(火夫)」 출간. 프라하의 근교 트로야에서 정원사로 일하다. 빈, 베니스, 리바로 혼자 여행하다.

1914년 5월 말, 베를린에서 펠리체 바우어 양과 약혼하고 7월에 곧 파혼하다. 여름에 헬레라우, 뤼벡, 마리엔리스트로 여행하다. 제1차 세계 대전 발발. 「유형지에서」를 탈고하고 「판결」을 집필하다.

1915년 보덴바하에서 펠리체 바우어와 재회하다. 8월에 니콜라스 가(街) 36번지에 있는 양친의 집을 떠나 빌레크 로(路) 10번지에 방을 얻어 독립된 생활을 하다. 『심판』을 계속 집필하다. 누이동생 엘리와 헝가리 여행. 폰타네 상을 수상하다.

1916년 7월에 펠리체 바우어와 마리엔바트에 체류하다. 「선고」와 「변신」이 출간되다. 소설집 「시골 의사」 중 몇몇 작품을 탈고하다. 11월 뮌헨에서 「유형지에서」의 낭독회를 갖다.

1917년 프라하의 알히미스텐 가로 거처를 옮겼다가 곧 팔라이스 쇤보른으로 옮기다. 3월부터 『만리장성의 축조』, 「어느 학술원에 드리는 보고」를 집필하다. 소설집 「시골 의사」의 작품들을 계속 집필하다. 7월에 펠리체 바우어와 두 번째로 약혼하다. 9월 4일 폐결핵을 확인하다. 노동자상해보험국의 휴가를 얻어 누이동생 오틀라와 취라우에 방을 얻다. 8절지 노트에 109편의 잠언을 집필하다. 12월 프라하에서 펠리체 바우어와 두 번째로 파혼하다.

1918년 취라우에서 키르케고르 철학에 심취하다. 11월 엘베 강가의 라보흐 근처에 있는 작은 마을 쉘레젠에서 체코 소녀 율리에 보리체크와 사귀다.

1919년 「시골 의사」와 「유형지에서」가 출간되다. 율리에 보리체크와 약혼하다. 겨울에 막스 브로트와 쉘레젠에 체류하면서 『부친에게 드리는 서신』을 집필하다.

1920년 4월부터 3개월간 메란에서 요양하다. 여기서 밀레나 부인과 편지로 친교를 맺기 시작하다. 또한 젊은 의학도 로베르트 클로프슈톡과 처음으로 알게 되다.

1921년 (1920년 12월부터) 9월까지 마틸리아에 머물다 프라하로 돌아오다.

1922년 1월부터 2월까지 슈핀델 뮐레에서 지내다 다시 프라하로 돌아오다. 5월 15일 『성』

의 일부를 낭독하다. 5월에 처음으로 밀레나 부인과 상면하다. 은급 생활로 들어가다. 6월 말부터 9월까지 플라나에서 누이동생 오틀라와 함께 지내다. 그동안 『단식 예술가』, 「어느 개의 연구」를 집필하고, 『성』의 집필도 계속하다. 프라하로 다시 돌아오다.

1923년 7월 뮤리츠에서 젊은 도라 디아만트 양과 알게 되다. 9월부터 베를린의 슈테크릿츠에서 도라와 동거 생활에 들어가다. 「굴」, 「요제피네, 여가수 또는 서(鼠)씨족」 등 집필. 소설집 『단식 예술가』의 인쇄를 의뢰하다.

1924년 3월 프라하로 돌아오다. 4월 10일 빈의 요양원으로 가서 하예크 교수의 치료를 받은 후 마지막으로 빈 근교의 키르링 요양원에서 도라와 클로프슈톡크의 간호를 받던 중 6월 3일에 마흔한 번째 생일을 한 달 앞두고 죽어 프라하의 슈트라 슈니츠 공동 묘지에 안장되다.

카프카 작품 연표

1. 『어느 투쟁의 기록*Beschreibung eines Kampfes*』(1904)*
2. 『시골에서 결혼 준비*Hochzeitsvorbereitungen auf dem Lande*』(1907)
3. 「관찰Betrachtung」(1912)〔1913〕
4. 「선고Das Urteil」(1912)〔1916〕
5. 『아메리카*Amerika*』·「화부(火夫)Der Heizer」(1912)〔1927〕
6. 「변신Die Verwandlung」(1912)〔1915〕
7. 『소송*Der Prozeß*』(1914)〔1925〕
8. 「유형지에서In der Strafkolonie」(1914)〔1919〕
9. 「법 앞에서Vor dem Gesetz」(1914)
10. 「거대한 두더지Der Riesenmaulwurf」(1914)
11. 「시골 의사Ein Landarzt」(1917)〔1920〕
12. 「사냥꾼 그라쿠스Der Jäger Gracchus」(1917)
13. 「재칼과 아랍인Schakale und Araber」(1917)
14. 『만리장성의 축조*Beim Bau der Chinesischen Mauer*』(1917)〔1931〕
15. 「어느 학술원에 드리는 보고Ein Bericht für eine Akademie」(1917)
16. 『부친에게 드리는 서신*Brief an den Vater*』(1919)
17. 『성*Das Schloß*』(1922)〔1926〕
18. 『단식 예술가*Ein Hungerkünstler*』(1922)〔1924〕
19. 「어느 개의 연구Forschungen eines Hundes」(1922)
20. 「굴Der Bau」(1923)
21. 「요제피네, 여가수 또는 서(鼠)씨족Josephine, die Sängerin od. das Volk der Mäuse」(1924)

*〔 〕안의 연도는 출판 연도를 나타냄.

참고 문헌

1차 문헌

Kafka, Franz, *Brief an den Vater*, Frankfurt/M., 1991.

Kafka, Franz, *Gesammelte Werke*, hg. von Max Brod, Taschenbuchausgabe in sieben Bänden, Frankfurt/M., 1983.

Kafka, Franz, *Briefe an Felice und andere Korrespondenz aus der Verlobungszeit*, hg. von Erich Keller und Jürgen Born, Hamburg-Wandsbek, 1967, (*Gesammelte Werke*, hg. von Max Brod).

2차 문헌

김광규(편저), 『카프카』, 문학과 지성사, 1980.

김용익, 『프란츠 카프카 연구』, 삼영사, 1984.

김정진, 『카프카 연구』, 탐구당, 1996.

마르트 로베르(이창실 역), 『프란츠 카프카의 고독』, 동문선, 2003.

빌헬름 엠리히(편영수 역), 『카프카를 읽다』, 1~2권, 유로, 2005.

질 들뢰즈/펠릭스 가타리(이진경 역), 『카프카』, 동문선, 2001.

편영수, 『카프카 문학의 이해』, 전주대학교출판부, 1998.

한국카프카학회(편저), 『카프카 연구』, 제1~14집.

Adorno, Theodor W., Über Tradition, in: Ders., *Kulturkritik und Gesellschaft I, Prismen, Ohne Leitbild* (Gesammelte Schriften, Bd. 10, 1), Frankfurt/M., 1977.

Adorno, Theodor W., Aufzeichnungen zu Kafka, in: *Kulturkritik und Gesellschaft,*

Schriften 10, 1, Frankfurt/M., 1977.

Adorno, Theodor W., *Prismen, Kulturkritik und Gesellschaft*, Frankfurt/M., 1976.

Allemann, Beda, Kafka und die Mythologie, in: *Zeitschrift für Ästhetik und allgemeine Kunstwissenschaft* 20, Bonn, 1975.

Anders, Günther, *Kafka Pro und Contra*, München, 1972.

Angus, Douglas, The Existentialist and the Diabolical Machine, in: *Criticism, 6*, 1964.

Beicken, Peter U., Franz Kafka, *Eine kritische Einführung in die Forschung*, Frankfurt/M., 1974.

Beißner, Friedrich, *Der Erzähler Kafka und andere Vorträge*, Mit einer Einführung von W. Keller, Frankfurt/M., 1983.

Beißner, Friedrich, *Kafka der Dichter*, Stuttgart, 1958.

Benjamin, Walter, *Über Literatur*, Frankfurt/M., 1979.

Benjamin, Walter, Franz Kafka, Zur zehnten Wiederkehr seines Todestages, in: Ders., *Über Literatur*, Frankfurt/M., 1979.

Bense, Max, *Die Theorie Kafkas*, Köln, Berlin, 1952.

Bezzel, Chris, Mythisierung und poetische Textform bei Franz Kafka, in: Karl Erich Grözinger u.a. (Hg.). *Franz Kafka und das Judentum*, Frankfurt/M., 1987.

Binder Hartmut, *Motiv und Gestaltung bei Franz Kafka*, Bonn, 1966.

Binder, Hartmut (Hg.), *Kafka-Handbuch* Bd. 2, Das Werk und sein Wirkung, Stuttgart, 1979.

Born, Jürgen u.a. (Hg.), *Kafka-Symposion, Datierung, Funde, Materialien*, 2. veränderte Auflage, Berlin, 1966.

Brinker-Gabler, Gisela, *Deutsche Literatur von Frauen*, München, 1988.

Brod, Max, *Franz Kafka, Eine Biographie*, Frankfurt/M., 1966.

Bürger, Christa (Hg.), *Zerstörung, Rettung des Mythos durch Licht*, Frankfurt/M., 1986.

Camus, Albert, Le mythe de Sisyphe, Paris, 1948, Dt. Übers., *Der Mythos von Sisphos*, Reinbek bei Hamburg, 1984.

Caputo-Mayr, Maria L. (Hg.), *Franz Kafka*, Berlin, Darmstadt, 1978.

Cassirer, Ernst, *Philosophie der symbolischen Formen II, Das mythische Denken*, Darmstadt, 1953.

David, Claude, *Franz Kafka, Themen und Probleme*, Göttingen, 1980.

Diez, Ludwig, *Franz Kafka*, erw. u. verb. Auflage, Stuttgart, 1990.

Einsiedel, Wolfgang von, *Die Literaturen der Welt in ihrer mündlichen und schriftlichen Überlieferung*, Zürich, 1964.

Elling, Barbara (Hg.), *Kafka-Studien*, New York, Bern, 1985.

Emrich Wilhelm, Franz Kafkas Diagnose des 20. Jahrhunderts, in: Ders., Goldmann, B. (Hg.), *Franz-Kafka-Symposion*, Mainz, 1983.

Emrich, Wilhelm u. Bernd Golmann (Hg.), *Franz-Kafka-Symposion*, 1983, Mainz, 1985.

Emrich, Wilhelm, *Franz Kafka*, Frankfurt/M., 1965.

Emrich, Wilhelm, Kafka und der literarische Nihilismus, 119, in: Maria L. Caputo-Mayr (Hg.), *Franz Kafka*, Darmstadt, 1978.

Fehlmann, Ralph, *Geschichtlichkeit und Widerstand, Die Dialektik der Aufklärung im Erzählwerk Franz Kafkas*, Bern, Frankfurt/M., 1981.

Feuerbach, Ludwig, A., *Das Wesen des Christentums*, Stuttgart 1971.

Fischer, Ernst, *Von Grillparzer zu Kafka*, Baden-Baden, 1975.

Flach, Brigitte, *Kafkas Erzählungen*, Bonn, 1967.

Fuhrmann, Manfred (Hg.), *Terror und Spiel*, München, 1971.

Fürst, Norbert, *Die offenen Geheimtüren Franz Kafkas*, Heidelberg, 1956.

Goebel, Rolf J., Selbstauflösung der Mythologie in Kafkas Kurzprosa, in: Barbara Elling (Hg.), *Kafka-Studien*, New York, Bern, 1985.

Grenzmann, Wilhelm, *Dichtung und Glaube*, 4 Aufl., Frankfurt/M., 1960.

Grözinger, Karl Erich u.a. (Hg.), *Franz Kafka und das Judentum*, Frankfurt/M., 1987.

Hamburger, Käthe, *Die Logik der Dichtung*, Stuttgart, 1968.

Hasselblatt, Dieter, *Zauber und Logik, Eine Kafka-Studie*, Köln, 1964.

Heintz, Günther (Hg.), *Zu Franz Kafka*, Reihe Literaturwissenschaft - Gesellschaftswissenschaft 42, Stuttgart, 1979.

Heller, Erich, *Franz Kafka*, München, 1976.

Hillmann, Heinz, *Franz Kafka, Dichtungstheorie und Dichtungsgestalt*, Bonn, 1973.

Horkheimer, Max u. Adorno, Theodor W., *Dialektik der Aufklärung*, Frankfurt/M., 1986.

Huber, Ottmar, *Mythos und Groteske, Die Probleme des Mythischen und ihre Darstellung in der Dichtung des Expressionismus*, Meisenheim am Glan, 1979.

Hübner, Kurt, *Die Wahrheit des Mythos*, München, 1985.

Jamme, Christoph, *Gott hat ein Gewand*, Frankfurt/M., 1991.

Janouch, Gustav, *Gespräche mit Kafka, Aufzeichnungen und Erinnerungen*, Frankfurt/M., 1968.

Kaiser, Helmut, *Franz Kafkas Inferno, Eine psychoanalytische Deutung seiner Strafphantasie*, Wien, 1931.

Karst, Roman, Kafkas Prometheussage oder das Ende des Mythos, in: *The Germanic Review*, Volume LX, No. 2, Columbia University, New York, 1985.

Keller, Fritz, *Studien zum Phänomen der Angst in der modernen deutschen Literatur*, Winterthur, 1956.

Keller, Karin, *Gesellschaft im mythischen Bann*, Wiesbaden, 1977.

Kerényi, Karl (Hg.), *Die Eröffnung des Zugangs zum Mythos, ein Lesebuch*, Darmstadt, 1982.

Kerényi, Karl, Was ist Mythologie? in: Ders. (Hg.), *Die Eröffnung des Zugangs zum Mythos*, Darmstadt, 1982.

Kerényi, Karl, Wesen und Gegenwärtigkeit des Mythos, in: Ders. (Hg.), *Die Eröffnung des Zugangs zum Mythos*, Darmstadt, 1982.

Kittler, Wolf, *Der Turmbau zu Babel und das Schweigen der Sirenen*, Erlangen, 1985.

Kraft, Werner, Franz Kafka, *Durchdringung und Geheimnis*, Frankfurt/M., 1972.

Krusche, Dietrich, Die kommunikative Funktion der Deformation klassischer Motive, Der Jäger Gracchus, in: *Der Deutschunterricht*, 25, 1, 1973.

Krusche, Dietrich, *Kafka und Kafka-Deutung, Die problematisierte Interaktion*, (Kritische Information 5), München, 1974.

Kurz, Gerhart, *Traum-Schrecken, Kafkas literarische Existenzanalyse*, Stuttgart, 1980.

Lange-Kirchheim, Astrid, Franz Kafka, *In der Strafkolonie* und Weber, Alfred, *Der Beamte*, in: *GRW* 58, 1977.

Lukács, Georg, *Wider den mißverstandenen Realismus*, Hamburg, 1958.

Marquard, Odo, *Abschied vom Prinzipiellen*, Stuttgart, 1984.

Marquard, Odo, Lob des Polytheismus, Über Monomythie und Polymythie, in: Ders., *Abschied vom Prinzipiellen*, Stuttgart, 1984.

Mendelsohn, R. Leonhard, Kafka's ⟨In the Penal Colony⟩ and the Paradox of enforced Freedom, in: *Studies in Short Fiction* 8, 1971.

Müller, Hartmut(권세훈 외 역), 『카프카 문학 사전』, 학문사, 1999.

Müller, Hiebel, Hans Helmut, *Das Zeichen des Gesetzes, Recht und Macht bei Franz Kafka*, München, 1983.

Nagel, Bert, *Franz Kafka, Aspekte zur Interpretation und Wertung*, Berlin, 1974.

Nagel, Bert, *Kafka und die Weltliteratur, Zusammenhänge und Wechselwirkungen*, München, 1983.

Naveh, Hannah, Kafka, Chaos und die Illusion von Ordnung, in: Karl E. Grözinger u.a.(Hg.), *Franz Kafka und das Judentum*, Frankfurt/M., 1987.

Pasley, Malcom, Drei literarische Mystifikationen Kafkas, in: J. Born u.a.(Hg.), *Kafka-Symposion, Datierung, Funde, Materialien*, 2. veränderte Auflage, Berlin, 1966.

Politzer, Heinz, *Franz Kafka, Der Künstler*, Frankfurt/M., 1965.

Politzer, Heinz, *Parable and Paradox*, Ithaca, New York, 1966.

Rath, Norbert, Mythos-Auflösung, Kafkas *Das Schweigen der Sirene*, in: Christa Bürger(Hg.), *Zerstörung, Rettung des Mythos durch Licht*, Frankfurt/M., 1986.

Ries, Wiebrecht, *Transzendenz als Terror, Eine religionsphilosophische Studie über Franz Kafka*, Heidelberg, 1977.

Schlegel, Friedrich, Rede über die Mythologie, in: Behler, Ernst und Eichner, Hans(Hg.), *Kritische Schriften und Fragmente* [1798~1801], Paderborn u.a. 1988.

Sokel, Walter H., *Franz Kafka, Tragik und Ironie*, Frankfurt/M., 1976.

Sokel, Walter H., Von Marx zum Mythos, Das Problem der Selbstentfremdung in Kafkas Verwandlung, in: *Monatshefte*, Vol. 73, Nr. 1, 1981.

Steffan, Jürgen, *Darstellung und Wahrnehmung der Wirklichkeit in Franz Kafkas Romanen*, Nürnberg, 1979.

Stierle, Karlheinz, Mythos als 〈bricolage〉 und zwei Endstufen des Prometheusmythos, in: Manfred Fuhrmann(Hg.), *Terror und Spiel*, München, 1971.

Wagenbach, Klaus, *Franz Kafka mit Selbstzeugnissen und Bilddokumenten*, Rowohlts Monographien, Reinbek bei Hamburg, 1983.

Wagenbach, Klaus, *Franz Kafka, Eine Biographie seiner Jugend*, Bern, 1958.

Walser, Martin, *Beschreibung einer Form, Versuch über Franz Kafk*a, München, 1961.

Walser, Martin, Kafkas Stil und Sterben, in: *Die Zeit*, Nr. 31, 26. 07, 1991.

Watzlawick, J. H. u. Beavin, D. D. u. Jackson, *Menschliche Kommunikation, Formen, Störungen, Paradoxien*, Bern, 1974.

Weinberg, Kurt, *Kafkas Dichtungen, Die Travestien des Mythos*, Bern, München, 1959.

Zimmermann, Hans D., *Der babylonische Dolmetscher, Zu Franz Kafka und Robert Walser*, Frankfurt/M., 1985.

찾아보기

옮긴이 안진태 고려대학교 독어독문학과와 동 대학원을 졸업하고 독일 뒤셀도르프 대학교에서 독문학 박사 학위를 받았으며, 현재 강릉대학교 독어독문학과 교수로 재직 중이다. 지은 책으로 『괴테 문학의 신화』, 『괴테 문학의 여성미』, 『파우스트의 여성적 본질』, 『베르테르의 영혼과 자연』, 『신화학 강의』, 『독일담시론』과 *Östliche Weisheit, Tiefenpsychologie und Androgynie in deutscher Dichtung*(Peter Lang 출판사), *Mignons Lied in Goethes Wilhelm Meister*(Peter Lang 출판사), 논문으로는 「토마스 만의 소설 『파우스트 박사』에서 나타난 독일적 요소」, 「헤르만 헤세의 『데미안』에 나타난 도교 사상」, 옮긴 책으로는 야트로 마놀라키스의 『소들의 잠』 등과 독일어로 번역한 김동인의 『감자』가 있다.

카프카 문학론

발행일 2007년 3월 25일 초판 1쇄

지은이 안진태
발행인 홍지웅
발행처 주식회사 열린책들

경기도 파주시 교하읍 문발리 521-2 파주출판도시
전화 031-955-4000 팩스 031-955-4004
www.openbooks.co.kr

ISBN 978-89-329-0747-5 03850

이 도서의 국립중앙도서관 출판시도서목록(CIP)은 e-CIP 홈페이지(http://www.nl.go.kr/cip.php)에서 이용하실 수 있습니다. (CIP제어번호 : CIP2007000659)